RESEARCH ON ENHANCING
THE OVERALL STRENGTH AND
COMPETITIVENESS OF CHINESE CULTURE

增强我国文化整体实力
和竞争力研究（上）

花 建 / 等著

上海社会科学院出版社
SHANGHAI ACADEMY OF SOCIAL SCIENCES PRESS

丛书编委会

丛书总序

在中国特色社会主义伟大实践中加快构建中国特色哲学社会科学，既是开创中华民族伟大复兴的思想基础，也是应对当前深刻复杂国际形势的重要支撑。党的十八大以来，以习近平同志为总书记的党中央把加快构建中国特色哲学社会科学作为提高治国理政能力、推进国家治理体系和治理能力现代化的战略任务，高度重视、精心部署、全力推动。这也为上海社会科学院新时期的发展提供了目标方向。

理论的生命力在于创新。古往今来，世界大国崛起路径各异，但在其崛起的过程中，无不伴随着重大的理论创新和哲学社会科学的发展。面对新挑战、新要求，中国哲学社会科学特别需要加强理论前沿、重大战略、综合领域、基层实践的诠释和指导能力。作为国家哲学社会科学的重要研究机构，2014年上海社会科学院率先在地方社会科学院实施哲学社会科学创新工程；2015年又成为国家首批高端智库试点单位。上海社会科学院从体制机制入手，以理论创新为突破口，围绕"国家战略和上海先行先试"定位，以智库建设和学科发展"双轮驱动"为创新路径，积极探索，大胆实践，对哲学社会科学的若干重大理论和现实问题开展前瞻性、针对性、储备性政策研究，完成了一批中央决策需要的、具有战略和全局意义、现实针对性强的高质量成果。

在上海社会科学院创新工程实施三年之际,通过本套丛书集中展示了我院在推进哲学社会科学理论创新中的成果,并将分批陆续出版。在编撰过程中,我们既强调对重大理论问题的深入探讨,也鼓励针对高端智库决策成果中的热点现实问题进行理论探讨。希望本丛书能体现高端智库的研究水平、社科院的研究特色,对国家战略性、前瞻性、基础性问题进行深入思考,也为繁荣新时期中国哲学社会科学理论创新添砖加瓦。

丛书主编

2016 年 11 月 15 日

本书系国家社会科学基金重大项目——"增强我国文化整体实力和竞争力研究"最终成果(立项证书编号 13&ZD038,结项证书编号：2016&J040)。

课题首席专家：花建

子课题负责人(按本书篇章排序)：花建、汪幼海、王国华、李墨丝、徐清泉

前　言

　　本书是国家社会科学基金重大项目——增强我国文化整体实力和竞争力研究的最终成果,包括"1＋5"的六大章节,900多页,80万字,160多幅图表和插图。

　　本研究根据中国共产党十八大报告提出的"增强我国文化整体实力和竞争力"的要求,指出国家文化整体实力和竞争力,是基于国家核心价值观念并且通过文化创造、文化生产、文化贸易、文化交流、文化服务等实现的文化感召力、吸引力、影响力之总和。国家文化整体实力和竞争力,这两者既有联系,又各有侧重,文化整体实力主要从资源积累和基础建设的角度展开,是一种根据国家核心价值观念和国家现代化的整体目标,是由文化遗产资源、文化人力资源、文化金融资本、文化基础设施、文化企业和机构、文化国际联系等组成的有机体系;文化竞争力主要从开放竞争和动态发展的角度展开,是一种在全球化的时代背景下,在提升文化创新活力、扩大文化生产规模、发挥文化区域贡献、增强文化国际影响、优化文化公共服务等方面体现出来的能级和活力。两者是有机的统一。

　　中国建设文化强国将面对两个一百年的目标,实施"三步走"的阶段,从建立体系到增强实力,再到全面实现目标,成为中华民族伟大复兴的重要组成部分。一个世界文化强国具有设计和建设文化整体实力和竞争力体系的强大自觉性和优良执行力。它是通过远大的国家战略、先进的体制政策和强有力的对策举措来实现的,即必须推进文化强国建设的理论、战略和路径的有机统一。本书根据这一核心理念和目标导向,层层展开为六大章节,体现了严密的理论逻辑和丰富的实践智慧的对应和统一。

第一章(总论):建立文化强国的文化整体实力和竞争力体系。作为整个课题成果的总纲,本章系统地提出了树立迈向文化强国的新文化观,提出了世界文化强国的五大定义,分析了中国迈向文化强国所面对的五大新问题,研究了全球范围内主要发达国家和新兴国家推动文化建设的战略和经验,提炼了国内外学者和专家有关文化软实力与文化竞争力研究的成果,提出了面向两个一百年,增强中国文化整体实力和竞争力的战略目标、主要阶段、重点内容和实践对策,形成了研究这一个重大问题的"五力"模型和基本框架。

第二章:激发文化创造力——以树立理想、创造精品、科文融合、多元包容为重点的文化创新机制研究。本章深入研究了文化创新力的内涵及其在国家文化整体实力和竞争力中的主要地位,指出了文化创新力在全球国家博弈过程中体现出来的文化领导力量,分析了中国文化创新力现状的六大特点,并且与全球主要国家的文化创新力进行了比较分析,提出了提升中国文化创新力的六大重点内容和路径,包括鼓励创新和创业的理想追求,以文化多样性增强中心城市创新活力等。

第三章:提升文化生产力——形成以强大主体、创新制度、优化结构为重点的文化竞争优势研究。本章深入分析了文化生产力的内涵及其在国家文化整体实力和竞争力中的重要作用,剖析了文化生产力主体——文化企业建设与文化竞争力的联系。分析了全球文化企业竞争的格局和特点,从七个方面研究了中国文化企业竞争力的现状与问题。此外,本章还从建设世界文化强国的角度,提出了提升中国文化企业竞争力的四大战略目标,深入研究了建立中国特色的文化企业运行机制,系统地论述了提升中国文化企业竞争力的战略举措,包括实施文化企业五大创新工程、推进文化企业五大创新路径、发挥文化企业三大竞争优势。

第四章:增强文化贡献力——以特色资源、规模集群、空间布局为重点的区域文化发展战略研究。本章从中国作为一个超辽阔国土、超大量人口、超悠久历史、超常规发展的大国的国情出发,提出要建立全球大国的新文化地缘观,把握国家文化竞争力与区域可持续发展的深刻联系;指出提升文化整体实力必须与区域资源的积累、投入和开发相结合,以充分发挥文化建设对区域的贡献力。从七个方面分析了中国提升区域文化竞争力的现状和问题,系统地提出了增强中国区域文化竞争力的目标和五大战略,重点研究了中国要因地制宜,开发八种以上的区域性文化产业发展模式,提出了提升中国区域竞争力的七大路径和对策。

第五章:扩大文化辐射力——以树立大国形象、加强国际交流、扩大文化贸易为重点的对外文化开放研究。本章提出中国迈向世界文化强国,要以文化外交、文化交流、文化贸易为三大重点,全面扩大文化辐射力;分析了中国扩大文化辐射力的全球背景和四大特点,剖析了扩大文化辐射力的理论探索和实践经验,包括文化理论、贸易理论等提供的借鉴;系统地提出了我国扩大文化辐射力的总体思路,包括在文化外交、文化交流、文化贸易三大层面上扩大文化辐射力的主要目标、基本战略,提出了我国扩大文化辐射力的十大对策建议。

第六章:改善文化服务力——以扩大消费、文化惠民、提升效能为重点的公共文化服务发展研究。本章指出公共文化服务力是国家整体实力和竞争力中的重要内容,分析了公共文化服务的基本内涵、系统构成和研究现状,提出了公共文化服务的功能诉求及运营模式,研究了发达国家和我国发达地区开展公共文化服务的理论及实践经验,提出把中国公共文化服务的效益、效果、效率作为一个整体,建立了衡量评估文化服务力的"九效"三级衡量指标和运作模型。此外,还系统地提出了改善我国公共文化服务力的目标和三大思路及对策,包括扩大文化消费、推进文化惠民、提升文化效能等。

本课题首席专家为花建(上海社会科学院文学研究所研究员),负责整体框架,统筹课题研究,充实完善全书。

各章分工为:花建主要承担第一章(总论)和第四章;汪幼海(上海社会科学院文学研究所研究员)主要承担第二章;王国华(北京工业大学文化创意产业研究中心教授)主要承担第三章;李墨丝(上海对外经贸大学国际经贸研究所研究员)主要承担第五章;徐清泉(上海社会科学院文学研究所研究员)主要承担第六章。

目　录

图表目录

第一章

总论：建立文化强国的文化整体实力和竞争力体系

第一节　树立迈向文化强国的新文化观

党的十八大提出了建设社会主义文化强国的伟大目标，提出要增强我国整体文化实力和竞争力。这既是一个重大的理论命题，又是一个广阔的实践领域。需要从政治、经济、社会、文化、生态五位一体，和谐发展的战略全局上把握这一重大任务，提出富有针对性和操作性的对策，需要我们根据中国特色社会主义道路、理论体系和制度三位一体的要求，提炼中国改革开放30多年来的丰富实践成果和各国的有益经验，形成迈向社会主义文化强国的新文化观。

一、文化强国具有自觉的文化体系设计能力

从国家综合竞争力的角度看，文化整体实力和竞争力是一种通过影响获得广泛认同的软性力量。它是一种基于国家的核心价值观念并且通过文化创造、文化生产、文化贸易、文化交流、文化服务而实

现的感召力、吸引力、影响力体系。文化强国具有设计和建设文化整体实力和竞争力体系的强大自觉性和优良执行力。这既需要立足于先进价值观念,依赖于科学的文化战略引导,又需要依托全体人民的文化创造活力,通过既有宏观科学性和微观有效性的发展路径而实现。

文化整体实力和竞争力之间既有内在联系又各有相对的侧重点:文化整体实力主要从资源积累和基础建设的角度入手,它是一种根据国家核心价值观念和国家现代化的整体目标,在对各种文化资源的传承、保护、投入、积累、整合基础上,由文化遗产资源、文化人力资源、文化金融资本、文化基础设施、文化企业和机构、文化国际联系等积累和组成的整体实力;文化竞争力主要从开放竞争和动态发展的角度入手,它是一种在经济全球化、政治多极化、文化多样化、科技信息化的时代背景下,根据国家的文化发展战略,在提升文化创新活力、扩大文化生产规模、发挥文化区域贡献、增强文化国际影响、优化文化公共服务等方面,通过科学和有效的路径和举措,体现出来的能级和活力,是与其他国家和地区在文化领域进行相互竞争、相互交融、相互比较而体现的竞争优势。国家文化整体实力和竞争力是整体资源和动态活力的有机统一。

大量事实说明,一个大国所拥有的经济资源、人力资源和文化资源是不能自然而然地转化成为国家实力的,历史传承的物质财富和文化遗产也不可能长久造福子孙,它必须通过富有远见的国家战略、先进的体制政策和强有力的治理能力,才能把这些资源凝聚成为强大的国家文化整体实力和竞争力,并且使之融入国家宏观战略,成为综合国力的重要组成部分和不竭动力。

诺贝尔奖金获得者赫尔伯特·西蒙(Herbert Simon)在谈到"人造科学"时指出:(1)社会系统是设计出来的,而非自然命定的,它受到决策者思维、经验和知识的深刻影响;(2)设计过程比结果更重要,因为我们可以在过程中不断改变将要实现的目标,这个过程本身是一个不断调适和突破局限性的过程；（3）良好的设计往往鼓励看问题的新鲜角度，追求更加有价值的理想和更加睿智的路径，也不断突破自己在理性和非理性之间摇摆的局限性。① 从这个观点来看：一个大国国力系统的设计者和建设者所拥有的远见卓识和胆略睿智，特别是优秀的执行能力，能够突破各种局限性，主动设计和实施超越前人的模型图和路线图，推动国家克服各种不利因素而成为世界强国。这为我们分析大国崛起的战略和路径提供了富有启发的视角。

许多有识之士指出，世界性大国的竞争，归根结底就是发展模式的竞争。"在整个人类历史上，大国会在保障自身安全与利益的基础上积极扩大其对整个世界的影响。国家间在各方面展开竞争，失败者要被迫接受为胜利者带来成功的模式"②。在人类历史上多次出现过跨洲和全球性的霸权国家，包括古罗马帝国、13—17 世纪的蒙元帝国、19 世纪的大英帝国、20 世纪中叶的苏联，它们拥有广阔的国土和殖民地，掌握了当时主要的资源和商品市场，拥有全球最大规模的武装力量——包括常规军事力量和核武器力量③。但是历史的经验已经证明，庞大的帝国依靠对跨洲资源的巨大掠夺和消费，缺乏核心的价值观念和长远的文化自觉。统治者所设计和实施的国家体系，已经完全不适应历史的潮流了。他们滥用庞大帝国的开支，挥霍国家的财力和人力，必然使得帝国的制度日趋僵化，国力严重消耗亏空，引起盟国和殖民地人民的强烈不满，难以集聚广大人民的拥护和积极性，而最终被历史的浪潮冲刷。一个缺乏优良的制度设计、人文精神和文化活力匮乏的国家，无论如何庞大，都将被内部的腐败和外

---

① ［美］赫尔伯特・西蒙：《管理行为》，詹正茂译，机械工业出版社 2007 年版；靳涛：《诺贝尔殿堂里的管理学大师：赫尔伯特・西蒙》，河北大学出版社 2005 年版。

② 尼古拉・兹洛宾（华盛顿世界安全研究所俄罗斯和欧亚项目主任）：《世界寻求有吸引力的新模式》，《参考消息》2011 年 7 月 25 日。

③ 蒙元帝国鼎盛时期的最大疆域面积高达 3 300 万平方千米，东到太平洋，北抵北冰洋，西达黑海沿岸（鼎盛时达到匈牙利地区），南至南中国海，成为有史以来横跨亚欧的巨大帝国。

部的挑战所压垮。蒙元帝国勇士的铁蹄驰骋于欧亚大陆,鼎盛时占有世界土地面积的 22%,但是游牧部落和骑兵作战的统治模式,毕竟无法激发更高的生产力,也无法让欧亚各国的民众形成向心力;苏联在希特勒 500 万大军的入侵下没有被打垮,却被自己制度的僵化腐败和国家领导人的不思改革而蛀空了帝国庞大的实力,犹如一栋内部腐朽的大厦在 1989 年轰然倒塌。面对着 21 世纪经济全球化、政治多极化、文化多样化、科技信息化的大潮流,面对科技创新引领产业转型、全球产业结构不断重组的大趋势,面对非西方大国的全面崛起,未来在文明多样性基础上如何重建世界秩序的重大课题,许多有识之士提出了"大国之问":那就是"当时建立起的经济和社会体系以及国家精英所具有的相应政治特质越来越明显地阻碍国家在当代世界赢得主导地位。当前所面临的重要问题是:什么可以让大国在当代世界保证发展和具有竞争力"。①

大国兴衰的历史证明:唯有一个大国自身保持不断创新的活力,才能培育强大的经济和军事实力,强有力地捍卫自己的国家利益,在世界范围内显示自己的影响,率先提出和实践全球性的议题,而所有这些需要一个富有创造性和远见卓识的大战略。这一个大战略并非一脉相承的陈旧套路,而是体现国家使命和人类福祉、历史规定性和主动创造性相统一的愿景、制度、路径和步骤的总和,是历史视野、科学头脑、实践理性、操作智慧的高度统一,也就是文化整体实力和竞争力的精髓。国家之间的文化实力之争,从动力的意义上来说,就是国家之间的文化创新制度设计和文化创新能力的竞争。正如著名英国学者马丁·雅克所说:历史上的全球性大国,真正形成引领性作用的是它们创造一整套世界性体系的能力,而每一个新兴大国,都会用一种全新的方式来创造和推广这种体系。"比如欧洲的典型方式就是海上扩张加殖民帝国,而美国则是空中优势和全球经

---

① 尼古拉·兹洛宾(华盛顿世界安全研究所俄罗斯和欧亚项目主任):《世界寻求有吸引力的新模式》,《参考消息》2011 年 7 月 25 日。

济霸权，中国同样也会以崭新的方式来展现其实力。"①

　　中国政府庄严地向全球宣布：中国迈向世界强国之路，是一条和平发展的道路。这与历史上出现过的罗马帝国、大英帝国、蒙元帝国等强国，以工业、科技和军事的优势，建立跨区域乃至全球霸权，获得超级资源和财富的道路都不相同，也与源于基督教、希腊—罗马文明的西方国家的文化主流理念不同。中国的和平发展道路既有"中国特色"，又有"世界意义"，突出了自主的改革与创新，又强调了各国的和平发展与合作共赢，既传承了五千多年中华文明所积淀的深刻智慧，又吸取了近代以来大国兴衰的历史教训。它的伟大战略意义在于中国以及其他非西方大国的整体和平崛起，可以不同于传统西方大国的和平崛起模式，超越传统的不同社会制度和价值观的差异。因此，中国的大国崛起之路，就需要有更坚定的文化自觉性、制度设计的引领性、引人入胜的感染力、包容多元的凝聚力，才能在全球范围内获得更广泛的认同，而为全人类带来更大的发展机遇。

　　正如马丁·雅克等国际学者所言："与近代许多单一的民族国家不同，中国实际上就是一个具备多样性的文明实体。""作为一个文明国家，中国能够包容一个多样化的体系。"②中国在漫长的历史过程中，以超强的凝聚力融合了极为多样的文化实体，中国所包容的各个种族和整个中华民族实际上融为一体，成为空前的中央之聚、百国之和。中华民族在历史纵向轴上累积了从华夏先祖到唐宗宋祖的巨大遗产，如三星堆、金沙遗址等著名遗址就积累了多达 5—10 层的文化层，在空间横向轴上展开了齐鲁、燕赵、三秦、三晋、湘楚、吴越和巴蜀等七大地域文化形态和 20 多个次级地域文化形态。而当代中国还包容了香港、澳门的文化，成为"一国两制"框架下多元文化并存发展

<hr />

① ［英］马丁·雅克：《当中国统治世界——中国的崛起和西方世界的衰落》，张莉、刘曲译，中信出版社 2010 年版，第 209 页。
② ［英］马丁·雅克：《当中国统治世界——中国的崛起和西方世界的衰落》，张莉、刘曲译，中信出版社 2010 年版，第 165 页。

的一个典型案例。这就是著名学者季羡林先生倡导的"大国学",即中国文化的范畴和研究必须包括中华大家庭56个民族的优秀文化,以及除了中原文化以外的多姿多彩的地域文化,以及胸襟博大的中华民族向其他民族、国家、地域、文化信息和吸收的成果如佛教等①。而像中国这样的文明实体与现代民族国家完全重合,使得种族、民族和国家这三者融为一体,这在人类历史上几乎是绝无仅有的,而在印度、美国、巴西、印度尼西亚等其他的人口大国也是绝对不存在的。

中华民族之所以与众不同,首先是中国人对作为一个文明古国所拥有的悠久历史和灿烂文明具有强烈的文化自豪感。如果把中国与埃及、希腊、罗马这三个古国文明实体做一个对比,那么后者作为一种历史文明已经经历了巨大的断裂,它们辉煌的古代文明与今天埃及人、希腊人、罗马人的制度、社会和文化并没有直接的传承关系,如果认为"他们辉煌的古代文明可以为他们今天或者将来的命运给予任何指导或者是慰藉,那简直不可思议——但这恰恰就是大多数中国人的想法②",而中国恰恰直接传承了五千多年的历史和文化,成为有史以来绵绵不绝、一脉相承而绝无仅有的文明国家。而文明国家所塑造的政治与文化,与一般民族国家的政治与文化有明显的不同。正如习近平主席所说:"五千多年文明史,源远流长。而且我们是没有断流的文化。建立制度自信、理论自信、道路自信,还有文化自信。文化自信是基础。③"中国的历史和文化在很大程度上决定了当代中国看待和塑造世界的方式,比如中国人对国家统一的高度认同和强烈的爱国主义情怀。这种文化自信心和文化自觉性成为中国不同于西方的另一种现代化成功模式的坚实基础,成为中国人民凝聚万众合力,克服艰难险阻,创造未来愿景的强大精神力量。这种中

---

① 钱文忠:《季羡林先生的"大国学"与"和谐说"》,《文汇报》2011年8月1日C版"文汇学人"。
② [英]马丁·雅克:《当中国统治世界——中国的崛起和西方世界的衰落》,张莉、刘曲译,中信出版社2010年版,第209页。
③ 《习近平为澳门青年上课:五千多年文明史 中华文化没有断流》,东方网,2014年12月21日。

国文化的定力已经引起了越来越多全球有识之士的高度关注。这种源于悠久文化历史遗产的传统，经过中国共产党人和全体人民的创造和努力，被提升成为凝聚广大人民意志，体现理想引导，照耀前瞻视野的"中国梦"，正在发挥越来越重要的精神支柱和集聚人心作用。

中国迈向世界大国的奇迹般速度，中国向全球开放的远见卓识和对创新发展的投入成果，包括中国作为巨大文明实体的巨大包容性，对全球都形成了强大的吸引力，推动全球大量人才、资金和资源源源不断地汇聚到中国，形成了"天下活力，为我所用，人间财富，天下共享"的局面。这些启发了国内外人士对中国崛起之制度奥秘和文化自觉的深入探讨。2013年10月，英国国家科学和艺术基金会发布长篇研究报告《中国的吸引力状态》(China's Absorptive State)，它列举了大量的数据和分析指出：中国犹如一个古希腊神话中的阿基里斯巨人，正在奇迹般地成长起来。在该报告列举的10个关于中国的关键性发现中，第一就是"中国是一个极具吸引力的国家，越来越善于吸引和利用全球知识和网络"[①]。所谓"吸引力"(absorptive capacity)是现代创新思想中一个重要概念，指一个地方比起其他地方，可以更好地吸收新思想、吸引人才和创造机会。这在全球化的时代，是一个国家形成全球领导力的必要条件。而中国的强大吸引力，恰恰要归结到中国的制度设计、文化观念和执行力。中国源远流长的文化传统中一直有"海纳百川，兼收并蓄"的优良传统，而且有"孜孜不倦，好学不倦"的文脉作风，在21世纪经济全球化、政治多极化、科技信息化的背景下，中国不断提升对外开放的水平，努力打造与全球广泛联系的网络，把创新作为国家可持续发展的强大动力，建立大量创新和研发的平台，激发全体人民的创新活力，成为全球创新价值链的重要组成部分，与其他创新大国和创新主体形成了广泛的互联互通关系，仅仅是申请专利的数量，根据世界知识产

[①]　NESTA，*China's Absorptive State*，October 2013，London.

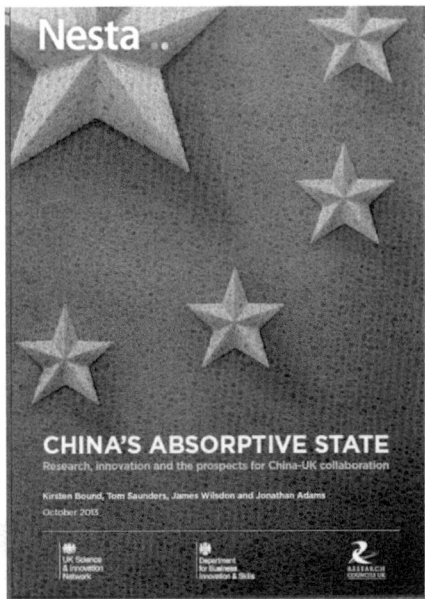

图 1-1　NESTA 报告：中国的吸引力状态

权组织的统计，在美、中、欧、日、韩五大经济体中，中国申请专利的数量从 1983 年的最末位猛增到 2011 年的第一位①。中国达到 526 412 件，美国为 503 582 件，日本为 342 610 件，中国公民申请受理的专利为全球申请受理专利数量的 24.6％，中国公民申请受理的专利增量为全球申请受理专利数量增量的 72.1％。中国政府和企业及社会对科技研发的投入已经达到历史的新纪录，吸引了大批优秀的科学研究和产品研发力量，根据中国科学家、联合国教科文组织生物技术项目主席陈章良的披露，2014 年中国对科技研究和产品研发的投入已经达到 13 380 亿元，实现了邓小平当年提出的研发投入要占 GDP 总量 2％的期待，为中国迈向全球创新大国提供了强大的动力②。

《NESTA 报告》警告说：中国有长远的战略目标，有独特的价值观念，有具体有效的实施举措，有文明大国的包容性胸怀，在迈向创新大国方面正在取得前所未有的巨大成功。如果世界上其他大国忽视了中国的崛起，仅仅把中国作为一个"快速跟进者"或者是"搭顺风车的客人"，那么就将失去和一个世界级的创新引擎合作的历史性机遇。各国必须研究如何通过创新价值链去平衡与中国的竞争与合作，与 21 世纪的这一位阿基里斯巨人携手奔跑。中国不但是一个"快速跟进者"，也正在通过吸引力来实现前所未有的价值、创新能力

① 根据 WIPO 世界知识产权组织的统计。
② 陈章良：《科技创新为经济发展带来巨大红利》，《联合时报》2015 年 10 月 19 日。

和新奇性！从这些新近的案例中可以发现：中国的和平崛起，不仅仅以奇迹般的增长速度震撼了世界，而且以创新的活力和成果吸引了世界的资源。中国不仅仅传承了兼收并蓄的文化传统，而且具有主动的体系、政策和文化魅力的设计能力和执行能力，正在一个以创新为旗帜的新世纪里，焕发出神奇的光彩，成为世界有识之士尊重和研究的公共财富。中国迈向世界强国的雄伟步伐已经证明，并且将进一步证明：中国崛起，决胜于文化自觉；强国之路，决定于文化实力。

二、文化强国树立社会共同体的核心价值观

文化强国的软实力，体现在强大的思想力量和价值观念，把亿万国民凝聚成为一个坚强的社会共同体。它的核心价值观念，是指引国民沿着"什么是有价值的"和"怎样实现这种价值"的道路，去追求理想的航标，也是凝聚民心、民智和民力，引领国家强盛的核心要素。这种强大的思想力量之产生，不但要依赖国家的战略、制度和动员，而且它将经历一个国家层面和非政府层面、企业、组织、社会团体及个人，贡献多种资源，共同创造、友好互动和分享的过程；由于文化建设在本质上是以人为本的，是以人文内涵为核心的，是全体企业、机构和人民共同创造的结果。离开了广大国民普遍参与创造和认同的软实力，必将是外强中干而充满危机的。

在历史上后起大国追赶先发达国家的竞争中，文化软实力是不可替代的内在加速器。正是这种自我认识、自我设计、自我激励的文化动力，激励着后来者勇敢地超越已经开始衰落的国家实力模式，去攀登前所未有的文明高峰。1888年恩格斯第一次访问美国后，在横跨大西洋的"柏林号"轮船上和在纽约，他第一次面对面地接触到大量美国人，接触到这样一个新大陆上崛起的文明。恩格斯感慨地写道："美国是一个新世界，新不仅是就发现它的时间而言，而且是就它

的一切制度而言；这个新世界由于藐视一切继承的和传统的东西而远远超过了我们这些旧式的、沉睡的欧洲人。这个新世界是由现代的人们根据现代的、实际的、合理的原则在处女地上重新建立起来的。①"新生的美国在短短 100 多年间迅速超过老牌欧洲强国的原因之一是以追求自由、平等和竞争为核心的"美国梦"，而且这种美国价值观深刻地渗透到美国的制度设计、金融体系、商业模式、移民政策、大众文化等各个方面，"这个前进最快的民族（the most go ahead nation），对于每一个新的改进方案，会纯粹从它的实际利益出发马上进行试验"，这种务实、坦率和讲究效率的社会文化激发了前所未有的生产力。以自由、民主、公民权利、三权分立、政教分离、以私有财产不可侵犯为基础的市场经济、宪法至上等，成为美国社会成员普遍接受的文化观念。就连遇害身亡的美国民权运动领袖马丁·路德金的著名演讲《我有一个梦想》，也表达了这样的理想："在自由到来的那一天，上帝的所有儿女们将以新的含义高唱这支歌：我的祖国，美丽的自由之乡，我为您歌唱。您是父辈逝去的地方，您是最初移民的骄傲，让自由之声响彻每个山岗……上帝的所有儿女，黑人和白人，犹太教徒和非犹太教徒，耶稣教徒和天主教徒，都将手携手，合唱一首古老的黑人灵歌：'终于自由啦！终于自由啦！感谢全能的天父，我们终于自由啦！'"2001 年"9·11"恐怖袭击事件后，美国纽约成立了"9·11"遗址重建委员会，遴选重建设计方案。最后，34 岁的以色列建筑师迈克尔·阿拉德和 71 岁的美国园林设计师彼得·沃克推出的方案，击败了 63 个国家和美国 49 个州的 5 201 名竞争者而胜出。这个方案主题为"痛失的反思（reflecting absence）"，它设计重建的 WTC 一号楼，就叫"自由之塔"。它表明：美国人对世界事务的认知在共同利益和共同价值观的基础上趋于一致，形成了举国一致的文化认同感和凝聚力。这使得美国领导集团和精英可以通过国内民

①　［德］恩格斯：《美国旅行印象》，《马克思恩格斯全集》第 21 卷，人民出版社 1995 年版，第 534 页。

主运作使国家的"软实力"实现最大化，通过美国的企业、院校、媒体、基金会、非政府机构等向其他国家广泛传播自己的文化观念，并且在全球范围争取自己的盟友，从而比那些仅仅以经济利益组合在一起的地区同盟比如东盟、阿盟、非盟等集团更为强势，更比许多缺乏核心价值观念和文化理想的民族国家和区域合作机构具有强大的竞争力，这是值得我们认真研究和借鉴的一个重要规律。

中国古人云："与其临渊羡鱼，不如退而结网。"当中华民族走向伟大复兴的时候，中国新一代领导人提出"中国梦"，明确了社会主义的核心价值体系，正是要激发全体中华儿女仰望星空，创建理想目标和精神家园的巨大热情和智慧。习近平主席在十二届人大一次会议上说："实现中国梦必须弘扬中国精神。这就是以爱国主义为核心的民族精神，以改革创新为核心的时代精神。这种精神是凝心聚力的兴国之魂、强国之魂。爱国主义始终是把中华民族坚强团结在一起的精神力量。"这种价值观念的形成，来自对中国文化传统和优良遗产的传承和发扬，来自中国共产党人在中国公民和建设特别是改革开放过程中的理论创造和理想塑造，也来自亿万人民改革开放的广阔实践。它不仅仅需要决策管理者和知识精英的设计，更需要亿万国民的共同探索和多样化成果，也需要中国人民发挥巨大的想像力和文化自信心，超越已有的西方发展模式，而探寻出一条具有时代特点、中国特色的现代化道路。正如党的十八届三中全会通过的《中共中央关于全面深化改革若干重大问题的决定》所强调的"加强顶层设计和摸着石头过河相结合"，唯有这样，才能树立起对中国现代化的理想动力，对中国转型发展的智慧推动，对亿万国民的精神引领，对全民创新伟力的强烈激发。

这样一个伟大的历史任务，还有待于全体人民共同努力完成。当 2014 年的中国以 646 364 万亿元的 GDP 成为全球第二大经济体，成为全球第二个经济总量超过 10 万亿美元的经济体，中国还没有完全创造出为各国人士向往的理想家园、崇拜偶像、人文梦想，还没有完全塑造出为全世界所尊重、所向往的优秀国民、理想社会和世界强国之形象,还没有完全在全球重大的人文、社会、生态、环境等问题中推出引领性的重大命题。当全人类面对着一系列政治、经济、生态、环境方面的巨大挑战的时候,大量的国际性议题是由发达国家提出的,大多数全球最高的文化、科技、艺术等评奖和荣誉包括诺贝尔奖、奥斯卡奖、设计红点奖、普利特克奖、格莱美奖、普利策奖等是由美国、日本和其他西方国家率先提出的,并且在全世界风行。中国在这些顶级领域的获奖数量,还无法与美、日、欧等主要发达国家相比肩,中国所创造的文化内容还无法在科技创新、信息化社会、战争与和平、全球治理、金融危机、宗教冲突、生态平衡等全球性的主题上,给国民和各国以强大的引领性,为人类特别是各国的青年一代提供走向未来的思想制高点和理想之光。

"走向世界只是起点,赢得人心才是目标。"国家文化整体实力和竞争力建设的核心指标之一是在全球范围内获得广泛认同的能力,这不能靠强迫和压制,而必须依靠核心的价值观念、现代化的建设业绩、大量的文化成果和对各国的贡献来形成,必须发挥出中国文化直达人心的力量。著名的美国独立调查机构皮尤研究中心(Pew Research Center)在 2015 年做了世界主要地区民众对美国和中国最有亲切感/好感的人数所占比例的调查,结果发现:对比前几年的情况,各地区民众对中国的亲切感明显提高,中国的文明进步和文化内容在全球获得传播和认可的程度大大改善,但是各地的情况很不平衡(见图 1-2)。

其中非洲对美国和中国最有好感的人数所占比例达到 79% 和 70%,好感度最高,显示中国长期以来在非洲的建设成就和文化贡献得到举世公认,在非洲人民中获得了广泛的好感和亲切感;亚洲和太平洋地区对美国和中国最有好感的人数所占比例达到 79% 和 70%,大体上持平;而在中东地区对美国和中国最有好感的人数所占比例达到 29% 和 52%,显示了中国在中东地区获得普遍性好评和欢迎,

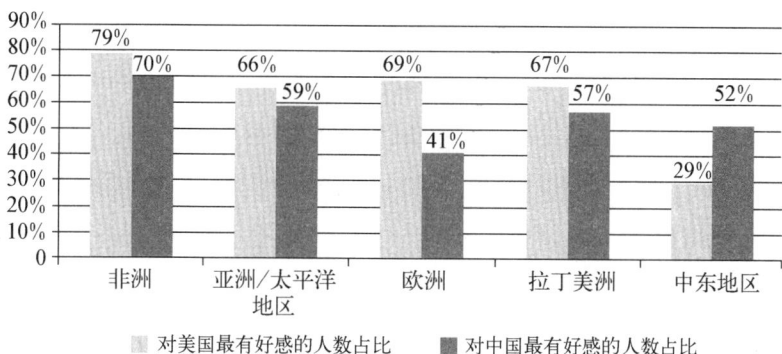

图 1 - 2 世界各地区民众对美国和中国最有好感的人数占比(2015 年)

资料来源：根据 Pew，"Both U.S and China viewed most favorably in Africa"，http://pewresearch.tumblr.com/的数据绘制。

而在欧洲，对美国和中国最有好感的人数所占比例达到 69％ 和 41％，显示美国的软实力仍然对中国具有明显的优势，特别是在西方价值观念占主流、长期获得西方文化浸染和熏陶的地区，许多人对中国的发展模式和中国主流文化仍然抱有很大的怀疑、误解和诱惑，这恰恰有待于中国的文化建设和文化传播做出更多的努力。

龙永图先生曾经引用澳大利亚报纸对中国未来提出的三个疑问，以深化人们对中国提升国际地位和文化软实力的思考：(1)什么时候才能使全球大多数国家的精英都愿意把自己的孩子送到中国来留学；(2)什么时候才能使全球大多数人特别是年轻人更多地看中国电影，听中国的音乐，阅读中国的书籍；(3)什么时候全球的消费者选购产品时，更多选择中国的品牌[①]。这可以说是又一个涉及中国文化贡献力的"世界之问"。要圆满回答这样的"世界之问"，需要中国人民长时间的艰苦奋斗，更需要中国人焕发出强大的创造力量，在文化领域共同参与、多样包容、广泛创造、社会共享、平等竞争，让各级政府、各阶层人士、企业、社会团队，勇于探索未来的领域，敢于面

[①] 何瑞涓：《龙永图：15 年后世界会发现中国是受人尊重国家》，《中国艺术报》2011 年 12 月 19 日。

对现实的挑战,善于提出创新的理念和路径,让各种文化创造的主体充分贡献,让一切文化财富充分涌流,特别需要向全世界深入介绍和传播"中国梦"的内容,介绍中国的核心价值观念,向各国人民提供更多的文化产品和文化服务,在全面感知、互联互通、智慧服务的条件下成为文化财富共享的源泉。因为文化的核心是对人的人文理想、智慧和创造力的集中表达,是彼此间心灵的对话与感动。中华文化的活力正从这种万众一体、多元参与、应对挑战、向往未来、互联互通的全民创造洪流中澎湃而出。

三、文化强国要形成创造文化魅力的巨大活力

文化强国所具有的文化整体实力和竞争力,包含了核心价值观念和意识形态,但是又超越了政治、伦理和意识形态,在更高的意义上创造了美。它不仅仅表达了一种对真理、伦理和科学的追求,而且包含了对美的想像力和表达力,它不但要建设核心意识形态,而且要创造丰富多彩的文化内容和艺术形式。这是与其他国家实力体系比如经济、军事、生态等系统所具有的竞争力不一样的重要特点。文化生产所贡献的核心内容,与意识形态的政治价值、商品生产的实用价值等有相融的部分,更有与之不同的特殊价值。由于美的创造具有共享性,所以,一个国家创造的文化艺术产品越是高级,美的创造越是活跃,人文精神和魅力越是深厚与精湛,等于它向世界各国提供的文化公共产品越多,为人类积累的文化财富越多。这是文化强国的整体文化实力与竞争力,与一般意义上的国家政治主张和意识形态相区别的重要特点。

中国学者向勇指出,文化的魅力集中体现在三大价值:膜拜价值、梦幻价值和体验价值。膜拜价值是经由文化产品的原真性、在地性和距离性所带来的"光晕体验";展示价值是经由文化产品的复制性、在场性和介入性带来的"震撼体验";体验价值是经由文化产品的

娱乐性、互动性和时尚性带来的"交感体验"。① 这是对人类生命活力的巨大激发和身心感官的全面激活，也是人类生活中具有很高价值量的丰富享受。精神财富和物质财富的重大区别之一，是前者主要提供人们进行精神和心灵上的交流和享受。所以，一项杰出的设计、一部具有震撼力的电影、一首动人的歌曲，作为优秀的文化艺术产品而具有直达人心的力量，在传播过程中具有广泛的社会共享性。

美国学者约瑟夫·奈强调："软实力说到底，就是一种叙事的能力。在当今的世界局势下，我们更多考虑的不是谁的军队捷报频传，而是谁讲的故事引人入胜。而中国政府现在显然在努力成为讲故事的高手。北京奥运会、上海世博会，都是非常精彩的好故事。"②英语中的"故事 Story"不是"事实 Fact"，所谓的"讲故事"指在认识事实的基础上进行精神创造的能力，它具有创意、想像、情感和亲和力的特色，具有"随风潜入夜，润物细无声"的感染力。一个国家的核心意识形态未必让各国民众都广泛认同，但是灿烂的文化艺术精品会成为全人类共享的财富，也就是这个国家向全人类提供优良文化财富和公共文化产品的能力很强。所以，一个国家善于"讲故事"的核心是提炼广泛认同的文化价值观和文化艺术魅力的能力，成为文化凝聚力之核心所在。

文化强国的文化整体实力和竞争力，体现在拥有强大的文化产业，能够提供大量的文化产品和文化服务，对全球文化生产的产业链、文化研发的价值链、文化资源的供应链、文化服务的品牌链发挥重要的引领作用。文化竞争的一大特点是以内容胜过数量，以精品赢得时空，以魅力征服人心，以无形胜过有形。近代以来，许多主题深邃、内容丰富、形式精湛的文化艺术精品佳作，穿越了浩瀚的时空，赢得了一代又一代民众的心灵，正是一个国家文化整体实力和竞争

---

① 向勇：《超越硬创新：从软创新到巧创新》，北京大学文化产业研究院官方网站。
② 《金融危机后的中美实力——约瑟夫·奈在复旦大学社会科学高等研究院的讲演》，《文汇报》2010 年 12 月 25 日。

力的核心标志之一。目前在中国文化整体实力中,较为薄弱的恰恰是文化内容和精品的创造能力。改革开放 30 多年来,中国文化基础设施有了空前的提高,中国文化产品的产能有了巨大的增长,特别是跨入 21 世纪以后,文化市场规模的扩大继续加速。如 2013 年中国的数字出版业产值达到 2 540 亿元;中国国产电视动画片从 20 世纪 90 年代的 4 000 多分钟,增长到 2013 年的完成 358 部,共 204 732 分钟;2013 年,全国电影票房收入 296 亿元,中国电影故事片生产了 638 部,同比减少 107 部,全国新增银幕 5 077 块,截至年底,全国共有银幕 18 195 块。同样,在出版、报刊、演艺、游戏等产业领域,中国文化产业的产量也获得了大幅度的增长。

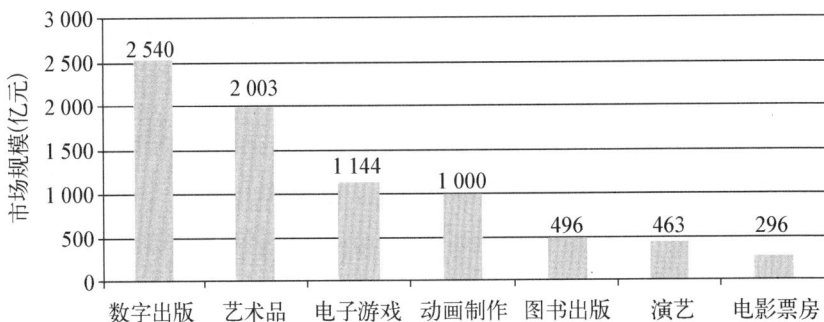

图 1-3 中国文化产业主要分类市场的规模(2013 年)

资料来源:笔者根据北京大学文化产业研究院:《2014 中国文化产业年度发展报告内容辑要》的数据和资料绘制。

从大量统计数据看,中国文化产业的产品短缺和产能弱小的时代已经基本结束,有些领域已经开始进入产能过剩的结构调整阶段,而从整体上看,缺少的是体现全民族的共同理想和人文追求,提炼中国和人类丰富的遗产,展示"中国梦"的魅力,产生广泛影响的文化精品力作。中国文化生产力经历了十多年的产能扩张,正在逐步进入一个重要的拐点,那就是逐步告别生产粗放型、资源消耗型的发展模式,转型进入一个追求科技和创新推动、注重内容质量、追求综合效益的发展阶段。中国亟须的不是扩大文化用品的产能，扩大产品制造的规模，而是提炼和创造文化内容的精华。中国作为人类四大古典文明中唯一没有中断的国家，拥有五千年悠久的文化传统和丰富资源。从春秋战国时期的孔子、庄子、墨子、老子等诸子百家开始，直到秦皇汉武、魏晋风骨、唐宋文采、康乾盛世，在广阔程度和深厚内容上是举世罕见的。所以英国学者马丁·雅克断言："在成为民族国家之前，中国首先是一个文明实体"①，"中国人之所以与众不同，有强烈的自豪感，其根源并不在于近代中国作为一个民族国家的经历，而在于中国作为一个文明古国所拥有的悠久历史②。"但是这些巨大的资源还没有在当代中国人的提炼下转化成为大量文化精品和文化新品。比如，中国缺少以 10 种以上语言在全球发行 1 亿册以上的单部文学作品，缺少在全球票房超过 3 亿美元的电影和动画电影，缺少连续演出超过 10 年以上的优秀演出剧目，缺少在全球具有偶像意义的音乐、电影和演艺明星。在全球具有标志性的 20 多个文化艺术和设计奖项和文化评选，如诺贝尔奖、普利策奖、艾美奖、奥斯卡奖、金球奖、普利兹克建筑奖等方面，中国所占的比重与经济大国的地位不相符，有许多是空白。罗兰贝格管理咨询公司在 2012 年末发布的《全球文化产业 50 大企业评选》中，美国沃尔特·迪士尼以年营业收入 380 亿美元（2011 年）名列第一，新闻集团以及时代华纳分列第二和第三位，日、法、德、英等国知名企业皆有上榜。中国入选的 2 家企业为万达（37 名）和腾讯（46 名）。

中国初步形成了文化生产体系，但是该体系中缺乏科技含量高、创意含量高、商业模式新颖的核心技术、核心产品、核心品牌，也缺乏具有自主知识产权的大量核心内容。而这恰恰是阐发"中国梦"的文

---

① ［英］马丁·雅克：《当中国统治世界——中国的崛起和西方世界的衰落》，张莉、刘曲译，中信出版社 2010 年版，第 165 页。

② ［英］马丁·雅克：《当中国统治世界——中国的崛起和西方世界的衰落》，张莉、刘曲译，中信出版社 2010 年版，第 208—209 页。

化内涵,表达具有凝聚力和吸引力的核心价值观,形成全民族的文化共同体,吸引和团结国际盟友的核心文化力量。有鉴于此,中国迈向文化强国之路的重点之一,就是突出文化内容的创造,加强文化精品的生产,提升文化生产的品位,以质量取胜,以品位占优,以拥有自主知识产权的核心技术和自主品牌为骨干,实现从"文化产能大国"向"文化创造强国"的转变,只有这样,中国才是一个完整意义上、在全球产生巨大影响力的先进国家。近年来,中国各地的文化企业正在采取多样措施,包括加大原创内容和品牌开发,在不断变化的技术与商业格局中寻觅新的机会,启动相应的项目并重新配置资源,壮大企业的总体创新能力。

四、文化强国要发挥创新驱动的强大能量

迈向文化强国的文化整体实力和竞争力建设要顺应中国建设创新型国家的战略,顺应全球范围内产业转型的深刻变化,发挥创新驱动的强大能量。自从工业革命以来,人类创造的物质财富比之前数千年创造的总和还要多,而进入数字化、网络化、信息化时代以来,人类创造和分享财富的能力又是工业化时代难以比拟的。一个更加富有活力的全球创新环境正在形成,创新已经成为经济社会发展的主要驱动力,也成为文化强国巨大能量的主要来源。

2010 年联合国教科文组织在上海世博园联合国馆内发布了《着力文化多样性与文化间对话》[①],即联合国成立 65 年来第一次关于文化的世界报告。它提出 21 世纪的文化潮流有两层含义:一是在传承遗产基础上的自我肯定,二是多元文化交融中的创新引领。任何一个国家或者地区的文化,如果失去了这两者,难以避免被边缘化的命运。

文化成果的根本价值就在于创新,是突破前人的水平而贡献新

---

① 联合国教科文组织官方网站,https://www.unesco.org。

理念、内容、产品及形式的能力。国家文化整体实力中的创新力，包含了创意、创新和创造。在全球化、信息化时代，各个国家和城市都深浅不一地连接到了一个巨大的网络中。只有文化创新力，才是全球公认和喜爱的文化硬通货。所有具有全球权威的影视、音乐、动漫、新闻、游戏、视觉艺术、工业、时尚、建筑和包装设计等奖项，都是以创新作为首要标准的。诚如英国学者查尔斯·兰德利所说："在崭新的城市构架下，创意是主要的通货之一。"他用一个五重奏公式来评价创新文化作为世界硬通货的特点：好奇心（curiosity）、想像力（imagination）、创意（creativity）、创新（innovation）与发明（invention）这五个关键词，构成了无懈可击的五重奏。①

在文化软实力视野中的创新，首先是文化创造与科技进步的有效融合。在人类历史上，每一次科技进步带来的成果，从电气、电影到无线电技术，都深刻地改变了人类文化生产要素的组合方式。今天，城市文化的潮流又一次沐浴在科技太阳升起的灿烂霞光中，哪一座城市能够及时抓住文化科技融合创新的机遇，她就有可能在全球舞台上扮演一个引领潮流的明星城市角色。

2012年2月，美国物理学家马克·P.米尔斯（Mark P. Mills）、工程与应用专家朱勒·M.奥迪诺（Julio M. Ottino）在《华尔街日报》发表《科技变革将引领新的经济繁荣》的文章，指出1912年前后出现的新技术——电气化、电话、汽车、不锈钢和无线电深刻地改变了人类与自然界的关系，而在100年后的2012年，三场宏大技术变革，即大数据、智能制造、移动网络革命与信息和通信技术、计算机技术、仿真技术、视听技术、新材料技术、节能环保技术等六大技术，将会给人类社会带来更加深刻的变革，给文化领域的感知方式、创造方式、传输方式、消费方式带来前所未有的广阔空间，涌现出3D电影、电脑仿真、数字游戏、人机互动、网络音乐、数字出版等一系列新型文化艺术

---

① Charles Landry, *The Creative City*, London & New York, 2008.

生产方式和表现样式,也促成文化产业链、文化资源供应链和文化服务品牌链的重组。

比如,从 1980 年世界上第一部绘图电脑在美国诞生,3D 数字技术就给电影产业带来了翻天覆地的变化。"科技启发艺术,艺术引领科技",这是一个你拉动我,我启迪你的互动型马拉松比赛。1986 年三位想把艺术和科技结合的"造梦人"——企业家史蒂夫·乔布斯、艺术天才约翰·拉赛特、科学家爱德·卡特穆尔合作,成立了历史上第一家 3D 动画公司——皮克斯动画工作室。他们创造出传统电影难以企及的震撼性视听效果,成为全球电影特效的新标准配置,并且以电脑动画软件技术团队的身份首次获得 2000 年奥斯卡大奖。他们出品的世界上第一部电脑动画长片《玩具总动员》在全球票房超过 3.5 亿美元,使得全球电影界同行相信:电脑动画与合成技术将是未来电影技术的颠覆性洪流。基于电脑特技的 3D 动画电影以一种全新的创作能力和审美形态,替代了传统的 2D 动画电影,成为全球风行的文化艺术新潮流。

"栽下梧桐树,引得凤凰来",从当年皮克斯的建立,到今天 3D 动画电影在全球的汹涌澎湃,人们更加关注到这些创新型企业的建立之地。有一个典型意义的对比案例,就是美国的 128 号公路地区和硅谷地区。[①] 美国学者安纳利·萨克森宁指出:20 世纪 70 年代以后,新型的战略产业在美国兴起。当时美国有两个代表性地区,第一个是美国东海岸 128 号地区,即新英格兰地区,是白人殖民者最早在美洲大陆登陆的地方,也是传统工业和金融业比较发达的地区,还是波士顿大学等名校荟萃之处。这里的景观也有浓郁的英国传统特色,巍峨的塔楼,高耸的金融大厦,层层的阶梯,表示着对传统工业和金融秩序的高度尊重。当年,刚刚崛起的风险投资在这里很不受欢迎。第二个是美国西部的硅谷—旧金山湾区,青青的绿地洋溢着无

---

① [美]安纳利·萨克森宁:《地区优势:硅谷和 128 公路地区的文化与竞争》,远东出版社 2000 年版。

拘无束的牛仔文化，这里远离纽约华尔街和华盛顿，依托斯坦福大学，以中小企业为导向，有适宜高技术发育的人文环境，而且这里的分配制度、产权制度及人际关系都宜于人力资源的发挥，特别是对方兴未艾的风险投资大表欢迎。这种鼓励创新的机制，使硅谷集聚了300多家风险投资机构总部、2 000多家金融中介机构和200多家银行分支机构，成为英特尔、甲骨文、脸书、思科、雅虎、惠普、苹果、皮克斯(Pixar)等一系列科技型、创意型领军企业的发祥之地。这里面对着广阔的太平洋，背靠北美大陆，各路人才荟萃，生态环境优良。硅谷面积为4 700平方千米，人口300万，2013年贡献的GDP高达2 580亿美元。硅谷前10名的公司，个个都富可敌国。硅谷的高科技金融家和新价值观投资家皮特·基尔(Peter Thiel)在他风靡一时的笔记《从0到1》中提出："创新不是从1到N，而是从0到1"①，进步有两种形式：第一种是水平进步，参照已有的成就而从1跨越到N。第二种是垂直进步，或者深入进步，探索新的道路——从0到1！创办皮克斯的爱德·卡特穆尔也在著作《创意电力公司——我如何打造皮克斯动画》(Creativity, Inc)中深有体会地指出：皮克斯动画作为全球第一个创立电脑三维动画研发系统的企业，克服了前所未有的巨大困难。而它的成功秘诀之一，就是必须建立创新文化的原则，"创意环境的主管必须保护好点子，我们要保护未来，而非过去"②。

这里的孵化奇迹，给中国城市的文化建设者提出了意味深长的思考题：中国的文化创新能否再现硅谷的传奇？中国的文化发展可否既有积累型的从1到N，更有创造性的从0到1？中国怎样建立创新文化的原则，形成无数个充满活力的创新团队，让创新的点子孵化成为茂密的雨林？面对这一个"硅谷之问"，答案就是：一个国家要

---

① ［美］彼得·蒂尔、布莱克·马斯特斯：《从0到1——开启商业与未来的秘密》，高玉芳译，中信出版股份有限公司2015年1月版。
② ［美］爱德·卡特穆尔：《创意电力公司——我如何打造皮克斯动画》，方祖芳译，台湾远流出版社2015年5月版，第282页。

推动文化和科技的融合创新,不但需要敏锐把握市场的机遇和先行先试的勇气,而且需要建设者和管理者的高度文化自觉,推动创意、技术和资金的深度交融,形成有利于创新型企业成长的优良制度和环境,特别是把科学精神与人文精神、科技研发与艺术创意、现代企业运营更深入地融合在一起(见图1-4)。

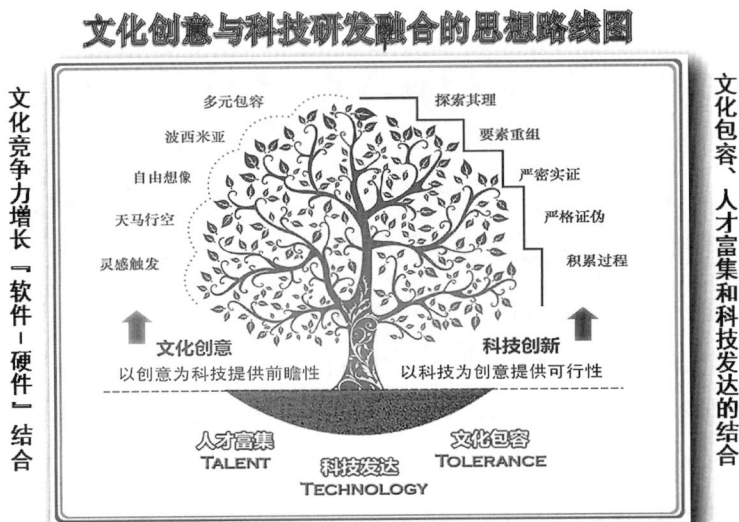

文化创意与科技研发融合的思想路线图

图1-4 人文精神、科技进步、市场活力相结合的创新机制

中国古人云:"何意百炼钢,化为绕指柔。"人文、技术、市场的深刻差异,必须在社会普遍尊重的创新文化中奇迹般地融合为一体。人文精神追求的是对人类终极命运和发展道路的思考,对人类普惠价值观念的探索,对人类幸福孜孜不倦的献身;科学技术强调的是对自然规律的极大好奇心,强调建立在事实基础上的严格证伪和逐步积累,而产业运作强调的是对商业利润具有高度的敏感性,把握客观规律,管理追求的是质量、成本管控和产出效益,而文化创意追求的是多元创造的活力,对灵感和天赋的高度尊重。人文精神和科学精神,强调的是对科学规律的不倦探索,不计较功利的得失,不在乎个

人的收益，向着哪怕是远在天边的目标顽强迈进。现代企业管理强调有效运用市场杠杆，把创造（生产价值）—金融（寻找价值）—市场（实现价值）这三个环节联系起来，实现信息化和全球化基础上的互联互通，以迎接实践和市场的严酷竞争，而文化创意强调自由想像和灵光一闪；推崇天马行空，甚至带有波西米亚人式的非主流文化倾向，创造出让人耳目一新的文化新品。它们仿佛是火焰与海水、黄金与翠玉，在性质和个性上有天壤之别，但是一旦融合在一起，就如同"金镶玉"，成为价值连城的珍品。

目前，中国已经有了中关村、上海张江、武汉东湖这样国家级的文化科技创新示范基地，对各地和全社会都形成了强大的引领作用，但是中国作为一个拥有 13 亿人口，位居全球第二大经济体的大国，它们的数量并不多。中国还缺乏像硅谷这样的文化、科技、金融有效结合、高度密集，对全世界形成巨大影响力的创新基地，缺乏在鼓励创新、鼓励社会资源投入、保护知识产权等方面的领先典范。大量实践证明：中国城市要在全球范围内吸引最富有创造活力的文化创造主体，必须在鼓励原创内容和保护知识产权等核心利益方面做出更大的努力；要进一步推动文化与科技的融合，必须有强大的制度保障和执行能力，把科学精神、技术理性、人文理想、创意活力、文化多元等，更好地融合在一起。文化强国的创新活力，必须在一个宽松自由、和谐开放、鼓励创新、宽容失败的制度下才能实现，必须在科学精神和人文素养、基础设施和充沛投入的交融汇流中才能形成。作为一个后来居上的世界性大国，中国必须不断进行文化体制的改革，发扬学术民主和艺术民主，才能释放全民族的文化创造力之活水。

五、文化强国要形成广泛的对外文化辐射力

中国所要建设的文化强国，不仅体现了传承民族遗产，凝聚文化认同，激励无数中华儿女创造活力的"中国梦"，而且对全球具有强大

的文化辐射力,与包容多样文化,建设和谐世界的"世界潮"相通,与各国人民追求和平、发展的美好梦想相通,能够承担起建立全球文化新格局的重大责任。

一个世界文化强国,必然是一个全球文化交流和文化贸易的大国,首先是要建立起自己对于世界的伟大想像力。自古以来,人类生而具有想像力,而对于世界性和全球性的想像力,却是在进入工业革命之后才逐步萌生的一种改造世界的巨大力量。一个缺乏自信、萎缩胆怯、闭关锁国、与邻为敌的国家,难以想像人类可以共享一个多元共存、环球通融、和谐相处的世界。而吸取全球化的丰富成果,提出倡导多元文化,理解各国人民多样化的文化理想,推动和谐、包容与共享的全球文化发展模式,正是一个世界大国推动多种利益共同体,推动全球秩序向平等、和谐、共享方向发展的必要内容,也是中华民族在走向伟大复兴过程中要对人类做出的重要贡献之一。正如2001年联合国教科文组织大会《世界文化多样性宣言》所指出的,文化多样性是人类共同遗产和智慧密码:"正如生物多样性对自然界来说是必需的一样,文化的多样性对人类也是必需的。"①中国是全球文化多样性的支持者和推动者,中华民族对自身和世界的理解力和想像力,正在经历着有史以来最伟大的跨越,最简要地说,就是从"文明古国"走向"同一世界",从"东亚之光"走向"蓝色星球",从"东方明珠"走向"世界中国"! 在这一个大背景下,中国壮大对外文化交流和文化贸易的实力,必须在新一轮全球化的文化流通中把握好如下特点。

(一)文化强国推动全球文化交流的能力,不仅仅在于满足一国的国民之需,更体现在开展广泛的文化交流,设计和维护全球文化贸易规则,向全球提供大量文化贸易产品和公共文化服务产品方面。

一个世界文化强国的对外文化辐射力,包括三大层次(见表1-1):

---

① 联合国教科文组织官方网站。

文化外交是以政府为主体，在文化领域对他国开展的人员交流和文化传播，具有比较明确的政治目的。文化交流是以各类文化及社会组织和人士为主体，出于平等交往的目的而开展的文化沟通和往来（从广义上说，政府间的文化外交也是全社会文化交流的重要组成部分）。文化贸易是各类文化企业，根据国际商业规则和商业目的，而开展的文化产品和文化服务的进出口贸易。其中的文化产品贸易以受到知识产权保护的文化产品为载体，开展各类跨境贸易活动；文化服务贸易是跨境进行服务交易的商业活动，包括服务进出口、商业存在和自然人移动等形式，在信息化、网络化和数字化的比肩下，文化服务贸易和文化产品贸易正在形成越来越深入的融合与交叉，其侧重点是文化产品贸易中包括的文化服务贸易内容越来越丰富，也越来越重要。这几大样式相辅相成，相互渗透，又各有侧重，各有规律。

表 1-1 国家对外文化影响力的主要形式

	第一类	第二类	第三类
分类	文化外交	文化交流	文化贸易
主体	政府	社会	企业
特点	以政府为主体，在文化领域对他国开展的人员交流、文化传播，具有明确政治目的。	以各类文化及社会组织和个人为主体，出于平等交往目的而开展的文化沟通和往来。	以企业为主体，根据商业规则和商业目的开展的文化产品和文化服务的进出口贸易。

全球范围内的国际文化交流和国际文化贸易，与 200 年来全球化浪潮的潮起潮落密切相关，而积极参与全球的流通，已经成为一个国家和地区保持增长的重要杠杆：因为积极参与全球化的流通，可以通过国际要素的流动，激活国内和地区内潜在的文化资源和社会资本，把它们转化成为现实的文化生产力和文化财富。世界银行 2001 年发表的题为"全球化：增长与贫困的研究"报告[①]指出：19 世

---

① 世界银行编写组：《全球化：增长与贫困的研究》，中国财政经济出版社 2003 年版。

纪 70 年代至今的全球化进程中,有三次大的"全球化高潮",分别出现在 1870—1914 年,1950—1980 年和 20 世纪 90 年代以后。而在这三个"高潮"中间,则是全球化的低潮时期。这三次全球化的高潮都有一些共同点,如科学技术的重大创新、国际分工的深化、产业结构的大变革、基础设施特别是通信和交通运输的革命性改进、国际贸易和投资自由化的加强和增长的加快等,而目前全球正处在第三波全球化的浪潮中。这一全球化的过程潮起潮落,但是总体的趋势是继续向深度和广度扩展。

自 2008 年全球金融危机以来,虽然世界贸易市场遭受猛烈冲击,但是全球文化贸易的规模仍然不断扩大,特别是国际文化服务贸易的增长幅度明显超过国际文化产品贸易,成为全球经济增长的一个重要领域。NCTAD 数据库的资料显示,2002—2010 年,国际文化商品贸易出口总额从 1 982.4 亿美元增长到 3 832.1 亿美元,年均增速为 8.6%;国际文化服务出口总额从 495.9 亿美元增长到 1 450.3 亿美元,年均增速为 14.4%(见图 1-5),在全球贸易各门类的增长中表现突出。有鉴于此,中国提升文化传播力和国际影响力,必须把文化外交、文化交流、文化贸易等领域的趋势和资源综合起来把握,在

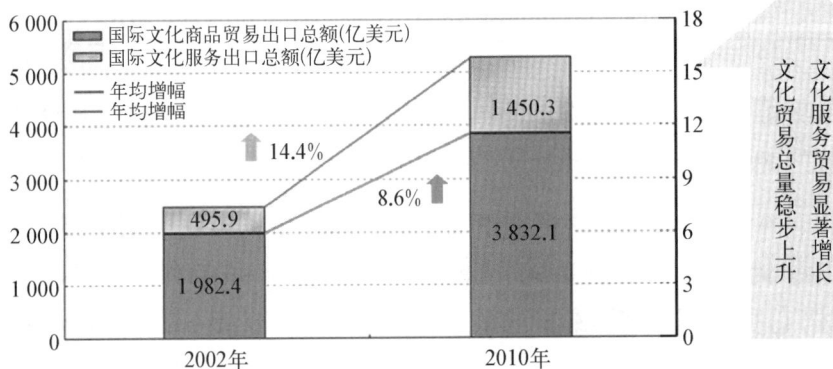

图 1-5 2002 年和 2010 年国际文化商品和文化服务出口额比较

资料来源:根据 WTO 和 NCTAD 的资料绘制。

政府层面、社会层面、产业层面充分动员各方面的积极因素，充分释放各个层面上的创造力和积极性，逐步形成中国对外文化开放的新优势。

（二）文化强国建设必须形成中国的强大文化跨国公司群体，逐步扭转发达国家以金融、科技和教育的优势，依托西方主导的国际、政治经济秩序和跨国公司的全球化网络，主导国际文化交流和文化贸易的格局。

从全球文化贸易的市场占有率看，一大批文化跨国公司成为全球文化流通的主要动力，影响着全球文化市场的大格局。参照联合国出版物的定义，文化类跨国公司为在母国以外的其他国家投资大量文化产业资产，并且实际控制和管理这些资产的企业。它们拥有中央决策体系，具有全球经营的意识，确立了全球性战略目标和适宜于全球化竞争的经营架构，把下属的各个实体通过所有权联系起来，其海外营收、海外资产、海外员工在公司整体业绩中占有 35％ 以上的比重。它们把企业之间和区域之间的文化贸易发展成为跨国公司内部的要素流通，规避了大量贸易保护主义的壁垒，便利了各类文化产品和文化服务的跨国贸易。文化跨国公司具有注重开发知识和创意资源，组织灵活、本土化程度高的特点，是引导全球创意经济开发和文化产业国际分工的主角。2014 年全球 100 大跨国公司的平均跨国指数（根据海外营业收入、海外资产、海外员工所占比重三大指标得出）达到 64.55％，全球发展中国家 100 大跨国公司的平均指数也达到 54.22％。2010 年，全球最大的 50 家视听企业的总营业额约为 3 687 亿美元，其中最大的 10 家视听企业的营业额达 2 019 亿美元，全部为发达国家所占有[①]。2014 年美国《财富》杂志评选出的世界企业 500 强中，美国占有 128 家，中国破纪录地达到 100 家，其中的中

---

① European Audiovisual Observatory, *Yearbook 2011 Film*, *Television and Video in Europe*, Vol.2, *Television and on-Demand Audiovisual Services in Europe*, Strasbourg, 2011, pp.14 – 15.

国石油化工集团和中国石油天然气公司为 500 强的第 3 和第 4 位，显示了中国强劲的经济发展势头。而在此次世界 500 强中主业涉及电影、视听、娱乐等文化产业的，仍然为美国和欧盟国家所拥有（见图 1－6）。其中如沃尔特·迪士尼公司的营业收入达到了 450.4 亿美元，位居 500 强的第 248 位[①]。由于跨国公司体现出明确的全球意识和全球战略，推动了文化生产和文化投资的国际化，使得全球文化经济市场不仅仅是国家间的交往和交易，而越来越成为跨国企业的组合，这大大增强了各国文化产业之间的相互依赖性。它们通过投资、贸易、服务外包等形式，参与东道国的文化产业集群和协作网络，形成全球分工协作的文化价值链、文化资源的供应链、文化品牌的服务链。一个大国拥有的文化类跨国公司的数量、规模和覆盖面，体现了该国在全球的文化竞争力和文化辐射力。中国必须建立强大的文化跨国公司群体，才能参与和主导文化生产的国际分工，成为真正意义上的世界文化强国。

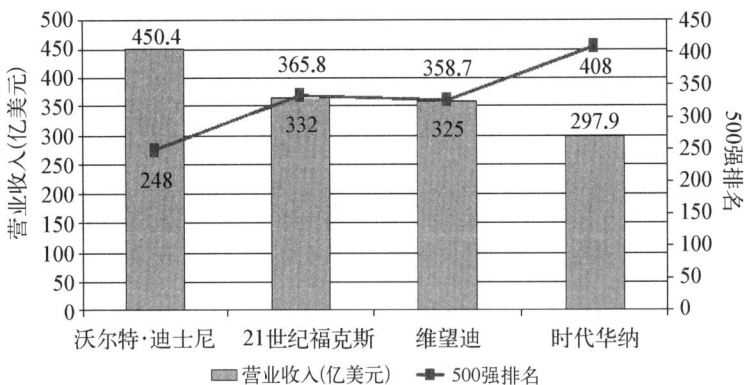

图 1－6　2014 年世界 500 强中主业涉及文化产业的跨国公司

（三）文化强国建设必须把握世界多极化的趋势，针对非西方国家的全面崛起，与新兴经济体和广大发展中国家一起，在国际文化交

---

① 《世界 500 强排行榜》，美国《财富》2014 年 10 月下半月刊。

流和文化贸易方面，发挥更大的作用。

从全球范围看，在对外文化交流和文化贸易的规模方面，增长最快的就是中国、印度、巴西、俄罗斯、印度尼西亚等一批新兴大国和区域大国。它们的对外文化贸易受到本国发展战略、经济增长、人口和资源、市场扩大以及地缘条件的影响，正在推动着全球文化交流和文化贸易的增长，从长期以来的西方大国为主的格局，向西方国家和新兴大国多极推动的局面发展。2011 年，日本官方和民间代表联合提出一份重要提议案《酷日本官民有识之士会议提议案》，这些日本官方和民间代表包括时任日本政府经济产业省大臣海江田万里，大臣政务官田坞要等 9 位重要官员，资生堂株式会社名誉理事长福原义春、编集工学研究所所长松冈正刚等 20 位企业家和作家。他们共同指出在全球有 19 个文化产业增长最快，占有份额最大的国家和地区，其规模总量年均复合增长率将达到 7%。这其中增长最快的中国、印度、巴西、印尼、沙特阿拉伯、泰国等，它们的文化产业规模年均复合增长率分别达到 11%、11%、10%、10%、8%、8%。其中中国五大类文化产业的复合市场总量将从 2008 年的 73.4 万亿日元，增长到 2020 年的 228.1 万亿日元，逼近美国的 288.3 万亿日元；巴西将从 2008 年的 28.3 万亿日元增长到 2020 年的 82.9 万亿日元；俄罗斯将从 2008 年的 17.2 万亿日元增长到 2020 年的 48.6 万亿日元。预计 2020 年世界文化产业的市场规模将达到 900 兆日元以上。这是一个体量空前巨大的市场，而其中中国、印度、巴西、印尼等新兴大国的增长潜力令人印象深刻（见图 1－7）。

从全球文化贸易的结构看，发达国家和发展中国家所拥有的优势大不相同。美、日、欧等发达经济体主要在创意含量高、技术密集型、资金密集型、配套服务要求高的视听产品、新媒体、出版等方面，占有明显的优势，并且依托自己拥有的一大批文化跨国公司，在全球占有 50% 以上的市场份额；而发展中国家在劳动力密集型、资源密集型、依托传统市场流通方式的工艺品等领域占有全球 50% 以上的市

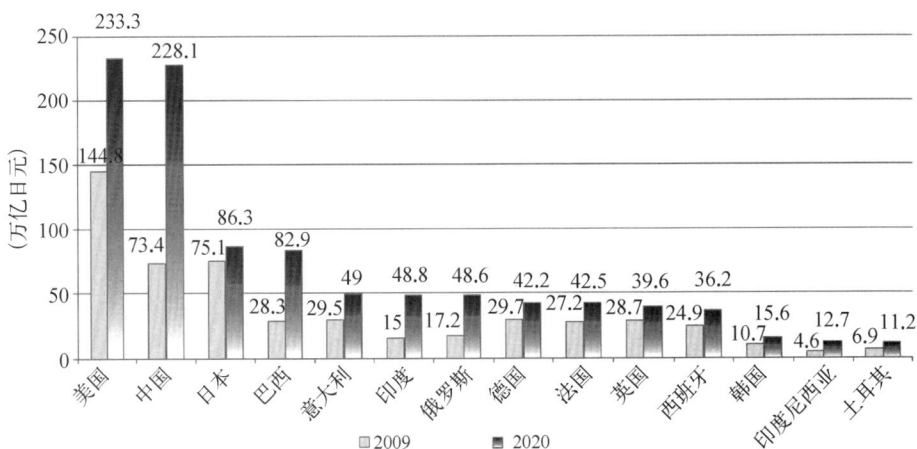

图 1-7　世界主要国家文化产业市场规模的预测（2009—2020 年）

资料来源：A.T.科尔尼咨询公司分析，引自《酷日本官民有识之士会议提议案》（2011年5月12日），这是由日本政府经济产业省大臣海江田万里、大臣政务官田坞要、内阁府政务官阿久津幸彦、文部科学省（文化厅）大臣政务官林久美子、日本贸易促进机构（JETRO）副理事长中官道隆等9位高级官员，和资生堂株式会社名誉理事长福原义春、编集工学研究所所长松冈正刚、作家秋元康等20位企业界、金融界、文化界著名人士联合提出的一份重要提案。该提议案所称的文化产业，指媒体与内容产品、时尚、观光旅游、食品、制造业与地区特色产品等五大门类。这与联合国教科文组织文化统计框架、英国创意产业统计指标等内容相通，但是不完全吻合。作者根据上述资料和数据设计和绘制。

场份额，近年来特别是包括中国、印度、巴西、南非等在内的金砖国家在推动文化贸易，发展对外文化产品和文化服务的出口方面，增长明显。可见发展国际文化交流和文化贸易，绝不是单打独斗，而犹如冰山之一角，显示了一个国家和地区在宏观战略、经济发展、科技水平、企业管理、国际化水平等方面的全面竞争力，也是一个国家在文化竞争力主体和体系建设方面的综合表现。

　　有鉴于此，中国要把增强国际文化影响力，作为增强国家文化整体实力和综合竞争力的重要内容。这是由中国和平发展的现代化道路所决定的，也是由中国日益增强的综合国力和国际地位所决定的。与历史上英国、美国、德国、日本等大国崛起的道路不同，中国政府庄严宣布：中国现代化选择的是和平发展道路，"和平"是这条道路的旗帜和目标；"发展"是它的内涵和本质；"科学"是它的思想方法和可持续发展条件；"和谐"是它的结构设计和价值理念；"开放"它的根本动力和广阔空间；"合作"是它的行为准则和路径选择。这就内在地要求中国成为一个最有吸引力和亲和力的世界强国，引领更多的盟友和追随者共享发展的成果。本报告前面提及，根据皮尤调查报告等大量资料的分析，在欧洲、亚洲和太平洋地区，对美国最有好感的人所占比例仍然很高，有的地区高达 69％。这和长期以来西方文化在全球的广泛传播密切相关，也和国际文化交流和文化贸易中有大量文化内容是误判、错读中国模式，甚至是贬低和抹杀中国道路有关。这就如同中国学者、《中国超越》的作者张维为所言："新中国在前两个三十年里解决了'挨打'和'挨饿'的问题，现在要解决'挨骂'的问题"，中国作为一个大国，首先要跳出"西方中心论"和"历史终结论"的话语的束缚，必须以自己的话语回答中国"从哪里来、走什么路、往何处去"等大问题①。这是一个艰巨而长期的任务，也是中国和平发展必然要解决的一个重大课题。从改革开放 30 多年的实践看，

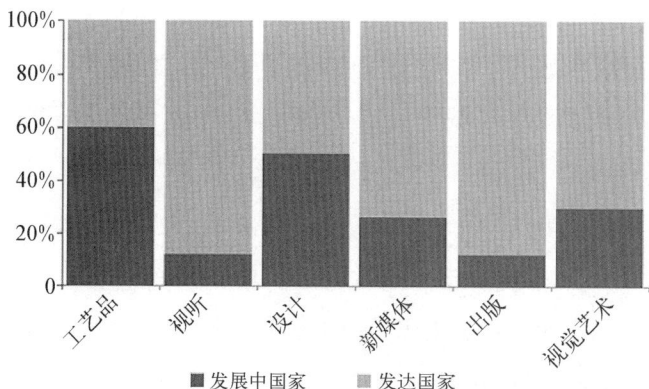

图 1-8 全球文化创意产品出口中各经济体所占的份额(2011 年)

资料来源：根据联合国开发计划署 NCTAD 数据库的资料绘制。

---

① 《张维为：为中国解决挨骂问题》，http://forum.china.com.cn，2014 年 11 月 20 日。

中国正在向全面提升文化整体实力和竞争力的道路上稳步迈进,中国必将实现这一个伟大的战略目标,而为全人类树立一个非西方的现代化国家文化实力体系,从文化的层面上为世界各国提供一个值得跟随、学习、追求的前瞻理想目标。

(四)文化强国建设必须把握信息化的潮流,针对 ICT 产业蓬勃发展的趋势,依托移动互联网、大数据、云计算和智慧城市建设等带来的重要机遇,形成新的科技成果基础上的对外文化传播力优势。

中国增强国际文化影响力,是在 21 世纪经济全球化、政治多极化、文化多样化、科技信息化的背景上展开的。互联网思维深刻地改变了生产和生活的模式,推动人类跨入一个互联互通的智慧链时代。互联网新思维包括:快捷的反应能力、极致的用户体验、平台作用巨大、以创新为引擎、免费的商业模式、互联互通的开放模式、高度的专业化等。互联网通过整合创意、硬件、软件、资本等要素,把文化资源、资本资源、技术资源、制度资源进行跨时空的灵活组合,把在地、在场、在线三大文化生产方式进行纵向和横向的贯通,通过数据链的贯通,逐步消融文化企业和文化消费者的隔阂,形成具有巨大包容性的文化商业生态系统。

由于互联网促进了文化生产力的新组合,通过整合硬件、软件、创意、资本等要素,许多城市正在形成具有巨大包容性和连贯性的文化商业生态系统。这种系统便于人类把文化资源、资本资源、技术资源、制度资源进行跨时空、跨领域的灵活组合。许多区域性和全球化的文化创意城市,正在呈现出多样的形态。它们包括:创意开发型、魅力体验型、贸易枢纽型、投资管理型等。许多大城市又包括了多样化的文化功能区,形成组团式和网络型的结构。

正如联合国贸发会议的专家指出:在跨入 21 世纪以来的这一轮全球化浪潮中,全球的货品流通在 1980 年以来增长了 10 倍,服务流通自 2001 年以来增长了 3 倍,资本流通自 2002 年以来增长了 1.5 倍,人员流通自 2002 年以来增长了 1.3 倍,而信息流通自 2008 年以来增长了 7 倍！① 这种速度和密度，是过去任何一个时期都无法比拟的。再看中国工程院院士邬贺铨描述中国大数据发展的现状："淘宝网每天有超过数千万笔交易，单日数据产生量超过 50 TB（1 TB 等于 1 000 GB），存储量 40 PB（1 PB 等于 1 000 TB）。百度公司目前数据总量接近 1 000 PB，存储网页数量接近 1 万亿页，每天大约要处理 60 亿次搜索请求，几十 PB 数据。"而在这种巨大的信息湍流中，谁掌握了文化科技融合的领先技术和产业化高地，谁就掌握了导向、推动、规范信息流通的主动权。我们在上海张江、深圳、武汉东湖、浙江横店等国家级文化和科技融合示范基地的调研结果显示，受访中有超过 65％的企业管理层都认为：从 2016—2020 年的"十三五"规划期间，我国应该在超高清电视、虚拟现实、下一代广播电视无线网、大数据、深度学习与人工智能等主要领域，加大研发投入，攻克技术难关，形成新的文化科技融合竞争力优势。比如在超高清电视领域，美日欧等国发达国家或地区纷纷发力，以抢占前沿高地。如美国有线运营商 DirecTV 已于 2014 年 12 月正式发射 4K 卫星 DirecTV‐14，信号覆盖区域约占美国领土的二分之一。欧洲知名卫星运营商 SES 预计 2020 年全球将有 200 个超高清直播频道，用户达 1 亿户。到 2025 年将增加至 1 000 个超高清频道，5 亿多用户。2014 年 6 月，日本也开始在 CS 卫星电视试播 4K 节目，并将在 2016 年启动 BS 卫星电视的 4K 节目试播。作为国家下一代广播电视（NGB：Next Generation Broadcast）的试验示范区，上海从 2015 年开始，计划通过 2 年的时间建设全国第一个 4K 超高清电视的试验示范区，该试验示范区的建设将有力地推动我国超高清电视应用的发展，并且形成中国研发、生产和播放超高清电视的产业化基地。可见在这种跨国流通的巨大洪流和漩涡中，整个文化、科技和经济的大格局都在发生巨大的变化。唯有城市提供更强劲的金融扶持能力，更完善的基础设

---

① Carolina Quintana，"Culture, Creativity and International Competitiveness"，Speech at Forum on Cultural Industries（Macao），2015.

施,更广泛的国际联系,更有包容性的文化环境,才能培育出更加强大的文化生产力。

谁放弃了参与全球化的交流,谁就放弃了增长的强劲动力,这已经是一个无情的竞争规律。有鉴于此,从现在起到 2021 年,中国增强文化整体实力和竞争力,必然是在一个广泛开放的空间中展开,必须充分利用"互联网＋"带来的翻天覆地的技术变革和产业化潮流,把线上与线下、在场、在地、在线等多种文化交流和文化贸易方式结合起来,充分利用国内和国际两种资源和两个市场,成为各种不同制度、不同文化、不同发展水平的经济体之间的联结枢纽,成为推动国际文化新秩序的强大动力源泉。

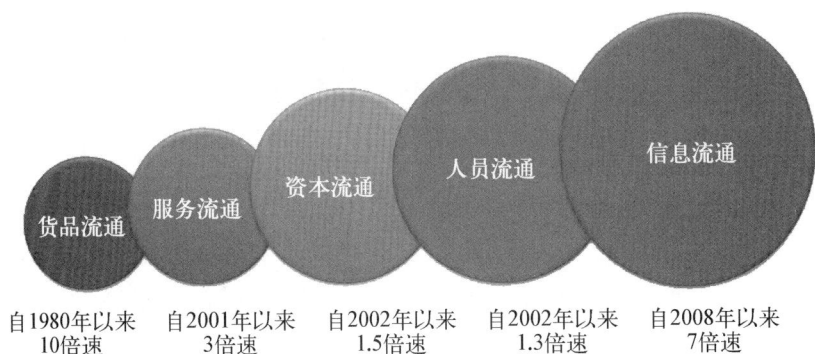

货品流通	服务流通	资本流通	人员流通	信息流通
自1980年以来10倍速	自2001年以来3倍速	自2002年以来1.5倍速	自2002年以来1.3倍速	自2008年以来7倍速

图 1-9　全球化的新面貌——国际流(货品、服务、资本、人员和信息的流通)正在急剧增长而成为全球增长的新引擎

资料来源:麦肯锡,2013 年。

(五)文化强国建设必须把握全球政治经济格局的变化,根据国际文化贸易规则的变化,采取灵活多样、务实有效的举措,扩大文化辐射力。

中国的和平崛起,体现了一条不同于西方国家的现代化道路,这条道路对于人类的伟大贡献,正在日益广阔的领域中显示出来,而让各国人民理解和支持这一中国现代化模式,跨越由于历史、地理、制度、传统的不同而形成的"文化折扣",这需要我们做大量的工作,包括广泛地开展文化外交、文化交流、文化贸易，不但要有政府主导的文化外交，而且要有各层次的民间交流，更要通过出口大量的主流文化产品、文化服务，向全球传播中国的核心文化理念，让各个地区和各个社会群体，在赏心悦目、耳熟能详的文化艺术消费中，了解中国社会的真实情况和深刻变化，认同中国的核心价值观念与和平发展共赢的理念。2013年3月，习近平主席偕夫人彭丽媛访问坦桑尼亚，在演讲中，习近平提及中国电视剧《媳妇的美好时代》正在坦桑尼亚热播，它以斯瓦希里语配音，喜剧感十足，让坦桑尼亚的老百姓了解到中国人民生活中的酸甜苦辣。2014年下半年习近平主席访问阿根廷，向阿方赠送的国礼中就包括了中国完美影视传媒有限公司等出品的《北京青年》、《老有所依》、《失恋33天》的DVD，而且做了中文、英文、西班牙文、葡萄牙文的字幕。党和国家领导人的率先垂范，启发了我国的文化工作者，要在加强文化交流和文化贸易方面，积极承担以下战略性任务。

一是要推动我国的文化"走出去"，从政府主导的对外文化推介，向多层次的文化外交、文化交流和文化贸易相结合转变。文化交流和文化贸易应该是相互渗透和相互促进的，都需要三者的有机结合：(1) 创造力——依托丰富的文化遗产开发优质的文化产品；(2) 传播力——形成对外文化传播的有效载体和渠道；(3) 亲和力——形成对各国人民富有吸引力和感染力的文化形态。

二是推动我国的文化产品出口为主向货品、服务、技术、资本、管理输出相结合转变，整合发改委、国资、商务、文广、科技、海关等方面的力量，推动政府、企业和社会力量的合作，联合颁布新版的对外文化贸易发展指导目录，通过出口项目资助、贷款贴息、房租补贴等方式推动文化"走出去"项目。

三是推动文化"走出去"的竞争优势由价格和劳动力优势为主向技术、品牌、质量、服务为核心的综合竞争优势转变，包括采用更加多样化的路径，如建立对外文化贸易的产业集聚区，培育外向型文化企业和文化机构的集群等,让建设创新大国的优势逐步在对外文化交流和文化贸易领域获得体现。

四是推动中华文化"走出去",不但要继续进入发达国家市场,而且要积极开发发展中经济体。从全世界范围来看,非西方国家全面崛起正是 21 世纪的一个重要现象。在国际文化贸易领域,发展中经济体在文化产品和文化服务进出口方面所占的比重越来越大,尤其是印度、巴西、南非等金砖国家和印度尼西亚等新兴国家的增长令人瞩目。根据联合国贸发会议数据库的资料,从 2004—2013 年,中国创意产品的出口目标地区,虽然仍然以发达国家为主,但是向发展中国家转变的趋势越来越明显(见图 1-10)。

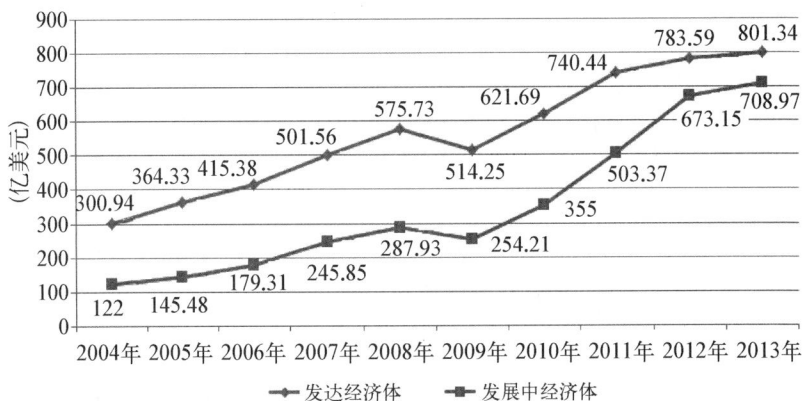

图 1-10　中国创意产品对不同发展水平经济体的
出口规模(2004—2013 年)

资料来源:根据王洪涛、郭新茹的《2014 创意经济对外贸易报告》(载《两岸创意经济研究报告 2015 年》,社会科学文献出版社 2015 年 10 月版)的内容和数据等绘制。

2004—2013 年,中国创意产品向发达经济体出口额为 5 619.25 亿美元,而向发展中经济体出口额为 3 475.89 亿美元,但是中国创意产品向发达经济体的出口比重在下降,从 2004 年的 69.79% 逐步降到 2013 年的 51.27%,而对发展中经济体的出口比重在上升,从 2004

年的 27.08％ 逐渐上升到了 2013 年的 45.36％，颇有"城中桃李愁风雨，春在溪头荠菜花"的感觉。这就亟待中国的对外文化贸易更加敏锐地把握全球政治经济大格局的变化，不但要继续把握对发达经济体的文化贸易特别是扩大文化出口，而且要及时把握对发展中经济体的文化贸易往来，扩大对发展中经济体的文化出口，通过平等互利、友好合作、发展共赢，与广大发展中经济体的人民共享文化成果，为中国文化"走出去"开辟更多、更加有利的目标市场和发展空间。

第二节　中国增强文化整体实力和竞争力面对的新问题

增强我国文化整体实力和竞争力研究，必须采用系统科学的思维，面对建党 100 周年和中华人民共和国成立 100 周年两个节点，分阶段推进这一战略任务：文化强国作为战略目标，是民族复兴的中国梦；文化实力作为核心要素，是文化崛起的中国力；创造能量作为内在源流，是持续输出的中国功；实践路径作为实践方式，是富有特色的中国路，这四者形成了有机的整体。从这样的全域视野看中国文化整体实力和竞争力的现状，存在的主要问题和面对的主要挑战如下。

一、面对全球创新浪潮，亟待提升文化创新活力

法国学者弗雷德里克·马特尔历时 5 年，走访全球电影、音乐、传媒、出版等领域的 1 250 位行业领袖，归纳了这样一张世界版图：我们正在进入一个文化创意全球化的新时代，一幅新的文化地缘政治版图正在慢慢形成，一些新兴大国作为文化内容生产国而崭露头角，而另一些人口大国则在全球文化贸易中被淹没，美国的内容生产仍是老牌霸主，而中国、巴西等正在稳步崛起；印度宝莱坞和土耳其

的媒体业奋力追赶,逐步形成电影出口和服务外包的基地,而葡萄牙等欧盟国家日渐衰落。这说明:在经济全球化、政治多极化、科技信息化的巨大潮流中,全球国家文化软实力的大格局正在进行深刻的调整,有识之士必须关注这样一个重大问题:谁才能把握全球文化竞争的主流,打赢全球文化战争[①]?

跨入 21 世纪以来,互联网特别是移动互联网的发展,加快了信息化向社会经济文化各方面的广泛渗透。中国工程院院士邬贺铨指出:"2007 年全球有 5 亿个设备联网,人均 0.1 个;2013 年全球将有 500 亿个设备联网,人均 70 个。随着宽带化的发展,人均网络接入带宽和流量也迅速提升。全球新产生数据年增 40%,即信息总量每两年就可以翻番,这一趋势还将持续。"[②]全网流量累计达到 1 EB(即 10 亿 GB 或 1 000 PB)的时间在 2001 年是一年,在 2004 年是一个月,在 2007 年是一周,而 2013 年仅需一天,即一天产生的信息量可刻满 1.88 亿张 DVD 光盘,到 2015 年以后,这样巨大的数据积累速度压缩到半天。基于移动互联网的文化形态,表现出一系列新特点:(1)让创新成为开发新领域的引擎;(2)越来越快速的反应能力;(3)追求极致的视听服务体验;(4)充分发挥平台经济的威力;(5)以低廉和免费的服务吸引海量用户;(6)与金融、物流、商贸等网络形成紧密的联通;(7)迅速更新的技术支撑条件。在这样一个汹涌澎湃的潮流面前,谁如果漠视了这种革命性的巨大变化,谁就会被迅速地边缘化,甚至被潮流所淘汰。从数据来看,2000 年要做一个市值 10 亿美元的互联网公司,已经是许多国家创业者的梦想。到 2000 年中国开始出现了 50 亿美元的互联网公司,到 2009 年中国形成了 300 亿美元的互联网公司,2014 年年初腾讯市值突破了 1 500 亿美元,2014 年上半年美国的谷歌市值达到了 4 000 亿美元。谷歌是全球文化创意

---

① [法]弗雷德里克·马特尔:《主流——谁将打赢全球文化战争》,刘成富等译,商务印书馆 2012 年版,第 5—6 页。

② 邬贺铨:《大数据时代的机遇与挑战》,《求是》2013 年第 2 期。

领域的龙头企业，而腾讯则是中国文化产业的领军企业之一。这样的增长速度和规模在过去是难以想像的。一个全球的文化创新大国应该顺应这一潮流，通过国家战略的引领和区域创新规划的实施，激发全民族的文化创新活力，并且在汹涌澎湃的增长潮流中把握先机。

一个国家要形成强大的文化创新力，仅仅有国家层面的战略是远远不够的，而仅仅培育出一两家依托互联网的新兴企业也是孤木难撑，还需要在区域和城市层面上的文化创新体系。近年来，全球许多重要城市和地区，都在探索提升文化创新力体系的战略和路径。比如，2010 年 11 月，大伦敦政府发表了《文化大都市：市长的文化战略——2012 及其后》①作为伦敦市长表达其文化发展理念及工作计划的法令性文件和政策框架。它的要点包括：（1）把文化作为伦敦最重要的资产；（2）跨界合作是推动创意产业发展的关键；（3）用数字技术打造新的文化创意平台；（4）以"创意学徒"项目培养技术型人才；（5）以音乐拓展数字教育；（6）扩大市民对文化参与度等。又比如，加拿大温哥华市是全国第二大城市，它的城市文化规划的核心就是建设一个创新型国际大都市，充分体现温哥华作为一个多元、年轻和迅速发展的大城市之独特和真实的面貌，以城市的创意潜力和国际领先的文化发展实力。温哥华文化规划（2008—2018 年）的核心就是以温哥华的艺术和文化场景活力为市民和游客贡献巨大效益。这种创建将通过一个包容性的社会，以发展、搞活、提高并促进艺术和文化的多样性②。

从北美、欧洲到亚洲和非洲，从老牌发达国家到新兴大国和金砖国家，一个国家的文化创新能力越来越依赖于一系列重要的创新城

---

① 大伦敦政府（Great London Authority）于 2010 年 11 月 13 日正式发表了《文化大都市：市长的文化战略——2012 及其后》（*Cultural Metropolis: The Mayor's Cultural Strategy 2012 and Beyond*）。

② "Culture Plan for Vancouver 2008 - 2018"，http://vancouver.ca/parks-recreation-culture/arts-and-culture.aspx.

市,它们具有完善的创新体系,成为国家文化创新力的基础和源泉,也是全球创新价值链的关键节点。它们首先是一个由各种创新资源在空间上集聚形成的区域创新系统,创新的成败和绩效并非单纯取决于某一个创新主体,而是法律政策、研发投入、金融体系、基础设施、人才集聚、著名高校、科研机构、产业化程度、国际化联系等各种要素相互关联、集成、互动、整合的结果。它们具有创新性、集聚性、系统性、成长性和外向性的鲜明特点,创新文化发达,创新氛围浓郁,诸多支持要素在相互关联与整合中形成了强大的自组织能力,成为全球创新资源集聚的中心。

早在 2006 年,世界经济论坛和麦肯锡公司就联合发布了"全球创新城市热图"(innovation heat map),它依托于专利、版权等知识产权的创造数量、创新活动的多样性和创新规模,把全球城市的创新能力划分为四类:"涓流"、"温泉"、"汹涌的海洋"、"萎缩的池塘"。"涓流"是在创新发展初期的城市;"温泉"为快速发展中的创新城市;"汹涌的海洋"是在创新规模和产业化程度高速增长的城市,"萎缩的池塘"是那些失去了转型活力的老工业城市①。根据该项目的研究,21 世纪之初的大多数城市均处在"涓流"状态,旧金山、纽约、东京等正在走向汹涌的海洋,而上海、深圳开始上升到"涌动的温泉"状态。这是我们分析中国文化创新力必须具有的新视野。

经过多年来的发展,全球各国的城市升级大分化已经逐步展开。位于澳大利亚的 2Thinknow 咨询公司于 2007 年开始发布《全球创新城市指数》,成为目前覆盖领域最广的城市创新能力考察报告。它超越了过去一味考察人口规模、总体产值等的观念,把科技创新能力、科技成果转化能力、文化创意能力等都纳入了考察范围,勾画出评估城市创新能力的指标体系和趋势地图。在 2010 年《全球创新城市指数》331 个城市排行榜中,美国、德国、法国分别以 23 个、16 个、

---

① http://www.weforumihm.org/IHM_Tutorial.htm.

9 个创新城市位居前三，中国有 5 个创新城市入选，分别是香港（第
15 位）、上海（第 24 位）、北京（第 53 位）（见图 1‑11）、深圳（第 93 位）
和台北（第 100 位），上海名列中国内地城市第一名，显示了上海顺应
全球化的创新潮流，率先推动产业和城市双转型，建设创新型城市的
可喜成果。前面提及的汇聚了皮克斯（Pixar）和脸书（Facebook）等大
批新兴企业和跨国公司的波士顿和旧金山湾区名列第一和第二，成
为全球诸多城市参照的排头兵①。

综合排名	城市	综合得分	GaWC排名	2Thinknow排名	综合排名	城市	综合得分	GaWC排名	2Thinknow排名
1	纽约	199.5	2	4	9	阿姆斯特丹	143.9	23	6
2	伦敦	187.5	1	11	10	悉尼	142.7	7	20
3	巴黎	175.8	4	3	11	上海	140.0	9	24
4	香港	162.9	3	15	12	维也纳	136.4	35	5
5	新加坡	147.7	5	26	13	旧金山	135.9	47	2
6	米兰	146.3	8	16	14	首尔	133.8	13	28
7	多伦多	146.2	14	10	15	北京	133.7	10	53
8	东京	145.6	6	22					

图 1‑11 新的国际城市体系排名——兼顾资本枢纽和创新中心

2014 年的《全球创新城市指数》评估了全球 445 个城市，并且划
分为五大等级："创新核心"（innovation nexus），包括旧金山—圣何
塞、纽约、伦敦、波士顿、巴黎等 40 个城市，中国的上海排列第 35 位；
"创新枢纽"（innovation hub），包括休斯敦等 97 个城市，中国的北京
排 50 位，深圳排 74 位，台北排 87 位，南京排 127 位；"创新节点"
（innovation node）包括里约热内卢、孟菲斯等 166 个城市，中国的苏
州排 182 位，成都排 189 位，广州排 190 位，杭州排 208 位等；"创新影
响者"（innovation influencer）包括胡志明市、科威特市等 90 个城市，
中国的珠海排 319 位，青岛排 352 位等，"创新启动者"（innovation

---

① 屠启宇主编：《国际城市蓝皮书 2013—2015 年》，社会科学文献出版社 2013—2015 年版。

upstart)包括内罗毕等 51 个城市,中国的烟台—青岛排 409 位。由此可见,中国在全球城市创新能力的竞争中,虽然成就和特色可圈可点,但是总体上落后于主要发达国家,也处在新兴国家的追赶之中,面临着"前有重兵,后有追兵,优胜劣汰,不进则退"的激烈竞争。经济合作组织 2011 年的报告评价中国的创新有两大短板,第一就是缺乏像硅谷那样的创新龙头区域,缺乏具有强劲动力和吸引力的创新集聚区;第二是缺失世界一流的大学,在产学研结合的高度和能量方面与主要发达国家相比,特别是集聚一流的科研力量,培育大批优秀的人才方面,仍然有明显的距离。所以通过集聚海内外高端创新资源,培育中国自己的文化创新中心和区域创新龙头,以此来引领文化创新活力,建设全球文化创新大国,让越来越多的中国城市从潺潺流淌、破冰而出的创新"涓流",发展到充满活力、春意盎然的"温泉",进一步迈进到高速成长的"汹涌的海洋",应该是中国必须面对的重大挑战,也是历史性的重要机遇。

二、面对更开放全球市场,亟待壮大文化产业主体

文化产业在 21 世纪全球产业结构调整的大背景下,以智慧型、创意型和生态型的特点成为广泛关注的新兴产业。它不但可以贡献大量的文化成果和经济效益,而且可以在与制造业、城市建设业、现代农业、旅游业等的渗透、拉动、交叉和集成中发挥良好的联动效益。①

---

① 学术界对"文化产业"与"创意产业"的界定有不同的看法,我国各地有关政府部门颁布的文化产业统计数据和创意产业统计数据也不尽相同。这里不便详细展开。而从实践的意义上看,文化产业和创意产业都注重开发人的创意,并且通过诸多分工协作的环节,把创意和文化资源转化成为大量的知识型产品和服务,它们包括的主要领域如出版、影视、演艺、娱乐、软件、印刷等,有诸多重合之处。以上海为例,在文化创意产业发展的实践中,通过市委宣传部和市经委等部门的协同推进而产生了良好的发展效果。所以,本研究以文化产业的领域为主,兼顾创意产业,并且把它们作为一个相通的产业系统。

从投入和产出的意义上说，文化产业是一种主要利用知识、信息和智能资源来创造大量文化产品和文化服务的现代产业。它所创造的主要价值，是凝聚了人创造的文化内容的符号系统。这种符号系统可以被人们丰富地享受和进行再开发，又可以在与后人的信息交换中，被后人赋予新的内涵和象征意义。而文化产业最重要的生产要素，是知识型的劳动者。所以，文化产业可以被看作是一种适合现代经济增长对少耗用不可再生性资源、少污染或者低污染、高附加值的产业形态。它一端连接着人性化的日常消费，是人们精神文化需求的重要组成部分，另一端连接着高新技术的前沿领域，受到科技的推动而不断开发新的市场领域，具有高附加值、高创意、高流通的特点。犹如一块灿烂的金币，这一面是无限延伸的"人性空间"，那一面就是冉冉升起的"朝阳产业"。

跨入 21 世纪的第二个十年，人类正在走向知识经济的新时代。从农业经济时代，到工业经济时代，再到知识经济时代，总的趋势是主要利用自然资源和人类体力的经济形态，包括农业、家庭手工业等在逐渐缩小，而到了工业经济时代的后期，低附加值的制造业也在逐步缩小，而主要利用人类智力和知识的经济形态，包括信息和电脑产业、创意设计业、金融服务业、科技服务业等现代服务业的比重大大增加了，而且出现了许多新的形态，比如以数字化技术为平台的网络内容服务业就是一个全新的产业领域。大量事实说明，在世界上任何一个区域，要在知识经济时代获得可持续增长的强大动力，就要培养知识型的优秀人才，激发他们的创造活力，推动经济转型和产业结构调整。一个世界文化强国，必须通过发达的文化产业来创造大量的文化产品和文化服务，吸引优秀的知识型人才，同时，让劳动者获得丰富的文化体验，使他们获得人文精神和知识的良好修养。否则，推动产业的转型，焕发可持续增长的活力是不可想象的。所以，发展文化产业既是一个产业升级的重要领域，又是推动产业结构升级的重要条件。

国家统计局依据第三次全国经济普查资料,对 2013 年我国文化产业的主要指标进行了测算。2013 年,我国文化及相关产业(文化产业)增加值为 21 351 亿元,与 GDP 的比值为 3.63%,其中文化产业法人单位增加值为 20 081 亿元,比上年增加 2 010 亿元,增长 11.1%,比同期 GDP 现价增速高 1 个百分点。按行业分,文化制造业增加值 9 166 亿元,占 42.9%;文化批发零售业增加值 2 146 亿元,占 10.1%;文化服务业增加值 10 039 亿元,占 47.0%(见图 1-12)。目前 2013 年全国文化产业增加值约为 21 351 亿元,占 GDP 3.63%,近 10 年来的年均增长率达到 11% 以上,但是仍然低于金融、信息、通信产业的增长速度。

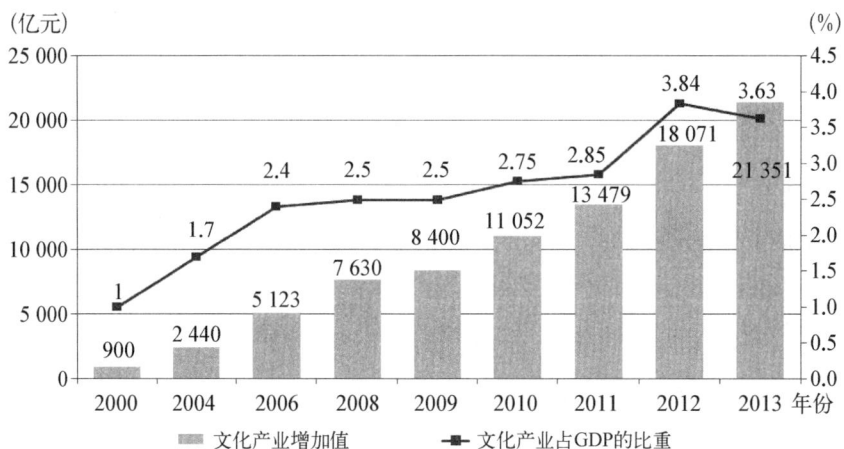

图 1-12 中国文化产业增加值及其占 GDP 的比重(2000—2013 年)

资料来源:根据国家统计局颁布的全国文化产业增加值数据绘制。

中国已经形成了比较完整意义上的文化产业体系,但是,从全球范围看,中国文化企业与发达国家文化产业主体,在规模、能级、市场占有率等主要竞争力领域的距离十分明显。在 2014 年美国《财富》杂志评选的世界 500 强企业中,主业为文化产业的公司,包括索尼、威旺迪、迪士尼、亚马逊、新闻集团、谷哥、时代华纳、美国直播电视公司等。平均每家的营业额在 200 亿美元以上，如迪士尼公司为 380.63 亿美元，谷歌公司为 293.21 亿美元[①]，而且如迪士尼、时代华纳公司等多年保持了在世界 500 强中的地位，比许多被淘汰出局的能源、信息、金融等企业如诺基亚等更为稳定。相比之下，2014 年《光明日报》等评选的第 6 次全国文化企业 30 强，分为文化艺术、广播影视、新闻出版和文化新业态四大类，代表了中国文化产业的领军企业。2014 年文化企业 30 强的主营收入达到 2 451 亿元、净资产 2 076 亿元、净利润 316 亿元，平均每家营业收入突破 320 亿元，均创出了历史新高，一定程度上反映了我们文化产业主体的格局。对比国际强手，中国的文化企业 30 强要从每年营业额 300 亿元的水平跨入 200 亿美元的台阶，必然要有更大的突破。

许多领域的文化企业呈现国有资本一股独大的局面，国有文化资本在文化产业的全产业链分布基本实现了整体布局，但国有大型文化集团却没有确立市场的主流地位，它们拥有政策、人才、投资、区位和许可证等优势，但是这些资源没有转化为先发优势，也没有在世界企业 500 强、世界品牌 500 强、世界视听企业 20 强中占有重要的一席之地。从人均创造效益来看，2011 年中国内地文化创意产业从业人员人均创造增加值近 10 万元，而香港地区为 35 万元港币，德国为 6 万欧元，中国在文化从业人员人均申报专利、人均创造著作权、人均获得国内外重要奖项等方面也明显低于发达国家（见图 1 - 13），成为约束文化产业质量和规模的瓶颈之一。

截至 2013 年 4 月，全国共有文化及相关产业法人单位 69.8 万家。2005—2012 年文化产业法人单位增加值年均增幅超过 23%，文化产业法人单位增加值高于同期 GDP 年均增速。[②] 但是，这 69.8 万家的文化产业企业大多数为中小微企业，大多缺乏科技含量高、创意含量高、商业模式新颖的核心技术、核心产品、核心品牌，也缺乏具有

---

① 美国《财富》杂志 2014 年 7 月号。
② 《文化体制改革取得历史性成就》，新华社，2013 年 6 月 14 日。

500强排序	企业		营业收入(亿美元)	利润(亿美元)
73	索尼(Sony)	SONY	838.44	-30
225	威旺迪(Vivendi)	Vivendi	382.48	29.11
226	迪士尼(Walt Disney)	Walt Disney	380.63	39.63
270	亚马逊(Amazon.com)	amazon.com	342.04	11.52
284	新闻集团(News Group)	News Corporation	328.11	99.51
325	谷歌(Google)	Google	293.21	85.05
363	时代华纳(Time Warner)	TimeWarner	268.89	25.78
401	美国直播电视公司(Direct TV)	DIRECTV	241.02	21.98

➤2014年第6届中国文化企业30强分为文化艺术、广播影视、新闻出版和文化新业态四类。

➤30强企业主营收入2 451亿元、净资产2 076亿元、净利润316亿元,均创历史新高,分别比上届增长20%、16%和38%。其中,净资产首次突破2 000亿元,净利润首次突破300亿元。平均每家营业收入突破320亿元。

图 1-13　中国文化企业 30 强与世界 500 强中文化类跨国公司的比较

自主知识产权的核心内容。而这恰恰是阐发"中国梦"的文化内涵,表达具有凝聚力和吸引力的核心价值观,开发大量文化产品和文化服务,形成全民族的文化共同体,吸引和团结国际盟友的核心文化力量。在 2012 年美国《财富》杂志评选的世界 500 强之八大文化跨国公司中,在联合国贸发会议指出的全球规模最大的 20 个视听企业中,在世界唱片联盟评选的全球主要音乐制作机构中,中国还是空白。在科技与文化融合的六大技术领域少有自主创新的优势;在全球最有影响力的 20 多个文化科技研发组织中,如 ACM SIGGRAPH(世界计算机图形图像及互动技术学会)、世界工业设计协会等,中国拥有的席位很少。根据上交所提供的信息,在上交所 20 万亿元总量中,文化产业企业的总量仅占 0.6%。中国必须实现从"文化产能大国"向"文化实力强国"的转变,才能成为一个完整意义上、在全球产生巨大影响力的先进国家。

中国文化产业主体不仅仅规模、质量和竞争力有限,而且多元化程度比较低。大量事实说明,一个国家的文化创新活力,只有在文化建设主体多元化、各种主体充分释放创造性的基础上才能实现,必须在一个宽松自由、包容多样、鼓励创新、宽容失败的制度下才能实现,从人类历史看，文化创造成果最为辉煌的时代，恰恰是文化主体最为多样的时代。德国学者卡尔·雅斯贝斯指出：公元前 600 至公元前 300 年间，是人类文明的"轴心时代"，该地区大概是在北纬 25 度至 35 度区间。各个文明群落都出现了重要的精神导师——古希腊的苏格拉底、柏拉图、亚里士多德，以色列犹太教的先知们，古印度的释迦牟尼，中国的孔子、老子、墨子、孙子、庄子等诸子百家等，代表了人类"终极关怀的觉醒"[①]。中国要实现无数仁人志士的"中国梦"，必须在精神上达到包容多元、鼓励创造、开创未来的历史高度，才能释放全民族的文化创造力之"红利"。

根据有关专家对香港、伦敦、纽约等城市的研究，一个国际化大都市和文化创新区域中，文化产业的企业、文化民办非企、文化基金会这三者应该有一个合理的数量结构，一般为 100∶10∶1，也就是文化企业比例为 100，文化民办非企占 10，文化基金会约占 1。这三者各司其职，相互拉动。文化企业是创造文化产品和服务的运作主体，民办非企是从事各种文化的服务主体，而基金会是汇聚各类社会资金的筹资主体，这就犹如一座茂密的热带雨林，不但有巨大的乔木，而且有丰富多彩的灌木林和草坪，还要吸引飞禽走兽、招蜂惹蝶，才能形成一种相互依托和交叉拉动的文化生态结构。

我们以上海、纽约、伦敦和香港为案例的调查发现：各大城市 1 万个城市居民平均拥有的文创企业计算，每 1 万个香港人拥有 41.3 家，每 1 万个伦敦人拥有 28 家，每 1 万个纽约人拥有 22 家，每 1 万个上海人拥有 9.6 家。换言之，也就是平均 242 个香港人、356 个伦敦人、452 个纽约人、1 045 个上海人创办了一家文化企业。相比之下，上海在发展文创企业的数量方面还有很大的空间（见图 1 - 14），更不要说我国的其他城市和地区了。

---

① ［德］卡尔·雅斯贝斯：《历史的起源与目标》，华夏出版社 1989 年版，第 7 页。

表 1 - 2 上海与有关国际大都市文化企业数量的比较

	大都市区面积 （平方千米）	大都市圈面积 （平方千米）	常住人口 （万人）	文化创意产业 企业（家）
伦敦	1 594	11 420	1 390[1]	39 000[2]
纽约	828	10 202	1 900[3]	42 000
香港		1 100[4]	800	33 000[5]
上海		6 400	2 300	22 000

注：[1] 伦敦市中心区拥有 700 多万人口，连同伦敦大都市圈 11 420 平方千米内的常住人口为 1 390 多万人。

[2] 根据英国政府文化、媒体和体育部的研究报告《站在最前列：英国创意产业的经济表现》（DCMS: Staying Ahead: the Economic Performance of the UK's Creative Industries），伦敦拥有创意产业企业和机构 3 万多家。2013 年 4 月我们访谈了英国国家科学与艺术基金会的有关专家，他指出大伦敦都市圈范围内，创意产业的企业和机构有 39 000 多家。

[3] 根据美国人口调查局于 2009 年 7 月的统计，纽约大都市区人口为 839 万人，在纽约大都市圈内，人口为 1 900 多万。2012—2013 年我们访谈了美国纽约哥伦比亚大学的 Prof. Keith Kaseman 等多位专家，他们认为：大纽约市的文化、媒体、创意产业企业和机构有 42 000 多家。

[4] 香港三大部分的面积分别是，香港岛约 78 平方千米，九龙半岛约 50 平方千米，新界及 262 个离岛共约 968 平方千米，陆域总面积约 1 095 平方千米。

[5] 根据香港中策组委托顾问报告《香港创意产业基线研究》提供的数据，2003 年香港拥有创意产业企业 31 000 多家。根据我们的访谈，香港大学有关专家研究认为：近年来香港创意产业企业有 33 000 多家。平均 242 个香港人就创办了一家创意产业企业。

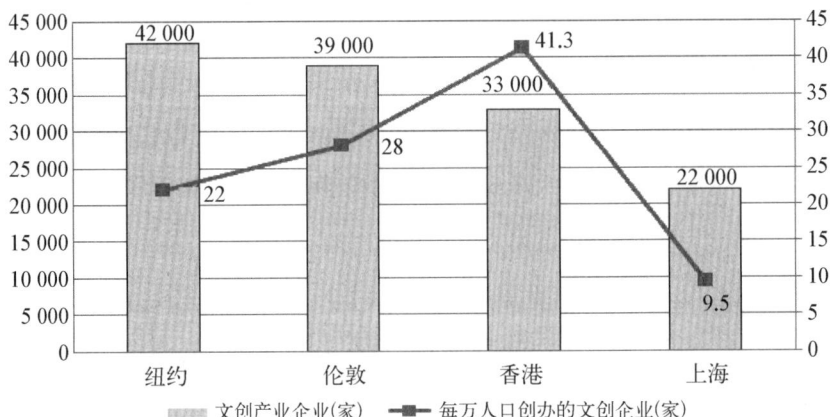

图 1 - 14 纽约、伦敦、香港、上海创办文创企业数量和万人拥有量

截至 2012 年上海拥有的文化企业达 2.2 万多家，而上海的民办非企和文化社团等增长缓慢。2012 年上海文化社团为 594 家，上海文化社团和民办非企的数量约占文化企业数量的 2.7%，特别是文化类基金会，作为专门从事文化类资金运作的机构，仅为 12 家，占企业总数的 0.06%，比例实在太小。按照其他世界城市 100∶10∶1 的比例，上海文化类民办非企至少可达到 2 200 家，文化类基金会应该有 200 家左右，后者具有很大的发展空间。在中国经济科技和文化最发达、国际化程度最高的城市之一上海，文化社团和民办非企的数量都如此少，比例很低，更不用说其他城市在这方面潜在的巨大需求了。

表 1 - 3　上海文化团体和民办非企数量(2012 年)

分　类	数量(家)
文化团体	288
其中市级登记	83
其中区级登记	205
其中包括文化类行业协会	10
民办非企业机构	294
其中市级登记	85
其中区级登记	209
文化类基金会	12
其中的公募基金会	2
其中的非公募基金会	10
总数	594

资料来源：根据上海市委宣传部有关部门提供的数据计算。

三、顺应文明大国特点，亟待形成新文化地缘大布局

中国的和平发展道路，需要新的文化地缘战略支撑。地理是人

类赖以生存的物理基础,而地缘是在一定地理条件下的国家利益、政治格局、文化能量等的总和,是国家发挥综合实力的生存空间。设计文化地缘战略的立足点,是把国家的文化实力、文化资源、文化利益、文化安全上升到与地缘政治、地缘经济同样重要的高度,成为国家在较长时间内充分利用地缘格局内的资源,把各种地缘局限化害为利,获得国家文化综合实力持续增长的宏观设计和基本模型。

中国的新文化地缘大布局,需要有中国特色的文化地缘理论作为基础。哲学家黑格尔说:"助成民族精神的产生的那种自然的联系,就是地理的基础。"[1]黑格尔指出了地缘政治即地理和政治的关系。地缘的关键是人缘,人缘就包括了政治和经济等多种要素。黑格尔指出:自然的联系似乎是一种外在的东西。但是我们不得不把它看作是"精神"所从而表演的场地,它也就是一种主要的,而且必要的基础。地缘政治理论把地理因素视为影响甚至决定国家政治行为的一个基本因素。历史上英、美、德、日、俄等大国的崛起,都受到不同地缘理论的深刻影响。早期的地缘政治理论深受达尔文主义影响,以"国家的生命在于空间扩张"作为核心。早期的海权派主张"以海权遏制陆权",谁控制了海洋就控制了世界,而控制海洋的关键在于对世界重要海道和海峡的控制。而陆权派主张"谁控制世界岛的心脏,就能主宰整个世界"。随着陆上交通工具的发展,欧亚大陆的心脏地带成为最重要的战略地区。后起的地缘经济理论关注权力和利益,强调相邻国家和地区的经济博弈和商业互利;而中国特色的地缘文化理论,则关注在经济全球化、政治多极化、文化多样化和社会信息化的背景下,以中国的文化实力形成对全体国民和世界的号召力和吸引力,与不同地理空间和群体形成互联互通的文化大格局,以有利于中国和平发展道路。

中国的新文化地缘大布局,需要立足于中国独特的大国国情,形成具有中国特色的文化地缘观。正如英国学者马丁·雅克指出:每

---

① [德]黑格尔:《历史哲学》,王造时译,上海书店出版社 1999 年版。

一个新兴大国，都会用一种全新的方式来创造和推广自己的体系。"比如欧洲的典型方式就是海上扩张加殖民帝国，而美国则是空中优势和全球经济霸权，中国同样也会以崭新的方式来展现其实力。"①它以超强的凝聚力融合了极为多样的文化实体，在历史纵向轴上累积了从华夏先祖到唐宗宋祖的巨大遗产，如三星堆、金沙遗址等遗址就积累了多达5—10层的文化层，在空间横向轴上展开了齐鲁、燕赵、三秦、三晋、湘楚、吴越和巴蜀等七大地域文化形态，和20多个次级地域文化形态。中国又是一个尚未完全实现统一的新兴大国，历史上的英、美、德、日、俄等大国，在崛起前至少10年就基本完成了国家的统一，而中国实现完全的国家统一，仍然是一个艰巨的重大战略任务。中国位于欧亚大陆的东部，背靠辽阔的大陆腹地，面对着广阔的西太平洋，东面是世界级经济增长最活跃的亚太地区，西部联系着世界能源富集的中亚、西亚等地区，以及半个多世纪以来地区冲突和战争最为频繁的印度洋北岸—中东地区，中国不仅仅与14个国家接壤，与另外10多个国家邻近，潜伏着复杂的陆地边界和海域划界方面的主权争端，而且国内还存在"台独"、"藏独"、"疆独"等分裂主义威胁。这就要求中国的文化地缘理论突破传统观念中面向陆地背向海洋的局限性，形成统筹两个大局、海陆兼备、以内制外、以外促内的新文化地缘战略。

多年来，中国增强文化总体实力和竞争力，最有优势的基础设施、服务基地、公共平台、产业集群等集中在东部沿海城市和经济发达地区。国家依托这些文化资源和文化资产，在开展国际文化交流和国际文化贸易方面，最主要的对象是美国、日本、韩国、欧盟、中国香港等国家和地区，而在中国首倡"一带一路"的背景下，中国的文化"走出去"不但要向东走，进入广阔的亚洲和太平洋地区，而且要向北进入东北亚地区，向南进入东南亚和印度洋，向西进入西亚、中亚、中东和欧洲，形成全方位对外开放的大格局。这就必须在国内形成东

---

① ［英］马丁·雅克：《当中国统治世界——中国的崛起和西方世界的衰落》，张莉、刘曲译，中信出版社2010年版，第209页。

西南北中各有侧重的科学大布局,并且与国家颁布的区域发展战略相适应。比如,中国作为历史上空前的文明国家,在空间横向轴上包括齐鲁、燕赵、三秦、三晋、湘楚、吴越和巴蜀等七大地域文化形态,在更下面的一个层级上还有 20 多个次级地域文化形态,但是截至 2012 年中国设立的国家级历史文化名城,代表了历史文化传承和当代文化建设的国家级水平,在东部沿海地区拥有 44 个,占 39%,中部地区有 27 家,占 24%,西部地区有 37 家,占 33%,而东北地区仅仅有 4 家,占 4%(见图 1-15)。这样一种文化地缘布局与"一带一路"建设很不适应,难以适应中国向东、向北、向西、向南进行战略辐射的需求,应该在未来加以有力地扭转。

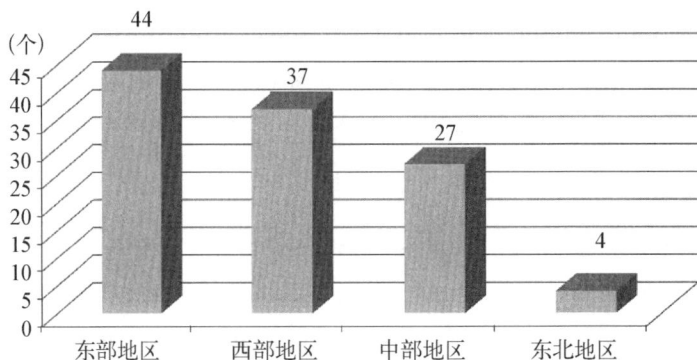

图 1-15　全国各地区拥有国家级历史文化名城的数量分布

再看国家级文化产业和公共文化服务主要示范项目的全国分布,作为代表国家文化整体实力和竞争力的标杆项目,同时也作为培育国家和地区文化生产力的主要平台,体现了各地区对文化整体实力和竞争力的重视和投入程度,同样存在明显的不平衡。在国家级文化产业示范基地方面,东部地区拥有 126 家,占全国的 46%,中部地区有 53 家,占 19%,西部地区有 68 家,占 25%,东北地区有 26 家,占 10%,在第一批国家公共文化服务体系示范项目方面,东部地区有 20 家,占 43%,中部地区有 14 家,占 30%,西部地区有 11 家,占

23％,东北地区有 2 家,占 4％;在第一批国家公共文化服务体系示范区方面,东部地区有 10 家,占 36％,中部地区有 8 家,占 28％,西部地区有 7 家,占 25％,东北地区有 3 家,占 11％(见表 1－4)。这些文化发展的不平衡,是多种历史和现实因素共同作用的结果,也反映了各个地区的决策层和建设者在推动文化建设过程中,所具有的国际化视野、战略决策能力和有效的执行能力,需要在面向建党和中华人民共和国成立两个双百年的新历史阶段中,因地制宜、因人制宜地加大开发建设的力度,形成中国文化地缘的大布局。

表 1－4　国家级文化产业和公共文化服务主要
示范项目的全国分布(数量/占比)

	东部	中部	西部	东北	总数
第一批国家公共文化服务体系示范区	10 (36％)	8 (28％)	7 (25％)	3 (11％)	28 (100％)
第一批国家公共文化服务体系示范项目	20 (43％)	14 (30％)	11 (23％)	2 (4％)	47 (100％)
国家级文化产业示范园区 (1—5 批)	3 (30％)	5 (50％)	1 (10％)	1 (10％)	10 (100％)
国家级文化产业示范基地 (1—5 批)	126 (46％)	53 (19％)	68 (25％)	26 (10％)	273 (100％)
最有影响力的国家文化产业示范基地	16 (80％)	2 (10％)	2 (10％)	0 (0)	20 (100％)

资料来源:根据国家文化部官方网站的有关信息整理。

中国建立全球大国的文化新地缘大布局,要有新的文化资源观念和文化投资策略。在传统的文化产业和公共文化服务的格局中,沿海发达地区具有明显的地缘优势,可以降低文化投资的成本,便于消化外来的先进技术,把产业集群和消费市场结合起来。而在全球化、信息化的时代,信息、金融、物流、航运、高速铁路、高速公路等网络正在覆盖越来越广泛的城乡,传统的文化格局不断受到挑战,物理空间在压缩,而信息空间在扩大。中国提升文化软实力,首先要发挥沿海中心城市和发达地区的作用,面对全球经济增长最为活跃的亚太地区,形成走向蓝海的前进基地,同时也要发挥内陆地区的资源优势,创造多种模式。随着人们对于文化产业和创意经济规律的认识深化,内陆地区许多以前被忽视的事物,包括古老的遗址、民俗的技能、工业的遗存、文学的传统、新兴的产业等,都被作为文化和创意的资源开发出来。2017年,联合国教科文组织再次颁布了一批全球创意城市(UNESCO creative city network),使得这一项从2004年开始启动的全球创意城市建设工程,在全球范围内入选的创意城市达100多家。中国在其中拥有12家,包括设计之都(深圳、上海、北京、武汉)、美食之都(成都、顺德、澳门)、手工艺和民间艺术之都(杭州、苏州、景德镇)等,是拥有全球创意城市最多的国家。这一成果令人信服地显示了中国文化整体实力和竞争力的日新月异,不断增长,而且获得了联合国等国际组织的肯定和好评。它们的分布点恰好集中在我国沿海经济带和长江经济带上,形成一个向东射出的巨大弓箭型,而在我国东北、西北、西南等地的诸多省市自治区还是空白,在创意城市的建设方面相对滞后。真所谓:大江与大海,创意大动脉;传承与创新,中华大未来!

表1-5　中国的联合国教科文组织创意城市(截至2017年)

	城市名称	创意城市类别	获评年份
1	深圳	设计之都	2008
2	上海	设计之都	2010
3	成都	美食之都	2010
4	杭州	手工艺和民间艺术之都	2012
5	北京	设计之都	2012
6	苏州	手工艺和民间艺术之都	2014
7	景德镇	手工艺和民间艺术之都	2014

	城市名称	创意城市类别	获评年份
8	顺　德	美食之都	2014
9	长　沙	媒体艺术之都	2017
10	澳　门	美食之都	2017
11	青　岛	电影之都	2017
12	武　汉	设计之都	2017

资料来源：根据联合国教科文组织官方网站的资料整理。

这说明，联合国所代表的国际组织和国际舆论潮流，不仅看重一个国家一个城市在文化产业和创意经济方面的规模优势，更加看重因地制宜的新模式、新路径，强调多元化模式对全球创意经济的推动和各国人民带来的福祉，并且对这样的创意城市和文化经济新模式给予高度的推崇。中国12个联合国教科文组织创意城市的地缘分布，提供了意味深长的启发：一个城市一个地区，仅仅有对历史文化遗产的保护和宣传，是远远不够的，需要在传承文化遗产与提升文化自信，吸收多元文化与提升创新活力这两个方面，形成有机的整合。这不但是各个地区和城市提升文化整体实力和竞争力的正确途径，也是中国迈向世界文化强国的必由之路。我国各地应该利用创意设计、手工艺和民间艺术、美食、音乐、媒体、电影、文学等领域的丰富资源，结合我国波澜壮阔的新型城镇化建设，开发出更多创新型的区域文化创意模式，包括国际大都市型、工商业强市和专业镇街型、工业资源型和资源枯竭区域型、历史文化遗产富集型、农林牧副渔主导功能型等多种特色区域的文化发展模式。

四、顺应"一带一路"建设，亟待提升对外文化辐射力

中国提升对外文化辐射力，应该紧紧把握"一带一路"建设机遇，

形成更高水平的对外开放格局。

中国首倡的"一带一路"建设,具有第二次地理大发现的深远意义。该战略将亚太、南亚、中亚、南欧、东非等地区联系在一起,该区域覆盖40多个国家,总人口超过40亿,经济总量超过20万亿美元。它不仅涵盖了"新丝绸之路经济带"和"海上丝绸之路"的层面,而且包括了"一带一路"两廊(新疆连接巴基斯坦通过瓜达尔港到阿拉伯海的走廊、云南连接东南亚经泰国克拉地峡到印度洋的走廊)的大战略构想,使得"新丝绸之路经济带"和"海上丝绸之路"相互联通,形成一个巨大的地缘平行四边形,突破了中国近代以来由于积贫积弱而被列强侵略,失去东北部出海口和南方大片领土的地缘灾难,推动中国建设成为沟通欧亚、连接两洋、海陆兼备的世界强国。历史上从15世纪开始,由欧美资本主义国家率先推动第一次地理大发现,经过19世纪、第二次世界大战之后、20世纪后期的三次地缘政治大扩散,把西方的自由民主价值观扩散到了欧美、澳洲、拉美、东亚和东欧地区。而由中国推动的这第二次地理大发现,不但可以为中国资本、技术、劳动力的大量输出提供广阔空间,同时也将成为中国向全球传播文化正能量,显示中国不同于西方的另一种成功现代化模式的伟大新起点。而近年来支撑我国区域经济发展的许多基础性条件发生了深刻变化,包括国家对交通、通信等基础设施的长期大量投资产生的累积性效应,特别是高速铁路网、高速公路网、区域航空网、江海联运网的形成,推动了要素资源在不同属性区域间的快速流动,从而为重塑我国区域发展的文化新格局提供了有利条件,也为扩大中国文化对外辐射力提出了更加紧迫的要求。

中国发展对外文化交流和文化贸易,必须面对全球文化市场框架内中国与西方大国的彼强我弱的基本格局,认识到全球文化贸易实力格局的演变趋势。一个大国的对外文化传播,必然要在文化传播的广度、深度和规模上体现出来。以美日欧为代表的西方大国,在对外文化贸易中仍然占有明显的优势,其文化贸易占全球比重75%

以上,而发展中国家仅占不足 25％。中国对外文化贸易的增长落后于我国对外贸易的总体增长。目前,中国稳居世界第一贸易大国,出口稳居界首位,进口占世界第二位。而 2010 年中国核心文化产品出口总额为 116.7 亿美元(见图 1-16),当年的电影音像服务出口为 1.2 亿美元,而当年中国对外贸易总额达到 29 727.6 亿美元,同比增长 34.7％,出口 15 779.3 亿美元,增长 31.3％;全年贸易顺差 1 831.0 亿美元[①]。中国核心文化产品出口总额仅仅占国家对外出口总额的 0.7％。而同期美国电影音像服务出口达 143.6 亿美元,是中国的 121 倍[②]。2008 年全球音乐产品出口 260 亿美元,欧洲 173 亿美元占 67％;美国 36 亿美元占 14％,中国 7 亿美元约占 3％。截至 2010 年底,中国影视、音像、娱乐、版权等向外直接投资 3.5 亿美元,仅占同期我国对外投资额的 0.1％[③],这说明中国对外文化贸易的总量规模和贸易结构等,都有待于获得进一步的提高,才能通过广泛的国际文化贸易,推动中国文化的核心价值观念向世界推广。中国前驻法国大

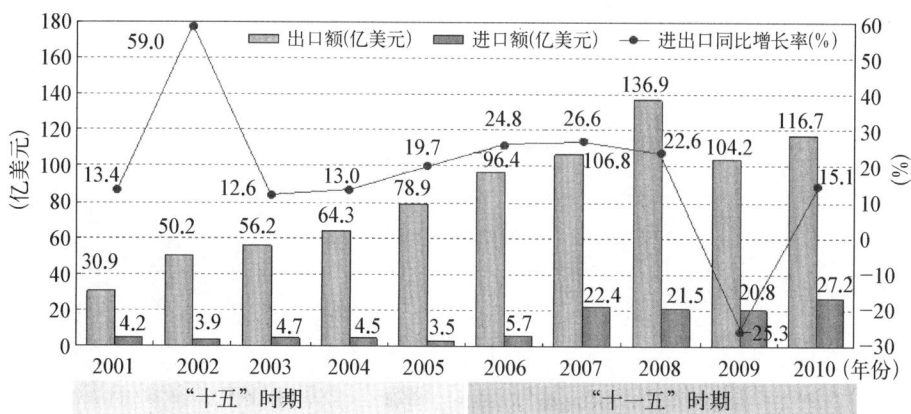

图 1-16　中国核心文化产品进出口情况(2001—2010 年)

---

① 国家商务部综合司:《2010 年中国对外贸易快速恢复,"十一五"外贸发展规划目标顺利实现》,2011 年 4 月 22 日,国家商务部网站。

② 国家商务部:《中国文化贸易统计 2012》,中国商务出版社 2012 年版。

③ 国家商务部:《中国文化贸易统计 2012》,中国商务出版社 2012 年版。

使吴建民指出:"弘扬中华文化也是化解'中国威胁论'的一剂良方。许多西方人对中国的偏见源于没有了解中华文化的精髓……法国前总理拉法兰曾对我说,'21世纪世界需要中国的文化'。这其实是世界对我们中国文化工作者提出的迫切要求。"①从总体上看,中国目前在文化对外贸易、对外投资、引进外资等方面相对滞后,中国国家文化形象在全球范围内还不具有广泛的亲和力,中国主流文化产品和文化服务在国际市场上的占有率比较低。2014年中国对外投资首次突破1 400亿美元,进入一个国内资金相对充裕,对外投资和吸引外资形成动态平衡的新历史阶段,但是在这其中,中国对外文化投资所占的比重还很小。

再看中国文化服务进出口的情况,根据国家商务部的统计,2010年文化服务出口达30.5亿美元,文化服务进口达26.5亿美元,文化服务进出口同比增长率达到15.1%(见图1-17),重点是在版权和知识产权、电影和演艺、数字内容、设计、咨询和技术服务等领域,中国文化的进出口需求明显增长,总体上说自跨入21世纪以来,中国文化服务进出口的增长比文化产品的进出口增长更快,只是规模还比较小。

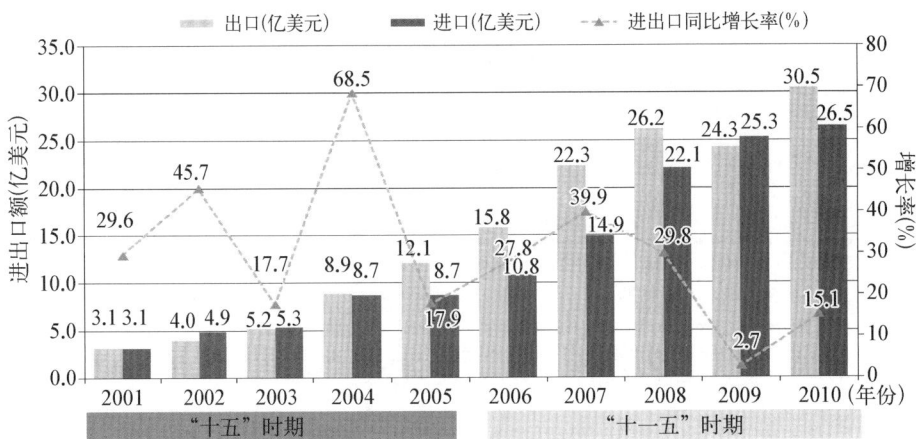

图 1-17　中国核心文化服务进出口情况(2001—2010 年)

---

① 吴建民:《中华文化是化解"中国威胁论"的一剂良方》,《南京日报》2006年8月8日。

　　从更大范围的创意经济进出口的角度看，联合国贸发会议（UNCTAD）和联合国发展计划署（UNDP）认为：全球范围内的创意经济进出口包括了创意产品和创意服务两大门类。具体又包括：工艺品、视听、设计、新媒体、表演艺术、出版、视觉艺术等几大门类。它们所认定的创意经济进出口包括了前面所说的文化产业进出口，但是涵盖的范围更大。根据联合国贸发会议提供的数据，2004—2013年，世界创意经济贸易的平均增幅为7.07％，其中出口平均增长率为8.08％，进口平均增长率为6.04％。而同一时期的中国创意经济对外贸易平均增长率为13.78％，是世界创意经济平均增长率的近2倍，其中出口平均增长率为13.04％，进口平均增长率为17.36％，都远远高于世界平均增长率水平，是全球创意经济对外贸易增长最快的国家。这在联合国贸发会议和联合国发展计划署多次撰写的《世界创意经济报告》都获得了很高的评价。2013年中国创意经济对外贸易额达到1 822.32亿美元，其中出口额达到1 615.62亿美元，进口达到206.70亿美元，分别占世界创意经济出口额的25.78％和进口额的3.66％（见图1-18），在全球创意经济贸易领域占有举足轻重的地位。有必要指出：在中国创意产品出口中，文化内容、技术和创意含量密集型的产品所占的比重比较低，特别是视听、表演艺术、出版和视觉艺术等四类的出口比重值分别只占1％—6％，尤其是视听产品中的电影出口额非常小，问题比较突出。而设计、工艺品和新媒体等三类产品的出口比重比较大，设计类产品的出口比重平均占70％左右，而在设计产品这一个大类中的劳动力密集型出口产品，包括时装、玩具类产品等是我国设计类产品的出口大类，其中2013年我国时装产品的出口额为420.91亿美元，占我国创意产品出口额的26.93％，比重遥遥领先。这说明中国创意经济的对外出口明显发挥了劳动力密集型的优势，而文化内容、创意研发、科技推动的优势尚未获得充分体现。这恰恰是中国文化整体实力和竞争力建设亟待突破的一个重点，也是服务于"一带一路"建设大有作为的一个广阔领域。

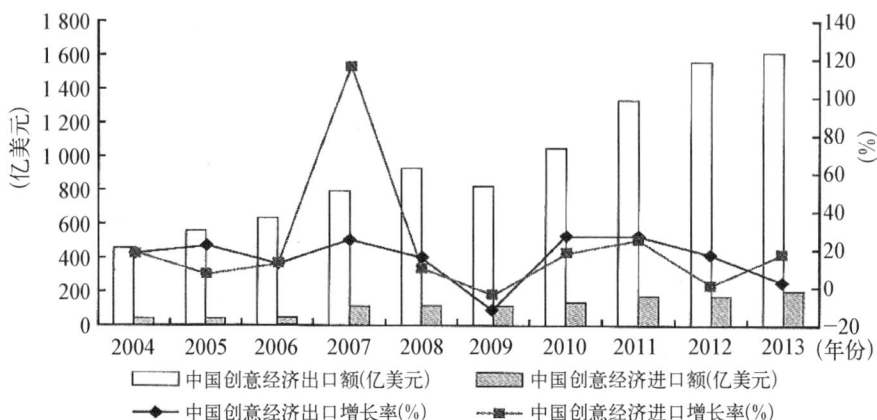

图 1 - 18　2004—2013 年中国创意经济进出口额及增长率

资料来源：根据联合国贸发会议数据库，并参看王洪涛、郭新茹的《2014 创意经济对外贸易报告》(《两岸创意经济研究报告 2015 年》，社会科学文献出版社 2015 年 10 月版)。

后金融危机时期的世界正面临三大变化。第一，全球治理体系进入新阶段，美国提供全球公共产品的能力下降，原有的联合国体系难以适应新的全球问题，亟待形成新的全球治理格局；第二，全球贸易竞争的重点从产品贸易向投资和服务转化，各国寻求更高水平的国际贸易格局，清洁能源将引导最新一轮产业革命和分工体系；第三，以金砖国家为主的新兴大国崛起，发展中国家占全球 GDP 相应比重从 2007 年的 28.2% 上升到 2008 年的 31.2%，预计 2015 年将进一步上升到 40% 左右。世界力量重心正在发生从未有过的转移。上述三大变化中，新兴大国整体崛起是最重要的历史性变化，中国文化走出去，必须抓住这一重大机遇，为中国首倡的"一带一路"建设，推动合作共赢的国际新秩序做出贡献。

中国提升对外文化影响力，必须清醒地看到全球文化贸易规则的重要变化，看到中国在文化交流和文化贸易方面体制和机制需要不断改革，看到文化"走出去"的效果有待提高，应该通过体制和机制的创新，把中国的对外文化开放推向更高的水平。近年来，国际文化贸易的相关市场规则发生了重要变化，全球范围内的区域、双边和诸边贸易协定发展迅猛，同等国民待遇和负面清单模式成为国际文化贸易和竞争的重要规则。由于世界范围内的多边贸易谈判进展缓慢，区域、双边和诸边贸易协定代之而起，发展势头十分迅猛，已经成为各国经济合作与竞争的重要手段。根据 WTO 统计，截至 2014 年 6 月 15 日，WTO/GATT 的区域和双边贸易协定约有 585 个。① 当今世界经济和产业版图的绝大部分已经被各个区域和双边贸易协定所覆盖。各国都在加快推进自贸区战略，力图形成有利自己的自贸区网络。欧盟仍然是签署协定最多的经济体，并且还在不断深化、拓展其层次和范围。同时，贸易协定谈判的中心正在发生变化，亚太地区成为新的增长点。

从全球范围内的区域、双边和诸边贸易协定看，同等国民待遇和负面清单模式逐步成为国际文化产业合作与竞争的重要规则，协定的重点正在从产品贸易向投资和服务转化，各种贸易协定包含越来越多的服务贸易内容。由于 WTO 和 UNESCO 所制定的贸易规则有诸多的模糊地带，各国对此争论不休，长期无法统一。所以，在奥巴马担任美国总统期间，曾经大力推动《跨太平洋伙伴关系协定》（TPP）、《跨大西洋贸易与投资伙伴关系协定》（TTIP）、《服务贸易协定》（TISA），力图以"一个核心（服务贸易），两个半球（东半球和西半球）"为空间展开，追求更高水平的贸易投资自由化，推动负面清单管理模式、准入前同等国民待遇，重构国际贸易投资规则。2015 年 10 月 5 日，美国邀集参与 TPP 12 个谈判国在美国佐治亚州亚特兰大举行的部长会议上达成协议。据美国白宫发布消息称，TPP 将消除其他国家对美国制造商品征收的超过 1.8 万种关税。TPP 将进一步推动全球范围的贸易自由化，大幅增加美国制造商品和服务的出口，并支持美国工作岗位。然而新任美国总统特朗普宣布在他任期内将停止 TPP 谈判以来，全球投资贸易

① WTO, *Regional Trade Agreements*, http://www.wto.org/english/tratop_e/region_e/region_e.htm, 2014 - 10 - 22.

规则的重构开始处于迷茫期,美国等发达国家实际上无力推动
TPP 和 TTIP 等规则的重建。在此影响下,许多国家贸易保护主义
的势头开始上升。从全局看,全球贸易治理结构正处于新的调整时
期,现有的国际贸易规则难以积极回应以全球价值链为代表的新贸
易模式的要求。中国、印度等新兴经济体的兴起,对以传统西方大
国为主导的全球贸易结构框架提出了深度调整的强烈需求。中国
国家主席习近平在 2017 年 1 月 17 日世界经济论坛发表演讲指出:
坚决反对贸易保护主义。经济全球化确实带来了新问题,但也不能
把经济全球化一棍子打死,而是要适应和引导好经济全球化、消解
经济全球化的负面影响,让其更好惠及每个国家和民族。中国是全
球化的受益者,更是贡献者,中国经济快速增长为全球经济稳定和
增长提供了持续强大的推动①。中国在全球经济治理中正在逐渐
发挥出负责任大国的作用,积极推动现有全球经济治理机制和协调
机制的完善。中国提出"一带一路"的倡议,合作成立亚投行和丝路
基金等,就是要努力发挥新的全球治理机制对全球经济和贸易的协
调和推动作用,弥补现有机制的缺陷和不足,推动全球化向积极的
方向发展。

　　中国自贸区试验的意义,就是消除内生性障碍向适应全球化规
则的重要转型,从体制和机制建设的意义上推动中国在更高水平上
参与全球化的竞争。从全球范围看,自由贸易园区是当今世界上自
由度最高、培育经济新业态最活跃的基地之一。全球已经建立了
1 200 多个自由贸易园区,其中 15 个发达国家设立了 425 个,占
35.4%;67 个发展中国家设立了 775 个,占 64.6%②。2013 年 9 月 29
日,中国(上海)自由贸易试验区正式挂牌成立。它的前身上海外高
桥保税区已经成功运作了 10 多年,进出口规模占全国 13 个保税区

---

① 《习近平首秀达沃斯:反对贸易保护主义 中国不打货币战》,新浪财经,2017 年 1 月 17 日。
② 根据我们对上海自贸区的调查研究,并参看中共上海市委宣传部事业产业处组编的《国家对
　外文化贸易基地(上海)》(载《中国(上海)自由贸易实验区学习资料汇编》)。

总量的50％以上。之后,国务院批准建立了天津、福建、广东三个自
贸区。2016年国家再次批准了浙江、四川、河南、湖北、辽宁、重庆、陕
西七个自贸区,中国自贸区建设跨入了3.0版时代(见图1-19)。上
海自贸区率先实施的负面清单管理模式等创新探索,以及天津、福
建、广东等自贸区的实践,为推动中国实施更高水平的对外开放,提
供了强大的动力。中国文化产业将依托自贸区建设,进一步树立对
外开放的新优势,更加有力地参与对外文化投资和对外文化贸易,获
得更加广阔的发展空间,并且为世界人民创造更多的文化财富。

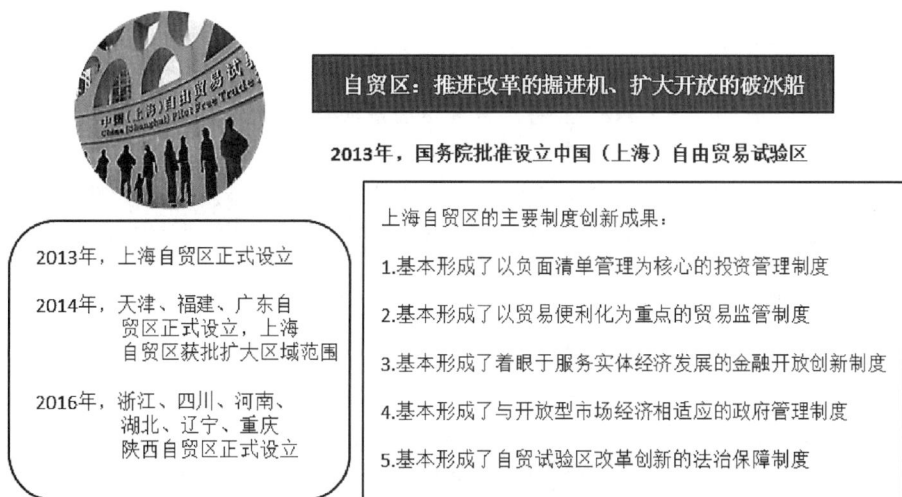

自贸区：推进改革的掘进机、扩大开放的破冰船

2013年，国务院批准设立中国（上海）自由贸易试验区

2013年，上海自贸区正式设立

2014年，天津、福建、广东自
贸区正式设立，上海
自贸区获批扩大区域范围

2016年，浙江、四川、河南、
湖北、辽宁、重庆
陕西自贸区正式设立

上海自贸区的主要制度创新成果：
1.基本形成了以负面清单管理为核心的投资管理制度
2.基本形成了以贸易便利化为重点的贸易监管制度
3.基本形成了着眼于服务实体经济发展的金融开放创新制度
4.基本形成了与开放型市场经济相适应的政府管理制度
5.基本形成了自贸试验区改革创新的法治保障制度

图1-19　中国自贸区建设跨入3.0版时代

　　负面清单管理的要义并不在于"负面",而在于国家对同等国民
待遇等"正面"义务的承担;其重点不在于"清单"的长短,而在于将
非歧视、市场化、贸易投资自由化等作为基本原则;其特色不但要
求加强监管,更加强调服务和促进。2013年版的负面清单有190
项编制措施,约占行业比重的17.8％,其中有38条使用了"禁止"字
样,74条采用了"限制"字样。2014年上海自贸试验区"负面清单"
的修订版比2013年版实现了大幅"瘦身",由原来的190条调整为

139 条,删除了关于"禁止投资电信、广播电视和微型传输服务"、"投资文化艺术业须符合相关规定"、"禁止投资互联网上网服务营业场所(网吧活动)"等 5 项内容,并且在投资电影院建设经营的限制表述前面,增加了"除香港、澳门服务提供者外",这也意味着文化产业的相关业务开始向港澳地区开放。同时,负面清单管理模式对传统文化产业领域包括出版、新闻、广播电视等限制较多,而新媒体、数字出版、游戏等新兴文化产业门类将有更多的开放机会(见表 1-6)。2014 年 4 月,《上海自贸区文化市场开放项目实施细则》发布以来,游艺设备、演出、娱乐三大领域扩大了对外开放,在这之后,暂时没有新的开放政策推出。

表 1-6　上海自贸区负面清单项下涉及
文化创意产业的有关规定

文化创意产业行业分类	负面清单项下的有关规定
媒体业	负面清单下不符措施规定较多,细分行业均有禁止和限制性规定,部分对港澳地区有优惠措施。
艺术业	负面清单下的不符措施提出了管理原则,逐步开放了外商投资艺术品拍卖业、演艺机构等。允许设立外商独资演出经纪机构,在上海市行政区域内提供服务。
工业设计业	工业产品设计限制具体业务,科学和技术设计给予同等国民待遇等。
建筑设计业	原则上给予同等国民待遇。
时尚创意业	时尚服饰业原则上给予同等国民待遇,针对时尚用品,部分行业给予国民待遇,部分行业禁止具体业务。
网络信息业	细分行业禁止或者限制具体业务。
软件和计算机服务业	部分行业给予同等国民待遇,部分行业禁止或者限制业务。
咨询服务业	针对商务咨询,一般限制具体业务;针对科技咨询,多数情况给予同等国民待遇。
广告会展服务业	针对广告业给予同等国民待遇,针对会展服务业限制具体业务。

（续表）

文化创意产业行业分类	负面清单项下的有关规定
休闲娱乐业	允许设立外商独资的娱乐场所，在自贸试验区内提供服务。
文化创意相关产业	允许外资企业从事游戏游艺设备的生产和销售，通过文化主管部门内容审查的游戏游艺设备可面向国内市场销售。

资料来源：根据我们对上海自贸区的调查研究，并且参看《中国（上海）自由贸易试验区文化市场开放项目实施细则》（上海自贸区官方网站）。

在上述清单项下和之外，中国对外文化交流和文化贸易还需要根据国际规则的变化和我国对外开放战略的需要，进行大量的探索工作。比如，大量的文化交流和文化贸易是与信息服务业密切相关的。印度在 20 世纪 90 年代就加入了《全球基础电信协议》，这使得印度的电信业逐渐发展成为发展中国家最开放的市场之一，从而直接推动印度成为全球性的服务外包贸易大国。截至 2014 年 3 月，印度服务外包产业拥有企业 16 000 多家，其中软件公司 3 000 多家，总收入达 1 050 亿美元，占 GDP 比重达 8.1％；出口 860 亿美元，占总出口比重约四分之一，直接带动就业达 310 万人，间接创造就业则高达 1 000 万人[①]。中国对外文化交流和文化贸易，也要求既与国际接轨，有活跃的市场，又要有政府的适度管控，形成"安全阀"和"稳定器"。印度等的经验将给我们以许多有益的启发。

五、适应文化惠民的需求，亟待提升公共文化服务力

构建现代公共文化服务体系，是体现文化惠民和文化富民，保障和改善民生，实现人民群众文化权利的重要举措，是全面深化文化体制改革、弘扬社会主义核心价值观、建设社会主义文化强国的重大任

[①] 《印度：服务外包启示中国》，中国外包网，2014 年 10 月 23 日，http://www.chnsourcing.com. cn/outsourcing-news/。

务。文化权利是人人享有的基本权利之一,包括人人有参与文化生活的权利;享受科学进步及其应用产生的福利的权利;作者对其本人的任何科学、文学或艺术作品所产生的精神上和物质上的利益,有享受保护的权利;科学研究和创造性活动所不可缺少的自由等。文化权利的核心是公平和共享。文化权利的共享是指人人都拥有平等享受文化资源的机会和权利,每个人的文化需求都能得到满足。

从人类文明发展的潮流来看,提升公共文化服务力的目的是实现全体人民的文化权利,这是全人类共同的心声和走向现代化的必要阶段。早在 1948 年 12 月 10 日联合国大会通过的《世界人权宣言》第 27 条就规定:"人人有权自由参加社会的文化生活、享受艺术,并分享科学进步及其产生的福利。人人对于他所创作的任何科学、文学或美术作品而产生的精神和物质的利益,有享受保护的权利。"1966 年 12 月 16 日联合国大会通过的《经济、社会及文化权利国际公约》进一步提出:"本公约缔约国承认人人有权:(甲)参加文化生活;(乙)享受科学进步及其应用所产生的利益;(丙)对其本人的任何科学、文学或艺术作品所产生的精神上和物质上的利益,享受被保护之利。"而实现这种权利,不可能通过宣布有关的公约和条约就可以做到。公民文化权利的实现,必须由政府和社会形成有效的制度和政策保障,对公共文化服务给予大量的投入,并且吸引大量社会组织和社会力量共同参与才能实现。

所谓公共文化服务,中国学者参照国际经验和联合国文献指出:是"经由以国家各层次政府机构为代表的公共部门生产提供的,或者经由公共部门策动并借助第二方甚至第三方等生产提供的文化产品和文化服务。这些文化产品和文化服务是在社会公共空间出现的或者是通过社会公共渠道平台进入个人空间的,是面向社会公众消费者的",不以强调个人化和私人定制等为突出特征,并且往往具有免费和让利的公益性特点①。之所以需要建立公共文化服务体系,是因

---

① 徐清泉:《拿什么检验公共文化服务效能》,《解放日报》2015 年 6 月 28 日第 7 版。

为国家对于全体人民实现基本文化权利，追求几代志士仁人为之流血牺牲的"中国梦"，获得丰富的文化消费品，提高文化生活质量，实现文化惠民和文化富民，具有无限的责任和重大的职责。

由于全体人民所要求的文化产品和服务，无法完全由各类市场主体来提供。这就需要政府率先进行投入，组织企业、公共组织、社区、个人等在科学合理的制度框架内共同来参与和提供。从长远来看，国家和社会各界对大量公共文化的投入，积累了社会的公共文化财富，创造了文化生产力的基础，吸引了经济增长和社会发展的要素，会给国家和地区发展文化产业、文化创新、文化贸易也提供非常重要的条件。自"十一五"规划以来，中国公共文化服务建设取得了重要的进展。按照党中央和国务院的部署，全国通过文化信息资源共享工程、乡镇综合文化站工程、广播电视村村通工程、农村电影放映工程、农家书屋工程等一系列重大公共文化建设项目，发达地区的公共文化服务效能不断提高，广大农村和中西部地区长期以来的公共文化基础设施薄弱的局面逐步扭转。数字化、智慧型的公共文化服务项目开始显露头角。公共财政对于文化投入不断增长，其中的文化事业费从"一五"规划期间的 4.97 亿元，增长到了"十一五"规划期间的 1 220.4 亿元，年均增长 20％左右，全国人均文化事业费从 1990 年的 1.33 元增长到了 2011 年的 29.14 元①。中央政府和一些地方在公共文化建设中还引进了市场竞争机制，采取政府采购、财政补贴、委托经营等方式，明显提高了公共文化建设的效率，为广大群众分享国家文化建设的成果，提高全民族文化素质奠定了基础，但是也还存在诸多需要进一步解决的问题。

从全球范围看，发达国家自 20 世纪 90 年代以来，率先进入"体验经济"时代，促进了全社会文化消费的增长。由于中国是一个发展中大国，各地情况发展很不平衡，在推动公共文化服务获得历史性发展

---

① 中央政府门户网站，http://www.gov.cn 2012 年 6 月 26 日。

的同时,也出现了全民文化消费的增长率低于总消费增长率、储蓄增长率和文化产业的增长率。这中间包括了非常复杂多样的原因和变数。首先是各级政府对文化的投入总量在不断增长,特别是从"八五"规划期间的 121.23 亿元,经过"九五"规划和"十五"规划期间的增长,到了"十一五"规划期间,全国的文化事业费用投入增长到了 1 220.40亿元,成为"八五"期间的十倍以上,形成了历史性的跨越(见图 1-20)。

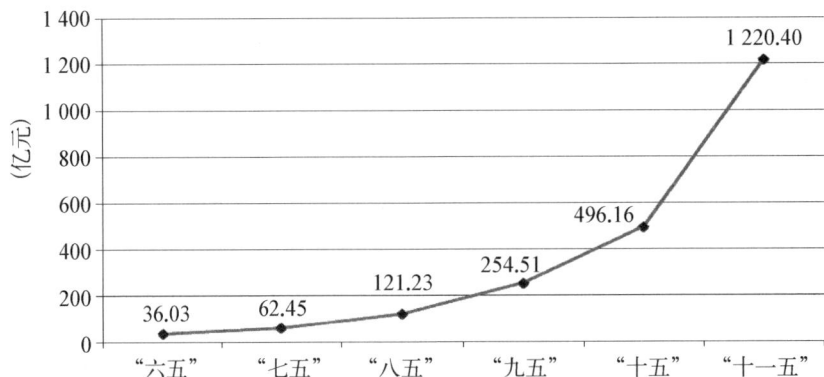

图 1-20 全国文化事业费增长情况

资料来源:中华人民共和国文化部:《中国文化文物统计年鉴 2012 年》,北京图书馆出版社 2012 年版。

而大量数据也反映出了公共文化投入经费总体不足的情况仍然存在。从投入的比例来看,重点表现在文化事业支出占国家财政支出比例低和文化事业支出占科教文卫事业支出比例低这两个方面,文化在整个国家财政支出中所占的比重比较小,这一投入在"八五"规划期间达到最高值,文化事业费支出占国家财政支出比重的 0.50%,此后比例逐步降低,到"十一五"规划期间占比为 0.38%。具体来说,2006年是 0.39%,2007 年是 0.40%,2008 年是 0.40%,2009 年是 0.38%,2010—2011 年均是 0.36%[①]。中央财政对文化事业的投入与教育事

① 齐勇锋主编:《中国文化发展战略与公共财政研究》,中国经济出版社 2014 年版,第 108—109 页。

业、卫生事业、科学事业相比较，投入的比例最低。教育事业费的投入比例在 2013 年为 5.66％，卫生事业费在 2013 年的投入比例为 5.87％，此外，从投入的绝对值来看，中央财政对于文化的投入也明显低于地方财政，这在 2000 年以后表现得更加明显（见图 1-21）①。这在一定程度上也是造成各地公共文化服务投入不平衡的原因。

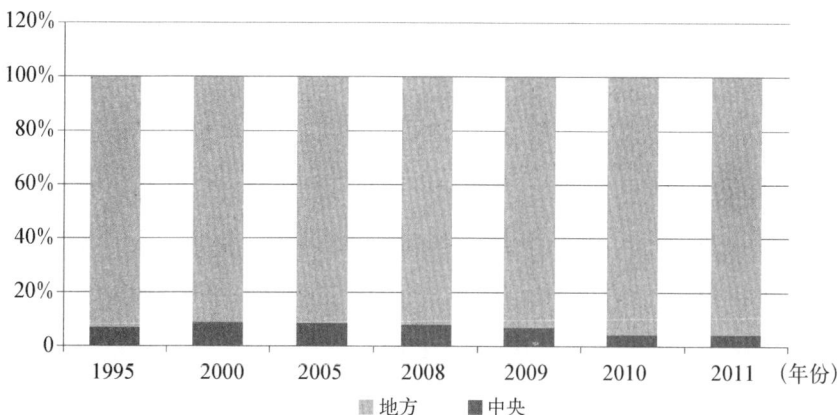

图 1-21　中央财政和地方财政文化支出比重示意图

资料来源：中华人民共和国文化部：《中国文化文物统计年鉴 2012 年》，北京图书馆出版社 2012 年版。

与此同时，也存在政府财政资金对公共文化服务的投入，既有缺位，也有越位的情况，使得资金投入的使用效率不高。在中西部的一些省市，政府对服务外溢程度比较高的非经营性文化事业单位的投资管理，存在缺位现象。一些本来应该由政府财政支持的文化事务，因为资金不足而难以正常发展，导致公共文化服务供给不足。许多地方的图书馆、文化馆、博物馆、美术馆、群众文化创作等，由于缺乏足够的资金而未能充分发挥作用；另一方面，政府部门对于一些国有文化企业和事业型的文化集团，给予的财政拨款、经费补贴、垄断性资源等，都明显超过集体、私营和其他文化企业的平均水平，而一些

---

① 中华人民共和国文化部：《中国文化文物统计年鉴 2012 年》，北京图书馆出版社 2012 年版。

国有文化企业和事业型的文化集团所创造的效益,则没有达到相应的规模和水平。这不仅背离了公共财政的需求,也造成了市场竞争的不公平。

这一不足表现在人民群众的人均文化消费支出增幅不快。如《中国公共文化投入增长测评报告》的主编王亚南教授所指出的:现有的计算标准中,有的是把公共文化也算进了文化产业的总量,导致文化产值比,即文化产业增加值总量占 GDP 总量的比重快速上升,但另一方面,文化消费率却在下降。如果用图表反映,两条曲线的前一条在稳步上升,后一条却在逐步下降。一方面,中国文化产业出现了结构性过剩,但另一方面,确实存在实质性短缺,那就是广大人民群众的文化消费需求还难以完全满足。[①] 1991—2012 年,全国人均产值年均增长 15.41%,城乡居民人均收入年均增长 14.69%,人均总消费年均增长 13.25%,人均积蓄年均增长 21.20%,人均文化消费年均增长 13.60%。人均文化消费年均增长幅度明显低于同期人均产值年均增幅 1.81 个百分点,低于人均收入年均增幅 1.09 个百分点,略微高于人均总消费年均增幅 0.35 个百分点,明显低于人均积蓄年均增幅 7.60 个百分点。从 20 世纪 90 年代以来的总体情况看,全国城乡文化消费需求增长滞后于经济发展,大体滞后于城乡一般的民生增进,尤其是受到城乡居民储蓄增长的严重挤压[②]。这也反映了广大居民缺乏更多的投资渠道,面对 CPI 的不断上涨而只能以增加储蓄来抵御风险,这实在是一种无奈的选择。这也说明:提高中国公共文化服务的水平,不是简单的增加政府投入的问题,还与中国整个经济结构的平衡有密切关系。从 1998 年的生产过剩,到 2008 年的资本过剩,这一双重危机现象在国际经济危机的压力下会显得越来越突出,延续多年的产能过剩可能会形成严重的后果。正如温铁军

---

① 《王亚南:文化不能穿新鞋走老路》,《北京晨报》2014 年 4 月 15 日。
② 王亚南主编:《中国文化消费需求景气测评报告(2014)》、《中国文化产业供需协调增长测评报告(2014)》,社会科学文献出版社 2014 年版。

先生指出的："屡屡救市造成的巨大债务危机和金融坏账危机也在集聚，为应对西方所谓的量化宽松政策所制造的大量流动性和应对西方的大规模投资，中国已经对冲增发了 20 多万亿货币，金融资本过剩的问题日趋严重。"①这些产能过剩和资本过剩的深层次问题，也间接地影响了中国居民家庭对文化消费的投入。

　　面对这一系列问题，中国政府为加强公共文化体系建设，提高居民文化消费水平，做出了持续不断的努力。从 2008—2012 年，我国大陆城镇居民人均文化消费支出每年均有 10％的增长幅度。这已经明显超过了我国台湾地区的增长幅度（台湾居民人均文化消费 2010—2012 年的增长幅度为－2.18％、6.36％和－9.42％），也超过了一些发达国家的增长幅度。有研究者指出：自 2009 年全球金融风暴以来，包括中国台湾地区在内的诸多地区，经济表现不佳，民众的薪资收入难以增长。这直接限制了民众人均文化消费的投入。从这个意义上看，我国城乡居民人均文化消费增长保持了 13.60％的增长率，已经属于不易，而从人民群众不断提高的文化生活需求来看，还需要在这个基础上，建立更加有效的公共文化服务体系。

表 1-7　我国城乡居民人均文化消费支出（2008—2012 年）

年　份	2008 年	2009 年	2010 年	2011 年	2012 年
我国城镇人均文化消费支出（元）	736	827	966	1 102	1 214
增长率（％）		12.36	16.81	14.08	10.16
我国农村人均文化消费支出（元）	315	341	367	396	445
增长率（％）		8.25	7.62	7.90	12.37

　　资料来源：罗昌智、林咏能：《培育支柱产业，促进创意经济协同发展》，载《两岸创意经济研究报告，2014 年》，社会科学文献出版社 2014 年版。
　　注：上述数据指中国大陆地区。

---

① 温铁军：《土地改革与中国城镇化》，《同济规划》2015 年第 2 期。

　　要解决这些问题,需要多管齐下,共同努力。一要加大增量,即继续加大投入。2011 年,文化部、财政部共同实施了国家公共文化服务体系示范区(项目)创建工作。按照工作安排,示范区创建以地市级人民政府为主体,示范项目创建以地级市文化行政部门为主体,用 6 年时间分 3 个批次创建 90 个左右的示范区、150 个左右的示范项目,覆盖、带动全国 1/3 以上的市县,推动全国现代公共文化服务体系建设。2013 年 9 月,文化部、财政部完成了第一批示范区(项目)验收工作,命名了第一批 31 个示范区和 47 个示范项目,并于 2013 年 10 月启动了第二批 32 个示范区、57 个示范项目的创建工作。在第一和第二批国家公共文化服务体系示范区(项目)创建周期中,中央财政拨付 4.65 亿元创建补助资金,撬动了各地的地方财政投入超过 400 亿元,各示范区创建城市均落实了中央关于文化事业费投入的政策要求,对全国公共文化建设起到了良好的推动作用①。

　　二要提高效能,即推动公共文化服务向现代化体系发展,2015 年,文化部、财政部等四部委颁布了《关于做好政府向社会力量购买公共文化服务工作的意见》,充分尊重公共文化领域政府主导、社会参与、多元共治的行业特征,强调政府的主要职能是"组织领导、政策支持、财政投入和监督管理",逐步突破了过去政府包办的运作模式,促使政府完成从公共文化服务的"划桨者"到"掌舵者"身份的转变。通过引导和规范社会力量参与公共购买,培育一大批公共文化服务的"替代性生产者",形成政府直接管理的体制内公办文化机构与体制外社会力量的竞合关系。

　　三要推动文化科技融合创新,结合"互联网＋"的潮流,加大文化数字资源的提供能力和远程服务能力。如上海自 2003 年 10 月开始率先建立的东方社区信息苑。2003 年 10 月,作为上海市社区文化信息化综合服务工程重点之一,到 2014 年末已建设东方社区信息苑

---

① 《第三批国家公共文化服务体系示范区(项目)创建工作评审会在京召开》,《中国文化报》2015 年 5 月 29 日。

300 多家，东方农村信息点 1 200 多家，覆盖全市 19 个区(县)所属街(镇)及行政村。每个苑点可覆盖 2 万—3 万居民、5 000 个家庭，单点区域有效覆盖率达 40％左右。包括在祖国第三大岛——崇明岛及横沙岛等区域，东方社区信息苑和东方农村信息点也获得了广泛的发展，受到了广大居民的好评①。这一新生事物，不仅仅改变了公共文化服务的载体，更推动了广大城乡居民适应数字化的潮流，更加有效地利用公共文化服务设施，享受公共文化服务的方式，提升公共文化服务的针对性、覆盖率和满意度。

第三节　发达国家提升文化软实力的战略和借鉴

中国增强国家文化总体实力和竞争力，适应了全球综合国力竞争的趋势和中国和平发展的战略，也是在构建全球新秩序的过程中展开的。根据权威的瑞士 KOF 全球化指数从 2000 年以来的统计数据②，在经济、政治、社会这三大全球化领域中，经济全球化的程度最高，政治全球化相对居中，而社会全球化在逐步提升。"9·11"事件和 2008 年全球金融危机之后，美日欧等西方大国的全球化速度放慢，而中国、巴西、南非、俄罗斯等新兴大国的全球化速度在加快。2011 年上述三大全球化指数分别为 63％、61％、56％，而在 2014 年上述三大全球化指数分别为 65％、61％、58％，说明尽管遭遇了各种困难，全球化的进程仍然在缓慢推进。而各国对应全球化的策略各有重点，排名也在不断变动，其中中国的进步尤其令人瞩目。

---

① 根据笔者对上海东方社区信息苑的实地调研。
② 瑞士 KOF 全球化指数研究报告：《2011 年 KOF 全球化指数——经济危机下的缓慢跌落之全球化》(*KOF Globalization 2011: Economic Crisis Slows Down Globalization*)。

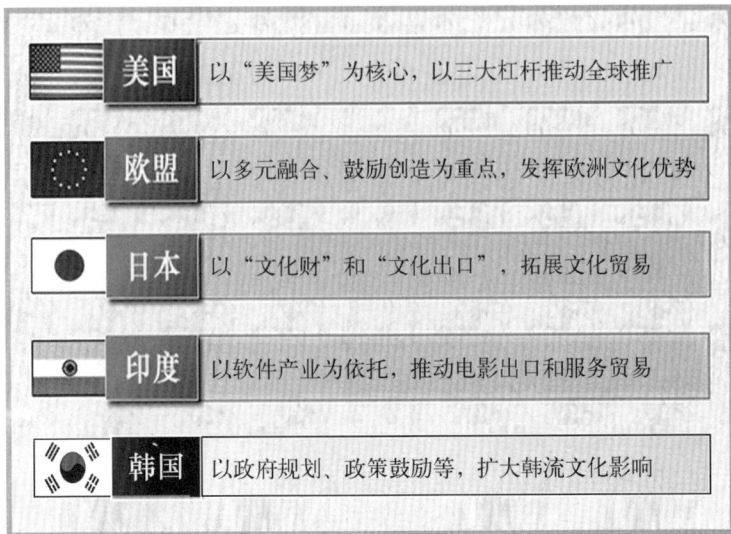

图 1‑22　主要发达国家的文化软实力模式

　　正如英国国家科学与艺术基金会的报告《中国的吸引力状态》所指出的,中国不但是一个"快速跟进者",同时也能通过吸引力来增加自身的价值/创新能力和新奇性①。中国应该从强大的文化自信心和文化自觉性出发,坚持中国的核心价值观念,在融入全球化的过程中,对主要国家文化软实力的模式,采取兼收并蓄、消化吸收的态度。中国的文化竞争力建设既要吸取以美日欧等西方大国的经验,也要关注印度等新兴大国和韩国等周边国家的经验,在融会多元的基础上推动自主创新。这样可以扩大中国的文化创造资源,又可加强中国对各国的文化亲和性和影响力,推动合作共赢的结果。

一、以"美国梦"为核心,以多元杠杆为动力的美国模式

　　美国模式是迄今为止全球范围内,竞争力优势最明显、全球扩张力最强、创新活力最显著的模式之一,是一颗值得中国深入借鉴的文

---

① NESTA，*China's Absorptive State*，October 2013，London.

化智慧果。美国文化软实力的特点首先是由政府、企业、院校和民间社会共同打造核心价值观念——以自由为核心的"美国梦"，在获得多元社会的共识后，又合力来推动文化理念的推广。正如美国学者约瑟夫·奈所说："美国的软实力仍然强于中国。大国企图运用文化和宣传来建立软实力从而加强它们的优势，但是，软实力在很大程度上非政府所创建。美国的软实力依赖于多种多样的资源。"①美国联邦政府固然是美国核心价值观念的维护者和推广者，但并非文化软实力的行政大管家和垄断者。

正如法国学者弗雷德里克·马特尔所说："美国不只是一个国家，也不单单是一个洲，可以说是一个世界，至少是一个浓缩的世界。没有任何一个国家具有这样的多样性……这一点最终解释了美国创意产业在文化与娱乐、主流与小众方面对世界的主宰，一种呈上升趋势的主宰。"②美国把吸引来自世界各地的移民，作为国家发展和文化竞争的活力源泉。今天，美国有4 500万在外国出生的人口，其中大多数来自中美洲和亚洲。美国中小学约五分之一的学生有一位在外国出生的父母。五分之一的美国人在家使用英语以外的其他语言。纽约是拉丁美洲、亚洲和加勒比地区移民较集中的城市，美国的西南部是墨西哥裔最集中的地方，纽瓦克是葡萄牙裔集聚最多的地方。而在多元文化的基础上，美国又形成了三大主要文化潮流：那就是以好莱坞、百老汇、亚马逊为代表的大众流行文化，充分利用了商业的杠杆；以基金会、博物馆、学术出版社为代表的精英文化，突出了人文和科学的导向；以边缘艺术、实验艺术等业态为代表的非主流文化，突出了独立和叛逆的自由精神（见图1-23）。以纽约为例，这里既有全球最大的演艺产业集群——百老汇，又有包括林肯艺术中心、

---

① 《金融危机后的中美实力——约瑟夫·奈在复旦大学社会科学高等研究院的讲演》，《文汇报》2010年12月25日。
② ［法］弗雷德里克·马特尔：《主流——谁将打赢全球战争》，刘成富等译，商务印书馆2012年版，第179页。

洛克菲勒艺术中心等在内的大批文化艺术机构和 100 多家博物馆、艺术馆、展览馆等,更有纽约边缘艺术节、SOHO 等代表的非主流艺术项目。这三股力量相互批判、相互冲突,又相互吸收,共存在法律和制度的框架内,形成了生生不息的创造活力。

美国政府推动文化艺术发展,采用法律、资助、基金多元复合的动力杠杆,在很大程度上保障了文化发展所需要的资金和资源。美国法律是扶持文化艺术的第一保障。1787 年美国《宪法》第一条第八款这样规定:"为了促进科学和实用艺术的进步,对作家和发明家的著作和发明,在一定期限内给予专利权的保障。"这正是美国最早的对文化艺术方面进行保护的版权法和专利法,也是美国扩大文化交流和文化贸易的法律基础;美国国会每年向国家艺术基金会、国家人文基金会以及博物馆与图书馆事业学会等提供大笔拨款。1965—2008 年,国家艺术基金会提供的各类资助超过 128 000 笔,资助总额达到 40 亿美元,国家艺术与人文基金会向各州政府的文化艺术理事会提供大笔拨付,还要求各州和地方政府拿出相应的财政支出;基金会是美国政府推动艺术品产业的一大杠杆。1965 年,美国国会通过了第一部《国家艺术及人文事业基金法》。依据此法,美国成立了国家艺术基金会与国家人文基金会,同时,美国鼓励各类私人和社区基金会,到 2005 年,美国全国基金会有 5 万多家,其中比较重要的有 1 600 多家,绝大多数是私人独立基金会,其中有 15% 左右与文化艺术密切相关。作为美国基金会 20 世纪先驱的三大基金会之一的洛克菲勒基金会,就是国际艺术交流的大力推动者。[①]

美国政府推动对外文化交流和文化贸易,充分利用跨国公司的力量,推动全球文化贸易自由化。奥巴马担任美国总统以来,在 2009 年和 2011 年两次推出《国家创新战略》。从战略的结构看,美国创新战略呈金字塔形,底层是对美国创新基础架构建设的投入,中层是促

---

① 资中筠:《财富的归宿——美国现代公益基金会述评》,上海人民出版社 2006 年版。

进创新的市场化,顶层是促进国家重点优先领域的发展和突破,呈层层递进的关系。这种持之以恒的创新战略,培育了作为美国文化创新主体的大批跨国公司和企业。2011—2014 年《财富》企业 500 强中,每年有 6—8 家主营业务涉及娱乐、创意、媒体的巨头,其中大部分是美国公司。它们不仅仅引领了技术的创新,也推动了艺术的创新、商业的创新、管理的创新。正是成千上万家富有活力的美国媒体、娱乐、传播、数字内容企业和私人机构,烘托出一批最富于创新效率的先锋企业。比如谷歌,成立于 1996 年,仅用了 10 多年就迅速崛起,成为一家以深度内容搜索、多媒体搜索、人工智能为特色的跨国集团;再如由史蒂夫·乔布斯打造的皮克斯动画公司,诞生于 1986 年,当时是一家资本 500 万美元的小公司,率先开发出前所未有的 3D 电脑动画电影系统,20 年后的 2006 年,成为全球最有竞争力的动画公司,它被沃尔特·迪士尼并购,市场值达到 74 亿美元,在 20 年间增长了 370 倍。

美国文化软实力：核心观念、多元复合、强势扩张

- 以好莱坞、百老汇、亚马逊为代表的大众流行文化
- 以基金会、博物馆、学术出版社为代表的精英文化
- 以边缘艺术、试验艺术等业态为代表的非主流文化

三大文化潮流在法律和制度框架内既并存又相互批判、相互吸收

图 1-23　美国文化软实力模式的特点

　　美国善于开发多样的文化资源,包括"草根"的民间文化资源,如资助"美国爵士乐大使"。20世纪50年代,与苏联冷战的美国政府急于向第三世界传播自己的文化,以拉拢盟友。一次美国民间爵士乐在海外演出的意外成功,让美国政府惊喜地发现了"秘密武器"的价值。1955年,美国政府正式资助第一任"爵士乐大使"——昆西·琼斯,他的招牌名曲是《南方小夜曲》。由于他黝黑的皮肤、厚厚的嘴唇,所以外号"书包大嘴"。爵士乐源于美国早期南部种植园的黑奴们表达感情,具有强烈的底层"草根"色彩,也容易在全球各个阶层中广泛传播。20世纪50—70年代,美国政府持续地资助"爵士乐大使"在全球演出。"9·11"事件后,美国急于向世界传播文化软实力,爵士乐大使项目重新兴起。从2005年开始,美国国务院文化教育处与林肯爵士乐中心合作,推出了"美国音乐走世界"项目。该项目挑选了150多位美国乐手,巡演了100多个国家,从伊拉克到巴基斯坦,从刚果到日本,除了美国爵士乐外,美国其他流行乐也在巡演之列。

二、以创造和分享为基础,激励"多元一体"的欧盟模式

　　欧洲作为人类文明的古老发源地之一,是近代以来无数科技、政治、艺术、社会潮流的发源地之一。欧盟国家一方面传承了欧洲文明的遗产,又在欧洲一体化的政治框架内,形成多元一体的文化特色,努力推动文化交流和文化贸易。从1951年的《欧洲煤钢共同体条约》到1991年的《欧洲联盟条约》和后来的《欧洲宪法》,欧盟通过结构基金等各种方式,加强各国文化建设的协调,法国前总统密特朗这样评价文化纽带对欧洲的意义:"天地是广阔的。而作为欧洲纽带的,现在是、将来还是它的文化……我要引用共同体欧洲创始人之一的让·莫内说过的一句话:'假如需要重新开始的话,我将从一个文化的欧洲开始,而不是从一个经济的欧

洲开始。'"①欧盟已经成为一个既带有联邦制色彩，又带有邦联制体制特点的超国家组织。欧盟的一体化发展把建构新的欧盟文化作为重要方面，从三个方面做出努力：第一，以经济一体化的深入为文化建构奠定物质基础；第二，以政治上的扩大合作为文化建构创造条件；第三，以建立多元一体的新欧盟文化为经济和政治一体化提供软实力基石。《欧盟宪法条约草案》把欧盟的价值表述为："尊重人的尊严、自由、民主、平等、法治，及尊重人权。在一个多元主义、宽容、正义、团结和没有歧视的社会中，这些价值是成员国共有的。"这些价值理念以前是囿于民族国家的范畴，而后则逐渐扩展至整个欧盟的范围。

欧盟的文化政策框架以"鼓励创造"、"参与和分享"作为两大杠杆。1789 年法国大革命期间颁布的《人权和公民权利宣言》大力倡导人权，就有了文化权利的内容；1919 年的德国《魏玛宪法》中，对公民参与和分享文化权利做了更加明确的规定。欧盟是多元文化的集合，又是统一的超国家联合体，在文化人权的理念引导下，鼓励"参与和分享"，让更多国家的人民参与和分享欧洲文化的成果。"创造性的欧洲"（creative europe）文化战略提出三大目标，支持欧洲文化创意产业的跨国和国际经营，扩大欧盟的国际文化交流。丹麦学者本尼·奥塞林指出：欧洲文化艺术的创造力和出口竞争力，源自对儿童早期教育和国民终生教育的大量投入。尽管许多欧洲国家缺乏石油等自然资源，但是只要它打造一个"学习的国度"，那就会成为一个"创造力的国度"，终究成为一个"竞争力的国度"②。1993 年，英国政府正式发布"创造性的未来"为主题的国家艺术发展战略，其核心是文化发展的核心是创造，支持一切创新。欧盟理事会借用英国提出的"创造性的未来"概念，在 2014 年提出"创造性的欧洲"文化战略，它包括三大目标：（1）最大限度地支持欧洲文化创意产业的跨国和

---

① ［法］弗朗索瓦·密特朗：《在欧洲大学生研讨会开幕式上的演说》，载《密特朗回忆录：被死神打断的回忆》，中国书籍出版社 1998 年版。

② Bennye'D Austring, *Arts*, *Aesthetics and Learning*, April 2014.

国际经营。包括支持艺术/文化从业人员拓宽职业发展地点(在"能力建设"目标下),支持全球考察、举办活动和展览(在"跨国流通"目标下)。(2)支持所有的视听行业。在国际行动中,让非欧盟国家和欧盟以外市场的参与者高达50%;利用国际合作基金增强与第三方国家的合作。(3)持续加强对小微企业和中小型组织财政支持,尽量确保合理均衡覆盖(特别是贷款担保)①。

欧盟的文化艺术出口把重点放在创意内容的核心领域,特别是图书和艺术品等方面,并且与国际旅游相结合,以形成扬长避短的竞争优势。2014年《欧盟报告:文化创意产业出口和国际化战略》(见图1-24)指出:2004—2009年,欧盟27个成员方的文化产品出口顺差为190亿欧元,其中主要是图书和艺术品。有鉴于此,欧盟避开美国在电影、娱乐、版权产业等方面的强大优势,以文学、工艺、视觉艺术、表演、多媒体艺术、影像艺术等为核心,以源自广大国民的深厚创意力和创造力为基础,扩大对全球的文化出口。

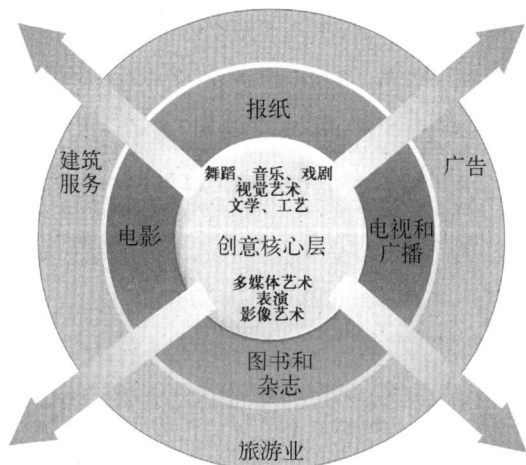

图 1-24　欧盟报告:文化创意产业出口和国际化战略

---

① *EU Good Practice Report: The Cultural and Creative Sector's Export and Support Strategies*, January 2014.

　　以法国为例，它不仅拥有极为丰富的艺术资产，而且是文化产品贸易大国。面对以好莱坞为代表的美国文化的渗透，法国政府提出"文化例外"的概念。1994年8月4日，法国议会通过文化部长杜邦提出的《关于法语使用的法案》（《杜邦法》）。《杜邦法》规定，禁止在公告、广告中，在电台、电视台播送的节目中（外语节目除外）使用外语；要求法国境内出版的出版物必须有法语的概述等[1]。法国1996年的一项法令规定，全法国1 300多家电台在每天早6时30分至晚10时30分之间的音乐节目必须播送40%的法语歌曲等，但是这种以抵御为主的政策，难以挽回法国电影和广电产品出口额的下滑，这也迫使法国采用更加灵活的鼓励文化出口的政策。根据《法国核心竞争力——文化创意产业全景报告》（法兰西共和国总统奥朗德资助项目）的分析，法国更加强调在全球文化创意产业中的领导力，形成以质量胜数量（见图1-25）。比如法国近年来保持了全球艺术品第

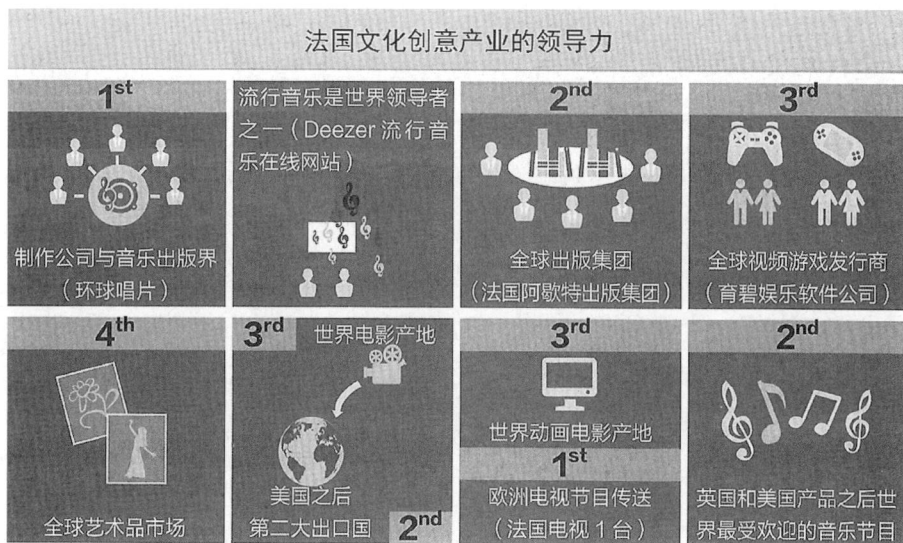

图1-25　法国文化创意产业的领导力

---

① 李怀亮：《当代国际文化产品贸易与文化竞争》，广东人民出版社2005年版。

四大市场的地位。2011 年法国文化产品各门类的进出口额中,艺术品所占比重最大,出口达到 11.56 亿欧元,进口达到 4.93 亿欧元,其中有大量的艺术品是被旅游者购买的,也带动了法国艺术品向国外出口,因而吸引了更多以艺术为首选目的的国际旅游者。

从欧盟国家的文化相关法律和政策看,欧盟国家普遍执行艺术品的进口增值税 Import VAT。以英国为例,艺术品从欧盟以外进入英国,如果留在英国或者买家在其他欧盟国家,必须缴纳 7%—10% 的进口增值税。瑞士不是欧盟国家,也执行这一政策,艺术品可以免税带入瑞士,如果卖给瑞士人,必须缴纳 7%—10% 的进口增值税,如果卖给外国人,因为没有进口,则不需要缴纳进口增值税。英国对于艺术品的进口采取零关税政策,但需要增收 5% 的进口增值税,以非营利为目的的艺术品进口免征增值税。如果艺术品入关之后再转手卖出的,需再缴纳 17.5% 的国内增值税。英国、法国、德国、瑞士四国中,德国是联邦制国家,联邦没有文化部,文化事务由地方负责,联邦也没有关于文化或者艺术品市场管理的法律。法国、英国有文化部,但是没有关于文化或者艺术品市场管理的法律。这三国对艺术品市场的管理主要是税收政策,一般对艺术品买卖实行的是低于其他商品的税率。如德国画廊的营业税税率是 7%,低于销售其他类别商品的税率;法国艺术品的销售税是 5.5%,也低于销售其他类别商品的税率,而且法国还有财产税,但艺术品的买卖不计算在内,如果艺术品买卖有增值,才需要缴纳 5% 的增值税①。英国有遗产税,税率为 40%,艺术品作为遗产是要征税的。但是如果艺术品不出卖,而是继续保留并且向公众展示,可以不缴税。法国长期以来奉行的“文化例外”政策也包括对艺术品进出口的低税收制度和便利的仓储通关手续,鼓励了法国艺术品销往更多的境外市场,形成了“出口不出国”和“出国带出口”的双重模式。

---

① 李蕊:《海外立法现状解析》,《艺术与投资》2009 年第 2 期。

文化创意产业占国内生产总值(PIB)中的比重		2011年法国文化产品进出口量(百万欧元)	

美国	6.4%
法国	**2.8%**
德国	2.6%
欧盟	2.6%
中国	2.5%

出口
1 156　663.8　414.3　355.4　188.8　2.7

进口
493　699.9　392.7　585.3　239.9　4.1

艺术品　书籍　印刷品　CD/DVD　乐器　乐谱

图 1-26　2011 年法国文化产品各门类的进出口额

资料来源：《法国核心竞争力——文化创意产业全景报告》(法兰西共和国总统奥朗德资助项目)，《首都文化智库》2014 年 11 月第 6 期。

　　欧盟国家把国际文化艺术交流与旅游结合起来，取得了明显的效果。根据加拿大创意智库机构在 2013 年的一份研究报告，对法国、美国、英国、德国、加拿大、日本和澳大利亚七个国家入境游客首选目的的调查发现(见表 1-8)：以文化艺术内容为主要的旅游目的的为首选，平均比例达 29%。而且越是人文发达、特色鲜明、艺术昌盛的国家和城市如法国和英国等，文化艺术旅游吸引的游客越多，文化艺术品的出口也越有优势。

表 1-8　七个发达国家入境游客首选目的

	法国	美国	英国	德国	加拿大	日本	澳大利亚	平均
文化和艺术旅游	35%	31%	32%	30%	21%	34%	20%	29%
购物旅游	19%	21%	14%	18%	13%	21%	10%	16.5%
自然旅游	18%	24%	18%	19%	28%	16%	24%	21%
休闲旅游	12%	8%	13%	14%	15%	17%	14%	13.2%
美食旅游	4%	4%	5%	7%	8%	5%	17%	7.1%
商务旅游	3%	9%	12%	8%	12%	6%	7%	7.1%
其他旅游	9%	3%	6%	4%	3%	1%	7%	4.7%

资料来源：*Aim and Resource — Analysis on Tourism Industry and Visitor's Psychology.*

三、以"文化立国"和"文化输出"为重点的日本模式

作为东亚的一个岛屿国家,日本对国家的生存有强烈的危机感,高度重视拓展海外市场。跨入21世纪以来,日本朝野不断探索扩大对外文化交流和文化贸易的途径,制定长期目标和阶段要求,形成了以"文化立国"和"文化输出"为重点,以"酷日本"的创意开发为核心的日本文化竞争力模式。从2006年开始日本贯彻"酷日本战略",2011年开始在酷日本官民恳谈会文件等引导下,确定了对外文化贸易的5大重点领域(时尚、食品、媒体与内容产品、观光旅游、制造业与地区特色产品),和到2020年日本对外文化贸易的主要目标。早在1990年,日本就成立了由专家学者和艺术权威组成的"文化政策推进会议",作为文化厅长官的咨询机构开展活动。1995年7月,文化政策推进会议提出《新的文化立国目标——关于振兴文化的几个重要策略》的报告,开启了"文化立国"战略的初步设想。1996年7月,文化厅正式提出了《21世纪文化立国方案》,标志着日本"文化立国"战略的正式确立。1998年3月,文化政策推进会议在全面论证与咨询的基础上提出了《文化振兴基本设想——为了实现文化立国》的报告。报告阐明了"文化立国"的必要性,同时还提出了日本当前振兴文化的六大课题:搞活艺术创造活动;继承和发展传统文化;振兴地域文化与生活文化;培育和确保继承文化的人才;在文化上做出国际贡献并传播文化;加强基础建设以利文化的对外传播。

日本政府提出"文化输出"战略,即立足国家战略,不仅仅获得出口盈利,更要输出精神文化,赢得世界范围内对日本的好感和认同。日本国会在2001年11月30日通过《振兴文化艺术基本法》,并于同年12月7日公布施行。该法使日本文化艺术在法律上得到了正式的保护,法律条文明确地涉及电影、漫画以及动画的知识产

权问题。之后，日本政府依据相关法律成立了"知识财富战略本部"，由首相亲自挂帅担任部长，制定了一系列政策法规和实施计划。2004 年 5 月，日本国会批准通过了《关于促进创造、保护及应用文化产业的法律案》（统称《文化产业促进法》）。这是一部既包括《信息技术基本法》和《文化艺术振兴法》的内容，又包括振兴电影、音乐、戏剧、诗歌、小说、漫画、游戏产业等内容的一个集大成的法律文献。日本在国际动漫领域优势较明显，实际上也与本国的贸易促进政策密不可分。早在 1985 年，日本政府就明确提出要以动画片为渠道介绍和展示日本的经典文化，使日本从一个经济大国转变为一个文化输出大国。1997 年，日本国际贸易产业部发起组织了一个数字动画研究团体。由于日本动画产业 70％集中在东京，因而东京成立了常设的东京国际动画节组织委员会，日本依据面向 2020 年的全球文化产业市场规模预测，对最有利于发挥日本文化竞争优势的目标市场，进行了详细分析和长期跟踪研究，推进以中国和美国等为重点市场的海外文化产品推销计划。日本近年来通过朝野结合的"酷日本官民有识之士会议"，提交了《新日本的创造》、《以创意日本支撑酷日本战略》、《21 世纪的日本模式构建》、《日本品牌的海外拓展》等提议案和报告。《酷日本官民有识之士会议提议案》等文件在对日本时尚产业的目标市场分析中，把目标市场的规模和潜力列为 X 坐标，把日本文化的竞争力列为 Y 坐标，然后加以综合分析指出：日本 2009 年主要文化产业规模为 2.3 兆，而在 2020 年将努力达到 8—11 兆日元，对外文化产品出口要占总量的 15％。而日本对策的重中之重是"把内需产业的文化产业转换为外需产业"，把重点从开发国内文化消费市场转移到国外文化消费市场。面向 2020 年，日本要把最重点的目标时尚市场定位在中国。中国不但有巨大的人口和急剧增长的消费能力，而且容易接受文化传统上相近的日本时尚，估计中国有约 36 兆日元的时尚消费潜力，是日本必须全力争取的第一市场。其次是作为全球品牌消费重点的美国、欧洲、东南亚国家，以及受到日本旅游业很大影响的韩国、中国台湾等重点市场,还包括市场潜力巨大的巴西、印度等新兴大国。

四、以政府积极地推动,促进"韩流"传播的韩国模式

作为全球中等经济发达国家的韩国,从"文化入国"到"文化隆盛"再到"文化强国"战略,实施积极的政府干预措施,形成了推动"韩流"传播的韩国模式。

韩国的对外文化交流和贸易经历了三次大的起伏,从 20 世纪 80 年代的文化贸易逆差,到 20 世纪 90 年代的韩流开始出口,再到 2011 年以后逐渐进入新的上升期,通过积极的国家干预大力支持文化交流和文化贸易。这得力于韩国的国家产业政策及财税政策的强有力支撑。韩国充分认识到文化产业是 21 世纪国家经济发展的新兴战略支柱产业,1998 年,在时任韩国总统金大中发布的"文化总统"宣言中,正式确立"文化立国"的战略方针,将发展文化产业上升为国家发展战略。朴槿惠上台后,提出创造经济增长的思路。

表 1-9 韩国文化内容产品进出口额(2006—2012 年)

(单位:亿美元)

类 别	2006 年	2007 年	2008 年	2009 年	2010 年	2011 年	2012 年
出 口	13.7	19.4	23.4	26.1	31.9	43.0	46.1
进 口	32.8	33.5	19.9	17.7	17.0	18.5	16.7
顺逆差	−19.1	−14.1	3.5	8.4	14.9	24.5	29.4

资料来源:韩国文化内容振兴院:《台湾文化创意产业发展年报 2014 年》。

这一创造经济分两部分内容。第一部分是风靡全球的"韩流"文化,第二部分是信息技术,与全球范围内的信息科技相同步。朴槿惠提出的韩流文化内容包括游戏、动漫、卡通人物、广播、网络、影视、歌曲唱片等,作为韩国经济的增长点,推动韩国经济更进一步地从制造

业为主向偏重文化内容产业转型。2013 年韩国文化体育观光部和未来创造科学部联合发表了《韩国文化产业对外输出促进方案》，旨在大力推动韩国文化产业在全球范围内的出口和传播，力争到 2020 年，将文化内容出口额提高到 224 亿美元，要将韩国在文化内容产业的出口从 2010 年全球排名第 9 位提高到 2020 年第 5 位，以此使韩国成为世界第五大文化强国。

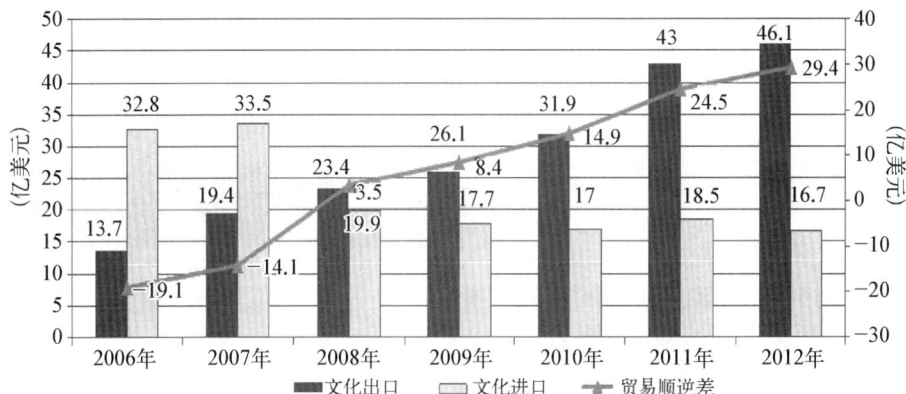

图 1-27 韩国文化内容产品进出口顺逆差（2006—2012 年）

韩国的文化交流和文化贸易善于扬长避短，突出优势，培育文化产业促进机构和培育大中型的文化产业集团。韩国是一个国土面积狭小（9.93 万平方千米）、人口较少（4 700 万）、市场规模小的中等发达国家，而且韩语在全球应用的范围很小，难以和英文、中文、法文、日文、西班牙文等大语种相匹敌，在 20 世纪 90 年代以前，韩国主要是进口美国、日本和中国香港的影视和娱乐节目。这决定了韩国的文化交流和文化贸易必须立足国情，经历一个从小到大的艰难历程，逐步形成自己的优势（见图 1-28）。为此，韩国政府实施文化产品（服务）"走出去"的"前沿据点"文化战略，并且突出了政府的积极干预，包括成立了韩国文化内容振兴院，推动文化产品出口从 2006 年的 13.7 亿美元，逆差 19.1 亿美元，上升到 2012 年的出口

46.1 亿美元,顺差 29.4 亿美元[①]。韩国积极扶持了 CJ 等文化产业集团。CJ 原是韩国最大的食品企业,从 1993 年开始涉足文化娱乐业,并将其发展成集团四大核心事业群之一。CJ 先后收购了 Catch One、中华 TV 等影视频道,NTV、KMTV 等音乐娱乐频道,围棋 TV、Xports 等体育频道并进行整合改造。CJ 注重加强与海外文化公司进行强强合作,合作方包括索尼音乐娱乐、中国央视电影频道等,包括在上海自贸区国家对外文化贸易基地建立了合作平台,推动韩中文化合作。

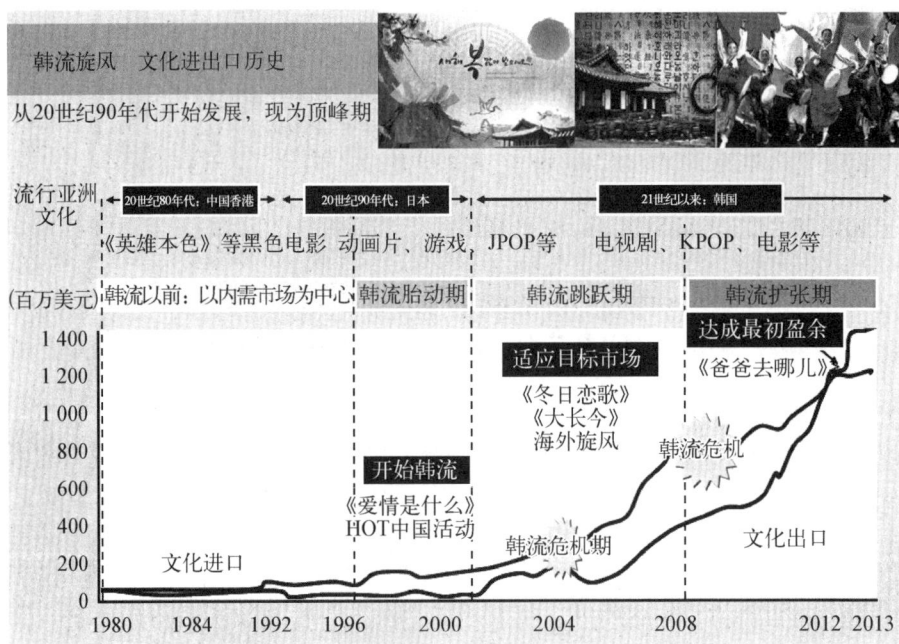

图 1－28　韩国文化进出口的历史阶段

资料来源:根据韩国 CJ E&M 全球事业本部徐贤东常务部长演讲材料整理和绘制。

韩国的对外文化交流和文化贸易,避免了与全球文化强国迎头相撞,也避免在诸多国际贸易领域引起太多的摩擦,而选择可以发挥

---

① 徐贤东:《文化内容及其国际化》,2014 年 11 月 18 日。

自己优势的领域,采用了日积月累、深入人心的做法。韩国 CJ 文化产业集团的专家明确提出：韩国要成为世界五大文化强国,必须从"文化入国"到"文化隆盛"再到"文化强国",其核心理念是"文化的力量在于让自己幸福,让别人也幸福",所以,韩国的对外文化交流可以从五个具体的方面做起,形成"春雨润物细无声"的效果,积少成多,最后形成韩流在海外的澎湃流行：(1) 让全世界的人每年看 2—3 部韩国电影；(2) 让他们每月吃 1—2 次韩国美食；(3) 让他们每周看 1—2 部韩国电视剧；(4) 让他们每天听 1—2 首韩国歌曲；(5) 让他们在日常生活中享受韩国文化[①]。韩国采取的这些扬长避短,细雨润物般的文化开发和文化贸易举措,在现实中取得了明显的成果。

根据韩国文化体育观光部和文化产业振兴院的统计资料,韩国文化产业出口围绕出版、漫画、音乐、游戏、电影、动画、广播电视、广告、卡通形象、知识信息和文化服务等主要领域,从 2009 年以来逐步取得了可观的增长业绩。尤其是在游戏领域,韩国的出口从 2009 年的 15 820 亿韩元,增长到了 2011 年的 25 640 亿韩元,形成了引人注目的出口规模。此外,韩国的卡通形象出口在 2011 年达到 4 240 亿韩元,知识信息出口达到 4 440 亿韩元,文化服务出口达到 1 640 亿韩元。

根据韩国内容振兴院《内容产业白皮书》披露的数据,韩国文化内容产业 2005—2008 年的增长率为 3.6%,2009—2013 年达到 8.1%,2014 年增长率为 7.0%。韩国文化内容产业与其他产业相比,增长率比较高,2014 年韩国汽车产业的增长率为 2.7%,纤维为 2.5%,电信和器材为 4.8%,石油化工为 9.5%,显示屏为 2.3%,这说明：除了石油化学产业以外,与国内主要事业相比,韩国文化内容产业获得了比较高的增长率,特别是对拉动韩国的旅游、化妆品、电子信息产品、服装等的出口,形成了比较明显的带动作用。

---

① 徐贤东：《文化内容及其国际化》,2014 年 11 月 18 日。

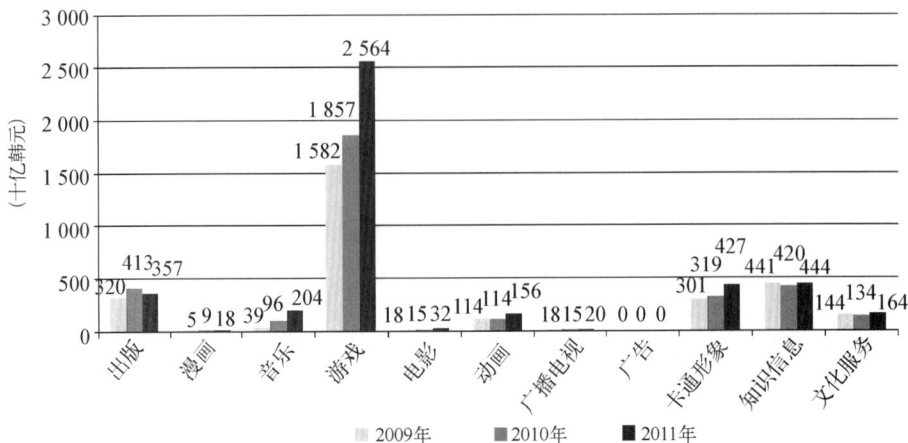

图 1－29　韩国文化产业出口规模（2009—2011 年）

资料来源：根据李永求、鄢葵的《中国文化产品对韩出口报告》（载《北大文化产业评论 2012 年上卷》，北京联合出版公司 2012 年 9 月版）的内容和数据绘制。

第四节　中外学者有关提升文化整体实力和竞争力的研究

一、国外学者对提升文化软实力的研究成果

在人类历史上，很少有一个重大课题像"软实力"（soft power）那样，一经提出就获得高度关注，被世界上的主要国家作为提升综合国力的重大问题进行研究。在软实力的大概念下，"文化软实力"包括"文化整体实力"、"文化竞争力"等获得了从理论到实践的不断丰富。从结构分析的角度看，它是一种以国家为本位的文化整体实力；从动态发展的角度看，它是一种在经济全球化、政治多极化、文化多样化、科技信息化时代，通过与其他国家相互竞争、相互交融、相互比较而体现的文化竞争力。许多国家的有识之士，依托本国的实践和国际的态势，提出了大量的研究成果，启发了人们不断深化对文化软实力

的认识和把握。

有关文化软实力的理论和实践，是一个逐步积累和更新的过程。在"软实力"概念正式提出并且引起人们广泛关注之前的漫长岁月中，"软实力"作为一种客观存在一直发挥着影响，犹如科学探索揭示了长期存在的自然规律一样。只是在 21 世纪全球综合国力竞争的大背景下，文化软实力的作用和变化显得更加突出。从经典的国际关系现实主义理论，到 20 世纪 90 年代美国倡导的软实力理论，再到 21 世纪全球范围内对文化软实力理论的多元解释，以及主要国家对文化软实力战略的研究和制定，形成一条前后呼应、传递更新的理论脉络和战略线索。

（一）从软实力内涵和国家战略角度的研究

美国学者约瑟夫·奈把文化理解成为"是为社会创造意义的一系列价值观和实践的总和"[①]，他把包括文化在内的软实力描绘成一种国家可以通过战略和政策有效使用的战略资源和实际能力，而不是一种难以捉摸的纯粹形而上要素，即为导向力、吸引力和效仿力，是一种同化式（co-optive）的实力。"一个国家文化的全球普及性和它主宰国际行为规范而建立有利于自己的准则与制度的能力，都是它重要的力量来源。"他特别强调软实力不但要依赖国家的战略、制度和动员，而且它将经历一个国家层面和非政府层面、国际组织和各种民间与私人团体，贡献多种资源，共同创造、友好互动和分享文化软实力的过程；由于文化建设在本质上是以人为本的，是以人文内涵为核心的，离开了广大国民普遍认同的软实力，必将是外强中干而充满危机的。所以，一个国家的文化软实力不可能由少数精英或者强权部门所垄断，而应该是全体机构、企业和人民共同创造和共同参与的结果。有鉴于此，他强调："美国的软实力仍然强于中国。大

[①] ［美］约瑟夫·奈：《软力量：世界政坛成功之道》，东方出版社 2005 年版。

国企图运用文化和宣传来建立软实力从而加强它们的优势,但是,软实力在很大程度上非政府所创建。美国的软实力依赖于多种多样的资源。"①

著名历史学家汤因比在《历史研究》中,以文明为研究单位,将人类史作为一个整体加以考察,这有助于后人拓展对于文化软实力研究的视角。他对已知的至少 31 种文明进行了分析和归纳,对文明的起源、成长、衰落、解体加以描述,还广泛地考察了历史长河中各个文明在时间和空间中的碰撞、接触和融合。汤因比不仅从时间的纵向层次考察了人类历史,而且还在各个文明地理分布的横向层面希望保持"一种公允的、平衡的全球观点"。汤因比指出:"我们必须抛弃自己的幻觉,即某个特定的国家、文明和宗教,因恰好属于我们自身,便把它当成中心并以为它比其他文明要优越。"他希望中国与西方在文化方面进行"有意识、有节制的恰当融合"。以汤因比等为代表,这种看待历史和各个文明的宽广视野,超越了把西方文化作为全球中心的观点,开启了一种新的文化研究视角。

2014 年,前任美国国家安全事务助理和国务卿的亨利·基辛格出版新作《世界秩序》(World Order),可以看作对汤因比理论的重要继承和超越。基辛格深入分析了威斯特伐利亚体系之后的国际秩序变迁,这给文化软实力研究提供了一个广阔的视角。他指出,历史上各种文明都曾有自己对国际秩序的定义,都倾向于将自己的原则视为世界的普遍价值,各国的文化和宗教因素,往往能深刻地影响一个国家对世界的看法。其中具有代表性的四种国际秩序观分别属于欧洲、伊斯兰世界、中国和美国②。基辛格根据近年来全球格局的深刻变化指出:西方国家应当学会尊重非西方国家的文化传统。西方国家不能将自己的"正义"等理念强制推广,应该注重秩序的稳定性,如

---

① 《金融危机后的中美实力——约瑟夫·奈在复旦大学社会科学高等研究院的讲演》,《文汇报》2010 年 12 月 25 日。
② [美]亨利·基辛格:《世界秩序》,胡利平等译,中信出版社 2015 年版。

果失去了世界秩序，那么所谓的"正义"就毫无价值。美国人总是以为：只要全世界其他国家都认同美国的价值观，世界就会变得很美好。但实际上，这是完全脱离实际的，如小布什政府用武力来推行美国的价值观，但是在全球许多地方导致了更加尖锐的矛盾。基辛格特别指出：中国是当代世界唯一实力正在不断与美国接近的国家，因此中、美两国对国际秩序的理解的分歧、调和、互动，会给全世界带来重要影响。中国的价值观有很强的包容性、非进攻性，中国倡导"和"，不会主动侵犯其他国家，而是希望与其他国家相互融合，实现国际秩序的渐进性变革。美国应该及时与中国调适价值观。只有这样，一个崭新的、和谐的世界新秩序，才能建立起来。

首尔文化艺术基金会的 Kim Hae Bo，从国家核心价值观念的意义上研究文化实力。他在《仁义都市》的报告中指出：文化竞争力的核心是独特的价值观念，韩国最重要的文化实力应该是"仁义"[①]，它不同于美国和欧洲，而来自悠久的东亚人文传统。从人文价值上说，东亚国家应该把"仁义"的价值最大化，唯有倡导对人的仁爱之心，才能形成文化层面上的发展动力；从产业价值上说，唯有表现对人的仁爱态度，才能形成社会信用的稳固基础；从器物层面上说，唯有强调为人服务的设计和生产，才能形成可持续发展的动力。

（二）从政府政策和创新体系角度的研究

英国政府文化媒体和体育部（DCMS）的研究报告《站在最前列——英国创意产业的经济表现》从国家能力和政府政策的角度来分析文化竞争力。它立足于英国从 20 世纪 90 年代以来大力发展的文化创意经济实践，从广义的文化和创意经济领域，分析了英国和欧盟国家创意经济发展的不同组别，提出了著名的同心圆式统计指标模型，认为一个国家总体的文化创意力量，应该被看作一个以文化创

---

① Kim Hae Bo, *The Human-city*（仁義都市）: *Strategy as a New Cultural Policy Paradigm*, Nov. 2011, HAMAMATSU.

意为核心的"爆轰模型",它扩散到工业生产、创意活动、居民消费、国际影响等各个方面。这一种观念被联合国教科文组织等在 2011 年和 2013 年《创意经济报告》中采用,认为是对文化创意产业的一种比较深入的表述。

法国学者弗雷德里克·马特尔在《主流——谁将打赢全球文化战争》中,对 21 世纪全球多极化的世界从文化竞争的角度做了深入的分析①。他强调,跨入 21 世纪以来,在经济全球化和政治多极化的背景下,非西方国家正在全面崛起,中国正在成为对周边和全球具有越来越大的影响力的世界性大国。而印度、土耳其、巴西等也立足于本国实力的增长,正在成为具有巨大区域性影响力的中等大国。未来全球文化多极化的趋势将越来越明显,其中一个突出的例子,就是中东地区的半岛电视台。它主要采用阿拉伯语和其他语言播出,所采取的立场显然与西方主流媒体有明显的区别。在半岛电视台建立之前,整个阿拉伯世界还没有一个 24 小时连续播报新闻资讯的电视台。如今,半岛电视台不仅为阿拉伯世界提供新闻,还通过卫星覆盖了全球的大多数国家和地区,在全世界范围内有着至少 5 000 万的忠实观众。半岛电视台目前共有 60 多名记者、200 多名技术人员,在 30 个多个国家建立了自己的记者站。这正是全球文化多极化的一个典型案例。

欧洲事务公司(KEA)作为欧盟智库,在《欧洲的文化经济》、《文化对创新的影响》和《文化型创意》等研究报告中,从知识经济时代的创新力角度来研究文化实力。它根据 2000 年欧盟议会关于 2010 年加强欧洲知识经济竞争力和可持续发展能力的共识,对欧盟国家文化产品、产值、从业人员做了大量统计分析,说明文化实力不仅仅在于文化产品的数量,更重要的是文化作为智慧和精神的力量,推动了欧盟国家从传统产业模式向知识经济模式的转型,并且促进科技和

---

① 〔法〕弗雷德里克·马特尔:《主流——谁将打赢全球文化战争》,刘成富等译,商务印书馆 2012 年版。

产业创新力，以及在文化认同基础上的社会凝聚力。欧盟的文化型创意，包括符号、象征、价值、情感、体验、美感等智慧、人文和美学的创造，正在转化成为国家的核心竞争力。它强调，文化才是国家和欧盟创意、创新力量的源泉（见图1-30）。这可以理解为一个多层次的，富有活力的社会结构。在多个层面上，把富有创意活力的艺术家、专业人才、社会网络、企业和机构联系起来，以开放性、人文资源和技术与规则等进行支撑，更以推动文化多样性的欧盟政策大框架进行保障。它的结论是：激发国家和欧盟的创意活力，要从文化入手。建设一个有效的文化体系，才可能成为欧盟生生不息的创意力量之源泉[1]。

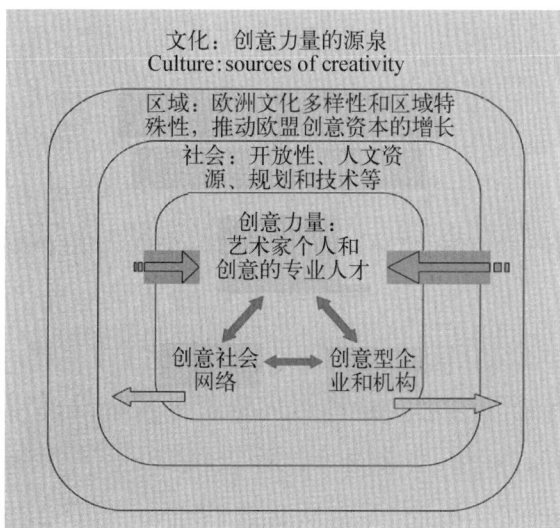

图1-30 文化：欧洲创意力量的源泉

诸多日本学者从日本的文化实践出发指出，日本的文化实力不能被全球化的标准所淹没，而要以日本的传统理念为基础，通过文化和时尚的创意，扩散到日本产业、经济、环境、消费和外贸等各个方面，

---

[1] KEA，*The Impact of Culture on Creativity*，June 2009.

从而形成世界级的吸引力。如日本学者渡边康与美国学者戴维·麦康纳共同编辑,由约瑟夫·奈作序的《软实力超级大国:日本与美国的文化与国家资本》[1]指出:日本必须设计具有独立的国家吸引力的文化软实力战略。一个国家的软实力是希望通过吸引而不是胁迫,通过文化和政治价值观及外交政策而深入人心。2011年,日本研究者撰写的《新日本的创造》、《以创意日本支撑酷日本战略》等文件,研究了日本时尚产品的竞争优势,进一步概括为三个方面[2]:(1)日本代代相传的创造精神,包括严苛的责任感和团队合作、创意创造力和执行能力、兢兢业业的从业人员的努力,以及民众身体力行的传播扩散,使得日本的时尚产业具有强大的可持续支撑能力。(2)日本超越二分法的文化包容精神,使得日本时尚可以适应不同地区、不同传统的消费者。日本历史上深受中国文化的深远影响,明治维新以后,又通过"脱亚入欧"大量引入和吸收了欧美发达国家的科技和文化,以及社会治理模式和经验,因此日本在进行文化产业的开发过程中,能够实现中体日用/西体日用/神道佛教相融合/混俗和光/文戏·武戏/萧瑟·美好/日式旅馆·hotel/日本画·西洋画等时尚内容的兼收并蓄。日本人对不同来源的文化资源,没有一分为二,而是采用同时并存的价值取向。日本的汉字、佛教、儒教、神道教、基建技术、加工技术、律令等也是过去从中国引入的世界性标准,但由日本人创造出了假名、雅乐、嵌(镶)木细工、太政官、日本儒学、国学、浮世绘等。(3)日本人珍惜文化传统,可以从传统建筑、村社、工艺、器皿中开掘出大量的时尚元素。比如,日本的家庭建筑是以"轩·厢·隔扇·帐子·屏风·壁龛·走廊·后门·杂院·离开主建筑的独立建筑物"为特色的。日本工匠以"留白·空心铸件·朦胧·透明·光晕·重叠·调和"为神韵,在建筑中渗透着"树篱·衬领半襟·底襟上的花

---

[1] Watanade Yasushi and David L. McConnell, eds., *Soft Power Superpowers: Cultural and National Assets of Japan and the United States*, M. E. Sharpe Inc, 2008.

[2] 《酷日本官民有识之士会议提议案》(2011年5月12日)。

样·借景"等技法（见图 1-31）。"这些也应该是 21 世纪日本品牌对海外推广过程中需要加以大大利用的方法和手段"。

摒弃"两分法"思维，吸取流行时尚

挖掘日本传统文脉	日本文化创造	假名、雅乐、歌舞伎、浮世绘等	吸引各国对日本好感
	日本人际组织	结、讲、座、连、社中、流等	
	日本地点设计	宫座、会所、别所、本山等	
	日本特色建筑	轩、厢、隔扇、屏风、帐子等	
	日本商家特色	边界、城郭、小酌一杯的酒家	
	日本流行语言	卡哇依、宅人、一茶一座等	

图 1-31 日本流的传播——挖掘日本文脉，扩大各国好感

（三）从产业与城市转型及人力资源角度的研究

联合国教科文组织从 2004 年首次倡导发展"创意城市"（UNESCO creative city network），随之推动了许多有关创意城市的研究，从城市角度对文化整体实力和竞争力提供了有益的理论贡献。截至 2017 年末，全球已经有 100 多座城市入选。其中中国有 12 座创意城市，成为全球范围内拥有联合国创意城市最多的国家。联合国 2013 版《创意经济报告》指出："文化在创意城市中扮演了更为普遍的角色，艺术和文化促进了城市的宜居性（liveability）、社会凝聚力（social cohesion）和文化认同（cultural identity）"，形成了以人的知识、智慧、想像力和创造力为主要资源的新增长模式①。根据联合国教科文组织和联合国贸发会议等的观点，所谓新增长模式的核心是发掘人的

---

① UNESCO & UNDP，*Creative Economy Report 2013 Special Edition*.

创造力和智慧力,形成减少不可再生的自然资源的消耗,减少大量污染和对环境的损害,形成可持续的增长模式,而基本的生产力要素来自知识型、创意型和智慧型的人力资源。对于培育这样的人力资源来说,城市对于文化的大量投资包括对文化和科学基础设施、文化人才教育、开放型文化环境、广泛的国际联系、城市品牌建设等的投入是必不可少的。

2004—2015 年,全球创意城市的理论和实践在不断丰富和发展。2003 年,美国学者理查德·佛罗里达提出了 3T 城市的理论,即人才(talent)、科技(technology)、文化包容性(tolerance),强调只有这样才能形成城市的文化创意活力。2013 年,著名英国咨询研究公司 BOP 的专家进一步提出了 3M 优势理论,就是一座世界级的创意城市,应该有更多的连接性(more connected)、更多的灵活性(more flexible)、更多的金融便利性(more financially accessible),才能在智慧城市、移动互联网和大数据时代吸引更多的优秀人力资源①。这一理论强调,世界级的文化创意中心城市,应该具有强大的吸引力和更灵活的组合力,在推动互联网+文化创意+金融相结合,采用众筹平台方式的背景下,使得各类知识型和智慧型的人力资源和其他高端资源源源不断地汇聚而来,也通过"每个人都可以投资其他人的项目,每个人都可以获得融资的自由",符合更年轻的、具有不确定性特点和冒险精神的文化和创意人士的需求。而他们恰恰是创意城市获得强大创造力的根本源泉。

英国国家科技艺术基金会(NESTA),从国家产业转型和产品创新的角度研究文化竞争力,先后发表了《文化创新》《艺术和人文研究和创新》《艺术创新》《创意型的增长》《软创新力:关于创新变迁的全方位报告》等一系列研究报告,指出:一个国家在后工业化时代的竞争力,高度依赖于它的文化创造力。文化价值包括膜拜价值、

---

① Conor Roche & Chen Xu,*Next Generation Creative Clusters*,15 October 2014.

展示价值和体验价值三种样式。其中，文化产品的体验价值又分为三个层次：感官体验、情感体验和精神体验。这些价值都是技术和材料的硬创新所无法解决的，需要借助软创新才能实现，即以审美变革为主导，影响产品和服务感官知觉、审美情趣、知识认知的非功能性表现的创新。现代人越来越渴望象征内容，这就要求一个国家和一个地区的文化建设，应该具有对其他产业和市场的更加广泛的溢出效应①。英国国家科技艺术基金会的这些报告善于把一些重大的研究课题和实证的调查结合起来，包括对数字化技术如何提升文化软实力的研究，比如它们研究了 2009 年泰特艺术馆 Tate 在利物浦的 Colour Chart 展览和同期举行的在线展览，曾经有人认为，在线艺术展览会使得到艺术馆实地参观的人数大量流失，而调研的情况证明，在过去参观画展的观众模式中在线访客和实际去画展的访客大体相同。这暗示在线展览主要吸引的对象还是那些已经经历过现场艺术画廊的观众。更有意义的是，在线展览使泰特艺术馆 Tate 的观众更多元化。再者，依据社会人口统计学，在线访客和传统画廊访客的最大不同在于平均收入：37％的在线访客的年均收入低于20 000镑，该收入是泰特艺术馆 Tate 利物浦 27％的画廊访客的收入。在线访客比画廊访客在种族上更显示出多元化特征，吸引了更多的东亚裔、南亚裔、非洲裔、拉丁美洲裔的居民和游客，这也符合现代社会更加注重人权和文化民主的趋势。"人们有时会认为数字技术对艺术有害，因为他们感受到了文化无声的堕落，从网络吸引顾客到威胁传统商业模式，竞争无处不在。然而，我们的研究指出新的数字技术不仅能为艺术和文化机构带来新的顾客，他们也正在创造新的文化资源和经济价值，在某些案例中它们把艺术形式引向新的方向。"②所以，所

① NESTA，*Culture of Innovation — An Economic Analysis of Innovation in Arts and Cultural Organisations*，June 2010.
② NESTA，*Soft Innovation — Towards a More Complete Picture of Innovation Change*，July 2009.

有传统产业都必须导入内容战略,让产品与服务成为文化内容的载体;而更多的文化产业必须研究如何吸取数字化等新的科技成果,以便在更大的广度上体现文化惠民和文化服务,这就要从国家创新战略的高度来培育文化艺术创新力。

英国国家科技艺术基金会的这些研究报告,对文化力、创意力和创新力的研究,建立在大量的调查研究基础上,深入到了城市、区域、知识产权保护、性别、社会心理等层面上,有助于人们把握有效开发文化和创意的源泉。比如它在 2013 发表的《创意经济宣言》提出了文化创意经济对经济增长的狭义贡献和广义拉动问题,强调创意经济的贡献,必须结合知识经济背景下人们对体验享受、符合消费的需求来把握①。它在 2014 年发表的研究报告《创新人群》在大量访谈的基础上,特别是从人力资源的角度进行了深入的研究,概括了英国公众对于创新和创意的五种社会心态:现实主义者、未来主义者、浪漫主义者、热衷创意者、怀疑论者(见图 1 - 32)。从人数的角度看,现实

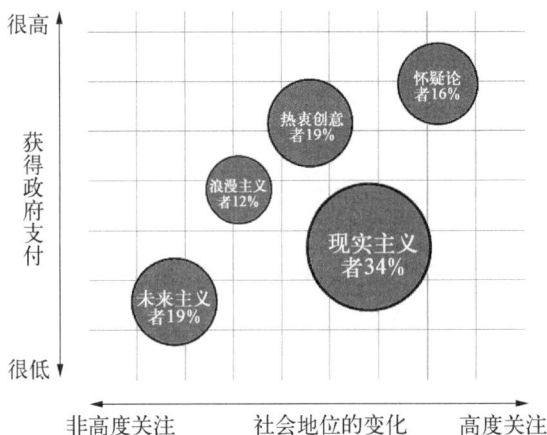

图 1 - 32　不同创新人群的认同度:五大类型的比例

资料来源:NESTA, *Innovation Population — The UK's View on Innovation*, April 2014.

---

① NESTA, *A Manifesto for The Creative Economy*, April 2013.

主义者所占比例最高，为 34％，其他四类分别为 19％、12％、19％ 和 16％，这不同的心态直接影响了他们的文化态度和创造活力，而其中热衷创意者总是希望通过创新获得解决问题的新路径，是最为积极和可贵的心态，也是一种正面的心理动力。现实主义者总是强调在现有技术和经济基础上的创新活动，拒绝超越现实条件的天马行空；而怀疑主义者对所有的创意和创新举措，更加关心对自己的健康、教育和社会保险所带来的实际利益，虽然比较讲究实惠，也有现实考虑的基础。而且女性中怀疑主义者的比例更高一些。

有鉴于此，《创新人群》指出，国家和城市制定推动文化发展和鼓励创新的政策时，必须从国民的社会心理和诉求出发，必须对不同心态类型的国民更有针对性和实效性，才能把不同心态的国民创新积极性激发出来，而不至于使他们觉得自己是被排斥在外的。

二、中国学者对提升文化软实力的研究成果

近年来，许多中国学者也从各个方面对文化软实力进行了多角度的研究和分析，特别是将发展中国文化软实力，推动中华民族伟大复兴的历史使命结合起来。根据我们对有关成果的不完全统计，自胡锦涛同志中共十七大报告中指出："要坚持社会主义先进文化的前进方向，兴起社会主义文化建设新高潮，激发全民族的文化创造活力，提高国家文化软实力"以来，中国研究者发表的有关文化软实力的研究著作、论文和文章近 1 000 项。近年来，在文化软实力研究领域，随着中美新型大国关系、"一带一路"建设、高等级自由贸易区网络、中国新型城镇化等重大建设项目的实践和理论探索，又有诸多研究者提出了新的见解。在他们的研究成果中，也折射出各自在文化研究、国际政治、产业经济、社会学、哲学研究、历史研究和管理学研究等方面的积累和特色。

（一）从中国文化软实力特点和建设路径角度的研究

有关中国学者从国家软实力研究角度出发，认为文化软实力就是以文化为基础的国家软实力。比如，童世骏教授在《文化软实力》中指出：国家软实力包括若干个方面，即文化、政治价值观、外交政策，"所谓'文化软实力'，就是以文化为基础的国家软实力"。[①] 这一研究不但指出了文化与政治价值观和外交政策的区别，而且认为文化作为国家软实力具有更为基本的意义。恩格斯说："动物所能做到的最多是收集，而人则从事生产"，而生产发展到一定程度，就不但是围绕生存资料而进行，而是围绕着享受资料和发展资料而进行。从这一意义上说，一个民族的文化创造的能力，体现了他们超越生存需要的程度，体现了这个民族的内在素质的组成部分和文明的发达程度。此外，文化具有可分享性，精神财富和物质财富的一大区别，就是可以在不同的个体之间进行分享，甚至是在隔代的人群中进行分享。一个民族的文化创造能力比较强，就意味着它有能力为本民族和其他民族的更好生活做出贡献，也就比较容易获得其他民族的观念上的尊重、情感上的亲近、行动上的支持。

有关学者从国家主权研究的角度出发，提出作为一种主权学说的国家文化软实力，和通过积累与流动等多种方式壮大文化软实力的路径。如王京生、艺衡多年来进行的文化主权方面和文化流动性的研究，在《文化主权与国家文化软实力》中指出：当今国际政治的主体仍然是主权国家，任何避开主权国家来分析国际政治的理论，要么过于理想化，要么过于简单化。主权学说从根本上来说是对国家的法统论证，而国家文化软实力的一个重要来源就是国家的法统性。艺衡认为，约瑟夫·奈所说文化软实力的三个组成部分之框架是不完善的。中国自鸦片战争以来的百年沧桑，使得国家法统性和国家

---

① 童世骏：《文化软实力》，重庆出版社 2008 年版，第 15—18 页。

主权理论经历了巨大的震荡和变革，又面临着深刻的挑战与机遇。我们必须建立中国的主权学说框架，通过主权理论对传统文化思想资源进行认真的梳理，并且进行创造性的转化，才能把思想资源转化成为现实性的战略资源①。与此同时，王京生依托在中国第一个经济特区——深圳的丰富实践，提出了"文化是流动的"重要观点，强调"流动是文化的原动力"，②这不仅仅突出了在中国这样一个超大型国度中，先进文化必须要向周边地区流动的作用，而且强调了中国文化一定要与世界文化相互流动，才能推动中国文化的先进性。他特别指出，移民、经济、文化产业、技术和城市是推动文化流动性的五大关键要素。

（二）从中国国际战略和国际竞争角度的研究

有关国际问题研究的学者从中国和平崛起和文化软力量竞争的角度，进行了大量的研究和分析。作为长期从事国际政治研究和国家国际战略研究的专家，黄仁伟在《中国崛起的时间与空间》、《中国和平发展道路与软力量建设》③、《关于把握和延长战略机遇期的再探讨》④等著作中指出：中国崛起的硬力量部分比软力量部分较早较快提升，也容易得到各方面的重视。但是，中国存在软力量建设滞后的可能性。而在国家软力量中，制度因素又比文化因素更易于引起注意。因此，在中国崛起的大战略中，应当形成硬力量和软力量平衡协调发展的总体框架。他强调，必须清醒地认识：中国仍然处在特别是在"战略机遇期"的重要阶段。在如何延长中国第二个"战略机遇期"的考量中，需要全面把握一个大国发展所获得的充分有利条件的历史时期。中国经历了从 20 世纪 80 年代拨乱反正、改革开放直到

---

① 艺衡：《文化主权与国家文化软实力》，社会科学文献出版社 2009 年版，第 46—48 页。
② 王京生：《文化是流动的》，人民出版社 2013 年版，第 7 页。
③ 黄仁伟、胡键：《中国和平发展道路与软力量建设》，《社会科学》2007 年第 8 期。
④ 黄仁伟：《关于把握和延长战略机遇期的再探讨——在上海市社会科学年会上的演讲》，2012 年 10 月 25 日，求是理论网，http://www.qstheory.cn/。

90 年代末的第一个战略机遇期,现在正处于"第二个战略机遇期"的中间阶段,根据以往经验,我们应当有 10—20 年的提前量,才能正确选择战略方向,判断战略机遇和战略危机。如果误判了这一个战略机遇期的分析,就会导致中国在迈向世界大国的方向和阶段上发生偏离。必须清醒地看到,在中国政府坚持的战略定力指引下,中国文化、中国模式、中国价值观等软实力越来越得到国际社会特别是广大发展中国家的认同。最近几年一个令人瞩目的现象是,由于从 21 世纪以来,美国连续发动了阿富汗、伊拉克等战争,造成了大量的平民伤亡和财产损失,却无法向国民和国际社会说明美国发动战争的正当理由和带来的福祉,正如前美国国务卿亨利·基辛格所指出:"美国领导世界的能力和道义越来越受到质疑。"①因此,美国的软力量受到严重损害。而坚持和平发展道路中国的软力量却在稳步地上升,从所谓"北京共识"、"上海共识"的讨论到海外的"孔子学院"雨后春笋般地涌现,北京奥运会和上海世博会在全球获得的广泛好评,正显示了中国和平发展道路的正确性,也显示了中国在第二个重要战略期的软实力建设成果。

有关中国学者从软实力作用方式的角度,对软实力的构成进行界定。比如,韩勃、江庆勇在《软实力:中国视角》一书中提出:"所谓软实力,就是通过诉诸情感、理性和信仰,促使客体按照在主体期望的方式行动,从而帮助主体得偿夙愿的能力。"②该项研究认为,软实力应该包括信仰和价值观的感召力、情感感召力、理性说服力和价值创造力,实际上就包括了理性和非理性的力量。无论是在国际政治格局中,还是在企业对员工进行教育的层面上,只要能让客体认同主体采取的行动符合共同的信仰和价值观,主体的行动就可能获得客体的认同和支持。该项研究认为,中国友善的情感在世界上建构了良好的国际氛围,使得自己的文化价值观念获得了广泛的传递,通过

---

① [美]亨利·基辛格:《世界秩序》,胡利平等译,中信出版社 2015 年版。
② 韩勃、江庆勇:《软实力:中国视角》,人民出版社 2009 年版,第 9—12 页。

情感感召力体现了国家的亲和力，正是文化软实力的重要体现。

（三）从激发全民文化创造力角度的研究

有关中国学者也从创造活力的角度，提出文化软实力实质上就是文化创造力。比如，唐代兴在《文化软实力战略研究》一书中指出：从硬实力和软实力对比的角度出发，"客观地看，文化软实力就是文化本身所表现出来的生存创造力量，简称为文化创造力。因而，文化软实力就是文化创造力"。该项研究从创造能力的角度入手，提出文化软实力作为一种生存创造力，是一种柔性的生存创造力。对内，表现为对外来文化信息能量的个性化吸纳和自我集聚；对外，表现为与他者的竞争力、协调力、融合力、扩张渗透力等。该项研究强调，中国文化软实力建设，就是要遵循文化本位动力原则、本土化原则、以人为本的主体原则、多民族平等交流原则和文化传承与创新的原则，为不断增强国家综合国力而提供社会原动力。①

一些中国学者从全球范围内文化软实力竞争的趋势，特别是从文化外交和文化传播的角度提出中国的应对策略。如从事国际文化研究和日本研究的学者郭洁敏，在《软权力新探——理论与实践》②一书中指出软权力形成的基本条件，实际上是文化的先进性蕴含内在的感召力，国家的繁荣度构成外在吸引力，媒介的现代化增强文化传播力。在信息化和网络化的背景下，信息权力越来越膨胀，扩大了软权力的内涵，却也是一把双刃剑，特别是加强了西方国家的话语权和基于西方文化的"国际话语体系"。有鉴于此，文化的软权力化必然有一个从资源到力量的整体动员，中国软权力建设的未来，必须把握道义、力量和国际贡献三大要素。而丁学良在《中国的软实力与周边国家》③一书的研究中，重点分析了中国要加强对周边国家的软实力

① 唐代兴：《文化软实力战略研究》，人民出版社 2008 年版，第 2—3 页。
② 郭洁敏：《软权力新探——理论与实践》，上海社会科学院出版社 2014 年版，第 240 页。
③ 丁学良：《中国的软实力与周边国家》，东方出版社 2014 年版，第 108 页。

作用,包括通过政府主导的文化项目,中国海外企业的运作,也包括通过中国出品国际 NGO,扩大中国软实力在周边国家各个社会层次上的推广和传播。当中国经济实力相对弱小的时候,这些问题并不尖锐,而随着中国成为全球第一大经济体,成为全球性投资大国,特别是美国费尽心机地推动"亚太再平衡战略",企图用军事力量和软实力等多管齐下的方法,在中国周边兴风作浪,遏制中国和平发展的时候,中国必须深入研究和掌握这些软实力运作的国际规则,使周边国家对中国更友善、更亲近、更认同、更支持,增强亲和力、感召力和影响力。从而使得自己成为真正意义上的全球软实力大国。

第五节　增强中国文化整体实力和竞争力的战略和对策

一、本书提出的建设文化强国的目标阶段

在上述综合分析的基础上,我们展开了增强中国文化整体实力和竞争力的战略和对策研究,提出了增强中国文化竞争力,建设社会主义文化强国的战略性目标阶段。这一目标阶段是从中国全面实现现代化,实现伟大民族复兴的战略出发的,也充分考虑了国际形势继续发生深刻而复杂的变化,世界多极化、经济全球化深入发展,文化多样化、社会信息化持续推进,国际大格局和国际秩序加速调整与演变的大背景,综合把握了世界经济处于深度调整期,低增长、低通胀、低需求同高失业、高债务、高泡沫等风险交织的复杂情况,以体现中国共产党人带领全体中华儿女建设社会主义强国的文化自信心和文化自觉性。

中国改革开放的总设计师邓小平,在 1987 年 8 月 29 日,中共十三大召开前夕会见意大利共产党领导人时,明确阐述了中国现代化

的"三步走"战略：我国经济发展分三步走，20世纪走两步，达到温饱和小康，21世纪用30—50年时间再走一步，达到中等发达国家水平，这就是我们的战略目标。党的十三大明确而系统地阐述了"三步走"的发展战略，即第一步，从1981—1990年实现国民生产总值比1980年翻一番，解决人民的温饱问题；第二步，从1991年到20世纪末，使国民生产总值再增长一倍，人民生活达到小康水平；第三步，到21世纪中叶，人均国民生产总值达到中等发达国家水平，人民生活比较富裕，基本实现现代化。

中国政府又把"第三步"战略目标分解成为前20年和后30年两个阶段，即到2020年实现全面小康，到21世纪中叶跨入中等发达国家的行列。它以2021年建党100周年和2049年中华人民共和国成立100周年为两个重要的标志点，勾画出中华民族实现伟大复兴，推动全球和平发展进程的历史目标。这就是说，从1949年中华人民共和国的成立开始，中国人民将经过100年左右实现现代化的伟大理想。考虑到中国具有5 000年古老文明、2 500年封建制度的历史，100—200年的现代化过程并非十分漫长。如果再考虑到西方文艺复兴至今已经超过了500年，中国近代以来饱受西方和日本列强欺侮，长期处在割地赔款、积贫积弱的悲惨境地，而中华人民共和国成立特别是改革开放以来，中国以相当于西方大国现代化进程1/4到1/3的时间就赶上其现代化的步伐，跨入了全球现代化国家的第一阵营，这一个时间进程不能算很长，而且创造了世界近代史以来一个后发国家迅速迈向全球性强国的历史性奇迹。而中国建设文化强国的目标与阶段，应该与中国现代化三步走的阶段相适应（见图1-33）。

（一）第一步，从20世纪80年代到21世纪初，建立中国文化实力体系

中国建立了具有中国特色、时代特点的国家文化体系，初步形成了科学发展观为核心的主流意识形态，保障了国家对文化建设的常

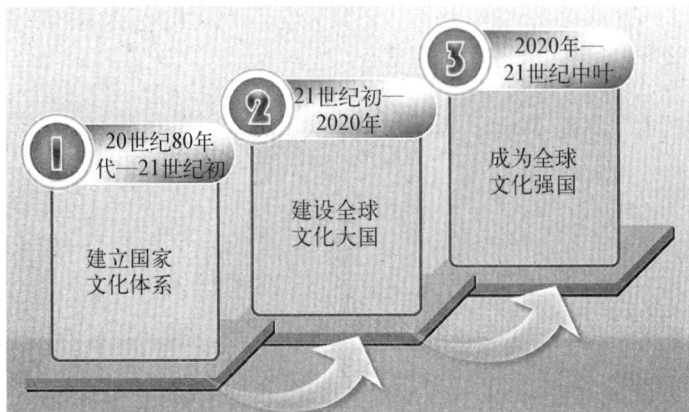

图 1‑33　建设社会主义文化强国"三步走"的阶段目标

年基础性投入,形成了包括国有、集体、私人、合资、合作等多种经济体制、多种运行方式的大量文化企业、文化机构和文化组织,形成了对全社会文化需求的生产和供应体制,形成了管理各级文化生产、文化服务、文化交流、文化消费的体制性框架,初步满足了大多数人民群众的基本文化消费需求,并且在一定的国际范围内显示了中国和平发展的大国文化形象。

(二) 第二步,从 21 世纪初到 2020 年,建设全球文化大国

中国将建立体现中国文化特色的核心观念,它以和平、和谐、包容为主导,又包容了民主、法治、自由、平等、人权、科学、理性等观念,体现了中国作为现存国际体系的建设性力量不断提升。中国将形成以创新为引领的文化生产力体系,在文化内容、形式、模式、类型等的创意和创造方面,特别是在各地区不同的文化发展路径方面,显示持续增长的活力。中国要形成 10 个以上全球水平的文化企业集群,形成 100 个以上区域级和全球级的文化跨国公司和机构,形成具有全球领先规模的各类文化要素市场和文化消费市场,使国民的文化消费质量达到中等发达国家的水平,并且对全球文化市场形成带动作用。

（三）第三步，从 2020 年到 21 世纪中叶，成为全球文化强国

中国形成引领人类文明潮流的综合文化实力，中国的文化体系成为新的国际体系和文化规则的重要组成部分。中国在文化内容的创新、文化产业的规模、文化地缘的布局、文化传播的国际化、文化民生的服务等方面，全面体现当代人类文明的前沿水平、高尚境界和世界规模。中国在全球文化市场的四大链，即文化资源的供应链、文化产品的增值链、文化消费的服务链、文化品牌的传播链等方面，在掌握全球级的重要媒体、聚拢大量国际文化组织和协会总部、集聚全球最优秀的创作机构和研究中心等方面，占有举足轻重的位置，有力地推动着全球文化的潮流和文明的进步。中国的文化整体实力和竞争力，不但成为中华民族伟大复兴的精神支柱，而且成为推动 21 世纪人类和平与发展的理想导航与可持续动力。

二、本书提出的建设文化强国的主要特点

中国建设社会主义文化强国的战略，以"中国梦"为代表的核心价值观念作为引导，与全体中华儿女的根本利益和共同需求是一致的，也和中国现代化"三步走"的战略是吻合的。中国迈向现代化的道路是和平发展，这是与历史上崛起的西方大国如西班牙、英国、德国、日本和美国不同的道路，党的十八大明确了中国特色社会主义经济政治文化社会生态五位一体同步建设的总体方略；以"中国梦"为引导，社会主义核心价值观将在我国经济、政治、社会、文化和生态发展的各个领域里，获得强有力的文化表征、意识形态话语和社会实践形式。从文化自身的建设看，中国文化建设将面向两个双百年的阶段性目标迈进，中华文化融合发展、传承创新的大趋势将进一步展开，中国实行一国两制，中国 56 个民族文化及海外华人华侨文化在这一融合发展趋势中，将充分展现各自特色和创新创造活力，迸发出

前所未有的文化创造力和文化贡献力。

（一）文化强国具有先进的核心价值观念

中国所要建设的文化强国，拥有一个关乎人的精神境界、精神面貌、精神世界的强大力量，文化的核心功能是丰富人的精神世界，提升人的理想追求，为中国人的社会生产和社会生活提供意义系统、价值系统和信仰系统。有了这个系统，国家的文化建设才能引导人们去追求更加高尚的生活意义，使全体国民不仅在物质上，而且在精神上、身心的各个方面得到全面发展。必须指出：一个世界级的文化强国所建立的核心价值观念，并非是一套空洞的说教，而是体现了广泛的引领，在激发文化创意、创新、创造的强大能量方面，在培育和壮大文化生产力方面，在体现文化惠民和大国实力的文化地缘布局方面，在推动中华文化走向世界的文化外交、文化交流和文化贸易方面，在加强公共文化服务的体系建设方面，都发挥了指导和引领的作用，并且对全人类都产生了广泛的吸引力。

（二）文化强国具有创意、创新、创造的强大能量

中国所要建设的文化强国具有推崇创新的强大能力和广泛社会共识，国家的文化创新力与国家的科技、产业、商业等创新力机制融为一体，并且获得国家体制和政策体系的有力支撑。它集聚了一大批在文化艺术各个领域具有创新活力的领军人才和领军团队，能够在文化各个领域的主题、技艺、品种、魅力、形态等方面，以人文精神与运作模式、艺术质量与表现技能、文化特色与普遍认同等的结合，长期保持引领的活力，引导人类文化发展的潮流；而拥有全球权威性的重大文化和艺术奖项、荣誉在一定程度上代表了创新大国的能量。

（三）文化强国具有强大的文化生产力主体

中国所要建设的文化强国必须形成世界规模的文化产业集群和

服务体系,在全球文化生产的供应链、文化产业的价值链、文化品牌的服务链、文化科研的研发链等四大链条中,具有举足轻重的规模,能够通过覆盖全球的文化贸易网络,提供大量的文化产品和服务。面向两个一百年,中国的文化生产力,将高度关注和结合科技进步的强大力量,结合大数据、智能制造、移动互联等三大潮流,结合通信和互联网技术、计算机技术、新型视听表达技术、节能环保技术、新材料技术、仿真技术等六大技术,通过整合创意、硬件、软件、资本等要素,把文化资源、资本资源、技术资源、制度资源进行跨时空的灵活组合,把文化在地生产、文化在场生产、文化在线生产三大方式进行纵向和横向的贯通,形成一个具有巨大包容性和渗透力的文化商业网络,在科技含量高、创意含量高、全球市场广阔的设计、影视、视听、网络文化服务等文化生产和贸易领域,占有主流的地位,并且为全人类提供大量的公共文化产品和文化服务。

（四）文化强国具有体现大国实力的地缘布局

中国所要建设的文化强国,要体现作为文明大国的特点和全球大国的历史责任,能够根据各地区的发展战略,形成文化地缘空间大布局。这种文化地缘观,既超越了传统意义上的地缘政治观念,把地理空间作为国家安全的基本要素,也吸收了当代的经济地缘观念,认为相邻的国家和地区通过经济合作可以形成互利关系。这种文化地缘观念是把国家的文化实力、文化资源、文化利益、文化安全上升到与地缘政治、地缘经济同样重要的高度,有利于国家在较长时间内充分利用地缘格局内的资源,把各种地缘局限化害为利,突破传统观念中面向陆地背向海洋的局限性,形成统筹两个大局、海陆兼备、以内制外、以外促内的新文化地缘战略,获得国家文化实力持续增长的空间大格局。它强调,要与中国波澜壮阔的新型城镇化潮流相适应,传承丰富多样的历史文化遗产,开发出国际大都市型、工商业强市和专业镇街型、工业资源型和资源枯竭地区型、农林牧副渔功能地区型、历史文化遗产富集型等多种地区的文化软实力发展模式,把我国作为一个社会经济发展不平衡大国的特殊情况,转化成为优势文化产业梯度转移,广阔文化消费市场有序开发,丰富多样文化资源统筹开发的综合文化竞争力优势。

(五)文化强国具有全球化的文化辐射能量

中国所要建设的文化强国,具有强大的对外文化交流和文化贸易能力,创造出能够设计和提出具有前瞻性、全球性的议题和理念,占领全球有识之士共同关注的文化理念制高点,率先建立全球共同参与的文化合作机制,形成全球文化合作与发展的共同规则,比如"保护和推动文化多样化"、"全球治理机制"、"信息安全国际行为准则"、"可持续发展"等,引导全球的有识之士和机构,共同探讨影响全人类发展的文化前景[1]。能够强有力地推动中国对外文化开放,包括推动文化产品贸易,扩大到设计研发、会展演艺、投资院线、并购项目、技术服务、广播电视对外工程承包、多语种翻译制作、项目原创等广阔领域,根据中国首倡的"命运共同体"、"亚洲新安全观"、"亲、诚、惠、容"、"一路一带"等一系列重大战略,真正成为具有强大的辐射力、影响力和亲和力的世界文化强国。

(六)文化强国具有先进的公共文化服务体系

中国所要建设的文化强国,不但在国家引导下对公共文化事业给予了大量投入,建立了完善的文化基础设施,推动了公共文化服务的均等化,而且结合我国是一个超大型文明国家和各地区发展不平

---

[1] 比如,2011年9月,中国、俄罗斯、塔吉克斯坦、乌兹别克斯坦联合向第66届联大提交《信息安全国际行为准则》草案;2011年11月,在英国伦敦举行的"网络空间国际会议"宣布启动《互联网全球治理的伦敦进程》,旨在推动制定网络空间的"行为规范"。2012年10月4—5日,网络安全问题国际会议在匈牙利布达佩斯召开。中方提出全球网络安全治理的五项基本原则:"网络主权"、"平衡"、"和平利用网络"、"公平发展"、"国际合作",成为中国在全球网络治理领域引导"话语权"的典型案例。

衡的特点,结合数字化、信息化和网络化的技术和智慧城市的建设,针对不同社会群体不断变化的文化生活需求,形成了公共文化服务高性能的优势。它将逐步动员和吸引多元的社会资金和力量,投入公共文化服务体系中,包括采用第三方评估等现代手段以便进一步提高公共文化服务的效率,与此体现以人为本、关注民生、文化惠民、服务全民的根本宗旨。公共文化服务体系建设将在保障国民基本文化权益的同时,承担并发挥弘扬主流意识形态,传播"中国梦"的内容和理想,吸引和整合社会多元文化成果的功能,促进广大人民群众对中国特色社会主义国家建设和文化发展的普遍认同,为实现"两个百年"目标和民族复兴中国梦奠定精神文化基础。

三、本书提出的整体研究框架和重点内容

本书从这一总的战略目标出发,注重现实问题和阶段要求的特点,提出到 2020—2021 年建党 100 周年时,形成文化强国的总体实力框架,到 2049 年中华人民共和国成立 100 周年时,全面形成世界文化强国的总体实力和竞争力。我们认为,一个世界文化强国应该具有设计和建设文化整体实力和竞争力体系的强大自觉性和优良执行力。它是通过远大的国家战略、先进的体制政策和强有力的对策举措来实现的,即必须推进文化强国建设的理论、战略和路径的有机统一,必须体现中国文化整体实力和竞争力与创造人类共同文化财富的统一。根据这个要求,本课题集中研究五个方面的重点内容,既针对了当前我国文化建设中最为突出、最为紧迫的问题,又是推动文化体制和机制创新,激发全民文化创造力的关键,成为亟待创新,牵动全局,提升我国文化整体实力和竞争力的核心领域,也是全球文化发展中面临的一系列前沿课题。中国建设文化强国的宏伟进程,将充分体现这些领域中的中国能量、中国智慧和中国贡献。

激发文化创造力——形成理想引领、精品导向、多元包容、科文

融合的文化创新机制,激发全民文化创新活力;形成以文化创新带动相关产业联动发展,激发全社会创意活力的文化创新力机制。

壮大文化生产力——加强制度创新,提升文化主体,推动产业升级,壮大规模优势,提升我国文化生产力优势;形成提升资源优势,加强企业管理,优化产业结构,改善发展环境为重点的文化主体优势。

增强文化贡献力——突出区域特色、创造多样模式、加强联动发展,服务新型城镇化,优化文化功能空间布局,形成适应大国地缘特点,具有多样发展模式,形成文化特色和功能区域的文化空间布局。

扩大文化辐射力——以树立大国形象、加强国际合作,拓展国际市场,扩大对外文化交流和对外文化贸易为重点,结合国家"一带一路"建设,推动合作共赢,形成更高水平对外文化开放的新格局。

改善文化服务力——提高服务效能、强化科技手段,扩大文化消费、突出文化惠民,优化公共文化服务体系,形成多元主体参与,体现现代公共服务质量,提高全体人民文化生活质量的文化服务体系。

图1-34就是我们针对迈向世界文化强国的文化整体实力和竞

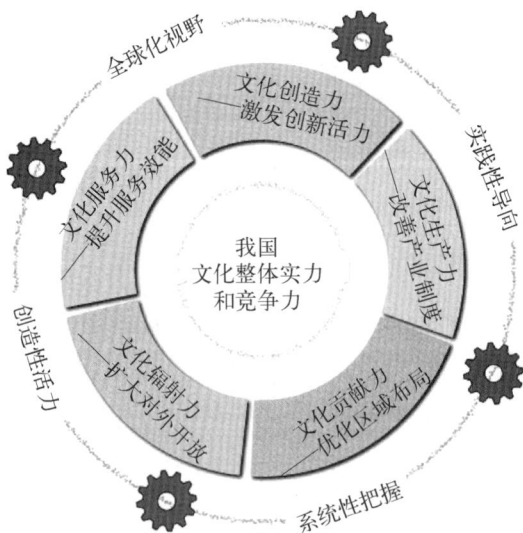

图1-34 增强我国文化整体实力和竞争力的研究重点

争力建设，所提出的"五力"动态推进模型。

在这些重点内容的研究中，我们突出把握了时间和空间的特色。从现在起到 2021 年，大体上是中国"十三五"规划时期，是中国全面实现小康社会的关键阶段，也是中国推动文化整体实力和竞争力获得快速增长的重要历史阶段。随着"一带一路"建设的实施，中国作为全球大国的影响力和辐射力空前提升，中国在非洲、亚洲、欧洲和太平洋地区的影响力迅速提升，各国人民对中国模式和中国文化的认同度和美誉度空前提高，2013 年中国已经是全球第二大艺术品市场，第二大电影消费市场，拥有全球第一大规模的互联网用户，申报知识产权数量位居世界第一位，拥有联合国教科文组织创意城市数量居世界第一位，拥有联合国世界遗产数量位居世界第二位。根据许多国际权威机构的预测，2030 年之前，中国经济总量规模将位于世界第一，中国的全球地位和影响力将进一步提升，文化整体实力和竞争力也进一步增强，这将是演变中的国际经济政治新秩序初步形成的重要时刻。有鉴于此，我们所做的增强我国文化整体实力和竞争力的研究，必须针对这样一个关键性的时间段，努力把握好延续渐进和阶段跨越的辩证关系，针对我国文化建设在体制和机制、投资和产出、创意和创新、区域规划和地缘格局、公共文化均等化和提高服务效能等一系列现实问题，依托"五力"模型，提出我们的对策建议（见图 1-35）。

本书突出把握了全球化视野中的中国文化整体实力和竞争力建设，从全球文明进步的角度来看中国文化整体实力和竞争力的增长。中国坚持的社会主义道路，作为人类追求幸福的不同于资本主义制度的另一种发展模式，在与资本主义制度的长期竞争、交融和对抗中，形成了在中国共产党领导下，立足基本国情，以经济建设为中心，坚持四项基本原则，坚持改革开放，解放和发展社会生产力，建设社会主义市场经济、政治、文化、社会、生态文明五位一体，促进人的全面发展，实现全体人民共同富裕，建设富强民主文明和谐的社会主义

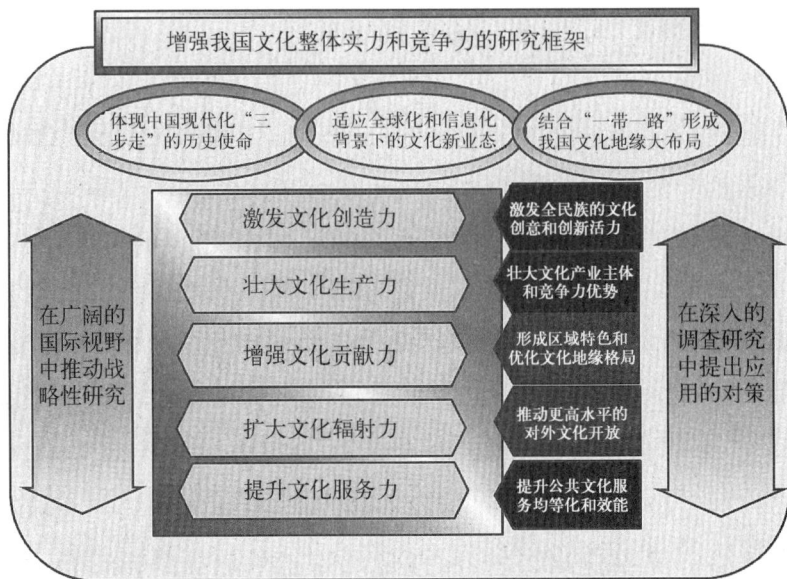

图 1-35 增强我国文化整体实力和竞争力的研究框架

现代化国家。这一不同于资本主义发展模式的鲜明特征,为人类社会提供了和谐发展、和平共赢的文明发展新前景。

本书突出把握了提升中国文化整体实力和竞争力的时间要求:立足现实,面对未来,在迈向 2021 年建党 100 周年和 2049 年中华人民共和国成立 100 周年之双百年的过程中,中国特色社会主义发展新模式,将以更加高效的生产率和财富创造能力为全世界提供更多产品、资金和发展机会,包括更多的公共文化产品和文化服务,显示中国特色社会主义文化将形成世界上最为强大的文化创造力、生产力、贡献力、辐射力和服务力体系,使得中国的优秀文化内容在让全世界各国人民分享的同时,也为世界上更多人认同和接受,这将是一个长期过程。一方面,西方关于中国的文化想像几乎与资本主义对外扩张史同样悠久,其中有许多对于中国和中国人根深蒂固的贬低和歧视;另一方面,社会主义中国不容于资本主义意识形态,诋毁和颠覆社会主义制度是国际上敌对势力的长期目标。因此,随着中国经济规模不断扩大和全球影响力不断提升，特别是随着"一带一路"这一个宏伟蓝图的逐步实现，伴随中国产品和产能（技术、商品和资金）大规模走出去，让中国的高铁网、高速公路网、区域航空网、通信和电力网、港口设施网等延伸到全球，让中国的巨大物流、信息流、资金流、商流和人流融入全球经济体系，更应当有中国文化的"走出去"和"走进去"。不仅仅要传播中国历史与文化，更重要的是展现中国特色社会主义文明发展新模式的精髓，即社会主义中国如何通过改革开放，完成从计划经济向市场经济的体制转型，并利用市场更好地配置资源，以实现更快速、更高效、更公平的发展，让全体人民共享发展的财富。

本书突出把握了提升中国文化整体实力和竞争力的前瞻导向。面向 2021 年和 2049 年的两个双百年，中国将成为各种不同制度、不同文化、不同发展水平的经济体之间的联结枢纽。中国率先发起的亚投行，获得了全球 40 多个国家包括欧盟国家的积极响应，显示了中国为整个亚洲地区创造共同机遇，倡导和平发展新模式的广阔前景，其中就包括实现市场一体化、地区货币和金融合作、节能和环保合作、海洋开发、人力资源配置等，也包括文化创意设计、文化遗产保护、文化产品和文化服务贸易、公共文化服务等的合作。中国与印度、中国与俄罗斯、中国与非洲、中国与欧盟、中国与拉美、中国与韩国、中国与东盟在从太平洋、印度洋到大西洋和北冰洋的广阔空间，都存在巨大的地缘合作空间，将吸引亚洲、欧洲、澳洲和北美的各种市场资源要素和人文资源形成新的交汇和配置。一方面，中国将全面形成与社会主义市场经济体制相适应的社会体制，并以依法治国为理念建成和谐社会；另一方面，中国社会将在思想观念、价值取向和艺术审美形态等方面完成从工业化社会前期向工业化社会后期的深刻文化转型。这一转型过程将在辽阔但发展不平衡的中国大地上同时展开，其所呈现的差异化格局必定在中国文化发展中形成持续性的内在张力，并成为中华文化创新创造和融合发展的不竭动力。

在中国现代化迈向"双百年"的过程中,随着中国全球地位进一步上升,还需要解决好社会主义中国与资本主义发达国家在相当长一段时期里如何相处的问题,以寻求人类制度文明的多元共处、利益分享和合作共赢,从而实现人类社会的共同发展。

四、本书提出的主要研究方法和特点

(一)突出文化强国建设的战略导向

本书超越了静态的分类研究,从贯彻党的十八大精神,推动文化强国建设的意义上,提出文化强国和文化整体实力和竞争力之间的相互关系。

本书指出,中国要建设的文化强国,是在经济全球化、世界多极化的国际环境中进行的,是在全球综合国力激烈竞争的背景下展开的,是体现党的十八大提出的"五位一体"发展道路的重要方面。因此,文化强国建设必然体现为一个国家文化整体实力和竞争力的完整体系,体现为在先进的核心价值观念的领导下,对中国式正确发展道路的强烈自信和文化自觉,体现为一个动态的不断探索、不断试错、不断升级的自我完善过程,也体现为要培育多元化的文化建设主体,调动各种资源,强化文化创造力的有效体制和机制,为并且在与各种文化潮流的交流交融交锋中体现出强劲的竞争力。

(二)突出理论研究和实践意义的结合

本书超越了纯学术的理论推演,从借鉴国际经验和突出国情、针对现实问题的意义上,提出提升文化整体实力和竞争力的战略目标。

本书指出,中国提升文化整体实力和竞争力,是一个具有开创性和创新性的世纪工程。它所面临的大量问题和现象,是历史上的中国和其他国家所没有遇到过的,也没有现成的模式可以照搬。而人民群众波澜壮阔的文化建设实践，正是孕育和产生破解这些历史性问题的智慧之源。改革开放以来，在中华大地上涌现了大量的生动经验和成功案例，如深圳以改革开放排头兵的姿态，开创的文化＋科技、文化＋旅游、文化＋金融等路径，培育强大的文化生产力集群的经验；上海与长三角地区结合产业和城市的"双转型"，推动文化产业与实体经济结合，推动对外文化贸易，形成持续多年文化贸易顺差的经验；浙江省打造一批文化示范城镇、知名品牌、试点园区、具有全国影响力的文化集聚区和服务平台，提高公共文化服务效率和水平的经验；成都市打造全球创意城市—美食之都，建设中西部文化中心城市，四川省传承巴蜀文化的丰富资源，以大量优秀的文化产品和文化服务，与世界接轨的经验等，都为我们把握中国文化整体实力和竞争力建设的规律，提供了重要的依据。我们从大量的调查研究中发现，其中的关键环节是文化制度建设必须适应建设社会主义强国五位一体的总体要求，文化体制和机制的创新必须适应建设社会主义文化强国的战略要求，有鉴于此，增强国家文化整体实力和竞争力的关键是推动文化制度建设，推进体制和机制创新，增强全民的文化创造活力。要突破这一历史性的难点，必须坚持一条具有中国特色的增强文化整体实力和竞争力的道路，坚持实践第一，逐步推进，体系建设，改革创新，融合发展。本书的五大重点内容都将紧紧围绕这一个关键来展开。

（三）突出提升文化实力的重点和对策

本书超越了宏观的战略研究，从求真务实，提炼实践的智慧，注重理论对实际指导的意义上，提出面向2021年即近阶段文化整体实力和竞争力建设方面，要注重的重点内容和重要对策。

本书认为，富有建设性的对策，来自对中国文化建设广阔实践的提炼，来自从理论高度对经验的深刻提炼。有鉴于此，本书重视对大量新鲜实践的提炼，比如在文化创造力领域，提出扩大市场准入，确立创新导向,让更多的文化创造主体,在最适合创意和创新的环境中释放能量,让国有、民营、合资等多种文化建设主体发挥更大作用的对策;在文化生产力领域,提出适应新兴产业的特色,建设产业公共服务平台体系,发挥文化建设中的"平台经济效应"的对策;在文化贡献力领域,提出适应中国地域辽阔,各地发展不平衡的特点,提出鼓励国际大都市型、工商业强市和专业镇街型、工业资源型和资源枯竭地区型等七种以上区域性文化竞争力模式的对策;在文化辐射力领域,提出中国必须树立世界大国的正面形象,大力发展中国的文化跨国公司,形成外向型文化企业和机构的群体,显示中国文化的亲和力,结合对内和对外两个大局,参与和改善国际文化市场的规则体系的对策;在文化服务力领域,分析公共文化服务与三大领域(现代互联网技术、现代数字技术及现代移动通信技术)技术革新所引生的文化新业态相融合的规律,提出要把握人民群众文化消费行为、消费需求等方面的变化,提高公共文化服务效能。

(四) 突出世界经验和中国创新的结合

本书超越了理论层面上的分析和评论,强调"世界经验,中国借鉴,国际规则,自主创新",以广阔的国际视野,提出可操作、可突破的关键节点。

我们研究了大量增强中国文化整体实力和竞争力的现实难点、痛点和热点。比如深入研究了中国建立对外文化开放大格局所面对的新趋势和新特点,指出当前国际文化贸易规则基本上分为两大体系:一是以世界贸易组织(WTO)为代表的"自由贸易"体系,强调文化贸易的自由贸易;另一个则是法国、加拿大和联合国教科文组织(UNSEC)等所主张的"文化多样性"体系,强调贸易和投资自由不能以文化多样性遭到破坏为代价。由于 WTO 多边贸易自由化谈判停滞不前,受到更大的市场准入的驱使,各种区域贸易协定(包括双边贸易协定)的发展势头十分迅猛。法国一再强调"文化多样性",采用了大量的贸易保护主义的举措，以限制和抵挡强势美国文化的进入，但是近 10 年来，法国在国际文化贸易市场上处于守势，证明仅仅依靠贸易保护主义，难以形成强大的国家文化软实力。相反，印度在 20 世纪 90 年代率先加入了《全球基础电信协议》，逐步取消了国家对电信的垄断和保护，不惧怕激烈的全球化电信竞争，从而使得印度的电信业成为发展中国家中最为开放的市场之一，这大大有利于印度发展服务外包这种依赖于全球信息网络环境的新型服务业，从而推动印度成为世界上呼叫服务出口最多的国家，也是目前全球发展离岸服务外包的代表性国家之一。这种复杂的情况下，中国既要促进市场开放，又要加强内容控制，即在促进对外文化贸易与保护本国文化之间取得平衡。又如，本书吸收联合国教科文组织《着力于文化多样性和文化间对话》等的观点和美国、日本和印度等的经验，提出中国增强文化整体实力和竞争力，要扩大多元文化主体，以积累可持续发展的活力来源，同时要积极参与各个文化领域的全球化竞争，在激烈竞争的开放环境中增强自身的文化竞争力。本书吸取伦敦市长《世界城市文化报告 2012》等重要文献，提出中国要在全球城市网络中发挥高端掌控、网络节点的双重作用。本书吸取韩国首尔数字科技城 DMC、松岛科技新城等经验，提出要在更大范围内吸收国内外资源推动文化科技融合创新。本书吸取英国国民信托机构 The National Trust 的经验，提出建立更多的民间组织，开展文化遗产保护和传承。本书吸取香港西九龙文化管理局等法人机构的经验，提出以更加灵活和老练的非政府手段，整合企业化的市场效率和公共服务的主导作用，以推动大规模文化开发项目等。

（五）突出多种研究方法和手段的结合

本书超越了单一的行业分析，采用多种研究手段和技术路线。

（1）采用战略研究方法，数据分析和比较、实证分析和案例研究方法等方法，针对中国建设文化强国所面对的大量现实问题，比较美国、欧盟、日本、印度等传统大国和新兴大国发展文化软实力的模式，吸取各国提升文化实力的有益成果，提炼改革开放30多年来中国各地文化建设的成功经验，提出中国提升文化整体实力和竞争力的模型和框架。

（2）实地调研、重点访谈和个案分析、问卷调查等方法，在北京、上海、广东、浙江、江苏、四川、广西等省市区，对我国有代表性的文化功能区域、政府有关管理部门、代表性文化机构等进行实地调研，包括国家首批文化科技创新基地、国家历史文化名城、国家文化产业示范园区、国家非物质文化遗产保护单位、国家文化出口基地等做了深入的调查研究，我们的专家参与了浙江横店国家影视产业实验区，张江国家文化科技创新示范基地，上海自贸区国家对外文化贸易基地，四川文化"走出去"战略，浙江东阳市、平湖市、余杭区，广东佛山市、南海区、顺德区、禅城区，江苏太仓市，广西桂林市等地县级城市和国家历史文化名城等重大文化项目的规划和编制工作，重点在基层文化建设的调查研究，掌握了大量第一手材料，获得问题和对策的第一手真实感受。

（3）采用理论模型设计和比较、实证分析以及综合研究方法等，结合分析英国拉夫堡大学GaWC指数、澳大利亚Thinknow咨询公司全球创新城市指数、CCIA两岸城市文化竞争力指数等资料和数据，比较各个国家和地区的各类文化创新的模式，以及这些模式在不同区域和城市实施的具体效果，提出中国增强文化创新力的重点要求和实施路径。

（4）采用逻辑推演思辨方法、指数分析和比较、实证分析等研究方法，结合分析WEF《全球国际竞争力报告》、NESTA《中国的吸引力状况》、财政部等五部委的《企业绩效评价指标体系》、中国社科院工业经济研究所《中国企业竞争力报告》等大量数据，提出中国提升文化创新活力，提高文化创新绩效，壮大文化生产主体，提升文化生产力的重点要求和实施路径。

（5）采用理论模型设计和比较方法、数据分析方法、样本案例透视概括、文化无形资产评估等研究方法，结合分析联合国贸发会议数据库、世界幸福城市数据库、香港创意资源 5C 模型等数据和资料，研究中国各地域文化资源的特点和可开发性，提出中国优化文化空间布局，拓展区域文化竞争力模式，提升文化贡献力的重点要求和实施路径。

（6）采用文献调查、国际比较、案例分析的研究方法，结合分析《主要 WTO 成员在视听服务部门做出的具体承诺》和《WTO 成员在视听服务部门提出的最惠国待遇义务（MFN）豁免》、《国际货币基金组织：国际收支和国际投资头寸手册（BPM6）》等大量规则、资料，参照联合国贸发会议等的数据库资料，提出中国形成对外文化开放新优势的战略目标、重点内容和实施路径。

（7）应用世情国情对比分析方法、逻辑推演思辨方法、样本案例透视概括方法，同时参考借鉴诺贝尔经济学奖得主埃莉诺·奥斯特罗姆的"适应性治理"等公共治理理论的分析方法，以及"供应链理论"及"小生境（Niche）理论"等方法，重点分析研究我国以改善文化服务力（包括引导力、亲和力、感染力、传播力、影响力及运营力等）为抓手，力求实现公共文化服务效能提升的要求和可行性路径。

第二章

激发文化创造力

——以树立理想、创造精品、科文融合、多元
包容为重点的文化创新机制研究

第一节　文化创新力的内涵

一、文化创新力的基本内涵与重大意义

激发文化创新力是增强国家文化整体实力和竞争力的核心内容，也是一个规划宏大的系统工程。它包括制定国家战略，培育创新型的文化企业和主体，建立有利于创新的文化制度和机制，注重顶层设计与"摸着石头过河"相结合，设计良好的人才管理体系，充分发挥市场配置要素的决定性作用，营造良好创新环境，聚集和激活创新资源，形成强大的文化创造力等。

创新能力是国家文化竞争力提升的重要标志。创新是一个民族进步的灵魂，是一个国家兴旺发达的不竭动力。人类社会从低级到高级、从简单到复杂、从原始到现代的进化历程，就是一个不断创新的过程。不同国家发展的速度有快有慢，发展的阶段有先有后，发展的水平有高有低，究其原因，国家创新能力的大小是一个主要因素。从总体上看，文化创造力是一个国家创造和提供文化产品和文化服务的

整体能力,而文化创新是开发文化新科技、新业态、新内容、新模式的能力和过程,是文化创造力的核心要素。创新的英文 innovation,从词源的意义上说,最初起源于拉丁语,它原有含义包括,第一,创造新的东西;第二在原有基础上的更新。创新活动的核心是"新",它或者是产品的结构、性能和外部特征的变革,或者是造型设计、内容的表现形式和手段的创造,或者是内容的丰富和完善。创意是创新的特定形态,是富有价值的新颖构思或理念;创新是人类特有的认识能力和实践能力,是人类主观能动性的高级表现形式,创新能力强,其竞争力也强,反之亦然。所以,文化创新力是知识社会时代发展的原动力,是竞争制胜的秘诀。创新能力的高低,直接关系到国际竞争力的强弱。文化"软实力"的外在表现形式,其实质也源自"创新力"。一些发展中国家文化资源丰富、历史底蕴深厚,为什么难以对抗美国等主要发达国家的强大"软实力",而在国际文化竞争中处在劣势?关键在于美国等主要发达国家的战略和制度,更有利于培育创新的内核,在汇集吸纳世界文明成果的基础上大胆创新,把现代科技、市场经济、社会管理等众多成果融汇其中,适应现代人的精神文化需求,表现出较强的文化吸引力和影响力。

20 世纪 60—70 年代,在新的科学技术迅猛发展的背景下,美国经济学家华尔特·罗斯托提出了"起飞"的六阶段理论,将"创新"的概念发展为"技术创新",把"技术创新"提高到"创新"的主导地位。在美国国家科学基金会 NSF 报告《1976 年:科学指示器》中,将创新定义为"技术创新是将新的或改进的产品、过程或服务引入市场"。

20 世纪 70—80 年代开始,有关创新的研究开始形成系统的理论。厄特巴克(J. M. UMerback)在 70 年代的创新研究中引人注目,他在 1974 年发表的《产业创新与技术扩散》一文中认为,"与发明或技术样品相区别,创新就是技术的实际采用或首次应用"。缪尔赛在 80 年代中期对技术创新概念做了系统的整理分析。在整理分析的基础上,他认为:"技术创新是以其构思新颖性和成功实现为特征的有意义的非连续性事件。"著名学者克利斯·弗里曼(Chris Freeman)从经济学的角度考虑创新。他认为,技术创新在经济学上的意义只是包括新产品、新过程、新系统和新装备等形式在内的技术向商业化实现的首次转化。他在 1982 年发表的《工业创新经济学》修订本中明确指出,技术创新就是指新产品、新过程、新系统和新服务的首次商业性转化。他从产业革命以来的重大产业创新历史分析入手,然后是对创新微观经济学、宏观经济学和创新政策的分析,比较全面、系统和历史地分析了创新经济学中主要的现象和规律,特别是指出了将创新成果转化成为产业成果,需要有一个衔接创新与产业的良好机制,以及支持这种转化过程的社会体系①。

进入 21 世纪以后,信息技术推动下知识社会的形成及其对技术创新的影响受到更多的关注。科学界进一步反思对创新的认识:技术创新实际上是一个科技、经济一体化过程,是技术进步与应用创新"双螺旋结构"(创新双螺旋)共同作用催生的产物,而且知识社会条件下以需求为导向、以人为本的创新 2.0 模式进一步得到关注。越来越多的研究表明:单纯依赖技术进步,可能在某一个领域形成技术突破,但是难以对整个国家的经济社会发展形成强大而可持续的推动力。这就需要从人—技术—产业—社会协同推进的角度来进行研究和实施。中国学者宋刚、唐蔷、陈锐、纪阳立足于科技创新复杂性分析的基础,在《复杂性科学视野下的科技创新》②一文中指出:技术创新是各创新主体、创新要素交互复杂作用下的一种复杂现象,是技术进步与应用创新的"双螺旋结构"共同演进的产物。当代信息通信技术的突飞猛进,推动了社会形态的变革,催生了知识社会,使得传统的实验室边界逐步"融化",进一步推动了科技创新模式的嬗变。要完善科技创新体系亟须构建以用户为中心、需求为驱动,以社会实

---

① [美]克利斯·弗里曼:《工业创新经济学》,华宏勋等译,北京大学出版社 2004 年版。
② 宋刚、唐蔷、陈锐、纪阳:《复杂性科学视野下的科技创新》,《科学对社会的影响》2008 年第 2 期。

践为舞台的共同创新、开放创新的应用创新平台,通过创新双螺旋结构的呼应与互动形成有利于创新涌现的创新生态,打造以人为本的创新2.0模式。中国学者宋刚、张楠在《创新2.0:知识社会环境下的创新民主化》一文中进一步对面向知识社会的下一代创新,即创新2.0模式进行了分析,将创新2.0总结为以用户创新、大众创新、开放创新、共同创新为特点的,强化用户参与、以人为本的创新民主化。"如果说创新1.0是以生产为导向、以技术为出发点,创新2.0则是以人为本、以服务为导向、以应用和价值实现为核心的创新。"[①]这从科学技术创新规律,进一步上升到了社会制度和形态变革的高度。当现代社会进入创新2.0阶段时,我们应该强化以用户为中心构建社会化的大众创新、共同创新、开放创新的大量平台,通过多元主体、多种要素互动、双螺旋驱动形成有利于创新涌现的社会生态,加速技术和产业的全球化转移,推进着全球化进程的广泛开展。

创新的潮流对文化领域也产生了深刻的影响。在国际文化竞争中,谁取得文化创新力的优势,谁就可以占据国际文化经济竞争的战略制高点,主导全球价值链,包括影响世界经济和规则的话语权。创新力的博弈,促使各种新技术、新产品层出不穷,快速更替,给世界带来日新月异的变化,在创造巨大财富的同时,引领新的文化经济的发展,成为国际文化经济竞争的决定性因素。文化产业作为21世纪知识经济背景下的新兴产业,本身就需要新产品、新过程、新系统和新服务的大量商业性转化。与相对技术和创意含量较低的服务业如餐饮业、物业管理业等相比,文化产业作为一种中高端服务业,更需要通过创新在内容、技术、业态、市场等方面获得源源不断的动力。有鉴于此,文化创新力的主导地位作用日益显现。关注持续发展的能力和动力,是培育发展和竞争的原动力。拥有强大文化创新力的国家,有利于在全球传播其价值观,影响国际的舆论,输出其意识形态,

---

① 宋刚、张楠:《创新2.0:知识社会环境下的创新民主化》,《新华文摘》2010年第3期。

进行国际文化传播。从这个意义上说，前任美国国务卿希拉里提出的"巧实力"，也是一种从国家层面上提出的竞争方法和策略，它包括创新型的文化软实力手段和技巧，成为文化创新力全球博弈的综合体现。

综上所述，文化创新力是一个国家一个城市创造文化新产品、新样式、新产业、新潮流的综合能力，是在注重创新的战略指引下，调动、吸引和整合创意、技术、资金、人才、院校、企业、基础设施、国际联系等多种创新资源，持续性地开发文化新产品和新业态，创造大量文化财富，引领世界文化潮流发展的实力体系。文化创新力已经成为一个国家文化整体实力和竞争力的核心内容。

二、文化创新的国家博弈与全球领导力

增强文化创新力是提高国家文化整体实力和竞争力的关键。我们需要通过增强创新力来提高持续发展动力、掌握话语权、制定游戏规则和发展模式，引导全球化的潮流。中国人民大学竞争力与评价研究中心认为，国际竞争力是一个国家在世界经济的大环境下，与各国的竞争力相比较，其创造增加值和国民财富持续增长的能力。WEF（世界经济论坛）和 IMD（瑞士洛桑国际管理发展学院）认为，国际竞争力是一国或一个公司在国际市场上均衡地生产出比其他竞争对手更多财富的能力。学者芮明杰等认为国际竞争力是指一国在国际市场上生产和销售产品的整体能力。此外，国际竞争力概念有层次性，包括国家国际竞争力、产业国际竞争力、产品国际竞争力等。在文化领域，国际竞争力实质上是一个国家或地区的文化创新力在国际上获得竞争优势的能力，通过竞争博弈，推动文化从业人员改进技术，不断创新，提升竞争力，使文化创新力及其文化产品的创新力充满活力。

文化软实力视野中的创新竞争力深刻影响了国家的文化领导力。所谓领导力原意是指充分地利用主客观因素，以最优化的成本

和管理,提高整个团体的效率。在全球化的背景下,文化领导力的本质就是对全球文化发展的影响力,指一个国家和一个城市,以强大的文化创造活力,形成领先的潮流,制定领先的规则,集聚优秀的资源,获得广泛的认同,进而影响全球文化发展的能力。例如,全球公认的世界城市如纽约、伦敦、巴黎、东京等,在文化科技、文化投资、演艺娱乐、时尚消费、媒体传播等方面具有强大的创造能力,就是世界范围内的引领者和推动者。

在全球化条件下,综合国力竞争的核心之一就是创新力的博弈。2015 年 5 月,诺贝尔奖获得者、电影《美丽的心灵》的原型——美国数学家约翰·纳什因为车祸遇难。他曾经发表的两篇关于非合作博弈论的重要论文,深刻地改变了人们对竞争和市场的看法,把过去在数学领域的博弈论扩大到了技术、医学和社会科学领域。纳什证明了非合作博弈及其均衡解,并证明了均衡解的存在性,这也就是著名的"纳什均衡"理论。根据"纳什均衡"的博弈理论,假设有 N 个局中人参与竞争,给定其他人策略的条件下,每个局中人选择自己的最优策略(个人最优的策略可能依赖于也可能不依赖于他人的战略),从而使自己利益最大化。所有局中人策略构成一个策略组合,这实际上是一种非合作博弈。所谓的"纳什平衡"强调在博弈中,对于每个参与者来说,只要其他人不改变策略,他就无法改善自己的状况[1]。从这个意义说,根据"纳什平衡",在全球化的文化竞争条件下,每个参与者的选择都不是无限的,必然存在有限种的策略选择。要采用混合策略,从而实现有利于自身的平衡。

文化创新力的发展与竞争,实际上也是一次全球范围内的博弈。在经济全球化、政治多极化、科技信息化和文化多元化的背景下,以互联网为代表的科技潮流深刻地改变了人类的生产和生活规则,形成了具有极大包容性和联通性的科技商业社会生态系统。在这种新

---

[1] [美]齐格弗里德:《纳什均衡博弈论》,洪雷、陈玮、彭工译,化学工业出版社 2011 年版。

规则的格局中,谁能够设计并且实施最优的策略,谁就有可能获得利益的最大化,也就会深刻地影响整个竞争的格局,同时也迫使对手采取相应的对策。2007年美国前副国务卿阿米蒂奇和著名学者约瑟夫·奈发表题为"巧实力战略"的研究报告,提出在美国遭遇了"9·11"事件之后,必须运用"巧实力",实施战略的转型,帮助美国摆脱当前的深刻困境,重振美国在全球的领导地位。接着,时任美国国务卿的希拉里也多次提及"巧实力"(smart power,聪敏的、灵巧的实力)战略,这一方面反映了美国政治精英们在美国国力严重衰退的情况下,仍然希望维系美国的全球霸主地位,采用博弈方法,灵巧运用可由美国支配的所有政策工具,包括外交、经济、政治、法律和文化等各种手段,恢复美国的全球领导力;另一方面也反映了政治、文化等因素在全球竞争力中作用越来越大,已经成为一个大国显示全球影响力,吸引广泛的国际盟友的主要杠杆。

三、文化创新的历史遗产与吸纳创造力

文化创新力是国家和城市文化竞争力的核心要素,而形成这种能力依赖于文化创造的主体对本民族/本地区文化遗产的深刻理解和吸收,也有赖于他们对全球各种文化资源的广泛包容和传承创造,实际上,文化创新力就是一个国家和地区的文化生产主体,把各种资源转化成为新颖文化成果的综合能力。一种优秀的文化成果,对本地区和世界范围内的公众产生吸引力,是由于这种文化成果表达了普遍性的真理,体现了人们对于真善美的向往,满足了大量人群的心理需求。这种创新合力在包容和创造两个维度上展开。

(一) 扩大文化包容,在相互交融中激发活力

人类的文化多样性,来自人类在繁衍过程中,应对各类挑战包括自然灾害、疾病、贫困、罪恶等而激发的生存活力和创造能力,也来自

通过不同的学科和专业,探索各种科学领域而获得的知识和技能。在人类的各种文化中,都蕴含着人类面对挑战而走向未来的智慧密码。因此,当多样文化相互交融时,就会激发起各自的智慧和活力,而推动人类文化的整体性发展。

人类生来具有想像力,而世界性的想像力,却是在进入工业革命之后才逐步萌生的一种改造世界的伟大力量。一个缺乏自信、闭关锁国、与邻为敌的国家和民族,难以想像可以共享一个多元共存、和谐相处的世界。而倡导文化建设主体多元化,理解各国人民的多样文化理想和发展模式,正是一个世界大国构建多种利益共同体,推动全球秩序向平等、和谐、共享方向发展的必要前提。正如 2001 年联合国教科文组织大会《世界文化多样性宣言》所指出的:"正如生物多样性对自然界来说是必需的一样,文化的多样性对人类也是必需的。"①2010 年联合国教科文组织总干事长科波娃在上海世博园发布了联合国成立 65 年来第一份有关世界文化的报告《着力于文化多样性和文化间对话》。她指出文化多样化是全球的趋势,创造力是文化多样性之本,鼓励和推动文化多样性是联合国和各国政府的责任。她呼吁:"各国应该立即行动起来,在促进文化多样性上投入更多的人力与财力。这样的投资又会换来哪些回报?答案就是推动可持续发展。"②

在 21 世纪全球化的背景下,人群、资本、货品、信息的流动性极大地增强了,这给文化多样性的交流创造了良好的条件,也给许多国家和城市带来了新的挑战。倡导文化多元主义的浪潮几度高涨,在不断地前行、挫折和反省中开辟自己的道路。特别是欧洲的一些老牌资本主义国家,则经历了对多元文化政策的反思和调整。2012 年7 月 22 日,挪威青年布雷维克开枪射杀主张多元文化的挪威工党青年团活动的青少年,造成 76 人死亡、80 多人受伤,他的主张是强烈要

① 联合国教科文组织官方网站。
② 联合国教科文组织官方网站。

求回归到单一种族的民族国家,反对多元文化及其族群的进入。这些都深刻地反映了一些欧盟国家在文化多样性问题上的两大制度缺陷:(1)缺乏顶层设计——既要倡导文化多样性,又难以协调各类利益主体和文化主体在重大社会政治问题上的矛盾,特别是难以遏制分裂主义、极端宗教势力等潮流;(2)厚此薄彼的态度——积极支持欧洲本土文化的多样性,却消极对待以移民群体为代表的非西方文化的存在,以及长期以来坚持西方中心论,对非西方文明的藐视。这说明,促进文化多样性不仅仅是一个理念倡导的问题,而且涉及国家根本理念、制度设计、移民政策、文化资助等一系列问题的改革和更新。在发达国家的城市中,也有处理得比较得体和获得良好效果的。如对于德国城市和地区来说,外国移民通常是一个非常棘手的问题,但是,鲁尔工业区埃森市荣获 2010 年欧洲文化之都,该项规划活动设置了一个"混合文化节"作为节中之节,号召并整合地区内所有移民成为文化发展的动力,许多外国移民包括阿拉伯裔、北非裔、南亚裔、大西洋岛族裔等,为鲁尔当地文化做出了许多贡献。该地区计划举办更多的混合文化节,增强城市文化新认同感,说明在探索移民融入当地多元化文化和社会的过程中,仍然有可以探索的广阔空间。

(二) 推动传承转换,在创意创造中推动融合

文化创新力具有传承和转换的强大能力,它也是一种包容、吸纳和认同的力量。文化认同/身份(cultural identity)是对一个群体或文化的身份认同感,又或者是指个人受其所属的群体或文化影响,而对该群体或文化产生的认同感。一个国家和城市对文化创新的认同感,不仅成为吸引各类人才的主要原因,也是融合和城市文化认同的最高形态。

从这个意义上说,文化创新力的实施是一个从认识和情感角度对全体人民进行吸引和整合的过程。整合是把单一事物通过某种方式彼此有机地衔接,形成有价值有效率的一个整体,实现协同的超值

效果。创新整合是指相邻甚至相距很远的事物之间交叉、渗透、融合而形成综合性事物,把它们的价值结合在一起,使事物变得更有意义,在更高意义上实现美,引领新潮流、新样式、新品种。比如,欧盟推动"欧洲文化之都"是一个行之有效的整合与传承、融合与创新的过程。该项目源于1985年,初衷是推动欧洲各国多元文化的交流、相互认同和发展。同年,雅典成为首个"欧洲文化之城"。1999年起,"欧洲文化之城"改称"欧洲文化之都",迄今已有40多个欧洲城市获此称号。"欧洲文化之都"由欧盟从报名城市中选定,当选城市要在一年时间内举办各种文化活动以展示欧洲文化多样性,有效推动欧洲国家之间、人民之间的交流和了解。活动能提升主办城市知名度、改善文化设施、促进经济增长,这一项目的文化经济效益日渐体现,整合各种优质文化创新资源,增强城市文化的吸引力。

1985—2015年,已经有格拉斯哥等40多座城市因通过"欧洲文化之都"角逐而获得了巨大收益。比如2015年"欧洲文化之都"城市蒙斯,是比利时Hainaut省的首府,坐落在一个小山丘上。第一次世界大战时,英国与德国在此进行过争夺,第二次世界大战期间盟军诺曼底登陆后直接向这里扑来。因此蒙斯不仅有很多战争的遗迹,也有牺牲士兵的墓地。每年的战役纪念日都有很多人到此扫墓。蒙斯人口约9万,距离首都布鲁塞尔约50千米,与法国接壤,市中心距比法边境最近的地方约10千米,市民平时使用的语言为法语。城市历史可以追溯到公元7世纪。St. Waudru教堂(La Collegiale St. Waudru)是蒙斯的城市象征建筑物。蒙斯希望通过"欧洲文化之都"活动,改变原来作为工业城市的单调形象,向世界展示自己的人文底蕴,以文化项目拉动城市的全面升级,吸引更多的投资商和旅游者,刺激就业和消费,实现文化和经济效益双丰收。蒙斯"欧洲文化之都"项目预算为7 500万欧元,经济收益约为预算的6倍,市政府投入3.5亿欧元用于改造中央火车站、新建会议大楼、新建设计中心等建筑项目。从2015年年初开始,独具当地人文特色的大型展览,包括凡·高作品展、魏尔伦作品展、蒙斯创新展、欧洲油画展等持续数月，其中荷兰后印象派画家凡·高曾在蒙斯短暂居住，而法国象征派诗人魏尔伦在蒙斯监狱里完成了大量的作品。以欧洲文化大派对的展览为契机，蒙斯与荷兰阿姆斯特丹、法国和德国的 10 多个周边城市达成协议，开展交流合作，举办有关文化活动，提升了城市的文化魅力，也显示出推动传承转换在推动融合过程中的必要性。

四、文化创新的城市动力与国际影响力

城市是国家参与全球竞争与国际分工的基本地域单元，是文化创新中心的基础支撑。联合国教科文组织在《2001 年文化多样性世界宣言》中明确指出："文化应当被认为是某一社会或社会群体所持有的一套独特的精神、物质、智力和情感特征。除了艺术和文学，它还包括生活方式、群居方式、价值体系、传统和信仰。"[①]

这就指出了文化的三个重要内涵：文化作为审美样式和艺术实践，文化作为生活方式，文化作为支出人类发展的资源（包括经济资源和产业资源）。由于文化发展所需要的多样性、包容性特点，许多城市特别是具有全球规模的世界城市、区域性中心城市和富有特色的创意城市，越来越强调对多元文化要素的包容，迈向全球文化活动的中心，成为人类文化创新力的枢纽。所以，提升城市的文化创新动力，已经成为国家文化创新力的核心之一。

（一）文化创新力让城市拥有澎湃的活力

文化创新力对城市文化的动力机制和创作活力起到至关重要的作用，能够体现创造活力，增强吸引力，改变城市文化生态并促进城市文化多样性发展，形成城市的文化生态和文化创作多样性的"鲶鱼

---

① 联合国教科文组织官方网站。

效应"。从全球范围看，有些城市在工业革命时代，有过辉煌的业绩，如美国的纽瓦克以运输和工业制造著称，但是后来就逐渐衰落了。相反，另一些城市则经过凤凰涅槃般的努力而获得重生，比如德国的鲁尔等。所谓鲶鱼效应(catfish effect)是指通过引入强者，激发弱者变强的一种效应，有助于将创新嵌入城市基因，文化创新引领城市，反过来说，由于中心城市集聚了大量科技基础设施、多样化的企业、广泛的国际联系，和富有创造活力的人力资源，因而，中心城市越来越成为国家和地区文化创新力的主要聚集地。跨入 21 世纪以来，越来越多的有识之士探索了城市在国家和全球文化创新中的重要作用，并且设计了诸多有关城市文化创新的评价指标体系。比如，伦敦市长办公室委托 BOP 公司进行研究，在 2008 年和 2012 年两次颁布了《世界城市文化报告》，认定了纽约、伦敦、巴黎、东京和上海为五座全球最伟大的世界城市，之后又把世界城市的范围扩大到了 12 个[①]。

　　美国学者托马斯·弗里德曼说过一句名言"世界是平的"[②]，指的是在全球化和信息化背景下全球资源的流动空前加快，由于地理空间所造成的隔阂与阻断急剧缩小。他根据大量材料指出：曾经有人担心，信息化会推动美国文化以更大的规模向全球扩张，成为美国化的代名词。但是，从更加深入和全面的角度来看，世界不是扁平的，距离也没有消灭。托马斯·弗里德曼认为："就文化而言，我们有理由相信，世界平坦化进程不会必然导致各种文化的同化，实际上，与其说平坦世界中的竞争平台能同化各种文化，不如说其导致世界拥有了一种前所未有的更强大的多样性潜在能力。"根据联合国报告，有超过 50% 的世界人口居住在城市地区，城市人口的比重正在持续增长，还有更多的人在全世界流动，不停地寻找新的城市安家、创业、

---

① ［英］罗伯特·保罗·欧文斯：《世界城市文化报告》，黄昌勇、侯卉娟、黄超等译，同济大学出版社 2012 年版。

② ［美］托马斯·弗里德曼：《世界是平的》，何帆等译，湖南科学技术出版社 2006 年版，第374 页。

消费、旅游和受教育。许多城市始终存在着巨大的文化差异,虽然贸易、商业和金融使城市相互联系,但是恰恰因为文化而使得它们彼此大不相同,而在互联网时代,拥有不同文化要素的人群可以向网络"上传"信息,推动本土文化成为全球化的成分之一,从而使得他们在全球化和多极化的时代,可以反过来凸显本土文化特色。这为世界城市、中心城市和创意城市提供了把本土文化与全球化相结合的重要机遇。

从世界城市和中心城市的角度看,它们的活力与能量,恰恰是和全球化时代的文化多样性密切相关。其主要特点:一是高端掌控,能够汇聚和推动全球资本、技术、信息、人才及各类生产要素的流动和组合;二是网络节点,成为全球各类城市进行信息、能量和资源交换的关键节点。如纽约百老汇和伦敦西区代表了全球著名的演艺娱乐产业,曼哈顿和伦敦 CAZ 集中了全球主要的艺术品画廊和拍卖交易机构;巴黎是全球时尚文化的策源地之一,也是著名的会展产业中心,在创意设计和服务贸易方面独领风骚;新加坡是东南亚重要的文化中心,拥有东南亚最大的艺术品保税仓库和完善的贸易港口。正是一个具有巨大包容性的城市空间,才能促进文化建设主体多元化,让各种主体充分释放创造性,体现国家和城市的创新力。

(二) 文化创新力塑造了城市魅力形象

跨入 21 世纪以来,顺应世界经济向生态型、智慧型、节能型转型升级的潮流,许多国家都高度重视城市对全球优秀人才的吸引力。而大量的调查研究说明:新经济的主要动力是知识型、智慧型和创意型的人力资源,这些人才并非在盲目地流动,而是在向富有成长的机会、优良的基础设施、广泛的国际化联系、良好的生态环境和大量文化创造性的文化体系之城市集聚。

城市的文化创造性一方面体现在文化创意产业成为效益、就业、出口和税收的重要来源；另一方面，文化在其他领域能产生广泛影响，文化因素渗透至制造、城市建设、旅游、金融、科技等各个领域。正如《世界城市文化报告》所指出："世界城市是富有活力的，总在变化；文化就像牡蛎中的沙砾（因此最后会变成珍珠）。伟大的城市不是一个结果，而是一个过程，并且能够再造自身。"①目前，越来越多的城市努力打造文化精品，把"引进来"与"走出去"相结合，深化与其他国际文化大都市的交流，举办具有世界影响力的国际性盛会，塑造良好的城市文化形象。比如，东亚地区有多个中心城市被联合国教科文组织认定为世界创意城市。其中，韩国首尔以科技资源密集、创意经济发达而著称，首尔政府通过系统的财政和行政支持培育数字内容、信息技术、生物/纳米研发、金融服务、设计和时尚、旅游会展六大重点创新型产业，使之成为经济增长的未来"引擎"。首尔不但是传承韩国历史文化资源最丰富的城市，也是推动"韩流"向海内外扩散最强劲的源泉。韩国电影振兴委员会发布的《2014 年韩国电影产业结算报告》显示，2014 年韩国电影产业销售额达 20 276 亿韩元（约合人民币 115 亿元），同比增长 7.6%，首次突破 2 万亿韩元大关。其中主要的韩国电影企业都集中在首尔。北京则是 2008 年世界奥运会的举办地，不但是中国著名的古都和旅游胜地，而且是中国文化创意产业最为集中，贡献值占 GDP 比重最高的城市之一。上海则以"世博之都"和"设计之都"而享誉世界，上海的创意设计产业、游戏产业、数字出版产业、时尚产业等新型文化创意产业的贡献值，上海对外文化贸易的规模，在全国城市中居于前列。年近来，上海文化产品和服务的进出口总额保持在一百亿美元左右，而且在进出口比例方面大体保持平衡。这在全球经济下行压力增大、国际贸易不景气的背景下是一个很不容易的成就。这些事例充分说明，强化中心城市的创新中心功能，建立富于创新活力的文化体系，是一个国家向世界展示

---

① ［英］罗伯特·保罗·欧文斯等著，《世界城市文化报告》，黄昌勇、侯卉娟、黄超等译，同济大学出版社 2012 年版。

自身文化创造活力，引领和推动全球文化潮流的核心实力。

（三）文化创新力减少各国的交流距离

城市的文化创新力具有以个性为基础，创意激发、自由想像和颠覆性特征，在更高的意义上引领新品种、新潮流、新样式，这有助于减少人类彼此之间的认同距离，密切各国之间的文化交流。

一个国家的文化产品要具有国际竞争力，就必须获得各个国家人民的认同与共鸣。由于不同人群在语言、传统、信仰、制度和教育体系上的差异，文化产品传播时会遭遇"文化折扣"，从而形成"文化距离"。联合国教科文组织定义的文化产品是个人或集体创造性的结果，包括印刷品和文学著作、音乐、视觉艺术、电影和摄影、广播和电视、竞技和运动产品等。文化产品还可以具体分为有形文化产品、无形文化产品和文化服务。有形文化产品是实物形态的文化产品，可以是过去文化产品的积累，也可以是现在；无形文化产品往往是一种意识形态的精神文化价值，主要是信仰、文化传统、经验等的集合；而文化服务则主要是指由文化机构所提供的满足人们文化需求的行为，一般要有实物或意识形态的文化产品作为依托。有关学者 Roger White 和 Bedassa Tadesse 利用移民作为代理变量，检验文化距离和美国文化产品出口之间的关系，指出文化距离越小，对文化产品的出口越有利，贸易对象国之间较大的文化距离会阻碍文化产品的出口[①]。文化距离对文化产品的贸易流量具有显著的负面影响。在跨文化贸易中，应该减少传播过程中的文化距离，这就要注重提高科技水平和新产品的研发水平，才能推动一个国家的文化产品国际竞争力，如好莱坞电影企业采用 3D 电脑动画技术制作的电影《阿凡达》、《变形金刚Ⅰ、Ⅱ》等，在全球电影票房市场上大获成功，以强烈而新颖的视听表达效果，受到电影观众的广泛青睐，显示了"创新取

---

① 李本乾、牛盼强：《文化产品国际竞争力研究综述》，人民网，2012 年 3 月 16 日，http：//media.
people.com.cn。

胜，王者归来"的竞争力规律。

在这方面，"东亚文化之都"的倡导和实施是一个典型的案例。它是落实 2012 年第 5 次中、日、韩领导人会议达成的重要共识，由中、日、韩三国在文化领域联合打造的东亚区域文化合作品牌活动，每届在中、日、韩三国评选出三个在文化方面具有代表性的都市。评选条件要求该城市历史悠久，文化底蕴丰厚，城市风貌、人文遗产能够体现东亚文化传统，具有鲜明城市或地方特色文化。首届评选出来的"东亚文化之都"韩国光州、日本横滨、中国泉州，在传承和创新方面各擅胜场，特别是三座城市强烈的创新力，集中在泉州的南音和梨园戏、日本横滨的津轻三弦、韩国光州的巫戏等，显示了古老的传统在当代的发扬光大，来自横滨的"电波组合"把多种日本古典乐器演绎得出神入化；光州的巫戏淋漓尽致地展现韩国传统文化的魅力；泉州的《春暖刺桐红》以现代手法展示当地深厚的历史文化，泉州还举办了"新世纪丝绸之路经济论坛"等活动。挖掘城市文化的潜力，对文化传统进行了系统梳理、保护、创新、发展，并实施"古城文化复兴计划"、"古港转型升级行动"和"文化产业倍增计划"等，获得了各国客人的广泛好评。这些东亚文化之都的丰富活动，拉近了东亚国家民众彼此之间的距离，推动了他们在文化艺术领域的互信、尊重和理解，也让绚丽多彩的东亚文化向世界展示了风采。有鉴于此，美国学者弗里德曼感慨：非西方国家的全面崛起，特别是中国、印度、巴西等金砖国家成为世界发展的主要动力，"像中国和印度这样的高速成长的发展中国家已经具备了不通过移民就可以进行创新活动的能力，这意味着本土文化得到保护并发扬光大的机会增加了"①。中国和印度、巴西等新兴大国不但成为全球经济的动力引擎，而且在发扬和传播本土文化方面的积极性和自信心也大为提高，并且将成为全球文化领域中一股越来越重要的力量。

---

① ［美］托马斯·弗里德曼：《世界是平的》，何帆等译，湖南科学技术出版社 2006 年版，第374 页。

五、文化创新力的跨界融合和社会服务力

文化创新力需要通过跨界融合,集聚科学、技术、商业、人文、艺术等方面的优秀成果,才能源源不断地培育新产品和新业态,形成对全社会的广泛服务力。

在人类历史上,由于科技进步和市场扩展,这种跨界融合创新而催生文化成果的例子屡见不鲜。而率先开发和推广这些文化新业态的城市,为提升国家文化软实力做出了重要贡献。比如 1895 年 12 月法国罗尔乌丹剧院率先进行了世界上第一场营业性电影演播,这种依托光电技术的文化新业态,逐步在巴黎市民中推广开来。1900 年世界博览会在巴黎举行,电影产业通过这次世博会全面亮相,从巴黎正式走向世界。而伦敦则是全球音乐录制技术和音乐产业的重要基地。著名唱片公司百代的前身是英国留声机公司(Gramophone Company)和英国哥伦比亚唱片公司(Columbia Phonograph)。1931 年,两家唱片公司决定强强联手,合并成 Electric and Musical Industries,简称 EMI。1955 年,EMI 收购了美国 Capital 唱片公司,并于 1957 年在英国正式成立了 EMI 唱片有限公司,EMI 总部设在伦敦,逐步发展成为全球领先的音乐制作企业。EMI 在全球有广泛的活动,中国著名作曲家聂耳在 20 世纪 30 年代就在 EMI 在上海的分支机构中工作。又比如,美国苹果公司的创始人史蒂夫·乔布斯从 20 世纪 80 年代开始,在旧金山湾区—硅谷地区率先开发了 iPhone、iPod、iPad 等新型的视听载体,他不但推动了信息革命的成果,而且让这种成果变得有趣,从而迅速地形成了全球范围内新一轮的视听服务革命,而旧金山湾区—硅谷地区则在多种创新城市的评选中,被评选为第一等级的创新中心城市。

在文化与科技融合发展的背景下,全球文化领域涌现的新产品和新业态正在与"大、智、云、移"相结合,即融入大数据、智慧城市、云计

算、移动互联等技术成果和经济形态。在世界范围内,文化产业呈现了小、微、酷、融的特点,即涌现出中小企业、微创新、新业态、酷时尚、融合型发展的活力。这意味着:当代国家间的文化竞争,越来越突出与科技进步融合。中国需要把握好计算机、通信、新型视听、新材料、节能等先进技术的作用,开发具有自主知识产权的文化内容,拓展文化消费的新样式。中国文化产业要适应创新全球化的浪潮,就必须加强创新城市建设,为创新之鱼群培育最适宜的水系。从全球范围看,创新之"鱼"并非生活在所有的"水"域中,也不是在所有的水系中平均分布,而是选择和集聚在最适应创新和创业的城市环境中。这就是在世界范围内人们越来越关注创新城市建设的重要原因。创新城市建设的根本动力,是打造新动能、新业态、新模式的策源地,建设以创新为基本动力的新经济之摇篮。大量实践证明:创新创意创业型的人才,对于工作环境和生活品质有较高的要求,也会在许多城市间进行流动。他们会选择在基础设施良好、信息化程度高、金融和科技服务业等专业服务发达,生态优质,治安优良,生活便利,可以提供较好的子女教育、医疗服务、文化娱乐等服务的城市。这些城市是一个由各种创新资源在空间上集聚而形成的区域创新系统,是法律政策、研发投入、金融体系、基础设施、人才集聚、著名高校、科研机构、活跃市场、国际化联系等各种要素相互关联、集成、互动、整合的结果。它们实际上是世界范围内的城市创新空间金字塔型体系的高端部分。它们具有创新性、集聚性、系统性、成长性和外向性的鲜明特点,创新文化发达,创新氛围浓郁,诸多支持要素在相互关联与整合中形成了强大的自组织能力,从而成为区域性甚至是世界性的创新资源集聚的中心。

针对城市文化创新面对的挑战,香港大学许焯权教授的研究指出,21世纪文化创意产业发展的优良生态环境,应该有四种充足的资本供应,包括制度资本、人力资本、社会资本和文化资本(见表2-1)。它们相互补充,相互影响,成为推动文化和创意产业发展的资源富集环境。

表 2 - 1 文化和创意产业集聚发展所需要的资源环境

资本形态	基 本 特 点	具 体 内 容
结构/制度资本	优良的社会制度能够促使创意发生； 也有助于决定其他资本的利用和分配	法律制度 言论自由 为文化发展所做的国际承诺 信息传播技术的系统 社会管理的系统 企业家能力和金融服务
人力资本	优良的人力资本的流动促成文化交往、技能和知识的快速传递以及新思想的产生	为知识发展提供良好的环境 人力资本的常态流动 一定数量的外籍专家和工作人员 一定规模的外国留学生
社会资本	信用、互惠、合作和社会网络，有利于公共服务，活跃社会的表达机制，激发个人和集体的创意； 工商和科技的发达程度 数字化的基础设施	广义的信任 制度的保障 社会的互惠 区域广泛合作 民族平等态度 广泛的社会参与
文化资本	对人文理想的尊重 文化、艺术和创意的活动 和谐与包容的社会环境 文化和创意的精英和人才 各种文化遗产的积累	付给艺术和文化部门和法人的资源 对创意、教育和知识产权的保护 居民参与文化活动的广度和水准 艺术和文化方面的公共开支 对艺术和文化的总体态度 居民对于文化活动的参与率

资料来源：参考香港特区政府中策组委托许焯权博士领衔的研究课题成果《香港创意指标研究》(2004 年)绘制。

这四种资本，应该通过各种金融、产权、法律、信息、文化的网络联系起来。不但城市的政府、企业、非政府组织、私人项目要上下贯通，没有歧视，而且在投资、服务、营销、中介等各个环节，也要左右贯通，加上内容研发、加工生产、发行营销、中介代理等各个环节，都要畅通合作，而且要与外部环境，特别是国际上其他国家和地区形成密切的联系，把创新的资源尽快地集聚和输送到产业集群中，才能最大限度地激发产业的创新活力（见图 2-1）。这好比一个人，浑身的血脉和筋络贯通了,在劳动和竞技的时候可以最大限度地输送血液和氧气,吐纳废料,才能精神饱满,生机勃勃,迸发出超常的体能和智能。

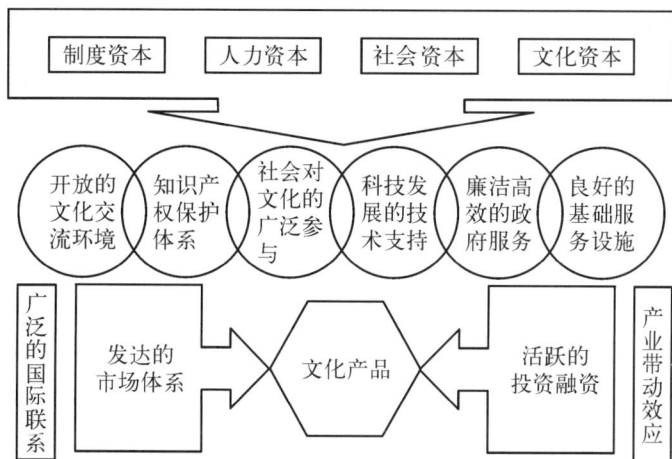

图 2－1　城市文化创新力需要的优良环境

　　大量证据表明:城市的文化创意产业不等同于纯粹的商业活动,文化产业的集聚发展不等同于低端制造业集聚的工业园区,政府和开发商难以通过划拨地块、构筑厂房等方式来构建具有规模优势、创新活力、企业培育、拉动效应的产业集群,而应该通过文化产业的集聚发展,尽快把创新元素,包括人才、知识、创意等输送到集群中,与资金、技术、设备、市场等结合,形成具有创新活力的内部机制,使产业集群成为真正意义上的创新引擎。

　　提升城市的文化创新力,也提出了城市要集聚和整合各类创新资源的大课题。大量事实说明:解决好"怎么创新",苦练"内功",促进自主技术、自主品牌,增强创新主体的自信,才能促进创新资源高效配置和综合集成。近年来,许多中心城市在文化新产品和新业态方面的贡献,都与城市集聚和整合科技、创意、艺术、金融、商业等各类创新资源的能力密切相关。比如,近年来,伦敦等城市开展高端演出的全球云转播,特别是在城市广场上免费转播音乐会,是西方普及古典音乐的一个惯例,已经风行欧洲多年。上海大剧院在 2012 年引入指挥大师蒂勒曼率领拥有 464 年历史的欧洲古典音乐劲旅德累斯顿交响乐团,奉献了一场近乎完美的交响音乐会。为了让街头观众能享受到更好的音乐品质,艺术节中心特意出资 10 万元,租借了 16 个顶级交响乐扩音喇叭,在"中华第一商业街"上营造了高雅艺术的氛围,让南京路广场上的直播音乐会"原汁原味",实现真正意义上的"为百姓演奏"。再比如,2014 原创华语音乐剧展演季三部原创音乐剧,分别是《简·爱》《纳斯尔丁·阿凡提》《搭错车》陆续登陆上海文化广场。作为以音乐剧为核心的专业剧院,上海文化广场力推原创华语音乐剧的发展,致力于在原创华语音乐剧产业链中的上游制作方与下游观众群体之间搭建孵化平台,从场租优惠、营销推广等多方面给予参演剧目不同程度的支持,坚持以我为主,兼收并蓄,推陈出新,在创作理念、思路和题材上都亟待寻求突破的瓶颈,提高城市文化创新力,引领广大市民进入到全球音乐剧的高端平台,这为城市营造有利于文化创新力发展的生态环境,提供了一个富于启发的案例。

六、文化创新力规划与国家的战略定力

从宏观角度看,文化创新力是一个国家、一个城市创造文化新产品、新样式、新产业、新潮流的综合能力,是调动、吸引和整合创意、技术、资金、人才、院校、企业、基础设施、国际联系等多种创新资源,持续性地开发文化新产品和新业态,创造大量文化财富,引领世界文化潮流发展的实力体系,它的形成和发展,必须纳入城市和国家的战略框架中,显示了一个国家推动文化发展的宏观战略定力。

创新作为经济学概念,最早由熊彼特提出,包括产品创新、工艺创新、开辟新市场、获得新供应来源及新的组织形式。它后来被扩展到技术创新、管理创新、商业模式创新、制度创新等无所不包的价值创造及实践行为。迈克尔·波特从组织变革、价值链、柔性竞争等角

度重新审视了国家竞争力和创新活力的关系，从现代国家战略的角度研究了竞争力的内在机理。随着 20 世纪末以来人们对创新规律的深入探索，创新从技术和经济领域，逐渐扩大到了社会组织、城市治理和国家战略的领域。迈克尔·波特在《国家竞争优势》①一书中用一连串的问题，指出了国家战略对于竞争力的深刻影响。他提醒人们要思考：为什么德国西部地区成为全球印刷机产业、高级轿车、化工产业的集中地？为什么面积和人口规模较小的国家如瑞士可以成为世界最重要的钟表、医药、巧克力食品与贸易业的基地？为什么美国能在个人电脑、软件、信用卡、电影等产业中独占鳌头，而且把这种优势通过市场网络扩大到全世界？为什么意大利的企业可以在瓷砖、雪靴、时尚用品、包装机械以及工厂自动化设备方面表现强势？而日本企业又为什么在相当长时间内主导了中高端家用电器、照相机、传真机以及工业机器人等产业？这与这些国家选择的竞争力战略有密切关系。迈克尔·波特提出了国家竞争优势的"钻石模型"。该模型的构架主要由要素条件、需求条件、相关及支撑产业、企业的战略、结构与竞争这四个基本因素，以及机遇和政府两个附加要素组成。依据波特的竞争优势理论，国内竞争压力和地理集中使整个钻石构架成为一个系统，在系统内部各个要素发挥作用，形成一个动态系统性机制的变化。国内市场竞争的压力可以提高国内其他竞争者的创新能力，而地理集中可以将四个基本因素整合为一个整体，从而促进相互作用、提高协调能力。这才是迈向竞争优势国家之路的关键。

　　在新一轮科技革命和产业变革背景下，很多国家都在对科技创新和制度创新进行统筹部署。一个国家和一个城市要实施创新驱动发展战略，既要依靠知识创造、技术进步、人才素质提高、有利于组织成本和交易成本降低的制度创新、管理创新等"要素创新及组合创新"来推动，也要依靠提高资本、资源环境、劳动力、信息等生产要素

① ［美］迈克尔·波特：《国家竞争优势》，李明轩、邱如美译，华夏出版社 2005 年版。

的质量、效率和效益,创新生产要素、投资、金融等驱动方式的组合来推动。文化创新从根本上说是市场活动,文化经济化、经济文化化、文化经济一体化的发展,使市场竞争成为文化创新的源泉,增强创新活力,提高技术创新、产品创新、组织创新、商业模式创新和市场机制创新。创新形成一套有利于培育新的比较优势和竞争优势的制度安排,构建全球化生产运营体系,将国际研发、人才等高端生产要素与国内产业链有机衔接起来,提高在全球价值链中的位置,谋求更高水平地融入全球分工体系。

在培育文化创新力的过程中,必须向市场要创新资源、创新活力和动力,培育创新机制,即培育各种创新要素能够按照市场机制进行资源配置,促成内生性地发生一系列创新的过程。这个过程既是技术创新过程,也是制度创新过程,更是新的商业模式发生和创新过程,非常重要的一个问题是要处理好政府和市场的关系,发挥市场机制在资源配置中的决定性作用,更好地发挥好政府在营造创新环境和创新氛围中的积极作用,把潜在的创新要素转变为创新活动和创新过程,经济增长需要从要素驱动型、数量扩张型的赶超式增长走向创新驱动型、质量提高型的赶超式增长,激发市场机制下创新创业主体的内在动力和活力,要确立微观的市场主体和创新创业的动力机制,向市场要创新资源、创新活力和动力。古典经济学家亚当·斯密曾提及"理性人"和"看不见的手"是市场经济的内在动力和发展活力,创新活动往往要遵循成本—收益比较的原则。在市场经济条件下,竞争最终体现在市场的竞争上。创新是拓展文化市场的"通行证",创新体制机制,建立公平、开放、透明的市场规则,推动资源配置依据市场规则,发挥市场配置资源的决定性作用。

在这方面,英国伦敦的"市长文化战略"(Mayor's Cultural Strategy)提供了有益的案例。这是英国法律所规定的、伦敦市长表达其对伦敦发展文化的理念、目标及工作计划的文件。作为伦敦第一位经市民直选产生的市长,肯·利文史通于2004年颁布了第一份

"市长文化战略"——《伦敦：文化资本——实现世界级城市的潜能》，首次为伦敦的文化发展提供了目标与理念。2008年，鲍里斯·约翰逊当选为第二任伦敦市长，于2010年11月颁布了新的"市长文化战略"——《文化大都市：市长的文化战略——2012及以后》。从战略规划与资源整合的关系角度出发，这份"市长文化战略"首先体现对城市历史文化资源及其特点的认知与整合①。伦敦作为一座世界城市，其文化独特性在于新与旧、古典与现代、宏大与世俗相映衬所焕发出的光彩。伦敦"市长文化战略"指出，伦敦不仅有博物馆、美术馆、大教堂等传统文化的代表，"也完全称得上是全球前卫文化、当代文化的中心"。2012年伦敦"市长文化战略"分为6部分，包括强调了"保持伦敦作为世界文化之都的地位"，文化在伦敦城市发展过程中具有重要地位，在经济不景气的背景下保持对文化的投入的必要性；强调"增加民众与优秀作品接触的机会"、提高市民文化参与机会及文化素养的重要性；强调"教育、技能及职业"，强调人才对城市发展的重要意义并提出培养人才的解决方案。伦敦市长文化战略的经验告诉人们：必须通过城市文化发展战略为文化发展树立目标、理念及实施步骤，兼顾远景规划与近期重点，使得文化战略成为文化发展的有效指南及保障；必须通过城市文化发展战略集合专业与民间的意见，并兼顾城市的发展与人的发展的整合；要通过聚焦现实问题与具体案例，以城市文化发展战略为载体，在全市层面明晰文化领域的关键问题所在及解决问题所需要的各部门的协作，才能提高城市文化发展的有效性；要高度重视对城市文化发展的国际推广，可以依托市长战略的框架，整合社会各方面的力量，并重视国际推广活动的战略性、合作性及效益性，特别要重视对国内传播与对国外推广的紧密结合。

从城市创新战略的角度看，创新驱动市场竞争能够提供文化创

---

① 大伦敦政府（Great London Authority）于2010年11月13日正式发表了《文化大都市：市长的文化战略——2012及其后》（*Cultural Metropolis: The Mayor's Cultural Strategy 2012 and Beyond*）。

新的压力,又不能完全依赖市场调节,因为市场本身也有失灵的弊端,更何况文化体现了丰富的人文价值和理想追求,这也不是完全由市场调节可以解决的。这就要求城市创新战略在面对文化创新力的时候,要深入把握文化规律、市场规律、竞争规律等多种因素,事先更加有效地整合调动。党的十八届三中全会提出"使市场在资源配置中起决定性作用",是我国市场化改革理论和实践的重大创新,文化竞争力需要遵循优势度原则,市场有效配置资源的一个重要机制是优胜劣汰,利用市场机制调节淘汰落后的环节。党中央明确提出要解放文化生产力,肯定了市场作为文化资源配置的一种重要手段,发挥市场在资源配置中起的决定性作用,通过市场作用进一步完善文化竞争力。通过满足市场所需,发挥市场决定性作用,使文化企业成为创新主体,推动创新资源向文化企业流动,引导创新要素向文化企业集聚,支持有条件的文化企业加强研发平台建设,加大对中小企业、微型企业技术创新的扶持力度,加快建立高校、科研院所创新成果向文化业转移。

第二节　文化创新力的表现

一、创新引领国际潮流,掌握全球话语权

在全球化时代的综合国力竞争中,一个国家的文化创新力可以体现强大的文化创造能量,引领国际的文化潮流,把握国际话语权的优势。对于中国来说,作为 21 世纪的世界大国,必须以强大的文化创新力形成迈向中国现代化的理想动力,加强对亿万国民的精神引领。这种文化创新力生成于中华民族的文脉传承,其中最核心的内容就是一种强大的精神力量和理想构建。

从人类历史来看,任何一个引领性的世界大国,必然要创造出一

套政治经济和文化体系，吸引其他国家的人民来跟随这样一套体系和秩序。改革开放以来，中国以 30 多年的伟大实践，开创了一条与西方不同的现代化道路，这不仅仅体现在中国经济的持续增长方面，而且体现在中国致力于和平发展的文化体系和理想建构。正如英国学者雅克·马丁所说："西方很难想像，世界上可能还存在正规的自成体系的政治文化，可以替代自己的制度安排，他们相信其他所有国家——不论什么样的历史和文化，最终都可能向西方看齐。然而中国正好提供了这样的代替品。"①中国在邓小平建设有中国特色社会主义理论的引导下，总结改革开放、和平发展的经验，给人类奉献了诸多具有世界意义和独特价值的话语体系，表达了一套与西方不一样的现代化理念。"中国道路"、"中国经验"、"中国模式"等，成为国内外学者和政治家们聚焦的中心话题，并且随着世界秩序的急剧调整而越来越显示出强大的生命力。中国话语绵延数千年，形成了一套独具东方古韵的价值观念和经典话语，若能够将"中国经验"与"中国道路"上升为普遍性的概念体系和知识范式，若能够为人类面对的共同问题给出中国的方案，中国话语的世界意义必将彰显，国际话语的中国时代必将来临，中国的发展优势也终将转化为话语优势。这一建构既有中国特色，又有普遍意义的精神力量和理想构建工程，正是文化创新力的核心内容之一。目前它还处在一个发展的过程中，但是只要我们牢牢把握不同阶段矛盾的特殊性，努力创新中国话语体系，创造性地解决发展中的问题，这一理想建构工程一定会获得世界范围内越来越多人们的认同和跟随。

中国的精神力量和理想构建，体现了文化创新力，必然要吸取世界各国的有益经验，也要积极参与和借助各类国际性的论坛和舞台。比如中国参与"达沃斯论坛"就是一个生动的案例。它对全球的舆论具有重要影响，西方舆论称之为"非官方的国际经济最高级会议"。

---

① ［英］雅克·马丁：《当中国统治世界》，张莉、刘曲裔，中信出版社 2010 年版，第 313 页。

欧洲小城达沃斯的国际地位与"世界经济论坛"的关系不可或分,其创新性理念所包含的意义已约定俗成,它的全球性重大平台地位因论坛的重大主题而蜚声世界。20世纪70年代,美国哈佛大学毕业的瑞士商学院年轻教授克劳斯·施瓦布倡议,欧洲企业界为迎接国际市场和竞争挑战,举行一次非正式会晤,以制定发展战略和研讨管理方法,其创新性理念倡议得到当时欧共体委员会和欧洲工业家联合会的支持,各国政府首脑以及主要国际组织的领袖出席达沃斯的"世界经济论坛"系列活动,包括达沃斯年会以及地区经济峰会;每年"达沃斯论坛"还与若干国家的政府或企业联合主办各种国际经济讨论会,使其成为全球政界和商界风云际会的传播舞台。这一重大文化类活动使"达沃斯"与世界的关联度空前增强,并引发中国大连和天津的"夏季达沃斯"论坛。中国政府领导人多次在达沃斯论坛发表重要演讲,介绍了中国和平发展的经验,说明了中国对于全球合作治理、碳排放、南南合作、国际贸易秩序、防止核扩散等一系列重大问题的看法,获得了国际社会的高度认同。从全球范围看,一个全球大国要发挥对世界秩序的引领和推动作用,就必须在文化方面发挥引领作用,掌握国际话语权,制定更加合理的国际规则和业界创新模式,做全球文化产业链的主导者和领导者。

二、创新释放文化活力,集聚创意的源泉

在经济全球化的时代,各种创新要素包括资金、人才、技术、项目、研发中心等加速流动,这对许多国家和城市都是一把双刃剑。在创新力竞争中的引领者,可以吸引更多的国际创新资源集聚,反过来,在创新力竞争中的落伍者,却会发现自己的创新资源不断流失,自己则逐步移动到全球潮流的边缘位置。

一个国家的文化创新力战略是否成功,很大程度上取决于能否整合全球创新资源并为己所用,以创新战略带动城市文化创新,形成

强大的文化凝聚力和向心力。一些欧美城市在文化创新力方面，提供了百年创新、绵绵不绝的生动案例。例如，意大利"水上都市"威尼斯的艺术双年展，有着"双年展之母"称誉，拥有上百年历史，每一届展览都受到全球艺术界人士的广泛关注，是世界当代艺术领域最重要的艺术盛会之一。作为文艺复兴的一个重镇，威尼斯产生过历史上最重要的画派之一威尼斯画派。1893 年 4 月 19 日，威尼斯市议会通过一项决议，决定策划意大利的艺术双年展，这是一个前所未有的创举。1895 年 4 月 30 日，首届威尼斯双年展开幕，就吸引了 20 多万名参观者。从那之后，历届威尼斯双年展成为国际盛事，声势浩大，在艺术投资收藏业、艺术旅游业领域产生了巨大的影响，与德国卡塞尔文献展、巴西圣保罗双年展并称为"世界三大艺术展"，被视为"映射世界当代艺术的万花筒"。不同国籍、不同年龄、不同文化背景、不同艺术体系的艺术家，每两年一次汇聚威尼斯，运用不同的艺术创作手段，将自己对艺术主题的理解和诠释呈现给世人。威尼斯双年展本身也是一个不断创新的过程，从 19 世纪开始，威尼斯双年展比较注重 19 世纪和之前的艺术品展览，以后逐步扩大到 20 世纪前期的艺术、第二次世界大战后的艺术，以及丰富多彩的设计、建筑等领域。2015 年第 56 届威尼斯国际艺术双年展为期 6 个半月，主题是"全世界的未来"，邀请了 89 个国家参与国家馆的展示。这不但是全球艺术精英的创新盛会，而且也彰显了威尼斯会展、威尼斯主题、威尼斯活动等在全球艺术业中的引领性地位。

从全球范围看，一些国家和国际组织的文化创新项目设计，具有从全局考虑，从操作入手，将任务、组织、路径、竞争力以及文化经济效果等统筹考虑的特点。1985 年根据法国和希腊文化部部长的提议，形成了评选"欧洲文化之城"的框架，并且在 2005 年更名为"欧洲文化之都"，把评选文化都市作为欧盟框架内的城市评选活动，成员国选出值得举办活动的城市，再由欧洲委员会为被选中的城市每年提供小额资助，欧盟部长会议为每年评选欧洲文化之都，成立了一个由 7 位文化领域的杰出专家组成的选举委员会,并根据专家意见选举文化之都。2005年5月30日,欧盟委员会提出了选拔"欧洲文化之都"的新程序建议,新规定要求成员国申报举办"欧洲文化之都"活动,需要进行全国性竞选。欧盟委员会还成立了"欧洲监理委员会",形成文化城市创新型组织管理理论和规范。土耳其的伊斯坦布尔为了入选2010年"欧洲文化之都",成立了欧洲文化之都代理处,包括协调委员会、顾问委员会、执行委员会和总秘书处,制订和执行项目计划,保证国家机构和非政府组织推动土耳其官方和民间力量的协调合作。

为了增强国家的创新力,集聚创意源泉,一些发达国家和城市努力加大对于创新的投入,激发国家文化创新力的机制创新,跨界合作和跨界组合模式、文化型创意的外在社会环境、法制环境、投资环境,以努力培育其文化创新能力、创造活力和贡献力,创新出新的理念、新内容产品、新产品形式和新型消费能力,创制开发新技术、新模式、新路径等。在这些方面,美国是对全球性创新潮流反应最为迅速、投入比较有力的发达国家代表之一。美国政府从制定创新宏观战略等方面重塑本国的创新能力和竞争优势。从2007年的《美国竞争法》,到2009年的《美国复兴与再投资计划》和《美国创新战略:推动可持续增长和高质量就业》,再到2011年颁布的《美国创新战略:确保我们的经济增长与繁荣》,美国历届政府努力将鼓励创新作为刺激经济增长、提升国家竞争力的核心举措,涵盖了科技、教育、产业和文化等多个领域。

美国政府在基础设施、教育方面持续投入,努力加大对文化创新力的资源供给。2011年的美国创新战略说明了奥巴马政府通过扶持创新,以赢得未来的构想,主要包括三个方面。第一,投资于美国创新的基石:培养具有21世纪知识和技能的下一代,重建美国在基础研究方面的领先地位,建设先进的物质基础设施,发展先进的信息技术生态系统。第二,培育刺激有效创业的竞争市场:给予企业研发上的税收优惠以加速创新,用有效的知识产权政策来保护独创性,鼓励高增长型和以创新为基础的企业家精神,建立创新的、开放的、竞争的市场环境。第三,催化关键创新领域的突破,加速高端应用领域的突破,夯实创新基础、培育市场环境和突破关键领域。

　　奥巴马政府提交的 2013 财年政府预算方案中,从教育、科研和基础设施建设等方面促进创新,并以创新来促进经济。奥巴马在政府预算中提出,到 2020 年要使美国拥有本科学历的人群比例达到世界最高,并拨款 8.5 亿美元鼓励各州实行提高教学水平和评估标准等多项改革。2011 财年预算中,联邦政府对"数理化和工程学(STEM)"教育的总投入为 37 亿美元,其中对中小学生的 STEM 教育投入为 10 亿美元,增长率高达近 40%。在 2013 年的政府预算中,政府设置了加强理工科教育的专项拨款。实施教育改革,实施"创业美国"计划,促进创新精神,增加能带来广泛经济效益和高质量就业的初创企业,加速科研成果的市场化过程。美国创新战略内容还有改革专利审批制度,提高审批效率,将平均审批时间从目前的 35 个月缩短到 20 个月等。这些举措,涵盖了基础研究、产业化应用和文化创意等多个方面,而且,基础研究领域的领先优势仅仅是创新领导力的一部分,更重要的是将创新转化为经济增长驱动力的能力。先进行基础创新,然后将创新技术转化为规模化产品,再用第二代、第三代的创新技术不断优化,这样的链条对于经济发展具有重要意义。要达到这样的效果,一个国家必须同时具备尖端技术、市场需求、人才和企业家精神等重要条件。美国对培育创新力的有效反应使得它在金融风暴后,在西方国家中率先进入逐步复苏阶段,这也给了我们一个有益启发:在面临复杂的全球经济形势时,必须毫不动摇地始终坚持国家创新的战略定力,这是国家和地区可持续发展的最重要的源泉和定力之一。

三、创新体现文化引领,吸引优秀的人才

　　文化创新力要突出先进文化的引领作用,吸引大批知识型、创造性和智慧型人才。经过多年来的实践,人们对国家和地区不同经济

增长阶段需要的资源要素,逐渐形成了共识。农业经济时代,最主要的资源要素是土地、劳动力和工具等生产资料;工业经济时代,最主要的资源要素是石油、矿产等自然资源、资本和劳动力;知识经济时代,最主要的资源要素包括知识型人力资源、资本、科技和基础设施等,并且需要有相应制度体系的保障。所以,美国学者理查德·佛罗里达直截了当地指出:创意阶层的崛起,已经成为这个时代最主要的增长动力和发展资源。"创意将是经济增长的动力",在越来越多的国家和地区,传统的模式正在被打破,"与其说经济成长完全由企业主导,不如说它是发生在对创意更包容、多元、开放的地方,因为所有创意人都喜欢在这样的地方生活"①。

然而,一个尖锐的问题也随之出现:文化的创新型、创意型人才是否可以培育和管理?又应该这样培育和管理?在早期,无论是在西方的文化思潮中,还是在中国的传统观念中,创意人才与培育管理这两者似乎都是各行其道,难以融合。在西方的古典传统中,"创意"的人才是天马行空,难觅行踪,个性创造,神来之笔;而近代以来又把"创意"的活动与管理结合起来,包括创意企业、创意园区、创意产品、创意城市等,成为一种可以培育、投入和产出的人工资源。这难道是一个不可调和的矛盾吗?针对这些问题,国内外许多学者进行了大量研究。英国学者克里斯·比尔顿指出:"创意是要求我们做或者想新的东西,或现有元素的重新组合",这就是创新;与此同时,"新点子还必须有用或有价值,具有合乎目的的适应性",这就是价值。所以,创新+价值=创意,才是我们需要竭力挖掘和推动的创新型劳动②。从这个意义上说,创意不会发生在一个以混乱、非理性和胡思乱想、首鼠两端的绝对自由状态,也不会发生在以秩序、逻辑和渐进为特征的刻板状态中,而

① 〔美〕理查德·佛罗里达:《创意新贵——启动新新经济的菁英势力》,郑因瑗译,宝鼎出版2003年版,第3页。
② 〔英〕克里斯·比尔顿:《创意与管理——从创意产业到创意管理》,向勇译,新世界出版社2013年版,第80页。

是更大量发生"在无序与有序的边缘地带、思维湿地的岸边"。有鉴于此，文化创新力更多地体现为一种根据创意、创造和创业的规律，培养人有强烈的自我激励能力，同时又受到必要的管控和规则约束，形成一种既紧张又松弛，既迫于压力又充满自觉性的工作过程中。所以，政府、企业和机构对培育创新型人才，本身就是体现国家和城市文化创新力的重要体现。英国学者克里斯·比尔顿提出：在推动文化创新力发展的过程中，存在一种富有活力的"自营管理"①，即由志趣相投的人士形成松散的联盟，具有高度的灵活性。这体现了文化创意产业高度依赖个人创造活力的特点。他认为："来自外界的激励和约束是创意过程必不可少的一部分。艺术家们既在商业和政治的约束下工作，同时也在自我制定的准则和相应的评价系统中工作。"②有鉴于此，政府、企业和机构应该形成更好的合力，加大对于创新力的投入，特别是加大对于创新型人才的培育，集聚其他创新资源。

政府要牢牢把握人才集聚的大举措，而且当人力资源建设需要的体制机制深化改革、政策调整、环境优化等大战略确定之后，就需要把战略部署转化为务实的战术和积极的行动。对于培育一座中心城市的文化创新力来说，不仅需要一流的文化专业人才、科学家和企业家，同时也需要具有国际视野和背景的管理人才。这样才有利于集聚和吸引全球创新资源，同时也善于搭建政府与企业、企业与企业之间的合作桥梁，有助于加快科技成果转化，以便更好地联通和调配全球创新资源，有助于形成全球创新网络的重要枢纽。

马克思在《政治经济学》中曾经深刻地指出："关于艺术，大家知道，它的一定的繁荣时期绝不是同社会一般发展成比例的，因而也绝不是同仿佛是社会组织的骨骼的物质基础的一般发展成比例的。"艺

---

① ［英］克里斯·比尔顿：《创意产业——管理的文化与文化的管理》，姜冬仁、杨皓钧译，载李天铎编著：《文化创意产业读本——创意管理与文化经济》，台湾远流出版社2011年版。

② ［英］克里斯·比尔顿：《创意与管理——从创意产业到创意管理》，向勇译，新世界出版社2013年版，第96页。

术生产和物质生产既有深刻的联系,又存在不平衡性。历史上有许多国家和区域,如西班牙和苏格兰,尽管人口不多,经济规模也不大,但是就培育出具有巨大创造活力和引领作用的代表人物和代表性作品而言,其人均密度明显超过了那些具有大量人口的国家和地区。因此,成为文化创新大国,不仅取决于人口数量,更取决于文化创新人才的高密度集聚和文化创新活力的持续释放。从这个意义上说,投资和培育优秀的人才资源,才是 21 世纪国家和城市形成文化创新力的第一核心要素。

以创新力为核心,培养大批文化创意人才,必须注重"融合"的趋势,培养大量有创造能力的复合型人才。要让艺术的魅力启迪智慧,让多学科的思维激发出创意的灵感,革新文化创意人才的培养过程和方式,注重创意设计与经营管理相结合。要建设一支锐意创新、结构合理的人才队伍,与瞬息万变的行业发展和市场需求相适应,培养善于开拓文化新领域的创新人才、懂经营善管理的复合型人才。在培育国家和城市文化创新力的过程中,要高度重视跨学科的应用,将文化的精髓与塑造儒雅气质相联系,将知识学习过程当作文化创意的体验和实践过程,培育更多的"复合型人才",形成既懂文化又懂经营,既能洞察社会又能深谙经济,既掌握国内需求又了解国际市场的人力资源优势。在文化生产与互联网、文化产业与金融、文化体验和时尚生活、文化创意与相关产业融合的背景下,这种复合型和应用型人才正在发挥越来越大的引领作用。

培育大批具有文化创新力的人力资源,核心是形成创意与创业、文化创意学习与文化创意市场相结合的社会网络结构。要推动文化创意走向市场,形成产学研相结合的培养模式,鼓励优化专业结构,加强整体谋划和协调推进,形成多管齐下,构建以市场为导向、产学研相结合的文化创新体系,形成研、学、产、销为一体的运营机制,建立推进产学研合作的教育联络机制、工作机制和共享机制,确保产学一体化人才培养模式。要积极推进产学研相结合,提升高校面向市场需求的技术研发能力,发展综合优势明显的大型龙头研发中心、重点实验室等,加快培育一批"小巨人"和"成长型"创新主体,实施创新能力提升。提高教育创新人才培养质量,输送着丰富的创新人才,实施创新人才培育工程,打造一支规模宏大、结构合理、素质突出的优秀创新人才队伍。人力资源是创新活动的基础。吸引聚集优秀创新人才,壮大创新的主体队伍,激活科研院所这个"骨干",激发科技工作者的创新热情和创造活力,引导各类科研院所深化体制改革,探索适应市场化方向的管理运作模式和利益分享机制,激发科研人员的创新活力,发挥科研院所的骨干和引领作用。

　　培育大批具有文化创新力的人力资源,要积极引进国际创新团队和优秀人才,吸引海外优秀人才回国创新创业。这在中国正在成为一个逐步贯彻的重要战略。党的十八大指出"广开进贤之路,广纳天下英才",打造国际一流的科研人才队伍。2013年10月,在欧美同学会成立100周年的庆祝大会上,习近平总书记指出:"热诚欢迎更多留学人员回国工作、为国服务。"由中组部牵头实施的引进海外高层次人才"千人计划",完善遴选机制和评审机制,突出"高、精、尖、缺"的引才导向,2013年共引进海外高层次人才864人,累计引进近4 000人,其中包括发达国家的40多位科学院院士等世界顶尖科技领军人才。人才优先发展的战略布局确立,与"千人计划"并行的、面向国内人才进行特殊支持的"万人计划",首批产生820名人选,他们将得到国家在经费、政策和服务等方面的充分保障。人才科技创新在"万人计划"的引领下,各地各部门推出高层次人才特殊支持计划,统计数字显示,2013年,我国各类回国留学人员达30万人左右,创造了有史以来的最高纪录。从2008年以来,海外留学回国人数已过百万。这些人才已经取得了一系列原创性理论成果和实验突破,推出了一大批"中国创造"、"中国设计"的业绩。党的十八大以来,在"中国梦"的感召下,越来越多的优秀人才集聚到振兴中华的伟大事业中来。北京中关村在2013年前11个月,专利申请量就达2.8万件,同比增长 22.8%,企业参与创制和修订国际标准 100 多项、国家标准 2 600 多项,新创办科技型企业 3 500 多家。

吸引聚集各国的优秀人才,最大限度地强化人力资源的文化创新力,必须遵循文化发展的规律。创新能力不仅表现为一个人对知识的摄取和运用、新思想和新技术的发明,更是一种发现问题和积极探索的心理取向,是一种人格特征、精神状态和综合素质。有关学者对就职苹果、IBM、亚马逊、脸书等公司的一批优秀企业人才进行深入研究后发现:在他们身上确实存在一种创新基因,包括挑战现状、敢于冒险的创新勇气,发问、观察、交际、实验的行为技能,整合新的认知技能的思维能力。当他们的这种创新基因在适当的条件下被激活,被发挥出来,就会形成巨大的能量①。有鉴于此,培育文化创新人才,要推动他们的知识能力内化,将人才培养置于社会需求上,依靠科技和人才创新推动,符合文化创意人才特点,建设创新能力,培育创新主体。逐步由重招商引资向重招才引智,由重项目投入转向重人才投入。我们在制定重大发展战略规划、研究重点工作布局中,要把人才工作作为重要内容,让千千万万的中华儿女激荡起创意和创新的巨大热情和活力。

表 2-2　2013 年国家创新人才工作重要部署

政策部署项目	政策部署内容	政策部署效果
党的十八届三中全会对建立集聚人才体制机制作做出部署	11 月 9—12 日,党的十八届三中全会通过《中共中央关于全面深化改革若干重大问题的决定》	对建立集聚人才体制机制做出部署,为人才工作发展指明方向
习近平在欧美同学会成立 100 周年庆祝大会上发表重要讲话	10 月 21 日,中共中央总书记、国家主席习近平出席欧美同学会成立 100 周年庆祝大会并发表重要讲话	把做好留学人员工作作为实施科教兴国战略和人才强国战略的重要任务,推进"千人计划"、"万人计划"

① [美]杰夫·戴尔等:《创新者的基因》,管佳宁译,中信出版社 2013 年版。

（续表）

政策部署项目	政策部署内容	政策部署效果
国家高层次人才特殊支持计划（"万人计划"）全面实施	"万人计划"产生首批专家人选 820 名，其中杰出人才 6 名，领军人才人选 615 名、青年拔尖人才 199 名	
我国留学归国人才创历史新高	2013 年，我国归国留学生达到 30 万左右，创造了历史新高的纪录	2007—2012 年，我国各类回国留学人员从当年的 4.44 万人递增到 2012 年的 27.29 万人
我国设立人才签证制度	9 月 1 日，《中华人民共和国外国人入境出境管理条例》施行，将"人才引进"规定为普通签证的申请事由	在普通签证类别中增加了 R 字（人才）签证，发给国家需要的外国高层次人才和急需紧缺专门人才
广东南沙前海横琴成为我国第二个人才管理改革试验区	南沙前海横琴人才管理改革试验区在人才发展体制机制改革和政策创新上先行先试	实现"三同步"，即人才政策创新与体制机制改革同步，推动产业集聚和加强招才引智同步，打造创新创业发展平台和营造国际人才宜居宜业环境同步
中央 11 部委和北京市联合开展改进科研和人才项目评审工作	2013 年下半年，科技部、中央组织部、中央宣传部等 11 部委和北京市联合组建	改进科研和人才项目评审工作领导小组，协同开展改进科研项目评审、人才评价、机构评估工作
做好特殊一线岗位人才医疗保健工作	中央组织部印发通知，要求各级组织人事部门做好重要行业和关键领域特殊一线岗位人才医疗保健工作	加强了对重要行业和关键领域一线优秀人才的医疗保健工作
中国人才网开通运行	2 月 26 日，由中央人才工作协调小组办公室指导、人民网・中国共产党新闻网主办的中国人才网（rencai.people.com.cn）开通运行	国家人才工作实现了线上与线下相结合，扩大了对全社会人才的网络化覆盖

四、创新升级财富体系，提升竞争的优势

一个国家和民族的文化竞争力的强大，表现在通过创新而积累了巨大的文化资源和文化资本。21世纪以来大量实践证明：能够利用当代产业链、价值链、服务链的重组机会，利用新的科技进步带来的机会空间，而获得大大超过传统增长模式之超常规的发展速度和规模，能够为国家和人民创造海量的资源和资本。

当人类生产了一定的剩余产品时，并且可以用它们来进行储存、交换和投资的时候，人类的第一个财富体系出现了。纵观人类文明的发展，随着科技进步和制度革新，历史上出现了三次财富的浪潮。这三次财富创造方式、表现形态和财富体系都有巨大的不同。

第一次财富浪潮是从人类掌握农业生产方式开始的。农业文明替代了到处游荡的游牧生活，使得人们在比较固定的土地上种植和养殖，带来了比较细致的劳动分工，从而形成了贸易、货币、原始金融等商业形态，使得收获的果实大大超过了原始的狩猎和游牧活动，人类第一次有可能积累比较大的财富总量。

第二次财富浪潮是从人类推动工业文明开始的。它将大规模开采的矿物燃料能源和反复操作的体力劳动结合起来，带来了大规模生产、大众教育、技术培训、大众传媒和大众文化。与此同时，资本主义国家率先发展的工业文明刺激了扩张的野心，工业排放污染了地球，一批工业强国的殖民主义政策带来了战争。而这种文明体系也催生了超过农业文明的大量财富。

第三次财富浪潮是从人类重新认识知识的作用开始的。在现代通信、互联网和电脑技术的基础上，人类可以获得海量的知识，并且可以在全球范围内进行密集互联流通，通过知识激发的生产力，可以避免过去采用矿物燃料能源形成的边际效用递减，而形成不断扩大的边际效用递增，从而产生了前所未有的巨大财富。有鉴于此，文化

创新力可以在知识经济的背景下，发挥出创造海量财富的伟力。

所以，《第三次浪潮》的作者阿尔文·托夫勒把知识经济时代描述为人类历史上"财富的革命"。人类对潜在的资源包括创意、知识、全球互联、品牌等的广泛应用，与显在资源包括资本、设施、商品、贸易、自然资源等相结合，塑造出一个新的财富体系。"这个知识的工具不仅改变了我们文化的思维方式和年轻人的学习方式，而且逐渐改变赚钱、做事宜、经济运作和创造财富等诸多方面的方式。[①]"

（一）从"浅度融合"到"深度融合"的设计

文化创意产业与制造业、旅游、信息、农业等产业的融合趋势更加明显，文化产业的服务性功能更加突出，溢出效应开始受到更多的重视。从产业融合的意义上讲，文化创意和设计服务容易和其他产业广泛联系、发生作用，创造出巨大价值。比如，工业设计在全球来讲都是制造业发展中的"领头羊"，设计服务本身收费不高，但它创造的产品却可以有巨大的财富。比如苹果公司率先开发的 iPhone 智能手机和平板电脑，引爆了前所未有的新消费市场。苹果公司的市值一度超过 6 000 亿美元。创新设计创造美好未来，创意创新设计从来就是人类一切创新实践活动的先导和起点。好设计不但能创造经济价值，而且能创造社会、文化和生态价值，成为企业和国家竞争力的核心因素之一。

中国经过 30 多年的改革开放，正迈向工业化的中后期，处于发展方式转型、产业结构调整，迎接新产业革命挑战的关键时期，到了应该充分关注、提升创新设计能力，促进创新驱动发展的阶段。具有跨业特色的创新设计，将引领以网络化、智能化、绿色低碳、共创分享、可持续发展为特征的社会文明走向，大大提高我国工业产品的附加值。比如一平方米的普通玻璃市场售价 50 元，通过科技创新和创

---

① ［美］阿尔文·托夫勒：《财富的革命》，吴文忠等译，中信出版社 2006 年版，第 176 页。

意加工,制成一个"金玉满堂"的玻璃摆件,价格可以达到 600 元,可以说载体是玻璃,价值在于无形的创意。这一规律正在越来越多的城市和乡镇获得了生动的体现。中国河北省邢台市通过科技创新和文化创意双轮驱动,推动实施文化手工艺产业"富民裕智"工程,艺术玻璃、童车、工笔画、手织汉锦这四大主导产业稳步发展。其中的沙河就拥有 470 余家艺术玻璃企业,产品销往十几个省市,并出口欧洲、东南亚、非洲等国际市场。以其特有的魅力迅速集聚着绿色财富。而在中国更加广阔的区域,特别是一大批工商业强市和专业镇,如浙江余杭、东阳、长兴,江苏苏州、宜兴,广东顺德、南海、禅城,山东肥城等,都因地制宜地把文化创意和日用品、童车、羊毛衫、家具、木雕、陶瓷、水果、花卉、新光源等结合起来,使得传统意义上的制造业和农业获得了前所未有的品牌效应和文化附加值。

促进创意设计产业化,国家发展工业、建筑和时尚等设计,不仅要发展设计产业,关键是要把设计与制造业、城市建设业、现代农业等相结合,以设计产业发展推进制造业转型升级。发展创意设计,优势在于工业基础和教育资源,推动各类企业广泛应用设计成果,推动设计的产学研相结合,促进设计产业化、产品化,使得"小工艺"成就"大产业",成为真正意义上的"巧创新"。通过政府引导、企业运作、社会参与的模式,将"小工艺"做成增收致富的"大产业"。"中国工笔画之乡"宁晋县工笔画兴起于 20 世纪 80 年代,在 1992 年当地的一幅工笔画售价为 20—30 元,在推动文化创意和民间工艺的深度融合之后,一幅新型的工笔画价格达到 2 000 元以上。这一工笔画产业在政府的扶持下,形成了集培训、展览、销售为一体的产业链。目前宁晋县销售工笔画收入可以达到 3 亿多元。手织汉锦、邢白瓷、虎头鞋、宫灯、柳编等特色文化产业吸引了邢台市 20 多万农村劳动力活跃在文化手工艺产品舞台上,年创产值 10 多亿元,逐步形成"一县一业、一镇一品",村村有特色的文化手工艺产业新格局,成为推动城乡一体化发展的重要举措。

　　促进文化产业发展模式的创新,用新的产业模式引领新的发展,文化创意和设计服务与相关产业的融合,包括在内容上、形式上和模式上的深度融合,产品设计不仅要注重功能性,还要更以人为本,让它舒适、美观、环保。不能仅仅瞄准高、精、尖领域,而应更加注重贴近生活,贴近人们的需求,文化创意与设计服务业强调产业链条整合,强调深度融合发展,通过混合生态,促进传媒、电影、广告、音乐、时尚等文化创意领域与互联网、金融、科技等产业深层次、全方位的融合,实现集群化、规模化发展。

(二) 从"制造"到"智造"的跨越

　　文化创意和设计服务与相关产业融合,能够增加相关产业文化含量,延伸文化产业链,提高附加值。文化创意和设计服务与相关产业融合符合产业发展的阶段性特点。有关研究表明,当一个国家和地区的居民人均 GDP 达到 6 000 美元以上时,人们对生活品质的需求和对设计的需求会达到新的高度,对"体验经济"的感受就会更加强烈,对独特的个性化体验的追求,会逐步超越物有所值、价廉物美的追求,而成为社会消费的主流之一。设计的价值得到全新的认识和释放,设计要触及文化灵魂,设计是以人类总体文明对工业文化、商业文化和资本文化的修正,也是平衡人类社会可持续发展和人类欲望的杠杆。设计是人类灵魂的工程师,以无声的命令、无言的服务引导人类去创造公平、合理、健康的生活方式,实可谓春雨润无声,是未来人类社会不被毁灭的良知、智慧与能力。

　　从"制造"到"智造"的前提,是依托信息化社会对市场信息的海量采集,经过高速的分析和整理,实现精准设计,满足大量人群的个性化需求。过去大批量、流水线操作的产品制造方式,逐渐地被个性化、创意型、体验型的设计和制造方式所代替。当文化创新力融入这样一个产业升级的浪潮中,就会成倍地放大文化创意的能量和效益。例如中国贵州一家丝巾生产企业,原来给爱马仕做加工,后来他们把爱马仕的设计师请来给他们的丝巾做设计,形成了自创品牌,推动各类丝巾销量实现成倍增长。从世界范围看,产业转型的重要内容之一是传统制造业向现代服务业和先进制造业转型,正如美国的 IBM、宝洁等公司通过系统服务而提供了产品、品牌和大量服务的体系,使得产品成了这个系统的一部分,而创意服务变成了这个系统的核心价值。这正是中国在迈向世界制造业强国方面必须树立的竞争力优势。

从"制造"到"智造"的关键,是推动文化创意和设计服务的交易平台。过去大量的情况是:虽然有许多设计企业可以提供服务,也有大量制造业企业需要设计,但是缺少交易平台,导致相互之间信息不对称,设计机构、设计公司找不到服务对象,而服务对象又找不到合适的设计公司为他们提供服务。很多设计机构面临转型问题、面向市场、提升自身创意和设计能力的问题。未来"融合"的关键,促进文化创意和设计产业发展,实现真正的融合,就要求设计公司再"往下走",深入制造业的工艺层面,从而实现"落地";而制造业需要"往上走",加强设计研发和投入,以解决制造业等相关产业的升级和融合问题。自 2004 年以来,我国文化产业获得了高速发展,每年增速都在 20% 以上,但是从 2012 年开始,文化产业发展到了一个"瓶颈期",当年文化产业的增速为 16.5%,出现了明显的减缓趋势。有人批评这是许多领域的文化产业出现了产能过剩,其实是由于文化产业发展的广度不够和深度不足、产业链不全,特别是与其他产业融合度与关联度不强,导致了文化产业发展广度不足。国务院提出文化创意和设计服务与相关产业融合发展,正是为了有效破解文化产业发展的瓶颈,助力实现文化产业成为国民经济支柱性产业的目标,也为推动我国的实体经济做出积极的贡献。

五、创新传承人文传统,增加文化可亲性

一个国家和民族的文化创新力,不完全作用在颠覆过去的模式,

也在于通过创新而对历史文化遗产形成良好的传承。台湾文化创意产业发展中提出的一个有趣的口号"Old Is New",指出不能忽视历史文化遗产,需要在文化创新中不断加深对于历史遗产的再认识和再理解,这本身就是在激发文化创新力。有鉴于此,中国在增强整体文化实力和竞争力的过程中,特别要充分利用5 000年丰富悠久的文化遗产,与兼容并蓄各国的文化资源结合起来,对待传统文化"取其精华",因时制宜,因地制宜,提炼中华民族共同的价值观念,开发创意含量高、艺术水准高、科技含量高,能够在世界上产生广泛影响的文化精品,提高文化原创能力。

创新传承人文传统,增加文化的可亲性,这已经成为全球产业竞争中突破产能过剩,推动产业升级的一个重要规律。目前在许多工业品领域,都出现了产能过剩的问题。许多大批量生产、缺乏人性化内涵、缺乏市场针对性的产品,难以获得消费者的青睐,逐渐就被淘汰了。相反,以创意为引领,把丰富的人文内涵熔铸到产品设计中,就会激发人们对于它的心理认同,让产品从文化的意义上获得市场的广泛青睐。比如,巧克力是一种在许多国家广受欢迎的食品,不受饮食禁忌限制。历史上,巧克力曾因战争而风靡世界。在第一次世界大战期间,英国维多利亚女王将其作为圣诞礼物慰劳军队。第二次世界大战中,巧克力是美军士兵每天的配给品。巧克力还曾跟随宇航员登上太空。巧克力产业全球销售接近每年900多亿美元,其中60%以上的贸易额集中在欧美地区。比利时虽然是一个人口小国,却是精致手工制作巧克力的重要基地,善于把人文内涵与美食品位结合起来,发展成为各国人士的"舌尖之爱"。它的巧克力企业通过不断的配方改良,创造出独一无二的味道和香滑质感,带来一次次颠覆舌尖味蕾的革命。还为巧克力的推广加入各种时尚元素,成为富有艺术魅力的巧克力文化。每年比利时的城市都会举办各种形式的巧克力展览,包括展示可可与巧克力的历史和奇妙味道,邀请巧克力专业品尝师和制作师到场讲解、制作。当地的巧克力企业还与时尚界联手,做成巧克力霓裳和饰品,由名模在现场展示。2014年2月7—9日布鲁塞尔正式举办国际巧克力沙龙。主办方称该沙龙已在全球20多个城市举办过,这次移师布鲁塞尔——拥有雄厚产业实力的"巧克力王国"的首都,可以说是实至名归。巧克力这项古老的发明,因创新和发展成为时尚文化和支柱产业,造就了比利时的一张世界名片。

创新传承人文传统,增加文化的可亲性,需要掌握遗产的密码,而把历史上的各类文化遗产要素,加以重新组合和利用,从而形成亲和力。例如杭州选择民间手工艺与民间艺术,引入文化创意为传统产业注入新的活力。当代设计融入传统工艺,与设计公司进行合作设计,将当代设计元素与丝绸、瓷器、陶艺、剪刀等传统手工艺品结合,研发出适合当代人审美眼光的新的文化创意产品,被联合国教科文组织评为全球创意城市——手工艺和民间艺术之都。而在以杭州为中心的杭州都市经济圈,在鱼米之乡的杭嘉湖平原上,杭湖嘉绍四座城市更是进行了有益的合作。这里是中华民族的发祥之地,曾经孕育出灿烂的跨湖桥文化、良渚文化、吴越文化、南宋文化等,拥有几千年的文化积淀。杭州提出打造文化创意中心,相关城市相互呼应,湖州建设多媒体文化创意园,嘉兴推动创新创意之城,绍兴催生着2 500年历史文化的创新演绎。杭州都市圈的城市文创产业在竞合上创新探索,2012年出台的《杭州都市经济圈发展规划》做出了更加强烈的表述,那就是激扬传统文化精华,汲取现代文明成果,促进文化融合凝聚,为推进都市经济圈创业创新提供精神动力和智力支持,提炼中华民族共同的价值观念,开发创意含量高、艺术水准高、科技含量高,能够在世界上产生广泛影响的文化精品。

创新传承人文传统,增加文化的可亲性,应该传承民族的传统文化,提高文化的自觉与自信。比如中国戏曲是一种古老的艺术门类,中华戏曲艺术源远流长、博大精深,有着旺盛的生命力,中国戏曲是世界三大古老文化戏剧之一,从12世纪形成一直保持生命力。中国

戏曲是一门将"唱"、"念"、"做"、"打"综合在一起的舞台艺术,既包括歌剧的内涵,也包括话剧的艺术表现,更包括舞蹈的技巧,当然还有武术、魔术、杂技等的精髓。多年来,中国戏曲不但作为一种艺术门类独立存在,而且被广泛应用和借鉴于其他的艺术形式和重大的活动当中。比如电影《千里走单骑》、《邓世昌》,电视剧《大宅门》中,都可以直接感受到戏曲元素。2008年北京奥运会、2010年上海世博会中推出的大量脸谱造型之空间设计和平面设计也是如此。近年来,中国京剧艺术的创新,把目标受众不仅仅集中在中老年观众,而且也对青少年倾注了心血。比如对于中国京剧艺术家创作的《少年中国梦》的演绎,在顾及青少年观众群体的基础上,对京剧表演形式进行大胆创新,剧目"跨文化"的舞台呈现形式,大胆放大舞蹈、音乐剧等元素,增加京剧的可看性。剧目真实地再现了上海滩独特的景象,包括编舞设计了不少新型京剧舞蹈程式,如"百乐门卖报"的卖报舞、"夜走坟地路"的灯笼舞、"自立立人歌"的板凳舞等;它在情节编排上,让京剧与音乐剧的融合成为该戏的亮点,展现有思想、有见地、有创新的观念,有勇气致力于改革创新的优秀的创作。可见,优秀的传统文化是民族文化的重要组成部分,而传承创新是推动文化传统绵绵不绝的必由之路。

创新传承人文传统,增加文化的可亲性,要注重贴近当代人民群众的生活,特别是吸引更多的民众参与。互联网时代文化创意产业发展的规律之一,就是模糊了生产者和消费者的边界,让更多的民众参与到文化创意和设计服务的过程中来。比如上海当代艺术博物馆举办以"美学生活"为主题的创意集市艺术设计展,40个(位)民间艺术设计团体和个人带着各自的创意设计产品前来展示、交流,创意集市中的展品琳琅满目,包括采用传统刺绣工艺制成的精美时尚饰件、取材自然与工业元素混搭的家居摆件、看似涂鸦却妙趣横生的手机壳等实用小物,体现出设计、收藏者源于生活的奇思妙想和美化生活的独运匠心。与一般艺术设计展览不同的是,这些民间"创意宝贝"

既可供观者浏览把玩,也可在现场进行"物物交换"或议价"割爱",让人余兴未尽地将自己中意的"展品"带回家装点生活,吸引众多欢度元宵节、情人节双节的市民。

创新传承人文传统,增加文化的可亲性,不仅仅是对本土民众的亲和感,也是对各国民众的亲和力。任何文化创新力的成果都会带有本土文化的特征,而要获得国际的认同,成为"区域性的全球推广Local-Global",就必须在继承传统文化的基础上,汲取他国文化精髓,丰富本土文化内涵,面对国际需求做好实践应用创新和运行模式的创新,使中国文化逐渐适应国际社会的规则,运用中华文化的独特创造、价值理念,做好文化的创造性转化和创新性发展。比如中国的京剧虽为国粹,想要赢得新一代年轻人乃至世界的认可,更要进行创新。中国艺术家原创的《少年中国梦》以20世纪30年代人民教育家陶行知在上海办"报童工学团"和惨烈的淞沪抗战两条故事线索展开剧情。独具创意地突破时空限制,让陶行知以故事讲述者和亲历者的双重身份进行演绎,使得美感和昂扬之感兼得,为创新注入底气,京剧的大花脸与音乐剧牵手。因而,中方美中友好协会(全美总会)签署合约,该剧海外版于2014首次赴美,在哈佛、耶鲁、哥伦比亚等八大名校进行巡演。又比如2015年上海推出的3D京剧电影《霸王别姬》,取材于中国京剧经典之作《霸王别姬》,以秦末楚汉相争为背景,展现了一段缠绵悱恻、荡气回肠的爱情故事和史诗画卷。在3D视觉技术及"全景声"技术的支持下,《霸王别姬》中精彩缤纷的场面和感人至深的情感细节都得到了淋漓尽致的展现,极佳的视听感受受到各界好评。无论是在传统的艺术内容上,还是在先进的影像技术上,都为戏曲艺术探索出了一条新的传播途径。这一创新型的样式,结合尚长荣、史依弘等优秀演员的表演,运用逼真而极具层次感的3D画面,多媒体技术对情境、氛围、色彩和造型的再创作,加上全球最先进的全景声技术对声音方向性、运动感的优化与丰富,使得影片提升了京剧的美,拓展出了更为广阔的叙事空间,能够摆脱传统戏

曲电影对舞台表演的高度局限,也顺应了 3D 时代的观众对新奇美酷的体验需求。这些案例证明,文化创新力推动了国粹京剧的生命力,可以获得当代各国观众的喜爱和好评。

文化创新力是民族之魂,博大精深的中华优秀传统文化是立足世界文化的根基。中华文化源远流长,是中华民族最深层次的精神追求,代表着中华民族独特的精神标识,为中华民族生生不息、发展壮大提供了丰厚滋养。善于继承才能更好创新,人的思维创造力及其潜在能力是无限的,进行思维创新,是民族的智慧与聪明的显现。中国要鼓励千千万万人民的文化创新力,让全民族的创造力充分释放,才能在提升文化生产力和文化影响力方面建立最重要、最核心之优势。

第三节 中国文化创新力的现状

经过 30 多年的改革开放,中国文化软实力获得了前所未有的巨大增长,但是在增强文化创新力方面,还存在亟待解决的问题和瓶颈。

一、国家宏观战略引导,鼓励文化创新

中华民族是富有创新精神的民族。党的十八大作出了实施创新驱动发展战略的重大部署,强调把创新摆在国家发展全局的核心位置。这是党中央综合分析国内外大势、立足我国发展全局做出的重大战略抉择。习近平主席指出:"今天,我们比历史上任何时期都更接近中华民族伟大复兴的目标,比历史上任何时期都更有信心、有能力实现这个目标。而要实现这个目标,我们就必须坚定不移贯彻科教兴国战略和创新驱动发展战略[1]。"

---

[1]《习近平:坚定不移创新创新再创新 加快创新型国家建设步伐》,新华网 2014 年 6 月 9 日。

中国推动创新型国家建设的大战略,鼓励在文化领域主动创新,引领风气之先,加强文化的话语权、领导权、管理权,体现了战略的指导性和现实针对性,有助于加强中国把握文化话语权,体现中华民族的伟大文化创造力。2014 年中国总理的《政府工作报告》强调,把改革创新贯穿于文化社会经济发展的各个领域、各个环节。在全球具有标志性的一系列重大奖项和荣誉中,中国专利申请数量和著作权的生产,中国所占有的地位与大国的实力逐渐相称,世界知识产权组织在日内瓦发布报告称,2013 年全球国际专利申请量首次突破 20 万大关,其中中国取代德国成为世界第三,根据欧洲专利局公布的数据,2013 年中国企业申请欧洲专利的数量为 22 292 项,占全部欧洲专利申请数的 8.4%,增长率高达 16.2%。从数量上看,中国已经成为第四大欧洲专利申请国。在数字通信领域技术专利申请方面,中国企业以 15% 的比例名列前茅。

2015 年 3 月 23 日,新华社授权发布《中共中央国务院关于深化体制机制改革加快实施创新驱动发展战略的若干意见》,5 月 5 日,中央全面深化改革领导小组第十二次会议审议通过了《关于在部分区域系统推进全面创新改革试验的总体方案》和《深化科技体制改革实施方案》等文件,明确要求统筹推进科技、管理、品牌、组织、商业模式、军民融合及"引进来"和"走出去"合作创新,明确要求打通科技创新与经济社会发展的通道,最大限度激发科技创新的巨大潜能。相应地,创新政策也广泛涉及政治、经济、科技、社会等相关政策,从生产力和生产关系角度来看,创新的内涵虽然很丰富,但核心是科技创新和制度创新。只有那些持续推进科技创新和制度创新,不断解放和发展社会生产力、改进生产关系的国家,才能引领新的发展周期,长久地走在世界前列。

针对全球范围内大规模建设通信基础设施,推动无线网络普及,让全体国民参与互联网世界的潮流,党和国家领导人高度重视部署促进信息消费,拉动国内有效需求,推动经济转型升级,促进信息消费,要把握好市场导向、改革推进、需求引领、有序安全发展的原则,推进工业化和信息化深度融合。国务院多次部署"宽带中国"战略,加快网络、通信基础设施建设和升级,推进光纤入户,大幅度提高网速;提升 3G 网络覆盖面和服务质量,推动尽快发放 4G 牌照;全面推进三网融合,逐步向全国推广。鼓励民间资本以参股方式进入基础电信运营市场。通过上述信息化的推进和基础设施的升级,可以让更多的劳动者和社会公民获得大量的信息、技术和资金等资源,参与到创造性的活动中去。在 2015 年 4 月的一季度经济形势座谈会上,李克强总理指出:"现在很多人,到什么地方先问'有没有 Wi-Fi',就是因为我们的流量费太高了!"李克强总理提出了进一步加强信息化服务的要求:"根据国际电信联盟的评估,我们在世界范围内的排名在 80 位以后。加大信息基础设施建设、提高网络带宽,这方面我们的潜力很大,空间也很大。"①

在国家推动创新型国家的战略引导下,网络、微博、微信、流媒体等新型媒体获得了高度的重视。国家积极推动技术创新,加大财力投入,搞好互联网等先进技术的研发,进行技术创新、手段创新、战法创新,对文化新形态阵地而言,包括更新对报纸、刊物、电台、电视台等构成的传统主流媒体的管理,对博客、微博等网络媒体,短信、微信等手机媒体以及移动电视等构成的现代信息传播的管理,并且在上述加强新媒体建设的基础上,努力占领舆论的制高点,提高其质量、丰富其内容,对于进入文化市场的各类媒体,把握好其意识形态属性与产业属性的关系、社会效益与经济效益的关系,把社会效益放在首位,掌控优势资源。文化引领风气之先,靠创新方法策略,创新模式达到引领风气"随风潜入夜,润物细无声"的境界。

党的十八大报告强调了增强我国文化软实力的核心,是提升全民族的文化创造力,把推动文化创新摆在文化工作的核心位置。随

①《李克强敦促提高网速降低网费:流量费太高》,《新京报》2015 年 4 月 15 日。

着国家大力推动创新型国家的建设,中国文化创新力获得了稳步提升。特别是在全球具有标志性的一系列重大奖项和荣誉中,中国文化创新力正在与中国的地位与综合实力逐步形成相适应的水平。比如,在美国托尼奖的历史上,非改编的原创剧目获得众多提名,但是这一奖项过去从来没有被授予中国人。2015年由总部设在上海的华人文化产业投资基金(简称"华人文化"),领衔投资出品的音乐剧《贵圈那点事儿》和话剧《疯狂的左手》获第六十九届美国托尼奖15项提名,"华人文化"因此成为2015年托尼奖获得提名数量最多的制作人机构。2014年,"华人文化"投资控股了美国百老汇的音乐剧制作公司百老汇全球企业(BGV),该公司总部位于纽约,这是中国资本首次介入国际主流音乐剧创作源头领域,也成为中国音乐创新成果融入美国主流艺术圈,直接与美国音乐资源结合,并且进一步向全球传播的重要起点。

与此同时,中国的文化创意和设计服务人员越来越擅长用世界相通的设计理论表达中国文化的魅力,用现代的设计语言展现中华文化的内涵。2014年6月4日,代表世界照明设计最高水平的国际照明设计师协会年度颁奖举办。它有照明设计"奥斯卡"奖之称。中国武汉汉街万达广场灯光新媒体艺术项目《深》获得卓越奖。深圳台电代表中国的照明设计不仅仅获得了照明设计世界大奖,而且在联合国总部2011年装修改造工程中,通过市场招投标,击败了一些老资格的欧洲品牌,获得联合国总部装修工程的大单,而在此前的联合国总部的照明设计工程中,欧洲品牌已占据60多年。深圳台电会议系统被应用于20国集团(G20)首脑峰会等十几个首脑峰会,装备了世界银行总部、非盟总部等工程,使"中国创造"赢得全球主要首脑峰会的"大满贯"。2014年5月26日,深圳台电公司在北京发布新一代无纸化多媒体会议系统,该系统拥有最新的高清、四核、电子墨水等技术特征,占据着全球会议系统的技术尖塔。中国逐步从跟随者变为并行者,在一些领域已有世界领跑能力,"中国引领"和"中国创造"

走出具有中国特色的新型道路。

在国家推动创新型国家的战略引导下，一批具有文化创新力的优秀人才开始成长起来。21世纪之初，当中国刚刚跨入WTO的门槛，中国设计总体上还很幼稚，与国外同行的差距很大。随着国际交流的增加，自身实力的增强，一大批优秀人才开始崭露头角。比如中国东道公司的16位设计师被送到德国培训，他们在2013年首次参选德国红点奖就拿下了其中的设计传达奖，2014年首次参加iF评选，选报8项参赛作品，便获得了6个奖项。中国经济和中国设计的发展，勇于把有中国元素和东方文化的作品推到世界设计舞台上角逐。东道公司的团队有了更大的自信，"盯"上了红点奖的全场最高奖，也就是设计界的"世界杯"。这一知名创意设计机构之所以取名"东道"，就是遵循"道法自然"、"天人合一"的东方智慧，在设计中展示东方的思想和文化，表明中国公司整体设计的专业水准达到国际一流，提升中国品牌和中国制造的价值。在东道的获奖作品中，有若隐若现、似有似无、与环境融为一体的天津美术馆导示图设计；有把中国文化中二十四节气中的"气"与茶、碳酸饮料巧妙相结合，既现代又传统的外观设计；有强调中式养生，不规则的瓶底让蜂蜜自然流淌的包装设计；有"一花一世界、一沙一乾坤"的意韵模拟出"三香三"沉香店缥缈神秘的视觉设计，其获奖作品具有东方气质，为中国设计师赢得了尊严。中国青年设计师丁伟不但创立了"木马设计"，多次获得"红点奖"，而且在佛罗伦萨拥有了自己的欧洲设计中心。

改革开放近四十年来，中国在提升文化创新力方面获得了前所未有的进步，中国的文化产品和文化服务在全世界获得了空前广泛的传播。从总体上看，中国的文化创新力建设，必须面对日趋多变的全球竞争态势，培育可持续的创造力，运用新的思维方式和观念来推动进步，强调设计观念上的"创新力"，突破传统的知识结构和资源结构，把中华民族的文化创新力成果进一步向全球推广。

二、文化原创尚不突出，创造动力不足

文化创新力是一个国家、一个城市超越前人的成果，创造文化新产品、新样式、新产业、新潮流的综合能力，是在注重创新的战略指引下，调动、吸引和整合创意、技术、资金、人才、院校、企业、基础设施、国际联系等多种创新资源，持续性地开发文化新产品和新业态，创造大量文化财富的能力。

从整体上看，近年来我国文化产业的产能不断增加，政府对文化的投资逐步增加，文化的基础设施获得了前所未有的发展规模。在我国经济持续增长，人民文化消费需求逐步扩大的背景下，文化产业获得了巨大的市场空间，各种文化产品和文化服务的消费量大大增加。但是中国文化竞争力中仍然缺乏核心要素，那就是文化创意、创新、创造的能力。

这突出地表现在创新动力和活力不足，获得广泛欢迎的原创文化内容太少，缺乏开发具有自主知识产权的文化艺术产品和服务的综合能力。比如，在 1991 年全国电影票房总量达 23.6 亿元，当时每张电影票约 2 元钱，有过"全国人民每人一年一场电影"的慨叹。到了 2013 年，全国电影总票房达 217.69 亿元，同比增长 27.51％。其中，国产影片市场份额高达 58.65％。在 2013 年新增的近 47 亿元票房中，国产影片贡献率高达 96％，而 2014 年全国电影总票房增长到了 296.39 亿元，同比增长 36.15％，全国电影票房总量比 1991 年增长了整整 10 倍还多。当年国产片票房 161.55 亿元，占总票房的 54.51％[①]，显示国产片票房很不稳定，在总量增长的同时所占比重有所滑落。再看我国动画电影产业的情况，从 2013 年的情况来看，共放映了 27 部动画电影，其中进口动画电影 7 部，有 6 部是美国电影，

[①] 根据 2015 年 1 月 5 日国家新闻出版广电总局公布的 2014 年中国电影票房的具体数据整理得出。

国产电影为 20 部。从上映时间上看,电影院放映国产动画电影的档期安排在元旦、六一儿童节、寒暑假等黄金档,占据了市场的有利地位;而国外进口的动画电影被安排在平常时段,没有明显的重点期。可见,在国家政策的保护和限制下,进口动画电影进入中国电影放映市场的数量极少,在放映档期上也缺乏优势,这种保护措施大大减轻了进口动画电影对国产动画电影的竞争压力。但是,在如此强有力的国家政策保护之下,国产动画电影仍然难以和进口动画电影抗衡,特别是在内容方面难以形成明显的竞争力优势。从 1 月到 11 月,全国动画电影票房为 16.223 7 亿元,进口电影为 9.88 亿元,占 60.9%,国产动画电影票房为 6.343 7 亿元,占 40.1%[①]。

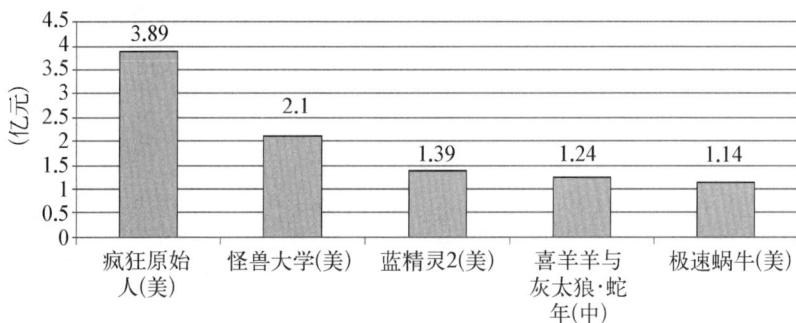

图 2-2　2013 年全国票房最高的 5 部动画电影

　　再从电影放映市场的情况看,2015 年上半年国产片 PK 进口片,国产影片形成了强大阵营。可是仔细分析便可发现:高出进口片数量 3 倍的国产影片仅仅贡献了 44% 的票房;而进口影片量少品精,以比较出色的影片质量和不俗的口碑占据了中国电影放映市场的主流(见图 2-3)。可见,"山不在高,有仙则名,水不在深,有龙则灵"。其关键的要素仍然是中国动画电影和故事片的核心创新活力不足,缺乏具有自主知识产权而又获得国内外观众特别是青少年喜爱的动画

① 北京大学文化产业研究院:《2014 中国文化产业年度发展报告内容辑要》,2014 年 1 月。

电影和故事片,目前仍然难以形成中国动画电影和故事片市场的主流热点和长期重心。

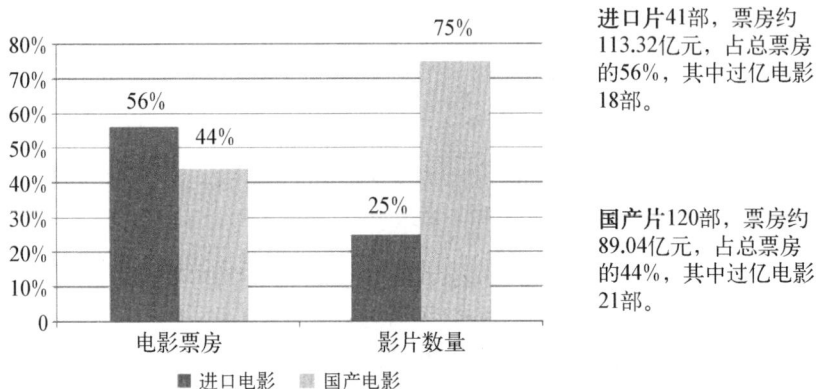

图 2 - 3 2015 年上半年国产电影与进口电影票房的竞争

资料来源:根据平安证券研究所资料和中国影视文化网的资料绘制。

文化引领作用不突出,创新动力不足的重要原因是对文化创新投入不足,缺乏对文化内容原创的长期积累和聚力突破。中国企业家调查系统 2013 年针对 3 545 位企业家的调查显示,超过三成的中小企业经营者认为,"创新动力不足"是存在的突出问题。在 2013 年,仅有 40% 左右的中小企业研发投入比上年增长,明显低于大型企业,中小企业创新活力面临严峻挑战①。从客观环境看,制约中小企业创新活力的重要原因是创新资金不足、缺乏创新人才、法律环境不完善等,这些弱点也表现在文化创意产业,有的在文化领域更加突出。在创新资金方面,多年来政府科技投入多向高等院校和政府所属科研院所倾斜,投入企业的很少,而投入中小企业的更少。此外,中小企业市场融资也面临难度大、成本高的困难。受到规模、资金等因素的影响,中小企业很难吸引创新人才特别是科技创新人才的加入。从区域的角度看,我国四大区域的文化创新力很不平衡,国

---

① 《调查显示六成中小企业研发投入未超上年》,《人民日报》2014 年 3 月 4 日。

家级文化产业示范园区、示范基地、文化科技融合创新基地等在各地的发育也有很大差距,这和不同地区对文化创新力投入的差距有直接的关系①。2013 年全国研究与试验发展经费共投入 11 846.6 亿元,占 GDP 比重为 2.08%。而各地区对于研究和开发的投入,悬殊比较明显。其中投入绝对值和占比最高的六个省市为:江苏投入 1 487.4 亿元,占 GDP 比重为 2.51%;广东投入 1 443.5 亿元,占 GDP 比重为 2.32%;北京投入 1 185 亿元,占 GDP 比重为 6.08%;山东投入 1 175.8 亿元,占 GDP 比重为 2.15%,上海投入 776.8 亿元,占 GDP 比重达 3.60%②,这六个省市恰恰是全国文化产业特别是文化创新力最为活跃、优秀的文化创新主体最为集中的地区。从全国范围看,在文化科技融合创新最有成效的基地和园区,如北京中关村、上海张江、深圳华侨城、浙江横店等国家级文化和科技融合示范基地,大多建立了较为完善的文化科技创新服务体系,形成了专业的配套服务体系,建设了公共技术服务平台以及专业化创业服务中心等,能为入驻的企业提供投融资及共性技术服务等,成为培育与科技相结合的文化生产力的沃土。

对比之下,东北地区和西部地区研究和开发的投入相对不足,如辽宁投入 445.9 亿元,占 GDP 比重为 1.65%;黑龙江投入 164.8 亿元,占 GDP 比重为 1.15%,吉林投入 119.7 亿元,占 GDP 比重为 0.92%,明显低于全国各省市的平均水平。又比如广东和广西是毗邻的省份,而广西对研究和开发的投入为 107.7 亿元,占 GDP 比重为 0.75%,仅为相邻的广东省的 7.4%,约为广东的 1/13。有鉴于此,要突破文化引领作用不突出,创新动力不足的弱点,就必须坚决地推动文化发展方式的转型,使得一些地方长期以来在文化发展方面,忽视培育创新资源,忽视对新兴市场的研究和开发,大量消耗土地和其他

---

① 参看本书的《总论》。

② 国家统计局、科技部、财政部:《2013 年全国科技经费投入统计公报》,国家科技部官方网站 http://www.most.gov.cn/tztg。

资源,依赖粗放型生产的模式得到根本性的改变。

文化引领作用不突出,创新动力不足的深层原因,是在法律环境和文化观念方面,我国知识产权保护力度不足,相关法律法规不够完善,整个社会还远远没有形成开发和保护知识产权的良好社会风尚,全社会对盗版知识产权行为的斥责、惩罚和批评并没有形成普遍的风尚。与世界发达国家相比,由于知识产权保护机制的不够完善,我国文化艺术领域的跟风现象严重,难以支撑蓬勃发展的文化原创活动。从全球范围来看,"中国制造"需要走出"微笑曲线"低端。我国在国际分工中长期在低端产品上依靠拼成本、拼数量、拼消耗,粗放微利保本经营,在"微笑曲线"的低端摸爬,占领不了附加值高的研发端。形成这一结果的原因之一,是欧美、日本等发达国家强大的品牌影响力,掌控在全球价值形成的链条中以设计、渠道、分销为代表的高端价值链环节,从而掌握了绝大部分资源的价格决定权和渠道分配权,从另一方面看,这也和我国文化领域存在着比较普遍的侵犯知识产权现象,严重挫伤了广大文化从业人员的创新和创意的积极性有内在的联系。

我们在上海张江、浙江横店、杭州宋城等国家级文化产业示范园区和基地的调查表明,许多文化企业和机构对于自己的知识产权被侵犯,长期以来深恶痛绝。盛大文学作为我国网络文学的领军企业,展示了一个非常典型的案例。盛大文学为了培育优秀的原创网络作家,开办培训班、安排专家指导、组织修改、线上和线下的推荐活动、推荐给合作企业改编影视剧等,还建立了首家网络作家全版权运营工作室等,投入了大量的心血和资源。然而这些呕心沥血的成果,却被一些无良企业迅速地克隆,并且以更加低廉的价格去掠夺市场。当盛大向有关部门投诉,却遇到了当地的地方保护主义壁垒,使得维权的成本投入巨大,而维权的收效甚微。这就严重挫伤了企业开发原创性文化产品的积极性。

根据分析,在没有模仿者进入的情况下,企业的创新型成果收益可以达到相当高的水准,而在有大批模仿者进入的情况下,企业的创新型成果收益降低到了原来的 75%,特别是在知识产权受到严重侵犯时,企业的创新型成果收益不到原来的 50%。可见,唯有加大保护知识产权的力度,才能提高文化产业收益。我国许多文化艺术产品企业,对原创产品被模仿和复制,深感担忧。

这表明我国的知识产权保护制度尚不健全,影响了企业在创意和创新方面的投入,只能助长文化领域的投机心理,难以培育出尊重原创、鼓励创新的风气。必须运用知识产权制度促进创新活动,提高广大文化创意和设计人员的积极性,提升文化创意产业的效益,重点是完善知识产权的保护体系,完善知识产权工作的组织结构,引进知识产权开发、交易和法律方面的人才;扶持知识产权专利事务所、商标代理机构、版权贸易代理机构、技术贸易中介机构、无形资产评估机构以及律师事务所等机构,为文化创意和设计人员申报发明和专利,提供绿色通道,在全社会营造开发和保护知识产权的良好氛围。

文化引领作用不突出,创新动力不足的突出问题,表现在全国许多电视台频道和广播频率的栏目等传播媒体纷纷扩容,造成节目重复和重叠,大量内容平庸无聊,节目克隆和攀比俯拾皆是。属于文化垃圾的海量"戏说"影视剧等,成了某些电视频道的主打品牌。有些节目与中华民族传统文化背道而驰,甚至有些可能对儿童心理造成不良影响。有些电视频道一天 24 小时播出,而具有原创性和首播的内容不到 25%,还有三分之一的电视频道由于没有内容不得不长时间"休克"。《中国广播电影电视发展报告(2013 年)》相关数据显示,我国仅省以上的电视频道就将近 500 套,地市级电视频道有 706 套,这些载体的不断扩大与内容的相对贫乏形成了鲜明对比。与国际上发达国家相比较,即便是美国的电视网也主要就是五大无线电视台,在全国范围内播映。它们包括哥伦比亚广播公司(CBS)、全国广播公司(NBC)、全美广播公司(ABC)、福克斯(FOX)和哥伦比亚华纳电视网(CW)。CW 是由原来的华纳电视(WB)与联合派拉蒙网(UPN)合并而成。经过市场竞争和股权兼并之后,逐步形成高度集中的无线电视集团,同时又在《反垄断法》的管控下,禁止高度的垄断,以保护合理的竞争。这就迫使这些机构必须投入大量的资金和资源,在电视内容的创新性和唯一性上获得明显的优势,才能在激烈的竞争中获得生存的空间。参照这些国际上的有益经验,我国的相关政府部门必须努力调控载体的无序扩张,加强核心内容的投入和创造,提升频道和载体的质量,为提升中国文化创新力做好铺垫。

要解决中国文化创新力资源和动力不足的突出问题,必须根据全球价值链的趋势,顺应提升中国文化软实力的战略目标,在短期的功利追求和长期的积累发展之间取得平衡,弘扬敢为人先的创新精神和精益求精的工匠精神。我国文化创新力的不足,在许多文化艺术领域常常表现为"注水猪肉"式虚浮肿胀,与文化艺术的创造规律背道而驰。有些戏剧文本的"胳膊腿"急功近利,安装时缺乏内在联系,有些所谓的大作巨片,把那些没有接通血脉的外表包装得美轮美奂,催生的是缺乏活力和魅力的怪胎,对广大的文化消费者自然没有感召力,对未来没有昭示感。尽管它们可能热闹一时,但只是昙花一现。有些人批评这是文化艺术被商业原则所侵蚀,认为这是中国的文化正在向技术化、工具化、世俗化、欲望化和商业化方向发展。其实,从全球范围看,但凡优秀的商业品牌文化,均以精益求精、反复钻研、鼓励原创为立身之本。比如日本著名的时装设计师三宅一生(Issey Miyake),成为全球前卫时尚人群的心仪之物。而三宅一生为了开发出富有东方色彩和西方时尚的新潮流,可以说呕心沥血,投入了毕生的心血。著名的三宅褶皱(Pleats Please)是大众对三宅一生品牌最直接的印象。他长期以来对设计褶皱情有独钟,不断进行素材的实验与开发。在他的设计工作室中,四壁挂满了他试制的各式褶皱面料,而在日本东京的六本木之三大顶级艺术馆之一,就是由三宅一生基金会投资的21_21艺术馆。

要解决我国文化建设中主流引领作用不突出、创新动力不足的问题,就要进一步倡导先进思想文化的建设。在这方面,日本的经验值得我们认真研究和借鉴。日本是第二次世界大战的战败国,1945年的日本曾经是满目疮痍、破烂不堪。但是仅仅过了 20 年,日本就实现了战后的经济复兴。日本在 20 世纪 90 年代以来,经过了长达10 多年的经济低迷,目前仍然是全球第三大经济体。这与日本自明治维新以来倡导的"产业立国"理念,长期推动的工业精神密切相关。一个国家走向工业化和现代化应该有一种伟大的担当,一个国家的企业家群体和文化从业人员应该有一种崇高的信仰。现代化的推进需要提倡工业精神,现代化绝不仅仅是物质层面的变化,不仅仅是基础设施的改善,更重要的是精神层面的更新。所谓的工业精神提倡专心做事,少说空话,多干实事,主动承担社会责任,所有行为都必须对未来、对社会负责任。中国学者汪中求指出:工业精神包含着锲而不舍的创新精神,隐含着一种精益比精明更重要、质量比销量更重要、诚信比成本更重要、口碑比广告更重要、利益比利润更重要、价值比价格更重要等取舍的准则①。在迈向 21 世纪世界强国的道路上,中国需要建立与工业化相适应的精神大厦。这座大厦的基石是合作精神,框架是契约精神,构造是效率观念,细节是质量意识,整体是科学观,设计原则或依据是持续发展观。只有在这样的工业精神基础上,一个国家和城市的文化创新力才能获得蓬勃的发展,结出丰硕的果实。从这个意义上说,文化创新力必须从改变人的思想观念和行为方式开始,必须是从精神到物质的全面更新。

三、同质化竞争较普遍,处于价值链低端

在经济全球化的背景下,全球的文化资源、文化生产、文化流通、文化消费被纳入一个巨大的网络之中,形成了文化生产的价值链、文化资源的供应链、文化品牌的服务链。主要发达国家掌控高附加值

---

① 汪中求:《中国需要工业精神》,机械工业出版社 2012 年版。

的高端环节,而中国目前尚未把握这些价值链、供应链和服务链的高端环节,其中的一大原因是缺乏超越前人的勇气和智慧,一味地采用同质化竞争,缺乏在全球文化竞争中的核心优势。

大量事实说明,要把握文化生产的价值链、文化资源的供应链、文化品牌的服务链,必须要付出长期的努力,也需要对文化创新的发展规律有更加深入的把握。回首这些年的文化艺术发展道路,许多地区和机构总在选择捷径——复制成功经验、跟随热点话题、追逐资本的脚步,而鲜有创新之处。这样的趋势总是给同质化竞争的劣质产品提供了生长土壤。从中国电影产业的角度看,在 21 世纪之初,复制大投资、大制作、大演员阵容道路,这条"大片"之路自《英雄》开启,《无极》、《夜宴》、《十面埋伏》、《满城尽带黄金甲》等影片紧随其后,对中国电影的贡献不可抹杀,它建立起中国观众的影院思维,并持续发酵观影热情。这种模仿之风也给电影带来了一些问题:过度依仗视觉,规避人性复杂性,甚至价值观暧昧不清。最终导致了作品口碑的下降和票房的回落。寻求外部突围,中国电影借助"合拍"方法,与其他国家和地区通过合作制作,发展本土电影。但是,与其他国家的合拍面临着与各种机制对接的难题,很多打着"合拍片"旗号,实则是纯外片的电影进入内地市场,在政策和市场面前很难蒙混过关,因为无法满足"合拍"条件只得改头换面。《钢铁侠3》本想走合拍路线,结果不符合条件,只得将中国明星范冰冰出演的 3 分钟戏份加入了在中国上映的版本中,被调侃为"中国特供"。

同质化竞争的弊端之一,是中国许多文化艺术领域的创作者、投资人热衷于复制别人的成功经验,克隆现有的成果,而结果是迅速遭到市场和社会的抛弃。如电影人看到中小成本电影的潜在市场,于是,当代题材、情感话题、新人导演成了国产电影的市场主流。自《失恋33天》在 2011 年 11 月 11 日的"光棍节"形成了"以小搏大"的效果以后,有口碑不俗的《中国合伙人》与《全民目击》,也有观众评价高低不一的《北京遇上西雅图》、《致我们终将逝去的青春》、《一夜惊喜》,

在同档期的市场争夺战中,国产片票房一举打败外国电影。然而一窝蜂地克隆前者的经验,也造成了观众心理的疲倦,终于遭到了市场的严酷报复,使得中国电影市场在 2013 年下半年急剧下滑,特别是一批复制《失恋 33 天》经验的国产中小成本爱情影片遭遇失败。

同质化竞争的弊端之二,是用人气和话题装点门面,有意抹杀了在超越前人方面需要做出的艰苦努力。比如湖南电视台的真人秀节目《爸爸去哪儿》最初是购买了韩国开发的电视真人秀版权,并且经过了针对中国市场的改造,结果在春节档影市票房大卖,而后来的大量模仿性节目就遭到了观众的明显冷淡。电影市场应该是丰富多样的,由于国产电影还没有很好地展现出与这个时代和社会共同呼吸的气魄,没有真正能扛起树立文化形象的有分量的严肃作品。在改进方法上,可以借鉴亚洲国家的电影制作经验,诸如伊朗、日本、韩国电影的艺术创新,对人性和社会现实进行深入挖掘的《一次别离》,取自殡葬行业题材的《入殓师》,将一个封闭环境空间下的气氛营造得紧张的《恐怖直播》等,相应的文化配套以及民众文化素质都需要及时跟上。

同质化竞争的弊端之三,是过于急功近利,难以形成在国内外获得广泛好评的著名文化品牌。由于我国文化领域的品牌意识建立相对滞后,文化内容和文化精品薄弱,质量粗糙、缺乏创意,缺乏高成长性,难以形成全球布局的价值链、产业链和供应链,在全球化的竞争中长期处于弱势的地位。文化领域的品牌建设是系统而长期的工程,它更大的回报是通过市场来实现。品牌不是一个简单的创意、简单的选择,不是一次性解决的问题,而是可以连续操作的一种模式,品牌是一个联系和复制工业的模式,一个好的品牌是可以复制的,它是可以不断延展的文化产品,品牌适用的是最多数人群的价值观。品牌充分体现了文化产业的创意,也就是说品牌卖的不是一个简单的产品,卖的是一个创意,创意的价值比产品本身的价值要高,具有品牌价值的文化产品,由此产生的文化附加值也很巨大。品牌传播是一种价值传播、文化传播。而且品牌能够带动产业进一步升级,促使文化产业呈现健康良性的创新发展势头,克服处于全球价值链低端的不足。品牌对文化产业发展的意义,即品牌化是文化产业取得更高社会价值和产业价值的重要途径,由于品牌也是商业运营概念,品牌化运营以资金作为主要动力,以创意为核心价值,以产业为价值延展和利益实现的方式。在文化产业蓬勃发展的今天,树立品牌精品意识,打造自己的核心品牌,具有重要的意义。

四、精品力作数量有限,亟待传承与创新

近20年来,中国文化生产的产能和规模获得前所未有的增长,文化产品多,社会覆盖面广,许多文化生产门类的规模逐步上升。比如:根据《2014年中国纪录片发展研究报告》,2013年中国播出纪录片约70 000小时,其中首播节目约18 000小时(只计算专业频道和卫视频道)。生产纪录片约11 000小时,其中纪录片作品大约1 200小时,纪实栏目产品约9 800小时。中国纪录片年生产规模超过15亿元,市场规模超过22亿元[1]。预计今后几年中国纪录片生产会有稳步上升的势头,逐步成为中国文化消费市场的主要门类之一。但是,近年来,中国纪录片中的精品力作还不多,社会各界对中国纪录片的认知程度也低于故事片和影视动画片等。目前中国虽然有纪录片的展览和节日,但是远未达到金鸡奖、百花奖、华表奖等的影响力,吸引的社会关注度和投资规模有限,也比不上中国国际动漫游戏博览会(CCG EXPO)和中国国际数码互动娱乐展览会(China Joy)等动漫游戏会展的规模。

缺少精品力作的主要原因之一,是缺乏通过传承遗产与包容创新的双重路径。在21世纪全球化的背景下,文化内容的开发体现了精神生产的独特规律,那就是既要注重传承文化历史遗产,又要激励

---

[1] 数据引自:《我国纪录片年生产规模超15亿元》,人民网2014年3月20日。

面向未来的开发创意,既要注重延续本地区、本民族的文化之根,又要以世界性的包容胸怀,让多元文化进行激荡碰撞,并且鼓励和保障各个企业、机构和个人开发版权和专利的积极性和合法权利。

　　人类文化生态的奇妙特点是,近亲繁殖往往会逐渐退化,远缘杂交才能繁育良种;本地人看家乡多受局限,世界人说中国才能新意迭出;陈陈相因往往让人兴味索然,转换视角会在刹那间迸发创新的火花;创新的思想由于多元的沟通而萌生,产品的设计由于智能的互动而得以迸发。在全球化的时代,哪一个国家和城市能够集聚最多的创意精英和创新理念,并且在开发版权和专利方面提供良好的法律保障和服务,哪一个国家和城市就能集聚更多的文化生产力,成为真正意义上的国际文化中心。

　　有鉴于此,中国提升文化创新力,要把保护和传承中国文化遗产,提升文化遗产的保护质量和开发能级,提升到一个长期战略的高度。跨入 21 世纪以来,国家和各省市为此做了大量的工作。2006 年5 月 20 日,国务院批准文化部确定并公布第一批国家级非物质文化遗产名录。其中包括:白蛇传传说、阿诗玛、苏州评弹、凤阳花鼓、杨柳青木版年画等共 518 项。① 2008 年 6 月 14 日,国务院又发布了第二批国家级非物质文化遗产名录(共计 510 项)和第一批国家级非物质文化遗产扩展项目名录(共计 147 项),其中包括:孟姜女传说、董永传说、陕北民歌、梁山竹帘等。② 2010 年 6 月 2 日,文化部公示了第三批国家级非物质文化遗产名录推荐项目,共有 349 项③,其中新

① 国务院办公厅:《国务院关于公布第一批国家级非物质文化遗产名录的通知》。
② 国务院办公厅:《国务院关于公布第二批国家级非物质文化遗产名录和第一批国家级非物质文化遗产扩展项目名录的通知》。
③ 这其中包括舜的传说、禹的传说等 40 项民间文学;凤阳民歌、九江山歌等 16 项传统音乐;鄂温克萨满舞、哈萨克族卡拉角勒哈等 15 项传统舞蹈;赣剧、滑稽戏等 19 项传统戏剧;莲花落、南音说唱等 19 项曲艺;赛龙舟、口技等 14 项传统体育、游艺与杂技;瑶族刺绣、苗画等 13 项传统美术;越窑青瓷烧制技艺、五芳斋粽子制作技艺等 25 项传统技艺;壮医药(壮医药线点灸疗法)、彝医药(彝医水膏药疗法)等 4 项传统医药;中元节(潮人盂兰盛会)、布依族"三月三"、土家年等 25 项民俗。

入选项目190项,扩展项目159项①。

缺少精品力作的主要原因之二,是没有把对文化遗产的传承保护,与城市和地区的总体发展战略相结合,与文化开放战略相结合。文化遗产的传承和保护是一个系统性的工程,它不可能在一个经济发展落后、基础设施欠缺、公民文明素质很差、缺乏国际联系的地方获得实施。有鉴于此,必须使对文化遗产的传承保护,与城市和地区的总体发展战略相结合,与文化开放战略相结合。只有这样,才能提高遗产保护和开发水平的要求,推动各个地区因地制宜,因人制宜,缩小各地区在文化培养力方面的差距,提升国家文化资源的质量和数量。国务院规定国家历史文化名城包括七大类型:(1)古都型;(2)传统风貌型;(3)风景名胜型;(4)地方及民族特色型;(5)近现代史迹型;(6)特殊职能型;(7)一般史迹型。国家级历史文化名城之所以多集中在东部沿海地区,其中的规律在于:历史文化名城的建设必须依托丰富的历史文化遗产,为提升地区和国家的文化软实力做出贡献;要推动精神与物态相结合、传承与创造相结合、理解历史与迈向未来相结合,采用复原、激活、移植、再造、整合等多种方式,把历史的遗产开发成为今人能够理解、亲近、沟通和欣赏的文化产品;要把传承文化遗产,积累基础资源,实施综合开发作为区域发展的重要战略,与地区推动产业转型、创新驱动的战略相结合,这才是加强文化培养力的优势所在。

近年来全国许多地区在传承文化遗产,提升文化创新力方面,创造了富于启发的经验。比如国家历史文化名城佛山,率先提出"四化

---

① 这159项扩展项目包括孟姜女传说、董永传说、牛郎织女传说等8项民间文学;侗族琵琶歌、苗族民歌(苗族飞歌)等16项传统音乐;秧歌、竹马(蒋塘马灯舞)等15项传统舞蹈;晋剧、潮剧等29项传统戏剧;扬州评话、温州鼓词、河南坠子等8项曲艺;八卦掌、梅花拳等8项传统体育、游艺与杂技;藏族唐卡(勉萨画派)、苗绣等19项传统美术;宣纸制作技艺(龙游宣纸制作技艺)、雕版印刷技艺(杭州雕版印刷技艺,同仁刻版印刷技艺)等26项传统技艺;针灸(陆氏针灸疗法)、藏医药(藏医骨伤疗法)等7项传统医药;彝族火把节、妈祖祭典(洞头妈祖祭典)等23项民俗。参看《文化部公示第三批国家级非物质文化遗产名录推荐项目名单的公告》。

融合,文化先行"的战略,把文化资源的保护开发与城市化、信息化、工业化和智能化的战略有机地结合起来,梳理出十二大类的历史文化资源(见表 2－3),不但包括历史传承的宝贵文脉,而且有改革开放以来佛山人的创造成果,更有许多遗产经过佛山人的创新,成为今天的时尚品种。比如名满海内外的顺德香云纱,是著名工艺品,曾经由于老式的生产工艺限制了产量的提升而逐渐衰微,如今通过产业化的开发手段,发展成为香云纱文化产业园,获得省文化产业重点项目的扶持。又如"行通济"本来是兴盛于佛山的新春民俗,寄托着人民对美好生活、祈福避邪、送旧迎春的心愿,如今发展成为辐射广佛都市圈,吸引几十万人云集,结合灯彩、花卉、慈善、演艺等丰富内容的大规模文化节庆。再如 2014 年 12 月,联合国教科文组织正式认定,顺德荣获全球创意城市。佛山(顺德)是中国四大菜系之一粤菜的发祥地之一,海内外粤菜均以"食在广州,厨出凤城(佛山)"而著称。顺德的创新做法是:提炼粤菜文化的精华,对粤菜的文化内涵、创意活力、产业经济、商业品牌、营销活力等进行综合开发。佛山市顺德区承办的"中国美食周"跨越大洋,在联合国教科文组织总部举办,成为一个全球众多人士喜爱的国际化文化品牌。顺德—上海—巴黎,文脉—创意—时尚,美食—历史—体验,这些有机的联系都给中国加强文化培养力、传播历史文化品牌提供了有益的案例,充分说明中国提升文化软实力,开发文化资源,在历史的纵向轴和拓展的横向轴上,都可以打开广阔的空间。

表 2－3　佛山开发的十二类历史文化资源

分　类	代　表
工艺类	石湾陶瓷技艺、狮头制作技艺、香云纱染整技艺、广绣技艺、佛山木雕、佛山彩灯、佛山铸造技艺等
艺术类	粤剧、佛山秋色、佛山剪纸、佛山木版年画、佛山龙舟说唱、南音、粤讴、粤曲星腔等

（续表）

分　类	代　表
节庆/民俗类	行通济大型民俗活动、官窑生菜会、乐安花灯会、罗村花灯会、观音开库、多种形式的赛龙舟等
美食类	佛山（顺德）作为中国四大菜系之一粤菜的发祥地，培育和集聚了大批名菜、名点、名厨、名店等
生态类	顺德等地的三基鱼塘（桑基、蔗基、果基）、陈村花卉世界等，代表岭南生态农业的理念和成果
产业类	陶瓷、家电、家具、花卉、新光源、新材料、信息、汽车等新兴产业集群及产业化发展基地
建筑/园林类	祖庙—东华里、逢简水乡、清晖园、梁园、陈家祠、汾宁古道、碧江金楼、泰兴祠堂等岭南民居、园林和古街的典型风范
名人类	康有为、谭天度、谭平山、千里驹、马师曾、白雪仙等作为佛山历史上的名人，在海内外产生了广泛影响
武术类	咏春拳、南拳等发祥之地，诞生了叶问、李小龙、黄飞鸿等武术名人和武术流派
掌故/传说类	祖庙北帝诞、顺德自梳女、陈家祠堂、生仔石等，以口头传承的形式延续了佛山悠久的文化传统
山水类	顺峰山、西樵山、千灯湖等为国家级风景名胜区、国家森林公园和著名景区
宗教类	顺德西山庙、南海观音文化苑、宝林寺等寺庙和场所成为远近闻名的宗教文化载体

资料来源：根据在佛山顺德实地调研的材料整理而成。

五、跨界融合发展不够，亟待联动提升

中国文化创新力相对较弱，也表现在文化创新成果对制造业、城市建设、现代农业、旅游业、体育业、商贸等其他行业的带动作用不够强劲。近年来，面对全球经济低迷的状况，中国经济下行的压力逐步增大，而提升产业质量和能级的要求变得越来越迫切。2013 年 10 月《国务院关于化解产能严重过剩矛盾的指导意见》提出，要立足当前、

着眼长远,综合治理、标本兼治化解过剩产能。发挥政府作用,落实化解过剩产能措施;国务院在 2014 年 3 月发布了《关于进一步优化企业兼并重组市场环境的意见》,提出兼并重组是企业加强资源整合、实现快速发展、提高竞争力的有效措施,是化解产能严重过剩矛盾、调整优化产业结构、提高发展质量效益的重要途径。强调进一步优化企业兼并重组市场环境,必须尊重企业主体地位,发挥市场机制作用,改善政府的管理和服务。力争实现体制机制进一步完善,政策环境更加优化,企业兼并重组取得新成效,加强产业政策引导。

　　跨界融合不够的表现之一,是我国许多工业品的量大质低,经济附加值比较低。经过改革开放 30 多年的发展,中国钢铁、水泥、平板玻璃、光伏等领域的生产能力位居世界前列,但是许多工业产品的增加值率很低。比如:某一个省份是钢铁大省,位居全国第一,但它使用的汽车钢板仍需进口;它生产的浮化玻璃产能为世界的 20%,却不能生产汽车挡风玻璃。还有某一个省的轮胎产量占世界的 20%、全国的 40%,却需要到德国测试轮胎性能,也无法解决轮胎高端服务的一系列需求。中国工业和信息化部部长苗圩指出:2014 年,中国工业增加值达到 22.8 万亿元,200 多种工艺品产量位居世界第一,但是"中国制造"的质量与国际先进水平相去甚远。国内涡喷、涡扇发动机主要轴承寿命与国际先进水平相差 10 倍以上,许多国产基础部件和产品的使用寿命仅为国外同类产品的 1/3 到 1/2[①]。又比如,中国是全球规模最大的玩具生产国,制造了全球约 75% 的玩具,包括毛绒玩具、塑胶玩具、电子玩具、模型玩具、益智玩具等,但是我国大量的玩具制造是为海外企业来样贴牌加工的,使用的是 TOY 等国际品牌,也缺乏"芭比娃娃系列"、"迪士尼玩具系列"长盛不衰的时尚品牌项目。在我国某一个号称全球规模最大的圆珠笔生产基地,每年生产加工圆珠笔 62 亿支,每支圆珠笔只有两三分钱的微利,而且,圆珠

---

① 《工信部部长苗圩在沪详解制造强国蓝图——"中国制造"痛点指明努力方向》,《文汇报》2015年 10 月 12 日第 2 版。

笔笔尖那一颗小小的珠芯居然要进口。"空芯"的结果,加上原材料和劳动力成本,利润就只有几分钱了。

总体上说,许多工业生产领域的产品量大质低,低附加值产品过剩,高附加值产品不足,这同时也引起了日益严重的海外贸易摩擦。这就需要以市场为主导,建立和完善化解产能过剩的长效机制,突出依靠市场力量调整和优化存量产能,发挥市场配置资源的决定性作用,形成充分的市场竞争;同时,制定并执行严格的质量标准,运用财政、价格、税收、金融等经济手段,为化解过剩产能提供保障和支持。与此同时,中国亟待推动文化创意和设计服务与实体经济的融合,通过文化创新力为制造业提供源源不断的内容和品牌效应。

跨界融合不够的表现之二,是缺乏多层次的融合发展机制。我们在长三角、珠三角的平湖、萧山、长兴、禅城、高明等许多城市实地调研时发现:作为全国制造业最集中的区域,当地大量涉及羊毛衫、服装、箱包、陶瓷、淋浴房、童车、新光源等生产的企业,亟待获得优秀的设计资源。但是,在"哪些企业需要创新设计"、"哪些主体可以提供创新设计"、"怎样把创新设计的资源提供给需要的企业"这供需之间,却存在亟待打通的"堰塞湖"。按许多设计企业的能力尚"吃不饱",而生产型企业却缺乏创新设计的成果,一些地方政府扶持的创新服务平台,在功能上难以适应市场的需要,同时有大量的关于保护知识产权、创新成果按质论价、配套材料和服务等具体问题,需要逐一地解决。

要解决这些问题,需要进一步发展多元化的文化创意和设计类企业,让各类文化创新力得到社会认可。要在充分发挥国有经济主导作用的基础上,鼓励、支持、引导非公有制经济发展,推动文化创意和设计服务企业为实体经济服务,推动产业布局调整优化。要解决产业结构不合理、集中度低、企业小而散、资源配置效率低等长期困扰阻碍提高质量效益的问题,化解过剩产能,深入实施创新驱动发展战略。党的十八届三中全会通过的《关于全面深化改革若干重大问题的决定》指出，"国有资本、集体资本、非公有资本等交叉持股、相互融合的混合所有制经济，是基本经济制度的重要实现形式，有利于国有资本放大功能、保值增值、提高竞争力，有利于各种所有制资本取长补短、相互促进、共同发展"，不断激发非公有制经济活力和创新创造力。

跨界融合不够的表现之三，是尚不能形成多元主体合作机制，不能与国际上通行的惯例相衔接。目前，我国既要保障国家的文化安全，又要发动和培育多元的文化主体。在这方面，有许多新的课题需要探索，也有许多新的管理手段需要积累。从发达国家的实践看，许多文化创新力项目的建设者，不一定是纯粹以文化为主业的机构，而是各种企业、慈善机构、非营利机构、社区组织甚至是博彩运作机构。在合理而有效的制度前提下，它们同样可以发挥文化建设主体的积极作用，成为多元中具有独特作用的"一元"。这就为各类市场主体提供自由竞争、公平交易的市场环境，形成文化—科技—资本—市场，自主创新、组合创新、赶超创新的多样合力和多样化路径。建立多层次的资本市场体系，运用"资本的力量"，解决文化资源资本化、文化生产资本化、产品收效资本化、未来预期资本化等问题。运用"资本性因素驱动"，包括产权流动，企业主体多元、解决融资、信托、上市、私有化、投资与并购等一系列问题，为民间投资营造良好的体制环境，提高文化经济的运行效率。

比如三位英国工业家于 1895 年建立了国民信托机构(The National Trust)，作为一个非营利性的遗产保护机构。该机构强调自己的文化理念，是以信托方式，实现慈善目的和传承人文精神的服务机构。到 2010 年，它已经管理着 330 多处历史建筑，50 多处工业遗产，会员达到 380 多万人，成为英国文化遗产保护和开发的重要主体①。它灵

---

① 19 世纪末，奥克托丽雅·赫尔、珈侬·哈德维克、罗伯特·亨特三位工业家和慈善家注意到大规模的工业革命对历史遗产和自然环境的巨大侵蚀，提出建立一个有效的机构来保护遗产和文化名胜古迹。他们于 1895 年建立了国民信托机构(The National Trust)。根据 1907 年的英国国家信托法案，它正式成为公司。

活地发挥信托机构在汇聚社会资源，培育文化建设主体方面的作用。该机构为了保护遗产，扩大资金来源的多样化，在各地开发了许多服务项目，比如：他们把富有历史和艺术价值的诸多古老庄园、老宅和花园，进行了高度专业化的修缮，充实了大量的知识，布置了多种展览，组织了广大会员和海内外旅游者来参观和体验。其中包括"激活的历史日"、"穿越情景的旅游"、"春季莲花日"、"复活节家庭旅游"、"花园观光"、"室外剧和夏季音乐厅汇演"等，以便为公众包括少年儿童提供服务，推广科学和人文精神。国民信托机构吸收的会员已是成立之初 300 多人的 1 万倍①。

再比如，香港赛马会(The Hong Kong Jockey Club)成立于 1884 年，在 1971 年由业余组织转为职业赛马机构，是全球最大的赛马俱乐部之一，是香港最大的慈善公益资助机构。它没有私营老板，也不属于政府，而是聘请一个专业的管理团队进行运作。香港赛马会是一家保证有限公司，并无股东，盈余皆来自赛马及投注业务。所得收入在支付派彩、奖金、经营费用及税项以及扣除为改善赛马及投注设施的投资后，剩余款项均悉数拨捐慈善和社区计划。香港赛马会慈善信托基金，负责处理和分配所有慈善捐款。马会的赛马、足球博彩及六合彩奖券业务，分别各由一间独立公司经营。马会先后资助了大量的公益项目，包括公共休闲娱乐和高等教育项目，比如香港海洋公园、香港大学研究生堂等。香港赛马会每年都捐款资助筹办香港艺术节，截至 2010 年，捐助款项累计达 1.5 亿港元。从 2008 年的香港艺术节开始，马会以公开发售价购买"香港赛马会艺粹"系列的所有门票，作为与香港艺术节合办的年轻人音乐会的特别日场，邀请经济困难的学生，让香港将近 1 600 名学生获益，扩大了艺术节的社会美誉度。这种充分利用社会组织力量，推动文化服务和公益建设的做法，明显降低了政府操作的成本，提高了文化服务的效率，值得我

---

① 根据对国民信托机构文化遗产开发项目的调研得出。

们加以认真地研究和借鉴。

跨界融合不够的表现之四，是在推动文化创新与对外扩大开放相结合方面，尚缺乏更多的经验。近年来，中国政府高度重视开拓国际市场，扩大市场开放力度，转移过剩产能。鼓励优势企业"走出去"，参与全球竞争，在全球范围内整合价值链，建立境外生产基地，拓展国际发展新空间，通过开拓国际市场，鼓励优势行业"走出去"转移优势产能。改革开放 30 多年来，发达国家的很多行业用技术换我国市场，用品牌换我国渠道，转移了发达国家大量的过剩产能。如今，中国推动现代化已经到了一个重要的阶段，必须进一步扩大对外开放，把我国的优势产能向国外输出，使得中国从一个货品贸易大国走向一个真正意义上的对外投资大国和产能输出大国，也成为对外文化贸易大国。

加快中华文化"走出去"，不仅有助于推动我国货品、服务和产能的输出，也可以增强不同国家、不同民族对中华文化的了解和认同。当今国际社会的竞争越来越表现为文化软实力的竞争，确立互利、包容的对外文化开放体系，实施互利共赢战略，将有力地推动中国的文化创新力。这如同美国组织管理专家玛格丽特·魏特利（Margaret J. Wheatley）所说的，在知识经济的背景下，政府、院校、社会机构乃至个人，都要有迎接各种挑战和秩序重组的准备和能力。著名未来学家、《大转折时代》的作者戴维·霍尔指出："不要对变化感到焦虑。"不必在铺天盖地的巨大变化和多元冲击波面前，形成焦虑不安的心态。人类不断创造出新的信息交流方式，又使自己的大脑和生理结构适应这种变化。有研究表明：在 1997 年之后出生的年轻人，是纯粹的数字化时代的产物，他们没有无数字化生活的记忆和认知，其中有 3%—6% 的人某些脑部活动与 1980 年之前出生的大部分成年人不一样[①]。所以，应该乐观地相信：新一代人将以更加快速的技

---

① ［美］戴维·霍尔：《不要对变化感到焦虑》，《解放日报》2015 年 8 月 28 日第 16 版。

术、更加聪敏的方式进行合作、联通和学习。而更为年长和更为年轻的一代人,都应该积极适应这种变化,进一步推动中华文化跨入世界,在与世界的进一步广泛交流中增强我国的文化创新力。

六、探索深层机制原因,分析破解路径

(一) 在体制和政策的层面上,缺乏有效协同和细则

国务院颁布的《关于推进文化创意和设计服务与相关产业融合发展的若干意见》,强调要以统筹协调、重点突破,市场主导、创新驱动,文化传承、科技支撑为基本原则,实施文化创意和设计服务与装备制造业、消费品工业、建筑业、信息业、旅游业和体育产业等领域的融合发展任务。而从各地的具体情况来看,还缺乏有效的实施细则。首先,需要加强知识产权运用和保护,健全创新、创意和设计激励机制,活跃知识产权交易,提升企业知识产权综合能力,培育一批知识产权优势企业。壮大市场主体,支持专业化的创意和设计企业发展,支持设计、广告、文化软件工作室等各种形式小微企业发展;积极引导民间资本投资文化创意和设计服务领域。缺乏持续创新力的发展机制的保障,需要清理行政审批事项,简化审批程序,取消不合理收费。充分发挥市场作用,促进资源合理配置,优化发展环境。其次,需要促进对于艺术、文化、公民文化参与的各类投资等。以开发性金融引导和组合各类社会资源,推动完善我国文化产业投融资体系;推动形成多方合力,比如文化金融合作已经成为我国文化产业发展的显著特点和迫切需要,成为我国文化产业持续快速健康发展的重要动力。

(二) 在鼓励创新的社会资源方面,缺乏多样化投入

一个国家和一个城市澎湃的文化创新活力,来自推动文化创新、创意的投入和激励机制。中国政府在 2014 年 4 月设立了国家艺术

基金,其直接目的是探索适合我国文化艺术发展实际,以基金方式支持文化艺术发展的新的制度安排,根本目的是通过创新公共财政支持文化发展的方式,建立基金资助机制,为激发全民族文化创造活力、增强中华文化影响力、推动社会主义文化大发展大繁荣提供良好的财政保障。按照基金制管理的特点,国家艺术基金在扶持层面上要体现国家基金高定位、高门槛的特点,真正支持具有示范性和导向性的艺术作品,真正体现国家级的艺术水准,绝不搞平均分配。国家艺术基金不可能做到面面俱到,国家艺术基金所能做到的,是在具有重大影响或突破的项目上集中"发力",发挥好国家艺术基金的引导效应,引领文化艺术产业快速发展,提升文化项目的自我造血功能。

(三) 在推动跨界融合创新方面,缺乏有效的服务平台体系

2014 年 3 月 14 日,由国务院印发的《关于推进文化创意和设计服务与相关产业融合发展的若干意见》公布,这是国家层面上第一次就文化创意和设计服务与相关产业融合发展出台的系统性文件。该文件提出,到 2020 年,文化创意和设计服务的先导产业作用更加强化,基本建立与相关产业全方位、深层次、宽领域的融合发展的格局,加快推进文化创意和设计服务与实体经济深度融合。《关于推进文化创意和设计服务与相关产业融合发展的若干意见》严格依据国家统计局《文化及相关产业分类(2012)》,把所涉及的"文化创意和设计服务"内容界定为文化产业大概念下的一部分,包括文化软件服务、建筑设计服务、专业设计服务和广告服务四个方面,大体涵盖国民经济涉及的文化创意和设计服务活动。

从全国范围看,真正具有前瞻性、创造性和实效性的文化创新服务平台,大多集中在东部沿海发达地区和中西部的成都、长沙、武汉等中心城市。而在中西部和东北地区的广阔地区,明显缺乏服务平台的战略布局和有效建设。具体改进措施包括:首先,强大的文化创新能力带动相关产业融合,文化创意和设计服务活动与第一、第

二、第三产业都密切相关。其次,选择重点融合领域带动发展,包括信息业、旅游业和体育产业等,跨界合作的组合激发文化创新活力。欧盟智库 KEA 的报告《文化型创意的影响》指出:要发挥文化创新的活力效应,必须有良好的跨界合作制度和模式,把创意、设计、艺术、工程、信息、商贸、教育、环境和旅游等多个部门的专业人士组合起来,充分发挥各个门类的知识和智慧、方法,从多个角度共同来创造前所未有的文化成果。

(四)在鼓励创新的举措方面,缺乏因地制宜的方法

在文化创意和设计服务领域开展高新技术企业认定管理办法试点,对被认定为高新技术企业的文化创意和设计服务企业给予所得税优惠,对企业的职工教育经费支出以及符合条件的创意和设计费用,给予相应的税收政策支持;加强金融服务,建立完善文化创意和设计服务企业无形资产评估体系,鼓励增加适合文化创意和设计服务企业的融资品种,切实提高我国文化创意和设计服务整体质量水平和核心竞争力,大力推进与相关产业融合发展,以改革创新和科技进步为动力,改善相关文化经济缺乏带动力现象。要加大联盟知识产权管理能力建设,以知识产权保护利用为核心,推行知识产权集群式管理,《关于推进文化创意和设计服务与相关产业融合发展的若干意见》从加强知识产权创造、运用、保护和管理等方面提出支持措施,针对移动互联网和新媒体时代特点,提出完善网络环境下著作权保护等法律法规,加强数据保护等创新思路。

近年来,我国文化创意和设计服务发展较快,但总体水平仍亟待提高,有利于文化创意和设计服务发展的政策环境还需进一步改善。加大政府采购力度,引导集约发展,打造区域性创新中心和成果转化中心,建立区域协调机制与合作平台;编制专项规划或行动计划,制定相关配套文件。文件要求各地区、各部门要加强组织领导,建立工作机制,加强地区间、部门间、行业间的协同联动,以市场为导向,充

分调动社会各方面积极性,增强创新动力,打破行业和地区壁垒,鼓励企业、院校、科研机构成立战略联盟,引导创意和设计的带动作用。培育市场需求,激发全民的创意和设计产品服务消费,鼓励企业开展设计服务外包,以提升文化软实力的核心竞争力。

第四节　文化创新力的国际比较

一、知识经济时代提出的重大命题

随着知识经济兴起以及知识作为生产要素的地位空前提升,文化经济的非物质化、审美经济特征突出。世界知识经济不断创新,数字新媒体推动信息大流动、大利用,在知识经济时代,新成果、新理论引领作用加速。例如英国、欧盟等国家和地区的文化创新力已突显其地位和显著作用。就美国来看,过去 20 年间,知识产权一直是美国以及其他发达国家经济发展的首要引擎。美国之所以拥有如今在全球科技、经济中较为领先的地位,是因为其具有强劲的创新能力与知识产权保护力度。根据美国政府公布的数据表明,"知识产权集约型"工业已经成为美国经济的支柱,仅 2012 年就提供了至少 4 000 万个就业岗位,其对美国经济的贡献超过 5 万亿美元,占当年美国国内生产总值的 34.8%。

美国政府将知识产权与国内生产总值紧密地结合在一起,其研发支出更像是投资。在某种程度上,研发的好处可由其所有者来分配,这使得研发支出具有经济资产的属性。长期以来,经济学家力图将研究开发视为创新、增长和经济福利的源泉,并因此将研发驱动的经济称为技术驱动型经济或"知识经济"。数年之前,美国学者就认为,资本时代已经过去,创意时代已经来临。美国国际知识产权联盟在对美国版权产业在经济中的作用与地位进行研究时,也研究了包括电影、电视、家庭录像、商用软件、娱乐软件、图书、音乐和唱片在内的创意产业。创意产业在经济上对美国国内生产总值、就业和贸易所做的贡献日益突出。研究报告指出：1996 年，美国核心版权产业历史性地首次成为美国出口份额最大的经济部类，尤其是其中的软件业和电影业，在对外贸易份额中贡献卓越。版权产业的核心内容产业，包含图书期刊出版业在内，为美国经济创造了 9 310 亿美元的产值，约占美国国内生产总值的 6.4％，解决了近 510 万美国人的就业问题，总资产占民营企业领域整体的 5％，为雇员提供的薪酬比其他产业领域平均高 27％。版权产业提供的产品和服务在国际贸易和出口领域所创产值高达 1 340 亿美元，同比超过美国其他领域。对此，美国学者坦率地表示，知识产权是美国最有价值的出口物，也是美国经济的一大支柱。

在产业结构调整中，突出体现知识产权对国家经济的重要贡献，不仅是一个国家在全球经济竞争日趋激烈的情况下所确立的明智选择，也将在更大范围内推动经济社会的发展。这直接体现在版权开发所产生的巨大经济效益和社会效益方面。比如，江苏省版权局 2014 年 4 月发布《江苏省版权产业的经济贡献(2012)》调查报告分析指出：2012 年，江苏版权产业增加值占当年全省 GDP 的 7.11％，成为江苏省国民经济的支柱产业之一。版权产业是指"版权发挥明确作用的活动或产业"，这是由世界知识产权组织等采用和推广的概念。2012 年，江苏省版权产业增加值为 3 842.31 亿元，占当年江苏省 GDP 54 058.22 亿元的 7.11％，其中，以软件、设计和文化创意为代表的核心版权产业的增加值为 1 968.56 亿元，占全部版权产业增加值的 51.23％，占当年江苏省 GDP 的 3.64％，表明江苏省核心版权产业发展势头强劲。版权产业的发展也会带动更多的就业机会。2012 年，江苏版权产业的从业人数为 208.22 万人，占当年全省社会各行业从业人数的 4.37％。江苏是全国首个开展版权产业调查并将调查结果整理成文、面向社会公布的省份，这说明中国在开发知识产权方面潜力巨大,可以大有作为。

二、提升文化创新力的国家战略

进入 21 世纪,世界上多个发达国家在其知识产权政策中,竞相确定符合本国实际和国家利益的战略目标。从西方发达国家的国情角度分析,20 世纪末以来,美国、日本、欧盟等发达国家和地区,始终在追踪和研究创新的特点,不断制定和更新有关创新的国家战略。作为当今世界上的创新型国家之一,美国在知识产权体系建设上不遗余力,建立健全体系完善的知识产权制度,扩大知识产权保护范围,不断提高知识产权保护水平,深层次地发掘与体现知识产权与经济发展的内在联系。

针对创新活动日新月异的趋势,美国等发达国家不断修订和完善国家层面上的创新战略。美国总统行政办公室、国家经济委员会和科技政策办公室于 2009 年 9 月 21 日和 2011 年两次联合发布了《美国创新战略》(*A Strategy for American Innovation*)。该战略开宗明义提出:战略的目的是激发美国人民的内在创造力,增强私营部门的活力,以确保未来的发展更稳固、更广泛、更有力。创新战略强调了多个关键领域,在这些领域,明智、平衡的政府政策可以为创新奠定基础,从而创造高质量的就业,带来共同的发展和繁荣。

2009 年版的《美国创新战略》[1]突出了美国创新的三个战略层面。

第一层面是加大对国家创新基本要素的投资,重点是注重国家创新基础架构建设,强化美国创新的基本要素,包括加大研发投资力度和转化创新成果所需的人力、物质和技术资本。重点是恢复美国基础研究的国际领先地位,政府、企业和私人对研究开发的投入要达

---

[1] *A Strategy for American Innovation*,2009.

到 GDP 的 3％以上。培养具有 21 世纪知识和技能的下一代,并创造世界级的劳动力,到 2020 年使美国的大学毕业生数量达到全球第一,包括全部金额达 750 亿美元的研究与实验税收减免永久化,以便使企业更加确信它们需要投资、创新和成长。

第二层面是推动竞争市场,激励有效创业,重点是促进美国的出口,将资源配置到最有前景的创意;促进高增长和基于创新的就业,促进公共部门的创新和支持社会创新。保证网络中立性,保持互联网接入的自由和开放。保证人人都可能在自己的车库里办企业,为美国人创造新的就业岗位、新的创意和机会。

第三层面是促进国家项目在优先领域取得突破。美国政府认为,美国国家经济中一些特别重要的部门,单靠市场本身不可能获得令人满意的结果。政府适当介入成为推动重点项目取得突破的重要渠道。

2011 年,美国再次发布了《美国创新战略 2011》①。美国总统办公室在介绍情况时指出:作为世界上最发达的经济体,美国、欧盟、日本彼此之间存在激烈的竞争。为解决创新乏力等方面的问题,2010 年 6 月,欧盟通过了"欧洲 2020 战略"。其中的两个重点是:以知识和创新为基础的"智能增长",以发展绿色经济、强化竞争力为内容的"可持续增长"。日本在推动创新方面也奋起直追,紧随其后。2010 年,日本政府着眼于今后 10 年的发展,公布了第四期科学技术基本计划纲要(草案),把重点放在"绿色"(环境、能源)和"生活"(健康)领域。提出要以技术革新为重点,提高潜在增长力。欧盟、日本集中力量推动创新,使美国备感压力。

2011 年版的美国创新战略在主要目标方面与 2009 年版基本一致,但是突出了五大新任务:(1)发展无线网络。在未来 5 年内使美国高速无线网络接入率达到 98％。奥巴马政府决定在未来 10 年中

① *A Strategy for American Innovation*,2011.

促进国家项目在优先
战略性领域取得突破

推动竞争市场，激励有效创业
• 促进美国出口
• 支持开放的资本市场，
将资源配置到最有前景的创意
• 促进高增长和基于创新的创业
• 促进公共部门创新和支持社会创新

对美国创新的基本要素投资
• 恢复美国基础研究的国际领先地位
• 培养具有21世纪知识和技能的下一代，并创造世界级的劳动力
• 建设先进的物质基础设施
• 发展先进的信息技术生态系统

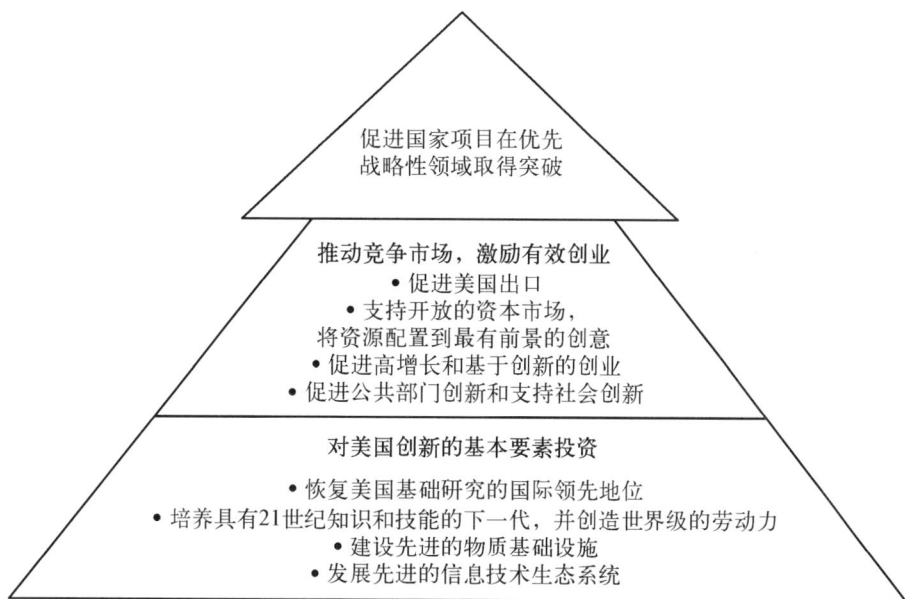

图 2-4 美国创新战略的三大层面

拍卖无线电频谱，扩大商业频谱的范围，以推动无线技术革命，并加速其在卫生保健、教育、运输和其他领域的应用。（2）改革专利制度。减少美国商标专利局大量积压的专利申请，将平均审批时间从35个月缩短到20个月，使最有价值的专利技术能在12个月内进入市场，从而使创新成果转化为市场竞争优势的时间周期进一步缩短。（3）改善基础教育。强调要使每一个高中毕业生都能上大学和参加工作；支持教育技术研究，强化学习能力；计划在未来10年内新培训10万名理工科教师。（4）发展清洁能源。到2015年使美国成为全球第一个电动车数量过百万的国家，到2035年使清洁能源发电占全国发电总量比例提高到80%。（5）实施"启动美国伙伴关系"计划。帮助中小企业创业并提振就业，使科研成果能尽快走出实验室走向市场，增加新公司成功的机会。

从上述战略的架构中可以看出：美国创新战略实际上涵盖了技术、教育、文化、社会等各个领域。最大的特点是：顺应创新的需要，

国家战略包括投资、制度、税收、教育、研发等,都可以根据创新的需要而进行大幅度的调整,包括进行根本性的转轨和提升。在这个国家战略的框架内,文化创新作为国家创新力的组成部分,也获得了广泛的鼓励和支持。比如:保持互联网接入的自由和开放,保证人人都可能在自己的车库里办企业,为美国人创造新的就业岗位、新的创意和机会,使最有价值的专利技术能在 12 个月内进入市场,从而使创新成果转化为市场竞争优势的时间周期进一步缩短等,都为需要自由交流、多元包容、联系创意和市场的文化创新活动提供了丰富的营养。

主要发达国家的相关战略模式是一个不断更新的过程。美国从 2009 年开始颁布的多个"国家文化创新战略",对向创新及文化创新投入大量资源,对大力发展基础设施以及大数据作为国家战略资源等都提升到了很高的认识。根据麦肯锡公司的预测,到 2020 年,大数据可带动美国 GDP 提升 2%—4%,即创造 3 800 亿—6 900 亿美元的价值,并创造 170 万个新的工作岗位。欧盟委员会预测,截至 2020 年,大数据可带动欧盟 GDP 提升 1.9% 以上,即创造 2 060 亿欧元的价值,并能新增 10 万个大数据相关的工作岗位。大数据时代,国家的文化影响力和主导权体现在了对数据的掌控上。在竞争层面,国与国竞争的焦点正从对资本、土地、人口、能源的争夺转向对大数据的争夺上。对大数据的开发、利用与保护的争夺日趋激烈,制信(数)权成为继制陆权、制海权、制空权之后的新制权。大数据使得数据强国与数据弱国的区分不再以经济规模和经济实力论英雄,而是决定于一国大数据能力的优劣。例如,美国政策制定者们认为"数据是一项有价值的国家资本",在信息产业发达的国家,包括美、英、德、日等国已经将大数据视为国家的重要战略资源,将其提升到国家战略高度来考量。围绕大数据国家发展战略展开的系列研究包括:(1)制定大数据国家战略的意义。大数据作为国家战略资源,将会影响国家的方方面面。(2)大数据国家战略规划的内容主要包括构建大数据研究平台、大数据良性生态环境、大数据产业链等。（3）确定大数据产业发展的重点。应该通过国家层面的战略规划明确大数据产业的发展重点、空间布局和保障措施。（4）大数据环境下的信息安全战略。大数据安全问题既包括上至国家安全战略，下至数据库、企业以及个人等的网络与信息安全问题的研究，也包括来自法律、政策、标准、技术等层面对于安全的研究。从政府层面制定完善的法律条文，从行业层面制定严苛的行业规则，从技术层面保证信息安全，信息时代大数据在国家经济建设与社会发展中的重要价值、在国家层面的竞争力，也将集中体现为一国拥有数据的规模、活性以及解释、运用的能力，大数据已成为国家的核心竞争力。

由于数字文化产品具备覆盖广泛、获取方便、单位产品价格低廉甚至免费、网络草根创作踊跃等特性，使得发展数字文化产业成为社会文化经济和技术发展的长期趋势，成为文化经济的主要创新点。据《洛杉矶时报》报道，电影业的老牌巨头——美国派拉蒙影业公司今后将只发行数字电影，不再发行胶片电影。一个多世纪以来，好莱坞的电影公司主要以 35 毫米胶片电影的形式播放影片，然而，随着电影数字技术的不断发展，胶片电影逐渐遭到淘汰，美国数字银幕已占到 92％。到 2014 年底，好莱坞电影全面进入数字化时代，并且与先进媒体相结合，加入高清电视频道的播放时代，努力依托数字化技术而形成新的竞争力优势。

三、制定文化政策和打造服务平台

一个国家要形成强大的文化创新力，仅仅有国家层面的战略是远远不够的，还需要文化大都市和特色文化城市区域层面上的文化创新政策，包括用数字技术和其他技术成果，在统筹兼顾的规划和推动下，打造新的服务平台。

英国大伦敦政府认为：日新月异的数字技术是文化创新力的重

要平台和动力,如果放弃了文化与数字技术的结合,伦敦就等于放弃了绝妙的文化创新动力和文化产业拓展机遇。比如:从 2009 年 6 月起,英国国家剧院每年挑选四部演艺作品进行高清拍摄,通过卫星在伦敦及世界各地的 230 个影院中进行直播或转播,将优秀舞台作品传播给尽可能多的观众,这就是"英国国家剧院直播季"(NT Live)项目。目前参加该项目的英国影院有 60 家,欧洲、美国、加拿大、南非、澳大利亚、新西兰等地的影院有 170 多家,其中既包括连锁院线,也包括独立影院及艺术中心。

大伦敦政府把 2012 年的"文化奥林匹克"与第 30 届伦敦奥运会结合起来。大伦敦政府在网站上推出"文化日记"(The Culture Diary)项目,鼓励那些准备在 2012 年举办文化活动的团体及个人将活动在线注册登记,由此形成一个全面展示伦敦 2012 年文化活动的在线资源库。政府可根据这些信息,将公共资源在不同地区间进行分配;旅游及媒体部门也可从中寻找可进行推广或报道的信息。该平台为活动组织者提供了艺术合作及联合推广的机会。文化活动能将市民聚集到一起,推动社会和谐;对市民生活产生积极影响,帮助他们树立自信;推广终身学习;减少犯罪,鼓励身心健康发展。因而,如何在地区层面丰富市民的文化生活是大伦敦政府近年来关注的重点。英国政府将一年中至少参加过三次艺术活动的成年人占成年人口的比例作为衡量地区居民文化参与度的指标。全国参与度最高与最低的数字同时出现在伦敦:最高的为 66%(肯辛顿—切尔西区),最低的为 29%(纽汉姆区)。为提高市民文化参与度,《伦敦市长文化战略》提出了全方位的解决方案:涉及信息覆盖面、交通便捷性、场所开放度、与居民需求的契合度等几个方面。又比如,伦敦中心城区因缺少巴士停车空间而导致很多巴士旅行团"望而却步",也影响了老人、儿童等团体参观中心城区文化设施的积极性。针对这一问题,伦敦市长正在推动 50 年以来最大的一项交通项目投资。而为解决政府公共文化服务资金不足的问题,伦敦哈默尔史密斯—富勒姆区政府

(Hammersmith & Fulham)将公共文化服务与商业发展项目结合了起来。该区最新的一座图书馆——"牧羊人灌木丛"图书馆(Shepherd's Bush Library),于 2009 年秋天在欧洲最大的中心城区购物中心"韦斯特菲尔德购物中心"开幕,它具有现代图书馆所应有的特色与服务:图书、光碟、儿童教育资源、25 台供公共使用的计算机、用音乐与游戏软件打造的青少年娱乐空间等。图书馆还向附近居民提供工作信息、职业咨询、简易培训、社会福利指南等服务,受到普遍欢迎。这座造价 200 万英镑的图书馆并没有花纳税人的钱,而是区政府根据《城镇与地区计划草案 1990》(Town and Country Planning Act 1990)中的条款,与开发商进行谈判的结果,是借助商业杠杆推动文化创新的成果。

四、鼓励跨界融合与大数据服务

由于文化创意产业是新兴的文化产业类别,它以文化创意、知识产权和科学技术为核心内容,强调内容创意和形式创新,因此它就更加需要融合科技、制造、通信、商业、物流等方面的新业态和新成果,在各种创新成果的集成中实现文化生产力的跨越。

发达国家在推动文化创新力的过程中,不断关注和研究知识经济背景下的精神生产和创意活动的特点,并且利用市场杠杆,持续地塑造适应文化创新的组织结构,包括企业结构、产业结构和社会结构。发达国家的多项研究指出:文化创新力所形成的成果,其寓意与符号价值,远比其自身的实用功能要来得显著,这即是波迪尔(Pierre Bourdieu)所称的象征性资产。这种文化资产的领域非常宽广。它们有些是从传统产业延伸转型,延续既成的产销模式,创造新的经济效益,像是服装、珠宝、家具、艺术品等,是高感觉的设计与精致劳力密集的产业。有些则是以高思维的想像,结合多元软硬件元素与数字科技应用,比如电影、音乐、动画、电玩游戏、新媒体、网络视频等,是资本与信息密集的技艺产业,属于创意经济的领域。这种文化资产的竞争力固然与它们的功能效益有关,但最重要的还是它们的象征价值,尤其是设计、音乐、电影、音乐、动画、电玩游戏等,能够产生广泛的扩散效应,引领时尚潮流和消费活动。这种象征价值正在逐渐超越实用价值,成为引领市场的重要动力。

文化创意产业更加注重产业集群化发展,形成一种跨行业、跨部门、跨领域的发展模式。经过组合开发的文化产品,无论是在研发还是市场营销上,均增加了多种变化的可能性,提升了产品的内涵和质量。文化创意产业跨界合作,正在不断显现出集群效应。一些地方特别是大城市在发展文化创意产业过程中,着力打造具有特色的产业园区。处于产业园区的文化创意企业不仅能享有基础设施、教育培训等外部服务,降低成本,而且能依托园区内上下游企业形成的产业链,进一步提升产品的品质和价值,还可利用集群内部的资源、品牌、设施、资金、信息、技术等要素进行优势互补,实现"一加一大于二"的协同发展效应。具有互联网特点的文化产业企业,近年来表现的一个鲜明的特点就是把控制权交给企业和客户互动的节点,借此来学习和适应环境。各个节点具有很强的自组织功能,并且通过各种支持系统来帮助他们管理和协调各自的行为,并且朝共同的目标迈进[①]。

IBM 商业价值研究院近期发表的全球首席高管调查报告《客户主导型企业》(*The Customer Activated Enterprise*)指出:企业的外部边界正在消失,最好的创意和创新有可能是来自企业之外的人。据调查:参与社交网络的人群中,94%通过社交功能进行学习,78%的人用以分享知识,49%的人借以和专家互动,形成一个个鲜活灵动的"大脑链",有鉴于此,社交网络正在成为越来越多的文化企业主要的创新和利润源泉。大型搜索网站以用户搜索记录为基础的影响分

---

① [美]戴夫·格雷、[美]托马斯·范德尔·沃尔:《互联网思维的企业》,人民邮电出版社 2014 年版。

析,可对某个主题进行不同地域、时间和搜索热点进行分析,也可对不同主题进行比较分析,实时显示大量的指数(比例)和统计细节。出版《哈利波特》等畅销青少年小说的 Scholastic 出版社,1920 年成立于美国纽约,是全球最大的儿童图书和多媒体软件的出版和发行商。它在近年来对融合新的科技成果表现出高度的热情,包括通过建立在线游戏追踪最吸引人的线索和角色。大量的数据分析发现,儿童读者对充满奇妙幻想、情节紧凑、吸引人的故事非常感兴趣。该出版社以此为基础,创作和出版了《39 条线索》系列小说,并使其成为全球畅销书,它的印刷数量超过了 1 500 万本。又比如:自称"部分是网上书店,部分是社交网络",以及"世界上首个真正的社交电子阅读平台"的 Copia (thecopia.com)推出了一个将图书购买、阅读和讨论集中在一起的平台,截至 2014 年,该平台已经拥有了 50 000 名订阅用户。Copia 热衷收集有关人口特征和阅读数据的详细信息(年龄、性别和就读的学校以及这些书被下载、打开和阅读的次数与出版商分享);Coliloquy 出版的电子书允许读者自己设计人物角色和情节线索,经数据分析,让作家在新书中调整故事线索来体现受大众欢迎的选择。读者可以决定书中破案的途径、可以决定主人公的外貌和爱情场景的炽热程度,还可以选择女主人公与三位追求者中的哪一位产生故事。在这样密切的互动中,读者成为参与创作的重要因素,读者和作者、出版者的互动构成了一种新的出版产业文化生态[①]。

　　文化创意产业具有高度的融合性和渗透性,能够把创意内容扩散到产业链的相关环节:在纵向上,能通过销售渠道延伸到目标客户,第一时间获取市场信息,在市场经营战略上,进行快速响应;在横向上,可延伸到产业集群内部的关联企业,构建企业之间的战略联盟,形成合力,以抵御市场风险,还可与政府以及高校、研究机构、中介咨询机构、教育培训机构和金融服务机构等进行合作。这种在经

---

① Eben Shapiro:《当心,电子书也在"读"你》,《华尔街日报》2012 年 7 月 17 日。

营过程中所构建的网络，以及企业与政府、高校、研究机构或中介服务组织等所构建的社会网络，共同组成文化创意产业集群中的创新网络，推动跨界合作、融合创新，文化经济与制造、通信、旅游、时尚等业进一步融合。在信息化和网络化背景下，文化创意产业可以更迅速地吸收和整合各类资源，促进金融资本、社会资本和文化资源的有机结合。

五、突破可持续创新的关键环节

从全球范围看，把各方面力量凝聚起来并充分激发广大国民的创新活力，已经成为许多国家和城市的共识。从深度分析的意义上看，阻碍许多国家和地区创新发展的关键因素，主要不是经费，而是文化理念、科技研发及产业化和文化制度。根据我国研究者罗幸源等做的大量分析和研究，文化创新必须要在推动可持续发展方面有更大的突破。文化的可持续创新，面对着"保鲜期"的难题，是指文化产品和服务的创新属性对消费者保持吸引力的时间期限，也就是一般情况下所指的产品生命周期①。在现代社会，人们对文化产品的消费显得相当苛求，影片要最新，节目要最酷，网络要最快。在文化消费的世界里，没有人会对新奇、好看的东西说"NO"。这样一种心理无疑导致了文化产品与服务对创新无节制的需求，也间接地反映了创新的保鲜期将有可能呈现出越来越短的趋势。因此，要保持中国文化创新的可持续发展活力，就要以更加清醒和理性的态度对待持续创新能力的培养与提升，面对文化创新的"保鲜期"难题，把握住文化产业持续创新的三大要素：动力系统（包括创新意识、创新兴趣、创新胆量、创新决心以及相关的思维活动等）、制度建设（包括形成激发、运用、实施文化创新的体制，以及行政机构、中介组织、企业、高

---

① 罗幸源：《持续创新能力——文化产业核心竞争力》，《文化艺术研究》2008 年 11 月第 1 卷第 3 期。

校、个人等的配合)、要素管理(通过多样化政策引导形成一个资源合理配置、要素系统组合的格局,从而达到产业资源有效利用、企业创新成本有效控制的效果)等,使得中国形成可持续发展的文化创新活力。

近年来在发达国家文化创新力方面的一个重要趋势,是推动"新硬件时代",即研发高度智能化的服务硬件。美国 IBM 公司有关专家说:以高度智能化机器人"沃森"为代表,其自我学习和知识更新的适度越来越快。"沃森"是以 IBM 的创始人托马斯·沃森的名字命名的,它利用一个巨大的计算机并联网络,与 2 000—3 000 个 Power 7 计算核心相连。由于它具有日夜不停学习的能力,所以它所掌握的知识库以惊人的速度增长。"沃森"不但可以承担气象、医疗、地震预报等方面的大量研究工作,甚至可以参与电视台的智力抢答竞赛。当主持人问:这一段流行音乐的歌词"任何时候当你感到痛苦,嘿,请打住,不要把整个世界都背负在你自己的肩头",这是哪首歌曲?"沃森"脱口而出:"Jude!"这恰恰是甲壳虫乐队歌曲 *Hey Jude* 的歌词。这位计算机天才抢在所有对手前面说出答案,而赢得了全场掌声。这是由于"沃森"的知识库里包含了大量的明星歌词,而且筛选和调出这些歌词很快,因此在电视智力抢答比赛中一再抢占上风,而且可靠性高达 98％,抢答非常成功。

IBM 原来是一家通信设备制造公司,经过几十年的转型,逐渐成为全球电脑和通信制造和系统服务的巨头。上述案例说明它已经把自己的研发重点,集聚在硬件制造业和内容服务业的高度融合方面。不仅仅是 IBM,在美国曾经非常热衷"互联网＋"的大企业以及全球市值排名前列的跨国公司,近期做的创新研发都聚焦在新硬件领域。比如,谷歌在可穿戴式电脑/眼镜方面,进行了可持续的研发,站到了世界前列,2014 年上半年的市值达到 4 000 亿美元;脸书投入大量资金研发了模拟现实设备和现实增强设备;微软集中了优秀的团队,在 3D 打印技术和人工智能假肢、远程医疗服务等方面,开展了持续性的研究和开发；特斯拉的创始人伊隆·马斯克，正在集中力量研发新型"高铁"，时速已经能突破音速。所以，有专家指出：美国正在经历一个"新硬件时代"，以美国强大的软件、互联网和大数据技术为基础，以极客和创客为主要参与群体，以硬件为表现形式的一种新产业形态正在萌发①。更重要的是，惯常思维正在崩塌，面向未来的人们需要用 21 世纪的目光，来看待我们的世界和未来。"从 2010 年到 2020 年将会是 21 世纪第一个 10 年思维的转换期，这就给我们创造了一个诞生新事物的空间。②"

这种最新的趋势，使得人们对未来的社会创新主体和组织形态，进行了更加深入的思考。要形成千万个新硬件时代推动者，或许希望就在小公司身上，在充满活力的创客身上。上述的许多高度智能化的硬件设备，跨国公司的巨头也是买来的，它们本身难以进行包罗万象的开发，而是看到好东西，就买过来孵化。有鉴于此，全球文化创新力方面的一个最前沿课题，主要不是投资回报、财务管理、销售战略等。管理界最关注的问题恰恰是怎样让企业家和创客互动、让跨国公司与草根创业者互动。从总体上看，以年轻人为主的"创客"充满了活力，敢于挑战各种习以为常的规则，可是他们不熟悉如何分析和针对市场的需求，也不熟悉如何建立供应链、生产链、价值链和服务链。更何况新硬件的研发，本身有一个周期曲线，会经过一个萌芽期、过热期、低谷期、复苏期、成熟期和萎缩期的变化。必须在最佳时间段内，把握研究、开发和产业化的契机，而这些恰恰是大企业和成熟企业家的专长。"让狮子和猴子共舞，让大象与燕子齐飞"，把两者结合在一起，才能爆发出巨大的能量。

在推动文化创新力的视野中，创客与大企业都在重新调整和确认自己的位置和作用。比如，美国创客工坊阿灵顿门店，占地 2 万多平方米，有 30 台电脑终端，每台电脑上都装有超过 3 万个有价值的

---

① 谷丰来：《谁是"新硬件时代"的推动者》，《解放日报》2015 年 8 月 28 日 14 版。
② ［美］戴维·霍尔：《惯常思维，正在崩塌》，《解放日报》2015 年 8 月 28 日 16 版。

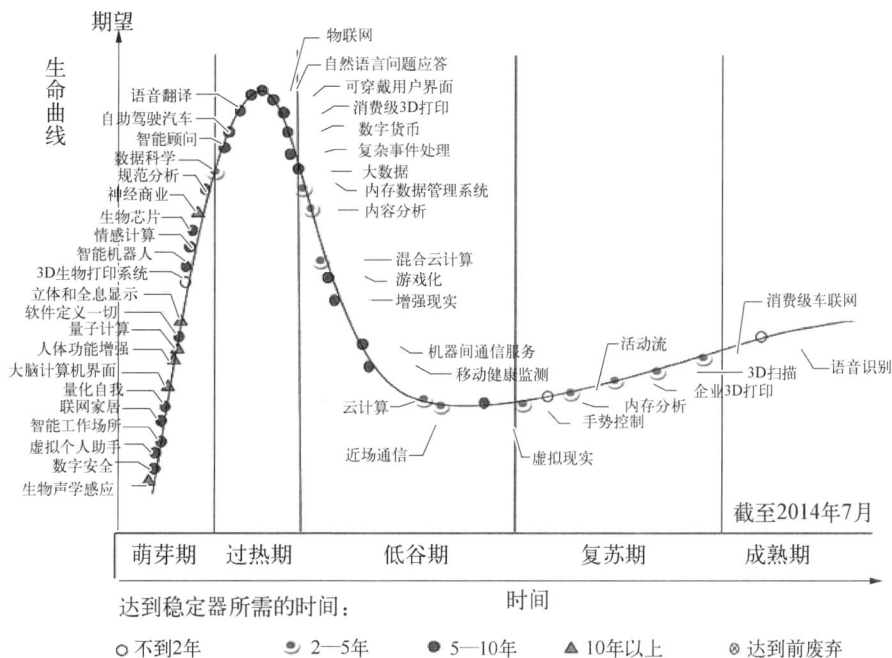

图 2-5 新硬件研发的生命曲线

资料来源：谷丰来：《谁是"新硬件时代"的推动者》，《解放日报》2015 年 8 月 28 日 14 版。

软件系统；木制品工坊中各种型号的锯子、车床、手工工具应有尽有。在这个创客空间中还专门设立了 4 台激光切割机、3 台激光打印仪、1 台高压水射切割机以及 1 台真空成型机和其他配套设备。与此相适应，创客工坊还提供相关的课程，教授它的会员特别是年轻人使用各种仪器。创客工坊先后吸引了超过 6 000 名粉丝和参与者，大多是技术爱好者、有丰富业余生活的白领以及学生。创客工坊不仅是城市居民消遣时光的好地方，更是青年创业者与初创企业的实验室，不断形成大批推向市场的产品，比如名为"Square"的信用卡读卡器、可折叠的玩具小艇、用竹子纤维手工做成的 iPad 外套、被誉为全世界最快的摩托车——光电摩托车、帮助早产儿维持体温的平价睡袋等。创客工坊是制造业精英的摇篮，同时又吸引了福特、通用电气等跨国公司和美国国防先进研究项目局等的资金赞助。比如：通用电气公司在华盛顿特区的康涅狄格大街上开设了"技术打造中心",号称通用仓库,帮助创客们进行更加有效的创新孵化工作。

"让狮子和猴子共舞,让大象与燕子齐飞",这样的发展模式,使得创新的成本大大降低,每个人都有可能把想法付诸实现。越来越多的经济学家预计,美国制造业将以初创公司与创新形态的方式,成为城市经济的重要组成部分。美国布鲁克林学会的学者布鲁斯·卡茨和詹妮弗·布莱德利曾撰文写道:"制造与发明,原来在美国经济中完全分开来比较与研究,如今则越来越显示出交叉与融合的态势。"①发达国家的消费者也在转变消费理念,倾向于购买富有个性、本土制造的商品,也更倾向于购买那些充满了故事内涵与文化气息的东西。华盛顿的创客工坊的理念是:如果能够把一件产品的生产成本从10万美元降到5 000美元,那么任何一个市民都能够进行发明与创造。制造成本的降低能够让更多的人实现创业梦想。由于美国逐渐步入一个新的工业化时代:以小规模、智能化和精细化制造为主要特征,并且与跨国公司的强大投资和营销能力相结合,逐渐显示出美国政府"再工业化"战略的大致轮廓。这正是中国增强文化创新力,需要密切关注和深入把握的重要规律,并且需要根据中国的国情,更有效地提振全民的文化创造活力。

第五节 提升中国文化创新力的重点和路径

一、鼓励创新和创业的理想追求

提升中国文化创新力的重点内容之一,是要大力倡导创新和创

---

① 童薇菁:《"创客工坊"助力美国创业梦想》,《文汇报》2014年6月5日。

业的理想追求,激发千千万万创业主体的内在热情和积极性。

跨入 21 世纪以来,结合中国迈向创新型国家的历史性步伐,越来越多的有识之士对创新的定义和规律进行了越来越深入的探讨。中文"创新"一词,最早见于《魏书》:"革弊创新者,先皇之志也。"结合《魏书》所针对的历史年代和制度变革,这主要是指制度方面的改革、变革、革新和改造,并不包括科学技术的创新。著名美国经济学家约瑟夫·熊彼特在 1912 年出版的《经济发展理论》中第一次提出技术的创新。他将技术创新定义为"生产要素的重新组合",形式有"引进一个新产品;开辟一个新市场;找到一种原料的新来源;发明一种新生产工艺流程;采用一种新的企业组织形式"。这是一个重要的理论突破,指出了技术创新对生产力的极大解放。

如今,全球科技基础、文化多样性和经济环境都发生了巨大的变化,《魏书》和约瑟夫·熊彼特的论点,已经不完全适应现代社会。从产业开发和企业管理的角度看,创新就是一种从新思想的产生,到实现商业化和产业化的过程。创新就是美好的梦想加上有效的实施,并导致价值创造,而使得社会获得普遍收益。通用电气(GE)最近再次发布了《GE 全球创新趋势调查报告》,他们通过对来自 12 个国家的 1 000 位直接参与公司创新项目的企业高管(其中有 30% 担任 CEO、CIO、CTO 等级别的职务)进行了调查,结果显示美国获得 67% 的票数,名列榜首,其次是德国(44%),第三名是日本(43%),接着是中国(35%)①。

而在接受创新趋势调研的企业高管中,有 77% 的高管认为,21 世纪最伟大的创新将是那些能够最大限度解决人类基本需求的发明创造,而非创造最高利润的项目。创新主要通过健康质量、环境质量、能源安全和教育机会等四方面改善人类的生活。因此,一个成功的创新人士和优秀团队,必定是有这样高远的理想情怀和务实能力

①《GE 公司发布 2014 年"全球创新趋势报告"》,凤凰网·创新,2014 年 7 月 29 日。

的人,也一定是适应各种挑战和挫折,在不断变化的市场环境中保持理想追求的人。大量的研究表明:一个国家的人均 GDP 从 500 美元到 5 000 美元,成功的体制和政策可以起决定性的作用,但人均 GDP 从 5 000 美元跨入 1 万美元或 1.5 万美元以上的阶段,世界上大多数发达国家都是经由成功创业和创新来推动与实现的,特别是一批具有强烈的内生动力的创新精英和创业人士来带领的。这在今天的中国具有特别强烈的现实意义。

我们在浙江省对县域文化创新力的实地调研,突出地说明了这一点。浙江省作为全国经济最发达的沿海地区之一,下辖 32 区 58 县。改革开放以来,浙江省委、省政府重视县域经济发展,鼓励因地制宜,不断解放思想,推动县域经济的发展水平走在全国前列。与此同时,浙江省文化产业近年来保持了 20% 的年均增长率,在 2012 年达到 1 581.72 亿元增加值,占全省 GDP 比重达到 4.56%,同时浙江省也是全国对外文化贸易最为发达的五个省市之一。在这个过程中,浙江省县域文化产业犹如充满活力的江南春水,不但成为县域经济转型发展、可持续发展的动力,也成为浙江省全面提升文化软实力的重要基础,而它的内在动力,恰恰是强烈的创新理想和创业能力。

浙江县域文化产业发展的关键之一,是注重地域文化的再造与人才培育的结合,特别是培育了一大批文化产业的企业家和领军人才,让他们所代表的文化理念成为“勇敢的心”,形成引领县域范围内创意、创业、创新的精神旗帜,推动县域形成有利于转型发展和创新创业的社会共识、价值取向和文化风范。

党的十八届三中全会通过的《中共中央关于全面深化改革若干重大问题的决定》提出的一个重大理论观点,是要使市场在资源配置中起决定性作用。而使市场在资源配置中起决定性作用的主体,恰恰就是企业家,以及那些正在努力成为企业家的企业主、工商业者或企业的领导人。优秀企业家在资源配置中起决定性作用的比重是否较高,可以视为县域范围内市场经济体制成熟度的一个最重

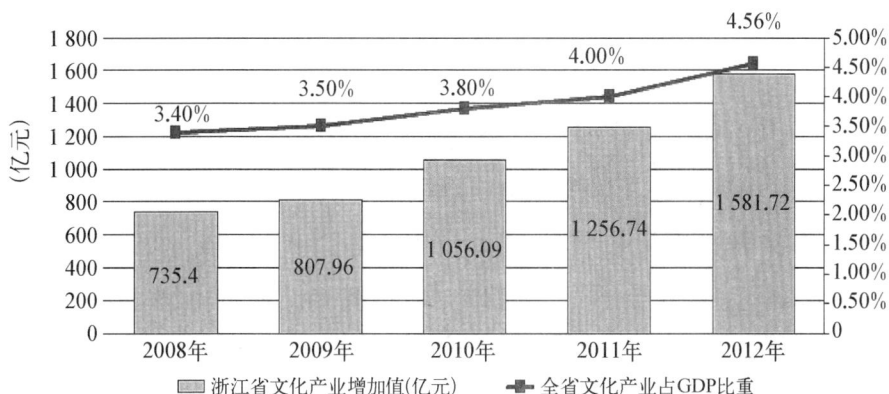

图 2-6 浙江省文化产业增加值和占比(2008—2012 年)

资料来源:根据相关年份《浙江省国民经济和社会发展统计公报》和有关资料绘制。
参看花建:《以文化产业的融合创新推动县域可持续发展——以浙江代表性县域为重点的研究》,《文化艺术研究》2015 年第 1 期。

要指标。

美国跨国公司 3M 公司有一个富有强烈鼓动性的口号:"为了发现王子,你必须和无数个青蛙接吻。""接吻青蛙"意味着要承受太多的冒险与失败,但是"如果你不想犯错误,那么什么也别干"。这也正是马克斯·韦伯在《新教伦理与资本主义精神》提到的,真正的企业家具有强烈的道德品质、冒险精神、远见卓识和全身心的行动能力。中国学者陈宪进一步指出:创业者比起普通人来说,至少具有三个特质——风险偏好、组织才能、激情或好奇心。现代经济增长的动力,不完全依赖于资本的投入,主要来自内生于经济体系的技术变革、有着边际报酬递增特征的知识资本和企业家精神。其中,企业家精神具有起决定性作用的主体意义,而企业家经济正是市场经济的成熟形态①。

中国历史上曾经有过长时期的农耕文明,封建统治者采取重农抑商、压制市场的政策,阻碍了新兴生产力的兴起,也形成了相对封

————————

① 陈宪:《中国缺企业家,还是企业家精神?》,《解放日报》2014 年 7 月 5 日。

闭和保守的文化观念。而浙江地处我国东南沿海,浙江人在迎接生存挑战的过程中,形成了以"永嘉文化"为主流的地域文化特色:第一,具有崇尚工商的价值导向和"善进取,急图利"的功利主义,传承了春秋战国以来范蠡弃政从商的理念;第二,具有精于制作、注重信用、追求实效的商业道德,形成了把工艺制作和契约精神相结合的务实作风;第三,具有勇于冒险、傍海而居、跨越大洋的海派文化传统,特别是近代以来率先开埠,培育出面向国际市场的冒险精神;第四,具有"崇尚柔慧,厚于滋味"的人文情怀,善于以血缘、地缘、业缘等形成合作纽带,并且高度重视市场经济的信用。

在改革开放新的历史条件下,浙江人把这种充满进取心的地域文化与时代需要相嫁接,培育起以创业、创新为核心的浙江精神。早在 20 世纪 80 年代,浙江省就因势利导提出"四个允许"(允许农民经商、允许从事长途贩运、允许开放城乡市场、允许多渠道竞争)和"四个不限"(不限发展比例、不限发展速度、不限经营方式、不限经营规模)的政策,使一大批县域民营企业家脱颖而出;20 世纪 90 年代,浙江省实行乡镇企业产权制度改革,释放了县域和镇域经济的活力;跨入 21 世纪,浙江省进一步提出:弘扬发展浙江精神,弘扬浙江人民善于创业、勇于创新的精神品格和文化传统;近年来,浙江省又开展了评选"文化新浙商"的工作,设立了"浙江省卓越浙商文化产业基金",让一大批县域的文化企业家脱颖而出。从义乌、萧山、平湖,到东阳、余杭和长兴,许多浙江县域的经验证明:最活跃的文化生产力是具有创新和创业思想的文化企业家群体。而新型企业家群体的壮大,需要充分利用当地的市场文化氛围。"让思想冲破牢笼,趁热打铁才能成功!"让先进文化武装人们的头脑,打造适宜创业和创富的政策环境,以创新的理想激发千万人投入文化产业的洪流,才能让文化企业家群体,成为发展县域文化产业的优先要素和重要资本。

2010—2014 年,由国家文化部文化产业司支持,新华社浙江分社、浙江省文化厅联合主办的"文化新浙商"评选已举办四届。评选出的一批文化新浙商对县域文化产业起到了良好的带动作用。比如浙江甲壳虫印刷包装有限公司董事长李奇斌,从衢州起兵,把文化创意和印刷包装相结合,把孩子们耳熟能详的卡通明星小羊肖恩、龙珠、蓝精灵等通过授权开发,形成了近百套动漫系列产品;浙江讴歌文化投资有限公司董事长应晓,从绍兴发端,形成以量贩娱乐、时尚餐饮、健康服务等为主题的文化产业链,下属子公司达到 20 多家。再以中国木雕之都——浙江东阳为例,它历来就有"百工之乡"的悠久传统,形成了精益求精、注重信用、追求实效的地域文化。在政府鼓励文化产业的战略和政策引导下,这座浙中小城,崛起了一个工艺美术产业集群。其骨干是一批亚太地区、国家级、省级工艺美术大师和优秀工艺美术人才,包括亚太地区手工艺大师 2 位、国家级工艺美术大师 8 位、省级工艺美术大师 24 位和一大批能工巧匠,涉及木雕、草编、红木家具、编结(中国结)、核雕、书画等多个领域,其规格之高、人才之多为国内外罕见。他们提升了东阳木雕的传统技术,通过企业家精神转化成为产业化成果,成为发展文化产业的第一资本和第一要素。东阳市工艺美术大师开发了大批具有自主知识产权的原创性作品,承担了北京故宫倦勤殿修复、乾隆蟠龙宝座复制等代表国家工艺美术最高水平的重大工程,产生了广泛的国际影响。东阳吸引到联合国教科文组织下属的世界手工艺大会第一次到中国召开,获得了世界木雕之都的美誉,显示了"东阳独创、中国原创"的文化财富之源和创意集体魅力[1]。

这就如同鲁迅先生的一个深刻的比喻:从芝麻中榨出芝麻油,再用以拌芝麻,就使得芝麻更加香甜。在县域文化产业领域中,企业家精神是从培育市场经济、鼓励优胜劣汰、壮大产业集群的实践中锤炼出来的。企业家精神也是通过赋予企业家应有的市场地位,营造

---

[1] 根据在东阳的实地调研材料得出。参看花建:《以文化产业的融合创新推动县域可持续发展——以浙江代表性县域为重点的研究》,《文化艺术研究》2015 年第 1 期。

资源平等、机会平等、权利平等的市场环境而提炼出来的。这种文化的精华犹如"芝麻油"，一旦扩散会对县域的创业、创新活动形成引导和鼓励作用。美国芝加哥大学博士埃德加·沙因指出：企业和组织文化是在成员相互作用的过程中形成的，为大多数成员所认同的一套价值体系，也就是企业家和员工所共同创造的文化基因，它包含了企业成员在价值观念和行为规范方面"理所当然"、"本该如此"的习惯①。历史的规律一再证明：要想改造世界，首先要改造自己。有鉴于此，浙江省县域文化产业的发展，不仅注重硬件、发展基础设施、加大扶持力度，而且越来越注重提升软件，这一深刻的经验对全球工艺美术界都产生了影响，也启发了更多省市和县域乃至街镇的人们。从改造自己的世界观入手，从树立创新和创业的理想入手，形成"勇敢的心"——以企业家为代表的创新文化和创业引擎，才能在挑战客观世界和未来挑战中抓住历史性的机会。

二、以文化多样性增强国家创新活力

提升中国文化创新力的重点内容之二，是要以文化多样性增强创造的活力。

文化多样性本身会增强创造力，顺应全球化潮流，形成更大的文化活力。一般来说，文化的多样性主要是指人类文化在表现形式上的丰富多样，多样性是世界文化拥有魅力的前提。本来，文化多样性是世界的"原生态"，即处于传统的、离散时空的社会发展阶段的各个民族，其文化发育基本上都是在相对封闭的环境下形成与发展的，因此也是各具特色的。然而，随着人类全球化脚步的加快和资本的全球性扩张，原有的世界格局逐渐被打破，用马克思的话说："民族史日益成为世界史。"有鉴于此，文化的世界性不能脱离民族性而存在，多

---

① ［美］埃德加·沙因：《组织文化与领导力》，中国人民大学出版社 2011 年版。

样性是整个民族文化生存与发展的根基。坚守文化多样性立场,世界的文化才能"增值",世界才越来越充满意义。今天在文化多样性背景下,不同文化间需要有创建的交流,2001 年联合国教科文组织第 31 届大会在巴黎总部通过了《世界文化多样性宣言》,其中重申一个信念:缓解各文化和文明间冲突的最有效方式,是文化间的平等沟通与对话。在 2010 年上海世博会期间,联合国教科文组织总干事科波娃发布了联合国成立 65 年第一份有关世界文化的报告《着力于文化多样性和文化间对话》,强调文化多样性会增强创造力、创新性的精神。文化多样性既是对文化个性与特殊性的表达,也是人类共同文化品质的展示。只有尊重文化多样性、独立性、异质性和完整性,才能感受到世界文化的多姿多彩,才具有创意。

以文化多样性增强创新活力,需要包容各个职业群体的创新和创业活动,特别是发挥中心大城市由于大量人口集聚而形成的多元文化活力,为他们各具特色的文化创新项目提供条件。腾讯科技旗下互联网产业趋势研究案例与数据分析的专业机构——企鹅智酷近期的一项调查发现:在从业人员中,51.9％的市场人员、51.4％的管理者、48％的技术人员、46.8％的高管和 41.1％的文职人员都有过创业的想法和创新的愿望。对创业的蠢蠢欲动并非个案,而是几乎覆盖了各个层级和所有职能[①]。当这些多样化的人群达到比较大的规模时,就会明显刺激创新的热情。世界上最旺盛的创新活力中心是在洛杉矶、纽约、伦敦、旧金山等国际化大都市,目前中国的创新中心则集中在上海、北京、深圳、广州、成都等中心城市。人口规模、人口多样化与创新活力存在一种正相关的关系,包括印度班加罗尔、中国深圳等以吸收大量移民为主的新兴城市也迸发出越来越旺盛的创新活力。在全球范围内获得公认的国际创新中心城市,其特点如表 2-4 所示。

---

① 企鹅智酷官方网站,2015 年 4 月 18 日,http://tech.qq.com/biznext/list.html。

表 2 - 4　创新性中心城市的基本特点

特　点	内　　涵
创新性	它是国家乃至全球新知识、新技术和新产品的产生中心,创新活动发生频繁,创新文化成为普遍的社会共识
集聚性	它是多种资源的高度集聚地,包括高等院校、领军企业、服务平台、基础设施、重要论坛举办地、国际组织总部和节点等,也是创新人力资源最集中的城市
系统性	它是一个由各种创新资源在空间上集聚而成的区域创新系统的概念,并非单纯取决于某一个企业,而是诸多因素关联、集成、互动与整合的结果
成长性	它不是一个按图索骥的刻板模式,而是一个不断生长的过程。随着创新集聚效应的扩大,越来越多的创新资源向这里集聚
外向性	它不但是本地创新机构的聚集地,而且是跨国公司、国际组织等汇聚中心。当这些国际创新资源逐步集中的时候,又会带来更加广泛和紧密的国际联系

　　一个国家和城市保持适当的人口规模对于创新是有利的。人口规模大则市场大,同样一个东西被开发出来后就会被更多的人去使用;使用率高则效益提升,创新性公司就会有更强的实力去研发新的产品。比如中国企业开发的 App 就比韩国的 App 和新加坡的 App好得多。中国移动互联网市场的规模已超过美国,中国企业在移动App 方面的水平,已经超过了美国同行。一般来说,城市具有较大的规模对推动创新是有利的,不仅仅消费市场扩大了,研发人员的数量也更多。

　　以文化多样性增强创新活力,要结合城市的再造和更新,形成吸纳大量创新资源的"海绵式"生态系统。对于中国这样一个拥有 13亿人口、陆域面积达 960 多万平方千米的世界大国来说,要激发全民族的文化创造活力,仅仅依托上海、北京、深圳、成都等中心城市是远远不够的,还需要让更多的中小城市参与到创新的潮流中来。根据第六次全国人口普查,中国超过 500 万人口以上的特大型城市有 88

个,其中排名前 5 位的重庆市有 2 885 万人,上海市有 2 103 万人,北京市有 1 961 万人,成都市有 1 405 万人,天津市有 1 294 万人。其中每一个城市的人口都已经超过了一些欧美国家比如丹麦、比利时和卢森堡的各自全部人口。即使是排名倒数 6 位的城市:渭南市有 529 万人,昭通市有 521 万人,永州市有 518 万人,安阳市有 517 万人,运城市有 513 万人,南昌市有 504 万人①。如果对比欧美国家,这已经是巨型城市了。但是问题恰恰在于:并不是人口超过 500 万以上的城市就进入中心创新城市的版图,恰恰相反,有的 500 万以上人口的大城市,在创新力方面却成了"萎缩的池塘"和"涓涓的细流",处于艰难转型的阵痛之中。所以,一个尖锐的问题就是:为什么永州市、安阳市、运城市等历史悠久、超过 500 万人口的大中城市,没有被纳入 2014 年全球创新城市指数 445 个城市的排行榜中②,而深圳等新兴城市却成为全球创新城市指数排行榜上的闪亮之星?为什么横店、顺德等人口规模为中国常见的建制镇和城区,在很短的时间迅速崛起,成为中国国家级文化科技融合创新基地,成为联合国教科文组织认定的全球创意城市?

　　如果综合起来看,排头兵城市大都体现了城市战略与文化理念、政府推动与市场活力、城区建设与国际联系的有机结合,通过营造优良的文化生态、推动文化要素的大规模流动,来激发城市的文化创新力。文化的活力和创新价值常常是渗透于文化多样性之中的,多元文化融合要在流动中推动多元包容。以深圳为例,它从一个南海边的小渔村到经济总量位居中国大中城市第四位,以"敢闯敢试"精神缔造了城市高速发展的奇迹。"十二五"规划期间,正是创新驱动使深圳再领潮头,各种创新创业型企业大量涌现,使这座特区城市持续迸发活力。当年,与珠三角地区许多中心城市一样,深圳的产业也是在"三来一补"基础上发展起来的,但深圳因势利导,抓住自主创新的

① 国家统计局官方网站,http://www.stats.gov.cn/ztjc/zdtjgz/zgrkpc/dlcrkpc/。
② 参看本报告第一章《总论》。

历史性机遇,大力推动产业转型升级。1999 年,深圳开始举办中国国际高新技术成果交易会,以此为平台,华为、中兴、腾讯、深圳华强等一大批高新科技企业迅速成长起来。2003 年,深圳首次举办中国国际文化产业博览会,从此成为中国唯一的国家级国际文化产业博览会,极大地推动了文化创新力的集聚和迸发。经过几十年的发展,深圳企业包括文化领域所追求的创新方式,已从传统的吸收、消化、引进式创新,逐步向原始创新、源头式创新转变。2014 年,深圳全社会研发投入占 GDP 的比重达到 4.02%,位居全国前列,超过全国 R&D 2.0% 的平均水平;PCT 国际专利申请量达 1.16 万件,占全国的 48.5%;每万人有效发明专利拥有量 65.7 件,是全国平均水平的 13.4 倍。2014 年,深圳市文化产业保持了较快增长势头,文化产业增加值实现 920 亿元,占全市 GDP 5.8%(按新口径计算);文化创意产业增加值实现 1560 亿元,占全市 GDP 9.8%,同比增长约 15%[1]。从文化创新力、文化多样化和文化流动性的角度看,深圳的领导和专家鲜明地提出:"文化是流动","城市文化战略要把握流动性规律"的主张[2]:

第一,任何兴旺发达的城市和地区一定是流动文化最活跃、碰撞最激烈的地区,而没有流动文化或流动文化很少光顾的地区,一定是落后的地区。流动就是文化的原动力。公元 14 世纪初至 17 世纪中叶,西欧相继出现文艺复兴运动和宗教改革运动。欧洲文化和美国文化的冬去春来,与其文化视野越来越开阔有关。文化的流动性,决定了文化也和其他要素一样,具有向四面扩散的特点。凡是有活力的、向上的文化,一定要向四周,甚至是向遥远的时空去流动。

第二,历史文化的积淀有它有利的方面,它可以增强一个城市市

---

[1] 根据在深圳的调研,并参看《2014 年深圳文化创意产业 增加值 1 560 亿》(南方网深圳新闻,2015 年 1 月 27 日)。

[2] 王京生:《文化是流动的》,人民出版社 2013 年 10 月版,第 3 页,第 73 页。

民的自豪感,保持一个民族文化的传统能够薪火相传。但是,必须指出,传统文化也能够窒息一切生动、活泼的文化行为和经济行为,变成沉重的历史负担。在中国历史上,犹如阿 Q 所说:"我们祖上比你阔多了。"许多人做一切事都要在祖宗的牌位上寻找根据,这就是中国改革步履沉重和屡屡失败的基本原因。因此,绝不能信赖于所谓的底蕴和沉淀能在今天爆发奇迹。

第三,人是文化的基本载体,只要有人的地方就有文化。流动的人群是流动文化的承载者。而中国的文化特别是历史遗留下来的器物文化,只是文化的化石。而在深圳,移民带着各种文化基因和文化梦想,源源不绝地流入这个城市,人的流动正如物的流动一样,越频繁,规模越大,一个地区就越有活力。

第四,频繁流动和健康向上的文化生态,是一个城市最要紧的事情,如何营造一种这样的文化生态,成为一个城市明智的管理者最根本的职责,那就是确认流动文化的重要性,并且为文化的流动创造日益广泛的空间,使流动的文化能够在这里得到充足的养分。而其中的一个强大推动力,就是文化产业。没有产业化的文化运作所带来的推动力量和影响力,文化的大规模流动与扩张是不可能的。

正因如此,大量文化的流动为深圳带来了巨大的活力,诞生了一大批富有文化创新力的实体:马化腾率领的腾讯,是当今中国市值最高的互联网企业和互联网内容服务商,名列全球第四,2014 年在腾讯微信平台上同时上线的达 2 亿人次。深圳华强拥有目前国内规模最大、种类最多、技术最全面、设备最齐全、产量最高的特种电影专业公司,研发出悬挂式球幕电影、环幕 4D 电影、跟踪式立体电影等十多类特种电影。其中环幕 4D 影院系统已输出到美国、加拿大、意大利等全球 40 多个国家和地区,相配套的 4D 影片每年出口 20 余部。合纵文化是目前规模最大的音乐连锁经营机构,拥有全国门店 180 余家,分布在全国 150 多个城市;集团员工超过两万人,签约歌手艺人超过 1 200 名,成为该行业中规模最大的音乐和娱乐集团公司。而作为联合国教科文组织认定的全球创意城市,深圳拥有上千家设计公司、几十万设计从业人员,集聚了以设计申奥标志闻名于世的陈绍华等一大批优秀的建筑、室内、工业、时尚、平面、动漫、景观等设计师。深圳从一个小渔村走向全球创意城市的伟大历程,对中国所有的城市都提供了重要的启迪,也值得各类城市对比自己的长处和弊端,在迈向创新城市的道路上奋起直追。

三、推动文化、科技、产业协同创新

提升中国文化创新力的重点内容之三,是以文化与科技、产业的协同创新,不断开发新的文化生产力。

跨入 21 世纪以来,全球范围内产业和城市"双转型"的浪潮风起云涌。产业向科技型、知识型、生态型发展,城市向集约型、智慧型、绿色型发展。城市经济增长的可持续动力,集中体现在以科技研发能力、科技成果转化能力、文化创造能力、全球服务能力等为主的创新能力。

21 世纪的文化生产可以分为三种形态:"在地生产"是指以某一地区不可转移的文化景观(物质文化遗产、自然景观、文化娱乐设施等)为依托从事的文化生产,如文化旅游等。"在场生产"是指突破地域性的限制,但需要在特定场合进行的文化生产,如电影放映、演艺和艺术品巡展等。"在线生产"是指以现代通信技术和数字技术为平台,进行的文化生产。三种文化生产形态各有特点,上海要依托自身的优势,抓住机遇,不但要加强人流、资金流和信息流的集聚,而且要加强文化商品流的辐射,努力打造文化创新之都。

从传统的观点看,各个城市拥有的历史文化遗产是不一样的。中国素有"1 000 年的中国看西安,500 年的中国看北京,100 年的中国看上海,30 年的中国看深圳"的说法。在中国 1 000 多个城市中,西安、咸阳、开封等都拥有 1 000 年以上的历史,而上海、深圳、珠海的

表 2-5 21世纪三类文化生产的特点

生产形态	特点	载体	文化行业	关键要素	特点
在地生产	以城市某一地区特有的、不可转移的文化景观为依托,从事的文化生产和消费	物质文化遗产自然景观、传统工艺、节庆	文化旅游节庆活动工艺品生产	物质和非物质文化资源自然资源	收益稳定、风险低、收益低、受季节影响,从业人员要求低
在场生产	能突破地域的限制,但需要在特定场合进行的文化生产和消费	场馆、影院、演绎场所、公共空间	演艺活动、电影放映、艺术品巡展	硬件设施人流	收益稳定、风险较低、受自然影响不大,受人流影响大
在线生产	以现代通信技术和数字技术为平台进行的生产和消费	影视制作技术广播电视网络通信技术网络数字技术	影视制作、图书出版、广电、网络游戏、动画业、软件开发	创意科技人才	市场不确定因素多、风险高、收益高、对人员素质要求高

资料来源:花建:《转型背景下的城市文化竞争力》,《解放日报》2013年12月2日。

历史比较短,拥有的历史文化遗产不但数量有限,品级也不高。但是,在数字化和网络化的时代,衡量一个城市文化资源的标准,已经不仅仅是物态化的文化遗产数量和体量,更包括了在数字化和网络化基础上的可编码性和可流通性。

表 2-6 21世纪文化资源的三维标准

标准	特点	内涵
一维标准	资源数量的丰富程度	资源的多样化程度和创造自由度
二维标准	资源数量的珍稀程度	资源的不可替代性和不可再生性
三维标准	资源质量的数字化加工程度	资源的可编码化、可流通性和可移植性

资料来源:花建:《转型背景下的城市文化竞争力》,《解放日报》2013年12月2日。

从现代数码科技的角度看,文化资源包括两大部类:一类是非数字化资源,如未经任何数字化处理的自然景观、文物古董、历史遗产、民俗民风、节庆活动等,如四川都江堰、乐山大佛等;另一类是数字化资源,即利用电脑制作、采集和计算的多媒体素材,包括图像、文字、数据、符号、音响等,形成不断补充的海量文化数据库系统。有专家指出,在数字化技术的推动下,21世纪的文化资源正在从二维标准向三维标准发展。

一旦文化资源从二维发展到三维,就有了一个质的飞跃,它从一种无法流通和难以复制的实体资源,进入以0和1构成的数字化世界,能够以极快的速度依托互联网进行全球流通,可以被储存、被改编、被移植。所以,东京和伦敦作为全球电子出版物的中心,拥有了比其他城市更为庞大的数字化文化资源。英国的广播、影视和博物馆机构,很早就对全球文化资源进行数字化编码和整理。早在1994年,大英博物馆就已经着手建立多媒体馆藏数据库,到了1997年,推出多媒体藏品查阅系统,从2000年6月开始,观众可由大英博物馆网站,获取馆藏5000件重要藏品的相关信息。而欧洲的另外一大博物馆法国的卢浮宫博物馆,早在1995年就开始准备开放官方网站。到2004年,观众已能看到卢浮宫的3.5万件馆内公开展示的藏品以及13万件库藏绘画作品。而美国、日本、印度等国家也在推动数字博物馆方面做了大量努力。

有一个生动的案例,敦煌在遥远的大西北,而3D技术复原彩塑壁画却是上海文化科技融合的一个重点项目。颢汉科技深入大西北的敦煌,用3D技术复原彩塑壁画,让不可移动文物得以精准"重建",该团队对3D建模技术的探索研究在业内逐步处在领先地位。浙江大学原校长潘云鹤等人指出:该团队在大型不可移动文物高保真数字三维重建领域首次取得突破性成果,技术处于世界领先水平[1]。圆

① 彭薇:《他们为莫高窟留存"大数据"》,《解放日报》2015年8月29日。

梦的起点,就在松江创异工坊。创异工坊的总经理也成为新团队的投资合伙人。2014年6月新公司组建后,又和敦煌研究院联手,重回千年洞窟。他们从硬件到软件都进行了大胆创新,采用了魔术式支架,可以在洞窟内进行叠加,无论莫高窟的佛像什么高度,都可以自如拍摄。以前处理转换一张人脸图片,要花一两个小时,现在只需40秒。这彰显了梦想、技术和时代进步的完美结合。"老祖宗的文物,暴露在自然环境下,会一天天老旧,甚至破损。"该公司在持续为莫高窟的洞窟采集信息、留存数据模型时,和有关文博单位一起开发文物应用系统。"这就好比画家、摄影师有Photoshop处理软件,以后考古学家、雕塑家、画家等也应该有适合他们的应用。"数据模型留存不能只躺在硬盘里,要被研究者所用。时代在进步,记录世界的手段也在不断丰富。文化创新力的增长永远没有止境,而一旦文化与科技获得了系统化的融合,将会释放出过去难以想像的创造力。

　　文化与科技、产业融合发展的重点之一是系统整合、协同创新。一项重要的创新成果完成需要从科学研究、实验开发、推广应用的三级跳,只有同国家需要和市场需求相结合,才能实现真正的创新价值,实现创新驱动发展目标。科技创新犹如一条长长的链条,环环相扣、节节相连才能发挥更好的系统作用。国内有很多新专利,每年获奖科研成果也有很多。但是,大量技术和产品依然需要进口,其中很重要的一个原因,是国内高校、科研院所的研究与市场隔绝,科研项目水平较低。在两院院士大会上,习近平总书记指出:"多年来,我国一直存在着科技成果向现实生产力转化不力、不顺、不畅的痼疾。就像接力赛一样,第一棒跑到了,下一棒没有人接,或者接了不知道往哪儿跑①。"如何加快"接棒"、避免"断链",解决产学研合作出现科技、经济"两张皮"问题,创新体制机制,打破条块分割,加强协同,科研体制需要进一步改革。在西方国家,高校和企业建有很多的联合实验室。在英国帝

---

① 《习近平在中国科学院第十七次院士大会、中国工程院第十二次院士大会上的讲话》,《人民日报》2014年6月9日。

国理工大学与企业联合建立的实验室里,有教授、企业人员、外国访问学者等各类研究人员,他们的跨界合作非常有利于科技成果产业化。

文化与科技、产业融合发展的重点之二,是实现从研发到产业化的协同网络。在科技创新和成果转化上,具有将新发明、新创意转化成新产品、新服务的强大能力。较好地把握政府、研究机构、文化企业之间的关系。三者之间既有密切合作,又发挥各自主动性。从软件到互联网,美国硅谷每一代科技创新产品都与斯坦福大学、加州大学伯克利分校等周边研究机构的技术支持分不开。依托大学或科研机构,使科研与生产高度结合,实现研发成果迅速转化为产品,被人们称为"硅谷模式"。在美国,一般性的研究以及将研究成果转化成产品与服务的任务由企业主导。当人们谈到苹果、戴尔、脸书等许多知名企业时,总会发现它们不是诞生在车库,就是学生宿舍。由于市场准入和退出的门槛都很低,企业必须全力推出人无我有、人有我优的产品与服务,才能尽快将科技成果转化成商品。目前,我国的科研机构和企业拥有的知识产权许多是碎片化的,只有众多专利构建起来的知识产权系统,才能确保高科技产品的国际竞争力。上海建立"知识产权加工厂",可将各单位的专利进行加工、组合,提高专利转化率,克服体制机制上的"拖延症",加速自主创新的成果审批过程,缩小创新的"国际差距"。根据中央对上海科技创新工作部署,牵住科技创新这只牛鼻子,以只争朝夕的紧迫感和使命感,加快科技创新协同建设步伐。

文化与科技、产业融合发展的重点之三,是充分利用互联网所联系的全球市场。跨入 21 世纪的第二个 10 年,全球正有 30 亿人逐步接入互联网这一前所未有的信息高速网络。特别是移动互联网和多屏融通技术,更是相互割裂的市场进行了全面的打通。2014 年 6 月,苹果公司展示跨设备交接(Handoff)技术,是下一代桌面和智能设备操作系统实现总体聚合的一项新技术,通过该技术,用户在一台苹果设备上中断某项任务后,可切换到附近另外一台苹果设备上继续执行。比如,用户可以在一台设备上开始浏览网页,随后切换到另一台设备上继续浏览同一页面。从苹果手机到平板电脑,再到个人计算机,各种苹果设备之间借由该技术高度融合在一起。

融合创新,从技术融合到市场融合,再到产品融合和产业融合的创新路径,在数字化平台上推动文化产业新兴发展。号称"多媒体之父"的加拿大学者哈威·费舍先生所说:数字化所代表的科技革命,"在第一时间便渗透到我们人类活动的所有领域,已经展示了其彻底和不可遏制的爆发力"。全球互联网用户年内将达 30 亿,根据蓝色光标旗下全球知名社交媒体营销公司 We Are Social 颁布的数据,2016 年全世界网民达到 34.2 亿人,相当于全球人口的 46%;经常使用社交媒体的有 23.1 亿人,相当于全球人口的 31%;手机用户达到 37.9 亿人,相当于全球人口的 51%;移动社交媒体用户 19.7 亿人,占全球人口的 27%。[①] 中国成为拥有互联网人口最多的国家,印度紧随其后而成为互联网的第二大市场。伴随发展中国家在用户数量方面开始占据多数,互联网、移动互联网将逐渐成为全球性基础设施。

中国拥有全世界最大的智能手机用户市场,中国政府对数字经济的高度重视和大力推进,为中国发展数字化的动漫游戏产业,提供了良好的条件。根据伦敦风险投资公司 Atomico 2017 年 6 月发布的报告,2016 年全球计算机游戏营收首次突破 1 000 亿美元,达到 1 011 亿美元,该报告指出:中国有 6 亿多的游戏玩家,2016 年游戏(PC、Web、手游和视频游戏)产业的营收为 246 亿美元[②],超越美国成为全球最大游戏市场。大量实践证明:发展数字化游戏产业,需要形成良好的产业生态,包括政府的宏观指导和大力推动、对相关数字科技的研发投入、培育和吸引产业链上的各类游戏企业、培育健康

[①] 《2016 年全球互联网、社交媒体普及情况报告》,电商数据 2016 年 12 月 19 日,http://www.ebrun.com/20161219/206987.shtml。

[②] 《中国超越美国成全球最大游戏市场》,新浪科技,2017 年 6 月 1 日,http://tech.sina.com.cn/i/2017-06-01/doc-ifyfuzmy0701586.shtml。

的游戏消费市场、组织大规模的游戏会展、建立推动游戏产业发展的公共服务平台等。中国游戏产业尽管有不少弱项，但是完全有可能发挥制度优势，实现"弯道超车"，迈向世界游戏产业强国。

四、完善鼓励文化创新的机制和政策

提升中国文化创新力的重点内容之四，是建立完善的激励文化创新的机制和政策，形成强有力的制度保障力量。

大量事实说明：制度创新的优劣影响创新力的强弱，包括管理体制、运行机制在内的制度框架，直接影响着创新的效率；与创新能力与创新活力相关，包括体制机制等制度安排、创新政策等环境因素。营造宽松适宜的创新环境，增添创新活力和动力。制度创新是创新的重点和难点，越是规模和影响大的创新活动，越是把制度创新作为重点。而鼓励文化创新的机制政策，首先需要突出以创新为导向的政策和实施细则。大量的调查研究发现：从跨入 21 世纪以来，我国各级政府颁发的政策数量达到了一个历史的最高点。截至 2011 年，我国有关文化产业的政策绝大多数是从 20 世纪 90 年代开始颁布的。从政策发布部门看，包括中共中央、国务院及各部委等国家层面政策，也包括北京、上海、湖南、浙江、广东等文化产业发达省市地区；从政策涉及的领域看，涉及文化产业总体政策以及图书出版业、报刊业、广播影视业、音像业、网络业、广告业、旅游业、艺术业、体育业等各具体行业政策；从政策数量分布的情况看，图书出版、广播影视、旅游业等传统文化产业行业的政策数量占绝对优势，分别占 18.57%、11.22% 和 8.9%，而新兴文化产业门类中涉及网络产业和动漫产业等的政策数量增长迅猛，分别占 12.19% 和 14.12%。文化产业总体政策数量也很可观，占 10.64%。从这些分析中，可以看出我国各级政府部门重视以政策的杠杆手段推动文化产业及其各门类的发展，政策内容不断增加，政策体系不断健全。

表 2-7　近年来我国文化产业各类政策数量及比重

政 策 类 型	数量(项)	百 分 比
文化产业	55	10.6%
图书出版业	94	18.2%
报刊业	29	5.6%
广播影视业	58	11.2%
音像业	12	2.3%
网络产业	63	12.2%
广告业	30	5.8%
旅游业	46	8.9%
艺术产业	36	7.0%
体育产业	19	3.7%
动漫产业	75	14.5%
合 计	517	100.0%

资料来源:李思屈:《中国文化产业政策研究》,浙江大学出版社 2012 年版,第 55 页。

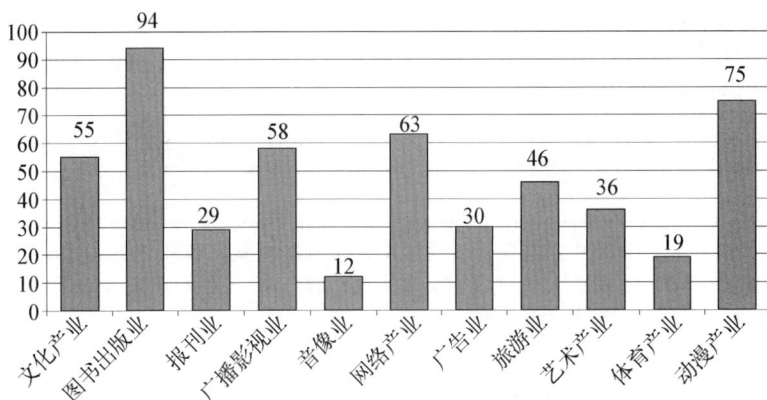

图 2-7　近年来我国各类文化产业政策数量

　　进一步分析可以发现:这些政策是以突出社会效益、加强行业管理和促进产业增长作为重点的。我国长期以来条块分割的行政管理体制,使得本来具有高度联通性的文化发展领域,隶属于新闻、出版、广播电视、电影、旅游、音像制品等多个行政管理门类,又与中央到省地县的多级行政管辖区域和层级的块状管理模式相对应。这就要求推动文化创新的政策,本身就必须突破原有的管理框架,体现文化创新的内在规律。从 517 项政策所提及的要素关键词来说,比较偏重的是以先进文化为主导,强调文化产业的社会经济效益协调,同时,十分突出文化产业的重点领域和重点产业,扶持动漫游戏等新兴产业,突出专业化、规模化和集约化的发展。但是,鼓励文化创新的政策,在文化政策的总体数量上不占优势,所占比重也不高。

表 2-8 文化产业政策中有关要素的比重分析

要 素 名 称	频　率	所占百分比
先进文化	68	13.3%
社会经济效益协调	74	14.5%
建立文化企业和企业集团	47	9.2%
重点文化产品、项目和经营	100	19.5%
跨地区、跨行业兼并重组	26	5.1%
专业化、规模化、集约化	67	13.1%
优化组织机构设置	72	14.1%
自主创新	14	2.7%
市场准入	26	5.1%

资料来源:李思屈:《中国文化产业政策研究》,浙江大学出版社 2012 年版,第 55 页;中共中央宣传部政策法规研究室:《宣传文化法规汇编》,学习出版社 2005 年版;文化部文化产业司编:《文化产业政策汇编》(增订本)。

从上述的政策数量分析可以看出,有关鼓励自主创新的政策要素,在文化产业政策的总数中所占比重不到 3%。这就需要在鼓励创新的政策数量和内涵上,有一个新的飞跃。推动文化创新力,要把简政放权成为创新的关键,我国现有体制往往存在束缚创新的弊端。改革运行机制,改进管理模式,才能有利于提升创新成效,释放文化创造活力。党的十八大以来,党中央和国务院始终高度重视政府管理创新,截至 2014 年 6 月 25 日,计取消下放行政审批等事项 468 项。在 2014 年 6 月 25 日,国务院常务会议目光聚焦于"放权",取消下放计 52 项行政审批事项,将 36 项工商登记前置审批事项改为后置审批,激发创新活力,工信部取消基础电信和跨地区增值电信业务经营许可证备案核准,工商登记制度改革实施以来,也为扶持更多的中小微企业提供了方便和便利。

鼓励文化创新的机制和政策,要体现在提高政府的服务效能上,营造廉洁高效的政务环境,加大行政审批事项"减、转、放、免"力度,简化审批程序,提高审批效率,切实转变政府职能。2014 年 6 月,对应国务院精简事项,北京市结合实际取消和下放了 359 项行政审批事项。行政审批事项主要由两部分组成:一是对应国务院取消的事项,如商务部取消外国商会审批,北京市对应取消外国商会初审;工信部取消计算机信息系统集成企业资质认定,北京市经信委取消计算机信息系统集成企业资质认定初审等。二是北京市进一步取消的事项。如从事出版物连锁经营单位批准、确需迁建广播电视设施审核专业审查等共 5 项。精简行政审批事项,在 2014 年 5 月 20 日,天津滨海新区行政审批局挂牌成立。行政审批局启用行政审批专用章,实现滨海新区范围内"一颗印章管审批",改善接收了滨海新区 18 个部门 18 颗印章管理的 216 项审批职责。党中央、国务院三令五申,要求推行权力清单制度,并公开全部行政审批事项清单,防止边减边增、明减暗增。浙江宁波建立一套行政审批的地方标准化体系,把抽屉、口袋、脑袋里的标准与要求放到桌面上,规范审批权力。大量实践证明:"管"要管好,"放"是放活,政府不改善管理,文化创新难有活力。如果文化企业每做一个重大文化项目,甚至题材样式风格的突破,都需要政府领导通过,甚至还要得到更高层面的批文,那就大大延误了文化项目的推进。而在事实上,过去很长一段时间,全国各省市的电影投资和拍摄生产项目都要集中到广电总局进行报批立项,报批立项的速度远远赶不上市场的变化。又比如:各省市出版单位引进海外版权,要逐级到国家新闻出版总署报批立项,而在竞争激烈的国际出版市场上,机会稍纵即逝,等到几个月后报批立项,许多合作项目早已失去了最佳合作时机。目前这一情况随着审批权的下放到省市级,审批的速度已经大大加快,但距离以开放和创新为目标,激活文化创造活力的要求还有一定差距,需要政府职能向服务型、智慧型、国际化的目标进一步提升。

鼓励文化创新的机制和政策,要以释放文化主体的创造活力为重点。中国(上海)自由贸易试验区作为改革的试验田、推进器,在制度建设先行先试,致力于成为制度创新的高地,为提升我国文化创新力提供了重要经验。上海自贸区的制度创新,第一条是"废",凡不符合市场规则、不能体现市场在资源配置中起决定作用、不符合十八届三中全会深化改革精神的,一律废除;第二条是"改",比如行政审批制度、海关监管制度、企业登记制度的改革,敢于啃硬骨头;第三条是"立",即制度创新。以开放促进我国服务贸易发展,打造中国的离岸金融中心,扩大服务业开放、积累服务业开放的经验。上海自贸区的这些经验和做法,尽管还在探索的过程中,但是已经显示了强大的活力,并且在全国许多地区获得了普遍的推广。

五、营造有利于文化创新的社会生态

提升中国文化创新力的重点内容之五,是营造创新的社会文化生态,让鼓励创新的氛围和风气渗透社会的各个层面。

激发文化创新力,实现大众创业、万众创新,必须要有好的社会文化环境,形成优良的社会文化生态。这种社会文化生态是硬件和软件的结合,是遗产与传承的结合,也是基础设施与活动项目的结合,更是个体生命与群体生态的交融。借用中央美院教授王中的格言,就是"个体生命—集体生存—群体生机的有机结合,让群体的构造在个体的创意中获得延伸,让个体的活力让集体的生存充满生机"①。

对于一座城市来说,建设优良的社会文化生态,首先要有科学的空间布局,推动基础设施、科研机构、艺术项目、娱乐休闲、交通便利等获得均衡的集聚和分布,并且把集聚创新资源放在城市规划最为核心的位置。跨入 21 世纪以来,中国城镇化进入一个前所未有的快速增长阶段。根据国家统计局颁布的信息:2013 年中国城镇化率为 53.7%,2014 年达到 54.77%②。2014 年 5 月,美国布鲁斯学会发布了《创新城区的崛起:美国创新地理的新趋势》(*The Rise of Innovation Districts: A New Geography of Innovation in America*)研究报告,提出了"创新城区"的新概念,并基于创新城区在美国及全球发展状况的分析,总结归纳了这一新型城市创新空间模式的内涵、模式、发展趋势等问题。根据布鲁金斯学会的定义,此类区域为一个集聚了高端研发机构、企业集群以及创业企业、企业孵化器及促进机构的城市空间。同时,创新城区还具备物理空间上的紧凑特性,良好的绿化、水流及生态环境,交通的通达性,技术的网络性以及居住、办公与零售、培训功能的混合特性。

该协会分析了纽约、旧金山、西雅图、爱达荷瀑布城、蒙特利尔等城市的实践,指出这种构造在诸多机构与企业精英的引领下,表现出与传统规划模式大相径庭的类型与能级特征。创新城区整合了企业、教育机构、创业者、学校、混合功能开发、医疗创新、高回报投资等一系列要素,上述要素由交通体系连接、由新能源支撑、由数字科技联盟网作为媒介。创新城区的组成部分体现出被著名学者萨森称为"城市特质"(cityness)的特性,即复杂性、高密度、文化人口结构的多样性以及新旧实物的层次性。《商业周刊》的评论将之概括为"富有生计、活力的社区,而非无菌隔离的研究仓房"。创新城区的内在特

---

① 王中:《大哥的明月》,《公共艺术的制度设计与城市形象塑造》,学林出版社 2010 年版,第 47 页。

② 国家统计局:《2014 年中国城镇化率达到 54.77%》,中国经济网,2015 年 1 月 20 日。

质基本包含了经济性、物理性与网络性三类要素,这些要素与一种互助性、风险担当、多元包容的文化氛围共同构成了一种"创新生态系统"(innovation ecosystem)。在这一系统下,大多数有利于培育文化创新力的创新型城区可归纳为以下三种类型模式。

(1)"支柱核心"(anchor plus)模式。这一模式的创新城区主要位于市中心区,其特征为:在主要的支柱创新机构周边形成大规模的混合功能开发,参与创新资源的主体公司、延伸企业、配套机构大量集聚,特别是一批企业总部相对集中,形成集约化和紧凑型的格局。

(2)"城市区域再造"(re-imagined urban areas)模式。该模式的创新城区一般邻近历史性水岸空间,区域内的工业或仓库区处于物理空间及经济结构转型过程中,创新性增长为这一转型提供了一条新路。其改变进程往往受益于交通体系、历史建筑遗存以及与高租金的市中心区的邻近性,上述因素与先进研发机构及支柱性企业共同推动了区域的创新发展。

(3)"城市化科技园区"(urbanized science park)模式。此类创新城区一般位于城市郊区,以往孤立、蔓延式的创新区域通过增大密度以及融合一系列零售、酒店等新功能等举措推进了城市化水平,使得大城市周边的小镇发展成为富有活力的创新资源中心。

中国的情况与美国有很大的差异。截至2014年,我国人口达到13.67亿,城镇化率的速度达到了每年1%的水平,这就意味着每年有1 300万左右的乡村农民转化成为城镇居民,这在全世界范围内都是一个波澜壮阔、前所未有的巨大变化。这就需要根据中国不同等级的城市和乡镇,包括500万人口以上的特大型城市,以及大中型城市、小城市和中心镇的不同资源和条件,探索和营造不同的城市空间创新区域模式,让文化创新力在东西南北的广阔区域中竞相开放。

截至2012年,中国内地有城市658个,建制镇19 881个。横店镇位于浙江省中部,面积为105平方千米,人口为7.5万人,辖67个村、41个居委会。在中国类似这样的镇街具有广泛的普遍性。然而,从 20 世纪 90 年代开始,横店人以前瞻性的创造性思维,形成了小镇创大业的战略和空间布局,建设起国家级的影视产业实验区,从无到有,逐步形成了基地型的产业管理模式。实验区以核心区块 2 平方千米,规划面积 365 平方千米,投资 70 亿元建成"香港街"、"秦王宫"、"清明上河图"等 28 个影视拍摄基地和 11 个大型摄影棚,加上森林公园,面积约为 100 平方千米,成为全球规模最大的影视实景拍摄基地和国家级 5A 级旅游景区,配备了道具、器材、群众演员等服务要素,吸引了华谊兄弟、光线传媒、保利博纳等 570 多家影视文化知名企业入驻,拍摄了 25 000 多部影视剧,占我国出品的古装影视剧的2/5。横店出品的《鸦片战争》、《英雄》、《无极》、《风声》、《潜伏》、《满城尽带黄金甲》、《甄嬛传》、《新水浒传》、《失恋 33 天》等多部影视作品获得良好的经济和社会效益,包括荣获华表奖、飞天奖、"五个一"

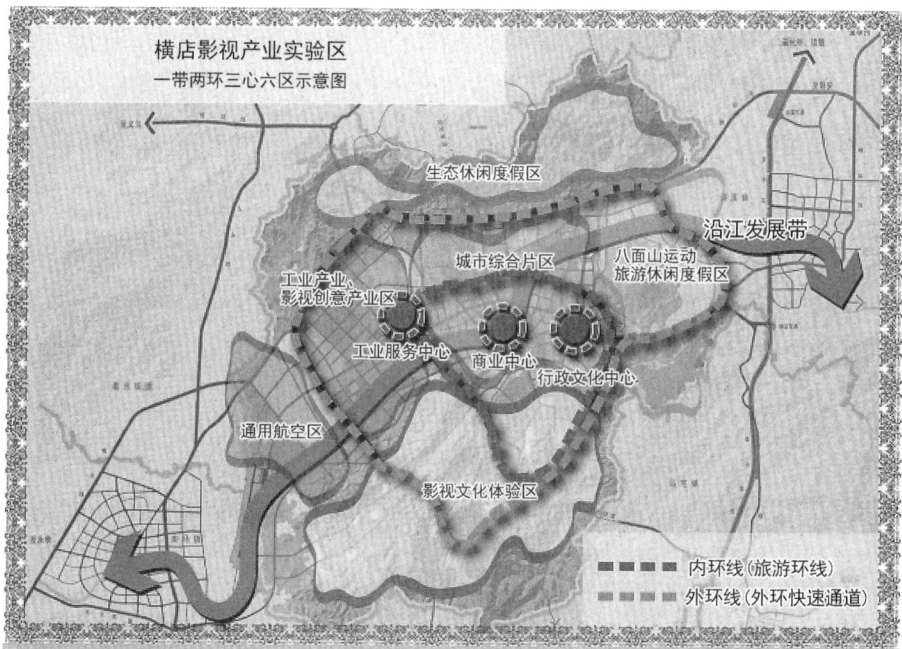

图 2-8 横店影视产业实验区一带、两环、三心、六区空间分布

资料来源:花建:《以文化产业的融合创新推动县域可持续发展——以浙江代表性县域为重点的研究》,《文化艺术研究》2015 年第 1 期。

工程奖等海内外大奖①。

有必要指出的是：横店获得国家科技部、文化部等联合颁发的国家级文化科技创新基地，也是全国唯一镇级载体的文化科技创新基地。横店的布局与前面美国学者所说的"城市化科技园区"模式，有异曲同工之妙，关键是在保存乡镇原有的丘陵、河流、森林、村庄、河滩等的生态环境基础上，形成高度集聚的影视拍摄景区、科技基础设施、创新开发主体、影视产业配套机构（职业学院、群众演员、道具和服装等配套公司）、园区管理服务机构（行政管理、电影立项审批机构、电影学院实习基地）等，同时调动了当地居民广泛参与文化科技创新的积极性，从政策和机制上提供了大量的支持，使得这一个大城市周边的丘陵小镇发展成为富有活力的创新资源中心。

横店影视产业实验区集中的创新资源包括：横店影视总部基地，通过总部经济的运作，集聚国内外高端产业要素，提升规模效益，培育龙头企业，它选择在实验区的中心位置，建筑面积为50万平方米以上，提供全套的宽带、自动化办公和相关服务设施，能够为总部提供各类专业的中介服务，包括国际商贸、市场分析、影视拍摄管理、财务管理等。影视文化博览中心，它包括大中小配套的展览厅、多媒体展示厅等，可以举办各种中小型的影视、艺术、科技展览，也可陈列横店电影节、金牛奖的艺术品和纪念品等，成为大型电影节庆的标志性配套服务设施。多功能影视会议厅，它包括设施先进的大中小会议厅和报告厅，拥有同声翻译等功能，便于海内外影视企业举行专业性很强的各种影视会议、展览、评奖、交流和研讨活动。影视科技服务中心，它包括数字化制作中心、电影数字合成技术服务平台、虚拟拍摄制作平台、影视多制式转换系统等，包括立足于2D和3D技术平台的海量影视资料库，采用先进的视频搜索系统，不仅可以为影视数字合成等业务提供方便，为以后开展基于互联网的视频交易及共

---

① 根据在横店影视产业实验区的实地调研。

享创造有利条件。影视创业服务中心,它包括多种形态的影视文化投资基金,影视文化评估公司、影视投资担保公司、小额贷款中心等,推动了大量资源的集聚,使入驻的企业在智能办公、会展交流、科技服务等方面获得配套的服务。

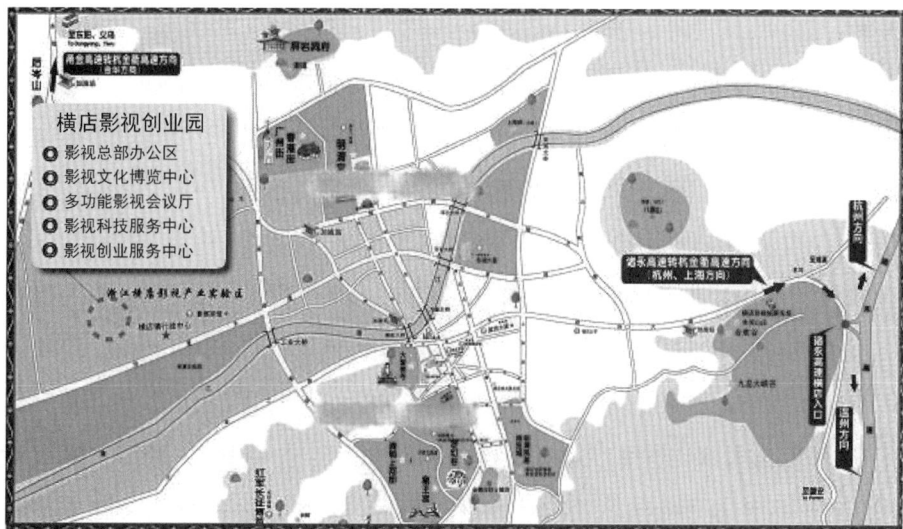

图 2-9 横店影视总部基地的空间布局

资料来源:根据在横店的实地调研,并且参看花建:《以文化产业的融合创新推动县域可持续发展——以浙江代表性县域为重点的研究》,《文化艺术研究》2015 年第 1 期。

横店影视产业实验区不但集中了 28 个大型影视外景基地,此外正在兴建以圆明园为原型的"万花园"(年代戏中心)等大型项目,而且大力推动数字化建设,以内容和新媒体为依托重点,发展多种新兴产业,扩大盈利领域和总体效益。例如:(1)以数字化形式表现的影视内容,包括数字电影、数字动画、数字游戏等,并且与其他数字形态,如数字报刊、数字图书馆、数字艺术馆等形成互通效应。(2)以数字化手段为传统形态的文化内容传播,包括网络视听服务、网络报刊等提供有效的服务手段。利用有线、无线、光缆等技术手段加快内容的传播。像这样的社会文化生态的新营造工程,在各地应该是多多益善。

六、鼓励开发和大力保护知识产权

提升中国文化创新力的重点内容之六,是鼓励开发和保护知识产权。

与文化创新关系最密切的法律制度就是知识产权制度。知识产权是指人类智力劳动产生的智力劳动成果所有权。它是依照各国法律赋予符合条件的著作者、发明者或成果拥有者在一定期限内享有的独占权利,一般认为它包括版权和工业产权。版权是指著作权人对其文学作品享有的署名、发表、使用以及许可他人使用和获得报酬等的权利;工业产权则是包括实用新型专利、发明专利、商标等的独占权利。知识产权的权利范围包括:文学、艺术和科学作品;表演艺术家的表演及唱片和广播节目;人类一切活动领域的发明;科学发现;工业品外观设计;商标、服务标记以及商业名称和标志;制止不正当竞争以及在工业、科学、文学或艺术领域内由于智力活动而产生的一切其他权利。

一个国家和一个城市要培育强大的文化创新力,与知识产权保护的水平密切相关。国家文化部部长雒树刚指出,我国文化法治建设还存在着文化领域的立法数量总体偏少、文化立法层次仍然较低、文化建设各领域立法不平衡、文化知识产权保护工作开展力度不够等一系列问题。科学技术的进步,催生了很多新兴的媒体平台、创新手段、创意模式和创作成果。它们为文化市场带来生机,同时也带来了一些问题。比如,电视节目模式的版权保护问题、网络言论侵权问题、新媒体传播的著作权侵权问题、技术革新过程中的专利侵权问题、知识产权侵权与不正当竞争交织的问题等。有鉴于此,党的十八届三中全会明确提出,要加强知识产权运用和保护,健全技术创新激励机制。2014 年,北京、上海、广州相继设立知识产权法院;同年,"文化法制专家委员会"制度建立,专家学者成为协助提升文化立法科学性、合理性的重要力量;2015 年 4 月 22 日,国家版权局发布《关于规范网络转载版权秩序的通知》,就规范网络转载行为出台了 9 条新规;5 月 8 日,国家新闻出版广电总局召开了全国新闻出版广播影视法治工作电视电话会议;此后,国家新闻出版广电总局再次下发了《关于贯彻〈中共中央关于全面推进依法治国若干重大问题的决定〉的实施意见》;5 月 19 日,文化部在北京召开全国文化法治工作会议,明确了当前和今后一段时期文化法治工作的思路和重点任务,对于文化市场的法律规制,近些年来是在逐步进步的,规范力度是逐步强化的,并适度地兼顾了立法的前瞻性。在开放条件下,面对国际上知识产权保护发展趋势,制定实施知识产权战略,促进文化经济发展自主创新能力,知识产权保护成为国际经济秩序的战略制高点。

通过开发和保护知识产权,推动文化创新力的重点之一是做好战略性的顶层设计,制定和实施知识产权战略,将知识产权保护提升为国家发展战略,纳入国家经济、科技发展总体战略之中。为推动投资型经济向知识型经济转变,主要发达国家制定和实施一系列政策措施,鼓励和保护本国企业技术创新和自主知识产权的开发。例如,2004 年,爱尔兰政府专门成立企业战略专家小组,对企业的研发和创新及企业竞争力现状进行分析,对爱尔兰产业政策进行评估,并向政府提交题为《爱尔兰在全球经济中的地位——走在前沿》(*Ireland's Place in the Global Economy — Ahead of the Curve*)的报告。爱尔兰政府成立由知名企业家、金融、大学、公共和私营咨询机构代表组成高级专家小组,专门分析和评估欧盟第六框架计划和欧洲研究领域(ERA)的政策措施对爱尔兰的影响。根据欧洲研发目标,针对爱尔兰优先发展领域制定出本国的研发目标和实施计划。2004 年 7 月,该小组向爱尔兰科技创新跨部门委员会提交了题为《建造爱尔兰的知识经济——至 2010 年促进 R&D 投入的爱尔兰行动计划》的综合分析报告。据此报告,爱尔兰政府出台了新的政策措施,扶植知识型企业等,进行创新竞争。

知识产权是文化创意和设计服务产业健康可持续发展的基础和保障。知识产权保护要融入文化创意和设计服务产业,促进产业创新发展。在我国,伴随着知识经济时代来临,必须尽快推动经济建设走上创新驱动、转型发展的道路。在这一过程中,知识产权作为开发利用知识资源的基本制度,在经济社会发展中的地位和作用更加举足轻重。时代要求我们应该从国家层面对知识产权工作做出总体长远部署,提升国家发展的内在动力和核心竞争力。2005 年初,国务院成立了国家知识产权战略制定工作领导小组,启动了战略的研究制定工作。2007 年,党的十七大报告首次提出"实施知识产权战略"。在多方征求意见和反复论证后,《国家知识产权战略纲要》通过了国务院常务会议审议,于 2008 年 6 月 5 日正式印发实施,国务院颁布实施的《国家知识产权战略纲要》推进战略实施,党的十八大报告进一步明确强调了要实施"知识产权战略",为建设创新型国家发挥重要支撑作用。

通过开发和保护知识产权,推动文化创新力的重点之二是统筹兼顾,形成覆盖全社会的促进机制。随着《国家知识产权战略纲要》的颁布实施,知识产权工作上升到国家战略层面,按照"激励创造、有效运用、依法保护、科学管理"的方针统筹部署和整体推进。《国家知识产权战略纲要》颁布后,国务院批复成立了由国家知识产权局牵头、28 个成员部门组成的国家知识产权战略实施工作部际联席会议,统筹协调全国战略实施工作。在 28 个部门中,既有专利、商标、版权等知识产权管理部门,也有分别承担知识产权创造、运用和保护各环节的相关职能部门,以及各行业、领域的主管部门。在联席会议协调下,建立起逐级负责、横向联动的工作机制,制定本部门实施战略的纲领性文件。各省、自治区、直辖市也陆续建立地方战略实施领导机构,结合本地区发展特色出台相应政策,战略实施的工作体系向全国铺开。由国务院统一领导,联席会议统筹部署,各地各部门分工协作的战略实施推进平台构建完成。涵盖不同层面和多个领域的知识产权战略实施政策体系初步形成。战略实施工作自上而下全面部署推进,逐步融入经济、科技、社会、教育等各领域。为确保战略实施按进度、分阶段推进,联席会议每年制定和发布《国家知识产权战略实施推进计划》,推进计划逐年衔接,推动了各部门实施战略工作开展。与战略实施前相比,全社会知识产权总体水平取得长足进步,知识产权对于国家经济社会发展的促进作用日益显现。

通过开发和保护知识产权,推动文化创新力的重点之三是积极鼓励广大企业和专业人士,开发知识产权。从法律上讲,知识产权具有以下特征:(1)地域性,即除签有国际公约或多边协定外,根据一国法律取得的权利只能在该国境内有效,受该国法律保护;(2)时间性,各国法律对知识产权分别规定了一定期限,期满后则权利自动终止;(3)独占性或专有性,即只有权利人才能享有,他人不经权利人许可不得行使其权利。2012年,我国发明专利年申请量已居世界首位,每万人口发明专利拥有量已接近"十二五"目标,《专利合作条约》(PCT)国际专利申请数量升至世界第4位。我国年受理商标注册申请量和商标累计有效注册量继续保持世界第一,作品著作权登记量和软件著作权登记量双双达到历史新高。一些关键技术领域取得突破,形成了一批拥有核心技术的自主知识产权和标准。战略实施使得知识产权意识深入人心,崇尚创新、尊重知识产权的社会氛围浓厚。建设崇尚创新,尊重知识产权的文化环境。调查显示,目前我国公众对专利、著作权等知识产权的认知程度已超过90%,体现社会知识产权意识和素养的提高。

从全球范围看,根据人类发明和应用知识产权的需要,知识产权制度包括专利制度等也在不断改革和调整。比如:2011年3月8日,美国参议院以95票对5票通过一项法案,对现行专利制度实施重大改革,旨在提高专利审批效率、更好保护发明创造者权益。根据该法案,美国专利制度将采用"申请优先"原则,放弃"发明优先"原则。前者按申请专利时间界定,就同一发明,先申请者得到专利权;后者以发明时间为准,不问申请专利时间。"发明优先"难点在于确定首名发明人。该法案提出人之一、美国参议院议员奥林·哈奇表示,在"发明优先"的原则下,一旦就发明时间产生纠纷,相关法律费用可达 50 万美元。新制度下,发明人只需付 100 美元,就可提出临时申请以保护发明。目前,世界大多数国家和地区都采用的是"申请优先"原则。"申请优先"原则支持者认为,这一原则程序简便、费用低廉。"申请优先"原则"确保专利制度的效率和确定性,使美国在发明创造方面处于领先"。专利制度改革法案在美国得到广泛支持,美国企业界表示,该法案"将提高美国国际竞争力"。美国急于改革专利制度,其最大的目的是保护创新、实现市场价值、突出竞争优势的需要。据世界知识产权组织统计,2010 年在该组织通过《专利合作条约》途径提交的国际专利申请中,美国仍然以 44 855 件专利的申请量连续多年保持着第一地位。目前美国科技研发支出占全球的 35% 以上,接近 65% 的诺贝尔奖科学奖获得者在美国承担各种研究工作,这些条件决定了美国仍是全球科技创新领域的领导者。

从发达国家有关文化的立法经验来看,有几点值得借鉴:一是政府应当为社会提供一个市场先行、技术中立的法制环境。政府的知识产权政策和文化促进政策只能是辅助性的,真正为社会提供文化发展和技术创新的是市场主体,因此,编制战略和制定政策时应当明确政府与市场的关系,为市场提供一个技术中立的法制环境,让市场主体形成竞争力。二是在知识产权法制建设中应该重视司法中的指导性案例。

通过开发和保护知识产权,推动文化创新力的重点之四是把产权管理与产业化开发相结合,让文化创新的成果获得更大的社会经济效益。知识产权是从事智力创造性活动取得成果后依法享有的权利,它是一种无形财产权,推动知识产权保护,需要通过一系列有效的开发手段才能实现市场化、产业化。比如美国、欧盟和新加坡等,都探索了知识产权融资的诸多做法。如新加坡政府 2014 年 4 月推出一项总值 1 亿新元(约合人民币 5 亿元)的知识产权融资计划。该计划通过政府与银行共同承担部分债务风险,帮助新加坡企业使用知识产权获得银行贷款。新加坡知识产权局委任 3 家专业机构评估企业的专利,企业可以把专利作为抵押资产,向新加坡的大华、华侨和星展银行申请贷款。新加坡知识产权局将在今后两年拨款 1 亿新元,一旦企业无法偿还贷款,这笔钱将用于承担银行的部分亏损。新加坡知识产权局表示,"该计划的贷款对象是拥有大量专利和少量固定资产的科技领域创新型企业,将为这些企业提供一个新的融资渠道。[①]"不同于抵押房产或设备,知识产权融资是新的融资方式。在知识产权保护机制健全的国家,这种融资方式是可行的。评估机构可以通过对知识产权的评估,估算出企业的价值。如果不重视知识产权保护,企业的创新成果很快被模仿、复制的话,估算出企业的价值就非常困难。知识产权融资与知识产权保护的大环境关系密切。对于许多发达国家来说,土地资源有限,劳动力资源不足,发展制造业有诸多制约因素,有鉴于此,必须高度重视创新,通过知识产权融资,提高产品附加值,拉动经济增长。知识产权融资是通过评估知识产权的价值,套现企业未来的资金流。知识产权融资体现出一个大趋势——创新是企业发展的活力之源。企业的价值不仅体现在地产、厂房、设备、银行存款这些有形资产上,知识产权等无形资产同样代表着企业的价值。新加坡尝试知识产权融资的目的之一,就是要在这个全新的领域积累经验,为今后向东南亚国家推广此类商业贷款模式做准备。对既达不到上市标准,又不希望出售股权的创新型企业,通过评估知识产权的价值,套现企业未来的资金流。创新型企业获得资金的途径主要有三个:一是银行贷款,二是上市,三是向风险投资基金融资。在这三个途径中,银行贷款的门槛较高。为控制风

---

① 《新加坡知识产权局(IPOS)——促进中小型企业使用 IP 制度的措施》,世界知识产权组织官方网站,http://www.wipo.int/sme/zh/。

险,银行通常不太愿意向创新型企业贷款。而上市融资耗费时间长,证券交易所对申请上市企业的审查非常严格,想通过上市融资并非易事。风险投资基金可以向企业提供资金,但代价是获得企业的股权,这是很多创业者不愿意接受的。知识产权融资既不需要企业出让股权,又不需要耗费很长时间,这对既达不到上市标准,又不希望出售股权的创新型企业来说是个福音。知识产权融资能解决创新型企业的资金缺乏的问题。如果能用知识产权从银行贷款,企业将迅速发展壮大。创新型企业很多都处于创业阶段。创业阶段的企业非常重视股权。从风险投资基金获得资金的前提是出售股权,这意味着交出企业的控制权,很多创业者不愿意这么做。如果能通过知识产权融资和银行贷款的方式获得资金,创业者就可以保留对企业的控制权。这些经验值得中国各地根据具体情况,有的放矢地进行吸收和借鉴,以推动中国迈向真正意义上的文化创新大国。

七、扶持创客空间和扩大培育载体

提升中国文化创新力的重点内容之七是扶持创客空间和扩大培育载体,推动文化领域的大众创新和万民创业,让全社会的文化创新力源泉充分释放。

打造更多众创空间,鼓励草根创业,根本是降低创业成本和准入门槛,把有志于创新和创业的草根一族"扶上马"、"送一程",挖掘草根之中的未来"大家",真正形成"大众创业、万众创新"的潮涌。众创空间的出现显示了文化创新力的未来前景。过去的文化创新大量依赖于经验、直觉和技术的累积进步,而今天的文化创新成果更多依赖于信息和数据分析;过去的创新有许多是围绕科研中心、大型企业、高等院校来进行的,然后逐步把创新的成果通过"溢出"效应而扩散开来,而今天的创新是网络状和发散型的,在互联网技术的背景下,大量的中小微企业和从业人员都被联系到一个立体的网络中,这个网络是无中心化的,技术、金融、市场、加工等环节互相渗透,不存在一成不变的前后秩序和高低的层级。

图 2-10　"众创空间"是培育文化创新力的引擎

近年来在发达国家率先兴起,并且在中国获得了积极反应的创客空间,就是适应网络状、交融式的创新组织形态,而形成的空间载体。它可以让多种专业和背景的创新人士,在一个共享的空间进行交流和创造。正如美国学者克里斯·安德森所指出的,由于数字制造工具(设计软件、3D 打印机、3D 扫描仪、激光切割仪等)的快速发展和普及,将会培育出这样一大批创业人士。他们可以尽快把自己的创意转化成为工业产品,形成精密复杂的产品原始模具,重新组合产业链和价值链①。在未来十年间,人们会将网络的智慧用于现实世界之中。未来不仅属于建立在虚拟原则之上的网络公司,也属于那些深深扎根于现实世界的产业。"创客运动"是让数字世界真正颠覆现实世界的助推器,是一种具有划时代意义的制造业新浪潮,推动新一轮的工业革命。比如美国的许多城市,就建立了各种形态的众创空间,吸引了大量创客。在华盛顿、纽约的多个创客工坊内,会员仅需支付 125 美元的月租费加上几百美元的材料费,可以随意使用想

---

① ［美］克里斯·安德森:《创客:新工业革命》,萧潇译,中信出版社 2012 年版,第 5 页,第 51 页。

得到的制造工具或仪器,把脑海中的构想变成现实,而不需要花上几万甚至是几十万美元去购买昂贵的设备。因为1台激光切割机售价在2.5万美元左右,不是所有人都能消费得起。硬件的平民化让创客工坊大受欢迎。创业人士在这里可以找到专业的金属制造工坊、艺术品和视觉艺术坊、机电坊、纺织品工坊以及自行车修理工坊等,可以方便地使用这些空间,更重要的是与文化、艺术、科技、金融、造型、市场等专业人士形成广泛的互动。

中国在迈向世界文化强国和创新大国的过程中,对培育创客和提供创客空间做出了积极的反应。2015年1月,李克强总理在考察深圳期间,特意访问了位于深圳华侨城创意园区的"柴火创客空间",不仅仅对这种处在萌芽状态的创新和创业方式表示了高度认可,而且进一步提出了"全民创新,万众创业,深圳能不能起一个表率作用!"的殷切期望。在中央领导的大力支持下,2015年全球创客盛会——"深圳国际创客周"顺利举办,表明深圳将以饱满的热情,创造让国内外创客更好发展的创新和创业环境,努力打造全球创客中心。深圳市在创客周期间正式出台了《关于促进创客发展的若干措施(试行)》和《促进创客发展三年行动计划(2015—2017)》,并且设立了2亿元的"创客专项资金"。而上海也在把发展创客空间与上海发展"四新经济",推动产业和城市的双转型结合起来。截至2015年上半年,上海已经建立了创业苗圃71家、市级孵化器107家、加速器13个,形成了覆盖全市所有区县的孵化器网络,并且在开发艺术品、工业设计、珠宝设计、文化装备等方面,做出了诸多贡献。大量实践证明:要营造"大众创业、万众创新"的浓厚氛围,培育文化创新力,关键不是大兴土木兴建场地,而是要优化现有创业服务模式,构建一批低成本、便利化、全要素、开放式的众创空间,实现创新与创业、线上与线下、孵化与投资的结合,以满足"百变"创客的奇思妙想。而在北京、广州、杭州、南京、成都等中心城市,通过创客空间,推动文化载体的建设,已经成为推动文化创造力,激发千千万万创业者活力和激情的有效形式。

发达国家和我国深圳、北京、上海、成都等城市率先建设创客空间的经验表明：在全社会创新生态的基层，创客运动正在数字制造业基础上培育出大量的新型制造业企业模式。它最宝贵的资源就是人的创新精神和创业实践，由此为培育文化创新力提供源源不断的动力。有鉴于此，以空间为载体进行创业者社区运营是创客模式的核心机制，良好的社区氛围所带来的资源聚集是它为创新人士提供的"重要土壤"。城市要培育文化创新力，必须高度关注创客空间等新型业态，不断增加孵化服务，以增加入驻团队的黏性，同时也要不断解决创新人士融合与保护知识产权、加强孵化投入与保持适当的服务成本等问题，来推动文化创新力的可持续增长。

第三章

提升文化生产力

——形成以强大主体、创新制度、优化结构为重点的文化竞争优势研究

第一节 文化生产力概述

一、文化生产力的内涵和现代意义

(一)文化生产力是国家文化整体实力的关键内容

文化生产力是中国文化整体实力和竞争力的关键内容之一,它指一个国家运用多种生产和技术手段,集聚各类金融资本、社会资本和文化资源,开发和提供大量的文化产品和文化服务,满足全体国民和全人类精神文化需求,促进国家经济社会生态建设的总体能力。它的主要载体就是以大量文化企业为主体的现代文化产业。在 21世纪经济全球化、政治多极化、科技信息化和文化多样性的背景下,如何形成以强大主体、创新制度、优化结构为重点的文化竞争优势,不断提升文化生产力,是关系到我国文化产业可持续发展的重大战略问题。

文化生产力是人类生产力的组成部分,包括生产主体、生产工

具和生产对象等诸多要素,但是它与物质产品的生产相比较既有共性,也有深刻的区别。文化生产力不仅仅取决于生产者——"人"的要素(诸如文化从业人员的数量、技术等级、企业组织、生产经验、生产技能和科学知识等)、生产对象的要素(包括有待加工的物质材料、信息、素材、遗产等)以及文化生产工具"物"的要素(诸如生产工具、生产手段等),还包括"激励"或"制约"人的社会机制、社会关系、生产氛围、文化传统等综合要素,从这个意义上说,文化生产力不仅仅是"生产文化产品",即开发和生产出大量的文化产品和文化服务,而且是"文化孕育生产"即由特定的文化体系所培育和驱动的生产。

(二) 文化生产力是 21 世纪最为活跃的增长领域

文化生产力是综合国力竞争的核心力量之一。自 21 世纪以来,全球文化产业稳步增长,文化产业已经成为知识经济时代一个知识化、智能化、低能耗、低污染的新兴产业,不但从消费的意义上满足了人民群众日益增长的文化消费需求,而且从生产的意义上开发了大量新的文化样式,包括微信与微博、数字内容、移动终端、新型视听、3D 动画、增强现实技术等,刺激了人们的消费欲望,从而创造出前所未有的巨大文化市场。这意味着文化生产力的增长,不仅仅是因为满足人们的文化消费需求,而且从创新角度开发出大量的文化产品和文化样式,如平板电脑、数字内容、虚拟现实等,在问世之前从未被绝大部分消费者知晓。这一系列全新的文化样式,释放出一个空前巨大的文化消费市场,并且对制造业、城市建设业、物流业、旅游业等产生了良好的带动作用。

2007—2015 年,全球 GDP 的平均增幅不到 2%,特别是经历了全球金融危机以后,全球经济一度陷入低迷状态。而全球文化产业市场规模的增幅在 2007—2012 年达到 3.0%,2012—2016 年达到 5.7%。在 2008 年以后,由于受到全球金融危机的影响,全球经济增幅减缓,全球贸易也增长乏力。然而,全球文化产业市场规模增幅仍然保持着稳步增长的势头,正所谓"城中桃李愁风雨,春在溪头荠菜花"。如果一个国家没有强大的文化生产力,就无法向国民其至全球提供大量的文化产品和服务,就必然会在全球化的竞争中被边缘化。

(单位：10亿美元)

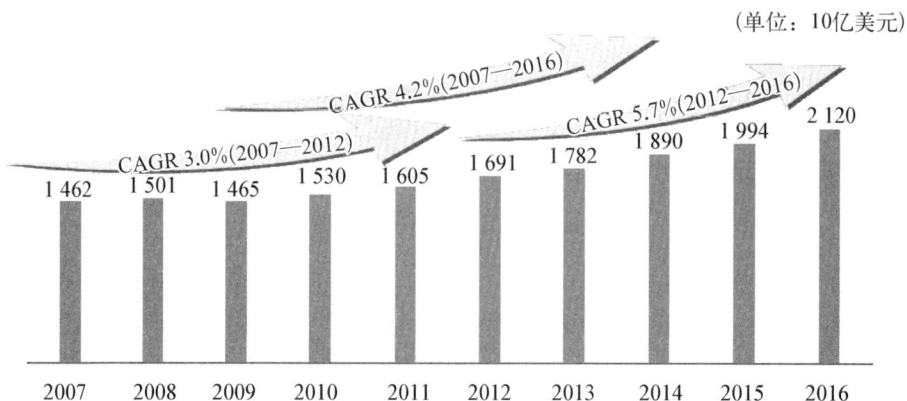

图 3-1 全球文化内容产业市场规模(2007—2016 年)

注：世界文化内容市场 2007—2012 年的增长率为 3.0%,2012—2016 年为 5.7%,专家预测：2017 年以后的增长空间将会更大。

资料来源：根据韩国内容振兴院的《内容产业白皮书，2013》和韩国 CJ E&M 集团徐贤东的演讲材料《文化内容及其国际化》(2014 年 11 月 18 日)整理和绘制。

(三) 文化生产力的主体是文化企业和企业家

恩格斯认为,生产力是具有劳动能力的人和生产资料相结合而形成的改造自然的能力。而现代文化生产力的主体就是文化企业,即以营利为目的,运用各种生产要素(土地、劳动力、资本、技术、信息、品牌和企业家才能等),向市场提供文化商品或服务,自主经营、自负盈亏、独立核算的法人或其他社会经济组织。正是文化企业所贡献的大量文化产品和文化服务,才能体现文化生产力的能级和水平。企业家资源是推动文化生产力发展的核心资源,也是市场经济中最重要的资源,企业家精神从内在动力的意义上,成为文化产业不断更新和跨越的发动机,推动了文化生产力的不断增长。法国经济学家理查德·坎蒂隆(Richard Cantillon)在 1800 年首次提出"企业家"(entrepreneur)这一概念。他用这个单词来描绘介于资产和顾客之间的人们。"这个交点所在的面,是一个充满了创意想像和精力、承担风险和注定风险、掌握他人错失之机运、洞悉未来、掌握未来的面"[1]。

文化生产力增长的动力,主要来自内生于经济体系的技术变革、有着边际报酬递增特征的知识资本和企业家精神。其中,企业家精神具有起决定性作用的主体意义,它是从市场经济发展到企业经济阶段,再发展到企业家经济阶段的必然产物。马克斯·韦伯在《新教伦理与资本主义精神》一书中阐述了理想的企业家类型。那就是他们"具备鲜明的和较高的道德品质,以及远见卓识和行动能力";"工于算计而闯劲十足,更重要的是,他们节制有度,守信可靠,精明强干,全力投入事业之中";"只有性格异常坚强的新型企业家,才不致丧失自我克制力,才能免遭道德与经济上的双重覆灭"。[2] 著名管理学家彼得·德鲁克在《创新与企业家精神》一书的引言中,进一步以"企业家经济"为题,阐述了从市场经济演进到企业家经济的背景、由来及其影响[3]。一个成功的企业家,应该是冒险与好奇、激励和约束多种企业家精神的完美结合。

德鲁克引用了大量数据和材料,进一步指出:"20 世纪 70 年代中期以来,'经济零增长'、'美国限制工业化'及长期的'康德拉季耶夫经济停滞'之类的说法被人奉为金科玉律,在美国十分盛行。然而,事实和数据却证明这些观点完全是无稽之谈⋯⋯在这一时期,美国的经济体系发生了深刻的变化,从'管理型'经济彻底转向了'企业家'经济。"在德鲁克看来,企业经济是一种管理型的经济模式,而企

---

[1] 汪耀华等:《当代管理箴言录》,上海人民出版社 1988 年版,第 2 页。
[2] 马克斯·韦伯:《新教伦理与资本主义精神》,马奇炎、陈婧译,北京大学出版社 2012 年版。
[3] 彼得·德鲁克:《创新与企业家精神》,蔡文燕译,机械工业出版社 2007 年版,第 5 页。

业家经济是一种内生的创业型经济模式。这种充满活力的创业者具有三大特点：强烈的冒险精神、优良的组织才能、不竭的激情或好奇心。在一个国家或者地区的经济发展阶段中，正是通过企业家精神的发挥，形成了更为高级的企业家经济。企业家经济为社会带来了生产效率的提高和大幅增加的就业。这种效率的提高和就业的增加，并不主要来自高科技成果的运用，而是来自企业家的企业——企业家通过创新管理，敏锐地发现了前所未有的市场空间，将全新的知识应用到企业的经营活动中，扩大了人类的消费空间。德鲁克将这种基于"企业家主导"的经济现象归结为企业家经济。根据德鲁克的理解，企业家经济显然是一种更成熟、更有生命力的经济形态和更成熟的市场经济。

经历了2008年以来的全球金融危机之后，美国经济复苏的速度明显好于欧洲、日本。美国在2014年第四季度的经济发展速度甚至超过了2%，在2014年，美国的就业岗位数量增加了近300万个，创下自1999年以来的最大增幅。经济学家预计2015年美国经济增速将达到3.1%，这将是自2005年以来美国年度经济增速首次突破3%。国际货币基金组织也预计2015年美国经济将增长3.1%。在企业聘用活动增加的情况下，2015年美国就业岗位预计将继续增加，这将促进消费者支出增长。其中一个重要的原因，就是美国实体经济中的创新，也就是经济活动中的企业家精神，在强度和普及程度上明显优于欧洲和日本，更优于大部分发展中国家。从全球范围来看，新兴经济体与发达经济体的差距，一个重要的方面就是创新和企业家精神在新兴经济体中的经济活动中还没有到达相应的较高层级，也没有达到比较大的规模。德鲁克指出："迄今为止（指1985年），企业家经济还纯粹是一种美国现象。"这一论断多少有些美国式的得意扬扬，但多少还是指出了实际情况。美国发达的市场体制比欧洲和日本，乃至于俄罗斯等国家，更有利于培育出大批富有创新精神的企业家。对于任何国家而言，从市场经济演进到企业家经济是具有内在规律的,这是已经有大量现成经验可以佐证的事实。

跨入 21 世纪以来,优秀的企业家精神在推动文化生产力增长方面的作用,越来越明显。哪一个国家和哪一个城市集聚了一大批优秀的文化产业企业家,即使遇到了市场泡沫破裂等不良的时机,这里也一定会比其他区域更快地释放出文化生产力,并且集聚越来越多的资源要素和社会财富。比如:史蒂夫·乔布斯所开创的苹果公司,依托电脑和视听技术方面的一系列突破,颠覆了传统的二维动画电影,开创出新一代的三维动画电影,同时依托 iPhone、iPad、iPod 等硬件,为人类开创出一个前所未有的巨大视听消费市场;杰夫·贝佐斯(Jeff Bezos)从 1995 年开始,创办了全球最大的网上书店亚马逊,并成为经营最成功的电子商务网站之一。他采用了互联网时代的"长尾理论",即通过网络把无数散居在世界各地的小众消费者联系起来,这样使得看似细小而没有利润的"长尾"获得了巨大的规模效应,并且从网上销售图书开始,逐渐扩大到音乐制品、化妆品、玩具、文具、园艺用品、旅游产品乃至成为网上创业的孵化器。2014 年 2 月,年仅 50 岁的杰夫·贝佐斯以约合人民币 2 250 亿元的实力进入 2014 年世界富豪榜第 7 位。2005 年 2 月,一个 28 岁的年轻人查德·赫利(Chad Hurley)获得了 1 150 万美元创业资金,开始寻找一条捷径,以便广大网民更轻松地把视频传到互联网上。3 个月后,他牵头开发的 YouTube 首次进行了"预演",从而形成了一种新的视频共享平台,也成为一种新的文化互动共享模式,让全球无数的视频消费者也变成了视频的生产者和提供者。YouTube 在不久之后就被谷歌以 16.5 亿美元并购,而它在 2013 年的广告收入达到 56 亿美元,较上年增长 50% 以上,它每月的访问人数超过 10 亿人。大量事实说明:文化生产力的主要载体是文化企业,更是具有企业家精神的领军人物。一个国家和一个城市要推动文化生产力的增长,必须把培育企业家精神放在特别突出和特别优先的位置。

二、文化生产力主体与文化竞争力优势

(一) 文化生产力在全球化竞争中提升

中国提升文化生产力,必然要面对全球范围内的激烈竞争,必然要通过提升中国文化产业的竞争力来推动文化生产力的增长。文化生产力的主要载体是文化企业,文化企业发展到高级阶段的有机组合是文化产业集群,它使得文化产业的主体,从单个企业和机构上升到以龙头企业为引领、以产业链为组合、以政府机构和服务机构为支持的有机整体,使得文化产业的竞争力大为提高。竞争力研究是当前国际上的前沿研究领域之一,出现了从资源、结构和国家竞争力角度研究的多种流派。但是从文化企业的竞争力入手,系统研究中国的文化企业如何获得国际市场的核心竞争力,如何促进中国企业文化生产力总体水平的提升以及实现现有文化产业的转型升级等,却是一个具有时代特点和中国特色的重大课题。

"竞争力"是从"竞争"一词衍生出来的。从"竞争"到"竞争力",再到"文化竞争力"、"核心竞争力",从这些词语的变化可以发现人类社会自身力量或自身能力提升的一个过程。竞争是市场经济的基本特征,市场经济的本质就是由竞争以及由此所派生出的优胜劣汰。在市场经济条件下,竞争是人们最常用的基本词汇之一。自由竞争、公平竞争、鼓励竞争、参与竞争……凡此种种,都说明了在自由、公正、平等的市场经济时代"竞争"一词所表现出的重要性。在某种程度上看,市场经济就是一种竞争经济!没有竞争就没有产业的进步,没有竞争就没有创新精神的诞生。而竞争的胜负,最关键的要素就是"竞争力"。

"竞争"一词在汉语中出现很早。据考证,文献记载里最早出现的竞争一词出现在《庄子·齐物论》。文中的"有竞有争",多指"互相争胜"的行为。西晋郭象(?—312年)对"竞争"一词作了形象的阐

述:"并逐曰竞,对辩曰争。"唐元稹《唐故赠左散骑常侍裴公墓志铭》:"冬曹晋阳,宠备幽歺,而又勤尽让,不为竞争。"康有为《大同书》戊部第一章:"况当世界竞争优胜劣败之时,岂可坐弃人才哉!"现代汉语词典对竞争的解释是:"为了自己方面的利益而跟人争胜。"

生物学认为竞争是两种或两种以上生物相互争夺资源和空间等行为与过程;社会学强调竞争是在两者或两者以上发生的行为,是指为了己方的利益而跟人争胜,是个人或者团体为了达到某种目标,努力争取其所需求的对象;经济学里的竞争(competition)是指经济主体在市场上为实现自身的经济利益和既定目标而不断进行的角逐过程。它还指在市场上存在大量潜在的供应商和消费者,因此,没有人能控制产品、价格等市场因素。竞争是与垄断相反的经济形式。也是经济学上的推动市场经济发展的推动力。

竞争努力争取的对象有物质的或非物质的。例如为增加收入,发展营业,是物质的对象;争取荣誉,提高地位,是非物质的对象。竞争起于事物的短少或限制,竞争的结果,使成功者获得所求,失败者损失所有。现代社会生活的特征之一,就是鼓励和推动互相竞争。竞争是社会过程的一种,亦即社会互动的一种方式。

竞争有直接与间接之分。直接竞争是指参加竞争者,彼此把竞争的目标转到对方的身上所发生的交互作用。例如角力与球类比赛,必须胜过对方,才算达到目标。间接竞争是指参与竞争者不必彼此直接发生接触,也不必彼此互相认识,而可以在不同地区发生竞争状态。

竞争力是市场经济环境下衡量一个企业优劣的最基本的指标。因此,关于竞争力的研究一直是经济学界和管理学界所关注的热点。美国哈佛商学院教授迈克尔·波特曾经撰写过关于竞争力研究的三部名著[1]。根据他在《竞争战略》中提出的观点,任何一个企业,如果

---

[1] ［美］迈克尔·波特:《竞争战略》,郭武军、刘亮译,华夏出版社1997年版;［美］迈克尔·波特:《竞争优势》,华夏出版社1997年版;［美］迈克尔·波特:《国家竞争优势》,华夏出版社1998年版。

不具备一定的竞争力,它就难以在市场竞争的环境下生存。而竞争力形成与否的标志,关键取决于它能否给顾客或客户以产品或服务的显著增值,以及这种增值的大小。

从历史的观点看,在以实物产品生产为主的经济发展时代,市场竞争主要是产品竞争,谁能提供价格更便宜、质量更高、数量更大的产品,谁就拥有了竞争力的优势,这在文化产品领域也是一样的。

亚当·斯密的绝对成本优势理论、李嘉图的相对成本优势理论以及马歇尔的集聚优势理论,就是这一阶段竞争力发展的理论代表。它们认为:产品成本是竞争中形成优势的决定性因素,竞争力的强弱取决于因为资源条件或者企业和生产要素集聚而形成的成本优势。谁拥有更多的资源,比如大规模生产的设备和组织形式,谁提供了更优质和更便宜的产品,谁就将在市场上获得决定性的胜利。这一点,被早期美国好莱坞的经营者们奉为经营法宝。

(二) 竞争力作为文化生产力的核心优势

随着市场经济的发育,特别是科学技术在竞争中的作用越来越突出,资源要素的重要性逐渐下降,而体制的重要性越来越凸显。因此,体制性竞争力优势理论应运而生。它认为:竞争力应该是以更具有吸引力的价格和质量,来进行设计、生产和销售产品和劳务的能力。而这种能力取决于一个产业的国际化程度、政府管理能力、金融体制、公共基础设施、科研成果转化率、企业管理体制等体制性因素。以熊彼特理论为基础的技术创新理论认为:竞争力优势主要在于技术和组织的不断创新。它包括:引进新产品;引进新技术;开辟新市场;控制提供原材料的新的供应来源;实现产业的新组织形态,而且特别要向创新者提供必要的技术、资金、人力供应以及政策上、制度上和组织上的保障,并且对那些创新失败者提供保护和鼓励,从而激励创新者的积极性和创造性。

以诺斯(D. C. North)为代表的制度创新竞争力优势理论认为:

竞争力优势在于通过制度创新,营造促进技术进步和经济潜能发挥的环境。从制度变迁的主体和诱因来看,制度创新方式分为强制性制度变迁和需求诱导性制度变迁。在许多情况下,社会规则并不是按照经济的效率原则发展的,它受到政治、军事、文化及意识形态的约束。因此一个民族完全有可能为了多种考虑特别是意识形态方面的考虑,长期地停留在低效率的经济制度中,这在历史上已经屡见不鲜。有鉴于此,推动制度创新就显得格外重要①。以上各种关于竞争力优势的理论,具有明显的社会经济发展演变的印记,反映了人们对竞争力的理论探索不断深化的过程,同时也为提供竞争力的实证分析提供了重要的理论基础。

哈佛商学院的迈克尔·波特(Michae E. Porter)1990 年出版的《国家竞争优势》,提出了一个国家竞争力是由四个基本方面构成的,它制约了该国企业的竞争环境,促进或阻碍了国家竞争优势的产生。它们包括:(1)资源与才能要素:指一个国家的生产要素状况,包括熟练劳动力以及必须具备的基础设施条件。(2)需求条件:指对某个行业产品或服务的国内需求性质。(3)关联和辅助性行业:指国内是否存在具有国际竞争力的供应商和关联辅助行业。(4)企业战略、结构和竞争策略:指一个国家内部支配企业创建、组织和管理的条件,以及竞争的本质。波特将这四方面构成一个菱形;认为当某些行业的菱形条件处于最佳状态时,该国企业取得成功的可能性最大。例如,颁布鼓励或者限制消费的法规可以改变国内需求,反托拉斯的政策能够影响行业内竞争的激烈程度,政府在教育领域的投资可以改变劳动力能力资源等。

波特理论的贡献可以归纳为以下几点:(1)提出了一个重要的分析工具。(2)强调动态的竞争优势,特别是回答了像日本、韩国这类自然资源稀缺的国家在众多领域获得竞争优势而许多自然资源丰

---

① ［美］斯蒂格利茨:《经济学》(第 2 版),张军等译,中国人民大学出版社 2000 年版;斯坦利·L.布鲁:《经济思想史》,邸晓燕等译,机械工业出版社 2003 年版。

富的国家却长期落后的原因,认为不断创造的动态要素比静态的要
素更能持久,其优势会随着时间的推移、知识的积累而增加,而靠静
态的要素禀赋获得的竞争优势则会随着消耗而减少。随着科学技术
的迅猛发展,新能源、新材料的大量问世,初级要素的相对重要性进
一步降低,动态竞争优势的重要性将进一步加强。(3)强调国内需
求的重要性。(4)强调国家在决定企业竞争力方面的关键作用。

20世纪90年代以来,国际上一些知名的研究机构,如瑞士洛桑
国际管理发展学院(IMD)和世界经济论坛(WEF)依据各自对于国
家竞争力广泛含义的理解,各有侧重地发展了评估各国各地区竞争
力的多种方法。总体上说,前者所提交的《世界竞争力年鉴》,强调竞
争力是一个国家和一个地区在先天资源和后人生产活动的配合下,
所能创造的国家财富的能力,比较侧重静态的比较。而后者则强调
竞争力是一个国家和一个地区提高经济增长率,并且持续地增进人
民生活水准的能力,注重一个国家和一个地区在未来五到十年的经
济成长潜力。侧重于动态的评比,特别是把企业竞争力、产业竞争力
与一个地区的社会凝聚力、文化普及程度等结合起来,显示了近年来
竞争力研究方面的重要进展。

大量市场分析的数据显示:顾客面对着同一类商品或服务,将
会选择同等条件下内涵更丰富和附加值更高的商品或服务。“消费
者剩余”是企业竞争力本质的内涵,是企业培育竞争力机制、发挥竞
争力机制作用的最终目的。事实上,商场竞争不同于战场竞争的一
点就是:商战是企业以赢得客户并因此得以发展壮大自己的方式来
战胜对手;而兵战是以直接冲突的方式来消灭敌方;商战是对手们共
处市场而竞争,胜败取决于自身的竞争力,相互竞争,相互促进,接受
市场选择和淘汰。可以认为,商战事关企业生死存亡的要素是企业
同它的客户的关系,这个关系最终取决于它能给客户多大额度的或
什么样的价值,以及最终客户的满意度之高低。

借鉴和分析了世纪之交各国学者采用的大量实证材料,立足于

中国参与全球化竞争包括国际文化市场竞争的实际情况，我们认为："文化竞争力"通常是指综合竞争的能力，它包括微观竞争力层次、中观竞争力层次、宏观竞争力层次。

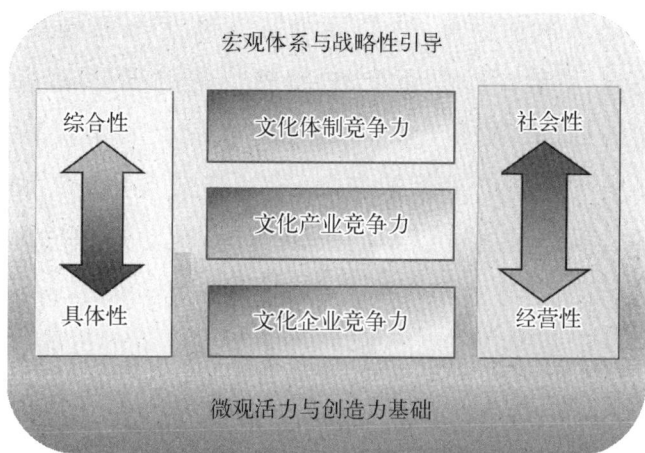

图 3-2 文化竞争力的三大层次

从微观层次上说，文化企业竞争力是指进行文化生产经营活动的主体所具有的竞争力，即将一定的资源（如资本、信息、原材料、人力、物力、财力等），按照预定的目标进行处理后的产出能力。它具体表现为：对于文化产品或者服务项目的研发能力、对成本和价格的控制能力、对市场的占有能力、对企业内部的管理能力、对政府和其他公共组织的协调能力等。

从中观层次上说，文化产业竞争力指通过对生产要素和资源的高效配置和转换，稳定、持续地生产出比竞争对手更多、更好财富的能力。它指文化产业内部通过组织的合理化，促进有效竞争而有效地配置资源，从而不断降低成本，充分利用和获得规模经济效益的能力。成本越低，则产品和劳务的竞争力越强，降低成本的要素是合理竞争。美国政府之所以要分拆微软公司，恰恰在于担心微软公司愈演愈烈的兼并和垄断，最终将导致美国 IT 产业在高度的垄断下走向组织僵化，成本虚高，而丧失了在国际市场上的活力。

从宏观层次上说，国家文化竞争力包括整体的创新能力、市场拓展能力、成本控制能力、可持续发展能力。它指一个地区把文化体系与经济、生态、社会资源等相协调，获得可持续发展的体制建设和综合能力。文化产业并不是一个自我维持、独立运转的封闭系统，它要不断获得信息、智能、技术、资金、自然资源等的支持，避免过多地消耗不可再生的自然资源和人文资源（如某些地区为了获取短期效益，对宝贵的历史文化遗产进行掠夺性开发，造成自然资源和人文资源的巨大破坏），而通过制度创新的引领作用，推动知识资源的投入与优化整合，推动文化产业实现扩大再生产[①]。

有必要指出的是：国家间的文化软实力竞争不可能在一个自我封闭的环境中进行，必然是在一个越趋国际化的背景下展开的。一个国家和一个城市要有强盛的文化竞争力，必然能够顺应全球化发展的趋势，再因势利导具有吸取国际资源、顺应和建立国际规则、扩大全球文化市场占有率的能力。因此，前面所分析的那些文化生产力的新业态、新样式、新领军人物，从史蒂夫·乔布斯到马云，从贝佐斯到马化腾，绝大多数都是在本土成长以后，迅速地进入全球市场，利用海量的国际市场需求和巨大的资源，而壮大了自己的实体规模和服务网络。瑞士苏黎世联邦理工学院（ETH）经济形势研究所（KOF）采用的 KOF 全球化指数，分别从经济、社会、政治三个方面对全球化实行了量化，以 2013 年的数据为例，其中经济全球化占权重 36％，社会全球化占权重 38％，政治全球化占权重 26％，每年的占比有小幅变动，也说明社会全球化包括文化全球化所占的比重和受重视程度越来越大。在 KOF 全球化指数中，经济全球化包含贸易、国外直接投资（流动资金）、国外直接投资（储备）、证券投资、外籍居民人口收入/支出、隐形进口壁垒、平均保险利率、国际贸易税、固定

---

① 花建、王泠一、郭洁敏、董德兴、吴文娟：《软权力之争——全球化视野中的文化竞争潮流》，上海社会科学院出版社和高等教育出版社 2001 年版。

资本账户管理;社会全球化包括话务量、交通运输、国际旅游、外国人人口、国际邮件、网络用户、电视、报纸经营、人均麦当劳餐厅数量、人均宜家家居数量、图书贸易在 GDP 中所占比重;政治全球化包括外国使馆、作为国际组织成员的数量、拥有联合国安理会席位、加入国际条约,三类共计 24 个子指标。

　　KOF 在此基础上进行比较,发现主要国家在全球化的三大门类中的进展并不相同,得出总体的全球化指数排名,并且指出:在社会、政治、经济这三个层面上,世界的全球化程度都在持续加深。富有西方国家的全球化指数虽然比较高,但自从 2001 年后,它们基本停止了提高全球化程度的脚步,而那些后发达国家则加快了全球化进程。在社会全球化方面,自 2001 年后全世界就基本处于停滞状态,中国、俄罗斯、韩国、印度这四个国家的全球化指数逐步升高,而这些国家的企业增长速度更明显。中国的全球化指数明显低于主要发达国家(为 60%),但是表现了稳步上升的态势,是发展中国家中最为明显的[1],这说明中国在融入全球化包括政治全球化、经济全球化和社会全球化方面表现出更加积极的态度。

　　有鉴于此,中国提升文化生产力,将体现出越来越强烈的国际竞争态势,并且把本土的发展壮大与国际的竞争取胜统筹起来,形成一个有机的整体。中国的文化企业领军人物,也将越来越熟悉全球化的规则,并且在全球政治经济文化舞台上展示自己的风采。2014 年 9 月,中国企业阿里巴巴在纽约证交所上市,创下了美国股市最大融资规模纪录,开盘报以 92.7 美元,较 68 美元发行价上涨 36.3%,阿里市值达到 2 383.32 亿美元,超越脸书成为仅次于谷歌的第二大互联网公司。2015 年 6 月 10 日,阿里巴巴创始人马云在纽约经济俱乐部发表演讲,他描述了阿里巴巴的全球化目标:我们的愿景是"全球买、全球卖",希望未来十年内帮助全球 20 亿消费者在线购买全世界

---

[1]　瑞士苏黎世联邦理工学院(ETH)经济形势研究所(KOF)发布的 KOF 全球化指数,2014 年。

的产品,而且做到全球范围内 72 小时内收到商品,在中国范围内,无论你身在何处,24 小时内收到商品。阿里巴巴的全球化战略,仍然是致力于帮助小企业,帮助他们以最有效的方式来做生意,在自己的电商平台上,帮助到另外一千万家小企业①。

(三) 文化竞争力具有多层次的丰富内涵

一个国家的文化竞争力是一个多层次的统一体,主要包括四个方面的内涵:

一是文化产品竞争力。文化离不开某种形式的载体,不论是何种形式的文化,都要通过一定的产品或服务(可统称为产品)来表现。文化产品竞争力是指文化产品引起消费者注意、唤起消费者共鸣、促使消费者购买的能力。

二是文化企业竞争力。文化产品是由文化企业(事业单位也可视为文化产品的生产者)研发生产出来的,企业要可持续地生产出有竞争力的产品,就必须具有可持续的核心竞争力。文化企业的竞争力,是指文化企业的原创能力、整合资源的能力和抓住消费者的营销能力等。如前所述,文化企业和机构的竞争力,主要是由成熟的企业家精神来引领的。企业家的竞争力是文化企业综合实力的灵魂所在。

三是文化品牌竞争力。文化产品和文化企业都有品牌。品牌作为无形资产和重要的战略资源,在文化竞争力中举足轻重。文化品牌竞争力是指通过品牌的影响力和号召力,有效提升该品牌文化产品的品质和文化企业的竞争力。

四是文化形象竞争力。文化整体形象的好坏,不仅影响到文化产品竞争力、文化企业竞争力和文化品牌竞争力,而且还将影响到整个城市乃至整个国家的竞争力。文化形象竞争力是指文化整体的吸引力、凝聚力和感召力。这四个方面相互联系,相互促进。

---

① 《一场震撼美国商界的演讲》,财经网,2015 年 6 月 10 日,http://www.techweb.com.cn。

　　与上述文化竞争力的四大要素密切相关的概念是"核心竞争力"。核心竞争力由美国学者普拉哈拉德教授(C. K. Prahalad)和伦敦商学院加理·哈默教授(Gary Hamel)于1990年在《哈佛商业评论》上发表的《公司核心竞争力》一文中提出。所谓核心竞争力是指"组织中的积累性学识,特别是关于如何协调不同的生产技能和有机结合多种技能的学识"。实际上核心竞争力即指企业能将技能、资产和运作机制有机融合并创造出具有市场吸引力的产品或服务的能力。它是使企业获得长期稳定竞争优势的根本的基础。它包括下列五层内涵:(1)企业核心竞争力,是相对于竞争对手的竞争强势。(2)它是一种处于核心地位的能力,是企业其他能力的统领。(3)它是企业所独具的能力,是竞争对手无法模仿的。(4)它是长期起作用的能力,一般情况下不随环境的变化而发生质的变化。(5)它是企业长期积淀而形成的能力,深深植根于企业之中。

三、文化生产力集约化与规模化发展

(一) 文化生产的集约化优势

　　从全球范围看,文化生产力的增长必然要走向集约化和规模化发展。文化产业的集群代表了现代文化产业的主体。这些集群是一个有机的经济活动整体,它的内部不仅包括围绕一个特定行业所集聚的企业群,而且还包括相关的政府机构、商会、协会、金融机构、中介机构等。它们之间形成了相互联系的共生关系,并且比单个的企业和机构拥有更为多样和广泛的经济能量和社会网络,还包括各种活跃文化范围的活动和交流项目,以及由此产生的辐射力和凝聚力,这是产业集群的实体构成。产业集群内的企业和其他机构往往都与某一产业领域相关,这是产业集群形成的基础。产业集群内的企业及相关机构不是孤立存在的,而是整个产业网络中的一个个节点,形成了相互拉动和联系的网络关系。

第一,从提升文化产业竞争力的意义上看,需要产业集群代表产业发展的主流,把握促进发展的着力点,推动市场需要的产业细分。在产业的孵化期、成长期、成熟期、转型期等纵向发展阶段上,以"先行一步"和"陡然急转"的前瞻性,发挥风向标、开拓者、避雷针的引领作用。

第二,在提升文化生产力的价值规律上看,需要产业集群密切把握相关市场包括技术、资本、人力、品牌市场等的变化,推动文化产业与其他产业包括通信、计算机、网络、生态、环保、旅游、房地产、时尚等产业的融合与细分,形成更加有竞争力的产业链、服务链、价值链。

第三,从改善文化产业的组织规律上看,需要产业集群根据各类产业对资源配置的不同要求。创新产业集聚的业态和形态,形成与文化生产力相符合的物理空间和虚拟空间,特别是配合全球范围内的城市化—再城市化—城乡一体化发展的浪潮,开发效率更高的产业园区、城市形态、文化示范。

(二) 文化产业的集群建设

文化产业的集群建设推动了文化生产力的增长。大量研究成果证明:集群外的文化企业与集群内的企业提高劳动生产率的性质是不同的。集群外的文化企业主要依赖于它的劳动力熟练程度和技术水平,而集群内的企业提高劳动生产率,依赖于合作网络背景下的人才专业化程度、加大创新投入、共享基础设施和政府扶持,促进产学研结合等。不仅如此,文化产业集聚发展的效益,不仅仅是指园区或者集聚区的平均产出,而且指它对于周边地区 GDP 增长和就业拉动的广泛带动作用。

文化产业的集群表现了多样化的互动关系:这种动力主要表现为相关产业的互动和相关企业的共生两种形式。相关产业的互动,从产品和要素的交易,逐渐转向知识和创意的共享;相关企业的共生,伴随着知识的扩散和信息的联系而逐步加强。通过这种互动机制,各个主体之间形成了有效的合作与竞争。这种合作与竞争可以同时发生在不同的产业链和同一产业链上的不同主体之间,从而共同推动了集聚区域的发展。随着产业内分工不断地向纵深发展,传统的产业内部不同类型的价值创造活动逐步由一个企业为主导分离为多个企业的活动,这些企业相互构成上下游关系,共同创造价值。围绕服务于某种特定需求或进行特定产品生产(及提供服务)所涉及的一系列互为基础、相互依存的上下游链条关系就构成了产业链。

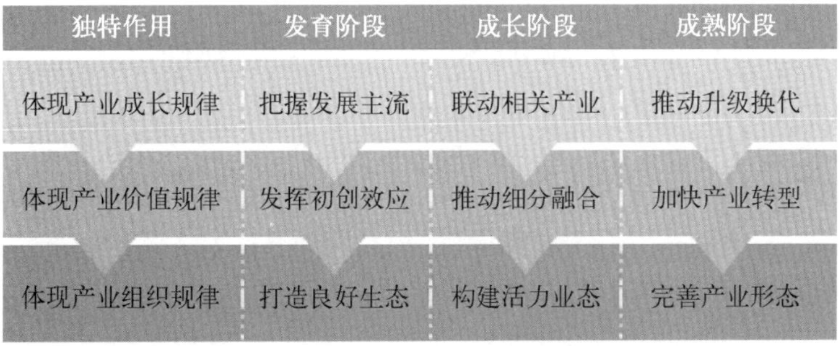

独特作用	发育阶段	成长阶段	成熟阶段
体现产业成长规律	把握发展主流	联动相关产业	推动升级换代
体现产业价值规律	发挥初创效应	推动细分融合	加快产业转型
体现产业组织规律	打造良好生态	构建活力业态	完善产业形态

图 3-3 文化产业主体的集群发展阶段

文化产业的集群有利于文化企业的创新活动。联合国贸发会议在《2001 年世界投资报告》中指出:产业集群正在经济活动,特别是技术密集的活动中扮演日益重要的角色①。产业集群是企业的创新之源,能为现有企业提供良好的外部机会,更重要的是能为新企业提供成长的机会。因此,只有充满创新活力的集群,才能吸引更多企业的加入。只有当某个产业集群形成了一定气候,创新意识和氛围良好,才会有更多的优秀企业主动聚拢。从文化生产力的意义上说,创新是一种在网络结构基础上的交互过程,相互激励而不断扩散。构

---

① UNCTAD:《2001 年世界投资报告》,中国财政经济出版社 2002 年版。

成产业集群的每一个主体都是网络组织的一个节点,节点与网络组织之间的联系是通过价值链联系起来的。而网络组织因为具有一定的功能,就可以使得节点获得期望的价值。在一定时期内,结构、价值、功能三者之间处于一定的平衡状态。当结构、价值、功能三者之间的任何一点发生变化,就会打破原有的平衡,促进组织结构的创新。当产业集群积极参与了全球化的竞争,有能力承接全球产业链中的重要订单,就会迫使产业集群加大技术、服务和管理创新的力度,使得整个组织结构不断创新变化,从而有利于企业之间的相互交流、集体学习和共同解决问题,更有利于各种技术和创新思想在企业间的传播和应用。大量实践证明:产业集群内部的知识溢出效应和协同创新环境,会使得产业集聚更具有宝贵的创新优势。

四、文化生产力增长与文化竞争力提升

(一) 文化生产力对文化竞争力的作用

在世界近代史上,很少有一个概念像"软实力"(soft power)那样,一经提出就获得高度关注。被世界上的主要国家作为提升综合国力的重大问题进行研究;也很少有一个概念像"软实力"那样,凝聚了一代又一代的有识之士,投入了大量的资源和智慧,从理念和战略层面上做了如此多的探索和积淀。作为软实力的率先研究者之一,美国学者约瑟夫·奈把软实力描绘成一种国家可以通过战略和政策有效使用的战略资源和实际能力,而不是一种难以捉摸、似水无形的纯粹形而上要素。他把这种力量概括为导向力、吸引力和效仿力,是一种同化式(co-optive)的实力。"同化式实力的获得是一个国家思想的吸引力或者是确立某种程度上能体现别国意愿的政治导向的能力。""一个国家文化的全球普及性和它主宰国际行为规范而建立有利于自己的准则与制度的能力,都是它重要的力量来源。"为此,约瑟

夫·奈认为无形力量的强弱可以从国家凝聚力、文化全球性普及、国际机构中的作用等方面进行评估①。

党的十八大提出："增强文化整体实力和竞争力。文化实力和竞争力是国家富强、民族振兴的重要标志。"我们认为：中国提升文化整体实力和竞争力，与美日欧学者提出的"软实力"、"巧实力"等概念有相通之处，更有区别。中国要大力推进的文化整体实力和竞争力，既有内在联系又各有相对的侧重点：文化整体实力主要从资源积累和基础建设的角度入手，它是一种根据国家核心价值观念和国家现代化的整体目标，在对各种文化资源的传承、保护、投入、积累、整合基础上，由文化遗产资源、文化人力资源、文化金融资本、文化基础设施、文化企业和机构、文化国际联系等积累和组成的整体实力；文化竞争力主要从开放竞争和动态发展的角度入手，它是一种在经济全球化、政治多极化、文化多样化、科技信息化的时代背景下，根据国家的文化发展战略，在提升文化创新活力、扩大文化生产力、发挥文化区域贡献、增强文化国际影响等方面，通过科学和有效的路径和举措，体现出来的能级和活力，是与其他国家和地区在文化领域进行相互竞争、相互交融、相互比较而体现的竞争优势。

中国要提升文化整体实力和竞争力，必然要大力提升文化生产力。而文化生产力的增长必然是一个增强竞争力的过程，在历史、现实和未来的三个维度上展开。从历史传承的维度上看，国家的文化生产力体现了国家对历史文化遗产的传承、解释和开发的能力，体现了积累文化资源的深度和规模；从现实开发的维度上看，国家的文化生产力体现了国家进行文化创造、文化生产和文化贸易的能力，体现了通过创新和生产而形成提供文化产品的广度和可持续能力；从引导未来的维度上看，国家的文化生产力体现了国家提供的文化产品

---

① ［美］约瑟夫·奈：《美国定能领导世界吗？》，刘华译，军事译文出版社1992年版。

和文化服务,对处于不同发展程度上的其他国家和民族所具有的影响力,也就是这个国家通过优秀文化成果而在国际社会中发挥的文化前瞻性和引导力。一个国家在文化方面的综合开发和运用能力以核心价值观念的创造为核心,展开为文化积累、文化创造、文化生产、文化贸易、文化传播等能力环节,而成为既有明晰的内核,又具有辐射性和开放性的国家文化能力体系。

(二) 文化生产力增长的新背景

21世纪的国家文化软实力不但要依赖国家的战略、制度和宣传,而且它将经历一个国家层面和非政府层面、国际组织和各种民间与私人团体,贡献多种资源,共同创造、友好互动和分享文化软实力的过程。文化建设在本质上是以人为本,以人文内涵为核心,具有直达心灵的力量。离开了广大国民普遍认同的软实力,必将是外强中干而充满危机的。所以,一个国家强大的文化软实力不可能由少数精英或者强权部门所垄断,而应该是全体机构、企业和人民共同创造和共同参与的结果。由于文化软实力的传播和应用,是由大量的文化产品和文化服务来承载的,因而开发、生产和传播这些文化产品和文化服务的文化生产力体系就成为竞争之核心。文化软实力集中体现为一个国家文化生产力的质量、能级和规模优势,体现为大规模的文化产业及其文化贸易,这是承载文化软实力的重要主体。有鉴于此,一个国家提升文化软实力,特别需要通过企业管理、产业组织和商业模式的创新,形成源源不断的文化生产力。

21世纪文化生产力的增长,是在经济全球化和数字化网络化的背景下展开的。经济全球化在趋势是:(1)贸易自由化。各国间的经济开放度与合作度越来越高,"世界已经从圆的变成了平的。不管你在地球的什么地方,你都会发现,等级制度正受到来自社会底层的挑战,或者正从自上而下的关系变成更为平等和合作的关系"①。（2）资本国际化。跨国公司的全球经营驱使金融资本为追逐最大利润到处流动,货币及有价证券的国际贸易昼夜不停地循环于世界的东方和西方,深刻地改变着全球资源配置的格局。（3）生产经营的世界化。跨国公司为了最大限度地占有全球市场,把分支生产经营机构分布到世界每个角落,形成跨越于民族、国家之外的生产、消费、投资体系,生产的链条变得越来越碎片化,却被价值链有效地组合在一起。（4）知识产业化,世界经济结构发生重大变化,即从以物质资源的占有和消耗为特征的工业经济逐步向以知识（智力）资源的占有、配置、生产、分配、使用作为决定因素为特征的知识经济转型。

而数字化网络化的技术进步,使得人类的生产活动,特别是以知识（智力）资源的占有、配置、生产、分配、使用为主的经济活动,包括文化生产力的增长,发生了革命性的深刻变化。由计算机语言 0 和 1 生成的数字虚拟空间,是全球性的交流场所,是一个数亿台公共机构计算机、企业计算机和个人计算机组成的在线网络。它依靠光缆、光纤、卫星、微波、电话、阅读通信终端（手机、iPad）等,输送信息速度可以在 0.003 秒内就可以环绕地球一圈。分处于纽约、上海、伦敦和巴伐利亚的企业机构和专业人士能在异地同时召开会议、研究方案和合作研发,极大地提高跨国合作的效率,这已经是我们时代常见的现象。

正如国际多媒体协会主席哈威·费舍尔所说:"网络世界源于现实世界,其结构和内容反映现实世界。然而,网络世界不仅仅是现实世界的反映和替代,还是一个与现实世界平行的世界。因为,除了反映现实世界之外,它能够根据自身的逻辑和需求,不断地自动生成大量内容,这些内容之前从未公开过,是网络世界所特有的,不受现实世界的束缚……网络世界是一个虚构的世界,这里也有逻辑、价值观

---

① ［美］托马斯·弗里德曼:《世界是平的》,何帆、肖莹莹译,湖南人民出版社 2006 年版。

念、信息以及个人行为和社会行为,不过与现实世界差别很大。这两个世界之间存在一种辩证关系,它们一方面相互排斥、相互对立,另一方面又相互补充、相互管理、相互促进。[①]"这一段生动的描述,用来形容人类在信息化时代的文化艺术活动,真是栩栩如生。可以说:以虚拟性、创意型、想像力为特征的文化生产活动,依托数字化网络,获得了极大的发展自由和拓展空间。

(三) 文化生产力新形态的壮大

在全球化和数字化的背景下,21 世纪的文化生产力,在现实世界和网络世界的两维空间展开,正在向以集聚实体为基础,以创意内容为核心,以虚拟网络为辐射,以经济流量的集聚与升值为亮点的新模式发展,数字化高端融合逐渐成为文化产业集聚的高级形态和未来发展趋势。文化产业集聚发展的大趋势,就是依托一定的实体型文化创意产业园区、社区和城区,建造一个国际化的虚拟性服务区域,通过一个迅速、畅通的交换传播数字化服务平台及网络市场,以最新的技术方式,实现官、产、学、研和消费者的数字化高端融合,逐步把"集聚—开发创新活力"与"辐射—形成共享网络"的功能结合起来。

李天铎教授等以洛杉矶的电影娱乐产业为案例,分析了文化生产力形态的孕育、更新和发展过程,也分析了文化产业集群的发展变化。早期的电影娱乐产业集群,是在工业经济的福特主义背景上形成的。而福特主义的特点是以标准型的大型企业为主轴,以厂房机件为工具,用劳工去技能化(deskilling)的线性流程,大批量地生产标准化的产品。这也就是法兰克福学派批评的那样,工厂化的规模生产遏制了艺术生产的个性,创造了巨大的产量和效率。记得 20 世纪90 年代中期,我们在美国洛杉矶进行实地调研时,住在伯班克往南

---

① [加]哈威·费舍尔:《数字冲击波》,黄淳等译,旅游教育出版社 2009 年版。

约 30 千米的一处住宅区,周边都是为好莱坞工作的技术人员和工人。如同一个繁忙的蜂房。他们抱怨 20 世纪 80 年代以前的好莱坞是一个流水线生产式的大工厂群落。大群的电影技师和工人长年累月地为好莱坞工作,虽然劳动辛苦,但是工作十分稳定。而从 20 世纪 90 年代开始,好莱坞变成了一个非常不稳定、充满变数和重组的振荡器。大群的电影技师、群众演员和工人,时而集聚,时而又流失。

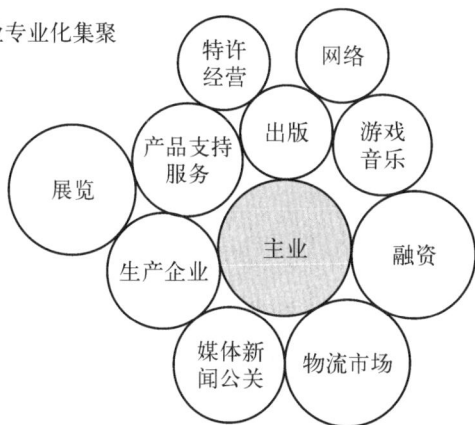

图 3 - 4　灵活组合的好莱坞电影娱乐产业集群

资料来源:李天铎:《文化园区:梦幻工厂或是创意集中营?》,载向勇主编:《全球视野下的产业融合与文化振兴——北大讲坛》,金城出版社 2010 年版。

正所谓:"年年岁岁花相似,岁岁年年人不同。"实际上,从 20 世纪 90 年代以后,以好莱坞为代表的电影娱乐产业集群,已经成为后福特主义(post-Fordism)的产物。后福特主义与后工业化时代相适应,与福特主义的流水线操作大不相通,而是一个以比较利益(comparative advantages)为准则,以网络化分工、柔性化组合、跨行业整合的生产模式,它更针对小群化、分众型、全球化的市场(niche market),致力于多样式产品的开发与营销,带动产业形态的改造,像专业人员的聘雇弹性化,项目的服务外包,生产组织的切割、碎片与重组,创意设备的租赁化,知识产权部门的设立等。值得注意的是:

文化产业和创意经济的发展，并不是如人们希望的那样，始终在稳步向上发展。相反，由于文化产业的大部分领域属于知识经济，属于现代服务业的组成部分，它具有灵活性、多变性和不稳定性。它并非工业经济早期的"福特主义"时代，以大规模的流水线生产来保持产量和质量的稳定性和对市场的占有，也并非依赖于来自外部的大批市场订单，它如同后工业化时代的"后福特主义"表现的那样，是以一系列大大小小的文化创造实体与配套公司组合起来的，它们之间的联系非常不稳定和脆弱，而且常常被相关市场的风浪所影响，因此，文化生产力组织形态正在变得更加多样化，而且充满了不稳定性。这在文化产业的其他领域如动画、游戏、新媒体、演艺、数字出版等产业也更加强烈地表现出来。

市场竞争的最终裁判者是广义的消费者，忽略了这点，企业的竞争力是永远建立不起来的。文化企业的核心竞争力是公司所独有特质的体现，它包括了独特的内容、独特的形式以及运作技巧等。一家企业的核心竞争力不断提升，才能使得这家公司在纷纭复杂的公司群落中独显风采，它的产品或服务就能够成为众多的消费者首选和钟爱。美国一位著名企业家曾经说过："现代商战的胜利不在于你占据了多少商场，而在于你占据了多少消费者的心。"消费者满意程度决定了你的市场份额，决定了对你的产品和价格的认可程度。而在互联网普及的背景下，越来越多的消费者参与到文化产业生产者的行列，把文化企业和文化消费者的隔阂逐步消融，成为一个革命性的重大契机，正如 IBM 商业价值研究院近期发表的全球首席高管调查报告《客户主导型企业》（*The Customer Activated Enterprise*）所指出：企业的外部边界正在消失，最好的创意和创新有可能是来自企业之外的人。据调查：参与社交网络的人群中，94％通过社交功能进行学习，78％的人用以分享知识，49％的人借以和专家互动，形成一个个鲜活灵动的"大脑链"。在经济全球化、政治多极化、科技信息化和文化多样性深入发展的背景下，文化竞争力的内涵和外延都发生了深刻的变化,这对各类文化企业的经营理念、运作模式和竞争策略产生了深远的影响,需要我们以系统性的观点对此进行全面的把握。

第二节　文化竞争力与文化企业建设

一个国家的文化竞争力是在参与全球化的交融、互动和竞争中发展的。随着全球化的深入发展,世界的变化更加迅速了。过去人们往往是从国家的角度看世界,今天人们必须从世界的角度看国家。数百年来西方列强通过战争、掠夺、殖民、划分势力范围等方式争夺利益和霸权的全球格局,逐步向各国以制度规则协调关系和利益的方式演进。正如习近平主席指出:"随着全球性挑战增多,加强全球治理、推进全球治理体制变革已是大势所趋。这不仅事关应对各种全球性挑战,而且事关给国际秩序和国际体系定规则、定方向;不仅事关对发展制高点的争夺,而且事关各国在国际秩序和国际体系长远制度性安排中的地位和作用。[①]"经济全球化和政治多极化深入发展,把世界各国利益和命运更加紧密地联系在一起,逐步形成了你中有我、我中有你的利益共同体。如学者周有光所说:"由于看到了整个世界,我们对许多事物需要重新估价(transvalution)。[②]"在全球化的视野中,国家的文化整体实力和文化企业的竞争观念、竞争技能以及竞争方式也发生着重大变化。我们要把握全球化的大格局和向全球治理发展的大趋势,从提升中国文化企业的竞争力入手,不断增强中国文化生产力和竞争力。

---

① 《习近平:推动全球治理体制更加公正更加合理》,21 世纪新闻网,2015 年 10 月 13 日,http://news.21cn.com/domestic/yaowen/a/2015/1013/。

② 周有光:《我的人生故事》,当代中国出版社 2013 年版,第 167 页。

一、文化产业的国际竞争格局

（一）世界文化产业的竞争新态势

基于数字技术的互联网科技推动了经济全球化、文化全球化、政治全球化的趋势。大量事实说明：贸易的全球化和货币的全球化带来了大量产业要素流通的服务链；科学的全球化带来前所未有的智慧链；市场的融合带来了以品牌为引领的服务链。与之相适应的是国际组织的全球化（如联合国、世界银行、亚投行）和追求民主制度的全球化，使得民主政治的全球化呈现出十分明显的趋势。尽管全球化的浪潮已经席卷世界各个领域，然而由于国际地缘政治的复杂性、国际文化版图的独特性以及各国社会制度的差异性，当前各国各地区之间的文化交流、商贸往来以及政治博弈等依然壁垒重重。也正因为如此，世界文化才呈现出全球化与民族化并存、一体化与多元化对峙、多样化与丰富化竞合、冲突式与对话式并行的时代大格局。纵观世界文化产业发展现状，可以发现，全球文化产业发展呈现出以下竞争态势。

1. 文化产业成为全球经济的主导产业之一

文化生产力的主要载体是文化产业。世界上主要发达国家从20世纪80年代之后越来越重视推动文化产业。由于工业经济时代以实物需求为核心的人类财富增长模式已经走向末路，以实物需求为核心的财富分配模式开始破灭。全球在早期工业化时代形成的经济发展模式下难以持续，其突出的表现主要在三个方面：第一是需求的不可持续，第二是供给的不可持续，第三是增长的不可持续。

科技的进步和人类发展观念的变迁，促使整个世界由工业经济时代向知识经济时代转型。早在20世纪90年代，英国首相布莱尔就呼吁发展创意经济,并亲自担任英国创意产业特别工作组组长。1998 年,这个工作组首次对"创意产业"进行了定义:"源于个人创造力、技能和才华的活动,而透过知识产权的生成和取用,这些活动可以发挥创造财富与就业的成效。"根据这个定义,英国政府将广告、设计、电影、出版等 13 个行业确认为"创意产业"。1990 年,美国成为最早对"创意机构"有所定义的国家,利用"版权产业"的概念和"项目权利金"来计算这一特定产业对美国整体经济的贡献。尽管英美在文化产业的概念定义有所不同,在英国称"创意产业",在美国称"版权产业",前者突出文化创新设计的理念,后者则强调以知识产权输出为新盈利模式。但是,由美国、日本、韩国和欧盟等国家和地区大力推动的文化产业,在世界金融风暴和经济危机之后,更加彰显出其引导经济转型的新引擎意义。

美国是经济全球化的大力推动者,也是倡导全球文化贸易自由化的推动者。美国的整体版权产业就是在全球贸易自由化的进程中壮大的,它的产值近年来占到全美 GDP 的 11.25%。其标志可以概括为"三片"风行世界,即代表美国信息技术的硅谷"芯片"、代表美国电影文化的好莱坞"大片"以及代表美国现代商业模式的麦当劳"薯片"。以纽约为例,能与华尔街金融业经济效益相媲美的产业之一就是版权产业。从 20 世纪 90 年代开始,美国的版权产业稳步上升,从表3-1 的资料分析中可以看出:即使在金融风暴猛烈的 2008—2009年,美国的实体经济和金融业遭到了严重的冲击,但是美国的核心版权产业仍然保持了 4% 以上的增长率,整体版权产业保持了 5.67% 以上的增长率,并且随着美国经济的逐步复苏,呈现出比较良好的势头。2012 年美国的核心版权产业创造了 10 156 亿美元的附加值,占美国 GDP 的 6.48%;美国的整体版权产业创造了 1 765.2 亿美元的附加值,占美国 GDP 的 11.25%。

从欧盟国家的情况看,英国的文化产业年产值已经达到 600 亿英镑,从业人员约占全国就业人口的 5%。英国的文化产业的平均发

表 3-1　美国版权产业对 GDP 的贡献率(2009—2012 年)

	2009 年	2010 年	2011 年	2012 年
核心版权产业(亿美元)	884.8	910.1	965.1	1 015.6
占全美 GDP 比重(%)	6.33	6.28	6.40	6.48
增长率(%)		4.21	6.07	3.91
整体版权产业(亿美元)	1 541.6	1 596.2	1 681.9	1 765.2
占全美 GDP 比重(%)	11.03	11.01	11.16	11.25
增长率(%)		5.67	5.00	4.32
全美 GDP(亿美元)	13 937.7	14 498.9	15 075.7	15 684.8
增长率(%)		2.39	1.81	2.21

资料来源：根据美国版权研究报告(*Copyright Industries in the US Economy*)的数据绘制。

展速度已经达到经济增长的两倍。英国开发的《哈利·波特》系列就像一个魔法石一样,从图书到连环画、卡通、电视剧、电影……文化产业的经营者就像手中握有点金的魔杖,开启了财源的源泉。法国作为一个有着悠久文化传统的国家,十分重视民族文化的传播。他们的商业经营秘诀之一就是:要你购买他们的商品之前,首先让你喜欢他们的文化,喜欢他们的音乐、美术、电影、建筑等。他们几乎遍及世界的 T 型台,已使得他们的皮尔卡丹等名牌服装风靡全球。

　　日本是亚洲最早迈进现代化的发达国家。日本的文化产业产值逐步超过了汽车工业,日本人均文化产品的消费已经超过了个人总消费的 35%。韩国作为 20 世纪 70 年代以后崛起的"亚洲四小龙"之一,在 1998 年成立了文化内容产业振兴院,制定了文化产业振兴基本法,推动文化产业发展获得了令人瞩目的成果。金喜善、全智贤等影星,对推动韩国工业品特别是汽车、电子产品、服装、化妆品等的出口形成了强大的推动作用。

2. 文化产业成为推动经济转型的新生产力

大量的产业发展实践证明：文化产业是在知识经济时代的现实需求下滋生的国际性新兴产业。自英国的工业革命以来，三百多年历史的传统工业经济在给人类物质财富带来极大增长的同时，也使得全球经济走向了资源枯竭的时代。诸多有识之士指出：随着互联网时代的来临，"文化和符号"将会成为世界上极其重要的一种新型财富资源。非物质的符号经济将逐步取代现代工业主义时代的实物性经济。人类将会更加智慧地认知新型的文化资源，创造和运用"非物质符号经济"去驱动实体经济，带动社会经济生活，不断形成新的生产力，大大减少对自然资源的依赖和对环境的污染。

全球经济转型的潮流推动了人们对符号经济与空间经济的认识。1986 年，美国经济学家彼德·德鲁克（Peter Drucker）就提出了"符号经济"（symbol economy）与"空间经济"（space economy）的概念。他将经济系统分为两种，即实物经济和符号经济。所谓符号经济是指货币和信用，即资本的运动、外汇汇率和信用流通，实质经济即产品和服务的流通，并进一步分析了世界经济出现的新变化，即"符号经济已经取代实物经济，成为世界经济的车轮，而且大体上独立于实物经济，这是一个最为醒目而又最难理解的变化"①。英国当代学者斯科特·拉什和约翰·厄里合著的《符号经济与空间经济》②一书，详细地论述了后现代社会的各种问题，如旅游、时装、服务业与出版、影视文化产业等价值由符号意义确定的现象，城市贫困区、迁徙、全球文化、空间化时间观念等空间经济现象。作者敏锐地分析了当代经济的符号化与空间化，认为这种符号化与空间化同信息通信结构的改变加速了文化产业的发展，进一步导致资本主义社会的巨

① 张晓晶：《符号经济与实体经济：金融全球化时代的经济分析》，上海三联书店和上海人民出版社 2002 年版，第 89 页。
② ［英］斯科特·拉什、约翰·厄里：《符号经济与空间经济》，王之光、商正译，商务印书馆 2006 年版。

大变迁。美国政府和企业家都把文化产业当作一种新型的"非物质的符号经济",并且认为这种非物质的符号经济可以作为现代工业主义走向终结之际的"替代性的新经济"。而以人的知识、创意、智慧等作为重要资源,以版权和知识产权为核心价值的版权产业和文化产业,则是这种新经济的重要组成部分。由于这种新的经济理念,诸多发达国家在推动新的生产力方面,获得了重要的机遇。根据世界版权组织 2014 年的研究报告,发达国家的核心版权产业对 GDP 的贡献率达到了 4.17%,对就业率的贡献率达到 4.26%;而同时期的转型国家核心版权产业对 GDP 的贡献率达到了 2.93%,对就业率的贡献率达到 2.26%;发展中国家核心版权产业对 GDP 的贡献率达到了 2.41%,对就业率的贡献率达到 2.32%。由此可见:在全球推动经济转型的巨大潮流中,哪一个国家和城市能够率先把握了新的文化生产力,就会如大潮冲浪一样,从巨大的危机和挑战中把握到全新的发展机遇。

中国同许多国家一样,也面临着产业转型升级的巨大挑战。在过去 30 多年里,中国以前所未有的改革开放姿态实现了经济的快速

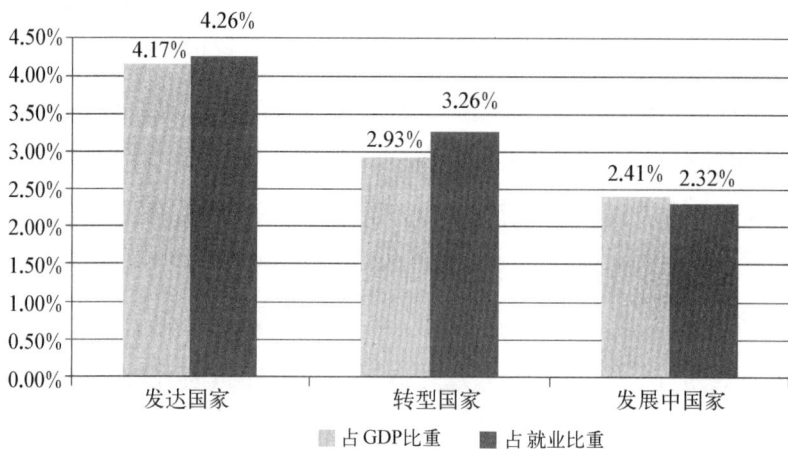

图 3-5 全球核心版权产业的贡献(2014 年)

资料来源:根据世界版权组织研究报告(*2014 WIPO Studies On the Economic Contribution of the Copyright Industrise*)的数据绘制。

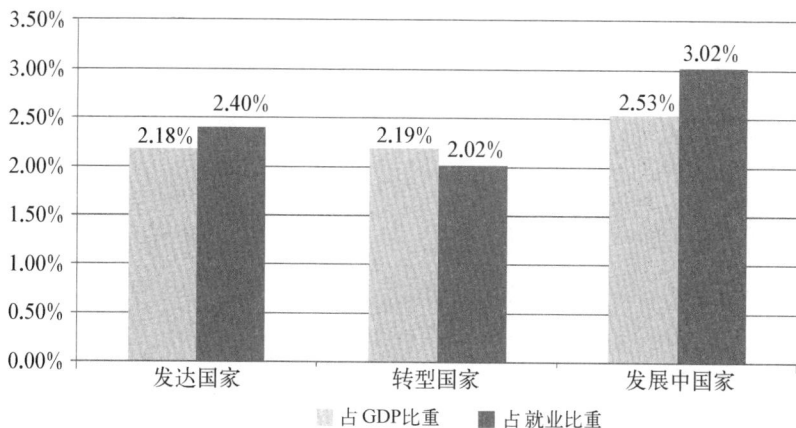

图 3 - 6　全球非核心版权产业的贡献(2014 年)

资料来源：根据世界版权组织研究报告(*2014 WIPO Studies On the Economic Contribution of the Copyright Industrise*)的数据绘制。

增长,但同时,中国也迅速变成依赖廉价劳动力和廉价资源获取GDP 快速提升的"世界工场"。在粗放式的工业经济发展模式中,中国的资源与环境受到了史无前例的挑战,石油和铁矿石严重依赖进口,单位 GDP 能耗超过发达国家一倍以上,大中型城市几乎都面临着空气严重污染的尴尬现状,以落后产能为背书的"世界工场模式"已经不可持续。我国政府已经公布了 44 个资源枯竭城市名单,在高速发展的进程中所形成的 650 座大中城市和 19 234 座小城镇,全都面临着如何从"资源依赖型"城镇转向"文化依赖型"城镇的问题。显然,文化产业在中国不仅仅只是产业转型升级的重要经济业态,而且已经被赋予打造生态型、集约型和智慧型新经济模式的重要使命。

3. 产品功能主义与文化竞争战略的不同导向

文化产业之最核心的是"文化创意"。也就是说,文化产业的核心其实就在于人的创造力以及最大限度地发挥人的文化创意。这些创意必须是独特的、原创的、有价值的。文化产业其本质就是一种"创意经济"。

沃尔特·迪士尼公司起源于美国,但是迪士尼的文化内容不仅仅属于美国,而是在 80 年来的扩张和发展中,汇聚了以童心梦幻、人间友爱、贬恶扬善、超越时空、调皮游戏为五大主题的文化理念和丰富创意。迪士尼公司总部有两个特殊的部门——迪士尼档案馆、迪士尼世界范围服务部,隶属的工作单元包括"迪士尼集体读书计划"、"迪士尼创意的一天"等,以鼓励员工参与这一个学习型的集体,激发更多的创意和热情。而在迪士尼乐园的管理机构中,又包括著名的迪士尼创意公司,它汇聚了创意开发、建筑、设计、产品、项目建设管理、技术研发等部门,成为一个文化、技术、管理、商务复合型的创意中枢。它还经常邀请多个国家的创意人士,混合编组,形成迪士尼创意的多国团队。这种从理念上和制度上鼓励创意和创新的企业文化,使得迪士尼可以在全球范围内吸取和提炼各种文化资源。

沃尔特·迪士尼集团创造和发行了大批动画片,如脍炙人口的《米老鼠与唐老鸭》、《海底总动员》、《玩具兵总动员》、《汽车总动员》等,还将迪士尼的卡通形象做成玩具、服装,建造迪士尼主题乐园。迪士尼的许可产品一年在全球的零售达 1 120 亿美元,其中 290 亿美元来自娱乐人物形象,包括玩具、服装、电影还有电视等。迪士尼的核心恰恰是文化体系的创造,即由主题理念所引发出来的一系列文化系统。即使是在进行全球化投资和经营,遇到不同国家和地区的"文化折扣"时,这些文化跨国公司也努力把全球化投资和本地化经营结合起来,把核心文化创意与本地化的推广结合起来,通过跨国投资吸收东道国的资源,争取当地民众的文化认同,与东道国分享收益。许多著名文化跨国公司善于突破原产地的文化产品在东道国销售中遇到的"文化折扣"屏障,担当推广核心文化理念和推动全球文化产业国际分工的主角。比如沃尔特·迪士尼公司在美国洛杉矶率先创造了主题乐园模式,在 1983 年首次进行海外投资的项目——东京迪士尼乐园中,吸取了日本企业管理的经验,建立了主要由日本员工经营的"东方乐园管理公司",引入了具有日本特色的企业管理模式特别是日本企业的"职人意识"：熟能生巧、点滴改进、亲临现场、服务为荣。东京迪士尼开业后当年游客就突破预期而达到1 000万人次。它于1992年投资巴黎迪士尼乐园，更强调："将欧洲和全世界的故事当作资源，才能增强亲和力。"

文化产业在中国已经发展十几年，但是目前尚不具有全面的国际竞争力。关键在于中国许多文化企业，长期以来依赖的是低成本战略，即以较低价格的劳动力、土地和原材料，追求文化产品的价廉物美，依托国家的文化保护政策，与发达国家的文化跨国公司竞争，这样导致的一个后果就是产品雷同、缺乏魅力，难以进入高端环节。这暴露了在中国可以作为世界的文化产品制造工厂，但是尚不是世界的创意工坊。大多数企业在生产文化产品时候依然在"产品功能主义"圈圈里打转。认为文化产品只要满足消费者的某些功能利益就可以获得消费者的青睐，没有意识到发达国家的几乎所有文化产品都是因为它们跳出了功能利益的狭隘圈圈。从消费者的"文化认同"、"情感共鸣"出发，以满足消费者由于社会历史文化的变迁而带来的意识形态需求的变化等精神需求为产品的创新基础。用文化创新、理念创新、不断地发现消费者的情感密码以及强有力的神话故事，来打造无数个激动人心的文化品牌，从而不断占领全球文化市场的份额。

美日欧等发达国家在推动文化创意产业的过程中，引用跨国公司的国际化经营网络，依托自身的资本和科技优势，不断探索媒体推广和娱乐营销的规律，通过塑造明星、打造品牌、体验传播、双向互动等方式，在潜移默化中形成对广大公众的感染力和影响力，同时也注意吸收不同国家和地区的文化资源，促进国际化和在地化的结合，不断开发新颖的文化产品和文化服务，因而在世界上许多国家获得了广泛的传播。

应该清醒地看到，中国的文化企业经历了一个历史性的跨越过程。在改革开放30年间许多加工制造业的企业不重视设计，更多采用挂牌生产、贴牌加工,在不停的(比价格、比低成本、比低利润)恶性竞争中摇摆,企业信奉薄利多销的经营之道。而不是依赖设计、创意、技术、质量、管理的优势而取胜,许多企业往往不重视生产制造中核心创意版权的重要性。有鉴于此,许多采用传统生产模式的企业进入文化创意产业领域,自然会重复原来的经营模式,造成产品雷同、创意乏力、制造粗俗、没有附加值的产品出现。文化产业的核心就是要产生创意产品,创意产品匮乏就难以形成应有的市场活力,也就难以刺激大众消费需求。

从上述分析可以清楚地看到,在经济全球化、政治多极化、信息传播数字化的时代,全球范围内的文化企业竞争力格局发生了深刻的调整,而发达国家以跨国公司为代表的文化企业仍然占据了主流和优势地位。发展中国家由于在文化理念、生产环境以及传播手段等方面的落后,将面临市场竞争的严峻挑战。

(二)科技创新是文化企业竞争力的核心

20世纪最重大的事件,是以信息化、生物工程、智能制造等为标志的第三次科技革命。它不仅极大地促进了生产力的发展,成为举世公认的第一生产力,而且引发了新的产业革命,对于改变生产关系乃至整个生产方式、生活方式、经济结构、阶级结构,都发挥了巨大的推动作用。它改变了传统的时空观念,缩短了世界的距离。国家、民族、边界、地域概念开始逐步淡化,彼此之间加强了联系与合作,大大推动了世界经济一体化进程。

人类的科技发明史说明:以技术驱动的创新是文化企业获得快速成长的根本原因。如20世纪初期美国出现的新技术——电气化、电话、汽车、不锈钢和无线电放大器等发明,带来经济复兴和社会进步。21世纪美国率先推动了大数据、智能制造和无线网络这三大科技革命。这些以科技驱动的创新无疑给企业和社会带来极其巨大的影响。信息技术已经进入大数据时代。处理能力和数据存储几乎已经无所不能。iPhone 手机的运算能力让 20 世纪 70 年代的 IBM 大型机都自愧不如。互联网正向"云计算"演进。"云"是一张由数千个数据中心组成的网络,90 年代的超级计算机与其中任何一个中心比起来,都像是史前时代的事物。从社交媒体到基于元数据分析的医学革命,大规模数据处理能力使以往无法想象的服务和业务成为可能。智能制造是在新材料发明的基础上诞生的全新生产模式。新材料时代与三维打印结合在一起,将产生爆炸性的经济影响。三维打印也叫"直接数字化制造",也就是利用计算能力、激光以及基本的粉末状金属和塑料,把零部件和设备"打印"出来。一些高价值应用(比如针对病人个体植入的髋关节或牙齿,或更轻、更结实的飞机零部件)已经有打印而成的零部件出现。某一天这样的梦想将会实现:不管是车轮还是洗衣机,整个成品都可以通过"桌面"打印。无线网络革命真正把世界变成了地球村,这种人类交流史上的通信革命,把地球上的大多数人以无线的方式连接在一起,让数十亿人进行实时的沟通、交往和交易。

美国学者克莱顿·克里斯滕森在《创新者的困境》一书中指出:"新技术使得公司设计出破坏性的创新,从而改变公司的既有产品。破坏性创新所提供的产品或服务在价值上优于市场上现有的产品,它们或是更便宜,或是更有用,或是更可靠,或是更方便。破坏性创新强烈地改变了现有产品的一贯主张,经常会吸引新的消费者或者那些未得到过产品服务的消费者,甚至会创造一个新的产品市场。①"科技创新不仅仅只是给消费者提供一个更好的价值主张,或者给产品提供新的利益点,其核心在于给产品提供消费者乐于接受的文化附加值。文创产品的最大特征是创造,来自多元文化交融。许多发达国家的文化企业运用中国的材料和素材创作的文化产品,从增强现实技术制作的视听产品,到迪士尼用中国故事制作的动画大片《花

① ［美］道克拉斯·霍尔特、道格拉斯·卡梅隆:《文化战略》,汪凯译,商务印书馆 2013 年版,第11 页。

木兰》《宝葫芦的秘密》等，形成了良好的投入产出效益。

其奥秘在于：许多发达国家的文化企业，着眼于文化与科技要素的组合，突出了文化魅力和科技手段的结合，创造了源源不断的审美附加价值。亚马逊公司在这一方面是全球的典范。1995 年的亚马逊，只是将一箱箱的书从美国华盛顿州送到各地买家手中，随着网络媒体的崛起，亚马逊创新经营方式，掀起网络书店的浪潮。从 1995 年创办至今，它的网络书店"全球客户已达 4 000 万，平均每天卖出 60 000 本书；是最受欢迎的购物网站；在网络上销售的商品已达 430 万种；营业额已超过 10 亿美元；亚马逊的销售业绩平均年度增长在 320％以上，其股票市值更超过了 300 亿美元"①，成为世界上最大的在线零售商。究其原因，首先是亚马逊利用了数字化科技，不限时不限量地存储和传播信息，建立各种信息数据库，使消费者可以对历史信息随时进行检索；其次是其利用"网络不打烊"和"上架时间长"的优势，突破时空界限，根据顾客需求提供服务；再次，亚马逊利用互联网建立多元化的信息交互空间，打造顾客与公司直接沟通的平台，做到人性化服务。

亚马逊以强大的技术储备和创新能力支撑了源源不断的发展。以亚马逊 Kindle 电子阅读器为例，在 2007 年推出后，其设计时尚，具有舒适的外观、良好的阅读体验以及强大的功能和便捷性，一上市便被抢购一空，成为电子书产业的里程碑，也确立了亚马逊在电子书产业的地位。随后，亚马逊不断推陈出新，第二代、第三代直至第七代阅读器先后出现，触屏技术、背光技术等的应用与创新，使其在电子书领域立于不败之地。亚马逊依靠科技创新，赋予了阅读新的意义，利用网络传播，创建出网络文化社区，吸引读者、作者和出版社共同参与、不断探索创新，也将书评历史带入全新的领域与体验中。在科技进步和数字化技术的背景下，文化企业的成长规律发生了巨大的

① 王秀丽、于秀丽：《亚马逊成功的背后》，《电子商务世界》2008 年第 11 期。

变化,与迪士尼、哥伦比亚广播公司等早期企业的成长不同,亚马逊、谷歌等可以在10年内从初创进入世界500强和世界品牌500强,足以说明科技创新是如何带来人类社会的巨大变革的,也充分证明了科技创新才是竞争优势的核心。

(三)协同创新成为全球化的竞争趋势

从全球竞争的态势看,文化企业的竞争是一种"全域化"的竞争,需要金融、科技、教育、工商等多种要素,包括经济资本、文化资本、社会资本等的多方面投入和优势。"跨界融合"、"技术混搭"、"边界整合"、"协同创新"等,已经成为创意时代的时髦词汇。

文化产业的特征决定着它是一种交叉性、综合性、跨界性、复合性的新产业。在传统的计划经济模式下之所以难出现文化产业,其原因之一就是它的经济结构的相对单一性。我们当前的许多产业布局依旧严重存在着计划经济时期的痕迹。尤其是许多大型国有企业,由于其结构的局限,大多处在条块化、行业化、领域化的状态,不同行业之间协同合作很少,与农耕时代的"鸡犬之声相闻,老死不相往来"十分类似。这种产业结构导致我们的企业竞争力十分羸弱,各种资源浪费十分严重。为什么美国的大片、韩国的游戏、苹果手机能够横扫我们的市场?为什么同类的产品我们只能赚取少得可怜的利润?竞争力和高附加值背后的推动力是创意、先进技术、跨界融合以及自主知识产权。

我们的电影电视产业、新闻出版产业等,普遍营利能力不强,难以走出国门参与国际竞争,其缘由之一是缺乏基本的协同创新意识和机制。而发达国家则十分注重营造聚"金融、科技、教育、工商"等多种要素融合的全域化竞争环境,重视培育企业的跨界融合与协同创新能力。

以美国的电影产业为例,他们之所以能够成为世界电影的巨擘、创造出风靡世界的"好莱坞模式",其协同创新、跨界融合的经验值得我们借鉴：第一，好莱坞突出了文化产业的规模优势，只有大财团支撑的集团公司才能在每年几部大片亏损的情况下依靠其他影片和产品扭亏为盈。第二，好莱坞灵活的管理文化，不时创新金融系统，不断调整营销策略，使它能适应社会经济的变化，包括注重电影衍生产品的开发与营销。每年通过各种品牌授权就获得了巨大的收益。第三，文化因素。作为一个由众多民族组成的移民国家，美国多元文化的特性要求好莱坞采用相对应的文本策略，大批生产能让不同阶级、种族、文化背景的观众都喜闻乐见的影片，形成了一整套比其他国家电影更具世界性的叙事和影像模式。而英语逐渐成为20世纪以来的国际通用语言，这为好莱坞从默片到有声片的过渡产生了推动作用。第四，艺术因素。"经典好莱坞"高度关注人性的秘密，每一个创意都经过与人性需求的对应，删除了那些宣扬极端宗教、性别歧视、低俗和色情风格的内容。此外，美国政府鼓励电影全球化政策、鼓励资本超越国界的策略，也发挥了重要的作用。

美国迪士尼公司的创新文化明显地展示出一种"开放的心态、敢于冒险、勤劳、富有趣味性，以及对于初生创意至关重要的，挑战权威的思维方式"。这种文化的关键是人类赖以不断进步的创新精神。首先，集团创始人迪士尼代表了一种独特的人格魅力和永不停息的创新精神，具有不屈不挠的拼搏冒险精神。第二是迪士尼独特的经营理念。沃尔特·迪士尼宣讲他的理念与愿景，即建造游乐园不仅仅只是为了赚钱，更多的是为了给游客带来无尽的欢乐——"营造欢乐情景、创造美好希望"。第三，迪士尼成功缘自独特的商业模式，即把核心角色做到极致，一次性投入有多处产出。第四是迪士尼永不停息地将最新、最前沿的科学技术运用到游乐进程之中。迪士尼乐园可以说是用高科技武装起来的现代乐园。几乎世界上最先进的高科技都可以在迪士尼得到充分的展现。它善于将熟知的事物陌生化，将平凡的事物神奇化，将普通的事物美丽化，将单一的事情丰富化。

迪士尼：内容创意和科技开发的探索者

在科技与创意结合的领域，迪士尼创造了许多全球第一
1995年第一个服务超过100万页面的网络资产；
1995年第一个网络出版系统；
1996年第一个因特网授权注册系统；
1996年第一个网络动态内容构建系统；
1997年第一个因特网基础建设管理系统；
2003年第一个网页快照发送系统；
2015年第一个沉浸式虚拟现实游戏《迪士尼无限》
可提供360度视角，同时，用现实增强设备可将计算机
特效画面投射至现实世界的环境。

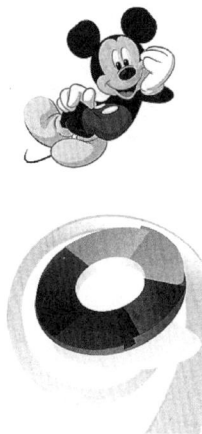

图 3-7　迪士尼协同创新的标志性事件

迪士尼的创新典范启发人们：文化企业的核心竞争力，以协同创新作为关键。同样，美国华纳兄弟娱乐公司，也善于吸收各种资源并加以利用，尤其是善于开发应用新技术，切实做到文化与科技等的融合发展。在动作捕捉技术方面，华纳兄弟与各大特效公司合作，成功推出了《本杰明巴顿奇事》等优秀影片。在巨幕技术和新式摄影机应用方面，华纳与 IMAX 公司合作，成功产出好莱坞大片《黑客帝国3》。而为了寻求优秀剧本，华纳又与知名创作人合作，仅与 J. K. 罗琳合作的《哈利波特》就赢得了 77 亿美元的票房，衍生产品的收入更是超过了 100 亿美元。随着手机、网络等新媒体的普及，华纳又选择进行协同探索，例如 2011 年 3 月牵手脸书，推出了在线电影的租赁服务[①]。以上例证都说明，当今的世界，文化产业的发展已不是一个领域、一项技术或者一种资源能解决的，需要和资本科技、教育、金融多种要素，也需要各行各界的通力合作而走向"全域化"。

[①] 余菲菲、吴炳锐、孟庆军：《开放式创新视角下"文化—技术"融合路径探究》，《企业经济》2013年第 8 期。

图 3-8 文化企业的壮大与资本市场相结合：迪士尼的五大发展阶段

（四）文化企业的竞争核心是制度的竞争

提升文化企业的竞争力，需要制度设计的自觉和执行力。从这个意义上说，这种文化企业竞争力实际上是一种"人造的系统"，在多种有关竞争力的研究中，制度经济学之所以引人注目的原因就在于此。美国的自主创新成功有赖于三个主要制度：收入分配激励制度、知识产权保护制度、风险投资收益制度。

大量实践证明，在土地、资源、劳动力等生产要素基本可以自由流动的今天，决定国家竞争力的最重要因素是什么呢？是制度，是决定市场交易规则环境、保障私人产权的制度。哪个国家能提供最有利于市场交易发生的完善制度，能降低交易成本、保护个人产权，有公正的司法和有效的契约执行架构，它就会在国家间的竞争中脱颖而出，哪个国家就更能从事高利润的经济活动。一个有效的法治制度可以让个人之间经济交换的代价大大降低,使交易的内容更加深化,超出简单的实物交易①。按照经济学家萨缪尔森的观点,人类的本性是相同的,但它们往往受文化的影响。全球的经济都与各地的历史、宗教、心理、社会结构、政治情况相适应,它影响着人们的就业、消费、投资、储蓄和冒险的意愿,影响着一地、一国乃至世界一个地区版块的发展。据此,萨缪尔森把民族传统和文化潮流以及社会制度方面的内容视为制约世界经济的因素,认为当前当下的西方经济衰退的根源在于它们的传统、价值观和政治状况。比如日本的保护主义、欧洲的高福利制度、法国的小资产者的社会结构等。他在评价美国经济时指出,美国的文化强调个性和奋力进取,对新技术有一种传染病式的崇拜和乐观主义,造成了美国长期的繁荣②。

再从更加长远的历史来看,文艺复兴之后的欧洲,由于崇尚人性、反对神性,崇尚人权、反对神权,崇尚个性解放、反对禁欲主义,使得整个欧洲进入了人类文明的新时代。而在漫长的中国封建社会,中国民众长期处于崇尚皇权、崇尚神权、压抑个性发展的封建专制主义制度统治中,使得中国人的人权、人性以及人的个性特征长期受到压制,个人的创造力难以得到发展。加之中国封建社会长期实行重农抑商制度,社会缺乏鼓励个人创造的制度环境,许多民众无法经商、无法创业,更不能自主创造发明,为了基本的生存,只能是夜以继日地劳作以求温饱。陈志武认为,中国封建社会在生产技术因制度障碍无法进步的情况下,逐渐地,人们就只好提倡"勤劳是美德"这种价值观,以简单勤劳来弥补制度的不足,没有别的选择。过分强调这种"美德"之后,很多时候这又会反过来掩饰制度供给上的不足。因为既然通过卖苦力也能勉强生存下去,那又何必去改良制度,通过制度创新把人们的"苦干"变成"巧干",产生事半功倍的效果呢?勤劳

---

① 陈志武:《制度是国家核心竞争力的核心》,经济参考网,2010 年 8 月。
② [美]保罗·萨缪尔森、威廉·诺德豪斯:《微观经济学(第 19 版)》,萧琛译,人民邮电出版社 2012 年版,第 15—20 页。

不是什么美德,不顾收入报酬的勤劳反而是未来收入增长的陷阱。长期封建社会的制度欠缺和历史包袱,以及作为发展中国家的具体条件,使得今天的中国大量采用了劳动力密集型的增长方式,它与其说是"优势",不如说是"劣势"。我们不能过多陶醉于因为较低价格的劳动力资源所带来的增长成果,因为如果过多陶醉于此,我们会忽视法治建设,不去建立有利于产权保护和契约执行的法制架构。为了提高中国真正的竞争优势,就必须创造有利于各类市场深化发展的制度环境。这正是党的十八届三中全会强调体制改革的深远意义,那就是必须紧紧围绕使市场在资源配置中起决定性作用深化经济体制改革,坚持和完善基本经济制度,加快完善现代市场体系、宏观调控体系、开放型经济体系,加快转变经济发展方式,加快建设创新型国家,推动经济更有效率、更加公平、更可持续发展。只有这样,才能推动中国的文化企业竞争力跨上历史的新台阶。

对一个国家一个城市来说,首先是制度文化的概念,其次才是经济模式的概念。商业文化、绅士文化、忧患文化和融合文化是飘浮于城市上空的空气、雨露和阳光。文化作为城市色调、城市坐标、城市风格、城市标志,成为该城市区别于其他城市的鲜明印记。正如历史学家戴维·兰德斯在《国家的穷与富》中所说:"如果说经济发展会给我们什么启示,那就是文化乃举足轻重之举。"也正因如此,先进的制度文化才是新经济的发动机。

二、文化企业竞争的全球特征

(一)从"长远战略发展"到"快速战略制胜"

当今的世界已经进入一个大数据、大平台的时代。由于互联网技术的不断进步,移动互联网已成为改变人类生产方式、生活方式乃至价值判断的巨大的技术推进力量。正如腾讯总裁马化腾所言:"移动互联网将更多的实体、个人和设备连接在一起，互联网不再只是新经济、虚拟经济，而要成为主体经济不可分割的一部分，这是一个大趋势。"面对大数据、移动互联和智能制造全面推进的巨大洪流，中国的产业升级跨入一个非常关键、不进则退的关键时期。无论是纯粹的互联网公司，还是传统的各行各业，如果没有抓住机会，未来都会相当危险。"企业家如果认为互联网与自己所在的行业没有关系，或者想结合互联网但没有考虑移动互联网的特征，未来都可能在竞争中被边缘化。不过，拥抱移动互联网也不见得很难，只要适应移动互联网的产品特征和精神，思路稍加转变，一样能够跟上形势。①"马化腾在演讲中通过生动的例证和高度概括的关键词"连接、开放、数据、拥抱潮流"等，分析了当今世界由于移动互联网技术带来的人类社会巨大变化，并形象而精准地提出了互联网通向未来的七个路标。移动互联网技术是人类智慧的新标志，也是企业在建立自身核心竞争力的新创造。马化腾忠告企业界：要保持基业长青，就必须不断地发展企业的软实力，也就是提升企业的核心竞争力，使得企业发展能够在优秀的企业文化引领下健康成长，如果一个企业经营者没有意识到"不断创新是企业家的天职"，他就不能做到"企业因时而变"、"紧紧拥抱时代潮流"，他就会被时代抛弃。

海尔创始人张瑞敏在 2013 年"全国企业文化年会"上的演讲曾经以柯达破产的例子告诫人们："企业文化的基因和价值观应该是什么？我认为体现在四个字上：因时而变。企业根据外面世界的变化而变化，'变'是常态，市场唯一'不变'的就是在'变'。如果不能执行这一点，百年老店一样会轰然倒塌。"最有说服力的例子就是柯达。柯达有 131 年的历史，它曾经是胶卷业的全球霸主。但是到了数码时代，它被淘汰了。表面上看它是被数码时代淘汰，但是本质上是被自己打败。柯达在申请破产之后，它的专利卖了 19 亿

①　马化腾：《通向互联网未来的七个路标》，新浪科技微博，2013 年 11 月。

美金。柯达很早就研究数码技术，而且它是最早制作出数码相机的企业，也曾经在市场上推出过数码相机，但是它对这个时代没有深刻的认识，所以被时代淘汰，被自己打倒。由此可见：现代企业的核心竞争力，不仅仅只是"如何协调不同的生产技能和有机结合多种技能的学识"了，它包括了企业家的"不间断地创新"和"否定自我"精神。

正如建立了量子理论的著名物理学家马克斯·普朗克（Max Planck）所说"科学是在一次次的争论和否定的过程中得以发展的[①]"。所以，企业家要适应时代的变化、适应科技的变化、适应移动互联网技术所带来的社会快节奏的变化。过去企业制定发展战略，都会遵循一个一成不变的"长效机制"，都在按照传统的经典理念来"研究一个长期战略"，这个理论在移动互联网时代被颠覆了。2012年，美国哥伦比亚大学商学院的学者提出：动荡时代需要的不是"长战略"，而是"快战略"，也就是要根据外部世界的变化快速地制定一个制胜战略，取胜之后，必须马上再制定出一个新的战略，来替代原来的战略。这就叫作"瞬时竞争优势"，不断地把"瞬时竞争优势"连接起来，才能制胜。不断变化的互联网技术极大地拓展了企业"核心竞争力"的内涵，也对那些因循守旧的文化企业以及他们的因循守旧的战略，形成了巨大的压力和淘汰的威胁。

（二）从专业竞争到跨界融合

从全球文化产业发展的总体趋势来看，"跨界融合"已经成为文化产业的基本规律。以互联网为代表的人类新技术，使得许许多多的传统行业纷纷融合，传统的行业边界显得模糊。尤其是在通信业、IT 业、文化产业、传媒产业之间的界限难以划分，这些行业的融合、衍生与变异，已经形成了"信息服务业"的新蓝海。而信息服务业的

---

① 钟鹏荣：《国策论》，首都经济贸易大学出版社 2000 年版，"出版说明"第 4 页。

发展,带来了全社会消费方式与消费内容的巨大变化。消费非物质性的"信息资源"已经成为一种社会趋势。而这种全新的消费趋势又极大地推动着"信息技术产业"与"现代服务产业"的突飞猛进。信息服务业的发展与升级,离不开 IT 业作为技术的生力军的支撑,而文化产业的内容提供,无疑使得 IT 技术添加了"腾飞的翅膀"。以现代通信业为例,IT 作为通信业的技术生力军,在该行业中起到基础性的支撑作用,而通信业以其庞大的规模和广阔的渠道承担发动机的关键性作用。有研究者指出:"改革开放以来一直保持高速增长态势的通信业近几年陷入低增长的泥沼,远远低于 GDP 的增速,根本原因在于以前行之有效的依靠话费收入为主的营利模式,在用户和人均通话量都已经到达天花板的情况下已经难以为继,亟须转变为流量收入为主的营利模式。而要带来大量的流量就必须有大量的优质视频、应用和内容等,这就倒逼通信业必须从以前的自身完全掌控的闭环运营模式,转变为高度依赖其他产业尤其是文化业和传媒业的开环运营模式。①"显而易见,IT 技术、通信载体、传播渠道、内容创意、运营方式等,在新的行业融合中出现了消费市场空前未有的"新蓝海"。随着互联网技术的发展以及民众诉求的多元化,出现了大量例如"百度知道"、"豆瓣"等准公共知识平台。这些平台使得人们的知识水平大幅提高,也普及了民众的民主意识,维护了民众的文化权利。互联网产业还催生了新的创业和就业形式。京东商城、亚马逊网站、淘宝网等大型现代在线购物网站,给人们提供了更多的创业机会和就业平台,随后又出现"微店",更是使普通人的开店梦想成为现实……那些依然用"传统行业划分观念"来看待社会发展趋势的经营者,显然已落后于时代的发展步伐了,那些秉持"跨行业"、"跨领域"、"跨时空"、"无缝衔接"、"跨界融合"发展观念的经营者已经成为时代的佼佼者。

①　郭全中:《第三次工业革命带来七大影响》,《中国经济时报》,2013 年 4 月 24 日。

（三）从产品优势到组合营销

在传统的工业产品生产与销售过程中，企业的核心竞争优势往往被定位于所生产的产品或服务本身质量的优劣上。20 世纪 60 年代美国著名的营销专家麦肯锡教授提出了"组合营销理论"，即所谓的"4P理论"。麦肯锡认为，现代产品营销只要紧紧抓好"产品"（product）、"价格"（price）、"渠道"（place）、"促销"（promotion）四个环节就能够在市场竞争上游刃有余。尽管"4P 理论"较之于传统工业时代的产品"推销方法"是一个深刻的革命。但是，在大数据、大平台时代，"4P 理论"已经受到快节奏变化的世界性市场的严峻挑战。取而代之的是 20 世纪 90 年代美国西北大学教授舒尔茨提出的"整合营销传播理论"［又称为"整合营销传播"（integrated marketing communication）］，这一理论主张"用 4C 替代 4P"。第一，从注重产品的性能、特点，开始转向注重消费者的需要和欲求（consumer wants and needs），对于已经细分化了的社会群体，要着重研究不同类型的消费者个别需求，以满足不同类别的个性要求。第二，从注重产品自身的价格，开始注重研究消费者在满足他们的需要和欲求所愿付出的成本（cost）。传统的"成本加适当的利润"的定价策略应当改变，价格应当考虑心理因素。第三，从注重销售渠道，开始注重如何给消费者带来更多的方便（convenience），以便使消费者购买更多的商品。例如网上购物、信用卡、免费电话、邮购、对象化直销等，都是应当重视的渠道。第四，从注重促销，开始注重沟通、交流（communication），过去厂家的习惯用语是："消费者请注意！"表现的是厂家总是在引导消费者、提醒消费者、教育消费者，而今天的厂家应当说"请注意用户！"把培育、吸引和集聚大量的用户作为企业的生存之道。

舒尔茨的"整合营销传播理论"深刻而细致地表达了互联网时代市场营销理论的新变化，其核心主要体现在以下六个方面：第一，产品销售一切以消费者为导向；改变过去的销售以公司的营业目标为导向,转向先考虑消费者需求,再设定营销目标。第二,重视关系营销。注意建立与客户长期的联系与交流,让良好的关系来扩大销售。第三,个性化的服务始终是公司不变的销售策略。第四,不断地提升与完善企业自身素质,以产品和服务赢得顾客,而不是以促销的努力来赢得顾客。第五,不断地改变自身不适应消费者需求的组织结构,克服一切影响消费者导向的不利因素。第六,传播永远是销售的主要活动。舒尔茨认为:"掌控传媒,就是掌控公司的未来。""传播功能必须由公司的领导阶层所掌握,而且它必须被看成是最主要的活动,就如同财务或其他功能一般重要。"

在移动互联网时代,消费者参与生产决策,甚至参与产品服务过程之中。尤其是文化产业的生产与消费,注重客户的参与性和文化体验特性是产品获得市场青睐的制胜法宝。由于互联网的高度融通性,可以把传统产业和传统渠道的不必要环节、损耗效率的环节拿掉了,让服务商、配套商和消费者,让制造商和消费者更加直接地对接在一起。制造商和服务商可以零距离地接触消费者,这是前所未有的深刻变化。而大量用户的喜好、反馈可以快速地通过网络来反映。这就是马化腾所说的:"互联网的一个重要精神,是追求极致的产品体验和用户口碑,这种精神也会出现在厂商和服务商身上。市场上已经开始出现了这样的企业,比如苹果公司,还有国内的小米手机、雕爷牛腩也是好案例,它们的产品种类不多,但是很精,有大量的用户反馈,有自己的粉丝,讲究的是产品体验。这给我们带来思考,越来越多公司意识到,消费者参与决策对提高竞争力是如此重要。[①]"

(四)从核心竞争力到综合实力体系建设

核心竞争力包括核心技术能力、组织协调能力、对外影响能力和应变能力。其本质内涵是让消费者得到真正好于、高于竞争对手的

---

① 马化腾:《通向互联网未来的七个路标》,新浪科技微博,2013 年 11 月 10 日。

不可替代的价值、产品、服务与文化。企业之间的核心竞争力的比拼，主要表现在如下核心要素的比拼：第一，企业员工的知识和技能；第二，企业的技术开发和创新能力；第三，企业的管理和生产经营能力；第四，企业创造名牌和运用名牌的能力。显然，人力资源水准的提高与优化使用是提升核心竞争力的首要问题。今天，许多产业界人士敏锐地发现了我国文化产业的巨大市场潜力。国外文化产业集团纷纷抢滩中国文化市场，更加强了我国政府和广大企业界学术界人士发展自身文化产业的紧迫感。

但是，我国的文化产业发展还仅仅处于起步阶段，存在市场化程度不高、经营人才缺乏、产业规模太小、政策环境不配套、文化产业的竞争力不强等等缺陷。因此，改变我国当前文化产业领域"重物不重人"、"重硬件不重软件"、"重模仿不重创新"、"文化产品创意严重不足"、"品牌意思欠缺"、"经营模式落后"等现状，提升企业家的综合素质，使广大的文化产业经营者能够真正做到"以人为本"、把注意力牢牢集中在消费者需求上，已成为提升中国文化产业的核心竞争力的当务之急！而文化产业经营者的文化素质的提升又是基于"中国民众的创新意识的全面觉醒、自由而丰富的人格，以及健康心智和能力素养的提升。所以，提升中国文化企业核心竞争力的根本路径，是促进当代中国人现代化素质的提升"[1]。当前发达国家的文化产业之所以变化迅猛、特征突出、竞争力强、市场扩张迅猛，其根本原因就在于他们注重企业核心竞争力的打造。有专家分析，发达国家的文化产业的核心竞争力变现特征为"产业结构的高度关联化"、"资本运作的跨国化"、"增长规模的加速化"。发达国家的许多文化企业都是不同的行业在一个共同的文化平台上相互融合；高新技术与创意内容相依相存；文化产品的人性化、经验性、娱乐性同网络技术、影像技术密切配合；他们对发展中国家的文化企业以参股、合资、订单加工、委托

---

[1] 杜刚、邢巨娟：《文化创造力》，《当今中国文化变革与发展的重要依据》，《中央社会主义学院学报》2012年第4期。

制作等方式实施跨国资本运营,目的就是要将这些国家的文化市场控制在自己的市场网络链接之中。同时,他们在进行跨国资本运营的过程中对不同国家和地区的文化资源进行发掘与整合,以自身的品牌再向世界范围扩散。这些经验都是值得中国文化企业认真学习与借鉴的。

三、文化跨国公司的控制能力

从 20 世纪末开始,发达国家凭借其技术优势和运作模式的先进,不断地构建其强大的文化竞争力优势,而它的主要载体就是一大批以文化、媒体和娱乐为主业的跨国公司。而发展中国家文化产业观念的落后以及运作模式、传播手段的陈旧等,导致文化企业内容创意不足、生产与传播技术落后、企业规模小、竞争力弱,大多处在散兵游勇式的格局,难以同那些经济实力强大、具有世界影响力且控制着某个行业的"文化航母舰队"竞争。

所谓跨国公司主要是指以本国为基地,通过对外直接投资,在世界各地设立分支机构或子公司,从事国际化生产和经营活动的大型企业和企业集团。中国学者花建指出:"文化跨国公司是全球文化生产和文化贸易的主体,拥有文化跨国公司的规模优势是一个国家迈向全球文化强国的重要标志。[1]"参照联合国出版物的定义,文化类跨国公司为在母国以外的其他国家投资大量文化产业资产,并且实际控制和管理这些资产的企业。从迪士尼、亚马逊等跨国公司的实践来看,它们大都拥有中央决策体系,具有全球经营意识,确立了全球性战略目标和适于全球化竞争的经营架构,把下属的各个实体通过所有权联系起来,其海外营收、海外资产、海外员工在公司整体业绩中占有 35％以上的比重。

---

[1] 花建:《大力发展中国文化跨国公司——迈向"十三五"的战略任务和创新举措》,《学习与探索》2015 年第 5 期。

2014年全球100大跨国公司的平均跨国指数(根据海外营业收入、海外资产、海外员工所占比重三大指标得出)达到64.55%,全球发展中国家100大跨国公司的平均指数也达到54.22%。美国《财富》杂志世界500强中的8大媒体娱乐公司,世界100大跨国公司中的媒体娱乐类公司,包括迪士尼、时代华纳、亚马逊、谷歌等,2011年以来的平均跨国指数均达到62.70%以上。2013年,包括上述公司在内的100家全球最大跨国企业雇员总数为1 730万人,其中980万为海外雇员,750万为国内雇员,海外投资和经营以及收益已经成为它们的重点①。

由于跨国公司体现出明确的全球意识和全球战略,推动了文化生产和文化投资的国际化,使得全球文化经济市场不仅仅是国家间的交往和交易,而越来越成为跨国企业的组合,也成为跨国公司内部的资金、技术、信息和产品供应的流动,比较容易地避开各国之间的贸易保护主义壁垒,这就大大增强了各国文化产业之间的相互依赖性。"文化跨国公司可以通过投资、贸易、服务外包等形式,参与东道国的文化产业集群和协作网络,形成全球分工协作的文化价值链、文化资源的供应链、文化品牌的服务链。一个大国拥有的文化类跨国公司的数量、规模和覆盖面,体现了该国在全球的文化竞争力和文化辐射力。"

20世纪后期,在发达国家所涌现的一大批文化跨国公司,如迪士尼、时代华纳、贝塔斯曼、维亚康姆、新闻集团、美国有线电视新闻网、索尼、微软等,表明了世界范围内人类的生产方式、消费方式、产品与服务的形式都发生了巨大的变化。比如:代表美国文化创意产业优势的亚马逊公司就是一个善于从战略层面上不断超越自我,而且从一开始就瞄准全球经营目标的跨国公司代表。它起步阶段主要是开发网络书店,依赖人性化的界面和庞大的资料库,从2002年开

---

① 联合国贸发会议:《2014世界投资报告》。

始真正赢利,在此之前,亚马逊算不上什么世界级的"大公司",只是一个区域性的小公司,年收入只有 50 万美元。亚马逊总部在美国西雅图联合湖以南拥有 12 座普通的办公楼,由内河航道连接着一小片清澈的冰湖,这里以西是普吉特海峡,以东是华盛顿湖,离一家锯木厂很近。在 19 世纪以前,这片美国西部的滨河地区是美国土著人的聚居地。然而亚马逊依托这一片土著人的故土,迅速地跨越了一个区域性共生的阶段。除了书籍、报纸和光盘,亚马逊网络销售的产品还包括电影、音乐、软件、包袋、精美小食品、家具、美容产品、玩具等,并且不断扩大自己的零售品种,与数千家合作伙伴结盟,特别是逐渐进入中国这样一个发展迅速、潜力巨大的新兴大国市场。消费者甚至可以从亚马逊买到 1 500 美元的皮靴和 1.29 美元的牙膏,在网络上销售的商品达 430 万种,俨然已经发展成为"网络帝国"。亚马逊依托"长尾理论"的规律,向小众化的庞大消费者群渗透。与世界流量和流域最大的河流同名的亚马逊网络书店,是它的主要品牌。

亚马逊在 20 世纪 90 年代建立后,依托数字化和网络化的技术,迅速地向全球市场扩张,1998 年进入英国市场,1998 年进入德国市场,2000 年进入法国市场,2000 年进入日本市场,2002 年进入加拿大市场,2004 年进入中国市场。到 2010 年亚马逊在非美国市场上的销

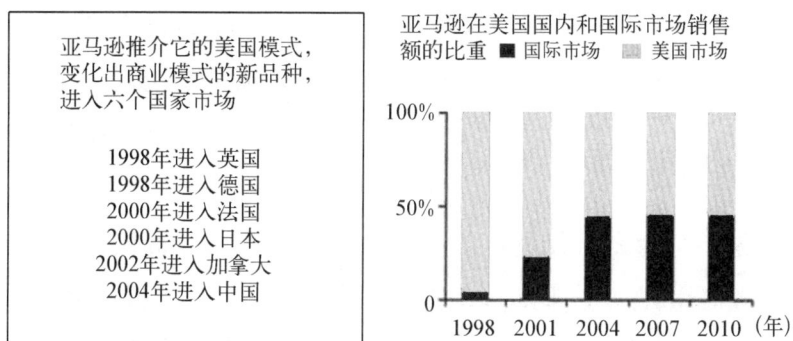

图 3 - 9 亚马逊进入跨国市场的历程

售额比重已经达到了 46%,而且在 2013 年跨越了 50% 的界限,成为一个全球化投入、雇员和收益更加明显的跨国公司。

亚马逊董事长兼 CEO 杰夫·贝索斯说:"有两种零售商:一种为提价努力工作,另一种为降价努力工作。亚马逊义无反顾地遵从第二种模式。"亚马逊的创业方式与传统的营销模式全然不同,经过四个阶段的战略跨越,名列世界 500 强的 340 位(2009 年),建立了一个庞大的以 B2C 为核心的商业模式矩阵。演绎着电子商务时代文化零售业的真义。

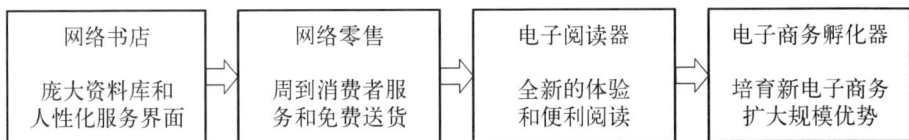

网络书店		网络零售		电子阅读器		电子商务孵化器
庞大资料库和人性化服务界面	→	周到消费者服务和免费送货	→	全新的体验和便利阅读	→	培育新电子商务扩大规模优势

图 3-10 亚马逊发展的四大阶段

在全美 25 家发展最快的大公司中,亚马逊排名第五,全球客户达 4 000 万,亚马逊 2014 财年全年净营收为 889.9 亿美元,比 2013 财年同期增长 20%,是最受欢迎的网络购物公司。目前,亚马逊的利润有一半来自第三方的交易提成,正在发展成为一个巨大的网络零售服务平台。亚马逊在短短 10 多年间,从 1 000 多家同行中脱颖而出,成为全球最大、辐射面最广的网络购物公司。到 21 世纪的第一个十年结束时,亚马逊不仅成了全球化的大公司,而且还成了美国发展最快的大公司之一。2012 年,《财富》杂志称贝佐斯为"终极破坏者",并这样评价贝佐斯:"如果贝佐斯不能很快成为一个正派的赚钱者,他可能成为一个自我终结的终极破坏者。"2014 年《财富》杂志直截了当地形容亚马逊是一个不断挑起战争,不按常规出牌的挑战者[①]。这种审时度势、突破常规、进行战略性跨越的跨国公司实力,正是中国文

---

① 《亚马逊一次又一次挑起战争》,《财富》(中文版)2014 年 11 月。

化产业要认真吸取而且尽快掌握的核心竞争力主体。

美国、日本和欧盟等发达国家和地区凭借着科学技术、金融资本和人力资源方面的优势，缔造了一个又一个世界级"文化航母"。例如微软、谷歌、苹果、哥伦比亚广播公司、美国有线电视传播网、美国广播公司、贝塔斯曼、索尼等，它们在软件、网络、数字技术、娱乐、信息传播以及电影电视等领域的创意，颠覆了传统的商业模式，构建了一套全新的商业逻辑，创造了一个个商业神话。这些文化跨国公司的实力，帝国的崛起的过程和他们的辉煌业绩，告诫全世界必须重新认知那些"被忽略"、"被边缘化"、"被嘲弄"甚至"被屏蔽"的"新潮理念"——软实力、软财富、软产业、软行业。他们是创意经济和全球化商业的结合，"在最有效地利用文化资源、最大化地创造经济效益、最人性地提供精细服务、最文明地享受现代生活。[①]"中国要全面提升文化生产力，拥有国家文化竞争力的优势，必然要建设自己的文化跨国公司群体，通过文化跨国公司来扩大文化影响力和文化辐射力。

四、数字化与文化企业的竞争力

（一）数字技术改变了竞争规则

数字技术时代将会是现实世界与虚拟世界的多重领域的竞争。文化传播力和品牌影响力将成为竞争的全新内容。有专家指出，在大数据时代文化已经成为一种新的得到了广泛认可的经济提供物。当人们想要购买一种服务的时候，实际上他购买的是一组按照自己的要求实施的非物质形态的活动或者是购买一种切身的感情体验。人们在花钱购买文化服务的时候，往往是在花费时间享受一系列值得记忆的事件和体验——就像在电影院和游乐场身临其境的那种感觉一样。"文化体验"的本质是人们在消遣娱乐过程中所追求的核心

---

① 刘汉太：《打开创意经济的魔盒》，中国铁道出版社 2007 年版，第 41 页。

价值。人们在看一场动人的戏剧、观看一部精彩的电影、阅读一本畅销书、聆听一堂生动的讲座过程中,使他们流连忘返的不仅仅是消遣,而是亲身参与到一系列自身能够联想的故事当中去。这种参与的快乐感、在场感、现实感以及情绪的波动感,使得消费者浮想联翩、思接千载、幻想无尽。因此,当代的大众文化的生产和消费在吸引消费者的时候,往往会特别重视通过各种有趣的文化、时尚、流行、事件等方式,与他们建立起一种消遣娱乐化的、个性化的、值得记忆的联系,实际上这也就是在向消费者兜售一种文化体验。当注入文化的元素之后,很多时候即使是最简单的事情也可以成为让人难以忘怀的体验,甚至很多消费者会回味说:"你永远都忘不了在那里品味一种文化的感觉和氛围。"所以,很多消费场所会提供悦耳的音乐、活泼的娱乐节目、独特的景致、免费的点心、剧场般的音响效果、客串的明星和全体顾客的参与。这样,通过文化元素的注入和体验形式的构建,就可以轻易地把一些看似平凡的商品变成一种让消费者难以忘怀的文化体验。这样,文化也从无形的精神内容变成了可以观看、触摸、品味、感受的商品。

新技术将催化并衍生出新的产业形式、交易模式、消费方式等,并将创造出崭新的文化商业逻辑(核心是去物质、去工业化,在虚拟中完成从供给到消费的所有环节)!以出版产业为例,传统的出版产业一般都需要经过如下的"传统商业逻辑"。任何作品的创作都是有编剧、记者、作家、作曲参与;作品的出品都需要出版社、音像公司、杂志社、影视机构、报社;作品生产以产业链为基础实现庞大而精细的分工对能源、自然资源、人力的大量消耗;产品的交易必须经过复杂的发行、物流(运输、投递)、批发零售、建立渠道、网点等流程才能行销于市场。这个冗长的生产流程不仅成本高、耗时长,而且交易过程复杂,消费者几乎都是"为购买物质而付费"。互联网时代的出版产业则完全不同于传统出版业,博客取代了专业新闻公司,网络小说取代正规出版公司,彩铃市场超过音像市场……这种商业模式颠覆了传统的商业逻辑，催化并衍生出新的产业形式、交易模式、消费方式等，并将创造出"崭新的商业逻辑"。从作品创作的角度看，广大公众都可以成为文化内容的作者，参与文化艺术的创作，专业和非专业文化工作者的界限越来越模糊；从出品方的角度看，可以是传统意义上的文化出品机构，也可以是网站、微信公众号、社交网站、数字内容提供方、视频交流平台等；从文化生产的角度看，原来科层制的文化企业管理模式逐渐被突破，出现了企业平台化、员工创客化、用户个性化的潮流；从文化流通的角度看，出现了依托数字化网络，进行线上和线下相结合的流通趋势；从文化消费的角度看，个性化、时尚化、品牌化日益成为社会的潮流。两种文化商业逻辑对比如下图：

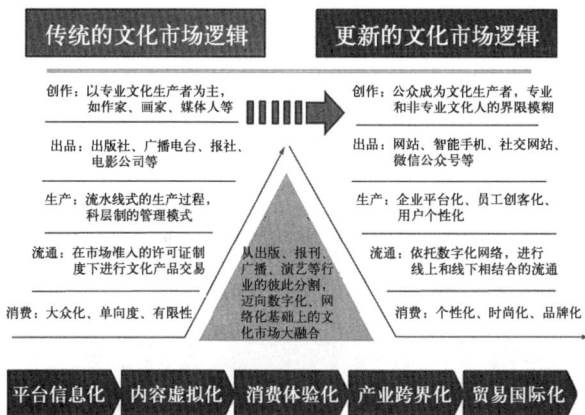

图 3-11　传统与更新的文化市场逻辑的对比

（二）创意经济的核心是人的创造性的发挥

在弗罗里达看来，仅有创意经济也是远远不够的。这就好比再强大的发动机也要有一个底盘才能让它的强大动力发挥出来一样。创意经济发展需要一个能够推进它迅速发展的全新的社会文化和管理机制，使得市场主体的创造性能够得到极大的迸发。对此，弗罗里达给出了一张"创意时代议程表"，里面包括"完全释放每个人的创新能力"、"为创意基础设施投资"、"重视高校基础建设,改进教育体系"等行动纲领。正如美国学者马尔科·P.米勒(Mark P. Mills)所说:美国在21世纪的世界经济繁荣的三大发明(云计算、智能制造、移动互联网)是美国独特文化孕育的结果,"美国文化尤其适用于充满动荡和挑战的年代。文化无法在一夜之间改变或复制,它是一个拥有(用物理术语来说)高度惯性的民族所具备的一种特征。我们文化的独特之处在于一些不容置疑的强大特征,即心态、敢于冒险、勤劳、富有趣味性,以及对于初生创意至关重要的,挑战权威的思维方式。其他哪个国家有可能冒出苹果公司或者是乔布斯?[①]"

中国发展数字经济首先面临的是文化体制和与教育的转型问题。目前的中国企业在发展文化产业进程还面临着文化、体制以及社会环境等多方面的障碍。诸如经济体制限制创意产业的发展、整体职业结构存在缺陷、企业欠缺自主品牌、城市发展规划形成思维定势、知识产权法有效保护、传统教育无法提供创意土壤、市场缺乏创意产品的消费需求、创意人才流失、技术工人素质低下、发达国家制造技术壁垒、优秀产品输出困难等。一句话,中国面对的真正挑战是如何建立一个高效的创意社会,以激发创意经济的增长能量。

针对全球复杂的现代化问题,智利学者萨拉札·班迪深刻地指出:"落后和不发达不仅仅是一堆能勾勒出社会经济图画的统计指数,也是一种心理状态。无论哪个国家,只有它的人民从心理、态度和行为上,都能与各种现代化形式的经济发展同步前进,互相配合,这个国家的现代化才真正能够得到实现。[②]"创意经济是国家现代化的产物,它既来自创意社会又服务于创意社会。要建立一个高效的创意社会,根本的动力来自培育一批创意新人。而文化教育与体制

---

① 《科技变革即将引领新的经济繁荣》,《华尔街日报》2012年2月。
② 王国华:《城市化的关键是国民观念的现代化》,城市化网,2008年9月12日,http://www.ciudsrc.com/new_xinwen/。

创新是塑造"创意新人"的前提。

中国要迅速推进创意经济的发展，首先要进行人的改造和整个文化体系的提升。要使"新人"和"英才"脱颖而出，至少要建立两个前提，一是文化教育的育人作用，另一个是体制的鼓励创新作用。日本在明治维新时期，十分注重文化教育对社会改革的作用，强调首先要提高民众的文化教育水平，建立新的文明精神，然后才能推动社会的进步。日本学者福泽喻吉在《文明论概略》中指出："所谓文明的精神是什么呢？就是人民的风气。这个风气，既不能出售，也不能购买，更不是人力所能一下子制造出来的，它虽然普遍渗透于全国人民之间，广泛表现于各种事物之上，但既不能以目窥其形状，也就很难察知其所在……我们主张是先求其精神，排除障碍，为汲取外形文明开辟道路……汲取欧洲文明，必须先其难者后其易者，首先变革人心，然后改革政策，最后达到有形的物质。"福泽喻吉作为日本近代启蒙思想家，指出一个社会的进步，首先依赖于人的精神文明进步。改革开放 30 多年来，中国经济形成了巨大的增长，但是与美国、欧盟、日本等发达国家和地区相比，其差距主要不是经济和技术方面的，而是公民的整体文明程度，尤其是从业人员的受教育水平和综合素质。从总体上评价，中国文化从业人员的综合素质和创造活力比不上美、日、欧等发达国家和地区，这是制约中国文化生产力的一个关键。

人们常说，中国不缺乏人才，但缺乏人才脱颖而出的机制，缺乏"英才"和"新人"成长的土壤。创意时代的特征将会是高素质的人才为社会发展的原动力，而不是廉价劳动力。信息的全球化使得市场需求更为个性化、定制化和多元化。复合型人才的培育和流动将会带来区域的巨大变化。世界银行曾经发表过一份报告，其结论之一就是：依靠自然资源的国家或地区比依靠人力资源开发的国家或地区经济增长速度低。这证明了人力资源开发能力越高的地区也是财富积累越快的地区。当人力资源开发到一定的程度，其经济发展就会产生一个质的飞跃。

（三）创意经济重新建构全球的人文地貌

2010 年 7 月，美国社会思想家乔尔·科特金的著作《新地理——数字经济如何重塑美国地貌》中译本在中国出版[①]。它是第一次系统地论述数字技术革命给美国带来巨大变化的里程碑式著作。该书以丰富的现实生活例证叙述了数字经济是如何重塑美国的人文地貌、如何改变美国人的生活与工作。它把地缘分析和数字化相结合，精辟论述了互联网时代对美国资源的重大转变以及城市如何发展数字经济、如何吸引创意人才等问题，提供了许多发人深思的观点。

互联网时代经济已经从对自然资源或廉价劳动力的依赖中解脱出来，创意人才是经济的发动机，他们比历史上的任何时期都更加注重对理想的实体地点的选择……发达国家的产业实践证明，以数字经济为代表的创意经济将影响着全球发展格局的变化，影响着全球人才的流向，更影响着每个国家和地区的变化。哪些城市会兴旺、哪些地区会衰退，将取决于它对数字技术的掌握和创新。

现代科学技术使得人类开始进入数字经济时代，尽管数字技术改变了时间上与空间上的地理、地貌的概念，让地区之间的空间距离在人们心中缩短了，尽管科学技术使得求职和寻求新生活方式的人们流动性更加迅速，地点的选择性更加灵活多变，尽管"自然地理"意义上有城市气候冷与热、城市占地规模大与小、霜冻与阳光地带、城市与郊区、乡村与都市、滨海与山地等，其显著差别依然存在，然而，人们的"心理空间"和"心理地理"意义上的城市文化、政治体制、经济内涵、运营规则等要素却显得更为重要了。

人类的生产技术永远在不断地进步，从蒸汽机到内燃机车，从无线电到无线网络，从依赖资源矿产资源到依赖创意理念。经济发展

---

① ［美］乔尔·科特金：《新地理》，王玉平、王洋译，社会科学文献出版社 2010 年版。

的手段不断在变，然而人类文明进步的规律却是永恒的。世界城市发展的历史证明：任何一个城邦的兴衰，都与它的文化信仰（宗教）、政治体制以及经济商业等有着巨大的关联。精神、政治、经济是一个城市兴盛的必备的特质，这三项特质缺一不可！精神特质主要是指一座城市居民广泛认同的、赖以维系和谐发展的道德操守；政治特质是一个城市安全、秩序井然和谐发展的管理机制；经济特质是指该城市中坚阶层或者称之为中产阶级的知识阶层发育完善、经济基础坚实、市场经济体系完善。

随着科技的发展与社会的变迁，许多城市的地貌发展了巨大的变化。尤其是在今天这个以互联网技术为代表的数字化时代，一些城市繁荣而另外一些城市则继续衰落；一些乡村萌发生机而另一些则丧失活力；一些地区的富裕程度前所未有，而另一些则渐渐衰落贫穷。在美国，一些对于有现代技能的知识群体很有吸引力的、较小的、紧凑型城市（例如旧金山、西雅图、波士顿以及丹佛等）已经成为现代城市生活复兴的样板。这些城市办公场所闲置率最低，能够为工人提供高水平的教育，互联网普及程度也最高；而另一类曾经是工业时代的典范城市，例如底特律、圣路易斯、纽瓦克等，它们在数字经济时代被逐步地边缘化了。在我国，过去计划经济时代的内陆地区，包括老工业基地的东北地区，曾经以鱼米之乡、物产丰富、工业发达而闻名，但在改革开放的浪潮下，很多转型滞后，举步维艰，而沿海的开放地区如深圳、珠海、厦门等城市，由昔日的边缘地区变成了中心城市……其中正是内在的文化精神因素、制度设计因素极大地推动了产业结构优化和文化生产力的释放。

一个具有竞争力的企业，往往都保持着对新技术创造的憧憬与不懈追求。同时都在不断地创新自身的机制，以青春活泼的企业形象不断地吸引着有创意激情的年轻人加盟创造的行列。同时，具有核心竞争力的企业往往都十分重视他的目标市场和目标客群的社会软环境。而那些缺乏数字经济氛围、漠视青年人的追求、教育体制糟糕和产业观念落后的地区甚至国家,往往难以吸引到具有竞争优势的企业入驻,也必定会慢慢走向衰败与没落。因此,一个区域乃至一个国家的可持续发展,必须重视新技术所带来的新地理观念以及社会变迁产生的人们意识形态需求的变迁,必须努力保持该区域对于具有创意追求的年轻人口的吸引,保持对社会动态文化的关注和宽容,对多元的教育体制的创新与扶持。

第三节　中国文化企业竞争力的现状与问题

一、中国文化企业发展的总体趋势

经过改革开放近 40 年的发展,特别是从党的十八大提出建设社会主义文化强国的战略以来,中国文化软实力的主体——文化企业获得了前所未有的发展。从大量的调研材料来看,中国文化企业的发展出现了四大趋势。

(一)国家战略引导,文化企业数量稳步增长

2008 年全国共有文化及相关产业法人单位 46.08 万个,非法人单位 2.43 万户,个体工商户 46.69 万户,而经过 5 年来的稳步发展,截至 2013 年 4 月,全国共有文化及相关产业法人单位 69.8 万家[①]。另外根据专家测算,全国另有文化及相关产业非法人单位 3.5 万户,个体工商户 70 万户,文化企业主体的数量在 5 年间增长了 45% 以上[②],2005—2013 年文化产业法人单位增加值年均增幅超 22%,文化

---

① 《文化体制改革取得历史性成就》,新华社 2013 年 06 月 14 日,新华网 http://news.xinhuanet.com。

② 根据在工商管理部门和统计部门调查的数据测算而获得。

产业法人单位增加值高于同期 GDP 的年均增速[①]。

此外，全国有一大批主营业务为工业、建筑业、运输业、餐饮业、现代服务业、现代农业、商贸业等，而在实际业务中又涉及文化产业领域的企业，它们中有许多没有被列入文化及相关产业法人单位的统计中去。据此估计，2014 年全国从事文化和相关产业的各类经营主体在 130 万家左右。

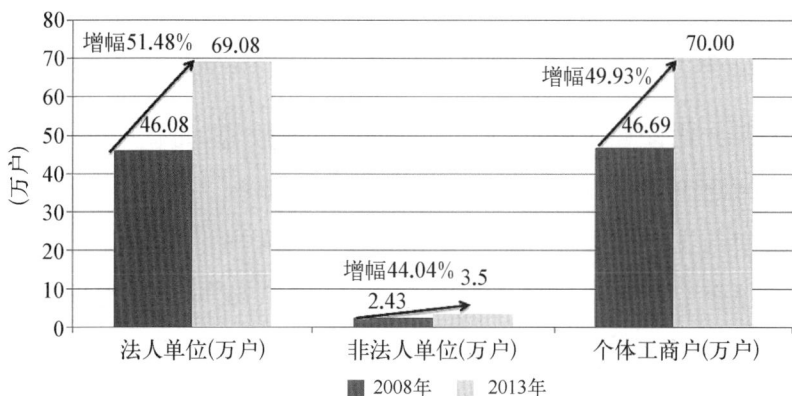

图 3-12 全国文化及相关产业企业数量增长（2008—2013 年）

资料来源：根据在工商管理部门和统计部门的数据和专家测算结果绘制。

从 2014 年开始，为加快政府职能转变、建立公平开放透明的市场规则、保障创业创新，国务院出台了《注册资本登记制度改革方案》，改革工商登记制度，推进工商注册制度便利化。公司注册资本将由原来的实缴登记制改为认缴登记制，注册资本的额度降低，住所（经营场所）登记手续等也大幅简化。这一注册资本登记制度，大大便利了各类社会主体参与创业，推动我国新增企业以平均每天 1 万户左右的速度增长[②]。根据对长三角、珠三角、京津冀地区的上海、南

---

① 《文化体制改革取得历史性成就》，新华社 2013 年 06 月 14 日，新华网 http://news.xinhuanet.com。

② 《注册资本登记制度改革实施两个月 我国新登记企业呈"井喷式"增长》，新华社 2015 年 5 月 12 日，http://news.xinhuanet.com。

京、杭州、苏州、无锡、嘉兴、金华、佛山、中山、桂林等地的抽样调查，从 2014 年以来新增注册的企业中，涉及文化产业包括创意设计、建筑规划、印刷包装、娱乐服务、数字内容、产品制造、动漫制作、广告服务、会议展览、咨询服务等的占 10% 左右。可以预见：随着国务院提出的"大众创业、万众创新"部署，中国经济增长将获得一个新的发动机，全国文化企业的发展也将迎来一个重要机遇，吸引更多愿意创业的人参与到发展文化企业的洪流中去。

（二）领军企业崛起，科技文化融合型增长明显

国家文化产业主体的强盛，不仅仅在于数量，而且在于它们的领军企业的竞争力。其中的突出表现是《光明日报》和《经济日报》联合评选的中国文化企业 30 强。从第一届到第六届，比较明显地勾画出中国文化企业领军集团壮大的轨迹。以 2014 年第五届为例，领军文化企业总体实力明显增强，"30 强"企业主营收入 2 451 亿元、净资产 2 076 亿元、净利润 316 亿元，均创历史新高，分别比上届增长 20%、16% 和 38%。其中，净资产首次突破 2 000 亿元，净利润首次突破 300 亿元；与此同时，转制国有文化企业优势地位继续凸显。

在中国文化企业 30 强中，国有或国有控股企业 21 家，占总数的 70%，主营收入和净资产均占入选企业主营收入总和的 80% 左右，反映了国有文化企业作为文化生产力主力军的地位，也反映了体制改革对于激发文化生产力的重要作用。与此同时，民营文化企业入选数量有所增加。30 家企业中，民营企业有 9 家，占总数的 30%，其中 3 家为首次入选，而杭州宋城成为连续六届入选的明星企业，反映了民营文化企业正逐步成为推动文化产业发展的重要力量。

在中国文化企业 30 强中，集中在北京、江苏、浙江、安徽、上海、广东、湖南等 7 个省市，从第六届入选企业来看，东部地区入选 23 家，约占总数 77%，中部地区 7 家，约占总数的 23%，这折射出西部地区缺乏文化企业的领军企业，总体实力比较弱。引人注目的是：从各类别企

业发展情况看,深圳华强文化科技集团、汉王科技股份有限公司、百视通新媒体股份有限公司等文化科技类企业仍保持最高的利润率,超过40%,反映了文化和科技融合创新对文化产业的促进作用。

表3-2　六届"中国文化企业30强"的名录

企业名称	2009年	2010年	2011年	2012年	2013年	2014年
中国电影集团公司(后改制成中国电影股份有限公司)	√	√	√	√	√	√
中国出版集团公司	√	√	√	√	√	√
江苏凤凰出版传媒集团公司	√	√	√	√	√	√
浙江出版联合集团有限公司	√	√	√	√	√	√
江西省出版集团公司	√	√	√	√	√	√
四川新华发行集团有限公司	√	√	√	√	√	√
山东出版集团有限公司	√	√	√	√	√	√
安徽出版集团有限责任公司	√	√	√	√	√	√
中国国际电视总公司	√	√	√	√	√	√
上海东方传媒集团有限公司	√	√	√	√	√	√
江苏省广播电视集团有限责任公司	√	√	√	√	√	
江苏省广播电视信息网络股份有限公司	√	√	√	√	√	√
湖南电广传媒股份有限公司		√	√	√	√	√
中国对外文化集团公司	√	√	√	√	√	√
保利文化集团有限公司	√	√	√	√	√	√
杭州宋城旅游发展股份有限公司	√	√	√	√	√	√
辽宁民间艺术团有限公司(后改组为本山传媒有限公司)	√	√	√			
江苏省演艺集团有限公司	√	√	√			

（续表）

企业名称	2009年	2010年	2011年	2012年	2013年	2014年
华侨城控股股份有限公司（2010年更名为深圳华侨城股份有限公司）	✓	✓	✓			✓
广州传媒控股有限公司	✓	✓				
北京歌华有线电视网络股份有限公司	✓	✓				
中国东方演艺集团有限公司	✓	✓				
安徽新华发行集团控股有限公司	✓		✓	✓	✓	✓
深圳华强文化科技集团股份有限公司	✓		✓	✓	✓	✓
北京演艺集团公司	✓		✓	✓	✓	
湖南出版投资控股集团有限公司	✓			✓	✓	✓
上海电影（集团）有限公司	✓			✓	✓	✓
中原出版传媒投资控股集团有限公司	✓					
湖北长江出版传媒集团有限公司	✓					
华谊兄弟传媒股份有限公司	✓					
完美世界（北京）网络技术有限公司		✓	✓	✓	✓	✓
中南出版传媒集团股份有限公司		✓	✓			
中国教育出版传媒集团有限公司		✓	✓	✓	✓	✓
汉王科技股份有限公司		✓				
北京畅游时代数码技术有限公司		✓				✓
广东奥飞动漫文化股份有限公司		✓				

（续表）

企业名称	2009年	2010年	2011年	2012年	2013年	2014年
拓维信息系统股份有限公司		√				
西安曲江文化产业投资(集团)有限公司			√	√	√	√
上海盛大网络发展有限公司			√	√	√	
广东省广播电视网络股份有限公司			√			
上海东方明珠(集团)股份有限公司			√			
上海征途信息技术有限公司			√			
百视通新媒体股份有限公司				√	√	√
北京光线传媒股份有限公司				√		√
莆田市集友艺术框业有限公司				√		
上海文广演艺(集团)有限公司				√	√	
北京万达文化产业集团有限公司				√	√	√
思美传媒股份有限公司						√
北京北广传媒集团有限公司						√
浙江华策影视股份有限公司						√
河北出版传媒集团有限责任公司						√
福建省网龙计算机网络信息技术有限公司						√

资料来源：根据《光明日报》和《经济日报》联合评选的中国文化企业30强资料绘制。

（三）中小微企业仍是主体，小散弱等问题普遍存在

从全局来看，中国文化企业中大多数仍然是中小微企业，小、散、

弱成为普遍存在的问题。由于大多数中国文化企业规模很小,决定了它们抵抗市场风险的能力比较弱。由于经营管理状况欠佳,决定了它们难以有充足的资金和资源,投入文化新产品、新项目、新品牌的开发,从而在激烈的国际文化竞争中缺乏有力的竞争地位。这在各个文化产业细分领域中,都有程度不同的表现。

以演艺产业为例,自中华人民共和国成立以来,全国演艺产业的主体数量和规模呈现出一种曲折上升的趋势。1949 年中华人民共和国成立时,全国文化系统有文艺表演团队 100 多家,其中戏曲团队有 860 家,占最大比重。到 1965 年全国文艺表演团队数量突破 2 000 多家,其后数量不断减少。改革开放以后,全国文化表演团队的数量重新进入增长阶段,1980 年全国隶属于文化部门的文艺表演团队达到 3 533 家,达到有史以来的最高水平,而到了 2012 年末,全国已经有注册的文艺表演团队 7 321 家[①]。但是根据统计数据,这 7 321 家文艺表演团队资产总计为 459 亿元,平均为 626.9 万元,固定资产为 184.1 亿元,平均每个团队仅仅为 251.5 万元;实际使用房屋面积为 617.2 万平方米,平均每个团队仅仅为 843.1 平方米;共有排练练功房屋 178.6 万平方米,平均每个团队仅为 243.9 平方米,仅仅相当于一个较大规模的居民住宅套间的面积。从经营收入的角度看,2008—2012 年,全国文艺表演团队的演出收入分别为 20.28 亿元(2008 年)、28.82 亿元(2009 年)、34.12 亿元(2010 年)、52.67 亿元(2011 年)和 64.15 亿元(2012 年)。从产业竞争的角度看,"工欲善其事,必先利其器",一个文化演出团体,占有的固定资产非常少,拥有的排练练功房屋非常窘迫,主业的演出收入非常低,这就难以在创作新剧目、培训新生力量、开发新市场方面有大的作为。2008 年全国 5 114 个文艺表演团队共推出新创剧目 1 415 个,平均每个团队为 0.28 个新剧目,也就是平均每 3 个表演团队才推出 1 个新剧目;2012 年全国 7 321 个文

---

① 中华人民共和国文化部:《中国文化文物统计年鉴(2013 年)》,国家图书馆出版社 2013 年版。

艺表演团队共计新创剧目 4 035 个,平均每个团队新创剧目 0.55 个。其中国有文艺表演团队新创剧目 1 578 个,占比为 39.11%,集体文艺表演团队新创剧目 106 个,占比为 2.63%,其他文艺表演团队(包括各类民营团队)新创剧目 2 351 个,占比为 58.27%。可见其他文艺表演团队(包括各类民营团队)正在逐步发挥出创作的活力,但是要在整体上获得规模优势,还要付出艰苦的努力。这种以中小微企业为主,普遍存在小、散、弱的情况,不仅仅在演艺产业领域,而且在设计、动画、电影、电视、印刷、娱乐、文化产品制造、广告等领域也普遍存在。

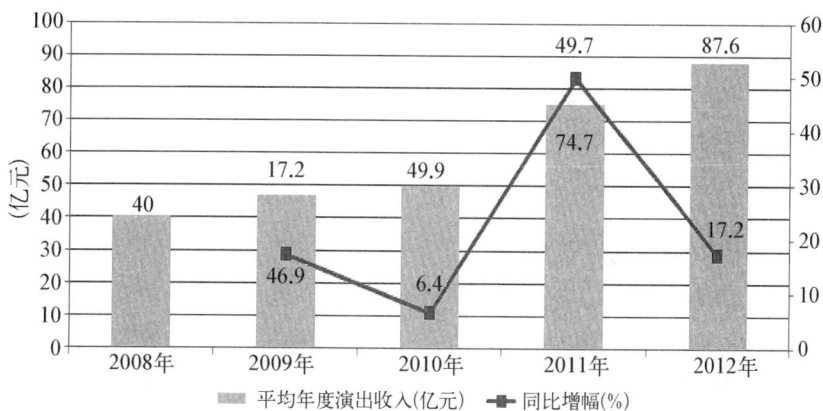

图 3 - 13　中国文艺表演团队平均年度演出收入和同比增幅(2008—2012 年)

资料来源:根据中华人民共和国文化部:《中国文化文物统计年鉴(2013 年)》,国家图书馆出版社 2013 年版的资料绘制。

有必要指出的是,近年来全球演艺市场的竞争空前激烈。大规模制作的音乐剧和歌舞剧开始成为国际演出市场的核心产品。以大量投入、精心打造、全球推广的重点音乐剧和歌舞剧成为决定市场竞争的"定海神针"。比如《大河之舞》汇聚了大量投资和人力物力,将爱尔兰人民重建家园的血泪史,以全新动人的百老汇音乐剧面容呈现。1995 年,它在都柏林的波音剧院首演,结果大获成功,并且引燃了全球的踢踏舞热潮,成为当代最具爱尔兰民族风格的经典音乐剧。到 2013 年已经在全世界演出超过 1.2 万场,现场观众达到 2 500 万

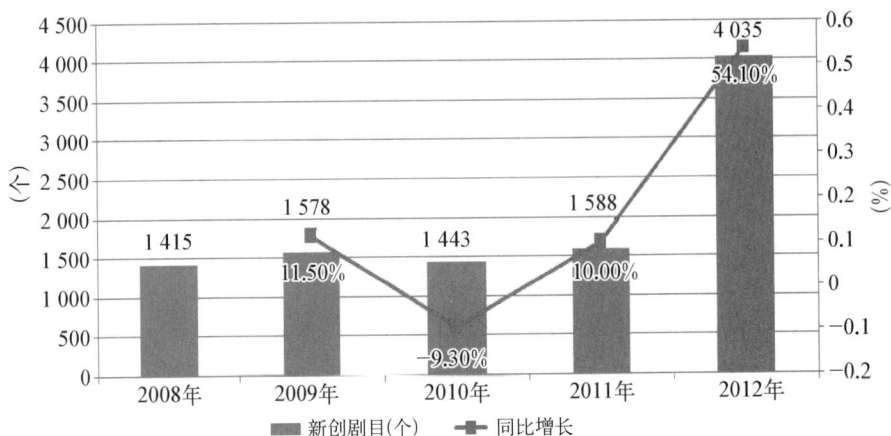

图 3 - 14　中国文艺表演团队原创剧目数量和同比增幅(2008—2012 年)

资料来源：根据中华人民共和国文化部：《中国文化文物统计年鉴(2013 年)》,国家图书馆出版社 2013 年版的资料绘制。

人次以上,《大河之舞》的 DVD 录影带在全球销售超过 1 500 万张,形成了"以少搏多,一以当百"的杠杆作用。这正是中国文化企业需要跨越的一个重要历史性门槛。

(四) 业态更新成为主流,企业经营模式面对挑战

文化产业包括的领域非常广泛,在互联网尚未普及的时代,文化生产被分割为在地文化生产(装备制造、印刷包装等)、在场文化生产(表演、放映、会展等)、在线文化生产(数字内容、视听互动等)等不同门类。受到早期工业化管理模式的影响,大量文化企业采用的是类似传统制造业和行政管理的模式,即由上而下的金字塔形的层级管控,采用以区域和行业为划分的批量产品生产和销售。特别是文化产业的核心要素——知识产权和大量文化资源,具有轻资产性、不确定性、高风险性、低标准性,又使得传统的投融资模式难以与之对接,导致文化产业新产品的开发举步维艰,文化价值的兑现困难重重。而在知识经济和互联网时代,文化企业的经营管理模式正在经历着前所未有的巨大变化。正如中国学者花建指出:"互联网＋文化产

业,促进了文化生产力的新组合,通过整合硬件、软件、创意、资本等要素,正在形成具有极大包容性和连贯性的文化商业生态系统。这种系统便于人类把文化资源、资本资源、技术资源、制度资源进行跨时空、跨领域的灵活组合,把在地、在场、在线三大文化生产方式进行纵向和横向的贯通,使得开发价值的文化创造、寻找价值的文化金融、实现价值的文化市场这三大环节逐步实现对接和交融。[①]"在互联网＋的推动下,越来越多的文化企业对运作的组织形态、生产方式和管理方式进行深刻的革命。

与此同时,传统工业时代产业边界固定、行业鲜明分立的格局迅速被打破,产业融合(industry convergence)成为现代文化产业发展的一个重要趋势。随着"全面感知、互联互通、智慧服务"成为现代社会生产和生活的新常态,在传统的图书、报纸、电影、电视、广告之外,新的传播和交流平台大量出现又不断细分,IPTV、数字音乐、网络视频、微信、微博、流媒体、数字图书馆等多样化、分众化的文化新样式前呼后拥。一批富有远见的互联网企业迅速地进入数字内容、移动服务、影视制作、网络视频、数字音乐等领域,并且把这些领域相互贯通,在规模上获得了很大的优势。

表 3-3　中国文化上市企业 10 强(2013 年)

	企 业 名 称	市　值
1	腾讯控股有限公司	市值港股 5 089.60 亿元,市值人民币折算 4 096.11 亿元
2	北京百度网讯科技有限公司	市值美股 329.32 亿元,市值人民币折算 2 055.29 亿元
3	深圳华侨城股份有限公司	市值人民币 501.73 亿元
4	网易计算机系统有限公司	市值美股 67.36 亿元,市值人民币折算 420.39 亿元

① 花建:《互联网＋释放文化产业新动能》,《解放日报》2015 年 8 月 17 日。

（续表）

	企 业 名 称	市 值
5	新浪计算机系统有限公司	市值美股 37.41 亿元,市值人民币折算 233.48 亿元
6	分众传媒控股有限公司	市值美股 32.92 亿元,市值人民币折算 205.45 亿元
7	江苏凤凰出版传媒股份有限公司	市值人民币 195.45 亿元
8	百视通媒体股份有限公司	市值人民币 189.45 亿元
9	华数数字电视传媒集团有限公司	市值人民币 182.33 亿元
10	中南出版传媒集团股份有限公司	市值人民币 167.39 亿元

注:"中国文化上市企业 10 强"由北京大学文化产业研究院主办,由陈少峰主编的《中国文化企业报告 2013 年》颁布。

与此同时,原来从事于移动互联网、物联网、能源互联网等领域的企业,也逐步进入文化产业领域,利用它们在资金、技术、人才和市场开发等方面的优势,打通了原有的市场隔阂,一方面形成了它们对原有文化企业的强大竞争,另一方面也体现了文化产业的主体正在与相关产业企业,形成相互融合的新兴业态。比如 2014 年的阿里巴巴市值达到 2 866 亿美元,积极利用它所拥有的用户优势和资金优势,探索大数据和网民定制电影等新文化产业模式。阿里巴巴逐步建立了阿里数字娱乐事业群,并且与投资方合作,推出了两期"娱乐宝"项目,向大众融资近 2 亿元筹拍影视剧。同时阿里巴巴以购并方式进入文化中国公司,成为第一大股东,持有该公司 60% 股份,并且把文化中国更名为阿里巴巴影业。阿里巴巴影业投资金牌电视制作人柴智屏监制的五部电影,还获得了周星驰、王家卫、陈可辛等人电影作品的投资优先权。阿里在文化产业的布局还包括 12.2 亿美元入股优酷土豆集团、12 亿元入股广州恒大足球俱乐部等举措。

表 3 - 4　中国互联网公司市值 10 强(2014 年)

序　号	公司	所在地
1	阿里巴巴	杭州
2	腾　讯	深圳
3	百　度	北京
4	京　东	北京
5	唯品会	广州
6	网　易	广州
7	奇虎 360	北京
8	携程网	上海
9	汽车之家	北京
10	欢聚时代	广州

　　这些重大变化形成了对各个领域文化企业的强大竞争,而许多恪守传统出版、新闻、演艺等产业规则,依然根据原有经营模式来操作的文化企业,则受到了越来越大的竞争压力。比如:2014 年中国报刊投放总量下降得非常明显,以前三季度为例,报纸比 2013 年减少了 16%,杂志比 2013 年减少了 9%,报刊广告投放量整体上降低了 13.6%,成为近年来报刊广告投放降幅最大的一年①。在互联网和数字媒体的竞争下,大量受众从纸质报刊阅读者的领域中流失,特别是越来越多的城市白领和技术工人、中青年受众不再把纸质报刊作为主要信息来源,就使得大量广告商对于报刊投放失去了兴趣。除了受到互联网和数字媒体的激烈竞争,报刊广告对于小众化群体的吸引力和服务力不断下降,也成为一个重要趋势,比如纸质报刊的房地产广告从 2013 年增长 17.5% 转变为急剧下降,2014 年降幅达到 23.8%,商业零售广告下降了 22%,汽车广告下降了 35.6%,娱乐和休闲类广告下降

---

① CTR 媒介智讯:《2014 年全媒体广告前三季度分析》,《广告导报》2014 年 11 月 13 日,http://www.cnad.com/htm。

了10.3%,说明大量的广告客户群体已经从报刊领域流失到互联网和数字媒体领域了。甚至一向强势的电视业广告收入,也受到了互联网和数字媒体的强大压力,同比增长只有2%,明显低于前年的广告投放额的增长幅度。这与家庭电视机开机率越来越低有关,许多人从原来只看一屏(电视机屏),而扩大到兼看四屏(电脑屏、手机屏、电视机屏、其他数字媒体屏如iPad等)。而与此相比,互联网广告的投放额却在同期增长了38%。业内人士感叹:"新兴领域每长出一棵参天大树,传统领域就撒下一地鸡毛。"有鉴于此,我们不仅仅要看到中国文化企业发展的大趋势,而且要从深层次去研究中国文化企业面对的主要问题。

二、企业主体多样性缺乏充分发育

中国文化企业发展的深层次问题之一,即企业主体的多样性缺乏充分的发育;特别是企业主体多样性与市场巨大需求之间,尚未形成有效的平衡关系。文化企业本身是一个集合的概念,不同文化企业的业务类型、产品类型、服务对象和规模、性质千差万别。我们可以从以下四个角度对企业主体进行分类。

从产品功能和效用角度,文化企业划分为传媒类、休闲与娱乐类、版权类、创意类四大类,每一类业态功能不同,其行业门类不一样。

表3-5 从业态功能和效用角度划分的文化企业类型

企业类型	产品功能和效用	行 业 门 类	具体企业举例
传媒类	文化、知识、信息传播	图书出版、报刊产业、影视传媒业、影像产业、网络传媒业、数字产业、广告产业等	华谊兄弟、光线传媒、粤传媒、歌华有线等
休闲与娱乐类	提供娱乐休闲产品与服务,改善精神文化生活	艺术品经营、演出业、文化娱乐业、文化旅游业、体育竞技、健身产业、广播电视电影产业等	宋城旅游、华侨城、西藏旅游、中体产业、中国国安等

（续表）

企业类型	产品功能和效用	行 业 门 类	具体企业举例
版权类	版权保护与创新	报刊、书籍出版、节目制作、电影制作、广告、书店、音像出租等	陕西金叶、出版传媒、湛庐文化、新华书店等
创意类	个人创造、技能及才华的利用，文化智能资源的开发	创意设计、广告、建筑、艺术、工艺；设计、时装、电影、音乐表演艺术、出版、软件、动漫；研发、玩具和游戏、电视和广播、互动休闲软件等	界龙实业、劲嘉股份、同洲电子、生意宝等

从文化资源与技术融入两个维度，文化企业可分为四个大类。特别是前沿技术形成"推动"和"嵌入"两大形态，如技术推动与历史文化资源融合创新形成工艺品、视觉艺术、出版等企业；技术推动与文化智能资源融合创新而形成广电传媒、设计、新媒体等企业；技术嵌入与历史文化资源结合形成娱乐、旅游、文博创意等企业；技术嵌入与文化智能资源结合而形成会展类等企业。

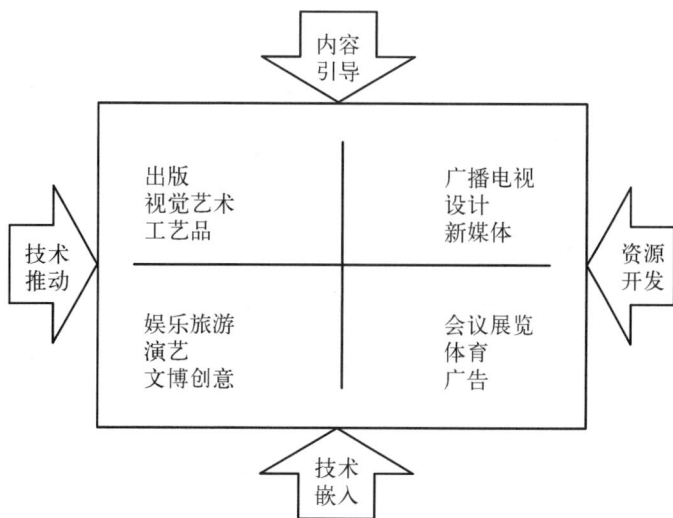

图 3－15 从文化资源类型与技术融入水平
角度划分的文化企业类型

从规模和所有制结构角度，文化企业可以分为国有大型文化企业、私营大型文化企业和中小型民营文化企业。目前，国有大型文化企业在新闻出版等版权和传媒领域仍占主导地位，但民营企业经过近20年来的发展已经取得了巨大的发展。根据国家统计局的数据：在我国文化产业中，在我国文化部门管理的文化产业中，非公有制经济所创造的文化产业增加值已占到全部文化产业增加值的一半以上，就业人数占到三分之二。可以说，文化产业的蓬勃发展，民营文化企业可是起到了不可替代的重要作用，成为重要的市场主体之一。

从投资角度，文化企业的投资来源包含国资和民资、内资和外资等多个方面。我国文化企业的发展，离不开投资渠道的开放和多元化。近年来，政府对文化产业的投资逐步增加。"十一五"期间，全国文化事业费（不含基本建设投资，不含文化管理规模行政运行经费）总计达1 220.41亿元，是"十五"期间的2.46倍。2013年，全国财政对文化体育和传媒的支出预算为540.54亿元，增长9.3%，其中中央本级支出预算为236.89亿元，向地方转移支付预算为303.65亿元，均为同比增长明显的表现[1]。尽管我国文化企业主体的发展呈现多样化的态势，但由于发展时间短，计划体制明显，存在严重的不平衡性。

第一，中小型民营企业发展相对落后。中小型民营文化企业生产规模较小、自身基础较薄弱，缺乏雄厚的国家资本作为支持。大多数中小型民营文化企业并未建立现代管理制度，其经营管理者本身管理素质和水平都不够高。因此，他们平时对企业的治理只重业务和产品，不重企业的整体发展，对人力资源、资本运作等职能战略关心力度不够。同时，很多民营文化企业发源于以血缘和地缘关系为纽带的家族式企业，所招的员工多为熟人介绍的亲戚朋友。这从连续六届中国文化企业30强的排行榜中也可以看出，国有或者国有控股企业占70%左右，而民营企业不足30%。在2015年第七届中国

---

① 齐勇锋等：《中国文化发展战略与公共财政研究》，中国经济出版社2014年版，第191页。

文化企业 30 强中,国有或者国有控股企业 22 家,占 73％,主营收入、净资产、净利润、纳税总额等主要经济指标均占本届 30 强企业相关指标总和的 80％,特别是净利润和获奖数量占比超过 90％。而民营企业为 8 家,占比为 26.7％[①],在主营收入、净资产、净利润、纳税总额等主要经济指标方面所占比重较小,这说明培育一大批具有核心竞争力的民营文化企业,仍然是提升中国文化软实力的艰巨任务。

　　第二,文化企业的地区发育严重不平衡。东部文化企业不仅是企业规模、固定资产、市值、从业人员还是占 GDP 的比重,都远远高于中西部地区,体现出文化企业发育在地区发展上的严重不平衡。城乡文化发展不平衡更为突出。在公共文化服务投入和设施方面,城乡二元机制使我国公共文化投入长期向城市倾斜,优质教育资源、公共图书馆、公共博物馆、体育设施集中在城市,广大乡村地区公共文化服务设施严重稀缺,文化、教育发展水平远远落后于城市。上述的中国互联网公司市值 10 强(2014 年)全部集中在东部沿海地区,集中在北京、长三角和珠三角这三大城市群;再从中国文化企业 30 强的区域分布(第一到第七届)看,东部地区逐步上升,保持在 23 家,中部地区逐步提升,保持在 7 家,而西部地区从 5 家下降为 0。再从中国文化企业上市公司 20 强来看,说明东部地区文化企业增长的速度和优势明显超过了西部地区。再从中国文化企业上市公司 20 强(2013—2014 年)看,第 1 位腾讯控股市值为港股 10 177.44 亿港元,折合人民币市值为 8 042.21 亿元,第 20 位人民网,市值人民币 207.01 亿元。20 强的市值折合人民币市值为 17 000 多亿元,平均每家上市公司的市值超过 847 亿。这 20 强全部集中在东部沿海地区,特别是在环北京、长三角和珠三角这三大城市群,说明在中国文化企业加快并购和资本市场投入的情况下,东部地区领军型文化企业集团发育的速度大大加快。

---

① 光明日报文化产业研究中心:《新常态下文化产业的坐标——第七届"中国文化企业 30 强"调查报告》,《光明日报》2015 年 5 月 26 日第 16 版。

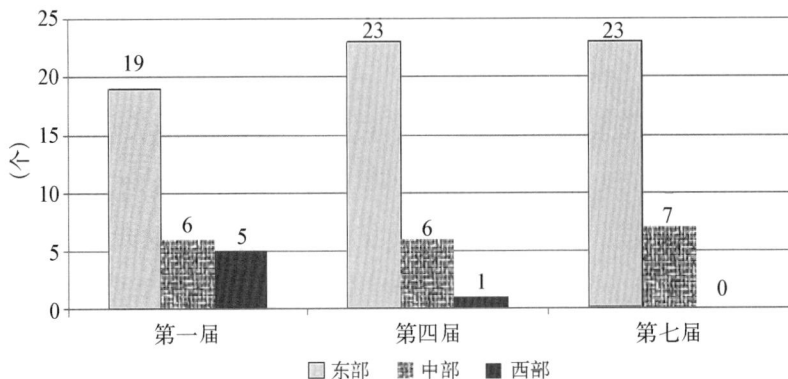

图 3 - 16　中国文化企业 30 强的区域分布(第一届到第七届)

　　第三,文化企业提供的产品和服务质量与市场的需求不相匹配。从总体来看,中国文化企业提供的文化产品之品种、质量、服务等还不能满足市场的需求。中国文化产业从 20 世纪 90 年代中期到 21 世纪 10 年代中期,产能获得了前所未有的增长。根据国家统计局提供的数据,2013 年中国文化产业增加值为 21 351 亿元,与 GDP 的比值为 3.63%。其中,文化产业法人单位增加值为 20 081 亿元,比上年增加 2 010 亿元,增长 11.1%,比同期 GDP 现价增速高 1 个百分点。按行业分,文化制造业增加值 9 166 亿元,占 42.9%;文化批零业增加值 2 146 亿元,占 10.1%;文化服务业增加值 10 039 亿元,占 47.0%[①]。但是,从市场细分的角度看,中国文化产业在提供生产型的文化服务和产品,在提供消费型的文化服务和产品这两个方面,都有着巨大的提升空间。比如:从文化创意与设计服务与实体经济相结合的角度看,《国务院关于推进文化创意和设计服务与相关产业融合发展的若干意见》国发〔2014〕10 号文件指出:近年来,随着我国新型工业化、信息化、城镇化和农业现代化进程的加快,文化创意和设计服务已贯穿在经济社会各领域各行业,呈现出多向交互融合态势。文化创意和设

[①]　国家统计局:《2013 年中国文化及相关产业增加值超 2 万亿》,国家统计局官方网站,2015 年 1 月 23 日。

计服务具有高知识性、高增值性和低能耗、低污染等特征。推进文化创意和设计服务等新型、高端服务业发展，促进与实体经济深度融合，是培育国民经济新的增长点、提升国家文化软实力和产业竞争力的重大举措，是加快实现由"中国制造"向"中国创造"转变的内在要求。

从整体上看，我国仍然是一个经济"流量"规模大而经济"增量"相对有限的大国，特别是我国工业的增加值率和工业综合素质明显低于主要发达国家。工业增加值率体现了企业全部生产活动的总成果扣除在生产过程中消耗或转移的物质产品和劳务价值后的余额，反映了企业生产过程中新增加的实际价值。有专家指出：以 6 个国家的工业增加值为例，美国为 44.85％，日本为 33.94％，英国为 33.04％，德国为 28.51％，中国为 26.45％，印度为 20.07％[①]。许多以创意能力和高技术见长的跨国公司，大多掌控住了附加值高的核心环节，而把劳动密集型和资源消耗型的加工环节，以"委托加工"方式外包给后发达地区。比如：美国进口一部在中国组装的 iPhone 手机是 178.96 美元，在纽约曼哈顿的零售价是它的 2 倍，而在中国组装环节的费用仅有 6.5 美元。这说明中国文化产业中的文化创意和设计服务企业，尚没有提供适销对路的产品和服务；另一方面也说明中国的许多文化创意和设计企业与制造业企业之间，缺少沟通和协作，缺少大量的中介服务机构，存在着"小而全"等陈旧的行业管理模式，缺乏社会化协作大合作、大生产的有机配合。这正是中国提升文化生产力亟待突破的一个重点。

三、丰富文化资源未获得充分开发

（一）中国文化企业在开发资源方面，亟待提升综合能力

文化企业是推动资源开发的主体，而文化产品是文化和现代商

[①] 王金照、王金石：《工业增加值率的国际比较及启示》，《经济纵横》2012 年第 8 期。

品经济结合的产物。文化商品具有将文化资源与经济等其他资源相互转化的功能，成为推动文化资源走向市场化的产物。世界各民族在历史过程中累积了丰富的文化资源，其中文化古迹、民间工艺和风土民俗蕴含着无穷的商机，但这些文化资源只有在专门的管理、技术和资本投入的情况下才能转化成为具有核心竞争力的有形文化产品和无形文化服务，这就需要特定的文化市场主体进行开发和整合。

中国是一个有着五千年悠久历史的文明古国，有着丰富的传统文化资源，2013 年中国拥有的世界遗产（包括自然遗产、文化遗产和自然文化双重遗产）的总数量已经达到全球第二位，是世界著名的文化资源大国，可以说我国的文化资源具备在世界范围内发展文化产业的独特优势。尽管我国具有文化资源的优势，但并没有将其转变为文化产品的优势。中国在历史深度和地域广度上空前巨大的文化资源并没有得到充分而有效的利用。中国的文化企业尚未结合区域优势，打造出具有民族特色的优质文化产业，从而造成大量文化资源闲置浪费。由于许多中国文化企业缺乏深厚的传统文化修养和底蕴，生产出的大量文化产品空有文化外壳而无文化产品内涵，只有形似而无神似。中国大量的历史文化资源在产业化开发中被肤浅改编和庸俗化，传统文化资源缺乏有效开发。

中国许多文化企业的产品没有能够起到传播主流价值观念的作用，没有在传承优秀历史文化和弘扬中国意识形态方面发挥积极作用。由于过于重视文化产品的商业价值而过于忽视文化产业的文化特质，许多文化企业在进行投资时偏重于外在形式投资，不注重文化内容投资，这是我国文化产品缺乏文化内容的原因之一。从总体上来说，我国文化产品的肤浅和浮躁是文化内容缺失的根本原因。文化内容的缺失又是我国文化产业处于全球产业价值链低端环节的根本原因之一。西方国家金融资本与文化资本是相互渗透相互辅助的。文化企业发展需要技术设备升级、文化产品内容和形式的创新等相互结合，促进了文化跨国公司依靠资本市场进行融资，通过股权置换、增发新股等形式，来缓解自身资金短缺的状况,降低自身发展成本。这不仅实现了文化企业的多元化经营,也有利于拓展新领域、开发新市场。这正是中国文化企业在全球化的竞争中需要深入思考和迎头赶上的重点方面。

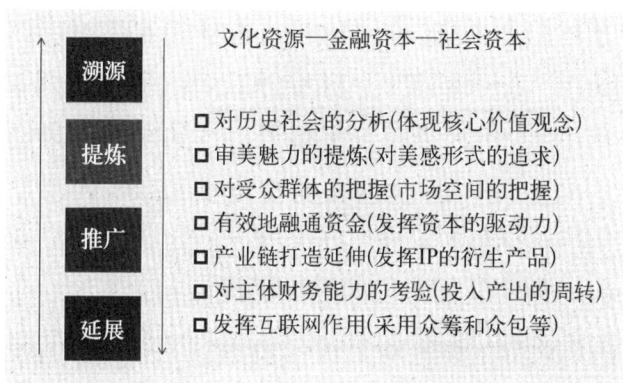

图 3-17　文化企业传承开发的模型和路线

大量实践证明:文化企业对中国历史文化资源的开发,是一个双线交织、呈现双螺旋形的推进过程。它的前提是文化企业需要对中国历史文化资源进行深入的研究和揭秘,也就是揭示真善美的基因密码。接着,需要对文化核心内容和形式进行创作,实现人性化的再现。同时,接受消费接受度的滞后检验,也就是尊重市场的选择。在这个基础上,要把握好资金铺垫投入的不确定性,也就是发挥金融资本作用,提前研究好"引爆"消费空间的可行性,也就是做好产业化的推广策划。与此同时,还要加强企业的财务管理能力,做好投入产出的周转和管控,包括吸收文化金融的新业态,引入众筹、众包等机制,鼓励社会化参与等。

国际上许多文化跨国公司依托有效的资本运作,加强了对文化资源转化为文化资本的努力,把深入挖掘文化资本作为主要目标。以多家著名美国电影和电视企业为例,它们把深入挖掘人性、探讨社会价值观念作为开发优良电影的前提,不仅关注本国的文化资源,更是在全球搜罗优秀文化资源,在对特效等技术的使用上也是精益求精。采用了中国历史文化资源而开发的大片《花木兰》、《功夫熊猫》等,不但获得了美国和中国观众的欢迎,而且在全世界范围引起了广泛的关注和好评,其中的《花木兰》当年全球电影票房就突破了 4.5 亿美元。享誉全球的音乐剧《歌剧魅影》,故事情节简单,但对感情描写深邃细腻。而在《阿凡达》和《星际穿越》、《星际迷航》等具有浓重科幻色彩的电影中,创作者则吸取了航天科技的最新成果,体现了人类在探索宇宙空间过程中表现出来的探险精神、科学好奇心、献身精神、人与人的关怀和友爱等,把宇航员在探索星空过程中付出的巨大努力甚至是牺牲作为全片的情节主线,从而形成了强烈的真善美的结合,造成了震撼人心和感动人性的艺术效果。而中国的许多文化企业,在开发文化产品过程中,带有一定的粗放性和盲目性,常常忽视了"质"而只注重"量"。虽然也获取了不少的金融支持、投资巨大,但是许多文化产品缺乏真善美的基因,工艺制作平庸、不善于运用现代科技成果,造成各类资源投入的极大浪费,难以形成真正有竞争力的文化产品。2013 年国产电影《致我们逝去的青春》在中国内地电影市场收获 7 亿元票房,但是它在美国市场票房收入只有 9 990 美元;国产电影票房最高纪录保持者《泰囧》也曾在美国上映,票房只有 5.7 万美元,难以形成强大的市场规模,与美国电影形成了鲜明对比。

而另一个值得思考的案例是:2015 年 8 月,中国作家刘慈欣的科幻作品《三体》获得了第 73 届雨果奖最佳长篇小说奖,被国际书评界称赞为"有关人类发展的寓言"。它生动地说明,无论文化产品采用了什么样的体裁和主题,都必须注重历史文化资源的开发,必须符合人性的基本要求,必须符合社会公德和普遍的良知,而且要努力从人类共同关心的理想层面上进行探索。《三体》被中外媒体描述为具有宏大的叙事、波澜壮阔的史诗感和直达人心的力量。美国著名文学杂志《纽约客》的评论指出:刘慈欣的科幻小说"唤起了人们对探索和宏观的美景的兴奋感"、"是对于人类终极问题的思考"。它讲述了外来的三体文明将要入侵和占领地球的故事,全宇宙观下的地球以及人类的最终处境。它结合现实中航天事业的发展,描写了地球上不同文明之间的倾轧和制衡,以及承担保卫地球使命的主角们的决策与合作,都将读者引导到了一个哲理思考的层面。像这样的作品和项目,在中国文化企业的开发中,应该是多多益善。

(二)中国文化企业要拓展国际视野,整合国内外文化资源

实践证明:文化企业对中国历史文化资源的开发,是一个拓展国际视野、吸取多元要素、加深对本土文化内容之认识和开发的过程。正如科学家和艺术家歌德所说,不懂外语的人对自己的母语也一无所知①。他其实是在强调,懂外语可以使人对母语产生崭新的认识,只有在全球文化的背景下才能对本土文化的精华获得深入的理解。有鉴于此,中国文化企业在对中国历史文化资源进行深入研究的同时,必须拓展自己的国际视野。从全世界来看,任何一种优势文化的壮大,都必须走一条多元包容、传承创新的道路。日本音乐剧大师浅利庆太的一句名言"是否要让世界潮流'本土化',本质上是对自己'自主创新'能力的一个博弈"讲的就是这个道理。而纽约、伦敦、东京和巴黎等打造精品秀的过程,也贯串着这一个深刻规律。2011年10月18日,纽约市长迈克尔·布隆伯格为《妈妈咪呀》登陆百老汇10周年献词:"英国人写的剧本,希腊小岛上的故事,意大利语的名字,瑞典流行乐队演奏的金曲,这样一部音乐剧只有在纽约才能成功。"《妈妈咪呀》发端于欧洲,在纽约合成,又在全球240多座城市巡演,拥有14个语言版本,获得20多亿美元票房,成为"既属于美国,又属于世界"的典型代表。而中国的文化企业要在传承本土资源和吸取国际经验的结合中,创造出优秀的文化产品,首先需要对自我的历史性跨越。在一个依赖农耕文明、对外闭关锁国的时代,人们很难

---

① ［德］歌德:《歌德的格言和感想集》,程代熙、张惠民译,中国社会科学出版社1982年版,第15页。

想像地球上不同文明和不同发展水平的国家和居民，可以共同生活在同一个世界中。经过了 30 多年的改革开放，中国人民对世界的理解力、想像力和策划力，正在经历着有史以来最伟大的跨越，那就是从"文明古国"走向"同一世界"、从"东亚之光"走向"蓝色星球"、从"东方明珠"走向"世界中国"、从"江海交融"走向"全球共享"！这对中国文化产业的历史性跨越和全球化包容提出了新的要求。

这其中的一个生动案例就是《ERA——时空之旅》。它由上海文广新闻传媒集团、中国对外文化集团公司、上海马戏城、上海杂技团联合投资，采用了超级多媒体梦幻剧的形式，用现代舞台艺术娓娓讲述了上海 100 多年来的历史变迁。它把高难度、高风险的杂技表演与多媒体的舞台装置艺术结合起来，成为一种用国际舞台语汇表达、具有强烈视听震撼力的精品秀。该剧自 2005 年 9 月 27 日首演以来，已经连续演出至今，成为长三角地区最具有代表性的文艺保留节目之一。它让各地和各国的观众和旅游者喜闻乐见，感受到巨大的艺术震撼力和视听冲击力。它形成了独特的文化商业运作模式，仅用 19 个月就收回了演出项目开发的主要投资，获得了广泛的社会效益和良好的经济效益，先后被评为国家文化产业示范基地、2006—2007 年国家舞台艺术精品工程、国家文化部创新奖等诸多殊荣。截至 2015 年 9 月 27 日，《ERA——时空之旅》已经连续演出 3 888 场，吸引了海内外的观众 395 万人次，总收入达到 51 682 万元。《ERA——时空之旅》的最大特点之一，就是推动东西方文化的交融和精华的提炼，既采用了上海的文化元素、管理团队、优秀演员，通过对上海风情的艺术性表达，浓缩了这座城市从一个东海小渔村走向国际大都会的历史；同时又邀请了世界著名的加拿大太阳马戏团的优秀编导，请他们对上海的城市文化和杂技精华，进行重新的抒发和表达，创作了一种不需要翻译就可以在全球通行的艺术语汇，让各国观众都可以在既熟悉又陌生的表演中渐入佳境：正可谓"天下精英，齐聚海上；人间财富，天地共享"。又如宋城集团开发的《宋城千古情》、天创演艺开

发的《功夫传奇》、孔雀廊打造的《凤凰传奇》、A8 音乐集团开发的 A8
音乐原创互动平台和音乐网等，都在开发本土文化资源和吸取国际
产业经验方面获得了良好的成果，只是它们在中国文化产业领域确
实还太少，应该大加鼓励，多多益善。

四、有效的市场机制尚未充分建立

完善的市场机制是培育强大文化企业的必要土壤。它是各类要
素和产品进行交换的场所及其交换关系的总和。文化市场的保障要
素包括政策法规制度、行政管理体制、市场监督机制、行业内部规范。

（一）缺乏完备的文化市场政策和扶持体系

完善的文化市场政策和扶持体系是培育强大文化企业集群的最
基本保障，它们对于规范市场主体行为、营造公平竞争的法律环境、
维护国家文化安全、保障人民群众基本文化权益有着重要的作用。
目前我国文化市场管理的立法工作较为欠缺，尽管国务院、文化部、
国家新闻出版广电总局为促进与规范文化市场发展制定了大量的政
策法规和规范性文件，但是从系统性角度来看，至今尚无一部较为完
整而统一的文化市场管理法，国务院在这方面的政策性文件也没有
形成系统。这给文化市场的依法管理工作带来了很多困难。比如，
对于文化企业如何突出社会效益，坚持社会效益和经济效益相统一，
在政策界限上难以把握，有的法规文件只是一些原则性的规定，由于
其内容不够细化，不够具体，使得各地制定的地方性规章差异较大，
也使文化执法无统一执行标准。

根据有关专家的研究，对 1978—2012 年出台的 517 条文化产业
政策进行了统计和分析，发现图书出版、广播电视电影、旅游等传统
文化产业行业的政策数量占绝对优势，分别占了 18.57％、11.22％、
8.9％，而新兴文化产业门类中的网络文化产业和动漫产业的政策数

量增长很快,分别达到 12.19％和 14.12％,宏观意义上的文化产业总体政策为 10.64％,但是对艺术产业包括艺术品、节庆、演艺、音乐、展览等方面的政策比较少,合起来占 7.0％,说明国家和各地对文化产业各门类的重视程度不很平衡,对艺术产业等的规律把握相对滞后。

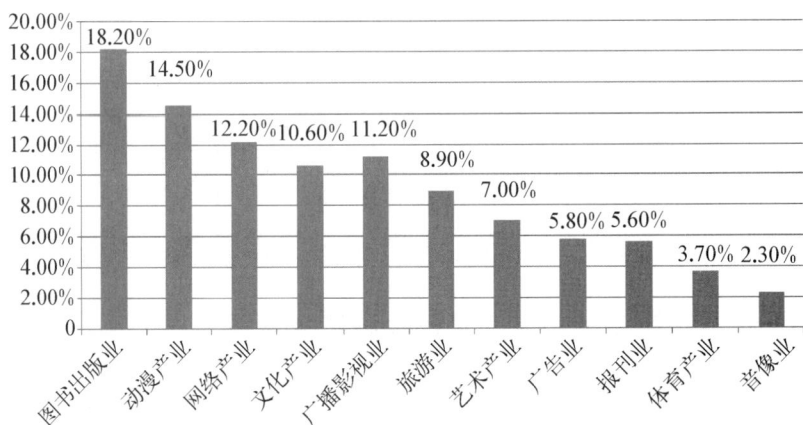

图 3-18 中国主要文化产业政策的分类比重(1978—2012 年)

资料来源:根据李思屈:《中国文化产业政策研究》,浙江大学出版社 2012 年版,第 56 页的数据绘制。

与此同时,对发展文化企业和文化产业集群的关注,逐渐成为我国文化产业政策的重要领域。这些政策集中在如下方面:首先是大力发展文化企业和企业集团,壮大文化产业主体,有 47 条政策涉及这一领域,占总量的 9.2％;关于大力发展重点的文化产品、项目和经营部分,有 100 条政策涉及这一领域,占总量的 19.5％;关于跨地区、跨行业兼并重组部分,有 26 条政策涉及这一领域,占总量的 5.1％;关于专业化、规模化、集约化部分,有 67 条政策涉及这一领域,占总量的 13.1％。这些数据分析表明:我国制定文化产业政策的政府部门,对于优化文化产品结构、推动优秀文化项目更加迫切,倾注了最大比例的关注度,而对于建立文化企业、企业集团和跨行业、跨地区兼并重组的关注度相对比较低。

表 3－6 中国主要文化产业政策中涉及文化
企业和规模化的要素分布和比重

要 素 名 称	频率（次）	占百分比
建立文化企业、企业集团	47	9.2％
重点文化产品、项目和经营部分	100	19.5％
跨地区、跨行业兼并重组	26	5.1％
专业化、规模化、集约化	67	13.1％
优化组织结构设置	72	14.1％

资料来源：李思屈：《中国文化产业政策研究》，浙江大学出版社 2012 年版，第 58 页。

（二）缺乏健全的行政管理体制和市场监督机制

有效的市场机制在维护文化市场秩序，保障市场参与者的权利方面至关重要。我国文化市场管理体制正处于从计划向监督职能转变的过程当中，文化管理体制尚未理顺，管理体制纵横交错，由于各部门从各自的工作角度出发进行管理，因而交叉管理、多头管理、重复管理等问题突出：一方面各层次各部门工作重复，另一方面有了问题又互相推诿。比如，在音像市场管理方面，一些省区除公安、工商等协管外，由文化部、新闻出版广电总局两家主管，清查时往往各自查各自批的摊档，留下了一些管理上的盲区和死角。

由于没有实行文化市场管理与稽查分离、检查与处理分离、罚没与保管分离、办理与收费分离，导致一些执法人员利欲熏心、知法犯法、以权代法，严重影响到正规化管理和规范化办案，造成了文化市场管理秩序的混乱。比如，在管理上，只是由工商部门发一个营业执照，却没有明确由哪个部门负责日常的稽查管理。这样，至少已造成了以下几种不好的结果：审批条件不规范；管理力度不平衡；管理有时重叠，有时出现真空地带；管理部门或相互竞争，或相互扯皮，让不法经营者有空子可钻。由于缺乏严格的执法程序，不同程度地存在着稽查人员在执法过程中不主动亮证、执法文书不规范、处罚随意性大的问题。

（三）缺乏行业市场在运行中长期形成的行业规范

从整体上看，中国各文化市场主体在市场运作过程中尚未形成共同的道德规范，整个行业规范尚未完全形成，文化市场参与主体职业道德缺失。目前，整个文化市场参与主体众多，包括政府机关、电视媒体、期刊文艺杂志、网络传媒商、高校文化团体等。然而，在当前社会矛盾交错发展时期，许多文化市场参与主体却并未充分发挥其传播健康文化的职能，盲目追求经济利益，忽视应该承担的社会责任。比如，有的地方政府部门存在严重的市场寻租行为，以地方保护主义来庇护本地区文化企业的落后产能；有的网络、电视等媒体宣传不健康文化，知识产权得不到保护，高校抄袭行为频发，社会中文化产品走私盗版行为盛行，"黄赌毒"行为得不到遏制等，这些都反映了当前文化市场各参与主体职业道德的严重缺失。依法治国是我国的基本治国方略，文化市场同样需要依法治理和规范。但许多文化稽查人员对有关文化方面的法律法规掌握的不深、不透，对新颁布的法规不熟，甚至有的还沿用旧的法规，严重影响到执法质量。

（四）缺乏有效的知识产权保护制度

知识产权保护是文化产业发展和文化市场运行的重要保障要素，也是国际文化产业贸易的主要形式和竞争手段，健全文化产业知识产权保护体系不仅有利于促进国内文化市场的公平竞争，还有利于改变我国在国际贸易中的不利地位。改革开放以来，我国法律制度不断完善，执法体系逐步健全。知识产权事业也取得了一系列成就。知识产权保护为我国文化产业注入了新鲜活力，并成为文化产业快速发展的强劲动力。但是，我国知识产权事业的发展与经济社会发展的内在需求还不相适应，知识产权文化比较薄弱的状况还没有从根本上得到改变。知识产权意识的淡薄、对知识产权战略的忽视，已经成为我国企业核心竞争力培育的重要制约因素之一。中国在文化领域侵犯知识产权的现象包括：盗版现象大量发生在欠发达地区，有许多与当地政府支持的地方保护主义密切相关；盗版产品范围广泛，涉及数字内容、影视、艺术品、设计、视听产品、衍生产品等；盗版行为流动性强，范围广；一些法人企业和机构也参与盗版活动。盗版的猖狂严重挫伤文化企业的生产积极性，形成文化产业的"公地悲剧"。从企业层面看，我国文化企业知识维权能力的淡薄在一定程度上导致了企业竞争力低下。大量的调查研究证明：越是在新兴的文化产业领域，越是需要实施有效的知识产权保护制度来鼓励文化企业开发新产品的积极性。比如在蓬勃发展的数字内容产业领域，根据世界唱片协会的报告，从 2008 年以来全球数字音乐的销售以每年 7％以上的增长率增长，在 2012 年达到 56 亿美元的销售收入。在 2010 年全球有 20 多个国家正式开展了合法的数字音乐销售市场活动，而到了 2012 年已经有 100 多个国家参与到这个新兴的数字音乐销售市场。

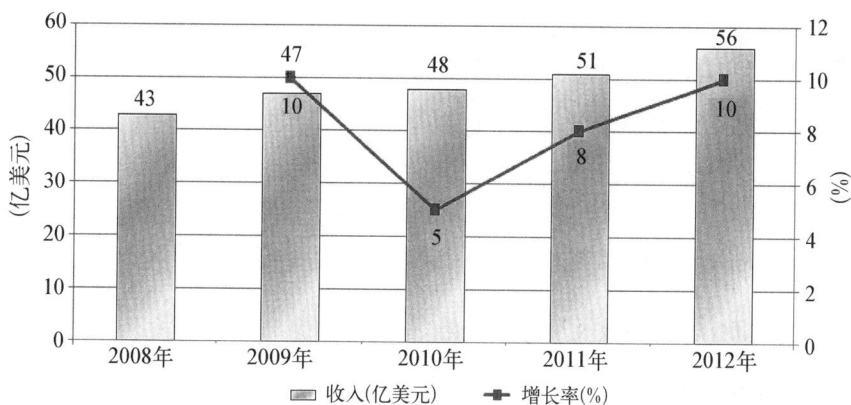

图 3‑19　全球数字音乐收入（2008—2012 年）

资料来源：根据《IFPI 2013 数字音乐报告——数字化世界的引擎》的资料绘制。

正如世界唱片协会主席普拉西多·多明戈指出的:"现在世界各地的政策制定者都在讨论如何在数字时代更好地保护艺人权利,政策制定者要确保版权在数字环境中受到尊重,这一点至关重要。唯有如此,音乐人才能继续成长为艺人,唱片产业才能发展并继续为他们投资。"中国的互联网用户是美国的两倍多,但是人均数字音乐的消费只超过美国的 1%,中国 70% 以上的音乐销售来自数字市场,包括音乐网站、音乐视频、彩铃、音乐图书馆、音乐定制等方式。但是 2010 年中国数字音乐销售为 6 700 万美元,不如当年爱尔兰的销售额,这与中国音乐人和互联网企业遭受了大量的数字音乐盗版密切相关。根据 2012 年的统计,中国数字音乐遭受盗版率达 99%,大量的盗版侵权直接打击了中国数字音乐产业[①]。值得欣慰的是:中国从发达地区开始,逐步增强了打击盗版的力度。2011 年,全球三大唱片公司——环球、索尼、华纳与中国最大的互联网企业之一百度形成了合作,百度承诺会关闭其深层链接的侵权音乐搜索服务,形成了"One-Stop China"这一合作的服务平台。华纳音乐亚太地区总裁拉齐·卢瑟福(Lachie Rusherford)赞扬这是"一个破冰之举,是中国最大的互联网公司的影响力与最大的音乐公司的专业经验和创作能力的结合",也承认要解决中国的数字音乐盗版问题,还有很漫长的道路要走。同样,在音乐、图书、杂志、设计、工艺品和其他文化艺术版权的保护方面,仍然需要长效的执法行动,才能让更多的文化企业脱颖而出,在全球化竞争的潮流中成长壮大。

(五) 缺乏对外文化开放的积极而稳妥的管理

我国文化市场过去在计划经济体制下实行完全封闭的政策。既不允许外来文化产品和服务的进入,也对国内的民营企业和私人资本进行限制,更对国内的文化产品和服务的生产过程和内容进行严

---

① 《IFPI 2013 数字音乐报告——扩大选择,走向世界》,https://www.ifpi.org。

格管制。改革开放之后，中国文化市场的开放经历了一个循序渐进的过程。目前，我国的文化产业市场仍然还不是一个统一、开放和公平竞争的市场，而是一个受到严格管制的市场。在文化业务经营方面，国家对一些文化生产经营主体的设立、产品的生产和销售等实行全程管制。这使得它们需要在各环节取得相应的一系列许可，包括准入许可、制作许可和传播许可等。当市场处于高度管制状态时，市场处于一种竞争不充分的状态，已经获得许可证的经营主体缺乏强烈的生存压力，会减弱经营主体的创新动机。新的文化经营主体和新的开发成果有可能被行政管理者否决。市场处于分割状态时，资源不能有效整合，生产效率低下，导致整个产业不能迅速发展，难以形成有影响力的规模。许多文化企业在受到严密保护的国内市场中，缺乏直面外来竞争的机会，难以跨越从国内竞争、兼并壮大到产品出口，参与竞争，再到跨国投资，形成全球网络的"三步走"的历史性跨越。在上海、广东、福建等地结合自贸区建设的调查研究发现：中国进一步提高文化对外开放，制定有效的市场建设和外向型文化企业扶持政策，还有大量症结要深入破解，有大量的政策需要创新。

案例之一，需要针对文化创意产品的特点，设计无形文化产品出口退税的申报、审核与退税的方式、途径与监管问题。出口退税是WTO鼓励各国出口的一个重要政策工具，但是文化创意产品中包括大量无形产品和知识产权的内容，同时，在全球化、网络化时代，越来越多的有形的文化货品贸易，逐步转化为无形的服务贸易的四大形态，要针对这类无形产品的出口，形成明确的退税申报流程和有效激励机制。要结合上海等城市率先开展的营改增试点，开展无形文化产品出口退税试点，研究实施文化非实物产品的营改增方案。

案例之二，要解决外向型文化企业重复交税的问题。影视、演出、会展等行业的外向型企业，在制作适应国际市场需求的高质量文化产品时不可避免地需要在海外外聘劳务、租用场地、租用服装道具、租用影视设备等。在现行税收体制下，企业不但要承担制作过程的企业所得税和营业税,在影视和文化作品完成对外贸易后,企业还要再交这部分的企业所得税和营业税,应该要从制度和政策上解决外向型文化企业的重复交税问题。

案例之三,要探索实行文化外贸企业研发税收抵免的制度。研发税收抵免是指:将企业所得中一定比例界定为研发费用从而不予征税。美国有 30 个州提供了研发税收抵免,以刺激高科技在他们的州创造就业机会,部分州如夏威夷州已经明确规定将研发税收抵免的适用范围,从高科技领域扩及至文化产业领域。中国外向型文化企业中的研发活动日趋重要,可以参照国际经验,实行中国文化外贸企业研发税收抵免,鼓励企业提高文化出口产品和服务的科技含量和创新水准。

案例之四,要探索实施外向型文化企业自用设备享受减免税的制度。自用设备享受减免税是鼓励外向型文化企业进口自用设备、扩大生产能力的有效举措之一。但是根据海关公布的《国内投资项目不予免税的进口商品目录》,包括了高清摄录像机、放像机、功效音像和电脑等设备,与影视制作有关的企业自用设备也在其中。要建立专门的 HS 编码,这样做,可以在鼓励中国的外向型文化企业在借助国外先进设备研发文化产品和服务的同时,也促进本土文化装备产业的研发和集成创新。

五、企业家和企业家精神亟待充分培育

(一) 企业家精神是文化企业的内在动力

企业家精神是发现利润的高度警觉,也是充满冒险和竞争意识的强烈冲动。在经济学中,被认为对企业家理论做出最重要贡献的是奈特(F. H. Knight)、科兹纳(I. M. Kirzner)和熊彼特。这三个人理解企业家的侧重点各不相同,奈特强调的是企业家承担不确定性

的能力,他进一步认为企业家是通过创造组织(企业)来降低不确定性的,因此,"奈特型企业家"与组织(企业)相联系。科兹纳强调的是企业家的"警觉",即对市场不均衡所产生的利润机会的察觉,比如现在与未来的价格差异,不同地区的价格差异等,其本质是"投机"。熊彼特是最为人们所熟悉的,熊彼特理论的企业家是经济发展的带头人,因为只有"实现新的组合"、实现"创新",才能带动"发展"。只有通过企业家的"创造性破坏"打破原有的经济均衡,经济才能进一步发展。熊彼特在研究成果中指出的创新,是广义上"新的组合",而并不局限于新技术的产生和突破。

中国学者张军指出:从中国经济国际竞争力的角度看,中国的出口增长超常发展,已经成为全球第一大贸易国,但近年来中国在全球竞争力国家中的排名却滞后。例如,根据世界经济论坛公布的《全球竞争力报告2015年》,被评估的100多个国家和地区中,中国排在第28位,比2013—2014年的第29位有所上升,但是排在一些主要发达国家甚至是发展中国家之后,美国为第3位,日本为第6位,马来西亚为20位,冰岛为25位,韩国为26位,以色列为27位。一方面中国经济高速增长,出口产品极具国际竞争力,另一方面中国在增长竞争力和商业竞争力的指标上却有所下滑。这个国际竞争力悖论该如何解释?用显而易见可度量的传统指标来反映中国出口竞争力,那中国无论在法制环境、企业家精神还是企业治理或金融发展中分值都较低,难以解释中国企业如何会有如此之多的出口增长量。"那些来自本土之外的产品、资本、技术、品牌、公司治理、研究与开发、营销渠道与中国本土的廉价劳动力、土地、优惠的税收政策、庞大的内部市场、超级的配套能力、分散而竞争的体制环境和开明政府的发展意志,这些中外因素的组合成为中国出口贸易部门高速扩张和经济增长的源泉。而这种'新的组合'在别处非常罕见。[①]"这恰恰是中国

---

① 胡必亮、赵建廷主编:《张军自选集》,山西经济出版社2013年版。

经济获得长期稳定增长的"创新型组合"。

拥有主观能动性的还是人,只有人才能将无论是新知识还是旧元素进行组合来完成熊彼特式创新过程,而人们进行这些行为是因为发现了潜在利润,即回到了科兹纳提到的"警觉",这点尤其体现在温州企业家群体中。20 世纪 80 年代,温州人发现商品短缺,迅速建立了小商品生产基地,开始了大量的资本积累。随着商品短缺时代的结束,温州人又察觉到其他市场机会,如对房地产、品牌和能源的投资等,以先知先觉的市场敏感性,抓住了中国发展进程中的许多重要机会,显示了温州人的企业家精神。

企业家精神作为企业的一种无形资产,对文化企业的创新起着至关重要的作用。一方面,企业家的创新精神促使企业家不满足文化企业的现状,主动对现有文化产品的服务、市场等进行分析,不断发现现有产品的问题,寻找产品创新的机会,并根据分析提供的信息确定企业应在哪些方面、多大程度上对产品进行创新。另一方面,富有创新精神的企业家会身体力行,带动身边的员工或其他经营者渴望创新。面对国营企业在资金借贷与运作、占有优质资源和总体规模等方面的优势,民营文化企业充分发挥了企业家的警觉精神和开创活力。在 2015 年第七届"中国文化企业 30 强"的评选活动中,文化科技类的 4 家企业包括深圳华强文化科技集团股份有限公司等,全部为民营企业,特别是在网络文化、动漫游戏等领域表现突出,显示了民营企业面对文化科技融合潮流的重要贡献。

(二) 创新精神与企业家的环境有待改善

在定义了企业家精神和厘清了民营企业家对中国文化发展的重要性,再来看下中国企业家的生存与成长环境。企业家的生存环境在中国可谓是经历了一番艰辛历程。改革开放之前,民营企业家难以获得自由流动的资源和空间。《关于一九八四年农村工作的通知》,明确广大民众有一定的迁徙自由。从此,最想改变命运的民营企业家们,在改革开放中获得了一个改变自己和家人命运的机会。企业家精神得到释放,企业家开始在中国大量涌现。从最初的小岗村村民到"傻子瓜子"年广久,从联想的柳传志到吉利的李书福,从新希望的刘永好到 TCL 的李东生和华为的任正非,中国正在诞生一批有影响力的著名企业家。2015 年 9 月,中国国家主席习近平对美国进行国事访问,在随行的中国著名企业家名单上,也出现了涉及文化创意产业的企业家明星:阿里巴巴的马云、腾讯的马化腾、百度的李彦宏等,他们与美国的互联网和创意经济巨头们,如亚马逊的贝佐斯、脸书的扎克伯格等同台对话,显示了中国著名企业家对国家综合实力包括文化软实力的巨大贡献。然而,在他们炫目的光环背后,也面对着企业家成长的诸多艰难话题,企业家的生存环境有待于进一步改善。例如,自从 1999 年胡润创造中国"百富榜"以来,很多顶级富豪们因上榜而出名,也因上榜而被颠覆。其中,以南德的牟其中、铁本的戴国芳、德隆系的唐万新、格林科尔系的顾雏军,再到国美的黄光裕等人,向后人提供了沉重的思考话题。

中国学者张军强调:"我们所需要的不是尽善尽美的制度,而是制度的开放性和制度的创新空间。[①]"国际上许多学者试图分析中国经济增长的动力,包括张五常先生提出"中国的市场制度最优说";香港大学雷丁(Gordon Redding)教授以及波士顿大学伯杰(Peter Berger)教授提出华人资本主义精神(the spirit of Chinese capitalism)说,英国阿尔斯特大学(University of Ulster)荣誉教授、社会心理学家理查德·林恩(Richard Lynn)提出的"中国人智商最高,因而一旦中国人解除了制度的约束,中国经济的高速增长和中国在 21 世纪的崛起是必然的"。如果我们从大量的调查研究出发,把这些多角度的释串联起来看,更重要的是从中国制度改革的角度去把握,会发现它们事实上是有深刻内在关联的。中国的改革开放探索了一条不同于西方的现

---

① 胡必亮、赵建廷主编:《张军自选集》,山西经济出版社 2013 年版。

代化道路,在邓小平建设有中国特色社会主义理论的指引下,在不断试错中探索发展生产力的制度模式。中国人的智商高,传承了几千年文明和深厚的智慧,一大批中国的企业家、管理者、生意人以及生产者才会有超强的经营头脑、精明的商业意识以及技艺能力(craftsmanship),才会在竞争激烈且正在走向全球一体化的国际市场中不断增强中国产品和劳务的竞争力。这些智商很高的中国企业家、管理者、生意人和生产者以极为精明的商业意识和精确判断商机的智慧,他们可以充分利用和适应中国改革开放以来不断改革和持续推进的"制度缝隙"和"体制红利",并且形成了普遍的社会风尚。他们不仅创造了自己的企业和财富王国,也在实际上创造了中国市场运行的市场秩序和博弈规则,从而使得内在的企业家精神获得前所未有的激励和发挥。从提升国家文化软实力的角度看,中国文化企业家诞生于改革开放的中国,得益于改革开放的大好形势,但同时他们也从某一个角度承担着改革的风险与成本,应该进一步改善他们的成长环境,特别是提供制度的开放性和制度的创新空间,让宝贵的企业家精神获得更加广阔的发展机遇。

(三) 企业产权制度有待于进一步完善

企业的产权制度是企业经营管理活动和其他制度的基础。没有良好的产权制度,企业就不可能进行科学的制度设计,就不可能充满生机与活力,不可能快速健康发展。在建立社会主义市场经济体制的过程中,企业的产权制度一直是困扰中国企业特别是国有企业改革的难题。中国文化产业起步比较晚,文化企业产权制度的改革较其他领域企业而言又晚了一步。推动国有文化企业的产权制度改革,对文化企业进行现代产权制度创新,建立产权明晰、产权结构多元化、产权组织体系合理化的制度,能够充分地调动文化企业内部各种生产要素的积极性。

文化企业中出现的产权问题主要是知识产权问题。由于我国实施知识产权制度的时间比发达国家要短,各地实施知识产权保护制度的完善程度参差不齐,这就使得文化产业企业在遇到有关知识产权侵权等问题时,越来越感受到亟待建立更加成熟的知识产权制度,以保护企业研发自主内容和技术的积极性。文化企业中合格的知识产权管理人才奇缺,企业知识产权文化和文化理念难以形成,难以发挥在企业知识产权保护方面的指导、激励、凝聚和规范作用。多数企业仅停留在依赖知识产权法律顾问或者企业法律事务部门,来防范企业知识产权或者应对侵权纠纷的管理阶段;技术人员和部门缺乏在知识产权制度规则下开发、保护新产品、新技术的能力,盲目投入、重复开发现象屡见不鲜。企业经营者对知识产权制度规则的认识和掌握能力不够,难以正确制定企业知识产权管理和保护制度。

六、缺乏培育原创活力的动力机制

文化企业要立足于产业之林,文化产品是文化产业生存的核心内容,文化产品的特殊属性,在丰富性、创新性、多样性及艺术性中构筑了其本质特征。创新是文化产品的灵魂,文化产业的生命动力依赖于文化产品的创新性。文化产品的生产,要充分追求艺术性、审美性、创意性,越是成功的文化产品,其体现的艺术价值、艺术魅力越高。而文化产品的常态显示出其独具个性、差异性、创造性的特质,因而文化产品的打造不适合工业化的批量化、程序化、规模化、标准化。随着国家经济的快速发展,人民生活水平不断提高,人们的文化生活需求越来越丰富,越来越拥有独立的见解和审美。纵观我国近年来文化产业中的文化产品,无论从内容到风格以及形式和制作手段,其中的产品创新、构思创意严重不足,众多的模仿与国外产品的创意形成巨大反差。其中最为经典的要数美国动画片《猫和老鼠》,无论在故事情节的编排及动画的设计处处彰显着创意的巧妙、构思的诙谐。尽管中国目前的文化企业有一定的创新意识,但尚处于自发型创新阶段,其创新的动力迫于企业激烈的竞争环境及生存环境,这种被动的创新仅仅是出于模仿,并没有把创新意识纳入到企业战略中来。创新是文化发展的核心动力,在数字信息化时代,信息的传播速度快捷的方式,为人们提供了快速复制的能力,往往影响了从业人员投入原创的积极性。文化市场的文化产品也绝非"供大于求",而是文化产品的质量难以满足人们日益增长的审美情趣、审美渴求的精神元素,产品的原创性对文化产品的质量至关重要。

(一) 缺乏文化创造主体的原创性自觉和冲动

原创文化创造者的品格应该是精神独立、深邃,思想活跃,人格高尚而完善,同时要具有完备的知识结构和创造性活动的有效经验,具有深刻而积极的指向创造活动的意义系统、敢为天下先的首创精神和坚强的意志品质,以及原创力和本质力量的发挥等。心志软弱、鼠目寸光、自私自利、愚昧褊狭的人是绝对不能够进行原创性活动的,并且不可能在此方面有所作为。文化的原创精神表现为革命性和批判性,对陈旧和反动的势力以及腐败的部分进行毫不留情的斗争,使社会文化形成去腐生新、自我创生和自我更新的能力,不仅获得生机活力,更能够推动社会文化创造发展和进步,也使得自己在此过程中得到自由和解放。

文化企业的核心竞争力之一是原创精神。由于文化产品具有极好的复制性,随着数字技术的发展,文化产品的复制变得非常简单,而且复制品可以同原件一样,质量可以毫无损伤。复制别人的产品或许能够暂时获利,但是要想获得核心竞争力,长久的发展下去,必须走在别人的前面,不断地创新。只有从事文化产品的研究、开发和生产,才能在第一时间占领市场。文化企业可以吸收和利用其他人的劳动成果,但是不能重复前人的劳动,必须创造新东西。同时,在文化产品营销的过程中,始终贯穿着创意,包括艺术创意、营销创意、推广创意等,正是这一系列的创意结合起来,形成了文化企业区别于其他竞争者的核心竞争力。

（二）缺乏培育原创精神的先进的教育体制

原创精神不是与生俱来,需要通过教育培养得来。而人们挖掘和培养创新能力的黄金阶段,则是学校教育期间。中国令人诟病的填鸭式教育对原创精神的培养极为不利。中国的升学体制,人们"万般皆下品唯有读书高"的传统观念使得中国教育培养锻炼的是考试能力而不是思考能力乃至创新能力。人们耳熟能详的中美两国老师讲灰姑娘故事的典故着实反映了中美两国的教育差异。中国老师讲灰姑娘完全是照本宣科,学生也是为考试而死记硬背。美国老师则是提出了一系列假设,让学生们去设想万一某个条件没有发生,灰姑娘的命运会怎样。美国老师对学生们的回答不会以对错划分,而是在此基础上继续启发学生让其发挥想像。在引导学生明白母爱、友爱等的同时,更是激发了学生想像的兴趣和能力。再对比下中英两国的中学课程设置,英国在中学就设置了会计、商业研究、经济学、英语语言、英国文学、数学、高等数学、设计工艺、艺术、视觉艺术、摄影、音乐、物理、化学、生物、地理、历史、心理学、社会学等。反观我国,中学教育虽然也有一些兴趣选修课,但由于高考的压力和"只有考个好大学才能找个好工作"的观念使得这些能够培养想像力的兴趣选修课仅仅沦为摆设。

（三）缺乏培育原创精神的先进企业环境

美国《财富》杂志分析了海尔在美国成功的经验,认为海尔的成功在于培养与众不同的海尔人。一位美国经营者说:"其他公司可能也会想办法复制海尔的管理经验,但事实上,真正使海尔与众不同的是海尔全球化独有的创新型企业人。这是没有办法照搬的。"这就是海尔培育出了有利于创新型人才成长的企业文化环境。创新需要一种激励和宽松的环境,当人们处于心理愉悦的状态,他的思维才可能是活跃的,创意才有可能迸发出来。谷歌践行"20％理论",员工有权利用 20％的工作时间从事他自己感兴趣的事情,而非上级交给的任务。其实无论公司是否允许这样的偷懒时间,大部分员工都会用类似的时间去偷懒。如果这种偷懒是制度所不允许的,员工可能会觉得内疚和压抑,从而抑制了创新的灵感。

对于需要员工原创精神的文化企业来说,营造一种利于激发创新灵感的工作环境势在必行,且近年已有一些文化企业开始采取这样的工作方式:他们没有为员工规定具体的办公空间,而是采用了一种高度机动性的办公安排。员工没有固定的办公场所,人们可以到处走动,但是可以通过移动电话(必须佩戴耳机)和电子邮件进行联系和接洽。公室可以为员工提供不同类型的环境:安静区、会议室、站立区、集体工作区等。尽管这种工作环境很新颖,工作方式有挑战性,但在实施过程中采取了一种能够为全体员工所接受的方式。不是把这个思路强加给组织里的任何一名员工,而由各部门自愿提出是否愿意接受这种工作环境。

(四) 缺乏培植原创成果的大量研发投入

根据《2014 全球创新指数报告》(Global Innovation Index,GII)显示,一国家的创新活力是包括机构、投入、人力、研究、基础设施、市场、企业成熟度、知识、技术和创新等 81 个指标综合得出的。当年瑞士、英国、瑞典、芬兰、荷兰、美国是"最具创新力经济体"的前 6 位,中国创新能力排名第 29 位[①],说明中国的整体创新能力正在稳健提升;从城市排名来看,澳大利亚发布的 2014 全球创新城市指数,上海列35 位,与国际大都市的定位还存在较大差距,而其他中国城市在全

[①] 2014 年 7 月 18 日,《2014 全球创新指数报告》由美国康奈尔大学、欧洲工商管理学院与世界知识产权组织联合发布,主要采用机构、人力、研究、基础设施、市场、企业成熟度、知识、技术和创新等 81 个指标得出最后排名。资料来源 https://www.wipo.int/econ_stat/en/economics/gii/。

球创新城市排行榜上的排名就更低了①。从大多数省市的文化产业创新环境来看,总体上缺乏技术创新的生态系统,缺乏高端技术创新人才的集聚和大量的投入,而且,在科技创新与成果转化环节上存在脱节,而这种情况正在从东到西,从沿海发达地区到内陆地区,逐步地有所改变。

长期以来,中国在 R&D 投入比例明显低于发达国家。直到2011 年,中国的 R&D 投入比例为 1.84%,而韩国为 4.03%、日本为3.09%、德国为 2.88%、美国为 2.77%。根据国家统计局、科学技术部、财政部颁布的《2013 年全国科技经费投入统计公报》,2013 年,全国共投入研究与试验发展(R&D)经费 11 846.6 亿元,同比增长15%;研究与试验发展(R&D)经费投入强度(与国内生产总值之比)为 2.08%,有史以来首次突破 2.0%②。其中,北京 R&D 投入强度为6.08%,高居首位,上海为 3.6%,居全国第二。从各省市的情况可以看出,凡是文化产业的创新活力强盛的地区,文化科技融合创新的基地和企业数量较多的地区,都是 R&D 投入比例较高的地区,两者的关联度非常密切。在北京和上海之后,天津 R&D 投入比例为2.98%、江苏为 2.51%、浙江为 2.18%、广东为 2.32%、山东为 2.15%;而文化产业的创新活力相对滞后的地区,都是 R&D 投入比例较低的地区,其中吉林为 0.92%、黑龙江为 1.15%、江西为 0.94%、广西为0.75%、贵州为 0.59%、新疆为 0.54%。其中广东的 R&D 投入总量为1 443.5 亿元,是毗邻的广西 R&D 投入总量 107.7 亿元的 13 倍之多!

科技研发包括基础研究和应用研究是文化产业创新的源泉,是保持国家长远竞争力的关键,即使在国际金融危机非常严峻的背景下,主要发达国家仍然高度重视基础研究。文化与科技研发的投入,

---

① 谢群慧:《浦东筹谋:目标、定位、环境和布局——浦东新区专题研讨推动科技创新中心建设》,《浦东发展》2014 年第 10 期。

② 国家统计局、科学技术部、财政部:《2013 年全国科技经费投入统计公报》,国家科技部官方网站,2014 年 10 月 30 日,http://www.most.gov.cn/tztg/201410/。

对于把握科学发展趋势、掌握未来科学竞争的前沿具有重要意义。基础研究的投入虽然在短期内并不一定能产生经济效益,然而一旦有了突破,其产生的经济效益将会有急剧的增长,例如光纤和移动互联网的发明与普及就大大地推动了信息化产业发展,也推动了数字内容产业的飞跃。与此同时,文化与科技结合的应用研究和实验发展都应该以企业为主体,从中央到地方的政策应该鼓励企业积极开展科技研发,努力掌握一大批具有原发创新、集成创新、追赶型创新的重要成果。

七、品牌创造能力和优势尚未形成

品牌是指一种能给产品带来溢价、产生增值的无形的资产,采用排他性的名称、术语、标志物、设计及其组合来和有竞争性的其他产品区别开来,品牌价值的源泉是消费者观念中的认同。经济学中认为:品牌反映的是产品的声誉;消费者购买知名品牌商品所付出的额外价格,其实是购买作为商品的"信任"。

从广义来看,文化品牌可以界定为文化领域中文化机构和文化产品区别于同行机构和同类产品的符号性识别标记,主要是指文化法人机构所拥有的文化企业品牌和文化产品品牌;也包括其他兼具丰富文化内涵、商业价值的文化内容和文化场所。

从狭义来看,文化品牌仅指文化产业领域中与知识产权和商业维度密切相关的概念,即法人机构所拥有的文化企业品牌和文化产品品牌。通过文化品牌建设进一步提升文化产业竞争力,正是中国提升文化生产力面对的一个重大课题。

文化产品不同于普通商品。首先文化可以传播价值观,人们的价值系统实际上受到了文化的驱使。其次,文化是人类的共同财富,因而文化产品具有准公共产品性质。文化商品还要实现收益最大化目标,无法实现增值目标的文化产业难以在市场竞争中生存。因此,单纯提高产能和规模的传统生产观念并不适用于文化企业。品牌塑造才是提升文化生产力的核心。随着消费者消费能力和艺术欣赏水平的逐渐提高，品牌塑造越来越成为文化产业竞争的焦点。

文化产业品牌的内涵和特点集中表达在三个方面：第一，文化品牌的载体是符号，符号构成了文化内容的核心。文化品牌的价值特征是无形性。消费者在文化消费中得到的往往是精神层面的娱乐和体验。所谓娱乐中的消费，实际上就是对符号和形式的消费。文化产业所提供的文化内容是由许多具有娱乐价值的视听符号和叙事符号等符号系统组合而成的，消费者是通过对这些符号的消费来获得精神层面的愉悦和满足。第二，文化品牌符号一般要经历一个"符号—意义—品牌"的生成过程。它表示非实物化的内容产品在品牌化之前就首先被人为赋予了特定的象征意义，这种意义经过不断的文化创造和文化积淀，逐渐形成了品牌的象征价值，当这个品牌符号达到一定强度时，就可以通过品牌授权和延伸等策略向有形的产品领域扩展。它是一个从无形象征价值到有形产品价值发展的过程。第三，文化品牌拥有情感性体验功能和自我表达的认同性。消费者对文化创意产品的热情不断高涨，他们看中的就是文化产品的情感愉悦功能和个性的表达功能。文化品牌在无形中隐藏有形的东西，这种有形就是社会群体的心理需求，而需求表面化就是精神层面的娱乐和体验。

而目前我国文化企业的品牌塑造意识淡薄。尤其是中小型企业，仍然依靠提供产品效率和初级营销获得效益。多数知名品牌的塑造仍然主要靠政府扶持。政府通过特许经营权、特约赞助的方式，向一部分文化产品生产商提供政策优惠。这种方式在文化产业发展初期能够迅速培养出几个较大规模、较有实力的所谓"民族品牌"，但是却对企业内部品牌的可持续经营造成影响。全球最大的综合性品牌咨询公司Interbrand发布的全球品牌价值100强排行榜（2014年）中，美国品牌占了半壁江山，另一半则基本被日、德、法、英、意、韩等发达国家所瓜分。其中不乏知名度很高的文化品牌,如谷歌、沃尔特·迪士尼、亚马逊以及从事娱乐产业和游戏制作的索尼、任天堂等。其中谷歌排名前 10 位,迪士尼排名第 13 位。华为(排名 94)作为中国通信与信息网络设备的供应商,成为首次上榜的中国品牌[①],而中国文化产业的品牌也逐渐出现了奋起直追之势。Interbrand 品牌价值评估方法采用从财务分析、品牌作用力以及品牌强度的十个指标,全面衡量品牌为业务创造的价值,在它颁布的 2014 年最佳中国品牌价值排行榜上,腾讯、阿里巴巴、百度分列第 1、第 3、第 11 位。这说明:中国文化产业品牌正在逐步摆脱与世界经济和文化资源大国不相称的地位,逐步进入培育强势品牌的新阶段。

表 3－7　Interbrand 2014 年最佳中国品牌价值排行榜

2014 年排名	2013 年排名	品　牌	所属行业	2014 年品牌价值（百万元）	2013 年品牌价值（百万元）	增长率
1	4	腾讯	互联网	153 464	90 071	70％
2	1	中国移动	电信	152 790	196 491	－22％
3	—	阿里巴巴集团	互联网	125 212	—	—
4	2	中国建设银行	金融	124 017	118 428	5％
5	3	中国工商银行	金融	117 352	112 760	4％
6	5	中国银行	金融	85 063	82 830	3％
7	6	中国平安	金融	80 553	75 733	6％
8	7	中国人寿	金融	69 199	68 595	1％
9	8	中国农业银行	金融	64 412	63 137	2％
10	9	招商银行	金融	44 146	39 066	13％
11	11	百度	互联网	40 187	24 459	64％
12	10	茅台	酒类	32 110	29 721	8％

---

① http://www.logonews.cn/best-global-brands.

（续表）

2014 年排名	2013 年排名	品　牌	所属行业	2014 年品牌价值（百万元）	2013 年品牌价值（百万元）	增长率
13	—	华为	信息与通信	26 511	—	—
14	13	联想	电器	24 457	22 243	10%
15	14	太平洋保险	金融	23 031	21 071	9%
16	12	交通银行	金融	22 424	22 287	1%
17	15	浦发银行	金融	16 986	14 791	15%
18	16	中国民生银行	金融	16 052	13 868	16%
19	19	兴业银行	金融	12 217	10 437	17%
20	—	中国人民保险集团	金融	12 193	—	—

资料来源：《Interbrand 发布 2014 最佳中国品牌价值排行榜》，腾讯网，2014 年 11 月 19 日。

总体来看，我国文化品牌建设方面现存问题表现在：

第一，文化品牌的法律保护尚待完善。虽然我国在知识产权方面的政策法规体系搭建已经相对完善，但存在一些法律法规严重滞后和执法力度不足的问题。知识产权的保护不足，侵权成本低，维权成本高，导致企业没有足够的动力去进行品牌化发展。

第二，新型商标立法和执法不足。随着现代营销和商务现状的变化，商标概念不管扩大，特别是受到互联网电子商务迅猛发展的影响，逐渐出现准备用在互联网上的商标申请，但是《中华人民共和国商标法》（简称《商标法》）内容并未涉及互联网商标，特别是域名商标的问题。商标注册标识范围的扩大是未来商标法的必然趋势，《商标法》将可申请注册的商标局限于传统的视觉标志是不够的。

第三，有关文化品牌的司法和执法滞后。在司法方面，无论在民事诉讼还是在刑事诉讼中,法院在审理案件前常常需要对知识产权客体予以重新确认,这是导致知识产权诉讼效率低的因素之一。在执法方面:我国专门设立了国家知识产权局、国家工商行政管理总局、新闻出版广电总局、信息产业部、海关总署、国家知识产权工作组等复杂的行政执法部门,分别调整文化产业中专利、商标、版权、互联网域名权等方面的行政管理。但是各行政部门缺乏有效的沟通和协调,职责不清,难以合作,已成为全面、系统推进知识产权战略实施的主要瓶颈之一。

第四,文化品牌政策扶持尚待完善和聚焦,我国出台多个涉及文化产业政策性文件,在财税、金融、准入、土地等多方面优惠,这些扶植政策大多集中在宏观产业层面,涉及微观关于文化品牌建设的规划指导和扶持政策较少。其次,国家在出台各项针对文化品牌扶持政策时还应注重政策的针对性和持续性。

第五,没有形成完整的品牌产业链,缺乏有力的文化品牌交易机制。我国由于产业链不完善,甚至相互割裂,品牌形成后很难推广到其他产业链环节。同时,在对外品牌推广总是单打独斗,没有形成整体效应。我国与国外文化品牌发展存在差距的重要环节就在文化品牌链的发展与运用方面。我国文化品牌化发展的重点将是积极探索打造中国现代文化品牌链之路。

第六,文化品牌市场发现交易机制尚未建立。文化品牌作为无形资产融资难,尽管目前有个别银行采取了无形资产抵质押的方式发放贷款,但是资产评估价值的科学性和无形资产在风险发生情况下的折现能力都将成为系统性风险,影响整个信贷结构中的每一个风险承担者。文化品牌和银行信贷两者之间难以匹配的根本原因,在于没有一个标准化、得到金融机构认可的文化品牌价值评估体系以及文化品牌产权交易的权威性平台。当前亟须第三方的交易平台通过一套完善的文化品牌价值评估、变现的交易体系去避免这种系统性风险。

第七，品牌资产的资源配置最优和实现资本化仍需努力。版权资产是文化品牌及其产品的核心资产和价值载体，与股权、债权、物权等财产权利相联系，版权资产具有典型的所有权属性、财富属性和高附加值属性，这些属性使版权资产成为文化品牌的重要生产要素和财富来源。然而，国内从事文化品牌的企业将其所拥有的版权等无形资产更多地视为一种资源，而非一般意义上的资产，并且文化企业和金融业对版权等无形资产也缺乏有效的认识和管理。实现文化品牌与金融业的对接，需要持续推进版权、品牌等无形资产的资本化进程，但品牌等无形资产如何资本化，包括如何明确和严格保护无形资产权利归属和流转、如何评定和估算无形资产价值的评估体系，这都成为文化品牌要实现资本化运营、真正做大做强所要解决的重要问题。

第八，丰富的文化品牌资源未得到有效利用。中国文化资源丰富多样，发展文化品牌有着得天独厚的资源条件，但这些资源未被有效开发利用。流传久远的《花木兰》故事，让许多人熟视无睹，但在被好莱坞加工成动画片后，在世界范围内取得了票房丰收。如何通过有效途径，把我国令人称羡的文化资源优势转变为文化品牌优势，是一个亟待解决的现实课题。

第九，文化企业品牌建设经营能力较弱。中国的大多数文化企业不具有品牌管理的知识，不能准确理解品牌的基本概念和内涵，很少聘请外部品牌战略咨询公司或由公司内部管理人员进行品牌化战略规划。这也和文化品牌经营管理人才不足密切相关。文化品牌建设方面的人才需求的是国际型、复合型、创新型、实用型的，在人才培养方面应该是理论性与实践性相结合的方式。但是，目前我们看到的在文化领域的人才培养还是单独聚焦于艺术或者设计方面，而对于经营管理、信息数字技术和网络技术的需要则相对忽视。

第四节 提升文化企业竞争力的战略目标

一、确立文化企业竞争力强国的导向

在全球化竞争的时代,伴随着信息通信技术、互联网的发展,跨国公司的扩张,无数的通信网、互联网、金融网、交通网把全球的城市组合到了一个巨大的网络中,数字化技术使得越来越多的信息和知识成为可以编码和快速流动的资源。全球范围内,文化经济和文化贸易的发展正在改变着传统的经济形态。文化企业作为文化生产力创造与提升的核心载体,承担着提升我国文化产业在全球的地位和竞争力的重要责任。面对建党一百周年和中华人民共和国成立一百周年"双百年"的节点,中国提升文化企业的竞争力,必须把重心转移到加强自主创新能力,提升文化企业竞争力的战略目标。在经济全球化、政治多极化、科技信息化和文化多样性的背景下,全球主要的文化产业正在呈现出四大特点。

第一,规模增长加速化。根据韩国文化产业振兴院的预测:伴随着世界经济的整体复苏,文化消费需求不断增加,尤其是在知识信息领域,消费保持持续增长。2013—2017 年的 5 年间,文化产业的市场规模有望以 5.7% 的平均增长速度实现持续扩张。到 2015 年末达到 2.538 万亿美元,2016 年达到 2.727 万亿美元,而到 2017 年,世界文化产业市场规模有望达到 2.863 万亿美元。其中,北美地区占 34.5% 的市场份额,总量占据全球第一位,欧洲、中东及非洲占到 30.2%,亚洲和太平洋地区占 28.6%。中南美洲的市场份额明显偏低,仅占 6.7%,但该市场的成长速度则明显快于其他地区,年平均增长率达到 10.1%。在全球文化产业市场规模中,知识信息服务的增长特别

明显,从 2013 年的 6 350 亿美元、2014 年的 6 940 亿美元,增长到
2015 年的 7 360 亿美元,还将进一步增长到 2016 年的 8 180 亿美元
和 2017 年的 8 790 亿美元。

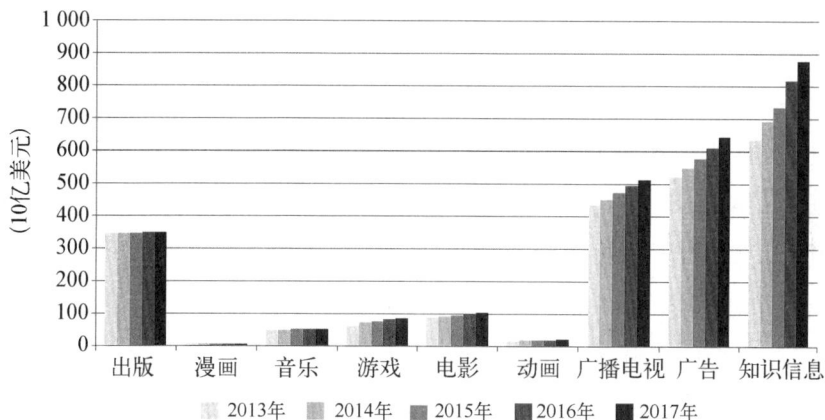

图 3 - 20 全球文化产业市场规模预测(分类)

资料来源:根据韩国文化产业振兴院官方网站资料和全球文化产业市场规模
预测表(《中国文化报》2013 年 12 月 19 日第 9 版)的资料绘制。

第二,资本运作跨国化。在全球化的竞争中,随着金融自由化、
贸易全球化和生产跨国化的趋势,跨国公司已经无可争辩地成为文
化产业的主体。它们的巨大优势在于:利用跨国经营的网络,把原
来一个个企业外部的分工协作,转化成为跨国公司内部的分工协作,
降低了企业运作和协作的成本;把原来被不同的国家制度和市场壁
垒所分隔的单个企业,转化成为跨国公司控制下的企业链条,把加勒
比海、北海和日本海周边的企业,联系成为一个有机的经济实体,大
大减少了关税壁垒对企业运作的阻碍;它们在不同的国家和地区建
立控股和参股公司,通过公司内部的资本融通,减少了不同国家的利
率变化带来的风险。特别是作为文化产业的跨国公司,它们还能够
利用不同地区的文化资源(传统、信息、人才等),去创造既有民族特
色又适应全球市场需求的文化产品,并且迅速地推广到世界各地。

第三,产业结构高度化。文化产业结构高度化的标志是产业融合(industry amalgamation),指不同产业或者同一产业内的不同行业相互渗透、相互交叉,最终融为一体,逐步形成新产业的动态发展过程。它表现为三种方式:第一,高新技术与创意内容的渗透融合,高新技术及其相关产业作为一种手段,与人性化的文化创意相结合。最具挑战性的创意内容一旦利用最广泛的网络和最有力的生产手段,很快就成为最有活力的经济增长点。第二,产业间的延伸融合:通过产业间的功能互补和延伸实现产业间的融合,赋予文化产业新的附加功能和更强的竞争力,形成融合型的产业新体系。第三,产业内部的重组融合:比如在数字技术和互联网推动的基础上,大量动漫游戏产品中的创意、构思、音乐、道具、色彩、造型、服饰等,通过知识产权的开发和保护,转化成为电影、视频、App、微博、微信、数字音乐、图书、平面设计等,成为家喻户晓的时尚消费,可以移植到各种各样的消费品包括礼品、玩具、食品、教材、教具、服装、家用电器、装潢等上面,成为衍生产品的创意之"核"。所以,在中国文化产业 2000年以来的增长中,以互联网为载体的信息服务业增长特别迅猛。2004 年,互联网信息服务业的增加值只有 51.05 亿元,占文化产业增

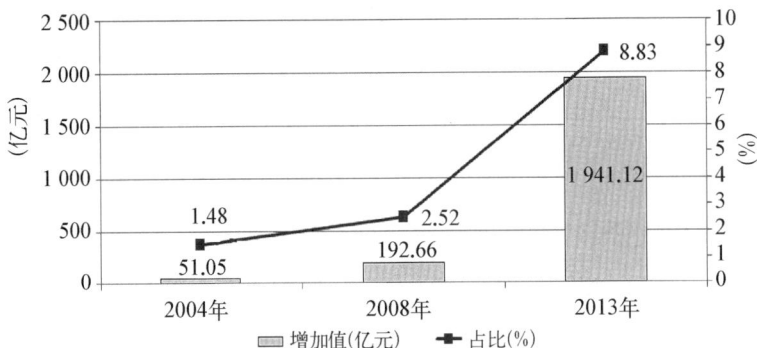

图 3 - 21 中国互联网信息服务业的增加值和占文化产业增加值的比重

资料来源:根据《我国文化产业发展的总体状况和主要特征》(高书生,《经济与管理》2015 年 3 月 5 日)和《中国文化及相关产业统计年鉴 2013》(中国统计出版社 2013 年 12 月版)的相关数据绘制。

加值总量的 1.48%;2008 年,互联网信息服务业的增加值达到 192.66
亿元,占文化产业增加值总量的 2.52%;2013 年,互联网信息服务业
的增加值达到 1 941.12 亿元,占文化产业增加值总量的 8.83%,显示
了中国文化产业向信息化、科技型发展的强劲势头。

第四,产业分布簇群化。如果说文化产业结构高度化的标志是
产业融合,即指不同产业或者同一产业内的不同行业相互渗透、相互
交叉,那么产业分布簇群化,是从地理空间上的产业呈现区域集聚发
展的态势。产业簇群的崛起,是产业发展适应经济全球化和竞争日
益激烈的新趋势,为创造竞争优势而形成的一种空间组织形式。

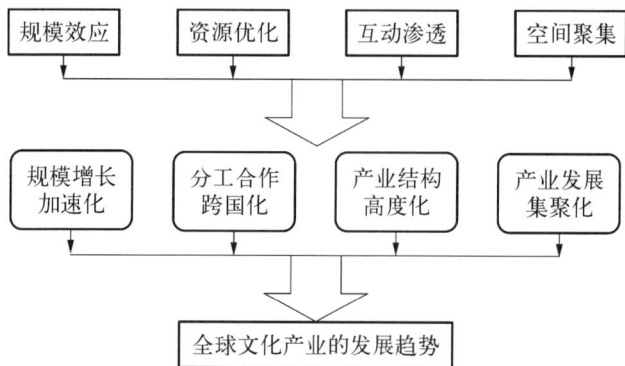

图 3 - 22 全球文化产业的发展趋势

文化产业具有的群体竞争优势和集聚发展的规模效应,是一般
经济形态所不可比拟的。文化产业特有的共生性、互动性和柔韧性,
特别是在"互联网+"积极推动的基础上,犹如上下交叉、血脉贯通、
生机勃勃的热带雨林,形成了相互融通的产业集群,使得产业簇群具
有强大的产业竞争力。从地理空间的意义上说,在互联网和创客空
间等新兴业态崛起的背景下,文化产业的集聚发展并没有消失,而是
向基础设施更加完善、产业增长的机会空间更大、知识型人力资源更
加集中,全球化关联程度更高的方向发展,逐步形成"大分散、小集
聚"的特色。

有鉴于此,中国文化生产力的发展在经历了从 20 世纪 90 年代中期到 21 世纪 10 年代初期的快速增长以后,面对全球范围内产业转型的普遍性浪潮,必须从过去注重产能增长、规模增长、数量增长的路径,加快转化成为以提升文化产业竞争力为重点的战略,特别是以文化企业主体的壮大为核心,加快建设全球化的文化企业竞争力强国,其重点是发展中国文化企业的四大能力。

第一,整体创新能力,它指文化企业在产品内容、产品形式、科技手段、组织结构等方面的整体创新能力,由于文化产业的核心价值是原创性的文化内容,而文化内容是影响千百万人的心理,唤起社会的广泛认同,扩大国际和国内影响的根本要素,决定了该产业最重要的价值内涵。没有文化内容、产品形式、科技内涵与组织结构等方面的创新,产品数量再多也只是一堆产能的增长,而且会形成大量的过剩产能。所以,它比知识含量比较低的传统种植业、传统养殖业、低端服务业等,更依赖于内在的创新活力。可以说,创新能力已经成为最宝贵、最核心的产业能力。

第二,市场拓展能力,它指文化企业不断拓展市场空间的能力,这不但包括在已有的市场中占据更多的份额,而且包括率先去开拓新的市场,打开新的文化消费空间。产业竞争力的强与弱,归根结底是由市场来决定的。没有市场的需求,也就无所谓竞争力。市场对文化产业的产品和劳务需求比较大,则该产业就相对有竞争力。而需求既是竞争力提高的结果,也是竞争力进一步提高的前提。

第三,成本控制能力,它指文化企业内部通过组织的合理化,促进有效竞争而有效地配置资源,从而不断降低成本,充分利用和获得规模经济效益的能力。成本越低,则产品和劳务的竞争力越强。而降低成本的要素,是合理竞争。有必要指出:在互联网背景下,文化企业有可能通过有效的管理,实现边际成本的不断下降,甚至实现零边际成本。边际成本是指企业生产额外新的单位的产品所花费的供应成本下降,这种边际成本会在一些特定的情况下接近于零。如文化企业在 App 上向一个客户发一份推介信息,需要 50 元的成本,如果向 100 个客户发一条推介信息,也就是 55 元的成本。21 世纪之初,网景公司第一次在互联网上免费分发音乐,而现在全球数亿年轻人在互联网上以零边际成本分享音乐,而且很多音乐是他们自己创作的,是完全不需要付版权费的,边际成本接近于零。这就是杰里米·里夫金所说的:在数字化经济中,使用权胜过了所有权,可持续性取代消费主义,合作压倒了竞争,"交换价值"被"共享价值"取代。不仅如此,零边际成本、协同共享还会给经济模式带来颠覆性的转变[1]。

第四,可持续发展能力,它指文化企业与社会、人文、生态环境、资源等相协调,承担必要的社会职责,从而获得可持续发展的能力。文化产业并不是一个自我维持、独立运转的封闭系统,它要不断获得信息、智能、技术、资金、自然资源等的支持,避免过多地消耗不可再生的自然资源和人文资源(如某些地区为了获取短期效益,对宝贵的历史文化遗产进行掠夺性开发,造成自然资源和人文资源的巨大破坏),而通过智能资源等的不断投入与优化整合,推动文化产业实现扩大再生产。

第五,全球化适应能力,它指文化企业在全球化深入发展的背景下,充分利用全球的多样化资源,推动企业在跨国投资中努力实现本地化经营,不断争夺全球范围内的人才、技术、品牌、市场、知识资源、经营许可证和专利等,以技术、品牌、管理的优势维持竞争优势,并且与资本市场的运作相结合,实现从本地培育到跨境贸易,再到跨国投资和全球化经营的跨越,以提高国际竞争力为核心,并且利用跨国公司的内部体系,规避有关国家的贸易壁垒,努力实现跨国投资战略的全球化、系统化,投资方式的多样化和国际化。

---

① [美] 里夫金:《零边际成本社会》,赛迪研究院专家组译,中信出版社 2014 年版。

（一）壮大主流的文化企业集团

20世纪70年代后，世界各国对文化产业的发展日益重视，纷纷采取各种措施促进本国文化产业的发展和壮大。美国、英国、法国、日本等多个国家都通过政府的计划大力推动文化产业的发展，形成了各具特色的文化产业。例如美国的文化行业中电影、图书、音乐、动画、主题公园和其他衍生产品的开发与销售在全球具有领先地位，展示了较强的软实力。英国在1997年起就把发展文化创意产业作为国家战略，日本在20世纪90年代发展起来的以青少年和家庭为主要消费对象的动漫和游戏领域，在全球市场取得了领先地位。这些在文化领域取得重大成就的国家，背后都缔造了一批世界级的"文化企业集团"。例如美国的微软、谷歌、苹果、哥伦比亚广播公司、美国有线电视传播网、美国广播公司、好莱坞，日本的丰田，韩国的三星等。

这些世界级的"文化企业集团"在本国集聚形成产业集群，占据了本国的主流文化市场。像洛杉矶、纽约、伦敦、米兰或者东京这样的国际化城市，形成了包括洛杉矶影视娱乐产业集群、斯坦福硅谷软件网络和数码内容产业集群、纽约设计媒体娱乐产业集群、伦敦设计媒体娱乐产业集群、米兰时尚会展产业集群、东京动漫媒体印刷产业集群、法兰克福会展出版产业集群等十多个文化创意产业集群。这些文化产业集群汇集了全球文化和创意产业的主要企业和研究机构，形成了紧密的基于分工协作的文化产业组织网络，具有很强的集聚经济效应和国际竞争力。比如洛杉矶的影视娱乐产业集群，在好莱坞周边约100平方千米的区域内，集聚了环球电影、华纳兄弟、派拉蒙、米高梅、索尼影视娱乐和迪士尼等美国七大电影娱乐公司的总部、众多独立制片公司和相关服务机构，产业类型以电影产业为主，并延伸到电视和报刊、广告、唱片、媒体制作、娱乐和主题公园，控制了全球电影娱乐市场的主要份额。然而我国却很少有像发达国家那样存在一批占据着国内主流文化市场的世界级"文化企业集团"，国内真正称得上"文化产业集聚区"的园区比重不到5%。而且产业园区在成长过程中经常会出现同质、空壳、单一或类似地产开发等问题。许多运营中的园区实质上并没有明确目标，只是利用文化产业扶持政策做着地产开发生意。

因此，为了把我国的文化资源挖掘、开发成满足人民切实需要的文化产品，并适应全球市场的需要，推动优秀的文化产品走向世界，必须使我国的文化企业集团承担起国家的文化战略使命，能够开发出大量的主流文化产品和文化服务，在世界主流文化市场上占据重要份额，应对国际文化竞争，做大做强国内文化产业，切实保障我国文化安全。

跨入21世纪以来，在各级政府的积极扶持下，我国各地规模以上的文化企业规模稳步增长。2004年我国出版、影视、演艺、广电节目传输、出版物发行等行业的规模以上文化企业的户均资产分别为0.46亿元、0.17亿元、0.02亿元、0.33亿元和0.29亿元，规模非常有限，而到了2013年，我国出版、影视、演艺、广电节目传输、出版物发行等行业的规模以上文化企业的户均资产分别达到了2.69亿元、

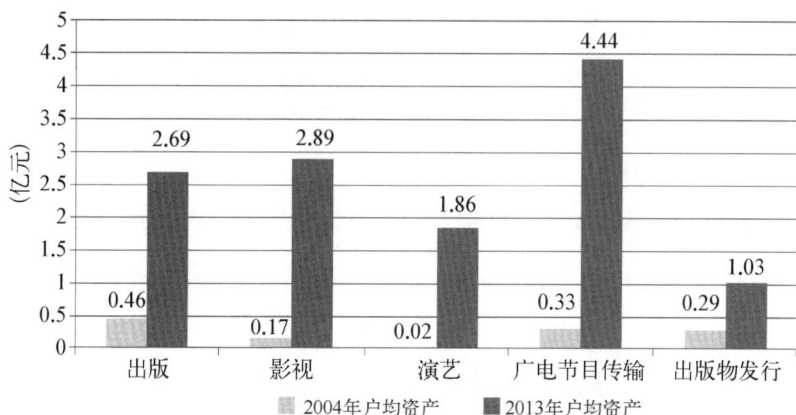

图3-23　中国规模以上文化企业户均资产（2004—2013年）

资料来源：根据《我国文化产业发展的总体状况和主要特征》（高书生，《经济与管理》2015年3月5日，第16页）提供的资料绘制。

2.89 亿元、1.86 亿元、4.44 亿元和 1.03 亿元,全部跨越了亿元门槛,获得了一个历史性的跨越。

2004 年我国出版、影视、演艺、广电节目传输、出版物发行等行业的规模以上文化企业的户均营业收入分别为 0.24 亿元、0.03 亿元、0.007 亿元、0.08 亿元和 0.33 亿元,规模非常有限,而到了 2013 年,我国出版、影视、演艺、广电节目传输、出版物发行等行业的规模以上文化企业的户均营业收入分别达到了 1 亿元、0.77 亿元、0.55 亿元、1.29 亿元和 0.81 亿元,获得了良好的基础。

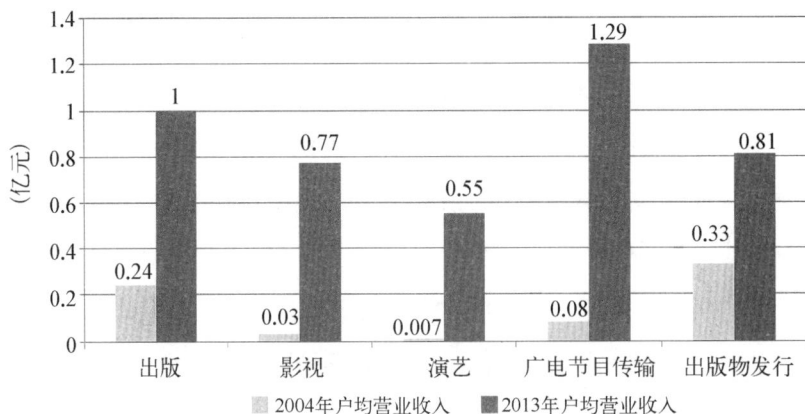

图 3 - 24   中国规模以上文化企业户均营业收入(2004—2013 年)

资料来源:根据《我国文化产业发展的总体状况和主要特征》(高书生,《经济与管理》2015 年 3 月 5 日,第 16 页)提供的资料绘制。

但是我国文化产业的规模以上企业与其他领域的规模以上企业相比较,特别是与发达国家的文化产业集团相比较,在规模方面还有很大的差距。各级政府应在党中央文化强国战略的指引下,坚持市场化导向的改革方向,继续深化国有企业改革,充分发挥市场配置资源的决定性作用,整合中央与地方、政府与民间、国内与国外各方文化资源,形成全方位、多层次、宽领域、多渠道的文化企业培育机制,通过壮大主流文化集团来加强我国社会主义文化的发展方向,推动我国的文化企业集团在规模优势、创造活力、国际化竞争力等方面,不断跨上新的台阶,为中国的文化整体实力和竞争力做出更大的贡献。

(二) 建立创新型的文化企业体制

改革开放 30 多年以来,中国的文化产业经历了疾风骤雨式的发展。但这些年的发展,还具有"从长期被束缚的体制中解放出来后恢复性增长"的性质,体制性"松绑"和政策性推动依旧是产业发展的基本动力。很多文化企业的快速发展都受当前文化体制的束缚,例如就版权业而言,当前中国的版权制度严重阻碍了我国图书、杂志、电影、音像等的发展。与世界法制比较健全的其他发达国家相比,中国版权产业、版权制度在发展和完善过程中面临很多的问题,无论是面对国际竞争时应对措施的制定,还是国内相关法制体系的建构;无论是版权产业外部环境的优化,还是市场机制为版权产业提供的条件;无论是行业自身的定位,还是版权产业结构的划分;无论是版权资产的管理,还是版权资源的合理开发和利用等,这些关系到版权产业与制度健康发展的每一个环节都存在着诸多亟待解决的矛盾。这些问题不仅仅给中国版权产业这个随着改革开放不断深入而获得更多契机的"朝阳产业"带来了现实的困惑,而且在制度具体解决方案的确定上也尚处于探索阶段,这些都阻碍了我国相关文化产业的健康发展。

当前我国文化企业必须结合中国本土的市场优势与消费者的消费观念,借鉴、吸收、改进国外先进"文化企业集团"的创意理念、先进的社会运营机制、新颖文化创新技术以及奇特的商业模式等,理顺文化事业与文化产业的关系,转变政府文化管理职能,建立新的国家文化管理体制,进行文化企业的管理创新、生产经营机制创新、理念创新、制度创新、技术创新、产品创新、生态创新等。政府要鼓励文化企业进行创新,采取有效措施保护文化企业的版权。改善文化企业的投资机制,解决文化企业投资难的问题。加强统筹协调,积极创造条件,支持符合条件的文化企业发行上市,鼓励文化类上市公司进行并购重组,稳步扩大文化企业债券市场融资水平,推动完善经营性文化单位转企改制的配套制度,促进文化企业和文化产业充分利用资本市场做大做强。

二、推动资源创新与壮大产业的集群

信息技术的发展、互联网的使用、电子商务的引入等新兴技术的不断涌现,社会发展的资源观也产生了不断的变化,知识、信息、技术将成为一切资源中最主要的资源,各国的文化企业为增强自身的核心竞争力,出现了产业集聚的现象,中国文化企业的壮大,必须结合资源观创新和结构创新,从产业集群的视角来提升核心竞争力。

(一) 确立创新型的技术观与资源观

当今世界,科技发展日新月异,科技全球化迅猛发展,各种知识、信息、文化、技术以前所未有的速度和方式在全球范围内传播和应用,并通过各种途径来改变我们的思想、行为和生存环境。随着技术的变革,企业的资源观也正在发生变化。资源供给和需求矛盾不断深化,资源的范畴及其外延在逐渐扩大,人们对资源的认识和理解亦在不断深入。以自然资源、物质资源和一般人力资源等为要素的传统资源对现代经济增长的贡献在相对下降,而以知识、信息和教育等为要素的新资源已成为现代经济发展的主导,并呈现边际收益递增、增长质量改善等经济特征。知识、信息、教育等资源已从传统工业化时期的后台走向前台。因为传统资源仅提供企业比较竞争优势;而新资源是企业持续竞争优势的源泉。文化、创意、制度、模式等成为未来社会的重要发展资源[1]。

现代社会的政治、经济、文化、科技等社会环境的急剧变化,给企业

---

[1] 曹崇延、王淮学:《企业技术创新能力评价指标体系研究》,《预测》1998 年第 2 期,第 67—69 页。

管理带来前所未有的挑战。我们的文化企业家应该做些什么来帮助推进这个新的产业增长时代？美国著名管理学家熊彼特提出的"创造性的破坏"是企业家的核心精神。著名的管理学家彼得·德鲁克曾提出"企业只有两种基本功能——营销和创新"。流动的金融市场、合理的税收和移民政策、平衡的监管固然能使新一轮繁荣开花结果，但关键推动力还是创新精神。创新才是提升企业竞争力的根本。其中，技术创新成为企业成功的关键，没有技术的进步、科技的创新，就不可能有企业的长足发展，就没有企业的核心竞争力，技术创新无疑是企业发展的"灵魂"。掌握知识、信息、技术的人力资源将成为一切资源中最主要的资源，面对外部动荡的环境，企业从资源竞争上升到了人才竞争。

企业技术创新理论是在熊彼特创新理论的基础上建立起来的。20世纪初，熊彼特在《经济发展理论》一书中首次提出"创新"一词，其对创新的界定得到广泛认可，认为"创新是企业家对生产要素的重新组合"[①]。企业的技术创新是企业应用新知识和新技术、新工艺，采用新的生产方式和经营，开发生产新的产品、提供新的服务，提高产品、服务质量，从而扩大占据市场份额并实现市场价值等的系列活动。

21世纪的文化产业是在知识资源背景下的新兴产业。知识经济是建立在知识和信息的生产、分配和使用之上的经济。真正的生产资料不再是以资金、设备和原材料为主，而是人的知识、创意和智慧。知识正成为真正的资本和首要的财富，知识经济时代的经济增长离不开知识的占有和使用。伴随着知识经济的进一步深入，知识资源的重要性越来越大，作用也越来越突出。知识资源正在取代实物资产和金融资产而成为最重要、最大的企业资产。在发达国家，以知识产权为核心的无形资产大大超过其有形资产的企业屡见不鲜，有的甚至是有形资产的数倍或数十倍。比如美国的 Amgen 作为一家生物技术公司，其资产评估总值为 150 亿美元，而其有形资产仅为

---

① ［奥］约瑟夫·熊彼特：《经济发展理论》，北京出版社 2008 年版，第 16 页。

25 亿美元；又比如时代华纳公司 2012 年为《财富》世界 500 强的第381 位，它当年的财务报表显示，其资产总额为 683.04 亿美元，其中计入摊销的无形资产 21.08 亿美元，未计入摊销的无形资产 76.42 亿美元，商誉 304.46 亿美元，总体无形资产占全部资产的比重高达58.85％。由于资本形态的变化，知识经济使大企业的产权结构发生了深刻变化，企业拥有者不仅以有形资本的投入作为主要表现形式，而且无形资产、知识产权和管理能力等都成为比有形资本更重要的因素，决定着企业的兴衰荣辱。相比之下，我们在上海、浙江、江苏、广东、广西等地用抽样调查的方式，调研了 380 多家文化企业，其中有 19％的受访企业表示未能计量无形资产，41％的受访企业表示其无形资产占比在 10％以下，10％的受访企业认为其无形资产占比为10％—30％，20％的受访者表示其无形资产占比为 30％—50％，只有10％的受访企业认为其无形资产占比达 50％以上。

在知识经济形态中，文化企业对自然资源的拥有数量已不再是竞争的主要优势，而开发和利用稀缺资源、生产出高附加值的产品的能力成为竞争的主要优势。正如德鲁克所指出的，知识的生产率将日益成为一个国家、一个行业、一家公司竞争的决定因素。由于企业可以利用的知识资源主要包括专利技术、商标权、著作权、技术秘密、管理诀窍、营销模式、反不正当竞争权等知识产权，所以在经济全球化的时代，跨国公司之间、跨国公司与本地公司之间的竞争逐渐转化为知识产权的竞争。即使跨国公司拥有企业规模大、销售网络广、资源整合率高等优势，但其从来没有放弃使用知识产权制度来强化其竞争优势。作为国际经济贸易活动的主角，跨国公司已经将知识产权视为其经营战略的重要组成部分，并充分认识到，保护和利用自己的知识产权，就是维护和扩张自身的竞争优势。

近年来，中国一批位于产业前沿的文化企业，率先进行了对于知识、智能、创意等战略性资源的投资和控购，取得了比较明显的效果。如中国电视剧企业上市公司第一股——华策影视，从一个以电视剧的制作和营销为优势的生产型企业,迅速地向一个以国际合作和平台型服务为特色的影视全产业链企业转型,其拓展的重点就是依托上市公司的优势,不断开展对影视产业链上下游的并购和投资,包括2013年6月16.5亿并购我国规模最大的影视信息咨询服务结构——克顿影视媒体,2013年12月1.8亿控购以郭敬明为代表的最世(小时代)公司26％股权,2014年8月与互联网视频服务企业——爱奇艺组建合资公司,2014年10月以3.23亿收购韩国主要的电影发行龙头企业NEW 15％的股权等[1]。它的发展轨迹是:从消费者时代走向用户时代;从收费时代走向免费时代;从预测时代走向大数据时代;从招商时代走向"育商"和"造商"时代;从硬件竞争时代进入知识资源和智力资源取胜的时代。

(二)形成富有活力的文化企业结构

面对知识经济的悄然而至,资源的开发和利用将显示崭新的意义和特征。一方面传统资源不仅会得到更有效的利用,而且会在提高利用程度的同时使之更加完善和科学化。另一方面,整个社会要确立起新的资源观,着力开发和利用知识资源、信息资源和教育资源。知识、信息、教育等资源已从传统工业经济时期的后台走向前台,成为今后支撑新型工业化发展、全面建设小康社会的三大新的资源[2]。技术变革带来资源观的变化,导致企业面临的外部环境发生了巨大的变化。组织结构为一个组织的运作提供了载体和支撑,德鲁克认为,组织结构并不是一成不变的,应该随着环境的变化而变化。当企业的外部环境、知识技术以及竞争战略和产业特征等外部因素发生变化时,组织结构也必须做出相应的调整。其历史演进必须立足于促进企业业务更大程度的增值而进行的创新。所谓组织结构是指组织内部各有机要素相互发生作用的联系方式,它决定组织中职

---

[1] 根据华策影视官方网站资料和我们的调研。

[2] [美]迈克尔·波特:《竞争战略》,华夏出版社2006年版,第88页。

权层级数和管理者的管理幅度，确定了如何将个体组合成部门、部门再组合成组织的方式。在企业中，组织结构是指企业如何对工作任务进行分工、分组和协调合作。

适宜的组织结构有助于企业核心竞争力的构建和培育。根据所处行业的属性，构建适应企业自身特点的，既能取得高效率，又能保持高度灵活性的组织结构，是企业在动态市场环境中形成独特竞争优势的关键。随着资源观的变化，文化企业的组织结构为适应外部的环境也必然发生变化。英国学者约瑟夫·兰波等从壮大文化创造主体——文化产业集群和文化生态来研究文化实力的战略目标。他在《无法把握的全球化——文化产业的未来发展方向》中指出国家提升文化实力的战略目标之一，就是培育四大类文化企业：(1) 文化创意龙头企业和跨国公司，犹如"巨无霸"；(2) 产业链的经济组合，组合许多中小企业形成低成本和特色化的优势；(3) 专业化的小公司，成为大企业和产业链的配套商和供应商；(4) 虚拟型的经济组织，包括以数字化网络为基础的合作组合、企业战略联盟、产学研结合的创新组合等。有鉴于此，一些发达国家已经进行了组织结构创新，缔造了一批世界级的"文化企业集团"。例如，美国凭借其先进的科学技术和发达的国民教育，缔造了一批超级"文化企业集团"。例如微软、谷歌、苹果、哥伦比亚广播公司、美国有线电视传播网、美国广播公司等，它们在软件、网络、数字技术、娱乐、信息传播的创新和创意，颠覆了传统工业与传统制造业的商业模式，构建了一套全新的文化娱乐商业逻辑，创造了在文化产业和创意经济领域的竞争力优势。

以移动互联网、大数据、智能制造等为代表的新科技革命对文化企业的组织结构管理理念带来了强烈的冲击。信息技术和网络的普及和发展，使得知识和信息的更新速度越来越快，企业与其外部环境之间有了越来越紧密的信息交互。企业凭借对这些信息的获取、筛选、组织、分析以及相应的快速反应，在迅速变化的市场中获得生存和发展的机会。这种由信息联系起来的庞大网络已经将企业内部和外部紧密地联系在一起。企业与其供应商、顾客、竞争者等外部组织和个人的界限已经越来越模糊，企业越来越融入社会经济的大网络中。在这种情况下，企业必须要调整自身的结构，形成一种能够与外部环境最紧密地整合起来的弹性组织，将内部所特有的核心能力与对信息的快速反应有机地结合起来。无论是国有文化企业，还是民营文化企业，都需要从自身实际情况出发，坚持按照效率性、专业化的分工协调及有效监督控制原则进行创新，为企业凝聚核心竞争力创造组织制度条件。

（三）壮大文化产业的优势集群

在全球经济一体化和信息化的背景下，文化产业具有较强的产业关联性和融合性特点，决定了在其发展过程中极易形成集聚效应，有力地促进区域经济竞争能力的提升。中国的文化企业在竞争力的核心指标、集群规模、创新作用以及在全球产业链和价值链的决定性作用方面，应当具有全球范围的引领作用[①]。

产业集群概念是由美国哈佛大学教授迈克尔·波特在 1990 年出版的《国家竞争优势》一书中正式提出的。波特把产业集群定义为某一特定领域内相互联系、在地理位置上集中的公司和机构的集合，并认为产业集群包括一批相互联系的实体和其他组织、销售客户、辅助性制造商，以及提供专业化培训、教育、信息研究和技术支持的政府和其他机构。他同时提出了竞争优势理论，包括四个基本的因素（要素条件，需求条件，相关及支撑产业，企业战略、结构与竞争）和两个附加要素（机遇和政府）[②]。

产业集群战略是指在同一地理区域内，有若干个文化产业集团或大型企业，围绕某一个文化产业门类或文化资源，从事文化产品和

---

① 芮明杰、刘明宇：《网络状产业链的知识整合研究》，《中国工业经济》2006 年第 1 期，第 49—55 页。

② ［美］迈克尔·波特：《国家竞争优势》，中信出版社 2007 年版，第 6 页。

服务和经营活动所形成的以区域为特征的企业集群。文化产业集群有助于形成产业的综合竞争力和核心竞争力,实现对各种文化资源的优化配置与有效利用,可以使生产率和创新利益提高。同时由于地理接近,也有利于集群内的各个企业利用市场信息,降低交易费用,形成对于各种文化资源的吸纳能力和辐射能力,提高创新能力,节约文化资源的流通成本①。产业集群具备着天然的横向扩张和纵向扩展的内在动力机制,因此,产业集群的形成和发展将伴随着产业规模的不断扩张,不断扩张的产业规模又反过来促进产业集群的发展壮大,从而对文化产业竞争力的提升发挥着重要的作用。

国外许多文化产业发展成功的区域都呈现了企业集群的特征,形成了具有当地社会文化特征的区域文化经济网络,甚至整个城市的经济也表现出了专业化倾向。在日益激烈的全球竞争中,这种网络大大增强了竞争的实力。这种集群可以弥补规模小、抵抗市场风险能力小、学习知识和获取信息的渠道有限等缺陷。通过各种合作或竞争方式形成错综复杂的网络,通过这种网络结构,区域间的信息可以迅速传播,技术更容易扩散,共享要素资源。它并不仅仅表现为一种上下游之间的供应链关系,而是群体公用相同的资源,共享共性技术以及攻占相同市场,人力资源也可以在区域之间实现共享。

好莱坞的文化产业集群就是这种大兵团作战形态的典型代表,在这里许多电影公司以群聚的方式组合在一起,它们不但相互竞争,而且互相创造新的发展空间,引进新的优秀人才,激发新的商业机会。

文化产业园区是产业集群战略的重要形式,这些产业园区像是能量的聚焦点,通过它们的吸引力和扩散力,可以在不断扩张自身规模的同时向外扩散,进而对整个区域文化产业发展产生不同程度的最终影响。所以各国政府都十分重视它在区域文化产业发展中的带动作用,政府出台各种鼓励措施来鼓励其发展。

---

① 魏剑锋:《产业集群的动态形成机制探析》,《经济经纬》2006 年第 5 期。

虽然我国也通过建立文化产业园区的发展文化产业，但是目前看来我国许多地区对文化产业集群、文化产业园区认识并不正确，以为以工业园区的发展形式圈一块地，引进一大批文化企业，就成了所谓的文化产业集群或文化产业园区。国内真正称得上"文化产业集聚区"区不到 5%[①]。产业园区在成长过程中难免会出现同质、空壳、单一或类似地产的问题。许多运营中的园区实质上并没有明确目标，只是利用文化产业扶持政策做着地产开发生意。最后，园区有的用作普通的物业、商业办公区，有的成为艺术家的工作室，这些并不能形成真正的聚集效应，能像北京的 798、上海的田子坊等在当地颇有影响的产业园区非常少。依靠政府的权力，效仿成功的文化产业园区而最后变成荒地的例子不在少数。北京旧工业基地石景山区在首钢涉钢部分迁离后，参考 798 的模式对原有厂区重新定位，但由于没有一个好的概念定位，最后工程很难进行，更不用说集聚效应[②]。2012 年 5 月，耗资 5 000 万元被称作"全国最大古戏楼"的谭鑫培戏楼被曝演出成本高昂，一直处于"有园无戏"状态，而受到多方面的批评等[③]。因此，我国今后要优化文化产业园区的建设，特别是发挥国家级文化产业示范园区的引导作用，优化资源组合，发展集约经济，形成规模优势，提升研发生产能力和文化产业的整体实力。

三、构建新型的文化产业链和价值链

中国建设文化强国，从现在起就要把提升文化企业的竞争力放在关键与首要的地位，特别是在文化生产方式、生产流程、生产结构以及资源整合模式等方面重点予以突破和创新，构建具有竞争力的

---

① 余丽荣：《文化产业集群的多学科视角分析》，《科技进步与对策》2009 年第 12 期，第 70—73 页。

② 《文化产业的泡沫》，财新网，http://video.caixin.com/2012 - 09 - 24/。

③ 《2013—2017 年中国文化产业发展前景预测与基地建设研究报告》，前瞻网，http://www.qianzhan.com/qzdata/detail/149/130313 - 8bf84c62.html。

产业链、价值链。

（一）打造新型的产业链与价值链

自然界的生物之所以能维持生态平衡，是由于有生生不息的生物链在维系，而企业要想在不断变化的市场环境中求得稳定发展，依靠的正是上下关联的产业链。产业链被认为是一个十分传统的概念，早在 1958 年赫希曼就在《经济发展战略》一书中从产业的前向联系和后向联系的角度论述了产业链的概念①。目前，产业链这个词在实际应用中用得较多。通常产业链被定义为：随着产业内分工不断地向纵深发展，传统的产业内部不同类型的价值创造活动逐步由一个企业为主导分离为多个企业的活动，这些企业相互构成上下游关系，共同创造价值。围绕服务于某种特定需求或进行特定产品生产（及提供服务）所涉及的一系列互为基础、相互依存的上下游链条关系②。因此，产业链是一种建立在价值链理论基础之上的相关企业集合的新型空间组织形式。产业链是同一产业或不同产业的企业，以产品为对象，以投入产出为纽带，以价值增值为导向，以满足用户需求为目标，依据特定的逻辑联系和时空布局形成的上下关联的、动态的链式中间组织。

从价值创造的角度看，产业链是指在同一产业内所有具有连续追加价值关系的活动所构成的价值链关系。价值链则是企业进行的设计、生产、营销、交货以及对产品起辅助作用的各种活动，一系列价值链共同组成了价值系统。

价值链生成价值，而产业链则扩展了价值。以风靡世界的魔幻故事系列"哈利波特"为例，出版商与乔安妮·凯瑟琳·罗琳签约，罗琳构思了一系列故事，由出版商出版，读书人如获至宝地疯狂抢购；之后电影编导找上罗琳，然后故事改编为电影，电影与书籍一起风靡

① ［美］赫希曼：《经济发展战略》，曹征海译，经济科学出版社 1991 年版，第 66 页。
② 林森、苏竣、张雅娴、陈玲：《技术链、产业链和技术创新链：理论分析与政策含义》，《科学学研究》2001 年第 4 期。

世界;电影之后是 DVD 或 VCD,再后可能是一系列魔法公园。罗琳的创作是占主导的,没有她的创作,就不会有书,更不会有电影和其他衍生产品。出版商与罗琳的签约活动、罗琳的创作过程、故事书的营销过程分属于不同的价值链。但电影、DVD、VCD 甚或魔法公园则和罗琳的故事书一起组成了产业链。这是一个成功的文化产业(文化产品)的例子。

(二) 以更新和延伸价值链提升文化企业

全球文化产业的竞争已不仅仅是企业的竞争和产品的竞争,更是一个产业链全方位立体化的竞争。文化产业链的构建、产业链与价值链的构建是文化企业在国际竞争中获得市场份额的重要手段与战略,能够加速文化资源的整合、保护、开发与创新,推动文化产业与传统产业对接,更好地释放产业发展的内在活力,是推动文化产业可持续发展的迫切需要,能极大地提升文化企业竞争力。

在以一个主导产业为核心的领域中,关联度较高的众多企业及其相关支撑机构在地理空间上就产生了企业在某一产业价值链上集聚的现象。这种产业价值链上企业的集聚向上延伸到原材料和零部件及配套服务的供应商,向下延伸到产品的营销网络和顾客,横向扩张到互补产品的生产商及通过技能、技术或由共同投入品联系起来的相关企业,同时集群内还包括政府和多功能公共机构的参与。由于集群内企业间是通过长期形成的非契约"信任与合作"维系的,因此在面对外来竞争时,具有独特的竞争优势。

产业价值链除了具有集群效应以外,还具有链式效应。这和构成产业价值链的互为基础、相互依存、具有相互衔接关系的上下游企业链条有关。产业需要完整价值链,而一个完整的产业价值链包括原材料加工、中间产品生产、制成品组装、销售、服务等多个环节,实现供给、生产、销售、服务的功能,从而保证该产业价值链中人流、物流、信息流、资金流的畅通,进而实现互补、互动、双赢。如果产业价值链当中的企业供给、生产、销售、服务都处于一种良好的、动态自我调整的平衡状态,那么这个产业价值链就会很平稳地运行。但是一旦该产业价值链中的某一个环节不能及时或不能提供充足的供给,这个良性的循环就会被打破,从而引发上游企业或者下游企业不能正常运转。由于在多个产业价值链中,某些企业既可以是本产业价值链内的一个环节,又可以是其他产业价值链上不可缺少的环节,因此,这种链式效应不但会发生在某一个产业价值链当中,而且不同产业价值链的上下游企业之间也会有这样的链式效应。

迪士尼集团就是成功运用产业链模式创造价值的典型。从"米老鼠"诞生的那一天起,公司就不断地扩大其传播方式,在不同的媒介中获取商业利润。迪士尼不断推出一部部制作精美的动画片,通过大力宣传来扩大票房收入,并发行拷贝和录像带。从最初的动画制作公司利用"米老鼠"形象制作不同的动画片在影院放映,到出版《米老鼠》杂志和放映"米老鼠"电视系列,从迪士尼唱片公司发行"米老鼠"唱片到在互联网上传播"米老鼠"作品,"米老鼠"形象被迪士尼公司在各种媒介上进行演绎利用,从而使"米老鼠"成为全世界最知名的"老鼠"。1955年,迪士尼把动画表现手法与游乐园功能相结合,推出了世界上第一个具有现代意义的主题公园——洛杉矶迪士尼乐园,以后有相继建立了多个主题公园。公司还通过在世界范围内进行知识产权交易,建立大量的迪士尼商店,通过授权销售品牌产品获取高额利润。通过特许授权、特许加盟等形式出售相关产品,扩展了众多的消费品生产商品和加盟商店,在"米老鼠"的家族中不断开拓新的利润渠道。这些形式多样的衍生产品,不断丰富着迪士尼公司的演绎作品战略,为其创造源源不断的利润。

(三)以新型的产业链推动跨业合作

构建产业链包括接通产业链和延伸产业链两个层面的内涵。接通产业链是指将一定地域空间范围内的产业链的断环和孤环借助某种产业合作形式串联起来；延伸产业链则是指将一条已经存在的产业链尽可能地向上游延伸或下游拓展。产业链向上游延伸一般使得产业链进入基础产业环节或技术研发环节，向下游拓展则进入市场销售环节。有研究者指出：构建产业链的最终目的是产业链拓展和延伸的过程中，一方面接通了断环和孤环，使得整条产业链产生了原来断环或者孤环所不具备的利益共享、风险共担方面的整体功能；另一方面衍生出一系列新兴的产业链环，通过形成产业链，又增加了产业链附加值①。

文化产业链指的是文化产业内围绕某个或某些文化资源所构成的具有连续追加价值关系的经济活动所构成的链状关系。它通常由一个主导产业和相关产业共同组成一个产业系统，价值诞生于这个系统中的每一个产业项目，并且在产业链的开发中被逐渐提升，形成强大的价值链。文化产业链与一般产业链的区别在于文化资源所具有的深厚内涵和聚合功能赋予文化产品高附加值和强生命力，从而使文化产品能比普通商品获得更高的经济效益。

由于文化本身强大的依附性和可塑性，文化产业领域内的产业链对价值链的辐射作用更为显著。中国学者花建指出，文化产业最大的特点就在于：以一种创意决策为中心的经济结构，把文化价值、产品制作、宣传推广、观众参与紧密的联系起来，不停顿地开发文化创意中包含的商业价值，形成了一根增加值的链条②。

整个链条效应往往是建立在某一个文化项目成功开发基础上的，然后全面有序地开发到现代文化产业的各个领域，上游的资源可以向下游牵引和延伸，利用品牌开发各种衍生品，获得更广泛的盈利空间。上游的产品可以变成下游的资源，上游聚集的人气正好成为下游发展的条件，从而使资源可以得到对此的开发。所以文化产业链的完善度也决定着国家文化生产力的素质与优势。

---

① 蒋国俊、蒋明新：《产业链理论及其稳定机制研究》，《重庆大学学报（社会科学版）》2004 年第10 卷第 1 期。
② 花建等：《文化产业的集聚发展》，上海人民出版社 2012 年版。

　　每种产品在市场的销售情况和获利能力并不是一成不变的，随着时间的推移会经历产品的诞生、成长、成熟和衰退的过程，也就是都有其产品生命周期。在当今激烈的竞争中，某一地区的企业想从某一个方面或单一项目生长期的价值是很困难的事情，所以必须采取多样化开发，特别是对资源的优化整合使其进入循环性的周期运转之中，延伸产业链，从而增强抗风险能力。

　　产业链应该围绕核心产品建设，并利用核心产品建设去带动周边邻域的发展。这个链条的每个环节都不停围绕着核心产品，借助其影响力制作成含有核心产品文化内涵的其他产品，附加产品既是核心产品的延伸，又能不断实现文化价值的增值和传播。这种基于分工协作与产业联系的链网组织，强调上下游环节的紧密衔接和内在逻辑线索，否则会造成资源损失。

四、全面提升文化企业品牌竞争力

　　在知识经济发展日趋深化的今天，消费者需求多元化，市场竞争更加激烈，品牌建设更加重要。我国加入 WTO 后，面对日趋激烈的国际竞争，国内文化企业要想生存和发展就必须走品牌化发展道路。企业品牌是塑造企业影响力、控制力、领导地位的有力武器，是企业的无形资产和不竭源泉，是企业进入市场的"信用卡"。它们直接影响着企业的长远发展，甚至决定着企业的成败与兴衰。

（一）确立文化企业的品牌战略

　　"品牌"一词是市场经济条件下的产物。它是一种时代的标志文化，是一种时尚。按照美国现代销售专家菲力普·柯特勒（Plilp Kotler）的说法："品牌就是一个名字、名词、符号和设计，或是上述的综合。①"品

---

① ［美］科特勒、［美］凯勒：《营销管理》，王永贵译，格致出版社 2009 年版，第 88 页。

牌不仅关系到企业的兴衰,也代表着企业的形象,体现着一个产业甚至一个国家的综合竞争实力。知名品牌对于企业和一个行业参与国际竞争并取得竞争优势具有至关重要的作用。

品牌是企业综合实力的信息传递符号,可以传递企业资源实力、企业文化、企业管理能力、企业人才素质、企业产品和服务质量、企业社会关系等综合信息,这种信息在降低消费者的选择成本同时提升企业无形资产。因此,品牌也是企业、企业的产品和服务与消费者之间的无形契约关系。

品牌价值是品牌客户、渠道成员和母公司等方面采取的联合行动,能使该品牌产品获得更大的销量和更多的利益,获得一个更强劲、更稳定、更特殊的优势。品牌价值是企业和消费者相互联系作用而形成的一个系统概念。它体现在企业通过对品牌的专有和垄断获得的物质文化等综合价值,以及消费者通过对品牌的购买和使用获得的功能和情感价值。企业品牌价值是各个企业在激烈的市场竞争过程中,经过消费者较长时期的感受体验和鉴别对比,对某一企业综合实力和整体信誉的评价和预期,所体现出来的该企业的未来发展态势和营利能力的市场价格。

品牌价值的实质是品牌力或品牌权力,是品牌的法律权力和市场权力的有机统一[①]。品牌价值的大小主要取决于品牌的市场权力,品牌的市场权力是消费者赋予的。品牌价值由成本价值、关系价值、权力价值三部分构成,品牌价值的每一构成部分都有两个来源——企业来源与消费者来源。随着文化产业引领全球经济发展,文化产业品牌价值的社会权力问题进入了我们的视域。人们开始意识到,文化产业品牌价值的实质是品牌的法律权力、市场权力和社会权力的三位一体,而且品牌的社会权力要高于其市场权力和法律权力,并制约品牌的法律权力与市场权力。

---

① 张曙临:《品牌价值的实质与来源》,《湖南师范大学社会科学学报》2000 年第 2 期,第 38—42 页。

文化企业的品牌战略,是借助品牌保持自身产品的个性化特色,有效地向消费者提供满足其需求的产品和服务,对消费者的决策行为(产品及商店选择决策)起到决定性的影响。文化企业的品牌战略旨在唤起消费者对产品的积极联想和看法,对产品质量的感知就会转换成消费者能够接受更高的产品价格的意愿。这种积极效应的长期累积可以简化消费者的购买决策过程,并进而推动他们形成日常性的定向购买行为。

(二) 形成产品和品牌的双重优势

现代企划的著名专家史蒂芬·金曾说:"产品是工厂所生产的东西,品牌是消费者要购买的东西。产品是可以被竞争者模仿的东西,品牌确是独一无二的。产品极易过时落后,但成功的品牌却能长久不衰。"这一阐述清晰划分了产品和品牌的区别。品牌不仅仅是一种区分标志,还蕴含有更深层次的含义:品牌必须具备个性;品牌创造差异;品牌是自我的反映;品牌是一种资产。品牌是区别一个产品与其他产品的特征[①]。美国经济学家达斯古波塔指出:知名品牌的商品之所以价格大大高出同类商品,是因为在它身上附加了一重作为商品的"信任"——生产者只会在有利可图的情况下才会提供这样的商品,而用户必须付出更高的价格才能购买这个商品。对于一个产品来说,声誉就是信任,品牌就是这种信任,即一种"越用越多"的"稀缺资源",这一点,在轻固定资产、重智力附加的文化产业中尤为明显——由于文化产品和服务的内容本身具备无限可复制性,在初期投入确定的情况下,扩大再生产的成本会明显降低,从而形成"没有第二,必争第一"的局面。文化企业形成品牌优势,就要依托特色文化资源,策划一批市场前景好、投资回报率高的重点文化产业项目,打造具有差异化、特色化的品牌,从而形成强大的竞争力优势。

---

① 邡红艳:《品牌竞争力影响因素分析》,《中国工程科学》,2002 年第 5 期,第 79—83 页。

如同产品和服务一样,文化资源也可以品牌化,要想将区域文化资源所蕴含的文化意义转化为具备消费意义的文化产品,必须凝练出具有现代意义的标志性文化符号。美国杜克大学商学院凯文·莱恩·凯勒教授在《战略品牌管理》一书中指出:"如同产品和人一样,地理位置也可以品牌化。在这种情况下,品牌是根据某个特定的地理名称确定的,品牌的功能就是让人们认识和了解这个地方,并对它产生一些好的联想。文化品牌是各个地区发展文化产业的旗帜和突破口,它具有提升力、吸引力和辐射力,建设和创新文化品牌对于各个地区建设文化经济和塑造对外形象都具有重要意义。"

各地区在实施品牌战略时,有必要对当地文化主题进行设计定位,确定其在消费者心目中的总体形象。要对原来已有的品牌进行专业评估分级,提升其品牌价值,有重点的进行品牌裂变与扩张。除了要注重自身文化内涵的质量与细节执行能力以外,还必须经过外在的包装、宣传与促销,加强品牌的独特魅力,使品牌生命力不断延伸、品牌价值增值、市场份额扩大。地区文化品牌的塑造者首先是对地区文化进行定位,即寻找本地区文化资源要素的独特之处。定位塑造文化品牌的灵魂,要努力创造地区特色,追求与众不同,以区别于其他品牌,进而在公众心目中占据独特地位。我国一些城市已经选择确定了自己独特的文化品牌,并通过宣传扩大了品牌影响力。例如:湖北楚文化、山西三晋文化、郑州的商文化、河湟的花儿文化、周庄的古镇商业文化、潍坊的风筝文化等。

比如国家级文化产业示范园区曲阜,依托孔府、孔庙、孔林这"三孔"优势,先后建起了孔子研究院、孔子六艺城、论语碑苑、孔子故里园、孔子精华苑等以孔子为核心的景点,并借助孔子文化品牌大力开发相关文化产品,包括各类特色和衍生产品300余种,特别是堪称曲阜三宝的"尼山砚、楷木雕、三孔碑帖"成为其中的代表。从最初的"孔子故里游"发展到如今已成为中国十大节庆之一的"曲阜国际孔子文化节",孔子这一品牌大大促进了曲阜社会经济的快速发展。而国家级文化产业示范基地"印象·刘三姐"则充分利用了广西丰富的历史文化遗产和阳朔漓江的世界级山水景观,打造了全球第一部大型山水实景演出项目《印象·刘三姐》,并且开发出一个比较完整的文化旅游产业链和产品集群,增强了"刘三姐"品牌的文化内涵和商业价值。

(三)加大文化品牌的全球化传播

品牌建设是我国文化企业走出去的根本任务之一,是进入全球市场的"门票"。从传播学的角度来看,品牌是传播的产物,世界市场制胜的关键是品牌传播,媒介的市场生存需服务于品牌传播,整合营销传播空前凸显品牌因素①。而品牌传播的特点则为:信息的聚合性,受众的目标性,媒介的多元化,操作的系统性②。品牌传播是指品牌所有者通过各种传播手段持续地与目标受众交流,最优化的增加品牌资产的过程。品牌传播的实质就是对各种传播手段进行信息控制和利用的过程,在这个过程中,品牌传播制胜的关键是如何利用好可控的传播资源。品牌传播的手段包括广告、公关、人际传播以及各种媒介资源等,在当今新媒体环境下,很多企业越来越重视在品牌传播的过程中传播方式的多样化,让有利于文化企业的信息广泛传播,从而更好地为受众所认知和接受。

在新媒体技术持续发展的背景下,文化产业品牌的传播范围在不断扩大。随着数字技术、计算机网络技术、移动通信技术的强劲发展,新媒体有了生长的土壤,品牌传播的可利用范围也相应随之扩大。文化企业要充分利用现代新媒体技术来打造文化企业的品牌效应。信息资源在信息时代急速膨胀,得益于新媒体技术的进步,使得先进的传播手段和技术的获取门槛骤然降低。新媒体的互动性、个

---

① [美]舒尔茨等:《全球整合营销传播》,中国财政经济出版社 2004 年版,第 65 页。
② [美]乔治·E.贝尔齐:《广告与促销:整合营销传播展望》,东北财经大学出版社 2000 年版,第 13 页,第 14—15 页。

性化、随意性、便捷性的技术特点,更是迎合和适应了普通民众通俗化、大众化的特征。与此同时,信息量的迅猛增长也为用户搜集所需要的有价值的信息带来了额外成本,对于消费者来说,他们需要花费额外的成本才能从包含大量冗余信息的网络中找到自己感兴趣并且有价值的信息。因此,在新媒体环境下,企业有必要增加在新媒体中的投入,来引导消费者更便捷地获取与自己有关的信息。

当前的信息传播具有超时空的个性化信息服务。传统媒体由于主要是借助地面的信息传递系统,同时由于国家之间出于文化控制的需要会对境外媒体在本国的传播进行限制,所以传统媒体并没有实现真正的信息全球化传播。而新媒体利用连接全球电脑的互联网和通信卫星完全打破了地理区域的限制,无论何时何地,只要有相应的信息接收设备都可以接收到由新媒体传播的信息。每个新媒体用户都可以发布和接收完全个性化的信息,大众传播转变为"小众传播"。品牌传播的过程中,及时发现问题并根据具体情况给出个性化的解决方案,不仅符合受众的期待,同时也顺应品牌自身发展的需求。更重要的是,传受双方可以互动交流。新媒体为信息的传播开拓出更为广阔的空间,传播模式从原来的"一对多",转变为现在的"多对多"。与大众传播媒介报刊、广播、电视不同的是,新媒体的信息传播不再是单向的而是双向的,有及时的交流互动和反馈[1]。

第五节　建立有中国特色的文化企业运行机制

随着我国文化体制改革的逐步推进,我国文化企业的市场主体地位逐渐得到确立。在激烈的市场竞争中,不断提升企业的竞争实

---

[1] 崔保国:《技术创新与媒介变革,媒介的大裂变》,中国江苏网,http://www.jschina.com.cn/gh/jschina/news/wzzj/nodel487/userobjectlail2640.html。

力已成为文化企业生存和发展的必然要求。国家"十二五"规划纲要指出,我们要坚持社会效益优先,努力实现社会效益和经济效益的统一,建立和完善文化企业评估、监测、考核体系,加强文化资产监管。文化企业竞争力评价体系的构建,既要考虑企业的生产力、发展潜力等因素对企业竞争力的影响,也要兼顾创新能力在文化企业竞争力形成中的重要作用。因此,构建准确、完善的文化企业竞争力的评价体系,以客观有效的评价结果作为文化企业提升竞争力的依据显得至关重要。

一、优化整合文化企业的生产力要素

文化企业生产力是企业竞争力中最为核心的能力。提高企业生产力是提高企业竞争力的基本途径。文化企业竞争力的内部要素包括物质资本要素、人力资本要素、文化资源要素,而外部环境因素包括运营环境、行业环境、生态环境等。

(一) 提升文化企业生产力的内部因素

在企业生产力内部要素中,物质资源主要是指文化企业的有形物质资本,包括运用于产品设计、开发、宣传、销售、售后等各个环节的成本费用,还有维持企业及其员工生存运营及发展所需要的资本,以及未来将继续投入企业中的全部流动资本及固定资本,如员工工资、资金、厂房、办公设备以及其他公司设施等,还包括企业掌握的技术条件、企业的供销体系、生产环节的衔接等。物质资本要素是企业存在与生存的根本,是构建文化企业的基本构架。

一个企业的人力资本要素至关重要。如果说物质资本是文化企业生产力的骨架,那么人力资本就是构成文化企业生产力的血肉。人力资本要素即劳动者因素,人类资本不仅包括劳动者个体本身,还包含了劳动者的能力。影响人力资本的因素很多,如劳动者受教育程度、工作经验，以及劳动者本身具有的战略眼光、性格特征等特质。人力资本具体可分为企业管理人员的因素和企业员工的因素，其中，管理人员的人力资本起到关键作用。经营管理者的管理水平直接关系到企业自身的生存和发展，影响企业生产的总体水平和质量。一个良好的企业管理人员需要眼光敏锐、判断准确、善抓时机、果断决策、科学管理。

世界上任何一家全球五百强企业无不具有一批有优秀企业家精神的经营管理者，其中的典型就是号称"识人英雄"的微软公司。这些公司懂得如何配置和使用资源，如何招聘并且组织安排适合的企业员工进行工作，能够在面对商业和社会环境变化时随机应变，并且能够应对全球范围内的生产、销售和服务，维持企业相对稳定性。一个公司之所以表现优秀，就是因为它对于人力资源的管理运用水平高超，而这也正是目前阶段我国许多文化企业所最为欠缺的。

文化资本可以说是企业生产力的灵魂。企业的文化资本是企业内在实力的体现，是企业的无形资产，是一个企业内在能力的反映，也是精神形态的生产力转化为物质形态生产力的源泉和动力。企业文化资本的内涵非常广泛，既包括企业内部大家共同认可的企业观念，也包括企业外在的行为表现，还包括企业的品牌形象等。文化产业是服务于人的心灵的产业，它主要是提供精神产品的生产，而不是主要依赖物质而进行创造，因此可以说文化资本是文化企业的第一生产力。

文化资本中最为核心的就是企业文化，企业文化（corporate culture）作为专业术语首先出自西方管理学界。企业文化是渗透到企业制度层、组织层形成特定的管理模式，并最终表现为员工的道德规范和行为准则。企业文化是一个完整的系统，包括企业价值观念、企业精神和企业伦理。

（二）优化文化企业生产力的外部因素

影响文化企业生产力要素的外部因子环境可划分为三个层次：

最内一层是企业所处具体的运营环境;中间一层是企业所面对的行业环境;最外层是企业的一般环境。文化企业所面临的运营环境主要是指企业生存和发展所面临的各种政治、政策性因素;行业环境主要是指整个行业的发展情况,或者说是行业链同类企业间的各种供应和竞争的关系;一般环境主要是指企业具体的运营环境,包括文化企业对市场的占有量,同消费者和同行之间的关系等方面的因素。

随着企业外部环境巨变对企业生存和发展的影响加剧,研究者对这一问题的研究日益全面和深入,尤其对大企业,特别是规模巨大的跨国公司来说就更是如此。在此基础上,具体地形成了一些环境分析方法,如对企业经营环境进行分析的 ETOP 法(environmental threat and opportunity profile)、SWOT 法(S 代表优势,W 代表劣势,O 代表机会,T 代表威胁),以及对企业总体一般环境进行分析的 STEP 分析(S 代表社会,T 代表技术,E 代表经济,P 代表政治)①。美国学者弗雷德·R.戴维注重对企业外部环境的分析,把企业的外部因素划分为五大类:(1) 经济因素;(2) 社会、文化、人口及环境因素;(3) 政治、政府及法律因素;(4) 技术因素;(5) 竞争因素。其中前四个应属一般环境因素,第五个应为行业环境因素。从以上的分析中可以看出:企业外部因素涉及的方面多、范围广,包括与政府、市场、其他国家、国际经济组织等的直接或间接的影响因素,但这些因素的监视更多为随时都在发生变化的短期因素,这说明,作者是以美国经济制度和运行机制的既定为前提的,正因如此,我们所看到的必然是难以把握的激烈变动中的环境,对企业来说,要想准确、及时感知并要灵敏回应,难度是很大的,但对一些重大的、长期性的不可逆转的趋势性分析则显得薄弱。我们在对中国企业的外部环境进行分析时,可以借鉴它,但两者相比较,差别明显。对于处于体制转轨和正逐步融入经济全球化之中的中国企业来说,可能更应关注的还

① [美]弗雷德·R.戴维:《战略管理》,赵丹译,清华大学出版社 2013 年版。

是长期性、趋势性因素的影响,这对于确立自己的发展方向和发展领域是十分重要的。

以往的研究比较偏重企业内因与外部环境的某一个方面,在实践中显得说服力不够;而在企业能否预测环境变化方面,也往往流于乐观和悲观两种观点,虽然能够自圆其说,但其深层的理论分析能力也显不足。大量实践说明:在企业应对环境的变化方面,"被动适应"型的战略难以取胜,而"主动进攻"型战略也常常未尽人愿,积极的"适应性企业"战略需要分析大量复杂的要素,如何在更高的层次上提出科学的应对战略,正是我国文化企业建设面对的重大课题。有鉴于此,在这一领域的研究中,要立足于快速发展的文化企业实践,结合现代的文化产业理论和企业经营管理理论,从创新的角度对提升文化企业的生产力,进行系统化的思考和研究。

(三)提升文化生产力的动态网络模型

恩格斯说:"文化上的每一个进步,都是迈向自由的一步。"我国文化企业在经营管理的实践中还存在着很多问题,尤其在思想认识方面、法人治理结构方面、资源整合方面和运营能力方面都有很大的提升空间。文化企业生产力创造与提升的载体是文化企业,文化生产力的主要体现形式是文化产品和文化服务的质量与品牌影响力。文化生产力水平提升状况对于国家或地区的政治、经济、文化、社会、生态发展产生着极其巨大的影响。如先进管理理念、最新知识的传播对经济发展的促进;生态文化、节约文化的传播对生态环境和自然资源保护的促进等。如果把文化企业生产力的管理,建立在静态化、平面化分析的基础之中,就难以真正把握文化生产力的提升的重心。

文化生产力的形成和壮大,是一个社会文明进步的不断积累过程。文化生产力的提升是在动态的进行性状态中实现的。研究文化企业生产力,既要包括横向的静态分析,也要包括纵向的时间轴的考察,通过横纵向多角度结合,最终总结出生产力提升的动态网络结构模型。有鉴于此,我们设计了一个生产力提升的动态网络结构模型。这个模型是指基于文化生产力系统构成要素之间在空间和时间方面的组合形式或关系模式,以及系统运行过程中各要素的相互作用的方式和顺序。在文化生产力提升系统中,参与主体模块处于中心位置,参与主体模块内部要素之间以及参与主体模块之间存在着互动关系。这些互动关系又受资源供给、基础设施、制度和政策环境的影响和制约。

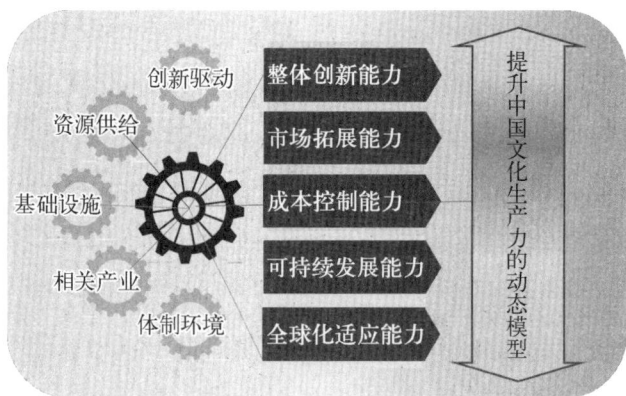

图 3 - 25 提升文化生产力的动力机制模型

生产力提升的动态网络结构模型是一个基于文化繁荣的动态变化的开放系统。其动态变化不仅是指系统内部各种因素的数量变化,它包括转化和演化,在国家软实力提升系统演化过程中,文化技术创新、政策机制等都可能发生变化。在不同时期,它的结构会有变化,同一时期的不同阶段其系统结构也不尽相同。但国家软实力系统的动态变化是建立在相对稳定基础之上的,系统结构一旦形成,总是趋向于保持某一状态,按照一定的范式运行,即系统整体状态能持续出现。

(四) 文化企业生产力提升的途径

文化产业是一个以创新为核心和灵魂发展起来的行业。与其说它是向社会提供一种产品和服务,不如说它是在社会中引导一种向往"真善美"的价值取向和思想观念。前面分析了影响文化企业生产力的内外部因素,因此提升文化企业生产力需要一种"百花齐放,百家争鸣"的宽松的文化政策环境,更需要把文化企业的发展建立在技术创新、知识创新和人才创新这三大基本出发点上。在一个有利的宽松政策环境支持下,文化企业生产力的提高必须结合物质资本要素、人力资本要素、文化资本要素的优化整合,推动技术创新、人才创新和知识创新。

物质资本是文化企业生产力提升的基础。提升物质资本主要是通过增加借贷、加大宣传、扩大规模、发展生产、提升技术、优化资源配置使用等方式。知识经济理论重视以知识为基础的经济,认为知识和高素质的人力资源是最重要的资源,这符合文化企业的特点。由于文化企业属于智力密集型组织,人力资本是文化企业生产力提升的主体。文化企业赖以生存的最主要基础是无形的虚拟资源和运营管理,无论是影视制作,还是书刊编辑,都依赖于人力资本,这就要求其企业工作人员是具备高文化素质、高创新能力、高智力水平的人才。

人力资本是提升文化企业竞争力的内在动力。对于管理者,要培养企业家精神,改变重业务、轻管理的倾向,同时要加强管理岗位的专业化水准,企业管理者在不断提升自身素质的同时,也要努力提高识人、用人的能力,努力成为既掌握文化领域专业知识和技能,又懂得企业管理和营销的复合型人才。同时要建立完善的绩效考核、薪酬、升职和激励机制。对于企业员工,要强化学习培训。企业则要结合文化企业实际情况,保证文化人才处于良好的工作氛围,激发其积极性和创造性,为文化产业发展提供更好的智力支持。

文化资本是提升文化企业生产力的主导灵魂。企业文化是文化企业必须掌握的强大力量。美国通用公司的杰克·韦尔奇被誉为"美国当代最成功、最伟大的企业家"。在短短 20 年职业生涯中,他领导通用电气进行了现代企业的本质变革,企业的市值也由他上任时的 130 亿美元上升到了 4 800 亿美元,最高排名也达到了世界第一的巅峰。韦尔奇最大贡献之一是塑造了通用公司的优秀企业文化。在韦尔奇的经营理念中,企业文化为摆在了突出重要的位置。他认为,企业的根本在于发展战略,而发展战略的根本就是企业文化,企业成功最重要的就是塑造优秀的企业文化。韦尔奇认为,每个组织都需要凝练核心价值观,并且要坚持不懈地将价值观渗透于企业的每一个角落。韦尔奇在公司年报中增加了价值观的声明一项,并且尽力通过变革企业文化来实现其经营理念与企业发展的融合,提出"精简、迅捷、自信"是现代企业走向成功的三个必备条件。韦尔奇进行企业文化变革的成功案例证明:庞大的官僚型企业也可以被改造成为极具竞争力的企业集团,这对于中国国有文化企业的改革有着重要的借鉴意义。

中国优秀企业家张瑞敏所率领的海尔,也成功地建立了海尔文化。特别是近年来海尔加快向互联网式的"轻公司"转型。这体现了海尔文化的高度灵活性和前瞻性,其核心就是"三化":企业平台化、员工创客化、用户个性化。所谓企业平台化,那就是把企业建设成为一个渐趋开放的大平台,让全球的资源为你所用,整合全球最聪明的人才为你作贡献。所谓员工创客化,那就是改变把员工当作工具型执行人的理念,鼓励人人成为主动性的创客,成为把个性化与数字化相结合的创业者,以便于集合互联网时代的大量资源。所谓用户个性化,那就是推动企业实现与用户的不断交互,满足用户在产品大量过剩时代,对个性化、体验型消费的需求。韦尔奇和张瑞敏的案例,向我国大量文化企业提出了塑造新型企业文化、适应大变革时代的潮流、以文化活力激发企业生产力的重大课题。中国大量的文化企业需要把企业文化建设作为重要战略任务,形成具有前瞻性和指导性的核心价值观念,凝聚全体员工和合作者的智慧和力量,同时引导他们在面对产业转型时逐步摆脱传统模式的束缚,在顺应时代潮流的变化中激发创造和创业的活力。

二、创造有中国特色文化企业运行机制

企业运行机制是指企业生存和发展的内在机能及其运行方式，是引导和制约企业生产经营决策并与人、财、物相关的各项活动的基本准则及相应制度，是决定企业经营行为的内外因素及相互关系的总称。所谓中国特色的文化企业运行机制设计是指与中国当下的整个政治经济和文化制度转型、与中国处在社会主义初级阶段的生产力水平和国民素质现状以及与中国市场体系的逐步完善、与中国作为后起大国的追赶战略等有着密切的现实关联。

（一）现代企业运行的主要机制

文化企业的本质无外乎是一个以营利为目的的企业，无论是什么形式，是企业，就有企业的一整套的运行机制。我国理论界对现代企业的运行机制还未达成一个统一的观点，本章节将采用主流的观点，现代企业制度就是规范的公司制度，然而，事实证明，按照公司制度运行的企业牢牢把握着时代方向，无论哪个行业领域，作为文化企业自然也不例外。

企业的运行机制是企业行为内外各要素相互作用的结果。企业作为经济中的独立法人，和自然人一样，离不开社会环境。企业运行机制是内外各要素相互作用促生出的一种新功能，是企业得以良性循环的机体保证。

首先是由于经济学中的资源稀缺假设而产生的资源配置机制。相对于人们无限的欲望和需求，无论如何努力，他所获得的资源都是有限的。所以，每个人要考虑如何在有限的资源下，最大限度地满足自身的欲望和需求。因此，在公司的层面，公司是以营利为目的的，所以就必须要利润最大化，换句话就是成本最小化。资源的优化配置就需要好的决策机制，公司的资源是有限的。因此，要深度挖掘自

己的核心竞争力,查阅《中国文化企业三十强》的报告就可以发现,这些成功的文化企业都是具有自己色彩鲜明的文化产品,有强烈的地域风格,譬如刘老根大舞台、杭州宋城千古情等。企业要集中力量发挥自己的优势,剑走偏锋,要有自己的市场定位、针对群体。而有些文化企业,譬如影视公司,他们的核心竞争力在于包装,因此宣传和造势上需要下大力气,现在中国成功的文化企业,宣传是很大的一块。中国的文化消费市场需求很大,并日益扩张,市场很大,不是一个或某几个企业可以占领的。因此,文化企业必须明确自己的核心竞争力,在资源配置上要合理利用,学会选择。

战略目标明确之后就是企业内部的管理设计。由经济人的理性假设——追求个人利益最大化,则产生了动力机制,即如何激励约束企业员工朝着企业的战略目标共同努力,简言之,就是如何让企业的战略目标和企业员工的个人利益最大化相一致。员工只会就自己获得的利益与付出的成本作比较,因此在既定利益已得的情况下,他会偷懒;在分工合作的时候,存在机会主义者——搭便车。对于如何激励员工为公司的战略目标积极努力,需要一套动力机制,如物质激励和职位升迁以及公司文化的熏陶;对于企业员工可能出现的偷懒行为或做出不利于公司的行为,则需要设计一套约束机制。总之,在公司大战略既定下,尽最大可能使员工做出对公司有利的行为,减少不利行为,本质来说就是为了经济行为中的动力问题,是一个问题的两个方面。

在公司运行过程中面临着诸多不可控的外部问题,由于经济周期和市场环境的变化,以及信息不对称,致使企业在做决策时面临很大的"不确定性",由此需要跟进风险控制机制。在现实世界里,收益对应风险,收益越大,风险越大,面对未来收益的不确定性,企业会寻求一套自我保护机制。这种机制既要鼓励主体面对风险,敢于决策,同时又能在这种冒险的行为中获益,在风险出现的时候,可以及时分散甚至转嫁风险。

（二）收入分配的激励与约束机制

现代企业的收入分配机制是以明晰的产权关系为基础的，产权关系决定着收入分配关系。在市场机制基础的作用下，企业的收入分配机制需要与公司的管理制度融为一体，符合企业组织结构的要求。

文化企业以文化、创意和人力资本为投入要素，有些文化企业对人的依赖更加突出，往往一个演员就是一个文化企业的核心竞争力，因此，怎样留住这些关键性员工和激励约束企业的一般员工，是关系企业生死存亡的大事。因此，效率的收入分配制度是企业健康运行的保证。

第一，分享制度。狭义的分享制度是指员工不再拿固定的工资，他的报酬完全来自分享企业的纯收入——企业收入扣除物资消耗等的剩余部分。由于员工的报酬来自企业的纯收入，因此需要选定一个分享比例——因企业的不同而不同。广义的分享制是指在分配过程中，让员工在拿固定工资基础上，再以持股或取得股票期权的形式参与公司利润分配。这样一种形式更容易被人们接受，虽然无形中增加了员工的风险，但是更容易调动员工的积极性和主动性。

第二，员工持股计划。为了让员工更加关心企业的发展，很多企业推行了员工持股计划。员工持股计划的资金来源是企业提供一部分，员工个人交一部分，从银行贷一部分。这样使得员工从单纯的股东雇员变成了企业股东，这种转变使员工更加关心企业的发展。

第三，经理激励机制。很多现代企业都对高级管理人员和企业核心员工实行股票期权激励机制，股票期权是种买股票的权利，获得股票期权后，可在有利的时候行权，无利的时候放弃行权。在股票期权的分配机制下，则迫使企业的经理不仅要考虑企业现行的经营状况，还要关心企业未来的发展前途。

中国的华谊兄弟影视传媒集团的成功在很大程度上就得益于其

实行的人才网罗战略。王中军曾说："马云是心比较大的人,他会经常影响我,使我把心放得比较大。"马云对公司的创业人员,在股权激励上毫不吝啬,在马云的影响下,王中军对公司的明星、导演、制片人、管理团队做了很多股权激励。利益是合作的基础,这就是"财聚人散,财散人聚"的道理,华谊兄弟给了人才足够的报酬。冯小刚、李冰冰、张纪中、黄晓明等都是"兄弟"的一部分。从 1998 年,冯小刚成为华谊兄弟第一个签约导演,华谊兄弟就把尊重特殊人才作为公司最根本的文化。华谊兄弟创造了签约导演制片的形式,让每个导演都有自己负责的工作室。这也是为什么冯小刚曾经对众多媒体说"要在华谊兄弟干到退休"的原因。

(三) 企业的知识产权保护机制

从全球范围看,形成良好的企业知识产权保护机制,是一个历史性的过程,也是决定文化企业能否壮大发展的一个关键。美国、日本和欧盟等国家和地区较早形成了保护企业知识产权的法律和制度,而韩国等后起的发达国家,则加大了政府对企业知识产权的保护举措。比如三星电子与苹果公司的"专利大战"始于 2011 年 4 月,苹果以三星智能手机抄袭苹果产品为由向美国加利福尼亚州一家法院提起诉讼。三星则反诉苹果侵犯自己传输数据视频和存储数码图片的专利。双方之后在德国、英国、法国、韩国、日本和澳大利亚等 9 个国家展开专利侵权诉讼。双方律师费高达数亿美元,然而双方却均表示不会停止诉讼。

中国作为发展中国家,对于文化企业知识产权的保护程度,目前还没有达到欧美发达国家的水平。现实中许多侵犯知识产权的现象,严重损害了文化企业的利益。如动漫产业链中重要的衍生品等项目,许多都受到了盗版的冲击。譬如,动画片《喜羊羊与灰太狼》在电视屏幕上大受欢迎,而充斥市场的下游衍生产品大多是盗版产品。许多文化企业缺乏自我保护的意识,或者自我保护意识差,也没有强大的版权保护措施,因此文化企业对于知识产权的管理和保护需要一种全新的理念来进行定位和实施。

对于知识产权体系的建立首先需要一个很好的外部环境作为支撑。要进一步完善知识产权保护立法,特别是对于网络知识产权的保护,加强力度打击网络盗版。其次需要加强行政部门、公安部门和法院等相关部门的协调配合,从而构建一个功能完整、分工明确、运行高效的知识产权保护执法体系,还有加快知识产权保护的公共服务体系的建设,强化公共服务体系在知识产权保护中的作用。

对于文化企业自身,要提高知识产权保护的意识,加强对于企业人员的管理。企业行政部门应重视对管理人员的选拔和培训,加深他们对于知识产权保护迫切性的认识,主动将知识产权管理纳入企业发展战略中。加强员工教育,完善劳务合同管理,注明知识产权的归属以及如何使用,对违约行为加以规定。对于流动过程中存在披露公司知识产权、商业机密的人,一经发现,应该果断追究其法律责任,以此来保护企业在知识产权等方面的核心资产和核心利益。

应该推动文化企业行业协会成立专业化的产权保护机构,专门负责受理文化产业的知识产权纠纷,克服单个企业势单力薄在维权过程中带来的损失,号召行业协会成立基金奖励举报维权,充分发挥中介服务组织的效应,形成政府、企业和服务机构互相合作、各显所长的作用,以提高知识产权保护的效果。

(四) 企业的风险投资与收益制度

企业在运行的过程中做出的每一个决策都是一种对于未来的投资。由于经济周期的存在和市场的快速变化,企业在做投资决策的时候面临着很多的不确定因素。风险投资存在着"高风险"和"高收益",然而风险投资的风险收益机制在现实世界里并非有效均衡市场假设(EMH)条件下按资本资产定价模型(CAPM)导出的"高风险高收益"机制,而是一种将被投资企业、风险投资商以及资本市场的各种要素进行有机组合,使创新与金融、投资与管理相统一,创业管理与职业化管理、私募融资与公开市场相衔接的"合理预期的高收益和合理控制的高风险"机制。文化企业的风险投资从很大程度上来说是一个个项目投资。随着经济活动的竞争性加强,经济关系日趋复杂,项目投资作为投资的一种重要形式,投资数额大、投资周期长、风险高。

从产生的原因和形成机理来看,投资风险取决于三大因素的共同作用:投资环境、项目本身和投资过程中涉及的利益相关者。风险管理已成为风险投资管理一个不可分割的部分,扮演着一个非常重要的角色,它的应用已经超越了集中在建设阶段的传统范围。泰斯和卡尔强调为项目的每一个阶段建立系统风险管理过程的重要性,应该开发应对项目威胁和机会的集成风险管理的信息框架。风险管理是以整体风险概念原则和全过程管理原则为指导,在项目投资管理框架内进行的。

投资风险的管理是积极的、主动的、前摄性的,是全面的、全过程的和全员参与的全面风险管理,应包括组织、方法、制度等管理要素的支持。因此,投资风险管理体系应当包括风险管理战略、风险管理组织、风险管理文化、风险管理方法、风险管理制度和风险管理程序,风险管理战略是企业风险管理的指导方针和方向,是风险管理的核心。

风险管理机构应该受项目管理委员会领导,负责指导和协调项目投资过程的风险管理工作,就风险管理的政策、方法和执行方案向项目管理委员会提出建议,根据委员会的批准行使项目投资风险管理工作监督的责任。风险管理方法是实施风险管理的手段和工具,包括风险信息收集方法、风险识别方法、风险评价方法、风险应对方法、风险监控方法以及指导这些方法的方法论。风险管理程序是风险管理组织在执行风险管理时的流程,包括风险管理的子程序、子程序操作的流程和子程序处理的结果。风险管理制度是项目参与人共同遵守的风险管理工作的规程或行动准则,风险管理工作执行时的依据。风险管理文化是在风险管理活动中凝练并通过由企业文化的精神层面、制度层面、行为层面和知识层面在项目中的体现、为广大员工认同并自觉遵守的风险管理理念、风险价值观念和风险管理行为规范。

企业家王中军指出:"一个行业,没有资本介入,没法做大。[①]"中国电影企业上市公司第一股华谊兄弟就大致经历了三轮私募股权投资。2000年3月,华谊兄弟通过私募股权取得太合控股权。2004年,华谊兄弟进行了第二轮私募,引入战略投资者TOM集团。王氏兄弟先以7 500万元、溢价3倍回购太合集团手中45%的股份,太合集团以300%的回报全身而退。之后"华谊兄弟太合影视投资有限公司"随即更名为"华谊兄弟传媒集团"。2005年12月,华谊兄弟进行了新一轮私募,引进马云掌控的中国雅虎。TOM以1 600万美元的价格减持20%股权,王氏兄弟和马云联合接手,其中马云(以旗下公司中国雅虎的名义)以1 200万美元接手15%、王氏兄弟回购5%,TOM集团所持股份剩至7%。同一时期,王氏兄弟还从"信中利"手上回购了2%股权。经过这轮私募,王氏兄弟的股权由70%上升至77%。2005年12月,中国最大的SP(电信增值服务提供商)之一华友世纪对华谊兄弟旗下的华谊兄弟音乐公司进行超过3 500万元的战略性投资,以此获得51%的股权。伴随着华谊兄弟企业的成长,王氏兄弟不断引进投资者的股权投资,也不断回购先前投资者的股权,不仅让投资者得以顺利退出,也加强了自身的控股地位。

三、设计文化企业竞争力评价指标体系

(一)构建文化企业竞争力评价指标体系的目的

判断企业竞争力,无论是从企业内部还是从企业外部来看,都必

---

① 夏帆、周季钢:《王中军和他的贵人们》,《重庆日报》2010年3月9日B版。

须考察各个流通环节与其他企业之间联动效果是否良好,资金链条是否安全,企业信誉与产品质量是否能够得到市场的信赖。企业的竞争力优势必须依赖一个客观的、真实的、科学的评价指标体系,以便科学地反映其中的动态联系。

企业竞争力的高低直接决定着企业在激烈的商战中是持续发展还是走向衰落。对企业竞争力的评价需要有更加细化的指标,构建一个科学的评估指标体系,并以此引导企业进行决策、经营和管理。由于企业发展的分散性与企业的个体差异性,对企业竞争力评价体系的研究是热点问题,但理论体系尚不健全,学者们所提出的企业竞争力评价指标体系大多不能准确地、全面地评价企业竞争力。构建科学的企业竞争力评价指标体系已成企业科学决策的当务之急。

企业竞争力评价指标体系设计需要建立在各类企业宏观调查的基础之上,从实践中概括总结出适合一种类别企业发展的评价要素,把各个要素客观概括与抽离出来,利用数据再来做定量分析。根据企业竞争力的概念以及文化企业特点,可以将文化企业竞争力理解为:文化企业在一定的市场环境中,通过高效配置自身资源和外部资源,对文化产品进行创新,并迅速占据文化市场一定的份额,并因此获得经济效益和社会效益的能力。由以上定义可知,考量文化企业的竞争力时,既要考虑企业实力指标和发展潜力指标,也要特别关注企业的创新能力指标。

在文化企业竞争力评价指标体系的构建中,可以遵循三个设计原则。一是相对全面的原则。在评价体系的设计过程中,要对影响文化企业竞争力的因素进行综合的认知,然后选取能够相对全面度量文化企业竞争力的指标作为评价的依据。既要保证指标的精练,又要兼顾指标涵盖信息的全面性。二是独特性和针对性原则。创新和创意是文化企业发展的核心和灵魂,因此,在对文化企业竞争力进行评价时,要有针对性地选取能够突显文化企业创新能力的指标,以彰显文化企业的独特性。三是可操作性原则。我国的文化产业数据统计工作起步较晚,鉴于目前一些数据可能缺失,无法获得,因此,在指标体系的构建过程中要特别注意所选取的指标数据的准确性和可获得性。

(二)文化企业竞争力的综合评价原则和方法

关于如何对一个企业竞争力进行综合的评价,本节选取了以下指标作为文化企业竞争力的评价依据。

(1)企业规模实力。目前,我国文化企业之间的企业规模实力差异较大,特别是在文化体制改革中,一些传统的文化产业项目相继进行了并购重组,已经实现了规模化发展,竞争能力较强。但相比之下,一些新兴的文化产业项目规模还比较小,竞争能力相对较弱。因此,在文化企业竞争力评价指标的选取上,企业的规模实力应是首选项目。本书以企业资产总额、主营业务收入以及政府补助规模作为反映企业规模实力的指标。

(2)企业盈利能力。盈利能力反映了企业的资金或资本的增值能力。在市场经济中,追求利润是企业生产的动力,而在利润的驱动下,企业必然要不断地提高竞争能力,以实现利润的最大化。因此,盈利能力也是构建企业竞争力评价体系不可或缺的指标。本书以每股收益、净资产收益率、总资产收益率以及净利润率等指标来反映企业的盈利能力。

(3)企业偿债能力。偿债能力是指企业用其资产偿付到期负债的能力。企业有无偿还债务能力,是企业能否健康生存和发展的关键。在我国,文化产业建设起步较晚,当前文化企业整体还处于初创阶段,债务比重高是这一时期的主要特征,因此,在文化企业竞争力评价中引入偿债能力指标作为度量标准则尤为重要。本书选取资产负债率、流动比率和速动比率等三个指标来反映文化企业的偿债能力。

(4)资产营运能力。资产营运能力反映了企业管理人员运用资产、管理资金的能力。营运能力分析包括流动资产周转情况分析、固定资产周转情况分析和总资产周转情况分析,而其重点是应收账款和存货的周转情况分析。本书主要选取存货周转率这一指标来反映文化企业的资产营运能力。

(5)企业创新能力。文化产业的产业特点决定了文化企业在发展内涵、发展脉络和产出上必须以创新为内在动力。因此在文化企业竞争力评价指标体系的构建上,创新能力是必不可少的评价指标。而文化企业创新能力的形成离不开创新人才的建设。因此,技术和研发人员在员工总数中所占的比重,以及每年获得自主知识产权的文化成果包括专利、版权、品牌、节目等,应该作为衡量文化企业创新能力的指标。

(三)文化企业竞争力的综合评价流程

建立合理的企业竞争力评价体系要注重实际应用。在实践中,可以引用加权计算方法进行统计和评价。

1. 设定评价方法的思路

在评定企业竞争力前应当了解企业竞争力评价指标体系的各项指标,将这些指标与该行业的指标对比,得出相应的指数化指标,算出的结果能很好反映该企业的竞争力和在该行业所处的竞争地位。

2. 数据收集

对于非量化的指标数据,可以通过问卷调查计算取得各项数据,即德尔菲法。对于那些量化数据可以查阅相关书籍或是上网收集。

3. 计算各项指标体系

在市场竞争中,文化企业竞争指标多种多样,各指标都从某一方面来反映企业的竞争力。所以,应当综合各项指标来计算企业的竞争力。计算单项竞争力指标时,可以根据 $X_i = E_i/M_i$ 这一公式计算,其中 X_i 表示个体 i 指标竞争力度,E_i 表示指标值,M_i 表示标准指标评价值。在计算逆向的指标的指标值时,可以将上面求得数值的倒数值作为指标的竞争力度。同时计算各要素竞争能力度,可以采用算术平均数法，该计算方法比较简便，$K=\sum X_i/i$，K、X_i、i 分别表示各要素竞争能力度、单项竞争能力度和各要素指标项数。

竞争力指标的行业平均数 $x_j=(x_{1j}+x_{2j}+\cdots+x_{ij})/N$，其中 x_j 表示第 j 个竞争力指标的行业平均数（$j=1,2,\cdots,12$），x_{ij} 表示第 i 个企业第 j 个竞争指标数值（$i=1,2,\cdots,N$），N 表示该行业的企业总数。

同一行业内各企业各项竞争力指标数值对的指数 $Y_{ij}=X_{ij}/X_j$，式中的 Y_{ij} 表示第 i 个企业第 j 个竞争力指标的行业指数。

用加权平均算法计算各个企业的各项竞争力指标行业指数的平均数。其计算公式可表示为 $Z_j=(Y_{i1}+Y_{i2}+\cdots+Y_{ij})/M$，表示第 i 个企业各项竞争力指标行业指数的平均数。

综合竞争能力是指计算整个评价的总指数，即加权平均各要素指标的评价指数。其计算公式为 $K=\sum K_jW_j/\sum W_j$，权数 W_j 一般为 0 到 1 之间的数值，根据要素与竞争力间的相关度关系，当此数值越接近于 1 表明其相关性越大。

企业竞争力的总体评价应根据上述计算结果对企业进行竞争力进行排序，比较几种评价方法的结果，并通过组合方法进行组合，最后得出一个组合评价结果。先选择 n 种评价方法，并将这些评价方法的评价结果一一列出来，当这些评价方法的检验结果达到一致性时，分别将它们进行组合而得到最终的评价结果，促使其发挥最大的效用。可采用肯达尔一致性系数法检验各种评价结果的一致性。而具体的评价方法多种多样，包括平均值法、Brda 法、Cpeland 法、模糊 Borda 法等。

Cpeland 法的定义是：Cab＝1，aSb；Cab＝0，aEb；Cab＝−1，bSa，a 的取值是 $1-n$，b 的取值是 $1-n$。这是一种少数服从多数的方法，若企业 a 优于企业 b 的个数多于企业 a 劣于企业 b 的个数，说明企业 a 优于企业 b，记作：aSb，企业 a 的得分就为 1。若个数相等的说明企业 a 的得分就为 0，记为 aEb，而小于时，得分就变为 -1 了，就为 bSa。企业 a 的得分为 C_i，根据 C_i 的大小给企业 a 进行排序，若遇到相等的值时，可以依据不同方法下企业得分的方差来判断，$aRab = n - Y_{ab} + 1$，表示企业 a 在第 b 种方法下的得分，Y_{ab} 为企业 a 在第 b 种方法下的排位情况，表示企业 a 在 m 种方法下的得分。

根据方差的大小可以判断企业的竞争力的强弱，它呈反向变化，它的值越大时，表明企业的竞争力越弱，其值越小，企业竞争力才会越强。总之，文化企业评价竞争力指标体系是企业发展的重要依据，能够准确地评价企业的竞争力。这就要求我们不但要对文化企业的发展现状做出衡量，还要对企业的未来发展做出预估，并且还要依赖于一定的科学评价方法，通过不断修改而逐步完善，最终建立起一种全面、具体、科学的企业竞争力评价指标体系和评价模型，从而大大方便我国各类企业对发展现状的评判，进而帮助企业得以制订出最优、最具可操作性的发展规划。

第六节 提升中国文化企业
竞争力的战略举措

一个国家在全球文化贸易和文化消费市场上的发言权和主导权，是由自己强大的文化主体和产业集群来决定的。要提升国家文化生产力的规模和质量，关键是要建立完备的创新机制，准确把握企业核心竞争力的基本规律，不断地强化文化生产主体的优势，释放改革创新的"制度红利"。核心竞争力是企业获取持续竞争优势的来源和基础，它具有内在的成长性，核心竞争力是通过不断的学习和实践积累得到的；它具有延展性，能够从某种核心竞争力衍生出一系列产品与服务，具有打开多种产品潜在市场、拓展新的行业领域的作用；它具有独特性，难以模仿和超越，是企业独一无二的能力；它在形态基本上是结构性的、隐性的，不局限于个别产品，是一组技能和技术的集合体，而非单个分散的技能或技术。它的载体是整个企业，而不是企业的某个部门；核心竞争力不是固定不变的，如果外部环境发生剧变或管理不善，企业在某阶段的核心竞争力到后阶段会贬值成一般能力或流失。要建立中国文化企业的核心竞争力，最关键的途径是要实施五大创新工程，开拓五大创新路径。

一、推进五大创新工程

（一）推动文化企业的资源创新

无论是推动文化创新，还是文化产业高新技术的应用，都离不开高素质的人才。农业经济的价值体现在劳动力和土地的占有，工业经济的价值体现在资源与金钱的占有，而知识经济的价值体现在智力和知识的占有，"尊重知识，尊重人才"是社会价值变革的新取向。人才资源是各类资源的控制主体，是文化企业的智能主体，文化企业的核心生产要素是信息和知识等无形资产，而人才恰恰是这些无形资产的载体。文化企业的文化产品和服务是文化创意与高科技双驱动的产物，文化产业是知识密集型、技术密集型、人才密集型的产业，创意人才、科技人才、经纪人才、经营管理人才等占据重要位置。人力资源在文化企业竞争力形成过程中比一般企业起着更为突出的作用。同时，文化产业的核心资源是文化创意，而文化创意来源于具有创新能力的人才。所以，文化生产力最核心的资源是人才资源，是以优秀企业家为代表的人才团队。所有的先进理念、创新的商业模式、产品的核心生产流程的再造等，都是企业的创新人才所带来的成果。苹果公司的乔布斯、亚马逊公司的贝佐斯、脸书的扎克伯格等正是这类人才的优秀代表。

中国文化企业的竞争，必须在这个关键点上奋起直追。要突出文化生产的资源创新,推动中国文化生产力体系,适应中国经济转型和城市转型的要求,从依赖廉价资源和劳动力优势,到依赖投资驱动,再到依赖知识型人才和创新驱动,逐步实现文化生产主体的产业升级。把"以人才为本"、"以优秀企业家为魂"作为基本理念,来指导文化生产力的提升。努力将传统工业时代依赖"自然资源"推进社会发展的价值观,转变为依赖"人的创意"、依赖"非物质符号"、"依赖人与符号的互动关系"等新时代的全新资源观与社会主流价值观。

中国文化企业要注重专业人才与复合型人才等创新人才的培育。文化产业是高技术与高文化高度联姻的领域,对专业人才和复合型人才的知识、能力结构有特殊的需求,这种需求是文化企业夺取竞争领域制高点的决胜因素,而能够适应多种产业融合需求的文化企业管理人才、专业技术人才和骨干操作人才,将成为文化企业的核心资源。发达国家在建设创新型国家的过程中,都努力争夺全球人才,同时也高度重视培养创新人才的文化环境。为此,要把"以人为本"作为基本理念,来指导文化生产力的提升。首先是给创新型人才提供相对宽松自由的环境,激发他们的才华与创意;其次要重视创新型人才的管理,将多元化的个体整合成一个充满朝气的团队。海尔集团为实现人才资源的优化配置,在内部的人才选拔上坚持"在位要受控,升迁要竞争,届满要轮岗",在外聘请科技人才,将其打造成为企业骨干研发技术力量,这些经验都值得文化企业认真借鉴。

目前,我国文化产业的人才总量、质量、专业和分布构成不容乐观,还没有形成规模化的文化企业人才群体,存在着文化企业人才流失现象,因此,需要充分重视人力资本的投入和人力资源的管理,培育其具备文化产业相关知识,掌握现代科技、管理、创新的复合型人才,这需要做到:一是立足于现有高校资源,在资金和社会实践、人才吸纳等方面积极支持各个高校根据市场需要开设文化产业领域相关专业,加快学科建设和人才培养步伐;二是创新人才培养体系,鼓励产、学、研、用相结合;三是加强国际化合作,培养具有国际视野和国际水平的创新型人才队伍;四是创新队伍要团队化、梯队化、协同化;五是重视团队学习,铸造学习创新型组织,形成充满持续创造力的多代组合,力求臻于谐振共鸣的最佳协同意境。譬如,春兰公司建立企业科技研究院,依靠挂靠博士后工作站的金字塔形科研机构,集中一大批国内外优秀科技人才,将企业中掌握不同知识的各类人才进行组合,从事企业市场领先产品方向研究和尖端科技的开发,从而促进了企业的发展。

(二) 激励文化企业的技术创新

创新这一概念是著名经济学家约瑟夫·熊彼特于 1912 年在《经济发展理论》中首次提出。按照熊彼特的观点,创新是将生产要素和生产条件的"新组合"引入生产体系,包括引进新产品、引用新技术、开辟新市场、控制原材料、新的供应来源和实现工业的新组织。可见,熊彼特的创新概念既包括技术创新,也包括组织管理方面的创新。而技术创新则是一个新产品或新工艺设想的产生到市场应用的完整过程,包括新设想产生、研究与开发、商业化生产到扩散等一系列过程。技术创新是文化企业进步、生存与发展的灵魂,通过技术创新,文化企业可以拥有强大的应变能力,始终保持文化企业产品和服务的技术优势和市场优势,进而在市场竞争中立于不败之地,同时也可以占有更大的市场份额;通过技术创新,可以对文化企业产品和服务注入新的技术"血液",使其产品和服务在激烈的市场竞争角逐中,永葆竞争活力。现代企业制度体现的是企业资源配置的高效性,而这种高效率能否充分发挥,主要依靠核心技术和技术创新,通过新技术的开发应用带动整个企业或整个行业上一个新台阶,企业技术创新的过程是其能力不断提升的过程。技术创新对提高文化企业核心竞争力具有自我催化效应,随着一项技术创新成果成为企业的核心技术,企业也将形成自己新的核心竞争力和技术模式,从而使文化企业在较长时期获得高额垄断利润和规模经济效益。比尔·盖茨认为,企业能否不断创造出来技术优势,将决定企业竞争与发展的命运。在世纪之交,比尔·盖茨削减自己在企业中的事务管理权限,将更多的时间用于关注未来的技术路线,培育并指导"核心技术",开发队伍,创造适应时代的软件产品开发商务模式,更加有效地实现市场占有经营。发达国家的许多优秀企业也往往把技术创新最为企业创新发展的战略与内容,尤其是著名的跨国文化集团,突现科技集成和科技创新,而科技创新型企业一般依托国际一流的大学和研究机构,形成雄厚的科技实力、较强的创新能力与明显的科技产业优势。美国硅谷汇集了众多的高科技巨头,是影响甚至改变世界科技发展方向的中坚力量,成为技术革新和应用的代名词,硅谷对世界的意义就如同中关村对中国的意义。而硅谷依靠斯坦福大学获得强大的智力资源,成为全球许多大学借鉴的榜样。

技术创新是企业技术进步的核心,是技术进步的技术来源。培育技术创新型企业,激发科技创新活力,需要做到以下几点:首先,完善以文化企业为主体的技术创新体系,构建文化企业自主创新的基本构架。激发科研创新活力,激发创新文化企业这一创新主体的活力,重点引导和支持创新要素向文化企业集聚,加大政府科技资源对文化企业的支持力度,加快建设以文化企业为主体、市场为导向、产学研相结合的技术创新体系,使文化企业真正成为研究开发投入、技术创新活动、创新成果应用的主体。其次,加强科技基础设施建设,增强文化企业科技创新能力。要围绕增强原始创新、集成创新和引进消化吸收再创新能力,强化基础性、前沿性技术和共性技术研究平台建设,建设和完善国家重大科技基础设施,加强相互配套、开发共享和高效利用。文化企业将自身优势资源集中到产品创新、技术创新和品牌创新等领域,有条件的文化企业建立研发部门等创新机构,以优势产品、核心技术和自主品牌为依托,加快产品更新换代,提高产品、技术和品牌的市场竞争力。要深入实施全民科学素质行动计划,加强科普基础设施建设,强化面向公众的科学普及。最后,推动文化企业技术创新资源的整合优化,引导文化企业通过技术创新活动提升核心竞争力。文化企业通过技术创新活动提升核心竞争力,增强自我发展的内在动力。加大科研机构改制推进力度,深化科技管理体制市场化改革。政府扶持服务和市场良性竞争相结合,支持各民营科技文化企业发展壮大,引导民营科技文化企业拓展产业链和价值链,提高科技型民营文化企业的创新实力。支持文化企业将自身优势资源集中到技术创新、产品创新和品牌创新等领域,加快产品更新换代,提高技术、产品和品牌的市场竞争力。

(三) 促进文化企业的制度创新

制度创新经济学认为,以往被认为的经济增长的原因,如技术进步、投资增加、专业化和分工的发展等,并不是经济增长的原因,而是经济增长本身,经济增长的原因只能从引起这些现象的制度因素中去寻找。新制度经济学代表人物诺思通过对西方经济史所作的考察,指出:对经济增长起决定作用的是制度因素而不是技术因素,制度在社会中起着更为根本性的作用,它们是决定长期经济绩效的基本原因。在没有发生技术变化的情况下,通过制度创新亦能提高生产率和实现经济增长。专业化和劳动分工的发展会增大交易费用,而不会自动导致降低交易费用的制度产生,结果,逐渐增大的交易费用会阻碍专业化和劳动分工的进一步发展,从而导致经济的衰退。而制度的建立就是为了减少交易成本,减少个人收益与社会收益之间的差异,激励个人和组织的生产性活动,从一定意义上说,制度创新是实现企业可持续发展的基本保障。根据是否有利于经济增长,制度可分为有效率的制度和无效率的制度。有效率的制度能够使每个社会成员的生产性活动的成果得到有效的保护,从而激励他们努力从事合乎社会需要的经济活动。相反,一个滞后的制度则会让文化产业的发展效益低下。对文化企业来说,制度创新是文化企业形成核心竞争力的重要组成部分。

当前世界文化产业的竞争,从根本上是企业制度的竞争。文化产业制度体系中的核心是企业制度,文化生产力结构的基础是企业结构,企业结构在一定程度上反映着社会结构、社会公共政策和政治制度,一个文化产业采用何种企业结构会对其盈利模式与商业模式产生巨大的影响。传统的国有文化企业采用"单位制",从生产到销售、从决策到资金来源等都要依赖行政化的配置,导致企业员工工作效率低下、创意消失殆尽。企业的架构与行政架构类似,企业行政化、官本位化、阶层化,严重损害企业的竞争力。目前的国有文化企业在许多地方垄断着绝大多数经营领域和资源配置权(融资渠道、稀缺资源如准入许可证等),中小微文化企业难有平等的话语权和资源配置权。中国的文化企业制度创新首先要推动中国文化企业建立适应全球化竞争的科技研发制度、法人治理制度、人力资源制度、知识产权制度等,从制度上保证企业的成长和壮大。同时还要在四个方面有所突破:激励机制、竞争机制、评价机制和监督机制,而激励机制和竞争机制最为关键。在激励机制中,要重视战略性人力资源的激励机制。文化企业的人力资源管理不仅仅局限于企业员工的招聘、记录、薪酬的发放等具体的事务性操作,而是积极参与企业经营发展策略的制定与形成过程,基于文化企业发展战略目标形成人力资源激励机制和具体措施,这是企业核心竞争力提升不可或缺的重要组成部分。

激励机制是文化企业创新的强大动力和源泉。建立有效的激励机制,需要从激励对象和激励内容两个方面进行考虑。在激励对象上,制定创新激励政策时,绝不仅限于某一部分人,创新激励面不仅要包括员工也要包括管理层,不仅包括创新部门的员工,也要包括企业内部的其他员工,甚至对企业外部的公众,对任意愿意为企业创新做贡献的人员也予以考虑。在激励内容上,建立创新的激励机制,要把创新与职工的晋级、晋升、收入、奖励、荣誉挂起钩来,让创新发明的人得到实惠,保护职工创新积极性。而目前我国许多文化企业在人力资源激励机制仍不够健全。这方面,海尔集团的经验值得借鉴。他们对人力资源的激励不仅包括物质上的激励,也含有非物质的激励。物质激励包括企业领导人采用薪酬加奖励的办法、科技人才实行科研承包制、营销人员实行工效挂钩制、一线人员的收入与其劳动数量和质量挂钩、健全有效的福利和保障机制等;非物质上的激励有立体式的精神激励和企业家的行为激励等。与此同时,需要进一步建设和规范文化产品和服务市场,构建公平统一的竞争环境。统一开放竞争有序的文化产品市场是文化产品和要素实现包括人力资源在内的合理流动,只有理顺市场关系,构建统一开放竞争有序的文化产品市场,才能冲破阻碍要素和产品自由流动的束缚,才能激励更多的优秀人才投入文化产业建设。

(四) 推进文化企业的结构创新

企业实施战略中的一系列决策和实际行动总是要通过对企业内部各级、各部门的分工和授权才能进行,这种分工和授权所形成的组织结构既可促进企业战略的实施,也可能起阻碍作用,关键在于组织结构和企业战略是否相互匹配,可以说,合适的企业组织结构是企业发展的关键。目前,组织结构有职能型、事业部型、矩阵型以及这几种的组合(混合型)。职能结构能够提高职能部门的工作效率,简化职能部门制定决策的过程,并使上层管理部门保持对企业经营情况的战略控制,但它会给各职能部门之间的协调和决策制定增加困难,使一般管理人员的培训和发展受到限制。事业部型结构与职能型结构不同,将不同的职能设置在各事业部内,全部的必要资源,诸如生产、研发、营销都包括在每一个事业部内,事业部内的跨职能的协调在事业部结构内得到最大加强。当外界环境的不确定性很高,主要竞争问题和组织目标都在强调创新、使客户满意、保持市场份额上的协调行动时,事业部型结构往往是合适的,但也可能失去了规模经济性。有鉴于此,许多文化企业需要拥有职能型结构和事业部型结构两种优势,需要职能上的专业技能和跨职能的横向协调,在这些情况下,矩阵结构组织的优势在于它使组织能够应付环境的多种要求,资源被灵活地配置,适应变化的外部环境,还为感兴趣的员工提供了获得职业技能以及综合管理技巧的计划,然而其基本问题则是在职能经理和项目经理之间定义责任和权力的关系。

近来,随着科学技术的发展,特别是计算机网络等先进设施的使用,组织结构的形式发生着重大的变化,人们都在讨论网络组织、镂状组织、自设计组织、基于信息的组织、后工业化组织,这些可以称之为"网络结构"。网络结构胜过传统结构的主要优势是它的适应能力,网络结构的不确定性和易变性意味着网络结构组织有快速响应环境要求的优势。同时,网络结构的资源配置经常是复制的,责任是分散的、难以确定的,网络结构非常理想地适应了迅速变化的不稳定环境,特别是创新成为构成战略优势基础的时候。应用网络结构形式的公司包括投资银行、咨询公司、大学的教研室等,文化企业也越来越多地应用这种结构来在迅速变化的商业环境中响应客户的需求。具体而言,产品市场较小、业务较为简单的企业倾向于采用职能式结构,而那些具有多种产品与服务的公司一般采用事业部型结构,大的跨国公司可能采用混合型结构,而新兴的高技术企业以及文化企业一般采用网络式组织结构,形成支撑企业大厦的骨架。

同时,文化经济结构创新是体现一个国家文化产业和文化企业集团核心竞争力的重要指标。一个国家的文化生产力结构,应该是一个随着经济、科技和社会进步,不断升级改善的过程。自进入后工业化时代以后,发达国家越来越重视发展文化与科技融合的新兴领域,也鼓励注重文化产品科技和形态的"硬创新"以及文化风格和情感魅力的"软创新",推崇把文化魅力扩散到绝大多数的工业产品,也渗透到生产性服务业和生活性服务业中,从而推动文化生产力结构向高端化发展,这对一个国家的文化生产力战略重点、资源投向、人才能力等,提出了更高的要求。要鲜明地树立创新导向,从公共政策和政治制度的变革来改变现有的企业资源配置的游戏规则,引进现代企业制度,鼓励竞争精神,推动产业结构向高端化发展,特别是发挥知识型人才的创意和才华。产业结构问题不仅仅是一个企业内部制度的问题,还是一个制度结构的问题。目前文化产业结构普遍低端,依靠大量消耗不可再生的资源如土地等,是一种不可持续的生产力结构。要让各个类型的企业、包括中小微文化企业主获得更加完善的法律、体制和机制的保障,鼓励他们主要依托科技创新、产品研发和管理提升,来提升企业的生产力和综合效益,才能让他们迸发出更大的创造激情。

(五) 促进文化企业的环境和支撑创新

影响文化企业技术创新的外在制度主要是由各种保护企业技术创新成果的法律法规构成。这些制度强制性地惩罚那些侵犯其他企业技术创新成果的行为,最大限度地降低文化企业的技术创新风险。而法制环境最重要的是要完善知识产权制度,加强执法效能和公共服务能力,促进文化企业产权意识的提高,提升企业知识产权保护力度。知识产权(版权)具有财富属性、产品属性和高附加值属性,这些属性使它成为文化产业重要的生产要素和财富资源。知识产权在参与经济活动的过程中,主要通过其财产权利的转让和使用许可发挥作用,文化产品和服务也是通过版权价值载体而不断实现增值。为进一步提高文化企业产权意识和保护知识产权,这需要政府不断完善立法监督、政策引导,媒体也要发挥引导作用。

人是特定环境的产物,又是环境的创造者与改造者。特定的文化环境创造出特定的文化,而特定的文化在外力的作用下,往往又反过来强化或变革特定的环境。制度环境是促进文化生产力的重要因素,一个强大的文化生产力体系,离不开独特的制度环境的培育。文化产业是利用人类的创意对文化资源的挖掘和再创造,是基于人性的需求不断地满足人类"喜新厌旧"基本特性而从事的一项全新的精神产业。它的宗旨之一就是无限度地发现人性的光芒、发掘与满足人性合理的欲望。要突出文化生产力的环境创新，加强文化领域的法制化建设，保障各类文化财富的充分涌流。要加强投融资和产权交易、共用技术研发、市场内容配送等产业公共服务平台的建设，形成有助于创业和创新的发展环境。

文化企业的支撑创新体也至关重要。这些支撑体也是创新活动的行为载体，它们包括企业、大学、研究机构、中介机构、政府等。产学研是国家文化企业竞争力的重要源泉。要促进高校和研究机构与文化企业结合，建立为文化企业服务的金融保险、贸易、教育等支撑体系，通过政产学研金的结合，包括建立一大批企业孵化器。按照企业生命周期理论，当企业刚刚介入市场时，尚处于幼稚期，生存能力弱，抵抗力差，需要依靠孵化器这样一个环节提供良好的软、硬件环境，有组织、适时地供给其健康发育、成长所需的养分。据统计，美国新兴的小企业，能存活5年的只有20%，存活10年的只有10%，但经孵化器孵化的企业，其成活率达60%以上。而在完善的市场经济体制中，孵化器的产生和发展是因为政府对企业的行政管制和服务职能的分离，其业务可以看作是政府行政服务功能在企业发展中的延伸。在政府引导和市场调节下，专业化的孵化器完全担负了政府对企业培育和服务等功能，从而降低了入孵企业的创业成本，提高了入孵企业的市场经济效益。与此同时，入孵企业对良好软、硬件环境的需求，又必然潜移默化地推动着政府职能的转变、市场机制的完善以及现代企业制度的健全。美国孵化器主要有四种形式：政府主办的不以营利为目的的孵化器、私人主办的孵化器、学术机构主办的孵化器、公私合营的孵化器。根据NBIA的统计，美国有900多家企业孵化器，占地近278.7万平方米，在孵企业达2万多家，为约25万人提供了就业机会，现在仍在迅速发展。

我国近年来不断推动文化创意领域孵化器的建设，特别是由单纯科技孵化器向综合文化创意产业园区发展转化。2004年11月，文化部文化市场司副司长张新建,提出培育网络游戏产业的孵化器。2004年10月12日,上海市首个文化科技创意产业基地在浦东新区张江高科技园区正式运作。它的目标是建设文化与高科技密切结合的文化创意产业集群,依托张江雄厚的软件、生物工程、集成电路等高科技产业,着重发展动漫游戏、影视制作、多媒体内容、新型文化装备产业。与此同时,在北京、浙江、江苏、广东、湖南、福建等地区率先兴起了一大批文化创意产业的孵化器和产业园,正在成为培育大批文化企业的重要基础。

二、实施五大创新路径

(一)建立成为学习型的组织

所谓的学习型组织就是以强烈的危机意识为学习的动力;以解决实际问题为学习目的;以不断的组织创新、行为方式的创新为学习根本。在当前瞬息万变的年代,不断学习是提升企业竞争力的首要任务。不断学习的方式多种多样,最常见的方式就是在企业内部经常性地开展在职培训活动。海尔集团自创立以来将培训工作放在首位,外部建立随时可用的师资队伍,以青岛海洋大学海尔经贸学院的师资队伍为基本依托,与国内外20余家高等院校、咨询机构及国际知名企业近百名专家建立了外部培训网络,利用国际知名企业丰富的案例进行内部员工培训,在引进国内外先进的教学和管理经验的同时,又借用此力量,利用这些网络将海尔先进的管理经验编写成案例库,成为MBA的教学案例,也成为海尔内部员工的培训案例,达到了资源共享。海尔集团除重视"即时"培训外,还重视对员工的"脱产"培训。为了培养出国际水平的管理人才,还专门筹资建立了用于员工培训的基地——海尔大学,成立了海尔国际培训中心,并且向社会开放,成了一座名副其实的海尔国际化人才培训基地。美国著名经济学家加里·贝克尔(1992 年诺贝尔经济学奖获得者)谈到企业的人力资源开发时认为,企业培训是企业人力资源投资的最重要方式,也是企业获得竞争力的主要途径。他对于企业的在职培训的论述,是人力资源开发理论的经典。学习型组织的培养,是企业竞争力提升的必要条件。

(二)建立现代企业机制

企业制度的科学程度、合理程度、现代化程度、企业制度的活力决定了核心竞争力的强弱,是其成长的土壤。中国企业尤其是民营企业中,许多的缘起是因为获得了一个好的创意或者商业机会,就去组织资源和人力,把这个创意变成产品或服务,并在市场上销售而获利。但是,好的创意往往得不到政策保护,要么别人模仿,要么企业员工背叛企业独立门户。这中间有政策环境问题,也有企业自身的机制问题。正如张维迎教授在"中国企业家的困惑"中指出的:产权保护、现代企业机制与人才是一个相互关联的有机体[①]。我国大多数的文化企业规模很小,竞争力较弱。它们往往由一两个掌握核心技术的人员掌控企业,很少进行资本运作、规模经营,也较少有意识地建立现代企业机制,整体上呈现出散兵游勇状态。而大型的国有文化集团又因为机制的制约,其市场竞争能力不强,一时还难以与跨国文化集团抗衡。因此,中国文化企业应当努力借鉴发达国家的文化产业运作方式,学习它们的企业治理经验。管理模式最成功的案例当属零售巨头沃尔玛集团,萨姆·沃顿在《美国制造》中提到沃尔玛成功经营的十条戒律中,第八条是"超越消费者的期望",他认为沃尔玛必须持续降价,并且为消费者提供有质量保证的更廉价的商品,超越消费者的期望,做到"保证满意",其中的天天平价策略,就形成了对中低收入者的良好吸引力,显示了独特商业模式的作用。

---

① 张维迎:《产权、政府与信誉》,三联书店 2001 年版,第 158—186 页。

（三）突出专业化经营

中国文化产业企业要集中公司资源，突出某一领域的专业化经营，先获得核心竞争力的专长和技能，在这一过程中逐步形成自己的经营技术、产品、销售、服务诸多方面与同行的差异。不能四面出击，更不能没有自己的核心主业。专业化经营并不等于做不大企业，单一项目经营也可以成为大型企业。国际上的许多文化产业集团都是非常专业的公司，他们的发展一般都有如下过程：（1）企业自我发展，建立内在的专长竞争力；（2）与拥有互补优势的企业结成战略联盟；（3）基本实力积累之后，进行企业并购，寻求本企业所需的专门人才和拥有一定市场份额的同类型企业。比如巨人集团的创始人史玉柱由 4 000 元起家，以开发电脑软件和硬件为主业，第一年销售额达百万元，第二年销售额过千万元，第三年资产逾亿元。巨人集团从1994 年开始对企业的产品结构进行调整，业务从电脑扩展到生物工程。由于巨人集团的过分多元化扩张，将业务进一步拓展到房地产、化妆品和服装等领域，导致恶性债务出现，资金周转不灵，陷入财务危机，经过艰苦奋斗，才逐步走出低谷，获得了第二次创业的成果。而著名的飞利浦公司，表面上看是在不断增加产品和种类，走经营多元化道路，但是实际上始终坚持了高品位家电、绿色家电、智能家电的主攻方向，成为长盛不衰的电子电器巨头。由此，贸然的多元化经营，盲目扩大企业规模，从长远看不见得是一种发展，文化企业需要做到的是抓住企业的核心业务，认清企业主导方向，做到服务经营的专一专业。

（四）实施复合型人才战略

技术创新是核心竞争力的关键，形成自有知识产权的核心技术，不断推进。而技术创新最为重要的是优秀人才的吸引。文化产业说到底是一个"复合型人才主导"的产业。许多成功的文化产品，都是

"复合型人才"的独特个性和奇异的创造精神所生产制造的,如美国好莱坞大片、迪士尼的娱乐文化、麦当劳的快餐文化等,都是一个个优秀的顶尖级人才智慧的结晶。云南丽江古城的"纳西古乐"之所以闻名世界,主要靠一个名叫宣科的"文化能人",他凭借自己学贯中西的天才和睿智,将"纳西古乐"蕴含的东巴文化展现得淋漓尽致,轰动了西方世界。所以"复合型人才"的作用在文化产品制造中的作用尤其独特,文化产品的创造它不同于高科技产品具有协同性、程式化、流程化的特点,它往往具有强烈的个性特征。中国提升文化生产力,增强文化竞争力的现实说明:中国的文化企业并不缺乏专业人才,而十分欠缺复合型人才。文化产业有别于其他产业经济时代的最根本点就是它的个性化、不确定化以及它的关联化。文化产品中的"服务性产品",如旅游休闲、演唱会、杂技、戏曲表演等,由于产品的表现形态往往是可感而"无形"的,因而每一次表演均有不同,而且与旅游、网络、广告等有很强的关联性。如一场著名歌星演唱会,涉及票务、投资、场馆、媒体、旅游等多个方面,必须依靠大量的优秀复合型专业人才来组织或主导。

(五) 开拓新的经营模式和先进的盈利方法

文化产业的经营理念与经营模式的创新,决定着文化企业的成败与否。企业的核心竞争力很大程度上体现为先进的盈利模式与独特的产品和服务流程的设计上。尽管我国被称为"文化资源大国"、"科教人才大国",但知名的文化企业不多,文化精品欠缺,品牌产品非常有限。造成这种现象的原因,主要是我国的文化产业的从业人员素质不高,尤其是经营管理者的思想观念落后,经营模式陈旧,优秀文化经理人太少。在为数不多的文化企业中,往往因为其管理水平、文化素质,特别是经营理念与经营模式的落后,使得企业不能发展壮大。

商业经营模式作为连接文化资源与经济效益的纽带,是实现文化产业增值的充分条件。纵观中外文化创意产业差距,发达国家文化产业商业模式的多元化和创新性正是其保持竞争力的源泉,而中国文化企业的短板之一恰恰是商业模式单一化。比如"星巴克"这个名字来自美国作家麦尔维尔的小说《白鲸》中一位大副,他的嗜好就是喝咖啡。麦尔维尔在世界文学史上有很高的地位,但他的读者并不多,没有一定文化教养的人不会读《白鲸》和了解星巴克这个人物了。但是星巴克咖啡的经营者把咖啡馆作为一种载体,把独特的文化格调传送给顾客,使得咖啡消费成为一种文化品位的消费,让咖啡店所营造的环境文化感染顾客,形成互动体验,从而创造出经济效益。这是一个很值得思考的案例。在经济全球化的背景下,中国的文化企业必须研究、借鉴国内外成功的商业模式,结合本国国情,实现文化产业商业模式上的创新,从而使文化创意产业的增值来源多元化。

三、发挥文化企业三大竞争优势

(一)发挥文化企业的创业优势

要建立针对创意型人才的管理模式。特别强调要建立优秀的团队,组合不同层次的员工共同创业,而不是单打独斗式的创业;创业管理是一个系统的组合;决定持续成功创业的系统必然包括创新活力、冒险精神、执行能力以及团队精神等。但是在文化软实力的领域中,这种有效的管理模式常常显得格外艰难,常见的情况是:富有激情和想像力的人被作为傻子和办公室里的笑料,他们发自内心的冲动缺乏理性的表达和执行,灵光一闪的创意又被当作异想天开,因而与管理的规则形成频繁的冲突。有鉴于此,英国学者克里斯·比尔顿指出:必须建立一套针对文化创意型人才的新管理模式,它好比是在潮水与沙滩的交界,既有激情和创意的潮水,又有理性和科学的规则。它承认"创意"是一个非常复杂的过程,"既不是属于极少数天才的财富,也不是单凭冲动就能开发的才能,相反,它需要我们兼具非理性与理性的思维,跨越不同思维方式的边界,不仅要有新点子,还要拥有与之相关的资源与偏好……这种融合不同的思维方式与过程的能力,并非创意个体所独有,它更可能被发现于汇聚互补才能与个性的团队中,在团队的协商、网络与系统中。①"因此,中国文化软实力的培养,需要倡导适应时代要求的管理文化,努力去组合和管理优秀的创意团队。

事实证明:只有在一个自由开放的、富有激励性的企业环境中,人类的思维才会对一切保持好奇心,迸发出创意的火花。因此文化生产主体需要营造一种公平公开公正的法治环境和鼓励创新的法治氛围,这里不但需要使人感到自在心安,同时也要令人兴奋、内心充满渴望,并产生动力,这是由简单的利益作为驱动力的传统企业所力所不及的。企业创意人才的智慧火花迸发不仅仅来源于利益驱动,也来源于先进理念的驱动和对于科学真理以及美好愿景的好奇心。

(二) 提升文化企业的协同优势

中国文化企业的建设,必须要充分发挥我国社会主义制度的优势,为企业的发展提供不断改善的支持保障系统,形成良好的协同机制。文化产业企业家除了要掌握一般企业的经营规律之外,还必须深刻把握文化艺术本身的规律,尤其是从事以中国文化艺术为经营资源的文化公司,更要努力掌握与领悟中国传统文化的历史特点以及中华民族的民族特点。

培育优秀的文化企业,是建立在对 21 世纪文化生产力规律的理解之上的。在现代知识经济背景下,文化产业的大部分领域属于现代服务业,它具有灵活性、多变性和不稳定性。它并非工业经济早期

---

① [美] 克里斯·比尔顿:《创意与管理——从创意产业到创意管理》,向勇译,新世界出版社 2011 年版,第 3 页。

的"福特主义"形态，以大规模的流水线生产来保持产量和质量的稳定性和对市场的占有，也并非依赖于来自外部的大批市场订单。它如同后工业化时代的"后福特主义"形态：是以一系列大大小小的文化创造实体与配套机构组合起来的，它更针对小群化、分众型、全球化的市场，致力多样式产品的开发与营销，带动产业形态的改造，像专业人员的聘雇弹性化、项目的服务外包，生产组织的切割、碎片与重组、创意设备的租赁化，知识产权部门的设立等。

（三）发挥文化企业的结构优势

中国文化企业将充分依托中国作为崛起大国的优势，让文化企业的四大种类，即大型跨国公司、专业化与特色化公司、产业链组合型企业、虚拟型企业等，并存发展，相互补充，形成优良的文化企业集群和竞争力结构。大量实践证明：文化产业的集群是一个有机的经济活动整体，它不仅包括一批文化产业的领军企业和跨国公司、大中小企业的群体，而且还包括相关的政府机构、商会、协会、金融机构、中介机构等，以及在互联网时代蓬勃发展的虚拟型企业、创客空间等新经济形态。它们形成了相互联系的共生关系，就比单个的企业和机构拥有远为多样和广泛的经济能量和社会网络，产生了强大的生产力和辐射力。这就是文化产业集群发展的重要作用。

正因如此，中国提升文化生产力应该培育四大类文化企业，使得它们相互配套，扬长避短，犹如热带雨林中的大树与小草，形成优良生态圈：（1）文化龙头企业和跨国公司，可以集聚和把握国内外的文化资源和文化市场，形成行业发展的引领作用。在创新研发方面进行大量投入，率先形成科技创新、文化创新和商业创新的优势。（2）产业链的经济组合，根据文化产业链、服务链和价值链的需要，组合许多中小微企业，通过有效的分工协作，形成低成本和特色化的优势。（3）专业化的小公司，它们可以专注于细分市场的需求，重点开发专业化的技术、产品和服务，成为大企业和产业链的配套商和供

图 3-26 中国提升文化生产力要培育的四类文化企业

应商。(4)虚拟型的企业组织,它们通过各类虚拟和实体的网络连接起来,包括以数字化网络为基础的合作组合、企业战略联盟、产学研结合的创新组合等,也包括各类灵活组合的工作室、创客空间等,以推动产业要素的集聚与升值。要鼓励培育这四类文化企业,推动它们各显所长,相互补充,从整体上提升我国文化企业的竞争力。

RESEARCH ON ENHANCING
THE OVERALL STRENGTH AND
COMPETITIVENESS OF CHINESE CULTURE

增强我国文化整体实力
和竞争力研究（下）

花 建 / 等著

上海社会科学院出版社
SHANGHAI ACADEMY OF SOCIAL SCIENCES PRESS

第四章

增强文化贡献力

——以特色资源、规模集群、空间布局为
重点的区域文化发展战略研究

党的十八大提出了建设社会主义文化强国的伟大战略,而提升区域文化竞争力,增强区域文化贡献力,正是贯彻文化强国战略、提升中国文化整体实力和竞争力的核心内容和重要路径。中国既是一个国土超辽阔、人口超大量、历史超悠久、发展不平衡、周边邻国众多的东方大国,又是一个积极推动产业转型,加强创新驱动,以巨大的增长规模影响全球格局的新兴大国,必须通过有中国特色的区域文化发展战略,才能充分发挥各地区的比较优势,统筹国内和国外两个大局,建立中国作为全球大国的文化地缘大布局,为中国迈向两个一百年的伟大目标奠定坚实的基础。

第一节 主题与背景:文化竞争力与
区域可持续发展

区域是一个具有明确边界的地理空间,也是各种资源、产业和人类活动的承载空间。研究文化竞争力的区域发展战略,是 21 世纪文化产业发展所提出的重大理论命题和实践命题,是经济全球化、数字

化、网络化的趋势对文化软实力与区域发展关系提出的全新视野,是在全球范围内倡导生态文明和低碳经济所推动的必然选择,也是从区域发展战略出发,进一步提升文化竞争力的资源利用率和贡献率的需要。它获得了全球范围内一系列重大潮流的强有力推动。

一、从发展与双转型的角度看文化的意义

全球范围内要求对"发展"进行重新定义的潮流,促使各国有识之士重新把握一个区域内文化产业和经济增长的作用。大量实践证明:如果把"发展"仅仅定义为一个区域国民生产总值的增长,而采取大量消耗自然资源、劳动力和社会成本的路径,不仅仅会引发大量的社会矛盾和冲突,而且经济增长本身也是不可持续的。联合国开发署行政官海伦·克拉克在 2013 年新版的联合国《创意经济报告》序言中指出:"文化是人类和可持续发展的使能器和驱动器。它赋予人们自主发展自我的权利和能力,激励推动全面和可持续增长的革新与创造。"①

从可持续"发展"角度看,文化产业不仅仅是一种商业活动,而且体现了很高的人文价值,特别是它能够把人的智慧、知识、创意作为最主要的资源,随之而来的是对人创意潜能的重视和开掘,而且特别是对文化多样性的高度重视,这就使得文化产业不同于传统意义上的采矿业、加工业和商业,能够将无形的文化内容创作和有形的制造与商品化过程联结起来,它不但有巨大的经济价值,而且在促进区域文化多样性、保证当代的文化民主、提升社会的人文价值方面,具有核心和动力的作用。各个国家、各种人群所拥有的文化资源,之所以获得广泛的重视,不仅仅因为这种资源的数量,而且因为这些资源的独特性和唯一性,因为它们所包含的人类智慧和感情的多样性密码。

---

① 联合国开发计划署和联合国教科文组织:《创意经济报告 2013 年》英文版,联合国教科文组织官方网站,2010 年。

所以,越是稀缺性、越是独特性的文化资源,越应该获得关注和沟通的必要。诚如联合国成立 65 年来第一份有关文化的世界性报告所指出的:"全球化进程正在促成更系统的文化碰撞、借用和交流。这些跨文化的新关联具有促进文化间对话的巨大潜能。"①

跨入 21 世纪以来,以生态型、科技型、集约型为特征的产业转型,以精明型、智慧型、幸福导向型的城市转型,形成了"双转型"的巨大潮流,席卷全球。在这种双转型的背景下,人们越来越重视生态文明,利用智慧、知识、信息、创意等可再生的资源,发掘有利于生态文明的发展模式,并且把文化产业作为有利于区域生态文明的首选产业之一。

1996 年,加拿大生态经济学家威克纳格和他的同事提出了"生态足迹"的理念,来强调传统的经济增长模式遭遇了生态门槛。生态足迹是指为经济增长提供资源(粮食、饲料、树木、鱼类和城市建设用地)和吸收污染物(二氧化碳、生活垃圾)等所需要的地球土地面积。他们测定了从 1960 年以来地球提供给人类生产和消费的资源及吸收排放物所需要的生态足迹情况,发现了人类经济增长的生态足迹,与地球所能提供的生态供给相比较,从 1980 年左右开始超出了地球的能力,到 1996 年已经超出了 25% 左右,这就是说:地球的自然资本从盈余变成了亏损,今天地球人的生活需要用 1.25 个地球来支持,财富的积累造成了严重的生态赤字②,这意味着,传统的以经济增长为目标的工业文明模式是不可持续的。

20 世纪 80 年代以来迅速崛起的生态经济学家们认为:传统工业革命的经济增长模式是自然资本论(natural capitalism),传统工业革命的经济增长模式严重地依赖于人造资本(表现为机器、厂房、设施等运用自然资本而制造的人造物品)的增长,并且以严重

---

① 联合国教科文组织:《着力文化多样性与文化间对话》英文版,联合国教科文组织官方网站,2010 年。
② 诸大建:《中国发展 3.0:生态文明下的绿色发展》,《解放日报》2010 年 12 月 19 日第 8 版。

地损坏自然资本为结果。经过将近 200 年的工业革命，人类社会的资源稀缺图谱已经发生了重大变化，因此人类在走向 21 世纪的进程中，必须停止经济增长对于自然资本持续不断的掠夺战争，建立起以稀缺的自然资本和可再生的知识资本为出发点的新的人类生态文明。

新的生态文明提出了两个重要的脱钩：一是经济增长与自然消耗的脱钩（EG/EF），即经济增长是低物质化的，这意味着资源节约型和环境友好型的生产和消费；二是生活质量（客观福利或者主观福利）与经济增长的脱钩（WB/EG），即要求在经济增长规模达到控制或者人造资本存量稳定的情况下提高生活质量。随着降低能耗和减排温室气体成为国际社会应对的严峻挑战，许多夕阳产业迫于环境和能源的限制，如森林采伐业、木材加工业和对环境严重破坏的若干采矿业，被迫退出了历史舞台，越来越多的区域选择了产业升级和转型，致力于发展先进制造业和现代服务业，同时发现了文化产业作为低能耗、低污染、低碳排放、循环利用的绿色产业之巨大价值。正因如此，跨入 21 世纪以来，以绿色生态和节能减排为特征的技术、贸易、投资、产业浪潮席卷全球，能源和资源的节约与再生开发主导着许多经济领域的发展，生态城市、生态文化、生态产业等成为全球广泛关注的前沿发展领域。文化产业作为 21 世纪大规模的绿色型、生态型、知识型产业，正在获得知识经济和生态文明的强大助推力。

二、文化作为新经济的组成部分

根据韩国文化产业振兴院的研究报告，随着世界经济的整体复苏，文化消费需求不断增长，尤其是在知识信息领域，消费保持持续增长，从 2013 年到 2017 年的 5 年间，文化产业的市场规模有望以 5.7％ 的平均增长速度持续扩张，到 2017 年世界文化产业市场规模有望达到 2.863 万亿美元。在 2013 年广告占 22％，广播电视占 19％，出版占 16％，按照现有领域分类，到 2017 年知识信息市场所占比重将扩大到 31％，与之相反，传统出版业所占的市场份额将缩小到 12％。

表 4-1　全球文化产业市场规模预测（分类）

（单位：10 亿美元）

领域 ＼ 年份	2013	2014	2015	2016	2017
出　版	347	347	348	350	351
漫　画	9	9	9	9	9
音　乐	50	51	52	53	54
游　戏	63	73	78	83	87
电　影	90	93	96	100	106
动　画	18	19	20	21	22
广播电视	435	455	474	496	515
广　告	522	551	579	612	644
知识信息	635	694	736	818	879

　　资料来源：《全球文化产业市场规模预测表》，《中国文化报》2013 年 12 月 19 日第 9 版。

　　随着主要国家对国家综合竞争力中的文化软实力给予了越来越多的重视，以及以绿色生态和节能减排为特征的技术、贸易、投资、产业浪潮对文化产业的促进作用，主要国家和地区之间的文化竞争力较量愈加激烈。具有规模优势的北美地区保持了领先的地位，到 2017 年的文化产业规模将达到 1 万亿美元，占全球 34.5％ 的份额，欧洲、中东和非洲为 8 520 亿美元，占全球 30.2％，亚洲和太平洋地区，将在 2017 年达到 8 120 亿美元，占全球市场为 28.6％。中南美洲的市场份额明显偏低，为 1 990 亿美元，但是中南美洲地区的增长速度快于其他地区，年增长率达到 10.1％。可谓"潮起潮落，因势利导，强者争锋，王者归来"。

表 4－2　全球文化产业市场规模预测(区域)

（单位：10 亿美元）

地区　　　　年份	2013	2014	2015	2016	2017
北　美	838	874	910	955	1 000
中南美	137	152	167	184	199
欧洲·中东·非洲	721	751	784	818	852
亚　太	641	684	727	770	812
合　计	2 337	2 460	2 588	2 727	2 863

资料来源：《全球文化产业市场规模预测表》，《中国文化报》2013 年 12 月 19 日第 9 版。

三、信息化对文化贡献力的重塑

跨入 21 世纪以来，依托 IT 技术的数字化、信息化、网络化应用向纵深发展，促使人们重新思考区域文化产业的界定和影响范围，使得不同区域的开发者重新考虑文化产业与自己区域的产业的匹配性和发展前景。新能源、新材料和生命科学领域不断突破，推动创新成果的产业化，形成了全球经济新一轮繁荣的真实动力。网络化生存和智能化管理极大地改变传统的生产、交易和消费方式，孕育着众多服务需求、生产供应和技术扩散的时尚潮流与创新空间。这个快速崛起的"智慧星球"时代，在颠覆传统的文化生产方式的同时，奇迹般地创造出千百种新的文化生产、文化传播和文化消费方式，为文化产业开辟出前所未有的广阔市场。而数字化、网络化、智能化技术的快速发展，推动大批新兴产业包括文化产业跨入了快速的增长期。

正如法国学者弗雷德里克·马特尔所说："在以往几个世纪的岁月里，文化都是由公路、港口以及机场来运输和传达的，这种传播发生需要时间、关税以及零售业。"他指出，目前文化的内容和物理载体完全分离。文化通过全球性信息高速公路传播。数字化生产时代文化和信息的根本性变革,这不仅是大众文化的变革,也是文明的变革,唱片实体和书籍实体都将消失,而随之消失的还有书籍和唱片本身①。在现代知识经济的背景下,大部分文化和创意产业的企业,是属于重人才、富智慧、轻资产型的企业,具有高度依赖信息流、资金流、技术流的企业,而不是高度依赖物质流的企业。

有鉴于此,经常可以看到这样的情况,一些规模较大的文化产业和创意经济企业,除了拥有房产和人才之外,公司的基本资产用一两个集装箱就可以全部拉走。而创意型、智能型的人才,恰恰是文化产业和创意经济公司最核心的要素、最具有增长性的资本。比如:苹果公司的创始人史蒂夫·乔布斯和他的伙伴,在父母的汽车库里开创了苹果公司,并且在10年内把它发展成为拥有4 000名员工,价值达到20亿美元的大公司。1986年,他投入500万美元买下了皮克斯公司(Pixar),再投入了500万美元,依托内容创意和技术创新,使得皮克斯公司出品的动画片票房达到同期迪士尼公司动画片票房的1.5倍以上,成为动画电影新潮流的引领者。20年后,迪士尼公司在2006年投入74亿美元,以换股的形式收购了皮克斯公司。乔布斯出让了他手中50%的皮克斯股份,获得了37亿美元的迪士尼股票,这个价格是当年投资额的370倍。这使人联想起一句格言:不是人才跟随资本,而是资本追逐人才。文化创意企业对人才的高度倚重,使得企业具有了更大的流动性,推动它们向拥有更多创造力资源的地方流动,希望能够把握最优秀的智能型、创造性的人才资源。

而21世纪文化和创意产业蓬勃发展的时期,又恰好与国际上推进数字化、智能化、信息化技术,推进"智慧地球"的技术发展潮流相重叠。有专家指出:"智慧地球"作为一种新的科技和产业潮流,正在全球范围内获得广泛的关注。它的核心是"三个化":物联化、互联

---

① [法]弗雷德里克·马特尔:《主流——谁将打赢全球文化战争》,刘成富等译,商务印书馆2012年版,第387页。

化、智能化①。21 世纪科学技术和产业发展的需求,都预示信息化将向一个"可感知"、"更集约"、"多节能"、"超智能"的方向发展。在 21 世纪全球化和数字化的背景下,文化产品在全球传播的速度正在惊人地增长。第一代互联网在全球传输一份普通信件的速度是 0.03 秒,比用传真传输快了 100 倍以上,而第二代宽带和第三代移动互联网传输图像、视频和音频的速度又是第一代互联网的 100 倍以上,而方兴未艾的"穿戴式智能设备"在体现全面感知、互联互通、智能服务的便利性方面,又将比第三代移动互联网跨上更高的台阶。根据这一个潮流,21 世纪的人类将打造一个由传感网所覆盖,具有"可感知"特点的社会,这种传感网可以把人的需求转化为一种社会需求的"数据",人类有能力将这些社会需求"数据"的信息提炼出来,成为社会发展所依赖的知识,确保社会由这些知识和"智慧"在超级计算机系统包括云计算等的帮助下,成为人们做出更为智慧的决策和采取有效解决方案的途径。

特点	理念	趋势
人工智能的"系统大整合"	"智慧+互联+协同"的城市	全面感知、互联互通、智能服务

图 4 - 1　智慧城市推动文化软实力建设的主要特点

近年来,新一代数字化技术设备和应用在全球获得了前所未有的普及。2002 年全球网民为 5 亿,2006 年全球网民超过 10 亿,2013 年全球网民突破 25 亿。2013 年中国国内智能手机销售 4.23 亿部,超过前 5 年出货的总和,平板电脑销售量超过 1 600 万台,同比增长 61％,高于全球平均水平 8％,整体渗透率超过 20％,消费规模超过

① 《IBM 中国研究院副院长陈滢访谈》,《佛山日报》2010 年 5 月 23 日。

510亿元①。文化产业把知识作为资本,信息成为重要的战略资源,而以互联网为代表的信息技术让世界联系起来,成为一个巨大的文化消费市场,信息消费规模高速增长,撬动社会总需求快速扩张,信息消费的溢出效应、增长效应日益显著,成为扩大内需和增长提质提速的重要引擎之一。全球范围内信息技术的进步和信息消费的释放,推动知识、智慧和文化成果在全球范围内快速流通,改变了文化传播和贸易的区域版图。有鉴于此,数字化正在重塑文化与信息领域的国际地缘格局,也形成了国际文化贸易的地缘大变局。

四、全球范围内深化的区域合作

双边和区域层面的经济一体化再度活跃,引发国际政治经济的地缘结构发生变化,使不同区域的文化生产力主体进行新的组合。从全球范围看,贸易自由化趋势下国际文化市场正面临着进一步开放的巨大压力。从《1947年关税和贸易总协定》签订至今,各国关于贸易和文化问题一直进行着激烈的争论。WTO框架内的各个成员立场迥异、分歧巨大,尤其是美国和法国、加拿大等双方关于文化贸易自由化的争论非常激烈。鉴于WTO框架内各国对于国际文化贸易难以形成共识,而发展国际文化贸易的巨大利益,则推动着双边、区域和诸边贸易协定蓬勃发展,正在重塑国际文化贸易的规则体系。特别是美国利用双边贸易协定推动全球范围内的文化贸易自由化,已经生效的20个协定取得了重要进展。

美国努力推动的TISA、TPP、TTIP推行高规则、高标准的国际贸易新体制,实际上是在面对全球货品贸易自由化的基础上,希望把贸易自由化向投资贸易和服务贸易的方向进一步提高。作为全球投资贸易和服务贸易自由化浪潮主要内容的负面清单谈判方式,将促

① 罗文:《信息消费释放亿万内需》,《人民日报》海外版2014年5月8日第2版。

进国际文化市场进一步开放。此外,美国还试图通过电信服务、电子商务谈判等,不断突破现有的文化贸易壁垒。这些新动向无疑为各国和区域文化市场的开放带来了压力,也为中国推动对外文化开放带来了新的机遇。中国于2013年9月30日正式宣布参加服务贸易协定(TISA)谈判,标志着中国对参与更高水平的服务贸易和全球贸易体系采取积极的态度。

在全球化进程遭遇危机重创的背景下,开拓新市场、构造区域合作体系成为应对多边谈判停滞和贸易保护主义抬头的有效途径,国务院总理李克强2013年9月11日在夏季达沃斯论坛开幕式上指出:"我想代表中国政府再次重申,中国将继续坚定不移地扩大开放,坚决反对贸易保护主义。[①]"近年来,中国积极推动双边、多边和次区域形态的区域合作,推动中韩自由贸易区,推动中国—东盟自由贸易区,以及推动跨越亚欧大陆丝绸之路经济带和连接太平洋和印度洋的海上丝绸之路"一带一路"的建设,欧盟、北美、中国—东盟成为全球三个最大的自由贸易区,双边、区域和次区域层面的经济合作不断深化。比如2009年8月,中国商务部陈德铭部长与东盟10国的经贸部长签署了中国—东盟自贸区《投资协议》。《投资协议》包括27个条款,双方相互给予投资者国民待遇、最惠国待遇和投资公平公正待遇,提高投资相关法律法规的透明度,为双方投资者创造一个自由、便利、透明及公平的投资环境。2013年中国与欧盟、美国的双边贸易额分别为5 590.6亿美元和5 210亿美元,中国—东盟的进出口总额达到4 436.1亿美元[②],中国的开放姿态成为推动区域经济和社会发展的强大动力。

在经济全球化和互联网技术的推动下,一些过去处在全球文化市场边缘的新兴世界大国和地区大国,成为活跃的文化生产中心和传播中心,在全球的文化地缘格局中占有了新的重要地位。正如法国学者弗雷德里克·马特尔在5年走遍20个国家,采访了1 250位

---

① 李克强:《中国将坚定扩大开放 反对贸易保护主义》,中国新闻网,2013年9月11日。
② 《2013年中国对欧美东盟贸易增长 中日贸易额降5.1%》,中国新闻网,2014年1月14日。

行业领袖(包括中国专家花建等)所得出的结论:当代人正在经历一个全球文化和传媒贸易的大洗牌时代,一切文化潮流都在加速,一切文化潮流又相互交织在一起,整个地球的文化地缘格局正在被重新塑造①。这突出地表现在四个方面:占据了全球经济主导地位的美国在文化软实力方面保持了强大的地位,但是受到了有史以来的重大挑战;中国、巴西、印度等新兴国家迅速崛起,成为文化产业和文化贸易的新增长极;南北贸易和南南贸易中强者和弱者的差距越来越大,而原来具有优势的欧洲国家明显衰落下去。比如:1996 年 11 月 1 日在卡塔尔创立的半岛电视台,使用包括英语在内的多种语言播出,成为全球化的媒体集团和新的信息传播中心;印度人把孟买(Bombay)与美国好莱坞(Hollywood)结合,产生了英语复合词——宝莱坞(Bollywood)。每年生产 1 000—1 200 部电影,贡献 6.45 亿美元的产值,创造工作岗位 100 多万个②。发展中国家的多样化文化和创新性创意经济正在成为提高当地生活和谋生水平的动力,如阿根廷的文化和创意产业人数约 30 万,贡献了国家生产总值的 3.5%。摩洛哥的出版和印刷业吸纳了 1.8% 的劳动力,产值超过 3.7 亿美元。在熙熙攘攘的东南亚地区,泰国曼谷的时尚产业有 2 万多家企业,整个区域的许多年轻人主要以小型设计谋生③。而一些人口和国土面积有限的中等发达国家,也努力在全球文化创意版图中成为引人注目的星座,其文化创意的辐射力和影响力,远远超过了它的人口规模和周边地区。比如北欧国家丹麦,作为一个发达国家,尽管人口仅有562 万人,本土面积也有限④,但是在 2009 年丹麦政府正式提出了

---

① [法]弗雷德里克·马特尔:《主流——谁将打赢全球文化战争》,刘成富等译,商务印书馆 2012 年版,第 367 页。

② 李美敏:《印度电影的过去和未来》,《文艺报》2012 年 5 月 21 日第 8 版。

③ 联合国《创意经济报告 2013 年》英文版,联合国教科文组织官方网站,2013 年 12 月。

④ 丹麦王国的本土由日德兰半岛和菲英岛、西兰岛、博恩霍尔姆岛等 406 个大小岛屿组成,面积为 43 096 平方千米。此外还有自 1953 年起正式成为其领土的格陵兰岛,其面积为 217.5 万平方千米,和享有自治权的法罗群岛,其面积为 1 399 平方千米,由 21 个岛屿组成。

"设计丹麦"的政策白皮书,陆续推出"丹麦文化国际化战略"和"丹麦设计 2020 愿景",在 2013 年推出"丹麦创意产业发展方案"。丹麦的创意产业成为全国五大出口产业之一,占丹麦出口总值的 10%,雇用劳动人口超过 85 万人[1]。丹麦政府制定了四个明确的政策目标:(1) 鼓励发展丹麦艺术与文化产业;(2) 以国家层次推广丹麦文创品牌;(3) 促进丹麦文化输出;(4) 促进丹麦与国际社会的文化交流。丹麦政府力图推动丹麦文化国际化的战略性布局,特别关注中国、巴西、印度、南非等新兴大国市场,希望扩大丹麦文化创意产业的输出,并且不断取得具体的成效。有鉴于此,今天希望打赢下一场全球文化战争的人们,应该清晰地认识到这样一个巨大的趋势:在数字化和全球化时代,文化和信息领域的地缘政治版图正在重新划分。每一个区域、城市和国家,都可以通过提升自己的文化策略、文化资源和竞争力,来扩大自己在周边地区乃至全球的文化影响力。这是一场通过文化和信息的传播与贸易,来赢得新的地区影响力的文化战争。

第二节　定义和内涵:区域的资源观念和开发框架

一、区域的界定和内涵

区域是一个具有明确边界的地理空间,也是各种资源、产业和人类活动的承载空间。从空间划分的意义上,区域战略、国家战略、地缘战略是具有层次性和连续性的。一个具有明确边界和内在联系的城市和城市群,或者是一个具有内在联系和稳定框架的经济和社会协作区,都可以被视为一个独立的区域。没有边界就没有区域,没有

---

[1] The Danish Government, *Denmark at Work*, *Plan for Growth in the Creative Industries Design*, 2013, http://www.evm.dk.

区域就没有稳定的发展框架。一个人类活动系统的固定边界在一定的条件下,可以起到保护系统稳定的作用。

从经济的意义上说,区域就是人类赖以生存和发展的一定的地理空间。系统论认为系统的整体性表现在同环境相接触时出现的特殊的边界反应。没有边界就没有区域,没有区域就没有稳定的发展框架。一个人类活动系统的固定边界可以起到保护系统稳定的作用。区域内的自然资源状况、人口分布状况、交通状况、教育水平、技术水平、工农业发展水平、消费水平、政治制度等,对于该区域的社会经济活动和生产过程,特别是对文化竞争力产生了深远的影响。

传统的区域划分是以自然地理边界为依据的,这是由于传统的经济活动以农业为主,运输和联系方式落后,人力改造自然条件的局限性非常大,地理条件对人的制约很大。大部分农业经济活动局限于平原和丘陵地带,构成区域经济系统的边界往往是河流、山脉、高原、湖泊、海岸线等自然边界。人类跨入近代社会以来,随着大规模工业化的进程,传统的运输和联系方式虽有所改进,但是资源流动的成本依然很大,区域经济系统的边界受到自然和人工因素两种影响,其界面除了河流、山脉外,还可能是铁路、航线、关税、权力以及政治上的边界等,这些对经济活动空间成本起约束作用的因素构成了区域经济系统的界面,从而促成了各种区域发展战略的研究、制定和实施。

全球化和信息化时代,提供了新的人类—地理关系和新的区域经济景观,以网络为基础的信息技术空间形成了空间事物和人地关系的一种新的组织形式,出现了所谓虚拟化的信息联系和网络空间,这种区域经济系统的界线除了自然资源、基础设施、运输条件、成本等经济因素影响外,大大地跨越了物理空间和自然边界,以"在场、在地、在线"三种形态,更多地表现为价值观念、文化组织和人才、文化活动以及网络标准和网络规则等技术方面的综合界定与合作。这样在研究区域文化竞争力的视野中,我们有必要把实体性的区域边界和虚拟性的网络空间结合起来,进一步激发区域文化竞争力的质量和规模。

全球化时代促进了更多的次区域经济合作。它是相对于区域经济合作而言的,指若干国家和地区接壤地区之间的跨国界的自然人或法人,基于平等互利的原则,在生产领域内,通过各种生产要素的流动而开展的较长时期的经济协作活动。从经济发展的角度看,其实质就是生产要素在"次区域"这个地缘范围内的趋向自由化的流动,从而带来生产要素的有效配置和生产效率的相应提高,主要表现为在这个地缘范围内的贸易和投资自由化,比如湄公河次区域的经济合作,就涉及中国、越南、老挝、缅甸、泰国等多个国家的合作;又比如东北亚次区域的经济合作,又涉及中国、韩国、日本、俄罗斯等多个国家和地区,而 2015 年 6 月 1 日签署的《中韩自由贸易区协定》,作为中国有史以来签订的自由贸易度最高的协定,把中国与韩国两大经济体更加紧密地联系在一起。

二、区域的资源和作用

区域的发展依赖于自然资源(如耕地、森林、矿藏、港口、淡水等)、人口素质、交通状况、教育水平、科技进步、产业发展、消费市场等各种资源。而"区域软实力资源"也日益引起人们广泛的关注。有关研究者认为:区域软实力是指一个地区对外具有吸引资金、人才、技术及消费者的能力,对内具有发挥区内各种资源、人才的作用,推进区域社会经济发展的能力。区域软实力的构成要素包括:政府能力与公共服务、区域文化、人力素质、基础设施与相关产业、国际联系等。其中一个区域的基础设施与相关产业、国际联系是区域软实力的外部条件,政府能力和公共服务是区域软实力的运作框架,而区域文化通过塑造、发挥人力素质构成了区域软实力的基本资源。这三者构成了一个有机的整体。其中,"区域文化是生活在特定区域的人群在从事物质生产、精神生产和社会生活中所形成的具有浓厚地域特色的价值观念、思维方式、人文心态、民族艺术、风俗习惯、道德规范等的总和[1]。"

这种区域文化资源,尽管是一种无形的要素,但是它可以代代相传,成为居民的社会共识和心理结构,一旦在基础设施与相关产业的背景上被激发起来,在政府能力和公共服务的框架内被动员起来,在发展战略的引导下被发挥出来,形成产业基础、市场体系、政策引导、文化共识的耦合效果,就会如阳光通过透镜形成燃烧点一样,激发广大国民的巨大积极性和创造性,形成一种内在的强大驱动力,并且依托这样的内生动力,去整合商品、企业、基础设施、信息等资源,形成强大的生产力基地和创新源泉。有能力开发这样的区域文化资源,和没有能力开发这样的资源,结果会大不一样。这就是区域发展战略中的文化驱动力和文化自觉性的巨大作用。冷战结束以来,全球许多国家和地区的发展状况发生了巨大的变化。美国学者亚历山大·斯蒂尔在《纽约时报》撰文指出:"国家富不富,文化最重要",一个国家和地区内在的文化体系对于它的发展具有至关重要的内在决定因素。40 年前,东亚的韩国和非洲的加纳在经济规模上不相上下,而 21 世纪初的韩国经济规模是加纳的 15 倍以上,是全球闻名的造船、汽车、电子电器等的生产基地。同样,中国人不仅仅在中国获得了举世瞩目的巨大成果,华人在新加坡、马来西亚、菲律宾等也凭借勤劳和智慧成为掌握当地经济命脉的群体和社区。这与传承了历史上中国儒家精神的华人文化传统有密切的关系,中国、日本、韩国、新加坡等许多学者指出:如果把东亚作为一个大尺度的区域来研究,可以归纳出东亚文化传统的六大特色:勤奋敬业、崇文重教、善于学习、多教合一、尊重传统、群体精神[2]。东亚文化传统把中国《易经》所说的"天行健,君子以自强不息"作为行为和道德的准则,并且

---

[1] 严新明、刘金源:《地方性知识:区域软实力的内核》,《中国社会科学报》2013 年 7 月 5 日。

[2] 俞新天:《掌握国际关系的密钥——文化、软实力与中国对外战略》,上海人民出版社 2010 年版,第 66 页。

把善于学习作为最高的美德之一，从日本的明治维新到韩国的产业转型和中国史无前例的对外开放，都体现了高涨的学习热情和吸收智慧的广度，使得东亚成为全球最为活跃的经济增长极之一。

中国作为一个国土辽阔、人口众多、各地发展不平衡的世界大国，在迈向现代化强国的道路上，各个区域发展的速度和路径，也与区域文化的演进和更新形成不同的特色密切相关。比如：2014年被列入联合国教科文组织创意城市的广东佛山顺德，就与顺德人敢为天下人先的精神以及岭南文化发源地的传统密切相关。顺德完整地传承了几百年来岭南园林、武术、美食、龙舟、舞狮、舞龙、建筑、花卉、节庆、戏曲、民俗等文化遗产，并且在工业革命的进程中，积累了大量的工商业遗产，并且进行了创造性的发挥，而获得了世界范围内的尊重和好评。又比如：闻名世界的义乌小商品市场，就与义乌区域文化的演进和更新密切相关。这个位于浙中地区的小城镇，自明清以来，就形成了三大文化支柱："尚文好学"的学术传衍、"尚武勇为"的义乌兵精神、"尚利进取"的商业文化传统。义乌人素有"鸡毛换糖"的商业传统，他们在善进取、急图利的同时，注重以义取利；而且非常讲究诚信。正是在义利并举和诚信理念的孕育下，义乌人把传统的地域文化与现代产业结合起来，把注重诚信的观念和全球化背景下的服务经济结合起来，使得义乌的商业文化在整体上呈现出迥异于唯利是图者的进取型精神风貌，为义乌小商品经济的兴盛奠定了深厚的根基，并且发展起中国第一个以大规模文化交易和文化外贸为特色、辐射海内外的国家级文化产品交易会。展会注重经贸性和实效性，坚持"市场化、专业化、国际化"的办展思路，在义乌文交会历届发布的成果数据里面，只有实事求是的"成交额"，而没有水分很大的"意向成交额"——从首届文交会的13.6亿元成交额，到2013年第8届的48.3亿元成交额，义乌文交会正在逐步做大做强，并且在2014年第9届正式更名为"中国（义乌）文化产品交易会"，这给各个区域深入认识区域软实力资源，包括无形的区域软性知识，提供了重要的启迪。

在互联互通的背景下,文化创意产业正在和工业、数字内容产业、城市建设业、现代农业等相关产业深入融合,正在重塑区域和全球范围内的区域实力版图,这促使人们对区域的资源和作用形成了全新的视野和深入的思考。从全球范围看,制造业和服务业向科技型、创意型升级是一个历史性的潮流,这就是强大的"工业 4.0"给经济发展带来的挑战和机遇。正如这方面的代表性专家、美国辛辛那提大学教授李杰断言的:如果说"蛋黄"代表了某种产品的实际功能,那么"蛋白"则是通过服务所衍生的潜在、外围价值。按照传统的思维模式,制造业热衷于造一个更大的产品"蛋黄",其实外围的"蛋白"才更具价值。这就如同 iPhone 给手机业带来的颠覆性革命,如果只是一味地迎合消费者,那么史蒂夫·乔布斯就该专注于通信技术开发,造出一个更厉害、更高级的通话机器,但 iPhone 却开创出一个巨大的移动互联网市场,从 iPod、iPad、iTune 到率先开创三维动画电影的皮克斯,以及无数的衍生内容产品和延伸服务,包括《海底总动员》、《汽车总动员》等脍炙人口的动画电影,极大地拓展了人类的文化娱乐空间。企业界和研究界的许多成果证明:文化产业与其他产业的跨业融合,需要更为丰富密集的集成创新。它不仅仅需要大量的技术供给,而且需要获得源源不断的创新资源。

历史告诉未来,教训提供启迪:自从 18 世纪蒸汽机发明以来,人类社会走上线性增长的道路,不断从自然界获取资源、扩大产能、扩张贸易。工业革命持续几百年的发展带来大量的财富积累,但线性投入产出关系也造成产能过剩、资源枯竭、污染严重等全球性困惑。随着全球范围内的创新转型浪潮,人类社会的发展从自我控制管理的 IT 时代走向服务大众、依托大数据和智能制造、激发新兴生产力的 DT(data technology)时代,知识的生产、运营、管理、消费等体现越来越重要价值。"互联网＋"、"物联网＋"、"大数据＋"等的运用成为创新的重要载体和渠道,这就使智慧的创意、创造和创新成为可能。人类经济社会的发展从过去依赖自然资源转向越来越依靠知识创新、智慧资源,从线性增长转向闭环发展和螺旋形上升,遵循"10R"原则:Redefine(再定义)、Recreate(再创意)、Redesign(再设计)、Reuse(再利用)、Reduce(再减量)、Recycle(再循环)、Remanufacture(再制造)、Reengineer(再组建)、Restructure(再架构)、Reconsume(再消费),人类面临新的转折点和历史跨越。正因如此,凡是能够抓住这一时代机遇,以联盟化、平台化、协同化、平台型而推进产业发展,通过创意设计、品牌打造和产业创新实施全方位的系统工程,统筹考虑技术进步、业态发展及商业模式等问题,就有可能形成新的生产力要素集聚和新的动力发展中心。以美国为例,已经形成了以旧金山湾区—斯坦福大学—硅谷为中心的西部创新集聚带和以128号公路沿线—麻省理工学院等名校—波士顿等为中心的东部创新聚集带,成为世界级的创意和创新发展引擎。而中国正在以长三角、珠三角、环北京等城市群为中心,形成吸引全球知识和智慧资源的创新中心,中国对R&D的投入总量在2011年达到2 081.72亿美元,在美国的4 015.76亿美元之后位居全球第二,日本为1 465.37亿美元位居全球第三,而中国公民申请专利受理的数量在2011年达到全球第一位,为526 412件[1]。在全世界范围内创新转型的浪潮背景下,区域的资源和作用正在被赋予全新的理解,并且随着一系列前所未有的区域创新实践,而呈现出新的地缘版图。

三、区域的创新活力与兴衰

从全球范围看,在经济全球化、政治多极化的背景下,国家的权力经历了一个逐步向区域、城市和社会转移的过程,中央政府不再是掌握经济、社会和文化资源的唯一权力机构,各种区域成为制定合适

---

① NESTA, *China's Absorptive State*, October 2013, https://www.nesta.org.uk。根据统计资料,日本在1999年公民申请专利受理的数量突破40万件,以后逐年下降。

的发展战略,整合各类社会资源,推动可持续发展的重要载体。而各个区域的创新活力,决定了它们能否在全球化的竞争中保持发展的势头。对于世界性的大国来说,辽阔的疆域、大量的人群、多样的地理、多层次的经济和社会形态,形成了多种多样的区域空间,而在 21世纪全球产业转型的背景下,振兴区域的创新活力,提升区域的文化整体实力,已经成为提升综合国力的重要内容。

如美国旧金山湾区及硅谷,被诸多研究机构视为最富有创新活力的独立区域之一,它把著名的创新型高等学府——斯坦福大学、美国航天和军工科研基地、良好的生态环境、毗邻美国西海岸的开放传统有效地结合起来,形成了激发创新培育新兴企业的"活力谷"。硅谷的区域面积为 4 700 平方千米,人口 300 万,2013 年贡献的 GDP高达 2 580 亿美元,硅谷排名前 10 位的公司,每一家都富可敌国。更加宝贵的是:这里集中了大批风险投资机构和金融机构,包括 300 多家风险投资机构总部、2 000 多家金融中介机构、200 多家银行分支机构等,成为一个培育新型企业和生产力的沃土,形成了脸书、苹果、英特尔、雅虎、思科、甲骨文、惠普、皮克斯等一大批优秀的科技型和创意型领军企业。这里也集聚了彼得·蒂尔(Peter Thiel)这样的创新投资家,被称为"硅谷天使——投资界的思想家",为 LinkedIn、SpaceX、Yelp 等十几家出色的科技新创公司提供早期资金。他提出的不做"从 1 到 N"而要做"从 0 到 1"的创新理念,已经成为最有影响力的科技界和产业界思想旗帜之一[①]。著名的澳大利亚咨询公司2Thinknow 从 2007 年开始发布的《全球创新城市指数》,它超越了传统意义上偏重城市的经济、人口和市场规模等的评估观点,而是从高度关注城市的创新活力、城市集聚的创新资源、城市的全球化广泛联系等。2016 年它对全球 432 个城市进行了创新能力分析,并且分为创新核心、创新枢纽、创新节点、创新受影响者、创新启动者五个等

[①] ［美］彼得·蒂尔、［美］布莱克·马斯特斯:《从 0 到 1——开启商业与未来的秘密》,高玉芳译,中信出版社 2014 年版。

级。在第一等级的 47 个创新核心城市(Nexus)中,伦敦、旧金山、波士顿、纽约等名列前茅,上海在全部入选的中国城市中排名最靠前,为第 20 位[1],香港为第 22 位,北京第 40 位。

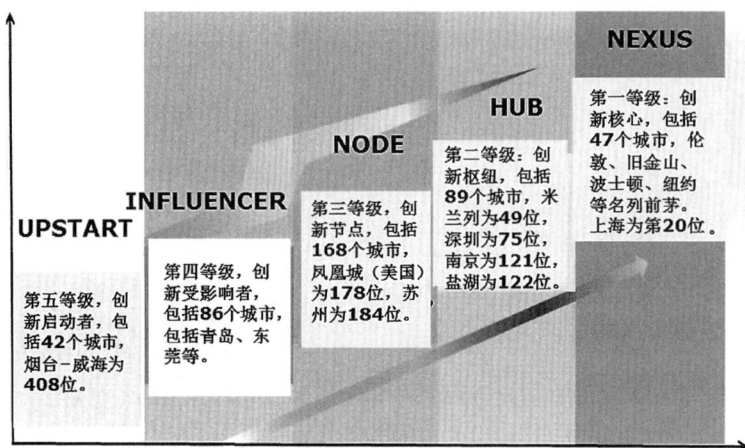

图 4－2　国际创新城市排行榜(2015 年)

而在其他发达国家和新兴经济体中,把依托数字化技术,与全球形成广泛的联系,形成可持续发展的区域战略,把新能源、信息和通信、文化创意产业等新兴产业作为区域发展重点,突破原来由于人口、不可再生资源、经济规模等方面的限制,成为全球范围内富有创造活力的网络节点,也成为一个具有时代特色的潮流。比如华为2015年全球联接指数研究发现,美国、瑞典、新加坡排名前三。新加坡是国土狭小、自然资源较为匮乏的国家,但是其人均 ICT(information communication technology)投资位居全球前五位,通过构建先进的基础设施,保证了在 4G、云计算、电子政务等领域的高速发展及广泛应用。新加坡凭借实施"智慧国"战略,成功跨越了传统的资源瓶颈。而丹麦则排名全球联接指数第七位。丹麦中部大区,为全国五大区

---

[1] 2Thinknow Consulting Company，*Innovation Cities Top 100 Index 2011: City Rankings*，2011 年 10 月，http://www.innovation-cities.com。

域之一，面积约 13 142 平方千米，人口约 120 万，形成了统一的区域发展委员会和区域发展指导局，以再生性新能源、建筑与设计、电子和信息、创意产业为五大重点产业。这里的人口虽然不多，却集中了一大批研究开发新能源、新型建筑与设计、电子和信息、创意产业等方面的院校、企业和机构，形成了北欧地区充满活力的一个创新增长极，并且与包括其他欧盟国家和中国在内的许多国家和地区开展了大量的合作开发和技术贸易。它和亚欧其他地区的区域发展结构，形成更加广泛的联系和交流。这一区域发展战略，引起了联合国贸发会议和联合国教科文组织的重视，正如 2014 年该机构的专家尼尔斯·埃里克所指出的："富有前瞻性的区域发展战略，是国家竞争力的基础；源于智慧和知识的区域创意产业，是经济活力的引擎。拥有这样的活力区域，是国家竞争力的重要基础。"正所谓"山不在高，有仙则名，水不在深，有龙则灵"，在知识经济时代的创新中心，拥有最重要的资源就是创新人才集中，并且形成了全球化的广泛联接。这样，他们就可以借助互联网、大数据和智能制造等科技成果，突破自然资源方面的瓶颈，与全球的资源和市场形成紧密的联系，并且为智能开发的成果寻找到广阔的市场。这正是著名企业华为在《2015 年全球联接指数报告》中指出的，ICT 代表的全球联接，正在成为人类继土地、矿产、石油之后的第四种最重要资源。未来五年，全世界的 ICT 联接数将以每年 300％的速度增长。有鉴于此，激活 1 000 亿个联接，用智慧改变未来，正在成为许多区域发展的新路标和爆发点①。

四、区域规划与新文化地缘观

从连续性的空间意义上说，"区域规划"强调有明确边界的空间载体，成为国家战略的基础，"国家战略"整合各个区域的发展框架，

---

① 华为：《2015 年全球联接指数报告》，华为官方网站，http://www.huawei.com/cn/，2014 年 4
　月 22 日。

成为主权国家的最高发展理念和制度框架,"地缘格局"在更大范围内显示了区域和国家的利益联系,成为影响区域规划和国家战略的大框架。区域规划、国家战略、地缘格局,这三者相互影响又相互依托,成为 21 世纪全球化的一大潮流。

纵观全球,任何一个国家和区域的兴衰,都与它们的地缘条件密切相关。美国著名的地缘政治学家斯皮克曼曾说过:"地理是各国外交中的最基本的因素,部长们来去匆匆,而山脉是始终不可动摇的。"他强调:国家的"安全必须理解为对领土有完整的统治权"①。早期地缘政治理论源自英国,深受"社会达尔文主义"的影响,特别是突出了陆权的重要性,强调把握主要大陆的中心地带,是获得全球地缘优势的基础条件。美国战略思想家马汉发展了海权理论,认为海上贸易是全球经济的命脉,所以他主张把控制至关重要的海峡、港口和航线,作为形成全球地缘优势的关键。这些地缘政治理论成为 19 世纪以来引导西方大国和日本等列强,争夺和控制战略通道特别是海上通道、进行地理空间扩张的战略思维模式。

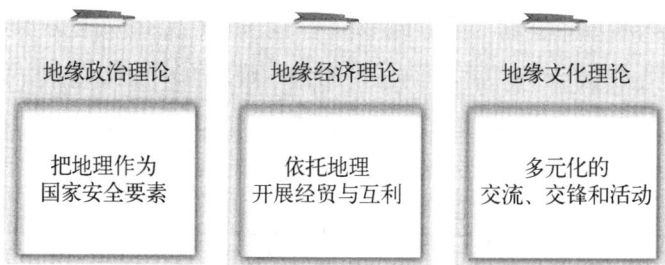

地缘政治理论	地缘经济理论	地缘文化理论
把地理作为国家安全要素	依托地理开展经贸与互利	多元化的交流、交锋和活动

图 4-3 文化地缘战略:软实力与地理格局

以卡尔·豪斯霍费尔为代表的德国学派认为,生存空间在于打破包围,先崛起的大国总是要遏制和包围潜在的对手国家,而能否打破包围就成了后起大国生存的关键因素。而英国皇家地理学会的麦

_____

① [美]尼古拉斯·斯皮克曼:《和平地理学》,刘愈之译,商务印书馆 1965 年版。

金德发展了"陆权论",也有人称为"陆心说",至今仍是霸权大国压制后起大国的重要理论来源。这一理论把欧亚大陆称为全球最重要的"世界岛"。它是诸多重要文明、产业和宗教的发祥之地,也是掌控全球权力、资源和竞争力优势的核心地带。在这种理论的引导下,历史上就有了著名的麦氏三段论式的政治咒语:"谁统治了东欧,谁就能控制大陆心脏地带;谁控制大陆心脏地带,谁就能控制世界岛(欧亚大陆);谁控制了世界岛,谁就能控制整个世界。"作为对麦金德的地缘政治观的发展和跨越,美国地缘政治学家斯皮克曼则在《和平地理学》中提出了"边缘地带理论"①。根据斯皮克曼的观点,一个大国的地缘政治重点,应该放在从地理上包围欧亚大陆心脏地带的整个"新月形边缘地带"。他强调地指出,"谁支配着边缘地区,谁就控制欧亚大陆;谁支配着欧亚大陆,谁就掌握着世界的命运。"

　　冷战结束后,地缘政治研究出现了新的变化:第一,地缘政治理论的研究开始走向国际体系的地缘政治,国际体系在地缘政治中的重要性超过了地缘空间本身;第二,发达国家和发展中国家之间地缘环境的变化和以此为基础的国际体系转型成为关注的重心;第三,文化因素的作用在地缘政治理论中日益凸显,美国学者亨廷顿提出的文明冲突论和后来集文化因素、南北中心外围因素、陆权因素之大成的布热津斯基的"大棋局论",是冷战后美国地缘战略的主要来源。新的地缘经济学理论研究的是如何用非军事、非战争、非强制手段改变国际的力量配置、改变大国和后起力量的关系。其研究方向不是大国之间的对抗,而是大国间的相互依存和区域间的发展和竞争关系。

　　中国学者黄仁伟教授指出,地缘经济理论着眼于世界经济的区域一体化以及走向全球化的机制,是大国共同治理世界的一个重要理论来源②。现在中国面临的是一种二元亚洲地缘环境,即以中国为

---

① ［美］尼古拉斯·斯皮克曼:《和平地理学》,刘愈之译,商务印书馆1965年版,第15—20页。

② 黄仁伟:《地缘理论演变与中国和平发展道路——2010年9月17日在复旦大学社会科学高等研究院"中国深度研究高级讲坛"的演讲》,复旦新闻文化网,https://www.news.fudan.edu.cn。

主的地缘经济结构和以美国为主的地缘政治结构。在这种结构更高的层面上是中美之间的相互依存,而中日关系则是二元结构中最为纠结的地缘政治问题。我们认为:在这一个地缘政治的大变局中,文化软实力是一个内涵丰富而微妙的领域。中国学者应该面对全球化的竞争,而研究这样三种地缘战略:第一是地缘政治理论,它强调地理是国家安全的基本要素;第二是地缘经济理论,它强调可以利用邻近地理,开展经贸合作和互利;第三是地缘文化理论,它强调可以通过文化的交流、交锋和贸易,影响国家的地缘政治和地缘经济版图。恰恰是第三种地缘文化理论,正是方兴未艾,有待深入展开研究和实践的广阔领域。

从文化产业所蕴含的意识形态和价值观念意义上说,文化产业是推动地缘政治结构的一张大牌,是国家级软实力竞争乃至对抗的重要组成部分,而从文化产业作为经济活动而言,文化产业又是地缘经济合作最活跃的领域,可以跨越意识形态的冲突,利用信息、投资、贸易、消费等的网络,把邻近国家之间的资本、信息、创意、品牌、市场等组合起来,形成文化产业领域中相互依存、共享和竞争的关系,让参与合作的区域获得互惠互利。它往往是两国间接触和交往最频繁的地带。地缘格局中的文化竞争、文化贸易、文化合作、文化交流等,成为区域文化竞争力最为活跃的领域,也应该是中国作为新兴的全球大国,在增强文化软实力的进程中,必须把握的战略制高点。有鉴于此,中国提升文化整体实力和竞争力,必须建立有中国特色的文化地缘观,重点是立足于中国作为文明国家的独特国情,即超大型的人口规模、超广阔的国土海域、超深厚的历史积淀、超多样的文化融合,全面把握好中国文化资源在地缘分布的多样性、文化建设在区域投入的有效性、文化实力在地缘布局的科学性、文化贸易在地缘合作中的共享性,以构建既高度统一又包容多样,既突出中国文化优势,又与各国互联互通的文化强国之地缘大布局。

第三节　要素和框架：文化竞争力与
区域资源的研究框架

一、区域文化竞争力的研究原则

要提升区域文化的贡献力，设计区域文化竞争力战略，必须形成科学的研究框架和方法。它涉及两个内容非常广阔，具有深刻内在联系的领域，那就是对文化竞争力特别是发挥文化产业的贡献力和对区域资源的选择和利用。由于文化产业涉及的领域非常广阔，从发达国家到发展中国家的背景又千差万别，因此，有关的国际组织和主要国家的研究机构、智库，从不同的目的出发，提出了不同的研究和统计框架。

2013年版的联合国《创意经济报告》指出：在全球范围内，文化和创意产业的内涵和作用已经空前广泛展开了，在近年来尤其增长迅速。从单一模式来研究文化和创意产业，是远远不够的，必须采用多角度、多模型的研究，才能把握这一巨大潮流的多层次内涵。有关国际政治和智库研究文化和创意产业，已经提出了六种主要的研究框架，并且在广阔的领域中获得了不同形式的运用。

在这些框架中，有两个代表型框架尤其值得认真研究。第一是联合国教科文组织学院的分类框架，它更加侧重对各类文化资源的开发和利用，兼顾了广大发展中国家的后发条件。根据联合国教科文组织的定义，即"文化产业就是按照工业标准，生产、再生产、储存以及分配文化产品和服务的一系列活动"[①]，该组织颁布的2009年文

[①]　UNDP & UNCTAD, *Creative Economy Report 2010*，联合国教科文组织官方网站，2010年，https://www.unesco.org。

需求链型的分类模式 **平行的12个门类** 包括广告、设计、手工艺、设计、时尚、建筑、影像、音乐、软件、电脑游戏、视觉艺术、广播电视等	**符号联系型的分类模式** **3大门类** (1) 核心文化产业,包括互联网、广告、影视等7种; (2) 外围文化产业,包括创意艺术;(3) 边缘文化产业,包括消费电子服务、时尚、软件和体育	**同心圆型的分类模式** **4大门类** (1) 核心创意艺术,包括视觉艺术、音乐等; (2) 相关核心文化产业,包括电影、博物馆等; (3) 外围文化产业,包括遗产保护等;(4) 相关产业,包括设计、建筑和时尚等
世界知识产权组织的分类模式 **2大门类** (1) 核心版权产业,包括广告、音乐、手工艺等; (2) 边缘版权产业,包括设计、时尚、建筑等	**联合国教科文组织学院的统计模式** **2大门类** (1) 核心文化产业,包括出版、节庆、设计、博物馆和画廊; (2) 延伸文化产业,包括印刷设备、音响设备软件、视听硬件等	**美国艺术产业分类模式** **平行的11个门类** 包括广告、建筑、艺术院校和服务、设计、电影、博物馆和动物园、音乐、表演艺术、出版、广电、视觉艺术等

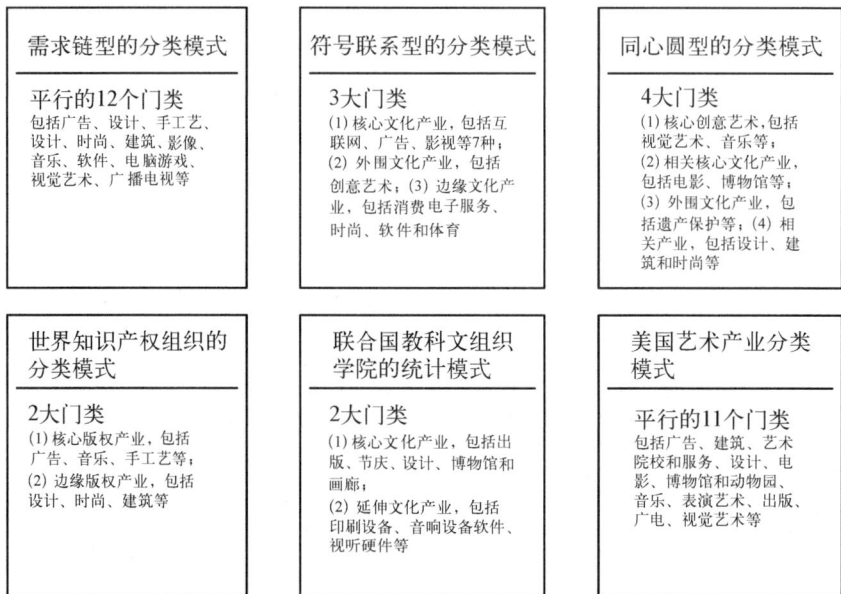

图 4 - 4　联合国创意经济报告(2013)列出的六大文化创意产业分类模式

资料来源：UNESCO ＆ UNDP, *Creative economy report 2013 - Special edition: Widening local development pathways.*

化统计框架①,根据 2000 年以来科技进步和文化活动的新进展,把文化领域确认为一系列具有文化性的生产制造、活动和实践系列,包括六大类别、两个相关类别,四个横向领域,它们包括:文化和自然遗产(cultural and natural heritage)、表演和节庆(performance and celebration)、视觉艺术和手工艺(visual arts and crafts)、书籍和报刊(books and press)、视听(音像)和交互媒体(audio-visual and interactive media)、设计和创意服务(design and creative services)等六大类。由于非物质文化遗产(intangible cultural heritage)等四个板块在各个领域都有涉及,所以被列为横向领域。

　　第二个是文化创意产业的同心圆框架。它依托发达国家的实

---

① 联合国教科文组织 2009 年文化统计框架(framework for cultural statistics,FCS)把文化领域确认为一系列具有文化性的生产制造、活动和实践系列,包括六大类别、两个相关类别,四个横向领域。

文化领域						相关领域	
A. 文化与自然遗产	B. 表演艺术与节庆	C. 视觉艺术与手工艺	D. 图书与出版	E. 视听与互动媒体	F. 设计和创意服务	G. 旅游	H. 运动和娱乐

非物质文化遗产	非物质文化遗产
教育和培训	教育和培训
存档和保护	存档和保护
装备和辅助材料	装备和辅助材料

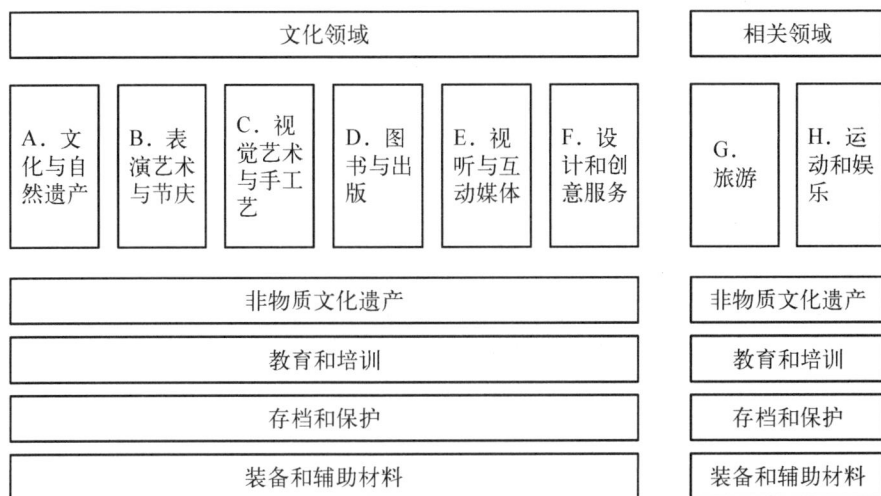

图 4 - 5　以联合国教科文组织文化统计框架为基础的文化经济

资料来源：UNESCO & UNDP Creative Economy Report 2013 Special Edition，
www.unesco.org.

践，更加注重在创新理念引导下，对核心创意价值的开发，以及后续产业链的延伸开发。

这个研究框架最早来自英国政府文化、媒体和体育部的研究报告报告，总结了英国以及欧盟国家文化创意产业的发展规律，提出了一个有趣的同心圆模式。该模型结构指出：文化产业和创意经济是一个从核心向外部发散的"爆轰结构"，其核心是"核心的内容创意领域"，该领域从经济行为上规制了商业产出是创意最主要的表现价值。其产出的所有创意产品和服务都将得到版权保护，以此确保产业效益最大化，并且促进整个文化产业和创意经济的可持续发展。第二圈层是"文化产业"，包括了大量复制具有版权的表现性产品在内的各类文化艺术生产活动，将核心创意领域涉及的产品和服务进行了扩大再生产。第三圈层是"创意产业活动"，指服务提供方、分销渠道、消费市场等相关部门中的企业和机构，利用核心领域商品的表现价值开展的工作，这些工作可以具体到某软件公司开发某新款应用

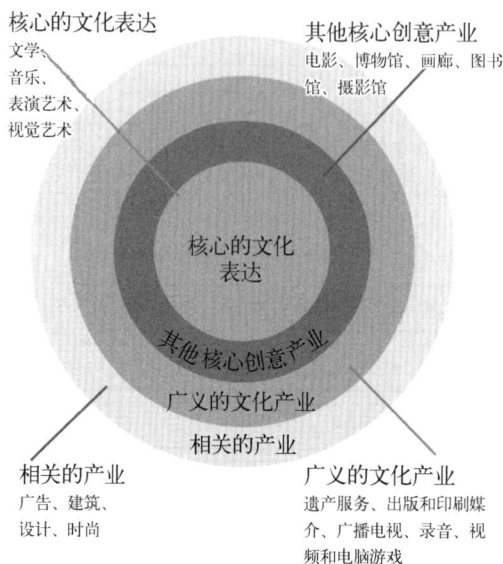

图4-6 对文化创意产业进行分类的同心圆模式

系统软件,某书店承担书籍销售等。最外延的圈层是"其他经济门类",由内部创意内容向外散射而成,可归纳为制造与服务部门开发由创意产业生成的表现性产品,并能从中获得经济利益的所有经济行为。

二、区域文化竞争力的契合度和贡献力

建立了文化创意产业的分类模型,就为研究区域文化竞争力对区域发展的贡献力提供了重要的基础。我们强调:区域文化竞争力包括的内容十分丰富,但是从竞争力的可比较、可统计、可操作意义上说,区域文化竞争力是一个以文化产业为核心,包括文化资源、文化政策、文化主体、文化合作等的竞争力体系。

这里的关键要素是:文化竞争力与区域的契合与贡献,所谓"契合"即一个区域文化产业的发展,怎样充分利用区域的各种资源,结合区域的独特条件,在区域发展的战略框架内,做出富有前瞻性和可操作性的战略设计;所谓"贡献"即一个区域文化产业怎样根据区域

的总体发展水平和阶段性目标,对区域经济、社会和生态的可持续发展,提供强大的动力,做出最大的贡献。这是两个相辅相成的方面,而成为我们研究区域文化竞争力的重点。

跨入21世纪以来,随着全球产业和城市的转型,诸多的研究者对区域条件和文化竞争力、区域发展模式与文化创意产业之间的相互关系,进行了深入的研究,提出了不同的研究视角,虽然他们比较多地集中在以城市为中心的区域,对于乡村地区和欠发达地区研究较少(这与发达国家已实现的高度城市化有密切关系),但是总体上说,为研究以特色资源、规模集群、空间布局为重点的区域发展战略提供了可以参照的重要思想素材。

英国学者兰德瑞(Landry)提出了7要素理论,指出一座城市在发展文化创意经济方面,最大的关键在于:人员的素质;意志和领导者的能力;人才的多样性;组织形态、强有力的地方认同;城市空间设施以及网络联系、组织结构。

美国学者佛罗里达(Florida)提出了3T理论,指出一座城市必须具备发达的科技基础(technology)、丰富的人才资源(talent)、多元的包容度(torrance)这三个条件,而且相互配合,才能形成强大的文化创意活力。

英国学者格拉泽(Glaser)提出了3S理论,强调建设一个富有文化和创意活力的城市,必须满足技能(科学基础)、阳光(良好生态)、城市外拓(城乡相结合的开阔布局)这三个要求,才能形成城市转型发展的基础。

欧洲学者卡尔塔(Carta)提出了3C理论,指出文化、沟通与合作,是推动一个区域和城市形成文化创意活力的重要因素,一个缺乏全球化的沟通与合作的区域,不可能形成可持续发展的文化创意活力。

香港学者许焯权(Desmond Hui)提出了5C理论,指出一个城市的创意经济,必须有4种基本的资本供应,它们是结构/制度资本、人力资本、社会资本和文化资本,他把多种社会资源都作为可以产生更大效益的价值量即资本。

澳大利亚学者霍斯普(Hospers)提出了 3 要素理论,指出集中性、多样性和非稳定性是推动城市焕发文化创意活力的基本条件,特别是非稳定性可以形成更多的机会、更多的优化配置的形态。

世界银行发展经济研究小组的舍希德·尤苏夫(Shahid Yusuf)和凯伦(Kaorn Nabeshima)提出:文化和创意产业实际上是当代创新活动的重要组成部分。创意产业的创新活动,总是活跃在具有全球联系的城市高科技产业集群之中,这些集群激发的创意产业,又扩散而形成了规模经济和范围经济,从而影响了区域的经济结构[①]。

在汇集和总结前人研究的基础上,我们认为:作为 21 世纪的新兴产业,当代文化产业的内涵和形态,已经与 19 世纪末至 20 世纪初法兰克福学派所面对的情况有极大的不同。在经济全球化浪潮以及大数据、移动互联网、智能制造为三大潮流的科技进步推动下,它呈现出多元合一的发展新形态。

(1)文化产业是一种现代产业和商业模式,其核心是利用人的知识、智慧、创意等作为主要元素,组合其他元素,满足市场的需求,获得利益的最大化。作为一种高度竞争性的产业,它必然追求规模和效益的最大化,要求以自主开发的产品和服务,最大限度地获得市场占有率,并且形成竞争的优势。

(2)文化产业是人文内涵的创造过程和传承方式,其核心是文化核心价值观念的多样化表达,推动人类文化权利的普遍实现。所以,联合国教科文组织在界定文化产业时,一再强调了文化产业的一个重要方面是其在促进和维护文化的多样性、保证文化在人类民主化进程中所起的核心作用。

(3)文化产业是一种知识和智慧的共享网络,在全球化和数字

---

① Shahid Yusuf & Kaorn Nabeshima, "Creative Industries in East Asia", *Cities*, 2005, pp.109 - 122.

化技术的平台上,让所有的参与者在贡献文化成果的过程中形成知识共享和智慧增值的网络。这种跨越时空的网络,极大地改变了文化产业的区域格局,使得那些高度依赖信息流而不是高度依赖物质流的产业门类,如数字内容、网络视听、设计研发、版权开发等,获得了更加广阔的市场。

（4）文化产业越来越把创新作为主要动力,从文化的本质意义上说,文化成果的价值就在于创新,体现了人类突破前人的成果而贡献新的理念、内容、产品、形式和消费的能力。一个国家文化创造的能力,体现了国民的内在素质和文明的发达程度。由于文化具有可分享性,一个国家具有强大的文化创造能力,就意味着它有能力为本民族和其他民族的更好生活做出贡献,也就容易获得其他国家国民在观念上的尊重、情感上的亲近、行动上的支持。在技术、产品越来越同质化的背景下,文化产业的企业越来越需要推动创新,增强竞争力。

（5）文化产业具有集约化、规模化的竞争力规律。大量企业形成具有内在联系的集群,有助于共享专业的服务,包括金融、技术、中介等,也容易争取政府的资助和扶持。这有利于降低企业发展的成本;形成分工链条,尽管文化产业的主体大多数为中小企业,而"少量的大企业,大量的小企业"集聚在一起,加强了企业之间的分工协作,有利于形成专业化的分工,形成有效的产业链和价值链;文化产业集群有利于发展以区域为基础的品牌,形成以品牌为龙头的产业组织形态,使得品牌引领整个产业链进入到附加值较高的水平。

三、中国区域文化产业战略的研究框架

环顾世界,放眼未来,从中国作为一个崛起中的世界大国的实际情况和建设社会主义文化强国的目标出发,应该在广泛借鉴国际学者研究成果的基础上,建立一个涵盖面更加广阔、适应迅速变动的中

国社会和中国文化产业发展的研究框架,即"5+3"框架,用以指导区域文化产业发展战略的研究和实施,提升区域文化的贡献力。

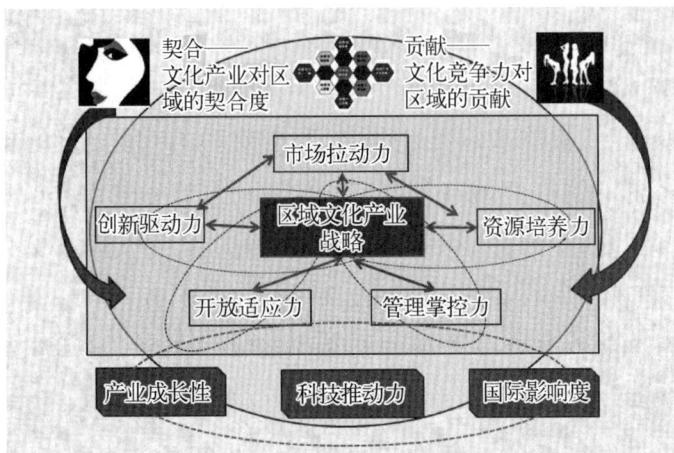

图 4-7 中国区域文化产业战略的研究框架

"5+3"研究框架包括:

1. 资源培养力

区域文化产业的发展倚重具有比较优势的独特资源,而这种资源不会凭空产生,也不能仅依靠历史传承,而必须通过投资、教育、孵化、引进等多种方式进行培养。如政府和社会通过大量投资,培养具有创造能力的人力资源、科技基础设施、技术服务条件、积极进取的文化观念。传承和培养具有文化传统的软性知识,构成一种具有浓郁区域特色的稳定心理状态,成为提升文化竞争力必须依托的重要基础。区域文化产业发展对资源的培养和依赖,贯穿在产业发展的全过程。必须选择与区域原有产业可以形成最佳契合的资源,才能实现成本最优化和效益最优化。

2. 创新驱动力

21世纪文化产业正在经历着深刻的转型和升级,越来越强调集约型、效益型、国际化的发展,也越来越强调各类创新主体包括研发中心、高等院校、科研机构、创新型人才等的作用,以及把创新成果进行产业化的转化能力。在产业的萌芽期,文化产业对独特资源禀赋具有高度依赖性。而在产业的成熟期,文化产业就不能仅仅依靠资源禀赋,要把重心转移到加强自主创新能力、市场拓展能力和成本控制能力这三大核心能力上,更注重推动创新驱动,提高自身的核心竞争力。文化产业的企业也将把更加有利于创新的区域环境,作为自己的首选。文化产业的发展倚重具有比较优势的独特资源禀赋,如具有创造能力的人力资源、独特的文化传统、科技服务条件、积累的文脉遗产、方便的区位优势、充沛的投资资金等。

3. 市场拉动力

这里的市场既包括针对消费者的文化消费市场,也包括针对相关产业的文化服务市场。区域相关产业也是重要的市场资源,有些区域拥有发达的制造业,有的以农业而见长,另一些区域则形成了繁荣的商贸业。为寻求区域产业结构升级和产品需求与生产成本上的竞争优势,区域会推动不同产业之间的相互融合。文化产业与相关产业如建筑业、包装业、食品业、旅游业、房地产业等的融合,会形成新的业态和产品,开发出新的消费市场。

4. 开放适应力

开放适应力指区域的对外开放程度,包括投资结构、进出口贸易、文化包容性等。一个区域的国际化程度比较高,说明它可以更多地吸收国际上的资金、技术和人才,也可以更有效地融入全球文化生产的价值链、文化资源的供应链、文化品牌的服务链。一个开放度越高的区域,特别是在利用 ICT 产业(信息、电信和技术)方面投入越是积极,与全球联接越是广泛和密集的区域,越有利于集聚机会,吸收外来的各种人才和项目,也有利于当地的文化产业开发跨区域及跨国市场。根据华为《2015 年全球联接指数报告》的预测:2015 年全球 ICT 投资将突破 3.8 万亿美元,到 2025 年全球每一个小时将有 200 万个传感器或者每天 4 700 万个的速度被连接到网络上,真正形成了无所不在的全面感知、互联互通、智慧服务①。而当外来文化产业投资和项目达到一定规模时,就会对本区域文化产业带来结构性的变化,产生本地"根植"产业如何与外来"移植"产业相互衔接和融合的问题。

5. 管理和掌控力

管理和掌控力指一个区域的公共体制和政策框架,将会对文化产业在区域中的发展,造成很大的正面或负面影响。包括特许经营权、文化生产许可证、文化产品进出口配额、重大文化项目的供应商等资源,这些资源禀赋的集聚和充分、就近、自由供给,有利于文化产业的开发和生产活动,形成具有竞争力的规模优势。有的区域是一种依赖工业资源或者是工业资源枯竭型的经济体制,这将使得依赖大量文化人才和创造性成果的核心文化服务业,难以在该区域迅速壮大;有的区域是一种鼓励现代服务业发展的政策框架,鼓励文化产业通过融合、越界、渗透、拉动,成为培育现代服务业的一大亮点。一个区域管理部门的管理和掌控能力,能够把上述四大要素放在产业成长性、科技推动性、国际影响度这三大变量的背景下来思考,使得各种文化产业要素与区域的总体发展战略形成良好的契合。

变量之一:产业成长性。文化产业在成长的不同阶段上,对区域的选择将发生很大变化。在文化产业特别是文化产品制造业的培育阶段,企业往往选择劳动力成本较低、资源禀赋比较丰富的区域;在文化产业特别是核心文化服务业的提升阶段,企业更多地选择有利于转型升级、创新环境更为优良的区域,比如依托高新技术园区、具有领先作用的高等院校、先进的科技服务平台等。它集中反映了产业运行的可控机理,即文化产业的不同门类、不同企业在不同的发展阶段以及在不同的价值链位置上,对于资金、技术、市场、人才、服务等产业要素配置的不同需求,以及为满足这些特定需求而出现的

---

① 华为:《2015 年全球联接指数报告》,华为官方网站,http://www.huawei.com/cn/,2014 年 4 月 22 日。

产业组织形态,如产业集群、产业园区、特许连锁、票务网络、文化商街、文化-金融企业联盟、政产学研的组合等。

如亚马逊、谷歌、脸书等依托互联网建立的跨国企业,经历了从网络书店、网络搜索引擎、网上社区等阶段,发展成为几乎无所不包的网络零售巨头,再发展到电子阅读器平台,又走向全球最大的电子商务孵化器、电子搜索引擎和增值服务平台。这几个台阶,就是几种依托互联网的文化产业形态。要充分认识文化产业的组织和成长规律,才能最大限度地提高要素配置效率,以业态创新提升产业效率。

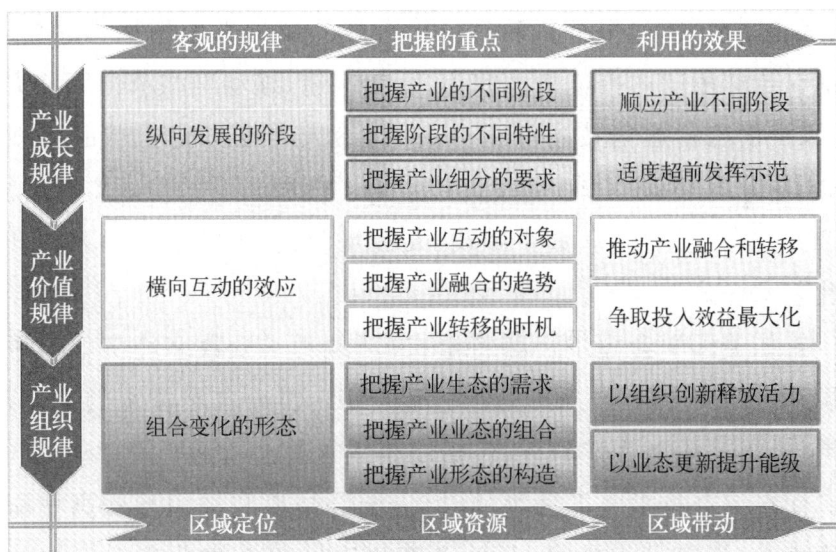

图 4-8 文化产业成长的三大规律

变量之二:科技推动性。现代文化产业正在向文化与科技相融合创新的方向发展,数字化、网络化、智能化等技术,正在深刻地改变着文化生产和文化消费的格局。文化与科技融合是顺应 21 世纪人类社会发展的必然趋势。马克思曾经深刻地指出艺术生产的规律,艺术生产虽然是一种精神生产,与物质生产的关系具有不平衡性,但它具有一般人类生产的规律,即都是生产者通过一定的工具加工、改造生产对象、创造产品的动态活动过程。在人类历史上,每一次科技进步带来的成果,从几何学到电学,从无线电技术到电影技术,都深刻地改变了人类文化生产要素的重新组合,带动了文化生产的一次次革命。

2012年2月,美国物理学家马克·P.米尔斯(Mark P. Mills)、工程与应用专家朱勒·M.奥迪诺(Julio M. Ottino)在《华尔街日报》发表《科技变革将引领新的经济繁荣》的文章,指出1912年前后出现的新技术——电气化、电话、汽车、不锈钢和无线电深刻地改变了人类与自然界的关系,而在一百年后的2012年,三场宏大技术变革即大数据、智能制造、移动网络革命将会给人类社会带来更加深刻的变革。当前在全球范围内推进的大数据、智能制造、移动网络革命等三大潮流,以及信息和通信技术等六大技术,给人类在文化领域的感知方式、创造方式、传输方式、消费方式带来了前所未有的广阔空间,涌现出3D电影、电脑仿真、数字游戏、人机互动、音乐网络等一系列新型文化艺术样式。

正如美国学者乔尔·科特金在《新地理——数字经济如何重塑美国地貌》①中指出的:以往企业都选址在邻近自然资源的地方,例如港口、煤矿或者铁矿附近,包括以较低的薪水招到所需劳动力的地方。而在信息技术突飞猛进的时代,恰恰是那些知识型和高技能劳动力集中、基础设施良好、开放度高的区域成为文化产业发展的首选,并且推动了产业的融合,出现了大规模的文化产业复合体。

变量之三:国际影响度。贸易自由化趋势下的国际文化市场正面临着进一步开放的巨大压力,全球范围内文化货品和文化服务的流动性正在进一步加快。发展国际文化贸易的巨大利益,则推动着双边、区域和诸边贸易协定蓬勃发展。美国利用双边贸易协定推动

---

① 〔美〕乔尔·科特金:《新地理——数字经济如何重塑美国地貌》,王玉平等译,社会科学文献出版社2010年版。

全球文化贸易自由化,已经生效的 20 个协定均取得了重要进展。美国倡导的 TiSA、TPP、TTIP 推行高标准的国际贸易新体制将促进国际文化市场进一步开放。此外,美国还试图通过电信服务、电子商务谈判不断突破文化贸易壁垒。我国于 2013 年 9 月 30 日正式宣布参加服务贸易协定谈判,标志着我国对参与更高水平的服务贸易和全球贸易体系采取了积极的态度。

在一个开放的全球化环境中,一个区域文化产业将受到或者正面或者负面的深远影响。从正面看,一个区域在开放环境中,有助于吸取全球的文化资源,扩大自己在全球市场上的文化竞争力,保持文化多样性,推动各种文化主体之间的交流,与全球保持良好的联通性。美国迪士尼公司在本土以外建立巴黎、东京、香港、上海四大主题公园,而印度宝莱坞出品的电影反过来进入美国市场,包括印度电影《三傻大闹宝莱坞》进入北美周末票房前十名,就是两个相向而行的例子。从负面看,某些处在弱势文化地位的区域,也会受到国际强势文化产业集群的压力,有可能使得本地文化产业受到冲击。

面对经济全球化、政治多极化的大潮流,不同国家和区域采取了不同的法律和政策。法国提出"文化例外"就是一个引发巨大争论、颇为发人深省的案例。早在密特朗时代,法国政府就正式提出了"文化例外",以抵御以美国为代表的全球化浪潮,并且在 WTO 谈判中获得了加拿大等国家的支持。法国希拉克总统时代,又把"文化例外"发展成为"多元文化"原则。跨入 21 世纪,"文化例外"主张遭到了质疑和挑战,而且恰恰发生在法国自身。2000 年 12 月,法国企业家让-马丽·梅斯耶购买了美国娱乐网,合并了维旺迪-环球公司,形成了包括水资源、移动通信、影视娱乐等多项产业在内的跨国公司。鉴于美国电影业的经验,梅斯耶一针见血地指出:"法国'文化例外'已经死亡!（L'exception culturelle francaise est morte!）"并解雇了法国电影业举足轻重的人物——法国电视四台的老板皮埃尔·莱斯居尔。此举在法国激起强烈反响。2013 年 5 月 13 日,法国《文化例外2号法》协调行动政策建议报告出炉。同一天,法国文化部部长菲利佩蒂引领欧盟另外13个国家的文化部部长,共同签名致信欧盟当值主席国爱尔兰的文化部部长,要求欧盟维护其"文化例外"立场,除将视听领域排除在自由贸易谈判之外,还应将其从传统文化领域扩展到数字领域。在2013年5月20日戛纳国际电影节期间,法国文化部还在电影节会议宫组织了一场研讨会,来自欧美许多国家的与会者围绕"加强'文化例外',对于明日欧洲的重要性"这一主题展开讨论。而"文化例外"能否获得成功,成为通行欧洲的法则,这不但牵动着美欧自由贸易谈判的神经,也将成为决定欧盟各国文化竞争力的重要命题。这恰恰证明:一个国家和区域的文化竞争力,不可能在封闭的环境下,依靠贸易保护主义来生存和壮大,必须在开放和竞争的环境中逐步壮大,需要有更高的文化自觉和更机敏的运作智慧。

有鉴于此,我们研究中国文化竞争力与区域的协调发展,要把上述五大要素放在产业成长性、科技推动性、国际影响度这三大变量的背景下来思考,使得各种文化产业要素与区域的总体发展战略形成良好的契合,通过体制、政策和观念的聚焦作用,形成文化产业发展的强大动力,提升区域文化的贡献力。

第四节　挑战与症结:中国提升区域文化竞争力的问题

一、中国区域发展大格局提出的要求

增强中国文化整体实力和竞争力,必须树立目标导向和问题导向,把长远的战略目标和清醒的问题分析结合起来。当前中国文化整体实力和竞争力建设中的一个重大问题是区域特色不够突出,资

源开发缺乏效益，空间布局不够科学，与东中西部发展的大格局不适应，没有形成适应大国国情的主要文化功能区域。

中国既是一个人口众多、国土辽阔、发展不平衡、周边邻国众多、国际环境异常复杂的发展中大国，又是一个通过国家意志和战略实施而推进和谐发展、综合国力不断上升的世界性大国。中国既有丰富悠久的文化传统和遗产，又在努力吸收全球各国文化建设的经验，迅速地缩短与主要发达国家文化软实力的差距。经过了 2008 年以来全球性的金融危机，中国国家领导人清醒地告诉全世界："中国经济的基本面是好的，发展的态势没有改变，有条件保持经济长期平稳较快发展。中国仍然是世界上最大的发展中国家，发展中不平衡、不协调、不可持续问题依然提出，需要逐步解决。[1]"中国的区域发展战略，把实行区别对待作为完善区域政策体系的基本方向。分类指导和区别对待是区域战略和政策的实质和核心。中国国土面积之大，与欧洲面积相差不多；中国的地区差别之大，远超过欧洲。而欧盟作为一个整体，以及欧盟的各个国家都有分类指导的区域政策，在中国搞"一刀切"，就会切出问题来，换句话说，"一刀切"政策最容易制定，但也是最不负责任的政策。要在准确把握国家战略方向的前提下，充分考虑各地的具体差距和实际要求，制定不同的政策，真正实现一区一策，有的放矢。

从"十一五"以来，中国区域经济发展进入了有史以来的最好时期，而这在很大程度上得益于中国区域发展战略和政策的强力推进。这种强力推进体现在区域发展战略和政策不断走向深化、细化和实化。正如国家发改委专家范恒山所指出的，中国区域发展战略和政策集中体现在四个方面[2]。

---

[1] 《李克强出席博鳌论坛 2012 年年会开幕式并发表主旨演讲：中国经济发展态势没有改变》。

[2] 《发改委司长：区域经济协调发展需强化区域政策——在全国区域发展与产业升级研究联盟暨十八届三中全会后中国区域经济与产业发展学术研讨会上的演讲》，凤凰网城市，http://www.city.ifeng.com，2013 年 12 月 5 日。

（一）从一味强调全国一盘棋和实施大一统的指导政策，转变为"四大板块"的战略思维与指导政策

改革开放以来，由于地缘要素、产业基础、人力资源等不同，特别是深圳等经济特区的建立和沿海 14 个城市的率先开放，东部沿海地区抓住了全球产业分工转移的重要机遇，特别是在中国加入 WTO 的背景下，率先加入全球产业链的整合中，通过吸引外资和境外技术及管理等，极大地激活了原来闲置的劳动力等资源，成为中国经济最先发达的地区。这也形成了东部沿海地区与中西部地区的发展差距。从 20 世纪 90 年代中后期开始，针对着日益拉大的地区差距，国家着力研究和实施区域发展战略，并逐渐形成了深入推进西部大开发、振兴东北地区等老工业基地、促进中部地区崛起和鼓励东部沿海地区率先发展等为基本内容的"四大板块"的地区发展战略，开始着眼于不同地区的实际制定指导政策。

（二）在"四大板块"战略的基础上，进一步细化区域政策指导的空间格局，从地域范围比较广阔的大板块走向地域范围相对较小的板块

从 2006 年起，国家依据"四大板块"战略的指导思想，基于发挥地区比较优势，推进区域合作和一体化发展，以打破行政板块推动、促进经济区发展为导向，运用区域规划和方案打造了一批跨省区、跨流域、跨行政区的经济区和经济带，如长三角区域发展、海峡西岸经济区、中原经济区、成渝经济区、北部湾经济区等。其中，长三角、珠三角、海峡西岸经济区、中原经济区、成渝经济区、北部湾经济区等已经成为区域性的强大发展引擎，达到了极为可观的资本集聚水平，并且对全国乃至亚太地区的经济社会增长都形成了深远的影响。

（三）针对着制约区域发展的相对贫困地区和其他特殊区域，制定了针对性很强的政策文件来推动其加快发展

这其中就包括对西藏、新疆、内蒙古、宁夏、广西等民族和边疆地区专门制定了指导意见，对 11 个集中连片贫困地区专门制定了扶贫攻坚规划，对赣南等原中央苏区、陕甘宁革命老区等制定了专门的支持其发展的指导意见或区域规划，强调这些地区的出路在于：以改革开放为动力，着力破解体制机制障碍，加快新型工业化和城镇化进程；以解决突出的民生问题为切入点，着力改善城乡生产生活条件；以加快交通、能源、水利等基础设施建设为突破口，着力增强发展的支撑能力；以承接产业转移为抓手，着力培育壮大特色优势产业，形成欠发达地区跨越式发展的新路。

（四）选择具备条件的先进地区，围绕促进区域发展或推动改革开放的一些重大任务进行试点试验示范，打造创新示范功能区

这其中包括建立了上海浦东新区、天津滨海新区、重庆两江新区、舟山群岛新区、广州南沙新区、前海深港现代服务业合作区、横琴粤港澳合作示范区、连云港东中西合作示范区、珲春国际合作示范区等，也包括肩负着国家创新和开放重大使命的上海自贸区，形成了负面清单管理模式、准入前同等国民待遇和推动对外投资和产品进出口便利化等一大批可复制、可推广、可借鉴的重要经验，还形成了一些承接发达地区产业转移的示范区等。这些功能区都适应了中国首倡的"一带一路"建设，承担了中国某些方面的重要改革发展试验任务，起到了中国新一轮改革开放的试验田和先行者的重要作用。

从这样的宏观背景和快速发展的现实出发，需要我们敏锐把握好中国增强文化整体实力和竞争力在区域发展中存在的问题和突破的重点。

二、产业主体缺乏集约化和规模化优势

(一) 产业主体的集约化程度有待提高

党的十八大报告指出："发展新型文化业态,提高文化产业规模化、集约化、专业化水平。"提升中国区域文化竞争力,必须走规模化、集约化、专业化的道路。这是因为在产业增长方面,唯有规模优势才能扩大市场占有率;在资源利用方面,唯有集约发展才能提高资源利用率;在市场竞争方面,唯有专业化才能形成"高、精、特、优、新"的优势。这一深刻的规律,已经被大量区域文化竞争力和贡献力的事实所证明。

从中国各区域文化资源和实力的分布看,尚缺乏集约化和规模化优势。作为文化竞争力核心资源的基础设施、文化投资、产业主体、文化人才等大多集聚在三大城市群,即京津唐城市圈、长三角城市群、珠三角城市群及东部沿海地区。即使是在长江经济带的长江中游城市群、成渝城市群,文化竞争力核心资源的规模化、集约化和专业化发展水平,也处在较低的水平。

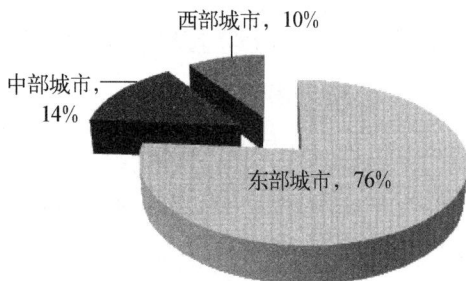

图 4-9 42 座具有较强文化创意竞争力的城市比例(2013 年)

资料来源:亚太文化创意产业协会:《2013 两岸 42 座城市文化创意产业竞争力调查报告 CCIA》。

根据亚太文化创意产业协会对中国城市的分析,采用文化支持度、文化内涵度、文化融合度、文化创造力、文化发展力、文化影响力六大指标,在两岸城市中选出 42 座具有较强文化创意竞争力的城市进行评估,其中的东部地区拥有 32 座,占 76%,中部地区拥有 6 座,占 14%,西部地区拥有 4

座,占6％。东部地区城市具有绝对的优势,而在文化创意竞争力的城市前10强中,东部地区拥有9座,中西部地区唯有1座,即成都,名列第8位。

即使是作为长江中游城市群核心的武汉市,2013年文化产业增加值约263亿元,占GDP比重2.9％,在中国文化企业30强、中国文化企业上市公司20强等重要排行榜上表现不突出,也存在着诸多文化企业"小、散、弱"、自主创新能力不强等问题[①],在上述42座城市文化创意竞争力排名中名列第30位。从总体上看,中西部地区的资源和实力明显薄弱,优质资源主要集中在东部和沿海地区,这与中华文化"走出去"的大格局很不相称,缺乏良好的功能布局和辐射空间。

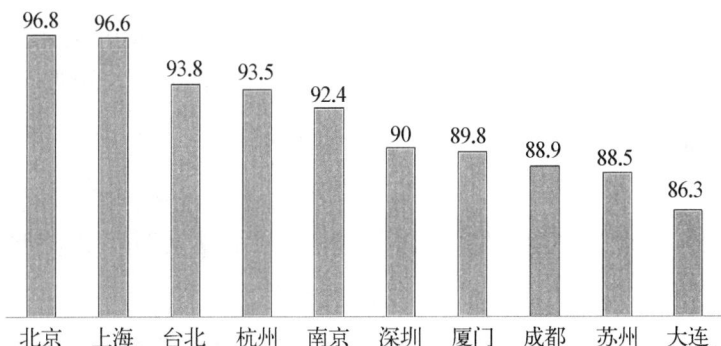

图4－10　城市文创竞争力前10强综合评分

(二) 产业主体的空间载体有待优化

大量实践证明:一个区域的文化竞争力主体,必然需要在一定的空间载体中培育和壮大。它们是产业集聚区、基础设施、科技支撑、交通条件、政策体系等的集合。空间载体建设越是成就突出,它

---

① 《武汉市文化产业振兴计划(2012—2016)》提出,到2016年,武汉文化及相关产业总收入突破3 000亿元,增加值突破1 000亿元,文化产业增加值占地区生产总值的10％以上,年均增长速度高于30％,成为全市先导性、战略性、支柱性产业。

吸引文化竞争力主体的规模和质量就越是显著。以代表文化产业集约化、规模化发展水平的空间载体——文化创意产业园区的分布来看,在一个省市内分布超过 50 家的省份,包括上海、北京、浙江、江苏、广东,全部集中在东部沿海地区。以上海为例,截至 2013 年 6 月底,上海由政府正式授牌的文化创意产业园区达到 119 家(其中包括市级授牌的文化产业园区 52 家,上海创意产业集聚区 87 家,20 家为共同授牌),其中包括十多家国家级的文化产业示范园区、国家级数字出版基地、国家绿色印刷产业园区等,成为全球文化创意产业园区数量最多的城市。而在一些面积辽阔的东北、中部地区,有些省份在全省范围内只有 20—30 个文化创意产业园区,有些西部省份只有 5 个以下的文化创意产业园区。

优化中国文化产业的空间载体,与中国产业和城市的转型密切相关。中国经济进入新常态阶段,正面临着产业和城市双转型的重大历史任务,那就是推动产业增长方式从资本驱动向创新驱动转型;推动城市经济结构从制造业为主向服务业为主转型;推动城市建设从大量占有空间和土地,向集约型、生态型、紧凑型和智慧型发展转型。中国文化产业园区的新一轮发展,必须敏锐地把握住中国产业和城市双转型的潮流。各地实践证明:无论是在北京、上海、深圳、成都等国际化大都市,还是在沿海与内陆的中小城市,无论是以动漫游戏、软件开发、新媒体等为主的文化产业园区,还是以绿色印刷、先进文化装备制造、文化旅游等为主的产业集聚区和特色小镇等,在推动转型升级、集聚创新的过程中,都必须把握住文化产业持续创新的三大要素:动力系统(包括创新意识、创新兴趣、创新决心,即让广大从业人员获得"创新文化的共识即创新 DNA")、制度建设(包括形成激发、运用、实施文化创新的制度体系,以及行政机构、中介组织、企业、高校、个人的有效配合)、要素管理(通过政策的引导和资金的支持,形成一个资源合理配置、要素系统组合的格局,实现产业资源有效利用)等,才能使得文化产业园等空间载体真正成为可持续发展的文化创新活力引擎。

（三）区域文化贡献力的基础有待加强

各个区域要提升文化竞争力和文化贡献力,有赖于不断吸引和投入大量的资源,不断优化各类基础条件,包括基础设施、信息化水平、领军企业、人力资源、产业园区、服务平台和企业集群等。从中国各个区域文化贡献力的基础条件看,发展很不平衡。我国东中西部所拥有的文化产业领军企业、产业集群、示范基地、服务平台和对外文化贸易基地等在集约化、规模化和专业化发展还有诸多欠缺。正如中国学者祁述裕指出的那样:"文化产业发展与经济发展格局基本相同,呈现东高西低的态势。"无论是从业人员数、营业收入,还是增加值百分比,东部地区优势突显。"文化产业从业人员数超过 50 万人的广东、浙江、山东、江苏、北京和上海,六省市占全国文化产业从业人员的 56%;年营业收入超过 1 000 亿元的有广东、上海、北京、山东、江苏和浙江,六省市占全部收入的 72%;实现增加值超过 100 亿元的有广东、北京、山东、浙江、上海、江苏、福建、湖南和河南,九省市全国文化产业增加值的 73%[①]。"

以演艺产业为例,2006—2008 年文化部的文艺院团演出收入最高的是上海、广东和江苏等东部沿海经济发达地区,收入最低的是西部的青海、贵州和西藏等经济欠发达地区。这与各地在经济发展水平、基础设施、信息化水平、领军企业、人力资源等方面的投入和条件密切相关。

通过表 4-3 与表 4-4 的对比可以看到,2008 年广东地区文化部门文艺院团演出收入为 11 259 万元,青海是 395 万元,贵州是 351 万元,西藏是 4 万元。广东高出青海 10 864 万元,高出贵州 10 908 万元,高出西藏 11 255 万元。分别高出 2 750.4%、3 107.7%、281 375%,差距之大不言而喻。

[①] 祁述裕:《中国文化产业发展前沿——"十二五"展望》,社会科学文献出版社 2011 年版,第 55 页。

表4-3 2006—2008年分地区文化部门
文艺院团演出收入前三名 （单位：万元）

排序年份	1		2		3	
2006	上海	10 186	广东	9 918	江苏	7 612
2007	上海	10 839	广东	10 692	江苏	8 525
2008	上海	12 259	广东	11 259	江苏	9 137

资料来源：祁述裕：《中国文化产业发展前沿——"十二五"展望》，社会科学文献出版社2011年版，第55页。

表4-4 2006—2008年分地区文化部门
文艺院团演出收入后三名 （单位：万元）

排序年份	29		30		31	
2006	青海	272	贵州	263	西藏	57
2007	青海	331	贵州	311	西藏	31
2008	青海	395	贵州	351	西藏	4

资料来源：祁述裕：《中国文化产业发展前沿——"十二五"展望》，社会科学文献出版社2011年版，第55页。

如果我们再以2008年娱乐业区域分布为例作简要分析，所在区域的各省市娱乐业增加值、人均娱乐消费支出都是中国东部地区处于领先地位。有关数据显示，各地娱乐业的平均增加值中，东部地区为123 051.50万元，其次是中部地区为62 425.16万元，再次是西部地区为36 480.30万元，最后是东北地区为22 184.30万元，很明显地呈现了阶梯式、板块式的区域差异。

表4-5 2008年娱乐业区域分布

区域	省（市）平均增加值（万元）	人均娱乐消费支出（元）	每万人拥有场所（个）
东部	123 051.50	52.22	0.68
东北	22 184.30	18.90	0.95
中部	62 425.16	13.38	0.47
西部	36 480.30	22.18	1.14

2013 年，全国文化产业主营收入超过 1 000 亿元的省份有 16
个，其中广东省文化产业主营收入超过 1 万亿元，达到 12 408.89 亿
元，是 2004 年的 3 倍；江苏省、山东省和北京市的文化产业主营收入
超过 5 000 亿元，上海市和浙江省的文化产业主营收入接近 5 000 亿
元，而在 2013 年比起 2004 年的省份文化产业主营收入增加额超过
1 000 亿元的，中部地区 6 个省份中有 5 个，其中湖南省的文化产业主
营收入增量超过 2 000 亿元。在整个西部和东北地区，在 2013 年唯
有四川省的文化产业主营收入达到 1 204.07 亿元，其他省份还远远
地落后于这一个水平①。这与各省市对文化整体实力和竞争力的投
入和建设，包括基础设施、信息化水平、领军企业、人力资源、产业园
区、服务平台和企业集群等的培育有密切关系。

三、区域资源开发缺乏多样有效模式

一个区域的文化软实力，离不开对区域资源的分析、提炼和把
握，换句话说，一个区域在拥有一定文化发展资源的基础上，能否设
计出优良和实用的发展模式，推动文化生产力的新组合，具有至关重
要的作用。许焯权教授研究的香港创意指数（HKCI）提出了 5C 模
式，并且指出：文化创意产业发展的优良生态环境，应该有四种充足
资本供应，包括制度资本、人力资本、社会资本和文化资本。也就是
说，文化产业的集聚发展需要四种资源富集的城市环境，依赖于当地
四种资本的质量和数量的优势②。

5C 模式指出：创新能力就是社会行动主体（socialactor）的内部
过程，无论是个人、企业、公共机构都可以运用自己的技能、知识、资
源，投入不同形式的创意活动中。在社会资本、文化资本、人力资本、
制度资本等供应越充分、激发活力越强烈的地区，文化整体实力就

① 高书生：《我国文化产业发展的总体状况和主要特征》，《经济与管理》2015 年第 3 期。
② 香港政府中策组委托许焯权博士领衔的研究课题成果：《香港创意指标研究》。

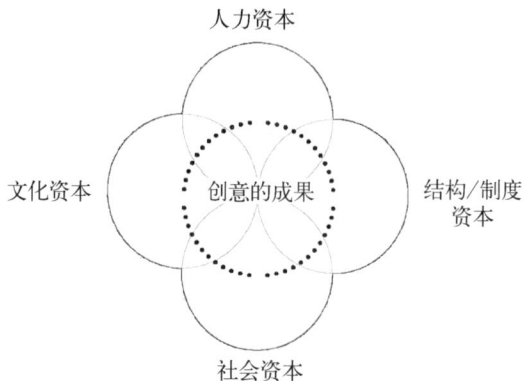

图 4 - 11 5C：创意成果和四种资本

资料来源：香港政府中策组委托许焯权博士领衔的研究课题
成果：《香港创意指标研究》。

发育得越好，创意和创新活动就越活跃；反过来说，如果一个地区
的社会资本、文化资本、人力资本、制度资本供应贫乏，或者供应不
平衡，就会受到其中最短板的限制，难以成为文化整体实力成长的
沃土。

当文化整体实力和竞争力被嵌入上述四种资本形式的背景下，
它将受到社会资本、文化资本、人力资本、制度资本的促进或者制约。
这些不同的资本形式的累积效应和相互影响就是可以衡量的"创意
成果/产出"，它包括经济产出、激励性活动以及任何其他形式的创意
产品、服务与成就。因此，"5C"模型中的 4 种资本形式（结构/制度、
人力、社会和文化资本）是创意增长的决定因素，而这些决定性因素
相互作用的累积效应是以创意成果或产出为表现形式的。

跨入 21 世纪以来，全球范围内产业和城市"双转型"的浪潮风起
云涌。产业向科技型、知识型、生态型发展，城市向集约型、智慧型、
绿色型发展，城市经济增长的可持续动力，集中体现在以科技研发能
力、科技成果转化能力、文化创造活力、全球服务能力等为主的创新
能力。世界主要国家和城市纷纷进入新一轮抢占科技和产业发展制
高点的竞争，而创新则成为突破发展和破解难题的一把金钥匙。有

鉴于此,一个区域的文化建设者和管理者,不应该是被动地"守株待兔"或者是"坐享其成",而应该是不断创造新的模式和路径,包括老树新花、移花接木、无中生有、集成创新等多种模式,特别是在对四大资源的高端掌控和形成全球节点方面形成优势,才能趋利避害、扬长避短,形成资源组合和资源开发的优势。中国学者胡晓鹏研究了中国有关区域培育文化创意产业的条件,指出了不同基础背景下的不同模式[①]。

	地区内内生	地区外内生	地区外嵌入
专业化	特殊资源型	政策聚焦型	市场选择型
多样化	自然资源型	功能定位型	环境主导型

图 4 - 12　各区域培育文化创意产业的模式

近年来,全国多个区域开创了依托当地资源、激发创新活力、探索可行性路径的文化产业发展模式,使文化生产力获得了快速的增长,与新型城镇化、工业化、信息化、国际化就形成了相互融合的发展关系。如依托张江高科技园区建立的以文化科技和金融的结合作为动力的张江文化产业园;依托影视产业服务和影视文化旅游开发而形成的全国规模最大的影视拍摄基地——浙江横店影视产业实验区;依托悠久文化遗产、结合新型城市化而建立的曲江新区文化产业园区;依托边疆民族风情所建立的大型山水实景演出项目——印象刘三姐歌墟等。正如中国古人所言:"工欲善其事,必先利其器。"哪一个区域能够探索出因地制宜的文化建设新模式,就能够在中国建设文化强国的过程中把握住先发机遇,甚至能够创造出前所未有的重要机遇。比如:2002—2014 年,中国电影票房市场经历了一个前

[①]　胡晓鹏:《文化创意产业的地区发展模式》,《中国地质大学学报》2010 年第 1 期。

所未有的巨大增长期,从 8.6 亿元增长到了 296.39 亿元,增长了 34 倍以上,特别是 2007—2014 年,票房规模从 33.27 亿元猛增到 296.39 亿元,成为全球除了美国之外容量最大的电影票房市场。

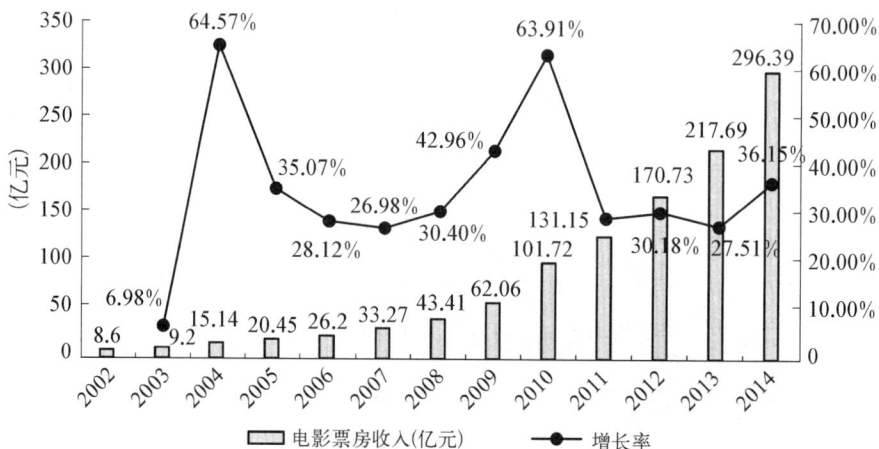

图 4-13 2002—2014 年中国电影票房收入及增长率(不包括港澳台地区)

资料来源:国家新闻出版广电总局网站,转引自:叶郎主编:《中国文化产业年度发展报告 2015》,北京大学出版社 2015 年 7 月版第 45 页。

而在中国本土电影市场历史性的增长过程中,一些东部沿海城市和地区的文化建设者,紧紧抓住了中国电影产业的历史性增长机会,创造了参与和推动中国电影产业发展的新模式。他们经过长期的艰苦奋斗,转变不利因素为有利要素,汇聚了大量的制度资本、人力资本、社会资本和文化资本,并且在影视产业链的意义上,形成了优化组合的资源供应链和全要素的服务链,逐步发展起巨大的影视产业集群和日益增长的影视生产能力。如浙江省逐步成为我国影视生产大省,其中仅在金华市下属的东阳市横店镇,从 1996 年参与拍摄电影《鸦片战争》起步,逐步发展起包括外景拍摄、群众演员、影视投资、后期制作、数字制作、道具服务、衍生产品、影视发行、影片放映等在内的比较完整的影视产业链,在 2004 年成为第一个国家级的影视产业实验区,2013 年集聚的影视企业达到 530 家,累计拍摄影视剧 25 000 多部(集),占我国出品的古装影视剧产量的 2/5,获得了包括"五个一"工程奖在内的国内外许多重要奖项,形成了具有中国特色和世界影响力的"横店模式"①。与此同时,在浙江还密集地形成了中国(浙江)影视产业国际合作实验区②、浙江象山影视城等一批各有特色的影视产业基地,集聚了大量的影视产业主体,推动了影视生产力的增长。

　　但是在大部分地区,特别是中西部许多地区,普遍存在着模式单一、缺乏创意、效率低下、照搬套路的弊端,使得丰富的历史遗产、土地房产、人力资源、许可证等宝贵资源处在闲置状态,难以获得有效的开发。比如四川省作为西部大省,国土面积达 48 万平方千米,人口 81 070 万(2013 年),2013 年地区生产总值达到 26 260.77 万亿元,四川省拥有除了海洋以外的各种自然地貌资源,拥有 5 000 年悠久的文化传统。四川省的省会成都是中国中西部地区的经济、交通、信息和市场中心,有历史悠久的巴蜀文化资源,包括峨眉电影制片厂等优势。但是,截至 2013 年 6 月,整个四川省有影视制作机构 125 家,其中有电视剧拍摄甲级许可证的仅为 3 家,影视生产主体数量和规模十分弱小,而 2013 年东部地区的浙江横店就集中了注册的影视和相关企业 590 多家。对比之下,说明四川省影视产业的总体发展,正处在"生产要素分工与交易市场尚待完善的产业化初级阶段"③,亟待在培育集约化、规模化和专业化的影视产业主体集群方面做出更大的努力。从全局看,成都被美国《财富》杂志选为全球最佳商务城市之一,四川作为西部地区经济实力最雄厚,对外开放度最为活跃的地区尚且如此,在云南、贵州、青海、甘肃、西藏等西部省份的差距就更加明显。这从一个侧面说明:一个区域文化竞争力的增长,归根结底取决于人的因素,特别是文化建设者和经营者的前瞻理念、运作模式

① 数据来自本课题组 2011—2014 年在东阳市和横店影视产业实验区的实地调研。
② 中国(浙江)影视产业国际合作实验区总部位于杭州,基地位于海宁。
③ 王卉:《四川影视制作业的发展问题研究》,《中华文化论坛》2013 年 11 月,第 147 页。

和执行能力。中西部许多区域,在文化竞争力方面存在的模式单一、缺乏创意、效率低下、照搬套路的弊端,正与此有关。

四、解决地区发展不平衡需要新的思路

受自然环境和历史等因素的综合影响,东部地区经济发展一直处于领先地位。尤其是改革开放以后,东部地区依靠自身的地理优势和优惠的倾斜政策而带头致富,与东北、中部、西部地区的发展差距随之不断扩大。对此情况,党和政府高度重视。1999 年党中央、国务院提出了"西部大开发"战略,2003 年提出了"振兴东北老工业基地"战略,2005 年又提出了"促进中部地区崛起"战略。2007 年党的十七大报告提出积极支持东部地区率先发展的同时,特别强调了上述三大战略,要通过东部地区来带动和扶持中西部地区发展,从而缩小区域发展差距。2012 年党的十八大报告把推动区域协调发展上升到落实科学发展观的战略高度,成为加快转变经济发展方式的主攻方向。

从全局来看,中国作为一个发展中国家,仍然存在着地区发展不平衡的重大问题。随着经济社会发展,我国城乡居民全年人均纯收入或可支配收入在不断增长。东部地区无论是城镇人均可支配收入,还是农村实际人均可支配收入都高于其他三个地区。尤其是农村实际人均可支配收入,近四年来,一直是东部地区遥遥领先,西部地区处于末位。从表 4 - 6 可以看到,东部、中部、西部及东北地区城乡居民人均可支配收入的绝对差值,由 2007 年的 11 119.24 元、7 790.00 元、8 281.07 元、7 115.04 元扩大到 2010 年的 15 130.02 元、10 452.40 元、11 388.55 元、9 506.49 元[①]。

---

① 张谨:《我国区域间文化发展不平衡的四种表现及其对策》,《中华文化论坛》2013 年 12 月,第137 页。

表 4－6　2007—2010 年四大区域城乡居民实际
人均可支配收入水平差距表

年份	区域	城镇（元）	农村（元）	城乡居民人均可支配收入绝对差值（元）	城乡居民收入差距指数（%）
2007	东部地区	16 974.22	5 854.98	11 119.24	2.90
	中部地区	11 634.37	3 844.37	7 790.00	3.03
	西部地区	11 309.45	3 028.38	8 281.07	3.73
	东北地区	11 463.31	4 348.27	7 115.04	2.64
2008	东部地区	19 203.46	6 598.24	12 605.22	2.91
	中部地区	13 225.88	4 453.38	8 124.70	2.97
	西部地区	12 971.18	3 517.75	9 453.43	3.69
	东北地区	13 119.67	5 101.18	8 018.49	2.57
2009	东部地区	20 953.21	7 155.53	13 797.68	2.93
	中部地区	14 367.11	4 792.75	9 574.36	3.00
	西部地区	14 213.47	3 816.47	10 397.00	3.72
	东北地区	14 324.34	5 456.59	8 867.75	2.63
2010	东部地区	23 272.83	8 142.81	15 130.02	2.86
	中部地区	15 962.02	5 509.62	10 452.40	2.90
	西部地区	15 806.49	4 417.94	11 388.55	3.58
	东北地区	15 940.99	6 434.50	9 506.49	2.48

　　与经济发展紧密相关的是区域城市化水平的高低。经济发达，则能加快城市化进程，而城市化步伐的加快就能以集聚功能把知识、人才、信息和知识等生产要素吸纳到城市中来，从而带来创新的思想和技术①。这一方面有利于提高区域劳动生产率，另一方面又能推动产业转型升级，尤其是为创意产业的发展提供良好的环境和人才保障。2009 年我国东部地区显性城市化率为 39.96%，中部地

① 王志凯等：《中国区域经济发展的非均衡状况及原因分析》，《浙江大学学报》（人文社会科学版）2011 年第 6 期。

区为 30.65％,西部地区为 23.47％;而同期隐形城市化率则分别为 21.67％、14.53％和 12.12％。有研究者指出:不同区域经济发展水平及居民收入差距过大又直接导致了高素质人才逐步东流,从而造成中西部地区人才的严重短缺。1999 年我国东部科技人员占全国科技人员总数的 45.23％,中部占 33.3％,西部占 21.45％。到 2009 年,东、中、西部科技人员占其比例分别为 56.84％、24.22％、18.94％。10 年间东部科技人员所占比例上升了 11.6％,中部、西部分别下降了 9.1％和 2.51％[①]。科技人才的流失和严重不足,致使文化建设,尤其是文化产业的发展失去了核心的支持力量,其创新能力就会大打折扣。

从文化内需和市场发育看,区域间不均衡明显。根据专家的演算,由表 4-7 可以知道,东部、东北、中部和西部城乡人均文化消费 2000—2009 年一直存在差距并持续扩大。从人均文化消费净增长来看,十年间,东部人均文化消费净增长 184.00％,东北人均文化消费净增长 175.23％,中部人均文化消费净增长 131.42％,西部人均文化消费净增长 122.12％,东部总净增长幅度高出西部总净增长近 62％。

表 4-7　2000—2009 年区域间城乡人均文化消费比较

（单位:元）

区域＼年份	2000	2001	2002	2003	2004	2005	2006	2007	2008	2009
东部	296.87	301.18	406.73	443.02	491.38	570.33	631.50	710.04	758.47	843.11
东北	165.69	176.23	215.16	237.70	253.24	312.74	345.29	381.38	419.04	456.03
中部	177.70	181.82	225.80	244.49	268.15	308.56	343.58	369.22	367.76	411.22
西部	177.78	179.16	223.53	238.08	262.80	298.39	306.31	324.72	338.25	394.89

资料来源:王亚南:《中国文化消费需求景气评价报告(2011)》,社会科学文献出版社 2011 年版,第 56—58 页。

[①] 严汉平等:《区域协调发展:大国崛起的必然选择》,中国经济出版社 2011 年版。

从人均消费需求年均增长来看,2006—2009 年,东部人均文化消费需求年均增长 10.27％,东北人均文化消费需求年均增长 9.89％,中部人均文化消费需求年均增长 7.26％,若全面展开 31 个省城的分析比较,各地之间差距可能更为巨大[①]。这种差距既给我们提出了值得思考的重要规律,又促进我们在文化建设的资金投入、人才配备、政策倾斜等方面指出了调整的方向。

在文化基础性设施建设中,除中央财政持续性投入外,地方财政的投入份额主要根据地方财力和举措来实施,显示了较大的差距。从 2009 年四大区域地级及以下城市分区域文体设施情况来看,每百人图书馆藏书最多的是东部地区 71 册,其次是西部 66 册、中部 43 册、东北 31 册;每百万人剧场数、影剧院数最多的是东部与西部地区,均为 4 个,其次是中部 3 个,东北 2 个;每百万人体育馆数最多的是东部 50 个,其次是中部 31 个,再次是西部 6 个,最后是东北 4 个。这三项均达到或超过全国平均水平的只有东部地区。

面对我国区域经济和文化发展不平衡的现实,抱怨和失望是无济于事的,需要有创新型思路和开创性的举措。根据中央关于"一带一路"倡议和发展长江经济带的战略,形成横贯国土的文化联动轴,打造文化产业发展的"π"形动力带,就是形成我国文化产业空间新布局的全新探索。"一带一路"和长江经济带布局包括三大发展轴。第一条发展轴:沿南海、东海、黄海和环渤海等 11 个省市的发展轴,为新海上丝绸之路的重要内容。第二条发展轴:中国亚欧大陆桥发展轴,起点江苏连云港,向西通过海陆联动江苏、安徽、河南、山西、甘肃、青海、新疆等 7 个省区,贯穿东中西区域,从新疆阿拉山口出境,联动西亚、中亚和欧洲,是丝绸之路经济带的发展轴。第三条发展轴:长江经济带,它覆盖上海、江苏、浙江、安徽、江西、湖北、湖南、四川、重庆、贵州、云南等 11 个沿江省市,贯穿东中西。中国学者王战、

[①] 王亚南:《中国文化消费需求景气评价报告(2011)》,社会科学文献出版社 2011 年版,第 57—59 页。

郁鸿胜等指出：中国地图上这三条发展轴，如同一个巨大的"π"字形战略①。其中的长江经济带从东到西，存在发展阶段和经济能量上的明显差距。以上海为龙头的长三角地区，人均 GDP 达到 1.5 万美元左右，按世界银行的标准已经进入中等发达地区的行列；长江中游的湖南、湖北、安徽等省市，人均产出为 6 000—7 000 美元，达到中国平均水平。长江上游的云南、贵州等省市，人均 GDP 达到 3 000—5 000 美元。

有关中国学者指出：长江经济带文化产业的新布局，将有力地推动这一广阔区域的文化产业向集约化、规模化和国际化发展。如果孤立地看待，长江经济带的沿江省市之发展差距是一种消极的地区发展不平衡的标志，但在中国社会主义制度优势的背景下，长江经济带的各个区域可以联结成一个整体空间，恰恰可以通过沿江省市的要素流通、产业转移、发展互动，体现资源和模式的多样性，释放出巨大的资源禀赋、市场潜力和发展后劲②。如长三角是我国对外文化贸易的增长极之一，上海是我国发展对外文化贸易最有成效的领军城市之一，上海已经连续五年保持文化贸易顺差，2013 年上海文化进出口总额达 159.60 亿美元，贸易顺差达 31 亿美元。成都借鉴上海等的经验，在 2014 年为中西部地区第一个艺术品保税仓库揭牌，主题是"境内文化艺术品走出去，境外高品质文化艺术品走进来"。这一有效态势将与长三角地区形成一江贯通、东西呼应的大格局，带动中西部把丰富的文化资源开发成为大量文化产品，在向西和向东、向南和向北开放中发挥强劲的动力。

依托长江经济带建设，形成中国文化产业的大布局，将有力地突破区域发展不平衡，推动这一广阔区域的文化整体实力和竞争力向集约化、规模化和国际化发展。当年的"亚洲四小龙"和其他一些原本相对滞后但有较好国际贸易区位条件的国家和地区之所以能够实

---

① "上海参与建设长江流域经济新支撑带的若干问题研究"课题组：《"π"形战略格局中，上海该怎么做》，《解放日报》2014 年 12 月 25 日。

② 花建：《"一带一路"建设与我国文化产业空间新布局》，《福建论坛》2015 年 6 月。

现经济追赶的目标,和它们与发达国家之间的要素流动、产业转移以及市场的一体化密切相关,而这些在中国长江经济带内部就能实现。沿江省市可以相互学习、互相补充,成为中国文化产业融合发展的黄金水道和强大动力带。长江经济带文化产业的新布局,将推动和壮大"全球创意城市黄金水道",这在全世界是独一无二的壮观现象。从联合国教科文组织 2004 年首次倡导"创意城市"以来,截至 2015 年 1 月,全球已经有 69 座城市入选。其中中国有 8 座城市,成为拥有联合国创意城市最多的国家,其中有 5 座恰好沿长江经济带分布。这 5 座创意城市把全球城市、川菜故乡、人间天堂、千年古城、工艺重镇等文化特色开发成为生机勃勃的文化创意产业,兼顾了设计、美食、工艺等不同的产业领域,相互呼应、取长补短,对周边城市群和广大乡镇,乃至对整个长江经济带都发挥出文化创意产业的增长极作用。这一"创意城市黄金水道"提供了中国针对区域发展特色、提升创意城市建设的宝贵经验。

五、文化遗产的传承亟待深入和创新

人类的文化遗产凝聚了人类在历史上应对各种挑战所积淀的智慧密码,并且形成了在自然、历史、生态、民俗等各种因素作用下的形态,能否对区域的历史文化资源进行深入的传承和开发,并且与当代的文化需求形成对接,决定着文化生产力的发展水平。正如英国专家查尔斯·兰德利在《创意城市》一书中所感叹的:"发挥创意并不意味着只关心新事物。伟大的成就往往是新旧的综合体,因此历史与创意得以相辅相成。[①]"人类文化生态的奇妙特点是:近亲繁殖往往会逐渐退化,提纯复壮才能繁育良种;超越历史可以让今人直面古老的智慧,立足遗产会对未来产生新的前瞻。想像力不仅仅是面向

---

① Charles Landry, *The Creative City — A Toolkit for Urban Innovation*, London 2008.

未来也是面向过去的,历史遗产和创意经济的嫁接会在刹那间迸发创新的火花。

中国作为 21 世纪崛起的世界性大国,怀揣着推动中华民族改革开放、完成祖国统一、推动世界和平发展的三大历史使命。中国走向文化强国之路,必将在激烈的全球化竞争中,开拓出一条博采众长、继往开来的中国特色道路。把"继承和弘扬"作为这条道路的基础和特色,以"和平与发展"作为这条道路的旗帜和目标,以"开放与合作"作为这条道路的动力和必然,以"创造和创新"作为这条道路的活力和优势,而且在文化强国之路的各个层次上,传承和弘扬中华民族的优良传统文化,用中国智慧化解前进道路上的各种挑战。

汪道涵指出:中国文化建设应该把马克思主义的中国化、传统文化的现代化和东西方文化的融合,作为最重要的三个方面。这是非常精辟而富有远见的①。马克思主义的中国化,即要把马克思主义的普遍原理与中国改革开放的实践相结合,成为中国文化的核心价值观念;传统文化的现代化,即对悠久的中国文化遗产进行提炼,成为现代化社会的文化财富;东西方文化的融合,即要把中国文化的建设与国际经济体系以及现代文化传播系统相适应。

中国国土辽阔,历史悠久,人口众多,各种文化遗产数量巨大。2014 年 6 月,中国大运河项目成功入选世界文化遗产名录,成为中国第 46 个世界遗产项目,中国拥有的世界遗产数量达到 46 个,名列世界第三位。仅以大运河为例,就包括典型河道段落和重要遗产点,共有中国大运河河道遗产 27 段,以及运河水工遗存、运河附属遗存、运河相关遗产共计 58 处遗产,河道总长度 1 011 千米,成为中国第一个以河流形态与活化使用而申报成功的世界遗产,成为中国申报世界遗产的一项光辉纪录。再以非物质文化遗产为例,仅仅是上海市非物质文化遗产名录就公布了三批,共 157 项,在 6 400 平方千米的上

---

① 汪道涵曾经多次谈到这一观点,见《上海文化》1995 年第 2 期。

海陆域面积中,仅仅是上海郊区的嘉定区、浦东新区、青浦区和松江区,其代表性历史文化建筑和纪念物存量就分别有 48 项、47 项、45 项和 42 项。

中国各个区域地区拥有的丰富历史文化遗产,为开发文化创意产业提供了极为宝贵的资源。许多区域的文化创意产业规模优势,如浙江杭州的创意设计产业、东阳的工艺美术产业、深圳大芬村的油画产业、顺德陈村的花卉文化产业、南海平洲的玉器文化产业、义乌的文化商品交易市场、成都的美食文化产业等,正是依托和开发了丰富的文化遗产而发展起来的。此外,我们不仅要统计和整理各类文化遗产的数量和质量,而且要把握文化遗产非自然消失的速度和深度。不同类别的文化遗产流失的程度不同,但从总体看,建筑遗产(遗址)与传统戏剧、曲艺、传统美术与传统技艺等几类文化遗产的衰落消亡速度最快,建筑遗产方面消失或损坏的资源最多。

这正如中国学者阮仪三所尖锐指出的:"据我所知,全国 121 个国家级历史文化名城大概有一半都保护得不好,其中特别不好的就有 8 个,都被点名批评了。[①]"到目前为止,国家级历史文化名城被破坏的现象比比皆是。比如入选第一批国家级历史文化名城的昆明市,它原来有青云街、文明街和碧鸡坊三条历史街区,现在它们都已经不复存在。相对保护比较好的只有平遥和丽江两地,但是丽江周围的环境也已经遭到了破坏。可以说,能够留存并保护较好的历史名城有其特点:一是保护了历史古城、开发了新区,比如平遥、丽江、苏州及江南的一些古镇;二是保护了历史地区和街区,比如扬州、绍兴、上海、韩城等。而更多的物质与非物质文化遗产之所以处于衰微状态,直接原因之一是传承人的衰老和谢世,从而导致传承链的断裂。

正如中国学者张凤琦所说:"解决这一困境的关键是在现代化与传统文化之间找到平衡点,而这个平衡点就是蕴含在非物质文化特

[①]　阮仪三:《历史名城保护的相关政策和法规缺乏》,《中国社会科学报》2010 年 9 月 15 日;阮仪三:《百座名城凋零过半》,同济新闻网,https://www.news.tongji.edu.cn,2014 年 7 月 7 日。

有的中华民族的精神价值、思维方式、想像力和文化意识。[①]"它们是维护我国文化生存和文化主权的基本依据,比如川江号子,代表的功能虽然已经变化,不再属于劳动生产一部分,但是蕴含于其中的巴蜀文明乃至中华民族不畏艰险、团结协作、勇于抗争的精神则是永恒的。多年来,我国对文化遗产的传承获得了很大成果,但是在许多地方,还存在对有形遗产重视多、对无形遗产重视少,对商业利用投入多、对价值研究投入少,对个别开发重视多、对整体传承少的问题。近年来,我国已累计投入近 30 亿元用于非物质文化遗产保护,取得了可喜的进展。再以上海石库门保护为例,1949 年上海有 20 万栋石库门建筑,目前尚有较完整的石库门街坊 173 处,石库门里弄 1 900 多处。从 2000 年开始,上海政府启动了石库门的抢救性保护,2004 年将中心城区的 12 个片区包括部分石库门里弄列为上海历史风貌保护区[②]。从大量经验来看,保护历史文化遗产需要政府大力引导、社会参与支持。可以展望:未来许多年以后,随着文化遗产的价值越来越获得认同,全面深入地保护和研究也会成为共识。因此,今天以保护和传承为先导,以研究和开发为延续的综合型文化遗产传承机制,也将为中国文化整体实力和竞争力的长远建设,打下重要的基础。

六、文化主体的培育需要良好机制

从区域发展的大趋势来看,全国呈现出从带状到块状,从"点状"和"带状"向"块状",以行政区划向以城市群为核心,从追求 GDP 增长到推动区域协调发展的发展趋势。但是,从增强我国文化整体实力和竞争力的角度看,目前的文化产业管理体制普遍存在条块分割、

---

① 《专家称缺乏传承人是非物质文化遗产保护面临的最大危机》,新闻社 2011 年 10 月 13 日电,https://www.cq.xinhuanet.com。
② 张懿:《诊断石库门》,《文汇报》2015 年 10 月 14 日第 3 版。

各个部门之间缺乏衔接的情况。

　　区域发展文化创意产业,具有多层次的构造。它需要来自本土、外地和国际的各类文化主体,需要来自科技、艺术、金融、工业、贸易、媒体、文博等各个领域的资源和人才,也包含着各类文化企业、社团、基金会、私人机构的配比,这是一个有趣的文化建设主体焕发自我组织活力的"经络图"。

　　区域文化产业建设主体的多元化,是由文化产品的价值特色和生产形态所决定的。因为文创产品和服务核心的精神和符号价值,远比其自身的实用功能要来得更为重要,正如向勇教授所指出的:它包括膜拜价值、展示价值和体验价值等三种样式。膜拜价值是经由文化产品的原真性、在地性和距离性所带来的"光韵体验";展示价值是经由文化产品的复制性、在场性和介入性带来的"震撼体验";体验价值是经由文化产品的娱乐性、互动性和时尚性带来的"交感体验"[1]。

　　为了创造更多更好的文化创意价值,人类的文化生产组织方式先后发生了巨大的变化。20 世纪 80 年代以前,在文化产业领域流行的"福特主义(Fordism)"强调效率与功能和流水线式的大生产模式,洛杉矶的好莱坞大片厂、日本的松竹映画等三大电影片厂、NHK 等五大电视网、香港邵氏电影是那个时代的代表。20 世纪 90 年代以后,后福特主义(post-Fordism)模式逐渐成为文化生产主流,强调专业人员的聘雇弹性化、项目的专业外包、中小微企业和个人工作室的灵活组合等,而且需要大量配套服务的中介机构、基金会、非营利机构等,和以承担公共服务功能为主的"社会企业",以及香港西九龙文化管理局这种与政府"一臂之遥"、而推动超大型文化项目开发的法人机构[2],形成多中心、多层次、多种联系的文化生产网络。

---

[1]　向勇:《超越硬创新:从软创新到巧创新——在 2014 年中国文化产业新年论坛上的演讲》,北京大学文化产业研究院官方网站,https://www.icipku.org。

[2]　香港西九龙文化管理局是与政府"一臂之遥"的法人机构,它受政府委托推动大型文化项目的开发。2008 年 2 月香港立法会批准成立该法定机构——西九文化区管理局,同时,通过了一笔 216 亿港元拨款予该局,建设占地面积 40 多公顷的西九龙文化区。

　　根据伦敦、纽约、香港等城市的有关研究数据,一个城市文化企业与文化社团及民办非企组织、文化基金会等应该有一个合理的数量结构,一般为100∶10∶1,也就是文化社团及民办非企约占企业数量的10％,商业型文化企业与文化类基金会的数量比例一般为1％。杨绍林先生指出,美国、英国、德国、法国、意大利、日本6个国家在剧院收入中:自我经营收费(自给率)46％,公共资助46％,民间捐赠8％。扣除民间捐赠受外部条件影响等不确定因素,自营与公共资助占比正好是50％,而动员大量的公共资助必然要依托各种民办非企组织和文化基金会,进行募集、推广、评估、中介、代理等工作①。这说明文化企业和机构的成长,必须获得多元化的资源渠道,这就犹如一座茂密的热带雨林,不但有巨大的乔木,而且要有丰富多彩的灌木林和花朵草坪,还要吸引飞禽走兽,授受花粉,才能形成一种相互依托和交叉拉动的文化生态结构。

　　对比中国的情况,截至2011年11月,全国文化产业法人单位达到50.8万个。在所有上述法人单位中,执行企业会计制度的经营性单位有42万个左右;执行事业、社团及其他单位会计制度的公益性单位有6.5万个;其他单位2万多个。而截至2012年底,各类全国性社会组织共有1 600家,其中全国性的民办非企39家,基金会127家,学术性社团600多家。其中主业为文化类的社会组织不到1/4。特别是文化类基金会,作为专门从事文化类资金筹集和运作的机构,目前不到30家,后者数量实在太少,根据国际惯例全国可以有4 000家左右,这就大大限制了社会资金通过文化类基金会等渠道的筹集和运作效率②。根据纽约哥伦比亚大学有关专家的说法,美国现有全国性基金会5万多家,其中有广泛影响的约为1 000多家,总资产约

---

① 杨绍林:《剧场管理评价体系构成初探》,《中国文化报》2013年8月12日,第3版;并参看:《剧场运营管理的资金构成及分析》,《艺术通讯》2003年第9期。

② 《中国文化产业发展情况》,北京新元文智咨询服务有限公司(文资网),2013年5月1日,https://www.ccizone.com。

4 500亿美元。而在纽约的全国性基金会就有8 000多家。根据2012年美国基金会中心提供的《美国基金会年鉴》披露：资产在300万美元以上、年捐款在20万美元以上的基金会共有11 000多家，占基金会总数的1/4，而捐款总额占90％以上。这是纽约等美国大都市培育多元文化主体的重要资金来源，也是值得中国城市认真借鉴的重要经验。目前中国城市中许多企业、团体、私人都有出资建立文化类民办非企和文化基金会的愿望，但是现有政策对此有许多限制。2013年两会上民政部领导透露：允许优先发展行业协会商会类、科技类、公益慈善类、城乡社区服务类等4类社会组织，但是未放开文化类组织。

近年来，特别是杭州、深圳等城市在培育多元化的文化创意主体方面，进行了大量富有价值的探索。浙江省和杭州市还专门制定了扶持文化类民办非企业单位繁荣发展的政策①，扶持的文化类民办非企业单位重点为在民政部门注册的民办博物馆、民办书画院、民办图书馆、民办艺术院团、民办纪念馆、民办美术馆、民办收藏馆、民办陈列馆以及文化创意类社会组织等，为培育多元化的文化建设主体发挥了积极作用。这正是中国许多区域的文化产业发展战略应该密切关注，奋起直追的领域。

七、国内国际两个大局亟待统筹推动

作为21世纪的世界大国，提升中国的文化软实力，必须着眼于世界的大局，而扩大对世界的影响力，必须从打造国内的优势产业和强力基地做起。从2008年以来，国家先后颁布了长三角、珠三角、环北部湾、中原经济区等30多个区域发展战略，之后又颁布了《藏羌彝

---

① 杭州市出台《关于鼓励和扶持文化类民办非企业单位繁荣发展的若干政策意见（试行）》（市委办发〔2011〕136号）。

文化产业走廊总体规划》①,酝酿发布国家文化产业特色示范区标准,突破了原有的行政区划,强调了传承文化遗产和整体协调开发的新思路,勾画出五位一体、协调发展的中国区域发展格局和面向 2020 年的中国新地缘发展战略。在 2014 年博鳌亚洲论坛年会开幕大会上,李克强总理以"共同开创亚洲发展的新未来"为题发表演讲,全面阐述了中国的亚洲合作政策,强调要推进"一带一路"的建设。

"一带一路"建设的重点是"五通",即政策沟通、道路联通、贸易畅通、货币流通、民心相通。中国将坚持正确的义利观,道义为先、义利并举,向发展中国家和友好邻国提供力所能及的帮助,真心实意帮助发展中国家加快发展。2013 年中国与"一带一路"国家的贸易额超过 1 万亿美元,占中国外贸总额的四分之一,而过去 10 年中国与沿线国家的贸易额年均增长 19%,较同期外贸年均增加 4 个百分点。未来 5 年,中国将进口 10 万亿美元的商品,对外投资将超过 5 000 亿美元,增加游客数量约 5 亿人次,中国将不断增大对周边的投入,探索搭建地区基础设施投融资平台②。中国不仅要打造中国经济的升级版,也要通过"一带一路"等途径打造中国对外开放的升级版,不断拓展同世界各国特别是周边国家的互利合作。这为中国文化产业的发展和对外文化贸易,提供了重要的发展机遇和广阔的市场前景。

发展多样化的文化产业区域模式,是加强我国文化地缘战略的重要举措。中国辽阔的疆域、巨大的人口、悠久的历史,形成了区域资源的多样性和区域发展不平衡性,正如马丁·雅克等国际学者所

---

① 2014 年 3 月 5 日,文化部、财政部联合颁布《藏羌彝文化产业走廊总体规划》,这是我国第一个国家层面的区域文化产业发展专项规划。该《规划》涉及川、黔、滇、藏、陕、甘、青等七省区,核心区域内藏、羌、彝等少数民族人口超过 760 万,覆盖面积超过 68 万平方千米。它目的是在尊重当地各民族的风俗习惯和宗教信仰的基础上,以优秀地方和民族特色文化资源保护传承和合理开发利用为核心,促进西部地区、民族地区特色文化产业发展,建设具备引领示范效应的特色文化产业带,推动藏羌彝文化产业走廊成为具有世界影响力的文化旅游目的地。

② 杨洁篪:《邻国之间领导人和普通民众都需要多走动——在 2014 年 4 月 10 日下午博鳌亚洲论坛"丝绸之路的复兴:对话亚洲领导人"分论坛上的演讲》,中国新闻网,2014 年 4 月 10 日,https://www.chinanews.com。

言："与近代许多单一的民族国家不同,中国实际上就是一个具备多样性的文明实体。[①]"有史以来,中国以超强的凝聚力融合了极为多样的文化实体,在历史纵向轴上累积了从华夏先祖、唐诗宋词、康乾盛世等巨大遗产,如我国良渚、三星堆、金沙、马王堆等遗址在发掘中发现了多达5—10层的文化层,在空间横向轴上展开了齐鲁、燕赵、三秦、三晋、湘楚、吴越和巴蜀等7大地域文化形态和20多个次级地域文化形态。如中国这样以超大型的文明体与现代民族国家形态完全重合,这在全世界范围内几乎是绝无仅有的。中国又是一个尚未完全实现统一的新兴大国,而历史上英、美、德、日、俄等大国,在崛起前至少10年就基本完成了国家的统一,中国恰恰面临着实现祖国统一的历史性任务,国内还面临着"台独"、"疆独"、"藏独"等分裂主义势力的潜在威胁。中国还是世界上周边邻国最多的大国,不仅仅与14个周边国家接壤,与另外10多个国家在陆域和海域上邻近。而近年来支撑我国区域经济发展的许多基础性条件发生了深刻变化,包括国家对交通通信等基础设施的长期大量投资产生的累积性效应,特别是高速铁路网、高速公路网、区域航空网、江海联运网的形成,推动了要素资源在不同属性区域间的快速流动,从而为重塑我国区域发展的新格局提供了有利条件。

但是目前各区域文化产业的发展与这一态势很不协调。比如,中国发展对外文化贸易,主要依托东部沿海省市和北京、上海、广州、深圳等沿海城市,这对于一个世界大国来说是必要的,但也是远远不够的,与中国首倡的"一带一路"建设也不能适应。根据国家商务部的统计数据,2011年中国核心文化产品进出口额最高的三大省份:广东省为76.7亿美元,占全国核心文化产品进出口总额的38.6%;福建省为20.4亿美元,占全国的10.3%;浙江省为19.1亿美元,占全国的10%。但是同为沿海省份的海南省,核心文化产品进出口额为

---

① ［英］马丁·雅克:《当中国统治世界——中国的崛起和西方世界的衰落》,张莉、刘曲译,中信出版社2010年版,第159页。

0.07亿美元,约为广东省的1/1 000;广西核心文化产品进出口额为1.1亿美元,约为广东省的1/76,而丝绸之路经过的新疆、青海、甘肃、陕西等省区,在文化产业和对外文化贸易的主体、品种、质量和规模方面的差距更加明显①。而这些省区,恰恰是"21世纪海上丝绸之路"的关键节点,具有俯瞰北部湾、联结东南亚,和面向西亚、中亚、东欧、中东等地区的重要地位。

与此相关联,我国对外文化贸易的目标市场地区较为集中,主要集中于欧美发达国家,以及东亚发达经济体,如日本等。美国在2010年是中国文化产品出口的第一大市场,文化产品出口金额为277.25亿美元,占中国2010年对外文化产品出口的28%。日本则位居第三位,出口总额为60.3亿美元,占总额的6%。以德国、英国、俄罗斯为代表的欧洲市场约占对外文化产品出口额的20%。中国文化产品出口的目标市场集中度较高,前十位最大出口地区占中国文化产品出口额的67%。而中国文化产品和文化服务在具有重要意义的其他战略地区,如印度、巴西、南非等金砖国家,以及东南亚、中东、非洲等地区,无论是出口总额还是所占比例都比较小,亟待有新的拓展。这和我国东北、西北、西南地区缺乏强有力的对外文化贸易基地密切相关。可以说:目前我国对外文化贸易,是"向东开放"势头强劲,贸易结构较好,形成了一定的实力基础;"向南开放"逐步拓展,进入新兴市场,展示了良好的前景;"向西开放"包括向南亚、中亚、西亚等战略方向,基础薄弱,变数很大,有待于进行艰苦的探索。

有鉴于此,中国的区域文化产业战略亟待把对内和对外两个大局结合起来,结合上海和广东、福建等三大自由贸易区创造的对外文化开放的重要经验,结合舟山群岛新区、前海、横琴示范区和平潭综合试验区等,结合"一线放宽、二线管住"等多样化的运作模式,形成代表国家文化实力的主要功能区域,形成各有特色的区域文化发展

---

① 国家商务部:《中国文化贸易统计2012》,中国商务出版社2012年版。

战略,成为打造中国对外开放升级版的重要基础。

第五节 总体战略:提升区域文化
竞争力的目标和要求

为了增强中国文化整体实力和竞争力,要依托中国区域发展大格局,实施以创新驱动、融合发展、因地制宜、多元包容、内外结合为特色的区域文化竞争力发展战略。并且在 2021 年和 2049 年,分两个阶段,从构建区域文化竞争力的总体框架,到全面实现中国的区域文化产业发展战略。

表 4-8 中国区域文化产业发展战略的主要内容

重点战略	主 要 内 容
区域特色战略	适应区域发展目标,形成全国宏观格局,建立国际大都市型、工商业强市和专业镇街型、工业资源型和资源枯竭地区型、民族文化资源型等不同类型模式,建立 30 种以上的文化产业示范区域类型
主体培育战略	以大城市群和中心城市为核心,建设文化产业公共服务平台体系,实施以文化科技创新为核心、多级带动的区域文化动力新格局,建设文化科技相结合、产学研相结合的"区域智核-文化生产力集成中心"
产业联动战略	加强区域产业联动,突出融合协调发展,发挥文化建设对于新型城镇化、工业化、信息化、生态化建设的贡献,与金融、科技、贸易、工业、建筑、旅游等产业形成联动,推动产业和城市双转型
传承创新战略	突出文化竞争力对当地文化传统的传承与创新,把发展文化产业与保护和倡导文化多样性结合起来,让各地区、各民族的人民都能够通过参与文化建设,延续和弘扬本地区的文化多样性
内外结合战略	把对内和对外两个大局结合起来,形成文化竞争力的国内区域战略与中国国际战略的结合,形成面向亚太、北美、欧洲、东南亚、东北亚、南亚和中亚等战略方面的区域文化生产力、影响力和辐射力基地

一、区域特色战略——适应区域目标，形成宏观格局

从 2008 年以来，国家批准颁布的长三角、珠三角、北部湾经济区、成渝经济区、江苏沿海地区等 30 多个区域发展规划，总体特点是：（1）从跨省区到次区域，突出地缘优势，培育不同层次增长极，不受现有行政区划的限制，有跨省区的如成渝经济区发展规划，也有次区域的如江苏沿海地区发展规划等，其中的海峡西岸经济区包括福建省全境以及浙江省温州市、衢州市等，广东省汕头市、梅州市等，江西省上饶市等，陆域面积约 27 万平方千米，加强海峡西岸经济区与台湾地区的经济全面对接，推动两岸交流合作向更广范围、更大规模、更高层次迈进。（2）突出因地制宜，鼓励多样化发展模式，如长三角规划突出了先进制造业和现代服务业基地、亚太地区重要的国际门户和世界级的大都市群建设；江苏沿海发展规划突出了面向海洋的蓝色经济区特色；珠三角规划突出了推动一国两制，促进粤港澳三地的分工合作等。（3）强调了政治、经济、文化、社会、生态的五位一体协调发展，注重陆域和海洋资源的统筹开发，如北部湾经济区的发展，把北部湾沿海地区的城市融合为一个有机整体，加大对北部湾和东南亚等的辐射力，而舟山群岛新区的定位是浙江海洋经济发展的先导区、长江三角洲地区经济发展的重要增长极、海洋综合开发试验区，大力开发蓝色国土，构建功能定位清晰、开发重点突出、产业布局合理、集聚效应明显、陆海协调联动的"一体一圈五岛群"总体开发格局。

有鉴于此，中国的区域文化产业发展战略，应该与上述的区域发展战略结合起来，把文化产业的主导方向和重点集群建设与国家区域发展的大局相适应，突出因地制宜，统筹沿海、沿边、沿江、沿湖、沿交通干线等各个区域资源，到 2021 年前后，建立国际大都市型、工商业强市和专业镇街型、工业资源型和资源枯竭地区型、民族文化资源

和历史遗产富集地区型、农林牧副渔功能地区型、生态功能地区型、对外开放前沿地区型等不同类型的典型模式,建立 30 种以上对全国具有示范意义的文化产业示范区域和基地类型,突出科研基地、产业集群、特色市场、历史遗产、民族风情、贸易大港等优势条件的组合,发展因地制宜的不同文化发展路径,创建多样化的文化生产力集聚发展模式。

中国发展文化产业,提升文化软实力,从空间维度看,必须要制订和实施区域文化产业发展战略,推进多样化的模式。中国是一个发展不平衡的大国,又是一个通过国家战略和人民意志而不断推进和谐发展的大国。中国通过制定和实施不同层次、不同类型的区域发展规划,推动各个区域相互协调地可持续发展,这是新时代中国特色社会主义发展的重要举措。从 2008 年以来,国家相继批准和颁布了长三角、珠三角、北部湾经济区、成渝经济区、江苏沿海地区等几十个区域发展规划,出台了一大批促进区域协调发展的规划指导性文件,使得区域发展规划上升到国家战略的层面。这一举措为中国文化产业形成区域特色战略,优化宏观格局,提供了重要的背景和历史性的机遇。各地发展文化产业要紧密结合国家的区域发展规划,突出优势,扬长避短,增强可持续发展的活力。

二、主体培育战略——培育强大主体,优化文化生态

要培育区域性文化产业的强大主体,以大城市群和中心城市为核心,推动文化产业不断升级。要实施以文化科技创新为核心、多级带动的产业空间发展新格局,建设文化科技相结合的"智核",集聚区域创新资源和增长动力,建设一批人才集中、科技繁荣、文化包容性大、产业和市场配套好的产业基地和公共服务平台;到 2021 年前后,在全球文化软实力竞争的主要领域,包括数字内容、电影音像、创意设计、新媒体、工艺美术、音乐视听、艺术品等领域,拥有 200 家以上

的跨国公司和骨干企业。在世界 500 强企业中的文化创意类企业中，在全球最大的 20 家视听企业，在全球品牌 100 强等方面，在全球依托数字科技快速发展的新媒体、文化新业态、新兴产业中，拥有一大批龙头企业和产业集群。

培育区域性文化产业的强大主体，必须让更多的社会资源进入文化产业领域。从我国各类城市的情况看，哪里的文化产业主体数量庞大，国有和民营"两条腿"走路各有特色，哪里的文化竞争力和贡献力就活力澎湃。比如截至 2012 年末，上海官方统计的文化企业已经达到 14 376 家，其中国有企业 1 360 家，占 9.46%，民营企业13 016 家，占 90.54%，加上企业头衔没有涉及文化产业实际在从事文化产业的投资、研究、开发、营销和管理的，全市的文化产业企业总数达到 22 000 多家，成为一个数量庞大的产业群体①。又比如：浙江省的东阳市位于浙江省中部丘陵地带，所辖面积 1 739 平方千米，总人口 83 万，下辖 6 个街道、12 个乡镇，到 2014 年初，全市已经拥有各类文化企业 4 800 多家，从业人员 16 万多人。仅仅横店国家级影视产业实验区入驻的影视企业就达 530 家，包括中国电影上市公司第一股华谊兄弟等，木雕•红木家具企业就达 1 000 多家。这和当地大力推动新兴产业的平台经济密切相关。相比之下，中西部许多地区文化竞争力的薄弱，与亟待培育大批的文化产业主体密切相关。

培育区域性文化产业的强大主体，必须有优良的平台体系。全国有关区域在发展文化产业的战略设计中，都要突出"平台经济"的作用，每一个重点区域都要建立文化产业投融资、产权交易、创意研发、人才培养、市场推广、历史文化资源传承保护等平台，形成服务平台体系。我们在全国主要地区实地调研时发现：深圳、杭州、南京、佛山、顺德、南海、东阳、太仓等文化产业发达的城市，从国际化

---

① 综合上海市委宣传部等有关部门的数据。

大都市到县级市,都建立了至少8个以上具有实际作用的平台。这些平台不仅仅针对本地区的文化产业需求,而且有跨行政区域的服务能力,让它们可以依托 B2B、B2C、C2B、C2C 和 O2O(线上对应线下)等多种形态,把在线、在地、在场等多种服务形态结合起来,形成"构建产业环境、创新整体服务,集聚产业集群"的孵化作用和集聚效应。

三、产业联动战略——促进跨业联动,推动可持续发展

要加强产业联动,突出融合发展,发挥文化产业对于一、二、三产业的带动作用,发挥文化建设对于新型城镇化、工业化、信息化、生态化建设的贡献,加强与金融、科技、贸易、工业、建筑、旅游等产业的融合,包括产品融合、技术融合、产业融合、市场融合,突出文化建设在推动产业和城市双转型中的促进和融合作用,普惠广大民生,通过总体契合、适度超前,提升该区域五位一体的协调发展水平。

《国务院关于推进文化创意和设计服务与相关产业融合发展的若干意见》明确指出:推进文化创意和设计服务等新型、高端服务业发展,促进与实体经济深度融合,是培育国民经济新的增长点、提升国家文化软实力和产业竞争力的重大举措。在区域文化软实力的发展战略中,要把文化创意产业与相关行业形成"越界、渗透、提升、联动"的融合发展作为主要内容。

经过30多年的改革开放,中国已经成为全球性的工业大国,在全球工业生产中的比重达到前所未有的高度和规模。2012年,我国工业占国内生产总值的40%左右,制造业占全球的比重提升到19.8%,规模位居全球第一位,我国220多种工业品产量位居世界前列,已经成为名副其实的全球制造业大国和世界工厂。我国的工业不但规模大而且在逐步变强,在2013年的全球500强企业中,中国(包括香港和台湾地区)上榜的公司达95家,总收入达5.2万亿元,占

500 强企业总收入的 17%①。在 2014 年的全球 500 强企业中,中国上榜公司更达 100 家,其中中石油进入世界前 3 强。在《中国工程机械》杂志发布的"2013 年全球工程机械制造商 50 强排行榜"中,中国企业占 11 家。在前 10 强企业中,徐工集团、中联重科和三一重工分别位居第 5 位、第 6 位和第 10 位。

但是从总体上看,我国工业生产效率的增速低于规模的增速。中国工程院院士徐匡迪教授指出:多年来我国制造业过度依赖资源和资金的投入,发展经济粗放,经济效率低。相比较而言,发达国家的制造业增加值率一般在 35% 左右,美国、德国超过了 40%,日本也达到 37% 以上,中国在 2010 年只有 21.4%,2013 年更低②。前工业和信息化部部长李毅中也指出:目前发达国家、世界总体水平、中国的工业增加值率分别为 40%、35%、26.5%③,我国制造业规模 21 世纪初十年提高了 4 倍,但规模大而不强,最集中表现在工业增加值率太低。在参与全球产业链分工协作的竞争过程中,我国大量企业位于产业链的组装、加工、装配等低附加值的环节,而创意设计、科技研发、品牌管理等高附加值的环节大量被外国的跨国公司所占有。据亚行估算,在全球化的产业链分工中,一部智能手机的成本是 189.86 美元,多数归属日本、韩国、美国等企业所得,负责组装的中国企业只得到 6.5 美元。

有鉴于此,推动中国各区域产业升级的路径之一,是促进文化创意与工业的融合发展,支持基于新技术、新工艺、新装备、新材料、新需求的设计应用研究,促进工业设计向高端综合设计服务转变,推动工业设计服务领域延伸和服务模式升级。这一方面是推动中国从制

---

① 刘峰、段晓华:《三大优势引领中国新一轮技术和产业变革》,《中国社会科学报》2013 年 12 月 6 日。

② 《徐匡迪:中国制造业每年质量损失超一万亿元》,中国经济网 2014 年 3 月 22 日,https:// www.ce.cn。

③ 工业增加值率反映工业生产新增价值与总生产价值的比例关系,直接反映工业过程降低中间消耗的经济效益,反映一个国家的工业投入和产出的效果。

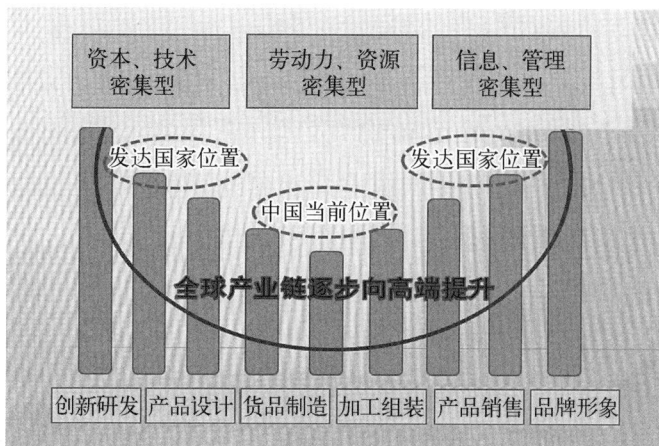

图 4-14　全球产业链分工与中国的位置

造大国向创造大国转变的重要举措,另一方面也为文化创意产业的发展打开了极为广阔的空间。

国内外大量经验证明,创意与设计是科技创新和产业变革的"牛鼻子"。创意设计是综合运用科技成果和工学、美学、心理学、经济学等理论和知识技能,对相关客体进行整合优化的知识劳动和智慧创造活动。从本质上看,设计根源于人改造客观世界以及重塑自身的意愿,是一个从量变积累到质变的演进过程,也是把主体的愿望投射到对象改造和重塑自身的过程。设计的灵魂是创意、创新、创造。设计经历了风格创意、意义关注、协调管理、创造体验、驱动创新等阶段,长期以来,人们从传统学科分工的意义上把设计划分为工业设计、平面设计、包装设计、景观设计等门类。而 21 世纪的设计类型正在被重新划分为创新引领型(innovation leading design)、用户目标型(customer towards design)、跨界融合型(crossover intergracion design)、痛点导向型(pain-point oriented design)等多种类型。根据国务院在 2015 年颁布的《中国制造 2025 战略》,提出了坚持走中国特色新型工业化道路,以促进制造业创新发展为主题,以提质增效为中心,以加快新一代信息技术与制造业深度融合为主线,以推进智能制造为主攻方向,以满足经济社会发展和国防建设对重大技术装备需求的战略目标,力争用十年时间,迈入世界制造强国行列。到2035年,我国制造业整体达到世界制造强国阵营中等水平,优势行业形成全球创新引领能力,到新中国成立一百年时,制造业大国地位更加巩固,综合实力进入世界制造强国前列。有鉴于此,我国区域性文化贡献力的重点,要结合这一迈向全球制造业大国的重大战略,体现(科技创新+信息技术)×产业变革深度交融的理念,以创意为灵魂,以技术能力为骨骼,以制造能力为肌肉,以设计作为品牌的DNA,在全球的创新链、价值链和供应链中形成主导作用,促进大众创业、万众创新以及知识文明的繁荣进步。

大量实践证明,这种融合发展可以从多重路径展开。在文化创意与工业融合的领域,要在纵向延伸和横向服务两个维度上,激发产业转型和工业升级的活力,推动中国从制造大国向创造大国转变;在文化创意与旅游融合的领域,要以文化创意引领对旅游资源、周边产业、集聚客源、节庆活动、衍生产品等的开发,以文化的活力提升旅游项目、旅游产品、旅游节庆等的吸引力和增值率,建设以文化创意为动力的世界旅游强国;在文化创意与城市规划和建筑设计业融合的领域,要以文化创意提升人居环境,体现以人为本、安全集约、生态环保、传承创新的理念,进一步提高城乡规划、建筑设计、园林设计和装饰设计的文化品位和现代化水平;在文化创意与农业融合的领域,要结合中国农业的阶段性发展需求,提高农业和农村开发的创意设计水平,建设集农耕体验、田园观光、教育展示、文化传承于一体的休闲农业园区。

四、传承创新战略——传承文化遗产,鼓励弘扬创新

要突出文化建设对当地文化传统的传承与创新,把发展文化产业、提升文化竞争力与保护和倡导文化多样性结合起来。要延续和弘扬本地区的特色文化,也要适应新型城镇化背景下,大量人口流动

和从农村向城镇迁徙的特点,不但关注本土的传统文化资源,而且关注文化的流动性,把源自外地和境外,具有很强"移民"特色的文化资源,通过发展文化产业,使得文化遗产的保护和文化资本的开发结合起来,体现文化惠民和文化富民的效益。它包括以下两个层面。

第一是在核心价值观念的意义上,传承和打造民族的根与魂。习近平总书记在论述社会主义核心价值观时,多次指出:"培育和弘扬社会主义核心价值观必须立足中华优秀传统文化。牢固的核心价值观,都有其固有的根本。抛弃传统,丢掉根本,就等于割断了自己的精神命脉。……不忘本来才能开辟未来,善于继承才能更好创新。"①社会主义核心价值观从国家、社会和个人三个层面上确定了基本的价值追求。富强、民主、文明、和谐是当代中国人孜孜不倦追求的价值目标,也反映了近代以来无数志士仁人为抵抗外辱、追求独立、捍卫自由而流血牺牲的奋斗历程;自由、平等、公正、法治是现代社会必然的价值理想和行为准则,也反映了中华民族绵延千年的精神血脉;爱岗、敬业、诚信、友善是公民个人层面上的价值准则,更是中国人立世做人的传统美德,正所谓"黍稻必齐,曲蘖必实,湛之必洁,陶瓷必良,火候必得,水泉必香",才铸就了历史上的百年名牌②,在传承中华优秀传统文化,铸造民族精神之魂方面,

图 4-15　中国文化遗产的主要类型

① 《习近平总书记在中共中央政治局第十三次集体学习时的讲话》(2014年2月24日),《人民日报》2014年2月25日。

② 这是"六必居"的匾额。六必居酱园始于明朝嘉靖九年(公元1530年),至2014年已有484年的历史,是京城历史最悠久最负盛名的老字号之一,也是全国同行业中规模最大、技术力量强、机械设备先进的生产经营酱腌菜及调味品的专业公司。

还有大量工作要做。

第二是在文化生产营销的角度上,提高资源利用开发的效益。中国的历史文化遗产大致包括历史文化遗址(遗迹)、历史文化建筑(群)、历史文化纪念物与非物质文化遗产四大类。从整体上看,一个区域所特有的历史建筑、纪念物、道路、村落、街区等是文化形态之形,而技艺、歌唱、节庆、民俗、传说、风习等是文化形态之神。

表4-9 现代文化资源开发的三维视野

	特 点	内 容
一维标准	文化资源的丰富度	资源的多元化程度和数量的优势
二维标准	文化资源的珍稀度	资源的不可替代性和质量的优势
三维标准	文化资源的可加工度	资源的可加工、可流通、可利用度

在21世纪文化竞争力的视野中,一个区域文化资源的价值被赋予了新的内涵。不仅仅要看资源的多元化程度和数量的优势,而且要看资源的不可替代性和质量的优势,还要看资源的可加工、可流通、可利用度,特别是可否经过数字化的加工,而成为现代文化生产的资本。

传统的文化生产和文化贸易格局中,沿海、沿江、沿湖的城市具有明显的地缘优势,可以降低对外贸易的成本,扩大运输的规模,便于消化外来的先进技术,把产业集群和消费市场结合起来。而在全球化、信息化的时代,信息、金融、物流、航运、高速铁路、高速公路等网络正在覆盖越来越广泛的城乡,传统的贸易格局不断受到挑战。中国的区域文化产业发展战略,首先要发挥沿海中心城市和发达地区的作用,形成走向蓝海的前进基地,同时也要发挥内陆地区的资源优势,因势利导提升文化生产力,扩大对外文化贸易。

特别是随着人们对于文化产业和创意经济规律的认识深化,内陆地区许多以前被忽视的事物,包括古老的遗址、民俗的技能、工业的遗存、文学的传统、新兴的产业、节能的技术等,都被作为文化和创意的资源开发出来。英国专家查尔斯·兰德利说得好:"创意的基础还包括城市整体的心理基础建设与心态。城市就是通过这种方式,来把握机会和问题,并且营造气氛和环境,凭借奖励、规范和法律,激发创新的禀赋。发挥创意并不意味着只关心新事物。伟大的成就往往是新旧的综合体,因此历史与创意得以相辅相成。[①]"比如在中国各地城乡富有特色的民居,就是形神兼备的重要文化遗产,上海中西合璧的石库门,北京的四合院,苏州和扬州的厅堂式住宅,佛山的岭南民居,顺德的乡居祠堂,安徽的四水归堂,云南和贵州的三合一照壁、四合五天井、一颗印以及福建的大土楼等,这些合院式房子是中国历史文化建筑的核心代表,又融合了近代以来美国联排别墅(townhouse)等建筑风格,是当地文脉和中外建筑交融的绵绵印证。上海的新天地是传承石库门建筑而开发成为文化创意旅游街区的一个成功案例。可惜的是,以城市民居为主的保护区目前在全国大部分城市都没有。正如中国学者阮仪三所说:"民居是传承文化的重要资源,是反映地方特色风情和传统风貌、凝聚地方传统文化的区域。"这个特色风情的背后是它的民俗文化传统,是中华重要文脉的留存,这正是区域提升文化整体实力和竞争力过程中,应该大力弘扬和贯彻的理念,更应该在规划和实践中做好保护民居文化,传承历史遗产这一篇大文章[②]。

五、内外结合战略——把握国内国外,统筹两个大局

要结合国内与国外,统筹两个大局,推动中国的区域文化产业发展战略,与中国文化走向世界的新格局相结合。自中国加入WTO以来,中国已经成为推动全球增长的强大引擎,成为世界经济秩序不

---

① Charles Landry, *The Creative City — A Toolkit for Urban Innovation*, London, 2008.
② 阮仪三:《历史名城保护的相关政策和法规缺乏》,《中国社会科学报》2010年9月15日。

可缺少的环节。中国的国内发展必然牵动世界的格局,而新形势下的全球治理需要中国及时做出贡献和应对。中国对外文化开放的"升级版",必然以强大的区域文化竞争力作为后盾,中国各区域的文化整体实力和竞争力建设,必将为推动中国对外文化交流和文化贸易的大格局提供坚实基础。

近年来,中国不断完善互利共赢、多元平衡、安全高效的开放型经济体系,包括提出中国和中亚国家可以用创新的合作模式,共同建设"丝绸之路经济带",将中国和东南亚国家临海港口城市串起来,通过海上互联互通、港口城市合作机制以及海洋经济合作等途径,建设海上"丝绸之路经济带"等。中国的区域文化产业发展战略,要把对内和对外两个大局结合起来,配合"一带一路"发展的大趋势,形成文化竞争力的国内战略与国际战略的结合,把各具特色的区域文化竞争力模式与中华文化走出去的大格局相结合;到 2021 年初步形成面向亚太、北美、欧洲、东南亚、东北亚、南亚和中亚等战略方面的文化生产力、影响力和辐射力基地,形成引领区域文化实力的"增长极"、面向国际文化市场的"辐射极"和普惠文化民生的"服务极"。

中国的区域文化产业发展战略,要把对外文化贸易基地和拓展对外文化贸易的目标市场结合起来。这些区域发展战略要与中国国际战略相结合,以区域崛起、内外结合,推动一国两制,促进祖国统一;以地缘优势、梯度辐射,推动对外开放。近年来,中国依托日益强大的综合国力,在全球合作领域不断提出新的战略,谋划新的大格局,获得了国际上的广泛认同和参与。2013 年 9 月 7 日,习近平主席在哈萨克斯坦纳扎尔巴耶夫大学发表重要演讲,首次提出了加强政策沟通、道路联通、贸易畅通、货币流通、民心相通,共同建设"丝绸之路经济带"的战略倡议。2013 年 10 月 3 日,习近平主席在印度尼西亚国会发表重要演讲时明确提出,中国致力于加强同东盟国家的互联互通建设,愿同东盟国家发展好海洋合作伙伴关系,共同建设"21世纪海上丝绸之路"。2014 年博鳌亚洲论坛年会开幕大会上,李克强总理以"共同开创亚洲发展的新未来"为题发表演讲,全面阐述了中国的亚洲合作政策,强调要推进"一带一路"的建设。即"丝绸之路经济带"和"21世纪海上丝绸之路",它将充分依靠中国与有关国家既有的双边或多边合作机制和区域合作平台,包括上海合作组织、欧亚经济联盟、中国-东盟(10+1)等既有合作机制,依赖"丝绸之路"经济、人文、商贸的千年传承,并赋予其新的合作意义。

中国的区域文化产业发展战略,要建立国际文化贸易的多方利益共同体,到2021年前后,以中国本土的文化产业区域为依托,扩大向外辐射的影响力圈,把握中国与各国在国际文化贸易中的利益共同点,建立中国企业、海外代理商、服务商、供应商、消费者在内的文化贸易利益链条与合作格局。依托中国-东盟自由贸易区、中国与俄、巴、英、韩、墨、欧盟等20个国家和地区的各种战略伙伴关系,探索在海外建立中国投资的文化产业园和文化贸易基地,合资与合作生产和销售中国文化产品,成为中国文化贸易体系全球布局的链条,形成开放共享的国际文化贸易新格局。

中国提升区域的文化贡献力,要与中国构建面向全球的高标准自贸区网络,建设更高水平的对外文化开放大格局相结合。2015年6月1日,中韩自由贸易协定(FTA)正式签署。这是我国迄今为止对外签署的覆盖范围最广、涉及国别贸易额最大的自贸协定。根据韩国自贸协定官方网站公布的文本,"韩版"的中韩自贸协定文本共22个章节,第二章"同等国民待遇"、第八章"服务贸易备受关注",负面清单是中韩推进自贸协定谈判的前提。它作为国际上重要的投资准入制度,以政府清单方式明确列出禁止和限制投资经营的领域。根据中韩自贸区协定,中韩在广播和影视、动漫、电子游戏、技术服务等领域的相互间服务贸易将更加开放,韩国希望加强与中国在影视、广播剧、纪录片以及动漫拍摄方面的双边合作。据韩国电影振兴委员会近日发布的《2014年韩国电影产业结算报告》显示,2014年韩国电影产业销售额达20 276亿韩元(约合人民币115亿元),同比增长

7.6％,首次突破 2 万亿韩元大关。中韩自由贸易协定所传达的文化开放信息,显示了中国推动对外文化开放升级版的强烈自信心,也预示着未来的中日韩、中拉、中澳、中非、中欧、中蒙俄等高标准自贸区网络谈判,会进一步向高标准、广覆盖、全方位的方向发展,逐步呈现双向交流、互联互通、合作共赢的文化开发大格局,也要求我国各地区的区域文化发展战略,包括发展对外文化贸易必须统筹国内和国外两个大局,适应我国对外文化双向开放的大格局。

第六节　宏观推动:创造区域 文化产业发展模式

要在提升区域文化竞争力,增强文化贡献力的战略指导之下,结合国家颁布的 30 多个区域发展规划,综合利用生态、文脉、科技、经济、政策、国际联系等多样资源,建设一大批文化特色区域和产业集群,提出和实施多种提升区域文化竞争力的模式和路径。

一、国际化大城市的文化产业发展模式

以长三角城市群、珠三角城市群、京津冀城市群、长江中游城市群、成渝城市群等五大城市群为代表,成为我国文化产业资源最集中、主体最为强大、国际化联系较高的集聚中心。大都市群是指在一定地域范围内以较大规模的特大城市为中心、以具有内在联系的城市群体为内容的核心城市化区域。其中长三角、珠三角、京津唐三大城市群以 4％的国土面积,集聚了全国 22.8％的总人口和 37.5％的经济总量[1]。此类国际化大城市要利用科技产业化速度快、人才集聚程

---

[1] 邹德慈:《大城市也不能都巨型化》,《瞭望东方周刊》2014 年 01 月 20 日。

度高、市场化和国际化程度高的优势，顺应大城市向生态型、紧凑型、智慧型发展的大趋势，大力发展与先进制造业和现代服务业相适应的文化产业发展模式。

（一）要依托国际化大城市的集聚辐射作用，发挥高端掌控和全球节点的作用，形成优势的文化产业集群

纵观全球的城市化进程，特大城市的中心带动作用在不断加强，有关规划部门和研究机构对纽约、伦敦和东京等世界城市所作的区域规划，为中国提供了有益的借鉴。根据《危机挑战区域发展：纽约-新泽西-康涅狄格三州大都市区第三次区域规划》[①]，有关规划部门和许多国际著名智库都认为：纽约大都市地区的可持续竞争力在于吸引和培育高端产业，而高端产业的发育在于优秀的人才，而最终留住优秀人才的基础，在于该地区拥有良好的创业和人居环境。面向2020年的中国大城市群，正在向创新驱动、转型发展的世界城市迈进，从产业和城市双转型的意义上看，中国大城市群未来的发展重点在于：（1）顺应全球世界工业生产和加工体系的变化，推动产业升级，发展服务经济，结合国际联系的网络，增强城市的辐射功能；（2）借助于全球城市区域的产业集群，发展总部经济，增强城市对全球要素市场和其他市场的高端控制能力；（3）借助于全球化、网络化时代的产业链重组趋势，发展流量经济，增强城市对全球的联络能力；（4）顺应城市向紧凑型、精明型、生态型发展的趋势，着眼可持续发展，实现经济增长、人文发展、生态文明、资源节约等目标的和谐共存。

中国大力发展世界级的高速铁路系统和高速公路系统，使得长三角城市群率先进入了"两小时经济圈时代"。以中国规模最大的城市群长三角为例，经过20多年的长三角一体化建设，长三角正在快速压缩距离空间，升级文化空间，从建设"世界城市"走向建设更为宏

---

① ［美］罗伯特·D.亚罗、［美］托尼·西斯：《危机挑战区域发展：纽约—新泽西—康涅狄格三州大都市区第三次区域规划》，蔡瀛译，商务印书馆2011年版。

大的"世界城市区域",依托新的四大功能圈:上海市中心半径50千米内是"大都市核心圈",50千米—100千米是"大都市通勤圈",市中心半径100—200千米内是"大都市外围圈",200千米以外是依托长三角的"大都市辐射圈",并且沿北翼长江口发展扇面、西翼沪宁杭发展扇面、南翼杭州湾发展扇面和向东的太平洋发展扇面四大扇面向外辐射,在方圆500多千米距离内的市民可以很方便地享受"两小时"经济圈的同城化生活,进一步加快人流、物流、资金流、信息流的交汇。

虽然长三角的距离空间压缩了,而长三角的文化空间却正在升级,其具体表现就是大量文化资源集聚于此,文化产业的组团不断重组,文化建设的业态日益更新,使得长三角城市群发展成为具有广泛辐射力的国际文化大都市群。比如:长三角的核心区面积虽然只有9万平方千米,却是拥有国家和省市级文化产业园区、动漫游戏产业基地、创意产业基地、国家文化出口基地等专业平台和荣誉最密集的地区之一,是名城、大港、深湖、大江、大厂、名校、名园等文化资源最为多样最为集中的地区之一,也是拥有 UFI 国际展览品牌最多、举办国际会展最频繁的地区之一,更是全球范围内拥有联合国教科文组织创意城市最多的城市群,包括了上海(设计之都,2010年)、杭州(手工艺和民间艺术之都,2012年)、苏州(手工艺和民间艺术之都,2014年)。长三角以 2010 年世博会的合作为亮点,正在有力地承载着互相依赖的全球文化资源要素包括产品、投资、人才、信息、品牌等的流动,提供全球与地区文化交互作用的优质服务平台,并且以战略性和前瞻性的文化规划和具体实施,促进全球城市之间的文化资源整合,并推动全球化的进程。

再看珠三角城市群,它作为中国最大的三大城市群之一,包括广东省的广州、深圳、佛山、珠海等9个城市,是中国改革开放的先行地区,也是经济市场化和外向程度最高的地区之一。珠三角的地区生产总值 1998 年超过新加坡,2003 年超过香港地区,2007 年超过台湾地区,规划纲要赋予珠三角地区新定位,即探索科学发展模式试验区、深化改革先行区、扩大开放的重要国际门户、世界先进制造业和现代服务业基地、全国重要的经济中心。珠江三角洲规划空间布局框架为:内外圈层发展模式、三大都市圈发展模式和点轴式发展模式,形成了内部经济联系密集的大城市群,即以广州—佛山为核心的大都市区/中部城市群、深圳等珠江口东岸城市群和珠海等西岸城市群。国务院批准的《珠江三角洲地区改革发展规划纲要(2008—2020年)》明确提出到 2020 年,分阶段形成以现代服务业和先进制造业为主的产业结构及具有世界先进水平的科技创新能力,形成粤港澳三地分工合作、优势互补、全球最具核心竞争力的大都市圈之一,人均地区生产总值达到 135 000 元,服务业增加值比重达到 60%。随着粤港澳大桥项目的正式开工,中央政府明确对大桥的主体工程出资 50 亿资本金,这一工程被海内外媒体称为"全球超级工程"。这一条跨越珠江口的巨型大桥工程,将把粤港澳更加紧密地联系在一起,也为未来的珠三角城市群建设提供了强大的保障。

以长三角和珠三角为代表,中国的国际大城市区域随着产业和城市进入了双转型的新阶段,以智能化生产、绿色型开发、生态型文明为特点,以紧凑型、集约化、智慧型的城市增长作为模式。包括了从农业向制造业转型(工业化),从制造业主导向服务业转型(服务业化),从传统服务业主导向现代服务业主导转型(服务业高端化)三大形态和阶段,成为以文化和科技融合创新为核心、体现高端掌控和网络节点的核心区域。虽然文化产业链在平面分工的意义上,不一定要集聚在大城市群,而是可以分布在广阔的城乡,但是在价值链的要素集聚的意义上,却越来越依赖金融保险、科技研发、人才培养、口岸通关、国际交流等有利条件,形成平面分散和垂直集聚的有机统一。北京中关村、上海张江、深圳华侨城、广州科学城等地发展文化产业集群的经验,生动地显示了大城市建设文化产业集群,推动规模化、效益型、国际化发展的广阔前景。

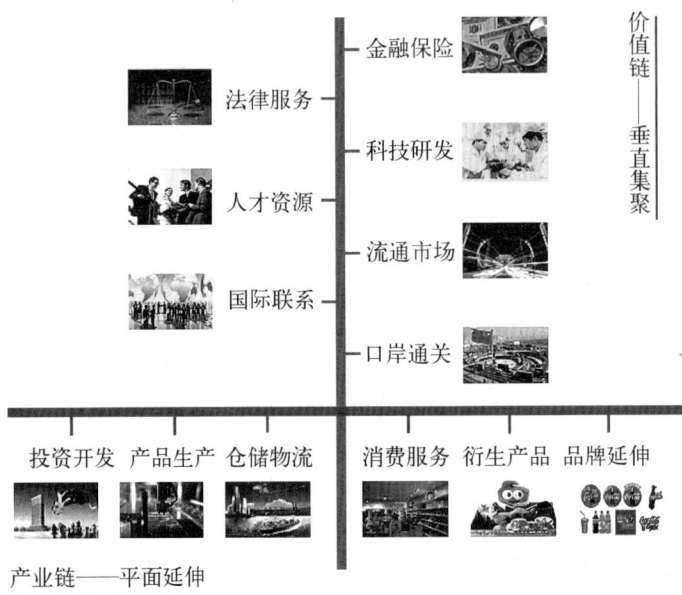

图 4 - 16 文化创意主体聚焦的空间特点

（二）要以科技、金融和文化的结合为强大动力,把大城市区域发展成为国家文化创新方面的强大基地

跨入 21 世纪以来,在传感网、智能网、物联网、云计算、人工智能、移动媒体、软件开发、新型材料等领域的三大科技变革和六大技术潮流,正在给文化创新带来前所未有的强大动力和广阔空间,包括3D 电影、电脑仿真、数字游戏、人机互动、音乐网络等一系列新型文化艺术样式,正在成为文化领域充满活力的前沿领域。在当代综合国力的竞争中,谁率先把握了这一强大的文化科技融合的潮流,谁就可以发现文化生产力成倍增长的"阿里巴巴"秘诀,谁就把握了文化竞争力的密钥。在国际文化市场的舞台上,美日欧等发达国家和地区采取"一体两翼",即以创意开发为龙头而延伸开发的产业链,以科技应用和资本运作为两翼的竞争策略,形成以创新为引领的开发策略。真可谓:"文化竞争,科技争锋,优胜劣汰,王者归来"。

　　联合国贸发会议等的报告显示,发达国家的创意产品出口优势集中在技术含量高和附加值高的领域,占全球视听媒体和音乐出口额的 89.2%,占出版和印刷媒体出口额的 82.6%,占视觉艺术出口额的 70.7%,占新媒体出口额的 53.8%①。而发展中国家的文化贸易产品出口恰恰相反,集中在劳动力密集型的艺术品等领域,虽然出口量比较大,但是收益明显低下,两者的结构和收益,存在明显的差异。再从城市文化生产力的规模效益对比来看,一个国际化文化大都市之"大",不仅仅是文化消费市场的巨大和消费人口的庞大,更重要的是,它必须以"强掌控、高成长、广辐射"而著称,即在文化生产方面整合与掌控全球的资源,形成全球文化创新的制高点,推动优秀文化企业和机构的高成长性,并且通过广泛的国际联系,对全球的文化潮流形成强大的引领和辐射作用。

　　有鉴于此,在提升中国文化综合实力和竞争力的大战略中,要依托大城市群基础设施优良、人力资源丰富、国际联系广泛的优势,把开发科技含量高、创意含量高的文化产品和文化服务,加大研发人员和研发投资的比重,形成文化与科技融合发展,作为关键的战略步骤。

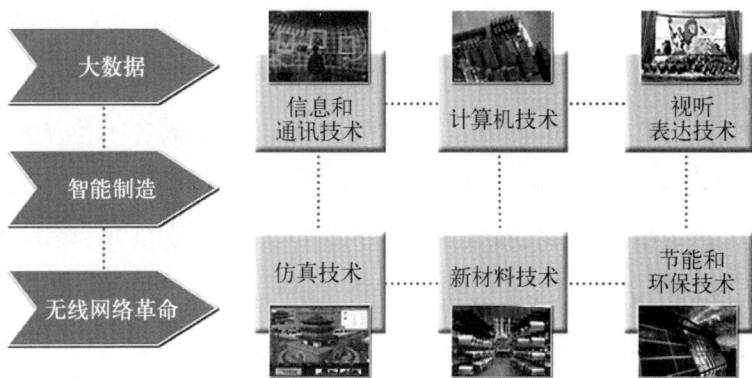

图 4-17　推动文化创新力的三大科技变革和六大技术潮流

---

① 联合国发展计划署、联合国教科文组织:《创意经济报告 2010》英文版,联合国教科文组织官方网站,https://www.unesco.org。

　　这场新科技革命必将开辟生产力发展的新空间,创造新的社会需求。大量统计数据表明:创意、文化、经济与技术的互动和创新,是推动文化创新的有力杠杆。"创新制胜,王者归来"是国际文化市场的制胜规律,一个国家文化产品和文化服务的创意和技术含量越高,其在国际市场上竞争的优势就越大。

　　2012 年 5 月,科技部、中宣部、财政部等六部委联合颁布《国家文化科技创新工程纲要》,对发挥科技创新对文化发展的重要引擎作用、深入实施科技带动战略作出了全面部署,并且在 2012 年和 2014 年分两批颁布了国家级文化和科技融合示范基地。在中国的大城市群正在涌现一大批文化科技型的文化企业,如在 2013 年中国最具成长性的文化企业 10 强中,深圳华强、星空华文、东方财富、分众传媒、乐视网、歌华有线等,都体现了以文化与科技融合创新带动企业发展的强大动力。

　　在推动文化科技融合发展的过程中,上海审时度势,一马当先,为实施国家文化科技创新工程提供了宝贵的经验。2012 年 8 月,上海召开文化和科技融合推进大会,颁布《上海推进文化和科技融合发展行动计划(2012—2015)》,全面部署了文化和科技融合创新的目标和任务,提出了坚持融合发展、联动推进、应用导向、聚焦突破、创新提升五大原则,实施文化科技融合关键技术突破、实施文化科技融合创新示范工程、建设上海张江国家级文化和科技融合示范基地、建设文化科技融合发展关键要素支撑体系等主要任务,把突破共性关键技术、培育一批新技术、新模式、新业态的文化科技企业,培养和引进文化科技跨界人才,建成数字化网络化的公共文化服务体系作为上海近期要完成的重点目标。

　　2012 年 5 月,上海张江国家自主创新示范区被中宣部、科技部、文化部等五部委认定为首批国家级文化和科技融合示范基地。张江的特色在于依托浦东开发开放的排头兵政策和机制,依托张江高科技园区作为国家级科技园区的强大背景,以张江集团"国际一流创新

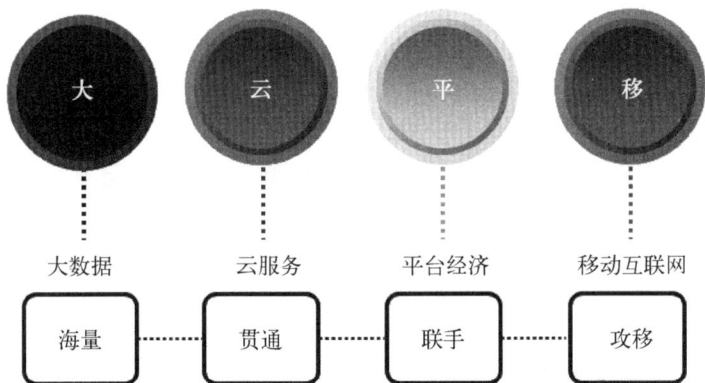

图 4 - 18　数字化技术推动文化生产和服务的特点

科技园区的开发、服务、管理的承担者,科技创新、产业投资的引领者"的战略目标为引领,依托中科院浦东科技园、IBM 研发中心、HP 研发中心、AMD 研发中心、商用大飞机研发中心等形成的全球研发链,和清华大学微电子中心等一批机构,集聚全球化的科技创新资源。

金融支持是文化与科技融合创新的催化剂和推动力,张江文化产业园牢牢把握好文化资源资本化、文化资产资本化、知识产权资本化、文化产业未来价值资本化的四大功能,建立了文化产权交易中心、版权服务中心、浦东创意产业联合会、东方惠金等服务机构,促进金融与文化产业新产品、新技术、新企业的融合,为许多中小型文化产业的成长注入了金融的活力,包括创建东方惠金文化产业创业投资有限公司,并发起成立国内规模最大、第一家获得国家发改委批准的文化产业基金——华人文化产业投资基金(CNC),专注于动漫游戏、数字出版、网络游戏等领域。该基金在国内已投资近 10 家文化企业,并且在国际上购并了星空卫视华语电影频道等优质资产。2013 年,张江与海通证券合作,参与上海文化产业股权投资基金的 LP 和 GP,主要针对园区内具有发展潜力的文化科技型企业,实施改制、上市、重组、并购,有效激活园区内一大批非上市文化科技企业的投融资能力,推动文化企业进入"新三板",重点发展数字出版、网络游戏、动漫影视、文化装备等产业。张江引入和培育了一大批创新型、创业型、规模型的文化科技企业，包括盛大、网易、聚力传媒等一批税收超千万级的龙头文化企业，基本形成了内容生产、平台运营、技术提供、终端开发、配套支持等较为完整的文化科技上下游产业链，是全国产出效率最高的文化产业园之一。2015年张江文化产业园在国家自贸区和自主创新实验区"双自联动"叠加效应的推动下，园区产业规模和影响力持续扩大，2015年产值达到346亿元，同比增长18%，而且新增入驻企业70多家。根据2015年国务院发展研究中心、东方文化与城市发展研究所等联合评选的中国文化发展指数，张江荣膺中国文化产业园区百强第一名。

（三）要把市场活力和人文精神、商业动力和科学精神相结合，形成两条腿走路的全面动力结构

洛杉矶湾区—硅谷—波士顿等地的经验证明，大城市群最应该发挥的优势，是依托市场发达、科技密集、人文繁荣的多重优势，把市场的竞争活力、科学的好奇精神和文化的价值建树，融合到一起。著名管理学家彼得·德鲁克曾经指出创新的七个重要来源，包括以社会需要为基础的创新、大量采用科学的及非科学的新知识、启发人们从新的视角来把握事物运动的规律、顺应人口统计数据和人口结构的变化等。中国的大城市群在提升文化创新力方面，要由弱转强，后来居上，就要进一步强化技术创新、服务创新、组合创新，形成文化软实力的核心优势。在这方面，大量的实践正在启发中国开创文化与科技融合的创新之路。

从体制和机制创造的角度看，就是需要把科学精神与人文精神、商业动力与文化创意更加深入地融合在一起。技术与文化、商业和人文的深刻差异，是必须面对的一个客观存在。科学技术追求的是客观真理，而文化创意追求的是多元发展；科学技术强调建立在事实基础上的严格证伪，而文化创意强调自由想像和灵光一闪；商业能力

强调敏锐把握市场、形成利润最大化,而文化创意强调对人文价值的创造和体现;科技开发强调一个逐步的积累过程,而文化创意推崇天马行空,肆意发挥;科技开发需要严格的检验,以迎接实践和市场的严酷竞争,而文化创意往往带有波西米亚人式的非主流文化倾向,异想天开,海阔天空,在过去被人们忽略的产业边缘地带,创造出让人耳目一新的文化创意成果。

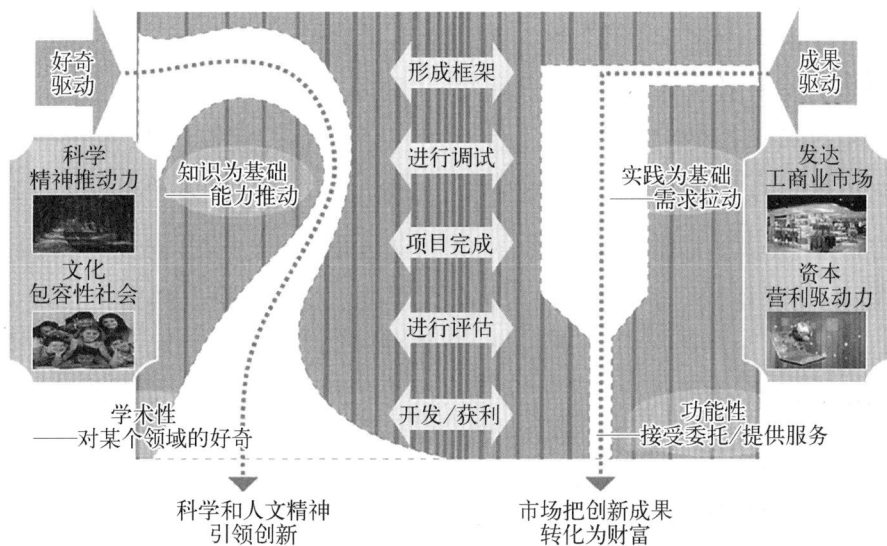

图 4-19　文化、科技和市场:多元驱动的创新活力

著名学者理查德·佛罗里达在《创意阶层》一书中提出:最适合发展文化创意的城市,应该是 3T 城市,人才资源(talent)、多元包容(tolerance)、科技基础(technology)这三者的并存发达和相互包容,从而把过去同质性很高的、关系非常紧密的社会,转化成为多元化的、关系相对疏离,同时又充满创新活力的社会,积累和激发更多的创意资本,这确实是非常有见地的[①]。科技、商业和文化,仿佛是火焰

① [美]理查德·佛罗里达:《创意新贵——启动新新经济的菁英势力》,郑应瑗译,宝鼎出版2003 年版,第 347 页。

与海水、黄金与翠玉,在性质和个性上是天壤之别,但是一旦融合在一起,就如同中国著名工艺美术品——"金镶玉"那样价值连城。从这个意义上说,大城市群发展文化创意产业集聚区,必须有更为强大的思想力量,能够把科学精神、技术理性、人文理想、创意活力、文化多元等,更好地包容在一起。这不但需要灵敏的商业嗅觉和大量的风险投资,而且需要高度的科学精神,包括好奇心、科学理性、钻研热情等,鼓励那种长期攻关、刻苦钻研、精于一业、厚积薄发的科学家品质和精益求精、锲而不舍、追求极致的"大工匠"精神。这些精神要素和优良传统不可偏废,而应该有机地融为一体。这正是考验大城市群的管理者、建设者和经营者,能否拥有前瞻性和战略性思维和执行能力的关键之一。"春江水暖鸭先知",中国大城市群的一批代表性文创产业集聚区和产业基地,如北京中关村、上海张江、广州科学城、成都青羊等,通过不断地升级转型,正焕发出巨大的发展活力,为文化、科技和市场发挥多元驱动的创新活力,提供了很好的经验。

二、工商业强市和专业镇街的文化产业发展模式

改革开放 40 年来,在中国浙江、广东、江苏、山东、福建等省市,在"县域经济"、"镇域经济"蓬勃发展的背景下,形成了一大批工商业强市(县)和专业镇街,大量实践证明:文化产业与城镇经济升级具有内在的对应关系。在城镇经济以农业为主的阶段,居民的需求是争取生存、崇尚自然,文化产业包括演艺、娱乐等主要满足生活性消费,大多处在分散和弱小的状态;在工业为主的阶段,居民的需求是追求效率、扩张市场,文化产业的印刷、包装、展览等主要满足生产性需求;而到了知识经济和后工业化时代,居民的需求是品质为主、崇尚创新、多元文化、全球交融,文化产业的创意、设计、数字内容等成为现代服务业综合发展的重要内容,成为吸引知识型劳动者的基本

条件,而这些新型劳动者恰恰是城镇经济转型升级的基本动力。这就对新城镇视野中的文化产业提出了一个因势利导、顺势而为的重大命题。

发挥文化引领和提升作用,推动产业升级、自主创新,推动城镇的集约化、生态化、可持续发展,即实现产业和城镇的双转型,是文化产业对新型城镇化的主要贡献。中国国土辽阔、国情多样,产业升级在不同的地区具有不同的基础和要求,总体上看是要逐步从粗放型、资源消耗型、低附加值型的阶段,提升到科技型、效益型、集约型的阶段,这是市场选择和政策聚焦双重作用的结果。

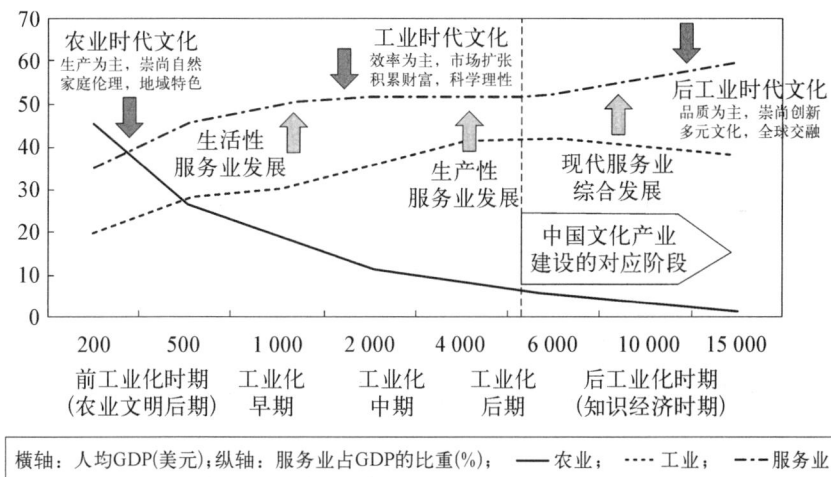

图 4-20　城镇经济升级转型与文化产业发展的对应关系

比如:在中国沿海地区的一大批工商业强市(县)和专业镇,就迫切需要发挥文化产业"渗透,包容、引领、联动"的作用,推动文化产业与县域/镇域特色优势产业的联动。改革开放 40 年来,在中国浙江、广东、江苏、山东、福建等区域,在"县域经济"、"镇域经济"蓬勃发展的背景下,形成了一大批工商业强市(县)和专业集镇,包括长三角的昆山、江阴、无锡、萧山、诸暨、平湖等,珠三角的顺德、南海、东莞、宝安等,福建的石狮等,出现了一批 GDP 超千亿元的产业强市（县），它们下属的容桂、狮山、乐从、龙江、花桥、大唐、巴城等也形成了 GDP 超百亿和双百亿元的产业强镇。按户籍人口计算，顺德、南海、昆山等地的人均 GDP 已经超过 1 万美元，按常住人口计算，也超过了 7 000 美元，逐步进入到从工业化阶段向工业化后期的转变阶段。

这类工商业强市（县）和专业镇在中国经济发展中，产生了巨大的影响。2010 年，广东省专业镇达到 309 家，覆盖了 20％以上的建制镇，全省专业镇 GDP 总量达到 1.2 万亿元，占全省 GDP 比重 28％，根据专家分析，2013 年广东省省专业镇 GDP 总量进一步突破 1.65 万亿元。其中，汕头、佛山、中山、江门、潮州、揭阳、云浮七个地区专业镇对区域经济增长的贡献率达到 50％以上，60％的专业镇对本地经济的贡献率超过 60％[①]，拥有一大批中国名牌、国家免检产品、中国驰名商标、省级名牌等著名品牌，形成了中国式经济发展模式的一个独特现象。这些工商业强市（县）和专业镇街发展文化软实力，提供文化贡献力的重点在于以下几个方面。

（一）工商业强市（县）和专业镇街要通过发展文化产业，推动转型升级，实现经济增长方式的转变，实施可持续发展

比如广东珠三角的一大批工商业强市和专业镇街，曾经形成了世界级的制造业基地，近年来正面对着产业和城市双转型的重大任务。它们积极提升"珠江水、广东粮、粤家电、岭南衣"的广货优势，大力发展智能家电、新型照明、新能源、新型电子设备、新能源汽车、时尚首饰和服装等，扩大"广货世界行"的规模，正在从劳动力密集型、资源消耗型产业向智力和资金密集型、幸福导向型产业发展。

根据《国务院关于推进文化创意和设计服务与相关产业融合

① 岳芳敏：《广东专业镇转型升级的机制和经验》，《学术研究》2012 年第 2 期。

发展的若干意见》，随着我国新型工业化、信息化、城镇化和农业现代化进程的加快，文化创意和设计服务已贯穿在经济社会各领域各行业，呈现出多向交互融合态势。许多工商业城镇注意发挥文化创意和设计服务具有的高知识性、高增值性和低能耗、低污染等特征，推进文化创意和设计服务等新型、高端服务业发展，促进与实体经济深度融合，作为培育国民经济新的增长点、提升产业竞争力的重大举措。

改革开放 40 年，随着世界经济的发展，容桂、乐从、大良等专业城镇的人们发现，大量的低端制造业已经处于一个尴尬境地。中国工程院院士徐匡迪指出：多年来我国制造业过度依赖资源和资金的投入，发展经济粗放，经济效率低。相比较而言，发达国家的制造业增加值率一般在 35% 左右，美国、德国超过了 40%，日本也达到 37% 以上，中国在 2010 年只有 21.4%，2013 年更低[①]。有专家将珠三角等地这些积少成多的代工加工企业戏称为"蚂蚁冠军"。"人家吃肉，我们啃骨；人家吃米，我们吃糠。"这种情形下，当地的制造业何去何从？而作为先发地区，工商业强市（县）和专业镇街又该怎样突出重围？

许多工商业强市（县）和专业镇街的政府、企业和机构，在反复比较和探索中，选择了文化创意产业作为转型升级的一个重要突破口，推动当地经济在产业的价值链、资源的供应链、消费的品牌链三个方面，跳出代工、贴牌、挂牌加工等低端模式而发展新的产业能级和消费内需，带动当地制造业和服务业的不断升级。这就使得工业设计和创意服务成为拥有广阔发展前景的新兴产业。

比如珠三角最富饶的顺德、南海、东莞、中山、番禺等城镇，拥有强大的制造业集群，又有龙舟、粤剧、桑基鱼塘等一系列岭南文化遗产，既是文化资源大区，更是工商业强市/区。他们应时而动，因

---

① 《徐匡迪：中国制造业每年质量损失超一万亿元》，中国经济网 2014 年 3 月 22 日，https://www.ce.cn。

势利导,把文化创意产业作为新一轮增长的亮点,用文化创意反哺区域经济发展。在顺德传统的家电业中,美的集团建立了全国首个企业工业设计协会,统筹集团工业设计发展。美的集团的工业设计一举获得国际工业设计最高奖项——红点奖。广东工业设计城、顺德创意设计产业园、德胜时尚创意产业园……,以三大园区为核心的国家级基地初步形成,而以"国际家具设计之都"著称,号称"为30亿人提供家具"的乐从镇,则制订规划,通过3—5年的努力,引入300—400名国际知名设计师,以引领国际家具设计潮流。顺德已成为继广州、深圳之后广东最大的工业设计产业集聚区之一,未来顺德将逐步提高文化产业在全区生产总值中的比重,即从占GDP比重为6%左右,逐步提升到2020年文化产业总产值520亿元,占GDP比重8%的目标,成为顺德实现新型城镇化的支柱性产业和强大动力。

(二)工商业强市(县)和专业镇街的文化产业发展模式,必须把壮大文化产业主体,培育新型企业家群体作为重点,形成提升文化软实力的中坚力量

在上述工商业强市(县)和专业镇街的实地调研中发现:当地的居民中,均有超过60%—70%的人生存在企业和企业关系之中,企业(包括公司和个体工商业者)既为大部分市民提供了财富和生活来源,亦酝酿着市民的情感方式和人际准则。在这样的市镇中,工商业精神决定着城市精神,支配着城市的运转方向,决定着城市的未来和命运,影响着当地居民的思维方式。群落式的工商业和专业市镇之成长,体现了有中国特色的市场经济形态,推动这些工商业和专业市镇的发展,走了一条"企业化生存"的道路。

这些城镇形成了强大的企业家和工商业者群体,如江苏省江阴市作为一个县级市,就有27家上市公司,绍兴县杨汛桥镇就有7家上市公司,绍兴柯桥更成为一个轻纺企业包括纺织、染整、服装、加工

等完整产业链的企业聚集地,2014 年集聚了公司 6 400 多家,公司率达 25％以上。2014 年柯桥轻纺城的成交额突破 1 238 亿元,成为亚洲最大的纺织品集散中心。这些企业家和工商业者群体在浙江称作"浙商",在广东被称为"粤商",在顺德则叫"顺商",在温州叫"温商"。就像温商的人格基因决定了温州经济的生命力一样,大批顺商使得小小的顺德有了"可怕的顺德人"之美称。工商业的文化基因决定了这些城镇经济的生命力。随着历史变迁,工商业群体维系了城市脉息的延续,政府、企业、社会逐步形成了新的合作关系,为汇聚企业、增强活力提供了必要的社会基础。

要实现工商业强市和专业镇街的文化产业发展模式,就要充分利用当地的企业家和工商业者群体资源,培育一大批文化产业企业家。党的十八届三中全会通过的《中共中央关于全面深化改革若干重大问题的决定》提出的一个重大理论观点,是要使市场在资源配置中起决定性作用。而使市场在资源配置中起决定性作用的主体,恰恰就是企业家,以及那些正在努力成为企业家的企业主、工商业者或企业的领导人。企业家尤其是成功企业家在资源配置中起决定性作用的比重是否较高,可以视为县域或者镇域范围内,市场经济体制成熟度的一个最重要指标。

正如中国学者陈宪指出的,创业者至少具有三个特质:风险偏好、组织才能、激情或好奇心。现代经济增长的动力主要来自内生于经济体系的技术变革、有着边际报酬递增特征的知识资本和企业家精神。其中,企业家精神具有起决定性作用的主体意义,而企业家经济是市场经济成熟形态[①]。马克斯·韦伯在《新教伦理与资本主义精神》一书中曾经概括了理想的企业家类型:他们"具备鲜明的和较高的道德品质,以及远见卓识和行动能力";"工于算计而闯劲十足,更重要的是,他们节制有度,守信可靠,精明强干,全力投入事业之中";

---

① 陈宪:《中国缺企业家,还是企业家精神?》,《解放日报》2014 年 7 月 5 日。

"只有性格异常坚强的新型企业家,才不致丧失自我克制力,才能免遭道德与经济上的双重覆灭。"

中国曾经有过漫长时期的农耕文明,重农抑商的观念和政策在传统中国社会弥漫在全社会,更沉淀在广大的城镇乡村中,"学而优则仕"是通向权力和荣华富贵的捷径,商人则沦为"四民(士、农、工、商)"之末。随着市场经济的发育成熟,这种观念会发生深刻变化,但是,几千年流传下来的影响仍然不可小觑。这就需要"让思想冲破牢笼,趁热打铁才能成功"! 义乌、昆山、萧山、顺德、江阴、绍兴、南海、东莞、东阳等地的经验证明:哪里的工商业市场发达,文化企业家群体活跃,哪里的文化产业建设和新型城镇化进展就能够顺利地展开。而新型企业家群体的诞生和壮大,需要充分利用当地的市场文化氛围,通过理念引导、政策扶持、招商引进、市场培育等,打造适宜于创业和创富的环境,使得优秀文化企业家群体成为发展文化产业和新型城镇化的第一要素和第一资本;要通过理念更新、舆论引导、政策扶持、市场培育等,杜绝政府权力寻租等现象,培育和推广企业家精神——尊重市场、鼓励创业、挑战权威、勇于冒险、培育强者,使得各类城镇中集聚的一大批企业家和工商业者,从市场经济跨入到更高阶段的企业家经济,在文化产业领域中成为"上晓天气,内蕴中气,下接地气"的优秀企业家群体,使得中国拥有新型城镇化过程中最为宝贵的文化和经济资源。

以中国木雕之都——浙江东阳为例,近年来崛起了一个规模强大的工艺美术产业集群,而它最宝贵的文化产业资源是具有创意、创新、创业能力的一批工艺美术大师和优秀企业家群体,包括亚太地区手工艺大师2名、国家级工艺美术大师8位、浙江省工艺美术大师24位和一大批能工巧匠和企业家。他们不但有精湛的技术,传承了悠久的遗产,而且具有开拓国际工艺美术市场的企业家精神,占据了文化产业链中重要的核心优势,涉及木雕、红木家具、竹编、草编、编结(中国结)、核雕、书画等多个领域。

在这个浙中腹地的县级市,汇聚了木雕·红木家具规模以上企业95家,工商登记注册的木雕·红木家具生产企业1 035家,经营户840多家,成为国内外规模最大的木雕·红木家具产业集群。东阳市工艺美术大师和领军企业开发了一大批具有自主知识产权的原创性精品,精品之多、数量之密集、创意之活跃,世所罕见,成为东阳市文化产业的强大引擎。他们承担了北京故宫倦勤殿修复、乾隆蟠龙宝座复制、神十搭载工艺美术精品等代表国家工艺美术最高水平的重大工程,由陆光正大师主持设计的新加坡"董宫酒家"大厅巨型木雕装饰,被新加坡前总理李光耀先生称为"新加坡至今最好的建筑雕刻",成为国家之瑰宝、世界之珍品,显示了"东阳独创、中国原创"的文化财富和智慧产业链。

目前,文化产业的企业家仍然是各地城镇发展文化产业最紧缺的资源,而这种资源不会从天而降,也不会如野草般自然生长,需要还企业家精神以应有的市场地位,营造并优化鼓励企业家成长的制度环境,营造资源平等、权利平等、机会平等的竞争环境和政策保障体系,也包括培育鼓励创业的文化共识。美国芝加哥大学博士埃德加·沙因(Edgar H. Schein)指出:企业和组织文化是在成员相互作用的过程中形成的,为大多数成员所认同的一套价值体系,也就是企业家和企业员工所共同的文化基因,也是由优秀企业家所创造和推广的精神财富[1]。

(三) 工商业强市(县)和专业镇街的文化产业发展模式,必须推进生态文明建设,形成可持续增长的模式

工商业强市(县)和专业镇街所追求的文化生产力,不但要通过"渗透,包容、引领、联动"的方法,带动文化产业与工商业的联动,使得改革开放以来蓬勃兴起的工商业和专业集镇通过文化产业的带

---

① [美]埃德加·沙因:《组织文化与领导力》,马红宇、王斌等译,中国人民大学出版社2011年版。

动,形成新的产业能级和发展活力,打造以创意设计、文化体验、品牌经营、消费服务等为拉动的新型产业链,带动当地制造业和服务业的不断升级,而且要抓好生态文明建设。第一,要推动生态型的文化商业模式——把打造环境友好型的文化产业作为重要发展的目标,在开发各种文化资源,拓展文化消费市场的过程中,努力保持生态环境的平衡。第二,实施高性能的资源利用——提高一切资源的循环利用效率,最大限度避免资源浪费,特别是减少对土地、森林、淡水、不可再生型资源的消耗,大力开发智慧型、创意型、知识型的资源,使得文化产品和文化消费的开发,实现生态型的生产。第三,发展生态型的文化产业园区——立足于生态体验和知识消费的服务经济,使得人类的文化生产和消费模式向资源节约型和生态平衡型转化。在推动新型城镇化的发展过程中,把生态文明的理念和内容,注入到文化产业街区和园区的开发建设中。第四,推动高品质的文化生活——开发主题积极而多样化的文化产品和文化服务,以尊重自然、节约资源、保护生态、和谐发展、永续增长作为主题和内涵,引导人们从文化消费中获得生态文明的滋养,步入和谐文明的生活境界。这就从人类追求新增长方式的战略视野,为文化产业推动生态城市的建设,提出了多样的迫切要求。

三、工业资源型和资源枯竭型地区的文化产业发展模式

工业资源型城市也可称为传统资源型城市,一般是指在一些地区依托自然资源包括矿产、森林等资源开发而兴起,且以当地不可再生资源(主要指矿产、森林等资源)开采和初级加工业为主导产业和支柱产业的城市。其划分依据主要是:(1)资源型产业总产值占整个城市产值的一定比重,成为主要的经济门类;(2)从事资源型产业的劳动力占劳动力总数的比重比较大,成为主要的就业门类;(3)整个城市的空间布局和功能设置是围绕资源型产业来进行的,比如传

统的矿产采掘、森林采伐业城市,就是围绕这些工业中心来进行城市布局的。

我国现有工业资源型城市 118 个,其中煤炭城市 63 座、有色金属城市 12 座、黑色冶金城市 8 座、石油城市 9 座。工业资源型城市的转型发展,成为中国从世界制造业大国迈向全球工业强国和创新大国的一个重大课题,也面临着从宏观到微观亟待探索的一系列问题。从全国范围看,全国约 80％ 的资源型城市分布在中西部地区。黑龙江省最多,有 13 座;山西省其次,有 11 座;吉林、内蒙古、山东、河南、辽宁等省和自治区分别为 7—10 座。东北三省合计 30 座,约占全国的 1/4。60 座典型资源型城市的地区分布,山西省最多,有 8 座;黑龙江省、辽宁省、内蒙古自治区各 7 座;吉林省 6 座。东北三省合计 20 座,占全国的 1/3。国家发改委曾经组织有关专家对我国的资源型城市举行了具体的认定工作,选取采掘业产值占工业总产值的比重达 10％ 以上、产值规模达 2 亿元以上、从业人员占城镇从业人员的比重达 5％ 以上和从业人员规模达 2 万人以上等四项指标,作为初步界定中国资源型城市的基本条件和基本内涵,最终确定了全国资源型城市共计 118 座,占全国城市总数的 18％,总人口 1.54 亿人;其中典型资源型城市 60 座(见表 4-10),总人口 6 650 万人。

我国资源型城市主要分布在东北地区和中西部地区,其产业主要集中于产业链的初级阶段(资源开采和加工阶段),许多城市存在产业结构单一、不可再生资源逐步枯竭、大量产能过剩、产品更新换代迟缓、难以适应市场竞争需求等问题。这些特征导致当前中国资源型城市共同存在着一系列突出的经济问题,如经济发展的滞后和自我造血功能不足、产业结构等级不高和不完整。由此引发了公共基础设施建设滞后、企业经营困难、下岗职工人数增多、居民对城市的认同感下降、资源储量的日益减少或枯竭、生态环境恶化等一系列突出的社会和环境问题。可见,实施资源型城市可持续发展的战略转型迫在眉睫。

表 4 - 10　我国 60 个典型资源型城市产业分布

城市类型	数量 （座）	城　市　名
煤炭城市	31	大同、阳泉、晋城、朔州、古交、霍州、孝义、介休、乌海、满洲里、霍林郭勒、抚顺、阜新、铁法、北票、辽源、鸡西、鹤岗、双鸭山、七台河、淮南、淮北、萍乡、新泰、邹城、平顶山、鹤壁、义马、六盘水、铜川、石嘴山
有色冶金城市	8	葫芦岛、铜陵、德兴、冷水江、东川、个旧、白银、金昌
黑色冶金城市	3	本溪、马鞍山、攀枝花
石油城市	8	锡林浩特、大庆、盘锦、东营、濮阳、玉门、克拉玛依、库尔勒
森工城市	10	牙克石、根河、阿尔山、敦化、珲春、松原、临江、和龙、伊春、铁力

　　资料来源：北京国际城市发展研究院数据中心；杨振超：《我国资源型城市可持续发展战略转型研究》，《邓小平毛泽东理论研究》2010 年第 7 期，第 25—42 页。

　　随着发达国家率先从工业化时代向后工业化时代转型，这些城市所依赖的资源，从大量的物质流特别是不可再生的自然资源，以及初级劳动力，逐步转向依赖信息、知识、技术、资金以及知识型、创新型的人才。以美日欧等发达国家为先导，一大批工业资源型和以制造业为主的城市进行了产业转型。这些城市发展文化创意产业，跳出了原来对不可再生的自然资源的依赖，而更注重智力成果的开发、创意创新的培育、文化遗产的活化。

　　（一）要更新资源观念，把过去依赖煤炭、石油等自然资源的模式，逐渐转化到依赖遗产、知识、创意等智能资源的模式，大力发展文化产业，实现经济发展模式多元化，盘活现有资源，形成以一带多的产业链，拉动就业增加收入，提高居民生活水平，稳步调整产业结构

　　依据西欧等工业先发国家所提供的经验，那些在工业发展史上

曾经扮演过重要角色的城市,为摆脱单一经济发展模式的桎梏,恢复和激活城市多元活力,向具有独特城市建筑风格和美学魅力的历史文化城市进行取经,先后付出二三十年的不懈努力。这些城市通过博物馆、画廊、节日庆典、会议中心以及其他文化发展项目,综合提升自身的文化、经济和城市形象。利用文化和文化产业,许多老工业城市成功地扩展了经济基础、提升了城市形象、改善了基础设施与环境质量,并促进了社会团结和社区的凝聚力。目前,中国许多资源型城市也通过文化产业,逐步摸索出一条有效的可持续发展道路。

　　唐山市就是受到传统产业资源枯竭和经济不活跃的制约,转而走通文化产业发展之路的典型案例。唐山是我国近代工业摇篮,中国第一座机械化采煤矿井、第一条标准轨距铁路、第一台蒸汽机车、第一桶机制水泥都诞生在唐山的土地上。唐山市因煤而兴,开滦所走过的历程也正是唐山这座城市发展的缩影,钢铁、煤炭、基础能源、水泥、陶瓷等传统行业为唐山打下了深深的资源型城市烙印。唐山市孕育的丰厚工业文明,向整个京津唐地区进行辐射。但是唐山作为工业资源型城市同样不得不面临资源枯竭、环境破坏、节能减排等诸多压力。"十一五"期间,唐山市委、市政府确立了以建设文化名城为目标,深刻挖掘历史文化资源,着力突显地域文化特色,构建以工业文化、地震文化、地域文化、休闲旅游文化、生态海洋文化为重点的文化产业发展新格局。唐山市的文化产业发展模式,注重将"大园区带动"作为重要载体,"大项目拉动"、"大集团牵动"、"大开放促动"等战略也已产生了相当的产业集聚效应。2007年以来,唐山相继谋划建设了开滦国家矿山公园、河北省文化创意产业园区、《唐山大地震》影视基地、唐人文化园、启新记忆文化创意产业园以及滦州古城等七大文化产业项目园区。总投资30亿元的开滦国家矿山公园项目一期"中国北方近代工业文化博览园"已建成开放。2009年,唐山文化产业从业人员9.8万人,占全市所有从业人员的比重为2.3%;实现文化产业增加值57.4亿元,同比增长33%。唐山市已建成和在建文化产业项目 132 项,总投资达 402 亿元。每座城市都拥有独特的城市记忆,其历史文化遗产也不尽相同。对于工业资源型城市而言,要通过挖掘历史文化遗产,将当地别具一格的文化资源优势转化为产业发展优势。只有利用文化产业打造新的增长极,促进资源型城市向文化转型,才能实现可持续发展。

（二）要适应现代服务业的特色,从重点进行不可再生自然资源的开发,转变到以生产文化价值为主的服务业开发

资源型城市发展文化产业,提升文化贡献力,既要大力发展创意设计、会展博览、印刷包装、工艺美术等生产性文化服务业,也要大力发展文化旅游、娱乐休闲等消费性文化服务业,更要培育一大批文化服务的企业主体和人才队伍。

欧美发达国家的资源型城市,在这方面提供了许多有益的经验。如西班牙毕尔巴鄂的古根海姆博物馆,是业界公认的欧洲最著名的城市复兴旗舰项目。英国伯明翰于 1991 年建设的国际会议中心吸引著名的交响乐团、歌剧团和芭蕾舞团纷至沓来,在带动当地文化产业发展的同时,进一步改善了城市形象。英国的格拉斯哥在 19 世纪是世界上最知名的船舶制造业和海运城市之一。格拉斯哥利用每年5—9 月举行的国际爵士音乐节、合唱节等文化活动,既吸引了大批旅游者,给城市带来巨大收入,又为音乐产业的发展奠定基础。1990年格拉斯哥成功举办了"欧洲城市文化节"以及其他一系列的文化建设与投资活动,为城市注入了新的活力,在 1999 年获得欧盟评选的"欧洲文化之都"的殊荣。

（三）要结合产业的转型,推动产业组织的转型,适应知识经济和后工业社会对文化与经济组织形态的要求

产业组织形态是社会组织生态的重要组成部分,是容纳社会生产力的基本框架。许多工业资源型城市,长期采用的是工业化前期的组织形态。因为资源开采业采用的是按固定节律运行的机械系统,这些机器设备需要集中安置和按固定节拍运行,而围绕着这些设备配置的所有生产人员,就需要根据流水线的模式,采用高度统一的节拍。这种被称为福特主义的模式,要求权力高度集中统一,生产过程也要求标准化、条律化。而在知识经济时代,特别是文化创意产业,更多采用后福特主义的组织形态。它精准把握文化消费中个性化、多变化、不稳定的分众市场,集聚了富有创造活力的知识型劳动者集群,高度尊重他们的创造性劳动,其组织形态更趋向结构灵活组合、雇员聘用弹性化、专业服务外包、结合公共服务平台等,经常性地进行生产流程的重组。这就需要工业资源型城市,在文化产业的组织管理和产业生态建设上,进行深刻的转变和形成新的导向,形成新型的管理模式和管理文化。

（四）要面对国内外的市场需求,集聚和整合大量的要素和资源,努力形成扬长避短的文化竞争力战略

中国工业资源型城市的转型,是在中国产业和城市"双转型"的背景下展开的,面临着国内外城市的激烈竞争。它要形成整体文化竞争力,首先要有一个统摄全局、整合资源、吸引要素的文化竞争力战略。工业资源型城市的转型,固然要依赖已有的资源如土地、遗产、景观、交通等,更重要的是,必须使得城市的资源、知识和能力同时符合富有价值性(大大增加发展机会)、稀缺性(独一无二而难以被竞争对手替代)、知识性(以知识产权为核心要素)、低成本性(具有较高的便利性和产出率)这四个条件,才能形成综合性的竞争力优势。这当然不可能一蹴而就,而需要城市的决策者和建设者,明确长远的发展目标,通过逐步积累的努力,包括引进人才、加大投资、优化环境、重点配置等手段,而最终形成综合的优势,占领文化产业的制高点。

他山之石,可以攻玉,在这方面,河北唐山、安徽铜陵等城市提供了富有启发的经验。铜陵地处长江铜铁成矿带上,内生成矿条件有利,以有色金属铜矿著称,是国内外著名的"铜都"。铜陵已发现的矿产地就有 110 多处,中华人民共和国成立之初,由于铜官山铜矿历史悠久,矿产资源丰富,国家首批确定、最早安排建设铜陵有色金属工业基地。1950 年,华东工业部率先恢复矿山建设,铜陵的矿产业为新中国建设书写了新篇章。跨入 21 世纪,在推动产业和城市双转型的背景下,铜陵在传统铜矿资源的基础上,进行了系统的文化产业项目开发,初步形成以文化旅游、工艺美术、演艺娱乐、出版印刷、传媒广告五大板块为主导的产业结构,开发了飞越文化中心、涌银文化广场、中华白姜文化园一期、铜都生态文化园一期、凤凰山风景区、国际铜雕艺术园等 13 个文化产业项目。它们均被列入 2013 年安徽省"861"计划项目库,总投资达 173 亿元。

图 4-21　资源型和资源枯竭型城市发展文化产业的路径

（五）要重新挖掘工业和城市的历史文化内涵,大力塑造城市品牌,使得文化旅游产业成为城市新的经济增长点

许多工业资源型城市过去一味挖掘矿产,而忽略了自己拥有的历史文脉,从 21 世纪文化创意旅游角度看,后者可能是另一座巨大的文化金矿。它消耗的主要不是土地等不可再生资源,而是人的创意、知识、科技、智慧等永不枯竭的可再生资源,因而是真正意义上的

绿色旅游之根、文化财富之源。从这个意义上说,资源型城市的文化品牌重塑包括了三大层面。

文化地标——敬仰性品牌。它指这座城市把人类高尚的精神追求,以超乎常规的形态表现出来,让人们在面对这些壮举时,获得高山仰止,景行行止的强烈震撼,成为感动无数人的地标性品牌。正因如此,许多文脉景观的内涵尽管具有催人泪下的开拓、劳动、悲剧、苦难、牺牲、奉献意义,但是经过创意提炼和精致表达,恰恰成为吸引无数人流的旅游热点。2001 年"9·11"事件后,美国设计师在纽约世贸中心遗址上建立的 9·11 纪念公园,沿双子塔遗址四边设计了两个极具创意的纪念池,做了深达 10 米的大瀑布,水幕的跌落象征生命的逝去,画龙点睛地突出了这一景观的主题——"把哀伤之地化为神圣之地"。

审美亮点——体验性品牌。它指这座城市通过人工的创意和设计,通过空间、景观、器物、场景、氛围等的整体再造,表达出悲剧、喜剧、浪漫、古朴、雄奇、精巧、狂欢等各种审美的意境,让人调动视觉、听觉、味觉、触觉和其他感觉,形成近悦远来的品牌效应。如许多著名文化城市,多以艺术节等文化节庆作为名片,体现了公共性、娱乐性、艺术性的统一,形成了吸引全球十几万甚至百万游客汇聚一城、万人空巷、通宵狂欢的奇观。

梦幻天地——愉悦性品牌。它指这座城市根据人的内在渴望,营造如梦如幻、似真非真的快乐场景,让人们仿佛远离现实世界而进入幻想情景,形成流连忘返的品牌吸引力。正如马克思在《政治经济学批判·导言》中说:"一个成人不能再变成儿童,否则就变得稚气了。但是,儿童的天真不使他感到愉快吗?他自己不该努力在一个更高的阶梯上把自己的真实再现出来吗?[①]"这种对人类童年欢乐的再现和创造性表达,应该成为 21 世纪城市文化品牌的重要内容。

---

① [德]马克思:《政治经济学批判·导言》,《马克思恩格斯全集》第 12 卷,人民出版社 1972 年版,第 733—762 页。

　　"与其临渊羡鱼,不如退而结网",山西晋城、安徽铜陵、山东枣庄等城市,正是在吸取国际经验的基础上,对开发工业资源型城市的文化品牌做出了新的探索。山西的历史建筑和历史遗址就是记录文脉的最佳载体。当地元明清时期的大院现存尚有近1 300处,其中最精彩的部分,为集中在晋中晋南一带的晋商豪宅大院。山西南部的晋城,率先进行了黑色经济向绿色经济的转型。从转变经济增长方式的角度看,这里不但有煤炭资源,而且有雄峻的山脉、丰富的文脉。著名诗人李锐有"不登王莽岭,岂识太行山。天下奇峰聚,何须五岳攀"的赞美;其中的皇城相府,总面积3.6万平方米,位于晋城市阳城县北留镇,是《康熙字典》总阅官、康熙皇帝35年经筵讲师陈廷敬的故居。这座典型的官居民宅建筑依山就势,随形生变,是一组别具特色的明清城堡式官宅建筑群。近十多年来,这里投资开发皇城相府,实现了原居民的举村搬迁,建成了雄浑的5A级景区,形成了文化企业化经营的大格局,更通过投资200万元拍摄大型电视剧《康熙王朝》,使得"看《康熙王朝》,游皇城相府"成为闻名遐迩的文化品牌①。

四、生态功能型地区的文化产业发展模式

　　生态功能型地区的文化产业建设是与国家推动生态文明、突出可持续发展的战略密切相关的。跨入21世纪以来,国家把保护生态环境作为一项长远的战略。中国国土辽阔,生态类型多样,但生态环境比较脆弱。森林、湿地、草原、荒漠、海洋等生态系统均有分布,但生态脆弱区域面积广大。中度以上生态脆弱区域占全国陆地国土空间的55%,其中极度脆弱区域占9.7%,重度脆弱区域占19.8%,中度脆弱区域占25.5%。2010年国务院颁布的《全国主体功能区规划》将

---

① 根据笔者在山西省晋城市的实地调研。

我国国土空间按开发方式,分为优化开发区域、重点开发区域、限制开发区域和禁止开发区域;按开发内容,分为城市化地区、农产品主产区和重点生态功能区。

该规划强调指出：所谓的优化开发、重点开发、限制开发、禁止开发中的"开发",特指大规模高强度的工业化城镇化开发。限制开发,特指限制大规模高强度的工业化城镇化开发,并不是限制所有的开发活动。对农产品主产区,要限制大规模高强度的工业化城镇化开发,但仍要鼓励农业开发;对重点生态功能区,要限制大规模高强度的工业化城镇化开发,但仍允许一定程度的能源和矿产资源开发。将一些区域确定为限制开发区域,并不是限制发展,而是为了更好地保护这类区域的农业生产力和生态产品生产力,实现科学发展。

根据这一规划,我国的限制开发区域分为两类：一类是农产品主产区,即耕地较多、农业发展条件较好,尽管也适宜工业化城镇化开发,但从保障国家农产品安全以及中华民族永续发展的需要出发,必须把增强农业综合生产能力作为发展的首要任务,从而应该限制进行大规模高强度工业化城镇化开发的地区;另一类是重点生态功能区,即生态系统脆弱或生态功能重要,资源环境承载能力较低,不具备大规模高强度工业化城镇化开发的条件,必须把增强生态产品的生产能力作为首要任务,从而应该限制进行大规模高强度工业化城镇化开发的地区。

对于正在倡导发展转型和创新驱动、从新兴大国迈向世界强国的中国来说,依托生态功能地区,发展文化产业具有推动经济转型、加快新型城市化步伐、发展现代服务经济、扩大内需市场的紧迫意义。2013 年中国 GDP 达到 56.88 万亿元,稳居世界第二大经济体,大大超过位居第三位的日本。然而不容忽视的是中国人均 GDP 低于美国和日本的人均水平。根据国际货币基金组织等国际组织的统计,2013 年中国人均 GDP 在世界排在第 86 位。中国为了在 21

世纪的第二个十年,保持可持续发展的势头,必须从原来的依托投资和外贸拉动、大量使用廉价劳动力、大量消耗资源和能源的增长模式,转变到依托创新和科技拉动,扩大内需和拉动消费的增长方式上来,这同时也具有服务民生、提高人民生活质量、建设文化强国的深远意义。

必须清醒地看到,中国城市在推动经济增长方式和城市功能的"双转型"方面,总体上还处在初级阶段上。因此,尽管许多城市提出了建设"田园城市"、"生态城市"、"休闲城市"的目标和规划,但是,与全球文化产业与生态城市建设相结合的最新潮流来看,中国文化产业对建设生态功能地区,需要在以下多个方面作出更大的贡献。

(一) 中国的生态功能型地区,亟待开发表现生态主题的文化产品和文化服务,这不但是适应了转型中的中国社会对可持续发展的广阔需求,也是城市提升文化软实力和开展对外文化贸易的需求

生态文化是人类社会进入后工业化时代追求可持续发展的产物,又反过来刺激和引导了绿色经济的市场需求和城市形态的更新。比如中国广西的桂林地区,既是著名的世界级旅游风景区,也是大规模的喀斯特地貌所在地区。国家颁布的《全国主体功能区规划》指出的南岭山地森林及生物多样性生态功能区共 66 772 平方千米,其中就包括广西壮族自治区桂林市的资源县、龙胜各族自治县等地区。这里山脉纵横、河流密布、云雾环绕,具有丰富的山地森林生物多样性,而且具有极为丰富的人文历史资源。近年来,桂林市通过《桂林市文化产业发展规划(2011—2015 年)》,提出了"一区县一特色"的总体开发思路,为这类地区的生态文明建设和文化产业开发提供了有益的思路。如桂北地区的龙胜县作为南岭山地森林及生物多样性生态功能区的突出代表,总面积 2 539 平方千米,人口 17.03 万,是一个少数民族自治县,苗、瑶、侗、壮占全县人口的 76%。龙胜以龙脊梯田和少数民族文化为代表,拥有得天独厚的生物多样性资源和特色鲜明的人文资源,特别是把龙脊梯田开发成为国家 4A 级景区,以绵延650 多年的历史和磅礴的气势、变幻的神韵和独特的民俗风情享誉中外,成为文化产业与生态文化结合的一个良好案例①。

(二)中国的生态功能型地区,亟待以生态文化来引导空间布局和产业组团,顺应知识经济时代城市发展的前瞻需求,形成宜业宜居宜文的复合型空间

全球城市发育的历史证明:一个城市采取什么样的文化理念和产业结构,就会导向什么样的城乡空间布局。工业经济早期阶段的城市大多采用"单中心"结构,以工业的增长作为核心,"摊大饼"式逐步向外扩大城市的规模和空间。而以旅游、休闲、文教、商业等服务业为主的中小城市,如法国的戛纳等,往往采取高度集中布局的方式;当一座城市向依赖资源为导向的方向发展的时候,必然形成"双核心"结构。它所依赖的矿产、交通枢纽、大型港口等,多在城市中心以外的某一个地点出现,与行政和居住中心分离;当城市跨入知识经济和后工业化时代,就走向"多中心组团"式结构。城市要成为全球知识经济网络中的重要节点,必然把高端制造业和金融、科技、创意、娱乐、旅游、商贸、教育、保健等现代服务业形成组团式分布,依托各种网络连接,又以绿化和休闲地带进行环绕。纽约、东京、伦敦、洛杉矶等国际城市正在向这样的方向发展。

中国在生态功能方面优化开发、重点开发、限制开发、禁止开发的四类地区,都要因地制宜地推动生态文化,发展具有绿色特征的文化产业,引导空间布局和产业组团。在这方面,杭嘉湖平原上的西溪,与西泠、西湖并称"三西",西溪国家湿地公园占地 11.5 平方千米,以"西溪之胜,独在于水"而著称。西溪之水不仅滋养了清雅秀丽的西溪湿地自然景观,更孕育了以水为特质的水乡文化,成为以"生态

---

① 根据笔者在桂林市和龙胜县的实地调研。

湿地、城市水乡、洪昇故里"为代表的西溪独特资源。在杭州市的大力推动下,创意西溪基地正在建设成为生态休闲文化集聚区、文化创意产业示范基地,集创意研发、旅游休闲、产业集聚于一体的生态型新兴城区。

这里的一大亮点是西溪创意产业园和西溪艺术集合村。前者位于杭州西溪国家湿地公园桑梓漾区域,依托西溪生态资源,发展三大主力业态,即艺术创作及艺术经营类、创意设计类、总部基地类。吸引了著名国画家潘公凯、吴山明,著名音乐家徐沛东,著名作家编剧刘恒、程蔚东等国内外艺术大家入驻,也成为中国电视剧上市公司第一股华策影视的总部。后者位于西溪余杭地区,它利用集合村 5 万平方米的建筑面积,开发"梦西溪"艺术家酒店、艺术创意俱乐部、艺术创作实践基地。引入各类创意工作室、艺术创作、展示、经营机构和配套商业,以"三大主力业态"即艺术创作及艺术经营类、创意设计类、总部基地类为基础,引进知名创意机构和一批知名艺术家、艺术企业,"中国西泠网"、浩瀚国际拍卖等落户园区,打造艺术品交易平台和艺术交流中心。把实体园区和虚拟网络、把观光农业和体验娱乐等结合起来,重点开发农耕体验、农家谚语、乡居生活、生态果园、农家餐厅、茶园采摘、挖笋踏青等创意农业项目,提高生态农业项目中的创意和知识含量,让城市旅游者获得现代农业的体验。

(三)中国的生态功能型地区,不但要传承农耕文化和民族文化的丰富遗产,而且要开发海洋文化的丰富内容,适应 21 世纪中国走向海陆兼备型世界强国的全域视野和全球责任

在人类发展的大视野中,注重大陆-农耕文明和注重海洋-商贸文明,是两种不同的发展轨迹。历史上的大陆性国家注重对本土资源的开发和自我循环式的生产体系;而海洋性国家注重全球资源开发、国际贸易和全球海洋的法权治理,主张公民、法人和国家都可以依法在开放的海洋上行使自己的权利。中国人在历史上不像西班牙人、葡萄牙人和英国人，没有海上扩张的传统。目前中国许多城市文化产业对资源的开发，包括历史文脉、人文名胜、民间风俗、手工技艺、民歌节庆等，大多属于农耕文明的遗产，这是应该的，又是远远不够的。

　　作为 21 世纪的世界强国，中国必将形成海陆兼备、经略海洋的强大能力。而中国走向蓝水大洋，必须以城市作为深水良港，辐射广阔的海洋空间。中国陆地和岛屿的海岸线长达 3.2 万多千米，自鸭绿江口至北仑河口，包括环渤海、长三角、海峡西岸、珠三角、海南岛、北部湾等，绵延着中国经济最发达、贸易最活跃的城市带。中国的城市在发展文化产业、建设生态城市的过程中，目光不能局限于陆地，要与走向蓝水、经略海洋的大国战略相结合。文化产业对生态休闲产业和新型城镇化的贡献，不仅仅包括陆域文化的开发，也不仅仅传承农耕文化遗产，而且要推动海洋文化产品和服务的产业化，大量发展与海洋有关的创意主题、亲水景观、滨海休闲、跨海旅游、游艇游轮、文化品牌等，让更多的人获得参与海洋、探索海洋、保护海洋的体验和快乐。

五、民族地区的文化产业发展模式

　　中国具有五千多年的文明史，是统一的多民族国家。大量文化资源和历史遗产富集型区域，与各民族深厚悠久的文脉交织在一起。2001 年联合国教科文组织大会的《世界文化多样性宣言》指出：文化多样性是人类共同的宝贵遗产和智慧密码。2010 年该组织总干事长科波娃在上海世博园发布了联合国成立 65 年第一份有关世界文化的报告《着力于文化多样性和文化间对话》，她指出创造力是文化多样性之本，文化多样性又会增强创造力："各国应该立即行动起来，在促进文化多样性上投入更多的人力与财力。这样的投资又会换来哪些回报？答案就是推动可持续发展。[①]"按照国际惯例，各个民族在不同的国家和区域可分为主体民族和少数民族。少数民族指的是多民族国家中除人数最多的民族（主体民族）以外的民族。目前，全球范围内的民族有 1 880 多个。其中，超过 1 亿人口的民族有 7 个；100 万—1 000 万人口的民族有 202 个；10 万—100 万人口的有 92 个；10 万人口以下的民族有 1 522 个。许多国家的主体民族如汉族、俄罗斯族、日本族、朝鲜族等，在其他国家则是少数民族。亚洲是全球五大洲中民族数量最多的洲，中国是拥有 56 个民族的统一国家。中国诸多民族文化资源富集的地区，往往是在边远、边疆和贫困地区，对文化产业的贡献力提出了迫切的要求。

针对这类地区的特点，要深入探索金融资本、社会资本和文化资源相结合的路径，推动民族文化资源的产业化开发。国家近期正式启动的《藏羌彝文化产业走廊总体规划》强调：一是根据长期形成的藏羌彝文化产业走廊的文化资源特点以及各地的文化生产力布局，以文化资源为"点"，以交通枢纽为"线"，以中心城市为"面"，建设"廊道型"文化产业经济带；二是在空间布局上采取差异化和梯度发展策略，将藏羌彝文化产业走廊确定为核心区域、辐射区域、城市枢纽，达到既突出中心又辐射周边的目的[②]。这给了民族文化资源和历史遗产型地区发展文化产业以重要的启迪，鼓励这些地区以点带面，发展创意美食型、旅游演艺型、艺术家集合村型、影视制作服务型等文化产业集聚模式[③]。

（一）民族地区要通过开发文化产业，发挥区域的比较优势，为民族地区提供新的经济增长动力

恩格斯指出："经济上暂时落后的国家在哲学上仍然能够演奏第一小提琴。""不论在法国或是在德国，哲学和那个时代的文学的普遍

---

① 联合国教科文组织：《着力于文化多样性和文化间对话》，联合国教科文组织官方网站。
② 《藏羌彝文化产业走廊总体规划》，国家财政部官方网站，2014 年 3 月 5 日。
③ 容小宁、李格训、花建、李萍：《"印象·刘三姐"文化产业新视野》，百家出版社 2007 年版。

繁荣一样,都是经济高涨的结果。经济发展对这些领域的最终的支配作用,在我看来是无疑的,但是这种支配作用是发生在各该领域本身所限定的那些条件的范围内。①"这就是说:文化产业的发达和繁荣,归根结底是要在经济高涨的基础上形成的。但是,文化产业的强大又必须遵循自身的独特规律,这是对立统一的辩证法。在知识经济的时代,具有独特的创意和强烈的个性表达的作品,才会获得全球范围的推崇。因为大量复制的产品,不再是稀缺的资源,唯有不可重复的艺术,才具有难以估量的价值。广西虽然处在后发达地区,但是拥有得天独厚的旅游景观和文化遗产。这里的生态环境和文化遗产,亟待获得长久而有效的保护。发展能耗大、污染多、占地多、投资大的制造业不是它的首选,而发展旅游演艺和娱乐节庆等文化产业,恰恰可以扬长避短,聚拢人气,快速形成新的经济增长点,树立相对的产业优势。广西壮族自治区阳朔县开发的全球第一个大型实景山水演出项目"印象·刘三姐",就开创了民族地区打造一流文化产业项目,以文化竞争力推动地区可持续发展的宝贵经验。"印象·刘三姐"在艺术元素的组合上,根据时代特点、中国特色、广西特征,创造性采用了"全景式,大舞台,总调度"的构思,立足于源远流长的广西刘三姐民歌和世界级旅游名胜的漓江山水景观,把山、水、天、景、服、饰、歌、乐、舞、光、人、鹰、畜、桥、浮岛等各种要素创造性组合起来,把著名艺术家的创作构思与现代企业管理模式结合起来,把有效的文化产业投资与对民族艺术精品的追求结合起来,成为世界上最大的大型山水常年实景演出。它是中国大型山水全景演出的首创之作,为发展民族山水实景演艺产业提供了宝贵的经验,成为集唯一性、艺术性、民族性于一体的盛大演出。它的特色可以归结为:"集聚优质资源,打造特色演艺,联动旅游产业,形成持续效益",也就是"提炼+集聚+联动"。

---

① 《恩格斯致康·施米特》,《马克思恩格斯选集》第 4 卷,人民出版社 1995 年版。

（二）民族地区要瞄准国家级和世界级的精品水准，汇聚丰富资源，提高文化产品和文化服务的核心竞争力

有了大胸襟，才有大作品，越是被国际承认的，也就越能代表民族。"印象·刘三姐"的演出虽地处小县城，但是它所用的素材是壮族的歌仙——刘三姐。她曾经是中国家喻户晓的文化传奇。她所在的阳朔是一个世界级的旅游胜地。有鉴于此，该项目定位在国际一流艺术水准，希望获得国际中高层次观众的青睐。它汇聚了中国第一流的艺术导演、演出策划人、作曲家和舞美专业人士、社会办学机构和优秀的投资、管理、营销队伍，进行优化整合，这才使中国的民族文化精品获得国内外观众的广泛认同。2004 年 3 月 20 日，"印象·刘三姐"正式公演，当年吸引观众 30 万人次，票房为 1 000 万元，这一年阳朔县吸引中外游客 320 万人次，旅游收入 4.06 亿元。从那时起，这台全球最大的山水实景表演连续演出，长盛不衰，到了 2011 年，"印象·刘三姐"尽管因为整修剧场，停演了整整一个月，但是当年吸引观众达到 150 万人次，其中 7 月份高达 20 万人次，每晚连演 3 场，票房突破 2 亿元；阳朔县吸引游客 935 万人次，旅游收入 38.6 亿元，以后稳定在每年 2 亿多元的票房收入，成为文化产业推动民族地区可持续发展的一个闪亮典型。

（三）民族地区要发挥文化贡献力的产业联动效应，注重协调发展和均衡推动，实现文化惠民和文化富民

从全国来看，少数民族地区有许多处在后发达地区，面临着扶贫、稳定、发展和生态保护等多重任务。这些地区的文化产业发展模式，必须充分考虑到这多重因素。"印象·刘三姐"不仅成为世界级的艺术精品，而且强有力地拉动了阳朔的旅游、运输、基本建设、房地产等产业。在它公演后，景区的商业景气和人文价值快速提高，景区和县城土地增值平均达到 5 倍以上，给阳朔带来了 1∶5 以上的产业联动效

益。同时,该项目采用了一系列环保节能型的设备和工艺,在景区新建了污水处理等工程,采用了环保型的江水喷雾造景新技术,保护了景区的生态环境。恰如该剧的总导演张艺谋所感慨的:"坦率地说,技术条件极为复杂。你就说那十二座山吧,弄了多少灯上去,上面全是树和石头,花了上千万元,还要防虫防霉……①"实践证明:"印象·刘三姐"项目的开发和建设,对环境起了很好的保护作用,不但没有对阳朔县的第二和第三产业起负面的影响,而且起了明显的拉动作用。我们在它正式演出1年后,借鉴了美国质量学会(ASQ)的"满意度测量ISO 9001:2000认证体系",设计了全套的"印象·刘三姐"满意度评估指标体系,在阳朔开展了对五大社会群体的满意度调查,回收966份有效问卷,测算出五大群体的满意度。结果是让人感动的,总的满意度指数达到78.8,明显超过国际上许多大型演出项目的满意度指数②。

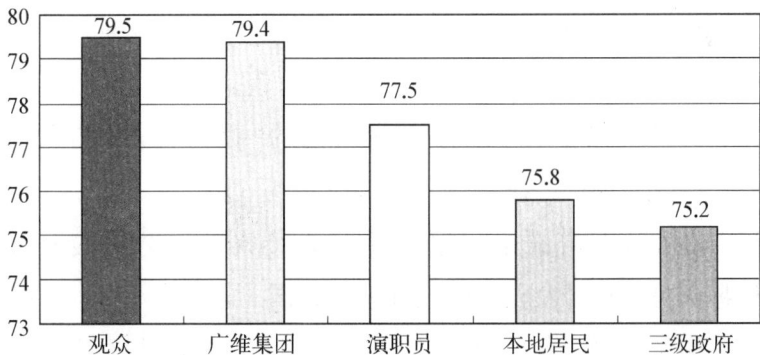

图4-22　当地五大社会群体对"印象·刘三姐"的满意度指数示意

(四)民族地区要发挥政府对文化产业的有力组织和引导作用,发挥各方面的积极性,形成规模优势

大量实践证明:一个地区文化产业的起步阶段需要"助推器",

---

① 《与张艺谋面对面》,《阳光之旅》珍藏版2003年第6期。

② 容小宁、李格训、花建、李萍:《"印象·刘三姐"文化产业新视野》,百家出版社2007年版。

可以有市场拉动型、技术拉动型、政府推动型和混合拉动型等四种发展模式，特别需要把政府的超前规划和引导作用，以及市场对资源的优化配置作用，有机地结合起来。在一个经济后发达地区，如果依赖文化市场逐步成熟后，再由企业自发地培育文化项目，很可能耗日持久，进展缓慢，这在边远的民族地区就更是如此。2014 年 3 月开始，文化部、财政部联合颁布和推动实施《藏羌彝文化产业走廊总体规划》，就是发挥政府对民族地区文化产业的组织和引导作用的生动案例。藏羌彝文化产业走廊的核心区域位于四川省、贵州省、云南省、西藏自治区、陕西省、甘肃省、青海省等七省（区）交汇处，该区域覆盖面积超过 68 万平方千米，藏、羌、彝等少数民族人口超过 760 万。在 2014—2016 年的初期建设阶段，经过中央政府的协调和组织，各地方的推动和广泛的社会参与，正在实施一批文化资源有效保护与产业转化的项目，支持建设一批重点文化产业生产基地，逐步形成藏羌彝文化产业走廊。比如四川阿坝藏族羌族自治州的风景旅游区九寨沟，集聚了丰富的民族文化资源，每天晚上有九场演艺剧目次第上演，具有康藏风格的"扎西德勒"与脍炙人口的民族歌舞，推动了九寨沟每年接待观众超过 65 万人次，每年实现产值 1.1 亿元以上。藏羌彝地区开发的民族手工艺品也逐步进入中国香港、中国澳门及尼泊尔、印度、美国、加拿大等地市场，配合了当地的扶贫工作，获得了当地各民族群众的欢迎。这些案例说明：在民族地区，充分发挥政府对文化产业的组织和引导作用，凝聚各方面的积极性，就有可能形成后发优势，不断增强区域的文化竞争力和贡献力。

六、历史遗产富集地区的文化产业发展模式

联合国贸发会议等《创意经济报告》指出，应该把"文化遗产"作为创意经济四大组别之一，即文化遗产、艺术、媒体与功能创意："文

化遗产被认为是所有艺术形式的来源、文化与创意产业的灵魂。①"历史遗产型地区是一个含义丰富而广泛的概念。我们可以把这一个地区看作一个同心圆。它的核心是获得国际和国内公认的重大历史遗产及重要的文化资源,在整个地区都有丰富的文化遗存和文化元素。它所拥有的各类自然和文化遗产,在密集程度和珍贵等级上都远远超过各个地区的平均值。联合国教科文组织对世界遗产的评定标准主要依据《保护世界文化和自然遗产公约》第一、第二条规定。各区域的遗产项目要列入《世界遗产名录》,必须具有"突出的普世价值",以及满足以下十项基准之一。

(1)表现人类创造力的经典之作。

(2)在某期间或某种文化圈里对建筑、技术、纪念性艺术、城镇规划、景观设计之发展有巨大影响,促进人类价值的交流。

(3)呈现有关现存或者已经消失的文化传统、文明的独特或稀有之证据。

(4)关于呈现人类历史重要阶段的建筑类型,或者建筑及技术的组合,或者景观上的卓越典范。

(5)代表某一个或数个文化的人类传统聚落或土地使用,提供出色的典范——特别是因为难以抗拒的历史潮流而处于消亡危机的场合。

(6)具有显著普遍价值的事件、活的传统、理念、信仰、艺术及文学作品,有直接或实质的联结关系(世界遗产委员会认为该基准应最好与其他基准共同使用)。

(7)包含出色的自然美景与美学重要性的自然现象或地区。

(8)代表生命进化的纪录、重要且持续的地质发展过程、具有意义的地形学或地文学特色等的地球历史主要发展阶段的显著例子。

(9)在陆上、淡水、沿海及海洋生态系统及动植物群的演化与发

---

① 联合国教科文组织、联合国发展计划署:《创意经济报告 2013 年》英文版,联合国教科文组织官方网站,2010 年。

展上,代表持续进行中的生态学及生物学过程的显著例子。

(10) 拥有最重要及显著的多元性生物自然生态栖息地,包含从保育或科学的角度来看,符合普世价值的濒临绝种动物种。

在 21 世纪文化产业的视野中,中国的历史遗产富集型区域提炼文化资源,开创文化产业发展的区域模式,必须把握如下的要点。

(一) 要把历史遗产区域提炼文化资源,作为一种传承本土资源与吸取国际经验,利用国内和国际两种资源,理解历史与迈向未来相结合的过程,并且把文化创意的开发和文化空间的再造结合起来

西安曲江新区在这方面提供了重要的经验。曲江新区规划面积为 40.97 平方千米,辐射带动面积 85 平方千米,包括大明宫遗址保护区、西安城墙景区、法门寺文化景区、临潼国家旅游休闲度假区、楼观道文化展示区等多个板块。它所拥有的各类历史文化遗产,在密集程度和珍贵等级上都远远超过各个地区的平均值。尽管西安是千年的古都,素有"千年的中国看西安,500 年的中国看北京"之美称,但是从文化传承的意义上说,西安的历史建筑文化已经是被割裂的、非延续性的。包括大雁塔和城墙在内,几乎已经成为孤立的文物,环绕周边的,早已经不是当年的文脉,难以融入当代市民的生活。西安的历史遗产所处的环境是恶劣的,缺乏美学和生态价值的,经过近 1 000 年来不断的损毁和破坏,形成历史遗产周边的环境,不能完全与它的历史价值和美学价值相适应。西安的城市发展仍然处于外延扩张型的初级阶段,在人口膨胀的压力下的基本生存和生产条件,与保留文化遗产所需要的美学和艺术环境,形成了不断的冲突。

有鉴于此,曲江人进行了城市文化空间再造,把破碎、断裂、残存的历史文化资源,开发成为"可感受、可参与、可学习、可体验、可消费"的文化旅游产品,突出了结合、融合、复合的创新之路,成为首批国家级文化产业示范园区。而在城市空间文化再造的过程中,曲江人依托文化项目+资本平台+产业集聚的价值创造方式,突出了品

牌＋文化＋民生的复合发展道路①。西安曲江的文化建设,采用了文化膜拜、文化熏陶、文化演绎三种类型:

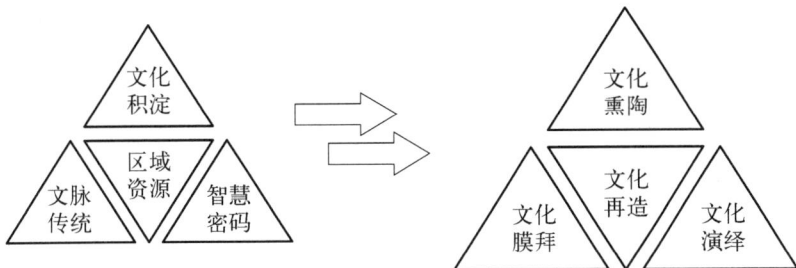

图 4-23　传承遗产和城市空间文化再造的重点

　　文化膜拜策略是营造一种神秘的、崇高的、令人心灵为之震撼的场景,使身临其境者产生由衷的敬仰与膜拜。麦加、梵蒂冈和耶路撒冷的宗教场所都属此列。在曲江三大工程中,大明宫遗址片区具有历史厚重的特质,经过重建和复原,以庞大的规模再现了大国古都的雄浑气魄,易于在参观者心中产生独特的历史沧桑感,因此非常适合采用这一传承策略。

　　文化熏陶策略是于潜移默化之间,令徜徉在文化遗产空间的人们受到历史文化的熏陶和影响,是一种不着痕迹的文化传承模式。欧洲很多拥有文物建筑的街区都适用这种策略。而西安城墙景区由于拥有千年城墙作为地标建筑,具有良好可感知性,对周边较大范围产生"符号辐射",显示了大唐盛世的雄浑气魄,因而适合采用这种传承策略。曲江人于 2012 年 5 月专门设立了西安城墙文化投资发展有限公司,作为西安皇城文化复兴工程的主体建设者和管理者②。

———————————

① 《结合,融合,复合——文化大发展大繁荣的必由之路》,《曲江》总第 11 期,2011 年 12 月。

② 西安城墙文化投资发展有限公司于 2012 年 5 月注册成立,注册资金为 5 亿元,先后实施了西安永宁门周边改造提升工程、西安护城河水上游览线(示范段)、皇城坊历史街区项目等,持续增强西安作为历史文化名称的影响力和亲和力。上述材料根据笔者在西安的实地调研,并参看《城记——陕西画报增刊》。

文化演绎策略通常应用在仅有残存历史记忆而无文物无遗址的空间中,文化可感知性、历史厚重度几乎为零,而相应的历史记载中可利用的文化题材又不丰富的情况下。通过演绎的手段,重新塑造新的文化资产。楼观道文化展示区号称新建了中国体量最大的道观楼,就是这种策略的代表。

曲江人传承了千年古都的文脉,同时又努力与国际时尚相结合。他们创意举办了曲江国际欢乐嘉年华,从而深度揭示了大唐文化的多重内涵:不仅仅有大国之都长治久安的开阔和庄重,而且有天下一家的欢乐与祥和①;他们也举办了曲江创意市集,鼓励各地的设计师、创客们和炫酷一族,在大唐不夜城激发创意灵感,让古都的厚重文脉迸发出新鲜的创意之花。

(二)要把历史遗产区域的文化产业发展,与城乡一体化发展结合起来,推动新型城镇化,促进更多的农村人口在完全意义上转化成为城市人口,体现文化惠民和文化富民的价值

中国面向现代化的一大重点是解决"三农"问题,而历史遗产富集区域往往是经济相对欠发达、汇聚了大量"三农"问题的区域。直到 2013 年,全国城市化率达到 51% 以上,仍然有接近半数的人口生活在农村。在城乡二元体制下,城乡分离的工业化模式导致城乡间无法形成较高的产业关联度,再加上各种城市问题加剧,城市也无法持续健康发展。这通常表现为农村发展空间受到明显制约,城市发展后劲不足,工业反哺农业的力度不够,整体区域经济增长势头放缓。进入 21 世纪以后,这一区域发展问题作为影响国家发展战略大局的重要问题引起了国家层面的高度重视。党的十八大报告指出:要加大统筹城乡发展力度,增强农村发展活力,逐步缩小城乡差距,促进城乡共同繁荣。坚持工业反哺农业、城市支持农

---

① 王玫:《一座城市的狂欢:曲江国际欢乐嘉年华》,《曲江》总第六期,2010 年 12 月。

村和多予少取放活方针,加大强农惠农富农政策力度,让广大农民平等参与现代化进程、共同分享现代化成果。加快发展现代农业,增强农业综合生产能力,确保国家粮食安全和重要农产品有效供给。

正是在破解这一难题的过程中,推动城乡一体化的"成都方案"和创建联合国教科文组织创意城市——美食之都的"成都模式"获得了良好的互动和结合。成都地处著名的"天府之国",气候宜人,适宜农业发展。自古以来就是全国重要的粮食产区,自给自足的农业文明延续了数千年。成都市从2003年3月统筹城乡改革到2007年6月被国家批准为"全国统筹城乡综合配套改革试验区",成都以"三个集中"、"三大工程"、"六个一体化"等举措,获得了全国瞩目的重要成果,特别是工业向集中发展区集中、农民向城镇集中、土地向规模经营集中。

成都在推动城乡一体化的发展中,把传承丰富的历史遗产放在重要位置,把休闲文化的田园耕读传统开发成为美食休闲文化的亮点。成都拥有的古典田园城市环境、丰富的自然资源、富足的物产、旖旎的山川风物营造了田园牧歌式的休闲氛围。古代文学大家在创作中休闲、在休闲中创作,形成一种学习型、诗意型的休闲方式。成都市开发这些资源,每年举办赏花会、龙泉桃花会、都江堰清明放水节、新都木兰会、桂花会、彭州牡丹会、新津龙舟会、郫县望丛祠赛歌会等。如今在全中国流行的"农家乐"旅游项目,就是由成都市郫县友爱镇创立的。它以"去农家享受天然美食"为主题,把农民的家庭发展成为"家庭旅馆",体现了"回归大自然"的人生理想。美食文化是成都人解放自我、享受生活的重要表现,并且因此获得了联合国教科文组织创意城市——"美食之都"的荣誉。

川人重味,认为"味是菜之魂",一方面传承了中国传统思想意识特别注重"本"的一面,同时也追求着饮食之美的最高目标——"本味"与"变味"之间的矛盾统一。川菜是中国四大菜系之首,品种三千,"一菜一格,百菜百味,擅用麻辣"①;成都美食可以分为川菜、小吃、火锅三大类。成都美食产业的鲜明特点,就是世界罕见的大规模中国川菜产业化基地。这说明成都美食一方面继承了传统的手工艺和材质,而且开发了工业化和标准化美食生产的新领域。成都人在开发美食文化的过程中,创造了许多生动案例,比如中国第一个菜系专业博物馆——成都川菜博物馆。它包括展厅面积 12 000 平方米,分为典藏馆、互动演示馆、饮茶休闲馆、农家厨房、川菜原料加工工具展示区等,展出了从战国(公元前 475—公元前 221 年)至现代的3 000 多件川菜饮食器皿②。而成都美食节在数量、品种、丰富性方面,在全球范围内都是罕见的。成都既有历史悠久的传统美食节,又有大规模的现代国际美食节,还有郊区和镇上的特色美食节。仅2004 年以来就共举办了近 60 次全国性或国际性的特色餐饮文化节庆,倡导人们在参与美食和创造财富的同时,注重精神世界的修为,亲近自然,解放人性,达到一种进退自如的崇高境界,实现人与自然的和谐发展。

七、农林牧副渔地区的文化产业发展模式

农林牧副渔地区包括国家层面限制开发的农产品主产区,是指具备较好的农业生产条件,以提供农产品为主体功能,以提供生态产品、服务产品和工业品为其他功能,需要在国土空间开发中限制进行大规模高强度工业化城镇化开发的区域。《全国主体功能区规划》(2010 年)强调了主体功能区与农业发展的关系,把农产品主产区作为限制进行大规模高强度工业化城镇化开发的区域,是为了切实保护这类农业发展条件较好区域的耕地,使之能集中各种资源发展现

---

① 花建、郝康理:《文化成都——把什么样的成都带入 2020 年》,人民出版社 2008 年版,第148 页。
② 根据笔者在成都的实地调研。

代农业,不断提高农业综合生产能力。同时,也可以使国家强农惠农的政策更集中地落实到这类区域,确保农民收入不断增长,农村面貌不断改善。此外,通过集中布局、点状开发,在县城适度发展非农产业,可以避免分散发展工业带来的对耕地过度占用等问题。

农林牧副渔区域发展文化产业,要适应农产品主产区包括农林牧副渔地区和中小城镇的情况,结合建设社会主义新农村,推进新型城市化和城乡一体化,开发创意农业、花卉园林、休闲体验、创意旅游等特色产业集聚区,把农林牧副渔区域的资源转化为文化生产力的优势。在这些区域提升文化贡献力的重点在于以下几个方面。

(一) 开发文化产业与现代农业相结合的新领域、新业态——创意农业

创意农业的特色为:利用现代农业经济的生产、生活、生态资源,发挥创意和创新,研发出具有较高创意含量的农产品或活动,以提升现代农业的价值与产值,创造出创意美食、创意制造、创意旅游、创意生活等新兴市场。大量实践证明:创意农业的开发具有如下特征。

创意农业具有较强融合性、渗透性。创意是技术、经济和文化等相互交融的产物,创意农业并非单指某一种产业,它所生产的产品是新思想、新技术、新内容的物化形式,是多知识、多学科、多文化和多种技术交叉、渗透、辐射和融合的产物,因此具有较强的融合性、渗透性。

创意农业具有较高文化品位。创意农业是以文化、创意为核心,运用现代农业和制造业、服务业的知识和技术,产生出新的价值。它是文化与技术相互交融、集成创新的产物,呈现出智能化、特色化、个性化、艺术化的特点。创意农业的价值并非局限于产品本身的价值,还在于它们所衍生的附加价值,通过创意而不断创造出农业和农村的新观念、新技术和其他新的创造性内容。

创意农业具有较高附加值。创意农业的核心生产要素是信息、知识特别是文化和技术等无形资产,是具有自主知识产权的高附加

价值产业。传统农业的产出依赖于对自然资源的消耗,而发展创意农业主要"消耗"人的智慧。创意农业不仅能够提高农业综合效益,直接增加农民收入,而且能够拓展农民就业空间,实现多环节增收,还有利于全面提高产品性能、劳动生产率和资源利用率,为社会提供智能化、特色化、个性化、艺术化的创意产品和服务,其科技和文化知识附加值比例明显高于普通农产品和服务。

创意农业具有一定规模。创意农业不仅仅是某个灵感突发,也不仅仅是某一个产业环节的更新,而是现代农业产业发展形态以及营销运作方式的创新。创意农业的发展需要生产和消费的结合、互动和相对集聚,形成创意农业集群化的环境。因此,必须有一定的产业规模和扩大再生产的能力。

近年来,浙江宁波滕头村等区域,通过创造性的开拓,为农林牧副渔主体功能地区发展文化产业、拓展休闲农业,提供了富有启发性的思路。滕头村位于富饶的浙东宁波地区。宁波不仅山清水秀,人文昌盛,而且自古以"四香"(米香、鱼香、书香、墨香)名扬天下,是中国盛产海鲜的主要区域之一,物产非常丰富。滕头村所在奉化是远近闻名的鱼米之乡,也是主要的农作物产区之一。

浙江奉化滕头村嵌在奉化和溪口之间,位于奉化城北 6 千米,距宁波市区 27 千米,距宁波栎社机场 15 千米。它是中国东海之滨的一个小村庄,有 800 多人口。滕头村的绿地、碧水、游鱼、花圃、果蔬、鸟语、花香、蝶影、农家住宅、小康别墅构成了一幅人与社会、生态、经济协调发展的美丽画卷,令人心旷神怡,流连忘返。从 1998 年起,滕头人开始真正把文化生态旅游当作产业来做,通过出售参观票,实现市场化增效。每一个项目都身兼三重功能:(1)作为游客参观的文化景点;(2)作为样品进行宣传推介;(3)作为商品进行销售。滕头近千亩耕地的生态效益是传统农业的 150 多倍。滕头村和周边地区具有民俗风情的老屋,可以让人们了解民间传统手工艺;休闲农庄的田园,可以让人采摘草莓、葡萄、黄花梨、小青瓜、水蜜桃、芋艿头等江南农产品;乡村农俗风情园,可以让人欣赏乡村杂耍、笨猪赛跑、狗做算术、山羊表演、小鸟做游戏、独轮车大赛、人牛拔河、滚铁环、踩高跷、水车大战、激情捉鸭等村味十足的娱乐节目。它为中国农林牧副渔主体功能地区,开发文化产业提供了许多有益的经验。

农业升级
形成创汇、精品、生态和观光为主体的现代农业大格局。

产业联动
形成集约型、效益型的特色经济工业园区和制造产业链。

生态旅游
形成地域文化、良好生态与较高产出率相结合的产业形态。

图 4 - 24 浙江滕头村生态农业和文化产业的特点

它曾被江泽民主席称赞为"一个了不起的村庄",被前越共中央总书记农德孟嘉许"到了这里,我们才知道社会主义新农村是什么样子的"。1993 年,联合国副秘书长伊利莎白·多的斯维尔女士在考察了滕头村后写下:"我到过世界上很多国家,很少看到像滕头村这样美丽整洁的村庄。"同年,联合国颁给滕头村"全球生态 500 佳"和"世界十佳和谐乡村"的匾额,并被评为"全国绿色指数第一村"。2008 年,滕头村作为全世界唯一的一个乡村入选上海世博会"城市最佳实践区"。2010 年,滕头村以"乡村,让城市更向往"的主题口号与上海世博会"城市,让生活更美好"的主题相互呼应,向全世界诠释了中国新农村建设的巨大成就和美好前景,成为全球各国建设乡村的典范。

（二）以文化产业为动力，形成经济、生态、社会、人文协调增长新模式

农林牧副渔主体功能地区发展文化产业的重要规律之一，是必须结合区域主体功能，选择最适合当地发展的文化产业模式，形成一个经济、生态、社会、人文相协调的可持续增长模式。由于这些地区空间较大，人力资源的密度和各类产业要素比大中城市稀薄，原来意义上的农民往往缺乏先进制造业和现代服务业的技能，难以获得类似大城市群的各类分工协作条件。有鉴于此，用"单打一"的模式来推进文化产业是不可行的，必须努力形成一个多个产业相互拉动、现代农业和现代服务业协调的产业增长模式。

农林牧副渔主体功能地区在发展现代农业、生态农业、园林农业的大前提下，结合发展先进制造业和现代服务业，融入文化产业的导向和项目，特别是发挥文化产业领军人物的带头作用，不断集聚资金、技术和人才，就可以形成可持续增长的经济社会模式。浙江东阳花园村探索的把创意农业、木雕红木家具业、影视制作业等相结合的"花园村"路径、成都锦江区等提出的"五朵金花"等模式，都在这方面提供了有益的启迪。如著名的花园村位于浙中丘陵地带，曾经被称为"村名花园不长花，草棚泥房穷人家。种田交租难糊口，担盐捉鱼度生涯"。跨入 21 世纪以来，花园村人在推动现代农业的同时，发挥了当地历史悠久的木雕工艺传统，全面调整了产业结构，形成原木市场、板材市场、工艺品雕刻一条街、红木家具生产一条街、红木家具产业园、红木家具城"两市两街一园一城"的新型产业链商业模式。2013 年，花园村集中了 1 047 家个体工商户，实现工农业总产值 190 亿元，村民年人均纯收入达 8.2 万元，是全国农民人均纯收入的近 9 倍①。花园村不仅是红木家具村，也是一个国家 AAAA 级旅游景区

---

① 根据笔者在浙江省东阳市花园村的实地调研。

和影视艺术中心之一。2013 年由浙江花园影视文化传媒有限公司与中央电视台和杭州银江传媒有限公司等联合出品的大型古装探案电视剧《大明按察使》，在 CCTV 第一套节目播出，获得了良好的社会反应。花园村建立的中国农村博物馆，是依托它作为"全国模范村"的经验和资源，经过农业部批准的全国唯一"三农"题材博物馆。它包括中国十大名村展馆、百村印章馆及重大农村政策档案资料馆等项目，也是吸引海内外游人的一个旅游胜地。花园村获得"全国模范村"、"全国文明村"、"中国十大名村"、"中国十佳小康村"、"中国城乡一体化发展十佳村"等荣誉称号。

八、对外开放前沿地区的文化产业发展模式

对外开放前沿地区包括多个沿海、沿边地区，处在国家对外开放最前沿的地带，是保护国家安全、推动对外贸易、开展国际合作的前进基地。改革开放 40 年来，中国已经形成了全方位、多层次、宽领域的对外开放大格局。所谓"全方位"，就是既对发达国家开放，也对发展中国家开放，对世界所有国家开放。所谓"多层次"，就是根据各地区的实际和特点，通过经济特区、沿海开放城市等不同开放程度的各种形式，形成全国范围内的对外开放。所谓"宽领域"不仅在经济领域，也涉及保险、邮电、通信、物流等服务贸易以及环保、科技、医疗、卫生、体育、文化、教育等领域的开放。

在中国和平崛起的重要历史机遇期，面向广阔海洋，发展蓝色经济，扩大对外开放，参与竞争合作，从陆地大国走向海洋强国，已经成为中国和平崛起的一个必然战略选择。从 2008 年以来，在国家颁布的 20 多个区域发展规划中，有半数以上是在沿海和沿边地区，特别是近两年，许多个沿海省份的地方发展规划被上升为国家战略，这种规划出台的密集程度前所未有，而且推进的步伐也在不断加快。从 2008 年开始，国家相继批准了长三角和珠三角一体化发展的指导意

见和区域发展规划。2009 年国务院正式对外发布《关于支持福建省加快建设海峡西岸经济区的若干意见》;6 月,国务院会议原则通过《江苏沿海地区发展规划》;9 月,辽宁沿海经济带开发开放上升为国家战略。2010 年《国务院关于推进海南国际旅游岛建设发展的若干意见》和国家批准的《广西北部湾经济区发展规划》正式出台;2011年,国务院正式批复《山东半岛蓝色经济区发展规划》、《浙江海洋经济发展示范区规划》,并且批准设舟山群岛新区,成为国家级的第四个新区。这些地区不但是中国开发蓝色经济,走向海洋大国的前进基地,而且是中国开展对外文化贸易,推动文化走出去的深水良港。党的十八大大明确提出“发展海洋产业”的部署。此类地区要适应沿海、沿边地区的特点,结合边境口岸和港口的优势,开发多种适应国际文化市场的产品和服务,开展跨境文化贸易和跨境文化合作项目,成为体现中国文化走向世界的前进基地。

(一) 发挥对外开放前沿地区的地缘优势,突出区域文化贡献力,把对内和对外两个大局结合起来

跨入 21 世纪以来,中国及周边的亚太地区,是全球经济增长最快、政治经济格局变化最显著的地区。正如洛杉矶时报的一篇评论所说:中国在崛起,但是印度也在崛起。越南、印度尼西亚、泰国也在崛起。在可预见的未来,日本仍将是一支强大的经济、军事和技术力量。澳大利亚的繁荣前所未有。孟加拉国正在开始工业化;甚至缅甸也可能沿着全球经济一体化的道路走向繁荣,东亚和南亚就是这样获得令全球嫉妒的增长速度的[①]。

山东、河北、辽宁、吉林、黑龙江等省份所毗邻的东北亚地区;内蒙古、吉林和黑龙江等省份所毗邻的蒙古和俄罗斯等地区;新疆所

---

① 《中国并不独自拥有未来》,《洛杉矶时报》,2007 年 10 月 14 日。文章的英文标题是“China doesn't own the future”(中国并不拥有未来),可能是报纸编辑为吸引读者而定的。根据此篇文章的内容,更准确的标题应该是《中国并不独自拥有未来》。

面对的中亚和西亚地区;西藏、云南所毗邻的南亚地区,海南、云南、广西、广东等面对的东南亚和我国港澳地区,福建、江西等所面对的我国台湾和东南亚地区。上海和长三角省市所面对的亚洲太平洋地区和其他国际市场,都具有不同的特点,需要明确战略,突出重点。

比如:中国开展与东南亚的文化产业合作,可以进一步扩大在东盟国家的影响,有利于"一带一路"建设的大局。东盟成立于1967年8月8日。东盟成立的宗旨是"提倡以平等及合作精神共同努力,促进东南亚地区的经济成长、社会进步与文化发展"。东盟拥有十个成员国:印度尼西亚、新加坡、泰国、菲律宾、马来西亚、文莱、缅甸、越南、老挝和柬埔寨。东盟总面积约450万平方千米,人口约5.4亿,是全球经济增长比较快的地区。自1990年以来,中国与东盟的贸易额快速递增。2014年中国与东盟的双方贸易额再创新的历史纪录,达4804亿美元,同比增长8.3%,比中国对外贸易额的平均增幅3.4%快了一倍多。其中,中国从东盟进口2083亿美元,增长4.4%;中国向东盟出口2721亿美元,增长11.5%;2014年中方顺差638亿美元,较2013年增长了43%[①]。

中国加强与东盟国家的文化产业合作,可以开发中国与东盟丰富的文化遗产,通过文化产品和文化服务的相互贸易、联合开发,实现互利合作,促进双方人民的相互了解。自2006年以后,在南宁连续举办的中国-东盟博览会就包括了大量文化产业和文化贸易的内容,也举办了多届中国-东盟文化产业论坛[②],获得了中国各地和许多东盟国家政府代表和企业界人士的欢迎。缅甸历史委员会副主席托哈(Toe Hla)在该论坛上指出:"历史证明:贸易可以在很大程度上

---

① 中国—东盟商务理事会:《中国与东盟双方贸易额较上年增长8.3%》,人民网2015年1月18日,http://world.people.com.cn/n/2015/0118/。

② 笔者课题组的专家应邀参与了多届中国-东盟文化产业论坛的筹备工作,包括在该论坛上发表演讲和参与双方的战略互动对话。

促进社会和文化的发展。经过时间的沉淀,所有的贸易货物都可以变为文化事物。"他举了 1852—1877 年中国学者杜诚诰在缅甸担任官员期间所写的《缅甸杂记》,说明双方的文化交流和文化贸易源远流长①;而印度尼西亚学者沃坚达利·卡迪焦·苏达索诺则分析了该国第四大城市——万隆,建立万隆创意城市论坛(BCCF),努力打造印度尼西亚文化创意产业的经验,表达了积极推介印度尼西亚文化创意产业的愿望②。再如作为云南和广西文化一绝的铜鼓文化,源远流长,在历史上就是人类铜鼓文化的发源地,以后才逐步向东南亚扩散,并且逐步为世界知晓。铜鼓文化至今也是中国与东南亚人民的文化纽带之一。

有鉴于此,中国对外开放前沿地区应该利用经济文化之地缘、人缘的优势,探索各种行之有效的新业态和新路径,包括在一个有密切关系的大区域,形成一个跨境合作的文化产业圈。它犹如一个同心圆,包括核心区、辐射区、关联区等。尤其是核心区应该集聚丰富的文化资源,拥有良好的基础设施,建立发达的文化产业,形成密切的国际关联,拓展良好的贸易通道和便利条件。正如广西学者何颖指出的,作为中国-东盟博览会举办地的南宁,就应该积极建设成为这样的核心区。多年来南宁倾心打造的南宁国际民歌艺术节——风情东南亚等平台,就获得了海内外的广泛认同,吸引了中国-东盟的大批艺术界人士、民歌爱好者和旅游者,成为推动中国-东盟文化产业合作共赢的大平台和大枢纽③。

中国文化产品进入东南亚市场,必须考虑各国不同的条件。东盟十国既有谋求稳定、繁荣与发展的共同愿望,但是在经济发展水

---

① [缅]托哈:《贸易文化——文化产业和社会发展》,载《中国-东盟文化产业论坛全记录 2009 年》,广西师范大学出版社 2010 年 6 月版。

② [印尼]沃坚达利·卡迪焦·苏达索诺:《社区发展促进创意城市的形成——万隆经验》,载《中国-东盟文化产业论坛全记录 2009 年》,广西师范大学出版社 2010 年 6 月版。

③ 《战略互动对话》,载《中国-东盟文化产业论坛全记录 2009 年》,广西师范大学出版社 2010 年 6 月版。

平、政治制度、宗教信仰、社会结构、文化政策等方面，又存在巨大的差距，总体上文化产业的发展水平不高。东盟秘书处资源局的官员把东盟十国的文化发展状况分为三个层次，即新加坡、马来西亚、泰国和菲律宾为第一层次，正在逐步建立创意设计、文化旅游、工艺品等产业，尤其是新加坡政府从 1998 年开始，将创意产业作为 21 世纪的战略产业，出台了《创意新加坡》计划和《创意产业发展战略》（GIDS），希望把新加坡建成一个活力四射的艺术和文化互动中心；印度尼西亚和文莱等为第二层次，它们资源丰富，富有特色，印度尼西亚更是东南亚的人口大国，对文化市场的开发正在逐步发展；柬埔寨、老挝和缅甸等为第三层次，由于历史和现实的原因，各项制度很不健全，国民经济还处在恢复阶段[①]。从全局看，东盟国家既有文化资源的多样性，又有产业发展的差异性，这恰恰给中国这样一个既有鲜明的国家意识，又有文化发展多样性的大国，提供了广阔的合作空间。即使是在一个国家内部，由于地理、经济、血缘、宗教、语言等原因，也将面临着许多不同的情况。比如，印度尼西亚日喏穆哈玛迪亚大学讲师阿马德·马鲁福在一篇研究印度尼西亚和中国产业合作的文章中就谈到：该国的面积有 191 万平方千米，是东南亚国土最大的国家，人口 2 亿多人，各民族语言有 200 多种。其中的西加里曼丹省（婆罗洲）星加望地区的人口结构就很有特点。华人比例占了 64%，他们在这个地区已经居住了几个世纪，血脉相连使这里的居民对来自中国的文化产品和服务，容易接受。

（二）立足开放前沿的地缘、产业等优势，探索中外合资、跨境投资、跨境合作等多种文化产业形式

对外开放前沿地区与周边国家许多地区，具有山水相依的地缘优势，在历史上就是边境贸易的便利地区。东盟国家的大量华侨华

---

① 根据笔者课题组对东盟秘书处的访问，和对新加坡、马来西亚、泰国、柬埔寨、文莱、印度尼西亚等东盟国家的实地考察。

人与中国有着血肉联系,血浓于水,根植于心,如广西、云南境内的布依族、侗族、水族、仡佬族、毛南族、黎族、傣族、回族等少数民族,就和东盟国家境内的岱依族、侬族、泰族、高栏族、老龙族、掸族、啊洪族、回族等民族,具有源远流长的亲缘关系,彼此的文化产品和文化服务,容易沟通。要发挥这些优势,使得对外开放前沿地区成为推动中华文化走向世界的前沿基地。比如从 2008 年以来,云南省确立了"打造一个通道,建设两个基地,连通三大市场,形成四条走廊",加快构建全方位、多层次、宽领域的对外开放新格局①。它包括:打造一个通道,把云南打造成中国通向东南亚、南亚的西南陆上通道;建设两个基地,把云南建设成承接东部产业转移的基地和面向东南亚、南亚的出口加工基地。云南省的文化产业发展,以此相联系,确立了"着力打造'五个地'"的文化走出去战略。它包括:要以昆明为重点,把滇中地区打造成重大文化艺术交流活动的主办地;以八个州(市)为重点,将边境地区打造成云南省与毗邻国家文化交流长效活动的举办地;探索云南省参与泰国中国文化中心建设和运营的新模式,力争把曼谷作为云南文化派出机构的驻在地;围绕开发开放实验区部署,力争把瑞丽打造成国际和谐文化建设的示范地;积极支持云南省文投集团拓展海外驻场演出,力争把柬埔寨吴哥、新加坡作为云南文化"走出去"的提升地②。

而广西南宁市则结合中国东盟博览会,以节庆兴产业,以产业做节庆。南宁国际民歌艺术节的前身是广西"三月三"音乐舞蹈节。1984 年 4 月 3 日,南宁市承办广西首届"三月三"音乐舞蹈节,之后,它改名为广西国际民歌节。从 1999 年起,经国家文化部和广西壮族自治区人民政府批准,广西国际民歌节正式更名为南宁国际民歌艺术节,从观念、艺术、活动三方面不断开拓创新,保持了旺盛活力,特

---

① 《中共云南省委 云南省人民政府关于进一步扩大开放的若干意见》,2008 年 10 月 8 日。
② 《云南文化实施"走出去"战略》,云南省人民政府官网,2012 年 2 月 24 日,http://www.yn.gov.cn/yn_zwlanmu/yn_zwdt/201202/t20120224_3296.html。

别是在该节包括了"风情东南亚"的盛大活动。中国艺术家来到东南亚国家的山区、村寨、海岛,帮助当地人民开发了许多民歌项目,前来参加"风情东南亚"的活动,获得当地人民的广泛好评,推动了当地文化旅游等相关产业的发展,也把南宁这座绿城打造成"天下民歌眷恋的地方"。

(三)利用侨乡、侨眷等人际关系和历史的纽带,联络海内外华人华侨,建设共享共有的文化家园

对外开放前沿地区拥有的丰富文化资源,往往为海内外华人华裔所共同传承。海内外华人华裔对中华文化具有"血浓于水"的深厚情谊,成为世世代代绵绵不绝的精神纽带。中国改革开放的总设计师邓小平指出:华人华侨是中国改革开放的重要战略资源。1990年4月7日,邓小平在会见泰国正大集团董事长谢国民先生时说:"我们还有几千万爱国同胞在海外,他们希望中国兴旺发达,这在世界上是独一无二的。我们要利用机遇,把中国发展起来。[1]"1993年春,当我国的改革开放和经济建设面临着重大的历史发展机遇时,邓小平在上海发表谈话,精辟地指出:"对于中国来说,大发展的机遇并不多。中国与世界各国不同,有着自己独特的机遇。比如,我们有几千万爱国同胞在海外,他们对祖国做出了很多贡献。[2]"弘扬中华文化、联系华人华侨,正是对外开放前沿地区发挥文化贡献力的一项重要战略举措。

根据有关统计资料,以美国为例,2009年华裔人口达到363.9万[3];再以东南亚为例,马来西亚人口2 200万,华人约占30%;新加坡人口440万,华人约占75.2%;印度尼西亚人口2.4亿,华人约占

---

[1] 邓小平:《振兴中华民族》,《邓小平文选》第3卷。人民出版社1993年版,第358页。

[2] 《邓小平同上海各界人士共迎新春佳节时的谈话》,《人民日报》1993年1月23日。

[3] 《杜静、王薇:研究显示美国华裔人口显著增加》,新华网,2011年02月11日,http://news.xinhuanet.com/world/2011-02/11/c_121063174.htm。

3%；泰国人口6 300万,华人约占10%；文莱人口37.2万,华人约占20%；菲律宾人口9 000万,华人约占2%；柬埔寨人口1 300万,华人约占5%。诚如中国学者林其锬先生所说：海外华人与中华民族具有血缘、地缘、业缘、神缘和情缘的"五缘文化"纽带。

福建开发妈祖文化,就是一个非常典型的例子。妈祖是源于中华大地,在全球华人华侨中广为传播的文化信仰和文化传统,从东南亚到北美地区,都有广泛的分布。妈祖是神化的历史人物,名为林默,莆田望族九牧林氏后裔,生于宋太祖建隆元年。在民间广泛流传的妈祖文化,通过妈祖神格魅力感染广大群众,帮助人们增强克服困难的信心,激励他们勇往直前、开拓海洋、进取世界。

福建省海峡西岸经济区,是推进祖国统一大业的前沿地带,是面向东海,辐射西太平洋的前沿。海峡西岸经济区,以福建为主体包括周边地区,南北与珠三角、长三角两个经济区衔接,是依托福州、厦门、泉州、温州、汕头五大城市所形成的对外开放、协调发展、全面繁荣的经济综合体。福建莆田是妈祖信仰的发源地和妈祖文化的发祥地,莆田地区敏锐地把握这一个重要资源和机遇,提出了打造"世界妈祖文化中心",继续提升"中国湄州妈祖文化旅游节"等重大举措,通过开发妈祖文化资源,形成了节庆、演艺、会展、工艺、旅游等组合型的妈祖文化产业,在海内外产生了广泛的影响。通过中国湄州妈祖文化旅游节、纪念妈祖诞辰1 050周年系列活动等一系列盛事、妈祖文化生态保护区的设立等,都是近年来莆田文化建设的力作,是全方位打造世界妈祖文化中心,将资源优势转化为产业优势的重头戏。在这个基础上,莆田市推动"纪念妈祖诞辰1 050周年暨妈祖信俗成功申报'世遗'"之"天下妈祖·大爱无疆——妈祖文化图片巡展"赴台展出。由此对台宣传发祥于莆田湄州的世界非物质文化遗产妈祖信俗的丰富内涵,展示世界各地妈祖信众对海上女神无限崇敬的真情实感,展示"五洲仰妈祖,四海成一家"的妈祖文化魅力和"同谒妈祖、共享平安"的美好愿景。

第七节　重点举措：提升区域文化产业的实践路径

一、加强前瞻设计，形成有区域特色的文化规划

要针对中国国土辽阔、人口众多、各地发展不平衡的特点，以前瞻的视野，制订和实施各有重点的区域文化发展规划，发挥文化整体实力建设对区域发展的带动作用，特别是把促进重点地区加快发展作为促进区域协调发展的主要路径。要重点坚持抓两头，一头抓发达地区和中心城市的辐射带动引领示范作用，一头抓欠发达地区的加快发展，把地区发展中的"短板"补齐。把开展各种文化创新的试验和示范作为落实区域文化发展战略的重要抓手，围绕促进区域协调发展，选择适宜地区开展专项或综合试验，实现文化建设难点问题的突破。

东部沿海地区特别是长三角、珠三角、海峡西岸等地区要发挥经济发达、企业主体强大、国际化程度高的优势，结合率先推动经济结构和经济增长方式的转变，广泛吸取国际先进经验，以先行先试来推动区域文化产业的发展，提升文化整体实力和竞争力。比如：针对产业和城市的双转型，上海在全国率先试点文化产业领域征收增值税，文化创意产业中广告服务、会展服务、商标著作权转让服务、设计服务、知识产权服务等部分门类纳入本市营业税改征增值税试点；杭州市、深圳市针对当地民营资本活跃，积极参与文化建设的具体情况，率先出台关于鼓励和扶持文化类民办非企业单位繁荣发展的政策意见，鼓励发展民办非企业文化机构、文化社团等，包括民办博物馆、民办书画院、民办图书馆、民办艺术院团、民办纪念馆、民办美术馆、民办收藏馆、民办陈列馆以及文化创意类社会组织等，在培育文

化竞争力主体、带动区域发展方面取得了良好的效果。

中部地区要抓住国家鼓励中部崛起的重要机遇,根据提升文化整体实力和竞争力的战略导向,特别是努力把先进的文化精神与科技、资本、人才、市场等资源结合起来,形成独特的发展优势。在这方面,湖南的经验为中国提升文化软实力做出了重要贡献。湖南作为一个内陆省份,既不靠海,又不靠边,也不享受特区政策。湖南的总体经济实力相对不强,经济国际化程度相对不高,但是湖南却成为全国的文化建设先进省份,是创造了诸多全国"第一"的文化湘军之故乡。其主要原因是湖湘文化的传统在新形势下获得了传承与发扬:(1) 身无分文,心忧天下;(2) 勇于斗争,敢为天下之先;(3) 实事求是,经世致用。从跨入 21 世纪以来,湖南崛起了动漫湘军、出版湘军、电视湘军、娱乐湘军等群体,从《恰同学少年》、《走向共和》等脍炙人口的影视作品,到湘剧《李贞回乡》、《谭嗣同》等全国获奖的戏剧精品,再到《超级女声》、《2013 快乐男声》等电视娱乐节目,显示了湖南文化产业立足湖湘,集聚海内外资源,敢为人先的强大实力,在全国"五个一"工程奖等重大评奖中成绩突出。

西部地区要大力推动藏羌彝文化产业走廊工程等的建设,使文化整体实力和竞争力建设成为推动西部大开发的一个强大动力。西部地区国土辽阔、资源丰富,又是多民族的集聚地区,在陆地上与俄罗斯、巴基斯坦、阿富汗、尼泊尔、缅甸和印度等多个国家接壤,在北部湾毗邻越南等多个东南亚国家,是中国资源、产业、安全、民族等重大利益的核心地区之一。西部地区的区域文化产业建设是提升我国文化整体实力和竞争力的重点内容。

而随着我国区域规划的实施和区域合作的深入,更多的区域正在进一步提升文化竞争力,积累可持续发展的优质资源。比如:根据国家颁布的《长江三角洲城市群发展规划》(2016 年),长三角城市群是我国经济最具活力、创新能力最强、开放程度最高、吸纳外来人口最多的区域之一,是"一带一路"与长江经济带的重要交汇地带。

它包括 1 座超大城市、1 座特大城市、13 座大城市、9 座中等城市和 42 座小城市,以及各具特色的大批小城镇。国家赋予它的战略目标是建设面向全球、辐射亚太、引领全国的世界级城市群。长三角从 1984 年开始推动了一体化的建设,包括推动区域文化资源的整体传承与活化,提升历史文化名城、名街、名镇等的保护力度和建设质量。这给更多区域的文化遗产传承与开发提供了有益的经验。正如德国学者瓦尔特·本雅明所提醒的:"我们变得贫乏了。人类遗产被我们一件件交出去,常常只以百分之一的价格押在当铺,只为了换取'现实'这一小铜板。经济危机即将来临,紧随其后的是将要到来的战争的影子。……那么好吧,如果每个个体能给予那些大众些许人性,总有一天,大众会利滚利的偿还。①"从审美和欣赏的角度看,这些地区城乡景观和文化传统所具有的价值包括膜拜价值、展示价值和体验价值三种样式,正是这种不可复制性造就了人文和审美的"光晕"效果,正在被今天的文化建设者更加珍惜和传承。

　　联合国教科文组织评选的中国 12 座全球创意城市,其中有三座位于长三角,三座位于珠三角,都从正面体现了这一潮流,突出了创意开发的正能量,而把传承文化遗产与开发创意经济新模式结合起来,走精明型发展道路,实现经济价值、生态价值、文化价值的和谐共存和互补增长。如 2014 年新入选的创意城市手工艺和民间艺术之都——苏州市,是享有 2 000 多年历史的文化名城,2004 年联合国教科文组织世界遗产大会举办地。2014 年苏州市实现地区生产总值 1.35 万亿元,按可比价计算比上年增长 8.0%,人均地区生产总值(按常住人口计算)12.75 万元,按现行汇率折算已经超过 2 万美元②。根据国际公认的标准,苏州的经济发展水平已经进入到工业化发展的后期阶段。

　　苏州人没有满足于鱼米之乡、富甲一方的财富,更没有重蹈一

---

① ［德］本雅明:《经验与贫乏》,王炳钧、杨劲译,百花文艺出版社 1999 年版。
② 《2014 年苏州市国民经济和社会发展统计公报》,中国江苏网,2015 年 1 月 19 日。

些地方大投入、高污染、低效益的增长模式,而是把稳增长、促转型同全面深化改革结合起来,把调结构、惠民生同传承文化遗产、提高生态质量、打造创意城市结合起来,以建设全球创意城市——手工艺和民间艺术之都——而成为可持续发展的新亮点,率先形成了以提升文化整体实力和竞争力为内容的文化发展规划。在全国工艺美术的 11 个大类中,苏州就拥有 10 大类共 3 000 余个品种,很多项目在全国乃至世界享有盛誉。唐代杜荀鹤咏叹道:"君到姑苏见,人家尽枕河。古宫闲地少,水巷小桥多。"《红楼梦》第六十七回专门写到薛蟠从苏州带来两大箱物品,一箱是绫罗绸缎洋货等,另一箱却是笔墨纸砚和精美的手工艺品,这就是三百年前苏州历史文脉和工艺美术的一个缩影。而中国画家陈逸飞在 1984 年正是以周庄的双桥为对象,创作了一代名画《故乡的回忆》,后来为美国石油大王阿曼德·哈默收藏后,作为赠送邓小平的礼品,成为美术史上的佳话。正如中国学者张道一所说:"姑苏的秀美也造就了手工艺的高超,形成一种清雅灵秀风格,这就是遐迩闻名的'苏州式'。①"2014年苏州市文化产业主营业务收入超过 3 565 亿元,比上年增长 15%。苏州市专门设立了"创意城市网络"建设运行专项资金,同时吸引大量社会资本参与建设,资金总量达 1 亿元,用于扶持手工艺与民间艺术以及文化创意产业的发展,并且在 2015 年举办"创意东亚 巧夺天工"——东亚民间手工艺交流年(苏州)等活动,对长三角和海内外都形成了良好的辐射和带动作用,在探索创意城市建设方面提供了有益的苏州经验②。

二、培育社会共识,打造创新和创业"勇敢的心"

2012 年 2 月美国物理学家马克·P.米尔斯和朱勒·M.奥迪

---

① 该书编委会:《苏州民间手工艺》,古吴轩出版社 2006 年版,第 2 页。
② 根据笔者在苏州市及所辖昆山市和太仓市的实地考察。

诺在《华尔街日报》发表重要文章指出,有三个最能代表美国适应科技变革的要素:年轻的人口、动态的文化和多元的教育体制。一个国家的文化无法在一夜之间改变或复制,它是一个拥有高度惯性的民族所具备的一种特征。美国文化尤其适用于充满动荡和挑战的年代。从美国文化的特点看,"其独特之处在于开放的心态、敢于冒险、勤劳、富有趣味性,以及对于初生创意至关重要的、挑战权威的思维方式。其他哪个国家有可能突然冒出苹果公司或者是乔布斯?"

这正是中国推动区域文化竞争力战略最需要培育和最值得珍惜的文化品质和区域共识——尊重市场、鼓励创业、挑战权威、勇于冒险、培育强者,是代表最强大战斗力的"文化基因"。正如中国学者陈宪指出的:创业者至少具有三个特质:风险偏好、组织才能、激情或好奇心。现代经济增长的动力,主要来自内生于经济体系的技术变革、有着边际报酬递增特征的知识资本和企业家精神。其中,企业家精神具有起决定性作用的主体意义,而企业家经济正是市场经济的成熟形态①。马克斯·韦伯在《新教伦理与资本主义精神》一书中曾经概括了理想的企业家类型:他们"具备鲜明的和较高的道德品质,以及远见卓识和行动能力";"工于算计而闯劲十足,更重要的是,他们节制有度,守信可靠,精明强干,全力投入事业之中";"只有性格异常坚强的新型企业家,才不致丧失自我克制力,才能免遭道德与经济上的双重覆灭。"为了应对未来的挑战,我们许多区域格外需要培养适应未来知识型、创新型社会的文化理念和文化认同,形成全社会的普遍文化共识,鼓励"敢于超越,王者归来";不在意成功带来的财富,而更在乎成功带来的成就感。推动更多的国民特别是青年人从"生存型创业"走向"机会型创业"与"创新型创业",形成澎湃的文化创意经济活力。

---

① 陈宪:《中国缺企业家,还是企业家精神?》《解放日报》2014年7月5日。

表 4 - 11 区域文化产业发展战略要支持的创新项目

创新类型	主 要 内 容
以区域战略为导向的总体性创新	体现区域发展总体战略的重大文化项目,创造一批体现民族特色、时代精神、具有一流水准的文化创意精品
以市场需求为动力的集成性创新	充分利用国内和国际两种资源和两个市场,拓展与国际合作开展文化生产的领域,创新文化企事业单位的经营管理机制,在集成型创新方面达到海内外先进水平
以发挥优势、获得先机为主的研发型创新	在激烈的市场竞争中,以追赶强手、发挥优势、获得先机的研发创新,使文化领域的原始型的"一次创新"与改编型的"二次创新"并行不悖,相互补充
以鼓励个人自由创造为导向的个性创新	以个人自由创造为导向的个性创新。文化创新的根本动力是人的自我超越和创造冲动,要鼓励知识型劳动者的创新热情,创造各种条件使之焕发出最大的创造能量

三、适应双重转型,推动产业集群和园区升级版

从现代产业竞争的意义上说,产业集聚区以集聚推动创新、共享降低成本、叠加提升品牌、服务提升地租的特色,而成为许多产业推动集约化、规模化的重要载体。在全球化和数字化的时代,文化创意产业集聚区仍然有强大的生命力。要推动区域文化竞争力和贡献力,就要适应产业和城市"双转型"的大趋势,不断超越原来的工业园区和科技基地的传统模式,顺应知识经济时代的要求,向更高的发展阶段升级。

建设文化产业园区与提升文化创新力,具有深刻的内在联系。文化创新力是把各种资源转化成为新的文化产品、服务和成果的效率、业绩和能量的总和。文化创新力包括了创意、创新、创造,是国家文化软实力中最为核心、最具有效率、最有号召力和影响力的核心能力。它的主体是大批富有创新活力的文化企业和机构,要使一个国家和区域的文化创新力永不枯竭、充分涌流,就要有一个鼓励创新、

集聚要素、培育主体、降低成本、先行先试、辐射引领的发展路径和培育空间,其路径之一就是通过文化产业园区的不断升级,成为文化创新力的集聚区、示范区、先导区。

从全球范围看,这种文化产业园区/创意产业集聚区的升级,以培育文化创新力为重点,正风起云涌、方兴未艾。随着知识经济的潮流,越来越多的文化创意产业集聚区正在逐步升级。它的1.0版的特点是:企业集聚,扩大规模,注重产能,注重以产业组合而形成竞争的优势;文化创意产业集聚区2.0版的特点是:打造平台,快速成长,注重效益,注重科技成果产业化的效益提升;文化创意产业集聚区3.0版的特点是:跨界融合,鼓励创业,虚实结合,创意社区,注重以知识型创业者为核心的长程发展,进一步采取"软-硬"兼施,通过融资、税收、项目、优惠、租赁等渠道进行制度性的激励,发挥时效性长、引导性强的优点。从整体上看,园区培育创新力的平台和功能越来越成为核心功能,园区发挥文化创新力的效率和规模越来越成为核心指标。

根据世界科技园协会所做的统计和分析,2001—2011年该协会在全球的成员园区包括许多科技型的文化创意产业集聚区发生了深刻变化:在园区的各种平台和项目中,拥有产业孵化器的比例从82.3%上升到91.6%,拥有研发机构和研发中心的比例从78.5%上升到80.7%,这说明园区的孵化和研发功能不断增强,为创业者提供的创新平台不断改善;与此同时,园区的创新激励能力越来越采取"软-硬"相结合的举措,在刚性制度方面,越来越注重通过融资、税收、项目、优惠、租赁等方式进行激励;在软性鼓励方面,越来越突出人性化的服务,营造有利于吸引创意和创业人士集聚、生态条件良好、基础设施完善、政策鼓励有效的优良环境。与此同时,这些园区的规模逐步向大型化发展,大于1平方千米的大型园区比例从20%上升到25.2%,其中1/5和2/3的园区能够提供以人为本的住宅和生活服务。这种"制度保障"与"柔性关怀"的结合,有利于让创业者

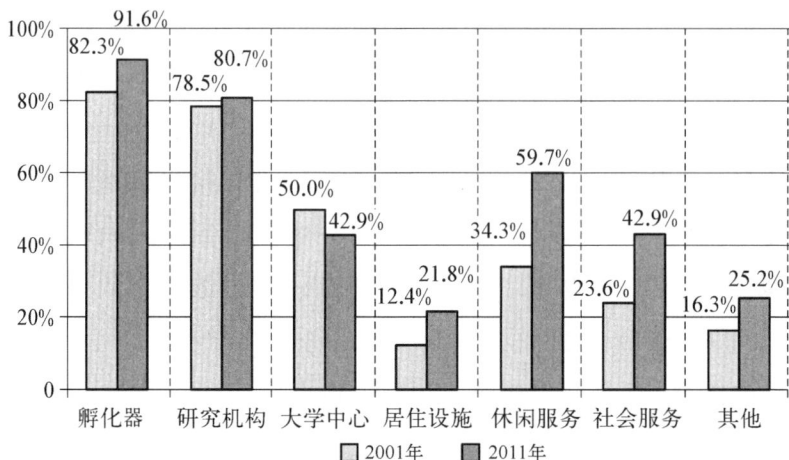

图 4‑25 2001—2011 年全球科技园区主要功能所占比重的变化

资料来源：根据国际科学园区协会(STPs)2012 年 9 月统计数据和研究报告绘制。

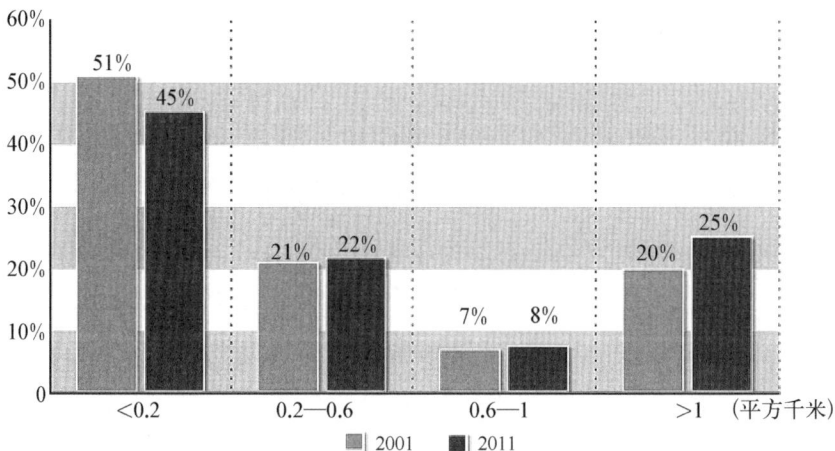

图 4‑26 2001—2011 年全球不同规模的科技园区占地面积的变化

的创新活力在园区内获得充分释放。笔者在张江文化产业园、广州科技园国家级音乐产业基地、横店影视产业实验区、东阳文化新区等的实地调研，也与上面的调研结论相互印证。

中国古代哲人云："天予不取，反受其咎；时至不迎，反受其殃。"

作为后起的世界大国,中国正面临着产业和城市双转型的重大历史任务,那就是产业增长方式从资本驱动向创新驱动转型,城市经济结构从制造业为主向服务业为主转型,城市建设从无序和低效益开发向集约型生态型发展转型。中国文化产业园区的新一轮发展,必须敏锐地把握住这一全球化的潮流,通过不断地升级转型,焕发创新的活力,并且为各区域政治、经济、文化、社会、生态的协调发展,做出贡献。顺应文化创意产业园区更新的潮流,园区的规划者和建设者要更加注重技术、产业、人居和环境的和谐发展,体现"新城市主义"和"都市型村庄",更加突出园区的人性化服务。大量事实证明:知识型、智能型、创意型的创业人士,大多把工作与生活交融在一起。他们喜欢在体验中激发灵感,在创造中体现生活,通过灵光一闪来捕捉有价值的设计,又通过严格的证伪来检验产品的价值。他们既需要接近市场中心,近距离地感受商业的潮汐,又要适度地与市场保持距离,以便于考虑前瞻性的产品开发和路径设计。有鉴于此,园区建设要向多元复合、辐射带动发展,把生态型的生产模式、休闲型的服务经济、高品质的文化享受这三者结合在一起,吸引更多的优秀人才和项目。

大量实践证明,无论是在北京、上海、广州等国际化大都市,还是沿海与内陆的中小城市,无论是以数字出版、动漫游戏、新媒体、影视服务等为主的文化产业园区,还是以绿色印刷、先进文化装备制造、工艺美术品开发等为主的文化产业园区,在转型升级、集聚创新的过程中,都必须把握住文化产业持续创新的三大要素:动力系统(包括创新理念、创新兴趣、创新决心,即普遍认同创新的价值观念——"创新文化的 DNA")、制度建设(包括形成激发、运用、实施文化创新的体制,以及行政机构、中介组织、企业、高校、个人的有效配合)、要素管理(通过多样化政策引导形成一个资源合理配置、要素系统组合的格局,从而达到产业资源有效利用、企业创新成本有效控制的效果)等,才能使文化产业园真正成为可持续发展的文化创新活力引擎。

四、推动跨业合作，发挥文化产业的联动作用

2014年，国务院颁布了《促进文化创意和设计服务与相关产业融合发展的若干意见》，明确指出：文化创意和设计服务具有高知识性、高增值性和低能耗、低污染等特征。要推进文化创意和设计服务等新型、高端服务业发展，促进与实体经济深度融合。这一跨行业的深度融合，不但是推动中国文化产业进入"二次创业"的关键，也是培育国民经济新的增长点、提升国家文化软实力和产业竞争力的重大举措。实体经济是指物质的、精神的产品和服务的生产、流通等经济活动，工业是实体经济中最重要的门类之一，也是决定大国竞争力的核心实力之一。促进文化创意和设计服务等与实体经济和相关产业融合，为发展区域文化竞争力提供了广阔的道路。

经过40年的改革开放，中国已经成为全球性的工业大国，我国220多种工业品产量位居世界前列，"十一五"期间，中国工业年均增长超过13％，工业化进程进一步加快。按国际产业分类，在22个工业大类行业中，中国钢铁、建材、纺织服装等七大类行业名列全球第一，500余种工业产品中，钢铁、水泥、汽车、服装、家电等220多种工业品产量居世界第一位。在2014年的《财富》中国500强中，中国上榜公司破纪录地达到总数100家，其中中石油首次进入世界前3强①。但是从总体上看，我国工业生产效率的增速低于规模的增速，我国工业的增加值率不但低于发达国家，也低于世界平均水平。工业增加值率是指在一定时期内工业增加值占同期工业总产出的比重，即企业实现的价值占产品总价值的比重。有专家对五个国家的工业增加值进行了分析和比较：美国为44.85％，日本为33.94％，英国为33.04％，德国为28.51％，中国为26.45％，印度为20.07％②。

---

① 《财富》（中文版）2014年7月号。
② 王金照、王金石：《工业增加值率的国际比较及启示》，《经济纵横》2012年第8期。

中国要跨越中等收入陷阱,进入高收入经济体行列,必须要全面提高工业品的增加值率,也就必须要大力发展文化创意和设计服务等高端服务业,促进文化产业与实体经济的结合,随着国家对于文化创意和设计服务的高度重视,中国诸多城市在发展文化创意和设计服务产业方面,也迈开了历史性的步伐。2013年3月,习近平主席视察广东"工业设计城",寄语"希望我下次再来时这里的设计师有8 000名",表达了国家对工业设计的高度重视和殷切期望[①]。跨界融合已成为全球文化产业发展的新潮流。要结合各地的产业和城市转型特色,努力推动文化与科技、文化与金融、文化与贸易、文化与旅游的融合发展,重点在四个方面:(1)培育跨业互动的企业集群;(2)打造跨业的文化经济产业链;(3)打造跨业要素流通的公共服务平台;(4)培育跨业引领的复合型品牌。

五、建设服务平台,形成文化竞争力的平台经济

在提升区域文化竞争力的进程中,产业公共服务平台所发挥的"平台经济"作用越来越明显。所谓"平台经济(platform economy)"指的是借助有效的服务系统和交易空间,促使双方和多方之间形成广泛的交易和合作。它的本意是指在新兴产业的孵化和培育过程中,通过建立信息和交易平台,形成增值效应。

而随着信息化、数字化、全球化的发展,平台经济也发生了深刻的变化,一种是信息的集聚,通过构建公共服务平台,使得众多分散的信息被聚集到平台中,实现信息集聚效应;另一种是实体的集聚,通过构建各类服务平台,使上下游关联方汇集一起,形成产业集群,实现"捆绑式"发展。通过资源和信息的聚集,平台涉及的产业链也不断延伸,它的发展将带动周边产业,产生商业流、信息流、物流、人

---

① 深圳市文化创意产业协会编:《创意深圳》,深圳报业集团出版社2013年版,第7页。

流和现金流,形成辐射效应,促进相关产业发展,提升产业竞争力,增强实体经济的活力。

在互联网革命的背景下,21世纪将是平台制胜的时代,谁建立了有效的平台,就可以掌握主动权,吸引各种资源进行重组和整合,谁就可以在激烈的产业竞争和企业重组中形成明显的竞争优势,这是中国各地区提升文化软实力,增强文化贡献力的重要契机。比如,在中国改革开放的前沿——浦东新区,政府明确提出:要依托张江国家自主创新示范区、上海自贸区建设和上海建设具有全球影响力的科创中心等重大机遇,打造服务全国、辐射世界的平台经济高地。它包括了四大平台体系:(1)以东方钢铁等为代表的大宗商品交易平台;(2)以1号店等为代表的网络商务平台;(3)以银联等为代表的互联网金融平台;(4)以上海文交所、华人文化产业投资基金、聚力传媒、九城、沪江网等为代表的文化创意产业和健康生活服务平台,逐步形成百亿级营业收入、千亿级交易规模、万亿级平台经济高地的规模①。而随着我国新型城镇化的推进,一些中小城市群也明确提出了通过建设文化服务平台,集聚优质资源,提升文化软实力的战略。如浙江省的"十二五"文化产业发展规划提出,以金华、义乌、东阳为主体的浙中城市群要利用商贸影视文化的基础,建设一系列重要的文化产业公共服务平台,进一步发展影视制作、网络游戏、文化旅游、品牌会展、文化产品流通等产业,巩固在全国行业发展中的领先优势,形成全省重要的文化产业增长极。

在移动互联网背景下区域文化创意产业要实现可持续创新,发展平台经济是关键。这种新型的服务平台可以起到资源池、孵化器和大枢纽的功能,可以不断升级资源配置和加强交易互换。而这种资源的交换和配置,本身就会催生出智慧、技术和项目的交融碰撞,

---

① 根据在上海浦东新区和张江文化产业园等的实地调研。

图 4‑27　发展我国的文化产业服务平台体系

而培育出新的文化生产力,也培育出更多更优秀的文创企业[①]。在现阶段文化服务平台的建设中,要推动政府投资的政策性服务平台和企业投资的商务型服务平台"双平台"并举,实现它们在生产性文化服务业和消费性文化服务业方面的优势互补。其中,政府投资的政策性服务平台,应该体现战略规划和长远布局,在扶持文化产业的基础设施等方面,特别是在发展生产性文化服务业领域多做贡献。文化产业作为国家文化软实力的支柱力量,不同于完全由市场调节的如餐饮业等行业。它包含了国家的主流意识形态,具有凝聚国民意志和吸引国际盟友的重要作用,同时许多生产性文化服务业具有基础投资大、回报时间长、市场风险高的特点,必须通过政府投资,包括形成骨干的服务平台体系,才能在产业培育和市场开发方面,起到先导性和基础性的服务功能。而企业投资的商务型服务平台,应该体现市场敏锐性和投资灵活性,在推动文化产业的新兴技术、新创机

[①] 《花建:重塑价值链 建设文化产业服务平台体系》,中国经济网,2015 年 9 月 24 日,http://www.ce.cn/。

制、新兴市场等方面发挥更大的作用。它们可以利用统一的供应链管理信息系统,管理多用户、多供应商、多渠道的订单程序,包括用户数据、需求分析、内容搜索、供应商材料准备、产能分配、仓储运输等,实现用户与供应商、服务商的精准连结。它们对于用户来说,是一个可靠而灵活的低成本文化内容供应源,对于生产商来说,是一个通往分散小众市场的海量渠道,形成了连接大量分散用户的"长尾效应"。这些平台型企业颠覆了商品经济时代的核心要素"顾客",而创造了以"用户—低价/免费—开放"为中心的互联网服务体系。

在现阶段文化服务平台的建设中,要重视开发文化产业服务平台的新业态,特别是大力培育与互联网技术相融合的平台型文化企业。互联网形态具有七大特征:(1)快捷的反应能力;(2)深入的人-机互动;(3)极致的用户体验;(4)企业和消费者的隔阂消融;(5)免费的商业模式;(6)广泛的开放与互联;(7)更高度的专业化。这些平台型企业善于把在地、在场、在线三大文化生产方式,和软件＋硬件＋专业服务进行纵向和横向的贯通,把文化企业和文化消费者的隔阂逐步消融,成为"平企合一"(平台服务功能与企业自主经营合一)的新型业态。它们的文化产品和服务供应链管理支持平台,拥有独特的叠层架构和营运结构,包括低价/免费的公共服务平台"基础层",一旦用户规模超过临界容量,网络效应就会滚雪球般吸引越来越多的海量用户,而在这个基础层上的"叠加层",又可以派生出丰富的增值服务。而垂直叠加的平台层级,可以通过迭代方式,周期性地进行技术更新。如在 2013—2014 年名列中国文化企业 10 强(按营业收入排名)和中国上市文化企业 20 强(企业市值排名)两个第一的腾讯控股,其 QQ/微信公共服务平台"基础层"在 2014 年创造了同时在线客户突破 2 亿人的记录,又叠加出媒体与资讯、娱乐、商务等层级,开创了新的互联网服务生态系统。正如腾讯 CEO 马化腾所说:"将通信、社交和平台化三者结合最早的就是微信,微信引入了朋友圈、公众账号和平台化的'类 App 模式',这是全球第一个！[①]”

六、结合生态文明，推动区域性的可持续增长

生态文明与可持续发展的结合是当今区域发展的一大潮流。它突出了产业的生态化、消费的循环化、享受的绿色化。100 年前，英国社会改革家埃比尼泽·霍华德（Ebenezer Howard）在 1898 年出版和 1902 年再版的《明日的田园城市（Garden Cities of Tomorrow）》，正式提出著名的"田园城市"理念[②]。这既是工业革命以来城市化发展的一种深刻反思，是对 20 世纪城市规划的一种理论指导，也是面对社会改革的一种前瞻构想，它的核心为"自然之美、社会公正、城乡一体"。它对 20 世纪以来的社会改革和城市发展模式产生了深远的影响。在 21 世纪中国推动生态文明建设的背景下，这一经典的理想观念，也将获得三个方面新的内涵：（1）高品质的文化享受；（2）优雅的休闲时间；（3）绿色的职业生活。

要发挥中国区域的文化贡献力，就要在生态化、新型城市化和工业化、经济转型增长的时代背景下展开。文化产业要发挥与生态服务的融合作用，要与经济、社会、生态、社区服务等相结合。它们是相互融合与支持的关系，而不是相互冲突和替代的关系。文化产业不但要成为现代服务业的重要组成部分，而且要构造具有优良文化创造力、优质文化消费、优雅休闲活动的城市空间。大量实践证明，在知识经济的时代，一座现代化城市的创新活力和宝贵财富，主要是知识型和创新型的人力资源。而这样的人才必然集中在鼓励创新和创业活动、科技和教育发达、文化多样性突出、基础设施良好、能够刺激人联想和创意的城市中。从这个意义上说，发展区域文化产业，提升区域文化贡献力，与推动生态文明建设，在深层次的意义上是相通

[①]　赵黎编：《马化腾自述：我的互联网思维》，石油工业出版社 2014 年版，第 3 页。
[②]　［英］埃比尼泽·霍华德：《明日的田园城市》，金经元译，商务印书馆 2010 年版。

的,也是可以相互促进的。

要发挥区域的文化贡献力,必须积极推广节能减排、低碳生态的文化生产工艺。文化产业的各个领域包括设计、影视、出版、演艺、数码、印刷等都应该对此大有作为。如中国是世界印刷大国,印刷产业是典型的城市产业,中国经济的快速发展对印刷产业的需求量不断增长。国家倡导的绿色印刷突出以人为本,强调印刷节能环保和循环利用,对油墨溶剂的苯、酯、酮等和排放物中重金属的含量做了严格限制,并且倡导通过绿色印刷产业,实现低碳环保节能和生态保护。国家绿色创意印刷产业基地(金山)对此做了率先探索。中国是世界上印刷产业规模方面的大国,但是在印刷的智能化、生态化、专业化方面,还有待提高,特别是在全球印刷产业推动升级的大背景下,推动印刷产业向科技型、智能化和生态型发展,更是一项紧迫而重大的任务。国家绿色创意印刷产业基地(金山)园区毗邻杭州湾,规划面积 245 万平方米,重点发展绿色包装印刷、绿色特种印刷、智能标签印刷、数字和数字化印刷、防伪和票证印刷、广告设计和创意设计、国际印刷和离岸贸易、数字资产和功能印刷、电子商务和现代服务印刷、绿色印刷新材料和设备十大产业。它在生态优美的江南水乡,从印刷设计、印刷设备、印前处理、印后处理等方面向绿色印刷产业链发展,形成全方位的节能环保综合服务平台和集成商务平台。它围绕"创意、环保、绿色、低碳、科技",大力开发迈向未来的低碳运行、关爱生命的创意绿色印刷产业,形成了产业和环境的生态化和谐发展,获得了国家新闻出版广电总局领导的肯定和海内外的广泛好评。在中国提升区域文化竞争力和贡献力的过程中,这样的绿色文化产业园区应该是多多益善。

七、结合新型城镇化,实现文化惠民和文化富民

中国的新型城镇化将成为中国跨越中等收入陷阱、全面建成小

康社会、建成社会主义强国的强大引擎和重要内容之一，也将给中国各个区域发展文化产业、提升文化贡献力带来前所未有的重大机遇。

2013年中央城镇化工作会议指出：城镇化与工业化一道，是现代化的两大引擎。走中国特色、科学发展的新型城镇化道路，核心是以人为本，关键是提升质量。中国的发展还很不平衡，尤其是城乡差距量大面广，差距就是潜力，未来几十年最大的发展潜力在城镇化。我们推进城镇化，是要走工业化、信息化、城镇化、农业现代化同步发展的路子。李克强总理指出：新型城镇化要实现六个方面的转型，即由城市优先发展向城乡互补协调发展转型，由高能耗的城镇化向低能耗的城镇化转型，由数量增长型城镇向质量提高型城镇转型，由高环境冲击型城镇向低环境冲击型城镇转型，由放任式机动化城镇向集约式机动化城镇转型，由少数人先富的城镇化向社会和谐的城镇化转型[①]。由于中国国土辽阔，各地区的现代化程度很不平衡，新型城镇化也将因地制宜地展开多种模式，并且通过各地的不同侧重点，形成更为丰富的发展路径。

文化产业对中国新型城镇化的贡献，必须突出四个重点：一是新型城镇化高度重视工业化、信息化、城镇化的互动关系和协调发展，成为新兴生产力的培育基地。文化产业新型城镇化的贡献，必须注重吸收数字化、智能化、网络化的成果，以自主创意和创新的成果发展新兴业态，成为推动产业和城镇双转型的动力。二是新型城镇化注重城市空间拓展与农村人口转移及素质提升的协调发展，文化产业与新型城镇化的相互促进，关键在于培育一大批文化产业的企业家和优秀人才，壮大文化生产力的主体。三是新型城镇化要扩大社会各界参与和共享的资源空间和流通渠道，创造更多平等的发展机会。文化产业要在推动新型城镇化的过程中，打造多层次、多领域的公共服务平台，为社会各界的广泛参与提供机会，让一切文化财富

---

① 李克强：《中国未来最大发展潜力在城镇化》，《中国证券报》2012年11月30日。

充分涌流。四是新型城镇化要建立集约、智能、生态、低碳的空间布局，使得城镇的空间形态与可持续发展的要求相适应。文化产业与新型城镇化的相互推动，关键在于因地制宜，从发展集聚型的产业园区，到走向综合性的创意社区，再迈向共享型的文化城区。

中国国土辽阔，人口众多，各区域推动新型城镇化和文化产业的结合，可以因地制宜，扬长避短。比如，东部沿海地区可以结合海洋资源的开发，与海洋工程、海洋旅游、海洋科普、海岛建设等相结合，使得区域性文化产业与中国首倡"一带一路"、走向蓝水、经略海洋的大国战略相结合；中部地区可以结合中部崛起的大战略，传承丰富多样的文化遗产，结合长江经济带等的发展，进一步提高城镇化水平，积极打造多样化的文化城市、创意小镇、创意农庄等，让富有活力的文化基因渗透到城镇化的发展过程中；华南地区如珠三角拥有"桑基鱼塘"的循环经济和生态农业传统，佛山和顺德的陈村花卉世界、长鹿农庄、南风古灶陶瓷文化产业园等项目，均把现代文化产业的运作与生态农业结合起来，以园林、古镇、祠堂、古灶、粤绣庄等优美文化生态与新经济模式相结合，为当地产业和城市的双转型做出许多贡献；西部地区的许多城市可以把生态保护和文化产业相结合，在推动可持续的发展模式方面大力探索，如成都传承"诗书耕读"的遗产，结合现代人对休闲的重新解释，把休闲确认为更加有效地利用生命时间，自由地从事各种创造、娱乐、健身、交流、体验，让人获得充分发展的机会和体验，把成都的休闲文化、三国文化、熊猫文化、美食文化等资源加以充分开发，形成"现代田园城市"的大战略。成都市的诸多文化产业基地和旅游景区，包括锦里古街、宽窄巷子、东区音乐公园、川菜博物馆（郫县）、剑川博物馆群等已经成为享誉国内外的文化品牌。这正如马克思所说："事实上，如果抛掉狭隘的资产阶级形式，那么，财富不就是在普遍交换中产生的个人的需要、才能、享用、生产力等的普遍性吗？财富不就是人对自然力——既是通常所谓的'自然'力，又是人本身的自然力——的统治的充分发展吗？财富不就是人的创造天赋的绝对发挥吗？[①]"成都的城乡一体化实践，显示了文化产业与新型城镇化结合的广阔前景，也获得了世界范围内的广泛好评。

八、依托"一带一路"，拓展三重对外文化辐射带

中国"一带一路"建设，具有人类历史上第二次地理大发现的深远意义，成为中国发展区域文化产业、提升文化整体实力和竞争力的重要背景和动力。

"一带一路"建设包括了一带一路和多廊（从中国新疆喀什联结巴基斯坦瓜达尔港到阿拉伯海的走廊、从中国云南联结中南半岛交通网经过未来的泰国克拉大运河直通印度洋的走廊，以及中蒙俄经济走廊、孟中印缅经济走廊、中国—中亚经济走廊等）的大战略框架，使新丝绸之路经济带和海上丝绸之路相互联通，形成一个巨大的地缘平行四边形。该战略覆盖 60 多个国家，总人口超过 44 亿，经济总量超过 21 万亿美元，分别占全球的 63％和 29％。随着这一战略的实施，中国将扭转由于近代的积贫积弱，遭受外强割疆裂土，失去东北方向出海口的地缘灾难，推动中国中西部成为直通欧亚大陆、联结太平洋和印度洋、海陆兼备的大枢纽，也充分发挥中国作为全球经济增长的动力作用，让欧亚非澳诸多国家的人民，依托一个互联互通的地缘经济合作网络，共享发展的成果。

历史上 15 世纪开始的第一次地理大发现，经过 19 世纪、第二次世界大战之后、20 世纪后期的三次地缘政治大扩散，把西方民主价值观扩散到了欧美、澳洲、拉美、东亚和东欧地区，正如新加坡学者郑永年所说："西方国家在把民主从西方扩展到西方之外的国家和地区，主要包括如下几种方式，包括殖民地、军事占领、冷战阵线等。[②]"但是这种西

---

① ［德］马克思：《1857—1858 年经济学手稿》，《马克思恩格斯全集》第 30 卷，人民出版社 1995 年版。

② ［新加坡］郑永年：《地缘政治和民主秩序问题》，《联合早报》2014 年 9 月 30 日。

方价值观和民主政治模式正在遇到越来越大的危机,在强行推广的过程中遭遇到巨大的阻力,如同英国学者汤因比所说:"帝国的衰落来自对外的过度扩张和社会内部扭曲的扩大。[1]"大国兴衰的历史证明,唯有一个大国自身保持不断创新的活力,率先提出和实践全球性的议题,引领全人类发展的价值观念和方向,才能吸引广泛的盟友,这就是国家文化软实力的精髓。英国学者马丁·雅克指出:每一个新兴大国,都会用一种全新的方式来创造和推广自己的体系。"比如欧洲的典型方式就是海上扩张加殖民帝国,而美国则是空中优势和全球经济霸权,中国同样也会以崭新的方式来展现其实力。[2]"

中国经过了40年的改革开放,从一个被隔绝于全球经济体系之外的发展中国家,一跃成为全球第二大经济体、第一贸易大国,体现了与西方现代化模式不同的另一种成功模式。中国走向伟大复兴的根本道路是和平发展,和平是中国道路的旗帜,发展是中国道路的本质,科学是中国道路的思想方法。中国不但要实现经济的强盛,而且要通过文化外交、文化交流、文化贸易,在全球传播中国的价值观和现代化理念,为世界人民创造更多的文化财富。我国提升文化整体实力和竞争力,要依托国家推动"一带一路"建设的历史性机遇,提升我国在全球文化产业的价值链、文化资源的供应链、文化品牌的服务链中的地位,在全球范围内提供大量的文化产品和文化服务,统筹国内和国外两个大局,把推动区域文化产业发展与实施中国的国际战略结合起来,扩大中国向国际社会投射的文化正能量。

(一)以本土文化产业为动力源头,形成投射中国文化影响力的近中远三重辐射带

这主要指我国扩大文化辐射力,要形成面向周边邻国、一带一路

---

[1] [英]汤因比:《历史研究》,曹未风等译,上海人民出版社1986年版,第405页。

[2] [英]马丁·雅克:《当中国统治世界——中国的崛起和西方世界的衰落》,张莉、刘曲译,中信出版社2010年版,第209页。

的联通地区以及北美、非洲和拉美等地区的近中远三重辐射带。要以本土文化产业为动力源头，大力发展各种文化合资、合作的产业项目，采用"中国故事、世界表述"和"世界内容，中国创意"等生产和传播形式。中国首倡的"一带一路"建设，不是排他性的实体联盟和俱乐部，而是合作发展、平等共赢的理念和机制，强调了共商、共建和共赢的原则，这就需要结合"一带一路"建设的伟大进程，创新中国对外文化传播的理念、路径和方式。习近平总书记在坦桑尼亚进行国事访问时，在演讲中提到"中国的电视剧《媳妇的美好时代》在坦桑尼亚热播，也让坦桑尼亚老百姓了解到中国老百姓生活的甜酸苦辣"[①]。而坦桑尼亚正处在海上丝绸之路的东非海岸，是中非合作和21世纪海上丝绸之路的重要节点。而近年来中国的许多文化业态和文化项目，比如电视真人秀和才艺节目，经过从国外引进、消化吸收等过程，已经进入到本土原创、输出海外的新阶段。如英国国际传媒集团从中国灿星制作引进并且负责国际发行权和英国播出权的《中国好歌曲》，正是中国第一部输出海外的电视原创才艺节目。又比如2015年第17届中国上海国际艺术节期间，来自16个国家的代表通过圆桌论坛，共同发表了一带一路艺术节合作倡议[②]。在对外合作交流"文化先行"理念的指引下，中国上海国际艺术节积极利用这一开放式平台，在"一带一路"沿线国家和地区的各国艺术节中发起以"多样、合作、促进、示范"为宗旨，成立"一带一路"艺术节合作发展网络。它倡议与会的各个优秀艺术节能够建立多层次的全面交流与合作体系，涵盖表演艺术、视觉艺术、人才培育、优秀节目评选等多个领域，通过内容交换、艺术家对话等多种形式，鼓励对艺术的创新、提高和普及，在提高各自艺术节水准的同时，营造服务全社会的文化艺术氛围。传承各个国家和城市的艺术基因，集中各国人民对真善美的创

---

① 《习近平："媳妇的美好时代"在坦桑尼亚热播》，腾讯娱乐，2013年3月25日，https://ent.qq.com。

② 笔者课题组专家参与了该论坛的相关工作，发表了主题演讲。

造成果,让人类文化的多样性获得集中体现。这显示了在"一带一路"背景下,中国对外文化开放的双向交流正在迈向更加活跃和有效的前景。

(二) 扩大中国的对外投资和服务贸易,特别是拓展科技含量高、创意含量高、辐射范围广的电子信息、数字内容等文化出口市场

中国从 2013 年开始成为全球第三大对外投资国,2014 年我国共实现全行业对外投资 1 160 亿美元,如果加上第三地融资再投资,对外贸易规模据估计在 1 400 亿美元左右,这意味着 2014 年我国实际上已经成为全球的资本净输出国[①]。目前中国跨国公司 100 强的规模还比较小,2014 年共拥有海外资产 52 473 亿元,平均跨国指数为 13.6%[②],其中主营业务涉及文化产业的保利、港中旅、万达等跨国公司平均跨国指数为 13.2%。与此同时,中国有一大批外向型文化企业和项目正在迅速成长。有鉴于此,加快发展我国的文化跨国公司,提高它们的跨国化水平、全球意识和规模优势,加强它们在技术、品牌和管理方面的核心竞争力,应该成为"十三五"期间推动文化强国建设的一项重大任务。随着我国对外文化投资的扩大,外向型文化企业集群的不断壮大,我国对外文化投资规模在不断扩大,对外出口的文化产品也在不断优化结构。2015 年 9 月,习近平主席赴美前夕,中国最有影响力的文化传媒投资运营机构——华人文化产业投资基金(CMC)和名列世界 500 强的华纳兄弟(Warner Brothers)电影公司联合宣布,双方共同出资成立"旗舰影业"(Flagship Entertainment Group),总部设在香港,并在洛杉矶和北京分别设有业务分支机构,共同开发和制作华语电影和英语电影,面向全球市场发行。其中,

---

① 李予阳:《2014 年我国实际对外投资已超过利用外资规模》,《经济日报》2015 年 1 月 26 日。
② 中国 100 大跨国公司及跨国指数由中国企业联合会在中国企业 500 强、中国制造业企业 500 强、中国服务业企业 500 强的基础上,依据企业自愿申报的数据,参照联合国贸易和发展组织的标准产生的。

CMC 控股 51％,华纳兄弟持股 49％。香港电视广播有限公司(TVB)持有 CMC 的 10％股份,它在洛杉矶和北京设有分支机构,旨在开发、投资和生产一系列主流华语影片和全球顶级大片,通过 CMC 和华纳兄弟的发行网络面向全球发行,从而把文化产品贸易和对外投资、服务贸易结合起来,形成中国电影辐射全球市场的新动力机制和文化商业生态。再比如:近年来我国在网络游戏的研发方面,加大了扶持本土原创的力度,也扩大了双向交流与合作的渠道,2014 年我国自主研发网络游戏产品在海外销售收入达到 30.76 亿美元,同比增长 69.02％。其中客户端类游戏占总出口网游数量比重达 27.7％,网页游戏比重达 30.9％,移动类游戏数量比重达 41.4％,实际销售收入 12.73 亿美元,同比增长高达 366.39％,显示了我国网络文化产品出口的广阔前景①。

(三)要推广由中国首倡的文化新规则和文化新议程,弘扬全球治理和共商共建共享的文化之道

习近平主席指出:要推动全球治理理念创新发展,积极发掘中华文化中积极的处世之道和治理理念同当今时代的共鸣点,继续丰富打造人类命运共同体等主张,弘扬共商共建共享的全球治理理念②。中国创新型的文化产业规则、模式、技术和平台,具有率先探索和示范的意义,是可以被各国共享的文化公共产品和社会财富。长期以来,国际文化市场和文化贸易的诸多规则如 GATT、WTO 等,都是由主要发达国家率先制订的,并且逐步推广到全世界。随着中国的和平发展进程和综合国力的上升,中国将在全世界率先设计新的机制、理念、规则和议程。正如习近平主席 2015 年 9 月 24 日晚在华盛顿同时任美国总统奥巴马举行中美元首会晤时指出的:"中国是

---

① 李婧:《2014 年我国文化贸易的喜与痛》,《中国文化报》2015 年 2 月 28 日。
② 《习近平在中共中央政治局第二十七次集体学习时的讲话》,新浪网,http://news.sina.com.cn/,2015 年 10 月 13 日。

现行国际体系的参与者、建设者、贡献者,同时也是受益者。改革和完善现行国际体系,不意味着另起炉灶,而是要推动它朝着更加公正合理的方向发展。①"如上海、深圳、南京文化产权交易所(中心)等开展的文化金融服务,被国际专业人士称为"中国在文化与金融的结合方面具有开创性的模式",吸引了海内外的大批资源和项目,也引起了海内外大量机构的模仿和跟随。特别是上海文化产权交易所作为中宣部、商务部、文化部、新闻出版广电总局支持的国家级交易所,肩负着建设我国文化产业与资本对接主要通道的重任,承担着中央给予的重要的战略职责,即 1(个战略定位)+2(个国家级平台)+3(项职能)。所谓 1 个战略定位,即立足长三角、服务全国、面向世界;所谓 2 个国家级平台,即国家级文化产权交易平台、国家级投融资综合服务平台;所谓 3 项职能,即文化产权交易(开展国有文化企业产权交易,文化品牌、商标、版权、冠名权等无形资产交易,文化产业项目融资交易和产权交易)、文化金融服务(为文化企业提供股权转让、增资扩股、私募引进、上市培育、质押融资、资产租赁等融资服务)、文化综合配套服务(建立和完善评估、登记、确权、托管、保管、信息发布等)。这些规则通过上海文交所在海内外设立的 30 多个基地和中心,正在逐步形成辐射全球的网络,吸引全球的文化和金融资源进行优化配置。要把这些经验向海外推广,依托沪港通、深港通等有利条件,进一步发展中国(海外)文化产权交易所等新形态和新议程。

(四)加强多语种的对外翻译工作,扩大中国向世界投放的文化产品和文化服务之影响力

人类的多样化语言是多元文化的载体。目前全球 72 多亿人口采用了各种不同的语言。《华盛顿邮报》刊登的一篇报告指出:全球 72 亿人口中,约有三分之二的人口采用了 12 种语言,包括 13.9 亿人

---

① 《习近平:中国是现行国际体系的参与者也是受益者》,新华网,http://news. hainan. net/guonei/guoneiliebiao/2015/09/25/,2015 年 9 月 25 日。

口采用汉语,5.27 亿人口采用英语;5.88 亿人口采用印度-乌尔都语;4.67 亿人口采用阿拉伯语;3.89 亿人口采用西班牙语;2.54 亿人口采用俄罗斯语等。任何一种文化产品要在全世界进行传播,任何一个国家要进行跨境的文化投资、文化合作、文化贸易,必然要遇到跨越不同语言的障碍和折扣等问题,反过来说,如果一个世界性大国掌握了多样化的语言能力,就掌握了把多种语言作为扩大文化软实力的战略性资源和主动权,就有了进行全球文化贸易和文化投资的通行证。

全球72亿人中……

大约三分之二的人以这12种语言为母语

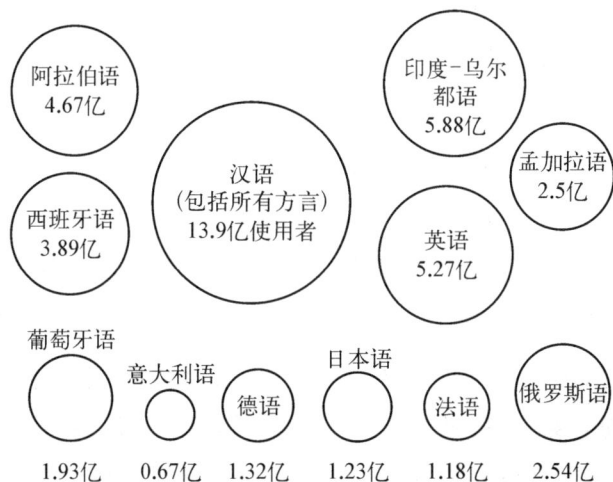

图 4-28　全球人口采用最多的主要语言

资料来源:《华盛顿邮报:30 份地图和图表让你看透中国》,龙腾网,http://www.ltaaa.com/bbs/thread-368491,2015 年 9 月 27 日。

近年来美国国防部先后颁布了两个语言发展战略文件。一个是 2005 年 1 月颁布的《国防语言变革路线图》(以下简称《路线图》),另一个是 2011 年 2 月颁布的《国防部语言技能、区域知识和文化能力的战略规划:2011—2016》。在美国《路线图》执行以来,美国官方、军队和院校掌握的各国语言已达 380 种之多。他们还采用多种形式,让各类高校协助国防部完成军方后备语言人才的培养，并且在2010年将这一内容列入相关法案，授权国防部在高校设立语言培训中心。可见，一个大国的文化传播力是与掌握大量语言的能力密切相关的。

中国要全面提升文化整体实力和竞争力，结合"一带一路"建设扩大在全球的文化辐射力，必然要掌握多样化的语言，加强国产文化产品和文化服务项目的多语种翻译。应该在我国长三角、珠三角、东北地区、北部湾等城市群，建立多层次的文化贸易语言服务基地，全面提高我国跨文化贸易的能力。2014年，上海今日动画影视文化有限公司尚在制作的26集原创动画片《泡泡美人鱼》，委托欧洲最大的电视代理公司——德国国家电视台国际公司(ZDF)作为全球销售总代理，仅在欧洲和北美等地的销售金额就超过1 000万欧元，并且与著名美国电视连续剧《纸牌屋》的制作和播出平台Netflix公司签订了两年的播放授权，同时推出英、法、德、中四种配音版本，成为第一部在其视频网络上播出的中国原创影视作品，显示了中国传播多语种的视听产品可以大有作为。2014年，习近平主席访问拉丁美洲赠送的国礼，包括了由完美影视传媒股份有限公司出品的《北京青年》、《老有所依》和《失恋33天》等三部国产影视剧的DVD，在采用原来的中文配音的同时，配有中文、英文、西班牙文、葡萄牙文的字幕，包括供当地国家电视台播放和供当地居民家庭播放的两种格式版本，这预示着中国国产的文化产品通过多语种翻译之后，将在"一带一路"沿线国家和全世界获得更加广泛的传播。

第五章

扩大文化辐射力

——以树立大国形象、加强国际交流、扩大
文化贸易为重点的对外文化开放研究

第一节 文化辐射力的界定

文化辐射力是国家文化整体实力和竞争力的重要组成部分,是一个国家通过文化外交、文化交流和文化贸易,吸引、说服、同化其他国家和人民的软性力量,是树立国家形象、传播价值观念、吸引国际认同、团结各国盟友、扩大全球文化市场占有率的综合能力。如果失去了文化辐射力,国家的文化实力和竞争力就无从体现。中国要增强文化整体实力和竞争力,必须高度重视扩大文化辐射力。

一、文化辐射力的内涵和外延

当今世界正在发生前所未有的重大变化,长期以来由发达国家主导经济全球化发展进程的局面正在深刻改变。2008 年的全球金融危机之后,世界经济力量呈现了"东升西降"的趋势,主要发达国家经济实力遭受重创,新兴经济体经济增速明显高于发达国家,成为世界经济复苏的引擎。金融危机不但冲击了世界经济格局,也对国际政治秩序造成很大影响。美国仍然保持了唯一超级大国的地位,但是新的世界力量中心正在崛起,国际政治权力格局正在进入多极时代。在世界经济政治格局发生深刻变化的同时,全球思想文化交流交融交锋呈现新特点,多元思想文化和发展模式的交汇碰撞更加激烈。在复杂多变的全球思想文化碰撞中,提高文化软实力,扩大文化辐射力,成为攸关国家发展战略全局的重大课题。

(一)国家文化辐射力的特点

国家的文化整体实力和竞争力必然把文化辐射力作为其重要标志和核心要素。一个国家的全球影响力,当然要取决于其拥有的经济基础、政治优势、军事实力和科技水平,但也绝对不能忽视文化辐射力对于塑造国家形象和增强国际影响力所起到的重要作用。一个国家的文化辐射力,是这个国家的文化整体实力和竞争力在国际竞争中的外在反映。国家文化体系作为国家的核心价值观念和文化创新力、文化生产力、文化贡献力和文化服务力的总和,可以向世界广泛展示自身形象和释放影响力,并且有助于提升国家在全球格局中的政治、经济、科技和军事实力。

国家的文化辐射力是一个国家在文化领域影响其他国家,甚至整个世界的能力。正如约瑟夫·奈所指出的,软实力作为一种吸引力,指的就是"通过文化和意识形态的魅力吸引对方的能力"[①]。中国所建设的国家文化整体实力和竞争力,与西方学者所说的"软实力",有联系更有区别。中国要增强的国家文化整体实力和竞争力之核心,是先进的核心价值观念。它是中华民族丰富智慧与世界文明成果的结合,体现了对人与世界的基本看法和核心的价值观,指引着人们树立积极向上的人生理想和追求,形成了凝聚和鼓舞全体人民的精神纽带。它是一种通过吸引力、感染力、同化能力而不是通过暴力

---

① Joseph S. Nye, "Redefining the National Interest", *Foreign Affairs*, July/August, 1999, p.24.

和强权,引导全体国民和世界人民迈向和平发展道路的能力。与运用经济制裁和军事力量的硬实力不同,文化整体实力和竞争力的表现形式往往是温和的、无形的。与此同时,它又是依托文化外交、文化交流和文化贸易,通过有形的、具体的、富有美感魅力和吸引力的产品和服务来向全世界扩散的。一个世界级文化强国,必须树立强大的文化辐射力,才能把它的文化创新力、文化生产力、文化贡献力、文化服务力,在全球的广阔领域进行传播和渗透,使他国政府、国际组织和各国人民认同它的价值观念,跟随它的理想追求,成为它的广泛盟友。因此,文化辐射力是国家的整体文化实力和竞争力中至关重要的组成部分。

国家的文化辐射力包括了整体实力和竞争力这两个维度。从文化整体实力角度看文化辐射力,是指国家用以扩大文化辐射力所积累的各种基础资源和资本优势,包括产生文化辐射力的重要文化资源、外向型文化企业、文化贸易结构、主要文化品牌、在国际组织和合作机制中的地位等,是这些要素形成的整体性框架;从文化竞争力角度看文化辐射力,是指国家在全球文化交流、交融和竞争中所采取的,有利于扩大文化影响的总体战略和政策举措,包括具有国际导向的总体战略、推动文化外交和文化交流的政策、制定对外文化贸易的法律和规则等,是在全球性文化竞争实践中表现出来的国家扩大文化辐射力的总体能力,具有实践性、灵活性和应对性的总和。

国家的文化辐射力是国家统筹对内和对外两个大局的文化综合能力。在全球化深入发展的今天,任何一个国家的文化整体实力和竞争力,都受到国际因素的深刻影响。国际竞争国内化,国内发展国际化,内外兼修,以内制外,已经是许多国家推动综合国力建设的常态。国家要扩大在国际上的文化辐射力,必须从加强本土的文化建设做起,包括大力投资和积累文化资源,扶持和壮大文化生产力主体,激励全体国民的文化创造力,建立有助于推动国际文化贸易的机制(如自由港和自由贸易区等)。同样的,国家要壮大本土的文化整体实力,必须维持和增进国家的对外文化辐射力,通过扩大文化外交、推动文化交流、增强文化贸易,来获得国际文化的战略性资源,提出具有影响力的国际文化议题,推动国际文化合作组织,建立有利于开展文化贸易的机制和协议,扩大在全球文化市场中的占有率。"实力意味着按自己的意志行事。影响力是人们和国家按照自己的意志办事的方法之一。影响力意味着使他人做你想让他们做的事。这是一种能够影响他人行为的能力(也可能是抵御他人对你施加影响的能力)。①"当今国际政治"不仅以传统的政治压力和武力方法进行,而且在很大程度上是争夺人心的斗争"②。国家对外追求的不仅有物质上的国家利益,也有无形的、精神上的国家形象和对外影响力,因此增强国家文化辐射力是一项长期的战略任务。

一个国家的综合国力优势,是在激烈的国际竞争中形成的,这决定了国家制定战略时必然要把扩大文化辐射力作为重要内容。当今世界,经济全球化和世界多极化深入发展,各种政治力量对比正在不断发生变化并进行分化、组合与较量。国际环境发生重大变化,各国之间相互依存日益增强,综合国力竞争日趋激烈。但是,国家利益仍然是世界各国处理对外关系最基本的准则,任何国家维护自身利益并力争扩大其对外影响力的立场不会变化。世界各国尤其是大国日益重视塑造国家形象,树立自身威望,增强国家软实力,从文化角度来扩大国家的对外辐射力,为维护本国的国家利益创造一个有利的外部环境。文化辐射力作为文化软实力的重要组成部分,将在国家扩大对外影响力方面发挥重要作用。

国家的文化辐射力取决于其向其他国家和人民传播的核心价值观念和文化内容,也取决于先进的传播手段和真善美的表现形式。

---

① [美]布鲁斯·拉西特、哈维·斯塔尔:《世界政治》,王玉珍译,华夏出版社 2001 年版,第112—113 页。

② [美]汉斯·摩根索:《国家间政治:寻求权力与和平的斗争》,徐昕等译,北京大学出版社2012 年版,第 115 页。

谁的文化内容越能为各个国家和民众所接受,谁的文化辐射力就越强大。在信息技术高度发达的今天,信息的传递和获取越来越便捷,文化传播能力已经成为国家文化软实力的决定性因素。增强国家的文化辐射力,必须加快构建传输快捷、覆盖广泛的文化传播体系。谁的传播手段先进,谁的文化理念和价值观念就能更广泛地流传,谁就能更有力地影响世界。

(二) 世界大国的文化辐射力

世界大国是指国际体系中在综合国力上拥有较高优势的国家。综合国力包括一国对他国施加影响必备的物质性权力,如经济实力、军事力量、科技水平,也包括非物质性权力,如文化的整体实力和竞争力。

世界大国的对外文化辐射力,来自强大的国家文化力量。正是这种力量成为大国崛起的深层原因。近代民族国家是以主体民族为基础的,人的综合素质和能力是决定民族力量的最核心要素。一些民族在漫长的发展过程中形成了各自的主流意识形态和优秀文化因素,深刻地影响了民族的思维方式和发展道路,影响了民族国家对于发展道路的选择。正是这些蕴藏在民族中的文化和精神在很大程度上影响着世界大国兴起和衰落,并且进一步发展成为民族国家的文化整体实力和竞争力,这会对大国的崛起起到至关重要的作用,也会在对外传播中形成广泛的辐射力。

世界大国的对外文化辐射力,来自具有主动性和全局性的对外文化政策。一个世界大国,必须能在世界事务中发挥广泛的影响力,影响力决定地位。这一影响力必然包含文化的辐射力。纵览中外历史不难发现,一个强大国家的兴起,往往都会在世界上掀起相应的文化潮流,形成一股强大的国际文化影响力。从古代的马其顿帝国,到19世纪的大英帝国,再到20世纪以来的美国和日本,其综合国力和文化辐射力都相伴而兴。时至今日,世界大国更是无法仅仅借助硬实力伸张意志,而是必须依靠软实力传播价值,才能长久地保持其影响力。世界大国通过优秀文化的广泛传播，不断加深海外受众对其风俗习惯和文化艺术的理解，促进海外受众对生活方式以及文化产品体现的价值观念、审美意识的共鸣。这种海外受众对其综合文化实力的憧憬，能够给发展带来中长期的正面效果。

世界大国的对外文化辐射力，来自历史潮流的战略性判断和独特的道路设计。历史上许多大国在崛起之前，面临着各种困难和挑战。它们的发展道路也曾经被各种传统的观念所遮蔽。但是这些国家的有识之士，可以根据历史潮流的推陈出新和国家战略的需要，提出富有远见的战略理念，并且以内在的文化力量来推动国家的综合实力，并且进行对外文化传播。美国是当今世界的超级大国，也是首屈一指的文化大国。美国的文化战略和文化政策，高度关注对全球的影响力和辐射力。美国是世界上最大的电影和电视节目出口国；美国的出版物居世界首位；美国是全球第一大唱片市场；美国在物理、化学和经济学领域获得诺贝尔奖的数量，居于世界首位，美国人获得诺贝尔文学奖的人次，仅次于法国，排名第二。美国的文化辐射力，体现为对世界各种文化资源的巨大吸引力和包容性。2013 年移民美国的人数为 4 600 万，居世界第一，约占全球移民人数的 1/5[①]；2013 年在美国的外国学生达 82 万，居全球之首，约占全世界留学生人数的 23.4%。美国的政治精英认为：文化在经济全球化、政治民主化和社会信息化进程中占有日益突出的地位，发挥越来越重要的作用。美国试图通过文化输出、文化渗透等手段，不断加强本国文化在全球的影响力。美国人文学者詹明信教授（Fredric Jameson）写道："世界文化的标准化，也就是通过驱逐或打击当地流行或传统形式的文化为美国电视、美国音乐、食物、衣服和电影腾出空间。[②]"美国外交专

---

① 《全球移民报告：中国第四名》，http://www.crntt.com/crn-webapp/mag/docDetail.jsp?，2014-01-06.

② ［美］泰勒·考恩：《创造性破坏：全球化与文化多样性》，王志毅译，上海人民出版社 2007 年版，第 13 页。

家宁科维奇在《文化外交》一书中宣称:"文化手段和政治、经济、军事一样,不但是美国外交政策的组成部分,在大国间军事作用有限的条件下,特别是在现代核战争无法严密保护本国不受报复的情况下,文化手段尤其成为美国穿越社会主义屏障的更强大、更重要的渗透工具。[1]"

世界大国的对外文化辐射力,来自在传承历史文化遗产的基础上,打造体现真善美的文化产品和文化服务,形成直达人心的感染力和冲击力。比如欧洲作为人类文明的古老发源地之一,拥有丰富的文化遗产,而且是近代以来无数科技、政治、艺术、社会潮流的发源地之一。欧盟作为人类历史上第一个超国家的政治实体,也是全球的主要经济体,一方面传承了欧洲文明的遗产,又在欧洲一体化的政治框架内,形成多元一体的文化特色,推动文化外交、文化交流和文化贸易。1993年,英国政府发布"创造性的未来"为主题的国家艺术发展战略,其核心是文化发展的核心是创造,支持和鼓励一切创新。欧盟理事会借用英国提出的"创造性的未来"概念,在2014年正式提出"创造性的欧洲(Creative Europe)"文化战略,它包括三大目标:(1)最大限度地支持欧洲文化创意产业的跨国和国际经营,包括支持艺术/文化从业人员拓宽职业发展地点(在"能力建设"目标下),支持全球考察、举办活动和展览(在"跨国流通"目标下)。(2)支持所有的视听行业,包括在具体国际行动中,推动非欧盟国家和欧盟以外市场的参与者高达50%;利用国际合作基金增强与第三方国家的合作。(3)持续加强对小微企业和中小型组织财政支持,尽量确保合理均衡覆盖(特别是贷款担保)[2]。欧盟的文化艺术出口把重点放在创意内容的核心领域,以形成扬长避短的竞争优势。2014年《欧盟报

---

[1] Frank A. Ninkovich, *The Diplomacy of Ideas: U. S. Foreign Policy and Cultural Relations 1938-1950*, Cambridge University Press, 1981.

[2] EU, *Good Practice Report: The Cultural and Creative Sector's Export and Support Strategies*, 2014 January.

告：文化创意产业出口和国际化战略》指出：2004—2009 年,欧盟 27 个成员国的文化产品出口顺差为 190 亿欧元,其中主要是图书和艺术品。有鉴于此,欧盟避开美国在电影、娱乐、版权产业等方面的强大优势,以文学、工艺、视觉艺术、表演、多媒体艺术、影像艺术等为核心,以源自广大国民的深厚创意力和创造力为基础,扩大对全球的文化出口。比如法国是西方七大工业发达国家之一,也是在欧盟中具有举足轻重作用的主要国家。法国能在国际事务中扮演大国角色,与法国的重要国际影响力和文化传播力密不可分。如今,全球共有 1.18 亿人在说法语。2011 年法国文化创意产业的产值达 746 亿欧元,法国文化产品当年出口额为 11.56 亿欧元,其中 80％的产值由核心文化创意产业创造,20％的产值由衍生产业创造。当年法国创意产业提供的就业量为 120 万人,占法国总就业量的 5％,其中 92％是直接雇用,8％由文化创意产业的相关活动雇用。法国推向国际市场的不少"拳头产品"都具有浓厚的法兰西文化色彩,法国的葡萄酒、香水和时装享誉全球,都有悠久的历史和深厚的文化积淀。2011 年法国文化产品各门类的进出口额中,艺术品所占比重最大,出口达到 11.56 亿欧元,进口达到 4.93 亿欧元,远远超过图书报刊、视听产品、乐器和乐谱等的进出口额。其中有大量的艺术品是被旅游者购买的,也带动了法国艺术品向国外出口,因而吸引了更多以艺术为首选目的的国际旅游者。正是因为有了对文化、思想的尊重,才塑造出独特的法国精神,至今仍以其卓尔不群的文化辐射力,向世界发出自己的声音。

世界大国的对外文化辐射力,并没有一成不变的因袭模式,而需要顺时应变的战略设计和灵活策略。日本作为世界第三大经济体,对扩大日本的文化辐射力做出了积极的努力。第二次世界大战之后,日本经济逐步复苏,但是国家软实力却没有同步发展。20 世纪 80 年代后期,随着日本对大国地位的追求,日本越来越重视文化的发展。日本从以往的历史中得出结论,要确立一个国家在世界上的

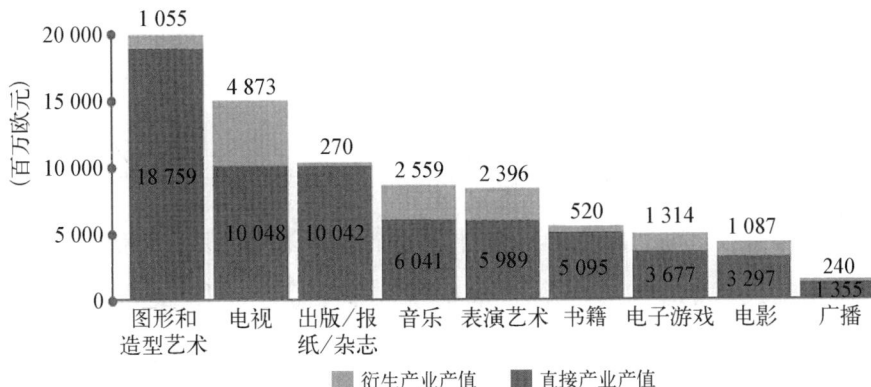

图 5-1 法国文化创意产业对法国经济产值的影响(2011 年)

资料来源:《法国核心竞争力——文化创意产业全景报告》(法兰西共和国总统奥朗德资助项目),《首都文化智库》2014 年 11 月第 6 期。

顶级地位,必须拥有军事、经济、金融和文化四个方面的优势。在上述四个要素中,对日本来说,关键是文化,因为文化是价值观或生活方式的总和,一旦某种价值观或生活方式在世界普及,成为世人所仰慕的文化,那它就具有不可估量的力量,所以必须用某种方式在世界范围内树立起令人羡慕的"日本哲学"。为此,日本在 20 世纪 90 年代提出"文化立国"的国家发展理念,2006 年提出"酷日本"战略,主张要提升日本国民经济的"酷值",对外树立日本也是一个文化国家的形象。日本将其作为长期的国家战略,通过逐步构建文化竞争力,竭力摆脱战争发源地和侵略者的形象,以便软化对外关系中的经济摩擦和其他国家对日本的反感,在国际事务和国际组织中扩大日本的影响力,努力构建发达、和平、民主、礼仪、环境友好的日本形象主体。20 世纪 90 年代以来,日本的传统文化包括禅、茶道、柔道、空手道等在世界各地尤其是亚洲国家和地区广为流传。日本影视、动漫和游戏等流行文化引起了人们的广泛关注,特别是日本的动漫和电子游戏产业,已经成长为全球性产业。这些文化载体体现了细致入微的日本审美情趣,把"文化日本"的国际形象传递给了全世界。

由此可见,文化辐射力作为世界大国最重要的文化整体实力和竞争力要素,对于其保持和提升综合国力及国际地位,持续发挥着重大作用。当今世界,中国崛起成为世界大国的趋势不可阻挡。许多国际权威的研究机构都预测,到 2030 年左右,中国的经济规模将超过美国,而成为全球第一大经济体。中国崛起的道路不同于历史上的西班牙、英国、俄国、美国、德国和日本,不是通过发动战争、扩大海外殖民地、抢夺海外资源来推动崛起,而是通过和平发展的道路来实现现代化。与历史上曾经出现的许多缺乏国际文化感召力,依赖穷兵黩武而推动对外扩张的强国不同,中国在邓小平有中国特色社会主义理论的指引下,确定了现代化的和平发展道路,形成了凝聚亿万中华儿女伟大意志和崇高理想的"中国梦",传承了几代仁人志士和革命先驱者的伟大追求,形成了中国的核心价值观念,成为凝聚中华儿女的民族之魂、发展之旗、动力之源。中国从改革之初就确定了融入国际体系的方向,中国早已成为现存国际秩序的参与者、建设者和贡献者,以"创造性介入"的方式推动全球经济秩序向着合理与积极的方向发展。正如英国学者马丁·雅克所说:"崛起为世界主要大国的中国将提供与西方完全不同的政治模式和范例。[1]""中国的形成源自与西方大相径庭的文明和历史根基,地理位置也全然不同,这一事实极大地强化了西方的挫折感、迷失方向的心理和不安全感。"有鉴于此,中国传播自身文化、扩大文化辐射力对于树立良好的国际形象、增进世界人民对中国的理解尤为重要。中国要在世界事务中发挥广泛影响,必须获得世界认同,特别是要在解决安全、环境、地区冲突、生态保护、可持续发展等重大国际问题的过程中,向各国人民宣传中国一贯坚持的和平、发展、合作、对话、共赢等理念和方案,传播中国"好声音",为全球化进程贡献中国正能量。由此可见:增强文化整体实力和竞争力,扩大文化辐射力,以实现中华民族伟大复兴的"中国梦",这是中国和平发展道路上的一个重大

---

[1] 〔英〕马丁·雅克:《当中国统治世界》,张莉、刘曲译,中信出版社 2010 年版,第 326 页。

课题和重要机遇。

二、扩大文化辐射力的主要途径

由于国家之间的文化交流广泛涉及政治、经济、军事、科技等诸多领域,并影响到国家对外政策的制定,各国政府开始对跨国文化交流进行管控,国际文化关系由此成型。随着经济全球化和政治多极化的发展,文化辐射力将在不同层面上展开。三个相关概念组成了文化辐射力的三角构架,即文化外交、文化交流和文化贸易,分别从政府、社会和产业层面扩大文化辐射力。这三者组成有机整体,相互交织,相互渗透,这正是中国扩大文化辐射力必须把握的三大杠杆。

表 5-1　国家对外文化辐射力的主要形式

主要门类	运作层面	主　要　特　点	
文化外交	政府	以政府为主体,具有明确的国际政治目的,在文化领域对他国开展的各类投射和传播活动	
文化交流	社会	以各类社会成员、组织和政府机构为主体,以文化沟通与合作为目的,开展多样性的文化往来	
文化贸易	产业	以各类企业为主体,开展国际文化产品和文化服务的输入和输出的贸易方式	文化产品贸易:以企业为主体,以受到知识产权保护的文化货品为主要载体,开展跨境的进出口贸易活动
			文化服务贸易:以企业为主体,开展以文化内容为主的跨境服务交易活动,包括服务进出口、商业存在和自然人移动等形式

(一) 开展文化外交

文化外交是以政府为主体,具有明确的国际政治目的,在文化领域对他国开展的各类投射和传播活动。在全球化日益深入的今天,文化外交已经成为各国展示自己独特的价值理念、发展道路、社会制度、经济模式的有效方式。在增强国际影响力、扩大文化辐射力等方面，文化外交至关重要。

1. 文化外交的内涵和外延

国家之间的文化交往古已有之。20 世纪以来，尤其是二战以后，随着大众传媒的迅速发展，以及经济全球化的不断深入，国际文化交往日趋频繁密切，内容也更加丰富多样。在跨越国界的文化交往当中，除了民间活动以外，很大部分是在政府指导下展开的，从而逐渐成为当代国家总体外交的重要组成部分。正是由于文化交往逐渐走向国际舞台的中心，文化外交这种新型外交方式在各国外交中的地位与日俱增。

从历史上看，文化外交是国家和民间的文化交流发展到一定阶段后政治化的产物，同时也是外交活动迈向成熟的标志；从根本上看，文化外交又是一切外交的基础和内核，一切外交活动都离不开文化的因素。人类社会进入到近代以来，把文化外交作为一种国家外交活动的理念逐步开始形成。1942 年，美国学者拉尔夫·特纳向美国国务院提交了一份关于对外文化关系的"特纳备忘录"，明确提出了"文化外交"的理念。该理念由美国外交历史专家弗兰克·宁科维奇进行系统论述后得以发展①。在这之前，法国和英国等欧洲国家也开展了文化外交方面的大量活动。1883 年，法国就建立了政府推动的法语联盟，以促进法国殖民地和世界其他地区的法语教学活动；1910 年法国外交部又设立了一个单独的部门"海外学校、法语基础局"，把法国的对外政策与文化传播结合起来。1948 年美国国会通过了史密斯—蒙特法案，为美国政府长期进行对外宣传和文化关系活动确立了法律基础。美国国务院的前首席助理国务卿菲利普·库姆明确提出："教育和文化事务是现代国家外交政策的第四个方面，也是最人道的方面。②"跨入 21 世纪以来，随着全球化和信息化的深入，

---

① 李智著：《文化外交——一种传播学的解读》，北京大学出版社 2005 年版，第 23 页。
② 欧阳安：《文化外交的几个概念和关系》，《上海文化》2014 年 8 月号。

全球主要国家对于文化外交给予了更多的关注和投入,把文化外交作为推行国家外交政策的主要举措。正如入江昭所言:"国家本来就是一个文化性的组织,国家间的外交关系中理应含有文化成分,文化上的联系是外交的根本和基础。①"2013 年 11 月 26 日,美国总统巴拉克·奥巴马访问加州格兰岱尔市的梦工厂动画公司大本营时指出:"我今天来到这里,因为这里是美国的经济引擎之一,不光是梦工厂,还包括迪士尼、华纳、环球在内的所有公司。……不管你是否认可,娱乐是我们美国外交政策的一部分,而且正是这个部分让我们显得特别。②"美国政府的决策层认为,正是包括好莱坞在内的美国文化产业,输出自由、竞争、宽容、多样性、创造性的价值观,成为美国国家外交的重要组成部分。

关于文化外交,学术界并没有一个完全统一的定义。有的认为文化外交是主权国家以维护本国文化利益及实现国家对外文化战略目标为目的,在一定的对外文化政策指导下,借助文化手段来进行的外交活动③。有的将文化外交定义为政府或者非政府组织通过教育文化项目交流、人员往来、艺术表演与展示以及文化产品贸易等手段,为促进国家与国家之间、人民与人民之间相互理解与信任,构建和提升本国国际形象与软实力的一种有效外交形式,是外交领域中继政治、经济之后的第三支柱④。由此可见,对文化外交的不同理解主要是一元行为体和二元行为体的分野。一元行为体是主权国家,二元行为体则是政府或者充当公共机构契约协作者的非政府组织。在实践中,传统上文化外交多为主权国家的外交活动,随着时代的变迁,国际组织、非政府组织和企业等越来越多地参与到文化外交中来。

文化外交的手段和形式多种多样。首先,文化外交作为一种国

① [美]入江昭:《文化与外交》,《外交论坛》2000 年第 4 期。
② 哈麦:《奥巴马高调造访梦工厂 称好莱坞是美国经济的引擎》,时光网,2013 年 11 月 27 日,http://news.mtime.com/2013/11/27/1521072.html。
③ 李智:《文化外交——一种传播学的解读》,北京大学出版社 2005 年版,第 5 页。
④ 胡文涛:《美国文化外交及其在中国的运用》,世界知识出版社 2008 年版,第 32 页。

家政府间的行为,主要是靠谈判、磋商、缔结文化条约、签订国际文化交流项目协定、召集和参加国际文化会议、组建和加入国际文化组织、举办文化成果的对外展览、促进文化人员的互访等。其次,文化外交可以作为一国政府对外向国际社会所展开的一项国际公共关系活动。文化外交的关键是,依靠包括互联网、广播、电视、电影、书报、音像制品在内的国际传播媒介,通过培植或影响国际公共舆论,减少国外公众对本国产生错误或消极观念,着意提高本国的国际形象和影响力,进而左右他国的意志与行为来实现自身的外交战略意图。

文化外交的范围和领域相当广泛。文化外交指向的对象或受体,不只限于国家政府,还包括非政府组织、民间团体或个人,甚至直接面向他国公众。因此,从这个角度看,文化外交也具有一种公共外交的形式。这是文化外交不同于政治、军事等传统外交的一个重要特征。文化外交常常与公共外交相互交织,但是比较而言,公共外交的重点是向他国公众宣传本国政府的政策,是一种单向的信息输出和价值灌输;而文化外交则注重增进国际社会之间的相互了解和理解,是一种双向的交流和沟通。

2. 文化外交的地位和作用

文化外交是促进不同文明相互交流与对话,以及国家间、人民间相互理解与信任,深化国家之间文化、政治、经济领域的合作,构建和提升本国国际形象和文化辐射力的一种重要手段。文化外交的主旨在于通过文化信息和价值观念的对外投射和相互流通,产生文化吸引力,激发他国的信任感,建构起与他国之间积极友好的身份认同关系,获得国际社会的肯定和认可,树立起良好的国际形象,确立起应有的国际声誉。

世界各国普遍承认文化外交的重要地位和作用。美国负责教育与文化事务的前代理助理国务卿海琳娜·芬恩 2003 年在《外交》杂志上发表了题为《为文化外交辩护:激发外国观众的兴趣》的文章。该文指出,美国政府曾经不遗余力地通过文化交往来推进相互理解,历史证明是有效的;那时美国政策制定者懂得与外国观众接触和战胜自己的意识形态敌人之间的联系,认为文化外交对美国的国家安全至关重要。她认为,文化外交是美国军火库中最有力的武器之一,……文化外交绝不应是可有可无的锦上添花之举,而是美国的当务之急。……赢得外国民众对美国事业的忠诚才是最重要的战利品。

在不同的历史条件下,主要大国的文化外交承担着不同的历史使命。在新时期,文化外交将发挥更大的作用。法国外交部部长法比乌斯和文化与新闻部部长菲利佩蒂 2013 年在《费加罗报》发表了题为《我们对于 21 世纪文化外交的雄心》的联合署名文章,共同阐述了法国的对外文化政策。文章指出,在法国,没有文化无以成就伟大,外交和对外行动也不例外。法国因自己的价值观、遗产和创造力而强大并受到尊重。文化是法国的主要王牌之一,是法国对过去的继承,也是法国未来的一部分。文化应该渗透到一切公共活动中,并为其他领域的政策提供支持。文化影响力不仅是经济外交的决定性优势,也可以在民主转型和社会进步方面为法国的发展政策提供支持,因为文化能够弘扬法国的遗产和处世之道,促进创造和革新活动。法国的文化政策是法国吸引和影响力的支柱之一。因此,法国要再次推进文化外交。

作为正在崛起的世界大国,中国文化外交面临着独特任务和使命。中国的文化外交,必须以建立合作共赢为核心的新型国际关系作为目标,这是推动中国特色大国文化外交的关键环节。从历史的角度看,建立以合作共赢为核心、政治上互信、经济上互利、文化上互鉴的新型国际关系,是对传统国际关系理论的重大创新,也是对我国文化外交实践的提炼升华。中国的文化外交,必须服从于中国和平发展道路的大背景,这是形成中国特色大国文化外交的重要前提。从文化外交的主要对象看,包括对美构建不冲突不对抗、相互尊重、合作共赢的新型大国关系;坚持与邻为善、以邻为伴,坚持睦邻、安邻、富邻,深化同周边国家的互利合作和互联互通,打造周边命运共同体;坚持与金砖国家等的合作,形成多层次的合作框架等。从文化的本来意义上说,它的核心是震动无数人的心灵力量。正如周汉民教授提出:"中国文化走向世界到底以什么为基本,我以为以直达心灵的力量为基本。[①]"他曾经问国家展览局秘书长洛塞泰斯先生:上海世博会成功的标志是什么?他回答:是那段时间在中国人的脸上看到的自信、谦恭而内敛的笑容!2010年上海世博会犹如一部在大地上的百科全书,构成了一副多元文化和谐共融的美好画卷,也极大地显示了中华文明的伟大智慧和包容性,突出了中国文化绵绵不绝而磅礴喷发的文化创造力,更为中国前所未有的文化外交和文化交流提供了一个精彩、成功、难忘的案例。随着中国迈向全球大国的稳健步伐,中国的文化外交将成为国家综合实力的重要组成部分,成为构建国际合作新格局的重要举措。

(二) 推动文化交流

当今国际社会,文化交流异常活跃,正在更大范围、更广领域、更深层次上全面展开。文化交流是扩大文化辐射力的基本手段,已经并且仍将为促进文化相互借鉴发挥重要作用。

1. 文化交流的内涵和外延

国家和民族之间的文化交流,其实就是跨文化交流,也称为跨文化传播、跨文化对话和跨文化交际。所谓跨文化交流,是一个涵盖面比较广的通用术语,它通常指一种特定文化背景的人群与另一种文化背景的人群所进行的交流[②]。也就是说,文化交流是不同背景的个人、组织和国家之间进行的文化沟通和往来。

[①] 周汉民教授从 2002 年起作为中国驻国际展览局代表常驻法国巴黎,从事 2010 年上海世博会的申办工作,2003 年 10 月 30 日任上海世博会事务协调局副局长。此处文字引自周汉民教授 2014 年 11 月 17 日在文化外交官高级研修班上的演讲《从上海世博会和自贸区看中国文化走向世界》。

[②] 关世杰:《跨文化交流学——提高涉外交流能力的学问》,北京大学出版社 1995 年版,第 15 页。

从文化交流和文化外交的概念比较中可以看出,文化外交也是文化交流的重要内容和组成部分。但是两者在以下方面存在差异:一是行为主体不同。文化交流的行为主体十分广泛,可以说人人皆可以充当文化交流的主体。开展文化交流的可以是个人和私人组织,如基金会、学术团体、宗教机构、商业机构等,也可以是官方机构。前者为民间的文化交流,后者为官方的文化交流。而文化外交的行为主体只能是政府、政府授权的非政府组织以及国际组织。第二,交流目标不同。文化外交往往带有很强的政治目的,是为了实现国家的战略目标而开展的政治行为。而文化交流可能是某些个人、群体为了工作、学习、交友等目的而进行的,并没有特别明显的政治动机。由此可见,文化外交不同于一般意义上的文化交流,它着重突出政府在对外文化关系中所起的作用。文化外交已经从文化交流当中脱胎出来。因此,这里所说的文化交流并不包括文化外交。

文化交流的内容相当广泛。作为文化最为显著的表达方式,语言、文学和艺术交流是文化交流的核心内容。除此之外,人员交流、教育交流、科学技术交流、语言教学、为文化教育交流提供的信息服务、不同文化团体或机构之间的联系等都是文化交流的重要内容。文化交流的形式也多种多样,既可以采取双边形式,也可以采取多边形式,还可以采取个人与个人直接交流的方式。正是由于文化交流涵盖的内容和形式十分丰富,一国才能把文化的触角伸向世界每个角落,在全球广泛传播该国的文化和价值观念。而且信息通信技术的加速创新,为文化交流开启了互联互通的全新未来,将全方位推动文化交流的开展。

更为重要的是,文化交流的多个层次越趋突出。在经济全球化、政治多极化、文化多样化、社会信息化的时代背景下,从全球范围来看,正在经历着一个社会权力从国家层面向城市、社会组织、企业和个人层面不断转移的过程。此外,联合国教科文组织、联合国贸发会议、世界知识产权组织、世界银行、国际展览局等国际组织在文化领域发挥的作用也越来越大。文化交流越来越注重全社会在文化领域的多层次交往、融合、共赢和发展。它包括：（1）城市之间的文化交流，城市越来越成为国家综合实力包括文化实力的主要载体；（2）社会组织之间的文化交流，包括企业、院校、非政府机构等；（3）国际组织之间的文化交流，即在各类国际组织内部和之间的文化交流；（4）社区、家庭和个人之间的文化交流，等等。这些非国家的社会主体在国际文化交流中越来越活跃，这就使得全社会的多层次文化交流显得更加重要。

2. 文化交流的地位与作用

文化是不同国家和民族沟通心灵和情感的桥梁纽带，文化交流是增进各国人民友谊、推动国家关系发展的重要途径。文化在一个大国的政治生活中有多种重要的功能：第一，在为有冲突的国家和各个利益集团寻求共同点时，广泛的文化交流提供了推动力和融合剂；第二，在促进人们之间的相互理解、帮助人们克服彼此思想分离的传统障碍过程中，文化交流发挥了心灵沟通的角色；第三，以真善美为内涵的文化产品，具有普惠的价值，因此成为全球各国人民可以共享的公共产品，一个国家创造的优秀文化产品越多，也意味着它对全人类提供的公共产品越多，也就越能获得全世界的广泛尊重；第四，广泛的文化交流在维护国家的海外利益中将发挥重要作用，特别是有助于消除相关国家和民众对本国海外利益的误解，建立合作共赢的命运共同体，显示本国保护核心利益的坚强决心。

对于中国这样一个迅速崛起的 21 世纪全球大国来说，从 20 世纪 90 年代以来，中国参与世界经济的内容越来越丰富、规模越来越大，中国的海外资产、外汇储备、对外贸易、对外投资均获得指数级增长，中国在从太平洋、大西洋到印度洋、北冰洋的广阔区域成为日益活跃的存在。有鉴于此，中国以广泛的文化辐射力包括文化外交和文化交流，来维护中国的海外利益也显得更加紧迫和重要。2006 年中国外汇储备首次超过日本位居世界第一位，截至 2014 年底，总额为 3.84 万亿美元。2013 年中国超过美国成为全球最大贸易国，进出口贸易总额高达 4.16 万亿美元,同年中国对外直接投资额比 2012 年增长了 15％,达到 1 010 亿美元,2014 年中国对外投资首次突破 1 400 亿美元,成为世界第二大对外直接投资国,达到对外直接投资和外资引进动态平衡的历史性转折点。2015 年 6 月,中国国资委主管的《国资报告》透露,中国境外国有资产总量已不少于 12 万亿元。在国资委监管的中央企业纯境外单位中,资产总额、营业收入、利润总额已分别达到 4.68 万亿元、4.49 万亿元和 1 200 亿元,而地方国资企业在海外的资产也日益扩大,这是近年来国家有关方面提供的境外国有资产数据最值得关注的一次[①]。与此同时,中国公民外出务工、求学、旅游、经商、文化活动的人数不断增多,他们的安全和权益需要获得保证。根据国家旅游局信息中心公布的消息,2014 年 11 月,中国内地公民出境旅游首次突破 1 亿人次[②]。另据国家商务部统计,2003—2011 年对外劳务合作合计 293.2 万人,形成逐年递增的态势,到 2014 年 10 月这一数字上升至 678 万人,2014 年末中国在外各类劳务人员达 100.6 万人[③]。国家教育部公布的信息显示,中国出国留学总人数从 2000 年的 2 万人增至 2013 年的 41.39 万人,增长了近 20 倍。2015 年《中国的军事战略》白皮书也首次明确提出"海外利益攸关区"的概念,强调了要在新形势下实施积极防御的军事战略方针。与此相适应,中国的海外非物质利益主要表现为良好的国家形象和国际认同,在国际文化活动中的文化话语权和文化美誉度。中国始终强调自己是发展中国家的一员,关注"负责任大国"的国家形象构建,这是中国在全球化国际社会建构过程中形成的海外利益新"坐标"。中国必须根据这些巨大的变化和中国海外利益全球化布局的新格局,在更大规模和更深广的空间中,扩大文化外交和文化交流,以文化综

---

① 《国资委:中国境外国有资产总量已不少于 12 万亿》,人民网,2015 年 6 月 17 日 http://js.people.com.cn/n/2015/0617/。

② 《中国内地公民出境旅游人数 2014 年首次突破 1 亿人次》,人民网,2014 年 12 月 3 日,http://sh.people.com.cn/n/2014/1203/。

③ 《2014 年建筑业发展统计分析(上)》,《中国建设报》,2015 年 5 月 21 日。

合实力和竞争力来维护和增强国家的综合实力。

（三）促进文化贸易

国际文化贸易是指国际范围内文化产品（cultural goods）和文化服务（cultural services）的输入和输出的贸易方式，是国际贸易的重要组成部分。贸易的一方向另一方提供文化产品和文化服务，并且取得收入的过程是文化产品和文化服务出口，购买外方文化产品和文化服务的过程是文化产品和文化服务的进口过程。文化贸易是体现一个国家的文化辐射力的重要内容，国家的价值观念必须通过对外文化贸易才能获得广泛传播，进而在全球拥有相应的话语权、定价权和控制权。经过100多年的经济全球化浪潮，世界贸易的格局已经从货品贸易的自由化向投资自由化和服务贸易的自由化发展，在这种背景下，国际文化贸易已经成为一个覆盖全世界所有国家和民众的巨大网络，从而深刻地影响了各国的政治、经济和社会活动。这就要求中国建设文化强国必然包含文化贸易大国的内容。

1. 文化贸易的内涵和外延

关于文化贸易的概念，国内外的学者、政府官员及业内人士众说纷纭，迄今为止仍无定论。一般认为，文化贸易主要是指与知识产权有关的文化产品和文化服务的贸易活动。"文化产品"属于货物范畴，"文化服务"属于服务范畴。

联合国教科文组织对这两个概念作了如下定义①：文化产品一般是指传播思想、符号和生活方式的消费品。它能够提供信息和娱乐，进而形成群体特性并影响文化行为。基于个人和集体创作成果的文化产品在产业化和世界范围内销售的过程中，被不断复制并附加了新的价值。图书、杂志、多媒体产品、软件、录音带、电影、录像带、视听节目、手工艺品和时装设计组成了多种多样的文化商品。

---

① UNESCO, *Culture, Trade and Globalization: Questions and Answers*, UNESCO Publishing, 2000, pp.13 - 14.

传统意义上讲,文化服务是指满足人们文化兴趣和需要的行为。这种行为通常不以货物的形式出现,而是主要包含政府、私人机构和半公共机构为社会文化实践提供的各种各样的文化支持。这种文化支持包括举行各种演出、组织文化活动、推广文化信息以及收藏文化产品(如图书馆、文献资料中心和博物馆)等。文化服务可以是免费的,也可以有商业目的。当然,在贸易中出现的文化服务,一定是有商业目的的。

国际货币基金组织(IMF)在《国际收支和国际投资头寸手册》第6版上特别指出:货物和服务的区分在于它们所提供的经济价值的性质。货物为有形的生产性项目,对它可以建立所有者权益,而且其经济所有权可以通过交易由一个机构单位转移到另一个机构单位,它们可以用来满足住户或者社会的需求,或者用来生产其他货物或者服务;而服务是改变消费单位条件或者促成产品或者金融资产交换的生产活动成果,服务一般是不可以单独对其建立所有者权益的项目,但是许多知识获取型如计算机软件和其他知识产权产品,则可以和货物一样与生产分开进行计算和交易①。

因为国家间文化产品的贸易是由一国流动至另一国的过程,在入境时会发生关税的缴纳,所以文化产品贸易比较容易掌握。相对而言,文化服务贸易更加多样化而且常常与文化产品贸易融为一体。一般来说,文化服务包括表演服务(剧院、交响乐团、杂技团)、出版、发行、新闻、通信和建筑服务。文化服务还包括视听服务(电影发行、电视广播节目和家庭录像;生产的各个环节,如配音和印刷复制;电影展;电缆、卫星、广播设施和影院的所有及运营等)、图书馆、档案馆、博物馆及其他服务②。WTO《服务部门分类表》将服务贸易分为

① 国际货币基金组织(IMF):《国际收支和国际投资头寸手册》第6版,第130页,国际货币基金组织官方网站。

② UNESCO, *Culture*, *Trade and Globalization: Questions and Answers*, UNESCO Publishing, 2000, p.14.

11 大类 142 个服务项目,其中三大类与文化服务有关:在商业服务中,有广告服务、摄影服务、印刷和出版服务;在通信服务中,有视听服务,包括电影和录像的制作和发行服务、电影放映服务、广播和电视服务、广播和电视传输服务、录音服务;在娱乐、文化和体育服务(视听服务除外)中,有娱乐服务、新闻机构服务、图书馆、档案馆、博物馆和其他文化服务、体育和其他娱乐[1]。

国际货币基金组织(IMF)在《国际收支和国际投资头寸手册》第6 版上特别指出[2]:个人、文化和娱乐服务包括视听和相关服务,其他个人、娱乐和文化服务包括电影、音乐、广播和电视节目的制作和相关服务,涉及表演、戏剧、体育、马戏团等的导演、演员和制片人等的服务;知识产权使用以及研究和开发服务、广告和市场调查及民意调研服务等。这里的知识产权使用费,包括专利权、商标权、版权、包括商业秘密的工业流程和设计、特许权等的使用费用,也属于服务贸易的领域。《国际收支和国际投资头寸手册》第 6 版还把服务外包纳入了重要内容,指一家公司与另一家专业公司签约,由后者提供给公司内部的职能服务,其中也包括了大量文化服务的内容,比如电影、电视、广播、游戏、数字内容、表演、戏剧、体育、马戏团等开发和营销过程中的专业技术、原材料、配套设备、法律、市场调查和咨询等的服务等[3]。比如:美国电影《魔戒》的大量场景在新西兰拍摄,采用了玛塔玛塔、鲁阿佩胡、惠灵顿、南湖地区、坎特伯雷、麦肯奇山区和峡湾地区的大量景致,在这个过程中购买的当地影视工作者提供的服务就属于服务贸易;中国导演冯小刚执导电影《集结号》时,看了韩国 MK pictures 公司特效制作团队制作的《太极旗飘扬》后十分肯定,希望韩方加盟《集结号》制作团队。韩方执行制片人李治允与 MK pictures

---

① WTO, *Services Sectoral Classification List*, MTN.GNS/W/120, 10 July 1991.

② 国际货币基金组织(IMF):《国际收支和国际投资头寸手册》第 6 版,第 139 页,国际货币基金组织官方网站。

③ 国际货币基金组织(IMF):《国际收支和国际投资头寸手册》第 6 版,第 146 页,国际货币基金组织官方网站。

公司的特效制作团队为《集结号》提供了大量战争场面的技术、烟火、效果,这正是典型的国际文化服务贸易。但是,随着科技的迅猛发展,上述分类也需要不断更新,正在实际应用中不断形成新的分类和新的涵盖范围。

2. 文化贸易的地位与作用

近年来,技术进步的速度日益加快,文化产业的规模迅速扩大,文化贸易随之快速繁荣。文化贸易通过文化产品和服务的交换活动,实现文化传播。与文化外交和文化交流相比,文化贸易强调在市场经济条件下企业主导的文化产业的国际推广,是消费者通过自主选择文化产品和服务从而接受文化传播,应当是扩大文化辐射力的主体形式。

由于文化亲近感和文化认同感,文化贸易会形成消费和投资的乘数效应,并形成巨大的整合与辐射效应,带动其他产品和服务的出口贸易,因而产生巨大的经济价值。文化经济具有单纯的经济战略所不具有的优势:文化更富有弹性,可以经受时代的变化,它总是在进化,尽管面临全球化的浪潮,但是文化仍然可以不断探索创新,而且它更利于创造新的空间和场所。这些都是单纯的经济战略所无法达到的。加拿大学者阿兰·桑赛尔尼指出:从根本的意义上说,文化经济活动表现出一种"整体效应",它"不仅仅是诸多经济功能的一种,它还是经济的发源地、经济的框架和经济的结构"。特别是全球化不断深入的情况下,发展中国家要实现真正意义上的崛起,必须贯彻更加完整的发展政策。这意味着它们必须创造获得文化产业(包括产品和娱乐在内的)发展空间条件[①]。

文化贸易在产生直接经济效益的同时,还在维护国家稳定、提升国家形象等方面具有十分重要的作用。文化产品和服务具有一般商品和特殊商品的双重属性。文化产品和服务对消费者的满足主要是

[①] 〔加〕阿兰·桑赛尔尼:《文化产业和发展中国家:文化与民族认同》,载林拓等主编:《世界文化产业发展前沿报告(2003—2004)》,社会科学文献出版社 2004 年版,第 148—149 页。

心理的而不是生理的,是精神的而不是物质的,它在具有物质性、形象性的同时,更具有精神性和无形性。文化产品和服务会在消费者心中留下潜移默化的影响,从而对其承载的文化观念产生某种信任感、亲切感乃至依赖感。因此,一个国家的对外文化贸易,不仅仅具有经济的价值,而且具有外宣的功能,传播的是国家的价值观念和意识形态。这也是各国发展文化贸易最为重要的意义之所在。有关的国际组织和区域经济合作组织,不断地制订和修订相关规则,试图对文化贸易的内容和范畴进行界定和统计。这在一定程度上说明了文化贸易的活跃程度和增长性。

表 5-2　文化与国际贸易交叉的主要领域

门 类	主 要 内 容
文化+货品贸易	WTO《服务贸易总协议》①将服务贸易分为 11 大类 142 个项目,其中与文化服务有关的包括:第十大类中的娱乐、文化与体育服务等;第一大类中的印刷、出版;第二大类中的影视录像带发行等,以及会展、中介、咨询等
文化+专业服务贸易	联合国、欧共体、国际货币组织、经合组织、联合国贸发会议与WTO 联合发布《国际服务贸易手册》,规定包括咨询、公关服务、设计和研究开发等,均属于国际服务贸易的领域
文化+软件与信息贸易	美国、加拿大、墨西哥联合发布《北美产业分类体系》,规定信息业包括出版业、电影和音像业、广电和电信业、信息和数据处理服务业
文化+知识产权贸易	国际货币组织《国际收支与国际投资头寸手册》(第 6 版)指出:知识产权使用是服务贸易的重要内容,包括知识产权使用以及研究和开发服务、广告和市场调查及民意调研服务等

总而言之,文化外交、文化交流和文化贸易是扩大文化辐射力的主要途径。文化外交既可以通过文化艺术交流的形式,也可以通过输出文化产品和服务的形式。文化交流既是文化外交的根基,也是文化贸易的铺垫。文化贸易既可以充当文化外交的压路机,也可以

---

① WTO, *Services Sectorial Classification List*, MTN.GNS/W/120, 10 July 1991.

充当文化交流的先头军。文化外交、文化交流和文化贸易相互交织在一起,你中有我,我中有你。当然,由于文化产品和服务的购买是消费者自主选择的结果,消费者更加容易接受其中蕴涵的文化。因此文化贸易的力量最大,影响最为深远,应当是扩大文化辐射力的主要渠道。此外,扩大文化辐射力还可能依靠对外宣传等手段,只有充分利用多渠道多途径,进一步凝聚各方面力量,发挥各方面积极性,才能更好更快地扩大文化辐射力。

第二节 我国扩大文化辐射力的全球背景

后金融危机时代,文化经济正在成为经济增长的亮点以及国际竞争的重要领域。随着经济全球化、政治多极化的发展,科学技术的日新月异、全球市场的开放融合促使文化产业国际分工体系发生新一轮演变,在一定程度上打破了国际文化市场的原有格局,逐渐形成新的发展趋势。这是我国扩大文化辐射力必须把握的重要背景。

一、塑造国家文化形象的复杂环境

国家形象对一国国家利益的维护起着越来越关键的作用。作为21世纪具有全球影响的新兴大国,中国的对外文化开放,包括建设一个更富有亲和力、号召力、凝聚力的国家文化形象。当前,我国塑造良好的国家文化形象面临着国际政治、经济、文化方面的复杂环境。

(一)中国快速崛起与世界政治变局

自18世纪工业革命以来,西方世界建立的国际经济和政治秩序成为全球的主导。与此相对应,西方世界提出的文化体系逐步成为全球化的话语体系。中国的崛起对整个世界格局和主流话语体系构成了挑战。中国不但是一个刚刚崛起的新兴大国,而且是以一个非西方的成功现代化模式出现的,其崛起的规模、速度、难度和路径是历史上前所未有的。而长期以来,国际舆论由于受到西方现代化模式影响,往往难以认识和解读中国这一种非西方的成功现代化模式。

中华民族有着五千年悠久历史和灿烂文明,古代中国不仅在国内形成了光辉灿烂的文化传统,而且以一个强大文明的面貌影响了东亚、中亚和东南亚的政治文化版图。到了近代,中国遭遇到数千年未有之变局,彻底改写了中国在世界上的位置,以及国人对中华文明的心态。改革开放以来,中国经济总量连上台阶,综合国力大幅提升。中国的经济总量从改革开放前 1978 年世界排名第十位跃居到 2014 年的第二位,GDP 从 1978 年的 3 645 亿元增长到 2014 年的 636 463 亿元,经济增长速度在过去三十多年中高达 7％以上,而同期世界经济年均增速为 2.8％,中国对世界经济增长的贡献率超过20％,外汇储备连续多年稳居世界第一。与此同时,中国努力摆脱许多发展中国家难以跨越的"中等收入陷阱",让全体人民共享发展的成果,逐步建立起覆盖城乡居民的基本公共服务网络,包括公共教育、医疗卫生、人口计划生育、就业服务、社会保障、防灾减灾、公共文化服务等,全体人口的预期受教育年限从 1.53 年提高到 2.12 年,增加了 0.59 年。中国成功实现从低收入国家向中等偏上收入国家的跨越,崛起为令世界瞩目的强大力量。

中国崛起成为国际社会广泛关注的重要话题,引发了国际上多种肯定或者怀疑或者否定的观点。有的学者从西方中心论的观念出发,认为中国崛起对西方大国构成了威胁。早在 1997 年,两位美国学者理查德·伯恩斯坦(Richard Bernstein)和罗斯·门罗(Ross Munro)就在《即将到来的美中冲突》一书中指出中国与美国必有一战,因为中国将构成对于美国和西方世界的威胁。美国著名国际关系理论家、《大国政治的悲剧》的作者约翰·米尔斯海默则警告说:

"中美很有可能进入一场紧张的安全竞赛,并伴有潜在的战争。"他指出在一个没有国际权威统治他国的混乱世界里,崛起的大国一律损人利己、追逐权力,并成为支配性国家,在此过程中大国间必然会产生冲突,这就是大国的悲剧①;有的则开始探讨和借鉴中国崛起的经验。尤其是近几年来,西方世界主动接纳中国崛起、考虑中国崛起对于世界的建设性意义的研究和观点越来越多。美国著名国际关系和外交学者约翰·伊肯贝里于 2008 年在美国《外交》杂志上发表文章《中国的崛起与西方的未来》指出,中国乃至亚洲的崛起是对西方所领导和形塑的战后规则和体制的再确认和加强,中国的崛起不会根本性地改变这一已经定着下来的国际体系。世界对中国崛起的认识,以及主流话语体系的变化,正在经历一个巨大的调适期。

虽然面对中国迅速崛起,西方乃至全球正在"重新认识中国"。但是,一个迅速崛起的真实中国,与西方文化体系所描绘的"中国形象"有很大的差异。特别是西方文化体系对中国的经济实力、军事实力增长的认知方面,仍然存在不少误解。而环境污染、消费安全、贫富差距、腐败等国内社会问题,也影响着人们对中国国家形象的解读。中国的复杂国情和快速崛起,加之海外媒体的涉华报道有意无意地对中国的误读与误解,使得不少海外民众难以认识一个客观的中国。同时,随着国际格局的调整、中外关系的变化,不同国家对中国的关切也有所不同,外部世界对中国的认知更加复杂②。而中国能够在国际舞台上发挥多大的作用,不仅取决于自身的整体实力,还要取决于外部的国际形象。

这就构成了中国扩大文化辐射力的复杂背景,即中国崛起的成功需要以新的话语体系向世界传播,世界需要跳脱西方的话语模式来接

---

① ［美］米尔斯海默:《大国政治的悲剧(修订版)》,王义桅、唐小松译,上海人民出版社 2014 年版,第 17—20 页。

② 翟慧霞:《21 世纪是"中国世纪"——2008—2013 年海外民众眼中的中国形象变迁分析》,《中国社会科学报》2013 年 8 月 14 日 B6 版。

受这一历史性事实。如此一来,中国要输出带有意识形态属性的文化内容,扩大文化辐射力,树立国际文化形象,必然面对更为复杂的国际环境。近年来,中国的经济贡献和经济增长获得了全球范围内的广泛认可,中国的 GDP 总量从 2010 年的 6.04 万亿美元上升到 2014 年的 10.36 万亿美元,占世界 GDP 总量从 9.2% 上升到 13.3%①,但是相比之下,中国的文化整体实力和竞争力比较弱。全世界对中国文化的关注度逐渐提升,更多的是受到经济发展的吸引,而非受到中国文化整体实力和竞争力的深刻影响。因此,如何通过文化外交、文化交流和文化贸易,准确传递中国国家形象,突破历史的偏见与现实的困境,提升国际社会对中国的客观认知,是摆在我们面前的一个十分急迫的问题。

(二)国际金融危机与文化竞争力消长

2008 年国际金融危机以及危机之后全球经济复苏缓慢,对不同国家的综合实力都是严峻的考验,也对国家的文化整体实力和文化产业带来了冲击。第一,全球经济在金融危机的影响下陷入低迷状态,文化产业的投资因此严重受挫,尤其是对中小企业及发展中国家文化产业的投资急剧下滑。第二,随着金融危机的蔓延,全球经济受到严重影响,从而导致文化产业的广告收入逐渐减少,对文化产业特别是传统媒体造成巨大冲击。不过,经济危机也促使文化产业重新洗牌。随着广告收入的逐渐减少,媒体竞争开始变得越来越激烈。这恰恰推动了全球文化产业并购和重组的浪潮。

这一场金融危机对发达国家文化产业的冲击尤其明显,这些国家民众的文化消费愿望受到了明显的遏制。2008—2012 年,发展中国家创意产品进出口持续增长,出口平均增长率为 13.70%,进口平均增长率为 7.98%;而同期发达国家创意产品的出口平均下降

---

① 胡鞍钢:《中国"五年计划"的本质》,《人民日报》海外版 2015 年 10 月 19 日第 1 版。

2.39％,进口平均下降 0.74％①。发达国家文化产业在受到冲击之后,重塑消费和产业发展环境的要求越来越迫切,发展中国家则要提升在全球文化产业价值链当中的地位。

另一方面,文化产业也表现出"反经济周期"的特点,即文化产业逆势增长。以电影产业为例。尽管全球经济衰退导致整个电影产业不太景气,但是不论全球还是美国的整体票房收入都在维持稳步增长。欧洲视听观察组织的数据显示,2009 年全球电影票房总收入比 2008 年增长了约 6.1％,达 294 亿美元。2011 年,全球电影票房总收入达 326 亿美元,较 2010 年增长了约 3％②。因为在经济深度调整阶段,会出现低增长与高失业,社会消费心理发生变化,人们需要从精神文化产品中求宣泄、找信心,从而催生特殊的文化需求。而且基于经济前景的预期,大宗的固定资产支出被压缩,教育和文化娱乐方面的消费与投入则会增加。考察美国和韩国,不难看出经济危机可能成为文化产业大增长的契机。20 世纪 30 年代美国经济大萧条时期,美国东海岸的百老汇和西海岸的好莱坞创造了娱乐业的辉煌,为美国走出大萧条做出了独特贡献。韩国则以 20 世纪 90 年代的亚洲金融危机为契机,实现文化产业跨越式发展,"韩流"不仅拉动了大量的本土消费,也带动了庞大的国际贸易。这在 2008 年以来的"后金融危机时代"也有生动的表现。

以 2012 年主要国家娱乐和媒体行业市场规模比较来看,大体上可以分为四个板块,第一板块是美国,为 4 989 亿美元,所占比重为 30.4％;第二板块是日本和中国,日本为 1 916 亿美元,所占比重为 11.7％,中国为 1 153 亿美元,所占比重为 7.0％;第三板块为德国、英国、法国,德国为 974 亿美元,所占比重为 5.9％,英国为 855 亿美元,所占比重为 5.2％,法国为 697 亿美元,所占比重为 4.2％;第四板块是其他主要国

---

① 联合国贸发会议创意产业数据库,http://unctadstat.unctad.org/wds/TableViewer/tableView.aspx?ReportId＝716。

② European Audiovisual Observatory, *Focus 2012: World Films Market Trends*, 2012.

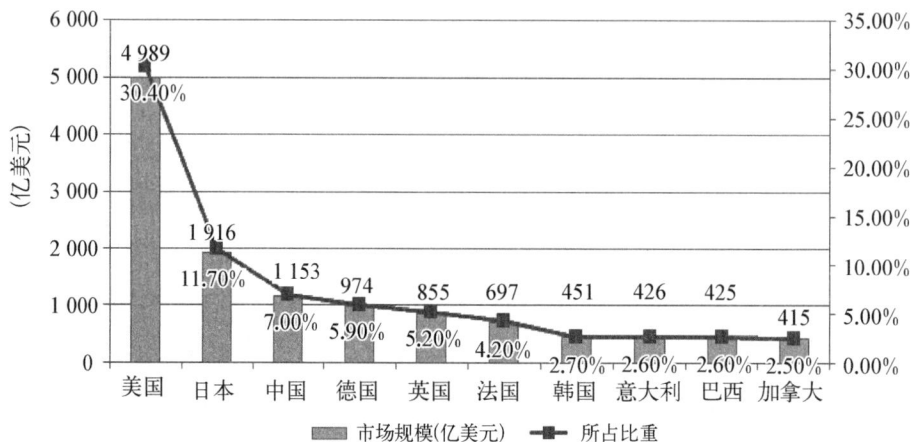

图 5 - 2 2012 年主要国家娱乐和媒体行业市场规模比较

资料来源：根据 *Global Entertainment and Media Outlook 2013 - 2017*（普华永道 2013
年）的资料绘制。

家,包括韩国、意大利、巴西和加拿大等,市场规模分别为 451 亿美元、
426 亿美元、425 亿美元、415 亿美元,所占比重分别在 2.7％、2.6％、
2.6％、2.5％。可以说,在美日欧发达国家和地区继续保持娱乐和媒体
产业市场规模优势的同时,中国和巴西等新兴大国的娱乐和媒体产业
市场规模奋起直追,进入到全球排行前列的娱乐和媒体产业大国行列。

为了在全球经济结构调整和下一轮经济上升阶段占据主导优
势,危机后出现各国政府纷纷出台促进政策和激励措施,抢占全球技
术创新与新兴产业的制高点。不同国家为了应对金融危机采取不同
的策略和举措,形成了不同的应对效果。美国利用退出量化宽松政
策等一系列金融手段在全球经济复苏的利益博弈中,赢得了相对的
战略主动,并直接带来了可观的先行优势;同时美国一直倡导"再工
业化",使得谷歌、通用、英特尔等大公司的部分高端制造业回迁至美
国,极大地提振了美国经济,并有助于其长远发展;美国还大力推动
"页岩气革命",使得美国本土油气开发成本大幅下降,为美国经济复
苏注入强大的动力。这些措施为美国保持创新力的持续增长奠定了
基础。英国、日本等发达国家采取宽松货币政策和结构性改革计划

支撑经济加快复苏。各种反金融危机力量的介入也将助力文化产业和文化贸易的增长。

金融危机的蔓延，一方面给我国文化产业的投融资和广告收入带来了影响，对不少行业与企业带来了较大压力；另一方面也为我国发展文化产业和文化贸易提供了新的机遇。文化产业作为最符合科学发展需求的战略性新兴产业，在引领经济发展方式转变、应对金融危机的整体战略中的地位可能提升，得到的支持力度可能更大，将发挥不可替代的独特作用。我国应当以此次金融危机为契机，大力推动文化产业的快速发展和转型升级，努力嵌入全球价值链高端，这样才能在国际文化贸易的激烈竞争中取得重大突破。

（三）多元文化背景差异与文化折扣

2008 年国际金融危机使得不同国家文化综合实力此消彼长，进而影响到一国文化辐射力的发挥。不仅如此，在发挥国家文化影响力的过程中，还要面对大量存在的多元文化背景差异，在跨文化传播中努力降低和消解文化折扣。文化折扣是因文化背景差异，国际市场中的文化产品不被其他地区受众认同或理解而导致其价值的减低。这里所指的文化背景，不但是指各个国家和民族历史传承的文化传统，而且是指通过法律、政策、制度、教育等强化的文化管控，以及通过贸易、投资、竞争壁垒等形成的文化市场，使得跨文化传播面临着诸多的困难。

霍斯金斯和米卢斯在 1988 年发表的论文《美国主导电视节目国际市场的原因》指出，扎根于一种文化的特定的电视节目、电影或录像，在那种环境里具有吸引力，但在其他地方吸引力可能减弱了，因为观众发现很难认同其所论及的事物的风格、价值观念、信仰、制度和行为方式[1]。任何文化产品的内容都源自某种文化，因此，它对于

---

[1] Colin Hoskins and Rolf Mirus, "Reasons for the U.S. Dominance of International Trade in Television Programs", *Media, Culture and Society*, 1988, 10(4), pp.499-515.

那些生活在此种文化之中以及对此种文化比较熟悉的受众有着很大的吸引力,而对那些不熟悉此种文化的受众的吸引力则大大降低。由于文化差异和文化认知程度的不同,受众在接受不熟悉的文化产品时,其兴趣、理解能力等方面都会大打折扣。这就是所谓的"文化折扣",也是文化产品区别于其他商品的主要特性之一。

许多因素都可以导致文化折扣的产生。跨文化传播的研究表明,文化和语言是最能抵消外来文化产品影响的两大因素。任何受众对文化产品的消费总是以自己成长于其中的文化背景为前提和出发点。不熟悉某种文化背景,便很难理解文化产品的内容。语言则是文化产品接受过程中的第一道屏障。柯林斯在分析不同形式的文化折扣时进一步指出:"视听产品可能比书面作品的文化折扣要低,而在视听产品中,几乎不含语言成分的作品的文化折扣比语言占重要成分的作品要少。[①]"作为"世界语言"——英语的文化产品在走向世界时面临着很少的文化折扣。这也是美国文化产品能够雄霸全球的原因之一,"美国电视生产出的是英语产品,这一事实是对美国供应商先天有利的条件,包括英国、加拿大和爱尔兰在内的其他英语国家也具有同样的先天优势。[②]"

我国文化产业总体上处于发展阶段,目前中国文化企业的大量产品进入国际主流文化市场仍然面对很大困难,这体现为很高的"文化折扣度"。比如,中国电影海外票房收入呈增长态势,但是在国际上产生较大影响的影片有限。一些在国内热映的影片在海外却遭受冷遇,如《唐山大地震》国内票房 6.73 亿元,在海外仅获得 6 万美元票房;《南京!南京!》国内票房 1.8 亿元,海外票房仅 1.17 万美元。而中国电影在世界市场遭遇普遍的"文化折扣"是一个表面现象,而深层原因是长期以来西方媒体和政界、文化界等对中国的歧视偏见和

---

① Collins Richard, "National Culture: A Contradiction in Terms?" *Canadian Journal of Communication*, 1991, 16(2), pp.225-238.

② [英] 吉莉安·道尔:《理解传媒经济学》,李颖译,清华大学出版社 2004 年版,第 70 页。

负面报道,对许多国家的企业、组织和民众形成了深远的负面影响。

曾经担任中国《文汇报》驻法国高级记者 20 多年的郑若麟先生指出:西方媒体 20 多年来在中国问题上绝对是以负面为主。以法国为例,"法国涉及中国的报道真正可以说是'客观的'不到 10％,加上一些文化或风俗类没法归类的报道外,80％—85％是负面的。[①]"比如影视作品是外国人认识中国的一个极其重要的渠道。在西方三大电影节之一的法国戛纳电影节上,入选戛纳电影节的作品被视为具有"艺术水平"的作品。其中涉及中国的作品被视为认识中国的一个重要渠道。全球采访这一电影节的记者人数一般都在 3 000 人以上,仅次于奥运会和世界杯足球赛,播发了大量的新闻报道和广播电视节目。而多年来入选戛纳电影节的涉及中国的电影几乎都是从负面反映的,有的还被电影节授予奖项,在电影院里反复播放。与此同时,法国的电视台在涉及中国的节目时,长期选择所谓对中国有敌意和偏见的异议人士,包括请出根本不了解西藏的西方记者来谈中国对西藏的"文化灭绝"等,久而久之就会使看着这些电影和电视长大的西方人认为,这就是全部的中国。因此戛纳电影节和许多西方电视台对中国形成了非常大的负面影响,特别是在涉及西藏、人权、宗教、反腐败、计划生育等问题上以敌意和偏见来描绘中国,把极少数异议分子的造谣惑众夸大为整个中国的形象,这是形成所谓"文化折扣"的重要原因。郑若麟 2012 年在法国出版了法语著作《与你一样的中国人》(或译《平凡的中国人》)。这本书是当时第一本由中国人自己用法语撰写的有关中国故事的书,而且是正面介绍中国的书,出版后一度畅销和再版,这说明,中国的文化外交、文化交流和文化贸易必须针对各国的实际情况,以强烈的自信心和灵活有效的策略,对世界讲好"中国故事",突破各种历史和现实原因造成的文化折扣。

[①]　此处文字引自郑若麟 2014 年 11 月 17 日在文化外交官高级研修班上的演讲《在法国讲好中国故事》。

二、国际文化市场的竞争与垄断格局

国际文化市场是我国提升文化软实力的主要竞争领域,以及扩大文化辐射力的重要空间。我国的文化辐射力,将主要通过文化生产和文化贸易来展开,使我国的文化产品和服务成为行销全球的文化消费品。然而,长期以来发达国家及其跨国集团垄断国际文化市场,这意味着我国要想在国际文化市场上取得成功必然难度更大。

(一)跨国集团垄断国际文化市场

随着各国文化产业的蓬勃发展以及国际文化市场的进一步开放,国际文化市场的竞争日趋激烈。在动漫、网游、网络视听、数字出版等新兴文化市场上,由于内容、科技和资本高度结合,市场竞争尤为激烈。发达国家的主要优势体现在通过一批跨国公司垄断了国际文化市场。多年来,在国际文化市场上占优势的是 50 家左右的跨国公司,而占领市场顶峰的是不到 10 家大型跨国集团。美国是全球文化产业跨国公司的主要聚集地,全球文化产业 50 家大企业中有 40% 的企业总部和主要经营活动位于美国[①]。

在广播电视、音像制品、新闻出版等传统文化行业中,全球性垄断寡头已经形成。随着数字技术的发展及相关政策的调整,20 世纪 90 年代世界范围内文化产业格局迅速变化,全球媒体合并浪潮愈演愈烈,最终造就了时代华纳、新闻集团、迪士尼、维亚康姆、贝塔斯曼、索尼等超大型综合媒体集团。据欧洲视听观察组织统计,2010 年,全球最大的 50 家视听企业的总营业额约为 3 687 亿美元,其中最大的 10 家视听企业的营业额达 2 019 亿美元。2010 年,索尼的营业收入约为 315 亿美元,迪士尼约为 273 亿美元,时代华纳约为 238 亿美

---

① 《全球文化产业 50 大企业排名揭晓 中国万达、腾讯名列其中》,http://www.shfinancialnews. com/xww/2009jrb/node5019/node5036/node5044/userobject1ai104566.html,2012 - 12 - 11。

元,新闻集团约为 235 亿美元,维亚康姆约为 135 亿美元①。这些大型媒体集团基本上控制了全球文化市场。尽管大型媒体集团的传统业务受到技术创新的冲击,但是由于资金雄厚和业务领域广泛,能够快速为新产品提供融资,利用其完善的全球分销网络,为其适应市场变化和转型赢得更加充裕的时间和空间,因此仍然能够继续占有国际市场的大部分份额。

美国电影公司对世界电影市场的垄断十分典型。美国不是电影产量最高的国家,但只有美国电影能够进入全世界所有市场。在全球主要电影市场上,排在票房收入排行榜前列的绝大多数都是好莱坞大片。据美国国际贸易委员会统计,少数几个美国大电影公司控制了全球电影产业,这些公司的收入占整个全球票房收入的 60%②。国际出版市场也是如此。《2014 年全球出版业 50 强排行榜》显示,2014 年前 10 大出版商收入占入选的 56 家出版商总收入的 54%③。

从全球文化贸易的市场占有率看,2014 年美国《财富》世界企业500 强中,美国占有 128 家,中国破纪录地达到 100 家,其中的中国石油化工集团和中国石油天然气公司为 500 强的第 3 和第 4 位,显示了中国强劲的经济发展势头。而在此次世界 500 强中主业涉及电影、视听、娱乐等文化产业的,仍然为美国和欧盟国家所拥有。其中如沃尔特·迪士尼公司的营业收入达到了 450.4 亿美元,位居 500 强的 248 位④。

英国政府文化、媒体和体育部的研究报告《站在最前列:英国创意产业的经济表现》⑤,对经合组织主要国家文化产业对于国家 GDP

---

① European Audiovisual Observatory, *Yearbook 2011 Film*, *Television and Video in Europe*, *Vol.2*, *Television and on-Demand Audiovisual Services in Europe*, Strasbourg, 2011, pp.14 - 15.

② U.S. International Trade Commission, *Recent Trends in U.S. Services Trade: 2014 Annual Report*, 2014, p.51.

③ 《2014 全球出版业 50 强出炉　两家中国企业进入榜单》,http://www.chinanews.com/cul/2014/07 - 04/6349916.shtml,2014 - 07 - 04.

④ 《世界 500 强排行榜》,美国《财富》2014 年 10 月下半月刊。

⑤ 英国政府文化、媒体和体育部的研究报告:《站在最前列:英国创意产业的经济表现》(*Staying ahead: the economic performance of the UK's creative industries*)。

做出的贡献进行了比较,其中英国文化产业增加值对于国家 GDP 的贡献为 5.7%,加拿大为 3.5%,美国为 3.3%,澳大利亚为 3.1%,法国为 2.8%,其中英国文化产业对 GDP 贡献值的比重是最高的,而美国文化产业对 GDP 贡献的规模最大,这与发达国家拥有的文化跨国公司的优势密切相关。

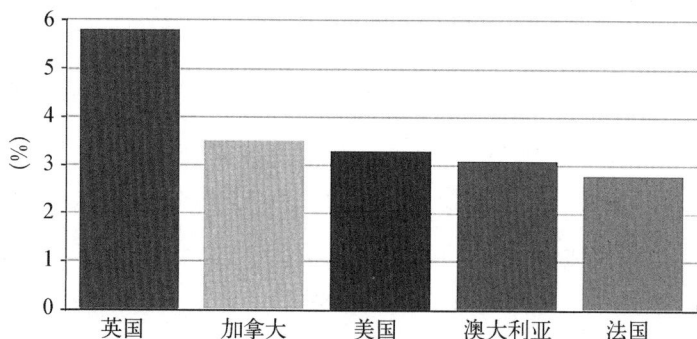

图 5 - 3　经合组织国家文化产业对 GDP 的贡献率(1998—2004)

跨国公司不仅在国际文化市场上占据垄断地位,而且在文化产品的内容和渠道等方面设立国际标准。他们奉行全球本土化的原则,按照自己的运营规则不断开发全球文化内容资源,逐步将其文化产品的内容标准树立为国际标准,将企业经营和管理的标准树立为国际文化企业的标准。先入者已经制定好了游戏规则,后来者如果不按照这种国际标准来包装自己的文化资源和文化内容,就很难出现在被跨国公司垄断的国际文化市场中。

(二) 国际文化市场结构总体失衡

从全球文化贸易的结构看,发达国家和发展中国家所拥有的优势大不相同。美、日、欧等发达国家和地区主要在创意含量高、技术密集型、资金密集型、配套服务要求高的视听产品、新媒体、出版等方面,占有明显的优势,在全球占有 50% 以上的市场份额,特别是在视听产品方面拥有90％的市场份额；而发展中国家在劳动力密集型、资源密集型、依托传统市场流通方式的工艺品等领域占有全球50％以上的市场份额。可见发展国际文化交流和文化贸易，绝不是一厢情愿或者单打独斗所能奏效的，它体现了一个国家和地区在宏观战略、经济发展、科技水平、企业管理、国际化水平等方面的全面竞争力。

从全球文化贸易的流量看，发达国家和发展中国家之间表现出巨大的差异。文化货品和文化服务的进出口主要在发达国家之间进行，发展中国家的弱势十分明显。视听、出版、新媒体等附加值高的文化产品和服务出口主要来自发达国家经济体。以视听服务为例。据WTO统计，2010年视听及相关服务出口额排名前十的国家和地区中，仅美国、欧盟和加拿大的出口就占据了前十位总额的94.8％。出口额位列第四的俄罗斯仅占1.3％，位列第五的阿根廷仅占1.2％。进口额排名前十的国家和地区中，欧盟、美国和加拿大的进口又占据了前十位总额的78.8％。进口额位列发展中国家首位的巴西占4.3％的比重，俄罗斯次之，为3.9％。（见表5-3）

**表5-3 2010年和2011年视听及相关
服务主要进出口国(地区)**

	进出口额 （百万美元）		前十位中 占比（%）	年度百分比变化 （%）			
	2010年	2011年	2010年	2005— 2010年	2009年	2010年	2011年
出口国（地区）							
美国	13 529	—	48.1	6	4	—2	—
欧盟（27国）	11 203	—	39.8	3	2	11	—
欧盟外部（27国）出口	4 802	—	17.1	2	9	8	—
加拿大	1 954	2 233	6.9	1	—5	5	14

（续表）

	进出口额（百万美元）		前十位中占比（%）	年度百分比变化（%）			
	2010 年	2011 年	2010 年	2005—2010 年	2009 年	2010 年	2011 年
俄罗斯	360	310	1.3	23	−1	39	−14
阿根廷	343	298	1.2	12	−41	25	−13
挪威	204	—	0.7	1	−9	−20	—
韩国	189	271	0.7	8	−5	−5	44
澳大利亚	128	209	0.5	0	−45	19	63
中国内地	123	147	0.4	−2	−77	26	19
中国香港	112	—	0.4	−14	−50	−2	—
前十位	28 145	—	100.0	—	—	—	—
进口国（地区）							
欧盟（27 国）	13 356	—	60.5	0	−8	3	—
欧盟外部（27 国）进口	5 699	—	25.8	−3	−15	3	—
加拿大	2 393	2 445	10.8	7	−3	30	2
美国	1 666		7.5	12	8	−13	—
澳大利亚	1 031	1 332	4.7	12	−18	15	29
巴西	957	1 043	4.3	25	23	32	9
俄罗斯	851	875	3.9	18	6	18	3
日本	732		3.3	−4	−12	−11	—
中国（不包括港澳台）	371	371	1.7	19	9	33	0
韩国	360	329	1.6	18	−7	12	−9
阿根廷	356	428	1.6	17	14	27	20
前十位	22 070		100.0	—	—	—	—

注：某些主要的个人文化娱乐服务的贸易国（地区）没有单独报告视听及相关服务，因此没有显示在列表中。

来源：WTO International Trade Statistics。

WTO 统计显示，美国、欧盟、加拿大、日本和澳大利亚等发达国家和地区是全世界最重要的视听服务进出口国（地区），他们不但占有了全球视听服务进出口的绝大部分市场份额,而且彼此既出口又进口视听服务,出口排名靠前的国家和地区几乎也是进口排名靠前的国家和地区(见表5-4)。因此可以认为,当前的视听服务贸易集中在少数发达国家和地区,表现出一种"产业内贸易"的显著特点。

表 5-4　2010 年特定经济体视听及
相关服务的出口目的地

	进出口额 (百万美元)	进出口额 占比(%)	年度百分比变化 (%)		
	2010 年	2010 年	2005— 2010 年	2009 年	2010 年
美国					
全球	13 529	100.0	6	4	—2
欧盟(27 国)	7 489	55.4	—	—3	—5
加拿大	1 286	9.5	13	7	—10
日本	897	6.6	1	52	—8
澳大利亚	770	5.7	15	10	19
巴西	405	3.0	11	4	10
前五位	10 847	80.2	—	—	—
墨西哥	322	2.4	6	7	—6
韩国	181	1.3	18	—6	17
委内瑞拉、玻利维亚	180	1.3	19	41	17
瑞士	115	0.9	29	0	3
新西兰	105	0.8	12	2	6
南非	105	0.8	4	46	—13
阿根廷	88	0.7	20	—7	60
新加坡	86	0.6	20	17	13
中国(不包括港澳台)	81	0.6	10	—3	131
挪威	81	0.6	8	5	3
前十五位	12 191	90.1	—	—	—

（续表）

	进出口额（百万美元）	进出口额占比（%）	年度百分比变化（%）		
	2010 年	2010 年	2005—2010 年	2009 年	2010 年
俄罗斯					
全球	360	100.0	23	−1	39
欧盟（27 国）	170	47.1	25	−2	30
英属维尔京群岛	55	15.3	95	72	…
瑞士	30	8.3	64	75	…
美国	29	7.9	20	0	−44
哈萨克斯坦	23	6.5	23	44	2
前五位	307	85.2	—	—	—
欧盟（27 国）					
全球	11 203	100.0	3	2	11
欧盟（27 国）	6 404	57.2	3	−3	14
美国	1 769	15.8	−2	−2	−4
瑞士	420	3.7	−7	28	−23
日本	350	3.1	−9	31	7
南非	158	1.4	34	84	44
前五位	9 101	81.2	—	—	—
巴西	149	1.3	12	58	11
挪威	134	1.2	−12	−26	−1
尼日利亚	131	1.2	105	92	424
韩国	127	1.1	26	−2	124
新加坡	89	0.8	11	39	−53
马来西亚	86	0.8	91	−20	…
俄罗斯	84	0.7	22	3	54
澳大利亚	78	0.7	−18	−36	0
中国（不包括港澳台）	51	0.5	50	116	−50
土耳其	45	0.4	22	4	27
前十五位	10 075	89.9	—	—	—

（续表）

	进出口额（百万美元）	进出口额占比（%）	年度百分比变化（%）		
	2010 年	2010 年	2005—2010 年	2009 年	2010 年
中国香港					
全球	112	100.0	−14	−50	−2
中国	21	18.8	10	−71	425
欧盟（27 国）	7	6.3	…	−64	40
中国澳门	5	4.5	11	−25	67
前三位	33	29.5	—	—	—

资料来源：*WTO International Trade Statistics*。

虽然发展中国家文化产业的基础较差，但是发展速度引人注目，尤其是中国、南非、巴西等金砖国家的文化产品和服务进出口均呈现出较快增长。根据联合国贸发会议的统计，2002—2011 年，世界创意产品出口年均增长率为 8.83%，发展中国家的出口由 2002 年的 738.90 亿美元增长到 2011 年 2 278.67 亿美元，年均增长率为 12.13%，发达国家的出口由 2002 年的 1 231.69 亿美元增长到 2011 年 2 225.97 亿美元，年均增长率为 6.24%。2002—2011 年，世界创意产品进口年均增长率为 6.95%，发达国家的进口由 2002 年的 1 830.89 亿美元增长到 2011 年 3 078.50 亿美元，年均增长率为 6.81%，发展中国家的进口由 2002 年的 352.99 亿美元增长到 2011 年的 987.46 亿美元，年均增长率为 17.97%[①]。

三、技术创新与扩大国家文化辐射力

近年来，以信息通信和电脑为核心的技术创新已经成为经济和社会进步的重要加速器，对人们生活的方方面面都产生了巨大影

① 李怀亮：《国际文化市场报告》，首都经济贸易大学出版社 2014 年版，第 7 页。

响。信息通信和电脑技术（ICT，即信息、通信和技术三个英文单词（information communication technology）的词头组合也给文化产业和文化贸易带来了深刻变革。技术创新改变了文化内容的创作、制作以及营销、发行的方式，对文化产业和文化贸易的内容、形式乃至基本理念都有着深刻影响。技术进步不仅仅要求一个国家文化产业的门类、品种、装备、功能等迅速变化，而且要求其产业战略、产业政策、产业主体、配套服务等也随之变化，即考验一个国家文化产业的总体创新活力和对外文化辐射力。

（一）技术创新给全球文化产业和文化贸易带来的变化

随着信息通信技术的不断成熟和广泛应用，文化产业和文化贸易正在经历一场翻天覆地的革命。信息通信技术不仅在迅速改变传统的传播媒介，也在不断创造新的传播方式。传统媒体纷纷加快数字化改造步伐，在线视频、移动电视、IPTV、手机媒体等新媒体风起云涌。信息通信技术为文化贸易创造出了全新的营销机会和发行网络，从而大大激发了文化产业的经济潜力。在信息通信技术的强力推动下，各个门类的文化产业产品和服务融合发展，国际文化贸易正面临新一轮重构。

1. 技术创新不断推动文化产业融合的进程

ICT技术的快速发展，给文化产业带来的重大影响之一，是推动不同产业门类、不同产业环节之间的融合。所谓融合，根据联合国贸易和发展会议《创意经济报告 2010》的分析，共有三种类型：一是技术融合，即电影、电视、音乐和游戏等媒体所有权类型的转变；二是媒体融合，使用户可以通过一台个人计算机同时享受不同的媒体服务；三是接入融合，所有媒体和服务的制作、发行都重新处理，以适应分布式的网络平台，即所有一切在网络上都是可得的或者可行的[①]。全

---

① UNCTAD and UNDP, *Creative Economy Report 2010: A Feasible Development Option*, Geneva: United Nations, 2010.

球文化产业融合的进程主要依靠以数字化、网络化、多媒体设备为主的信息通信技术的驱动。

　　第一,以数字内容为代表的文化产业将成为未来的主流。文化产业的所有细分市场都在致力于开创数字化的未来。广播电视传输正在加速由模拟向数字转型。电影制作、发行、放映的各个环节受到数字技术的全面影响。传统唱片产业日渐式微,数字音乐产业取而代之。数字内容市场年均增长超过20%,并且占总收入的份额也在迅速增加。[1]

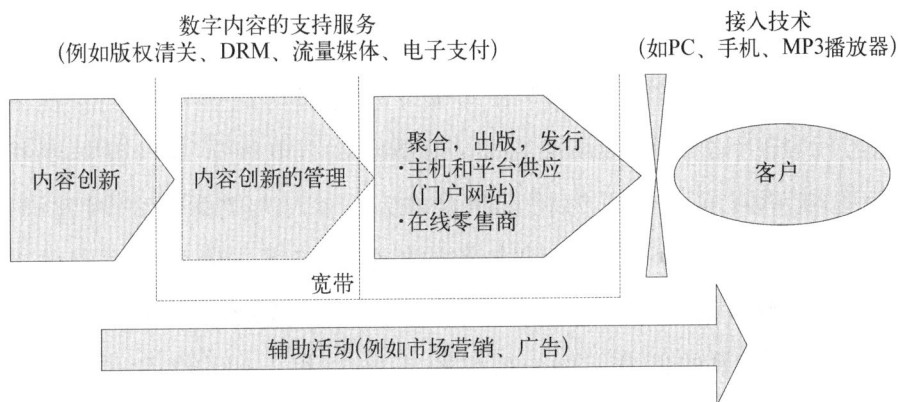

图 5-4　数字宽带内容的价值和分销链

资料来源:OECD, *Information Technology Outlook 2010*.

　　第二,网络化进一步推动了文化产业融合的进程。高速互联网接入在企业和家庭用户当中逐渐普及,为社会和大众提供更便捷、更快速的服务。经济合作与发展组织(OECD)《互联网经济展望2012》的研究显示,在多数OECD国家,至少95%的企业用户和大约70%的家庭用户已经连接了高速宽带。而且多数OECD国家都将为100%的家庭用户提供高速互联网确立为中短期目标[2]。特别是移动

---

[1]　OECD, *Information Technology Outlook 2010*, Paris:OECD Publishing, 2010.

[2]　OECD, *Internet Economy Outlook 2012*, Paris:OECD Publishing, 2012.

互联网的爆发式增长,为人—机的关系,带来了革命性的重大变化。所谓移动互联网,其实质是将移动通信和互联网二者结合起来成为一体,而且把互联网的技术、平台、商业模式和应用与移动通信技术结合,形成了一个巨大的联结系统。它使人摆脱了对固定通信方式和桌面互联网的束缚,获得了随时随地联结通信和互联网的极大自由,也为文化内容的广泛传播开辟了更加广阔的前景。

第三,在多平台环境下,受众可以通过不同网络、使用不同设备接收文化内容。网络、有线、卫星、数字用户线路均可以充当传播文化内容的基础设施。除了计算机以外,电视机、智能手机、平板电脑等也在向网络终端设备的方向发展,网络终端设备日趋多样化和个性化。移动革命则带动了网络终端设备的移动化和智能化。正如华为《2015 年全球联接指数报告》中指出的:电视屏、电脑屏、手机屏、智能照明屏已经成为相互融合联动,深入人类生活的四大屏,形成了在 ICT 数字技术基础上新的供给—需求—体验—潜力的系统①。如此一来,大量的公众可以用全新的方式观看文本、数据、视频、音频和其他的信息。更为重要的是,在网络上用户的角色定位已经逐渐由被动收看向主动选择转变,对文化消费模式产生了重大影响。

2. 文化产业加速融合促进国际文化市场的变革

信息通信技术推动文化产业从横向和纵向两个层面加速融合,这对国际文化市场的结构已经产生巨大影响,并且还将使其发生更加革命性的变化。电信运营商成为内容提供商,广播电视公司提供因特网服务,网络提供商提供多重业务服务,多平台环境越来越为内容发行创造出一个单一市场。同时,跨媒体所有权以及非媒体竞争者进入国际文化市场等因素也导致市场格局发生改变。

纵向来看,信息通信技术对文化产业所有的价值链环节都有很

---

① 华为《2015 年全球联接指数报告》,华为官方网站,http://www.huawei.com/cn/。

大影响,其中对发行环节的影响更加显著。尤其是在电影和音乐领域,新的价值链参与者大多是在发行环节。以电影为例。除了电影院之外,发行商还必须依赖有线电视、卫星电视、DVD/蓝光影碟销售、因特网等其他发行渠道来盈利。电视频道数量的飞速增长为电影发行提供了更多机会。DVD的销售和出租也大幅增长,在美国等主要市场一度甚至超过票房收入。Netflix、Redbox等新型影片出租商业模式不断出现,对传统发行渠道带来很大冲击。以美国影碟租赁公司Netflix为代表的"即时看"能让消费者在电脑、联网电视、平板电脑、游戏机、蓝光影碟机、智能手机等800多种智能设备上通过在线流媒体服务观看电影。Netflix还提供DVD邮寄服务,可提供多达10万部DVD。自2011年起,Netflix单独提供流媒体服务或DVD邮寄服务,两项服务的月租金仅为各7.99美元。

信息通信技术对文化内容制作环节的影响也在不断加大。特别是用户创建内容、在线游戏的制作环节面临巨大冲击,因为在其制作过程中往往会形成全新的价值链。以用户创建内容为例,它是一种用户使用互联网的新方式,即由原来的以下载为主变成下载和上传并重。视频分享网站就是用户创建内容的主要应用形式之一。用户将自己原创的内容通过互联网进行展示或提供给其他用户,例如电影创作者在视频分享平台上免费提供短片或故事片。每个用户都可以创建自己的内容,使得互联网上的内容飞速增长。通过用户创建内容,内容创造者和用户之间建立了新的、更直接的联系。而在唱片公司、电影制片厂等专业内容制作领域,内容的制作也会逐步与用户形成更加深入的交融。

从文化产业与电信、电脑、网络科技、人工智能、视听技术等横向合作来看,全球文化产业价值链环节的变革,主导国际文化市场的格局发生深层次改变。互联网服务提供商、电信运营商、网络公司、内容制作商、设备制造商和软件生产商等中间商和服务商利用自己的技术和渠道优势,越来越多地参与数字内容的发行,不断创新数字内容的商业模式。例如互联网服务提供商、电信运营商、硬件制造商将不同的服务捆绑在一起销售,或者将服务嵌入设备或软件进行销售。与单个的数字内容部门相比,主要互联网服务提供商、电信运营商和IT企业往往规模很大。美国电话电报公司(AT&T)、日本电信电话株式会社(NTT)等电信运营商的年收入超过1 000亿美元,远远大于整个音乐产业2012年165亿美元的年收入[①]。由于规模巨大,他们对数字内容的发行具有很大的杠杆作用。

随着数字内容的商业模式不断创新,文化、信息、电信等不同产业之间的跨界投资和合作日益显现。ICT技术的突飞猛进推动文化领域出现了产业融合的趋势。电信、有线及网络等不同类型的传输网络不断融合,打破了行业、产业之间的藩篱,使得同样的文化内容可以经由越来越多的渠道到达世界各地的用户手中。比如:维亚康姆拥有在线音乐服务Real Rhapsody的股份,微软拥有脸书的大量股份,而脸书在2014年投资20亿美元给VR(虚拟现实)公司Oculus,力图在虚拟现实方面形成竞争力优势;苹果和诺基亚与主要唱片公司合作发行数字音乐,亚马逊和苹果分别凭借Kindle和iPad进入在线新闻领域。这促使越来越多的企业突破了原来的行业分工领域,融入新潮流和新角色,例如手机企业参与移动电视发行,谷歌等搜索引擎越来越多地参与手机业务。由于文化产业涉及了新材料研发、零售、制造、相关服务等一系列相关产业。这必然导致新进入者不断增加,国际文化市场更加活跃。不过,制作和发行领域的市场集中度却不低,并且还在进一步提高。例如,以苹果为代表的少数在线音乐发行平台占有很高的市场份额,YouTube等少数用户创建内容平台在网络视频行业占据垄断地位。

总的来说,ICT作为信息技术与通信技术相融合而形成的一个新的技术与产业领域,正在推动国际文化市场的结构发生重大变化。

---

① 《2012年全球音乐产业收入达165亿美元》,http://www.askci.com/news/201303/18/181049966313.shtml,2014-12-02。

基础设施提供商和文化内容提供商之间的竞争不断加剧,促进内容和渠道更加紧密地结合起来。在网络环境中,存储和发行的成本不断降低,市场增长不再受到货架空间和其他供应瓶颈的限制,面向特定小群体的服务同样具有经济吸引力,内容供给大大增加。另一方面,数字传播、网络的持续扩张以及搜索工具的不断进步,可以把需求推向长尾的末端,极大地促进了信息流动和经验分享,内容需求也大大增长。与此同时,日益自由、开放、多元、互动的文化内容突破了时空、传受之间的限制,重塑着人们的收听、观赏、阅读的习惯,同时也对人们的思维方式、行为特点乃至对世界的看法产生着潜移默化的影响。因此,我们不应只关注技术进步带来的新内容和新表达,而应当探究新内容和新表达导致的社会及文化变革,以及由此催生的文化市场监管的新挑战和新任务。

(二) 技术创新给国际文化贸易政策带来重要变化

针对文化产品所具有的文化和经济双重属性,许多国家都采取一定的文化政策措施来保护本国文化,促进文化多样性。究其原因主要是跨国公司实际上垄断了全球文化消费市场相当大一部分份额,并且还在不断增加,国际文化市场的竞争十分激烈。但是还很难说市场本身的自我调节到一定程度便可保证国际文化贸易的良好发展。迄今为止,光是市场本身并不能保证选择的多样化、人人享有进入市场的机会以及公平的竞争环境①。因此,主要国家和地区实施文化政策措施的正当性自不待言。但是,文化政策措施的有效性已经受到技术创新的重大挑战。一方面,为了确保法律法规不阻碍文化市场的进一步发展,现有的文化政策措施应当调整,或者采用新的政策工具和执行方式;另一方面,内容发行与以往大不相同,消费者越来越能够控制其想要选择的内容和时间。消费者控制程度越高,文

---

① UNESCO. *Culture*, *Trade and Globalization*: *Questions and Answers*, Paris: UNESCO Publishing, 2000.

化政策措施的影响程度越低。这就对如何有效监管文化市场提出了更高的要求。文化产业各个行业门类的管理各有其自身的特点,技术创新带来的影响也各不相同,因此技术创新对政策理念和监管架构的影响不能一概而论。其中最受关注的是广播电视和电信市场的融合,因为两者的融合已经全面铺开,并且正在加速推进,这就提出了是否需要统一监管这一重大命题。以下以广播电视和电信市场为例说明之。

ICT 技术创新改变了广播电视和电信市场的定义,电信不再是一对一通信,广播电视也不再是一对多传输,两者均已经发展为任意互联的模式。广播电视和电信之间的传统分野正在消解,但却因视听/电信二分法受到完全不同的待遇。为了建立健全有效和灵活的制度,广播电视和电信的政策领域需要逐步融合。但是,广播电视立法和电信立法的根基不同,发展方向也不同。一般认为,广播电视对社会有着巨大影响。大众传媒在传播、保护民族文化和语言方面承担着重要的文化职能。因此,广播电视立法往往重视对公众影响、社会关切、频谱资源稀缺性的控制。政府对广播电视市场的管制有着深刻的根源。但是,随着广播电视和电信的逐步融合,这一观念受到了电信政策的挑战。电信的基本功能是建立人们之间的联系。因此,电信立法将普遍服务和不干预传输内容作为首要目标,保护竞争、消费者选择和创新是电信立法的核心内容。信息不干预的传统做法与广播电视政策有着很大的区别。理念的不同导致全球范围内,广播电视和电信的监管融合进程困难重重。

ICT 技术创新推动了广播电视和电信业务的融合加速,特别是IPTV、移动电视等新兴服务的出现,以传统分界为基础的行业监管体系矛盾日益凸显,甚至出现了大量的监管空白地带。以 IPTV 为例,对于 IPTV 这项典型的融合型业务,应当发放广播电视、信息还是电信牌照,业界并无定论,需要各国根据实际情况确定。从电信的角度来看,IPTV 是通过宽带网络提供内容服务,应当属于电信增值业务（信息服务）的范畴；从广播电视的角度来看，由于IPTV提供的是电视节目，应当属于电视业务的范畴，特别是在监管机构分立的国家和地区，电信业务和广播电视业务的监管自成体系。根据传统的业务分类方法，管理部门无法把IPTV准确地划归到哪类业务中，从而也无法对IPTV实施恰当的管制。在我国，开办IPTV业务需要《信息网络传播视听节目许可证》、《网络文化经营许可证》、《电信与信息服务业务经营许可证》和《移动增值业务许可证》，其中，前两个许可证分别由新闻出版广电总局和文化部负责颁发，其余两个许可证由信息产业部颁发。这种复杂的监管环境可能会在一定程度上阻碍IPTV的发展。

在技术创新不断推进融合进程的大背景下，为了确保文化政策目标的实现，内容配额、广告配额、传送规则等受技术进步影响较大的文化政策措施必须适时调整，以适应技术创新带来的新形势和新问题。在此方面，欧盟、澳大利亚等发达国家和地区是实践创新的先锋，已经并且正在根据新技术的发展动向，对文化政策措施进行一系列的调整，代表着文化政策措施变革的新趋势。

中国作为21世纪崛起的大国，要增强文化整体实力和竞争力，必须着力提高文化产业和文化贸易的发展水平。我国要想加快发展文化产业和文化贸易，应当重视通过采用财政扶持、税收优惠、金融支持等一系列政策措施，加大支持力度，营造良好环境。必须看到，面对技术加速创新，我国文化领域的行政管理机构体系及其监管政策理念还存在明显的不适应和不匹配，具体文化政策措施也面临如何变革的重大挑战。为此，我国应当借鉴主要国家和地区的先进经验，确立创新重点和有效举措，及时调整文化政策措施。

四、贸易自由化与扩大文化辐射力

当前，世界经济格局发生深刻变化，新兴经济体迅速崛起，各国对利益分配的竞争进一步加剧。规则制定是全球利益分配的重要手段。为了巩固其主导权,更好地获得全球利益,以美国为主的发达国家发起了以区域一体化为核心的新一轮规则制定。进入 21 世纪以来,在全球范围内货品贸易基本实现自由的背景下,本轮全球贸易规则的重构重点是在投资自由化和服务贸易自由化,这对国际文化贸易规则体系也产生了重大影响,国际文化贸易自由化趋势正在加强。文化贸易自由化进一步消除贸易壁垒,扩大市场准入,为各国扩大文化辐射力提供了有利条件。尤其是以美国为主的发达国家掌握规则制定的主导权,更加有利于扩大他们在文化辐射力方面的优势,同时也迫使其他国家和地区在文化政策方面做出调适,才能顺应这种新的规则变化。这些外部环境和游戏规则的变化,给我国扩大对外文化开放既带来新的机遇,也提出更高要求。我国发展对外文化贸易必须及时做出回应,以保证国家文化安全为前提,进一步适度扩大文化市场对外开放。

(一)区域一体化趋势成为国际贸易体制的新动向

当前,多边贸易谈判进展缓慢,区域、双边和诸边贸易协定代之而起,发展势头十分迅猛,已经成为经济合作与竞争的重要手段。根据 WTO 统计,截至 2014 年 6 月 15 日,通知 WTO/GATT 的区域和双边贸易协定约有 585 个①。当今世界版图的绝大部分已经被各个区域和双边贸易协定所覆盖。各国都在加快推进自贸区战略。欧盟仍然是签署协定最多的经济体,并且还在不断深化、拓展其层次和范围。同时,贸易协定谈判的中心正在发生变化,亚太地区成为新的增长点。前任美国总统奥巴马时期推动的"跨太平洋伙伴关系协定"(TPP)、"跨大西洋贸易与投资伙伴关系协定"(TTIP)、"服务贸易协定"(TiSA),希望从两个半球、一个轴心覆盖全球,力图通过高标准

---

① WTO，*Regional Trade Agreements*，http://www.wto.org/english/tratop_e/region_e/region_e.htm，2014 - 10 - 22.

的谈判方式追求高水平的贸易投资自由化,重构国际贸易投资规则。2015 年 10 月 5 日,美国、日本、澳大利亚等 12 个国家结束"跨太平洋战略经济伙伴协定"(TPP)谈判,达成协定,把重点放在新一轮标准和规则的制定,追求全覆盖和高标准,希望取消或降低商品关税,涵盖投资、竞争政策、技术贸易壁垒、食品安全、知识产权、政府采购以及绿色生态型增长和劳工保护等领域。但是,新任美国总统特朗普上台后宣布:停止 TPP 谈判,美国政府将重新谈判和签订公正的双边贸易限定,把更多的就业和产业带回美国。在一些国家和地区,逆全球化的思潮开始升温。但是从长远来看,这些都是全球化进程中的反复,逆全球化不会成为世界的主流。中国作为公平合理的全球化经济体系的坚定推动者和负责任大国,有实力有决心引领新一轮的经济全球化。我们要清醒地看到:全球贸易自由化正在出现诸多新趋势。

一是区域和双边贸易协定的内涵正在扩大。随着全球经济竞争的重点从制造业转向服务业,贸易协定突破传统的货物贸易领域,越来越多地包含服务贸易的内容。多哈回合谈判启动以后,涵盖服务贸易的协定的增速明显高于其他领域。同时,随着国际贸易投资规则谈判的重点逐渐从贸易领域转向投资领域,越来越多的贸易协定涵盖投资问题,使贸易协定成为制定投资规则的重要领域。并且区域和双边贸易协定倾向于追求高水平高标准的投资规则,特别是在投资准入上提供准入前国民待遇,将国民待遇延伸至投资发生和建立前阶段,给予外资准入权,明显提高了外资待遇。目前,准入前国民待遇和负面清单已经成为国际投资规则发展的新趋势,据初步统计,至少有 77 个国家已经采用此种模式。[①]

二是区域和双边贸易协定的自由化标准更高。其中一个重要表现就是更多的协定倾向于采用负面清单谈判方式。负面清单是相对

[①] 商务部:《已有 77 个国家采用准入前国民待遇和负面清单模式》,http://finance.people.cn/n/2013/0712/c1004 - 22173506.html,2014 - 10 - 28。

正面清单而言的。所谓正面清单,即不列入不开放,是指只有成员对特定领域进行具体承诺后,该成员才承担开放市场的义务。而且该成员尚可在具体承诺表中列明继续保留的限制。所谓负面清单,即不列入即开放,是指除非承诺表列明保留,否则所有领域都要开放。而且负面清单通常包含禁止反转机制,即未来任何保留措施的自由化都将自动锁定,不得倒退。可见,较之正面清单,负面清单呈现出较高水平的自由化和透明度,因为除了数量有限的保留措施之外,实际开放程度已经阐明。2000 年以后,越来越多的协定采用负面清单谈判方式。根据初步估算,在通知 WTO 的涵盖服务贸易的 124 个已经生效的区域和双边贸易协定当中,有 46 个采用正面清单,65 个采用负面清单。这从一个侧面说明:不断扩大开放、推动国际投资和贸易的便利化,是全球经济发展的主流。

三是区域和双边贸易协定的深度不断加深。近年来,许多贸易协定特别是美欧等发达经济体签署的协定,其内容已经不再局限于消除贸易壁垒和扩大市场准入,而是将议题延伸至国有企业、电子商务、知识产权、竞争政策、劳工权益、环境保护等"21 世纪新议题"。这些议题均与国内监管制度密切相关。可见,发达经济体关注的焦点已经由寻求市场开放转向协调监管制度。协调监管制度的实质是发达国家向发展中国家输出其管理制度,寻求监管制度的进一步协调[1]。因为较之货物贸易,服务贸易和投资往往受到高度监管,所以监管制度实际上是最难消除和解决的壁垒[2]。如果缔约方的监管体制不健全、监管法规不配套、监管措施不透明,可能会成为服务贸易和投资的隐性障碍,导致市场开放承诺无法具体落实。当然,协调监管制度无疑会影响成员方的监管行为,并且可能会增加监管负担。对此,发展中国家对于协调监管制度的利弊得失需要认真评估和考量。

---

① WTO, *World Trade Report 2011*, p.133.
② [美]马图:《国内管制与服务贸易自由化》,方丽英译,中国财政经济出版社 2004 年版。

（二）区域一体化背景下国际文化贸易规则的变革

随着文化经济的飞速发展，文化贸易从边缘地带走向中心位置，在国际贸易格局中发挥着越来越重要的作用。但是在 WTO 框架下，文化贸易一直是个敏感问题，关于贸易和文化问题的争论从未间断。特别是以美欧为代表的主要成员在视听部门的开放问题上分歧巨大，美国主张将文化产业纳入贸易自由化的范围，欧盟则主张文化产业应当免于自由贸易。最终，贸易和文化问题在乌拉圭回合谈判中未能得到解决，美欧没有就视听部门达成任何实质协议，仅仅同意保留各自意见，接受分歧存在，结果是 WTO 并未形成任何明确的文化例外原则。

在多哈回合谈判中，由于美欧双方的立场毫不松动，分歧难以弥合，文化贸易谈判同样困难重重。此外，联合国教科文组织《保护和促进文化表现形式多样性公约》也未能弥合 WTO 体制与文化多样性关切之间的分野。虽然全球化的进程会有反复，在美国和一些发达国家也出现了保护主义的声浪，但是各个国家推动全球化的合作与发展，形成互联互通的全球经济新秩序，毕竟是一个历史性的潮流。在全球范围内，区域和双边贸易协定蓬勃发展，正在重塑国际文化贸易的规则体系，文化贸易自由化趋势加强，必然促进国际文化市场进一步开放。

1. 区域层面国际文化贸易规则的进展

在涵盖服务贸易的区域和双边贸易协定中，有相当一部分包含文化服务贸易自由化特别是视听服务贸易自由化的内容。欧洲主要是欧盟相关协定，美洲主要是北美自由贸易区和南方共同市场（简称南共市）的协定，亚洲主要是东南亚国家联盟（简称东盟）和南亚区域合作联盟（简称南盟）的协定。由于在地理、语言、文化、历史上各不相同，各个区域的协定采取不同的做法来应对文化市场整合，推进文化贸易自由化的程度也不一样。

（1）欧洲的文化贸易规则

欧洲一体化协定是最早涉及服务贸易自由化的协定。因为欧洲一体化的程度早已超越一般的自由贸易协定，所以欧盟的制度当中不仅包含服务贸易的相关规定，也包含共同政策的相关规定。同时，欧盟的各个机构在文化领域有个共同的权限，就是制定政策当以视听部门以及文化多元化的目标为参考。有鉴于此，欧盟的文化贸易规则必定是区域层面一体化程度最高的规则体系之一。

欧盟的文化产业已经相当成熟，但是在美国强势文化产业的巨大压力下，一些欧盟国家依然采取市场配额、对国产文化产品给予补贴等政策措施，以便保护欧洲文化的多样性，保护欧盟文化产业的市场空间。欧盟反复强调，欧洲文化不仅是欧盟未来经济持续发展的增长点，也是欧洲文化与身份的象征。因此，欧盟的视听政策自形成起就旨在同时促进经济一体化和文化多样化。欧盟视听政策包括一整套有关视听服务的传输及内容，以及一系列支持措施的规定。欧盟通过建立单一欧洲市场，克服多种语言的障碍、文化消费模式的多样化、发行网络的碎片化，既强化了竞争性的文化产业，又巩固了欧洲的文化身份。从某种程度上说，欧盟内部经济一体化和文化多样性之间此消彼长的关系正在逐渐消解，因为通过扩大视听产品的市场准入，经济一体化已经成为促进文化多样性的工具。

但是，在欧盟外部，欧盟则以不愿做出视听服务贸易自由化承诺的立场著称。欧盟在 WTO 体制下寻求"文化例外"，坚决主张在涉及 GATS 贸易自由化义务时，给予文化服务以例外地位。欧盟在美欧贸易谈判中也坚持"文化例外"。然而欧盟成员国对于是否将视听部门排除在 TTIP 的谈判之外存在分歧，法国力主将视听部门排除在外，英国和德国则持反对态度。但是，经过反复讨论，欧盟最终于 2013 年 6 月决定将视听部门排除在 TTIP 谈判之外，以后仍然可以重新就该议题进行谈判，但是必须获得欧盟理事会的完全同意。^① 当然,欧盟委员会要听取美国对视听部门的想法,还要等待欧盟数字内容政策的进一步发展。此外,欧盟是发起保护文化多样化动议的主导者,积极推动《保护和促进文化表现形式多样性公约》的缔结,以此扭转其在国际文化贸易中的被动地位。不过,欧盟在文化政策上的双重标准被证明执行起来相当复杂。一方面,在欧盟内部,欧盟服务市场一体化在视听部门仍然属于不完善的阶段。欧盟委员会力图消除视听贸易壁垒,激起一些成员国和利益集团的强烈反对,他们不愿意接受一个完全统一而自由竞争的欧洲文化市场,认为这样的欧洲一体化是对其文化身份的威胁。另一方面,在国际层面,欧盟寻求维护欧洲身份,保护视听产业,则是以与主张贸易自由化的其他国家发生争端为代价的,这使得他们在多个场合陷入被批评为双重标准的被动局面。

（2）北美的文化贸易规则

北美自由贸易区是世界上第一个由发达国家和发展中国家组成的经济一体化组织,其经济实力和市场规模都超过欧盟。《北美自由贸易协定》（NAFTA）是一个以美国为核心的协定,实际上由两对双边关系构成,即美国-加拿大关系和美国-墨西哥关系。文化领域同样如此,美加和美墨之间达成的协议并不相同。

根据 1989 年《美加自由贸易协定》第 2005 条第 1 款的规定,除非特别规定,文化产业原则上不适用该协定,即美加之间的文化产业豁免于货物和服务贸易自由化。该条第 2 款规定,虽然协定另有规定,为了应对可能与除第 1 款外的该协定其他规定不符的做法,当事方得采取具有相同商业效果的措施。该款规定实际上认可了文化领域的保护主义措施。不过,《美加自由贸易协定》显示其不认为文化是无代价的,而是承认对文化产业的保护需要成本,在经济上具有重要作用的保护主义措施,不可避免地将对其他利益造成影响。据此,

① Council of the European Union, *Council approves launch of trade and investment negotiations with the United States*, 10919/13, Luxembourg, 14 June 2013.

决策者需要平衡为了保护文化产业而使加拿大的其他产业蒙受经济损失是否值得①。从这个意义上说，美加 FTA 类型的文化例外虽然为文化保护主义提供了选择权，但是并非文化产业准自动保护的屏障。

另一方面，美国和墨西哥之间的文化服务贸易在 NAFTA 框架下已经自由化，甚至包含 GATS＋条款，主要内容有：负面清单自由化方式；与货物和服务贸易有关的投资和商务人士临时入境的特殊规则；与不建立商业实体权有关的一般义务，并且与视听服务贸易的关系越来越紧密。不建立商业实体权的规定可以促进文化产品电子商务的发展。至于具体承诺，为了实现 NAFTA 框架下文化贸易自由化，美国在视听部门完全自由，墨西哥只维持某些 GATS 的例外规定。

NAFTA 不仅仅在试图寻找经济一体化和文化多样性无法兼顾的解决途径，而且含蓄地表明两者之间此消彼长的关系本身并不存在。对加拿大而言，只有从经济一体化中排除文化产业，才能促进文化多样性；而对美国来说，文化贸易自由化特别是视听部门自由化，是区域和多边层面促进文化多样性的最佳方式②；墨西哥显然也赞同这一观点，尽管其仅在区域背景下遵循文化贸易自由化。

此外，NAFTA 框架下美国和墨西哥之间视听产品贸易的模式对其他中南美洲国家有关这一问题的立场也产生了影响。三国集团（哥伦比亚、墨西哥和委内瑞拉）、墨西哥-北方三角（萨尔瓦多、危地马拉和洪都拉斯）签署的自由贸易协定对区域内部视听市场几乎完全开放，其中墨西哥作为成员方起到了关键性的作用。美国-多米尼

---

① Michael Hahn, "Preferential Trade and Cultural Products", in Ross Buckley, Vai Io Lo and Laurence Boulle (eds.), *Challenges to Multilateral Trade: The Impact of Bilateral, Preferential and Regional Agreements*, Kluwer Law International, The Netherlands, 2008, p.233.

② WTO, Council for Trade in Services, "Communication from Hong Kong China, Japan, Mexico, the Separate Customs Territory of Taiwan, Penghu, Kinmen and Matsu, and United States", TN/S/W/49, 30 June 2005.

加-中美洲(哥斯达黎加、萨尔瓦多、危地马拉、洪都拉斯、尼加拉瓜)自由贸易协定也推动了该区域内视听市场的高度一体化。

(3)南美洲的文化贸易规则

南方共同市场简称南共市,是南美地区最大的经济一体化组织,也是世界上第一个完全由发展中国家组成的共同市场。1991年3月26日,阿根廷、巴西、乌拉圭和巴拉圭四国总统在巴拉圭首都亚松森签署《亚松森条约》(该条约于同年11月29日正式生效),宣布建立南方共同市场。此后,南共市先后接纳智利(1996年10月)、玻利维亚(1997年)、秘鲁(2003年)、厄瓜多尔(2004年12月)和哥伦比亚(2004年12月)等国为其联系国。该组织的宗旨是通过有效利用资源、保护环境、协调宏观经济政策、加强经济互补,促进成员国科技进步,最终实现经济政治一体化。而在实践过程中,南共市成员国之间早在1997年就已开展服务贸易谈判,但是服务贸易自由化仍然很难实现。视听服务就是主要例证。虽然南共市通过了一系列旨在推进视听产业区域一体化的政策,成员国在视听部门中也做出了承诺,例如阿根廷和巴西对电影放映服务、多厅电影院不设外资股权限制。但是成员国仍然保留了许多限制,例如,阿根廷和巴西保留了放映配额;乌拉圭保留了免费广播电视的运营权,但是允许外资进入卫星、有线电视领域以及电影的制作、发行和放映领域并且无股权限制。2003年,南共市电影和视听主管机关特别会议成立,目的是推进视听产业的有效整合,促进区域内部视听产品的自由流动,以及保护南方共同市场的文化多元化。

(4)亚洲的文化贸易规则

亚洲地区的区域一体化进程较为缓慢,文化市场整合程度较低。东盟和南盟均是如此。东盟涵盖整个东南亚10个国家。《东盟服务贸易框架协议》是东盟成员国于2008年签署的,旨在促进东盟经济一体化的重要协议。视听部门属于例外,完全不受约束,尽管马来西亚、新加坡、泰国等成员国在GATS框架下都做出了具体承诺。另一方面,为了创设受共同的区域身份约束的东盟共同体,成员国设立了专门处理文化事务包括视听领域的委员会,为该领域区域合作的政策和项目提供建议。在这个框架下,一些东盟国家正在逐步调整文化创意产业政策,扩大国际合作。如印度尼西亚政府 2014 年提出创意经济发展套案,其中包括了三个子方案:2009—2025 年国家创意经济发展计划(根据 2008 年版本修正)、创意经济中程发展方案、2015—2019 年各创意经济之中程发展方案。印度尼西亚文化创意产业多为中小企业,约有 340 万家,占整体创意产业企业的 63%,而它们的国际竞争力比较弱。印度尼西亚政府在 2012 年与英国签署了《创意经济合作备忘录》(Creative Economy Memorandum of Understanding)①,表示要在 10+1 文化创意产业领域包括艺术和工艺、时尚、数字内容、音乐等,开展广泛的合作和贸易。

南亚区域合作联盟(简称南盟)成立于 1985 年,是南亚国家为加强经济、社会、文化和科学技术领域内的合作而成立的一个非政治性集团组织。成员国包括孟加拉国、不丹、印度、马尔代夫、尼泊尔、巴基斯坦、斯里兰卡和阿富汗,面积 416 万平方千米,拥有 14.6 亿人口。观察员有欧盟、美国、中国、日本、缅甸、韩国、伊朗、毛里求斯和澳大利亚等。南盟的宗旨之一是加速成员国的发展进程,促进该区域的经济一体化。1995 年,南盟成员国达成了一项诸边贸易协定,并于 1996 年被《南亚自由贸易协定》取代,其目标是在 2016 年前建立自由贸易区。然而,该协定并不涵盖服务贸易。自南盟成立伊始,视听部门就是重要的合作领域。但从贸易的角度看,视听产品受到国家政策和意识形态等要素的影响,形成一个极具争议的领域,尤其是在印度和巴基斯坦之间的关系当中。1965 年,在与印度发生一场大规模战争之后,巴基斯坦政府曾颁布一项通用禁令,禁止一切印度电影在巴基斯坦上映。以后,印巴之间屡屡因为视听产品的贸易而发生摩擦,2012 年,巴基

---

① 参看印度尼西亚政府官方网站,https://www.indonesia.go.id,2012 年 12 月 15 日。

斯坦在印度电影《特工维诺德》原定在拉合尔和卡拉奇巴的电影院上映数天前对其下达了禁令。因为这部影片批判性地刻画了巴基斯坦的政府、将军和特工。与此同时，巴基斯坦政府对印度的出口总体表现出强硬的立场，拒绝给予印度最惠国待遇地位。在《南亚自由贸易协定》框架下，视听产品自由化议题面对着一段艰难而漫长的过程。

2. 双边层面国际文化贸易规则的进展

作为世界上最大的文化产业强国，美国是视听服务贸易自由化的主要推动者。美国在与20个国家缔结的双边贸易协定中，视听服务的市场准入保障都取得了重要进展，电影和录音服务方面的限制越来越少，影院数量和外资股权限制已经取消。与美国签订双边贸易协定的所有国家，要么是原来没有做出GATS承诺的国家做出了双边承诺，例如澳大利亚、巴林、智利、哥伦比亚、哥斯达黎加、多米尼加共和国、萨尔瓦多、危地马拉、洪都拉斯、摩洛哥、尼加拉瓜、阿曼、秘鲁和新加坡；要么是在GATS承诺的基础上有了重大超越，例如巴拿马、韩国和约旦。例如，《美韩自由贸易协定》谈判的直接结果就是，韩国同意减少一半的放映配额，只保留了要求每块银幕每年至少放映73天国产电影的权利，而此前为146天。

面对ICT技术的飞速发展和整个技术环境的变化，美国推动缔结的双边贸易协定在文化贸易领域呈现出新的趋势。此前，美国要求谈判对手消除文化领域任何形式的贸易保护主义措施。晚近的双边贸易谈判除了采用负面清单谈判方式以外，还表现出以下特点：（1）不再要求取消现有的文化和内容制作的财政资助计划；（2）对于本地内容要求和其他基于传统技术的贸易壁垒，仅仅要求锁定而非消除现行规章；（3）特别关注电子商务自由化的推进，试图通过电子商务谈判，突破文化贸易壁垒[1]。总的来看，尽管在双边贸易协定框架下美国的贸易伙伴做出的视听承诺还有许多限制，但是其自由化成果为美国

① Silvia Formentini and Lelio Iapadre, *Cultural Diversity and Regional Trade Agreements: The Case of Audiovisual Services*, UNU - CRIS Working Papers, W - 2007/4.

带来了可观的增加值。特别是鉴于 WTO 框架下该议题的谈判进展，以及这些国家签订的其他协定，都无法企及美国双边贸易协定达到的视听服务承诺水平，更加凸显了美国在文化贸易自由化上取得的成果。

除了美国以外，日本缔结的双边贸易协定在视听部门也有新的进展。与日本缔结双边贸易协定的国家，有的做出了新的承诺，有的提高了承诺水平。例如，印度尼西亚在电影和录像的制作和发行、电影放映方面做出了新的承诺。日本和印度尼西亚在跨境贸易中做出完全承诺，商业存在方式有合资要求以及 40％的外资股权上限要求。菲律宾在动画卡通制作方面做出承诺，允许在符合最低限度的投资水平要求等特定条件下，外资股权可以达到 100％。墨西哥在录音方面做出承诺，并且在电影放映方面取消了一项外资股权限制。

中国内地与香港、澳门《关于建立更紧密经贸关系的安排》（以下简称 CEPA）也改善了视听服务所有子部门的承诺。在电影放映和录音方面，将外资股权限制从 49％提高到 100％；在电影发行方面，允许外资股权参与达到 70％，同时还涵盖了某些电影的发行，超出GATS 承诺水平。中国还在电视传输和制作方面做出了有限承诺，如合拍电视剧，但在该领域中中国并未做出 GATS 的承诺。

总的来说，由于参与方较少、谈判议程缩减，以及区域背景下文化领域可能共有某些特性等因素，区域和双边贸易协定往往比多边贸易体制实现了更大程度的文化贸易自由化，在文化多样性和经济一体化之间取得了某种均衡。并且相对而言，双边贸易协定在文化贸易自由化中取得的进展更加深入，其中大部分是美国缔结的协定所贡献的。当然，全面考虑做出国际承诺当中包含的商业和文化因素，多边体制仍然应当是最佳选择①。从长远来看，各国在制定全球贸易规则过程中，重返多边论坛是必然的，因为多个区域和双向协定

---

① Martin Roy，"Beyond the Main Screen：Audiovisual Services in PTAs"，in Juan A. Marchetti and Martin Roy（eds.），*Opening Markets for Trade in Services: Countries and Sectors in Bilateral and WTO Negotiations*，Cambridge：Cambridge University Press，2008，p.374.

互相交织、彼此重叠而导致的"意大利面碗"现象①将带来操作层面的巨大困难。不过,尽管对区域和双边贸易协定存在争议,但是由于多边贸易体制进展的阻力,区域和双边贸易协定已经成为解决全球贸易和文化市场问题的强有力工具。

目前,中国正在加快推进自贸区战略,目前在建的自贸区 19 个,涉及 31 个国家和地区,其中,已签署自贸协定 13 个,涉及 21 个国家和地区②。同时,对于美国主导的贸易规则重构,我国已经通过寻求加入 TiSA 谈判,同意以准入前国民待遇和负面清单为基础与美国进行中美双边投资协定实质性谈判等举动,表明了承认并参与这一规则体系的立场。特别是负面清单的谈判方式要求所有领域原则上都要纳入开放范围,只有很小范围的服务和投资能够排除在外。如此一来,中国很难在谈判中将整个文化部门都列入负面清单,即便是列入部分行业和业务,也要受到谈判对方的压力以及利益交换等因素的影响,这就必然推动中国文化市场的进一步开放。当然,更为重要的是,开放市场不仅是外部环境的压力,更是自身发展的需要,要以开放促发展,以开放促改革。

第三节　扩大文化辐射力的理论探索和实践经验

一、扩大文化辐射力的理论探索

扩大文化辐射力的主要路径包括文化外交、文化交流和文化贸

---

① 意大利面碗现象(spaghetti bowl phenomenon)源于巴格沃蒂(Bhagwati)1995 年出版的《美国贸易政策》一书。它是指在 RTAs 框架下,各个贸易协定的不同优惠待遇和不同的规则就像碗里的意大利面条,一根根地绞在一起,剪不断,理还乱。这种现象称为"意大利面碗"现象。
② 《中国对外商谈自由贸易协定总体情况》,http://fta.mofcom.gov.cn/,2015 - 06 - 10。

易。文化外交、文化交流和文化贸易涉及文化、传播、外交、国际贸易等不同的学科领域。那么，对于扩大文化辐射力的相关理论的探讨，必然是跨学科的研究，包括多个学科的多种理论。这些理论从不同视角，对扩大文化辐射力进行了深入的研究。

（一）文化外交和文化交流的主要理论基础

国内外学界关于文化外交的研究方兴未艾，不少学者从国际文化关系、文化主权、文化传播等角度对文化外交进行探讨。其中，国内学界偏重于文化传播学的研究，从文化传播的角度考察文化外交的表现形式、手段和作用等。国外学界偏重于国际文化关系的研究，从国际文化关系的大背景来考察一国的文化外交政策。可以说，这两大理论构成了文化外交的主要理论基础。

1. 跨文化传播理论

文化外交源于文化交流、传播，是国家与国家之间的文化交流、传播。而跨国文化交流、传播是建立在不同国家、不同民族、不同地区之间所进行的不同文化的交流、传播基础之上，故又称为跨文化传播。因此，跨文化传播是文化外交的基础，而文化外交在国家的外交活动中具有不可替代的重要作用。与国家的政治外交、军事外交相比较，文化外交更显出它的柔和、灵活和可以直达人心、引起感情共鸣的力量。

各民族文化的普遍性和特殊性决定了跨文化传播的可能性和必要性。各民族国家所取得的特殊成就，都是人类文明的有机组成部分，具有一定的普遍性。正是这种共性决定了各民族国家跨文化传播的可能性。其次，特殊的时空背景所造就的各民族国家的独特成就，其具有的特殊性也是客观存在的。这种个性决定了跨文化传播、沟通的必要性，同时也形成了它们相互交流过程中的折扣和困难。总之，不同文化间的共性和个性所共同决定的互补性是跨文化传播的先决条件，文化方面所存在的"经验差异引发交际"、

"呼唤交际"①。

进一步说,跨文化传播之所以在国际关系中存在并成为文化外交的基础,其最直接的根源在于,各国际关系主体的文化之间存在着相互的竞争性。文化发展和交流有自身的规律,即一个国家文化辐射力的强弱,受制于本国的经济水平和整体国力。经济水平高、整体国力强,文化辐射力就强,反之则弱。从世界范围来看,文化的主要流向总是由强势国家向弱势国家流动。有鉴于此,各国若想要提升国际话语权,扩大国际影响力,增强综合竞争力,就必须放眼世界,扩大对外文化开放,积极采取措施展开跨文化传播,"寻求和倾听信息"②。另一方面,文化本来处于强势的国家,同样要运用跨文化传播的方式,努力向文化弱势国家施加舆论影响。

就客观现实而言,跨文化传播已经成为国际关系的重要内容,并促使文化外交建构当代国际文化关系。在跨文化传播中,各国不同的文化相互交流、沟通、影响、学习和促进,增进了各国人民彼此的了解、理解和认同,培养了国家间的公认、共识和互信,由此带来了国际协作和合作,给世界传递着友谊与和平。如今,跨文化传播是否顺畅已经成为衡量国际关系是否正常和良性发展的一杆标尺。

同样应该看到,跨文化传播在促进不同文化之间的交流和沟通的同时,也引发了形形色色的争议和冲突。出于意识形态和宗教信仰等原因,一些国家有意无意地通过跨文化传播输出价值观念和文化模式,使得对方的本土文化受到压抑,失去"活性",处于被吞噬的危险境地。毫无疑问,这种单向度的、强制性的跨文化传播,必然招致那些被动接受者的反对和抵抗。中国学者郭洁敏进一步提出了国际文化软实力竞争中的"文化制高点"的理论:第一,未来的全球文化制高点势必体现包容性的全球思维,即把世界作为一个整体来考虑,认定人类具有共同的利益;第二,未来的全球文化制高点必将在

① 陈大正:《交际文化学》,华中理工大学出版社1996年版,第71页。
② 〔美〕威尔伯·施拉姆:《传播学概论》,新华出版社1984年版,第34页。

东西方文化的整合中形成,在吸纳异质文化的合理成分中逐渐走向融合①。

有鉴于此,文化外交应当遵循跨文化传播的法则,以双向交流为基础,而非单向的输入与输出,以此达到相互认识、彼此理解和共同促进的目的。中华文化目前在国际上尚不具备强势地位,我国更应重视通过文化外交,促进跨文化传播,积极吸收借鉴国外先进文明成果,向世界展现良好的国家文化形象。

2. 国际文化关系理论

长期以来,国际关系理论往往只关注两个维度,一是政治,二是经济。前者注重国际关系领域的权力政治、势力均衡和国家安全;后者注重全球经济体系中各国的经济利益和经贸关系。比较而言,学界对国际关系中的文化因素和文化现象关注不够,仅仅散见于一些国际政治和经济的论述中。随着文化在国际政治经济中作用的不断凸显,文化作为国际关系研究的一个崭新视角,越来越多地受到学界的关注。学界已经认识到,不仅各个国家和地区的政治经济结构转型与变迁可能引发矛盾、冲突和战争,而且国家之间以及国家内部因文化差异也可能引发冲突与矛盾,并且成为影响或制约国际关系和各国外交政策的重要因素,是各国实现战略目标的重要手段。正如美国著名学者塞缪尔·亨廷顿指出,文化是国际冲突的诱因,"在冷战后的世界,文化既是分裂的力量,又是统一的力量",更加彰显了文化的影响。

美国著名历史学家入江昭指出,地球不是一个单一的世界,而是有各种层次上的子地球,可以说是出现了几个世界:一是传统主权国家的世界;二是由经济活动制造出来的"世界";三是广义上文化交流构筑的"世界"②。

---

① 郭洁敏:《软权力新探:理论与实践》,上海社会科学院出版社2014年版,第199—203页。
② [美]入江昭著:《20世纪的战争与和平》,李静阁、颜子龙、周永生译,世界知识出版社2005年版,第171—172页。

法国文化学者路易·多洛在《国际文化关系》一书中,明确提出了"国际文化关系"的概念,认为国际文化关系是相对于政治、经济和军事关系的"第四个维度",分析了推动国际文化关系发展的成因,并认为"当今的国际文化关系就像一张极其紧密和越来越复杂的网"①。

日本国际关系学者平野健一郎认为,在国家之间的交往中,除了政治、经济和法律以外,至少还存在着文化关系。而且,文化关系(现象)并非间接地,而是直接地影响着人们的生活以及其生活方式。正是文化规定了人们的生活和生活方式的形态。因此,国际关系理论的研究必然要包含文化关系的研究。他指出,所谓的国际文化关系至少包括以下四个方面:一是文化与异文化之间的关系;二是国际关系中的文化侧面;三是国际性的文化关系;四是国际文化②。

日本国际政治学者星野昭吉在《全球政治学》一书中着重分析了文化与全球政治的关系。他提出,全球文化的性质与方式在很大程度上影响并限制着行为体的行为,以及行为体之间的关系模式。在全球文化的影响下,全球政治在本质上是复杂多变的。一般而言,从不同文化、政治背景的内涵与外延出发,每一个行为体都会提出不同的秩序。在某种程度上,世界秩序、主权、安全、经济与文化的性质、结构、变化与含义依赖于文化的全球化③。中国学者王义桅指出,国际关系理论五彩缤纷,但是从更高的哲学层面看,归纳起来不外乎有三大范式——回归古典、回归现实、回归自然,对应国际关系研究的三大维度——时间维度、空间维度、自身维度。应该从大文化的角度来解读国际关系理论,从而深刻地理解各种国际关系理论背后的文化价值观念④。

---

① [法]路易·多洛著:《国际文化关系》,孙恒译,上海人民出版社 1987 年版,第 10 页。
② 李廷江:《探索国际关系的新视角:平野健一郎和他的国际文化理论》,《国外社会科学》1997 年第 2 期。
③ [日]星野昭吉著:《全球政治学》,刘小林等译,新华出版社 2000 年版,第 193 页。
④ 王义桅:《超越国际关系:国际关系理论的文化解读》,世界知识出版社,2008 年 1 月版,第 5—15 页。

国际文化理论的出现，改变了人们过去往往以军事权力、安全战略、均势外交等带有冷战思维的概念来看待世界的习惯，而辅之以文化背景和地理环境的因素。国际文化理论从异文化之间的关系、文化交流论、国际交流论、国际文化论等角度对国际文化关系进行的研究，对于作为促进文化外交和文化交流的发展，可以在遵循文化发展的内在规律，顺应国际文化关系的发展趋势等方面，提供理论依据和指导，进而有效地开展对外文化传播，扩大对外文化辐射力。

（二）文化贸易的主要理论基础

1. 贸易理论对国际文化贸易的适用性

文化产业在"促进与保持文化多样性以及确保民主地获得文化方面发挥了核心作用"。它的这种双重性质——文化和经济的结合——使之具备了与众不同的产业特征[①]。那么，一般的贸易理论对于国际文化贸易的适用性问题，即是否能够对国际文化贸易的特殊性做出说明和解释，仍然需要进一步研究。但是，这里无法一一验证不同贸易理论的适用性，故仅从国际文化贸易的动因和促进的角度，探讨贸易理论在国际文化贸易中的适用性以及对我国的政策启示。

（1）产业内贸易理论的适用性

产业内贸易，即一国同时既出口又进口某种同类型产品。产业内贸易目前已在整个国际贸易中占有重要的地位。自从 20 世纪 60 年代以来，随着国际分工的日益深化，约有 2/3 的全球贸易发生在资源与技术相似的发达国家之间，"产业内贸易"已成为发达国家参与国际分工的主要途径。解释产业内贸易的原因大致包括产品差别、规模经济、消费者偏好差别等，而消费者偏好的多样性、国际直接投资活动成为产业内贸易最基本的推动因素。显然对于产业内贸易理论，市场的不完全竞争性、产品异质性、技术的可变性等都成为其区

---

① UNCTAD and UNDP, *Creative Economy Report 2010: A Feasible Development Option*, Geneva, 2011, p.5.

别于传统国际贸易理论假设的重要方面。

国际文化贸易也表现为典型的产业内贸易。如前所述,WTO 统计显示,当前的视听服务国际贸易集中在少数发达国家和地区,呈现出一种"产业内贸易"的显著特点。视听及相关服务的进出口贸易主要集中于少数几个发达国家,与这些国家的消费者偏好相似有关,文化背景相似的国家的消费者容易理解、接纳、欣赏来自对方的文化产品和服务。这意味着国内已经满足大规模需求的产品才会是具有最大的相对优势的产品。因为在长期致力于满足国内需求的过程中,市场意识不断增强,企业规模不断扩大,成本利润结构趋于合理,也会逐步提高其在国际市场的影响力。

就国际文化贸易而言,来自需求及相关影响因素的作用可能更为重要。文化产品和服务是典型的异质产品。文化产品和服务属于中高档消费品,某些文化商品和服务甚至是奢侈品,具有较高的需求收入弹性。发达国家的人均国民收入高,购买力强,对休闲享乐性消费资料的需求大。尽管受到全球经济衰退的影响,国际文化贸易仍然保持着持续增长的势头。这是因为文化产品和服务的需求仍在不断增长。

有鉴于此,发展国际文化贸易应当积极参与发达国家的产业内文化贸易。由于中西方文化背景差异导致巨大的"文化折扣",进入西方主流文化贸易圈的障碍较大。但我们完全不必因噎废食,而应积极大胆地"走出去",勇于宣传自我、推介自我,让西方了解中国,逐步缩小双方的认知差距。

(2) 战略性贸易政策理论的适用性

在规模经济和不完全竞争市场的某些条件下,一国政府可以通过关税、配额等进口保护政策和出口补贴、研究与开发补贴等出口促进政策,来增强本国企业的竞争能力,扩大本国企业的国际市场份额,从而实现垄断利润由外国向本国的转移,提高本国国民的福利水平。在上述情况下,政府的贸易政策影响了本国企业及其外国竞争对手的决策行为,从而改变了竞争格局,使不完全竞争产业特别是寡头产业中的超额利润向本国发生转移，政府的贸易政策起到了与寡头企业的战略性行动（如投资于超额生产能力或研究与开发等）相同的作用，故被称之为战略性贸易政策理论。战略性贸易政策理论产生之后，受到了不少质疑和批评。尽管如此，由于战略性贸易政策理论突破了以比较优势理论为基础的、反对政府干预的自由贸易学说，为不完全竞争条件下的政府贸易干预提供了新的理论依据，因此其主要观点已经为很多国家制定贸易政策时所采纳。

对于选择战略性产业，科特勒的吸引力因素理论具有重要的参考作用。他认为，一个国家现在或未来的产业吸引力反映在以下几个因素上：一是高附加值；二是产业关联度高；三是具有未来竞争力；四是产业专门化强；五是出口潜力大；六是本国需求前景良好。从以上标准来看，文化产业完全可以成为战略性贸易政策扶持的产业。文化产业的发展前景被普遍看好，成为各国优先发展的战略性产业和提升国家"软实力"的重要路径。特别是后金融危机时代，文化经济已经成为有力的经济增长点。而 20 世纪 80 年代以后兴起的产业内贸易理论，又被称为差异化产品理论。它的特点以不完全竞争市场和规模经济为前提，从动态角度出发考虑需求情况，更符合实际。这一理论认为，资本相对充裕的国家出口同种产品中资本密集的高质量品种，劳动力相对充裕的国家则出口劳动密集的低质量品种，由此形成的产业内贸易实质上还是垂直分工的结果。这在一定程度上解释了在全球文化贸易中，发达国家在技术含量高、资本密集型的设计、电影、视听等产品出口中拥有明显的优势，而一些发展中国家在劳动密集型、资源优势型的手工艺和文化用品制造等出口中拥有相对的优势①。

基于战略性贸易政策理论对文化贸易的可适用性，政府可以而且应当运用战略性贸易政策，大力促进文化贸易的发展。在实践中，

---

① 李宏、赵晓晨：《国际贸易理论与政策》，北京交通大学出版社 2009 年版。

鉴于文化产品的文化特殊性和政治敏感性,加上全球内完全竞争与不完全竞争的市场并存等复杂情况,文化贸易领域蕴含的巨大经济价值日益凸显,各国政府往往采取各种措施保护和促进国内的内容制作,推动本国文化产业和文化贸易的发展。综观各国文化贸易的发展,不论政府的支持是为了保护文化,还是为了保护贸易,国家政策的支持都对文化贸易起到明显的带动作用,对提升国家的文化辐射力不可或缺。

2. 文化理论对国际文化贸易的适用性

在国际文化贸易中,交易的是文化产品和服务,其背后是不同的文化,文化贸易承载着文化传递的使命。因此,仅仅从一般贸易理论的角度考虑是不够的,还要考察文化领域的相关理论对国际文化贸易的适用性。文化交流论、文化互补论等理论学说都能从一定层面对国际文化贸易做出解释。其中,文化多样性原则在贸易与文化关系问题上显然是最有影响的一种理论。

联合国教科文组织第 33 届大会于 2005 年 10 月通过的《保护和促进文化表现形式多样性公约》指出:文化多样性是人类的一项基本特性。必须认识到文化多样性是人类的共同遗产,应当为了全人类的利益对其加以珍爱和维护。文化多样性创造了一个多姿多彩的世界,它使人类有了更多的选择,得以提高自己的能力和形成价值观,并因此成为各社区、各民族和各国可持续发展的一股主要推动力。[①] 有鉴于此,许多有识之士指出:国际文化贸易应该有助于多样性文化产品和文化服务的创造和交流,有利于催生更加多样化的文化消费市场,而不是损害文化多样性。

文化产品和服务首先具有经济属性。近年来,文化产品和服务已经显现出巨大的经济价值,国际文化贸易增长十分迅猛。尤其是信息通信技术的日新月异,更加推动了文化产品和服务的广泛传播

---

① 　参见《保护和促进文化表现形式多样性公约》,联合国教科文组织官方网站,http://www.unesco.org

和跨国界流动。普华永道会计师事务所最新发布的《2015—2019年全球娱乐和媒体产业展望》(Global Entertainment and Media Outlook 2015–2019)预测,未来五年全球娱乐媒体市场的年均复合增长率将达到5.1%,收入将从2014年的1.74万亿美元增长至2019年的2.23万亿美元[1]。

同时,文化产品和服务还具有文化属性。国际文化贸易的重要地位不仅源于其经济价值,更在于其社会文化功能。文化产品和服务不是普通的消费品,人们消费的不是它的物质外壳,而是其中的精神内涵,人们消费是为了满足娱乐、休闲的需要以及精神需求。更为重要的是,文化产品和服务具有意识形态属性,承载着某种价值观,对人们的思想观念和价值取向等会产生直接的影响。文化产品和服务在向公众提供信息并因此在形成公众舆论方面发挥着十分重要的作用。在国际文化贸易领域强调文化保护,是要捍卫一个触发与产生多元论述的场所;维系一个本国视听受众能动态地演绎与交流价值的论坛[2]。正因如此,《世界文化多样性宣言》第8条指出:"文化产品和文化服务……体现的是特征、价值观和观念,不应被视为一般的商品或消费品。"

文化产品和服务兼具文化和经济双重属性。由于其经济属性,要不断扩大国际文化贸易必然要求推进贸易自由化;由于其文化属性,开展国际文化贸易的同时必须强化文化多样性的保护以及文化认同的提升。在国际文化贸易领域,推进自由化与实施文化政策措施保护文化多样性之间存在巨大的矛盾。关于经济全球化和贸易自由化究竟对文化多样性产生了何种影响,存在着多种不同甚至对立的观点。但是无论如何,经济全球化与多元文化的地方性或差异性

---

[1] *Global Entertainment and Media Outlook 2015–2019*, http://www.pwc.com/gx/en/global-entertainment-media-outlook/global-data-insights.jhtml, 2015-06-12.

[2] Newcomb H. et al., "Television as a Cultural Forum, in Interpreting Television", in Rowland W D. et al., *Current Research Perspectives*, 1984. 转引自彭心仪著:《WTO服务贸易与通讯科技法律》,元照出版社2005年版,第55页。

之关系的基本性质,首先是遭遇性的冲突和紧张,而非想像性的共生和融合,在文化价值层面尤其如此。这种冲突和紧张首先是由各文化传统自身的根源性差异所决定的[①]。换言之,贸易与文化之间更多的是互相对立而非互生互长的关系[②]。但是,国际文化交流的一般规律证明,一个国家和民族文化的繁荣程度,主要依赖于这种文化系统的开放水平与健康的社会运作机制。抵制与保护并不是解决文化发展问题的唯一手段。从政治利益出发割裂贸易与文化的关系,既不利于贸易的增长也不利于文化的发展。制定和执行文化政策的一个基本原则就是如果要同时服务于文化利益和经济利益,那么文化政策在追求要获得的结果时应该同时考虑经济价值和文化价值[③]。因此,从国际文化贸易发展规律来看,文化多样性和贸易自由化一样都是正当的原则,都可以作为政府制定政策目标的合理依据。

二、国际文化市场的格局和变量

不同的国际文化市场,主要特征和核心问题也不同。在地理文化区域,它们的历史和当代实践具有共性,并拥有共同的期望[④]。因此,按照世界区域的分类进行分组探讨,有助于从总体上把握国际文化市场的格局和变量,进而制定扩大文化辐射力的区域战略。

(一)美国市场:主导性的优势

美国联邦政府没有设文化部,至今也没有一个正式的官方文化

① 万俊人:《经济全球化与文化多元论》,《中国社会科学》2001年第2期,第38—48页。

② Mira Burri, *Reconciling Trade and Culture: A Global Law Perspective*, Journal of Arts Management, Law and Society, No. 41, 2011, pp.1 - 21.

③ [澳]戴维·思罗斯比:《经济学与文化》,王志标、张峥嵘译,中国人民大学出版社2011年版,第160页。

④ 联合国教科文组织、联合国开发计划署:《创意经济报告2013(专刊)》,意娜等译,社会科学文献出版社2014年版,第39页。

政策。但实际上美国是第一个进行文化立法的国家,1791年的美国宪法第一修正案明确规定:国会不得制定法律剥夺人民的言论和出版自由。这是一个最大限度约束政府权力和最大限度开拓文化生活空间的原则,它使行政和立法机构在文化政策干预方面变得十分谨慎。有美国学者认为美国联邦机构的文化政策属于"无为而治"(non-activity,non-regulation),而与法国等欧洲国家形成鲜明对照。

美国的文化产业发展特色是主要依靠市场经济的自身作用,通过开拓市场和不断的资本运营,提升文化产业的集中度和规模优势,建立庞大的遍布全球的文化传媒跨国集团。美国政府的职责是制定和完善市场规则,对内积极资助和扶持文化艺术活动与人才培养,保护中小企业,不断完善资本市场,限制垄断,鼓励竞争;对外强调贸易自由化,配合跨国公司拓展国际文化市场,维护美国企业的利益。在美国文化产业和文化市场的发展中,充分运用资本的杠杆,发挥市场配置资源的作用,是一大特色。

20世纪90年代,全球文化产业的并购浪潮迭起。十年间共发生文化产业类并购2 071次,其中欧盟市场7 23次,美国市场1 294次,其他国家市场54次,平均并购金额为304.95万美元。迪士尼、时代华纳等全球最大的文化产业公司都是这次并购浪潮中形成的,亚马逊也是在这一阶段崛起的。

美国的传媒产业政策经历了一个顺应产业规律,由积极管制到放松管制的变革过程。为了防止国内文化产业的垄断集中导致对竞争的伤害,美国在其文化产业发展的早期对于文化产业领域的资本兼并与扩张管制较严,这方面的典型案例是1938年的"派拉蒙法案"①。但是到了20世纪80年代以后,在信息革命、全球化浪潮及本

---

① 美国政府认为以派拉蒙为代表的大电影公司具有"垂直整合"的垄断行为,即电影公司不仅制作、发行,同时拥有放映自己电影的剧院系统,这种垄断不利于电影经济的发展,因此起诉这些大电影公司。1947年,派拉蒙公司长达10年的诉讼案以失败告终,被美国联邦法院判定有垄断嫌疑,因此被迫将所属影院出卖。

国文化传媒产业不断壮大的推动下,美国政府转而采取放松管制的策略,促进国内文化企业整合、提高全球竞争力。1985年以前,在美国,个人、公司、社团可拥有的无线电视台的数目不得超过7家;1986年以前其累计收视率不得超过全美国电视用户的25%;《1996年电信法》则将这两个限制放宽到最多12家电视台和35%。《1996年电信法》还废除了长期存在的广播电视网对有线电视系统的交叉所有权的限制,消除了对电话公司进入有线电视市场的限制。《1996年电信法》也取消了长期存在的对同一市场上电视台和电台进行新合并的禁令。它许可广电台站拥有有线系统,但不能与电视台进入到同一市场上。这一巨大突破,推动了20世纪90年代美国文化传媒产业的大兼并浪潮,使得美国出版、广播、电视、电影和音像业的集约化、规模化程度大大提高。

表 5-5　美国出版、广播、电视、电影和音像
业前 4 名大公司产业集中度状况

行业类别	单位数（个）	产值（亿美元）	产值占产业总量的百分比（%）
报业出版	257	147.12	32.2
软件出版	196	408.89	39.4
期刊出版	130	106.65	27.2
图书出版	122	113.62	41.8
数据库出版	339	102.014	61.6
其他出版	131	53.597	71.6
录音唱片	87	93.32	60.1
电影录像拍摄制作	94	229.97	51.1
电影发行	10	3.42	24.7
电影放映	990	45.19	40.3
电影录像后期制作	38	12.49	28.4
电台广播	1503	68.48	43.4

（续表）

行业类别	单位数 （个）	产值 （亿美元）	产值占产业总量的百分比 （％）
电视广播	155	170.23	50.8
有线电视	66	163.29	62.7

注：表中单位个数包含大公司下属的连锁单位、分公司或子公司。

资料来源：中宣部文化体制改革和发展办公室、文化部对外文化联络局：《国际文化发展报告》，商务印书馆 2005 年版，第 69 页。

美国政府对企业管制政策做出重大转变，允许包括垂直整合、跨业兼并在内的资本运作，是因为在全球化和信息化的大背景下，美国文化产业必须面对全球化竞争。为了充分实现美国文化产业的规模效益，必须通过上下游整合、跨业整合、新媒体技术与内容生产的优势结合，提高产业集中度，确保美国在全球范围内的文化产业优势。目前，美国电影业的票房收入约占整个全球票房收入的 60％。全球票房收入排名靠前的公司都设在美国，聚集度很高，好莱坞六大电影公司——迪士尼、福克斯、派拉蒙、索尼、环球和华纳兄弟——出品了美国电视和影院放映的绝大多数影片，发行的影片超过北美票房收入的 70％[1]。虽然电视节目有别于电影，它更趋于多元化而且依赖本土制作商，但是美国在出口常规电视节目方面也处于领先地位。美国出口的电视节目占欧盟体播出的虚构类节目的 50％以上[2]。美国也是全球第一大唱片市场，2011 年录制音乐收入达 43.7 亿美元[3]。

美国是全世界最大的文化产品和服务出口国。2012 年，美国视听产品出口额为 162 亿美元，较上年增长 11.4％，其中贸易顺差达

---

[1] WTO, *Audiovisual Services: Background Note by the Secretariat*, January 12 2010, p.8.

[2] European Audiovisual Observatory, *American Fiction is Still Overwhelmingly Dominant on European Television Screens but is Giving Way to Nationally Produced Fiction*, Press Release, Strasbourg, 24 March 2009.

[3] International Federation of the Phonographic Industry, *The Recorded Music Market in 2011*, London, 2012.

136 亿美元,虽然 2007—2011 年,平均增长率仅为 0.2％。美国前五大出口市场是英国、加拿大、荷兰、德国和澳大利亚。2012 年,美国视听产品进口额为 26 亿美元,较上年增长 28％,而 2007—2011 年,平均增长率为 7.5％。巴西是美国最大的进口市场,2012 年美国自巴西进口的视听产品达 12 亿美元,约占进口总额的 45％,随后依次为英国、墨西哥、阿根廷和委内瑞拉。而作为美国最为重要的出口市场,欧洲向美国输出的视听产品仅占进口总额的 21％[①]。

(二) 欧洲市场:压力下的坚守

从文化市场竞争的规模来看,欧盟单个成员国无法与美国匹敌,即便是文化产业相对发达的法国、英国、德国、西班牙、意大利等国,在票房收入、电影产量等多项指标上都远远落后于美国。但是欧盟作为一个整体,在许多项目上都足以挑战美国的优势。例如,2011 年欧盟制作的电影片数量达 1 285 部,大大超过美国的 794 部的产量[②]。不同于美国市场被大型跨国企业所主导的是,欧洲市场 80％的文化创意企业都是中小企业,其中约有 60％是只有 1—3 名员工的小微企业。当然,不到 1％的大型企业的营业额约占整个部门的 40％[③]。

欧洲是世界上文化产品和服务的主要出口地之一。欧洲的电影、出版、录音制品具有明显的比较优势,新媒体产品的比较优势正在增强,电子游戏出口增长尤其强劲。总体来看,文化产品出口约占欧盟 27 国对外出口总额的 4.3％。不过,根据 Eurostat's Pocketbook 的文化统计,2004—2009 年,欧盟 27 国文化产品出口(欧盟内部贸易除

① U.S. International Trade Commission, *Recent Trends in U.S. Services Trade: 2014 Annual Report*, 2014.

② European Audiovisual Observatory, "Television and on-Demand Audiovisual Services in Europe", *Yearbook 2011 Film*, *Television and Video in Europe*, *Vol.2*, Strasbourg, 2011.

③ European Union, *Good Practice Report on the Cultural and Creative Sectors' Export and Internationalization Support Strategies*, January 2014.

外)年均降幅达 4%。2009 年,欧盟 27 国文化产品的顺差为 19 亿欧元,文化产品出口仅占全世界总出口的 0.5%,2010 年这一比重小幅上升至 0.6%。即便欧盟内部贸易约占成员国文化出口的 68%,但是文化出口在全世界所占的份额仍然大大低于文化部门在国民经济中的比重,即欧盟 GDP 的 3.3%。这一方面说明欧洲对文化的内部需求和消费十分强劲,另一方面也反映出欧盟的文化部门未能从全球文化贸易增长当中受益。因为自 2002 年到 2011 年,全球文化产品和服务贸易的年均增长率达到 8.8%[①]。

欧洲是美国文化服务最重要的地区消费市场,尤其是美国电影,长期主宰着大多数欧洲国家市场。2011 年欧洲电影在欧盟市场上的份额为 28.5%,欧盟与美国联合制作影片的市场份额为 8.4%,而美国电影在欧盟市场上的份额则高达 61.4%[②]。欧盟对外文化贸易的主要问题仍然在于对美文化贸易失衡。因此,在全球文化市场上欧盟一直高举鲜明的文化旗帜,采取措施对抗美国文化霸权,保护欧洲文化多样性。

(三) 亚洲市场: 增长中的活力

1. 东亚地区市场

东亚地区文化市场一直旗帜鲜明地提出文化产业发展战略,特别是日本、韩国、新加坡等国家,在国际文化市场中占有重要地位。

日本是当今世界的文化产业大国。日本文化产业的诸多领域在全球居于领先地位。三大内容产业即漫画、动画、游戏及其相关产业已经达到了国际市场三分之一的比例[③]。日本更是"动漫王国",动漫

[①] European Union, *Good Practice Report on the Cultural and Creative Sectors' Export and Internationalization Support Strategies*, January 2014.

[②] European Audiovisual Observatory, "Television and on-Demand Audiovisual Services in Europe", *Yearbook 2011 Film*, *Television and Video in Europe*, Vol.2, Strasbourg, 2011.

[③] 《日本三大内容产业: 漫画、动画、游戏》, http://www.cnci.gov.cn/news/culture/200837/news_13611_p1.htm, 2008 - 03 - 07。

产业年营业额超过 90 亿美元,已经成为日本第三大产业,占世界市场的 60％以上[①],并且日本动漫真正实现了全球化,即便是在美国、欧洲这些存在着巨大文化和语言障碍的地方,年轻人也狂热于日本动漫。这些新兴文化产业给日本带来了巨大的收益,使其成为世界文化产业大国和强国。值得一提的是,虽然日本的内容产业已占世界市场的 10.3％,但是也有隐忧,其年增长率只有 2.3％,远低于 5％的世界平均增长率。与三大内容产业巨大的贸易顺差相比,日本的电视节目、电影、音乐、文学等内容的输出还仅限于对外介绍日本文化,输入明显大于输出。例如,日本电影市场中外国电影占 55％,音乐市场 50％为外来音乐占据[②]。不过,这也从一个侧面反映出日本的文化市场相对开放。

　　韩国是近年来文化产业开发较为成功的亚洲国家。韩国作为文化产业的后起之秀,发展势头迅猛。游戏、音乐、出版、电影、动漫等主要产业部门一直保持相当高的增长率,构成了韩国的核心文化产业。2012 年韩国文化产业出口规模达 46.11 亿美元,游戏出口达 26.39 亿美元,占出口总额的 57％[③]。在过去十年中,随着电影、电视和视频游戏等的出口激增,韩国文化产品成为东亚整体流行文化的中心之一。由韩国歌手朴宰相创作的《江南 Style》在著名视频网站 YouTube 上播放后,在 2014 年获得 21.47 亿次的点击率,成为互联网历史上第一个点击量超过 10 亿次的流行音乐视频。韩国的文化产业已经成为其他亚洲国家的模板。

　　同时,日韩文化企业与欧美强势企业的合作不断加强。好莱坞六大电影公司之一——索尼电影娱乐公司和全球四大唱片公司之

① 《日本:占领六成全球动画市场 动漫成第三产业》,http://news.xinhuanet.com/newmedia/2006-05/22/content_4582054.htm,2006-05-22。

② 《日本三大内容产业:漫画、动画、游戏》,http://www.cnci.gov.cn/news/culture/200837/news_13611_p1.htm,2008-03-07。

③ 《韩国游戏出口额将超 34.4 亿美元》,http://epaper.ccdy.cn/html/2014-04-17/content_122665.htm,2014-04-17。

——索尼音乐娱乐都属于日本索尼公司。韩国三星公司与瑞典音乐流媒体服务提供商 Spotify 达成协议,允许三星电视机直接流媒体播放音乐,使三星成为首家将流媒体音乐服务引入互联网电视机的企业。不同市场文化企业的合作,尤其是业务上的合作,将在很大程度上密切日韩市场与欧美市场之间的联系。

2. 南亚和东南亚地区市场

南亚和东南亚地区的传统文化闻名于世,因此这一地区的文化市场以与传统文化密切相关的工艺品、表演艺术等见长。在全世界前十大发展中经济体的艺术和工艺品出口国(地区)当中,这一地区占了四席,分别是印度、泰国、越南、巴基斯坦①。同时,这一地区的新兴文化业态正在蓬勃发展,充满生机和活力。如印度尼西亚的数字媒体产业潜力巨大。推特的用户数量可以证明这一点。据称,雅加达是世界推特用户数量最高的城市,万隆市排名第六②。

印度是南亚和东南亚地区文化市场的典型代表。印度拥有丰富的文化资源,并且重视发挥自己的文化优势,推出有竞争力的文化产品。印度的电影业是印度文化产业的主力军,被誉为世界电影工厂。印度的影片产量居世界第一,年产超过 1 200 部影片,遥遥领先美国这一电影大国。印度 2012 年票房收入接近 16 亿美元,排在全球第六位(见表 5-6),上座率超过 26 亿,排在全球第一位,超过排在第二位的美国的两倍(见表 5-7)。宝莱坞主导印度国内市场,电影制作、发行、展映已经被少数大公司所控制。

在历史的传统上,印度电影以国内市场为主,国产影片占据 90%的市场份额。现在印度电影已经逐渐打入国际市场,出口到全世界许多国家和地区,印度充分利用印度文化对南亚和东南亚各国的影响

---

① UNCTAD and UNDP, *Creative Economy Report 2010: A Feasible Development Option*, Geneva, 2011.

② 联合国教科文组织、联合国开发计划署:《创意经济报告 2013(专刊)》,意娜等译,社会科学文献出版社 2014 年版,第 63 页。

表 5 - 6　2012 年视听服务排名前十的国家（依据全球票房收入和市场份额计算）

国　　家	票房收入（百万美元）	市场份额（%）
美　国	9 782	28.3
中　国	2 706	7.8
日　本	2 446	7.1
英　国	1 743	5.0
法　国	1 677	4.8
印　度	1 594	4.6
德　国	1 328	3.8
韩　国	1 293	3.7
俄罗斯	1 182	3.4
澳大利亚	1 166	3.4
前十总计	24 917	78.0
所有其他	9 684	22.0
总　　计	34 601	100.0

资料来源：IHS Screen Digest，*Global Cinema Exhibition Market*，October 2013，4 - 5.

表 5 - 7　2012 年视听服务排名前十的国家（依据全球上座率和全球份额计算）

国　　家	上座率（百万）	全球份额（%）
印　度	2 641	37.8
美　国	1 229	17.6
中　国	470	6.7
墨西哥	229	3.3
法　国	203	2.9
韩　国	195	2.8

（续表）

国　　家	上座率（百万）	全球份额（%）
英　国	173	2.5
俄罗斯	157	2.2
日　本	155	2.2
巴　西	149	2.1
前十总计	5 601	80.2
所有其他	1 381	19.8
总　计	6 982	100.0

资料来源：IHS Screen Digest, *Global Cinema Exhibition Market*, October 2013, 2 - 3.

力，使印度电影在这些地区占有一定份额。印度电影在非洲等发展中国家也很受欢迎。印度最优秀的电影作品参加国际电影展屡获好评，在西方的影响越来越大。除了电影产业闻名于世之外，电视业、广播业、出版业也相当发达，印度是世界第三大电视市场以及第三大出版市场。

（四）拉美和加勒比市场：区域特色和贸易逆差

虽然拉美地区文化产业起步较晚，但是已经有越来越多的拉美国家认识到文化经济在社会经济中的重要性。阿根廷、巴西、智利、哥伦比亚和古巴已经制定了文化经济框架，而墨西哥、秘鲁和乌拉圭开始认识到这个产业的潜力。阿根廷文化部门 2003—2011 年的平均增长率为 7.8%，而其占 GDP 的比重从 2004 年的 2.47% 上升到 2011 年的 3.83%，已经连续七年增长[1]。经济发展水平较高的拉美国家对文化产业的投入相对更多，例如阿根廷、巴西、智利、哥伦比

---

[1] 联合国教科文组织、联合国开发计划署：《创意经济报告 2013（专刊）》，意娜等译，社会科学文献出版社 2014 年版，第 64 页。

亚、墨西哥、乌拉圭以及中美洲一些国家。

拉美地区的电影、数字音乐等领域发展速度很快,在国际市场上占有一席之地。这说明:拉美地区在发展轻资产型的音乐产业方面,可以不受资金和技术的限制,充分利用本地多元化的音乐遗产和大量的音乐人口,而具有相对的优势。国际唱片业协会发布的《2014数字音乐报告》显示,拉美地区许多规模较小的新兴市场,原本实体零售设施基础薄弱,由于数字渠道创造的新机遇,收入开始迅速增长。数字音乐收入迅速增长的拉美国家主要包括阿根廷(69%)、秘鲁(149%)、南非(107%)和委内瑞拉(85%)[1]。拉美地区每年要向美国出口电影和电视节目,并且所占的市场份额正在不断增加。2012年巴西向美国出口的视听服务达到 12 亿美元,占进口总额的 45%,成为美国最大的进口来源地[2]。当然,从总体上看,这一地区所有国家都存在严重的文化贸易逆差。

加勒比岛屿面积并不大,但是文化产业竞争激烈,许多艺术家和活动具有全球影响力。仅有 150 万人口的特立尼达和多巴哥以及圣卢西亚就孕育了三位荣获诺贝尔文学奖的诗人。文化产业的蓬勃发展高度依赖于旅游业,旅游业已经成为整个经济的重要驱动力,在GDP、出口创收和就业中所占的比重最大。加勒比地区的历史和现实为文化产业提供了大量的机会。然而,并不像北美,在那里娱乐业一直是三种税收最高的产业之一。对于如何将这些机会转化成提高人们生活的可持续能力以及使艺术家们真正获得文化表达的潜能这一问题上,加勒比地区可谓惨败[3]。

---

[1] International Federation of the Phonographic Industry, *2014 Digital Music Report*, London, 2014.

[2] U.S. International Trade Commission, *Recent Trends in U.S. Services Trade: 2014 Annual Report*, 2014.

[3] [斐济]伊丽莎白·所罗门:《加勒比文化产业:全球化的命运和负担》,张文镝编译。转引自林拓、李惠斌主编:《世界文化报告(2002—2003)》,社会科学文献出版社 2003 年版。

（五）非洲市场：遗产和市场活力

近年来，非洲的文化创意产业发展速度较快，但是由于起步晚，且缺乏必要的资金和市场，除了南非、埃及等少数国家的文化创意产业发展相对良好之外，其他国家的文化创意产业大都处于落后状态。从国际贸易来看，非洲的创意产品占世界出口的份额不足1‰[1]。造成创意产品出口很少的原因主要有两点，一是非洲大陆的支持能力十分有限；二是非洲的绝大多数文化产业通常都是分散的，主要集中在非正规部门。即使是在正规经济中，这些产业的大部分商业活动掌握在独立的小生产商手中，制作、营销和分销环节无法有机衔接。文化创意产业和政府之间也没有形成切实有效的伙伴关系。因此，尽管非洲拥有绚烂的文化传统和遗产，以及丰富的人才资源，但是无论是在国内还是国外市场，非洲文化艺术创造的商业化程度都比较低。

以非洲的音乐产业为例。在许多非洲国家，音乐是日常生活的重要组成部分，但是大部分以现场表演为主，正式制作和传播录制音乐产品十分有限，通过知识产权体系对内容提供保护更加极为少见。这一模式难以为当地的音乐家们提供充足的表演场地和稳定的收入来源。如此一来，大量优秀的音乐人才流失海外。这就必然造成非洲音乐产业的产业化程度低和产业链不完整。联合国教科文组织《创意经济报告2010》指出，只有南非、肯尼亚、坦桑尼亚、塞内加尔等七个国家已经形成表演业，只有南非和津巴布韦两个国家已经形成唱片业，其余大部分国家的音乐产业处于初建或萌芽阶段，甚至还有30％左右的撒哈拉以南非洲国家几乎没有形成正规的音乐产业[2]。

---

[1] UNCTAD and UNDP, *Creative Economy Report 2008: the Challenge of Assessing the Creative Economy: towards Informed Policy-making*, Geneva, 2009.

[2] UNCTAD and UNDP, *Creative Economy Report 2010: A Feasible Development Option*, Geneva, 2011.

三、主要国家扩大文化辐射力的举措

世界上的文化强国和地区都有很强的文化辐射力,其中有的是老牌文化大国,有的是新晋文化强国。这些国家和地区在如何形成、维持并扩大文化辐射力方面,提供了很好的范例。

(一) 美国:推崇自由市场,依赖对外贸易

2013 年 11 月 26 日,时任美国总统巴拉克·奥巴马在加利福尼亚州格兰岱尔市的梦工厂动画公司大本营访问时指出:“娱乐是这个国家的一部分。好莱坞输出倡导宽容、多样性、创造性的价值观,帮助塑造世界文化。[①]”这里有两点特别意味深长,美国政治精英们直接把文化娱乐作为国家实体的一个重要组成部分,它代表了美国的意识形态和价值观念,同时又代表了美国的利益来塑造世界文化。文化产业是美国极为重要的战略性产业。政府所应做的是在全球范围内推动自由竞争的规则,为美国文化企业的经济活动以及个人的文化创造搭建一个自由开放、充分竞争的舞台。相应地,在国际贸易领域美国也要求其他国家开放本国文化市场,取消对本国文化产业的保护壁垒,以实现全球文化产品的自由贸易和资本的自由流动。当然,美国对外国文化产品进入美国也有一些限制。

1. 文化贸易的全球运作

美国文化产业依赖于全球化的国际贸易,这是美国文化产业最具优势的方面。(1)在产品制造方面,美国文化产业具有两面性:一方面是全球贸易输出,以供全世界更多消费大众去消费;另一方面则是全球文化生产,以使美国文化产业投入再生产。(2)在产业管理方面,美国强调文化产品生产、销售的高度市场化。美国文化企业通

---

① 哈麦:《奥巴马高调造访梦工厂 称好莱坞是美国经济的引擎》,Mtime 时光网,2013-11-27。

过购并方式以抵御市场风险并发展壮大。大型传媒娱乐集团控制了从影视娱乐、唱片到新闻出版的诸多领域,成为文化产业的中坚力量。(3)在资本支持方面,美国文化产业依赖于金融市场的全球紧密流动。美国文化产业是金融市场全球化的最大受益者之一,从中获得了更大的资本来源,从而在国际市场上继续立于不败之地。

2. 自由市场的准入限制

美国的文化市场开放度很高,但是也存在一些限制,以此维持对本国文化市场的公平竞争秩序。例如,美国在电影和录像的制作和发行服务[①]的跨境提供和商业存在[②]的国民待遇方面有限制,规定来自国家艺术基金会的资助只提供给美国公民和拥有美国永久居留权的外国人以及非营利性公司。美国还对广播电视服务的商业存在做出限制:(1)禁止一家公司或企业在同一地方市场混合经营报纸、电台和/或电视台。(2)以下实体不得持有广播电视许可:外国政府;外国法律特许的公司、非美国公民担任高级职员或董事的公司、非美国公民拥有超过20％的股权或投票权的公司;美国法律特许的、并且25％以上的股本由非美国公民或者外国政府所有或者高级职员或25％以上的董事为非美国公民的公司所直接或间接控制的公司。此外,其他国家的文化产品和服务要进入美国市场,还会面临安全审查、演员工会等一些准入壁垒。

3. 文化科技融合的活力。

美国是竭力推动文化与科技融合的新业态、新产品和新贸易模

---

① 根据 WTO《服务部门分类表》(W/120),视听服务属于第二大类服务——通信服务的分部门,具体包括六个子部门,即电影和录像的制作和发行服务、电影放映服务、广播和电视服务、广播和电视传输服务、录音服务及其他服务。W/120 则将文化服务单列为第十类服务"娱乐、文化和体育服务(视听服务除外)",包括娱乐服务、新闻机构服务、图书馆、档案馆、博物馆和其他文化服务、体育和其他娱乐。这里的文化服务显然不包括视听服务。

② 服务贸易包括跨境提供、境外消费、商业存在和自然人流动四种提供方式。跨境提供是指自一成员境内向任何其他成员境内提供服务;境外消费是指在一成员境内向来自任何其他成员的服务消费者提供服务;商业存在是指一成员的服务提供者在任何其他成员境内以商业存在提供服务;自然人移动是指一成员在任何其他成员境内以自然人存在提供服务。

式的集大成着。美国依托在互联网技术、电信技术、数字压缩和存储技术等信息传播率先开发的核心技术,不断开发出新的文化商业模式。如苹果、谷歌、脸书等跨国公司在网络音乐、在线视频、在线新闻等领域创造出全新的商业模式,为美国扩大在全球文化贸易市场中的占有率,提供了重要条件。

(二) 欧盟:重视区域整合,保护欧洲文化

在文化贸易领域,欧盟通过配额、补贴、许可、税收、所有权规则等措施,限制美国文化产品对欧盟的强势输出,从而为自身文化产业和文化贸易的发展创造空间。欧盟从自身利益出发,顺应技术进步的潮流,在数字经济背景下实施文化贸易市场的管制,不断出台相关的举措。

1. 实施配额制度,保护欧洲文化

配额制度是欧盟最常采用、最具特色的文化政策措施。配额制度就是对欧盟视听媒体中"欧洲内容"所占比例做出规定,以抵制美国影视节目在欧洲的强势市场力量,扶持本土视听产业,保护欧洲文化。1989 年《电视无国界指令》规定,欧共体各成员国应当确保广播电视节目全部播出时间的 50% 以上用来播放欧洲本土制作的节目,同时应有 10% 以上的节目时间或节目预算属于欧洲独立制片人制作的节目。以上所指节目不包括新闻、体育、游戏、广告和电视购物等内容。该指令要求成员国每两年一次,向欧共体委员会报告配额的实施情况。欧盟委员会再以成员国报告和独立调查为基础,向欧洲议会和欧盟理事会报告。

随着技术的突飞猛进,文化内容的传播方式和受众的消费模式发生了重大变化。为了适应技术和市场的发展,2007 年欧盟出台《视听媒体服务指令》,取代原有指令。新指令将视听媒体服务区分为线性服务和非线性服务。线性服务是服务提供者决定时刻的媒体服务,服务提供者根据固定时间表编排节目,并把内容推送给用户。线

性服务包括传统电视广播、新兴视听节目服务中的 IPTV、网络广播电视等;非线性服务是用户决定时刻的媒体服务,用户自由选择时间观看经过服务提供者编辑的节目,该服务以按需服务为特征,如点播和订制,所以也称为视频点播服务。非线性服务包括新兴视听节目服务中的网络视频点播、BT 视频下载、播客广播等。

新指令对视听媒体服务实行"两级监管"模式,体现"有收有放"的监管理念:一是对线性服务保留配额制度,因为线性服务面对社会公众,社会影响广泛;二是对非线性服务不适用配额制度,因为非线性服务由用户自己选择并控制收视信息,社会影响较小,而且配额制度对非线性服务而言负担过重,也难以适用和跟踪。当然,无论是线性服务还是非线性服务,都必须遵守一系列核心社会价值,例如防止煽动仇恨、残障人士能够接收视听媒体服务、商业通信的质量要求、植入广告等基本义务规定。

2. 落实"媒体计划",建立资助机制

欧盟强调建立欧盟层级的财政资助机制,弥补成员国国内的资助机制可能存在的不足。其中最为重要的是"媒体计划"的发布和实施,旨在落实跨国间的影视制作、推广发行和文化保护等资助工作。在建立资助机制的过程中,欧盟扮演着双重角色。一方面,欧盟通过自己的资助计划,扶持文化产业和贸易的发展;另一方面,欧盟控制着成员国的财政资助体系,确保其符合欧洲的文化政策。

"媒体计划"主要是对欧盟成员国自制的广播电视节目和电影进行有效的发行推广,为独立制作、新科技制作、卡通制作等提供资助。此外还有"欧洲影像"、"视听发现"等子项目,辅助"媒体计划"的实施。"媒体计划"的实施时间很长。从 1995 年起,欧盟陆续推出"第一媒体计划"、"第二媒体计划"和"媒体追加计划"。现行有效的是"媒体 2007"(2007—2013 年),预算为 7.55 亿欧元。迄今为止,"媒体计划"支持了数千部电影的制作和发行,以及各种培训活动、庆典活动和推广项目。仅 2001—2006 年,"媒体计划"对 30 多个成员国的

8 000 个项目的投入就超过 5 亿欧元①。

"媒体计划"是继《电视无国界指令》之后,欧盟最为具体、最有实质意义的文化政策。"媒体计划"重点强调欧洲文化的多元化特征,通过推出一连串生产制作、发行推广、文化保存、教育培训等诸多活动的计划,为欧盟影视制作奠定良好的基础,改善欧盟影视制作的发行环境,并为欧洲影视文化的保存和推广储备人才、整合队伍。

3. 主张"文化例外",强化对外联系

欧盟十分重视对外联系,与其他国家、国际组织就视听、文化服务、音乐、娱乐等项目开展国际贸易谈判。特别是积极开展与 WTO 等国际组织的合作与谈判,以保护欧洲文化的利益。欧盟还与加拿大、一些发展中国家和其他国际组织加强合作,以壮大声势和谈判影响力,扩大结盟效应。

欧盟在 WTO 体制下寻求"文化例外",主张在涉及 GATS 贸易自由化义务时,给予文化服务以例外地位。但是这一主张遭到了美国的强烈反对。美国甚至就《电视无国界指令》的颁布向 WTO 提出申诉。最终,美国和欧盟没有就此达成实质协议,仅仅同意求同存异,保留各自意见,接受分歧存在。结果 WTO 没有形成任何明确的"文化例外"原则。不过,欧盟并没有因此放弃自己的主张,而是转战联合国教科文组织,以"文化多样性"为旗帜,通过《保护和促进文化表现形式多样性公约》等国际公约,对 WTO 文化贸易规范进行制衡,维护欧洲文化的利益。

作为 WTO 成员,欧盟没有就视听服务做出任何开放承诺,并且提出了多项最惠国待遇义务豁免;在娱乐、文化和体育服务(视听服务除外)部门,欧盟承诺开放娱乐服务、新闻机构服务、体育和其他娱乐服务,对于图书馆、档案馆、博物馆和其他文化服务则未做承诺。在 WTO 新一轮谈判中,欧盟仍然坚持原来文化贸易谈判的基本态

---

① *European Commission Media Programme Overview*,http://ec. europa. eu/culture/tools/media-programme_en.htm, 2014 - 12 - 18.

度与立场,强调尊重多元文化,继续推行影视产业资助政策。

(三)法国:强调国家干预,完善补贴机制

法国的文化贸易政策以国家干预为主要特征,一直被认为是与美国自由主义政策针锋相对的典型代表。尤其是其补贴政策高度重视发展和壮大自身文化、保护并发扬文化特性,已经成为法国文化贸易政策的核心,在世界主要大国中独树一帜。其中,法国独特的电影资助机制对支持法国本土电影的可持续发展、阻止法国电影制作外流以及传播法国文化等方面都发挥了积极作用。

1. 资助来源:取之于产业

法国设立"电影产业资助基金",为电影的创作、制作、发行和放映等提供经费支持。"电影产业资助基金"由法国国家电影中心(CNC)负责管理。资助基金不直接来源于国家财政预算,而是来自向每张售出的电影票强制征收 10.72% 的税,所得税款直接纳入电影产业资助账户中。

随着电视产业和网络产业的蓬勃发展,资助基金的来源和结构发生了重大变化。目前,资助基金的资金来源主要由 4 种税款构成:(1)电影票房特别附加税。2010 年度,CNC 通过征收电影票房附加税获得超过 1.21 亿欧元的资金,占资助基金总额的 21%。(2)电视业补助税,税率约为营业收入的 5%。税款一部分补助电影产业,一部分补助电视产业,具体的比例由议会商议决定。2010 年,法国电视产业向 CNC 缴纳的电视业补助税款超过 4.22 亿欧元,占资助基金总额的 73%。(3)录像带和 DVD 销售税,税率为营业收入的 2%。(4)网络视频点播营业税,税率也是营业收入的 2%。2010 年,录像带、DVD 销售税和视频点播营业税共计 3 200 万欧元[①]。

CNC 的税收总额呈递增趋势,2010 年达到 7.5 亿欧元。CNC 对

---

① 资料来源于法国国家电影中心(CNC)网站;舒叶:《法国电影产业国家资助体系浅析》,《东方电影》2011 年第 10 期,第 69—71 页。

全部税款拥有独立支配权。法国约有 70％的影片受益于 CNC 的资助。2011 年,法国为了应对欧洲主权债务危机,推出财政紧缩计划,限定某些部门 2012 年各种税款收入的最高额度,规定多出部分一律归入政府总预算。即便如此,2012 年 CNC 仍然拥有 7 亿欧元的资助基金,与 2010 年相比仅减少了 5 000 万欧元,足见法国政府对文化产业和贸易的高度重视①。

2. 资助分配:用之于产业

CNC 通过税收政策,重新调配来自影视产业的资金,再次投入于影视产业。电影产业资助基金对电影产业采用多样资助形式,包括剧本创作补贴、电影音乐创作资助、纪录片扶助金、处女作扶助金、短片扶助金、技术革新资助等。

电影产业资助基金主要通过两种方式对视听作品进行资助,即自动性资助和选择性资助。(1)自动性资助,是制片人在电影发行后自动获得的资助,贯穿电影产业的制片—发行—放映三个环节。自动性资助的多寡取决于电影公司制作或者发行的上一部影片的票房收入。上一部影片的票房收入越高,自动性资助的资金就越多。自动性资助的资金分配以创造的经济效益为杠杆,进行资助基金的再分配,遵循市场规律,提倡自由竞争。(2)选择性资助,实际上是一种预先支付制度,即预先支付给制片人一部分资金,如果影片盈利,制片人应偿还资助;如果影片失败,制片人则不必偿还。据 CNC统计,目前仅有约 10％的影片可以盈利,有能力偿还资助。选择性资助的目的在于丰富法国电影类型和保护电影文化遗产,培养法国电影的新生力量,保持法国的文化多样性。

从电影产业资助资金的资金来源到资助方式,可以看出法国政府对电影产业的支持特色,不是简单的输血扶持,而是通过形成自身造血功能,促进电影产业的发展。这对加拿大等国家和地区也产生

---

① 梁建生:《法国电影界反对财政减赤"一刀切"萨科齐介入》,http://www.chinanews.com/cul/2011/12 - 15/3535315.shtml,2011 - 12 - 15。

了影响：第一，通过将上缴的影视税收返还给纳税者，进行电影作品的再制作，使电影产业形成自身的造血功能并逐渐强大起来；第二，把影视产业全部统筹在 CNC 的资助体系中，遵循产业互惠互利原则，使整个影视产业步入良性循环，得以稳定发展，进而增强产业的抗风险能力；第三，以选择性资助催生法国电影的新生力量，同时体现了对艺术性、实验性电影的推崇和扶持，鼓励了电影产业的新锐人才，保护了法国民族电影的生存空间。

（四）日本：依靠市场机制，政府主导并重

日本从国家战略高度看待文化产业发展，将文化与经济有机结合，以达到相互发展、相互促进的良性互动局面。日本主要依靠市场机制发展文化产业，但政府主导的特点也很明显。大力支持和发展文化产业，为文化产业提供方便，制定相关鼓励政策，是日本文化产业得以发展的一个根本原因。

1. 政府企业合力发展

日本政府制定政策积极推动并倾力支持文化产业和文化贸易发展。特别在财政政策方面，日本政府对文化产业从国内和国外两方面，通过财政补助、综合援助、财政基金、财政投资与政府采购等形式加以持续推动，强有力地支持了不同形态的文化产业发展。日本不仅在政策上予以鼓励，而且还制定有健全的法律法规，新的法律颁布后随之具有更为具体详尽的配套措施。政府力量虽发挥巨大作用，但更多是战略与政策的制定，文化产业项目都进入市场操作。企业是文化产业发展的主体，大型文化活动要靠企业的参与和赞助；与此同时，日本的电影、出版、广告、演艺等行业都拥有一批骨干企业，相关的产业协会和商会也十分活跃。2011 年，日本政府和民间共同投资设立的、决策权完全交由民间的基金"产业革新机构"（成立于 2009 年，最高投资额可达 9 000 亿日元）投资 60 亿日元设立新公司——"全日本娱乐工作室"，主要对日本动漫和电影等进行策划与研发，推

动日本文化内容走向世界。

日本文化市场对外开放相对有限,但作为产量大和有影响的国家,已经在文化市场自由化问题上表现出积极的态度。在 WTO 框架下,日本在电影和录像的制作和发行服务、电影放映服务以及录音服务做出具体承诺,但是对上述服务的商业存在的国民待遇均不做承诺,同时基于缺乏技术可行性的考虑,对电影放映服务的跨境提供不做承诺。日本还承诺开放娱乐服务、新闻机构服务、图书馆、档案馆、博物馆和其他文化服务、体育和其他娱乐服务。

2. 努力开拓海外市场

在支持海外文化产业竞争与发展方面,日本政府制定政策推动海外文化市场的开拓,鼓励本国企业参与国际文化市场竞争,促进本国文化产品和文化服务的海外输出,扩大其知名度和影响力。日本政府利用财政、税收和金融等各项政策激励本国文化企业"走出去"参与国际竞争,在海外文化贸易方面给予政策性倾斜。如通过出口退税、再投资退税、财政补贴、政府担保、优惠利率等综合性优惠政策,采取综合援助的方式鼓励本国文化民间团体到世界各国举办日本文化特色的花道、跆拳道、相扑、茶艺、艺伎等表演活动,既宣传了日本传统与特色的文化,又获得了巨大的经济利益。近年来,日本为应对中韩等国在文化产业和文化贸易方面的冲击,正在加紧实施"酷日本"战略,目的是提升日本国民经济和出口产品的"酷值",也就是日本工业产品和出口贸易的文化创意附加值,以文化创意为先导吸引各国消费者对日本产品的认同和好感,在世界上培养更多的"哈日族",即喜欢消费日本产品和日本式服务的粉丝,以日本的文化创意输出引领日本的产品输出、技术贸易和投资贸易。

(五)韩国:加强机制建设,扶持文化贸易

韩国紧跟世界产业发展的新趋势,及时把发展文化产业提上日程,持续加大投入和扶持力度,取得了显著成效,对韩国克服危机、重新崛起、促进经济发展以及提升软实力发挥了重要作用。

1. 建立组织管理机制

韩国1998年提出"文化立国"的战略后,政府在组织管理、生产经营、资金支持、人才培养等方面逐步加强建设,对文化产品的研发、制作、经销、出口实施扶持。特别是通过韩国文化振兴院、韩国企业的海外分支机构以及一些机构的驻外办事处等多种途径,大力开发,促进出口,开拓海外市场,获取丰厚利润。

韩国对本国文化市场的保护程度相对较高,仍然保留了电影配额制度。在WTO框架下,韩国仅承诺开放了电影和录像的制作和发行服务(不包括有线电视广播服务)以及唱片制作和发行服务(录音),对于娱乐、文化和体育服务(视听服务除外),韩国未承诺开放。

2. 韩国文化振兴院等的作用

韩国文化振兴院的成立和运作,是韩国文化产业和文化贸易发展最具特色的部分。韩国文化振兴院由韩国广播影像产业振兴院、韩国文化产业振兴院、韩国游戏产业振兴院、文化产业中心、韩国软件振兴院、数字化文化产业团合并而成。这个振兴机构旨在整合文化领域的核心力量,构筑综合支援体系,促进文化产业的发展。韩国文化振兴院积极开展多种支援事业,引导韩国文化产业的经济创造。首先,为了振兴文化产业,积极制定相关政策;其次,为了确保作为创造力基石的人才力量,积极推进人才培养事业;再次,从文化企划开始,到文化开发、商业化等阶段,大力支援专业化的通信技术研发活动;同时,为了将文化产业发展成为出口产业,推动与进军国际市场相关的多样化支援事业。此外,支援数字化广播音像事业、强化游戏流通产业、扩充文化娱乐创作素材、开展数字化娱乐化事业等。韩国文化产业振兴院主动应对文化环境的整合,通过选择与集中策略,培养综合性文化产业。

韩国文化振兴院特别重视开拓海外市场。作为促进韩国文化事业进军海外的桥头堡,韩国文化振兴院设立了美国、日本、中国、欧洲四家海外事务所,提供当地文化产业发展动向与出口信息,致力于韩国文化产业输出企业与当地政府、信息机构、企业之间的联系与合作。

总的来看,韩国文化振兴院是为有效支援韩国文化产业振兴发展而设立的公共机构,在构筑文化产业的创作基础、培养人才、活跃对韩国文化开发的制作、流通和市场营销、促进对国外市场的开拓等方面提供综合产业支援,特别是对开拓海外市场更加关注。现阶段,韩国文化振兴院以美国和中国市场为重点,对进入这两个市场的韩国企业进行支援。

(六)印度:逐渐放松管制,鼓励商业运作

印度原来是封闭型经济,自 20 世纪 90 年代开始实行自由化。文化产业的改革和自由化是整个自由化中的一部分。在文化部门,印度实行了放宽进口限制、放宽外商投资、解决监管瓶颈等自由化措施,还推行了减免某些税收和进口关税的财政改革,从而促进增长,增加投资和出口。此外,印度政府通过给予优惠政策等方式,鼓励私人企业和财团投资文化产业。印度的电影、广播电视、新闻出版、表演等主要文化部门都涌入了大量私人资本。自由化改革之后,较为灵活的运作机制刺激了印度文化产业的快速发展。

印度对电影产业提供支持的主要是联邦层面的机构,有些州也针对电影导演培训提供专门的支持。财政措施是电影产业主要的政府干预机制,包括较低制作成本的税收减免、电影制作设备的进口关税减免、出口奖励制度等。此外,印度国家电影发展公司作为信息与广播部下属的公司,自 1975 年成立起就致力于推动印度电影产业的全面、高效发展。国家电影发展公司主要扶持小成本制作电影,并提供用于电影院建设的贷款,已经成为电影融资的重要渠道。

印度商业运作的文化产业造就了庞大的、不断增长的消费市场。印度政府并不直接经营管理文化产业,主要是进行政策性指导。2006 年,印度政府规划委员会开始在其政策文件中采用英国关于创意产业的定义,并且制订了相应的发展计划,规定联邦和州的文化部门每年可以获得经费支持用于发展文化产业。不过,规划委员会的重点是传统工艺美术行业,目的是在设计和媒体业的帮助下,把传统工艺美术转变为创意产业,从而为进军全球市场另辟蹊径。

印度文化市场保留了许多贸易壁垒。在 WTO 框架下,印度仅承诺开放电影和录像的制作和发行服务这个子部门,对跨境提供不做承诺,对商业存在的市场准入则限制只能设立代表处,作为在印度以外设立的公司的分支机构运营,且进口电影每年不超过 100 部。国民待遇也有限制,即外国电影必须满足下列条件之一才能进口:(1) 在信息与广播部公布的国际电影节中获奖;(2) 参加信息与广播部公布的国际电影节;(3) 在信息与广播部公布的有影响的电影杂志上获得好评。

印度政府十分重视加强与其他国家和地区的文化交流,专门成立了印度文化关系委员会,隶属于外交部。该委员会主要负责实施印度政府与外国的文化交流项目,在海外举办或与外国互办文化年或文化艺术节,负责与外国学者和留学生的交流,设立和管理印度海外文化中心。除了开展官方的和非营利性的文化活动之外,该委员会还承担起将印度的文化产品推向世界的责任,例如组织艺术团体到海外进行演出,举行民间手工艺品展销等。

第四节　我国扩大文化辐射力的现状和问题

一、我国扩大文化辐射力的基本现状

21 世纪以来,我国对外文化开放不断跨上新的台阶,在文化外交、文化交流和文化贸易这三大领域都取得了令人瞩目的成就,为中

华文化"走出去"和外国文化"引进来"贡献了巨大力量。但是从总体上看,中国在代表 21 世纪世界大国的优良国家文化形象、开发大量适销对路的文化产品和文化服务、形成开展多层次文化交流和文化贸易的体系方面,仍然存在诸多亟待解决的问题。

(一) 文化外交持续升温,水平有待提高

文化外交一直是新中国外交棋盘中不可忽视的重要部分。进入新世纪以来,我国的文化外交日趋活跃,成为高层外交的重要内容,积极配合党和国家领导人出访以及外国元首访华,策划和组织文化外事活动,借助高端外交平台,充分展示中华文化魅力。胡锦涛、习近平等党和国家领导同志都强调文化对于国家发展的战略意义,将文化提升到软实力的战略高度,并且亲自参与一系列重大的文化外交活动。如在 2003—2005 年中法文化年的举办过程中,胡锦涛总书记和希拉克总统分别出席了文化年的重要活动。在 2014 年习近平主席出访拉美四国期间,代表中国送出的国礼就有一套包括《北京青年》、《老有所依》、《失恋 33 天》等现当代题材影视作品的 DVD 光盘。

2013 年,时任国家文化部蔡武部长撰文《文化外交唱响国际舞台》[①],他认为随着中国对外文化交流日益活跃和深化,文化外交已成为继政治外交、经济外交之后的三大支柱外交之一。对于中国这样一个坚持和平发展道路的全球大国来说,"开发和利用自身文化资源,其核心不仅仅在于助力国家外交,更在于充分焕发文化资源在外交中的优势,致力于提升一国人文体系的世界影响力,拓展一国外交的人文空间。"尤其是面对全球化浪潮带来的世界多种思想文化交流交融交锋相互激荡的冲击,文化外交具有多样化的作用,既要捍卫民族文化之根基,保障国家的文化安全,又要推进世界文化多样性,使一国文化资源转化为世界各国共同的文化财富。

---

① 蔡武:《文化外交唱响国际舞台》,《人民日报》2013 年 8 月 15 日第 24 版。

大量实例证明,当两国或者多国关系顺利时,文化交流和文化外交是一种"催化剂";而当两国或者多国关系处于低谷和困难时期,文化交流和文化外交有时能变成一种"黏合剂",发挥着特殊的作用。有鉴于此,我国积极开展多种形式的文化外交和文化交流。从中央政府层面上看,第一是参与制定国际文化规则。中国签署了《保护世界文化和自然遗产公约》和《保护非物质文化遗产公约》,并于2006年当选为保护非物质文化遗产公约政府间委员会成员。第二是参与和举办国际文化会议。我国参与和举办了亚太地区文化多样性部长级论坛、上海合作组织成员国文化部长会晤、中非合作论坛——文化部长论坛、中日韩文化部长会议、东盟-中日韩文化部长会议暨中国东盟文化部长会议、加德满都文化论坛等文化会议。第三是开展国家间文化合作项目。中国已经成功举办"中法文化年"、"中俄国家年"、"德中同行"、"中日文化体育交流年"、"美国中国文化系列活动"、"欧罗巴利亚中国艺术节",与意大利、西班牙、德国、希腊、英国等合作举办"文化年"或"文化节"。中国通过上述举措,不断促进文化领域的国际合作,深化中国与其他国家、政府间国际组织的关系,强化中国在国际文化事务中的话语权。第四是开展对文化外交人才的专业培训,2014—2015年,国家对外文化交流研究基地(上海)在文化部外联局和人事司等的指导下,连续举办多批次的文化外交官高级研修班,邀集周汉民、王战、黄仁伟、张维为、关世杰、花建、郑若麟等海内外权威专家对出任我国各驻外使领馆和文化机构的文化官员等授课,获得了文化部有关领导和相关文化外交官员的好评。

由于文化外交在对外关系中常常起到其他外交手段达不到的战略性作用,我国已经开始重视文化外交,但是推进力度仍显不足。

第一,文化外交缺少国家战略层面的充分重视。美国、英国、法国、意大利、日本等发达国家以及韩国、印度等新兴国家中的文化大国都在外交领域不遗余力地大打"文化牌",甚至不惜成本地推广本国的文化,推销本国的文化产品和服务。相比起来,我国的文化外交刚刚起步,对于文化外交的功能和作用还未形成统一的认识,更没有从战略高度来认识文化外交。如《国家"十二五"时期文化改革发展规划纲要》在第九部分"加强对外文化交流与合作"中提出要加强对外文化交流和推动文化出口,但是没有专门提及文化外交。虽然文化外交可以看作广义的文化交流的一部分,但是随着文化外交的地位不断提升,已经有其独立的内涵和外延以及独特的功能和作用。因此,纲要文件没有专门着墨文化外交,这恰恰从一个侧面反映出,有关政府部门对于文化外交的重视程度仍然不够,更不用说整合各方面力量发挥多层次文化外交的作用了。

第二,文化外交缺乏一套行之有效的多元参与和多方合力的机制。政府主办是我国文化外交的一个鲜明特征。"文化年"、"文化节"等一系列活动均是政府规划、推动和主办的。近年来,经过中国政府的大力支持,截至 2013 年,全世界已有 120 个国家(地区)建立了 440 所孔子学院和 646 个孔子课堂,共计 1 086 个,从 2010 年以来,全球的孔子学院数量以每年三四十所的速度稳步增长,除了以汉语言文化推广为主的常规孔子学院之外,还创建了各种各样的特色孔子学院,传播中国文化,如商务孔子学院、饮食文化孔子学院、中医孔子学院、旅游孔子学院、音乐孔子学院、舞蹈和表演孔子学院、茶文化孔子学院等①。孔子学院已成为汉语推广和体现中国"软实力"的文化品牌。中国政府支持的海外中国文化中心截至 2014 年达到 20 个,分布在毛里求斯、贝宁、埃及、法国、马耳他、韩国、德国、日本、蒙古、俄罗斯、泰国、西班牙、墨西哥等国家。2014 年海外中国文化中心开展各类文化活动超过 1 000 场,直接受众逾 200 万人次。根据预定计划,到 2015 年海外中国文化中心总数将达 25 家②。在中国文化外交载体不断增加的同时,我们也要看到,这些机构之间也需要发挥更好的协调合作,同时,需要在政府指导下,发挥非政府组织的积极性

---

① 湖北大学:《中国文化发展报告(2013)》,社会科学文献出版社 2013 年版。
② 《2015 年海外中国文化中心总数将达到 25 个》。

和创造性。自冷战结束以来,国际文化格局中一个重大变化就是NGO(非政府组织)和 GCS(国际公民社会)获得了快速的发展。根据中国官方媒体的信息,"作为公益事业的主要推动者,中国的社会组织仍然太少,每一万人仅拥有两个;日本 2008 年每一万人拥有 97 个社会组织,美国是 63 个,中国香港是 28 个,就连新加坡也有 13 个。①"面对着全球范围内大量文化资源从政府层面向社会层面流动的趋势,中国开展文化外交要积极应对这种态势,稳妥地发展坚持中国主流文化意识形态,灵活多样开展文化外交的各种非政府机构,与各级政府机构一起,与国际文化事务中的多元主体开展博弈与合作,扩大中国文化外交的影响力。

第三,文化外交缺少文化资源的强有力的支持。我国是一个有着悠久历史和灿烂文化的文化大国,这是开展文化外交的独特的资源优势。然而在实践中,文化的资源优势并没有完全转化成外交的资源优势。我国文化外交的内容更多地局限于戏曲、武术、中医等传统文化,进入 21 世纪以来,类似"乒乓外交"、"熊猫外交"的文化外交著名案例更是乏善可陈。这就导致外部世界对中国的了解基本停留在传统中国,缺乏对当代中国的了解。而在外交已经延伸至网络的今天,文化外交如果没有新鲜的、富有时代感的内容将难以深入人心。

(二)文化交流空前活跃,效果有待增强

文化因交流而丰富,心灵因交流而沟通,友谊因交流而加深。文化只有在国家之间传播和流动,才能对国家的文化辐射力产生强大的驱动力量。今天,我国对外文化交流的规模和范围空前扩大,从中央到地方、从政府至民间,广度和深度不断发展,内容和形式日益丰富,渠道和层次日趋多样。我国与 149 个国家签署了《中外文化交流合作协定》,与 97 个国家签订并执行了约 485 个《中外文化交流合作

---

① 《中国每万人仅 2 个社会组织 政府应放权》,财经网 www.caijing.com.cn 2013 年 11 月 18 日,搜狐新闻 http://news.sohu.com/20131118/。

执行计划》。在民间和地方,我国已与131个国家建立了2 022对友好城市(省州)关系,并与上千个文化组织保持密切的合作关系。此外,各民间友好组织配合官方外交,积极地向多米尼加等未建交国家派出艺术团体。

我国积极利用驻外文化机构开展长期交流。我国已在世界82个国家设有96个使领馆文化处(组)。海外中国文化中心的建设工作正在加速推进。海外中国文化中心是常态化、阵地化弘扬传播中华文化的重要手段。2012年12月,国务院正式批复《海外中国文化中心发展规划(2012—2020年)》,争取到2020年在全球建成50个海外中国文化中心,每年平均新建5个文化中心,这必将有利于加快海外文化传播阵地的布局。目前,投入运营的海外文化中心有毛里求斯、开罗、巴黎、马耳他、首尔、柏林、东京、乌兰巴托、莫斯科、马德里等14个。海外文化中心通过举办汉语教学、培训和讲座、电影放映、文艺表演、艺术展览和信息服务等活动,成为与当地群众长期交流的窗口。

我国积极利用大型文化活动展示中国形象。一系列大型文化"走出去"项目如火如荼,如"中国文化美国行"、"中阿合作论坛——阿拉伯艺术节"、"中华文化非洲行"、"秦始皇兵马俑展"、"郑和下西洋展览"、"丝绸之路文化行"等。面向海外推出的"春节"、"国庆"、"中国走进课堂"、"感知中国"等活动已经形成了一系列有影响的文化品牌,成为传播中华文化的重要载体。2013年,海外"欢乐春节"活动在世界99个国家和地区的251个城市举办,31个省区市参与了活动,吸引约3 500万海外各阶层民众和华人华侨的参与,成为当地欢乐的节日,得到了外国政要的高度重视和积极参与,在世界范围再次掀起"中国热",成为宣传中华文化的重要舞台。国内外民间文化组织之间的交流活动方兴未艾,如日本创价学会已经邀请37个中国艺术团赴日访演,足迹遍及日本47个都道府县,演出场次达1 500场,300多万名日本观众观看了中国艺术家的精彩演出。

尽管中国推动文化产品、项目和企业、团体大量走向世界,但是,数量的激增并不意味着文化辐射力的提升。中华文化在进入许多国家主流社会方面仍然存在诸多困难,中国开展文化交流需要进一步提高针对性和实效性。

第一,全面表现中华文化的主流观念,是中华文化走出去面临的基本问题。中华文化博大精深,内涵丰富,绝不仅仅是功夫、饮食、京剧等通俗性文化。中华文化的核心是以"中国梦"为代表的核心价值观念。它传承了无数仁人志士的理想追求,体现了国家富强的伟大目标。这是习近平主席强调的:"实现中华民族伟大复兴的中国梦,就是要实现国家富强、民族振兴、人民幸福。①""中国梦"不仅是中华儿女的伟大理想,与全世界人民追求自由、幸福的梦想也是相通的。中国开展文化交流,必须以"中国梦"为核心,彰显主流文化的价值魅力。

第二,完整介绍中国文化的丰富内涵,是中华文化走出去的核心要义。正如英国学者马丁·雅克所说:"中国不仅仅是一个民族国家,她更是一个有着民族国家身份的文明国家。……正是这种文明的因素赋予了中国独一无二的特性。②"中国学者张维为指出,与世界上大部分民族国家不同,中国这一"文明型国家"有八大特征,即"四超"与"四特":即超广阔的疆域国土、超悠久的历史传统、超大型的人口规模、超深厚的文化积淀;以及独特的语言、独特的政治、独特的社会、独特的经济③。这些特征本质上反映了中国经过漫长曲折的历史整合,而终于形成了"百国之和"的大格局。这就像中华民族的DNA图谱,在历史的演变中规范了中国现代化道路的路径,规范了中国崛起模式的独特性。中国对外文化传播应该深入把握住中国的

---

① 习近平:《在十二届人大一次会议闭幕会上的讲话》新华网,2013 年 3 月 17 日,http://news. xinhuanet.com.
② [英]马丁·雅克:《当中国统治世界》,中译本,张莉、刘曲译,中信出版社 2009 年版,第 296—297 页。
③ 张维为:《中国震撼——一个文明型国家的崛起》,2014 年 8 月版,第 3—6 页。

这一独特国情,将传统中华文化和当代中华文化加以统一,从而表达出中国和平崛起道路的历史必然性,让更多的有识之士从中国的崛起中获得感奋和鼓舞。

第三,传播中国文化需要深入人心,这是中华文化走出去的必要途径。中国文化要走向世界,更需要"走进去"和"留下来",这是中华文化走出去迫切需要解决的棘手问题。尽管丰富的文化产品、项目为海外观众提供了巨大的选择空间,在中外比较中又加深了观众的记忆,但是能常年留在国际市场,长久留在海外观众心中的作品实际上并不多。因为文化艺术的根本力量在于占据了道义的制高点,形成了魅力的感染力,创造了美的共同财富。这恰恰是中国文化传播需要不断深化和提升的关键内涵。

(三) 文化贸易快速增长,差距亟待弥补[①]

近年来,我国文化产业的发展迅速,影视、演艺、出版、动漫、网络新媒体已渐成规模。得益于此,我国对外文化贸易显示出强劲的增长势头,游戏、动漫、广告、设计等新业态发展最快,出版、电影、电视、演艺等传统业态稳步前行,艺术品进出口异军突起,成为对外文化贸易的新亮点[②]。

我国文化产品进出口快速增长,规模显著扩大。核心文化产品进出口总额由 2006 年的 102.1 亿美元增长至 2013 年 274.1 亿美元。其中出口由 2006 年的 96.4 亿美元增长至 2013 年的 251.3 亿美元,进口由 2006 年的 5.7 亿美元增长至 2013 年的 22.8 亿美元。从产品结构来看,文化产品出口主要以视觉艺术品、新型媒介产品、印刷品为主,进口主要以印刷品、视听媒介产品为主。

---

① 数据来源于中华人民共和国商务部编:《中国文化贸易统计 2012》,中国商务出版社 2012 年版。

② 张晓明、王家新、章建刚主编:《中国文化产业发展报告(2014)》,社会科学文献出版社 2014 年版,第 80 页。

从贸易方式来看,一般贸易方式为文化产品进出口的主要方式,2006 年分别占进出口总额的 44.7% 和 40.5%,2012 年分别占进出口总额的 53.7% 和 57.8%;其次为加工贸易方式,出口占比由 2006 年的 57.2% 下降至 2012 年的 35.7%,进口占比由 2006 年的 40% 下降至 2012 年的 28.1%;其他贸易方式的进出口迅速增长,出口占比由 2006 年的 2.4% 增加至 2012 年的 6.5%,进口占比由 2006 年的 15.3% 增加至 2012 年的 18.2%。以其他贸易方式出口的核心文化产品主要是视觉艺术品和新型媒介产品;进口占比领先的主要是印刷品和新型媒介产品。

表 5 - 8　2012 年中国核心文化产品进出口
（按贸易方式分类情况）

贸易方式	出　　口			进　　口		
	金额 (亿美元)	同比增长 (%)	占比 (%)	金额 (亿美元)	同比增长 (%)	占比 (%)
总　　额	259	38.5	100.0	15.55	28.6	100.0
一般贸易	149.81	48.3	57.8	8.35	14.6	53.7
加工贸易	92.37	29.5	35.7	4.37	28.7	28.1
其他贸易	16.81	15.1	6.5	2.83	100	18.2

资料来源:《2012 年我国核心文化产品进出口情况简析》,http://www.qdbofcom.gov.cn: 8080/jjg16ywdt/108642.htm。

从企业性质看,外资企业是进出口主体,2006 年,外资企业出口的核心文化产品占中国核心文化产品出口总额的比重为 63%,2012 年降至 42.3%,进口占比则由 2006 年的 54.9% 降至 2012 年的 42.6%;国有企业进出口占比双降,2006 年,国有企业出口的核心文化产品占中国核心文化产品出口总额的比重为 12.5%,2012 年降至 3.9%,进口占比则由 2006 年的 38.8% 降至 2012 年的 34.9%;集体、私营及其他企业进出口增幅显著,2006 年,集体、私营及其他企业出口的核心文化产品占中国核心文化产品出口总额的比重为 24.4%,

2012 年提升至 36.9％,进口占比则由 2006 年的 7.3％提升至 2012 年
的 17.8％。

表 5－9　2012 年中国核心文化产品进出口
（按企业性质分类情况）

企业性质	出　　口			进　　口		
	金额（亿美元）	同比增长（％）	占比（％）	金额（亿美元）	同比增长（％）	占比（％）
总　　额	259	38.5	100.0	15.55	28.6	100.0
国有企业	10.03	－19.7	3.9	5.43	7.7	34.9
外资企业	109.68	28.6	42.3	6.63	21.9	42.6
集体、私营及其他企业	139.28	56.1	53.8	3.49	120	22.4

从贸易伙伴看,我国核心文化产品进出口主要集中在美国、日
本、德国、英国和中国香港五个国家和地区,前五位贸易伙伴进出口
占比超过一半。北美洲是我国第一大核心文化产品出口市场,亚洲
和欧洲是我国主要的核心文化产品进口市场,而与其他市场如巴西
等金砖国家的文化贸易总量都比较小。

同时,我国文化服务进出口增幅显著。2006 年,我国核心文化服
务进出口为 26.6 亿美元,其中出口为 15.8 亿美元,进口为 10.8 亿美
元。2013 年,我国文化服务进出口为 95.6 亿美元,其中出口为 51.3
亿美元,进口为 44.3 亿美元。文化服务主要以广告、宣传服务为主,
其次为电影、音像服务,再次为版权、著作权、稿费。

但是,我国对外文化贸易规模仍然较小,并且处于价值链低端。
与发达国家相比,无论是经济数据还是发展观念,我国对外文化贸易
都处于初期探索阶段。总体来看,对外文化贸易仍是我国对外文化
开放的一个薄弱环节,是整个对外贸易的一块短板,与我们文明古国
的地位和建设社会主义文化强国的目标还不相称,与我国经济总量

和贸易规模世界第二的地位还不相称。

我国文化贸易占世界文化贸易份额较小,特别是文化服务贸易。我国文化产品出口已经在世界范围内占据一席之地。据联合国贸发会议统计,2008 年,我国的创意产品出口占全世界出口总额 1 850 亿美元的 22%。其中,艺术工艺品出口为 107.22 亿美元,占总额的 33.17%;表演艺术出口为 7.23 亿美元,占总额的 2.77%;视觉艺术品出口为 37.15 亿美元,占总额的 12.5%;出版及印刷媒体出口为 24.21 亿美元,占总额的 5.02%;设计出口为 588.48 亿美元,占总额的 24.32%;新型媒介产品出口为 83.77 亿美元,占总额的 30.18%[1]。但是,我国文化服务出口仍然十分有限。据 WTO 统计,2012 年,我国视听及相关服务出口额为 1.26 亿美元,仅占世界主要经济体出口额的 0.8%[2]。这说明我国文化产品和服务附加值较低,竞争力不强,仍然处于价值链低端。

我国文化贸易的总量即便与我国国际贸易总体情况相比,也明显处于弱势。2013 年我国货物进出口总额为 4.16 万亿美元,跃居世界第一货物贸易大国,其中出口 2.21 万亿美元,进口 1.95 万亿美元;当年我国核心文化产品进出口总额为 274.1 亿美元,其中出口 251.3 亿美元,进口 22.8 亿美元。2013 年我国服务贸易进出口总额 5 396.4 亿美元,出口保持世界第三,进口跃居第二,其中服务出口总额 2 105.9 亿美元,服务进口总额 3 290.5 亿美元;当年我国文化服务进出口为 95.6 亿美元,其中出口 51.3 亿美元,进口 44.3 亿美元。

我国对外文化贸易发展很不均衡的背后是文化产业整体实力不强。我国文化产业对国民经济的贡献与美国、日本、欧洲国家相比差距较大。在许多发达国家,至 21 世纪第一个十年中期,创意产业就已经成为引导就业、贸易、创新和经济发展的产业,对 GDP 的贡献达

---

[1] UNCTAD and UNDP, *Creative Economy Report 2010: A Feasible Development Option*, Geneva, 2011.

[2] WTO, *International Trade Statistics 2013*.

到 3％—6％。2007 年的一项评估报告显示,创意产业对美国经济的贡献率为 6.4％,并且已成为出口的龙头产业。在英国,以附加值来计算创意产业占 2007 年 GDP 总量的 6.2％,占总出口的 4.5％,1997—2007 年增长率为 5％,而英国国民经济的增长率为 3％①。虽然我国文化产业在国民经济中所占比重不断提高,但是依据《文化及相关产业分类(2012)》进行测算,2012 年我国文化及相关产业法人单位实现增加值 18 071 亿元,占当年 GDP 总量的 3.48％②。

二、我国扩大文化辐射力的瓶颈因素

与我国日益提升的国际地位相比,我国的文化辐射力还不适应、存在差距,实质问题是文化产业本身竞争力不强,关键限制因素是没有建立适合文化外交、文化交流和文化贸易的合力机制。

(一) 产业主体不强

企业应当主导对外文化开放的发展。目前,我国文化产业集中程度较低,企业规模较小,缺乏有核心竞争力的大型跨国企业。国有文化资本在部分传统领域的原有优势有所削弱,在新兴领域的引领能力不强。非公文化资本在新兴领域比较活跃,但大多数在企业规模、品牌塑造、技术水准、行业影响等方面尚不具备显著优势。

规模小、实力弱是我国文化企业的突出问题。西方文化产业巨头通过不断的兼并收购形成了庞大的规模。在 2014 年"世界 500强"排名中,文化产业入选的企业有 3 家,分别是迪士尼公司、二十一世纪福克斯和时代华纳。三家公司的平均营业收入为 371.34 亿美

---

① UNCTAD and UNDP, *Creative Economy Report 2010: A Feasible Development Option*, Geneva, 2011.
② 《2012 年我国文化及相关产业法人单位增加值 18 071 亿元》,http://finance.people.com.cn/n/2013/0826/c1004-22692893.html,2013-08-26。

元,平均资产为 667.26 亿美元,平均雇佣人数为 78 200 人。而在 2014 年"中国 500 强"排名中,媒体行业入选的只有中文天地出版传媒股份有限公司一家企业,营业收入为 113.87 亿元,资产为 119.41 亿元,雇佣人数为 5 110 人。我国文化企业与跨国传媒集团的实力差距可见一斑。

表 5 - 10   2014 年"世界 500 强"中的娱乐企业

2014 年排名	2013 年排名	公司名称	营业收入(百万美元)	利润(百万美元)	资产(百万美元)	股东权益(百万美元)	雇佣人数(人)	国家
232	248	华特迪士尼公司	45 041.0	6 136.0	81 241.0	45 429.0	175 000	美国
318	332	二十一世纪福克斯	36 566.0	7 097.0	50 944.0	16 998.0	25 600	美国
408	402	时代华纳	29 795.0	3 691.0	67 994.0	29 904.0	34 000	美国

资料来源:《2014 年世界 500 强》,《财富》中文版,2014 年 7 月号。

国有文化企业同样存在这一问题。国有文化企业应当是文化产业发展的脊梁,引领文化产业的发展方向。这可以从"文化企业 30 强"中得到印证。在 2014 年"文化企业 30 强"中,国有或国有控股企业 21 家,占总数的 70%,主营收入和净资产均占入选企业主营收入总和的 80% 左右。这反映了国有文化企业作为我国文化产业发展的主力军,体制机制创新成果得到进一步显现,发展活力和市场竞争力进一步增强。从总体上看,大多数国有文化企业的核心竞争力不够强。《国有文化企业发展报告(2014)》显示,截至 2013 年末,全国国有文化企业共计 12 159 户(按独立法人统计),同比增长 12%;资产总额 22 420.2 亿元,同比增长 23.1%[①],平均资产总额约为 1.84 亿元。这反映出作为国有经济的一支新生力量,虽然国有文化企业"个

---

① 《〈国有文化企业发展报告(2014)〉正式发布》,http://kuaixun.stcn.com/2014/1225/11932547. shtml,2014 - 12 - 15。

数"增加,但是这些企业"个头"不够强大。

国有文化企业在进入壁垒高的行业优势明显,在进入壁垒低的行业不占优势。在各大类国有文化企业中,新闻出版发行服务企业数量占据明显优势,占比为 27%;数量位列其后的广播电视电影服务企业占比 8.1%[①]。在新闻出版发行和广播电视电影这些传统行业当中,政府管制相对较多,对民资和外资的开放度低,因此国有文化企业在这些行业的优势属于自然垄断和行政垄断带来的优势,不完全是国有文化企业本身的竞争实力。而在动漫游戏、网络文化等新兴行业当中,民营企业成为行业主导,国有企业不占优势。因此,当前特别需要组建若干家大型文化企业集团公司,推动国有文化企业尽快上市壮大实力,引导文化产业规模化、集约化发展。

民营文化企业凭借体制灵活、运转高效、适应市场能力强等优势,已经成为推动文化产业发展的重要力量,但其在发展过程中也存在着人才吸引困难、资金缺乏等亟待解决的问题。2012 年,万达、腾讯两家中国企业入选罗兰贝格管理咨询公司发布的全球文化产业 50大企业。万达集团在成功收购美国 AMC 影院公司后,以涵盖影视、综合文化场所、平面媒体、演艺内容的总计约 30 亿美元年营业收入排名第 37,腾讯则以游戏产业收获约 25 亿美元,位列第 46[②]。不过,像这样的大型民营文化企业数量并不多。在 2014 年"文化企业 30强"中,入选的民营企业有九家,占总数的 30%,比上届增加两家,其中三家为首次入选,反映出近年来在国家积极引导社会资本投资文化产业的政策环境下,民营文化企业得到迅速发展的。但是,民营文化企业的规模仍以中小型为主,并且存在人才缺乏、品牌缺乏、自主创新能力弱等不足。对于多数民营文化企业来说,资金、人才、技术、

---

① 《〈国有文化企业发展报告(2014)〉正式发布》,http://kuaixun.stcn.com/2014/1225/11932547.shtml,2014 - 12 - 15。

② 《全球文化产业 50 大企业排名揭晓 中国万达、腾讯名列其中》,http://www.shfinancialnews.com/xww/2009jrb/node5019/node5036/node5044/userobject1ai104566.html,2012 - 12 - 11。

市场等仍然是困扰他们发展的最大障碍。尤其是 2008 年国际金融危机的余波至今尚未消除,更加剧了许多民营文化企业的生存困难。

(二) 内容瓶颈明显

具有中国特色的文化原创内容是对外文化开放的核心竞争力。目前,国内文化企业创新动力不足,创新人才匮乏,原创能力不足,科技含量不高,缺少兼具中国特色和国际视野的产品开发,产品结构不合理,目标市场不清晰,这是我国文化产业发展的一大瓶颈,严重影响了文化产业质量,是我国文化企业和文化产品难以进入国际主流市场的主要原因。

我国的文化产品和服务大量输送海外,却不断遭受国际市场冷遇。2012 年,我国生产电视节目已经达到 343.63 万小时,出口电视节目和服务约为 4.95 亿美元[1]。可见,虽然电视节目产量很大,但是产量和出口的对比悬殊。这并非是中国文化缺少真善美的内容和打动全世界的力量,而是没有用世界眼光重新看待和梳理中国文化,未能通过对多元文化的深刻理解和现代时尚的巧妙结合挖掘产品特色,使蕴含民族文化精髓的中国文化产品和服务成为具有国际吸引力和竞争力的文化精品。

传统文化仍然是我国输出海外的文化产品和服务的主要内容。近年来,入选《国家文化出口重点企业和重点项目目录》的文化出口重点企业主要集中在图书出版、演艺和工艺品行业。其中,输出图书的内容多数都是中医、武术、古典文学、汉语学习等内容,演艺出口的门类多数是杂技、武术和功夫剧。这说明传统文化仍然是我国文化出口的重要资源。美国《新闻周刊》根据美国、加拿大、英国等国家的网民投票,评选出进入 21 世纪以来世界最具影响力的 12 大文化国家以及这 12 个国家文化的 20 大形象符号。此项调查中,中国文化

---

[1] 《2013 广电蓝皮书发布 总收入超三千亿元》,http://finance.chinanews.com/it/2013/07 - 05/5009497.shtml,2013 - 07 - 05。

居世界第二位。在代表中国文化的形象符号方面,汉语列第一位,接下来是北京故宫、长城、苏州园林、孔子、道教、孙子兵法、兵马俑、莫高窟、唐帝国、丝绸、瓷器、京剧、少林寺、功夫、西游记、天坛、毛主席、针灸以及中国烹饪①。可见,西方社会能够感知的中国文化形象止于中国传统文化,而对于现代中国文化主体形象印象模糊。中国迫切需要在传统的基础上创造能代表现代中国的文化符号,实现中国文化符号的现代重构,创造富有中国特色和时代气息的文化符合、文化标志、文化品牌。

创新不足已经成为内容瓶颈难以突破的关键障碍。文化企业创新普遍面临两大问题:一是条件不足,如创新基础差、能力弱、缺乏创新型人才、政策支持不到位等;二是动力不足,由于成本压力,以及频频遭遇知识产权侵权之扰等原因,企业缺乏创新热情。以数字音乐为例,互联网上的数字音乐绝大多数都是未经授权的,盗版泛滥导致了数字音乐用户基数高却不能产生更高的收入。美国 NPD 集团 2010 年的一项调查表明,美国只有 35％ 的 P2P 用户为音乐下载付费②。知识产权保护深入人心的美国尚且如此,在保护意识淡薄的我国更不待言。盗版侵权行为严重侵犯了正版音乐厂商的合法权益,影响了新型商业模式的健康成长,使数字音乐产业处于极端不稳定状态中。当今的文化产业是建立在现代信息通信技术基础上的新型文化产业,数字化、网络化、移动化是主导文化产业未来发展的方向。在这样的背景下,文化企业的内容创新显得尤为重要,只有注重内容创新,才能开发出真正的优秀文化产品,并走向世界。

(三) 传播渠道不畅

对外文化开放的渠道和路径是拓展规模和效益的关键。我国对

---

① 《美国〈新闻周刊〉评出 12 大国的 20 大形象符号》,http://www.360doc.com/content/14/0104/08/4480522_342485019.shtml,2014－12－03。

② International Federation of the Phonographic Industry, *Digital Music Report 2012: Expanding Choice. Going Global*, London,2012.

外文化传播的渠道还比较狭窄,海外中国文化中心和孔子学院的作用并未充分发挥,国际展会、电子商务等模式也不够完善,尤其是未能建立稳固的海外营销网络,无法占据国际市场主流渠道,是限制文化企业和文化产品"走出去"的能力的重要原因。

在文化交流方面,孔子学院和海外文化中心在传播中华文化、扩大文化辐射力方面的针对性和实效性不强。这主要表现为交流项目政府推动多、市场自发少;传统文化多、当代文化少;舞台艺术多、其他文化载体少;浅层内容多、深层内容少;文化"走出去"多,"走进去"少。此外,孔子学院和海外文化中心的建设本身有待进一步完善,主要是总体布局、人力不足以及运作模式等方面的问题,海外文化中心的运作模式问题尤为突出。海外文化中心目前主要是政府主导、国家投入的模式,市场化运作模式尚未形成,民间资本参与仍然不足,这一方面不利于加快推进海外文化中心的建设;另一方面在文化传播的过程中,也容易被贴上文化宣传甚至文化"侵略"的标签,不利于被海外民众接受。

在文化贸易方面,我国文化产品和服务出口尚未建立稳固的海外营销网络,无法占据国际市场主流渠道。以电视海外落地为例。电视节目海外落地主要有三种渠道,一是将中文节目以频道为单位提供给当地的有线、卫星电视运营商。这种方式可以节省大笔的硬件设施投入,而且可行性强、覆盖面广,但是由于受众可选频道太多,中文节目频段比较落后,导致除华人以外的观众收看的概率很小。二是通过中文电视平台落地海外,如中文 IPTV 服务商麒麟电视。由于这类渠道的用户以海外华人为主,所以本身就比较难以融入海外主流市场。三是通过互联网收看广播电视节目,如中国网络电视台、人民电视。随着网络技术的飞速发展和网络带宽的不断扩大,这种方式逐渐成为海外观众尤其是年轻观众收看中文电视的主要渠道,但是广受海外观众欢迎的节目资源不够丰富,是制约其传播能力的重要原因之一。因此,我国电视节目海外落地,虽然统计数据很大,但是实际效果并不理想。

海外参展的渠道仍未完全畅通,我国举办的国际展会影响有限。近年来,我国的文化产品和服务越来越多地走向美国演艺出品人年会、法兰克福书展、科隆国际游戏展、东京动漫展等大型国际展会。但是仍然有许多文化企业特别是中小企业或者对如何赴海外参展并不了解,或者无力承担海外参展的前期成本等。同时,我国举办的中国国际文化产业博览会、中国国际网络文化博览会等展会虽然境外交易总额和吸引外资数量不断攀升,但是在如何促进文化走出去方面,仍然受制于国际化程度不够以及国际影响力不足,未能成为中国文化产品和服务走向世界的快捷通道。

互联网时代,相当一部分国际贸易已经被简化成为"完全电子商务"形式,产品和服务在贸易双方之间的转移不再依赖物流企业,而是通过数字化电子商务方式进行。在这种背景下,国际文化贸易的发展必须与之相适应,文化企业应当借助互联网的新型交易模式拓展国际业务。目前,我国文化走出去不仅仅缺少配套的电子营销网络,同时也缺少电子合作平台的支持。在国外,除了专业的文化产品和服务电子营销渠道之外,谷歌、Twitter、脸书、Youtube 等互联网超级巨无霸实际上也是内容提供商,拥有相当大的文化影响力。相形之下,百度、腾讯、阿里巴巴等本土互联网新贵虽然用户基数很大,但是仍然很难成为世界级的互联网公司,因此也难以为中华文化走向世界提供相应的平台。

(四) 政策引导欠佳

政府对文化贸易支持力度的大小,在一定程度上将影响对外文化贸易获得持续快速健康发展。由于文化产品和服务具有文化和经济双重属性,因此对外文化贸易不完全是企业的市场行为,政府需要通过财政、金融、税收等各种政策措施,加大对外文化贸易的扶持力度。从国际经验来看,政府对文化贸易的支持,一直是各国文化贸易发展的重要推动力量。法国文化产业长盛不衰,韩国文化贸易异军突起,都与政府的大力支持密不可分。

近年来,为了加快中华文化走出去的步伐,我国出台了一系列相应的支持性政策措施。特别是为了扭转对外文化贸易逆差,相继出台了不少促进对外文化贸易发展的相关政策。2009 年国务院颁布《文化产业振兴规划》,将"文化产品和服务出口进一步扩大"作为五个主要目标之一,显示了国家对文化产品和服务出口的重视。2009 年,商务部会同文化部、广电总局、新闻出版总署和进出口银行下发了《关于金融支持文化出口的指导意见》,要求加大对重点文化企业和项目出口的支持力度。2012 年,《文化部"十二五"时期文化产业倍增计划》出台,将推动文化产业"走出去"作为十大主要任务之一。2014 年,国务院出台了《关于加快发展对外文化贸易的意见》,专门针对加快发展对外文化贸易、提高对外贸易发展质量做出规定。

不过,我国支持文化贸易的时间还不算长,力度还不够大,没有出台文化产业促进法及配套法规,更没有形成完整的法规体系。根据学者对文化产业政策的统计,在 517 部政策文件的样本中,文化贸易政策有 13 部,占总数的 2.5%,鼓励文化企业"走出去"的政策有 32 部,占总数的 6.3%,两者合计共有 45 部,仅占总数的 8.8%①。这方面明显少于 517 部政策文件中涉及文化市场管理、文化遗产保护、公共文化服务等方面的政策文件数量。

此外,在确定对外文化贸易的目标市场上,政府对企业也缺乏引导。发展对外文化贸易,必须始终把握好"走到哪里去"的导向。只有找准文化产品在国际文化市场的定位,才能确定文化输出策略。这项工作单个企业往往无力承担,需要政府的支持。我国在当前的复杂背景下发展对外文化贸易,更加需要通过大量的调查研究,把握国际上的重点对象地区,开展国际文化贸易壁垒等内容的专题研究

---

① 李思屈等:《中国文化产业政策研究》,浙江大学出版社 2012 年版,第 88 页。

和跟踪分析,为广大企业提供战略上的指导。而目前这在我国显然比较欠缺,没有以"对外文化贸易市场指南"形式发布的有关海外文化市场的现状和特点的全面分析以及系统研究。

(五) 体制建设滞后

在管理体制上,我国文化主管部门仍然处于多头、交叉管理的状态,各自为政,条块分割,职责不清,功能重叠,而且中央和地方的责权利并不明确。这种状况不利于政府加强市场调节,实施社会监管,不利于政府为企业、民间团体和社会组织开展文化外交、文化交流和文化贸易提供公共服务,不利于引导对外文化开放的良性发展。

在文化事业管理上,政府统管各项文化事业,直接控制文化单位的运行,充当着文化事业的所有者、举办者、管理者、经营者多重角色,造成政事不分与政事一体化,文化单位的目标任务、人员编制、活动经费、岗位设置、人事任免,均由上级行政部门负责,文化事业单位成了政府部门的附属物。文化部门普遍存在条块、行业、区域分割,难以形成合力。

在文化产业管理上,政府与文化经营单位之间的责、权、利尚未理清,政府过多地干预文化经营管理,经营者难以成为真正的市场主体。政府为文化产业制定发展规划,并对文化经营单位实行总量调控,甚至通过计划形式确定文化产品供给的数量和类型。这样,各文化经营单位丧失了自主权,割断了它们与市场的联系,而政府的计划无法反映文化消费者的需求,这给文化产品的供给与市场的文化需求之间、文化消费者与文化经营者之间带来了无法克服的矛盾。

同时,我国文化贸易发展存在文化与非文化之间、国营与民营之间、内资与外资之间等诸多障碍,如区域运营限制、经营范围限制、市场准入和投资领域限制等,导致无法营造公平开放的竞争环境,难以适应打造全球化条件下全能型文化产业链的实际需求,而数字技术条件下新的文化商业模式和商业业态的发展尤其需要开放的政策环境。

自 2005 年 4 月国务院颁布《关于非公有资本进入文化产业的若干决定》以来,全国各地民营资本纷纷进入文化产业。国家相继出台政策鼓励支持民营资本进入文化产业,直接促进了中国民营文化企业的快速发展。但是,民营企业进入文化产业仍然存在诸多体制机制障碍。民营企业进入文化产业的审批程序复杂、运作周期长、遗留问题多,导致民营企业制度成本投入大、机会成本高、边际效益低,这些做法不仅严重损害了民营企业的利益,而且挫伤了民营企业的积极性。另外,一些地方政府管理部门为了短期利益,实施保护主义举措,缺乏对投资者权益包括知识产权的有效维护,限制了社会资本进入文化产业。

我国对外资进入文化领域实行严格控制。2005 年,为适应我国加入世贸组织的新形势,进一步规范文化领域引进外资工作,文化部等五部委联合下发《关于文化领域引进外资的若干意见》,禁止或限制外商投资如下机构:新闻机构、广播电台(站)、电视台(站)、广播电视传输覆盖网、广播电视节目制作及播放公司、电影制作公司、互联网文化经营机构和互联网上网服务营业场所、文艺表演团体、电影进口和发行及录像放映公司;视听节目刊的出版、总发行和进口业务,音像制品和电子出版物的出版、服务、新闻网站和互联网出版等业务;音像制品分销企业等。《外商投资产业指导目录》也对文化领域的外商投资进行限制。

一方面,我国文化市场在很多领域已经开放,加入世贸组织后文化产业外资增长速度明显加快,吸收外资的总量迅速增加。但从统计数据看,与其他行业相比,文化产业对外开放程度仍然较低,相对我国利用外资整体水平而言尚处于滞后状态。一是从数量上看,外资在文化产业投资中所占比例较低;二是从规模上看,外资投资规模普遍较小;三是从行业分布上看,外资相对集中在文化娱乐、电影电视、音像制品等领域。因此,文化产业利用外资无论是外资数量和经营规模,以及经营效率都存在很大差距。2009 年,全国文化、体育和娱乐业签订外商直接投资项目数(个)为 158 个,2012 年为 145 个,数量基本持平,而且有所下降。全国文化、体育和娱乐业领域的 FDI 情况见表 5-11。

表 5-11　2009—2012 年文化、体育和
娱乐业外商直接投资总额

项　　目	2009 年	2010 年	2011 年	2012 年
外商直接投资总额(万美元)	9 003 300	10 573 500	11 601 100	11 171 614
文化、体育和娱乐业外商直接投资总额(万美元)	31 756	43 612	63 455	53 655
所占比重(%)	0.35	0.41	0.54	0.48

资料来源:国家统计局。

另一方面,文化领域外资准入政策的高度限制没有松动,尤其是传媒业等仍然存在诸多限制,一些外资企业采用“战略合作”、“合作项目”等方式进入出版、演艺、互联网内容等领域。据统计,国内互联网产业的外资控制度已经达到了 90% 以上[1],文化领域的互联网产业也不例外。这种做法存在的问题是:一方面不利于有效规范引导外资的发展,在实践中难以实现管理者的意图;另一方面如果我国在国际贸易投资协定中已对相关部门做出具体承诺,则内外有别的管理模式很有可能被认为构成了任意或不合理的歧视。因此,必须改变过去主要依靠国有资本发展文化产业的局面,更大限度地发挥市场在文化资源和要素配置中的基础作用,尊重经济规律,用市场的手段发展文化产业,让全社会参与文化产业的发展和创新,实现国资、民资和外资多方力量的融合发展。

---

[1]　中国 B2B 研究中心:《中国互联网外资控制调查报告》,2009。

（六）支撑体系乏力

我国还没有形成一套系统的、能够大力促进对外文化开放的支撑体系，原因在于对参与文化交流和文化贸易的民间团体、投融资平台、社会组织、服务平台、技术平台、中介组织等的分工和定位不明确、不合理，不利于其自身的发展壮大，导致无法落实扩大对外文化开放的相关政策措施，难以适应文化外交和文化贸易的现实状况和快速发展的目标需求，以及扩大中华文化辐射力的战略需要。

全球文化产业在数字技术、网络技术的带动下，不断产生新的商业业态和商业模式。例如，电脑游戏和电子游戏业出现了在线零售、会员费、广告和新服务等新型商业模式，在线影视业则有租赁下载、购买下载、广告下载、会员费等新型商业模式。数字产业已成为文化产业发展的决定因素。普华永道发布的年度报告《2015—2019年全球娱乐及媒体行业展望》指出，数字化经过十多年的发展之后，尽管在普通消费者眼里，数字媒体和传统媒体并没有很大的分别，但是新兴数字产品将创造一个更大的、多样的内容世界，并且数字化将加速内容在平台之间的传递[1]。因此持续的数字化创新已经成为在行业中制胜的必要条件。

面对数字内容产业的激烈竞争，文化企业尤其是外向型的文化企业必须将资源用在核心技术的研发和市场营销上面，而非核心的后勤服务需要通过后台支持性服务平台操作，因而全球文化产业价值链体系中的专业化分工越来越明显。全球文化产业价值链不断整合，依赖公共服务平台的需求大大增加，需要文化贸易基地这样的服务平台提供展示、交易、金融、保税等服务，以降低文化企业的经营成本，提高其核心竞争力，特别是目前相对弱小的文化企业，更加需要信息、技术等外部资源的支持。

---

[1] *Global Entertainment and Media Outlook 2015 - 2019*，http://www.pwc.com/gx/en/global-entertainment-media-outlook/key-industry-themes.jhtml，2015 - 06 - 14.

公共服务平台能够有效整合与配置主要文化企业的公共服务资源，提供涵盖产业资讯提供、共性技术支撑、知识产权保护、人才培训服务以及市场推广等在内的各项公共服务，形成支撑产业发展的公共服务体系，从而促进产业资源共享与高效利用，推动文化贸易的发展。自 2011 年起，中国先后在上海、北京和深圳设立了三家国家对外文化贸易基地。作为支持对外文化贸易发展的主要平台，上海、北京和深圳的国家对外文化贸易基地不断拓展，发挥了很好的示范效应，但是基地建设本身还存在一些不足，制约着公共服务平台充分发挥作用。

第一，对外文化交流和贸易服务平台能级有待提高。从入驻各类公共服务平台的企业的数量和质量来看，特别是文化企业利用公共服务平台的能力来看，整体业务量还相当有限，公共服务平台实现的文化货物贸易和服务贸易所占比重比较低，影响力有限。

第二，对外文化交流和贸易服务的网络体系尚未建立，平台的服务半径有限。公共服务平台尚未在全国乃至海外建立各类实体和虚拟网络，形成网络支撑平台服务的机制，制约了公共服务平台的服务能力。尤其是大多数中国文化企业缺乏国际化经营的能力和经验，对于"走出去"的目标市场国家和地区缺乏准确和及时的把握，面对国际文化市场瞬息万变的复杂情况，迫切需要有跨越海内外的文化交流和服务网络提供有效的支持。

第三，支持对外文化贸易的投融资能力和水平有待提高。邓小平同志 1991 年春节在视察上海时，就高瞻远瞩地指出："金融很重要，是现代经济的核心。金融搞好了，一着棋活，全盘皆活。[①]"这一精辟的论断今天仍然指引着我们发展文化产业和文化贸易的进程。长期以来，在文化贸易过程中，由于文化产业的轻资产型、知识型和文化产品的低标准化和非标准化，难以获得有效的金融服务。原有的

---

① 《邓小平文选》第三卷，人民出版社 1993 年版，第 366 页。

以自然资源和重型资产为抵押的金融服务体系,已经不能适应创意时代和文化贸易的投融资服务需求,必然要求与之适应的轻资产型、知识型、智慧型的新型金融服务体系。这正是中国发展对外文化贸易有待于进一步突破的重点。

第四,适应新型文化商业模式的平台交易方式尚在探索之中。要发挥公共服务平台的作用,就是要找到公共服务平台为文化企业真正提供服务的商业模式,这种商业模式既体现为文化企业提供高增值服务的能力,也体现为公共服务平台本身的成长能力。目前公共服务平台在保税展示、交易和保税服务加工方面尚未形成标准化、规模化和高技术化的商业模式。

第五节　我国扩大文化辐射力的总体思路

党的十七届六中全会通过的《中共中央关于深化文化体制改革推动社会主义文化大发展大繁荣若干重大问题的决定》,将扩大对外文化开放作为我国 2020 年文化改革发展奋斗目标之一,即"以民族文化为主体、吸收外来有益文化、推动中华文化走向世界的文化开放格局进一步完善",体现了我国文化发展的必然趋势和时代要求。党的十八大报告对增强文化整体实力和竞争力提出新的要求,其中包括"扩大文化领域对外开放,积极吸收借鉴国外优秀文化成果。"党的十八届三中全会通过的《中共中央关于全面深化改革若干重大问题的决定》,进一步全面规划了对外文化开放的宏伟蓝图,对外文化开放的方向任务进一步明确,对外文化开放的战略地位进一步提高,对外文化开放的科学认识也进一步升华。这一系列重大决策、部署高屋建瓴,总揽全局,凝聚了党在新时期推动中华文化走向世界的战略思考和理论成果,确立了对外文化开放在开创中国特色社会主义事业,全面建设小康社会中的重要地位和时代意义。

繁荣发展社会主义文化,建设社会主义文化强国,必须坚定不移地走对外文化开放之路。要开展多渠道多形式多层次对外文化交流和文化贸易,推动中华文化走向世界,增强中华文化在世界上的辐射力。要坚持以我为主、为我所用,积极吸收借鉴国外优秀文化成果,学习借鉴一切有利于加强我国社会主义文化建设的有益经验、一切有利于丰富我国人民文化生活的积极成果,扩大中国文化产品和文化服务在全球市场的占有率,形成中国对外文化开放的新优势。

一、确立扩大文化辐射力的主要目标

在新的历史条件下,为了深入贯彻党的十七届六中全会、十八大和十八届三中全会关于建设文化强国的战略部署,必须进一步扩大对外文化开放,以宣传我国基本国情、价值观念、发展道路、内外政策,引导人们更加全面客观地认识当代中国、看待外部世界,化解外界针对中国各种负面论调的影响,塑造文明、开放、进步、合作的国家形象,提升我国的国际威望,为我国经济社会发展营造更加有利的国际舆论环境,维护国家文化安全,确保国家文化主权,增强国家文化软实力。这就要求我国首先要确立扩大文化辐射力的主要目标,文化外交、文化交流和文化贸易迈上新台阶,基本形成官民并举的对外文化开放新格局。

(一) 文化外交的主要目标

为了扩大对外文化辐射力,我国的文化外交应当根据国家整体外交和文化发展的战略部署,对文化外交工作进行系统设计和总体布局,讲好中国故事,做好对外宣传,争取世界各国对中国梦的理解和支持。

以文化外交为先导,传递我国不对抗不冲突、相互尊重、合作共赢的新型大国关系理念,和建设和平发展的命运共同体的方针,以妥善管控和有效消除分歧,推动长期稳定健康发展的大国关系框架的构建。

积极发挥文化外交的引领作用,切实加强同发达国家、金砖国家、发展中国家的多层次的文化交流,扩大同欧盟、东盟、非盟等多个区域国家和区域合作组织的文化合作,以文化外交增强政治互信和经贸往来,推动互利共赢和共同发展的新型伙伴关系的建立。

加强周边文化外交工作,深化同周边国家和区域组织的文化交流和互连互通,强化周边命运共同体意识,以优化周边战略环境,推动睦邻友好的团结合作关系的建立。

积极推进"一带一路"建设,坚持文化先行,拓展文化外交,搭建文化桥梁,夯实中国在"一带一路"沿线国家的民意基础,以增信释疑和促进合作,推动各种形式的互利伙伴关系的建立。

切实推进多边文化外交,重视参与制定国际规则特别是贸易规则,推动多层次的多边机制和全方位的合作平台的构建,增加中国在国际文化事务中的代表性和话语权。

(二) 文化交流的主要目标

为了扩大文化辐射力,我国的文化交流应当通过扩大其规模和范围,拓展其广度和深度,丰富其内容和形式,发展其渠道和层次,逐步形成与我国经济社会发展水平和国际地位相称的对外文化交流的实力。

构建和发展现代传播体系,继续推进重点新闻媒体建设,大力发展新兴媒体,注重提高驾驭新兴媒体的能力,不断扩大互联网对外宣传的影响力,争取到 2020 年基本建成覆盖广泛、影响巨大的国际传播体系。

继续集中力量组织好在多个国家举办的"感知中国"、"欢乐春节"、中国"文化年"或"文化节"等重大文化交流项目,培育一批走得出去、留得下来、有影响的、品牌化的大型系列文化活动。

加强思想文化领域的国际对话，大力实施哲学社会科学"走出去"战略，采取各种有效措施增强国际学术界的中国声音，争取到2020年培育一批有国际影响的智库，基本建成中国哲学社会科学学术传播平台体系。

加速推进海外中国文化中心和孔子学院的建设工作，形成展示、体验并举的综合平台。争取到2020年在全球建成50个海外中国文化中心，每年平均新建5个文化中心；到2020年，基本完成孔子学院全球布局，做到统一质量标准、统一考试认证、统一选派和培训教师。

（三）文化贸易的主要目标

对外文化贸易的主要目标是，分两个阶段稳步推进，建设我国对外文化贸易的完整体系。到2020年，基本建成体现对外文化贸易强国的框架，核心文化产品和服务贸易逆差状况得以扭转，对外文化贸易额在对外贸易总额中的比重大幅提高，我国文化产品和服务在国际市场的份额进一步扩大。到2050年，全面形成对外文化贸易强国的实力，使得我国文化贸易进出口总额位居世界前三强，持续保持对外文化贸易的总体顺差，我国文化整体实力和竞争力显著提升。

健全对外文化贸易的工作框架，逐步形成以政府为主导、企业为主体、市场化运作为主要方式的对外文化贸易新格局，鼓励更多地以民间和商业的方式走出去，建立政府间文化产业的对外合作机制。

培育对外文化贸易的市场主体，在国际文化市场的主要领域，包括电影电视、音乐、新媒体、设计、艺术品等，拥有一批具有自主知识产权和较强国际竞争力的外向型文化企业，并且在世界500强企业中，在全球文化产业前50强以及视听企业前50强中，占有重要的一席之地。

打造对外文化贸易的核心产品，充分挖掘中华民族传统文化以及世界优秀文明成果蕴涵的丰富资源，制作出既有艺术感染力又有娱乐性,既有中国特色又符合西方观众心理和欣赏习惯的文化产品,形成一批具有核心竞争力和国际影响力的文化品牌。

确立对外文化贸易的目标市场,形成面向亚太和欧洲地区,以东北亚、东南亚、南亚、中亚、西亚等为主要战略方向的目标市场国家和地区,建立辐射周边邻国和全球主要国家的对外文化贸易辐射圈,在与中国战略利益攸关的地区形成对外文化贸易的优势。

建立对外文化贸易的支持体系,搭建若干具有较强辐射力的国际文化交易服务平台,建立一批国家级和省市级的对外文化贸易基地、产业园区和文化艺术保税仓库,加强国际营销网络建设,形成一个提供贸易、投资、金融、财税、法律、专业鉴定等方面的专业服务机构体系。

创新对外文化贸易的制度体系,通过渐进改革和探索创新的方式,逐步在出口退税、通关便利、保税租赁、财税扶持、人员进出、外汇结算等方面形成有效的制度和机制,释放制度创新带来的中国对外文化贸易的"红利",使得中国成为鼓励对外文化贸易最为有效的国家之一。

二、形成扩大文化辐射力的基本战略

(一) 提出和实施互惠开放型的对外文化战略

扩大对外文化开放是我国和平发展道路的重要内容,也是建设开放型经济的重要领域。我国推动对外文化开放向积极的方向发展,既不是被动接收美国倡导的"自由贸易"体制以全面开放文化市场,也不能一味顺从法国、加拿大等提出的"文化例外"主张来设立文化贸易壁垒。我国要鲜明地提出建设互惠开放型对外文化战略的"中国主张",推动其成为广泛的"世界共识"。互惠开放型对外文化战略具体包括以下四项内容。

　　第一,扩大对外文化开放是全球开放型经济的组成部分和人民共享的福祉,各国要在竞争中合作,在互惠中共赢,在寻求自身文化发展时惠及别国发展,在追求本国经济利益时兼顾别国利益,建立发展创新、互惠联动、开放共享的国际文化市场新格局。互惠是目的,开放是途径,两者是相互依托的有机统一。

　　第二,扩大对外文化开放要兼顾不同发展水平的国家和地区的文化需求,特别是为新兴经济体和最不发达国家保护本国文化传统和传承文化遗产、壮大本土文化产业,提供更多的机会和帮助,反对以强凌弱、损害他国的文化多样性,也反对设置任何形式的文化贸易壁垒。

　　第三,扩大对外文化开放要鼓励创新和包容,推动各个领域文化市场的繁荣。在保护民间手工艺和文化用品等传统文化门类的同时,要积极发展以现代科技成果为基础、相互融通和渗透的文化新产品、新媒体、新领域,并且带动其他经济门类的贸易与繁荣。

　　第四,扩大对外文化开放要普惠广大人民,鼓励具有多样文化背景的世界各国和民族把丰富的文化资源开发成为富有特色的文化产品,参与全球文化交流与友好合作,而不是以损害对方利益的不正当竞争和垄断,损害或者压抑别国人民发展文化的积极性。

　　我国既要以推动互惠开放型对外文化开放战略引领世界,又要在对外文化开放的机制、结构、布局、质量等方面有重大创新,推动对外文化开放的格局向积极方向发展。同时,要把提高国家文化软实力的巨大能量,转化成为建设互惠开放型对外文化开放体系的推动力,创造性地解决好以下四对关系。

　　一是既要扩大中国文化"走出去"的规模和实力,又要兼顾各国特别是发展中国家发展文化多样性的愿望和要求,突出合作、互惠和包容,把握好各国在国际文化市场中的利益共同点,形成良性互动的利益链条,不应单向度地宣扬中国文化"走出去"而导致他人的误解。

　　二是既要坚持互惠开放型的对外文化战略,坚决反对各种贸易保护主义,通过双向开放,扩大中国对外文化合作的深度;又要保护相对弱小的国内文化产业,为它们争取成长壮大的时间和空间,灵活地把握好逐步扩大对外文化开放的"机会窗"和"起跑令"。

三是在 WTO 框架解决文化贸易止步不前的情况下,要主动加强并且不断深化同世界各国的经济合作联系,依托《区域全面经济合作伙伴关系》(RECP)、中国-东盟自由贸易区、上海合作组织、中国与俄、巴、英、韩、墨、欧盟等 20 个国家和地区的各种战略伙伴关系,发挥中国的主导和推动作用,形成多层次的区域文化贸易框架。

四是既要在深入挖掘中国文化资源的基础上开发大量文化产品,传播以中国梦为代表的核心价值观念,又要增强提炼全球文化资源的能力,消弭国际文化贸易中不同背景的利益方由于文化"误读"和理解"折扣"而带来的障碍,在全球文化贸易的产业链、价值链、供应链中扮演重要角色,形成"中国内容,世界表达"与"世界潮流,中国表达"并举的"两手抓,两手硬"能力。

(二)建设互惠开放型的对外文化体系

1. 创新协调机制,整合文化开放"一盘棋"

在对外文化工作部际联席会议制度、国内国外沟通协调机制、文化部与地方文化外事工作协调机制三个跨部门工作协调机制的基础上,进一步完善国家层面的对外文化工作协调机制,整合我国外交、经贸、科技、教育、医疗等多个领域的资源和力量,利用中国驻外使领馆文化处、中国海外文化中心、孔子学院、中国国际贸易促进委员会等机构,使得中央部门之间、中央和地方、政府和民间、国内和国外的文化资源得到有效统筹和协调,形成并激活"一盘棋"的对外文化工作大格局,广泛传播互惠开放型文化贸易的"中国主张",全方位扩大中国文化贸易体系的影响力。

2. 扩大互惠互利,打造全球性文化价值链

把握中国与其他国家在国际文化市场中的利益共同点,建立中国企业、海外代理商、服务商、消费者的利益链条与合作格局。加大吸引外资、承接服务外包的力度，充分利用优势文化资源，合理利用和配置政策环境、生产要素和市场要素等多种资源，努力嵌入文化产业全球价值链的高端。探索在海外建立中国文化产业园区和文化贸易基地，合资、合作生产和销售中国文化产品，打造中国文化贸易体系全球布局的链条，成为平等互利、开放共享的对外文化开放新格局的重要载体。

3. 拓展目标市场，扩大全球市场中的占有率

2012 年，中国与美国、日本、德国、中国香港和英国等五大贸易伙伴的文化进出口额之和占中国核心文化产品进出口总额的 53.5%，这反映出中国对金砖国家和其他发展中国家等文化市场开发还很不够。要建立互惠开放型的对外文化辐射圈，拓展三个层次的目标市场：（1）美、日、欧等市场规模较大的发达国家和地区；（2）印度、巴西、俄罗斯、南非和土耳其等具有增长潜力的金砖国家和区域大国；（3）东南亚、中东和非洲等国家和地区，让中国推动的对外文化开放惠及更多的国家和人民。

4. 扩大双向流通，打造对外开放的升级版

抓紧中国建设"一带一路"、寻求参加 TiSA 谈判、开展中美 BIT 谈判等重要机遇期，配合我国的自贸区战略和自由贸易试验区战略，在逐步放宽对外资进入文化领域限制的同时，鼓励中国的外向型文化企业，充分利用国际文化资源，深入挖掘各国文化消费市场潜力，创新文化产品和服务，既善于推动"中国内容，世界表达"，又善于体现"世界潮流，中国表达"，提高中国文化产品的国际亲和力和传播力，以对外开放的主动赢得国际竞争的主动，为全面提升中华文化的辐射力和影响力奠定基础。

5. 维护文化安全，掌握扩大开放的主动权

当今世界正处在大发展大变革大调整时期，世界多极化、经济全球化深入发展，科学技术日新月异，各种思想文化交流交融交锋更加

频繁,文化在综合国力竞争中的地位和作用愈发凸显,捍卫国家文化安全已经成为所有国家在面临外来文化冲击时所必须应对的时代挑战。一个国家能否维护文化安全,不仅关系到社会和谐、政治稳定和经济发展,而且直接影响到民族和国家的生存命脉。维护国家文化安全,必须大力弘扬传统文化,大胆创新传统文化,吸收外来有益文化,壮大本土文化产业,缩小文化贸易逆差,不断提升中华文化的魅力,不断增强中华文化的国际竞争力、辐射力和影响力。

图 5 - 5 构建中国对外文化开放的新格局

三、确立扩大文化辐射力的基本思路

对外文化开放必然是双向流动,是不同文化的相互学习和借鉴。因此我国扩大文化辐射力,必须坚持双向开放,利用好国内和国际两种资源与两大市场,既要挖掘开发国内丰富的传统文化资源,又要吸收利用国外的优秀文明成果,以"进"带"出",强调"引进来"和"走出去"并重,以努力融入国际竞争,积极抢占国际市场,扩展我国文化辐射力的总量和范围。

(一)"走出去"是我国对外文化开放的应有之义

党的十七届六中全会通过的《中共中央关于深化文化体制改革推动社会主义文化大发展大繁荣若干重大问题的决定》指出,"当今世界正处在大发展大变革大调整时期,世界多极化、经济全球化深入发展,科学技术日新月异,各种思想文化交流交融交锋更加频繁,文化在综合国力竞争中的地位和作用更加凸显,维护国家文化安全任务更加艰巨,增强国家文化软实力、中华文化国际影响力要求更加紧迫。"文化软实力的本质和全球化的潮流,决定了中国要建设文化强国必须要有强大的文化辐射力和影响力。"走出去"是体现一个国家的文化辐射力和影响力的重要方式,国家的价值观念需要通过"走出去"获得广泛传播,进而在全球拥有相应的话语权、定价权和控制权。

"走出去"战略是我国深化改革开放的一项重大战略。在全球化深入发展的形势下,各国都无法独善其身,必须充分参与国际经济合作和竞争,才能不断发展壮大。文化"走出去"是"走出去"战略的题中应有之义,也是我国文化产业发展的重要战略之一。文化在综合国力竞争中的地位和作用更加凸显,当前世界各种思想文化交流交融交锋更加频繁,一国文化要想在世界上赢得一定的话语权、在世界文化舞台上占据一席之地,就不能闭关自守,必须"走出去"让世界了解和认同自己。改革开放特别是党的十六大以来,我国文化"走出去"取得了很大进展,中华文化的国际影响力持续增强,中国的国际形象不断提升。但是,我国文化产业的国际竞争力和市场份额还比较低,"西强我弱"的国际舆论格局尚未改变,我国文化"走出去"仍然面临一系列挑战。因此,随着中国经济的崛起和政治影响力的日益加大,在新的国际背景和历史条件下,进一步增强国家文化软实力、提升中华文化对世界的辐射力的要求更加紧迫。

我国必须加快推进文化"走出去",开展多渠道多形式多层次的对外文化交流,广泛参与世界文明对话,不断提高文化国际传播能力,不断发展外向型的文化产业,扩大我国文化产品和服务在世界市场上的份额,从而增进国际社会对中华文化和中国的认识,增强中华文化的国际辐射力和我国的国际话语权,进一步提升我国的文化软实力。

在当前国际环境下,我国要加快推进文化"走出去",亟须政府的大力支持,特别是要加强对外文化贸易方面的扶持政策。由于文化产品和服务的文化特殊性和政治敏感性,各国(地区)往往采取各种措施保护和促进国内的内容制作,以推动本国文化产业和文化贸易的发展。例如,欧盟通过"第一媒体计划"、"第二媒体计划"、"媒体附加计划"以及"媒体2007"这一系列媒体计划的推行,来促进和加快欧盟文化产业的发展。法国国家电影中心通过其掌管的资助基金,对法国电影的制作、发行和放映提供资助和扶持。新加坡媒体发展局发布"媒体联合计划",为媒体产业的发展铺平道路,力图将新加坡打造为新亚洲媒体全球之都。韩国成立文化振兴院,整合各种核心力量,构筑综合支援体系,促进文化产业和文化贸易的发展。总的来说,综观各国文化产业和文化贸易的发展,不论政府的支持是为了保护文化,还是为了保护贸易,国家政策的支持不可或缺,对文化产业和文化贸易起到明显的带动作用。我国的文化产业刚刚起步,文化贸易的国际市场份额较小,我国要加快文化"走出去"的步伐,必须强化政策扶持,促进政府作用与市场机制紧密结合,形成有力保障。

(二)"引进来"是我国对外文化开放的外生动力

党的十七届六中全会、十八大和十八届三中全会的决定和报告指出,扩大对外文化开放,不仅包括推动中华文化走向世界,还包括

"吸收外来有益文化","积极吸收借鉴国外一切优秀文化成果,引进有利于我国文化发展的人才、技术、经营管理经验。"这一系列重大决策把"引进来"放在与"走出去"同样重要的战略位置上,表明"引进来"也是对外文化开放的重要组成部分。

当前,我国关注对外文化开放更多地集中在推动文化"走出去"方面,不太重视文化"引进来",有关"引进来"的制度和政策多有滞后,这在对外文化贸易领域尤为突出。这显然不符合我国扩大对外文化开放的现实需要。虽然我国文化产品和服务出口取得了重大进展,但是由于文化和语言的差异、大型跨国企业垄断国际文化市场以及各国的贸易保护壁垒等原因,中国文化产品的出口仍然比较有限。为了突破文化"走出去"的瓶颈,中国必须努力融入国际竞争,采用以"进"带"出",双向开放的思路和举措,通过体制改革和机制创新,全面提升中华文化的国际辐射力。

1. 进一步扩大文化市场对外开放

从外部环境来看,进一步适度扩大对外开放是我国参与国际文化竞争的必然选择。无论是制度层面还是技术层面,对外文化贸易的进一步开放都是大势所趋。

第一,贸易自由化趋势下对外文化贸易的进一步开放势在必行。文化产品和服务具有文化和经济双重属性。正是因为文化产品和服务的这种特殊性,文化贸易的自由化远比其他部门更加复杂。国际社会甚至对文化贸易应否自由化的问题无法达成共识,因而在国际、区域和国内各个层面上,文化贸易的自由化趋向和程度表现不一,甚至相去深远。在 WTO 框架下,文化贸易的开放远未达成令人满意的结果。许多国家和地区因此转而在区域或双边贸易协定谈判中寻求文化部门的进一步开放。许多区域和双边贸易协定已经取得了重要进展,为文化贸易自由化提供了新的解决方案。美国积极利用双边贸易协定实现文化贸易自由化,已经生效的 14 个自由贸易协定均取得了重要进展。美国还试图通过电信服务、电子商务谈判,突破文化贸易壁垒,推动文化贸易的自由化。无论如何,在贸易自由化的大趋势下,文化贸易同样在朝着日益开放的方向迈进。

第二,技术创新背景下文化贸易的进一步开放无法避免。技术的日新月异给国际文化贸易带来了重大变革,深刻影响着国际文化贸易的方式和内容。以数字化、网络化、智能化技术为支撑的新媒体、新业态和新产品成为国际文化贸易的新阵地。技术创新带来的融合与跨界的趋势明显增强,使得文化内容不断打破边界,各国文化贸易壁垒的功能大大消解,国际文化市场日趋开放融合。在这样的技术环境下,国家要严格管制文化贸易的市场准入变得十分困难。换言之,无论是否进一步开放文化贸易,新技术的迅猛发展都将在一定程度上使得文化贸易自由化成为现实。

从自身需求来看,进一步适度扩大对外开放是我国参与国际文化竞争的内在要求。十八届三中全会通过的《中共中央关于全面深化改革若干重大问题的决定》提出要构建开放型经济新体制,其中就包括推进文化服务领域的有序开放。近年来,我国文化产业的迅速发展众所周知,影视、演艺、出版、动漫、网络新媒体已渐成规模。但是与发达国家相比,无论是经济数据还是思想观念,我国的文化产业尤其是文化"走出去",都处于初期探索阶段。特别是我国的核心文化产品和服务的出口仍然十分有限。这说明我国文化产品和服务附加值较低,竞争力不强,仍然处于价值链低端。近年来的大量数据说明,包括版权在内的文化进出口,是可以相互促进的。从总体上看,中国的版权贸易逆差在逐步改善,从 2003 年的 15∶1 缩小到 2012 年的 1.91∶1,其中,2011 年的影视节目进出口总额比例为 2.4∶1,存在 3.1 亿美元的逆差;电视节目的出口从 2005 年的 0.67 亿美元增长到了 2011 年的 2.26 亿美元;而图书、期刊和报纸的进出口存在 2.4 亿美元的逆差,进出口之比为 7.3∶1,而在音像和电子出版物方面的进出口方面也存在 1.4 亿美元的逆差。中国文化内容进出口的质量结构也在不断优化，相较于 2002 年，2012 年中国对美、加、英、法、德五个西方传统发达国家输出图书版权总量增长近 122 倍，达到 2 213 项，逆差从 1∶387 缩小至 1∶4①。可以说，中国积极而灵活地推动文化出口和文化进口，可以形成双向的促进作用，让中国文化贸易逐步扭转逆差，为各国人民贡献更多的文化财富。

表 5－12　我国文化内容的进出口情况②

年份	电视节目		图书、期刊、报纸		音像、电子出版物	
	进口额（万美元）	出口额（万美元）	进口额（万美元）	出口额（万美元）	进口额（万美元）	出口额（万美元）
2005 年	40 162	6 787	16 418	3 287	1 933	211
2006 年	33 714	16 940	18 094	3 631	3 079	285
2007 年	32 067	12 175	21 105	3 787	4 340	181
2008 年	45 421	12 476	24 061	3 487	4 557	101
2009 年	49 146	9 173	24 505	3 438	6 527	61
2010 年	43 047	21 010	26 009	3 711	11 383	47
2011 年	54 099	22 662	28 373	3 906	14 135	35

资料来源：《中国新闻出版资料统计汇编》。

为了突破文化出口的瓶颈，我国必须努力融入国际竞争，与国际市场接轨，打通走出去的渠道。如此一来，我国进一步适度对外开放文化市场就是应有之义。有鉴于此，对外开放是我国发展对外文化贸易的外生动力。在此背景下，我国要推动对外文化贸易发展就必须努力融入自由化的潮流。有条件地放宽外国文化产品和服务及其提供者的市场准入，在为我国文化消费市场提供高品质的文化产品

① 《创新增活力 阔步走世界——我国新闻出版业走出去成效显著》，国家新闻出版广电总局官方网站，2013 年 11 月 1 日，http://www.gapp.gov.cn/news/1658/159819.shtml。
② 文化部财务司、国家统计局社会科技与文化产业统计司：《十六大以来我国文化产业发展情况分析》，中华人民共和国文化部：《文化发展统计分析报告 2013》，中国统计出版社 2013 年版，第 61 页。

和服务的同时,可以激活国内文化市场的活力,刺激我国文化产品的生产。同时可以带来大量的资金、技术和设备,以及先进的制作经验和管理方法。

当然,强调进一步适度扩大文化市场对外开放,并不意味着政府并不需要采取任何保护措施。相反,许多发达国家和地区,如欧盟、法国等都采取各种政策措施保护和推动本国文化产业的发展。中国更应当采取财政、税收、金融等一系列手段,全面支持文化产业和文化贸易的发展。值得注意的是,目前WTO尚未就服务补贴达成具体规则,中国可以利用这一有利时机,加大对文化服务的补贴力度,以加快发展新兴文化产业,加大文化领域的投资,扩大文化产品和服务出口。

2. 扩大对外开放以保证国家文化安全为前提

中国进一步适度扩大文化市场对外开放,首先应当考虑的是文化安全问题。文化产品和服务具有强大的影响力、渗透力和支配力。一些发达国家挟资本、技术、管理优势,竭力传播西方的价值观念,对许多国家的意识形态和文化安全造成很大冲击,引发了多个地区的"颜色革命",值得我们引起高度警惕。因此,中国扩大对外文化开放,必须树立正确的价值导向,坚决确保国家文化安全。

中国要从根本上维护国家文化安全,不能仅仅依靠文化保护政策,将外来文化产品和服务拒之门外,而是必须发展壮大自身的文化产业。只有文化产业发达了,才能提供丰富的文化产品和服务,满足人们日益增长的文化消费需求。同时,国家文化安全不仅和文化产业发展程度密切相关,也和文化产品和服务的国际贸易化程度有着必然的联系。如果国内文化产品和服务无法满足人们的文化消费需求时,就会产生进出口贸易逆差。理论上讲,文化贸易逆差越大,则本国文化产业的生存空间就越小,国家文化安全系数就越低;反之亦然。因为文化产品和服务是现代社会传播意识形态和价值观念的重要途径,外来文化产品和服务大量涌入国内市场,将在很大程度上改变人们的审美情趣和消费习惯,进而影响社会的伦理取向和价值观念。有鉴于此,在区域一体化新形势下,我国应当积极参与文化贸易谈判,制定出更加合理的贸易规则,更好地维护自身利益。

中国在维护国家文化安全的前提下进一步适度扩大文化市场对外开放,不是要立即全面开放文化市场,而是要遵循适度开放、循序渐进的原则。例如,对于广播电视传输服务,由于其较为敏感、直接影响上层建筑稳固,故仍应保持国有经济的控制地位,严格控制外国服务提供者进入国内市场;对于电影电视制作、录音服务、电影放映服务,由于相对容易控制、不直接影响国家文化安全,故可以与外商开展多种形式的合作,适当放宽外资股权比例限制,加快对外开放步伐。同时,文化市场对外开放可以先在特定范围、特定行业内先行先试,累积经验后再逐步推开。例如,上海自贸区将文化服务列为扩大服务业开放的六大领域之一,推出了允许设立外商独资的演出经纪机构(为上海市提供服务)等具体开放措施。应当说,自由贸易试验区作为中国新一轮改革的"试验田"以及进一步开放的"缓冲带",已经具备在文化领域扩大开放试点的基础和条件。如果未来进一步推进文化市场对外开放,可以在自由贸易试验区先行先试,积累经验,降低风险。

总体而言,由于文化贸易兼具文化和经济的双重属性,中国开展对外文化贸易的特殊性在于既要促进市场开放,又要加强内容控制,即在促进贸易发展与保护文化安全之间取得平衡。一方面,由于贸易自由化和新技术革命的推动,开放市场是文化产业和贸易发展的必然要求;另一方面,文化产品和服务具有意识形态属性和舆论导向功能,涉及文化安全,必须从中国国情和国家利益出发加以适当管制。当然,中国在未来的区域谈判中应当更加巧妙地确定开放战略和谈判策略,最大限度地维护自身利益,在方法和举措上更加灵活和圆熟。

第六节　我国扩大文化辐射力的对策建议

为了提升中国文化整体实力和竞争力,中国要以促进文化外交、加强文化交流、扩大文化贸易为重点,形成文化外交、文化交流、文化贸易大发展大繁荣,具备强大的文化辐射力、拥有良好的大国形象、具备国际文化贸易优势的对外文化开放新格局。我国应当吸收借鉴发达国家和地区的经验,统筹国际和国内两个市场,以上海、天津、广东、福建等自贸区为对外文化开放的先行先试试验田,采取相应举措,扩大中国的文化辐射力。

一、开发优秀的文化内容

中国扩大文化辐射力,必须以优秀的文化内容开发为首要任务。文化竞争力的核心要素,在于内容的吸引力和感染力,也就是直达心灵的力量。我国应当充分挖掘中华民族传统文化蕴涵的丰富资源,积极吸收世界各民族优秀文明成果,坚持以我为主、为我所用,采用"中国内容,世界表达"和"世界内容,中国阐述"等多种形态,鼓励和引导企业加大内容创新力度,开发出既有艺术感染力、又有大众娱乐性,既有中华文化特色、又有国际亲和力的文化内容,以此展现良好的国际形象,增进国际社会对我国价值观念的了解和认识。

(一)内容开发要弘扬中华文化

党的十八大指出,要用社会主义核心价值体系引领社会思潮,凝聚社会共识。"倡导富强、民主、文明、和谐,倡导自由、平等、公正、法治,倡导爱国、敬业、诚信、友善,积极培育社会主义核心价值观"。十八大提出的社会主义核心价值体系,充分汲取了人类文明的共同成果,为文化的发展指明了价值方向。

中国梦是党的十八大召开以来,习近平总书记提出的重要执政理念。习近平总书记将"中国梦"定义为"实现中华民族伟大复兴,就是中华民族近代以来最伟大的梦想"。"中国梦"的核心目标可以概括为"两个一百年"的目标,也就是到 2021 年中国共产党成立 100 周年和 2049 年中华人民共和国成立 100 周年时,逐步并最终顺利实现中华民族的伟大复兴。2013 年,习近平总书记在山东考察时强调:"一个国家、一个民族的强盛,总是以文化兴盛为支撑的,中华民族伟大复兴需要以中华文化发展繁荣为条件。"大国的崛起必然包含文化的崛起。中国作为大国的崛起,不仅应体现为经济的发展腾飞,更应体现为文化的繁荣兴盛。

中华文化源远流长、博大精深,是中华民族共有的精神家园,是中华民族生生不息、团结奋进的不竭动力,并以包容性特征彰显其全球性价值。五千年的中华文明是世界文明的一个重要分支,也是人类发展进步历程中的一个重要组成部分。数千年来,亚洲、欧洲、澳洲和美洲各国都受到中华文化的深远影响。至于通过丝绸之路和海上"丝瓷通道"所传播的中华文明,从茶叶到丝绸,从经史子集到四大发明,对世界的影响力更是不可估量的。

有鉴于此,中国要充分依托中国丰富悠久的历史文化遗产,加强以"中国梦"为代表的核心价值观念的表达,鼓励创意和创新,创造出既有中华文化的内涵和魅力,又能够为各国人民喜爱的优秀文化产品。中国人民是勤劳智慧的伟大民族,中国人民的聪明才智一旦在先进理想、科学制度、全球化视野中被激发出来,将会形成巨大的创造力和震撼力。2001 年,中国作曲家谭盾获得美国第 73 届奥斯卡最佳原创音乐奖;2012 年 10 月,中国作家莫言获得诺贝尔文学奖;2015 年,中国作家刘慈欣创作的《三体》获得美国科幻奇幻协会"星云奖"等五个奖项提名,同年 8 月获第 73 届世界科幻大会颁发的雨果奖最佳长篇小说奖,这是亚洲人首次获得雨果奖;2012 年 2 月,中国建筑设计师王澍获得了在国际建筑设计界具有崇高地位的普利兹克建筑奖……这一连串的优秀成果,显示了中国人民创造优秀文化内容的巨大能力,也在全球范围内获得了空前的知名度和美誉度。因此,我们完全有理由相信,通过优秀中华儿女的创造性劳动,不仅可以恢复中国人的文化自觉和文化自信,而且完全可以在全球文化版图重新确立自己的地位,以中国的核心价值观为世界文化发展作出贡献。

(二) 注重数字内容等新兴领域

近年来,数字内容产业在世界文化产业中的比重逐年增加,成为一个高速增长的产业,并引领当代文化产业发展的新趋势。因此,我国应当大力发展数字电影、网络视听、动漫游戏等新兴内容产业,选择一些重点领域,实施一批重大项目,力争在数字内容等的国际贸易方面有大的突破。

2011 年,《国民经济和社会发展第十二个五年规划纲要》(以下简称《规划纲要》)及《中共中央关于深化文化体制改革推动社会主义文化大发展大繁荣若干重大问题的决定》针对数字内容发展的关键性领域做出了引领性指导,为数字内容产业的大发展大繁荣提供了坚实的政策保障。《规划纲要》明确指出要"统筹布局新一代移动通信网、下一代互联网、数字广播电视网、卫星通信等设施建设,形成超高速、大容量、高智能国家干线传输网络。引导建设宽带无线城市,推进城市光纤入户,加快农村地区宽带网络建设,全面提高宽带普及率",加速构建下一代国家信息基础设施。科技部和文化部的《国家科技与文化融合联合行动计划(2011 年—2015 年)》、文化部的《"十二五"时期文化产业倍增计划》、新闻出版总署的《新闻出版业"十二五"时期发展规划》、工信部的《软件和信息技术服务业"十二五"发展规划》等都对数字内容产业发展有着重要影响。北京、上海等城市也先后制定了地方性科技与文化融合发展的行动计划,数字内容产业正在稳步推进。

在科技进步和文化开发的双重合力推动下,中国数字内容产品的海外销售获得了明显的增长。2014 年中国自主研发网络游戏海外市场销售收入达到 30.76 亿美元,比 2013 年增长 69.02%。

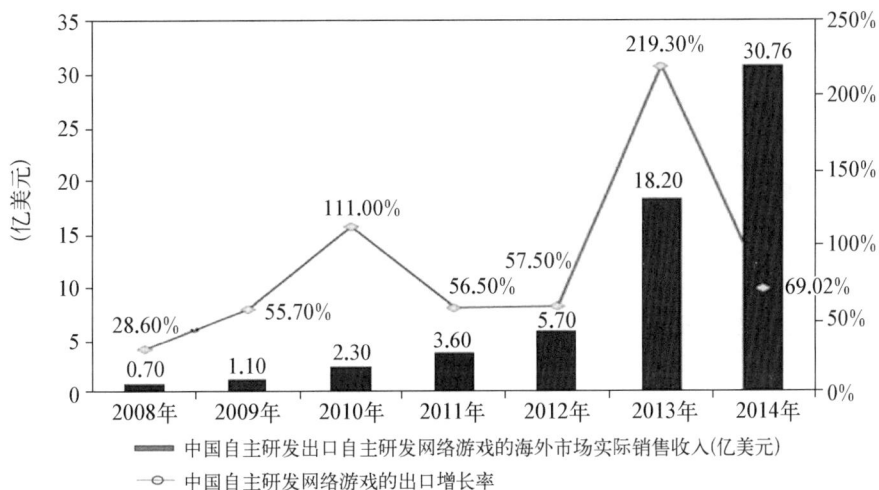

图 5-6　中国自主研发网络游戏出口海外情况①

2014 年中国自主研发的网络游戏出口产品中,呈现出比较多样的风貌,客户端类游戏数量占总出口网络游戏数量的 27.7%;网页类游戏数量占总出口网络游戏数量的 30.9%;移动类游戏数量占总出口网络游戏数量的 41.4%。

大量实践证明:科技含量高的数字内容产品,完全可以成为中国对外文化贸易的新增长点。要发挥文化和科技相互促进的作用,深入实施科技带动战略,增强自主创新能

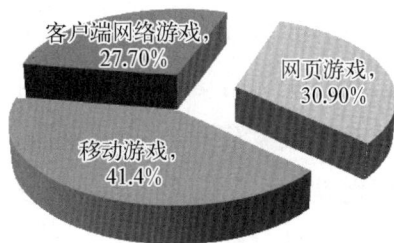

图 5-7　2014 年中国自主研发网络游戏出口产品类型构成比例

① 《2014 年中国游戏产业报告:实际收入达 1144.8 亿元》,http://biz.265g.com/data/192509.html,2014 年 12 月 18 日。

力。支持传统文化产业加大应用现代科技成果的力度,提高演艺、娱乐、艺术品、工艺美术等传统文化产业的科技含量。促进动漫游戏、网络视听、数字电影、网络电视、数字出版、数字音乐等新兴文化业态加快发展,重点加强与新兴文化业态密切相关的数字技术、网络技术、移动技术等高新技术的研发,提升文化产品多媒体、多终端传播的制作能力。要在文化产业发展专项资金、高技术产业发展项目资金、科技型中小企业创新基金中,加强对研发具有自主知识产权的关键、核心技术的支持,促进文化企业的技术应用与成果转化。

(三)内容开发应当鼓励国际合作

内容开发要加强国际合作,鼓励国内企业与国际知名企业特别是大型跨国集团开展合作,引进先进的理念、方法、人才、技术等,通过联合开发、委托开发、特许经营等形式,重点在视听、出版、动漫、游戏等领域,提高国内企业的内容开发水平,走向全球价值链的高端。

"东方梦工厂"为内容开发领域的国际合作提供了很好的范例。成立于2012年的"东方梦工厂",是华人文化产业投资基金联合上海东方传媒集团有限公司、上海联和投资有限公司与美国梦工厂动画公司在上海合资组建的影视技术有限公司。"东方梦工厂"的业务涉及动画技术研发、动画影视制作、版权发行、衍生产品、演艺娱乐、数码游戏、主题乐园等多个领域。"东方梦工厂"的发展定位是成为国内最大的、接轨国际顶尖水平的动画生产基地、技术研发高地和人才汇聚之地。作为迄今为止最大的中外合作文化项目之一,"东方梦工厂"的目标是通过引进消化美国梦工厂的核心制作技术和创意管理经验,发掘中华传统文化题材和当代中国价值追求,打造国际水准的原创动画影视及各类衍生产品和互动娱乐形式,实现全球发行和推广,推动中国文化融入世界的步伐。

(四) 设立专门奖项参与国际评奖

1. 设立专门奖项

表彰奖励是鼓励内容开发的一种重要方式。《文化部"十二五"时期文化产业倍增计划》提出要"加强文化产品创作生产的引导,鼓励文化创新,采取表彰奖励、政策扶持等多种方式,鼓励文化工作者深入生活,创作生产反映时代精神、积极向上、富于感染力的作品"。

从政府层面看,设立奖励资金需要让其发挥杠杆作用。文化内容开发奖励资金的目标不应只是扶植具体的文化项目,而是要通过财政投入的引导和杠杆作用,培育善于创新的市场主体以及利于创新的市场环境,撬动更多的社会资本投入文化内容开发,最终建立完善的文化内容开发机制。

从企业层面看,政府奖励资金传递出了政府鼓励和扶植的信息和态度,增强了企业投入内容开发的信心。奖励资金也会提升企业的影响力,吸引更多的社会投资。在政府奖励资金的杠杆作用下,拥有自主知识产权并走向国际市场的文化产品和服务越来越多,收入水平普遍提高。

目前,国家鼓励文化内容开发的奖项主要有中宣部"五个一工程奖"、文化部"文华奖"、文化部创新奖、广电总局"飞天奖"等。奖项名目虽然不少,但是普遍存在内容开发激励不足的问题。以文化部创新奖为例。该奖项的评选每三年一届,每届奖励项目总数不超过 20项,对其中特别优秀的项目授予特等奖,特等奖项目不超过 2 项。奖励人数每项限额为 10 人,奖金数额为每项 2 万元;特等奖项目奖励人数每项限额为 15 人,奖金数额为每项 5 万元。可见,该奖项的力度不大,很难起到杠杆作用。对此,应当加大文化内容创作评奖的力度,特别是增加鼓励中华文化走向世界的导向和品种,评奖导向不仅要重视弘扬主旋律,而且要注重多样化,以鼓励企业和个人开发以传承中华文化为核心的内容。

2. 参与国际评奖

文化企业参与国际评奖对其开拓国际市场发挥着重要的促进作用。随着国内文化市场与国际接轨的日益强化，许多国内企业积极参与国际评奖，并且收获颇丰。在电影界斩获戛纳、柏林、威尼斯、奥斯卡四大国际电影节的奖项，在广告界获得克里奥广告奖、戛纳广告奖、伦敦国际广告奖、纽约广告奖四大国际广告奖的奖项，在设计界问鼎 IF 奖、红点奖和 IDEA 奖三大世界设计奖的奖项，毫无疑问就是杰出的作品，将成为行销全球的保证书。国内文化企业参与内容开发的国际评奖，是企业迈向国际化进程的重要策略。因此，应当鼓励国内企业参与文化内容开发的国际评奖，对获奖的企业和个人给予配套奖励，以激励企业和个人努力扩大中华文化辐射力。

二、培育外向型文化主体

扩大文化辐射力，必须坚持以企业为主体，着力培育一大批外向型的文化企业。一个国家是否拥有一批外向型文化企业特别是跨国企业，直接决定着该国在世界文化贸易体系中的地位。因此要以企业培育、品牌打造为出发点，以内容开发、技术创新为核心，壮大企业自身的规模与实力，鼓励文化企业从事对外文化贸易业务，同时鼓励文化企业开拓境外市场，开展境外投资，加快培育大型跨国企业，特别是要扶持新兴文化企业成为对外文化开放的新增长点和中坚力量。

（一）完善文化出口企业的支持制度

2010 年，为了加强和改进文化出口工作，增强文化出口企业的国际竞争能力，推动更多优秀文化产品和服务走向国际市场，商务部、中宣部、财政部、文化部、人民银行、海关总署、税务总局、广电总局、新闻出版总署、外汇局等十个部门联合出台《关于进一步推进国家文化出口重点企业和重点项目相关工作的指导意见》，明确了《文化产品和服务出口指导目录》和《国家文化出口重点企业和重点项目目录》的制定和调整程序,要求对重点企业和重点项目从加大资金支持力度、实行税收优惠政策、提供金融支持等方面提供保障。2012年,商务部会同有关部门共同制定了新的《文化产品和服务出口指导目录》。2014年发布的《2013—2014年度国家文化出口重点企业和重点项目目录》共评选出国家文化出口重点企业366家,文化出口重点项目123个。对入选的重点企业和重点项目,各部门、各地区还在市场开拓、技术创新等方面予以支持。

　　上述系列举措对于发展壮大文化出口企业发挥了重要作用,但是在实施过程中仍然存在不少问题,应当从以下方面进一步完善。一是完善企业目录和项目目录。要修改评价体系,改变目前基本上以出口总量为主的入选标准,兼顾市场发展潜力、企业成长性、技术创新性、国际化程度等评价要素,以全面激发企业的积极性和主动性。二是完善工作机制。商务部等十部门共同发文充分显示了国家高度重视对外文化贸易,但另一方面也反映出对外文化贸易多头管理、条块分割的弊端,难以从根本上解决文化贸易领域的行业壁垒、地方保护、所有制限制等长期存在的问题。因此要创新对外文化贸易的协调机制,建立并完善对外文化贸易联席会议机制,设立日常工作办事机构,定期召开会议,在研究政策、发布信息、完善统计、解决问题等方面加强沟通与协调。

(二)吸引非公有资本进入文化领域

　　加快培育文化“走出去”的主体,除了要支持国有文化企业的发展壮大,更要进一步适当放宽民资和外资的准入领域,引导民资以多种形式投资文化产业,积极吸收外资进入法律允许的文化领域。2005年发布的《国务院关于非公有资本进入文化产业的若干决定》规定,“鼓励和支持非公有资本从事文化产品和文化服务的出口业务”。《中共中央关于全面深化改革若干重大问题的决定》提出要“鼓励非公有制文化企业发展,降低社会资本进入门槛"。2014年国务院发布的《关于加快发展对外文化贸易的意见》,明确"鼓励和支持国有、民营、外资等各种所有制文化企业从事国家法律法规允许经营的对外文化贸易业务,并享有同等待遇","形成各种所有制文化企业积极参与的文化出口格局"。

近年来,非公有资本对发展对外文化贸易发挥了重要作用。民营资本由于其产权性质,表现出巨大的市场活力,成为拓展海外市场的生力军。进一步降低民营资本进入文化领域的门槛,有助于催生跨地区、跨行业、跨所有制兼并重组的高潮,有利于打破我国文化市场"条块分割"的难题,解决市场主体弱小,产业链不完整、资源碎片化、集约化经营程度低等问题,为我国文化贸易跨越式发展做出重要贡献。虽然国家非常重视利用民营资本发展对外文化贸易,但是国家关于民营资本进入文化领域的有些规定无法落实,特别是市场机制对于文化资源的基础性配置作用不强,行政干预过多的现象仍然十分普遍,融资困难也是民营文化企业生存和发展的瓶颈。

入世后我国文化领域外资增长速度明显加快,吸收外资的总量迅速增加。外资大量进入文化领域,有利于加大资金积累,提高科技水平,拓展经营模式,树立知名品牌,规范文化市场,特别是外资在对外辐射力和国际竞争力上本身就有优势,因此更加能够促进对外文化贸易的发展。与其他行业相比,文化领域对外开放程度仍然较低,文化领域相对我国利用外资整体水平而言尚处于滞后状态,无论是外资数量和经营规模,以及经营效率都存在很大差距,外资进入我国文化领域还有很大的潜力和发展空间。

吸引非公有资本进入文化领域,健全市场体系是前提和保障。积极营造良好的政策环境和市场环境,有效引导非公有资本进入文化领域,是我国发展对外文化贸易的重要任务。要完善文化市场管理机制,不断提高市场监管水平,逐步形成统一开放、竞争有序的市场体系。加大文化市场的开放力度,放宽非公有资本市场准入。要鼓励支持非公有资本以独资、合资、合作、参股、特许经营等多种方式进入文化产业，形成投资主体多元化、融资渠道社会化、投资方式多样化、项目建设市场化的对外文化贸易发展新格局。

（三）加强文化贸易聚集区建设

加强文化贸易集聚区的规划和建设，是实现文化贸易跨越式发展的有效路径。从文化产业的角度看，聚集化发展是一条重要的发展规律，文化贸易集聚区是培育外向型文化主体的重要载体。文化贸易聚集区最核心的观念就是以创新为动力，形成外向型文化企业之间相互联系，形成具有主导型产业和共享性平台的产业集群，并且与海内外的文化贸易网络形成密切的联结。要求贸易要集群发展，项目要集中布局，资源要集中利用，功能要集合构建。《关于加快发展对外文化贸易的意见》将"支持文化企业拓展文化出口平台"明确为支持重点，提出要"推动文化产品和服务出口交易平台建设"。

国家对外文化贸易基地是文化贸易集聚区的典型代表。上海、北京、深圳率先建立的三家国家对外文化贸易基地，集聚了一大批文化贸易企业，发挥了海港和空港及保税区的进出口便利条件，开展了艺术品保税展示、保税交易、保税租赁、版权交易、对外投资等方面的服务，实施了文化进出口的通关便利化，推动了境内外文化投资和文化资源的双向流通。在中国首倡"一带一路"的大背景下，对外文化贸易基地将在促进中国文化走向世界方面发挥更大的作用。

国家实施的自贸区战略对于文化贸易集聚区建设发挥了重要的促进作用。从全世界范围来看，发达国家建设自由贸易园区已经有超过一百年的历史了，贸易自由化、投资自由化、金融自由化在大多数发达的市场经济国家，都是受到法律保障的基本经济制度。正如有位学者对新加坡自由港所分析的那样："在发达的法治基础上给予最大的自由和便利。"这与中国从一个过去相对封闭的发展中国家，逐步走向全面融入世界经济体系，成为全球大国的国情不完全相同，也和中国在社会主义意识形态框架内,既要大力发展文化生产力,推动文化贸易,又要保护国家文化安全的要求不完全相同。中国建立自由贸易园区,既要利用境内关外的特殊条件,增强中国文化产业的竞争力,又要逐步扩大开放,提升中国文化市场对国际贸易自由化的适应能力和安全保障。2011 年以来,国家分三批在上海、广东、天津、福建、四川、浙江等地设立了 11 个自由贸易试验区(简称自贸区)。这是中国顺应全球化深入发展的潮流,以开放倒逼改革的重大举措。自贸区通过扩大投资领域开放,推进金融领域开放创新,建立负面清单管理模式,深化行政管理体制改革,提升事中事后监管水平,推动贸易方式转变,进一步释放改革红利,成为中国企业参与全球化竞争的重要基地。2015 年12 月 19 日,国务院批复的《上海市开展"证照分离"改革试点总体方案》,其中涉及文化产业的共计 32 项,包括出版、影视、演艺、拍卖、广告及旅游等行业。2016 年 7 月,国务院下发《关于在自由贸易实验区内暂时调整有关行政法规、国务院文件和经国务院批准的部门规章规定的决定》,包括允许在各个自贸区内设立从事其他印刷品印刷经营活动的外资企业等。这些对外文化开放的举措,有利于推动外资进入我国文化服务业,吸引国际上与文化产业有关的资本、技术、人才等优质资源,实际上也在逐步测试我国文化市场对于国际贸易自由化的压力承受度,逐步提升我国文化产业对国际市场规则的适应能力。

加强文化贸易集聚区的规划建设,不仅应当继续发挥国家对外文化贸易基地的作用,而且可以设立一批区域性和省市级的文化贸易聚集区;不仅可以设立综合性的文化贸易聚集区,也要设立专业的聚集区,如影视贸易、出版贸易、动漫游戏贸易等基地。与此同时,要不断优化文化贸易集聚区的布局和功能,以便充分发挥各地对外开放的积极性,为我国在国际文化贸易中争取更大的主动权。

(四)促进文化产业与其他产业融合

推动文化产业与其他产业融合发展,是加快培育外向型主体的重要抓手。文化产业对其他产业的辐射作用不容小觑。市场上绝大多数产品都与文化创意有着密切联系，尤其是创意设计与制造业、旅游业、建筑业等行业的融合更为明显。文化创意与其他产业融合可直接促进其他产业特别是传统产业在内涵、设计、品牌、服务和管理等各要素上的创新和升级，反过来会延长文化产业链条，壮大文化产业规模。从经济发展战略角度看，文化创意与其他产业的融合不仅是某个行业在层次上的发展和提升，而且是实现由"中国制造"向"中国创造"，打造"中国经济升级版"的重要步骤，这是其融合发展的根本意义。

《文化部"十二五"时期文化产业倍增计划》要求"建立健全产业融合发展的体制机制，优化产业融合发展的政策环境，促进文化与旅游、体育、信息、物流、工业、建筑、会展、商贸、休闲等行业融合，提高国民经济的文化附加值。打破文化产业门类的边界，促进不同文化行业之间的联姻融合，整合各种资源，延伸文化产业链"。2014 年国务院出台《关于推进文化创意和设计服务与相关产业融合发展的若干意见》，对推进文化创意和设计服务等新型、高端服务业发展，促进与实体经济深度融合进行了全面部署，规定通过增强创新动力、强化人才培养、壮大市场主体、培育市场需求、引导集约发展、加大财税支持、加强金融服务以及优化环境服务八大政策措施，重点完成塑造制造业新优势、加快数字内容产业发展、提升人居环境质量、提升旅游发展文化内涵、挖掘特色农业发展潜力、拓展体育产业发展空间以及提升文化产业整体实力七大任务。

在文化贸易领域促进文化创意与其他产业融合，要鼓励其他领域，特别是在石油、汽车、软件、电子、装备、新光源、服装、造船、电气、药品和药材等领域的外贸企业，积极参与对外文化贸易。借鉴韩国企业把对外文化贸易与其他贸易相结合，通过"韩流"的先导作用扩大韩国汽车、电子、软件、视听设备、食品和餐饮、旅游等向海外出口的经验，鼓励中国的外贸企业把文化内容和物质载体结合起来，特别是加入广为世人接受的传统文化及其当代表达的元素，既促进其他产品的出口,也推动文化贸易的发展。

三、确立目标市场国家和地区

中国扩大文化辐射力,要不断追踪和研究国际文化市场的变化,确定中国文化"走出去"的目标市场地区。中国扩大对外文化辐射力,必须始终把握好"走到哪里去"的导向,为广大企业开展对外文化贸易提供战略的指导。

目前中国已经是全球第二大经济体、全球第一大货品贸易国,中国在 2014 年的对外投资达到了破纪录的 1 400 亿美元,但是中国对外文化贸易的目标地区还相对狭窄。据商务部编写的《中国文化贸易统计 2012 年》,北美和欧洲为中国核心文化产品主要出口市场,美国、德国、中国香港和英国为中国四大核心文化产品贸易伙伴。据上海统计局的数据,美国和日本为上海核心文化产业主要出口市场。但是在与中国战略利益攸关的东南亚、南亚、西亚、中东、拉丁美洲等地区,中国对外文化贸易的规模还太小。

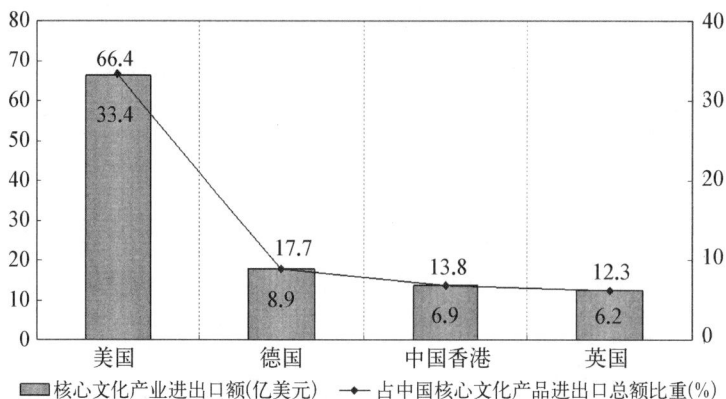

图 5 - 8 中国与主要核心文化产品贸易伙伴的贸易额(2011 年)①

① 根据国家商务部:《中国文化贸易统计 2012》(中国商务出版社 2012 年版)提供的数据绘制。

美日欧等发达国家和地区在研究目标市场时,主要考虑两大要素:对象市场潜力和本国竞争优势等。它们的基本策略是:优先进入与本国制度比较接近、文化传统上可以互通、市场开发成本和运营风险比较低、容易避开贸易壁垒的国家和地区,然后再向全球其他地区拓展。

根据联合国贸发会议数据库的资料,中国创意产品对不同发展水平经济体的出口额,在近10年间发生了重要的变化。随着非西方国家的全面崛起,特别是印度、南非、巴西等金砖国家和东南亚国家的经济增长,它们对于文化创意产品和服务的进出口需求也在逐步增长,而发达国家在全球文化创意产品和服务进出口市场中所占的比重在逐步缩小。2004—2013 年,中国创意产品向发展中经济体的出口额从 2004 年的 122.00 亿美元增长到 2013 年的 651.14 亿美元,年均增长率达到 18.23%,明显高于中国向发达经济体出口的 11.06% 的年均增长率。中国对发展中经济体的创意产品出口比重,也从 2004 年的 27.08% 提升到 45.36%,2013 年的出口比重仅仅比出口发达经济体的比重 51.27% 低 5.91%。

表 5 - 13 　2004—2013 年中国创意产品对
世界三大经济区域的出口额　　　（单位：亿美元）

年份	2004	2005	2006	2007	2008	2009	2010	2011	2012	2013
北美	168.48	195.68	221.63	268.92	293.92	252.00	315.94	361.18	388.84	406.41
欧盟	87.74	119.11	142.24	169.63	203.88	184.19	227.83	278.14	278.45	291.12
东盟	7.78	8.56	11.11	22.28	36.64	44.16	62.52	73.20	100.55	112.37

资料来源:根据联合国贸发会议 UNCTAD 的资料,并参看王洪涛、郭新茹:《2014 创意经济对外贸易报告》(载罗昌智、董泽平主编:《两岸创意经济研究报告》,社会科学文献出版社 2015 年 10 月版)。

再从中国创意产品向世界三大经济区域的出口来看,北美自由贸易区始终是中国创意产品出口的最大目的地,2004—2013 年中国创意产品向北美自由贸易区的出口年平均比重达到 30.31%;其次是欧盟,年平均比重为 21.34%,而中国向文化背景比较接近、地理位置毗邻的东盟地区的创意产品出口年平均比重为 4.76%。这强烈地表明:区域的整体经济发展水平和市场规模,仍然是中国创意产品选择出口目标市场的第一位要素。但是,随着全球经济格局的深刻变化,中国创意产品对北美自由贸易区的出口比重从 2004 年的 37.39% 下降到 2013 年的 26%,对欧盟的出口从 2004 年的 19.47% 下降到 2013 年的 18.63%。对东盟的出口从 2004 年的 1.73% 上升到了 2013 年的 7.19%,而且有进一步提升的明显趋势。

按照这样的速度,到"十三五"规划期末,中国对发展中经济体的创意产品出口额将逐步高于向发达经济体的出口额。发展中经济体包括印度、南非、巴西等金砖国家和东南亚国家,将在 2020 年左右成为中国出口创意产品的最大消费市场。

有鉴于此,中国发展对外文化贸易,要在大量调查研究的基础上,把握国际上的重点对象地区,开展国际文化贸易壁垒等内容的专题研究和跟踪分析,并且以《对外文化贸易市场指南》形式发布,逐步锁定下列目标对象国家和地区:(1)对中国战略利益明确相关的国家和地区;(2)文化市场容量较大而竞争对手较弱,有利中国文化产品开发的国家和地区;(3)文化市场容量较大而竞争较激烈,需要中国文化产业通过竞争才能进入,但是有巨大市场潜力的国家和地区;(4)文化传统与中国比较接近的周边国家和地区,特别是把印度、南非、巴西等金砖国家和东南亚国家作为中国发展对外文化贸易的重点目标市场,采取综合举措在这些重点目标市场国家和地区尽快形成中国对外文化贸易的优势。

四、开发多样有效渠道

积极拓展文化外交、文化交流和文化贸易的通道,利用海外中国文化中心和孔子学院等机构,拓宽国际展会、海外基地等对外营销网络,打通国际文化市场主流渠道,全方位拓展"走出去"的渠道。

(一) 大力开发新型渠道

党的十八大报告提出,要"促进文化和科技融合,发展新型文化业态,提高文化产业规模化、集约化、专业化水平",同时提出要"扩大文化领域对外开放,积极吸收借鉴国外优秀文化成果"。我国文化产品出口已经在世界范围内占据一席之地,但是文化服务出口仍然十分有限,附加值较低,竞争力不强,仍然处于价值链低端。因此要扩大文化辐射力,文化服务出口亟待提高。由于服务的无形性,通过互联网能够加速文化服务贸易增长,这就更加需要大力开发新兴渠道。

要依托科技创新,助力文化新业态"走出去",努力创新适应全球用户需求的新阶段。要通过基于互联网平台的文化产品和服务,以承载更多的中华文化传播功能,利用互联网等多向传播的媒介,促使各国人民之间的文化交流更加深入。在文化"走出去"的过程中,要利用最新的技术力量,发展网络新技术新业态,借鉴 B2B、C2C 等电子商务运营模式,借助第三方支付的成熟模式,开发文化产品信用认证体系,打造联通国内国际的文化产品消费电子商务平台,帮助文化企业快速地"走出去"。特别是要擅于用互联网思维考虑问题,比如互联网的便捷、免费、数据分析、用户体验等特性,都可以成为文化传播的优势。在移动互联网热潮中,文化"走出去"也要借助移动互联网的势头。

(二) 深化拓展传统渠道

要积极举办和参加各种国际国内展会、贸易洽谈会等。全力打造类似中国(深圳)国际文化产业博览交易会这样国际知名的品牌展会,支持、鼓励并组织企业参加法兰克福书展、东京动漫展等大型展会和文化活动,提高国内文化企业在世界范围内的知名度和影响力。

政府要为具有国际市场潜力的文化企业参与重大国际文化活动提供便利,为推广文化产品和服务做好宣传、服务工作。

充分利用我国驻外使领馆、国外驻华使领馆、中国海外文化中心以及孔子学院等机构,为国内文化产品和项目牵线搭桥;组织文化企业积极参与中外友好文化年、国际艺术节等交流活动,建立文化"走出去"特别通道;同时进行各国和地区文化环境、广告政策、媒体关系、消费者偏好的调查研究,定期发布"文化企业海外投资指导目录",为文化企业开拓海外市场提供引导。

要扩大文化企业对外投资,支持文化企业到境外开拓市场。要加强分析和研究收购海外优质文化资产的目标对象和市场背景,选择在技术和研发方面有明显优势,收购后便于进行管理,有助于增强对外文化贸易实力的跨国并购目标对象,采用直接投资、并购、参股等方法,在海外收购优质的文化企业、文化品牌、研发中心等,创新进军国际文化市场的思路,突破对外文化贸易的地域屏障,形成在全球市场上有利的竞争格局。

要支持文化企业按照规定与国际著名文化制作、经纪、营销机构合作,充分利用外方的服务网络,建立自己的海外营销网点,扩大文化产品的出口渠道;与国内的对外商业渠道建立联系,开辟文化贸易出口市场;进一步放宽准入政策,允许国外文化中介机构以"中外合作"方式进入,吸引各类文化中介机构入驻,以充分利用中介机构的有效经纪,减少中间环节,打通输出渠道。

五、培养国际化文化人才

扩大文化辐射力,必须加快人才队伍建设。文化的灵魂是创意,创意的核心是人才,因此文化领域的国际竞争,归根到底是人才的竞争。《文化部"十二五"时期文化产业倍增计划》将强化人才支撑作为推动文化产业成为国民经济支柱产业的十大主要任务之一,指出要

"以培养高素质文化产业经营管理人才为重点，建设文化产业人才教育培训机构，完善在职人员培训制度，鼓励高等院校开设文化产业相关专业，全面提高文化产业人才队伍的整体素质，为文化产业发展提供强有力的人才支持"。推动中华文化走向世界，需要聚集一大批高层次、高素质、复合型、国际化的人才。目前，我国的国际化和外向型的文化人才相对缺乏，造成了人才的结构性匮乏或者供求矛盾。因此，扩大对外文化开放，应把人才工程放在重要位置，重点加强软件设计、动漫游戏、广播影视、数字新媒体等领域的技术人才、管理人才的培养和引进，大力发掘和培养一大批适应国际文化市场的经营管理型人才、内容原创型人才以及技术创新型人才。

（一）加强培训教育

针对文化贸易专业人才紧缺的状况，应当运用本地培训、异地交流、国际引进等多种形式，针对不同的差异化需求，实现多渠道的人才供给。（1）推动国际文化贸易学科建设，鼓励高等院校和中等职业学校开设国际文化贸易相关专业，聘请相关领域知名人士授课，以学历教育形式不断壮大国际文化贸易人才队伍；支持举办 EMBA 班、高级研修班、在职进修班，以非学历教育形式不断提升国际文化贸易人才质量和水平；与国外大学开展联合培养或到国外进行短期实习，加快专业人才的定向培养和输送。（2）积极探索政府、高校、院所、企业合作培养机制，建立一批国际文化贸易人才培养基地，促进产学研一体化。例如"订单式"人才培养模式，由企业提出人才需求的类型和数量，以及对人才的知识、能力和素质的要求，企业甚至可以直接派出人员开设相关课程，同时强化校内外的实习实训，从而实现学校、学术、企业的"三赢"效果。（3）通过"走出去、请进来"的方式，加强与各国文化界的交流，支持有实践经验的管理人员、创作人员到国外参加培训，学习国际先进的经营管理和内容制作的经验，培养国际化人才。（4）针对国际文化贸易发展过程当中翻译人才缺乏或素质不高的状况,制定相应的人才培养与发展规划,提高从业人员的整体水平。

(二)完善人才政策

加快研究制定并出台高端紧缺人才的认定标准、优惠政策和奖励办法,为引进的高端紧缺人才提供各种便利条件,吸引海内外一流人才。(1)鼓励各地制定涉外文化战略人才指导目录,积极推动入选人才享受国家高科技人才的同等待遇,优先推荐进入国家各类人才计划。(2)健全人才使用、流动、激励、保障机制,采取签约、项目合作、知识产权入股等多种方式集聚文化人才。(3)大力引进有经验、有实力的海外高端人才,加大对优秀人才的政策支持,解决落户、住房、医疗和子女教育等实际问题。

六、创新文化开放政策

扩大对外文化开放,必须获得政策的大力支持,建立有力的扶持体系。政府要在财政、金融、税收、外汇、海关、工商等各方面多管齐下,落实支持政策和保障措施,做好发布信息、完善统计等工作,持续推动文化产品和服务的研发、制作和营销,引导企业走向国际市场。同时,应当完善译制、推介、咨询等方面的扶持机制,积极发挥民间组织、中介机构在对外文化开放中的作用。

对于外向型文化企业的发展而言,资金问题依然是瓶颈,特别是小微文化企业融资比较困难;发展时间不长、企业资信关系还没有建立的相对也比较困难。加大财税金融支持文化产业的力度,有效解决文化企业的资金瓶颈,是培育新的经济增长点的需要,也是提高国家文化软实力和维护国家文化安全的需要。

(1)加大资金支持。在现有政策的基础上,进一步研究制定财政支持文化"走出去"的专项政策。充分发挥财政资金的杠杆作用,加大文化贸易发展专项资金等的支持力度,通过贷款贴息、项目补助、奖励等多种政策手段支持文化"走出去"。中央和地方有关文化发展的财政专项资金和基金,应当加大对文化"走出去"的支持力度。加强对文化贸易平台的财政扶持力度。

(2)实行税收优惠。尽快落实税收优惠的有关规定,即对国家重点鼓励的文化产品出口实行增值税零税率;对国家重点鼓励的文化服务出口实行营业税免;结合营业税改征增值税改革试点,逐步将文化服务行业纳入"营改增"试点范围,对纳入增值税征收范围的文化服务出口实行增值税零税率或免税;为承担国家鼓励类文化产业项目而进口国内不能生产的自用设备及配套件、备件,在政策规定范围内,免征进口关税。

(3)强化金融服务。根据文化企业的特点,鼓励和引导金融机构积极探索适合对外文化贸易特点的金融产品和服务方式,开展供应链融资、海外并购融资、应收账款质押贷款、仓单质押贷款、融资租赁、联保联贷等多元化、多层次的信贷业务。例如以文化、影视、艺术品为主题,面向并服务于广大"中小微"企业和"百姓化"投资者的互联网金融平台"当天贷",就是为文化产业量身定做的金融产品,应当推动其规范化、制度化和可持续发展。

(4)加强文化企业信用体系建设。尽快建立健全无形资产(如版权、商标权)价值评估体系,制定无形资产价值评估标准,建立无形资产抵(质)押登记、交易平台。在有效防范信贷风险的基础上,积极探索股权、债权、仓单、保单、应收账款、知识产权等无形资产质押担保方式,增强文化企业的融资能力。

(5)多方面拓宽文化企业融资渠道。支持符合条件的文化企业通过发行股票、企业债券、短期融资券和中期票据等扩大融资。支持符合条件的文化企业在境内外资本市场上市融资。鼓励符合国家规定的相关金融机构以投资参股等形式支持文化出口。全方位做好对文化企业扩大出口和拓展境外业务的金融咨询、金融理财和进出口收付汇等贸易融资服务。

（6）进一步完善出口信用保险体系。大量事实说明：完善的出口信用保险体系将很好地对冲对外文化贸易的风险，提高中国对外文化贸易的成功率和市场占有率。要根据我国文化产品和文化服务出口的实际情况，鼓励保险机构创新保险品种和保险业务，加强针对文化出口企业的保险服务，采取灵活承保政策，优化投保手续，不断扩大支持规模，为文化企业提供快捷高效的服务。

（7）建立适应文化贸易的外汇政策。文化合作项目已经成为一种普遍的国际合作投资形式，如投资境外电影项目、音乐剧项目。但是现行的外商投资管理政策和外汇管理政策主要适用于以公司为主体的投资形式，建议设立专门针对"赴境外项目投资回报"以及"外资在国内进行项目投资的投资回报"的外汇科目，相关外资和外汇监管法规欠缺。

七、建立文化外贸大数据库

在信息化、全球化的时代，大数据已经成为一种战略性的重要资源。正如《纽约时报》2012年2月的专栏中所称："大数据"时代已经降临，在商业、经济及其他领域中，决策将日益基于数据和分析而作出，而并非基于经验和直觉。该领域的权威维克托·迈尔·舍恩伯格指出："大数据的核心就是预测！"而目前中国对外文化贸易企业和机构所掌握的信息，恰恰处在分散的经验和直觉的阶段，造成了对国际文化交流和文化贸易的情况，反应迟钝，感觉碎片化，难以形成前瞻性的战略思路和有效的市场应对策略。

从整体上看，中国各级政府开放数据的程度远远落后于世界领先国家。尽管中国为了提升电子政务水平，实施了"十二金"工程，但是"信息孤岛"现象和数据壁垒在各级政府的信息化系统中，仍然是一个普遍现象。这从国际上公认的衡量各国信息化发展水平的全球电子政务发展指数(EGDI)上可以看出来。近 10 年来,中国 EGDI 排名先升后降,从 2003 年的第 74 位上升到 2005 年的第 57 位,又在 2012 年下跌到第 78 位,明显落后于大部分发达国家和新兴国家。这在对外文化交流和文化贸易领域表现得尤其明显。我们在调研中发现,有多个省市主管对外文化交流和文化贸易的职能部门,包括省市党委宣传部、经信委和商委的有关处,没有完整的本地和国内外的对外文化交流和文化贸易的数据积累,处在严重的碎片化和孤岛化情况中。这对于在信息化和全球化时代拓展中国对外文化辐射力,极为不利。

有鉴于此,要根据我国文化外交、文化交流和文化贸易的需要,在上海自贸区等地率先建立对外文化贸易的大数据资源库,不但要汇聚国际文化市场的海量信息,而且要及时搜集国内文化企业的海量信息,持续开展国际市场分析和竞争对手分析。要加快 G2G(各级政府与政府之间)、G2B(各级政府与企业之间)、G2C(政府与公民之间)的大数据开放和共享,盘活对外文化领域的大数据资产。一是加强大数据基础设施建设,依托"宽带中国"战略,在新一代互联网、第四代移动通信、公共无线网络、电子政务网、海关网等网络基础设施的基础上,建立政府推动对外文化的云平台;二是要加强基础数据的整合,不但要整合来自政府职能部门和业务部门以及驻外使领馆和海外文化中心等掌握的数据信息资料,也要推动国家基础数据开放进程,形成国家、省市、地区和县的四级大数据交换共享,特别是促进国内外各类文化外交、文化交流和文化贸易数据的共享;三是建立实时的资料和数据翻译和分析机制,通过数据分析,得出我国文化外交、文化交流的实际进展情况,把握国际文化贸易的竞争对手情况、景气指数、信心指数、市场指数等,做出未来趋势的预测,成为政府和企业决策的重要参考。

八、完善文化贸易服务平台

公共服务平台可以发挥企业孵化、技术服务、资源配置、便利流通等多种功能,即所谓的"平台经济"。当前,数字技术、网络技术推动了新型文化商业业态和商业模式不断涌现,全球文化创意产业价值链不断整合,依赖公共服务平台的需求大大增加。特别是目前相对弱小的文化企业,更加需要信息、技术等外部资源的支持。

为了加强对外文化贸易的规模和优势,要在中心城市建立一批公共服务平台,并且避免重复性的低效建设,形成功能互补、运作有序的平台体系。这些平台包括综合性的对外文化贸易服务平台,也包括专业性的文化科技创新研发平台,以及多媒体开发、数字内容、游戏动漫、绿色印刷等专业服务平台,还包括国际贸易市场分析、文化贸易咨询等基础服务平台,并且与文化产业的投融资、人才培养等其他服务平台相衔接,形成发展国家对外文化贸易的支撑体系。

要逐步建立对外文化贸易服务平台的绩效评估体系,坚决扭转目前服务平台投入很多、效能很低的状况。归根到底,评估标准就是要看平台的流量和质量,即集聚资源、输出服务的"流量"和助力企业、壮大产业的服务"质量"。通过建立服务平台的绩效评估体系,推动各类国际文化服务平台形成有效的体系,真正成为对外文化贸易的孵化器和倍增器。

九、建立文化贸易统计体系

我国对于文化产业的分类主要以《文化及相关产业分类》为依据。最新修订《文化及相关产业分类(2012)》是以新的《国民经济行业分类》为基础制定的,基本上借鉴了联合国教科文组织《文化统计框架——2009》的分类方法,而《国民经济行业分类》参考了联合国《国际标准产业分类》的分类方法。目前我国对外文化贸易的官方数据来自三个部门,即文化部、商务部、海关的统计指标,但是三者之间并不统一,也没有和国际通行分类方法等形成良好的衔接。这样的状况不利于把握我国对外文化贸易的国际地位,也不利于向国际社会真实反映我国对外文化贸易的实际状况。

要由国家相关主管部门对文化贸易进出口进行专项统计，与联合国《国际标准产业分类体系》相衔接，建立具有更大包容性、科学性和通用性的国际文化贸易统计指标体系，涵盖和包容现有国家文化部、商务部、海关所用的统计指标，建立和完善我国对外文化贸易指标体系；同时加强数据收集工作，以准确反映文化贸易的进出口结构、进出口额、变化趋势等。

特别要指出：从 2009 年开始，上海率先组合宣传、文化、社科、经贸、海关、外汇管理等多个部门的力量，进行了《上海市文化产品和服务进出口统计报表制度修订》工作，首次把上述的文化部、商务部、海关的三大指标体系整合起来，并将海关的实物类文化产品进出口数据和外汇管理局文化服务进出口统计数据纳入统一的综合表格，并且按进出口方式和进出口国别反映上海文化产业进出口结构和实际情况，对具体把握文化进口来源、文化出口目标市场、国内外文化市场互动关系、做好文化进出口相关布局和调节工作，都起了重要作用①。这一经验应该在加强国家对外文化贸易的大前提下，在各有关地区进行积极的鼓励和推广。

十、加强文化贸易制度建设

扩大对外文化开放，必须建立和完善相关法制，包括与文化贸易有关的市场准入、外资管理、知识产权等一系列法律法规，为对外文化开放有序发展提供法制保障。同时，我国应当积极参与多边、双边和区域层面的贸易投资协定谈判，推动文化领域的国际贸易投资新规则的形成，最大限度地维护自身的利益。

---

① 《上海市文化产品和服务进出口统计报表制度修订》从 2009 年开始，连续进行修订和完善，获得了各方面的好评和良好的实用价值。我们课题组专家也参与了该项重要工作。

（一）先行先试扩大对外开放

我国应当加快完善已经承诺开放的文化领域的法律法规，同时利用自贸试验区扩大服务业开放的契机，在确保文化安全的前提下，探索进一步适当放宽文化领域市场准入的限制。2015 年 4 月，国务院发布《自由贸易试验区外商投资准入特别管理措施（负面清单）》（以下简称自贸试验区负面清单，也称 2015 版负面清单），适用于上海、广东、天津、福建四个自由贸易试验区（以下统称自贸试验区）。较之上海自贸试验区制订发布的 2013 年和 2014 年两个版本的负面清单，2015 版负面清单对文化领域的规定更加清晰，细化了对特别管理措施的描述，列明了原来没有列出的条件。未来自贸试验区负面清单会适时调整，建议进一步降低外资进入的门槛，积极有效吸引外资进入文化领域。当然，文化市场开放并不是要立即全面开放，而是要遵循适度开放、循序渐进的原则。

对于广播电视传输、新闻出版（包括互联网新闻和网络出版）服务，由于其较为敏感、直接影响上层建筑稳固，因此仍应保持国有经济的控制地位，严格控制外国服务提供者进入国内市场。

对于电影电视制作、录音服务，由于其相对容易控制、不直接影响国家文化安全，因此可以与外商进行多方位合作，适当放宽外资股权比例限制，加快对外开放的步伐。

对于电影放映服务，一方面，考虑到我国人均银幕拥有量还很低，应当积极引入外资，参与影院的建设和数字化改造，但是发行公司、院线公司仍应禁止外资进入；另一方面，为了保护本土电影尤其是独立制片等非商业电影免受严重损害，仍有必要维持一定比例的国内放映配额，并且应当控制放宽进口分账大片配额的步伐。

对于网络视听、网络文化等新兴文化服务，由于无论在技术层面还是市场层面，传统的文化政策措施更加难以奏效，况且网络服务由用户自己选择并控制接收的信息，社会影响相对较小，所以可以适当

放开并加以正确引导,使其服务于我国的文化政策目标。

(二)推进外资管理体制改革

2015 年 1 月,商务部公布《中华人民共和国外国投资法(草案征求意见稿)》,显示了我国正在根据党的十八届四中全会的要求,"适应对外开放不断深化,完善涉外法律法规体系,促进构建开放型经济新体制。"有鉴于此,我国文化领域的外商投资管理也要与时俱进,推动文化领域外商投资管理体制的法制化建设。

第一,利用自贸试验区实施负面清单管理模式的机遇,推动文化领域的外商投资管理体制和境外投资管理体制改革,提高开放度和透明度。转变"重准入、轻监管"的管理模式,逐步减少外资行政审批事项,减少项目前置审批,推进网上并联审批;规范外资备案管理流程,简化外资准入和境外投资行政许可程序;完善投资者权益保障机制,允许符合条件的境外投资者自由转移其合法投资收益;加强境外投资事后管理和服务,完善境外资产和人员安全风险预警和应急保障体系。

第二,尽快梳理、清理现有的市场准入法律法规,加快完善文化领域外资市场准入法律体系。首先要从法律高度确立市场准入制度的主要原则和主体内容,进一步适当放宽文化领域的市场准入限制,正确引导外资的使用方向。同时,要加强事中事后监管体系建设,完善信用信息公示系统,建立抽查和举报制度,形成社会力量参与市场监管的机制,通过反垄断审查、环境保护要求、劳动者权益保护、技术法规和标准等手段,实施外商投资的全周期监管,从行政审批向市场监管、从准入控制向宏观调控转变,实现安全与效益并重的监管目标。

第三,在制定其他领域的外资市场准入法律政策时,应当充分考虑文化影响。对于可能对民族文化造成重大影响的外商投资的审批,建议要有文化主管部门的参与,以保证将其对我国传统文化及核心价值观念的影响降至最低。而对外商投资的国家安全审查,建议在审查内容中增加有关文化安全的规定,即将对文化安全造成严重

威胁的外资并购也纳入审查范围。2015 年 4 月出台的《自由贸易试验区外商投资国家安全审查试行办法》已经将重要文化领域的外商投资纳入审查范围,要求审查外商投资对国家文化安全、公共道德的影响。当然,外资并购国家安全审查不能因此遭到滥用,必须谨慎适用这道外资市场准入的"安全阀"。

(三)积极参与国际规则制定

在国际文化市场上,WTO 的贸易规则占据主导地位。但是在 WTO 框架下,贸易和文化政策之间的冲突和矛盾难以调和,而双边、区域和诸边贸易协定蓬勃发展,正在重塑国际文化贸易的规则体系。美国作为最主要的需求方,在与其他国家签订的自由贸易协定中就视听服务的市场准入保障取得了重要进展。美国还试图通过电信服务、电子商务议题的谈判突破文化贸易壁垒。面对新的形势,中国不能当旁观者、跟随者,而是要主动当好参与者、引领者,在国际规则制定中争取应有的话语权、制定权。正如习近平主席在 2017 年 1 月世界经济论坛的演讲中所指出的:"历史地看,经济全球化是社会生产力发展的客观要求和科技进步的必然结果,不是哪些人、哪些国家人为造出来的。经济全球化为世界经济增长提供了强劲动力,促进了商品和资本流动、科技和文明进步、各国人民交往。[①]"我们既要看到经济全球化是一把"双刃剑",更要显示中国作为负责任大国的能量,让经济全球化进程更有活力、更加包容、更可持续,主动作为、适度管理,让经济全球化的正面效应更多释放出来,实现经济全球化进程再平衡。

"规则的制定者必定是受益者"。我国只有积极参与多边、区域和双边层面的贸易规则谈判,才能更好地维护自身利益。为了应对下一阶段的文化贸易谈判,我国应当化被动为主动,对所有行业的攻守形势做出事先评估,提出限制和禁止外资进入领域的负面清单。鉴于中

---

① 习近平:《共担时代责任 共促全球发展——在世界经济论坛 2017 年年会开幕式上的主旨演讲》,新华网,2017 年 1 月 17 日。

美双边投资协定已经进入实质性谈判阶段,我国正在寻求加入 TiSA 谈判,这就意味着我国必然要面对来自美国的要求开放文化市场的巨大压力。对此,我国除了预先制订谈判方案以外,还可以与其他利益相似的国家结成同盟,联合所有力量,争取多方支持,共同应对美国的强势力量,以保持自己的开放进程。同时,参与文化贸易谈判还应当配合我国的自贸区战略,进一步适度扩大文化市场对外开放。

2015 年 6 月,《中韩自由贸易协定》正式签署,我国在文化产业上做出了前所未有的开放承诺。在我国以往对外签署的 12 个自由贸易协定中,除了《内地与香港关于建立更紧密经贸关系的安排》、《内地与澳门关于建立更紧密经贸关系的安排》(CEPA)以及《海峡两岸经济合作框架协议》(ECFA)基于一国两制的特殊安排,做出高于入世承诺的视听部门市场准入承诺,其余协定都未在入世承诺上有任何突破。《中韩自由贸易协定》协定第十七章"经济合作"专门对文化产业的合作进行了规定,"缔约双方应致力于推动广播电视和视听服务领域的合作,以加深缔约双方的相互了解。"该协定第八章附件 B《合作拍摄电影》和附件 C《影视剧、纪录片及动画片共同制作》就是促进视听服务领域合作的重要举措。根据规定,符合规定条件的中韩合拍电影可以视作国产影片,并授予国产影片的相关权益。这对仍然保留进口影片放映配额的中韩两国来说,将成为进军双方电影市场的有利条件。并且未来中韩两国还会根据情况,谈判制定有关电视剧和动画片的合拍协议。可以预见,《中韩自由贸易协定》的实施将通过中韩双方相互开放文化市场,带动我国文化产业和文化贸易的发展。《中韩自由贸易协定》在进一步扩大文化市场开放上开了先河,为中国扩大新一轮的对外文化贸易提供了重要的借鉴。我国应当在未来的中日韩、中澳、中国-挪威、中拉等自贸协定以及《区域全面经济合作伙伴关系协定》、中国-东盟自贸协定("10＋1")升级版等双边和多边经济合作和贸易谈判中,积极探讨相互之间进一步互相开放文化市场的可行性,促进中国对外文化贸易的发展。

第六章

改善文化服务力

——以扩大消费、文化惠民、提升效能为
重点的公共文化服务发展研究

第一节 公共文化服务：中外阐释、
系统构成及研究现状

公共文化服务是国家文化整体实力和竞争力中一个极为重要的组成部分，其运营发展效能的高低，不仅关系到公共文化服务的水平和质量，而且直接体现了国家文化建设对文化惠民和文化富民的效果，对国家整体实力和竞争力的总体品质产生重要影响。本章重点聚焦研究现阶段我国公共文化服务发展的总体效能分析及其提升思路对策，并且为此进行了研究方法的创新。本章节提出："文化服务力"是衡量公共文化服务效能的关键所在。考量国家"文化服务力"的水平状况，可以从其关涉公共文化服务运营发展的"能力匹配"、"动力储备"、"物力保障"及"效力实现"等"四力"要素指标的分析中获得。而要深入公共文化服务运营发展的实践，进行更为具体的研究分析，就需要针对公共文化服务主体及其工作领域，进行事关"引导效力"、"调控效力"、"惠民效力"、"创新效力"、"生产效力"、"运营效力"、"传播效力"、"吸引效力"及"消费效力"这"九效"的审视研究。

　　本章以上述创新思路为主线，分为六个部分展开：第一节围绕公共文化服务的中外阐释、系统构成及研究现状进行了论证分析；第二节分析研究了公共文化服务的主要功能诉求及中外运营模式；第三节梳理研究了国内外公共文化服务发展的理论精要及重要案例，并提炼概括了对中国发展公共文化服务的启发价值；第四节提出了中国公共文化服务效能衡量的重要指标"文化服务力"，并就其"四力"二级指标和"九效"三级指标作了论证分析；第五节聚焦对我国现阶段公共文化服务力作了概括性的效能评价，在此基础上深入分析了目前影响制约我国效能不高的主要瓶颈问题；第六节从旨在改善提升我国公共文化服务力的迫切诉求出发，结合我国当前推进现代公共文化服务体系建设和迈向"文化强国"的实际情况，确定了公共文化服务效能提升的总体目标和阶段目标，并重点从"扩大文化消费"、"抓好文化惠民"及"提升文化效能"入手，提出了具有现实操作性的破解各类主要瓶颈问题的思路对策，从而在理论创新和实践指导的结合上形成了较为完整的体系。

　　从国际范围内和区域范围内来看，公共文化服务作为公共服务的一个重要的有机构成，是任何国家政府机构和地方政府机构赖以满足其公民日常精神文化消费需求的重要凭借。然而由于在世界上不同的国家版图区划之间、地方行政区划之间，始终存在着社会制度、价值观念、宗教信仰、文化传统、民族风俗、历史沿革、资源禀赋、人口种族及发展水平等诸多方面的差异，这就直接或间接地造成了人们对公共文化服务的理解认识、运作架构及推进现状等方面有所不同。单就中国和西方发达国家及海外发达地区的双向比较而言，有关公共文化服务的相关阐释和系统构成等就呈现出较大的区别。本节重点围绕这两方面展开较为深入的分析研究，同时对国内外有关公共文化服务的研究现状进行概要的论述。

一、国际公共文化服务的界定及系统构成

（一）国际上有关公共文化产品及服务的界定

按照联合国教科文组织在其相关文件中的界定,仅文化产品部分就可以分成两大类。文化产品具体说就是文化产业活动所提供的产品,分为文化商品和文化服务两大类。文化商品是能够传达生活理念、表现生活方式的消费品,它具有传递信息或娱乐的作用,有助于建立集体认同感,并能影响文化实践活动,在取得版权后,文化商品能够通过工业过程大量生产并在全球广泛传播,它包括图书、杂志、多媒体产品、软件、唱片、电影、录像、视听节目、工艺品和设计。文化服务指的是政府、私人、半公立机构或公司取得文化利益或满足文化需求的活动,文化服务不包括其服务所借助的物质形态,只包括艺术表演和其他文化活动,以及为提供和保存文化信息而进行的活动,其中自然包括图书馆、档案馆和博物馆等机构的活动①。

联合国教科文组织尽管在这里没有明确提出"公共文化服务"的概念,但其在上述文字中涉及的有关"文化商品"和"文化服务"的分类、有关文化商品功能及其具体形态、有关文化服务主体类别等的界定描述,仍然在一定程度上揭示了国际社会对于公共文化服务的一般理解。不过,从上述描述中我们也可以看出,文化商品和文化服务中的"公共"概念二字,在这里并没有明确表露出来,而是通过"产业"及一系列"活动"才凸显出来的。事实上,在西方的文化传统中,"公"与"私"的概念内涵和范围边界很早就被人们关注到了。早在古希腊时期,亚里士多德就认为:凡是属于最多数人的公共事物常常是最少受人关心的事物。人们主要考虑的是自己的所有,而很少顾

---

① UNESCO Institute for Statistics, UNESCO Sector for Culture, International Flows of Selected Cultural Goods and Services, *1994 - 2003 (Defining and capturing the flows of global cultural trade)*, UNESCO Institute for Statistics, Montreal, 2005.

及公共的事物，对于公共的一切，如果顾及那也是至多只留心到其中对他个人利益相关的事物①。这其实可以视为西方"公共"意识出现的最早端倪之一。及至近现代以降，"公共"意识伴随着法治精神的日渐强化凸显被强调到了很高程度。德国哲学家哈贝马斯（Jürgen Habermas）就认为：只有到了近代以来，因为有了真正的（受法律保护的）"私"，才有了真正的（同样受法律保护的）"公"。唯有在市场经济及清晰的产权制度下，在"私人领域"之中才区分出现代意义上的"公共领域"，出现公共事务和私人事务的划分，诞生了公共领域和真正意义上的"公共性"②。显然，在西方学者乃至一些公众眼中，凡是受"公法"及"公德"约束的领域和空间，就应当明显地带有公共性，即使人们不给它冠以"公共"的帽子，也应该属于公众。

西方经济学界对"公共服务"及"公共产品"的关注和讨论也较为多见。20世纪50年代，美国经济学家萨缪尔森（Paul A.Samuelson）明确论述了"公共产品"与"私人产品"。他将产品分为"私人消费品"和"集体消费品"，认为前者指的是"该产品的消费总量等于所有消费者的消费之和"；后者指的是"每一个人对这种产品的消费并不减少任何其他人对这种产品的消费"。他甚至明确说到"公共产品是这样一种产品，无论每个人是否愿意购买它们，它们带来的好处不可分割地散布到整个社区里"③。萨缪尔森还强调指出："公共产品是具有消费的非排他性和非竞争性等特征的产品。""纯粹的公共产品指的是这样的物品或劳务，即每个人消费这种物品或劳务不会导致别人对该种物品或劳务消费的减少。④"这里所说的"劳务"基本上就相当于我们所指称的"服务"。可见，萨缪尔森有关"公共产品"及其"劳务"

① ［古希腊］亚里士多德：《政治学》，颜一、秦典华译，中国人民大学出版社2003年版，第33页。
② ［德］哈贝马斯：《公共领域的结构转型》，曹卫东等译，学林出版社1999年版。
③ ［美］保罗·萨缪尔森、威廉·诺德豪斯：《经济学》（第十四版），胡代光等译，北京经济学院出版社1996年版，第571页。
④ Samuelson P. A., "The Pure Theory of Public Expenditure", *Review of Economics and Statistics*, 1954, 36(4): 387–389.

的界定,不啻为后来人们深入理解认识公共产品及公共服务奠定了基础。而且事实表明,由萨缪尔森乃至美国另一位经济学家理查德·阿贝尔·马斯格雷夫(Richard Abel Musgrave)界定阐释的有关公共产品及服务等系列概念,实际上成为后来国际上认同度最高的概念。

在这里可以看到,尽管西方学者并没有对"公共文化产品及服务"特别是"公共文化服务"的概念作出明确的界定,但是如果从逻辑学的角度来看,则"公共产品及服务"实际上属于"属概念"(也即"上位概念"),它完全涵盖了"公共文化产品及服务"这一"种概念"(也即"下位概念"),是包含与被包含的关系。

(二)海外发达国家公共文化服务的系统构成

这里所说的"系统构成",重点不是指公共文化服务的设施、机构、行业等具体形态,而是着重指其资源平台分布及体制机制架构特征。海外发达国家公共文化服务的系统构成,从其主要特征上来看,大略可概括为以下几个方面。

第一,受其以资本主义私人占有制为特点的社会制度的影响,国家公共文化服务的各类资源平台等,大多分布掌控在为数众多的私人文化企业公司手里,仅有少数广播电台、电视台及人文名胜景点等掌握在国家政府部门手里。也正因此,这些资源平台开展日常公共文化服务生产供给,大多受制于公司股东意志和市场规律的自发调节。保证市场盈利是这些资源平台的主要利益驱动力。

第二,由于发达国家均形成了十分成熟的市场经济体系和较为完善的市场运作机制,因此其绝大多数的公共文化服务生产供给被纳入到了市场交易体系的运营架构中,而一些具有鲜明公益色彩的公共文化服务实体、项目及活动等,则通过政府借助基金会渠道等实施的定向补贴,以及来自企业和个人的捐赠投入等,向市场及公众提供价格较为优惠的产品服务供给,同时还不忘通过市场自营谋利来弥补经费投入缺口。

第三,西方发达国家的一些城市和地区,大多形成了较为成熟的公民社会和社会治理体系。受此因素影响,其公共文化服务产品生产及服务供给除主要来自私营性质的文化企业公司外,更有多元化、多样化的社会力量参与其中,包括基金会、行业协会等社会中介组织,还包括志愿者团体、义工机构及非文化类公司企业等,形成了公共文化服务供给主体多元化、多样化的基本格局。

人们不难发现:由于在不同国家和地区客观存在着社会制度、价值理念、宗教信仰、文化传统、历史沿革、民族风俗、资源禀赋、人口种族及发展水平等诸多方面的差异,使得一个国家和地区的公共文化服务在形制构成上就体现出与其他国家和地区的不同。如果单就中外分类比较而言,欧洲、北美及亚太地区发达国家和地区的公共文化服务,在系统构成上就与当代中国形成了较大的差别。

发达国家和地区大多实行的是资本主义社会制度。他们历经多则数百年少则几十年的发展,均建立起了相对自由开放的资本主义市场经济体系。崇尚民主法治、个人自由及平等竞争是其最鲜明的价值理念。以英国、美国、法国、德国及意大利等为代表的西方发达资本主义国家,大多遵循新教伦理式的资本主义精神,同时对新自由主义抑或保守主义思想情有独钟,这与深受中华儒家文化传统影响又追求"脱亚入欧"资本主义成效的日本、韩国及新加坡等亚洲国家,形成了既有共性又有区别的鲜明对照。从表面上看,虽然欧美和东亚的发达国家在宗教信仰、文化传统、历史沿革、民族风俗、资源禀赋、人口种族及发展水平等诸多方面存在着一定差异,但是共同奉行"资本主义社会制度"。因此,体现到两大地区具体国家的公共文化服务发展上,就表现出了较为突出的共性特点。

从主要发达国家公共文化服务系统构成的共性特点来看,主要体现为,其公共文化服务所有资源中的绝大多数,主要分布控制在私营企业公司机构管辖范围内,依托十分健全的市场经济体系运作,依靠十分发达的、数量可观的"第三部门"(包括 NPO 和 NGO)中介机构有效运营,按照市场经济规律中供给需求自我调节的方式来运营。其具体业态构成包括广播电台、电视台、报纸、杂志、出版社、网站、书店、博物馆、美术馆、图书馆、纪念馆、历史文化遗产、风景名胜、文艺院团、艺术院校、剧场影院、影视制作公司、广告公司、数字多媒体公司、动漫游戏公司、各类文化行业协会及文化类基金会等,以及分别在上述这些实体机构里从业、数量极为可观的文化专业人才等,他们绝大多数属于私营私企性质。

不过,从欧美和亚太国家和地区公共文化服务平台资源的发展运行实际来看,尽管其中有为数众多的平台资源最初是由私人创办的,但随着其规模影响、资本实力等的不断壮大,一般都实现了私人权贵资本与国家统治阶层的高度渗透融合,成了名义上为私人资本控制而实际上受国家政府所左右的机构。如在世界六大通讯社中,英国的路透社(Reuters)是世界上最早创办的通讯社之一,也是目前英国最大的通讯社和西方四大通讯社之一。路透社是世界前三大的多媒体新闻通讯社,提供各类新闻和金融数据,在全球 130 个国家设立了 196 个分支机构,目前,整个集团拥有工作人员 13 000 多人。路透社提供新闻报道给报刊、电视台等各式媒体,并向来以迅速、准确享誉国际。另一方面,路透社提供工具和平台,例如股价和外币汇率,让交易员可以分析金融数据和管理交易风险;同时路透社的系统让客户可以经由因特网完成买卖,取代电话或是纽约证券交易所的买卖大厅等人工交易方式,它的电子交易服务串联了金融社群。路透社由英国人保罗·朱利叶斯·路透(Paul Julius Reuter)于 1850年在德国亚琛创办,次年迁往英国伦敦。1865 年,路透把他的私人通讯社扩展成为一家大公司。1916 年被改组为路透有限公司。它素以快速的新闻报道被世界各地报刊广为采用而闻名于世[1]。历经约

---

[1] 参阅:路透社网站,http://about.reuter;《路透社简介》,http://www.xinhua.com.cn;《路透社》,http://baike.baidu.com/view/72489.htm。

164 年的发展，路透社名义上是私人企业主所有，实际上受政府控制，是英国的官方喉舌。美国的美联社（The Associated Press）、彭博社（Bloomberg News）及法国的法新社（Agence France-Presse）等，它们的缘起及发展都与路透社相似，特别是美联社和法新社最终在向公众提供各类资讯信息公共服务方面，都明显体现出其所属国的官方色彩。我国的新华社同样也是代表国家政府向公众提供公共文化服务，但从其所属体制机制来看，与上述西方通讯社相比存在的最大区别就在于——新华社是由国家创办的国营公共文化服务机构，它完全是按照国家资本的运作机制在运行。

事实上，在海外发达国家和地区的公共文化服务平台资源序列中，其资本资产的私人占有属性虽然大多是十分明确的，但是他们借助于产业化、市场化手段向社会公众提供公共文化产品生产及服务的特征却也是十分鲜明的。如世界上最为知名的五大跨国传媒集团，即贝塔斯曼、维亚康姆、迪士尼、新闻集团及时代华纳等，基本上无一例外地都属于业务范围从传统媒体一直覆盖延伸到新兴媒体的传媒"巨无霸"，其运营地域也超出了其所属国，成为名副其实地横跨全球各地的跨国文化传媒集团公司。即使是公益色彩、公共服务色彩更显突出的一些大型博物馆，在海外发达国家和地区，也体现出全然不同于中国的一些存现特征。如享誉世界的古根海姆博物馆（Guggenheim Museum），就是由索罗门·R.古根海姆（Solomon R.Guggenheim）基金会旗下所有创办的系列博物馆的品牌总称，它也算得上是世界上最著名的私人现代艺术博物馆之一，是全球性的一家以连锁方式经营的艺术场馆。古根海姆基金会（Solomon R. Guggenheim Foundation）成立于 1937 年，是重点进行博物馆投资的跨国文化投资集团。其中，在该基金会投资的若干博物馆中，以美国纽约古根海姆博物馆和西班牙毕尔巴鄂古根海姆博物馆最为知名①。显然，我国的"国字号"

---

① Lisa Dennison、赵容：《从博物馆到博物馆群——古根海姆博物馆的历程》，《中国美术馆》2007 年第 2 期。

重点博物馆,如国家博物馆、故宫博物院、中国美术馆等,与这些博物馆相比,则完全属于国家的国有文化资产序列中,并且完全按照国营事业单位的基本定位来向社会提供公共文化服务。

二、我国公共文化服务的界定及系统构成

(一)我国公共文化服务的相关理解和界定

中国国内对"公共文化服务"(public culture service)的研究和关注,起自 21 世纪开始不久。2003 年 6 月,中央召开文化体制改革试点工作会议,确定北京、上海、广东、浙江等九个省市为综合性试点地区,35 家新闻出版、公益性文化事业、文艺创作演出、文化企业单位具体承担试点任务。文化体制改革试点工作一经启动,便成为全国文化界乃至各界关注的焦点①。其中"公益性文化事业"单位在市场经济背景下的发展走向,也成了人们热议的问题。但当时对于"公共文化服务"等相关话题的讨论也仅仅露出些端倪。

在 2005 年党的十六届五中全会召开时,会上通过的《中共中央关于制定国民经济和社会发展第十一个五年规划的建议》正式提出了"公共文化服务体系"的概念。2006 年 9 月,国务院发布的《国家"十一五"时期文化发展规划纲要》,其中也提到了"公共文化服务"。2007 年 6 月召开的中央政治局会议,第一次专题讨论了"公共文化服务体系建设"这一问题。时任中共中央总书记胡锦涛同志在会上提出,我国公共文化服务建设的目标是:"按照结构合理、发展平衡、网络健全、运行有效、惠及全民的原则,以政府为主导、以公益性文化单位为骨干,鼓励全社会积极参与,努力建设公共文化产品生产供给、设施网络、资金人才技术保障、组织支撑和运行评估为基本框架的覆盖全社会的公共文化服务体系,

---

① 王建辉:《文化体制改革试点的意义》,《出版科学》2004 年第 5 期。

切实保障人民群众看电视、听广播、读书看报、进行公共文化鉴赏、参加大众文化活动等基本文化权益。①"这一建设目标,在一定程度上体现了我国文化建设实践层面对于公共文化服务的理解。此后,学术界和理论界对于"公共文化服务"的研究和关注更频繁密切起来。

其中,深圳市的文化研究团队就对"公共文化服务"概念给出了非常明确具体的界定。他们指出,公共文化服务是由公共部门或准公共部门共同生产或提供的,以满足社会成员的基本文化需要为目的,着眼于提高全体公众的文化素质和生活水平,既给公众提供基本的精神文化享受,也维持社会生存与发展所必需的文化环境与条件的公共文化产品和服务的总称,具体包括公共图书馆服务、公共博物馆服务、文化馆服务、社区文化服务、各类公共文化信息平台建设、赞助扶持文化艺术的政策措施等。从文化的公共性来看,公共文化服务的领域,主要在那些具有公共性的文化(包括领域、设施、空间、行为、活动、产品与服务)范围之内;从公共管理学的角度看,公共文化服务与教育、医疗卫生服务等一样,属于公共服务中的社会性公共服务,是公共服务体系的有机组成部分②。这一界定表述对于人们认识了解"公共文化服务"概念的内涵和外延,无疑具有一定的启发价值,不过就其概念界定阐释的客观性及科学性而言,还可以在这些成果的基础上推动进一步的深化研究。

深圳学者的上述界定阐释,非常接近于我国各级党政部门以往对于"文化事业"的界定阐释。在笔者看来,划定"文化服务"是否属于"公共文化服务"的关键在于以下三个方面。第一,该产品和服务是否是面向社会公众消费者的?是否是在社会公共空间出现的以及是否是通过公共渠道平台进入个人空间的(如广播电视信号进入家

---

① 新华社:《中共中央政治局召开会议:研究加强公共文化服务体系建设》,《人民日报》2007年6月17日第001版。
② 陈威:《公共文化服务体系研究》,深圳报业集团出版社2006年版,"引言"部分。

庭)？第二,该产品和服务是否是由以政府机构为代表的公共部门生产提供的？或者是经由该公共部门策动并借助第二方甚至第三方等生产提供的？第三,产品的公共性(不以强调个人化和私人定制等为突出表征)和公益性(适时体现出或免费或让利的福利特点)较为鲜明。参照此三方面要素,则我国的公共文化服务不仅仅包括了"公共图书馆服务、公共博物馆服务、文化馆服务、社区文化服务、各类公共文化信息平台建设、赞助扶持文化艺术的政策措施等",还应包括影响更为巨大的广播电台公共服务、电视台公共服务、报刊出版发行公共服务、图书出版发行公共服务、电影院线公共服务、文艺展演公共服务、固定及移动互联网信息公共服务、节俗庆典集会及巡游公共服务、文化类博览会展公共服务、作品陈列及广告展示公共服务、历史文化名胜景点公共服务等。其实,联系胡锦涛同志在上述有关建设公共文化服务体系的讲话中提到的"切实保障人民群众看电视、听广播、读书看报,进行公共文化鉴赏、参加大众文化活动等基本文化权益"的论断来看,其所指涉范围本身就超出了深圳学者定义的公共文化服务涵盖范围。

因此,"公共文化服务"的概念界定可作如下表述:以国家各层级政府机构为代表的公共部门生产提供的,或是由该公共部门策动并借助第二方甚至第三方等生产提供的文化产品和文化服务。这些文化产品和文化服务是在社会公共空间出现的或者是通过社会公共渠道平台进入个人空间的,是面向社会公众消费者的,不以强调个人化和私人定制等为突出表征,并且适时体现出较为鲜明的或免费或让利的公益性特点,但又不完全以此为局限。"公共文化服务"可以划分为"基本公共文化服务"和"非基本公共文化服务"。"基本公共文化服务"主要是以国家财政投入、财政补贴为主,以社会参与、社会赞助等多元投入为重要补充,来提供"免费"性的或"让利"性的、基本的公共文化产品及服务,其主要目的在于满足广大消费者最基本的公共文化产品及服务的消费需要,借用李克强总理的话说就是"保基本、兜底线、促公平"①;"非基本公共文化服务"则主要是借助市场性、商业性手段,来提供要比基本公共文化产品及服务更为丰富多彩、相对价高质优的产品及服务,其主要目的在于满足广大消费者个性化、多样化、多元化产品及服务消费需求。

需要指出的是,在理解认识"公共文化服务"概念时,势必会联系到在我国文化建设领域应用更为广泛的"文化事业"及"文化产业"概念。这后两个概念正式出现在官方文件中,是始于 2002 年秋季召开的中共十六大②。按照某些学者的分析,十六大报告所说的"文化事业"大致包括以下内容③:九年义务教育、党和国家重要的新闻媒体和社会科学研究机构、体现民族特色和国家水准的重大文化项目和艺术院团、重要文化遗产和优秀民间艺术、老少边穷地区和中西部地区的文化发展、面向大众的文化基础设施建设等。这些文化公益事业将得到国家政策的支持和国家财力的扶持保障,并鼓励它们增强自身发展活力。

而国际上有关学者表述"文化产业"的内涵时,则指出其包括新闻出版业、广播电视电影业、娱乐业,艺术业、文化旅游业、博物馆业、图书馆业、文物业、博彩业、竞技体育业、广告业网络业、经纪与代理业等。从 20 世纪以来,文化产业有过两次深刻的蜕变:第一次是因为影视广播等大众媒体的发展;第二次是因为数字化媒体而形成的产业融合④。显然,上述的认定,符合西方那种"尽可能将文化付诸产业化实践"的理念。无疑,"文化事业"和"文化产业"的对应划分说法,具有鲜明的中国特色,是和改革开放以来中国文化发展建设的实

---

① 新华社:《在十二届全国人大二次会议记者会上:李克强总理答中外记者问》,《人民日报》2014 年 3 月 14 日第 001 版。

② 中国共产党第十六次全国代表大会:《全面建设小康社会,开创中国特色社会主义事业新局面》第六部分,中国共产党新闻网,http://cpc.people.com.cn/GB/64162/64168/64569/65444/4429118.html。

③ 谢武军:《文化事业和文化产业》,《学习时报》2002 年 12 月 16 日,"知识时代"栏目。

④ Andy C Pratt:《文化产业——不只是群聚典范?》,陈柔安译,载李天铎编著:《文化创意产业读本——创意管理与文化经济》,远流出版公司 2011 年版。

际进程相适应的。

对于这样重要的领域和范畴,我们认为,"文化事业"与"文化产业"的主要区别,大致可以概括为以下几个方面:其一是前者体现出明显的公益性、福利性特征,免费、让利是其常态;后者则体现出鲜明的商业性、市场性特征,交易、获利是其常态。其二是前者常常是依托政府财政投入、财政补贴及政策扶持等,来确立其存在和发展的优势;后者的投资来源及渠道则是多种多样的,包括国营的、民营的、集体的、个人的、国外的,其存在和发展的合法性,必须通过其在公平的市场竞争中获得比较优势来确认。其三是前者的"一线经营主体",以各类国营文化事业单位机构及部分转企改制类国营文化事业单位机构为主,同时也有一些文化类民办非企业单位、文化行业协会及中介机构等作为其重要的补充。前者的"隐身参与主体"是以各层级党委政府为代表的公共部门,公共文化产品及服务的年度计划、专项投入、购买服务、菜单制订、产品配送、公开招标等,均由这些政府部门来策动完成;后者的"一线经营主体"完全是以各类所有制身份存在的企业公司等市场主体,它也没有上述这种"隐身参与主体"。

可见,"文化事业"的说法基本上和"基本公共文化服务"的概念界定相重合,而"非基本公共文化服务"在范畴上实际已覆盖延伸到了"文化产业"的诸多领域。应该看到,"公共文化服务"包括"基本公共文化服务"和"非基本公共文化服务",都是直接面向社会公众的前端领域或说窗口领域,也就是说"文化事业"的全部和"文化产业"的一部分,是属于直接面向社会公众消费者的前端领域或说窗口领域。此外,"文化产业"的另外一部分则属于不直接面向社会公众消费者的后端领域或说支撑领域。如图书馆、美术馆、文化馆、社区文化活动中心、文艺院团、电影院线所属各家影院等那些直接面对社会公众消费者的行业领域,就属于窗口领域;而电影特效制作公司、电影后期制作公司、文化装备制造企业等那些不直接面对社会公众消费者的产业行业，就属于支撑领域。

（二）我国公共文化服务的系统构成

我国公共文化服务的系统构成，与其历经从社会主义计划经济向社会主义市场经济转型创新的发展实际密切相关。从"条线"内外、"体制"内外的视角来看[①]，它们大致包括以下几部分。

1. 条线内、体制内的公共文化服务部分

我国公共文化服务的核心资源要素，主要发布掌控在各层级党委宣传文化系统条块内及政府体制内，主要以"经营性"和"公益性"两种不同的定位方式在运营：一是"企业化市场化运作＋公共文化服务生产供应"（如广播电台、电视台、报社、杂志社及出版社等）；二是"公益性事业单位或文化类中介机构运作＋免费式优惠式公共文化服务生产供应"（如博物馆、美术馆、图书馆、文化馆及社区文化活动中心等）；"经营性"和"公益性"这两种不同的定位方式，均分别有不同的层级。

第一层级为国家层级，其特点之一是服务全国——如国字号的公共文化生产及服务机构，常态化地开展面向全国的相关文化生产服务供应，它们具有普惠性和广适性特点，没有特定的、非常明晰的服务供给层级范围指向；特点之二是服务世界——即代表国家文化软实力（发达的文化事业和文化产业）和文化消费力，开展国际文化贸易往来，实施文化"走出去"和文化"引进来"战略。如中央芭蕾舞

---

① "条线"的概念，是人们针对我国解放以来因特殊的体制机制架构而历史形成的权力划分、职能分割说法，同一权力职能领域从中央政府到地方政府再到下属基层形成的纵向垂直、上大下小、逐级领导的权力架构，被称为"条线"。如中宣部包括文化部到其下辖的各省市区宣传文化系统包括文化厅局，再到后者下辖的县乡镇宣传文化机构及至基层一线的科站等，就属于宣传文化系统条线，它相对独立于政法系统条线、工业系统条线、科技系统条线、教育系统条线、金融系统条线等。"条块"概念除含有"条线"意思之外，还以"块"来表示同一条线内或不同条线内横向并存的内部细分行业部门。此处"体制内外"沿用人们惯常的用意，即体制内专指党政机关及国营企事业单位机构，体制外则专指党政机关及国营企事业单位机构以外的领域。

团、国家大剧院、国家图书馆、故宫博物院及中央电视台等。

第二层级为省市区地方层级,其特点之一是依托地方公共文化生产及服务机构(如省属市属公共文化生产服务机构),常态化地开展主要以本地区文化消费者为对象的相关文化生产服务供应,同时为国家第一层级的公共文化服务提供必要的内容和形态支撑;特点之二是代表本地文化软实力和文化消费力,开展跨省市区乃至涉外型的文化贸易往来,实施文化"走出去"和文化"引进来"战略。如上海博物馆、上海图书馆及上海电影集团等。

第三层级是城乡社区层级,其特点之一是依托第一第二层级公共文化生产服务向基层的覆盖延伸,借助城市社区和农村社区自身对公共文化生产服务的衍生开发及自我创造,主要以城市农村社区辖属范围内及周边社区的文化消费者为服务对象,开展丰富多彩的文化惠民服务;特点之二是它必须以国家和省市区公共文化事业乃至文化创意产业的充分发展为支撑。如分布于上海、北京及深圳等城市为数众多的社区文化活动中心,分布于全国为数众多的县乡镇下属地区的文化站、农家书屋等,皆属于此。

2. 条线外、体制内的公共文化服务部分

除上述条线内、体制内的公共文化服务资源外,在中国各层级的宣传文化系统条线之外,还分布着不少同属于体制内的公共文化服务资源,如各层级工会系统的工人文化宫、共青团系统的青少年宫、教育系统的青少年教育基地、科委系统的科普基地等等。它们大多也是以"国营事业单位机构＋公益性优惠公共文化服务生产供应"的方式开展日常运营。如北京市教育委员会下辖的北京市少年宫、北京市青少年科技馆、北京教学植物园,上海市总工会下辖的上海市工人文化宫、上海市科学技术委员会下辖的上海科技馆等,均属于条线外、体制内的公共文化服务平台资源。

3. 条块外、体制外的公共文化服务部分

它们主要以数量众多的民营文化企业公司、民办非企业机构、民办行业协会等各类中介机构为主,大多以"企业公司或民非企业机构等的市场化运作＋公共文化服务生产供应"的方式开展日常运营。它们成为助力体制内、条线内、条块内公共文化服务生产供应运作的重要外在支撑补充部分,也是满足群众多样化文化消费需求的原创生产服务的重要来源。如宋城演艺发展股份有限公司、浙江华策影视股份有限公司、北京光线传媒股份有限公司、北京万达文化产业集团有限公司、北京华谊兄弟传媒股份有限公司、成都瀚博营销策划有限公司及上海灿星文化传播有限公司等,均属于条线外、体制外的公共文化服务部分,承担了大量公共文化服务的工作。

三、公共文化服务研究的基本现状及未尽工作

(一) 国外公共文化服务相关理论及实践研究现状

1. 国外有关公共文化服务的相关理论研究情况

如前文所论,因为在西方发达国家和地区,特别是在其当地的政界和学术界,并没有像我国这样——从官方到学术界形成对"公共文化服务"这一概念的广泛共识,所以西方发达国家和地区的公共文化服务相关问题研究,实际上是被涵盖在公共经济学、公共管理学及文化创意产业等相关的专题研究范围中的。也就是说,西方学术界极少像我国这样对笼统的"文化"行业整体予以关注,而是更习惯于对文化行业细分下的具体业态予以关注。如博物馆业、图书馆业、画廊业、美术馆业、演艺业、影视业等。在美国,举凡与公共文化服务相关的文化行业领域,特别是那些可以直接通过国际文化交流渠道走出国门的公共文化产品及服务,基本上都被美国官方按照自己参与起草 WTO 协议的说法,被冠之以"服务贸易"的称呼。

尽管发达国家并没有像中国大量采用"公共文化服务"这一概念,但是并不代表他们对客观存在的公共文化服务领域不研究不关

注。实际上,国外公共管理学和公共经济学研究领域近年来受"城市再造"、"公共治理"及新公共管理等实践和思潮的影响,诞生了一批数量可观的与城市公共事务治理相关的力作,这些作品在聚焦讨论公共产品及公共服务的供给运营等系列问题时,其实也有意无意、或多或少地涉及了公共文化服务问题。在这些著作中,其中相对影响较大的包括埃莉诺·奥斯特罗姆(Elinor Ostrom)所著的《公共事务的治理之道:集体行动制度的演进》、《公共服务的制度建构》,迈克尔·麦金尼斯(Michael Mcginnis)主编的《多中心体制与地方公共经济》,萨瓦斯(E. S. Savas)所著的《民营化与公私部门的伙伴关系》,詹姆斯·N.罗西瑙(James N. Rosenau)所著的《没有政府的治理》,珍妮特·登哈特(Janet V. Denhardt)所著的《新公共服务:服务,而不是掌舵》,丹尼斯·缪勒(Dennis C. Mueller)所著的《公共选择理论》以及乔治·布莱尔(George Blair)所著的《社区权力与公民参与》等。这些成果要么是针对公共产品及公共服务的供给,探讨了政府与市场之外的公民自主治理的可能,要么对公共产品生产及服务供应中的多中心体制、协作生产、提供者与生产者的区别、自主治理的制度基础及官僚行为的模型等进行了深入研究,总之,它们涉及公共服务和社会治理领域的问题和研究视角较为广泛。不过因其极少涉及文化并且主要是以国外实践案例为主要参照,所以在以之对照中国公共文化服务供给问题时尚待具体分析。

2. 国外发达国家有关公共文化服务的具体实践

以欧美和亚太为代表的一些发达国家为代表,其公共文化服务的生产供给除了直接获益于其相应发达的文化创意产业做支撑外,更得益于其非政府组织(NGO)和非营利组织(NPO)等中介性公益组织体系的高度发达,得益于其志愿者义工体系及国家政府制定的"企业及个人捐赠扶持公益文化项目相关优惠政策体系"等要素的发达。总之其公共文化服务主体的高度多元化及多样化,其公共文化服务投融资渠道的相对多样化及多元化,其公共文化服务平台机构运作的市场化及社会化,使其绝大多数的公共文化服务实体机构,能够在尽力规避掉"市场失灵"风险和"政府失灵"风险的前提下生存并发展起来。从不同发达国家之不同城市一些公共文化服务供给运营所体现出的主要特点来看,其具有代表性的方面可以归纳概括为以下三类:一是借民间主导力量推动(如纽约的"文基会");二是政府与民间分权化共建(如伦敦卡梅伦政府的"大社会计划");三是以立法执法为杠杆直接或间接体现"政府主导"的介入(如巴黎的"文化保护")。与之相应的是,也诞生了一批操作性很强的政策性成果——公共文化服务供给运营规约,如加拿大的《艺术中心法》及日本的"内容不干预原则"等,以及 UNESCO 及国际图联 2002年修订发布的《公共图书馆服务发展指南》等。不过从研究视角来看,目前国内外学界对于上述公共文化服务实践的深入分析研究,还略显薄弱。

(二) 国内有关公共文化服务理论及实践研究现状

如前文所述,中国国内学界关注公共文化服务的相关问题研究,最早始自 2003—2007 年的数年间。伴随着国家和地方"十一五"及"十二五"规划的实施,特别是党的十七届六中全会、党的十八大和十八届三中全会的召开,"建设覆盖全社会的现代公共文化服务体系"越来越成为全国各级政府努力实现的履职奋斗目标。在此背景下,有关公共文化服务理论及实践的相关研究日渐涌现出来,研究范围迅速拓展,研究的重点领域大致聚焦于以下几个方面。

1. 关于公共文化服务体系建设的研究

其中设施网络体系、资源供给体系、组织支撑体系、人才资金和技术保障体系、绩效评估体系五大子系统均有较多的研究成果出现,有关公共文化服务体系的发展战略、公共文化的管理体制和运行机制、公共文化资源建设、人才队伍建设、经费保障、免费开放、城乡一体化、农民工文化保障等问题,更成为研究热点。其中面世的一批著作包括柯平等著的《社会公共服务体系中图书馆的发展趋势、定位与服务研究》、李景源和陈威主编的京深版年度性连续出版物《中国公共文化服务发展报告》（蓝皮书）①、孙逊主编的沪版年度性连续出版物《中国公共文化服务发展报告》（蓝皮书）、文化部公共文化司编年度性连续出版物《中国公共文化发展报告》、王亚南主编的年度性连续出版物《中国文化消费需求景气评价报告》（蓝皮书）、曹爱军和杨平所著的《公共文化服务的理论与实践》、戴珩所著的《公共文化服务体系 120 问》、王列生等合著的《国家公共文化服务体系论》、陈威主编的《公共文化服务体系研究》和《完备的公共文化服务体系研究》、陈瑶等主编的《公共文化服务：制度与模式》、上海高校都市文化 E 研究院主编的《2011 年全国 31 个省市自治区公共文化服务指数蓝皮书》等，此外还有全国诸多省市区编撰的年度性连续出版物《文化发展报告》（蓝皮书）等。上述这些研究成果聚焦研究当前我国公共文化服务体系建设，也分析了亟待破解的各种问题和瓶颈。

2. 关于公共文化服务特定领域的专题研究

如国内学界近年来就对城市社区公共文化服务治理和社区公共服务供给等问题，给予了持续的高度关注。其中有些成果是从公共产品及公共服务的城市社区供给运营的全局视角来开展研究的，公共文化服务只在这些研究中有所涉及，或是仅仅占据一定的比例。如杨团的《社会公共服务论析》、王邦佐的《居委会与社区治理》、侯岩的《中国城市社区服务体系建设研究报告》、陈伟东的《社区自治：自组织网络与制度设置》、郑杭生等的《中国社会转型与社区制度创新》、张宝峰的《现代城市社区治理结构研究》、陈喜强的《中国城市基

---

① 李景源、陈威主编：《中国公共文化服务发展报告》，社会科学文献出版社 2009 年版；孙逊主编：《2013 年中国公共文化服务发展报告》，商务印书馆 2014 年版；于群、张永新主编：《2013 中国公共文化发展报告——国家公共文化服务体系制度设计研究》，北京师范大学出版社 2013 年版；王列生、郭全中、肖庆：《国家公共文化服务体系论》，文化艺术出版社 2009 年版；王亚南主编：《中国文化消费需求景气评价报告（2014）》，社会科学文献出版社 2014 年版等。

层社区组织身份治理模式研究》、吴志华等的《大都市社区治理研究：以上海为例》及李雪萍的《城市社区公共产品供给研究》等①。上述这些成果均提出了富有启发价值的观点，但其成果重心却不在于文化供给。文化部近年来也在立足于奔赴全国开展大量调研的基础上，出台了对于社区公共文化服务供给具有一定指导意义的《文化标准化中长期发展规划（2007—2020）》和《乡镇综合文化站管理办法》等系列政策，各地方政府也陆续推出了贯彻举措。通过分析梳理上述文献及已经刊布的一些有关城市社区公共文化服务供给研究的单篇论文，可以发现以下几方面特点：（1）对城市社区公共文化服务供给运营机制方面普遍存在的机制陈旧、缺乏活力及效率低下感到忧虑，大多从制度设计、人才配备及政策扶持等方面提出改良性意见建议。（2）分析研究文化服务供给运营因主体、渠道及方法单一及过度行政化带来的弊端，积极主张社会力量参与，如希望借鉴发达国家作法，吸纳 NGO、NPO、志愿者、社区义工及赞助企业力量，也有主张实施"多中心治理"供给运营模式等。（3）对政府与社区、第三方经营者、文化消费者、文化生产者的关系作了角色职能等方面的初步研究，提出了一些具有一定针对性的意见和建议。从总体上而言，上述这些研究对于拓展我国城市社区公共文化服务供给运营实践的视野和思路有较强的参考价值，人们普遍期待在此基础上寻求相关机制建设的创新突破。

从目前我国有关公共文化服务的理论及实践研究格局来看，一些高校、科研机构（包括中国社科院及各地方社科院）、各级党政机构宣传文化主管部门等，成了投入这一领域研究的主力。进入 21 世纪以来，国家和地方的哲学社会科学研究规划部门、国务院所属一些部

---

① 杨团：《社区公共服务论析》，华夏出版社 2002 年版；侯岩：《中国城市社区服务体系建设研究报告》中国经济出版社 2009 年版；陈喜强：《中国城市基层社区组织身份治理模式研究》，中国经济出版社 2011 年版；吴志华等：《大都市社区治理研究：以上海为例》，复旦大学出版社 2008 年版。

委,每年也以面向社会招标的方式,发布数量可观的有关公共文化服务(体系)理论及实践问题的研究课题。虽然每年都有不少课题结项并提交相关成果,但是从总体上来说,有关公共文化服务(体系)的诸多理论和实践问题,依然有待于进一步的深入研究。

(三) 公共文化服务研究亟待推进的若干重点内容

1. 公共文化服务的基本理论问题研究

这一工作旨在重点聚焦研究公共文化服务的基本原理和基本规律。其中具体的研究内容包括探讨研究"公共文化服务"的概念范畴、形态内涵、功能定位、体系建构、体制机制、顶层设计、政策制定、运营主体、产品生产、服务供给、支撑体系、相关保障、时代特征、国家特色、目标管理、责任规约,以及与其他公共服务之间的区别及差异、与经营性文化产业之间的互动关系、与文化意识形态及国家文化软实力之间的关系等。同时还要重点研究公共文化服务建设中治理体系和治理能力现代化问题,聚焦公民文化权利、文化多元主体、文化治理、社会治理等重大基础理论问题,以期为我国的公共文化服务建设提供坚实的理论支撑。这一方向研究工作的开展,对于建构起中国特色的公共文化服务理论体系及话语体系,将会起到十分积极的、填补空缺的作用。

2. 现代公共文化服务体系建设的应用问题研究

开展此方面的研究工作,需要重点发挥专家学者主动参与我国各个层面公共文化服务决策咨询研究的累积优势,积极为国家决策层面(包括中宣部、文化部等)开展公共文化立法、公共文化服务制度设计、现代公共文化服务体系建设(包括公共文化服务保障标准、设施布局、生产供给、资金人才、技术支撑、组织建设和运行评估等)相关决策咨询服务,为国家和地方的文化政策法规起草制定,发展规划编制、运行绩效评估等,提供决策咨询服务。特别是聚焦当前现代公共文化服务体系建设亟须破解的重大问题,如公共文化服务的多元主体,公共文化服务的社会化、专业化,基本公共文化服务的标准化、均等化,公共文化机构的现代治理,公共文化示范区建设等。此方面研究工作要求做到"学以致用"、研究成果有助于破解现实工作中的各类瓶颈问题,能够在研究过程中及时促成研究成果的转化,争取为国家和各级政府提供及时有效的文化建设决策咨询参考。

3. 因科技发展引生的业态创新问题研究

公共文化服务的产品生产和消费供给,在业态特征及运营手法等方面,常常与世界科技发展的总体水平保持着较为密切的同步共进关系。在现代互联网技术、现代移动通信技术和现代数码多媒体技术日新月异的发展背景下,以往在大众消费者群体中占据主导地位的传统消费业态,诸如纸质媒体阅读消费、胶片电影消费及固定网络终端消费等,逐渐被花样繁多的新兴业态诸如电子媒介消费、数码影视消费、智能移动终端消费、互动性场景电玩消费等所取代。这无疑给公共文化服务的产品生产者和消费供应者,提出了升级换代要求。当"互联网+"和"+互联网"潮流已经开始出现、文化与其他领域跨界融合发展日渐成为大势时,公共文化服务的生产、供给及运营等必须与之结合,信息化、数字化、网络化、智能化未来必当追求的发展目标,大数据、云计算、物联网等也成为足以借力做强的必要手段。换言之,今后公共文化服务的效能提升、特色凸显、投入创新、渠道拓展及主体丰富等都将面临着诸多变数。这就有待于我们必须加强对公共文化服务因科技发展引生的业态创新等相关问题的研究。

4. 现代公共文化服务的国际国内多向比较研究

此项研究工作重点聚焦发达国家和中国港澳台地区,国内有关省市自治区和其他领域可资借鉴的公共文化服务领域建设经验,搜集研究其有关公共文化理论及实践的前沿性、创新性、独特性观点及做法,通过具体理论、观点、案例的深度分析研究,来横向比对公共文化服务发展特点,总结梳理成果经验,开展学术交流,以便为今后的公共文化服务建设实践提供开阔视野及经验借鉴。它重点分析了发达国家和地区,与国内北京、深圳、苏州、成都、杭州、宁波等地有关公共文化服务的新理念和新做法,通过个案分析、案例比较、观点梳理等手法,重点分析在公共文化服务领域,有效协调政府、社会、市场三者关系,吸引社会民间力量(包括 NG0/NPO 等)参与,运用市场机制手段,拓展多元投入渠道,适应民众多样文化需求特点,以及依法运行和契约管理的经验。

有鉴于此,针对我国公共文化服务的本研究,期望能在依托目前国内外学者有关公共文化服务研究既有认识水准的基础上,力求实现在重点方面有所深入、有所推进,从而为立足中国实际、破解我国现代公共文化服务体系建设中遇到的问题和瓶颈,提供富有指导意义的前瞻性思路和实践举措。

第二节 公共文化服务:功能诉求及运营模式

公共文化服务,作为具体国家或具体政府行使公共产品和公共服务供给的一个极其重要的组成部分,其与一般性的公共产品和公共服务供给最大的区别就在于,首先,它不像一般性公共产品和公共服务供给那样主要致力于满足人们的社会物质生活需求,而是旨在满足人们日常的精神文化生活消费需求。其次,公共文化服务提供的产品和服务,尽管大多在门类、样式、题材、体裁、形态及形式等存在着较大的彼此差异,但是它们承载着相对丰富的思想内容及情感色彩等要素,体现着一定的意识形态取向,对人们的世界观、人生观及价值观的养成或重塑,具有十分显见的影响。也正因此,公共文化服务所具备的功能诉求是完全超出一般性公共产品和公共服务的,同样,它在具体的运作模式上也体现出与常规性公共产品服务供给存在着明显的不同。

一、公共文化服务的主要功能

(一) 社会价值观整合及主导文化认同功能

一般而言,经济较为发达、社会较为开放、法治和民主化水平较高的国家,其整体文化的内部往往呈现出一种多元化及多样化形态,它们会客观地表现为主流文化与非主流文化的并存。这种情况就会导致一种矛盾,即整体文化在反映执政者意识形态的同时,还不可避免地、程度不同地、形式不一地反映和体现一些具有其他意识形态色彩的东西。主流文化是相对于非主流文化而存在的,是体现一个时代、一个时期社会大众的世界观、人生观、价值观主要走向的精神追求及人文理想的部分。在正常情况下,主流文化因其规模、影响的巨大而决定着整体文化的发展方向,非主流文化因其规模、影响相对有限而不能决定整体文化的发展方向,但却对其有重要影响。非主流文化与主流文化在许多层面上并不是界限分明的,而是你中有我,我中有你。执政者总有自己所主张、倡导、鼓励和发展的文化,这实际上就是人们常说的"主导文化"。主导文化也包含在整体文化中,它充分体现着执政者的意识形态和价值观。相形之下,非执政者或说在野者也有自己事关意识形态和价值观的态度,他们要么认同执政者的意识形态和价值观,要么程度不一地与之形成区别或对峙。假如将意识形态或价值观的表现形式归结为文化符号体系,则似乎更可见出其区别。法国当代思想家布尔迪厄(Pierre Bourdieu)指出,符号体系的真正政治社会功能在于,它试图通过强加一种关于社会与世界的"正确"和"合法"的定义,来使得某种支配关系合法化。不同符号体系之间的竞争旨在强加一种世界观，这种符号斗争确定了社会空间，人们在这些空间中建筑他们自己的生活[①]。这一见解显然切近了问题的实质。一般而言，主导文化必须要成为主流文化的集中代表。只有当主导文化与主流文化在价值理性方面相一致并成为主流文化主干部分和代表部分时，才会对执政者有利，假如主导文化在主流文化中的地位正逐渐走向衰弱，则执政者所面临的统治形势就将是相当严峻的，甚至会直接引发社会的混乱和政权的垮台。主导文化究竟在主流文化中及最终在整体文化中居于何种位置，常常是执政者十分关注的事情。用特定的文化价值取向去引导和影响人们的现实实践，实际上正是国家主导文化建设分内要做的事情。换句话说，此处所强调的"国家主导文化建设"，其实在很大程度上就涵盖了"公共文化服务"。应当说：对任何国家而言，其公共文化服务的主要功能就在于——在民族种族众多、宗教信仰各异、风俗传统有别、经济状况不一、利益诉求不同的国民群体中，努力借助于向公众提供公共文化产品及服务的便利条件，将代表并体现国家主导文化意志的精神文化内容，传播到国民群体中间，以此促进对国民群体在世界观、人生观和价值观方面的整合，进而最大限度地实现广大国民对国家主导文化的理解或认同。事实上，自党的十六届六中全会提出"社会主义核心价值体系"和"社会主义核心价值观"以来，我们党有意识地把弘扬社会主义核心价值观视作国家倡导的主导文化的核心抓手，并将其纳入到全国各级公共文化服务体系的建设过程中，积极推动形成全体国民共同参与和广泛认同的文化共同体。

（二）国家公民文化权利保障和落实功能

改革开放40年来，伴随着我国经济、政治、社会和文化的全面发展，人们的民主意识和法治意识逐渐增强，相应地带动了人们除对自

---

① Pierre Bourdieu, *Language and Symbolic Power*, Cambridge, Mass, Harvard University Press, 1991.

身经济权利、政治权利以外的其他权利的日渐关注。特别是国人对文化权利的关注和呼吁,几乎伴随着我国经济社会发展中恩格尔系数的逐渐降低而不断增强。事实上,作为我国立法机构的全国人大,也对如何借助文化立法执法来保障和落实公民文化权利,予以了持续的关注并做出了积极的努力。国际组织有关公民文化权利的相关界定和呼吁,也在客观上促进了我国对保障落实公民文化权利的高度重视。2001 年 11 月 2 日在巴黎召开的联合国教科文组织第三十一届会议,通过了《世界文化多样性宣言》,其中明确指出"文化权利是人权的一个组成部分,它们是一致的、不可分割的和相互依存的。[①]"1966 年 12 月 16 日联合国大会通过的《经济、社会、文化权利国际公约》第十五条大意为,本公约缔约各国承认人人有权参加文化生活,享受科学进步及其应用所产生的利益,对其本人的任何科学、文学或艺术作品所产生的精神上和物质上的利益,享受被保护之利[②]。我国作为上述两个文件的缔约国之一,也深知作为国家公权力机构的从中央到地方的各级政府,有责任和义务为保障和落实公民文化权利而尽心尽力。也正因此,自党的十六大召开以来开始在全国全面推开的"公共文化服务体系建设",就成了保障落实公民文化权利的最为重要的抓手。显然,日渐健全完善的现代公共文化服务体系,应当在保障落实公民文化权利方面,具备这样两个层次的功能:以"基本公共文化服务"来针对公民大众群体,满足"保基本、兜底线、促公平"的日常精神文化消费需求;以"非基本公共文化服务"来针对公民特殊群体,满足其多样化、多元化及市场化的日常精神文化消费需求。应当看到,公共文化服务是公民足可寄托的"精神家园"和"精神港湾"。有鉴于此,国家一旦在公共文化服务方面体现出疲弱甚至缺失,则广大国民极有可能在心智状态和精神信仰方面无所适从乃至流于一片散沙。这对于确保社会稳定和推动国家发展都

---

① 覃业银、张红专编著:《非物质文化遗产导论》,辽宁大学出版社 2008 年版,附录三。
② 操奇、朱喆主编:《艺术文化学》,北京大学出版社 2011 年版,附录 2。

将是极其不利的。

（三）促进国民科技文化及思想道德素养提升功能

任何人自从母体降生之日起,在成长过程中就将无一例外地历经不断"社会化",使自己从先前的"自然人"逐渐成长为"社会人"。社会人区别于自然人的最鲜明之处就在于他(她)具有相对良好的科技文化水平和思想道德素养。无疑,人的社会化是个无止境的过程,俗语"活到老,学到老"的说法,最能体现社会化这一状态。通常情况下,人的社会化要通过家庭教育、学校教育、社会教育等诸多并用并进环节来展开。公共文化服务在一定程度上就行使了社会教育的功能。从公共文化服务提供的内容来看,它完全覆盖涉及了人类知识系统、科技体系及精神文化的方方面面,覆盖涉及了与人的思想道德、情感体验的方方面面。因此可以说,由国家和政府提供的公共文化服务,是对家庭教育和学校教育的极好补充,其功能和作用也是家庭教育和学校教育完全无法替代的,它对于国民科技文化水准和思想道德素养的稳步提升,具有十分积极的作用。如果再从文化权利的角度来审视公共文化服务与公民科技文化素养及思想道德水准的关系,则可以发现,公民从国家那里所应享受到的文化利益,其实就包括了与思想道德相关的修身养性,与获得科技知识相关的教育。波兰学者雅努兹·西摩尼迪斯(Janusz Symonides)这样指出,"文化权利,就是人们通过文化活动获得利益的权利,是人们获得文化利益的权利。这里的文化利益,包括接受教育、修身养性、愉悦自我、展现自我、实现自我等个体利益,还包括尊重同质或异质文化及其遗产、维护集体信仰、维护共同体利益。维护民族自尊、维持良好的社会(伦理)关系、保持文化多样化等社会性利益。①"

① ［波兰］雅努兹·西摩尼迪斯:《文化权利:一种被忽视的人权》,黄觉译,《国际社会科学》(中文版)1999 年第 4 期。

（四）对外文化传播及国际文化参与功能

处在全球化开放时代和现代文明体系中的民族国家,根本无法独处于文明的交流和文化的交融这一世界大潮之外。换句话说,像中国这种历经改革开放 40 年洗礼、历经经济全球化发展影响的发展中国家,要想在国际竞争中赢得话语权并争取主动,积极开展"让世界了解中国,让中国了解世界"的双边和多边的对外文化交流、主动参与国际文化的展示和竞争,就显得十分必要和迫切。不言而喻,公共文化服务及其所依凭的公共文化服务体系,势必是国家和政府开展对外文化交流、行使国际文化参与的重要资源平台。对于具有一定的国际责任担当意识的负责任大国而言,其国家和政府向公众和社会提供的公共文化产品及服务,除了要最大限度地满足本国公民的日常精神文化消费需求外,还应当在力所能及的范围内尽可能为人类文明的传承发展做出积极的贡献。也就是说,她应当向世界、向国际社会提供既能反映本国文化发展水平又具有一定普适性的国际公共文化产品及服务。这就意味着,公共文化服务不独具备对内的文化产品生产供应功能,而且还应当具备"走出去"的对外文化产品生产供应功能。显然,公共文化服务这一外向功能的实施,对于不同文明文化间、不同意识形态间及不同社会制度间开展国与国的交流沟通,对于充分展示自身国家形象、努力创建具有自身话语权的世界话语地位,会起到十分积极有效的作用。

二、现阶段我国公共文化服务的主要诉求

（一）尽力满足人民群众日益增长的精神文化生活需要

自改革开放 40 年来,中国共产党召开的历次党代会,绝大多数都在相关的报告、决议和决定中,提出要大力发展社会主义文化,"努

力满足人民群众日益增长的精神文化生活需要"。党的十八大更是明确提出要"建设文化强国"。我们国家之所以有此号召和呼吁,这表明在我国如今已跻身世界第二大经济体的背景下,我国的文化发展建设依然还不能满足人民群众日益增长的精神文化生活需要。这也从另一方面印证了自十六大以来党中央和国务院一次次反复强调要建设"覆盖城乡的公共文化服务体系"所具备的合法性和必要性。毋庸置疑,公共文化服务包括其借以运作的公共文化服务体系,恰恰是我们国家用以尽力满足人民群众日益增长的精神文化生活需要的重要资源平台之一,也是不可或缺的有效手段之一。按照恩格尔系数原理,伴随着一国经济的发展及人均收入水平的不断增高,人们用以满足基本生存(如吃穿等)的开支占比会逐渐减少,而用以满足精神文化消费需求的开支占比则会相对增高。根据国家统计局新近发布的统计数据,2014 年我国人均 GDP 已达到 7 575 美元[①]。这也就是说,伴随着我国城乡居民的可支配收入的显著增加,人们用以满足精神文化消费需求的开支占比也会显著增加。这种情况的出现,更表明大力发展我国公共文化服务、全力推进现代公共文化服务体系建设,将是当前和今后一段时期内依然紧迫的任务。因为我国公共文化服务现阶段的主要诉求,就在于尽最大努力去满足人民群众日益增长的精神文化生活需要。

(二) 以公共文化服务助力国家各项事业改革发展

从文化的功用来看,文化在无形中发挥着国家政治经济社会等各方面发展"润滑剂"、"调节器"和"推动力"的作用。国家各项事业的改革发展,一旦缺少了基本的文化条件作铺垫、作温润、作呼应,就会使事业的发展变得事倍功半起来。其实,我们仅以当前的文化建设实践为例,就可以发现如今遭遇的最大挑战就起码包括以下若干

---

① 国家统计局:《2014 年国民经济和社会发展统计公报》,新华网,http://news.xinhuanet.com/2015 - 02/26/c_127520244_10.htm。

方面。一是不发达的社会精神文化生产力与人民群众日益增长的精神文化需求之间的矛盾不仅依然存在,而且越发凸显;二是改革开放带来的"五个多样化"变化在相当大的程度上增加了满足人民群众多样化文化审美消费需求的难度;三是既有文化体制机制与市场经济之间存在的不匹配不对应依然在根本上制约着文化事业与文化产业的快速发展;四是以电脑互联网勃兴、现代移动通信技术革命及数码科技突进为代表的高新科技,对文化建设的理念、手段、载体、媒介、服务平台及发展业态等多方面的创新,提出了日益迫切的升级换代要求;五是由经济文化全球化引发的生产要素跨区域跨行业整合配置及梯度转移产业价值链低端风潮,使文化与其他领域之间的产业跨界融合发展、本土本地文化发展与外来同行同业文化竞争变得颇为常见起来,这使得文化建设仅凭单一的宣传文化系统条块部门分割乃至区域划地自营已经无法担当整体推进文化发展的重任;六是我国长期以来存在的城乡二元结构矛盾及区域政治经济社会文化发展的不平衡,给真正实现广大人民群众共享文化发展成果带来了极大的挑战。上述这些严峻的挑战,在多方面向我们昭示着——必须尽快壮大并做强我国的公共文化服务事业,尽快健全和完善覆盖全国城乡的现代公共文化服务体系。从宏观上看,中国只有具备了强劲的公共文化服务事业和发达的公共文化服务体系,才有为破解文化发展建设中遇到的各类瓶颈问题,打下良好的基础,进而也才有可能助力国家各项事业改革发展,并为之创造昂扬向上的文化条件。

(三)建设文化强国和实现中国梦均需以之作支撑

近年来,国家提出的"社会主义文化强国"和"中国梦"的理念,越来越成为广大国人关注热议并为之身体力行的奋斗目标。党的十八大报告首次正式提出了"建设文化强国"的目标。而在2013年3月中旬召开的第十二届全国人民代表大会第一次会议闭幕会上,国家主席习近平多次提到并系统阐释了"中国梦"[①]。显然,建设文化强国和实现中国梦,均需要用强劲的公共文化服务事业和现代公共文化服务体系作支撑,因为文化强国的建成,最集中的就体现为国家文化整体实力和竞争力的大幅度提升,以至于达到历史上少有国家能够企及的程度;而中国梦的实现,既不仅仅应当表现为国家经济发展理想和个人经济创富理想等实现有机统一,又不仅仅应当表现为国家其他诸多方面发展理想和个人诸多对应方面发展理想的有机统一,还应当表现为国家文化发展理想和个人文化审美理想等实现有机统一。换言之,公共文化服务事业的强劲和现代公共文化服务体系的发达,可以为文化强国的建成和中国梦的实现打下坚实的文化基础。其实,在我国提出的政治、经济、社会、文化及生态"五位一体"协调发展目标中,文化的发展也获得了相应的强调,这无异于为公共文化服务事业的做强做大提供了未来生长空间。至于如何将建设"文化强国"和践行"中国梦"等美好理想,在更具操作性的诸如新型城镇化战略及文化惠民工程等具体工作中获得落地体现,则肯定需要公共文化服务等相关工作的适时介入和深度跟进。

三、公共文化服务的多样化运营管理模式

(一) 我国"政府主导"为主的公共文化服务管理模式

我国现有的公共文化服务体制机制运营架构,一是主要缘起并转型自社会主义计划经济时期的国营文化企事业单位计划运营架构;二是在社会主义市场经济的洗礼中历经"管办分离"及部分单位"转企改制"等文化体制机制改革;三是民办非企业机构、民营企业公司、文化行业协会、文化志愿者等多元社会力量逐渐成为不可或缺的

---

① 中新社:《特写:习近平九提"中国梦"》,新华网,http://news.xinhuanet.com/2013lh/2013 - 03/17/c_115054547.htm,2013 年 03 月 17 日。

有生力量。尽管如此,作为我国文化公共产品及文化公共服务之项目策划者、活动组织者、财政落实者和幕后推动者的各级政府,在整个"转型"和"改革"的自始至终,却一直发挥着"主导"作用。事实上,"政府主导"也一直成为我国经办公共文化服务及构建公共文化服务体系的原则性要求。从我国各省市区的公共文化服务现实实践来看,各级党委宣传文化系统及相应的政府条线,不仅在本地公共文化服务的体系建设、规划设计及深化改革等方面发挥着沟通协调和穿针引线的功能,而且在针对所属条线具体公共文化服务资源平台实体的运营管理方面,也发挥着委托第三方社会力量开展指标规约设计、运营绩效评估的推手作用。也就是说,我国特有的"政府主导"为主的公共文化服务运营管理模式,实际上被以指标化绩效管理的方式充分体现了出来,并在全国不同的省市区大同小异地体现出一些自身特点。

自 20 世纪 90 年代开始,特别是 21 世纪初开始,我国一些省市在学习借鉴发达国家公共服务运营管理经验的基础上,逐渐引入了政府公共服务管理绩效评估,最初其中仅有少量指标涉及公共文化服务。政府绩效评估较早向文化建设领域的拓展,主要体现在与财政审计、文明创建和目标管理的一些方面。后来伴随着精神文明创建、生态文明建设、文化产业发展、非物质文化遗产保护及文化强省(市)目标创建等活动的兴起,与创建、考评、统计等相关的指标体系开始应运而生。直接反映公共文化服务运营管理的指标体系,主要在近八九年内出现于一些省市和区域中心城市。从国内与国外及中国港台地区的公共文化服务指标化管理比照中可以发现,从中央到地方各省市区不同行政级别单位,在构建和执行具体的文化指标体系时,甚至在设定和执行具体的指标时,其政府主导引领的意志体现都十分明确。中央文明委于 2004 年 9 月,颁布了一套与公共文化服务多少有些关系的《全国文明城市测评体系》(试行),并在全国掀起了"文明城市"创建高潮。以后又在经实践检验的基础上不断修订该指标体系。该体系按城市行政级别独立分设,下分基本指标和特色指标两大部分。基本指标共设置 7 个测评项目、30 项测评指标;特色指标反映城市(城区)精神文明创建工作特色、城市(城区)整体形象,共 3 条(城区 4 条)。在基本指标中设置了 6 个调节性测评内容,考核西部、中部和东北部城市时,这 6 项测评内容的标准适当下调。其中一些指标涉及公共文化服务。

北京市于 2007 年制定了考量公共文化服务的十大指标体系,其中设置了公共文化产品与服务的内容指标、社会需求度指标、文化资源数量和状态指标、设计功能和服务载体的文化科技含量指标、管理操作运营者的职业素质指标、服务功能的效益指标、社会满意度和成本运行状态指标、行为流程规范性指标及资金运用指标等。

上海市文广局于 2007—2008 年,组成由多方面专家和基层公益性文化单位代表参加的课题组,经一年多的反复调研论证,初步制定了《上海市社区文化活动中心绩效评估指标体系(2008 版)》,并依此对 40 余家社区文化活动中心进行了试评估。2011 年经再次反复调研论证,更新升级制定了 2011 版指标体系,并依此委托第三方对 166 家社区文化活动中心进行了评估。

深圳在 2003 年被确定为全国文化体制改革 9 个综合性试点地区之一后,于 2006 年初步创建了"公共文化服务体系建设指标",其中分为三类:发展规模指标,下设"公共文化服务机构总数"等 23 个指标;政府投入指标,用于评估政府投入的大小、方式、效益,设有"政府文化事业财政拨款"等 11 个指标;社会参与指标,用于评价社会参与公共文化服务的程度,下设"社会办非营利文化机构数"等 8 个指标。2007—2008 年,深圳学者还曾提出了包括 12 个指标在内的"深圳市民基本文化福利指标体系"。

湖南省政协与有关高校合作,近年来编辑出版了《湖南文化发展指数(CDI)研究报告》,该报告设计了一套文化发展指数评价体系。该体系由 1 个总指数(湖南省文化发展总指数)、5 个分类指数(人文存量聚集度指数、思想伦理建构指数、公共文化服务指数、文化产业发展指数、文化品牌影响指数)和 45 个三级指标构成,以全省各项指标 2005 年的平均水平为基数,应用动态综合法测算了湖南和全省 14 个市州 2005—2009 年的文化发展指数。业内人士评价说,此报告是湖南文化发展的"晴雨表",对认清湖南文化发展特征和状况有着重要作用。

广东省近年来出台了《广东省公共文化服务体系建设规划》及《广东省公共文化服务指标体系》,广东公共文化建设将进入"量化"阶段。按照这一指标体系,广东省近年将实现大中城市和珠三角地区城市的公共图书馆、文化馆(站)达到国家一级标准,东西两翼和山区市县图书馆、文化馆(站)70％达到国家一级标准。实现文化信息资源共享工程覆盖全省所有城市社区和农村行政村。到 2012 年建立覆盖广东城乡、网络健全、运行有效、惠及全民的公共文化服务体系,建成城市"十五分钟文化圈"和农村"十千米文化圈"。

浙江省在 2006 年制定了《浙江建设文化大省统计指标评价体系》,之后又在深入调研和多次组织论证的基础上,于 2010 年研究制定了《浙江省农村公共文化服务评估指标体系》,这属于国内较早针对农村公共文化服务创建的指标体系。浙江省以此为依据对全省各县(区、市)进行了排名。这套指标体系涵盖了政府投入、设施建设、队伍规模、公共服务、社会参与和文化惠民创新等 7 个方面,共设立了 23 个指标,总分为 100 分。该体系既坚持政府主导,也鼓励社会参与,坚持投入与产出并重,不但要看政府对公共文化的投入,还要考查最终产出的公共文化产品和服务的数量和质量。

广西省文化厅近年来设置了《文化系统年度绩效考评指标体系》,其指标共设三级,其中分级设定了诸如文化设施建设、文化遗产保护、文化交流、文化下乡、文化创作与培育、文化体制改革、文化信息资源共享工程、乡镇综合文化站建设等重要指标。

成都市于 2008 年、2009 年委托四川省社会科学院研究制定了

《成都市公共文化服务指标体系研究》。贵阳市人民政府目标管理办公室于2008年创建实施了《生态文明城市指标体系及权重》，其中也设定了培育城市精神、公共文化服务状况、文明宣传教育普及率、文化娱乐消费支出、市民满意度及幸福感等重要指标。

（二）我国港台地区公共文化服务的运营管理模式

我国香港和台湾地区，由于受其特定的社会制度、意识形态及法制传统等的影响，其公共文化服务的体制机制、形态架构及运营方式等，与发达国家颇有些相似和相近之处，与内地其他省市区形成了较大区别。香港直接受英国管理体制架构的影响，其文化主管机构香港康文署（康乐及文化事务署）及香港艺术发展局，通过以下两种手段来行使公共文化服务的绩效评估：一是在项目审批与执行过程中加强监管；二是发布年报，如康文署在年报中披露其工作情况、获得的拨款、收费情况、公众意见等，艺术发展局的年报内容包括其年度发展概况、主导性计划、受资助团体和人士、财政报告等；三是委托第三方定期或不定期对公共文化服务机构进行公众反映调查。

台湾在公共文化管理方面也比较注重主管机构与民间的互动。在具体的指标体系建构方面，台湾当局委托"台湾智库"曾提出《台湾文化指标》（*Taiwan Culture Indicators*），该指标体系基本上是对联合国教科文组织文化统计框架的本土化运用，并结合了经济和社会统计数据，提出了培力（empowerment）、创造力、文化积累、可亲性、开放性、多元共存等核心价值观念[1]。该团队强调：这一指标体系应该避免成为一套封闭的评价系统，而希望它呈现为一套开放的思维架构。台湾当局还曾针对地方文化馆提出了一套"地方文化馆简易型指标评估"，导入功能指标（表演、典藏、教育等）和营运指标

---

[1] 财团法人台湾智库：《台湾文化指标》（*Taiwan Culture Indicators*），2003年。

（硬件、管理等），运用评量表进行评分，并综合比较分析，形成评估标准。

（三）发达国家和地区各具特色的运营管理模式

在许多发达国家和地区，因受其市场经济体系较为发达、法制环境较为完善、NGO 及 NPO 等社会中介组织发展完备、社会公益精神及志愿服务精神较为盛行等因素的影响，其公共文化服务资源平台实体等大多借助于诸如日常运营绩效评估、公共治理目标管理等方式，设定并落实了文化方面的指标规约框架，并且要么通过政府直管专项立法或 NGO 及 NPO 契约协定介入等方式，对公共文化服务机构实体进行文化绩效的约定、监督和检查。如此也形成了公共文化服务的指标化管理受制于特定管理架构模式的局面。

1. 借民间力量推动公共文化服务的指标化管理

按照学者们的调查研究结论，美国的非营利文化组织是其公共文化产品的提供者，是美国公共文化体制结构中的核心环节。也就是说，美国大多由非营利文化组织提供准公共文化产品。从此意义上来看，没有非营利文化组织也就没有美国公共文化体制。实际上，今天美国只有部分文化艺术活动是通过商业运营从市场需求获得支持，而绝大多数则要依靠数以千万计非营利文化艺术机构的支持[1]。也就是说，社会化、市场化及民间化运作的非营利机构或说"第三部门"，成了为公共文化服务机构的实际运营管理主体。美国形成了国家行政和立法机构在文化政策上很少干预的历史传统。在行政体制上，国家不设置文化行政管理部门，也不干涉文化的传播与交流。国家支持文化事业，主要是给予艺术机构、艺术家的私人捐赠和赞助等实行免税，以及政府通过政策法规为文化发展营造良好的发展环境和提供有效的法律保障。而各类文化团体和机构的生存和发展则

---

[1]　凌金铸：《美国公共文化体制的结构》，《上海交通大学学报》2013 年第 6 期。

是取决于其在市场中的竞争力及对公众的吸引力①。在美国,中央政府没有正规的文化行政主管部门,政府财政对文化的投入主要通过各类通常被称为"国家艺术理事会"的准行政机构进行分配;地方政府(如纽约市)则也有可能通过设置"文化事务委员会"之类的机构来管理文化。不过政府的角色定位非常清晰,那就是主要以政策法规营造良好文化生态,鼓励各类文化团体或机构自我生存,绝对不会干预文化机构的日常经营。而具体的公共文化服务,则大量由非政府组织(NGO)或非营利机构(NPO)等"第三部门"介入开展。美国尽管没有专事文化行政管理的文化部,但也有自己的文化指标要求,《1988 年公共电讯法令》规定,美国公共广播局必须每年向国会汇报各公共广播机构当年度为小众群体及其他各类观众提供的服务种类。美国的博物馆大都是私人性质,其博物馆评估工作由美国博物馆协会负责,全国各级博物馆的人力使用、设施安全、服务品质、营运状况、工作计划、资助支持、展示活动、公众取向、主管单位及未来发展等特定指标都会定期得到评估,并须向政府有关单位提出书面报告,作为博物馆改进业绩与政府经费补助的重要依据。美国国家文化基金会针对各类公共文化服务机构,设定了包含 6 类 3 级测度项的文化指标体系,其中包括文化参与、对艺术的态度、艺术类就业及公众评价等重要指标。

德国管办公共文化服务的方式有些类似于美国,但又有自身特点。德国于 1998 年才成立文化主管机构文化媒体部及文化媒体委员会。不过德国信奉"文化是自由的,绝对不应当,也不可能由政府操纵"。因此这个主管机构的职责主要是沟通、征求社会的看法和意见、负责推进文化工作的发展。比如图书统一定价,开展欧洲范围内的文化交流,促进文化遗址的建设,以及促进保护地区文化传统等。

---

① 苗瑞丹:《反思与借鉴:美国公共文化政策对我国文化发展成果共享的现实启示》,《学术论坛》2013 年第 10 期。

德国政府每年都要向文化促进工作投入不少财力支持。与此同时，德国也很重视借助诸如联邦文化基金会及民间力量来参与公共文化服务，并以第三方的方式来检测公益文化机构的指标化契约执行情况。

2. 官民分权化共建的"一臂之距"式指标化管理

这种管理就是以英国、澳大利亚、新西兰等为代表的政府与民间共建的"分权化"模式。政府以保持"一臂之距"的方式与民间"建立伙伴关系"，借此进行文化资源的分配、文化事务的管理和文化服务的提供。具体说就是：西方国家在中央政府文化行政系统之外建立起相对自主的、半官方的、专业的文化艺术基金管理组织，置于国会和中央政府的监督下，通过独立分配国家文化基金的方式执行国家的文化政策。这种政府不直接出面冲在前面，而是以间接方式实施管理和分配文化经费的做法，被称为"一臂之距"。

英国 1850 年通过的《公共图书馆法案》(*the Public Libraries Act 1850*)、1964 年通过的《公共图书馆和博物馆法案》(*The Public Libraries and Museums Act 1964*)均对馆方提出了责任规约。1999 年的《地方政府最佳服务效果法案》(*the Best Value Provision of the Local Government Act 1999*)也对地方政府提出了文化绩效指标要求。英国文化传媒体育部下属的图书信息档案司 2001 年制定并实施了《全面高效的现代化公共图书馆：标准与评估》(*Comprehensive, Efficient and Modern Public Libraries-Standards and Assessment*)，提出了一套针对公共图书馆的含有 8 大类共 19 项指标的绩效评测框架，按此标准，该部对英国所有的公共图书馆开始了(2001—2004 年)为期 3 年的评估达标工作，并且取得了明显成效。同样由英国文化传媒体育部于 1999 年发布的《政府资助博物馆与美术馆效率与效益》(*Efficiency and Effectiveness of Government-sponsored Museums and Galleries*)文件，针对政府提供资助的博物馆和美术馆提出了一套行业模型及一套超过 300 项指标的绩效评价指标体系，供博物馆和美术馆从中选择指标用于评价。在以英国副首相办公署名义发布的《最有价值绩效指标：2005/2006》(the Best Value Performance Indicators: 2005/2006)中,博物馆、美术馆的评价指标框架又有新的发展,并作为地方政府的绩效要求加以推广。英国《1990年广播法令》规定,英国广播公司和第四频道需提交年报及账目给文化传媒及体育大臣,借以向国会负责。英国广播公司(BBC)则通过发布节目政策声明向公众负责,并按既定的基准衡量其服务表现是否符合既定的社会公共利益目标。

新西兰文化与遗产部也以发布年报方式,公布其公共文化服务的业绩、资金利用情况,并向社会介绍其实现的公民的文化参与、文化公平等效果。2006年,新西兰文化部和统计部联合发布了《新西兰2006年文化指标》(Cultural Indicators For New Zealand 2006),首次尝试对当地文化活动进行全景统计描述,提出了包括文化参与、文化差异、文化经济贡献、社会凝聚力、文化差异等方面的五大主题,下设数十个主要指标。

3. 以强化立法执法方式来实施的指标化管理

法国、加拿大、日本等大多通过强化立法执法及借助民间第三方力量等直接间接的方式,来体现政府对公共文化实施指标化管理。这种模式中,从中央到地方政府均设有文化行政管理部门,但有的是垂直领导关系(如法国),有的则不是垂直领导模式(如日本)。各级政府文化部门对文艺团体进行有限的资助并提供比较完善的公共文化服务。

法国在公共文化服务管理方面比较注重政府的作用,强调政府强力介入文化管理。法国政府从1962年开始,把文化问题写入国家发展五年计划,从全局上对文化事业进行规划和指导。法国在欧洲第一个设立负责全国文化事业管理的最高机构——国家文化部。不过法国管理文化事业的主要手段并非行政命令,也没有过多的行政审批,而主要通过签订文化协定的契约形式确保指标化管理目标的实现。法国每年拿出国家财政预算的百分之一来进行文化投资，地方政府还要投入两倍于国家预算的资金。法国政府还出台了各种政策来鼓励和支持企业、社会与个人对文化事业进行捐赠和赞助，同时还强调发挥地方政府、基层组织和民间力量的作用，把很多文化权力转交给地方，由地方组织进行直接管理，采取各种措施提高民众对文化管理的参与，在全国建立了大约15.7万个民间文化协会。在关贸总协定谈判中，法国和加拿大等国一道提出了旨在保护本国传统文化的"文化例外"概念。

加拿大作为联邦制国家，文化事业由联邦、省、市政府分别管理。一般情况，联邦政府负责全国性的文化事务，主要是通过颁布各种法规对全行业进行指导和管理。省、市政府也依据所辖范围，通过颁布各种法规和条例进行指导和管理。在文化领域不同的方面政府均制定有相关的法律，如《国家图书馆法》(1953年)、《国家艺术中心法》(1966年)、《加拿大多元文化法》(1985年)、《公共档案法》(1987年)、《国家公园法》(1988年)、《艺术家地位法》(1992年)及《国家博物馆法》(1968年生效/1990年修订)等。相对健全的文化法规为各级政府和主管部门管理文化提供了便利，也对联邦政府和省市政府等应该承担的文化扶持职责做了明确的规定。在实施具体指标的过程中，加拿大主要是通过设立资助基金、提供信息等方面服务、召开联席会议等方式对公益文化机构实施管理。

日本在公共文化服务管理方面，主要借助政府设立的公法人和民间发起成立的公益法人制度作为公益文化事业的行为主体。日本社会公益事业发展包括公共文化事业发展的责任虽然由政府和民间力量共同分担，但政府一直承担主要责任并在多数领域进行直接组织。日本主管文化事业的部门是直属日本文部省的副部级单位文化厅。文化厅下属的独立行政法人共五个，它们是：国立国语研究所、国立美术馆、国立博物馆、文物研究所和日本文化艺术振兴会等。日本在二战后确立了对文化艺术活动进行间接援助，而对其具体内容不加干涉的"内容不干预原则"。为切实贯彻该原则，文化厅委托相关领域的专家或学者组成第三方的独立评审机制，由其对政府支持的文化艺术活动做出指标化分析和判断，供政府部门参考。如日本在美术馆业务的评估方面设定了指标体系，其中一级指标包括投入指标、产出指标、成效指标及影响指标等，二三级指标中则设置了诸如人事费用、入馆人次、社会弱势者利用比例、义工人数、入馆满意度及馆内停留时间等重要指标。

4. 以文化保护和公民权益为诉求的指标化管理

联合国教科文组织作为超国家国际组织，除了向世界发布《保护世界文化和自然遗产公约》、《保护非物质文化遗产公约》及《保护和促进文化表现形式多样性公约》等条文外，也曾设定文化统计指标体系，其指标内容主要包括：文化遗产、印刷品和文学、音乐、表演艺术、视觉艺术、电影、摄影、广播、社会文化活动、体育游戏、自然与环境等。而欧盟统计局和欧洲民意调查委员会，作为相关的协调机构，曾于 1995 年在文化统计领域设立了四个方面的主要任务：即文化活动分类、文化职业分类、文化基金和开支分析、各类文化领域的个人参与情况调查等。欧盟领导集团（LEG）则认同了欧盟各国通用的八个文化和艺术领域：文化遗产、档案、图书馆、书籍和报刊、造型艺术（如视觉艺术）、建筑、表演艺术、音视频及多媒体等。

一般来说，发达国家和地区的文化绩效评估审计，主要通过政府审计、内部审计和民间审计（以此确保公正性）来完成。文化管理部门一方面接受立法机关和审计部门的质询和审计，一方面也负有对下级文化事务机构进行管理、评估的责任。绩效审计的结果直接关系到对文化机构的业绩评价、文化机构负责人的工作评估、财政拨款、文化政策的调整等。审计过程通常会得到各级立法机关、审计部门、文化部门的重视和配合。近年来，文化绩效评估的主体逐渐呈现出多元化趋势，除了立法机构、文化主管机构和审计部门独立承担评估或参加评估外,还常常会约请专家学者、文化消费者代表、一般公众、大众媒体及第三方调查机构等,或以独立或以组合的方式承担文化绩效评估任务。

(四) 公共文化服务多样化运营管理的比较分析

1. 在区分文化和相关领域方面的差别

我国对公共文化事业与文化产业的区分比较明确。我国文化界普遍认为:公共文化服务,毕竟是保障和落实国家公民基本文化权利的主要途径,它包括并涵盖了公益性(以免费或优惠等为特征)文化服务,但又不能将其简单化地理解运作为一般性的慈善性(以扶贫帮困完全免费为特征)文化服务。公共文化服务不仅有突出的公益性文化服务特点,而且在支撑其日常的文化产品及文化服务的供给体系中,往往又与那种具有特定服务指向的经营性文化产品及文化服务的生产供应——也就是人们常说的文化产业或文化创意产业,具有十分紧密的联系。为了确保公共文化服务不至于像文化产业那样完全流于经营性、商业性和逐利性,我国各级政府往往会通过投入一定数额的财政专项资金用于"政府购买产品及服务"或给予一些特定产品服务项目活动等一定的补贴,以此来填补"实际经营成本"与"免费及优惠产品服务"之间的差额。因为公益性越发突出的公共文化服务消费,往往在一定程度上带有让利性、微利性甚至无利性特点。也正因此,我国在公共文化服务中强调"政府主导"。这除了出于传播主导文化及维护国家文化安全的考虑之外,还在于试图以纳税人的钱满足纳税人的文化需求时充分保障公益性。相比之下,许多西方发达国家在理论认识上并没有对文化及其相关领域做出明确的区分,而且他们在经办公共文化服务时并不刻意回避所谓"市场性"和"经营性",但这也并不妨碍不时会有企业、社区和个人在参与公共文化服务时会体现出突出的"公益精神"、"志愿精神"及"奉献精神"。

2. 在多元化主体参与及投入方面的区别

具体国家因为社会制度、价值观念及文化传统等诸多方面的不同,对公共文化服务的生产供应往往会体现出一定的区别,这在中西比较方面对比鲜明。同样是经办公共文化服务——西方发达国家大多实行多主体共同参与、公益福利加市场辅助的模式,各类文化企业公司可经办运营,NGO 及 NPO 乃至某些基金会等均可参与运营管理,文化志愿者及文化义工等也可参与服务。我国公共文化服务经办运营的主要力量,重点集中在各层级宣传文化系统体制内条线内,即使一些发达城市已尝试推进了社会力量参与,但多元力量参与的总体格局依然尚未形成。在公共文化服务的资金投入方面——我国大多主要依托政府财政投入,尚未像大多数发达国家那样形成既有政府有限的财政投入,又有普遍形成风气的企业赞助、个人捐赠、市场盈利及基金会筹资等多元投入。

3. 在政府和市场主体作用定位上的区别

对许多发达国家而言,"小政府,大市场,大社会"是其经办公共文化服务的一个基本定位。换言之,政府把公共文化服务实体的生存发展空间,不是捏在自身手里,而是让渡到市场里和社会上,政府则与公共文化服务经营主体大多保持"一臂之距",甚至完全隐在幕后。相比之下,我国各级政府在公共文化服务建设中,往往担当着极其重要的角色,在很多情况下,各层级政府既是公共文化服务的管理主体,又极有可能是具体推动当地公共文化服务发展的运作主体甚至经办主体。"大政府,小市场,小社会"在一些地区及一些阶段,还很可能是其突出特征。此外,我国目前则主要采取政府财政投入(全额或差额)、事业单位机构运营、各类所有制文化企业提供直接间接支撑的模式,像西方发达国家那种多主体直接参与的模式在国内处于刚刚起步发展、相对不够成熟的阶段。尽管近年来深化的文化体制机制改革正试图将"大政府,小市场,小社会"转变为"小政府,大市场,大社会",但要获得全面的实际成效,还需要进一步协调各方面力量,付出综合性的努力。

第三节 公共文化服务发展镜鉴:
理论及实践论要

研究我国公共文化服务发展的总体运行效能及提升思路对策,必须对中外公共文化服务的实践经验和理论成果,有总体的梳理和把握。本章第二节分析了各类公共文化服务体制和框架,第三节将重点分析研究公共文化服务的实践成果和理论建设,以期在全球化视野和本土化操作相结合的意义上,更加全面和深入地把握国内外公共文化服务建设的趋势。我国作为后发性的全球大国,同时也作为坚持走中国特色社会主义的发展中国家,其公共文化服务事业的发展,一方面自然需要借鉴以市场经济见长的发达国家的某些作法,另一方面还需要在坚持走社会主义道路的前提下体现中国特色。发达国家在公共文化服务方面的理论洞见及创新实践,是立足于其特定国情、民情基础上形成的。同样,我国沿海发达地区乃至某些先行先试地区,在公共文化服务方面的率先探索,得益于其政治、经济、社会等诸方面相对发达所奠定的较为扎实的基础。这提示我们:推进公共文化服务事业创新发展,必须首先立足于当地区情民情,体现因地制宜、阶段递进的特点。尽管如此,主动研究分析他人他地推进公共文化服务改革创新的理论及实践,依然有其积极的借鉴价值。

一、发达国家公共文化服务创新实践及启示

在美、日、欧等发达国家和地区,生产的社会化及大众化与生产资料的少数私人垄断占有之间的冲突,成为发达国家难以调和的社会制度基本矛盾。但是这些发达国家在社会公众的广泛要求下,又

大多不忘利用公共文化服务这个低成本、小福利、准公益及正收益手段，来回应国民要求、调节现实矛盾、聚拢社会人心。其中虽不乏有稳固现实执政、做强党派政治的实用目的，但其客观上反映出的创新公共文化服务生产供给运营手段、激发公共文化服务生产供给实际效能的用心十分明确，值得我们加以分析和借鉴。

（一）英国"大社会计划"以官民分权共建公共服务①

英国"大社会计划"是时任英国首相卡梅伦提出的社会改革计划，它具有鲜明的"公民自治"色彩。该计划于 2010 年 7 月正式启动，是政府转变公共管理方式的全新尝试，目的是向当地社区、慈善机构和公众下放更多权力和资金，进一步提高公共服务的效率和水平，从而建立一个更大、更好的社会。实际上"大社会"的思想，更像是一个主导思想和原则，其主旨就是让更多的"非政府行为体"能够参与政府的服务提供，包括原本由政府掌控的公共文化服务提供。该"计划"比较注意培养很多有社会意识的企业家，尤其推崇一些社会型的企业，力求使他们成为中央和地方之间的桥梁。该"计划"的特色就在于崇尚"小政府，大社会"，关键之处在于：第一，强调给予社会更多的权利（强调地区主义以及权力下放）。大幅度地改革规划体系，公民更有能力去决定他们所在地的发展状况；在社区中引入新的力量以挽救那些面临关闭的地方设施以及服务部门，给予社区接管国有服务业的投标权；培训新一代的社区组织者。第二，鼓励以一种更加积极的姿态融入社区（强调志愿精神）。以一系列措施来鼓励志愿者活动融入社区；采取一系列鼓励慈善事业以及慈善行为的活动；建立国家公民服务机构。鼓励合作社、互助性组织、慈善机构以

① 参阅：成晓叶、凌宁：《英国保守党的"大社会小政府"特点、困局及对中国的启示》（载《新东方》2013 年第 3 期）、《英国保守党语境中"大社会小政府"的特点、困局及与我国的对比》（载《天津行政学院学报》2013 年第 5 期）；《英国社会管理创新方式——就"大社会"计划采访英国上议院议员韦鸣恩爵士》（载《当代世界》2012 年第 5 期）。

及社会企业的参与。将合作社、互助组织、慈善机构以及社会企业的运作与公共部门的运行相结合;授予公众部门的工人新的权利,形成雇工所有制的合作社以及接管他们所从事的服务业。这将会让上百万的公共部门的工人成为他们自己的雇主并且有助于刺激他们提供更好的服务。第三,公布政府数据,将政府数据透明化。提供"数据获知权"使得政府控制的数据集能被公众所利用,并且定期发布数据信息等。英国"大社会计划"的具体"操盘手"们,显然十分清楚政府在公共服务方面死命抱着权力不放可能带来的恶果,韦恩鸣爵士就指出:"(英国)必须找到一个全新的公民参与社会的方式,不能完全依赖政府去提供所有的服务,否则英国将会是下一个希腊。因为在希腊,人们指望政府去做所有的事情,这样只会导致政府债台高筑。"

尽管卡梅伦的这一计划带有英国政党政治特别是保守党色彩,而且在金融危机以来其实践的状况并不是像期望的那样美好,甚至还表现出了英国公民对参与该计划的热情并不如想像的那样高涨,但是该计划体现出的一些针对国家公共服务的社会改革理念,如"向社会公众放权"、"政府绝不大包大揽"、"志愿精神"及"政府数据透明化"等,却对于我国通过推进公共文化服务社会化来提高效能,会有一定的启发意义。

(二) 美国借多元主体实施公共文化服务"公民治理"

美国的公民社会相对较为发达,在这一优势激发和照应之下,其形成了借助多元主体力量经办运作公共服务包括公共文化服务的"公民治理"格局。"公民治理"是指以社区为基本范围,以与社区公民生活息息相关的公共政策制定和公共服务提供为主要治理对象,依靠社区内政府、公民组织、企业和公民个体建立的社会多元化多样化网络组织体系,通过社区公民直接的广泛的参与形成的基本治理模式[①]。由

---

① 潘晓莉:《美国社区治理中的公民参与》,硕士论文,第 23 页。

于美国在公共文化服务方面采取政府不直接干预的做法,所以借助NG0和NPO等多元社会力量,经办和规约公共文化服务机构,走社会化和市场化运营发展之路,以体现公益性和福利性原则,就成了美国公共文化服务最为显著的特点。

美国的多元主体实施公共文化服务的模式,是让具有一定专业性质的文化类基金会、委员会和理事会等,成为公共文化服务机构的运营管理主体,而"政府决定提供支持的总金额,但不决定哪些机构或艺术家应该获得这些支持。委员会成员由政府指定,理事会肩负着完成其捐款划拨的责任,并且不受执政当局的日常利益影响。通常,这些委员会根据经过一套评估体系检验的专业艺术家的建议,来制定拨款决策。随着该社会的艺术形式和风格的变化,这些政策也会趋向于动态发展①。事实上,美国公共服务"公民治理"的多元主体在社区层面包括社区委员会(董事会)、社区主任、专业委员会、专业社区工作者、社区非政府组织、社区志愿组织和志愿者、社区企业、公民个人以及市和区相关部门等。在多元主体合作、协商和分权的机制下,大家各司其职并且不越权越位。如政府负责规划指导和资金扶持,社区自治组织引导社区居民展开社区自治,非政府组织负责具体公共服务的提供,社区企业提供物质帮助,公民个人则以志愿者和义工方式参与其中②。

在这种多元主体"公民治理"公共服务模式的影响下,美国基层社区公民大多很有参与热情和主人翁精神。事实上,在美国参加社区文化中心举办的活动,或者到图书馆借阅书籍是免费的,订阅报刊、购买图书、增加运动器械、添置音响设施、工作人员的工资、房屋维修保护等等所需的费用,大部分由政府财政买单,不用居民掏一分钱。为什么美国社区文化会由政府买单呢?因为各级政府的财政收

---

① 〔美〕詹姆斯·海尔布伦、〔美〕查尔斯·M.格雷:《艺术文化经济学》(第二版),詹正茂等译,中国人民大学出版社2007年版,第274页。

② 参阅潘晓莉:《美国社区治理中的公民参与》,硕士论文,第24—26页。

入都是由纳税人交纳的,政府为纳税人提供服务是理所当然的事。比如,在贝瑟斯德社区,地方政府从社区的房地产税的每 1 美元中提取 1.6 美分给社区,个人财产税的每 1 美元有 4 美分是划归社区的。这部分资金约占社区文化经费的 65%。其余的资金来自社会及个人捐款、社区为居民提供服务收取的管理费等。社区举办的所有文体活动,包括门票都享受政府免税优惠。政府所属的任何部门如果在社区文化建设上另外收老百姓的钱,就是违法的行为,居民可以将他们告上法庭。此外,社区文化的发展还得到各行业的支持,社区可以充分利用社会资源开展文化娱乐活动。而各类多元主体特别是公民自组织及志愿服务等的存在,又在一定程度上大大降低了社区公共文化服务的运作成本。同时,自治组织所具备的开放性、民主性以及一些机构和个人所具备的奉献精神,又使得社区公共文化服务供给变得更具有可持续发展的空间。如"社区委员会"的成员来自银行、企业、艺术机构、地方政府等单位,便于把社区的文化娱乐机构与其他各种机构密切联系起来,为社区文体活动提供场所。一些机构甚至个人愿意将自己的美术室、音乐厅、健身房、电影院、剧场无偿或打折供社区使用①。

无疑,美国借助多元社会主体力量实施公共服务"公民治理"的做法,对于中国这样一个发展中国家,会有一定的启发和借鉴价值。我们也应当把握一个重要事实,即公民治理的首要前提必然是:以法制为基础的公民社会要得到充分孕育和发展,"小政府,大市场,大社会"的国家管制架构要在实践中得到真正的确立。显然,我国与此目标还有一定距离。不过从我国公民意识逐渐觉醒、法制进程不断推进的事实来看,在公共文化服务领域中,推进和完善公民治理,正在稳步推进和指日可待。

---

① 筱白:《美国社区文化为何不差钱?》,《中国文化报》2011 年 8 月 18 日第 003 版。

（三）日本公共文化服务实施的"指定管理者制度"

日本是个现代化程度很高的君主立宪制资本主义国家。自 19 世纪 60 年代实施"明治维新"运动以后开始，日本开启了主动全面西化和加速推进现代化的时代。及至 20 世纪 70 年代末期，日本终于成了世界第二大经济体。随着 20 世纪 90 年代冷战的结束，日本充分认识到了文化在国与国竞争发展中的重要性，开始制定并实施"知识产权立国"发展战略。受此因素的直接影响，公共文化服务的生产供给也被纳入了文化发展的总体考量范围内。

"指定管理者制度"的创设出台，实际上是各级政府基于以下两方面的考虑：一是为了破解公共文化服务实体机构运营低效问题；二是为了规避政府及其派驻机构人员接手运营实体所显露出的缺乏职业水准弊端。无疑，该制度本质上是一种公共服务的合同外包。体现在公共文化服务方面就表现为：政府通过授权方式，将一部分公共文化服务的"运营管理职责"或"服务供给职责"承包给相关企业或社会组织等去执行。具体承包客体主要包括由地方政府设立的旨在提升公民文化福利的一系列公共文化服务设施，其中包括公园、学校、图书馆、博物馆、幼儿园、文化馆、社区会堂、社区中心及体育场馆等。"指定管理者制度"的设置目的主要在于：借助放低社会力量进入公共文化服务供给市场准入门槛，来发挥公司企业、社会组织等多元力量的潜藏优势，以之弥补政府直接经办公共文化服务供给的不足。

按照这一制度的要求，日本地方政府事先必须为打算外包的公共文化服务设施机构拟订一套类似于招标方案的文件，其内容包括管理机构的职责设置、设施运营的具体预算、中标主体的岗位责任、预期管理方案以及包括申请要求等条件在内的各种细节规定。有意申请经营公共文化设施的组织机构将收到这份文件，使他们在正式提交申请方案之前借此审视从财务预算到资质能力等多方面条件的可行性。经过招标选拔,他们将以这份文件及他们提交的方案申请为基础与当地政府签署契约协议。地方政府有责任监督和评估中标主体对承包设施机构的运营绩效。也就是说,地方政府必须为外包设施机构设定专门的、合理的评估准则,以保证这一制度在实践中经受得起检验。可以看出,"指定管理者制度"设立的目的,既有为了能有效应对市民多样化文化需求的考虑,同时又有更好利用民间资源力量来管理公共文化设施,以提高文化供给质量并节约经费的考量。在此制度设计执行之初,地方政府实施公开招投标程序。外包合同一旦签订,地方政府则对合同签订后的具体管理运作不再干涉,承包合同确定的政府资金在合同期内不会改变。政府对于实施这一制度似乎也有比较清醒的认识,那就是——地方政府无论以何种方式实现多元化供给,政府对于企业、社会组织或个人,移交的是服务项目的提供而不是责任。有鉴于此,为了规避放权后可能导致的文化机构服务质量不能得到很好监管的问题,同时也为了避免出现机构之间恶性竞争及协调困难等问题,日本各地方政府开始为这一制度建立合理的绩效评估规约机制,以此保障外包文化机构的日常运营管理质量不是有所下滑而是有所提升[1]。

　　其实,日本在公共文化服务供给方面实施的"指定管理者制度",与我国一些城市政府实施的社区公共文化服务供给"第三方契约委托"制度十分相像,也是通过"服务外包"给第三方机构、由"政府购买"换取第三方机构(如社会组织等)的相关文化服务,来满足当地居民的公共文化消费需求。不过不同之处在于:国内的这种第三方委托式服务外包,尚处于刚刚起步的摸索阶段,其外包主体的选择范围、文化服务的购买渠道等都相对有限,而且对第三方服务绩效的规约和监督等都有待不断完善。相比之下,日本的作法更显规范和成熟,而且其政府只外包转移"服务"却不转移"责任"的做法,很值得国内学习。

---

[1]　金雪涛、于晗、杨敏:《日本公共文化服务供给方式探析》,《理论月刊》2013 年第 11 期。

（四）新加坡借国民文化教育来推进"共同价值观认同"①

新加坡作为一个受中国传统儒家思想影响很深的新权威主义国家，其借助公共文化服务中的日常国民教育环节，自上而下地推进共同价值观教育，从而实现了最大限度的文化包容、国家认同、经济繁荣及社会和谐。

新加坡民族众多、民族成分复杂，其中华人占 76.9%、马来人占 14%、印度人占 7.7%、其他族裔占 4%。与之相应的是形成了通行英语、汉语、马来语和泰米尔语的多语言格局。而从宗教信仰方面看，佛教徒和道教徒占 53.8%，穆斯林教徒占 14.9%，基督教徒占 12.9%，印度教徒占 3.3%，无信仰者占 14.5%。也就是说新加坡以民族种族、语言及宗教众多而形成了相对复杂的多元文化。文化多元既为多种文化交互发展、培育新的更有活力的文化形态提供了可能，同时也为文化碰撞、相互疏离埋下隐患，甚至导致国家意识和认同感缺失，造成族群撕裂、社会动荡。面对这种局面，新加坡政府实行民族平等的多元化政策，兼容并蓄，不给任何种族特殊的地位和权利，也不进行权利和地域分配，尊重各民族文化。不因种族、宗教、语言和文化而歧视任何人，重视保持和发扬各民族的传统文化，但要服从新加坡统一发展的需要，以创造更加丰富多彩的新加坡文化体系。不但选择性地吸收西方国家社会治理的先进经验，同时弘扬以儒家思想精华为核心的东方优秀文化传统。新加坡从 1965 年独立起，为培养国民的新加坡意识，提出"一个国家、一个民族、多元文化"的口号。

进入 20 世纪 80 年代以后，新加坡推行双语教育，规定英语全民皆学外，各种族的人群都要学习自己的母语。新加坡不存在一教独

---

① 焦玉莉：《兼容并蓄和谐发展——新加坡文化建设的经验与启示》（载《科学社会主义》2014 年第 6 期）；俞小玲、胡满生、刘新权：《新加坡公共文化建设的启示》（载《上海文化》2014 年第 2 期）；丁传宗：《政府主导下的新加坡社区建设：经验与借鉴》（载《中共福建省委党校学报》2008 年第 9 期）。

尊,而是百花齐放。不论是哪个种族的宗教节日,新加坡都是全国放假,全民同乐。新加坡政府每年举办各种形式的国民意识日活动,提出"全民团结,万众一心"、"新加坡,我的祖国,我的家园"等口号,学校每天都升国旗,以增进国民的国家意识。1991年,新加坡政府在国会上公布了《共同价值白皮书》,提出了各种族都能接受的五大价值观,即"社会关怀,尊重个人;协商共识,避免冲突;种族和谐,宗教宽容;国家至上,社会为先;家庭为根,社会为本。"新加坡政府高度重视挖掘和弘扬儒家传统文化现代价值,但并非"独尊儒术",也十分重视借鉴人类现代文明成果。所采取的态度是在充分挖掘与汲取儒家传统文化精粹的同时,注重吸收西方思想的精华,平衡协调东西方价值观。

新加坡在文化建设领域,提出了"三件"并重,尤重"心件"的理念。"硬件"是设施设备,"软件"是服务。"心件"建设,就是"造心"工程。通过"心件"建设凝聚人心,充分尊重各种族的传统文化,让不同种族、不同文化的人认同新加坡精神,培育并认同新加坡的共同价值观,博采东西方优秀文化,用文化化人,用艺术滋养身心,不断强化爱国教育,共同建设新加坡美好家园。

为了确保共同价值观深入基层、深入民心,也为了国家各类公共服务能够真正落到实处,新加坡政府设置了专门负责社区建设的社区组织体系。其最高管理部门为"社会发展、青年及体育部",下设"国家发展部"(下辖"市镇理事会")、"人民协会"(半官方/下辖"社区发展理事会")、"公民咨询委员会"(与之平行并存的有"居民委员会"及"民众俱乐部")、"国家福利理事会"(下辖"德教太和观")及"国家义工慈善中心"等。这些"协会"、"理事会"等数量甚多,而且按区域分层级设定规模职责。国家那些蕴含着共同价值观的公共文化产品、公共文化服务及公共文化活动,大多经由这些民间化及社会化的基层组织机构送达、供给和运作。通过经年累月的不懈努力,新加坡共同价值观最终获得了极大程度的认同和弘扬。

不言而喻,新加坡借助公共文化服务及其相应的国民教育,来强化和践行"共同价值观"的做法,值得我们认真加以借鉴。目前我国正在大力宣传和践行社会主义核心价值观,如何将其与我国遍布城乡的公共文化服务实现有机结合,是特别需要深入研究思考、尽快诉诸实践的紧要任务。从新加坡在公共文化服务中突出亲近国民的"心件"建设、消弭不同种族及不同宗教之间隔阂的努力可以看出,我国的公共文化服务亟待放下身段、亲近群众、求真务实,让人们在文化的消费、交流及沟通中求得文化认同的"最大公约数"。

二、国内公共文化服务创新实践及启示

随着中国文化强国战略的实施,提升公共文化服务效能成了增强国家文化软实力不可或缺的一个重要方面。有鉴于此,国内一些地区在因地制宜、因人制宜及因事制宜的探索中,形成了诸多富有创新性和启发性的鲜活作法及个案经验。这些作法经验对于全国更多地区提升公共文化服务效能无疑会有启发价值。

(一)重庆市新民村借村民"自组织"体系开展自我服务

重庆市土湾街道辖属的新民村,其居民主体为当地"农转非"人员,该村居民小区由政府集中安置"农转非"人员而组成。小区建成后,街道社区政府为了解决小区居民的日常文化休闲娱乐需求,专门为他们配置了文体活动室。但是该小区居民早已习惯了在露天聚集聊天、开展文体娱乐活动,活动室几乎无人问津。该村管理层为了解决政府与居民之间存在的供需脱节矛盾,特别与专业性社会组织(NGO)开展合作。在后者的建议下,引入了"居民自治"的管理理念,即召集居民领袖,共同商议由政府出资、在群众喜欢露天集聚的地方搭建凉棚(雨棚),为居民建造适合群众开展集体性、参与性活动的公共空间,并由居民自己通过推选合适的居民成员,组建"自治工

作小组",落实责任到人,按照"居民自己的事情自己来管、自己负责"的原则开展日常管理工作。这一举措实施后,深受新民村居民欢迎和喜爱。文娱活动开展得丰富多彩,日常管理进行得井井有条,治安及卫生等也比以前有了极大的改观①。

有学者研究分析,"自组织"是一个系统内部从无序到有序的过程。这一过程形成的新治理模式,有别于建基在交易关系上的市场治理,以及建基在自上而下、来自外部权力关系的层级治理,是一种建立在包括情感性、认同性关系以及共同志业基础上的治理模式。因内部合作需要,人们协商出合作规范,形成自治理机制,从而维持系统长期秩序②。显然,重庆新民村的"自组织"治理实践具有一定的示范意义。虽然在我国目前的许多基层社区公共文化服务实践中,不乏类似的自组织实践,但是如何将自组织的潜力最大限度地激发出来,同时又确保其可持续性,这始终是困扰人们的一个难题。

(二)陕西省榆林市尝试设置社区文化协管员配备制度

在城市建设和经济飞速发展的现今,作为政府的职能部门,如何发挥主动性,让社区文化活动有序开展起来,真正活跃基层群众的文化生活,是许多城市所面临的共同难题。陕西省榆林市榆阳区以政府出面招聘专职文化协管员的形式,改变了以往社区文化活动自发无序的状态。近一年来的实践表明,这一举措在满足城市居民休闲健身与文化娱乐需求的同时,促进了劳动就业,维护了社会稳定,还促进了社区文明程度的提升。据悉,这种由政府牵头聘用专职文化协管员的做法,在陕西尚属首例。为使社区文化建设落到实处,区政府从零就业家庭、"40、50"就业困难人员中招聘了专职文化协管员144名,每个社区活动点安排两名,实行劳务派遣,享受公益性岗位

---

① 该案例采自 2013 年 7 月中旬由上海浦东新区民政局和北京社区参与行动服务中心举办的"城市社区参与式治理能力建设培训"讲座。
② 罗家德、孙瑜等:《自组织运作过程中的能人现象》,《中国社会科学》2013 年第 10 期。

补贴和社会保险补贴。这些社区文化协管员经过技能培训，具体负责活动器材的管理和使用，活动人员的组织、服务，各种流行健身娱乐活动的传授推广，以及其他社会公益活动的开展。榆阳区政府还安排专项资金，为每个社区文化活动点配备音响、DVD 等活动器材，从人员、设备两方面保证了社区文体活动开展的长期性和规范化①。

榆林市的社区文化协管员实践，在一定程度上来看，也是推进社区公共文化服务参与主体多元化的一种尝试，它避免了以往开展社区公共文化服务具体活动总需要机构运作甚至政府出面的"路径依赖"。

（三）上海的艺术指导派送服务及社文中心托管实践

作为上海公共文化服务体系资源配送重要一环的上海东方社区文化艺术指导中心，通过政府购买服务、社区"点菜"的"派送"形式，建设社区艺术指导人才的派送平台，让优质的文化指导资源走进社区，走向基层，使文化离广大基层市民越来越近，百姓的文化民生保障也落到实处。2010 年实现了指导员派送到全市已建的 158 家社区文化活动中心的全覆盖和指导员网上派送的全覆盖。在本市专业院团和社会各界的大力支持下，上海社区文化指导员已达 2 300 多名，2010 年为社区派送指导员 25 321 人次，涵盖了合唱、舞蹈、时装、美术、摄影、书法等 511 个社区团队，为社区创排节目达 2 000 多个，辅导社区居民达 63 万人次，同时也涌现出了一批具有深厚艺术造诣、对社区辅导充满热情的优秀社区文化指导员②。而上海黄浦区打浦桥街道，以政府购买服务的形式，将打浦桥社区文化活动中心以签署协议的方式，委托给上海青年会华爱社区服务管理中心（简称华爱管理中心，属民非组织）管理，探索社会化运作的新路，形成一种新型的

---

① 任学武等：《陕西省榆林市榆阳区 144 名文化协管员带"火"社区文化》，《中国文化报》2009 年
8 月 26 日第 004 版。
② 诸葛漪：《市社区文化指导员实现全覆盖》，《解放日报》2011 年 1 月 18 日第 011 版。

托管关系。街道每年支付给华爱管理中心一定的人工费用；华爱管理中心则围绕公益性与社会化运作相结合、趣味性与倡导性相结合、服务性与参与性相结合的服务理念，运作和管理社区文化中心。华爱管理中心接受委托后，除派遣3位管理人员外，还聘用社区16名下岗人员和4名专业社工，管理成本大为节约。建立由街道、华爱、居民代表等组成的市民管理委员会，每年召开两次联席会议，讨论决定社区文化中心发展方向等重大问题。托管关系建立后，街道办事处从参与文化中心的具体运作转为把握文化中心发展大方向，监督文化中心绩效。年内，华爱管理中心根据不同的对象，分别提供无偿服务、低偿服务和市场化服务，取得社会效益与经济效益的有效平衡①。

上海实施的这种"艺术指导员派送"基层社区的做法，相当于是在为社区"种文化"——扶持社区群众在公共文化产品生产及服务供给方面提升自力更生的能力。而打浦桥街道实行的社文中心托管实践，对于探索基层公共文化服务供给的社会组织参与，会起到十分积极的借鉴作用。

（四）温州市条线外实施的"公益＋市场"运营管理模式

从国家推进公共文化服务体系资源平台建设的一般要求来看，虽然特别强调其公益属性、惠民属性，但是并没有将适度、适当、适时应用市场化手段与发展公共文化服务体系截然切分开来。这也就说明：只要坚守公共文化服务资源平台的公益性底线定位不变，那种"适度适当适时借助市场化手段来养育支撑公益性服务"的做法，在目前情况下，不啻是一种可以保障公益性公共文化服务资源平台可持续发展的必由之路。浙江省温州市工人文化宫实行的"公益＋市场"的成功运营管理模式，也许可以给人以有益的启示。以温州市宣传文化系统条线外的公共文化服务资源平台——市工人文化宫为

---

① 《上海年鉴》编纂委员会编：《2008上海年鉴》，上海年鉴社2008版，第417—418页。

例,近30多年来,该机构实行过事业单位差额拨款行政管理化运营模式、管理层走市场化经营承包模式和最终选定的"公益＋市场"自收自支混合运作模式。其前期是靠一次性的"工会系统投入＋市财政专项支持",解决了市政建设土地置换引发的场馆迁建问题。虽然文化宫从以往的钻石地段迁建到了人气稍差的黄金地段,但却获得了比以往超出十倍以上的场馆面积。该文化宫在严格坚持公益性文化服务的地位不动摇的同时,巧妙地引入了市场化运作手段,确保了既不花政府一分钱又养育出了极强的"自我造血"能力。比如,它以招标方式引入了20余家各类文化品牌培训,在允许这些机构面向社会提供各类市场化文化培训服务的同时,一方面向这些机构收取房屋场地租金并参与其利润分成,另一方面给这些机构确定每年必须完成的额定公益性文化服务指标。借助于这一部分功能的运作,文化宫就有了按照"工人的学校和乐园"的基本定位来寻求自主运营的底气。这样他们就可以既向各行各业的职工又向城市社区居民,提供具有原创特色的免费或优惠公益性文化服务。

长期以来,国内许多地区对于"公益性公共文化服务是否一定与市场无缘"一直争议很大。温州市工人文化宫在公共文化服务方面,借助"公益＋市场"的个性化运作模式,最终取得了经济效益和社会效益双丰收。温州的实践和经验表明:"公益"与"市场"不见得一定不能并存共荣,只要这个"市场"是有条件、有正确导向的、有限度的,而且体现了开放规范和有序管理,就会对公益性公共文化服务起到一定的补充和促进作用。

(五)港台地区注重民意征询及民间参与的做法

香港直接受英国管理体制架构的影响,其文化主管机构香港康文署(康乐及文化事务署)及香港艺术发展局,是通过以下两种手段来行使公共文化服务运营的:一是在项目审批与执行过程中加强监管;二是发布年报,如康文署在年报中披露其工作情况、获得的拨款、收费情况、"公众意见"等；艺术发展局的年报内容包括其年度发展概况、主导性计划、受资助团体和人士、财政报告等；三是委托第三方定期或不定期对公共文化服务机构进行"公众反映"调查。香港近年来启动的"西九龙 M＋"项目，就是在获得政府公共土地及经费（累计260 多亿港元）投入、同时又获得民意支持的前提下运作起来的"公益＋市场"项目。台湾在公共文化管理方面也非常注重主管机构"与民间的互动"，尤其注意发挥"民间主导力量"对公共文化资源的"活化"运营。在具体的指标体系建构方面，除了"台湾智库"曾提出《台湾文化指标》等，近年来台湾有关部门在颁布文化统计数据时，也明确地提出了"文化与社会"的框架，内容包括文化资源、艺术活动发展、书籍、影视与流行音乐发展、文化交流、文化参与及观光等。其中的文化资源，又细分为文化设施、文化资产和公共艺术三大部分。在统计这些指标时，既采用了地方政府的数据，也采集了非政府和非营利机构的研究成果，如博物馆学会等的"台湾博物馆名录"等数据，以便形成绩效评估标准[①]。

　　与港台地区相比，大陆许多城市和地区在推进公共文化服务建设方面，常常把"政府主导"的作用不适当地扩大，最显见的情况是忽略民众的意见和建议，从而使得公共文化服务的供求之间出现脱节。中国港台地区这种看重"公众反映"及"民间主导力量"的做法，对大陆许多地区提高公共文化服务绩效，是个有益的启示。

（六）万达商旅文融合开发实践及 K11 文化植入式探索

　　近年来，一些城市的城区，借助利用 BOT 等开发方式，来推动旧城改造及促进城市"商业购物、旅游观光、休闲娱乐及文化服务一体化融合发展"。这对于提高公共文化服务的效率，是有益的探索。其具体做法是：通过城区政府主管部门赋予开发主体一定的准公益性

---

① 台湾"文化部"：《文化统计（2013 年）》。

或纯公益性文化服务责任,促使开发商在建设运营商旅文城市综合体时,为公益性文化服务项目活动乃至机构预留一定的建筑公共空间,以该综合体占绝对优势的商旅主业人气,带动并支撑该城区公共文化服务供给消费的开展。目前在国内"以商旅文融合发展开发城市综合体"做得最为成功并形成自身品牌的,当属王健林旗下万达集团打造的遍布全国一二三线城市的"万达广场"品牌。王健林早在十年前就看到了当今城市化进程中出现的商业、旅游、地产及文化融合发展趋势。他在房地产界率先放弃固守市民商品房开发的单一模式,主动向商旅文城市综合体开发领域大举进军,如今已形成了万达广场项目在全国许多一二三线城市全面开花的雄霸格局。

在万达广场的综合型项目开发中,主要综合体建筑面积大多达到 40 万平方米左右,内设万达国际影城、电子游戏厅、实体书店、外语培训及亲子教育等纯商业性公共文化服务业态。以万达国际影城为例,为了确保其电影片源供给的及时性和持续性,万达集团还与有关方面合作、经电影主管部门批准,于 2005 年成立了万达电影院线[①]。根据万达披露的消息,2014 年全国万达影城仅卖爆米花一项的收入就达 6.06 亿元[②]。显然,万达的这种开发模式,不仅极大地激发了城市公共文化服务商业性消费的潜能,同时也为城市公共文化服务走商旅文融合发展之路提供了又一种可能。当然,万达所走的开发路径基本上是"进城拿地→平地造楼→招商入楼→多业并举",本质上是破旧立新、另起炉灶。其成本和动作之大堪称大手笔。这对于城市 CBD 楼宇经济已成定局、几无腾挪余地的城区而言,几乎

---

① 万达电影院线成立于 2005 年,截至 2014 年 6 月 30 日,在全国 80 多个城市拥有已开业影院 150 家,1 315 块银幕,其中 IMAX 银幕 94 块。2014 年万达院线占全国 14.5％的票房份额。从 2014 年起,万达院线每年将增加 400 块以上的银幕,计划到 2016 年开业达到 260 家影院,拥有银幕 2 300 块,稳居中国第一的市场份额。2015 年 1 月 22 日,万达院线正式登陆 A 股市场,成为中国院线第一股(百度搜索"万达电影院线")。
② 《万达财报:2014 年万达卖爆米花收入 6.06 亿元,毛利率 70％》,中商情报网,http://www.askci.com/chanye/2015/04/15/202126s2n1.shtml。

没有什么更多的借鉴价值。在此情形下,国内一些城市 CBD 商业楼宇悄然启动了"文化植入"之类的相关探索。如上海黄浦区的"K11 购物艺术中心"就是如此。K11 是全球首个率先把艺术、人文、自然三大核心元素融合,将艺术欣赏、人文体验、自然环保完美结合和互动,将生活、购物、餐饮、审美等集成消费合为一体的时尚品牌。2014 年 3—6 月期间,K11 运营方及展览承办方上海天协文化发展有限公司与法国巴黎马摩丹莫奈美术馆开展积极的联手合作,在上海引入莫奈作品特展。该展览引发了上海市民的观展热潮,门票一度供不应求。不过因现行的公益场馆大多限制收费(最高门票不超过 20 元)甚至倡导公益免费(如博物馆及艺术宫等),而引进成本较高、公众又有需求,所以只能借助市场化手段(本展门票 100 元)来回收引进成本①。

万达和 K11 的上述实践表明,在倡导推进公共文化服务建设主体多元化的过程中,具有经济实力的各类国营、民营企业乃至外商投资企业,都是一股不容忽视的重要力量。在"城市更新"和"城市再造"运动中,地方政府最有理由在沟通协调、穿针引线和提供服务中,努力激发各类企业主体热心公共文化服务、有意向文化借力发展的各方面潜能。

(七) 深州福田区用理事会制度推进法人治理的尝试

公共文化服务机构建立法人治理结构,是发达国家和地区较为通行的做法。近年来,我国在推进现代公共文化服务体系建设过程中,为了充分挖掘公益性公共文化服务机构的文化生产潜力、努力汇聚社会各方面文化运营资源,人们形成了用创建成员广泛的理事会来促进公共文化服务机构实现法人治理的共识。深州市福田区在 2014 年 7—10 月,先后成立了区公共图书馆理事会、区文化馆·主题书馆理事会、文化馆·非遗主题馆理事会、文化馆·舞蹈主题馆理事

---

① 李亦奕:《莫奈特展即将亮相上海》,新华网,2014 年 02 月 27 日。

会、文化馆·戏剧主题馆理事会。这些理事会在经办运营所属实体时，采取了颇有创新特点的举措：一是以制定《理事会章程》形成制度性成果；二是借助理事会人员构成的多元化，来强化多方面的人才优势；三是充分整合社会多方面资源，实现文化产品服务供给社会化；四是在文化服务供给的国际化交流方面实现了"请进来"、"走出去"及"谋共赢"；五是借助新媒体手段构建文化服务供给信息平台，延伸拓展了实体对外营销功能[①]。经过这种改革创新举措，福田区相关的公共文化服务机构激发出了以往从未有过的发展活力，参与具体机构经营管理运作的理事会从先前的行政事业单位单一主体，逐步转型为容纳了多种社会力量和社会资源的多元化社会主体，使公共文化服务的发展路径越走越宽。

福田区的成功实践表明：用理事会制度实现公共文化服务机构法人治理，对于推进公共文化服务生产供应的社会力量广泛参与、实现公益活动项目的社会化及市场化经营，不仅是可行的，而且是可以持续发展的。

三、公共服务相关理念实践及其影响

（一）"政府主导"理念的中外实践及其影响

在全球化浪潮不断涌进、民主与法制诉求日渐深入人心的背景下，"政府主导"理念难免成为人们广泛诟病目标。不过，自新千年开始以来，伴随着人们对西方新自由主义实践、对脱离国情民情生搬硬套西式民主恶果的反思，伴随着国与国之间文化软实力竞争的加剧，越来越多的人士开始对"政府主导"理念是否完全一无是处、是否依然有其正面价值等进行重新反思。因为互联网技术、移动通信技术

[①] 林金华、谢文军等：《现代公共文化服务的生动实践——深州福田"公共文化机构理事会制度改革"探路记》，《中国文化报》2014年12月17日第7版。

及其他新兴技术的发展,已经使文化意识形态安全问题、国家宏观调控问题等成了人们无法回避的大难题。而要破解诸如此类的系列难题,政府是否应该在某些方面发挥应有的、有限度的主导作用,就需要人们得出符合实际的科学判断。例如在直接关系国家意识形态建设、直接关系国民价值观认同、直接关系社会稳定发展的公共文化服务领域,就有必要对此保持清醒的认识。毋庸置疑,即使我国和某些发达国家都视自身国情的需要而适时行使"政府主导",其中的区别性特征我们也是应该看得到的。

1."政府主导"理念在我国文化服务中的影响和实践

"政府主导"理念,成为新中国与文化相关的公共服务实践之指导原则,这并非是出于偶然的缘由,而是与作为新中国执政党的共产党所信奉的马克思主义指导思想紧密相关的。马克思曾经指出:"统治阶级的思想在每一时代都是占统治地位的思想。这就是说,一个阶级是社会上占统治地位的物质力量,同时也是社会上占统治地位的精神力量。支配着物质生产资料的阶级,同时也支配着精神生产的资料,因此,那些没有精神生产资料的人的思想,一般地是受统治阶级支配的。[①]"马克思的这种认识,在国际共产主义运动史上产生了极大的影响。意大利共产党领袖安东尼奥·葛兰西(Gramsci, Antonio)就曾提出过"文化领导权"的概念。在葛兰西的"文化领导权"理论看来,文化内在于人类实践,不仅表达了人类的信念和信仰,而且通过对人的思想进行控制即行使"领导权"而存在。文化领导权既是权力体系的一个重要方面,也是统治权得以建立和延续的一个重要条件。从这个角度看,国家不仅是政治的,也是伦理的、文化的。依照葛兰西的看法,任何社会集团要想获得和维护政治领导权就必须首先掌握文化领导权,也就是意识形态领导权[②]。国际上共产主义运动先驱

---

① [德]马克思:《德意志意识形态》,《马克思恩格斯全集》第3卷,人民出版社1960年版,第49页。
② [意]葛兰西:《狱中札记》,曹雷雨等译,中国社会科学出版社2000年版;《实践哲学》,徐崇温译,重庆出版社1993年版。

者们的这些观念不仅得到了中国共产党的重视,而且被吸收和运用到了中国革命和建设的丰富实践中。伴随着新中国的建立,中国共产党从先前的革命党逐步转型为执政党,马克思主义者所强调的"支配精神生产"及"掌握文化领导权"的观念,也逐渐由革命时代被运用发展到了社会主义建设时代。这些理念在中国的实践,对改革开放以来的中国文化发展建设也产生了深远的影响。在谈及我国公共文化服务事业发展的指导原则时,党的十七届六中全会决定这样明确指出,"满足人民基本文化需求是社会主义文化建设的基本任务。必须坚持政府主导,按照公益性、基本性、均等性、便利性的要求,加强文化基础设施建设,完善公共文化服务网络,让群众广泛享有免费或优惠的基本公共文化服务。[①]"党的十八大有关文献在论及我国公共文化服务体系建设时,也再次强调要坚持"政府主导"。

我国公共文化服务领域的"政府主导"理念,在两个大的时代阶段呈现出较为明显的区别特征,在社会主义计划经济时代,我国各级党委政府主管主办文化发展建设的一切工作,公共文化服务自然包括在内。在此时代,文化发展建设基本上成为政治的附庸,所有的公共文化产品生产和服务供给既与政治运行密切相关甚至完全"合二为一",又完全听命于简单的行政计划乃至长官意志。"政府主导"在此时代实际上等同于"政府领导"、"政府全能","大政府,小市场,小社会"是其特点。而在社会主义市场经济时代,文化发展建设逐渐确立了其相对独立地位,成为政治、经济、社会、文化及生态这"五位一体"中的一个组成部分。尽管在此时代,我国的公共文化服务也强调"政府主导"理念,但是文化的"管"和"办"被逐步分开了,党委和政府只负责文化的规划制定、财政投入、法规建设、政府采购、社会参与、市场准入及市场监督等,而不干预文化单位机构和文化公司企业的具体业务经营。此时的"政府主导"意在强调和把握正确的意识形态

---

① 《中共中央关于深化文化体制改革推动社会主义文化大发展大繁荣若干重大问题的决定》,《人民日报》2011 年 10 月 26 日。

导向,协调好单位机构及公司企业与市场、社会、公众及政府等之间的关系,以及为文化公司企业和单位机构提供其他一些力所能及的服务等。"小政府,大市场,大社会"是其特点。

客观地说,我国以往之所以在文化发展建设方面能够取得一定的成绩,部分缘由当归因于"政府主导"所带来的特定"红利"。"政府主导"尽管也存在着"过于突出政府的强势主体作用"、"有意无意会造成政府越权越位"等弊端,但是它发挥了"依托党委政府调动社会资源力量"的能力、"借助政令号召等手段集中力量办大事"的潜能,着实加快了我国公共文化事业和文化创意产业的发展进程。面对全球化运动不断推进、我国改革开放不断深入的情势,社会公众阶层、社会利益分配、社会现实诉求将呈现出进一步复杂化和多元化,对此,"政府主导"将在公共文化服务的一些领域、层面和时段,发挥不可替代的宏观指导、沟通协调、穿针引线等作用。它的积极影响和价值应该肯定。

2."政府主导"理念在国外文化服务中的影响和实践

"政府主导"理念并非仅仅在中国才存在,它在实行不同社会制度的某些西方国家,也以其独特的方式而存在着。如法国就是十分典型的例证。法国行使其国家在公共文化服务方面"政府主导"作用的主要做法,最为集中地体现在以下几个方面:第一是政府通过相关立法程序制定实施文化政策,借此分配文化资源力量、规划引导文化行业发展、落实文化绩效规约监督。按照一些学者的分析:法国文化政策的基本目标是使最大数量的法国人能够接近人类尤其是法国的文化杰作,确保他们对本国文化遗产的兴趣,促进文化艺术创作,繁荣艺术园地。法国的文化政策,在 20 世纪 70 年代是聚焦于"文化行动",20 世纪 80 年代是聚焦于"文化发展",20 世纪 90 年代是聚焦于"部门间的合作",新千年以后是聚焦于"文化的权利下放"[1]。第二是

---

① 张丽:《法国公共文化发展政策研究》,《山东图书馆学刊》2013 年第 5 期。

借助机构相对健全的国家和地方分层级文化管理政府部门,来制定落实各类文化政策。国家级文化管理政府部门文化与联络部(The Ministry of Culture and Communication)下设 1 个总秘书处和 10 个理事会,负责对国家层面文化政策进行设计、定位、控制和评估。文化部在全国设"大区文化事务管理局"及其下属的各"省文化事务管理局"。国家和地方对公共文化服务的财政预算性专项投入,主要借助于这些分权管理机构,以项目预算申报及相应层级理事会评审等法定程序,去分配到各个公益性文化经营实体和文化项目活动中。此外,大区文化事务管理局掌控着数量庞大的文化分散资金,这笔来自文化部的资金专门用于地方文化事业发展,由大区文化事务管理局自由支配,用于与地方政府共同投资管理本地区的文化事业①。第三是借助于在参与 WTO 协议制定时确立的"文化例外"规则,有意识地通过外来文化产品及文化服务的配额限制,来引导本国公共文化服务公司企业及机构平台等更多地生产供应法国文化产品,以确保本国文化安全、扶持本土文化发展。

可见,法国政府在文化发展建设方面所体现出的"政府主导"意识是非常鲜明的,这与美国那种将文化的直接管理与具体经办,尽量交由第三部门及社会力量而让政府隐在身后的做法完全不同,也与英国实行的政府管理部门与文化实体经营保持"一臂之距"的做法有所区别。显然,法国的"政府主导"更受益于其文化发展建设的法制环境相对健全、参与文化建设的多元主体力量更为丰富,所以其政府在文化方面"有为"和"无为"的边界是十分清晰的,这与我国一些地方随意放大"政府主导"的边界,以至于导致"管"与"办"无法真正分离的现象,形成了鲜明的对照。事实上,法国政府采取的这种既有法制保障又有一定节制的"政府主导",客观上确保了法国本土文化的活跃繁荣及运行安全,对我们会有较大的启发价值。

---

① 张丽:《法国公共文化发展政策研究》,《山东图书馆学刊》2013 年第 5 期。

（二）"多中心治理"和"适应性治理"等理论及其影响

1. 公共服务中的"多中心治理"理论

"多中心"（polycentrity）的概念，最早于 1951 年由英国学者迈克尔·博兰尼（Michael Polanyi）提出，他是想借此阐释自己对社会秩序理论的理解。在他看来，社会中的组织秩序无非有以下两种：第一种是具有指挥功能的秩序或层级设计的秩序，第二种则是经自发形成的类似于多中心的秩序。前者是一种一元化权威的单中心秩序，通过下级对上级的终极权威的服从而维系其有序关系。后者是由多个相互独立又相互依赖的行为单位组成，各自追求自己的利益，并受特定规则的制约，实现相互关系的整合①。后来，经美国经济学家、公共选择理论的创始人文森特·奥斯特罗姆（Vincent A. Ostrom）和其夫人——2009 年诺贝尔经济学奖获得之一的埃得诺·奥斯特罗姆（Elinor Ostrom），在此基础上进行进一步的研究，最后提出了"多中心治理"理论。奥斯特罗姆将"多中心治理"定义为"把有局限的但独立的规则制定和规则执行权分给无数的管辖单位。所有的公共当局具有有限但独立的官方的地位，没有任何个人和群体作为最终的和全能的权力凌驾于法律之上。②"显然，多中心治理体制为公共产品和公共服务的生产供给，设定了一个不同于官僚行政单一化主体的供给逻辑，明确倡导公共产品和公共服务的生产供给应由多元化、多样化的主体集群在合作协同中完成，它以表面上的"多中心"和实际上的"无中心"格局，颠覆性地改变了以往似乎"天定的"由政府公权力机构作为单一化公共服务供给主体的固定模式，创设了涵盖政府、市场、企业、社会等向度主体参与的多中心供给模式。当然，在此过程中，也不见得政府一定无所作为，因为"政府部门能够在诸多选择中

---

① ［美］迈克尔·博兰尼：《自由的逻辑》，冯银江、李雪茹译，吉林人民出版社 2011 年版。

② ［美］埃莉诺·奥斯特罗姆：《制度激励和可持续发展：基础设施政策透视》，陈幽泓等译，上海三联书店 2002 年版，第 240 页。

选取最富有效率的方式,来组织不同公共产品的生产,既可以与私人或其他组织签约来生产公共产品,也可以将生产进程置于自己的权威范围之内"①。

按照"多中心治理"的理解:第一,多中心治理的出现首先是出于消除因单一主体供给所导致的"政府失灵"弊端的考虑②。罗纳德·科斯(Ronald Harry Coase)指出,"应当认识到,既存在着市场失灵,也存在着政府失灵。③"而按照速水佑次朗的看法:"政府失灵比市场失灵更严重的可能性更大。认识到这种可能性,选择一个在特定的历史条件下最优的市场和政府的结合方式是发展设计中最根本的。④"公共产品和公共服务均有其特殊性,尽管从常理上说,应该由掌管和支配国家财政包括纳税人税费的公权力机构——也就是政府部门来提供,然而鉴于政府公权力机构存在着先天性的不足和局限,就难保政府的某些公共服务供给行为会一定成功,这样就会导致"政府失灵"现象的发生。事实上,政府在实施公共产品和公共服务的生产供给时,往往会出于自我主管认识和兴趣偏好,甚至会受制于某些外部性因素的影响,而导致简单的趋利性决策,从而刻意人为地夸大某些公共产品和公共服务的需求,同时忽略另一些公共产品和公共服务的需求,这在客观上就导致了公共产品和公共服务的生产供给要么流于过量、要么流于不足。第二,多中心治理相对以往的单中心治理而言,具有鲜明的"去中心化、去权威化"倾向,其参与治理的主体是来源广泛、成分复杂的多元并列集合主体。具体组成者既有政

---

① [美]迈克尔·麦金尼斯:《多中心体制与地方公共经济》,毛寿龙译,上海三联书店 2000 年版。

② 西方学者在从政府与市场关系的角度研究政府干预经济的合理限度时,对政府干预经济过程中(即政府履行经济管理职能时)出现的负效应进行了研究,其中发现了政府对市场的破坏作用,从而针对这种情况提出了"政府失灵理论"(government failure theory)。

③ [美]罗纳德·科斯等:《财产权利与制度变迁》,胡庄军等译,上海人民出版社 1994 年版,第 22 页。

④ [日]速水佑次朗:《发展经济学:从贫困到富裕》,李周译,社会科学文献出版社 2003 年版,第 240 页。

府机构、企业公司，又有非营利机构、社会组织及公民自组织单元等。由于在同一资源平台机构上开展"多中心治理"合作的各个并列主体彼此之间存在着一定的利益勾连关系和相互制约关系，因此既保持一定的主体独立性又坚持与其他相邻主体开展密切合作，就成了所有主体必须认真面对的职责。第三，多中心治理在本质上具有化解公共服务单一主体供给风险、消解单一主体供给垄断弊端的考虑。也就是说，这和市场投资行为中强调"不把鸡蛋放在同一个篮子里"的风险分解理性决断极其相像。鉴于公共产品和公共服务的生产供给的特殊性，特别是像公共文化服务还直接关乎国家文化意识形态建设、关乎国家文化安全，所以力避政府单一供给可能出现的长官意志、效率低下、寻租腐败等弊端，力避完全走市场化道路可能引发的舆论导向偏差和价值观偏差等，力避主体责任过度集中所导致的"一损俱损"风险，从而才出现了多中心治理模式。第四，多中心中的各个并列主体各司其职、分工明确、各扬所长、各避所短、各尽所能，力求在管理层级相对扁平化的架构中，将各个主体参与共治的资源平台机构打造成给大家给社会带来更多公共服务福利的利益攸关实体。在多中心治理的并列主体集成中，政府的功能和长处主要在于规划引导、环境营造、沟通协调及法律监督等等。竭尽所能实现各个主体合作共治的资源平台机构的产出效率及公共利益最大化，是其追求的目标所在。

2. 公共服务中的"适应性治理"理论

埃得诺·奥斯特罗姆在阐释论证"多中心治理理论"的同时，还提出了"适应性治理理论"（adaptive governance theory）。该理论是基于对当前公共事务治理环境日趋复杂多变、便于开展公共事务治理的理想环境越发稀少的实际，特别有针对性地为应对复杂环境中公共事务治理难题而设计的。"适应性治理"也可称为"灵活性治理"，它的制度安排有较大的灵活性，可以随着组织规模、自然环境、社会系统等诸多因素的变化而随之变化。奥斯特罗姆并未对"适应性治理"究竟是单中心治理还是多中心治理做出限定性解释,而是提出了用于适应性治理所必须具备的八个条件:一是强调与公共资源管理相关的各类信息提供的重要;二是强调要注重在诸多利益攸关方中协调处理好因诉求、偏好及阶层等不同而产生的冲突;三是引导大家遵从信守规则,坚持奖惩分明;四是确保基础设施等的提供;五是随时作好应对环境变化的准备。环境资源、社会系统以及思想观念都在变化,要求治理制度具有可塑性;六是开展科学家、资源使用者、利益集团等多方面人士的良好对话,并对相关信息进行谨慎的分析;七是确立旨在实现可持续发展目标的公共资源保护意识;八是确保治理制度的开放性和多样性,力求兼收并蓄,综合使用政府、市场及社区自主治理等多种类型的制度安排①。可见,"适应性治理"理论所提出的治理模式的不确定性特征是非常突出的,其基本的价值诉求似可通俗化地解释为——怎么样有利于实现公共服务供给效益最大化,就怎么样去做,不受固定模式的限制,以趋利性、趋善性动态调整适应为上。

3. 两种治理理论在国内产生的影响

目前国内一些城市和地区的某些实体机构,在推进公共文化服务生产供给创新时,已经在选择性地学习借鉴西方"多中心治理理论"甚至"适应性治理理论"的有关成分,并以此为指导方针做出相应的制度安排,有的还取得了一些积极成效。

就我国公民主体意识和社会参与意识不断增强的现实而言,倡导多中心治理理念具有其积极的促进意义,这在我国广泛动员社会力量参与公共文化服务体系建设的当下,它有助于人们改变公共文化服务应当全部由政府提供、公共文化的相关支出应当全部由政府承担的片面认识。而适应性治理理念在国内的传播和实践,同样不

---

① [美]埃莉诺·奥斯特罗姆:《公共事物的治理之道:集体行动制度的演进》,余逊达、陈旭东译,上海译文出版社 2012 年版;张克中:《公共治理之道:埃莉诺·奥斯特罗姆理论述评》,《政治学研究》2009 年第 6 期。

仅对破解政府单一主体供给的僵化模式有其积极作用,而且对于人们在探索公共文化服务机构实体运营规律方面,会起到有利于破除固化模式、打破"路径依赖"的正向作用。不过,从不断提高公共文化服务生产供给效能的立意考量,多中心治理和适应性治理是不是一定比政府单中心治理、比第三方委托治理、比"公益＋市场"之类的治理具有更高的效能?这恰恰需要通过实践作进一步的检验和比较。随着我国综合国力的稳步壮大,广大人民群众文化自觉性的不断高涨,在前述的几种治理模式之外,应该发挥社会各界的积极性和创造性,探索更具效能提升潜力的公共文化服务治理模式。

(三)"新兴经济形态"相关实践及其影响

众所周知,文化的发展必然受制于社会经济形态的发展和变化。在全球化进程不断推进、国家软实力竞争日渐加剧、高新科技迅猛发展、城市再发展寻求转型创新的背景下,一些在资源要素集聚、市场效率提升、产业链分工升级等方面具有更高配置成效的新兴经济形态,如"平台经济"、"总部经济"、"体验经济"及"共享经济"等,逐步在发达国家及发展中国家的一些城市产业结构调整和发展模式转型过程中发育成长起来。这不仅直接带来了现代都市产业的结构调整和生态重构,而且加快了这些行业领域借助新兴经济形态整合所有生产要素、寻求产业链拓展增值的升级转换,也推动了不同产业之间的跨界融合发展。这四种新兴经济形态的勃兴,不仅将引发公共文化服务支撑领域——文化创意产业在运作发展方面出现新变,而且还将有效改善公共文化服务生产供给生态。

1."平台经济"及其对公共文化服务的影响

"平台经济"(platform economy),是近年来国际国内颇为盛行的一种中介型经济形态。国外学者 S.恰克亚维奇和 R.罗松(Sujit Chakravorti、Roberto Roson,2004)指出:平台的存在是广泛的,它们在现代经济系统中的重要性越来越大,成为引领新经济时代的重要经济体①。A.加威尔（Annabelle Gawer，2008）将平台分别定义为四种类型：内部平台、供应链平台、产业平台和多边市场或平台，分别对应的应用范围是：公司内部、供应链内部、产业生态系统内和跨产业范畴②。现实中的平台经济通过"双边加中介平台的市场架构"和"中介平台二传手式的多点多向市场运作"，在一定程度上打通了虚拟、实体、研发、金融、技术、生产、营销、物流、消费、服务及监管等诸多环节原有的专属边界，使得商业流、线下流、线上流、信息流、物流、人流和现金流等获得充分的集聚和整合。因为有了多种平台的成长发育，才形成了诸如 B2B（企业对企业）、B2C（企业对消费者）、C2C（消费者对消费者）、G2B（政府对企业）、P2P（伙伴对伙伴）等平台经济模式。像脸书、谷歌、苹果、阿里巴巴、腾讯、慧聪网、京东商城、1 号店、卓越亚马逊、亲民商城、凡客诚品、淘宝网、快钱、银联支付、丁丁网、大众点评网、易贸、携程网、东方钢铁、上农批、支付宝、财付通、各类团购网、文交所（包括产业园区管委会等）乃至家电营销巨头国美和苏宁等，都是典型的平台经济运营企业。它们要么以 B2B、B2C 模式开展运营，要么以 C2C、P2P、G2B 等模式开展运营。平台经济的主要功能特点就是以同类的、相邻的、相近的产业领域为重点，最大可能地整合集聚各种生产要素、消费服务，同时以企业、市场、消费者乃至政府等为服务对象，通过自身平台的集约高效运转，来发挥其在科研机构研发、企业公司生产、金融部门投行、市场营销服务、行业领域监管等诸多实体行为间的线下线上"穿针引线"作用。

显然，平台经济并不以某个具体的产业领域为限，只要是世界上现有的产业，均可以根据自身生产要素配置、营销服务设计、价值链扩容增殖和流程效益优化的需要，来组创和发展属于本产业的平台

---

① S. Chakravorti and R. Roson, *Platform Competition in Two-sided Markets: The Case of Payment Networks*, Federal Reserve Bank of Chicago Emerging Payments Occasional Paper Series，2004.

② Annabelle Gawer, *Platform，market，innovation*，Harvard Press，2008，47.

经济业态。平台经济的奇妙之处在于：它实现了制造业与服务业的融合，推动商业模式、经济形态的深刻改变①。以苹果公司为例，根据该公司 2011 年第三季度财报显示：苹果售出 iOS 设备超过 2.2 亿台，而其 AppStore 在售软件超过 34 万款，平均每台 iOS 产品通过 AppStore 下载的软件数量在 60 款以上。同时，AppStore 在线软件商店的下载量已经突破 100 亿次。苹果在成全交易双方的同时雁过拔毛、滴水不漏地截留下相关的利润。与其说苹果给用户派发了一个漂亮、时尚的通信终端，更不如说是帮客户搭建了一个掌心柜台（平台）（陈开朝，2012）。可见，苹果作为一个典型的制造业兼平台业企业，通过 AppStore 平台的研发运营，将无以计数的 iOS 应用软件开发商、广告营销商们，与更为巨量的苹果消费者整合到了同一个交易平台上，为此开发商、广告商与消费者等双边、多边主体都要向苹果付费。平台经济的优势在于其独有的商业模式，即"平台免费，增值收费；产品免费，服务收费"。平台由独立的平台企业提供，它连接着双"边"供求市场：一"边"是成千上万的产品提供商，另一"边"是数千万、数亿的消费者。如苏宁与国美做的也是平台生意。它们不再采用传统的商场模式——先圈地，然后购货，再卖给消费者，而是采用平台经济模式——将商场里面的区域转包给制造商，让制造商直接负责销售。所以，苏宁、国美无须积压资金，便在七八年间成功地在全国开设了上千家店铺。

一般而言，平台经济具有集聚辐射性。平台集聚的方式主要有两种：一种是信息的集聚。通过构建平台，众多分散的信息被聚集到平台中，实现信息集聚效应；另一种是实体的集聚。通过构建平台，使上下游关联方汇集一起，形成集群，实现"捆绑式"发展。平台经济可以有多种：一种是纯营利式的，它旨在通过平台自身的"跑量"和"做大"来求得经济效益的最大化；另一种是准公益性的，它主

---

① 任新建、王莹莹：《上海发展平台经济的战略思考》，《东方早报》2013 年 2 月 18 日第 A20 版。

要设置在产业园区或产业集聚带中,其主要目的不在于平台的赢利,而在于为所属园区和集聚带中的企业和机构提供无所不及的多样化服务,来尽力减少它们的生产和交易成本,促使它们提高经济效益。不言而喻,衡量平台经济之效益高低的重要标准,一是看其业务流量的大小和交易频次的多寡;二是看其在企业、市场、消费者、政府等多样主体间发挥的"润滑"作用大小。一些平台经济实体具有相当程度的开放性,也有一些平台经济实体常常出于市场竞争和区域贸易保护的需要,而设定只为本区域内及本园区内具有一定契约关系的公司、企业及其他机构服务,其排他性十分显著。如许多国家建立和运行的自由贸易园区就具有一种放大版的平台经济架构。这种自贸园区的平台经济架构通常是通过"负面清单"管理,确定平台经济运营的特定游戏规则,凡属于协议缔结方,只要进入平台确定的区域范围内,则在负面清单限定以外的产业行业领域,可以享受投资、贸易等诸多方面相对广泛的特殊待遇,在资本、技术、装备、货物的进出口和跨境流通等方面享受较大的便利性和自由度。

平台经济形态所具备的一些功能,对当今的公共文化服务产生了较为明显的影响。如我国一些特大型城市和部分区域中心城市目前实施的公共文化产品和服务配送机构,就在其功能特色上与经济领域的平台经济尤为相像。二者的共同点在于:都是将自身领域的相关资源要素、相关产品服务等最大限度地整合汇聚到特定的平台机构中,通过该平台机构具备的"二传手"功能,将相关资源要素及相关产品服务等提供给基层的一线的本行业经营实体机构。对公共文化服务领域而言,就是社区文化活动中心、乡镇文化馆、文化站等;对经济领域而言,就是一个个的企业公司实体等。二者的不同点在于:公共文化服务配送机构和其服务的基层一线社文中心及文化馆站等,都是以体现社会公益性和公民福利性为其特点,其经手供应的公共文化产品及公共文化服务,也大多是依托公共财政的投入而经办起来的,具有让利优惠甚至完全免费派送的特点。相比之下,经济领域的平台经济体及其提供的相关资源要素和相关产品服务,完全是一种市场配置要素资源形成的结果,即便某些平台经济体具有针对特定公司企业开展优惠服务的情况,也不能掩盖其整个产业努力寻求市场谋利的事实。

当前在全国各地正大力实施的"现代公共文化服务体系"建设任务中,一项被命名为"全国文化信息资源共享工程",就是一个带有"平台经济体"特征的项目。按照国家有关文件的精神,"共享工程"是利用现代信息技术,开发、整合图书、文物、电影、美术、音乐各类艺术作品等优秀民族文化艺术资源,通过网络传送到基层,为群众服务的重点文化建设项目[①]。该工程设置国家级总中心(依托国家图书馆)、省市区级分中心及其下属基层中心,其汇聚整合、辐射传播相关公共文化服务电子资源要素的功能十分明确,正是公益化、公共型服务平台经济体在公共文化服务领域的鲜活实践。

2."总部经济"及其对公共文化服务的影响

"总部经济"(headquarters economy),顾名思义是因为分布于不同产业领域和行业条块的公司总部、企业总部及研发机构等在一地一城大量聚集,形成了百量级乃至千量级的集成规模,并能够带来足以影响产业、行业发展走向的首脑型经济。按照一些学者更为详尽的解释,总部经济实际上指的是作为经济区域中心的城市,通过创造各种有利条件吸引跨国公司和外埠大型企业集团的投资中心、管理中心、研发中心、采购中心、销售中心、结算中心、物流中心等,形成总部的集群布局,在优化提升本市的产业结构、形成合理的价值链分工的同时,通过向周边地区、全国乃至跨国界的地区实施经济管理、决策和服务等职能来促进本地及周边地区的经济发展(高洪深,2005)。S.卡恩和 X.维维斯(Strauss Kahn、Xavier Vives,2009)等对美国

---

① 《国务院办公厅转发文化部国家计委财政部关于进一步加强基层文化建设的指导意见的通知》(国办发〔2002〕7 号),"中华人民共和国中央人民政府"网站,http://www.gov.cn/gongbao/content/2002。

1996—2001 年总部数据进行分析,发现平均前 20 位的(城市)商业中心集聚了全国 65%的总部,其中总部销售量达到 75%[①]。可见公司总部的集聚现象明显。有研究表明:2008 年新加坡总部聚集区规模有 82 万平方米,拥有 500 万平方米商务写字楼,共有 26 000 家国际公司。在 7 000 家跨国企业中,60%在新加坡进行区域业务活动。三分之一的财富 500 强公司选择在新加坡设立亚洲总部(潘素昆,2010)。

尽管总部经济在 20 世纪后半期即见端倪,但是真正形成发展高潮则是在经济全球化深入推进的 21 世纪。众所周知,在任何一个关涉到商品生产的产业行业内,大多可以依照其不同环节功能的前后配属和价值链高低位序,将它们划分为"上游创意研发及生产要素配置管理"—"中游制造生产及成品包装配送"—"下游市场营销及售后延伸服务"等三个环节。这基本类似于"微笑曲线"划定的收益"高—低—高"三个环节。在此三个环节中,"上游创意研发及生产要素配置管理"是整个产业链中的"首脑"及"核心"所在。在工业化的早期时代,总部经济尽管也有端倪出现,但其作用不如后工业化时代明显。在世界经济遭遇全球化浪潮洗礼、城市发展遭遇产业空心化挑战、时空鸿沟逐渐被三大新兴技术(互联网技术、现代通信技术及数字技术)所抹平的背景下,总部经济适应了知识经济和后工业化时代的潮流,逐渐成为各区域城市竞相争夺的"宠儿"。

说到底,总部经济是全球化配置资源过程中,以区域比较优势诱导企业寻求经营成本最小化的必然结果。总部经济的核心价值在于:它是世界产业分工体系中的价值链高端,创意创新是它的专长,知识产权生产、产业标准制定、高端人才智力密集、信息交流频繁、非劳动力密集、无污染无能耗是其优点所在。一城一地的总部经济是否发达,一方面是要看该城市是否聚集了一定量级的跨国企业集团

---

① Vanessa Strauss-Kahn and Xavier Vives,"Why and where do headquarters move?", *Regional Science and Urban Economics*,2009,39(2),pp.168-186.

及世界级企业总部或研发中心机构,另一方面要看这些总部机构是否在其产业的品牌生产和创新研发方面发挥了举足轻重的作用,是否起到了引领一城一地创新发展潮流的作用。相形之下,因总部机构大量聚集一地一城而必然带来的"楼宇经济"总量提升,实际上只是其引发的附带性表象效应。在城市再发展普遍面临着商务成本升高、资源能源短缺的背景下,发展以智力密集型为特点的总部经济不失为基本良策之一。

总部经济带给公共文化服务的影响主要包括:一是总部经济实体借助其自身具备的强大品牌影响力,不仅为落地城市和地区带来了十分可观的人气、物流、资金流和商机,同时也借助人气的剧增而为当地创造了更为旺盛的公共文化服务消费需求;二是总部经济实体借助其自身具备的相对国际化、开放化、现代化及时尚化比较优势,在客观上对刺激和促动所在地公共文化服务的上档次上水平,会起到潜移默化的作用;三是总部经济实体在一城一地的规模化集聚和群落化分布,形成了产业的集聚效应,会为当地公共文化服务体系的升级换代和辐射周边等,带来更具有活力的发展契机。

3."体验经济"及其对公共文化服务的影响

进入 21 世纪以来,"体验经济"(experience economy)的说法和相关实践引起了人们的关注。A.托夫勒(Alvin Toffler)在《未来的冲击》一书最早将体验与经济联系起来,他认为,消费者需求的个性化、多元化趋势会日趋明显,因特网的迅速普及为消费者个性化需求的主张提供了强大的技术支持,并以"制造业—服务业—体验业"的产业演进逻辑来说明新的需求产生导致经济繁荣的规律(托夫勒,2006)。这种看法预示着一种新兴经济形态即将到来。美国学者 J.B.派恩和 J.H.吉尔摩(Joseph B. Pine、James H. Gilmore,1998),提出了经济价值演变的"商品—货币—服务—体验"的四阶段说[1]。经

---

[1] Joseph B. Pine and Gilmore, James H., "Welcome To The Experience Economy", *Harvard Business Review*, 1998, pp.7 - 8.

济学家汪丁丁(2012)著文指出:"有些经济学家把它(指体验经济)视为'第四产业',但我要立即补充说,这个'第四产业'的产业特征是'大规模量身定制'(mass customization)。在体验经济里,消费者是'产品'、体验是个性、企业只是舞台。①"

有研究者指出:体验经济是顾客经济,是让顾客全面参与和感受的经济。体验经济是市场经济走向完备化的标志,是服务经济的一种延续,同时又是信息网络时代的必然产物。体验经济的运行,较体验经济之前各种经济形态的运行有着极大的先进性和市场优势。体验经济的运行特征与非体验经济(主要指产品经济、商品经济与服务经济)的运行特征相比,发生了巨大的转变,主要表现为:从规模经济转变为不规模经济;从规模目标市场转变为专属个人的目标市场;从满足目标市场需求转变为满足特定市场需求;从企业技术人员创新产品转变为需求者为自己创新产品;从企业运行封闭化转变为企业运行开放化;从及时生产转变为即时设计与服务;从企业定价转变为"顾客定价";从市场竞争模式化转变为市场竞争个性化;从产品、服务竞争转变为"体验"竞争;从市场运行的无主题化转变为市场运行的主题化;从运行程序主线的企业化转变为运行程序主线的顾客化;从重视顾客的虚拟价值转变为重视顾客的现实与实际价值②。派恩和吉尔摩(2008)说得更为直白,"企业有意识地以服务为舞台,以商品为道具,并使消费者融于其中,新的经济产出——体验就出现了。""农产品是可加工的,商品是有实体的,服务是无形的,而体验是难忘的。③"F.克瑞斯坦森(Fens Christensen,2009)则认为:"当你买一种体验,你会花费时间与金钱去享受一系列值得纪念的事情,这些事情是企业特别为顾客提供的一种方式,娱乐业就是基于这种方式

---

① 汪丁丁:《生产快乐体验自我——〈体验经济〉书评》,《商》2012年第8期。
② 汪秀英:《体验经济与非体验经济的比较分析》,《中国工业经济》2003年第9期。
③ [美]B.约瑟夫·派恩、詹姆斯·吉尔摩:《体验经济》,夏业良等译,机械工业出版社2008年版,第16、17页。

的各种体验,但是娱乐业仅仅是体验中的一个方面。①"

综上所述,体验经济就是专门针对消费者来满足其追求某种特定身心感受或心理体验的需求,并以此为卖点通过提供"感受"及"体验"的个性化生产与服务,来获取特定利润收益的一种经济发展模式。显然,体验经济的指涉领域早在历史上便已出现,只是到了后工业化时代,社会产品大量增加甚至过剩,人们越来越注重个性消费和精神享受的时代,它才特别显现出"概念引领"并"付诸实践"的突出意义。这一点与"文化创意产业"有内在的相通之处。从本质上说,前者关注"体验",后者关注"创意"。体验经济最大的价值意义在于:它十分注重对消费者"主体参与"功能的强调,其"体验"的独一无二性及定制参与性非常明显。如消费者在陶塑创意工作坊中亲自动手制造带有鲜明个性特征的陶塑制品,在创意农业园中参与采摘及加工等消费体验,均属于典型的体验经济。而文化创意与体验经济交叉渗透的产业领域远不止于此。

体验经济依托上述的特色和功能,也给公共文化服务带来了积极的影响。体验经济高度重视消费者的独特消费体验感受。在后工业化时代,这些体验感受带有越来越多的"私人定制"性质,而且是通过消费者"付费购买"得到的。相比之下,公共文化服务中的不少群众文化活动项目(如手工艺品制作、肚皮舞钢管舞培训等),也带有鲜明的体验经济特征,强调互动参与、过程体验,只是它们是以公益性公共文化服务的方式来向消费者提供的,不以盈利赚钱为目的。其实,在体验经济借助互联网技术、移动通信技术及数码技术等的背景下,非基本性公共文化服务也会越来越依托市场化、商业化渠道运营,使得公共性和准公共性文化产品和服务,满足越来越多的个性化、多样化需求。一些依托新媒体、自媒体及互联网手段而衍生出来

---

① Fens Christensen, *Global Experience Industries: The Business of the Experience Economy*, Aarhus: Aarhus University Press, 2009, p.25.

的带有"私人定制"特征的"体验"类新业态公共文化服务消费,会越来越多地进入公众的视野中。这种情况表明:体验经济的不断发展演进,有可能会成为引发公共文化服务不断寻求创新突破的驱动力之一。

4."共享经济"及其对公共文化服务的影响

"共享经济"(sharing economy)与"共享消费"(sharing consumption)有关,而二者实际上又被称作"协同消费"(collaborative consumption)或"合作式消费",它们都是近年来快速发展起来的一种新兴经济形态的不同说法。共享经济既与平台类经济形态的发展密切相关,也与消费者最初借助于网络等自媒体开展自组织化服务营销实践有关。无疑,三大新兴科技(互联网技术、现代通信技术及数字技术)的迅猛发展是其基础。2009 年英国学者 R.布茨曼和 R.罗杰斯(Rachel Botsman & Roo Rogers)在其合著的《我的就是你的:"合作式消费"的兴起》一书中指出,"合作式消费"将给人们的消费模式带来革命性的影响;在互联网时代,共享首先表现在代码的共享(如 Linux);其次是生活的共享(如脸书)以及内容的共享(如 YouTube)[①]。美国《时代》杂志当年把"合作式消费"列为未来影响世界的十大理念之一。2007—2010 年的国际金融危机对"合作式消费"起到了巨大推动作用。"共享经济"最初是以社交网络为纽带,在供给者与需求者之间实现资源共享。有研究者举例指出:"如果你想在离家期间将房屋租出去,或者将仓库中落满灰尘的电动工具或暂时闲置的汽车租给他人,怎么办?在社交媒体的帮助下,你仅需通过网络把信息发出去,就会有人来租。这就是'共享经济'。'共享经济'又称合作消费,它通过交易商品使用权而非所有权,谋求商品使用价值的最大化,创造多赢。[②]"

---

① Rachel Botsman, Roo Rogers, *What's Mine Is Yours: The Rise of Collaborative Consumption*, HarperCollins, 2009.

② 许剑铭:《"共享经济"带来新变革》,《半月谈》2013 年第 8 期。

　　显然，"共享经济"平台将给标准化、批量化生产和消费的传统消费模式带来冲击。本来这类"共享"业务与实体公司企业没有什么太密切的关系，它只是借助网络平台或自媒体手段，将原初的商品拥有者和消费者，拓展为面向更多陌生消费者提供"共享"商品消费服务的生产者和供应者，从而使既有的商品消费服务实现"边界效益"最大化。然而，一些敏感的公司企业却发现了其中潜在的商机和利润，并开始陆续介入。如位于美国旧金山的网络公司 Airbnb，就是"共享经济"的突出代表。该公司通过网站帮助房东与顾客联系，提供位于全球 192 个国家、分布在 3 万座城市里的 25 万套短租房，平均每天约 4 万人次在该网站完成租房和付款。据分析，美国个人对个人的租借市场规模已达 260 亿美元①，整个"共享经济"的产值达 1 100 亿美元。

　　就中国的情况看，自 2010 年美团网、拉手网等团购网的成立，预示着协同消费热潮在国内的兴起。依照布茨曼（Rachel Botsman）的观点，协同消费模式划分为三个层面：第一是产品服务共享，如拼车、租车；第二是产品的再流通，如交换闲置物品；第三是协同生活方式，如旅游换房、团购等来降低生活的成本②。共享经济的最大价值意义在于：它主要依托网络及自媒体开展交易，改变了传统企业与客户之间形成的原有供求格局，更为广泛地整合并激发了市场资源，能够精准地满足供需双方的交易诉求，同时充分降低交易成本，实现了交易快捷化。"大数据"时代的到来，"云计算"技术和物联网技术的兴起，将使共享经济发展如虎添翼。有迹象表明：越来越多的网络巨头公司正逐渐向这一领域切入，其信心满满的底气正在于他们懂得如何开发使用大数据和云计算。需要指出的是，共享经济并不仅限于租赁。在国内外金融业，也出现了"人人贷"等网络金融新形式，德国 eLolly、smava、Auxmoney 等网络公司提供私人对私人的贷

---

① 许剑铭：《"共享经济"带来新变革》，《半月谈》2013 年第 8 期。
② 王炳焕：《协同消费：中美两国的比较分析》，《对外经贸实务》2013 年第 1 期。

款平台,尽管多为小额贷款,但潜力较大。另外,在保险、旧物利用、工作场所互换等领域也出现了共享模式。不过,诚信问题和安全防范将是共享经济必须解决的一个重要问题。近日一套通过 Airbnb 租出的房子被租客洗劫,引起社会舆论广泛关注。许多公司为了防范此类事件,都建立了客户档案和相关评级系统①。

共享经济的一大特点在于,它力求将原本具有个人独占性或特殊群体机构独占性的"闲置"消费资源要素,在不改变所有权、不损害占有者利益的前提下,建立实现其市场效益最大化——即为此类消费资源要素拥有者赚取通过出借和租用换来的利润。促成出租方和租用方建立供求市场交易关系的关键就在于:借助 PC 互联网络或移动互联网络建构的特定平台中介。由此可见,共享经济与公共文化服务在本质上具有相通之处:二者都希望让各自领域的消费资源要素,在最大限度上实现让更多消费者共享。共享经济实际上求得的市场效应就是在某些特定商品的消费领域实现"帕累托改进"②——即在不损害他人和特定商品拥有者利益的情况下让更多的消费者受益,同时也让特定商品拥有者获得增益。而公共文化服务领域实际上也与之类似,按照如今一些地区跨条线整合配置公共文化服务资源要素的做法——为了破解本地宣传文化系统公共文化服务资源要素短缺的弊端,大多会通过与教育、科技、妇联、体委、工会及青年等条线的国营事业类文化公益平台机构实现对接。比如通过跨条线签署公益性文化场馆设施、人才队伍等资源平台的共享,既降低了文化资源要素的闲置率和空转率,又挖掘了其市场潜能、优化配置并最终

---

① 王振家:《共享经济的商业未来》,《光彩》2011 年第 9 期。

② 所谓"帕累托改进"(Pareto improvement)是以意大利经济学家帕累托的名字(VilfredoPareto)命名的,并基于"帕累托最优"(Pareto optimality)基础之上。帕累托最优是指资源分配的一种理想状态,假定固有的一群人和可分配的资源,从一种分配状态到另一种状态的变化中,在没有使任何人境况变坏的前提下,使得至少一个人变得更好,不可能再有更多的帕累托改进的余地。帕累托改进可以在资源闲置或市场失效的情况下实现。在资源闲置的情况下,一些人可以生产更多并从中受益,但又不会损害另外一些人的利益。在市场失效的情况下,一项正确的措施可以消减福利损失而使整个社会受益。

激发了其市场效应。事实上,前文所说的"全国文化信息资源共享工程",以及目前我国正在大力倡导和推进的电影院线联盟、演艺院线联盟、电视院线联盟、"数字图书馆建设工程"(构建数字图书馆总分馆联动共享体系)乃至"数字公共文化服务体系"等,都有鲜明的共享经济特征。只是正在勃兴的共享经济更为强调借助互联网、物联网、云计算及大数据等先进手段而已。可以预见:伴随着互联网、物联网、云计算及大数据等先进手段的广泛应用,特别是伴随着共享经济形态及共享经济实体的进一步发育成长,今后的公共文化服务将有望在服务的可得性、便捷性、鲜活性、丰富性及先进性等方面获得极大的提升。

综上所述,"平台经济"、"总部经济"、"体验经济"及"共享经济"已不再局限于某个具体的产业领域,而是通过任何产业和公共服务供给等都可能发展的"平台"、"总部"、"体验"及"共享"等组织形态,来创造特定的盈利模式和公共服务新模式,并以规模化、社会化、集约化的方式来开展市场运作。相比之下,体验经济可能因为注重个性体验和私人订制,从而表现为具体消费不讲规模、分众化集成运作才重规模,以此来求得收益最大化。目前,这四种新兴经济形态正在国内外形成方兴未艾的发展态势,它们虽然首先带动的是产业业态内部生产要素等的组织方式变革,但是其在社会生活层面却是通过公共消费服务供给方式的创新而使人们的公益性福利获得增值。

"平台经济"、"总部经济"、"体验经济"和"共享经济"在当下的勃兴和发展,具备共同的时代诱因和科技文化支撑。具体来说就是,它们都是经济全球化潮流造就的生产要素国际化配置、产业价值链寻求扩张增值这一时代趋势的产物,也是三大革命性技术(互联网技术、现代通信技术及数字技术)日新月异发展所引发的时空障碍破解、人际交往模式创新及产业核心技术应用的结果。正因为如此,这四种新兴经济形态势必会构成一种交叉互渗关系。以平台经济和总部经济为例,总部经济体因为是所属产业行业领域中的"首脑"部分,它在客观上就承担着向所属产业行业领域提供研发创新引领发布、市场供求信息及生产要素信息传导、产业行业标准协调订制等方面的"平台"化服务。从这个意义上来看,总部经济体也在相当大的程度上具有平台经济体的形制和功能。同样,体验经济和共享经济之间的交叉互渗也是非常明显的。共享经济大多要依托有线和无线网络平台来完成线上对线上、线下对线上、线上对线下的某些甚至全部交易流程,更要借助物联网手段来实现消费体验的多点共享。"共享"的绝妙之处就在于:它可以借助互联网、物联网来实现消费者消费体验的分享,其结果就是将闲置的消费品进入再流通渠道。在此之前,消费品的二度消费者甚至可以从网络上了解其口碑评价。而共享经济的运营商其实也就成了名副其实的平台经济运营者。如果以苹果公司为例,则可以发现:苹果其实就是一个汇聚了四种新兴经济形态的综合经济体,其 App 软件供销平台是典型的平台经济体,其散布在世界各地的模块分支机构则具有典型的总部经济体特征,其智能软件所提供的各种消费形态又明显具有体验经济的特点,其手机用户借助特定网络功能所实现的协同消费及团购消费又分明具备共享经济的特征。可见,"平台经济"、"总部经济"、"体验经济"和"共享经济"在实际的发展演进中,已呈现出你中有我、我中有你的互动交融、互渗并进态势。

无疑,上述四种新兴经济形态乃至正在酝酿出现的多种新兴经济形态,会引发经济产业领域的革命性变化,也会带来公共服务领域的深刻变化。如作为公共文化服务支撑领域的文化创意产业,注定会首当其冲经受上述新兴经济形态带来的冲击洗礼,从而为更新升级创造新的发展机遇。而作为公共文化服务窗口领域的公共文化事业,则会因为新兴经济形态创生出更多的文化审美消费新样式、文化服务供给新模式,而为社会公众带来更多的公共文化服务实惠。

（四）"互联网＋"和"＋互联网"新理念影响预判

"互联网＋"是"创新 2.0"①下的互联网发展新形态、新业态，是知识社会创新 2.0 推动下的互联网形态不断发展演进的结果。"互联网＋"预示着有可能产生与互联网相关的多种新型经济形态，也就是说，不断升级换代的互联网技术在生产要素的组合配置，将发挥常规手段技术难以起到的优化作用和集成作用。互联网依托其跨越时空障碍优势、技术创新高速率优势及更加贴近现实实用等优势，将越来越广泛地渗透融合到传统经济领域和新兴经济领域的各个层面，从而使实体经济的创新力和生产力获得极大的提升，形成更广泛的以互联网为基础设施和实现工具的经济发展新形态。越来越被人们看重和启动的形形色色的"互联网＋"发展计划，将不断促进以云计算、物联网、车联网、大数据、人工智能、人机组合、远程智控等为代表的新一代信息技术与现代制造业、生产性服务业和消费性服务业等的融合创新，从而会从根本上发展并壮大以互联网金融业、互联网媒体业、互联网娱乐业、互联网销售业、互联网消费服务业、互联网创意产业等为代表的一大批新兴业态，打造数量极为可观的新生产业增长点，为诸如"工业 4.0"及"智慧城市"等发展目标的实现提供更为强劲的驱动力，为大众创业、万众创新提供环境，为产业智能化提供支撑，增强新的经济发展动力，促进国民经济提质增效升级②。

与此同时，"＋互联网"将以大量传统产业向互联网渗透借力发展的表征成为另一个重要趋势。其实，在前文所论述的"平台经济"、"总部经济"、"体验经济"和"共享经济"中，"＋互联网"和"互联网＋"的雏形影响效应已经有所显现，像"平台经济"和"共享经济"中的生

---

① 这是人们对创新模式"版本"升级的形象说法。如果说"创新 1.0"是以技术为出发点的传统创新模式的话，则"创新 2.0"就是以人为出发点的创新、特别关注用户的创新、以现实应用为本的创新，是面向知识社会的下一代创新。

② 部分参阅百度网"互联网＋"词条。

产要素配置和产品服务供给等,大多都是借助互联网才启动完成的。今后的"互联网＋"和"＋互联网"实际上一方面代表着以互联网技术发展为驱动力,将衍生出无以计数的不确定性,孕育着多种多样的可能性;另一方面又实实在在地象征着无以计数的传统产业业态将主动迎合受用互联网技术不断革新所带来的人性化、实用化及高效化红利,从而为传统产业注入新的动力。换句话说,互联网经济与其他传统经济及新兴经济之间的跨界融合,正以超乎寻常的速率进行着,并成为中国文化建设中一种"新常态"。当下一些积极对接迎合互联网经济跨界融合的传统产业正开始重新确定自己的发展驱动力,并不断延伸拓展其产业发展空间领地;而另一些坚持依然故我、故步自封、不愿迎合对接互联网经济跨界融合的传统产业则已逐渐流露出竞争乏力、效益下降的颓势。与传统产业对接迎合互联网产业发展驱动力形成呼应的是,一些互联网知名企业也已瞄准了"互联网＋"带来的重大发展机遇,大举进军传统产业,力求在与传统产业融合发展的过程中抢占市场先机。如阿里巴巴集团在 2014 年 6 月,先是投资 12 亿元成功收购了广州恒大足球俱乐部 50％的股份,接着以62.44 亿港元认购"文化中国"新股,从而持有其 60％的股份,成为"文化中国"第一大股东①。前上海市文广局局长胡劲军指出:互联网视频企业优酷土豆近两年来主动进军影视业,接连投资拍摄了 8 部电影,总票房突破了 33 亿元,其中徐克指导的 3D 动作电影《智取威虎山》取得了不俗的票房业绩,说明"互联网＋"在与电影产业的结合中显示了强大的活力②!

　　显然,在今后相当长的一段时期内,不论是在传统产业领域,还是在互联网等新兴产业领域,一方面是其互联网技术含量或说信息化价值取向所占比例的多寡,将势必成为区分这些具体产业行业市场竞争力高低的一个重要衡量标准,另一方面是依托互联网技术向

---

① 陈炜敏:《马云控股"文化中国"阿里进军影视业》,《济南日报》2014 年 7 月 3 日。
② 2015 年 4 月 16 日上海人民广播电台 FM93.4 频率早 9 点至 10 点"2015 上海民生访谈"。

传统领域的渗透拓展,将为那些以互联网为立足点的新兴产业带来更大的发展空间。面对"互联网＋"和"＋互联网"之类的新业态、新理念的不断涌现拓展,公共文化服务事业的发展不可能特立独行、置身事外。事实上,早在若干年前,我国公共文化服务建设领域已经深切感受到了互联网产业所带来的巨大冲击,国家文化建设主管部门审时度势,倡导在推进现代公共文化服务体系建设的过程中,重点实施"电子阅览室建设工程"、"全国文化信息资源共享工程"和"数字图书馆推广工程",要以这些工程为依托,打造"国家公共数字文化服务体系"[①]。这些"工程"和建基于"工程"之上的"体系",基本上无一不是在运用互联网技术。可以预见:在"创新 2.0"时代,"互联网＋"和"＋互联网",将为我国现代公共文化服务体系的建设开创出更为广阔的发展空间。互联网技术的每一次革命性发展,都将为公共文化服务的承载形态、消费样式及传播路径等,带来日新月异的变化,也将使广大人民群众享受到更多公共文化服务的新体验。也正因此,我们有理由积极地融入"互联网＋"和"＋互联网"的时代发展浪潮中。

第四节　文化服务力：公共文化服务的综合衡量

　　中国作为 21 世纪的新兴大国,具有超大型文明国家的特点,其超辽阔的国土面积、超数量级的人口规模和人民群众纷繁多样的精神文化消费需求,决定了中国不仅要有发达的公共文化服务生产供给能力,而且应当具备优良的公共文化服务生产供给效能。推动我国公共文化服务生产供给能力不断发达,尤其是促进我国公共文化

---

① 中华人民共和国文化部:《文化部出台〈文化系统深入学习全面贯彻党的十七届六中全会精神实施方案〉》,http://www.mcprc.gov.cn/whzx/bnsjdt/jgdw/201112/t20111205_292831.html。

服务生产供给效能强化提升,这不单是全面增强我国文化整体实力和竞争力的客观要求,也是有效推进我国"文化强国"建设进程的重要着力点。为此,就必须在广泛吸取国际经验,提炼各地创新实践经验的基础上,确立具有中国特色和时代特点、有效检测公共文化服务效能的衡量体系。

本节聚焦研析"文化服务力"的核心内涵,并首次将"文化服务力"作为公共文化服务的一种"综合衡量"标尺,创新性地提出其下属二级衡量指标"四力"以及下属三级衡量指标"九效",努力尝试将定性研究和定量分析相结合,并以之测度我国公共文化服务体系整体运营效能。就公共文化服务的基本定性而言,既然它在一般情况下主要是由国家公权力机构(如我国的各级党委政府)利用公共资源(如既有人文基础、日常财政投入及政策优惠引导等)、面向公民大众以公益性原则而生产供应的,因此在为数众多的公共文化服务经办运营和管理调控等主体操作序列中,唯有各级专事文化管理的公权力机构才是公共文化服务的责任主体。相形之下,各类直接间接参与到公共文化服务生产供给实践的公司企业、事业单位、民非机构、行业协会、中介组织等等,都只能算作供给主体。可以断定的是,唯有在文化的"管"与"办"完全分离的背景下,责任主体才根本不大可能等同于、重合于供给主体。事实上,责任主体的单一性与否,直接关系到责任的监督和追溯是否更加有效;供给主体的多元性与否,则直接关系到生产供给的质量效能。不过,衡量公共文化服务运营发展好坏也即其效能,可能更首先需要对其责任主体工作优劣状况加以考量。考虑到在现实工作中,文化的"管"与"办"只能实现原则性的分离,责任主体工作实践的下力点和见效点往往会反映在资源平台上,甚至直接转化反映在供给主体上,因此在实际的效能衡量中很难将责任主体同资源平台及供给主体完全分离开来。考虑到效能关涉要素的复杂性,"文化服务力"作为一种全新的综合衡量标尺,其优长之处就在于力求在衡量效能的过程中,从定性与定量相结合的维度出发,充分利用其二三级分项衡量指标,针对诸多复杂性系列要素纷繁并呈的实际,深入把握其中最具制约性且最能影响效能好坏的关键要素,并结合我国各层级公共文化服务运营实际,以特定的指标语言将其真实状况加以揭示。因此概而言之,本节研究的重点,就在于深入论证确立"文化服务力"作为公共文化服务效能综合衡量标尺的科学性。

一、文化服务力概念的提出及诠释

(一) 衡量公共文化服务重在看运营发展效能

衡量公共文化服务运行发展的好坏,无非是要看其与运行及发展直接相关的诸多方面结果的好坏。所谓"效能",按照一般较为公认的解释,是指某一具体事务实现预定目标成效的情况,也可以说是经办具体事务的主体实现目标的效率和能力情况。换句话说,"效能"事实上可以指向两个向度:一是指向工作主体、责任主体,作为衡量该主体之当下工作结果和今后工作潜能的尺度;二是指向工作事务,作为衡量该工作事务结果好坏的尺度。效率(efficiency)、效果(effectiveness)、效益(benefit)是衡量效能的主要依据(简称"三效")①。公共服务效能追求的根本目标:是运用各种科学合理的手段、制度和载体,调动公共服务主体的积极性、主动性和创造性,不断提高其服务效率、增强其服务能力、端正其服务态度,进而通过其优良的服务质量,来实现公共服务效益最大化。"效率"、"效果"及"效益"这"三效"的好坏,往往具有对已完成事项作出"盖棺定论"评价的意味,而"效能"高低则不仅可以用以分析已完成事项,而且它对于是

① 与此处"三效"略有交叉重叠的概念还有"效力"。按照辞书和学界的解释,所谓"效力"既可以专门用作"效劳"之意,又可以在管理学意义上理解为"组织达到其预定目标的程度与等级",还可以从法律意义上解释为"行使某项权利的效果和作用力"。后文二三级指标中使用的"效力"概念恰好采引后两类含义。

否具有启动完成今后诸事项的能力,也会有客观的反映。

对一个具体地区而言,公共服务通常是保障该地区居民日常物质消费和精神消费正常开展的必备功能。公共服务的供应主体可以是多元化、多样化的,但毫无疑问的是,地方政府相关领域公权力运营机构,一定是其所负责条块的公共服务最重要最关键的规划制定者、平台搭建者、生态营造者。在某些情况下,人们兴许可以将其视为供应主体或说"操盘手",但其在市场、社会、中介及消费者之间承担的托底保障、牵线搭桥及穿针引线等功能,应当远远大于其直接作为供应主体来供应产品及服务的功能。从此意义上来看,政府面对公众的公共文化服务消费需求,更应当是一个可供公众拷问追究的"责任主体",而不是一个简单化的"供给主体"。不过按照我国业界早已形成约定俗成的认识,人们往往习惯于将政府文化主管机构视为公共文化服务的必然主体之一。更准确地说,政府文化主管机构应当既是主要的"责任主体",又是部分的"供给主体",因为政府绝无可能包揽公众社会化消费需求的全部供给。政府主管机构还需要借助其辖属的专事公共服务生产经营的各类国营企事业及民营盈利非营利实体机构,来实施必要的供给。这部分实体机构虽然也属于业务支撑性供给主体,但他们必须借助政府供给主体,在管理调控、机制创建、平台搭建和市场营构等诸多方面的积极作为,才能最终实现供需对接和产销交易。除此之外,社会多元化、多样化的供给,必须相应地借助社会多元化及多样化的力量来完成,同时还必须适时适度地借助市场手段。应当强调的是:在文化的"管"和"办"理论上要求高度分离的背景下,各级党委政府公权力机构作为最终性的责任主体,本就该将主要工作精力投注在生态营造、市场管理、规划制定、政策引导及依法监督等上面,而将具体的生产供给业务经营完全交由多元化的供给主体。但就我国目前所处的发展阶段来看,各级党委政府公权力机构在恪守"政府主导"原则的背景下,短时间内很难彻底从"管"与"办"的纠结中解放出来,只能以"管"为主、以隐身介入的"办"为辅的方式,来推动公共文化服务生产供给运营。

　　由此看来,衡量具体地区公共文化服务运营发展好坏的重心肯定要落到政府身上。以上述"三效"标准来衡量政府公共服务主体效能,则"效率"、"效果"和"效益"就既是作为"过程"环节检测不可或缺的手段,又是作为"结果"环节的最终检测依据。我们单以"效益"衡量要素为例,认定公共文化服务效益高低的标准主要可以归结为两个:一是社会效益标准;一是经济效益标准。后者主要是指经济方面的投入回报及投入收益,它可以通过定量化的客观数据增长来加以"间接"衡量。这完全是因为考虑到公共服务通常会具备鲜明的公益性"完全免费"和"折扣优惠"特点,所以政府用以公共服务的各类财政拨款性及补贴性投入,可能就是纯消费投资性的、无法实现"直接的"经济收益回报。而其经济收益的回报则只能从公众自发自愿投身供需对接性市场交换的环节来实现。也就是说,经济效益的高低,必须从各类国营企事业及民营盈利非盈利实体机构的服务营销收益业绩中,才能获得最终实现。可见,政府公共服务的公益性定位,决定了不能完全以客观量化数据衡量政府效能。有鉴于此,就必须将经济效益衡量与社会效益衡量合理结合起来,在这个意义上来说,衡量社会效益的高低,会在检验政府公共服务效能方面,体现出更大的权重。英译中的"benefit"一词难以反映中文"效益"一词的丰富性。社会效益尽管也可以借助量化手段来间接衡量,不过它主要体现为一种普遍的占据群体性数量优势的主观感受评价认定,其中包括了对"效率"、"效果"乃至"公平"等情况的认知判断。

　　应当看到:既然效能的提升及其衡量手段可以借助于前文所说的"三效",而且"效能"通常还和"能力"相关,则衡量效能就需要"硬"与"软"相结合,重点放在"软"上面。"硬"是指文化基础设施。比如北京利用筹备2008年奥运会的有利契机,新建了"鸟巢"、"水立方"等地标性文体设施;上海则利用筹办2010年世博会及世博园后续开发的机遇,推动了公共文化服务设施的增量发展,包括利用世博场馆改建,推动硬件规划落地,兴建了中华艺术宫、上海当代艺术博物馆、上海国际舞蹈中心、刘海粟美术馆等标志性建筑,与此同时,区县文化设施建设也获得了较大推进。显然,这样的文化基础设施增量发展,对于提高区域的公共文化服务效能,会打下良好的物质基础。它意味着潜在"能力"的增强,好比原先一座图书馆拥有接纳300人同时阅读的潜能,扩建二期后增加到了600人,能级有成倍提升。不过"效能"所要揭示的不是从300人的能级增加到600人的能级,而是作为图书馆是否通过提升服务质量(包括藏书质量)及增强服务效率等"软"手段[①],来实现吸引600人甚至更多的人长期到馆消费。如果600人的接纳容量却仅有50—100人到馆读书,则这个潜能就是无效的,效率乃至效益也是低下的。这意味着:提高图书馆服务的效益,需要"硬"与"软"结合,即把基础设施建设和提高服务效益结合起来,才能获得综合的效果。

(二) 文化服务力是影响效能高低的关键所在

根据前述的分析,公共文化服务的效率、效果及效益,归根结底是由公共文化服务主体所创造的。在我国各级党委和政府已逐步明确基本实现公共文化服务"管办分离"、同时存在公共文化服务管理主体(政府)和经营主体(经营者)的背景下,衡量公共文化服务运营发展的好坏,就等于在衡量公共文化服务管理主体和经营主体的效能。考虑到我国公共文化服务强调"政府主导"这一特殊实际,而党委和政府又是我国公共文化服务的管理调控、机制创建、平台搭建和市场营构的组织者及策动者,因此,衡量我国公共文化服务效能的好坏,其重点主体之一就应当是党委直属宣传文化系统及政府文化主管条线机构。

---

① 以图书馆为例,就藏书质量这一指标而言,图书馆图书采购部人员素质的高低就很有讲究,如果采购人员素质高低有明显差异,则花同样多的钱采购来的图书就可能会有高下之分;同样,图书馆图书编目法具体应用实施的好坏,也对图书馆服务效率的高低有直接影响。

这里需要首先说明的一点是：对于文明国家来说，其所属各级政府等公权力机构，长效性为公民提供"公共文化服务"是其本分职能所在。因为这个公权力是由公民大众赋予政府的，加之维持文化公共产品生产供应的基本财力也是源自公民纳税人的，所以各级政府面向公民大众提供的只能是"公共文化产品服务"，其重心在于"服务"。公共文化服务自身具备的质的规定性及特殊性，决定了各级政府必须将面向公民大众提供基本的和非基本的文化"公共服务"，因此，以"文化"为内容、为载体，开展与之密切相关的"服务"，既是各级政府工作重心的落脚点，又是其境界诉求的着力点。在中国，公共文化服务运营管理主体不仅包括了各级政府相关部门，而且还特别包括了各级党委宣传文化主管部门。既然如此，那么究竟应该用什么尺度和标准，来衡量公共文化服务运营发展管理主体——各级党委宣传文化主管部门和各级政府相关部门的效能呢？我们以为："文化服务力"是行之有效的衡量公共文化服务的综合标准。"文化服务力"的说法近年来陆续在一些政府文件和研究成果中被援引使用。如《宁波市文化广电新闻出版局"十二五"文化发展规划》就在阐述文化发展总体目标时这样写道："到 2015 年，宁波文化发展水平与城市经济社会发展水平相适应，文化在综合实力竞争中的地位和作用更加突出，文化服务力、文化创新力、文化竞争力和文化影响力显著增强。[1]"另有一些研究成果也使用了"文化服务力"概念[2]。不过这些文件及成果均未将"文化服务力"作为其核心概念加以阐释。

我们将"文化服务力"视为衡量公共文化服务效能的核心概念，将其界定为：国家和政府公权力机构及其下辖实体经营机构和契约

---

[1]　宁波市文化广电新闻出版局：《宁波市文化产业政策汇编》，第 179—196 页《宁波市文化广电新闻出版局"十二五"文化发展规划》（甬文广新〔2011〕118 号），见 http://qw.duxiu.com/getPage?sw。

[2]　参阅：张国祚主编：《中国文化软实力发展报告》，北京大学出版社 2013 年版，第 112 页；花建等：《文化软实力：全球化背景下的强国之道》，上海人民出版社 2013 年版，第 38 页；谷建全及卫绍生主编：《河南文化发展报告 2012》，社会科学文献出版社 2012 年版，第 18 页。

受托机构,依托公共财政、公共政策等公共资源的基本支撑,为公民大众生产提供既让人们喜闻乐见,又能反映主导文化价值诉求的基本性和非基本性公共文化产品及公共文化服务所必须具备的"综合实力"。文化服务力是责任主体和供给主体都应具备的重要履职条件。通常情况下,国家和地区公共文化服务的谋划、开展、运营、经办、创新及发展进行得好坏,最主要的是取决于各类公共文化服务主体,特别是运营发展管理主体是否具备了"文化服务力"核心优势。只有文化服务力强盛的公共文化服务生产供给主体,才有可能为市场公众提供受欢迎的、品质优良的公共文化产品和服务。反之,如果供给主体在文化服务力方面显得较为疲弱或明显存在某方面缺陷,则它就不大可能做到持续地为市场公众提供受欢迎的、品质优良的公共文化产品和服务。换言之,从文化服务力的现实状况的衡量或测度中,可以对公共文化服务的当下运营发展情况得出这样的基本判断。

(三)"四力":文化服务力的二级衡量指标

文化服务力所强调的"综合实力",由以下彼此关联的"四力"要素构成。

1. 文化服务主体的"能力匹配"状况[①]

就责任主体而言,其能力指向领域具体涵盖:按照国家文化发展要求制定公共文化服务中长期发展规划的能力;把握并顺应文化发展特殊规律及市场经济客观规律,依法对公共文化服务及其事业产业支撑实施宏观、中观及微观管理的能力;按照国家特定意识形态主导文化要求引领其社会价值导向的能力;推进公共文化服务保障并落实公民文化权益的能力;营造公共文化服务生产消费健康生态环境并不断对其改良优化的能力;开展文化领域与其他行业领域间的日常统筹协调的能力;促进公共文化服务致力于传承文明及实现

---

① 本处所说的"服务主体"包括了"责任主体"和"供给主体"。

增量发展的能力等。就供给主体的能力而言,其具体指向范围包括:利用特定的公共文化服务生产资料等要素,开展公共文化服务产品生产及服务供给的能力;按照国家公共文化服务事业规划、按照群众精神文化生活消费客观需要的要求,对具体实体机构实施经办运营的能力。

2. 文化服务主体的"动力储备"状况

这同时会关涉到责任主体和供给主体。此处强调的所谓"动力",也就是指完成公共文化服务某种理想目标的理性预期乃至本能冲动。联系到两类主体,则就包括是否具有落实广大人民群众文化权益的强烈意愿?对为国家全面发展创设文化前提是否具有鲜明担当意识?对服务于整合推进国家核心价值观最大限度认同是否有明确的目标诉求?对经办运营好具体的公共文化服务平台机构是否有足够的改革创新及谋求发展意愿?如将类似"动力"转化为具体行动,就可以在多个向度上有所显现。诸如在文化资源要素的转化应用、文化平台载体的创建运营、文化内容项目的创意策划、文化体制机制的调整完善等方面是否表现出了应有的改革创新力度?对此均可作客观考量。如果主体虽有能力但却明显缺乏动力,则必定会表现为得过且过、无所作为。

3. 文化服务主体的"物力保障"状况

通常情况下,文化服务主体是否具备强劲与否的"文化服务力",既受制于其是否具有强盛的"能力"和"动力",又取决于其是否同时具有相应的、丰富的客观物力保障。换言之,不论是针对责任主体而言,还是针对供给主体而言,在开展公共文化服务宏观中观管理或启动公共文化服务微观经营活动时,都需要有相应的政策、计划、财力、物力及人力等多方面的投入。如对专事宏观中观管理工作的责任主体而言,其物力保障一般就包括存量的文化资源要素禀赋(如历史文化名胜古迹及非物质文化遗产传承等)、增量的文化平台载体集成(如文化硬件场馆设施及文化专业机构建设等)、恰当的文化经济政策体系及文化法制配套服务等,它们既在相当大的程度上体现为公共文化服务建设的物质文明发展基础,又在一定程度上体现为公共文化服务建设初步具备的文化软实力发展保障。如对经办运营具体公共文化服务实体机构的供给主体而言,要想顺利开展具体的公共文化服务产品的策划生产及服务供应,也必须有相应的专项经费、专业人才、装备设施、营销宣传等方面的投入。

4. 文化服务主体的"效力实现"状况

"效力"既然通常是指"组织达到其预定目标的程度与等级"和"行使某项权力的效果和作用力",那么检验文化服务力强劲与否的关键指标,就在于审视并衡量文化服务主体借助业已具备的"能力"、"动力"和"物力",所产生的"效率"、"效果"和"效益"的大小,总括起来就是检验"效力"的大小。如果文化服务主体通过持续不懈的努力,在公共文化服务方面实现了社会效益和经济效益的双丰收和增量扩大,则可以说其"效力"是十分显著的。显然,"效力实现"情况实际上是检验文化服务力强弱的结果性指标。当责任主体和供给主体"自身具备"(也即内生的)的"能力"和"动力"和"间接引发"(也即外加的)的各种"物力"强盛了,其相应的公共文化服务才有可能具备优良效能的实现基础。

"四力"所支撑的"文化服务力"概念,其得以提出的最终目的就在于:用以衡量考察我国公共文化服务领域各层级各类责任主体和供给主体的诸方面绩效状况,进而从宏观、中观及微观相结合的研究视角出发,对我国公共文化服务发展总体现状得出一个较为科学清晰的评价判断。在文化服务力的这两类承载主体序列中,其中责任主体和国营企事业文化单位之类的供给主体主要分布于体制内,民营文化公司企业之类的供给主体则散布在体制外。文化服务力作为一种效能衡量标尺,其具体的分级指标从理论和实践上来看,完全具备了用以分析考量某个具体的责任主体和供给主体的可能,同时又可以用以分析并考量一个地区的责任主体集成和供给主体集成。这些主体的核心成员应当主要由以下几方面构成：党政文化主管部门，国营文化企事业单位，民营文化企业及中介机构和文化社会团体行业协会等。需要指出的是，文化服务力作为一种全新的绩效评价尺度，假如能够在操作实践中落实具体的细化指标，则就不仅有潜力适用于对整个国家或某个地区作相关的面上全面衡量，而且也将适用于对某些具体的责任主体及供给主体进行点上全面衡量。如果说"文化服务力"是本研究确定的"一级衡量指标"的话，则"能力匹配"状况、"动力储备"状况、"物力保障"状况及"效力实现"状况等就是"二级衡量指标"，而后文所论及的九个分项指标，就相当于"三级衡量指标"。

二、"九效"：文化服务力的三级衡量指标

上述有关文化服务力的"能力"、"动力"、"物力"及"效力"的概括阐释，既可成为公共文化服务责任主体和供给主体为自己设定的文化服务力强化追求目标，也可作为研究分析公共文化服务运营发展现状和今后设想的重要参照。在"能力"、"动力"、"物力"及"效力"这"四力"要素中，"能力"、"动力"、"物力"这前三个"力"体现的是开展公共文化服务运营的"前提条件"；而"效力"这第四个"力"，体现的是由前三个力协调运作后，指向特定的行为实践所产生的积极结果。"能力"、"动力"、"物力"及"效力"在衡量尺度上而言，更表现为一种对不同层级供给运营主体的理想期待，仅仅用这四方面概括性要素手段去考察分析面上的公共文化服务实践，似乎还不足以揭示和说明实际问题。为此，我们需要对"文化服务力"作深入内部、更有侧重的研究分析。

也就是说，当我们将"文化服务力"下属的"四力"作为衡量评价公共文化服务运营发展状况的二级指标的时候，事实上还可以通过对其中以体现"执行力"为特征的"效力"作进一步细分，以此来联系

公共文化服务发展实际,分析其各个方面的真实绩效。这些细分出来的"效力"指标主要包括引导效力、调控效力、惠民效力、创新效力、生产效力、运营效力、传播效力、吸引效力及消费效力等,这里可以概括为"九效"。

(一)引导效力、调控效力及惠民效力

这三种"效力"主要由责任主体——即行使公共文化服务宏观管理职责的各级党委宣传思想文化部门,以及对应的政府文化主管机构来实现。其主要通过发展规划引导、政策计划调控及文化惠民举措等,来推动各层级公共文化服务公司企业及实体机构平台(如文化馆、社区文化活动中心等),不断契合国家的文化意识形态建设需要,不断顺应国家和区域的公共文化服务运营发展需要。

1."引导效力"的诠释描述

国家公共文化服务向公众提供的是文化内容产品和相关的消费服务。海量的文化内容产品和相关的消费服务,因其在内容主题、题材体裁、风格样式、民族传统、地域特征、表现形态、传播平台及消费周期的不同,而彼此在客观上存在着明显的差异性。但尽管如此,它们还是通常会程度不同地包含有与社会意识形态及文化价值观密切相关的信息。在全球化运动不断推进、互联网技术及移动通信技术迅猛发展的背景下,任何国家和地区都很难做到在文化内容消费几近实现"即时可得化"和"基本去屏蔽化"的态势下独善其身。这就意味着,国家公共文化服务的发展及供给,必须要责无旁贷地行使其理应具备的社会意识形态和社会价值观引导功能,同时要努力使蕴含有国家主导文化内涵的公共文化服务,在与诸多非主流的和非本土的文化内容消费竞争中,始终不处于劣势。否则,将可能造成广大国民在精神信仰上无所适从、在价值认同上四分五裂,从而危及国家和社会的稳定发展。显然,国家和地方不同层级的文化意识形态主管机构,是履行公共文化服务之意识形态引导及价值观引导的责

任主体。

需要指出的是,"引导"或说"引领"绝对不等同于"干预"和"强制"。较为理想化的文化艺术审美消费,绝对不会是以马克思所说的"席勒式"那种刻板化、教条化、程式化的说教去催逼人们"该怎么样,不该怎么样"的,而应当是以马克思所说"莎士比亚化"的方式①,通过文化消费审美去自然而然地、潜移默化地感化人们自愿作社会行为的自我调适。这种"无为而为"式的"引导",也不等于消极地、被动地"放任"。只有引导得法、体现出良好的效力,引导力度才会达到较为理想的状态。而正确的"引导"还不仅仅局限于价值观认同方面的"引导",还应当包括对社会公平秩序营造的引导等,如政府文化主管部门用项目补贴的方式鼓励文艺院团"送戏下乡"、"送戏下工地"等,这等于是通过政策措施引导公共文化服务向基层倾斜,以便促进不同阶层群众在保障落实文化权利方面逐步实现均衡化。引导效力主要追求的是适时适度、恰到好处的有效引导,它不应该是追求过多过滥、缺乏实效、以"引"代"办"的片面做法。

2."调控效力"的诠释描述

它具体涉及以下几个方面:第一,它主要表现和反映公共文化服务责任主体集成中的党政文化主管部门,在应对处置文化领域与其他行业领域之间、文化行业内不同条块部门之间相互关系时所体现出的协调效率,在整合汇聚和优化配置全社会文化资源要素时体现出的效力优劣状态。换言之,公共文化服务的调控力,要集中表现为能够最大限度地破解来自各方面的制约公共文化服务顺利健康发展的各类瓶颈障碍,使得公共文化服务能够在发展环境改良、资源要素配置等方面获得较为明显的优势。因为公共文化服务的运营发展不可能脱离国家的社会政治经济等各方面的制约,如何让来自各方面的相关制约不至于成为干扰其健康发展的阻力,是"调控力"应当

① 马克思:《致斐·拉斐尔》,《马克思恩格斯选集》第 4 卷,人民出版社 1995 年版,第 554—555 页。

施展抱负的方向。第二,各级党委政府的文化主管部门,作为各层级公共文化服务的第一责任主体。他们有一个极为重要的调控任务,即借助适时适度的宏观规划引领、法制规章引导及市场手段调节等,来调控各层级、各地区公共文化服务供给和消费,最大限度地体现社会公平。显然,调控效力注重的也是调控之适时适度、合理有效,不见得调控得越多就一定会越好,它同样也不主张那种违反文化发展规律、以调代办的调控。

3. "惠民效力"的诠释描述

国家公共文化服务的主体是公共文化服务管理机构和经营机构,而公共文化服务的客体也即服务对象,则是全国民众乃至国际受众。这也就是说,"主体"和"客体"在本质上构成了推动公共文化服务事业不断向前发展的矛盾运动。"客体"客观上具备的难以计量的文化内容消费服务巨大需求,决定了"主体"管理并经营公共文化服务产品生产及消费供应的合法性和存在价值。改革开放40年来我国公共文化服务领域获得的经验教训表明:国家公共文化服务根本无法忽略或轻视公众的实际需求而独立存在。美、日、欧等发达国家和地区的文化产品在全球畅销不衰、攻城略地的事实表明:唯有那些最具时代感、直抵灵魂深处的东西,才最有市场竞争力。这些文化产品中,确实有低俗、庸俗及媚俗的成分,以迎合并取悦公众,但是它们倡导自由、竞争、科学、法治等的积极内容,体现了人类创造的优秀成果,而且在激烈竞争和优胜劣汰的过程中,形成了把握人性、攻心摄魄的特点,值得我们认真借鉴和吸取。所以,公共文化服务的"惠民效力"或说"惠民效能",其重点就是将国家公共文化服务的立足点和着力点,落定在"文化惠民"、"文化为民"和"文化民生"上。"民"是个分量极重的服务"客体",公共文化服务不应该是"主体"自管自办、自说自话。说到底,公共文化服务事业的"立足之本"是民众。只有"惠民效力"实现了充分释放,文化服务力才能获得极大的增强。

(二) 创新效力、生产效力及运营效力

此三种"效力"主要由各地区、各层级、各类型具体的公共文化服务公司企业机构及实体服务平台等来实现。

1."创新效力"的诠释描述

创新是一切事物发展的动力和源泉,国家公共文化服务事业不可能是一个完全自足、自我循环、一成不变的体系。在人类社会进入到一个"世界是平的"地球村时代①,公共文化服务受制于文化消费内容历史上从未有过的全球化、电子化、无线化、便捷化、时尚化、人性化传播时代,受制于广大受众在充分享受全媒体及自媒体发展红利中所引生出的文化审美消费多元化多样化嬗变,势必会寻求在文化内容产品的研发、生产、包装、配送、宣传、推广、供应及服务等方面,力求不断超越、不断突破、不断创新。这也就决定了公共文化服务事业的可持续发展,必须要建立在领域体系高度改革开放、高度互动交流的基础上,同时要以持续改革创新的宏大气魄,去主动积极地对本土传统文化实现推陈出新、发扬光大,对世界文明成果实现虚心学习、理性借鉴。所以,创新效力的实现程度是决定文化服务力能否实现强劲强盛,能否保持永续发展的关键所在。

从总体上看,公共文化服务的创新主要体现在"内容原创"、"科技创新"、"机制创新"及"手段创新"等若干方面。以科技创新为例,在科技日新月异迅猛发展的当代,文化及其相关产业全新业态的大量涌现,公共文化服务在文化内容表现形态、文化服务运营手段、文化审美消费方式等诸多方面的拓展成长,几乎完全取决于科技的巨大进展。自人类进入近现代社会以来,科技带来的社会经济文化等的全面进步,是过去难以想像的。马克思在谈到早期资产阶级利用科技创新引发工业革命的壮举时说道:"资产阶级在它的不

---

① 参阅[美]托马斯·弗里德曼:《世界是平的:21 世纪简史》,何帆等译,湖南科学技术出版社 2008 年版。

到一百年的阶级统治中所创造的生产力,比过去一切时代创造的全部生产力还要多,还要大。自然力的征服,机器的采用,化学在工业和农业中的应用,轮船的行驶,铁路的通行,电报的使用,整个大陆的开垦,河川的通航,仿佛用法术从地下呼唤出来的人口,——过去哪一个世纪能够料想到有这样的生产力潜伏在社会劳动里呢?①"而当代科技进步所催生的新型生产力,加速了人类社会的全面进步。在我国改革开放初期,邓小平同志就高瞻远瞩地指出科技的巨大作用:"马克思说过,科学技术是生产力,事实证明这话讲得很对。依我看,科学技术是第一生产力。②"面对科技这个第一生产力,公共文化服务显然无法置之度外。当今的科技进步正在不断创造着文化和相关产业的新业态,而且正在以澎湃的创新活力,改变着人们的文化消费生活方式。在此态势下,文化服务力的强劲提升,必得仰仗公共文化服务去主动对接逢迎科技的创新发展,从而为公共文化服务发展提供可持续成长的动力。

2."生产效力"的诠释描述

这种"效力"最为直接地来自专事公共文化服务产品日常生产供给主体。它主要表现和反映公共文化服务供给主体集成,在文化产品及文化服务方面的产出效率,同时也包括对文化产品及文化服务在内容、形式及品牌等方面所能体现出的扩大再生产能力及集约化规模化生产效益。文化产品生产表现出品种多样、丰富多彩及喜闻乐见,文化服务体现为便捷惠民、价廉质优、受人欢迎,并且能够充分满足广大人民群众的文化消费需要,才是"生产效力"强盛的最终表征。一般而言,供给主体集成中的国营企事业文化单位以及民营文化企业公司及中介机构等文化实体,是实现"生产效力"的骨干力量所在。不过,在责任主体和供给主体身处具体的公共文化

---

① [德]马克思:《共产党宣言》,载《马克思恩格斯选集》第一卷,人民出版社 1972 年版,第 256 页。

② 《邓小平文选》第 3 卷,人民出版社 1993 年版,第 274 页。

服务操作实践中时难以区分彼此的背景下,人们注定会在感性认识上普遍认定政府文化主管部门作为责任主体实际上就是"幕后"真正的供给主体。有基于此,如何能够巧妙借助文化规划、文化政策、文化法规及文化市场等综合手段,来最大限度地挖掘、激发和释放全社会的文化生产潜力,让更多的社会多元力量成为供给主体,从而实现公共文化服务生产的高度繁荣发展,就成了公众最为务实的期待。

3."运营效力"的诠释描述

这是供给主体理应"自身具备的"一种潜力。它主要是指那些专事公共文化服务生产消费运营的实体机构,本应具备的既能维持自身长期可持续发展,又能通过自身不断提供优良的文化产品服务而获得公众和市场认可的那种实体经办能力。这些实体主要既涵盖了窗口领域,又涵盖了支撑领域,具体包括国营文化企事业单位机构和民营文化企业公司及中介机构等。通常情况下,这些实体是利用自身具备的公共文化服务平台载体,以属地化受众群体为主要的文化消费服务对象,但又并非完全以此为限,而是以面向所有公众、面向文化市场的相对开放姿态,为他们提供各类"市场既有的"和"自己原创的"公共文化产品及公共文化服务。一般而言,这些公共文化服务实体自身生存发展状态的好坏,会直接与其面向市场公众提供公共文化产品生产服务的好坏密切相关。只有实体的供给能力强、经办效益高,才能说明其具有强盛的运营效力。

(三) 传播效力、吸引效力及消费效力

这三种"效力"首先与供给主体密切相关,又与具体的产品及服务密切相关,还与供给客体—即公众消费者密切相关,并且在一定程度上与责任主体相关。

1."传播效力"的诠释描述

这既是供给主体"间接引发的"一种"效力",又是其应该"自身具

备的"一种"效力"。这里所说的"传播效力"不一定表现为更大更多的"投入",而主要强调传播的有效性,以及被传播的文化内容品质所显现出的一种深厚"功力",也即后文所说的"吸引力"。之所以这样说,是因为"传播效力"的强弱与否,虽然和传播的战略策略设计、技术手段水平、设施装备能级、覆盖时空范围乃至人力财力投入等密切相关,这在全媒体时代显得尤其重要,但这也并不能证明传播效力就完全由策略、技术、装备等决定。从长远来看,文化产品及文化服务本身是否具备了富于思想穿透力、感官冲击力和时代竞争力的内涵价值,会深刻地影响传播效果。传播效力从表面上讲的是投送实力和扩散能力,可它又不完全是靠投送得远、扩散得广来"一锤定音"的。在许多情况下,只要传播的思想本身具有摄人心魄的巨大力量,即使传播力度并不足够强大,也可能要远比某些依靠尖喉大嗓高分贝传播的空洞观念,对公众更具影响力。

2. "吸引效力"的诠释描述

"吸引效力"主要由具体的文化产品、文化服务乃至文化平台等发出,有赖于这三者所释放出的美学价值和由此带给公众消费者的磁石般吸引魅力。它也可以看作是供给主体"间接引发的"一种"效力"。它主要表现并反映公共文化服务通过面向市场公众的文化产品服务供给消费,最终所体现出的受众亲和效力及认可效果。也就是说,表现喜好与否态度的公众,首先会对文化产品及服务本身表露意见,其次才会推及生产供给主体。当然,公共文化服务的吸引力大小及强弱,通常要经过社会效益和经济效益的双重检验。虽然经济效益的大小,往往可以借助于与文化产品服务相关的具体数据指标来反映,如通过影视作品的上座率、收视率,图书报刊的发行量、销售量,网络作品的点击量、下载量,文化场馆的参展人次及活动人次,但是社会效益却具有更为重要和突出的衡量权重。然而社会效益的衡量常常必须从受众群体主流、社会舆论反映及文化业界行家的主观评价中去获知。而这些全面评估的数据并非像电影票房可以全部定量分析,即时获得,而具有深入人心、长远反应的特点。需要关注的是,在信息传播及文化消费进入网络化、数字化、智能化的自媒体和全媒体时代,公共文化服务中的"吸引力",常常会遭遇具有后现代意味的"反向营销"的尴尬。即越是遭遇公众吐槽和质疑的东西,越会引起受众的关注。即使如此,那些短时间赚得人气的低劣作品,并不能赢得公众的长久认可,这表明,那种哗众取宠的吸引力是转瞬即逝的,也不应该是公共文化服务所追求的目标。

3."消费效力"的诠释描述

这属于供给主体"间接引发的"却由供给客体直接发出的一种"效力"。它重点反映公共文化服务的生产消费对国家社会经济等诸方面的"正向拉动作用",反映广大群众自觉自愿投身公共文化服务生产消费的"客观参与效应"。从表面上看,"消费效力"是从市场一方、社会一方及受众一方体现出的现实状况,似乎与以党政文化主管部门为核心的公共文化服务责任主体甚至下辖供给主体集成没有直接关系。然而,实际情况却表明:受众参与公共文化服务的生产和消费的多寡,与以政府文化主管部门为核心的责任主体,与作为实体平台经营机构的供给主体集成,均有十分密切的关系。如从责任主体的角度来看,其是否通过规划引导及政策扶持等手段,来合力营造出了良好的文化生产及消费生态环境,就与消费效力的实现密切相关;而从实体机构等供给主体角度而言,是否为公众生产并提供了质优价廉的文化产品及服务,就与能否调动公众主动消费有最为直接的关系。因此,如果要从公共文化服务的生产消费方面来追溯其与责任主体及供给主体集成之间的联系,"消费效力"就是一个不容忽略的重要方面。

(四)"九效"的测量及与"四力"的关系

1."九效"的测量问题

文化服务力的分项三级指标——"九效",作为综合衡量公共文化服务效能的手段,可以说从诸多现实操作视角出发,聚焦在了影响效能高低的关键制约因素节点上。按照我国不断推进"法治中国"建设进程的客观要求来看,今后的公共文化服务事业改革发展创新和日常的公共文化服务生产运营,将逐渐被纳入到"依法治文"的轨道。换句话说,专事公共文化服务管理的各地各级党委政府文化主管机构作为直接的责任主体,但凡今后要实施诸如"引导"、"调控"及"惠民"等"效力实现"操作,也必须是有相应的文化法制规章、文化发展规划等作为其基本的行动依据;而作为从事公共文化服务产品生产和服务供应的具体供给主体,也必须在遵循现代企业法人治理制度及理事会治理制度的基础上,理性地开展与主业经营相关的"创新"、"生产"、"运营"、"传播"、"吸引"及"消费"的"效力实现"活动。这意味着,责任主体和供给主体在公共文化服务管理和经营的相关决策方面,以往常常体现出的"拍脑袋"、追求"文化 GDP"和"形象工程"的随意性做法,将越来越失去其合理性及合法性。

毋庸置疑的是,测量公共文化服务某方面具体实践的实际效力,首先需要借助一定的定量化手段,其次也需要借助必要的定性化判断。针对"引导效力"、"调控效力"及"惠民效力"的结果测量而言,因为此三种效力主要是由公共文化服务责任主体发出的,所以就有可能需要由汇聚了文化主管部门代表、文化经营机构代表、文化研究专家代表及文化消费者代表等多方面力量的"第三方机构"来出面,借助于聚焦特定主题方向的问卷内容设计,借助于具有较大公众覆盖面的问卷批量征答,借助于科学有效的问卷数据处理,从而才有可能获得相对客观的"效力"测量参考结果。如对"公共文化服务产品生产及服务供给在自然而然地融入社会主义核心价值观内容"方面的引导效力测量、对"城市旧区改造及郊县开发不忘为公共文化服务建设给予必要的设施用地预留考量"的调控效力测量、对"城市重大文化节庆活动面向基层群众并适度采取公益性灵活举措"的惠民效力测量等,就完全可以通过设计相应的社会调查问卷,以批量抽样问卷调查的方式来获得此三种效力测量的参考数据。事实上,问卷调查只是效力测量诸多手段中的一种。由于独立性的、割裂化的效力测量并不能凸显其真正价值,所以只有将纵向的不同时段比较和横向的不同区域比较通盘考虑进来,才可能看出相关效力的变化程度。这也就是说,对于公共文化服务运营发展的引导效力、调控效力及惠民效力,可以通过公共文化服务产品生产及服务供给的相关占比数据统计变化,来获得一个相对直观的感性判断。

同样,对"创新效力"、"生产效力"、"运营效力"、"传播效力"、"吸引效力"及"消费效力"的测量,也可以参照借鉴上述方式手段的做法来进行,只是有以下几个方面需要关注和考虑:一是创新效力、生产效力及运营效力的行为发出主体,主要集中在以公共文化服务生产运营经办者为代表的供给主体身上,在我国公共文化服务的"管"与"办"呈现出区域性及行业性分离水平不一致的情况下,也有可能会与一些责任主体发生关系。二是传播效力和吸引效力的发出主体首先直接体现在具体的文化产品和文化服务上,其次则体现在为公众提供这些产品和服务的供给主体包括实体机构上,而消费效力就集中反映在供给客体也即有广泛代表性的公众消费者集成上。三是对国内目前公共文化服务实践走在前列的一些地区和城市而言,已初步开展了公共文化服务运营绩效评估,此类评估一般主要围绕公共文化服务生产运营实体机构的绩效规约考核来或多或少会涉及上述诸方面效力测量。

这里需要指出的是,上述任何一种效力的测量,一旦通过借助上述多种手段而获得定量化的系列数据,则都有可能通过不同时段的数据高低比较、同行业同类对象间的横向数据高低比较,来尝试获得具体的效力量级判断结果。以下是笔者根据"九效"量级差别研究确定的"效力测量标尺"(见图1)。

图 6-1　"九效"测量标尺

"图 6-1"中正负轴表示"九效"中的某一具体"效力"自左向右——由弱到强的一般发展走向。具体"效力"的强弱大小,既可以通过公共文化服务实践中获得的定量性统计数据比较而得出,也可以借助人们对实际施效结果的专项调研测度而求得。一般而言,标尺中的"最强"刻度反映的是相关"效力"的最理想状态;"较强"刻度则属良好状态;"居中"刻度属于及格状态;"较弱"刻度属于较差状态;"最弱"刻度则属于亟待改进的极差状态。显然,这里研究确定"效力测量标尺"的直接目的在于通过 6 段量级的切分,来较为准确地描述具体"效力"所处的优劣状态,依此来确定今后"效力"提升的奋斗目标。需要指出的是:"效力测量标尺"所反映出的具体效力优劣级差状态,必须以实际的定量化效力数据为依托,而具体的效力数据值究竟处于哪一效力级别,则以相对的数值衡量大小切分标准为依据。

2."九效"与"四力"的关系

公共文化服务效能,说到底是人们对公共文化服务事业运营发展的时段性结果的考量和反映,其"事后"追溯评价特点非常明显。然而在具体的客观实践中,直接关联公共文化服务效能的因素其实既有"事前"的、"事中"的,也有"事后"的。对此必须做到几方面同时兼顾。文化服务力二级衡量指标"四力"的提出,就充分考虑到了"事前"、"事中"与"事后"等几方面因素。在"四力"中,"能力匹配"、"动力储备"、"物力保障"是"事前"因素,也即公共文化服务效能达成和释放的必要前提;而"效力实现"则是"事中"和"事后"因素,是完成并验证效能结果的必要手段。

"九效"作为文化服务力的三级分项衡量指标,它们既与总体的"文化服务力"构成关系密切,也与"能力匹配"、"动力储备"、"物力保障"及"效力实现"这个"四力"二级分项衡量指标直接相关,二级指标对三级指标往往具有一定的制约关系。"四力"中的"效力实现"就是对"九效"的集中概括表述。而"九效"中的任何一种具体"效力",均与责任主体和供给主体是否具备相应的"能力匹配"、"动力储备"及"物力保障"密切相关。以"引导效力"的实现为例,只有首先具备了引导的能力(本领技能)、引导的动力(诉求驱动)及引导的物力(基本投入),并切实将其付诸具体的公共文化服务"引导"实践,才有可能产生或可期待的"引导效力"结果(也即作用效果)。再以"传播效力"为例,也唯有首先具备了传播的能力(本领技能)、传播的动力(诉求驱动)、传播的物力(基本投入),并切实将其付诸具体的公共文化服务"传播"实践,才有可能产生或可期待的"传播效力"结果(也即作用效果)。同样,即使是"消费效力"的实现,也需要公众消费者首先要具备相应的消费能力。如以欣赏纯市场化的高雅音乐会为例,消费者起码能够付得起高票价,最好还对欣赏高雅音乐比较在行;其次还需要消费者具备相应的消费动力,也就是有欣赏高雅音乐的自我意愿;第三还需要具备相应的物力保障,如甘愿为消费高雅音乐会付出一定的时间和金钱,只有满足了这样三方面条件,其消费效力才有可能获得实现。

由图 6-2 可以大略看出"文化服务力"、"四力"及"九效"这一二三级指标之间的相互关系。"文化服务力"是一种审度公共文化服务运营发展效能的综合衡量手段。"四力"作为支撑一级指标"文化服务力"的下属二级指标,其所确定的前置性条件和操作性、结果性目的诉求,注定是所有公共文化服务管理机构及经办实体必当努力追求的奋斗目标。而"九效"这个三级指标则是文化服务力在公共文化服务的生产、运营及供给等全流程诸多环节的具体操作方面。

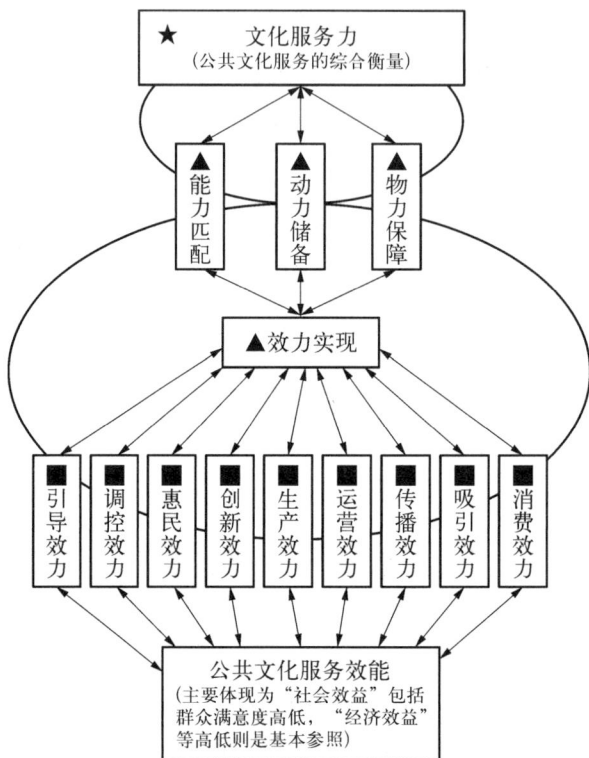

图 6-2　文化服务力一二三级指标关系流程

注：★一级指标：服务力；▲二级指标：四力；■三级指标：九效；双箭头表示连接的方框间具有双向互动关系；椭圆相切并串联方框，均表示相互间具有有机联系。

（五）"九效"与扩消费、促惠民及提效能的关系

1. "九效"与"扩大文化消费"的关系

在"九效"中，"吸引效力"和"消费效力"是两个完全指向公众消费者群体波动情况的指标要素，而相比之下，消费效力比吸引效力更具有实际的"实效性表现价值"①，因此它是最能集中体现公共文化服

———————

① 消费效力大，可以理解为消费者有自愿购买某特定文化产品及文化服务的实际性超常规消费投入；而吸引效力大，除了可以表现为有实际的消费投入外，还可能表现为消费者对某特定文化产品及文化服务有好评或有关注，但出于票价等因素考虑可能会并无实际性消费投入，也即未产生实效性表现价值。

务受众群体市场反应效果的指标要素。要增强消费效力,实现其实效性表现价值更大化及最大化,就必须努力扩大文化消费。显然,扩大文化消费或说增强文化消费效力,必须多管齐下,认真从增强引导效力、调控效力、惠民效力、创新效力、生产效力、运营效力、传播效力、吸引效力等各项具体工作入手,尽力破解和消除制约公众消费者更加自愿、更加积极地参与文化消费的各类瓶颈障碍。无疑,其他八大效力的大小,会直接或间接地波及影响到公众具体的文化消费。

以引导效力为例。我国传统节日假日文化资源虽然非常丰富,但是在以往的改革开放事业推进中和社会经济文化发展过程中,我们对开发传统节假日资源、引导公民大众开展相关公共文化消费的重视极为不够。在此情形下,一些具有西方传统文化色彩的"洋节假日"如圣诞节、情人节等,竟然逐渐在国内一部分白领阶层中间流行起来。一些商家也借此机会大搞促销活动,如此推波助澜,从而使得这些外来洋节聚集了相当的市场人气。为了应对这一局面,同时也为了弥补我国公共节假日的空缺,我国国务院有关部门专门研究开发了部分传统节假日资源,增加了清明节、端午节、中秋节小长假放假制度,以此引导广大公众开展以传统节假日文体休闲为主题的相关公共文化服务消费。应当说,这种政策引导产生的实际效力还是非常值得肯定的,对扩大群众文化消费投入是有明显促进作用的。

再以创新效力为例。近几年来,一些文化创意产业新业态不断伴随着文化企业科技创新力度的强化而涌现出来。如拥有数亿人用户的"微信"这一移动通信社交软件,当下已成为国人智能手机用户的掌上最爱。越来越多的消费者将微信视作了公共文化信息的传播和发送平台。这完全要依托像腾讯这样的企业在技术创新方面作出的不懈努力①。事实上,越来越多类似于腾讯之类的互联网企业和其

---

① 根据腾讯公司发布的 2015 年第一季度业绩报告显示:截至第一季度末,微信及 WeChat 的合并月活跃账户达 5.49 亿,同比增长 39%(参阅:《腾讯发布 2015 年第一季度业绩》,中国信息产业网,2015 年 5 月 14 日)。

他高新科技企业,正在用文化科技创新在不断为公众消费者缔造全新的文化消费新业态,公众消费者相应的文化消费投入也获得了井喷式的增长。

可见,"九效"中除消费效力以外的其他八种效力,尽管其具体实践操作的工作向度、发力节点各有区别,但其根本目的都在于要促进公众文化消费健康、有序、可持续地增长。反过来,公众文化消费一旦获得了潜在效能的激发和实际效力的释放,则又会给其他八种效力实现常态化施展提供更大的活动空间。

2."九效"与"促进文化惠民"的关系

从表面上看,在"九效"中似乎只有惠民效力直接关乎"促进文化惠民",但从优化、活化各地区各层级公共文化服务供给运营的基本诉求角度来看,实际上其他八种效力希冀用心解决的问题,都或多或少与促进文化惠民密切相关。从引导效力和调控效力的常规着力点考察可以发现,其要着手解决的问题就必然包括:对具体文化产品生产忽略群众真实消费意愿的引导调控,对公共文化服务消费资源分布不均衡的引导调控等;从创新效力、生产效力及运营效力的常规着力点考察又可以看出,追求创新就包括要对内容原创及业态创新等有明确的奋斗诉求;而从传播效力、吸引效力及消费效力等视角来看,则必然包括了对增强公共文化服务供给向更多人群投送的目标,对增强公共文化服务消费品之人性化及品牌化价值提升的诉求,对鼓励人们参与公众文化服务消费的促进。显然,八种效力无一不关乎能否"促进文化惠民"。其实,现实中不乏大量以积极做好引导、调控、创新、生产、运营、吸引、传播及消费来促进文化惠民的例子。

这里仅以调控效力为例。在北京、上海这样的超大型城市中,其城市先前的扩张发展模式一般都是按照"摊大饼"的方式展开的,这直接带来了公共文化服务资源分布的不科学、不均衡,从而为后来的落实文化惠民举措等带来了一定的困难和障碍。比如市级区级公共文化服务设施(如剧场剧院等)大多集中坐落于中心城区,公共文化服务机构包括文艺院团、艺术院校、博物馆、美术馆及图书馆等,也大多集中坐落在中心城区。相比之下,在城市化、城镇化进程快速带动下发展起来的周边城区乃至郊县区域,人口虽然获得了快速增长,但是公共文化服务等配套设施的建设却严重滞后。为了缩小周边城区和郊县区域与中心城区在公共文化服务方面历史形成的发展落差,就特别需要党委政府等专事公共文化服务管理的公权力机构,通过加大对城市功能布局优化调整等积极有效的科学手段,来强化公共文化服务"调控效力",借此增加和改善周边城区和郊县区域的公共文化服务资源配套,改变区域间的公共文化服务落差较大的局面。

可见,要想真正促进文化惠民,就必须充分发挥公共文化服务运营发展管理各类主体尤其是各级党委政府文化主管部门这个责任主体的主观能动性,使其在"九效"方面获得不断的强化和施展。

3.“九效”与“提高服务效能”的关系

国家及各级政府等公权力机构,作为向其公民提供公共产品和公共服务的责任主体,确保公共产品和公共服务的生产供应实现"公平"和"高效",理应是各级政府等公权力机构的奋斗目标。对我国作为公共文化服务供应责任主体的各级党委宣传系统及政府相关条线负责部门而言,在公共文化产品和公共文化服务的生产供应中实现"公平"和"高效",概括起来就意味着要不断提高公共文化服务效能。

在文化服务力的"九效"中,创新效力、生产效力、运营效力及传播效力等大多聚焦和追求实现公共文化服务的"高效",而引导效力、调控效力及惠民效力等则具有明确追求公共文化服务的"公平"的特点。其实仔细盘点分析来看,文化服务力的"九效"无非都是从九个不同的作用向度发力,来刺激影响公共文化服务效能的不断提高。比如以创新效力和引导效力为例,假如政府公权力机构愿意在公共文化服务的技术手段升级改造、科技含量大幅提升及内容原创普遍成势方面,下决心花力气有所作为,则可以通过制定政策优惠、财政补贴等办法,引导相关文化企业进行大力度的研发创新,从而促使其用高新科技配置和本土内容原创等手法,来实现公共文化服务在单位资源投入的价值产出比方面进一步抵达"高效"。

以惠民效力、引导效力和调控效力为例,为了消除某大型城市中心城区与郊县城区居民公共文化服务消费机会不尽相同、某些文艺汇演和文艺活动过度扎堆中心城区的弊端,主管公共文化服务的党委宣传系统及相关政府主管机构,就可以通过推动文艺院团开展"下基层为群众种文化"及"与郊县群众帮扶结对"、推动城市文化节庆在郊县城区举办分会场等惠民手段和调控手段,来引导文艺演出活动等公共文化服务资源向郊县城区流动,从而在一定程度上实现公共文化服务的区域间"公平"发展。

毋庸置疑,追求公共文化服务效能的不断提高是一个系统工程,它必须仰仗公共文化服务运营发展管理主体和经营主体等不断在实现"九效"方面有所作为,唯有如此,提高公共文化服务效能的呼吁才会落到实处,实现文化惠民。

第五节　我国公共文化服务:效能评价及问题剖析

我国"公共文化服务"的提法虽然起自 21 世纪初,但是有意识发展中国特色社会主义公共文化服务,却始自改革开放初期。早在 1979 年,邓小平同志就提出:"我们要在建设高度物质文明的同时,提高全民族的科学文化水平,发展高尚的丰富多彩的文化生活,建设高度的社会主义精神文明。[①]"党的十四届六中全会决议,更提出要"积

[①] 中央文明办组织编写:《改革开放以来社会主义精神文明建设大事记》,辽宁人民出版社 2001 年版,第 15 页。

极发展社会主义文化事业,满足人民群众日益增长的精神文化需求;积极培育和完善文化市场,一手抓繁荣,一手抓管理;要深化文化体制改革,增强文化事业的活力"①。可见,我国发展公共文化服务在改革开放初期已形成了全党共识,只是当时是以抓"文化事业"的名义展开的。

历经改革开放 40 年的发展,我国文化整体实力和竞争力已经取得了举世瞩目、令人震惊的壮大和提升,受此影响,作为其有机组成部分的公共文化服务,也获得了十分可喜、日新月异的发展变化。不言而喻,我国当下所见的公共文化服务,既得益于对中华传统文化精华、新民主主义及社会主义革命文化精华的接续传承,又得益于对世界文明成果的吸收借鉴及在改革开放时代的开拓创新。我们要力求以新思路、新举措不断改善我国的公共文化服务力,借此推动我国公共文化服务事业开创新局面、取得新成就,就需要首先针对目前我国公共文化服务的综合实际,作好现行"效能评价"和现存"问题剖析"。有基于此,本节研究旨在用"文化服务力"的指标分析方法,聚焦考察近年来我国公共文化服务的发展建设实践,对其展开效能评价和问题剖析,力争得出一个契合事实的基本判断。

一、我国公共文化服务的当前效能评价

正如前文所述,效率、效果、效益这"三效",既是衡量我国公共文化服务责任主体(即各级党委政府文化主管部门)工作好坏的主要依据,也是揭示我国公共文化服务发展建设情况的重要依据。当然,"三效"的表现最终要集中体现为"效能"。同样如前文所言,"衡量公共文化服务重在看运营发展效能","文化服务力是影响效能高低的关键"。根据前文对于"文化服务力系统构成"的研究分

---

① 中共中央文献研究室编:《中共中央关于加强社会主义精神文明建设若干重要问题的决议》,《十四大以来重要文献选编(下)》,人民出版社 1999 年版。

析,其"能力匹配"状况、"动力储备"状况、"物力保障"状况及"效力实现"状况,是总体上描述反映公共文化服务现状水平的概括性指标,也即本研究所确定的"二级指标"。为了对我国近年来公共文化服务事业的发展状况,作出扼要的总体性效能评价,本节将借助该二级指标并联系我国公共文化服务发展实际,围绕"主体的努力"与"客观的结果",以"突出重点"的方式进行梳理成就、揭示不足的效能评价。

(一)效能产出前提之一:"能力匹配"状况

从我国发展建设公共文化服务事业的"能力匹配"状况来看,从宏观到中观、从国家高层到地方党委政府,作为我国不同层面、不同职能的公共文化服务责任主体的各级公权力文化主管部门,其相应的能力匹配状况也不尽一致。

从国家宏观管理层面来看,如前文所述,我们党在刚刚拉开改革开放序幕不久的 1979 年,就提出了要在发展高度物质文明的同时建设高度的社会主义精神文明。在 20 世纪 90 年代及 21 世纪党的十六大数次全会召开时期,我们党完全确立了文化发展建设相对独立的主体地位[1]。其具体表征就包括:"三个代表"重要思想明确提出我们党要"代表中国先进文化的前进方向"、十六届六中全会决定提出要"推动经济建设、政治建设、文化建设、社会建设协调发展"[2]。这象征着:我们党从十一届三中全会前后的"拨乱反正"、清除极"左"错误思想影响,到之后二十多年历经改革开放,已逐步将"文化发展建设"从与政治完全混为一谈、不分彼此的尴尬境况中解脱了出来,赋予其相对独立的地位。这足以表明:我们党已具备了认识把握文化发展特殊规律的能力,并已具备了按照文化发展自身规律协调处理

---

[1] 徐清泉:《十六大以来党的文化理论创新与实践析论》,载中央文献研究室编:《中国共产党 90 年研究文集》(下),中央文献出版社 2011 年版,第 1507 页。

[2] 《中共中央关于构建社会主义和谐社会若干重大问题的决定》,中国共产党新闻网。

其与经济、政治及社会之间关系的能力。在此基础上，作为我们国家文化发展建设大政方针决策机构的党中央和国务院，以及作为国家立法机构的全国人大等，在积极审时度势、把握世情国情的前提下，稳步养成了一种利用政策手段引领和推动公共文化服务健康发展的能力。如自 2007 年以来，先后出台了《中共中央国务院关于加强公共文化服务体系建设的若干意见》(2007 年)、《文化标准化中长期发展规划(2007—2020)》(2007 年)、《文化产业振兴规划》(2009 年)、《中共中央关于深化文化体制改革推动社会主义文化大发展大繁荣若干重大问题的决定》(2011 年)、《国家"十二五"时期文化改革发展规划纲要》(2012 年)、《文化部"十二五"时期文化产业倍增计划》(2012 年)及《关于加快构建现代公共文化服务体系的意见》(2015 年)等。从地方党委政府文化主管部门的顶层政策设计层面来看，起码从形式上大多也已初步具备了利用规划引领、政策调节、法规规制及市场监督等手段来推动当地公共文化服务发展的基本能力。全国几乎所有的省市自治区及其下属地、区、县、乡、镇等，为了贯彻落实中央国务院大政方针及本省市自治区有关指示精神，一般都因地制宜地制定了"实施意见"及"规划纲要"乃至地方性法规条例。应当说，地方基层的党委政府等文化管理公权力机构，其公共文化服务发展能力近年来也在不断提高。

尽管如此，我们还是应当看到，我国各级党委政府的文化管理公权力机构，在"能力匹配"方面依然还存在着一定的缺欠和不足。如果借用党的十六届四中全会决定的说法，那就是尚有待"不断提高建设社会主义先进文化的能力"。其实，从公共文化服务的国家管理高层一直到基层一线县乡镇层面，因受思维视野、观念意识、理论水平和理解能力等不同的影响，一般呈现出能力匹配"自上而下"由大变小的样态。事实上，近年来我国公共文化服务领域普遍存在的文化原创奇缺品牌、供求双方相对脱节、实体运营普陷困局、社会参与渠道不畅、科技含量亟待提高等"老大难"问题，归根结底与我们责任主体及供给主体的能力匹配相对欠缺、相对不足有直接的关系。如果再考虑到目前一些部门领域、一些地方层面客观存在的"文化政绩工程"、"文化 GDP 崇拜"及"文化虚假繁荣"等社会乱象,则从另一层面表明,我们的能力匹配几乎没有多少可供炫耀的地方,反而有些令人堪忧。

(二)效能产出前提之二:"动力储备"状况

就我国发展建设公共文化服务事业的"动力储备"状况来看,作为具体责任主体的各级党委政府文化主管机构,其因为所处岗位层级、履职环境、认识水平的不同,所以存在着一定的区别。

作为我国文化发展建设最高决策机构的党中央和国务院,对于推动中国共产党"代表先进文化的前进方向"、"努力满足人民群众日益增长的精神文化需要",始终保持着高度的热情和不懈的坚守。党的十七届六中全会《决定》被人们视为我国力求推动文化大发展大繁荣的纲领性文件,该文件指出,"文化是民族的血脉,是人民的精神家园。"要"充分认识推进文化改革发展的重要性和紧迫性,更加自觉、更加主动地推动社会主义文化大发展大繁荣。"要"以建设社会主义核心价值体系为根本任务,以满足人民精神文化需求为出发点和落脚点","努力建设社会主义文化强国。[①]"而党的十八大有关文献,在再次重申增强"文化整体实力和文化竞争力"、"努力构建现代公共文化服务体系"、落实"文化惠民"举措的同时,又明确提出了建设"美丽中国"和努力实现"中国梦"的战略倡议。可见,在我国文化发展建设管理高层,并不缺乏推进文化大发展大繁荣的动力储备。

然而这种动力储备一时间并未乃至难以在地方做到全覆盖,十七届六中全会决定明确指出:"一些地方和单位对文化建设重要性、

---

① 《中共中央关于深化文化体制改革推动社会主义文化大发展大繁荣若干重大问题的决定》,《人民日报》2011 年 10 月 26 日。

必要性、紧迫性认识不够。①"受我国行政管理体制历史形成的条块分割、部门区分的影响,更由于一些地方官员受实用主义政绩观的影响,导致一些地方一方面表现为"重经济,轻文化",即使迫于国家政策规定压力不得已必须发展文化,也大多是习惯于做表面文章,不甘心也不愿意为"文化惠民"多作考虑,选择性地发展那种能给自己脸上贴金的地标性、政绩性文化,而对那种以公益性、纯消费性见长的群众文化服务,则体现出一定的懈怠和不热心;另一方面表现为固守既得利益堡垒,即使迫于压力不得不作体制机制改革,也是不愿作有可能伤筋动骨但却能解放文化生产力的那种改革,同时习惯于"只说只写"但却很少"真做真干",许多文化类"规划"就因此而止步于"述而不作"、"挂在墙上"、"放在橱里"的状态上。

虽然可以断定,在全国无以计数的地方和基层,不少从事公共文化服务发展建设管理工作的文化主管领导,从感情上和骨子里流露出一种一心一意谋求公共文化服务发展繁荣的干劲和热情,但是常常也可以看到一些与此相反、完全表现为上述两种状态的地方官员。换句话说,我国一些地方党委政府的部分领导干部,在发展当地公共文化服务事业的"动力储备"方面表现得并不尽如人意,在其全面负责的经济、社会、文化等各个并列条线工作中,对于发展短期内难见工作成效和经济收益的公共文化服务,往往不是很积极很热心,缺乏积极进取的动力。这使得其下辖文化管理部门的干部们工作起来"有劲无处使"。也正因此,十七届六中全会决定明确提出要"把文化改革发展成效纳入科学发展考核评价体系,作为衡量领导班子和领导干部工作业绩的重要依据"②。

---

① 《中共中央关于深化文化体制改革推动社会主义文化大发展大繁荣若干重大问题的决定》,《人民日报》2011 年 10 月 26 日。

② 《中共中央关于深化文化体制改革推动社会主义文化大发展大繁荣若干重大问题的决定》,《人民日报》2011 年 10 月 26 日。

（三）效能产出前提之三："物力保障"状况

尽管我国发展公共文化服务的"能力匹配"和"动力储备"，在某些地方层面表现得并不尽如人意，但是得益于十六大以来国家最高决策层对发展社会主义先进文化的高度重视，得益于发展建设现代公共文化服务体系逐渐成为国家要求各级地方党委政府必须努力推进完成的约束性任务，得益于"推动文化大发展大繁荣"及"建设文化强国"已成为国策所系和民心所向，这使得我国公共文化服务事业发展依旧取得了举世瞩目的成就。这些成就尤其集中体现在以"不断增加文化财政投入"、"改善并增建文化基础设施"、"大力实施各项文化惠民工程"及"陆续制定出台操作性系列政策"等为特点的"物力保障"方面。

从文化财政投入方面来看，近十几年来一直呈现出明显的不断增长趋势。根据有关研究成果提供的数据，2000—2013 年的 14 年间，我国文化建设投入总量由 300.29 亿元增加到 2 544.39 亿元，增长 747.31％，年均增长幅度达到 17.87％，"十一五"期间年均增长 17.01％，"十二五"前 3 年年均增长 18.15％，其中全国有 8 个省域总量年均增长超过 20％。2000—2013 年全国文化投入人均值由 23.78 元增加至 187.45 元，增长 688.27％，年均增长 17.21％。以 2013 年为例，中央财政的文化投入总量为 204.45 亿元，排前 6 位的省市区依次是江苏 173.54 亿元、北京 154.71 亿元、四川 142.40 亿元、广东 141.68 亿元、山东 127.53 亿元、浙江 106.00 亿元；排后 6 位的倒数依次是宁夏 16.60 亿元、海南 21.90 亿元、西藏 22.51 亿元、青海 25.84 亿元、重庆 34.94 亿元、天津 44.53 亿元。尽管文化建设的财政投入与教育、科技、卫生的财政投入相比差距巨大——2013 年分别是 1∶11.56、1∶50.04、1∶30.73[①]，但是总体上呈稳步增加态势，为全

---

① 王亚南主编：《中国公共文化投入增长测评报告（2015）》，社会科学文献出版社 2014 年版，"摘要"第 1 页，"总报告"第 6、9 页。根据笔者的分析判断，此处所说的"文化财政投入"既涵盖了公共文化事业又涵盖了文化创意产业。

国各地推动公共文化服务事业健康发展奠定了资金投入方面的"物力保障"基础。

从文化基础设施建设方面来看,"十一五"和"十二五"时期,是全国从中央到地方全面推进文化基础设施改造、新建的快速增长期。尤其是经济发展速度明显高出全国平均水平的直辖市、计划单列市、省会城市及沿海发达地区,受经济再增长势必遭遇的资源能源短缺、生态环境污染、制造业重化工业外迁、劳动力及商务成本高企等瓶颈制约,不得不采取调整产业结构、启动区域功能布局再调整、实现发展模式转换的创新转型战略。在此战略背景影响下,以新兴朝阳产业、现代服务业、绿色环保产业面貌呈现的公共文化服务业及其支撑领域——文化创意产业等,就成了许多先知先觉的城市和地区大力追捧和竭力发展的目标。于是,一大批城市地标类公共文体建筑设施在短短的几年间拔地而起,如北京市的鸟巢、水立方、央视新址及国家大剧院,上海的东方明珠、上海大剧院、东方艺术中心、中华艺术宫及刘海粟美术馆,深圳的市民中心、世界之窗、深圳图书馆,广州市的广州大剧院及广州塔等。此外,更有一大批借助旧城区改造而实现旧厂房民宅"废物利用",利用城区独特区位新建的文化创意产业园区,也陆续在各城区开张运营。如上海的 M50、1933、田子坊及合金工厂等,北京的 798、郎家园、国创产业园及莱锦 TOWN 等,杭州的西湖创意谷、之江文化创意园、西溪创意产业园。这些园区虽然大多是以产业化的方式运作的,但是它们对当地公共文化服务的发展,也起到了一定的人气支撑、技术支撑及项目支撑等方面的作用。事实上,上述这些文化基础设施项目、文化园区实体项目的存在,从一个侧面反映了我国近年来大举推进文化基础设施建设的客观实际。因此,就公共文化服务"硬件"方面的"物力保障"而言,我国的总体发展水平是相对较好的。不过假如从公共文化服务资源均等化的视角来考察,则可以发现:全国东、中、西的区域差距还是比较大的。按照国家文化部 2008 年有关文件确定的发展目标,全国各地必须"以大型公共文化设施为骨干,以社区和乡村基层文化设施为基础,加快建成国家、省、市、县(区)、乡镇(街道)、村(社区)6 级覆盖城乡的公共文化服务设施网络"①。无疑,全国不少地区离完全实现这一目标尚有一些差距。

　　从落实文化惠民工程及出台文化政策的角度来看,近年来我国加大了公共文化服务工作"重心下移"力度,加大了用文化政策法规杠杆引导规约发展的力度。首先,国家以文化专项补贴的方式,在全国各地启动了"公共文化服务体系保障"工程(为三馆免费开放提供经费保障)、"国家非物质文化遗产保护工程"、乡镇综合文化站设备购置专项及全国城市社区文化中心(文化活动室)"服务能力建设工程"、"全国县级图书馆及文化馆修缮专项、流动舞台车工程"、"公益性电子阅览室建设工程"、"全国文化信息资源共享工程"及"数字图书馆推广工程"。这些工程是在以往早已存在的"文化下乡"、"家电下乡"、"送戏下乡"、"送书下乡"及"送电影下乡"等工程基础上,新扩增出的"文化惠民"工程。此外,为了切实推进现代公共文化服务体系建设,文化部还连续数年启动实施了创建国家公共文化服务体系"示范区"和"示范项目"各数十个。这些工程的落地,让全国各地的城乡居民得到了实实在在的文化服务实惠。再从文化政策方面来看,近年来我国加快了文化政策"立"、"改"、"废"的力度,国家层面出台的公共文化服务有关政策及文化行业类专项扶持政策有数十项。与此相应的是,许多地方政府也出台了不少文化政策。如北京市从2006 年开始到 2013 年,就出台各类文化政策 214 项,其中公共文化服务方面的政策有 33 项;如上海市截至 2015 年 2 月底,共计出台了相关文化政策法规 405 项②。

---

① 《文化部关于进一步深化文化系统文化体制改革的意见》(文政法发[2008]30 号),中华人民共和国文化部网站,http://www.mcprc.gov.cn/。
② 本处引用的政策统计数目出自上海社会科学院文学研究所"京沪港台文化政策比较研究"课题组统计结果。该课题系 2014 年首都师范大学文化研究院招标发布重大课题。

　　由此可知,我国公共文化服务发展的"物力保障"相比起"能力匹配"和"动力储备"要相对优良,这在东中部地区更为明显,而西部欠发达地区及边疆少数民族地区则有待进一步加强。

(四) 效能产出大致结果:"效力实现"状况[①]

　　评价我国公共文化服务的实际"效能",既要看"能力"、"动力"及"物力",更要看最终的"效力",而"效力实现"的好坏判断,最需要依托不同时间段的自我比较来获得。量化数据的变化可以从一定程度上反映效力实现的结果。

　　从我国公共文化服务机构和从业人员的发展情况来看,总体上呈现出显著增加态势,延续了"十一五"及"十二五"时期我国公共文化服务事业不断发展趋势,对人口就业和公共文化的贡献较为明显。这里我们仅以 2006 年、2009 年、2012 年及 2013 年等 4 个时间点为考察对象作一数据比较:2006 年我国文化单位数是 25.31 万个,文化从业人员是 156.14 万人;2009 年我国文化单位数是 28.65 万个,文化从业人员是 190.68 万人;2012 年我国文化单位数是 29.61 万个,文化从业人员是 209.81 万人;而 2013 年,我国文化单位共 29.30 万个,比 2012 年末减少 0.31 万个;从业人员 215.99 万人,比 2012 年末增加 6.18 万人。其中,文化部门所属单位 6.47 万个,增加 728 个;从业人员 64.19 万人,增加 2.61 万人。同样截至 2013 年末,全国共有群众文化机构 44 260 个,比 2012 年增加 384 个。其中乡镇综合文化站共计 34 343 个,比 2012 年增多 242 个。同期全国群众文化机构从业人员为 164 355 人,比 2012 年增加 8 127 人,其中具有高级职称人员为 5 472 人,占 3.3%;具有中级职称人员为

[①] 本部分引用的数据主要来自《中华人民共和国文化部 2013 年文化发展统计公报》,见中华人民共和国文化部网站。此处所说的"2013 年文化事业费投入 530.49 亿元",与前文所说的"2013 年中央财政的文化投入总量为 204.45 亿元"之所以不一致,是因为前者包括了中央财政和区域内各级财政对文化建设的总投入。

16 348 人,占 9.9%。

从近年来我国拥有的某些公共文化服务消费条件及实际发生的一些文化消费等情况来看,同样是呈现出显著增加态势,延续了"十一五"及"十二五"时期我国公共文化服务事业不断发展趋势。我们仍然以 2006 年、2009 年、2012 年及 2013 年等 4 个时间点为例:以"每万人拥有公共图书馆建筑面积"和"人均拥有公共图书馆藏书量"为衡量指标,则 2006 年是 54.7 平方米、0.38 册,2009 年是 63.7 平方米、0.44 册,2012 年是 78.2 平方米、0.51 册,2013 年是 85.1 平方米、0.55 册。以"图书馆总流通人次(万人次)"及"图书馆书刊外借册次(万册次)"为指标,则 2006 年是 25 218 万人次、21 039 万册次,2009 年是 32 167 万人次、25 857 万册次,2012 年是 43 437 万人次、33 191 万册次,2013 年是 49 232 万人次、40 868 万册次。2013 年全国群众文化机构实际使用房屋面积 3 389.39 万平方米,比 2012 年增加 6.9%;藏书量为 23 013 万册,增加 10.7%;计算机拥有量 29.22 万台,增长 24.9%;对群众开放的阅览室达 99.73 万平方米,增加 16.2%。从"全国平均每万人拥有群众文化设施建筑面积"来看,2006 年是 123.46 平方米,2009 年是 164.27 平方米,2012 年是 234.24 平方米,2013 年是 249.09 平方米。

从国家和地方公共文化服务资金投入、文化供给服务及相关收入情况来看,2013 年全国文化事业费投入包括公共文化服务投入总计 530.49 亿元,比上年增加 50.39 亿元,增长 10.5%;全国人均文化事业费 38.99 元,比上年增加 3.53 元,增长 10.0%。2013 年全国群众文化机构共组织开展各类活动 128.32 万场次,比 2012 年增加 6.8%,服务人次 44 171 万,增加 0.3%。2013 年全国群众文化机构依托馆办的 6 022 个文艺团体等平台,演出 15.13 万场,吸纳观众 6 569 万人次。而由文化馆(站)等指导的群众业余文艺团体达 34.26 万个,馆办老年大学达 724 个。2013 年全国专业性艺术表演团体演出 165.11 万场,比 2012 年增加 22.3%,国内观众 90 064 万人次,增加 8.8%,赴农村演出 105.08 万场,增加 29.5%。经营收入 280.03 亿元,比 2012 年增加 42.2%,其中演出收入达 73.55 亿元,增加 14.7%。2013 年全国文化部门所属艺术表演团体共组织政府采购的公益演出数达 8.90 万场,观众达 8 716.30 万人次。利用流动舞台车等演出的场次达 9.80 万,观众达 9 450.03 万人次。2013 年全国文物机构接待观众为 74 706 万人次,其中接待未成年观众 20 237 万人次,比 2012 年分别增加 7 647 万人次和 2 911 万人次。2013 年全国文物机构共安排基本陈列 8 392 个,举办临时展览 9 644 个,接待观众 74 706 万人次,比上年增加 11.4%。2013 年全国免费开放的博物馆达 2 780 个,中央补助地方博物馆免费开放资金达 30.86 亿元。2013 年全国共有文化娱乐场所 89 652 个,比 2012 年减少 619 个,从业人员 83.57 万人,增加 7.04 万人,全年营业总收入 884.21 亿元,比上年增加 46.2%,实现利润 208.47 亿元,增长 5.2%。2013 年全国共有互联网上网服务营业场所 131 013 个,比上年减少 4 670 个,从业人员 47.82 万人,减少 5.11 万人,全年营业收入 387.94 亿元,比上年增加 9.6%,实现利润 142.59 亿元,与上年基本持平。

以上几方面数据反映的仅仅是我国公共文化服务窗口领域的一些实际情况。应当说,从上述若干组体现不同方面内容的统计数字来看,近年来我国公共文化服务事业在"效力实现"方面,是处于快速增长和稳步发展阶段的。

(五) 我国公共文化服务效能的客观总体评价

基于以上对我国公共文化服务"能力匹配"状况、"动力储备"状况、"物力保障"状况及"效力实现"状况的效能评价分析,还可以在此就我国公共文化服务效能做以下两方面的客观总体评价:一是作横向对标比较分析;二是作总体概括性分析。

1. 我国标杆城市与世界城市的相关对标分析

考虑到国与国之间进行公共文化服务对标比较的不易性,特选取国内相对发达的一些城市也称"标杆城市"如北京和上海(间或涉及香港、台北等),与一些世界城市特别是人们公认的一些国际文化大都市进行相关的指标比较研究,重点在于比较我国公共文化服务的不足之处,通过窥一斑而知全豹的比较来发现我国与发达国家之间的差距。

表 6-1　上海与海外五个发达城市的若干文化指标比较

指　标　项	伦敦	纽约	上海	新加坡	巴黎	东京
人口基数(万人)	782.5	817.5	2 347.4	518.3	1 179.7	1 315.9
美术馆及画廊数	857	721	208	252	1 046	688
人均借书次数	4.8	8.3	2.5	6.5	4.0	8.6
人均观影场次	5.3	无	1.0	4.4	4.9	2.2
公共绿地占比(%)	38.4	14	2.6	47	9.4	3.4
国际游客占比(%)	194.5	102.5	36.3	224.6	112.7	45.1
剧院数量	214	420	97	55	353	230
剧院演出场次	32 448	43 004	15 618	2 421	26 676	24 575
音乐演出场次	17 108	22 204	3 356	2 418	33 020	15 617
现场表演场地数	349	277	44	无	423	385

资料来源:本表根据[英]罗伯特·保罗·欧文斯等著《世界城市文化报告(2012)》(黄昌勇等译,同济大学出版社 2013 年版)第 33、38、39、44、45、50、51、56、57 页表重新编制,表格反映的数据似为 2010 年。

从表 6-1 比较中可知,上海与伦敦、纽约、巴黎等发达国家国际文化大都市相比,在公共文化服务设施资源等配备方面还存在较大差距,如"美术馆及画廊数"、"剧院数量"既与超量人口配比落差巨大,而且绝对数也不及此三城。在"人均借书次数"、"人均观影场次"、"国际游客占比"、"剧院演出场次"及"音乐演出场次"等指标比较方面,与这些国际文化大都市相比也是差距巨大。

表 6 - 2　中国若干城市与海外部分
发达城市的文化指标比较

城市	文化软实力	排名	文化基础力	排名	文化保障力	排名	文化生产力	排名	文化传播力	排名	文化吸引力	排名	文化创新力	排名
纽约	100.00	1	100.00	3	100.00	5	100.00	1	100.00	1	100.00	2	100.00	4
巴黎	97.38	2	114.29	1	134.30	2	61.41	3	68.60	3	111.18	1	193.90	2
伦敦	87.15	3	101.35	2	87.44	6	64.46	2	81.65	2	89.66	3	148.58	3
东京	71.69	4	90.13	4	114.89	4	43.06	4	54.44	4	69.04	8	205.08	1
香港	58.18	5	70.46	7	158.33	1	25.51	7	17.39	7	86.44	4	51.09	10
新加坡	52.21	6	71.18	6	121.03	3	19.64	10	24.13	5	69.77	5	79.57	5
悉尼	50.32	7	75.41	5	79.80	7	26.90	5	18.23	6	69.56	7	74.25	6
台北	45.97	8	66.79	8	67.95	9	26.23	6	8.31	10	69.68	6	61.83	8
北京	42.36	9	48.80	10	71.70	8	25.15	8	14.43	8	59.64	10	68.07	7
上海	40.09	10	52.80	9	59.25	10	21.75	9	9.75	9	60.10	9	59.19	9

资料来源：吴信训主编：《世界传媒产业评论（第 8 辑）》，中国国际广播出版社 2011 年
6 月版，第 16 页。

从中国若干城市（香港、台北、北京及上海）与部分国际文化大都
市的相关文化指标比较中可以看出，我国参与比较的这四个城市，在
文化软实力、文化基础力、文化生产力、文化传播力、文化吸引力、文
化保障力及文化创新力等指标比较方面，其绝大多数排名均位居纽
约、巴黎、伦敦乃至东京之后。即使经过从 2011—2015 年这三年多
的发展，我国上述四城在此几项文化指标的提升方面尚未取得明显
进展（见表 6 - 2）。

通常来说，一国公共文化服务的发展水平，可以通过其在国际上
的文化吸引力反映出来。上海作为我国国际化程度最高的城市，其
文化吸引力可以通过表 6 - 3 的比较略知一二。从中可以看到上海
与国际文化大都市还有诸多差距。

表 6 - 3 世界五个大都市的文化吸引力比较

指 标	伦敦	纽约	巴黎	上海	东京
本市就读的国际留学生数	85 718	64 253	50 158	26 190	40 316
本市就读的国际留学生占高校总学生数之比(%)	22	12	16	3	N/A
年国际游客数(百万人)	15.6	8.1	9.7	4.3	1.5
年国际游客数占人口比例(%)	208	99	85	24	12
专业艺术机构内的学生数	50 130	N/A	1 440	10 000	7 355

资料来源:刘士林主编:《2011 中国都市化进程报告》,上海交通大学出版社 2011 年 6 月版,第 75 页。

表 6 - 4 反映的是世界五大城市间的公众文化参与数据比较,上海在其中明显处于相对偏低的位置,标志出差距的客观存在。

表 6 - 4 世界五个城市节庆文化参与比较

指 标	伦敦	纽约	巴黎	上海	东京
大型嘉年华/节庆活动估计参与人次(百万人)	2.0	2.5	N/A	0.5	N/A
嘉年华/节庆活动估计参与人次占总人口比(%)	27	30	N/A	2	N/A

资料来源:刘士林主编:《2011 中国都市化进程报告》,上海交通大学出版社 2011 年版,第 75 页。

一般来说,只有现代服务业发达的地区、高新科技产业发达的地区、城市人文指数高、城市宜居指数高的地区,才有可能成为人才资源等智力资本高度汇聚之地。公共文化服务发展水平的高低往往能够影响到城市人文指数、城市宜居指数的高低。从表 6 - 5 反映出上海智力资本排名偏低的情况来推断,上海公共文化服务发展水平尚待作进一步的提升。

表 6-5　全球部分大都市的智力资本排名比较

城　市	伦敦	巴黎	东京	纽约	多伦多	亚特兰大	洛杉矶	芝加哥	法兰克福	新加坡	上海
智力资本得分	23	22	19	18	17	15	12	9	8	8	4
排名	1	2	3	4	5	6	7	8	9	10	11

资料来源：屠启宇主编：《国际城市发展报告(2012)》，社会科学文献出版社 2012 年版，第 165 页。

尽管北京是我国首都，而香港是我国现代化及国际化水平最高的大都市，其相应的公共文化服务事业也基本上走在全国其他省市区的前列，但是他们的城市影响力与一些国际文化大都市及部分世界城市相比，依然不占明显的优势(见表 6-6)。

表 6-6　2012 年北京及香港与部分世界城市影响力排名比较

排名	城　市	得　分	排名	城　市	得　分
1	纽　约	6.35	9	布鲁塞尔	3.33
2	伦　敦	5.79	10	华盛顿	3.22
3	巴　黎	5.48	11	新加坡	3.20
4	东　京	4.99	12	悉　尼	3.13
5	香　港	4.56	13	维也纳	3.11
6	洛杉矶	3.94	14	北　京	3.05
7	芝加哥	3.66	15	波士顿	2.94
8	首　尔	3.41			

资料来源：李建盛：《北京文化发展报告(2012—2013)》，社会科学文献出版社 2013 年版，第 19—21 页。

就表 6-7 中有关城市文化设施的数据比较来看，北京虽然是作为我国的"首善之城"，其拥有的国家级、市区级公共文化服务资源相对富足，但是与国外发达城市相比，依然处于亟待追赶发展的阶段。

表 6-7　北京与一些国外发达城市的文化设施比较

	指　　标	北京	纽约	伦敦	巴黎	东京
公共图书馆	数量（座）	25	220	383	830	377
	每十万人图书馆占有量	0.13	3	5	7	3
博物馆	数量（座）	162	131	173	137	47
	国家级博物馆数量（座）	11	5	11	24	8
美术馆	数量（座）	50	721	857	1 046	688
	人均参与次数（含博物馆）	0.68	1.9	3.2	2	0.8
剧　院	数量	68	3752	214	353	230
	每年表演的场次	11 625	43 004	32 448	26 676	24 575
电影院	数量	126	117	108	302	82
	荧幕数量（块）	676	501	566	1003	334
	每百万人占有荧幕块数	33	61	73	85	25
宗教建筑数量		114	50 436	13 974	9 255	90 433

资料来源：李建盛：《北京文化发展报告（2012—2013）》，社会科学文献出版社 2013 年版，第 19—21 页。

在表 6-8 的比较中，北京除了先天具备的文化遗产优势外，在其他各项指标的比较中均处于劣势。

表 6-8　北京与国外部分发达城市的文化影响力比较

城　市	外籍人口占总人口比重（%）	世界文化遗产数（个）	年举办国际会议次数（次）	国际总部数量/排名	年入境旅游人次（万人）	留学生数量（人）
纽约	28.4	1	不详	232/6	760（2012）	60 791
伦敦	30	4	115（2011）	495/3	170（2012）	99 360
巴黎	25	4	174（2011）	866/1	160（2012）	96 782

（续表）

城　市	外籍人口占总人口比重(%)	世界文化遗产数(个)	年举办国际会议次数(次)	国际总部数量/排名	年入境旅游人次(万人)	留学生数量(人)
东京	3.07	1	153(2011)	65/20	430(2012)	43 188
北京	0.53	6	111(2011)	3/不详	620(2012)	39 141

　　资料来源：李建盛：《北京文化发展报告(2012—2013)》，社会科学文献出版社 2013 年版，第 19—21 页。

　　按照一些学者的比较研究分析，即使作为我国公共文化服务事业发展走在全国前列的"标杆城市"北京，其与国外一些发达城市相比，也还存在着不少弱点。如在文化发展理念方面，缺少像华盛顿、伦敦、巴黎和东京那样赋予"文化发展"极高的地位。近年来北京"重经济、轻文化"的观念仍未彻底改变，对文化保护还未上升到文化自觉的高度。在公共文化服务主体构成方面，伦敦、巴黎、柏林等国外首都城市都呈现出多元化格局，政府只是其中之一，甚至不是主要的服务主体，诸多非政府组织、团体和个人发挥着关键性作用。相比之下，北京的公共文化服务主体相对单一，主要以政府为主，社会组织及民营机构作用相对有限。在基层文化服务水平和社区文化自治能力方面，明显不及华盛顿、东京等发达城市。在公共文化服务的市民参与度及设施利用率等方面，北京不及伦敦、巴黎等城市，北京虽然文化设施体系健全、场馆数量及规模也很可观，但整体上的利用率明显不高①。

　　还有学者通过设定"国际城市 2.0 文化升级"的相关概念，并择取诸如"创作环境"、"美术馆"、"博物馆"、"旅游目的地"及"宜居指数"等指标，用国际不同城市的具体得分排名，来比较它们各自具备的"文化升级水平"。其中排名(得分)的具体情况是：巴黎 1(94 分)、伦

---

① 李建盛主编：《北京文化发展报告(2012—2013)》，社会科学文献出版社 2013 年版，第 46、117、118、119 页。

敦 2(83.49 分)、纽约 3(77.4 分)、东京 4(54.69 分)、巴塞罗那 5(51.36 分)、米兰 6(50.95 分)、维也纳 7(46.4 分)、柏林 8(44.86 分)、新加坡 9(43.81 分)、阿姆斯特丹 10(41.3 分)、洛杉矶 11(37.89 分)、首尔 12(35.95 分)、香港 13(32.82 分)、上海 14(31.75 分),北京则位居 27(21.94 分)[①]。

单从指标比较的科学性角度来看,也许上述诸多国际城市与我国的北京、上海乃至香港等相比,在人口规模、城市体量及市场化进程等制约因素影响下,可能不见得一定具有"绝对数值"上的可比性,但是以自审自律自勉为目的的横向比较依然有积极意义。比较结果表明,即便我们只选择部分文化指标,用国内公共文化服务发展水平最高的标杆城市与国外部分城市作横向比较,其差距还是非常明显的。

2. 对我国公共文化服务效能的总体概况性分析

从"能力匹配"方面看,我国尚处于能力不足、亟待对其加以涵养培育的特殊发展阶段。作为我国公共文化服务发展责任主体的各级党委政府,以及作为我国各级各地区的公共文化服务企事业单位机构、民营文化企业、行业协会及中介组织等供给主体,均有待不断激发和培养大力推动公共文化服务事业发展的"文化自觉"能力及"文化自信"能力,对如何切实研究把握文化发展特殊规律、科学处理文化与政治、经济、社会、生态等多方面的关系,还有待在认识上不断深化、在实践上不断历练。

从"动力储备"方面看,我国目前并不缺乏发展公共文化服务事业的"外在逼迫"动力,缺乏的是发展公共文化服务事业的更加急切的"内生自愿"动力。也就是说,我国有待努力立足于对文化发展特

[①] 所谓"国际城市 2.0 文化升级"的说法,按照其研究者的论述:关键表现是强调对城市文化认识的提升,即从"文化搭台,经济唱戏"的实用主义思路提升到对城市发展本质的文化认识、对城市文化软实力价值的理解,以及对于城市文化复兴的强调。回顾人类城市史,定义一个城市伟大与否的终极标准正是文化,国际城市 2.0 建设成果的整体终极表现也在于文化。(参阅屠启宇主编:《国际城市发展报告(2014)》,社会科学文献出版社 2014 年版,第 3—4 页。)

殊规律的认识,立足于对文化与政治、经济、社会、生态相互关系认识的基础上,从真正切实推动社会主义文化大发展大繁荣、推动"文化强国"建设进程的崇高立意出发,形成各级责任主体和供给主体"全心全意、真心为民"推动公共文化服务事业发展的动力机制。

从"物力保障"方面看,区域间、城乡间的发展不平衡,直接导致我国各地对公共文化服务事业发展物力保障的不均衡。虽然我们不否认我国文化发展建设的物力、财力、人力及政策等方面投入还受制于当前我国所处的政治、经济、社会等特定阶段的限制,也和中国作为一个国土超辽阔、人口超大量、历史超悠久、发展超常规的大国,各个区域经济社会发展的不平衡密切相关。但是我国亟待提升文化整体实力和文化竞争力的客观需求却启示我们,增加对于公共文化服务的投入,推动公共文化服务的均等化、优质化,提升公共文化服务的绩效①,将有助于推动政治文明、经济文明、社会文明和生态文明的发展。

从"效力实现"方面看,尽管自"十一五"及"十二五"以来,我国公共文化服务事业呈现出快速发展的可喜局面,但是我国公共文化服务生产供给在生产数量、产品结构、产品质量、服务品种、服务水平等方面存在的巨大落差及严重不足,难以满足我国广大人民群众日益增长的精神文化消费需求,而且公共文化服务事业发展对政治文明、经济文明、社会文明及生态文明的正向拉动作用,尚未得到充分的激发和实现,全社会的文化价值观整合及主导文化理解认同存在一定的危机。换言之,当前我国公共文化服务的总体效能尚无法顺应我

---

① 近年来虽然中央十七届六中全会及十八大反复强调要"推动文化大发展大繁荣",但是从我国财政支出对文化建设的投入力度来看,依然未见得有显著的增长(《中华人民共和国文化部2013年文化发展统计公报》,见"中华人民共和国文化部"网站)。其实,从近年来我国文化建设投入与教育、科技及卫生的建设投入相比,其差距也是十分明显的。仅以2013年为例,文化投入总量是2 544.39亿元,教育是22 001.7亿元,科技是5 084.3亿元,卫生是8 279.9亿元。也即教育是文化的8.6倍,科技约为文化的2倍,卫生是文化的3.2倍,落差之大由此可见一斑(参阅王亚南主编:《中国公共文化投入增长测评报告(2015)》,社会科学文献出版社2014年版,第48、50、53页)。

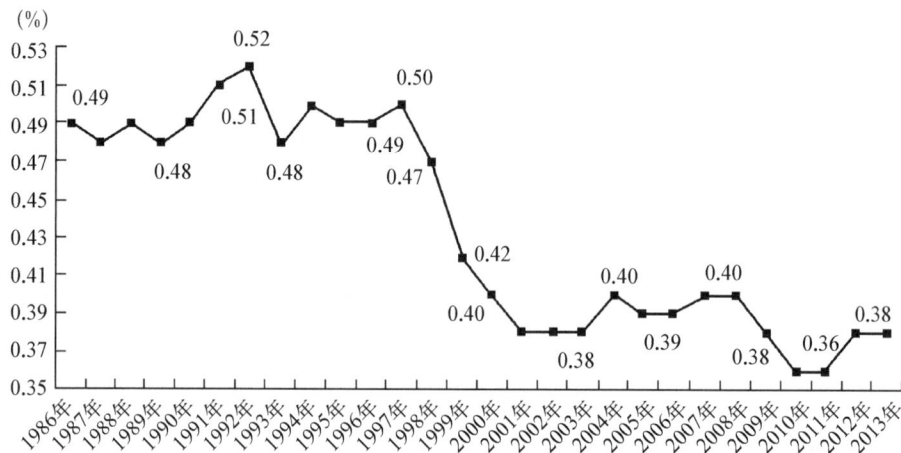

图 6 - 3   1986—2013 年我国文化事业费占财政支出比重变化曲线

国推动"文化强国"建设的迫切需要。

这里我们试以"九效"的"效力测量标尺"为工具,择取某研究机构发布的我国公共文化服务的一些指标数据①,以之测量我国公共文化服务力中若干"效力"的年度强弱状况,借此对"效力实现"状况作适当的定量分析。我们将数据指标得分达到 60 分的界定为"居中"(及格),80 分为"较强",90 分以上为"最强",50 分为"较弱",40 分以下为"极弱"。具体测量换算如下:以 31 个省市区 2013 年的公共文化服务为考察对象,其中"公共文化投入综合指数(人均)"得分 60 分以上的,依名次排序为上海、浙江、北京、内蒙古、天津、宁夏、海南及青海,其"生产效力"可测定为"居中"(及格),而其他 23 个省市区均居于"及格"线以下;"公共文化产品综合指数(人均)"得分 60 分以上的,依名次排序为上海、新疆、吉林、天津、北京及江苏,其"生产效力"可测定为"居中"(及格),而其他 25 个省市区均居于"及格"线以下,其中 40 分(极弱)以下的有 2 个;"公共文化投入与产出绩效指数(总

---

① 孙逊主编:《2013 年中国公共文化服务发展报告》,商务印书馆 2014 年版。本文引用的该《报告》文化数据大多依据公开的相关数据推算得出,这里仅作为力度试测参考判断依据,不作为判定各省份实际真实差异的最终结论。

量）"得分 60 分以上的,依次排序为河南、山东、江苏、河北、湖北、江西、湖南、新疆、黑龙江、辽宁、安徽、吉林、西藏、广西及广东,其"运营效力"可测定为"居中"（及格）,而其他 16 个省市区均居于"及格"线以下；"公共文化服务指数（总量）",其中有 25 个省市区得分为 60 分,可测定其"运营效力"为（居中）"及格",而贵州、天津、宁夏、西藏、青海及海南等 6 省市区在"及格"线以下；"公共文化享受综合指数（人均）"的 31 个省市区得分均在 80 分以上,其"消费效力"可测定为"较强"。仅从上述选取的若干数据和力度的转换测量中即可看出,我国公共文化服务的总体表现情况不容乐观。虽然"消费效力"得分较高,但我们从有关公共文化服务消费满意度的一些实地调研结果中可知,公众的文化消费满意度实际上是不高的,甚至是明显偏低的[①]。中国人民大学和文化部文化产业司,于 2014 年 12 月 13 日在有关会议上发布了"中国文化消费指数（2014）",其中明确指出：2014 年我国文化消费整体情况优于 2013 年,但"文化消费满意度"不升反降,说明居民对文化产品的质量要求更高[②]。"消费效力"较强,而满意度不够高,这只能证明我国广大群众实际的消费需求是十分旺盛的,而相应的公共文化服务却是效能不高的。

　　从上文我们借助于公共文化服务力"能力匹配"状况、"动力储备"状况、"物力保障"状况及"效力实现"状况等四个二级指标的概括

[①] 参阅教育部哲学社会科学研究重大课题攻关项目"我国公共文化服务体系保障机制研究"（项目编号：12JZD005）阶段性成果《我国农民对农村公共文化服务的满意度调查——来自全国九个省市的发现》（作者卢春龙,载《中国政法大学学报》2014 年第 2 期）。该阶段成果介绍：课题组在 2013 年 8 月对全国部分农村地区组织过公共文化服务现状抽样调研,涉及甘肃、广东、湖南、浙江、北京、河北、山西、山东及黑龙江等 9 省市 45 个县,每县抽样调查 8 个行政村,每村分别调查 10 位居民,累积调查了 348 个村共 3 698 位农村居民。在具体的满意度访谈调研中,课题组设置了"满意"、"比较满意"、"一般"、"不太满意"及"很不满意"等五个测评值,其中对"农家书屋"选择"满意"的为 20％,对"文化活动室"选择"满意"的是 19.2％,对"农村电影放映工程"选择"满意"的是 20.9％,对"文化信息资源共享工程"选择"满意"的是 20.6％,受访者对本人所在村"公共文化服务总体性评价"选择"满意"的总体平均为 12.3％。

[②] 高庆秀：《2014 年中国文化产业指数显示：今年我国文化消费整体情况优于去年》,《中国文化报》2014 年 12 月 15 日第 1 版。

分析,以及对若干个"效力"三级指标的测算分析,可以十分清楚地看出:我国公共文化服务的整体效能,总体上处于令人十分忧虑的"亚健康"状态。换句话说,从我国大力推动"文化强国"建设、不断提升国家文化整体实力和文化竞争力的宏大目标要求来看,我国公共文化服务事业目前尚停留在由"虚火虚热虚胖"所带来的局部繁荣、表面繁荣状态,区域间城乡间的公共文化服务发展不平衡不均衡矛盾尚未得到完全破解,民间信仰、新老宗教信仰及各种亚文化思潮的影响,在一定程度上已对我国公共文化服务体系形成了强势逼仄和无形挑战。概而言之,如何切实改善我国公共文化服务力、大力提高公共文化服务效能,已经成了我们当下不得不考虑的严峻问题。

二、业务范围、主体构成及消费供需等方面问题剖析

要切实改善我国公共文化服务力、大力提升公共文化服务效能,就有必要首先弄清楚制约我国公共文化服务事业健康发展的主要问题和瓶颈障碍究竟有哪些,引发这些问题和瓶颈的背后原因是怎样的?然后再有针对性地制定实施切实可行的思路举措。有基于此,我们将密切联系我国各地区公共文化服务事业发展实际,借助公共文化服务力三级指标也即"九效"的特殊分析方法,对分析研究出的问题瓶颈作现状及成因剖析。同时尝试用"九效"的"效力测量标尺",针对公共文化服务不同工作环节、工作层面可能直接涉及的具体效力,展开相关的实际效力水平衡量,并得出基本判断。经深入分析研究,制约我国公共文化服务事业总体效能不佳的问题瓶颈可概括为以下几个方面。

(一) 经办领地、业务开展及覆盖范围太过狭窄

当今时代不同于计划经济时期的"单位化"和"封闭化"时代,而是市场经济时期的"社会化"和"开放化"时代。在计划经济时代,貌

似有"社会"一说,其实并无所谓真正的"社会",而是"单位"就覆盖了"社会","社会"就等同于"单位","单位"主导并承办公共文化服务从生产供给到消费服务等的一切功能。而在我国转型进入市场经济时代以后,"单位"原本具备的大量社会功能被普遍剥离,并连同无以计数的没有明确"单位"人身份的民众一同进入了"社会"。"社会"在缺乏组织化整合的背景下迅速壮大了起来。受此影响,我国各地区原先由各类单位分解承担的公共文化服务生产供给功能,也有不少被剥离汇聚到了"社会"之上。在此背景下,全国各地区党委政府文化主管机构及其下属各种国营企事业文化单位承担的公共文化服务生产供给,以其相对缩小了的"供"去应对"社会"扩容后的"求",这在客观上就形成供给及消费的双方配比明显呈现为前轻后重。

从经办领地方面来看,我国组织化、体系化的公共文化服务实际经办领地,主要还是集中于各地各级党委宣传文化系统、政府文化相关主管部门及其下属的国营文化企事业单位范围内。即使我们如今已推进实施多年的现代公共文化服务体系建设,也主要局限于各地各级宣传文化系统(宣传部、文广局)条线范围内,在很大程度上流于条线内、条块内、系统内的"自说自话"和"自娱自乐",既缺乏按照党的十七届六中全会和党的十八大精神的要求,形成跨条线统筹协调、跨领域合力共建的格局,又与"高效能公共文化服务"必然具备的"运营社会化及市场化"存有较大距离。而"社会化"的特点正在于跨条块、跨体制、跨行业。目前条线外、条块外的大量相关平台资源尚未充分纳入到体系化建设范畴内。现存不少分布于全国各地省市区地县多级宣传文化系统条线外(如工会、共青团、妇联、科委、教育等系统)的公共文化服务平台资源要素,大多尚未被纳入到公共文化服务体系建设范畴之内,在一定程度上造成了社会上一些存量公共文化服务资源要素的闲置甚至浪费,而这些条线外公共文化服务平台资源本身也正处于孤立无助、散乱生存、面临转型的尴尬境地。

从业务开展方面来看,我国既有的公共文化服务产品生产及消费供给活动,各地各级几乎无一例外地流于条线内、条块内自我循环。目前,全国各地绝大多数的公共文化服务生产供给业务,主要是借助各层级条线条块内的"公益性单位机构免费向群众开放服务"及"政府购买产品服务向群众优惠或免费提供"等手段来实现的。前者需要依托区域内文化财政补贴的大力支撑,如博物馆、图书馆、美术馆等的免费开放;后者需要市区街道县乡镇政府的文化专项资金投入。总体来看,这些基本的公共文化服务生产供给,主要还是体现为条线内、条块内文化服务链上的自我循环,即使是政府购买文化产品服务,也是以国营文化企事业单位及与政府有较好人脉合作关系的少部分民办非企业机构及民营文化企业作为主要购买源,其可选择性和消费吸引力均相对有限。

从覆盖范围来看,人们早就发现,伴随着我国改革开放进程的加快,社会经济成分和经济利益多样化、社会生活方式多样化、社会组织形式多样化、就业岗位和就业方式等的多样化,将势必会带来人们价值观的多元化以及人们日常休闲娱乐和文化审美方式的多样化。其中最突出的一个重大表征就是许多传统宗教和民间信仰、一些新兴宗教和外来思潮在一部分民众中传播并盛行起来。这些宗教信仰和外来思潮往往会利用其极具人性化的宣导方式,吸引许多受众沉迷其中,有的还形成了具有一定组织化建制的管理动员体系。显然,这种宗教化或准宗教化的精神传播在客观上与我国公共文化服务构成了一种竞争关系。近年来,我国一些城市和农村,非常流行举办具有准宗教色彩的大型民间社戏祭祀等活动,吸引大批群众摩肩接踵、蜂拥参与。然而,我国现有的公共文化服务体系对此基本上是无所作为。其实,国家公共文化服务与宗教信仰之间并非一定是水火不相容的关系,它完全可以通过对接其正能量的方面而对其实施延伸覆盖。遗憾的是当下的公共文化服务大多对此非常避讳,更谈不上对其覆盖。

上述问题的存在表明,我们在公共文化服务经办领地方面、业务开展方面、覆盖范围方面,均有待通过责任主体作必要的引导和调控。鉴于目前的实际状况可以判断,相关的"引导效力"和"调控效力"均为"较弱"。

(二)服务主体构成、资金投入渠道均太过单一

审视考察全国各地区公共文化服务事业发展实际可以看出:绝大多数的供给主体在很大程度上还是囿于党委宣传文化系统及其相关政府主管条线这一家。这个以党委宣传文化系统及其政府对口条线面貌出现的文化管理公权力机构,以其特有的管理强势及"强势政府"做派,差不多垄断性地掌控了各地公共文化服务的所有体制内资源平台和项目活动机会。尽管如此,其力量配比相对于全社会需要运作的公共文化服务消费体量而言,还是明显太过单薄独一。其实按照一些学者的研究分析,"没有任何逻辑理由证明公共服务必须由政府机构来提供。[①]"这也就是说,公共文化服务供给事实上存在着其他各类主体的可能。单一的文化公权力管理主体(如党委宣传部及相关政府条线),会导致公共文化服务缺乏主体合成力量及欠缺社会资源集成效应,公共文化服务的所有负担压力几乎都汇聚到了政府等公权力机构,客观上容易造成"政府失灵"普遍现象的发生和潜在风险的存在。用一个形象的比喻就是,一辆配置齐整的马车,本应由一马驾辕,四马、五马乃至六马拉车,一位车夫挥鞭赶车,车上坐满了南来北往的乘客。马车本身好比公共文化服务平台资源;挥鞭车夫好比党委政府主管机构(绝不意味着真的可以"高高在上"),承担确保马车行驶方向正确、协调掌控各马匹关系的重任;驾辕马匹体大力强,相当于国营企事业文化单位,承担着确保车体稳定的重任。如果车夫掂不出车体和乘客轻重,仅让驾辕马一马拉车,势必行程艰难,走至道路困难处,车夫也只能跳下马车,亲自上阵拼命推拉。目前全

[①] [美]E.S.萨瓦斯:《民营化与公私部门的伙伴关系》,周志忍等译,中国人民出版社2001年版,第298页。

国各地的公共文化服务总体运营状况大致与此相像——代表社会化乃至市场化多元力量的"四马、五马、六马"等多样化供给参与主体，没有真正加入到齐心协力的"拉车"行动中来，导致"驾辕马独身拉大车"，行车效能自然不高，乘客必然不满意。也就是说，由于各地的公共文化服务的重头平台资源，主要掌控在当地党委宣传文化系统及政府条线内的国营企事业单位手里，客观上存在着引入多元主体参与供给的诸多障碍，致使近年呼声较高的"社会力量"参与，只能在相对基层边缘的城市社区文化活动中心层面有限度地展开，服务效能自然有限。

事实上，对公共文化服务事业我们似乎可以这样理解认识：它其实就是全社会的"公器"，政府主管部门也只是全社会的一分子，它可以接受国家公民的委托在宪法法律许可的范围内，对公共文化服务行使相关的公权力职责，但绝不可以将公共文化服务视为其"专属领地"乃至谋获既得利益的索取对象。有活力、有发展、可持续的公共文化服务事业一定是生产供给主体多元化、多样化的。参照前文考察过的一些发达国家的做法，其生产供给主体不拘于政府一家，NGO/NPO等社会组织、文化中介机构、各类基金会、民间社团、文化企业公司、志愿者组织及社会精英个体等都是其生产供给参与主体，政府仅仅作为极少在前台出现、大多居于幕后的"责任主体"。基于我国现阶段公共文化服务对象日趋社会化、多样化、多元化的实际，必然也要求其相应的供给参与主体是社会化、多样化、多元化的。诸如像党委宣传文化系统及政府对口条线主管机构、国营企事业单位、民营公司、民办非营利机构、营利性中介机构、社会行业协会组织、志愿者阶层、社区义工阶层及社区居民自组织单元等，均可以作为供给参与主体，然而目前我们尚未形成这种局面。即使像北京、上海、深圳等公共文化服务发展走在全国前列的城市，其党委政府等文化主管公权力机构，迫于"管办必须彻底分离"及"鼓励社会力量参与"的舆论压力，将以往自己"亲管亲办"转换为了"亲管暗办"——以多种多样的幕后指手画脚来实际介入具体业务经营,同时也以相对较高的门槛限制致使社会力量根本无法真正进入。

受制于各地各级历史形成的党委宣传文化系统及政府对口主管机构根深蒂固的条线条块观念限制,不仅相邻的党政其他系统的条线力量无法进入,而且社会上的多元化多样化力量也难以实际进入。在此背景下,各地各级公共文化服务的资金投入只能来自区域内政府财政预算投入及中央政策扶持类专项补贴投入。依靠单一的资金投入渠道和投入方式,其可供开展的公共文化服务生产供应自然是品种花色有限、难以有求必应、质量水准一般、仅够勉强维持、无法扩张发展。

由于服务主体和投入的单一,让公共文化服务可供调动的资源力量变得十分有限。在此情形下,一些地区即使仅仅行使向公众提供"基本的"公共文化服务职责,也变得颇为力不从心甚至勉为其难。而另一些地方则借助于公共文化服务要"政府主导"的"尚方宝剑"而随便任性而为,从而使得有限的资金投入完全实现不了应有的效能,导致"政府失灵"。这种情况不仅在我国西部、中部地区普遍存在,即使是在上海、广东等东南沿海发达地区也依然存在。

从党的十七届六中全会及十八大精神反映出的信息可以看出,我国最高决策层对改变公共文化服务供给主体单一化、投入渠道单一化的认识和诉求是十分清晰的,换言之其相应的"引导效力"体现为"较强";但地方层面的相关"调控效力"和"创新效力"均体现为"较弱"。

(三) 区域间城乡间阶层间落差明显且掣肘因素过多

这既体现在先天资源禀赋及后发资源分布方面,又体现在日常消费机会及综合发展水平等方面。不容否认,这种局面的形成自然与区域和区域之间存在的区位优势差异密切相关,也与我国历史形成的城乡二元结构密切相关。

从公共文化服务资源及消费机会的分布情况来看,首先以我国一些区域中心城市如北京、上海、天津、武汉及深圳等为例。这些城市各自拥有人口数均过千万,其中上海总人口已达 2 500 万左右。人口规模决定了这些城市既有人口相对集中的中心城区甚至"中央商务区"(CBD),又有人口相对分散的郊县城区。伴随着改革开放及现代化建设的都市化进程推进,这些城市都无一例外地走出了一条显见的"摊大饼"扩张道路。城市交通网络建设陆续形成的一环又一环的"划圈做大"格局,就十分明显地记录下了这一历史"壮举"。受制于此,几乎每个城市中带有公共性、公益性文化服务特征的市级层面公共文化资源的分布,如市图书馆、市博物馆、市展览馆、市美术馆、大剧院、艺术中心等地标级公共文化设施,就过度集中于中央商务区。其实,除深圳属于新造城市外,其他几个城市均承接新中国建立前文化发展成果,承接解放后半个多世纪的文化建设成效,早已在中心城区积聚了大量的文化商业、艺术教育、文化演艺等优质文化资源,如老字号电影院、各类剧场戏院、艺术院校及诸多演艺院团等均属于此。尽管这些资源如今大多实行市场化运作,但是它们的存在本该使后起的公共文化服务资源配置体现出鲜明的城域性调控倾斜,遗憾的是"优质资源过度扎堆中心城区"带来的弊端直到建设公共文化服务体系强调"均等化"时才强烈地感受到。

新老公共文化资源高密度云集一地,在客观上造成公共文化的服务资源及消费机会的社会分配不公。如大量带有公共性、公益性特点的对内对外文化艺术交流活动、文化节庆盛会、文化艺术演出主要集中在上述中心城区举行;大量的文化人才、文化服务、文化资本等文化生产要素也重点积聚在这些区域。而由这些文化资源带来的消费机会,又基本上更多地被生活在城市中心城区的"有权、有钱、有闲"阶层才有实力享用。这就使城市周边多数区县难免会成为公共文化服务生产供应和消费服务相对贫乏的地区,也使得更多的平民"布衣"阶层客观上成为被文化消费抛弃的群体。再以我国西部边疆贫困地区和少数民族地区为例,可以发现其公共文化服务资源和相应的公共文化服务消费机会,远不能与东南沿海发达地区甚至中部省市相提并论。如在新疆、西藏、云南、甘肃、青海等省区的一些欠发达地区特别是贫困县乡地区,受制于其经济发展水平长期落后、交通通信等基础设施建设严重滞后、科学文化教育未能在适龄人口中实现普及等因素的制约,许多当地群众面临着脱贫致富的紧迫需求,而与其文化权利的保障落实直接相关的公共文化服务,成为当地群众缺失的一种生活奢望。对内地发达地区属于日常精神文化生活保障的常规性公共文化服务,基本上难以覆盖延伸到当地,即使偶尔会有,也大多是以中央、省市区"文化扶贫"的方式"浅尝辄止"。

作为我国文化发展建设最高决策层的中宣部和文化部,对我国客观存在的公共文化服务区域间城乡间阶层间落差显著的现实有透彻的认识。也正因此,自党的十六大、十七大及十八大以来,中央反复强调:要建立覆盖城乡的现代公共文化服务体系,努力实现公共文化服务的"公益性、均等性、基本性、便民性"的原则性目标。同时要针对贫困地区、边疆少数民族地区实施"春雨工程",积极启动"全国文化志愿者边疆行活动",开展"文化援疆"、"文化援藏"等公共文化服务定向帮扶工作。这是我国在以往早已实施的"文化下乡"、"电影下乡"、"广电村村通"、"家电补贴下乡"及"农家书屋"等工程基础上启动的"文化惠民"新举措。这些工作举措在一定程度上消解了公共文化服务在一些基层和贫穷边远地区未能覆盖的矛盾,但是现实存在的发展落差并没有得到根本解决。

从制约我国广大群众开展公共文化服务消费的诸多掣肘因素来看,其中客观存在的区域发展差距、生活成本高企、社会保障欠佳等,成为影响一些群众参与公共文化服务消费的关键制约因素。根据国家统计局发布的信息,2014年我国人均GDP约为7 485美元(约合人民币46 531元),其中北京、上海、天津等7个省市进入人均GDP

"1万美元俱乐部"①。按照恩格尔系数的算法,当一国人均 GDP 超过 3 000 美元及 7 000 美元等几个节点时,人们对精神文化消费的投入会显著增长。如果以此衡量我国电影票房则可以发现,2014 年全国电影总票房 296.39 亿元,同比增长 36.15%②,恩格尔效应的确有所显现。这似乎从一个侧面反映了公共文化服务消费的成长景象。但实际情况表明:我国公共文化服务某些领域展现出的某些喜人业绩,基本上是由相对发达的直辖市和区域中心城市为主体共同推进完成的。现有的业绩并不能掩盖全国普遍存在的文化消费掣肘因素过多这个事实。假如考虑到前述区域区位差距、城乡二元差距客观存在等现实,则掣肘因素更是成倍放大。以 2012 年、2013 年区域间人均文化消费支出比较为例,我国 2012 年城镇人均 1 213.88 元、农村人均 445.49 元,2013 年城镇人均 1 369.38 元、农村人均 485.88 元;2012 年东部人均 1 216.37 元、西部人均 602.83 元,2013 年东部人均 1 339.37 元、西部人均 719.75 元③。可见,城乡差距、东西部差距显而易见。农村及西部相比于城市及东部,其居民可支配收入原本就比较低,再加上其他因素的影响则文化消费支出必然偏低。再从下表看,全国公共文化服务的均等化水平有所提高,比如在全国城乡,公共图书馆总藏量从 2011 年的 6 9719 万册上升到 2012 年的 78 852 万册,同比增长了 13.1%;公共图书馆总流通人次从 2011 年的 35 151 万人次上升到 2012 年的 43 437 万人次,同比增长了 23.6%;群众文化活动机构服务人次从 2011 年的 38 760 万人次上升到 2012 年的 44 036 万人次,同比增长了 13.6%,从绝对值上看均是明显的增长。与此同时,县级公共图书馆的总藏量占比由 2011 年的 17% 提高到 2012 年的 17.3%,总流通人次占比从 2011 年的 18.3% 提高到 2012

---

① 中华人民共和国国家统计局:《中华人民共和国 2014 年国民经济和社会发展统计公报》,http://news.xinhuanet.com/ttgg/2015 - 02/26/c_1114446937.htm。
② 中国经济网:《广电总局:2014 年中国电影票房同比增长 36.15%》,2015 年 01 月 06 日。
③ 王亚南主编:《中国文化消费需求景气评价报告(2015)》,社科文献出版社 2015 年版,第 40—43 页。

年的 18.5％，群众文化活动机构服务人次占比从 2011 年的 56.9％提高到 2012 年的 58.1％。但是东中西部和城乡之间的总体公共文化服务差距仍然明显存在。

表 6-9　2011 年和 2012 年分区域公共文化主要指标

		公共图书馆总藏量（万册）		公共图书馆总流通人次（万人次）		群众文化活动机构服务人次（万人次）	
		2011 年	2012 年	2011 年	2012 年	2011 年	2012 年
总量	总计	69 719	78 852	38 151	43 437	38 760	44 036
	县及县以下	11 823	13 637	6 981	8 026	22 064	25 583
	东部	34 920	39 758	21 592	24 574	16 173	18 178
	中部	16 856	19 217	9 200	10 261	10 549	11 807
	西部	14 806	16 403	6 912	8 224	12 038	14 051
比重	总计	100.0	100.0	100.0	100.0	100.0	100.0
	县及县以下	17.0	17.3	18.3	18.5	56.9	58.1
	东部	50.1	50.4	56.6	56.6	41.7	41.3
	中部	24.2	24.4	24.1	23.6	27.2	26.8
	西部	21.2	20.8	18.1	18.9	31.1	31.9

资料来源：中华人民共和国文化部编：《2013 文化发展统计分析报告》，中国统计出版社 2013 年版。

其实，近年来许多人抱怨的诸如国人税负成本高、教育医疗交通购房成本高、社会保障制度不完善、公共文化服务供给不科学甚至包括文艺演映票价高等[①]，都间接或直接地影响到了人们对文化消费的自觉自愿性投入的增长。此外，各类新技术、新媒体、新业态在"多样

---

① 以税负为例，2014 年 3 月 28 日《报刊文摘》刊发《居民的直接税负到底有多重》一文称：自 2002 年至 2012 年的 10 年间，我国 GDP 增长了 3.3 倍，财政收入增长了 5.2 倍，而居民家庭人均可支配收入增长了 2.2 倍，个人所得税却增长了 3.8 倍。2011 年 8 月 30 日中华网刊发《中国税负全球排名第二高》指出：根据美国《福布斯》杂志发布的指数，我国税负排亚洲第一、世界第二，工薪阶层为纳税主力军。再以电影票价为例，有报道称：美国一张电影票相当于人均月收入的 1/400，而中国电影票相当于人均月收入的 1/40，后者比前者贵了 10 倍（郑洁：《中国电影票价，市场说了算》，《中国文化报》2013 年 3 月 23 日第 003 版）。

性"文化消费中的快速涌现,平移和分流了不少原本以"聚众共乐"式公共文化消费为特点的中年、青年及少年受众,"宅"在家里、爬在电脑前、成为手机控的"私人独乐"式消费,让一些"基本性"的公共文化服务供给在价值上变得无足轻重。

基于上述种种原因,一些地方不得不制定并实施拉动文化消费的政策举措[1],以期改善公众文化消费。由此可见,我国在公共文化服务体系的建设方面,虽然在国家层面对缩小区域间、城乡间、阶层间的资源及机会分布差距,对破解制约公共文化服务消费诸多掣肘因素,已有相应的理性认识和部分政策举措,但在中观微观的地方实际操作层面,尚有待作不断的推进落实。因此,就上述诸多问题涉及的具体"效力"来看,"调控效力"及"惠民效力"均处于"较弱"状态;"消费效力"如按城市和东部、农村和西部等分别测量,则前者处于"居中"(及格)状态,后者处于"较弱"状态。

(四) 文化供需脱节且产品服务缺乏吸引力和竞争力

这是制约我国公共文化服务总体效能不高的关键性瓶颈问题之一。所谓"供需脱节"主要表现为"供不应求"、"供求错位"。即公共文化服务的产品生产和服务供应,还不能全面满足全国城乡群众日益增长的精神文化生活消费需求。有报道显示:中国人民大学与文化部文化产业司曾于2013年11月9号,主办过"文化中国:中国文化产业指数发布会",根据该会议发布的数据,专家们经研究测算,认为我国文化消费的潜在市场规模大约是4.7万亿元,几乎占到了我国城乡居民消费总支出的30%。然而当前我国文化消费的实际规模约达1.0388万亿元,大约仅相当于城乡居民消费总支出的6.6%。

---

① 北京市于2014年底就颁布了《北京市人民政府关于促进文化消费的意见》(京政发[2014]44号文),据说这是国内首个专门针对文化消费出台政策文件的地区。参见"首都之窗"网2015年2月5日"政务信息"。

这意味着我国现阶段尚有 3.66 万亿元的文化消费缺口①。供不应求首先可能体现为"供应量"过小，不能满足实际消费的需要；其次又可能体现为"供应量"尚可，但其中存在着一定的"无效供给"，导致消费者不买账、不认可。显然，目前我国既在一定程度上明显存在着"供给短缺"的问题，又在较严重的程度上存在着"无效供给"的问题。而最为糟糕的是，当这两个问题在一段时期内持续并存的话，一旦和我国知识产权保护不完善、依法治文环境有待改善等不利因素相叠加，则势必又会引发盗版涉黄等"非法供给"问题的滋生。如此恶性循环，就会极大地损害我国公共文化服务供给效能。显然，"供给短缺"问题还不能通过简单化地通过增加文化产品服务的生产供给就可以轻松解决。且不说我国目前是否真正具备公共文化服务扩大再生产的实力，即使在某些行业部门具备这样的文化生产力，也未必就能保证所生产的文化产品和文化服务一定是契合群众需求的、是符合市场需要的。即使是生产者恪守"以群众和市场为服务对象"这一原则，其也极有可能因为种种原因而导致自己的文化生产成为"无效生产"②。毕竟精神文化产品的生产不同于食物衣服等生活用品的生产。而导致"无效供给"的主要原因则可以主要归结为：既有的公共文化服务产品生产和服务供应，与广大人民群众的真实需要存在着"两张皮"、"不对接"、"不接地气"问题。这一问题几乎成了全国各地各层级公共文化服务生产供给的一大通病。有调查研究成果显示：人们在对某地 1 810 位 16—65 岁年龄段城镇居民的调研中发现，有61％的人认同"文艺演出内容不能满足群众需要"的说法；32％的人认为"节目或电影选择空间不够大"③。这实际上就意味着所谓"供求

---

① 周易：《我国居民文化消费存在 3.66 万亿元缺口》，《中国青年报》2014 年 1 月 2 日第 7 版。

② 仅以电影为例，据报道：我国每年大约有 7 成左右的电影无法公映。2012 年我国生产 745 部各类电影，仅有 31％最后公映（参阅马跃然：《中国电影病得不轻：超七成影片无法公映》，腾讯娱乐，2013 年 5 月 13 日，http://ent.qq.com/a/20130513/013901.htm）。

③ 江畅、孙伟平、戴茂堂等主编：《中国文化发展报告（2013）》，社科文献出版社 2014 年版，第300 页。

错位"。有人在对某城市社区公共文化服务政府配送情况作调研时发现:一些公共文化服务机构,为了完成上面规定的一年放100场电影的指标要求,有时明知道没什么观众,也不得不在那里"空放"电影。常常是"放的电影老百姓不感兴趣,老百姓感兴趣的又很少"。配送的图书要么大多更新不及时、要么不符合当地群众需求。配送的一些讲座常常不够接地气。还存在着同类资源多头配送、交叉配送的浪费现象。上述诸种问题究其原因主要是需求信息未能与供给单位实现对接、缺乏群众需求的"自下而上"畅通表达渠道;配送方要么常常依据自己的主观偏好作决策,要么单一化地把群众视为"受教育者"[①]。这种情况表明:既有的一些公共文化服务供给存在着忽视"真正保障和落实群众文化权利"的现象。换句话说,既有的服务供应过度沉迷于"自上而下"的派发式"供给导向"模式,对"自下而上"的征询式"需求导向"模式的关注极为不足,导致政府提供的基本公共文化服务供给,不同程度地存在着流于一厢情愿,群众不认可不买账。

所谓"产品服务缺乏吸引力和竞争力"主要表现为:既有的公共文化服务产品生产及其服务供给,在精神内涵、审美品质、表现形式及品牌价值等诸多方面,呈现为质量水平低下、缺乏精品佳品力作风范的情况。有某权威媒体对31个省市区9 116位受众作在线调研时发现,73%的受访者认为当下"垃圾书很多"。有关研究报告明确指出:我国文化企业生产的公共文化产品,文化含量偏低,距离广大群众的文化消费需求差距明显。与此同时,其国际竞争力较弱,与国际同行相比,我国的文化产业大多还处于幼稚阶段。文化产品生产中的跟风现象严重,产品过剩和泡沫化现象逐渐凸显[②]。不可否认,这一看法比较符合客观实际。就我国公共文化服务的基本格局来看,"基本性"的公共文化服务大多按照公益性、福利性、让利性甚至免费

---

① 刘子烨:《公共文化配送何以众口难调》,《联合时报》2015年3月31日第3版。
② 江畅、孙伟平、戴茂堂等主编:《中国文化发展报告(2013)》,社科文献出版社2014年版,第300、163、164页。

性的原则,借助各地各级党委宣传文化系统及其政府对口主管机构的管辖渠道,被配送到广大消费者中间;而"多样性"的公共文化服务大多按照市场性、商业性、收益性乃至交易性的原则,借助文化市场体系既有的多样化买卖方式,被呈献到广大消费者中间。通常情况下,"多样性"的公共文化服务因其具有成本相对较高、品牌价值相对明显的特点,所以其总体的产品及服务质量比"基本性"公共文化服务肯定要好。换句话说,由于我国正在构建的现代公共文化服务体系,其现阶段的首要任务就是满足广大群众"基本性"的公共文化服务消费需求,所以全国各地能够进入公共文化服务体系官方配送系统的文化产品及文化服务,十之八九在价格和质量上都表现为相对的"价低质次",不仅精神内涵及审美品质明显较弱,而且科技含量及时尚水准也大打折扣。即使偶尔会有一些属于质量上乘的产品和服务,一般也是因为档期过时、时效不再等原因而被"多样性"市场淘汰下来的东西[1]。事实上,即使我们不分"基本性"和"多样性",从整体上来看我国的公共文化产品及服务,其质量水平也是十分不理想的。其中"原创匮乏"、"三俗泛滥"及"法治不畅",几乎就成了近年来困扰我国文化产品及文化服务质量不高的重要原因[2]。

　　我国公共文化产品及服务如果在吸引力和竞争力方面,难以获得国内受众的广泛认可,那么,要想借助我国文化"走出去"渠道进入国际市场并赢得海外受众的青睐,受到跨国文化传播方面的"文化折扣",而显得更加困难。有关研究成果显示:我国文化产品及文化服务的贸易出口长期处于逆差状态,各项文化服务出口额远远低于发

---

[1]　这可以通过笔者课题组近年来对一些基层公共文化服务机构的评估调研得到印证。2011 年及 2014 年,笔者曾以城市社区公共文化服务评估专家的身份,两次参加了某直辖市 200 多家社区文化活动中心绩效评估的抽查复评工作,通过对分布于 17 个区县数十家社文中心的实地考察研究可知:"基本性"的公共文化产品及文化服务,一般都在质量品质等方面处于国家整体公共文化服务的最底端,明显与"多样性"的公共文化服务存有较大差距。

[2]　关于此判断的论证,可参阅后文有关"公共文化服务及其产品评价"部分的分析研究,此处不再赘论。

达国家,其中演艺业和图书版权业尤显突出,每年各项逆差额累计达数亿元。我国引进和出口的文艺演出每场收入比约为 10∶1,每年对外商演收入不满 1 亿美元,不及国外的加拿大太阳马戏团一年的海外商演收入。总的来看,我国对外文化服务贸易的科技和创意含量整体偏低,出口品种结构及输出渠道均显单一,对外传播力和影响力无法和发达国家相匹敌①。这种情况一方面说明我国在对内履行公共文化服务职能方面,明显受制于产品服务质量不高,另一方面说明我国文化机构,在现阶段要对外扩大影响力,向国际社会提供质量优异的公共文化产品和服务,还需要实现重大的跨越。

通过上述的分析研究我们可以看出,就我国公共文化服务的生产供给情况以及产品服务的吸引力、竞争力而言,其体现出的"供需脱节"清楚地表明,"惠民效力"、"生产效力"趋于"较弱"乃至"极弱";其体现出的"缺乏吸引力及竞争力"及"出口乏力"表明,"创新效力"、"吸引效力"及"传播效力"均趋于"较弱"乃至"极弱"。

三、产品评价、社会参与及运营机制等方面问题剖析

(一) 公共文化服务及其产品评价存在较大偏差

1. 对文化产品评价的指向性和重要性认识不到位

公共文化服务评价特别是其产品的评价,关系到公共文化服务及公共文化产品的"生产—供应—消费"这三个环节的走势走向,关系到文化意识形态安全,甚至关系到国家社会能否长治久安。从以往的相关实践可以看出:我们对于公共文化服务及其产品评价的指向性和重要性常常认识不到位。其实,公共文化服务及其产品评价的指向性和重要性应当是非常清晰的。

---

① 中央文化企业国有资产监督管理领导小组办公室、中国社会科学院文化研究中心编:《中国对外文化贸易报告(2014)》,社会科学文献出版社 2014 年版,第 46、49、73、74、76 页。

第一，评价的目标指向性是重在评内容类文化终端产品。就文化产品评价的轻重缓急而言，评价的具体目标指向重在评价那些影响最直接、问题最严重、又可以对其实施"生产—供应—消费"各环节干预的文化产品，即那些由我国自主生产的、直接面对国内外广大受众的各样式"内容类文化终端产品"，尤以故事片、电视剧、电视综艺及娱乐节目、戏剧戏曲、各式小说（含网络小说）、流行歌曲、动漫游戏作品等为代表，它们的受众传播面最广、重复消费周期最长、实际影响相对远大。

第二，评价目的指向性是重在鼓励最优及次优产品涌现。产品评价虽主要流于事后评价，但评价结果却对日后新产品的生产、供给和消费具有警示引导作用。正确的评价目的指向应当是：规约控制"既不叫好又不叫座"产品的生产和泛滥，规约引导"不叫好却叫座"产品生产向好发展，鼓励"既叫好又叫座"之类的最优产品大量涌现，包容宽待"只叫好不叫座"之类的次优产品自然出现。次优产品大多具有一定的先锋性、实验性及探索性特点，而这也是其曲高和寡难以得到公众主流认可亲近的原因所在。无疑，包容一定数量次优产品的创作生产，是保障国家文化艺术不断创新发展的必要前提。

第三，评价目的指向性的重要性在于：如果文化产品的评价指标存在问题，则有可能会因为大量低劣产品的存在，而使"三俗"（低俗、媚俗、庸俗）乱象泛滥成灾，从而导致人们面对假恶丑不仅麻木不仁，而且还可能会沉迷其中，进而侵蚀甚至解构我国社会主义核心价值体系、影响国家社会稳定发展。对于治俗保质，就连西方资本主义发达国家，也不敢掉以轻心。如美国在治理电视节目作品低俗化方面，就建立了一套紧密联系监管机构、司法机构、媒体机构与民众共治的规制体系。

第四，评价目的指向性的重要性在于：在中国文化产品产量不占优势的背景下，以评价促进质级的提高很有必要。目前，在世界文化产品市场上,美国占 43％,欧盟占 34％,日本约占 10％,韩国占 5％,中国仅占不到 4％,这与我文明大国历史地位和作为世界第二大经济体很不相称①。此外,我国文化贸易逆差的状况尚未得到根本转变。以演艺产品和出版为例,我国引进和派出的演出每场收入比约为 10∶1;全国 500 多家出版社的收入总和不及德国贝塔斯曼集团一家的年收入②。在文化产品生产供应消费存在"西强我弱"的背景下,对我国本来就占全球市场份额不高的文化产品提出质量规约要求,就显得特别迫切。

党的十八届三中全会和十七届六中全会,都反复重申要"健全和完善文化产品评价体系"。这说明我国现行公共文化服务及其产品评价的确存在一定问题,亟待花力气尽快解决。当前,我国文化产品生产供应虽与发达国家相比有量的巨差,并且明显流于供不应求,但绝对数量不容小觑。如全国故事片产量多年位列世界前三甲,2013 年达到惊人的 638 部;2013 年网络小说数万部,总计 60 多亿字。谈到产品质量问题,中央领导同志曾指出:"当前,我国文化产品创作生产方向总体上是正确的,文化创作生产呈现积极向上、繁荣发展的景象。同时,我们也要看到,与人民群众的需求和期待相比,文化创作生产仍然存在不小差距,叫得响、传得开、留得住的高质量文化产品还不多,特别是人民群众对文化创作生产中存在低俗、一切向钱看等问题反映强烈。因此,必须加强对文化创作生产的引导,特别是要牢牢坚持正确创作方向。③"显然,文化产品的生产取向、供应取向、消费取向彼此相辅相成且互为因果。三种取向殊途同归地体现出人们对具体文化产品的总体性、倾向性价值评判。

---

① 李强:《我国文化产品出口猛增,国际认知度待提升》,《证券时报》2012 年 1 月 12 日第 B04 版。

② 任仲平:《文化强国的"中国道路"——论推动社会主义文化大发展大繁荣》,《人民日报》2011 年 10 月 15 日。

③ 李长春:《关于〈中共中央关于深化文化体制改革推动社会主义文化大发展大繁荣若干重大问题的决定〉的说明》,载李长春:《文化强国之路:文化体制改革的探索与实践》(上),人民出版社 2013 年 12 月版,第 15 页。

2. 在文化生产消费及评价方面存在偏差缺欠

从总体上来看,这些偏差缺欠影响波及了从生产消费到社会评价的各个环节,它们大致表现为以下几个方面。

一是文化产品生产供应存在着利润至上倾向。流于对收视率、上座率、发行量、眼球经济等的过度迷恋,只满足于表面的"政治导向"不犯错,不愿为实际的"伦理导向"、"价值观导向"不走偏负责任。如某系列电影,专以涉世不深的 80 后、90 后为受众主体,以展示奢华铺张、灯红酒绿、豪宅豪车的斗富耍酷为噱头,整片透露出一种宣扬不劳而获特别是宣扬拜金主义的基调,明显在伦理导向和价值观导向存有重大瑕疵,但竟然获准上映。这种放任文艺产品生产供应在一定程度上流于低劣化的现象,等于在无情地耻笑追求产品内涵原创和品牌价值塑造,等于是在怂恿文艺生产走投机取巧之路,其结果是导致社会效益和经济效益前轻后重及彼此分离,引发各种不良社会导向在民间流行。

二是文化产品消费领域存在着明显的"三俗"化倾向。如近年来一些广受诟病的古装脂粉宫斗题材电视剧,持续多年大行其道、高烧不退,专以宣扬和反映宫廷皇家后妃臣子间的勾心斗角、尔虞我诈、阴谋上位见长;再如在抗战影视题材多年盛行的背景下,出现了一批严重违反史实和常识的抗战"雷人神剧",尽管普遍遭到广大观众集体"吐槽"[1],但也能获准播出。难怪"三俗"风气一度越演越烈。显然,优质文化产品供不应求格局的存在,等于给涉黄盗版的滥竽充数及非法供给的乘虚而入开了方便之门。对此,原本缺乏鉴别力及少数格调诉求低下的消费者,难免对此乐此不疲[2],"三俗"必然不愁没有销路。于是,不良的生产与不良的消费,彼此互动、相辅相成,最终

---

[1] 范承刚、邵世伟:《抗日这门生意:"手撕鬼子"一集卖 200 万》,《南方周末》2013 年 3 月 22 日。

[2] 《人民论坛》曾通过网络和书面形式对 9 316 人进行了相关问题的调查,结果显示在"您对低俗文化的态度如何"中有 35.3% 的受调查者选择了"喜欢,心向往之。"(参阅《73.6% 受调查者认为主流文化缺乏现实关怀——"主流文化怎么了"问卷调查分析报告》,《人民论坛》2010 年第 8 期下)。

在某些社会层面构成恶性循环的畸形文化生态。

三是文化产品评价跟不上文化产品生产消费实践，一些主流评价因非产品因素而走偏，民间评价则权重极轻。现实情况表明：尽管相关主管部门以强化"扫黄打非"的高压态势，已宣示出了对涉黄盗版、非法供给产品的全面否定性评价，但是对合法流通的文化产品，却尚未树立此种自觉意识——即依据其内容质量方面的科学评价，来规约和引导文化产品生产、供应及消费。也就是说，相关评价跟不上生产消费实践，甚至在某种程度上流于缺位或彼此脱节。与此同时，文化产品现有评价受到文化产品生产消费既有利益格局的裹挟和影响，导致一些有头有脸的主流评价的公信力和权威性明显不够，使一些平庸产品浪得好名，使一些优秀产品终被埋没。来自民间广大公众的事关"叫好"或"不叫好"的客观评价，通常不会对产品命运及生产供应产生有效影响。

四是文化产品生产消费引发的评价偏差对公众产生了消极影响。借助公共媒体、公共空间及公共平台发行流通的低质文化产品，尽管不会在政治上犯忌，但是出于其追逐眼球经济收益的本能，必定会在伦理等方面"打擦边球"。这种借助实际的生产消费所体现出的好恶态度，客观上具有爱屋及乌评价产品的作用，该偏差长此以往，注定会对公众的世界观、人生观、价值观产生消极影响，轻者导致文化衰败，重者危及社会和谐及长治久安。美国著名文化学者尼尔·波兹曼就断言："如果文化生活被重新定义为娱乐的周而复始，如果严肃的公众对话变成了幼稚的婴儿语言，总而言之，如果人民蜕化为被动的受众，而一切公共事务形同杂耍，那么这个民族就会发现自己危在旦夕，文化灭亡的命运就在劫难逃。[①]"此言可谓振聋发聩，有强烈的针对性。

3. 现行公共文化产品评价体系也存在诸方面缺欠

我国现行的文化产品评价体系，基本上由两大部分组成。第一

---

① ［美］尼尔·波兹曼：《娱乐至死》，章艳译，广西师范大学出版社2004年版，第202页。

部分是带有鲜明的政府准政府色彩,经由各层级官方主管机构或各种类社会团体及行业协会等经办协调机构操办的评价运作架构。该部分在不同程度上体现出政府文化主管机构的意志,"主导"及"管理"的意图较为明显。第二部分是经由一些文化经营实体及专业学会等牵头经办的评奖运作架构。该部分则体现出较为鲜明的市场"经营"、行业"聚气"意图,希望通过经办本行业的评奖来掌握行业话语权。有资料显示:2005 年以前,我国仅全国性的文艺新闻出版评奖就曾多达 90 个,自 2005 年中央要求加以规范后才减至 24 个。省级以下地方的文化产品评奖更多①。如果将电影、电视、戏剧、戏曲、音乐、舞蹈、动漫及游戏等各领域一网打尽,则数量更为可观。通过分析研究我国既有评价体系的基本架构、运作方式及实际成效,则可以发现主要存在着以下几方面显见的欠缺。

一是评奖数量设定过滥,同时存在着公信力不强的问题。2005 年中央虽出台条例整顿评奖,但近年来评奖泛滥明显回潮,导致评奖神圣性在一定程度上被消解,造成明显的人力、物力、财力等方面的极大浪费。许多评奖类评价虽享用的是国家级垄断资源,但其操作却流于部门化、圈子化,评委成员的组成、评价程序的监督、评价意见的采信等均程度不同地存在着公信力不强的问题。如某评奖领域连续多年出现"双黄蛋"、"熟面孔"等现象,就足以充分说明问题。

二是在实施具体评价时,一定程度地存在着失真、失范、失效的现象。一些主办方以评奖为筹码,借评奖来行吸引掌控诸多市场资源之实,力求独占市场定价权和行业话语权。他们看似在评价产品,其实是在考量产品以外的人脉资源、既有名望等因素,在一定程度上导致评价的失真、失范、失效。评价实际遭遇既得利益绑架。

---

① 刘建军:《中国文化产品评价体系探讨》,《学术论坛》2012 年第 2 期。2005 年 3 月,中共中央办公厅、国务院办公厅颁布《全国性文艺新闻出版评奖管理办法》,对全国性文化产品评奖加以整顿规范(参阅中国共产党新闻网,http://cpc.people.com.cn/GB/64162/71380/102565/182147/)。

三是现有一些评价难以起到引导鼓励最优次优产品生产的作用。好的评价理应引导和鼓励更多"最优"(既叫好又叫座,实现两个效益统一)产品大量涌现,宽待包容"次优"(只叫好不叫座,实为瑕不掩瑜)产品的自然出现。然而现有不少评价要么流于圈内人"排排坐,分果果"[1],要么流于"牺牲了探索创新"、"成全了四平八稳"[2]。

综上所论,我国不仅在公共文化产品及文化服务的评价方面存在着失范失序问题,而且在一些人的文化消费选择等方面也存在着社会审美价值取向德的失范失序问题。这些"失范失序"问题的存在,说明责任主体对我国公共文化服务的"引导效力"和"调控效力"呈现为"极弱";而文化产品服务的原创不足,说明我们"创新效力"也呈现为"较弱"和"极弱"。

(二) 社会力量亟待发育,公益志愿精神有待激发

我国公共文化服务总体效能不高,其中一个最为关键的制约因素就在于:社会多元化、多样化力量发育和参与不足,社会公益精神和志愿者精神有待不断激发和强化。作为社会"公器"的公共文化服务,其在体量容量、资源平台、精神内涵及社会功能等方面的作用,应当足以容纳承载全社会各阶层公民在其中开展文化消费。单单将党委宣传文化系统及其政府对口管理机构,视作如此大"体量"公共事务的管理乃至经办主体,显然无法实现公共文化服务效能最大化。主要原因有二:一是仅仅依托这个文化管理公权力主体作主要的推手,其力量明显单一乏力;二是因为主体倾向于单一唯一,其公共文化服务的资金来源也只能依靠其唯一的、有限的财政预算投入。在主体推手力量单一乏力、财政投入相对有限的背景下,公共文化服务只能维持"基本性"的文化产品生产和文化服务供给,而且其在质量

---

① 陈舒劼:《矛盾的权衡与象征的失落:茅盾文学奖评选的文化分析》,《学术评论》2012 年第1 期。

② 黄发有:《以文学的名义:过去三十年中国文学评奖的反思》,《社会科学》2009 年第3 期。

档次方面也仅能维持"捉襟见肘"的水平。因为有限的力量和资金只有在"摊薄"并"牺牲"产品及服务质量的情况下,才有可能承载得了庞大的文化人群消费。我国许多地区特别是中部西部地区,基本上都处于这种尴尬的状态。相比之下,在发达国家的公共文化服务体系中,NGO/NPO 等社会组织、文化中介机构、各类基金会、民间社团、文化企业公司、志愿者组织、义工群体及社会精英个体等,往往是公共文化服务生产运营的中坚力量所在,而政府之类的文化管理公权力机构则成了"幕后的"、为这些中坚提供服务的力量。

需要特别指出的是:在我国可供公共文化服务生产运营使用的社会多元力量序列中,各类社会"中介"组织机构(包括文化中介机构、各类基金会、民间社团协会)及各类社会自组织力量(如志愿者组织、义工组织、居民自组织单元)等明显发育不良、发展不够,仅有的一些也因渠道不畅等制约,导致参与公共文化服务实践非常有限。文化类社会中介机构及社会自组织力量,是政府、企业、社会、市场、公众之间的"润滑剂",承担着五者单独难以承担的沟通协调、穿针引线、拾遗补缺等功能。这里我们仅以中介机构和自组织力量在全国相对最为发达的上海为例,来审视一下我国此方面的发展水平。

截至 013 年底,上海共有文化类民办非企业单位 370 家,文化类基金会 14 家,文化社会团体 308 家①。截至 2013 年 6 月,上海共有市级文化行业协会 13 个,其中文广局下辖 8 家,新闻出版局下辖 5 家。单就基金会来看,上海与美国的差距就十分巨大,美国每万人拥有基金会数量超过 2.5 家,而上海仅 0.05 家,美国为上海的 50 倍②。从功能质量等方面来看,上海的社会组织与民非单位也表现得不尽如人意。以文化行业协会为例,上海现有的 13 个行业协会虽然覆盖大部分的文化领域,但在服务职能的发挥方面,基本都还没有达到行业成员对于行业协会的期待,更多时候依然是"二政府"的角色,偏重

① 上海市统计局、中共上海市委宣传部编:《上海 2014 文化统计概览》,第 63 页。
② 王劲颖:《美国基金会发展现状及管理制度的考察与借鉴》,《中国行政管理》2011 年第 3 期。

于为政府服务,比较重视政府委托任务的承担,不能真正反映行业的问题和诉求,在市场中找不到应有的位置,为企业、为社会的服务意识较差,难以提供各种切实需要的服务。在上海文化建设领域,由于政府行政主管机构和国有文化企事业单位的大包大揽挤占掉了社会多元建设主体参与文化建设的广大空间,造成人们主动参与文化建设的"公益热情"不强,这直接引发基层社区文化建设的居民"自组织"程度不强、居民自觉参与程度不强。这意味着,上海能够以"社区自治"方式参与基层文化建设的文化建设主体力量还达不到建设国际文化大都市的指标要求。与此同时,政府长时期的包办和专营,使社会组织丧失了主体独立性,一直听政府指令,看政府脸色,从而不能成为一种积极的社会力量。这种社会力量的缺失和消解是我们长期不重视社会建设所致,也是文化建设主体不能多元的重要原因。社会的不成熟、社会组织的孱弱、公民意识的缺失,客观上造成凡事都要仰仗政府,离开政府寸步难行的尴尬局面,而政府的越俎代庖又加剧了社会"自我运作"的缺位与无能,以致一些地区形成了恶性循环,强者愈强,弱者愈弱。从社会组织和民非单位申办门槛方面来看,作为人口结构最为多元的国际大都市,上海普通市民并不缺乏参与文化建设的积极性,但目前上海申请成立文化社会组织和民办非企业的门槛设定,与社会发展现实严重脱节,限制了社会主体参与文化建设的积极性。这里所说的主要限制包括:一是成立社会组织需要自己寻找挂靠单位,文化类社会组织可供挂靠的单位本身很少,一些单位为防牵累并不愿意接受挂靠。二是民非组织参与文化事业,不能享受国有文化事业单位的房产税、土地使用税、契税、个人所得税等优惠政策;民非组织水电煤等公用事业费要按照工业用户标准缴纳;大多数民非组织没有资格参与政府项目招标,这些限制性条件使文化类社会组织和民非组织深感生存艰难和不公平。类似的情况在全国各地普遍存在。一些省市为了破解这一瓶颈问题,近两年来已经开始创新探索。如广东省 2012 年出台了《关于进一步培育发展和规范管理社会组织的方案》，针对全面推进社会组织改革发展，提出了更加具体的政策措施，除法律规定外，全面"松绑"，实行社会组织直接到民政部门登记的制度。这值得更多的省市地区借鉴。

不言而喻，我国各地区中介机构量少质弱、门槛过高、发展水平跟不上时代发展需要，同时自组织力量又发展十分缓慢，这些都已成为不争的事实。其实，中介机构和自组织力量能否真正发育壮大，既受制于国家和各地区是否可以形成有利于发育壮大的政策生态环境，又受制于能否形成特有的"公益志愿精神"蔚然成风的社会文化氛围。我们以往的传统中反复推崇的"雷锋精神"就是一种具有典型表率风范的"公益志愿精神"。然而改革开放以来个人意志的无限度伸张，使这种"公益志愿精神"难以得到充分的弘扬，一时间社会上的"公益志愿精神"几乎丧失殆尽。这种风气的弥散无疑对当下弘扬"公益志愿精神"、进而推进中介机构及社会自组织力量发展，会有一定的损害作用。应当看见，发达国家公共文化服务的多元化供给之所以开展得有声有色，在相当大的程度上就得益于其"公益志愿精神"的高度强化①。相比之下，我们还有待重塑、激发、强化这种精神，否则中介机构及社会自组织力量的发展难以有根本改观。

基于上述的分析研究，可以确定：由于我国各地区公共文化服务向社会多元力量参与的开放尚处于起步推进阶段，说明其"引导效力"处于"居中"状态，"调控效力"、"创新效力"、"运营效力"均处于

---

① 美国非常注重鼓励"利他"与"利己"相结合的"公益志愿精神"，通过设立"马丁·路德金服务日"、"总统志愿服务奖"等形式，持续激励公众的公益志愿精神。一些大学还将社区服务列为必修课，规定学生每年至少要有一定的社会志愿服务记录才可课程结业。1993 年时任美国总统克林顿签署"国家与社区服务法案"，鼓励青少年服务社区。该法案规定凡做满 400 小时义工服务，政府每年给予其 4 725 美元的奖学金奖励。美国正是借助于把志愿服务与相关补偿奖励实现有机对接，从而推动广大公民参与公益志愿服务的热情不断增强（参阅岳金柱、李筱婧、游斐：《纽约志愿服务经验做法对北京的启示》，《社团管理研究》2012 年第 4 期）。

"较弱"状态。

(三)实体运营亟待创新,绩效评估亟待落实

我国公共文化服务实体机构总量巨大、人员众多。据权威部门统计2013年的情况,仅体制内直接受全国各地区各层级文化管理部门管辖的实体机构和从业人员,就分别达到29.3万个、215.99万人[①]。如果算上体制外在文化领域自谋职业的文化从业者和文化企业公司及中介机构等,其规模总量则会更为巨大。毫无疑问,体制内的公共文化服务实体和人员,目前是支撑和推动我国公共文化服务事业发展的中流砥柱。他们在层级上按照国家级、省区市级、地县市级、乡镇街道级、村及社区级的五级层面分布。

近年来,我国加大了对公共文化服务实体机构的深化改革力度,其中对国家级和省市区级文艺院团,按照"有保有推"的原则实施分类管理改革举措。所谓"有保"也就是对那些市场容量属于小众型的但又足以具备提升国家和地方艺术档次的交响乐和芭蕾舞等院团,大多实施财政拨款扶持的措施;同时对那些能够体现民族特色、地方特色及中华传统文化韵味的京剧、越剧、豫剧、秦腔等院团,同样实施财政拨款扶持举措。所谓"有推"也就是对那些市场潜力明显较强的马戏团、杂技团等采取差额补款或者企业化运作,让其在市场经济中谋求发展壮大。对于各地区各层级的图书馆、博物馆、文化馆、群艺馆及纪念馆等,则倡导推行创造条件向全社会免费开放,一方面确保其事业单位财政拨款和免费开放配套补贴,另一方面大力推动这些公益实体逐步建立由社会各方贤达组成的实体运作管理"理事会",期望借助"理事会制度"的落地实施,更大范围地吸纳、整合及利用社会相关资源力量。而对于大量存活在各城市城区及街道乡镇的"社区文化活动中心(站)"以及更基层(如村)的实体

---

① 文化部:《中华人民共和国文化部2013年文化发展统计公报》,中华人民共和国文化部网站。

机构而言[①]，则希望借助我国各地区各层级普遍开展的现代公共文化服务体系建设，通过落实各项"文化惠民"工程，努力实现"戏剧曲艺下农村"、"高雅艺术进校园"、"影视服务上工地"、"舞台表演到营房"等具体目标，同时推动这些基层实体机构实行"第三方契约委托管理"、发动社区居民以自组织形式参与管理、启动实体管理层进行民非登记转型管理、多中心分担运营管理风险等各种创新尝试，以期更大程度地破解其生存和发展面临的各类瓶颈问题。

　　不过就各地区各层级文化主管机构努力推进这些实体机构深化改革、谋求创新发展的实际成效来看，就其履行公共文化服务供给的现阶段日常运营情况来看，除有极少数实体机构取得不错成效外，绝大多数实体机构依然是"体制机制改革推进有限、自我造血能力不强、硬件设施良莠不齐、资金投入相对不足、专业人才后继乏人、生产经营管理泛术、可持续发展困难重重"。仅以全国一些地区的图书馆、博物馆、文化馆、群艺馆及文艺院团为例，有研究成果显示：根据全国若干省市5家博物馆、5家群艺馆、6家图书馆、4家文艺院团发布的"2013年年度发展报告"，他们几乎无一例外地客观描述了自身面临的生存及发展困境，其中均提到了"经费投入偏低"及"后继人才不足"等问题[②]。显然，制约我国公共文化服务实体机构效能实现的瓶颈问题不仅仅在于人才和经费。早在2002年我国文化领域启动实施体制机制改革试点时，全国各地许多实体机构就投入到了"转企改制"及"法人治理"之类的分类管理改革尝试中。比如上海、北京、广东及深圳的一大批文艺院团就进行了各种尝试，如今已逾10年以上，但改革试错不尽如人意的现实提示我们，当下已到了需要深入反

---

① 此类基层公共文化服务实体机构，大多被称作"群众文化机构"，包括基层文化馆、文化活动中心、群艺馆及文化站等等。2013年统计数据称：我国此类基层文化实体共有44 260个，其中文化站有34 343个(据文化部：《中华人民共和国文化部2013年文化发展统计公报》，见"中华人民共和国文化部"网站)。

② 傅才武主编：《中国公共文化政策实验基地观察报告(2014)》，社会科学文献出版社2014年版。

思和重新谋划院团发展的关键时期。我们认为：有必要首先弄清楚像文艺院团之类的公共文化服务实体机构，该怎样改革才算其"体制机制创新"取得成效？它实现效能最大化的标志到底是什么？目前一些地区在院团改革方面表现出的左右徘徊甚至"翻烧饼"现象，正迫使我们对这些问题要尽快作出思考和破解。

公共服务实体发展的一般规律告诉我们：实现社会效益和经济效益最大化，始终是该类实体不懈追求的目标。对实体现有的体制机制进行不断的改良，目的正在于激发其效能潜力。有基于此，促使实体实现日常运营效能的常规手段往往不在于适时才启动的改革，而在于落实日常运行绩效评估规约。但就目前我国公共文化服务的发展实际来看，除上海、北京、深圳等一些发达城市在绩效评估方面走在全国前列外，其他绝大多数省市区还处在草创发展阶段。而从整体提升我国公共文化服务效能的立意出发，我国亟待制订并落实"具有引领规约全国各地区公共文化服务实践作用"、"同时兼顾区域经济文化发展落差及城乡二元特点"的分类型绩效评估规约体系。然而目前我国除了在推进现代公共文化服务体系建设方面、在具体的文化细分行业（如图书馆及博物馆等）标准建设方面，有相对独立的指标规约标准外，尚空缺并列性、层级性实体条块绩效评估规约体系，这无疑不利于推动我国公共文化服务发展整体上水平。2007年文化部曾颁布了《文化标准化中长期发展规划（2007—2020）》，提出了一些原则性、纲领性及方向性举措，但大多倾向于文化硬件设施的指标规范方面，对关乎运营绩效及软性指标方面的考虑则基本没有涉及。显然，我国目前在公共文化服务实体机构的日常运营管理方面还有待实现创新突破。

基于上述的分析研究，我们可以看出：就实体机构的体制机制创新实践及绩效评估规约制定实施而言，我国总体的"创新效力"为发达城市"居中"及中西部"较弱"；总体的"运营效力"同样为发达城市"居中"及中西部"较弱"。

（四）事业产业有待互动，社会化市场化有待加快

文化事业与文化产业各自为政、缺乏有机互动，这是往往被人们忽视了的一个制约我国公共文化服务效能不高的瓶颈问题。就我国文化发展建设的整体格局来看，目前全国各地普遍依循"二分法"的僵化作法，即把公共文化服务确定为以公益性、福利性为主要特征的"文化事业"，把以市场性、商业性为主要特征的文化相关领域确定为"文化产业"。受此"二分法"影响，"文化事业"领域客观上成了人们心目中相对不受待见的"清水衙门"，而"文化产业"领域则成了有可能为当地带来极大经济效益的"朝阳产业"和新的经济增长点。按道理说，文化的整体发展建设本来就有赖于其"产业"和"事业"的有机互动、相辅相成，产业部分缔造出的创意创新及技术进步等业态革命新成果，必然要借助事业部分转化出的多样化公众文化消费来实现精彩的呈现。然而，多年来的现实实践表明：我国各地区各层级的文化产业和文化事业，几乎毫无例外地呈现为行业部门"各自为政"的格局，产业部分大多是仅仅专注倾力于市场，而事业部分偶尔只能捡拾产业的市场牙慧。必须看到：事业与产业的划分其实是人为的、相对的，效能最大化了的文化事业一定有文化产业的深度介入和强力支撑；同样，要发展壮大文化产业，就离不开公共文化服务消费的极大增长和全力拉动。认为公共文化服务只能尾随文化产业发展的想法必须纠正。在当今各类新技术、新媒体、新业态快速涌现的背景下，孤立地、自说自话地发展公共文化服务已变得越来越缺乏驱动力。为什么以"基本性"供给为主的公益性公共文化服务，在文化时尚服务等方面，总是会比以"多样性"供给为特点的市场化公共文化服务慢一拍两拍，就因为它往往内容滞后、拾人余慧。这就需要创新内容、更新形式、深入改进。

其实，事业和产业的人为划分主要是体制机制条块固化的结果。这同时也透显出我国文化发展建设领域的社会化市场化进程有待不

断推进。改革开放40年来,我国各地区在社会经济文化的深化改革及扩大开放的推进方面,充分体会到了"党委统一领导,政府齐抓共管"、"集中力量办大事"所取得的巨大成就和显著效益。客观地说,这种党委政府"统抓统管"的模式,在改革开放的初期甚至中期,无疑都能体现出其十分鲜明的有助于改革攻坚的优越性和高效性。可是到了全国已确立要走"促改革、调结构、转方式、求创新、谋发展"的今天,如果依然抱定"强党委"及"大政府"心态,并依据以往管用的经验和办法,来处置管理社会经济文化发展,则不仅不合时宜,而且可能造成事倍功半乃至事与愿违。这体现在公共文化服务方面同样如此。如今居民日常生活的"去单位化"和社会化,精神文化消费需求的多元化、多样化及市场化,已经成为非常显著的格局态势。这也就意味着:公共文化服务的消费需求早已呈现出"非整齐划一化",而是"受众细分并存化"。在此背景下,如果依然故我,不作改革,则不仅会导致供给主体单一、以政府的"一"来应对受众的"多"的力不能支弊端,而且还将造成因公共文化服务供给"行政化"及"条块线"与公共文化服务消费"社会化"及"市场化"严重不契合所引发的效能低下。"社会化"诉求的显著特征就在于:打破行政壁垒和条块区隔,顺应多元化、多样化发展态势。"市场化"诉求的明显特点就在于:遵循市场供求规律自发调节及存优汰劣原则。"行政"的硬性指令管控及"条块"的封闭固化格局显然与此背道而驰。由于我国各地区各层级公共文化服务的重头主体资源平台,主要还处于行政管控及条块固化的格局内,加上"守土有责,守土尽责"的意识形态保护意识被不恰当地无限放大,以至于社会化主体力量及资源难以真正进入主流并发挥参与公共文化服务供给的积极作用。换句话说,体制内条线内的"守土"式门槛意识,致使人们不太情愿为社会力量"开口子"、建渠道、创机制,于是社会上的力量资源要素根本无法进入。与此同时,由于不少人以为公共文化服务既然是公益、惠民、折扣及免费,则就与市场无缘。事实上,这是一种误解。公共文化服务虽然不宜也不可能完全走市场化,但应该利用多种社会资源,包括接近和亲近市场,适时适度运用市场手段来修正弥补常规公共文化服务供给中的"失灵"或"不足"。

通过上述的分析研究可以看出:目前我国公共文化服务所处的格局环境亟待调整,其社会化水平及运用市场手段的能力也十分疲弱。如果用相关的力度标尺表述就是:"调控效力"、"创新效力"及"运营效力"均处于"较弱"状态。

第六节　改善我国公共文化服务力:
目标设定及思路对策

全面改善我国公共文化服务力,提升公共文化服务总体效能,是一项宏大而艰巨、需要几代人不懈努力的系统工程。它一方面需要兼顾我国作为发展中国家的现实,需要重点构建覆盖全国城乡的现代公共文化服务体系建设的实际情况,另一方面要充分考虑我国制定实施"十三五"规划并推动政治、经济、社会、文化及生态协调发展和可持续发展的前景,按照今后一段时期内破解文化发展建设瓶颈问题的紧迫性差异和操作性可能,在首先确定总体目标和阶段目标的基础上,重点聚焦"十三五"期间力争"阶段目标"实现和"总体目标"推进的客观要求,以"扩大文化消费"、"促进文化惠民"及"提高文化效能"为切入点和突破口,针对梳理出的主要瓶颈,制定具有操作性的思路对策。

一、改善我国公共文化服务力的目标设定

(一)总体目标: 2049 年前后实现效能走在世界前列

2049 年是新中国建立 100 周年,也是改革开放和现代化建设 70

周年,同时也是我国政治、经济、社会、文化及生态"五位一体"协调发展的一个极其重要的时间节点。按照这一时间节点来谋划我国公共文化服务事业发展的中长期总体目标,则我国还有近34年的奋斗时间,换算成阶段性的"五年规划",就正好是"十九五规划"末期。届时,我国应当实现公共文化服务效能走在世界前列。

其典型表征就是:力争从"十三五"规划制定实施开始,努力通过7个五年规划一轮接一轮的制定实施,一是不断在公共文化服务的物质形态、精神内涵及实际功能建设方面有推进有突破,最终推动建成世界一流的、普遍完善的现代公共文化服务体系;二是在公共文化服务的全方位指标要素发展方面,大幅度完成与"文化强国"建设宏伟蓝图、与推进"中国梦"实现高度匹配的发展目标;三是在国民精神文化生活方面的幸福指数、在整合引领国家文化价值观方面的实践成效,均位居世界前列。

其具体表征就是:我国公共文化服务领域深化体制机制改革的效应得到充分释放并达到预期目标,公共文化服务的生产力得到根本解放和极大发展,全社会"以人民为中心"的工作导向、创作导向、服务导向成为普遍的氛围,蕴藏在社会中的一切文化创新创造源泉实现自然而然地充分涌流,各民族文化创造活力持续迸发,社会文化生活更加丰富多彩,主旋律与多样化实现精彩并呈,"文化强国"建设有大踏步的推进,依法治文法规体系成熟完备,人民的文化权益得到更好保障,人民思想道德素质和科学文化素质全面提高,社会主义核心价值观得到普遍理解认同,中华文化国际影响力跻身世界前列。如果借用衡量公共文化服务力效能的"四力九效",来进行较为具体化的预测判断,则可以大致作如下描述。

1."四力"前置条件发展预判

在"能力匹配"方面,要完全具备驾驭和推动中国特色社会主义先进文化的能力;具备掌握并遵循文化发展特殊规律和社会主义市场经济规律去发展公共文化事业和文化创意产业的能力;完全具备按照责任主体和供给主体角色定位要求对公共文化服务实施并推进科学化人性化的引导、调控、惠民、创新、生产、运营、传播、吸引及消费的能力；具备引领中国先进文化"走出去"参与国际文化竞争、建构并主导国际文化话语权及将中华文化传遍世界的基本能力；具备在国内实现社会主义核心价值观最大限度认同理解、在世界范围内赢得对国家形象及国家尊严实现广泛尊重的能力。

在"动力储备"方面，要在最广大的公共文化服务运营发展责任主体和供给主体群体间，完全普遍具备"只争朝夕，时不我待"全力振兴中华文化、推动中华民族实现伟大复兴的根本动力；要具备全力推进中国社会主义先进文化建设包括中国公共文化服务事业发展走在世界文化发展前列的精神动力；要具备让社会文化消费日益丰富多彩、让人民幸福指数实现最高，让海外宾客最为留恋中国人文特色、最认同中国文化消费质量、最向往中国宜居创业的动力和魅力。

在"物力保障"方面，要在对包括"十三五"在内的今后 7 个五年计划不断制定实施作全面审时度势把握的基础上，结合我国已成为世界第二大经济体并有望在今后若干年内成为世界第一大经济体的发展实际，从全面推进我国"文化强国"建设从最初的基本形态格局架构不断向后来的精神内涵境界追求转型的立意出发，从国家和地区的财政支持、人才跟进、科技助力、规划引领、政策倾斜及社会参与等"物力"投入不断优化调整的操作层面着手，力求从增强国家文化整体实力和文化竞争力的目标诉求着眼，为使我国公共文化服务走在世界前列提供全面的物力保障。

在"效力实现"方面，则完全有赖于"九效"具体目标的完成。

2. "九效"目标效力实现状态预判

从现在起经过 2021 年的关键节点，到 2049 年前后，也即"十九五"规划末期，在引导效力、调控效力、惠民效力、创新效力、生产效力、运营效力、传播效力、吸引效力及消费效力等，均应在其特定的时间节点达到当时"效力测量标尺"的"较强"能级以上，其中少部分"效力"指标甚至应当达到"最强"能级。如结合"九效"具体的效力状况，则大致可以作如下目标效力预判。

在引导效力、调控效力及惠民效力方面，作为责任主体的各地各级公共文化服务主管部门，要能够实现"引导"我国最广大的消费民众将公共文化服务消费作为其日常精神文化的基本依托，并将公共文化服务视为其精神家园；要能够在公共文化服务的资源平台、消费机会、成果分享等的"调控"配置方面，实现"帕累托最优化"；要在全面保障和落实国家公民文化权利、"以群众满意与否作为文化发展好坏衡量标准"方面，真正做到文化"惠民"。

在创新效力、生产效力、运营效力方面，作为供给主体的各地各级公共文化服务运营发展经办实体机构，要在公共文化服务生产供给的内容原创、科技创新及管理创新等方面实现"创新效力"巨大释放；在公共文化产品服务的供给生产方面真正做到实现大发展大繁荣状态的"生产效力"全面释放，公共文化服务产品生产供给在"生产效力"方面实现从先前的"供不应求、供求脱节、重量轻质"完全转化为"供求相应、供求契合、质量并举"状态；在公共文化服务生产供给实体机构的日常经办方面，实现"运营效力"高效化。

在传播效力、吸引效力及消费效力方面，要力求实现文化产品服务在传播投送效力方面、在形成产品品牌及服务品牌的审美吸引力方面实现效力跨越式提升；在公共文化服务的日常消费方面实现更广大群众的自觉自愿，实现公共文化服务对国家综合发展的拉动效益有大幅度的增强。

（二）阶段目标：2020 年前后实现效能极大提升

2020 年，既是中央十八大确定的我国全面建成小康社会宏伟目标的关键时间节点，又是我国"十三五"规划接近实施完成的关键时期。按照十八大报告的描述，届时我国"实现国内生产总值和城乡居民人均收入比二〇一〇年翻一番。科技进步对经济增长的贡献率大幅上升,进入创新型国家行列。工业化基本实现,信息化水平大幅提升,城镇化质量明显提高,农业现代化和社会主义新农村建设成效显著,区域协调发展机制基本形成。对外开放水平进一步提高,国际竞争力明显增强。"而在文化发展建设方面,则体现在"文化软实力显著增强。社会主义核心价值体系深入人心,公民文明素质和社会文明程度明显提高。文化产品更加丰富,公共文化服务体系基本建成,文化产业成为国民经济支柱性产业,中华文化走出去迈出更大步伐,社会主义文化强国建设基础更加坚实。①"这一描述与本研究确定的我国"2020 年前后实现公共文化服务效能极大提升"的典型表征总体上相符。

按照中办国办 2015 年 1 月发布的《关于加快构建现代公共文化服务体系的意见》提出的"主要目标"——到 2020 年,基本建成覆盖城乡、便捷高效、保基本、促公平的现代公共文化服务体系。公共文化设施网络全面覆盖、互联互通,公共文化服务的内容和手段更加丰富,服务质量显著提升,公共文化管理、运行和保障机制进一步完善,政府、市场、社会共同参与公共文化服务体系建设的格局逐步形成,人民群众基本文化权益得到更好保障,基本公共文化服务均等化水平稳步提高②。显然,十八大报告和上述文件确定的 2020 年公共文化服务及其体系发展目标,十分符合世情国情判断和"十三五"时期的奋斗预期。可从"2020 年前后实现公共文化服务效能极大提升"的"阶段目标"完成角度,对其进行如下的概括性转化表述。

一是现代公共文化服务体系基本建成,在直观感受上表现为公共文化服务要素极为丰富、公共文化服务生态运行良好、公共文化服务创新充满活力、公共文化服务英才层出不穷、公共文化对外交流频

---

① 胡锦涛:《坚定不移沿着中国特色社会主义道路前进,为全面建成小康社会而奋斗——在中国共产党第十八次全国代表大会上的报告》,《人民日报》2012 年 11 月 18 日。

② 中共中央办公厅、国务院办公厅:《关于加快构建现代公共文化服务体系的意见》,http://news.xinhuanet.com/politics/2015 - 01/14/c_1113996899.htm。

繁活跃、公共文化日常消费缤纷多彩、公共文化服务依法管办明显推进、公共文化服务绩效考评规约体系行之有效。二是全社会普遍关心支持公共文化服务发展的良好氛围基本形成,公共文化服务的区域落差、城乡落差、阶层落差明显缩小,政府主导与社会力量广泛参与的多元主体供给格局普遍形成,充分体现"互联网+"及"+互联网"等时代特征、技术特征的设施网络基本实现全覆盖,产品和服务的原创能力及品牌体系充分发育并明显壮大,公众对公共文化服务的满意度有大幅度提升,文化事业及文化产业实现协调共进。三是公共文化服务推动社会文化价值观理解认同取得较大进展,其"引领风尚、教育人民、服务社会、推动发展"的作用得到充分体现,公共文化服务与金融及科技等融合发展的期望获得较大程度的实现,其推动我国文化整体实力及文化竞争力快速提升的成效充分显现。

根据上述具体表征,到"十三五"完成后及"十四五"制定实施启动时,我国公共文化服务总体效能,将在"四力九效"方面体现为:"四力"中的前置条件充分发育完备,"九效"指标达到"较强"以上水平。

1."四力"前置条件发展预判

在"能力匹配"方面,对全国各地各级公共文化服务责任主体而言,其绝大多数业已具备充分利用我国深化体制机制改革、推进"法治中国"建设、推进"一带一路"建设全面落地实施、推进"文化强国"建设特殊"红利"来做强做大公共文化服务事业的能力;具备在全国城乡全面推进建成较为完善、较为发达的现代公共文化服务体系的理论及实践能力;对全国各地各级公共文化服务供给主体而言,经过"十三五"时期的改革创新锤炼、市场经济演进洗礼、新技术新业态勃兴挑战、外来多元文化竞争考验,其应对复杂局面、强化经办主体、实现效能大幅度提升的能力显著增强。

在"动力储备"方面,责任主体更加鲜明地具备"不尽快努力增强我国文化整体实力和竞争力"就无以立足于世界民族之林的忧患意识,具备全面树立高度的"文化自觉"和"文化自信"、进一步深化文化体制机制改革、全面落实中央制定的推动文化大发展大繁荣方针政策、履行好建立较为成熟的现代公共文化服务体系属地责任及大力推进"文化强国"建设的精神支撑动力;供给主体则具备不断创新文化体制机制、建立较为完备的文化治理体系、基本健全文化法人治理结构、不断吸纳社会力量参与文化投入及文化生产供给的内生动力。

在"物力保障"方面,对从中央到地方的各类责任主体而言,就是必须在自中央政府到地方政府的财政支持、人才跟进、科技助力、规划引领、政策倾斜及社会参与等方面,具备真心实意支持各地各级公共文化服务发展的"物力"投入保障;对各级各类供给主体而言,就是能够破除以往存在的既得利益格局的藩篱限制,发挥"以人民为中心"的公共文化服务经办原则,能够为"十三五"文化发展规划的真正落实,在财力支持、人才支撑、项目推进、活动开展、内容原创、科技提升及品牌打造等方面,给予必要的"物力"投入保障。

在"效力实现"方面,责任主体和供给主体均能够依托"九效"目标的落地实施而实现效力释放。

2."九效"目标效力实现状态预判

按照"十三五"时期可能完成的效力目标结果预测,到 2021 年"十四五"开局之时,"九效"目标效力应达到"较强"能级以上,其中少数"效力"指标应当接近乃至达到"最强"能级。

从引导效力、调控效力及惠民效力方面来看,各级责任主体能够较为准确有力地引导所有经管经办及协同参与公共文化服务生产供给运营的力量,走上有助于公共文化服务事业健康发展的道路,同时较好地完成"十三五"规划确定的现代公共文化服务体系建设任务;各级责任主体能够在引导调控公共文化服务实现均等化、基本化、便民化、社会化、标准化及适度市场化等方面,有实质性的效力释放;各级责任主体和供给主体在落实各项"文化惠民工程"方面、在破解制约实体经办的体制机制障碍方面实现改革发展效力的充分释放。

从创新效力、生产效力及运营效力方面来看,各级供给主体能够在公共文化服务的内容原创、科技创新、效率提升、法人治理、政府购买、社会参与、内外交流及绩效规约等方面,取得大踏步的效力进步,实现让更多的公众消费者能够充分享受、自愿享受更丰富公益免费及质优价廉的文化供给服务。

从传播效力、吸引效力及消费效力方面来看,力争实现公共文化服务的经办领域及投送范围有显著的扩大;在产品品牌、服务品牌及实体品牌的打造方面力求实现显著的效力释放;在刺激公众消费方面,力求实现供求完全对接、评价客观准确、破解消费掣肘的显著效力结果。

二、"扩大文化消费"的思路对策

(一)实现供给与需求并重,维稳与惠民并重

就我国包括许多地区业已建立起的公共文化服务体系的基本架构和运营方式而言,在一定程度上还带有较为鲜明的计划经济时代党委政府文化主管机构行政计划推动色彩。换言之,现行的基本架构和运营方式,体现出强烈的"供给导向"色彩。中央历次党代会文件虽然反复强调要努力满足"人民群众日益增长的精神文化生活需要",但是这个"需要"或说"需求"常常在具体操作层面流于"官方主观化臆断"。文化主管机构难免会误以为"只要有供给特别是供给相对充分"群众就会高兴。事实上,因为提供的产品及服务同群众的真正需要需求相脱节,所以必然导致"无效供给"和"政府失灵"。在此情形下,一些群众可能宁愿投身于选择余地更大的"非法供给"(如盗版侵权等)来满足需求。这种现实提醒我们:必须转变理念,改变以

往单一恪守"供给导向"的管理运营模式，努力在公共文化服务供给方面，实现"供给导向"与"需求导向"的融合互动①。与此同时，还要转变另一方面理念，改变把抓基层"群众文化"建设简单等同于抓"阵地建设"甚至等同于"文化维稳"的偏颇性理念，力争将抓基层思想阵地建设的"文化维稳"，与丰富群众日常文化生活的"文化惠民"实现二者兼顾和有机结合。

（二）以综合助文举措刺激文化消费支出增长

鉴于目前群众文化消费流于"供给来源过度网络化"、"供给内容时而失控化"、"消费手段智能终端化"、"消费状态明显个人化"、"价值取向凸显三俗化"的实际②，一方面应当有针对性地加强引导、多方监管及主动介入，另一方面通过实施切实可行的举措来鼓励群众更多地开展公共文化服务消费。第一，要对网络内容产品的服务供给加强引导、审核、监管，同时要将一些公共文化服务的内容产品及服务供给主动向网络平台覆盖延伸，如通过相关 App 及应用软件的开发和推广，来强化国家主导文化及正能量在智能终端消费和移动网络消费方面的影响力。第二，在全国各地区各层级原有部分公益性

---

① 经济学界有萨伊定律和供给学派的相关观点，前者的主要命题就是"供给创造其自身的需求"；后者则认为社会的购买能力取决于社会的生产能力，而社会的生产能力就是社会的供给能力。人们在向社会提供商品的过程中，自然会创造出多方面的需求。社会的供给能力越强，需求就越大。凯恩斯定律则反其道而行之，认为"是需求（特别是有效需求）创造供给，必须有国家干预，才可避免市场失灵"。我们认为：不管是单一地固守"供给导向"模式，还是单一地固守"需求导向"模式，均难免会走极端，所以必须坚持二者兼顾且并行互动。因为在某些情况下，两种导向都会分别独立发挥作用。比如当下非常流行的"微信"就完全是创新性供给"从无到有"制造需求的典型例证；而反过来，在特定时间阶段也有公众需求推动供给产生的大量例证，如小图书室扩建为图书馆、一些受到社会欢迎的图书多次再版等。

② 近年来，互联网平台的公共文化服务内容供给呈现出泥沙俱下的状况，一些网络社交式娱乐媒体上的靓女俊男等会员主持人，在直播现场视频点歌表演时，采用了媚俗手段，以吸引网友眼球并通过网友自愿购买虚拟鲜花等礼物等方式，来赚取高额的收入（参阅《"荷尔蒙经济"在中国日益增长：网络女主播的双面生活》，载 2014 年 9 月 24 日《报刊文摘》第 4 版）。现实中也有一些网友对参与此种互动消费乐此不疲，有的还因频繁献花而欠下了债务；一些网络收音机中也播放了涉黄内容，引起了社会的批评。

公共文化服务场馆实体向群众免费开放的基础上,鼓励更多的公益实体加入免费开放行列,同时根据不同场馆的行业差异采取必要的中央和地方专项配套补贴举措。第三,借鉴一些地区以让利优惠等举措吸引群众文化消费的经验,在全国市场化运营的电影院、大剧院、音乐厅及戏曲场馆等普遍推广"年度性季度性完成额定公益场次"指标任务,并将此视为其是否通过年度审计的基本条件之一。第四,鼓励并允许全国各地区各层级的企事业单位及党政机关单位,利用节假日及双休日以低于市场价的收费方式,向社会开放文体活动场所及公共空间设施,并将此视为评选精神文明单位的必备条件之一。第五,在巩固文艺院团及文艺专业工作者既有的年度性惠民性公益演出做法的基础上,为其增加下基层下社区以开展"文艺帮扶"为目的的年度性额定公益项目,以此带动群众文艺审美消费水平不断提升。

(三)对自聚性群文消费提供必要的服务和引导

要针对全国许多地区普遍出现的群众自发性、聚众性文化消费活动(如广场舞、现场秀、健身操等)越来越流行的实际情况,各地区文化主管部门要积极协调各条线各条块管理力量,以积极有效的政策制度设计及其落地实施,一方面为群众提供切合其消费需求的公共服务,另一方面可以有条件地对当地各类群众文娱活动团组进行必要的引导。如可以借助全国各地区推进新型城镇化和城市功能布局再调整的特定机遇,关注当今群众集聚性、自发性文化活动的嬗变特点,经过对当地"人口密度高位节点"和"群众露天活动节点"的大数据测算,以规划引导的硬指标要求方式,规约当地政府必须选择若干特定节点,为群众文化消费预留一定量的各类露天活动公共空间(包括运动广场、休闲绿地、街区空地等);如还可以在与群众文娱活动自组织领头人签署"文明公约承诺责任书"的前提下,为群众文娱活动自组织提供器材设备补贴赞助、用电用水补贴赞助及文艺专业人士辅导,以此引导协调平衡当地各利益攸关方,破解有关"避免噪声扰民"、"调配团组用地"等问题。

（四）适当加大投入，增加有效供给并降低消费门槛

针对我国公共文化服务目前财政投入水平明显偏低的现实，要从增加有效供给、扩大群众文化消费的客观需求出发，适当地加大中央财政及区域性财政对公共文化服务建设的经费投入力度，特别要加大对基层公共文化服务的经费扶持力度。早在 8 年前中共中央办公厅曾下发〔2007〕21 号文，要求把社区文化建设纳入城市建设重要内容，从城市住房开发投资中提取 1‰ 用于社区公共文化设施建设，但事实表明仍有不少地区没有严格按照这一规定执行。如今仍有必要参照执行本文件精神。与此同时，要通过实施文化建设"重心下移"、借助大数据和云计算了解群众真实需求等手段，来增加文化产品服务对广大群众的"有效供给"和"精准供给"。此外，还必须通过抑制明星出场费虚高炒作、破解电影票价降价瓶颈及推动演艺业俭省运营成本等手段，来不断降低群众进入日常文化消费的门槛。

（五）以改善评价及力推原创来增强消费吸引力和竞争力

文化消费的吸引力和竞争力，受制于产品专业评价及品牌原创价值。产品评价一旦走偏，品牌原创一旦疲弱，就会在公共文化服务的生产供给方面给复制模仿甚至非法供给盛行等提供可乘之机[1]。就我国现行文化产品评价体系而言，已经不能完全适应全球化时代的文化发展实际，因此有必要针对前文指出的诸种积弊加以逐步矫正。具体说就是：要整顿规范现有评奖制度，推动相关评价社会化；

---

[1] 目前我国电视综艺节目原创匮乏且复制模仿严重。有调研分析认为：时下盛行的表演选秀节目和现场选秀节目等，十之八九都是购买韩国乃至欧美的版权，连《中国汉字听写大会》的创意策划版权也是购自海外（金力维：《综艺韩风中原创出路何在》，中国社会科学网，2015 年 4 月 22 日）。此外，我国监管薄弱地区的文化消费"非法供给"现象也时有发生，如少数农村地区就出现了脱衣舞现象，甚有出殡邀请脱衣舞娘助兴的事情发生（新华社：《文化部严查农村"脱衣舞"》，中央政府门户网站，2015 年 4 月 23 日）。

要引入第三方公信机构受托承担评价功能,组织力量探索评价创新;积极拓展信息采集渠道,消除评价信息造假和数据失真失效现象;推进文艺批评生态重建,整肃规约媒体涉评报道行为;力争实现导向评价、专业评价及公众评价的三者兼顾并举。就文化产品品牌原创而言,一方面需要借助专业评奖、原创扶持补贴及健全知识产权保护等手段,对文艺生产专业人士予以引导鼓励,另一方面更需要调动挖掘广大群众在文化原创生产方面的创新潜力,"引导群众在文化建设中自我表现、自我教育、自我服务。[①]"在公共文化原创方面要充分考虑到我国老年群体逐渐放大、健康养生需求十分旺盛等特点,从产品服务结构及消费方式嬗变等方面着眼,大力增强产品生产供给的市场吸引力和竞争力。

三、"推进文化惠民"的思路对策

(一)把握区域功能再调整机遇推进资源配置均等化

要针对以往我国大中小城市"摊大饼"扩容城市、推进城市化进程所形成的公共文化服务资源配置不均衡不合理的既成实际,在今后的一段时间内,应当积极借助"十三五"期间酝酿启动城市发展模式更新升级、城区产业功能布局再调整、城区主辅多中心优化排布的特定机遇,通过规划引导、产业扶持、服务配套等多管齐下举措,来推动各类城市实施以"现代服务业"和"城市朝阳产业"为立足点的转型创新,以此引领当地政府由城市 CBD 向城市副中心及城郊转移延伸公共文化服务资源,并启动城市副中心和城郊的文化配套设施等资源要素增量发展,同时努力"推进城乡'结对子、种文化'"[②],促进公共

---

① 胡锦涛:《坚定不移沿着中国特色社会主义道路前进,为全面建成小康社会而奋斗——在中国共产党第十八次全国代表大会上的报告》,《人民日报》2012 年 11 月 18 日。

② 中共中央办公厅、国务院办公厅:《关于加快构建现代公共文化服务体系的意见》,http://news.gmw.cn/2015 - 01/15/content_14521021.htm。

文化服务资源均等化配置水平不断提升。为此,必须将文化建设"重心下移",公共文化服务的重心由市中心向城郊地区均衡外移,利用相关文化平台载体,吸引城市内外文化院团、文化人才、文化项目、文化活动、文化资金进入周边地区。特别要注意的是:在对城市副中心及城郊进行公共文化资源配置特别是文化设施建设时,要因地制宜地科学确定硬件设施的建筑体量和市场容量,不能简单移用或攀比追赶中心城区之地标级文化设施的建设运营标准。

(二)借助新技术创建消费需求跟踪征询长效机制

我国许多地区在以往的公共文化服务供给中,因为重点采用的是"供给导向"的"自上而下"运营管理模式,所以对基层的公共文化服务供给,往往偏重于宣传思想文化系统惯用的"宣传灌输"、"工作部署"的做法,对于群众"自下而上"的公共文化服务消费真实意愿和客观诉求,常常是考虑和采纳得不够充分甚至是完全忽略,从而造成"无效供给"。为了将既有的供给模式转型升级为"供给导向"和"需求导向"并重,当务之急就是要尽快以制度性、绩效性规约的方式,建立健全可供各层级管理架构及实体机构付诸操作的"公众需求跟踪征询长效机制"。目前在一些层面和机构中实施的问卷调研、座谈交流等征询机制,虽然也曾发挥了一些积极作用,但代表性广泛性有限且流于偶尔"临时动议"。因此需要借助高新科技手段来大力提升需求信息征询水平。比如可以逐步引入和借助诸如大数据、云计算、智能网、物联网等手段[1],来尝试开展公众公共文化服务需求信息征询,

---

① 自 2013 年以来,美国政治题材电视剧《纸牌屋》(*House of Cards*)第一季和第二季陆续在国内外热播,网站视频点击量屡创新高。有报道指出:与传统电视剧有别,《纸牌屋》是一部根据"大数据"制作的作品。制作方 Netflix 是美国最具影响力的影视网站之一,在美国本土有约 2 900 万的订阅用户。Netflix 成功之处在于其强大的推荐系统 Cinematch,该系统基于用户视频点播的基础数据如评分、播放、快进、时间、地点、终端等,储存在数据库后通过数据分析,计算出用户可能喜爱的影片,并为他提供定制化的推荐(辛继召:《纸牌屋:"大数据"的胜利》,《中国经济时报》2014 年 2 月 24 日 04 版)。

尤其应当借助公众社交软件如开通"公众微信号"等,来实现公众需求表达的"即时性"及"全天候",同时逐步尝试将公众的分众化、定制化产品服务供给理念,纳入到公共文化服务供给体系中来。

(三)逐步改变文化投入及政府购买过度单一局面

就公共文化投入而言,美国等发达国家支持公共文化服务事业发展的成功做法是,一般由地方政府直接投入到文化实体及项目中的比例约为百分之十几,而剩余的缺口填补需要通过企业、个人、基金会等的资助捐赠,以及实体项目的市场自营来实现。相比之下,目前国内基金会和社会组织发展缓慢、申办管控严格;企业赞助和个人捐赠等尚未形成海外那样相对普遍的风气,而实体的市场自营能力又明显不强。有基于此,需要首先破解制约多元投入进入的各种瓶颈障碍,如改变以往对赞助企业有针对性设置奖励扶持制度相对不足的局面,纠正以往对个人捐赠使用去向缺乏透明度等做法。而就政府购买服务而言,要积极顺应政府购买公共文化产品及服务必将不断规范的趋势,适度引进市场竞争机制,设置政府购买来源实体黑名单制度,改变以往政府购买仅仅局限于体制内条块内"自我循环消化"①、缺乏市场竞争及相应奖惩的局面,消除"肥水不流外人田"的既得利益固化观念,营造"文化惠民,以质定买,公平竞争"的开放式购买格局。

(四)加强公共文化服务在政绩考核中的权重

"以人民为中心的工作导向"是中共十八大以来提出的基本原则。党的十八届三中全会提出了国家治理体系、治理能力、政府治

---

① 2013年9月,国务院颁布了《国务院办公厅关于政府向社会力量购买服务的指导意见》(参见"新华网"),明确要将包括"文化体育"在内的政府购买服务,向有能力有条件的、符合工商登记等管理要求的社会力量开放。这就意味着:拓展政府购买文化服务的多样化来源已经获得国家层面的认可,需要进一步优化购买文化服务的质量和效益。

理、治理结构、社会治理体制等重要概念。这说明我们有必要从以往的"管理"思维中解放出来。"治理"和"管理"虽只有一字之差,但体现了一种理念认识和实践取向的升级换代。"管理"常常具有一种借助自身优势地位,来居高临下地发号施令的意味;而"治理"就比较突出针对实际需求来寻找破解问题瓶颈对策的求好向善色彩。长期以来,因为受各级地方党委政府以 GDP 论英雄、促升迁的不良政绩观影响,所以导致了不少地方政府即使在抓文化建设时,也过分看重GDP 数据和形象面子。两相比较之下,由于文化创意产业更能出GDP,而公共文化服务更像是政府"不赚钱还贴钱"的"砸钱"领域,所以如果不是出于区域地标形象构建和国家硬性文化指标的要求,区域政府一般并不情愿为公共文化服务多花一分钱。在此情形下,政府的文化"管理"难免流于"拍脑袋"和"意气用事"。"国家治理体系"等相关概念的提出,无疑对于校正对公共文化服务建设的认识偏差具有十分积极的意义。据悉,近期全国人大、中宣部及文化部正在联合起草制定《中华人民共和国公共文化服务保障法》。这表明:充分保障和落实公民公共文化服务的各方面权益,将以国家立法执法的形式确定下来。有鉴于此,我国有必要尽快加大公共文化服务在各层级党委政府治理体系及政绩考核中的权重,使公共文化服务事业发展不再处于仅供各级党委政府用于"装排门面"和"完成指标"的尴尬境地,而使之与"文化惠民"及"文化民生"的落实挂起钩来。

（五）以标准化建设保障群众文化权益真正落实

要推动公共文化服务真正实现"文化惠民",就无法仅仅依靠简单化、模糊化的政策呼吁来实现,而必须用富有一定操作性的政策指标规约来落地。中央明确提出:要"建立基本公共文化服务标准体系","确立国家基本公共文化服务指导标准"[①]。这对于切实保障落

---

① 中共中央办公厅、国务院办公厅:《关于加快构建现代公共文化服务体系的意见》,http://news.gmw.cn/2015-01/15/content_14521021.htm。

实群众文化权益意义重大。全国各地区有必要参照日后出台的"国标"来因地制宜地制定"地标"。不过可以肯定的是,这种"国标"的制定实施,仅旨在推动全国各地公共文化服务实现"保基本、兜底线、促公平"的基本目标,它并不意味着各地区只要完成"国标"这个门槛指标、达至"惠民效力"的"居中"(及格)水平就可以了,而是必须像中央要求的那样"建立基本公共文化服务标准动态调整机制,根据经济社会的发展变化,适时调整提高具体指标"①。显然,对西部欠发达地区的一些基层而言,其"地标"有可能低于"国标"平均水平;而对于沿海发达地区而言,其"地标"则又可能高于"国标"平均水平。对广大群众的根本意愿而言,就是期望当地的公共文化服务发展水平,能够在社会经济发展日趋强盛的基础上,实现不断超越"基本性"要求的大幅度提升。而这应该成为各地党委和政府推动当地公共文化服务发展的内生驱动力。

四、"提升文化效能"的思路对策

(一) 以政策机制创新拓宽社会力量参与渠道

提高我国公共文化服务总体效能,要首先在根子上逐步解决全国普遍存在的公共文化服务"生产主体"、"供给主体"、"运营主体"、"参与主体"不够多元多样这一通病。就这些主体而言,因为所借以实施生产供给运营的资源平台,主要掌控在体制内、条块内,他们在长期驾驭支配这些资源平台的过程中,已形成了利害相互依存、关联盘根错节的既得利益格局,接纳新的多元化、多样化社会力量进入,意味着要打破这些格局,有更多的利益攸关方介入到既有平台资源的使用中,进而造成平台总量份额的"稀释",所以对他们而言是非常

---

① 中共中央办公厅、国务院办公厅:《关于加快构建现代公共文化服务体系的意见》,http://news.gmw.cn/2015-01/15/content_14521021.htm。

不情愿的，也是比较痛苦的。也正因此，各地区各层级的党委政府文化主管部门必须有改革创新的勇气，努力打破这一格局，为社会化多元力量进入并参与生产供给运营，创建一个方便进出的渠道。其实，在我国体量庞大的社会民众群体中间，始终蕴藏着大量有志于投身公共文化服务生产供给运营的主体力量。基于上述认识，一方面有必要将旨在刺激竞争活力的"鲶鱼效应"引入实体内部，通过实施"多中心治理"、"项目外包委托"等，来破解实体运营普遍存在的"小富即安"、"得过且过"、"坐等帮扶"等制约发展的问题；另一方面要积极借鉴前文介绍的"上海K11购物艺术中心"成功举办"印象派大师莫奈特展"的做法，鼓励和支持社会力量（特别是企业等）参与公共文化服务。

（二）大力培育弘扬公益志愿精神和勇于首创精神

"公益志愿精神"是推动公共文化服务多元供给和广泛参与的基础动力。要借助我国常规性的精神文明建设包括学雷锋活动等，努力倡导这种具有鲜明公益奉献意识的"公益志愿精神"，大力激发并调动社会精英和民间能人参与基层公共文化服务生产供给，为民众"自下而上"开展文化方面的创新和创造打通渠道、搭建平台，积极引导扶持社会精英和民间能人以"自组织"团体方式、以文化志愿者或社区文化义工方式参与文化建设①，使之成为基层文化运营的重要辅助力量乃至一股主体力量。大力倡导开拓进取、创新创造、包容多元、敢为人先的文化理念与文化精神，打破牺牲发展求稳定、故步自封求安全的思维定势，在全国范围内努力培育鼓励试错、宽容失败、容纳个性且有利于不同多元文化建设主体"冒尖"生长的氛围。须知，在当今这个全媒体和自媒体快速发展的时代，任何地区和实体的甘于平庸、拘于封闭及发展迟缓，恰恰容易为自身的边缘化和不可持

---

① 2014年2月19日，中央精神文明建设指导委员会出台《关于推进志愿服务制度化的意见》，要求建立健全志愿服务制度，进一步壮大志愿者队伍，完善社会志愿服务体系，推动志愿服务活动经常化制度化，促进社会文明进步（参阅2014年2月26日"新华网"）。

续发展留下隐患。

（三）实施服务实体"适应性治理"分类管理策略

就我国公共文化服务实体运营机构的深化改革实际来看，按照国家深化公益性公共文化机构管理运营体制机制改革设想，各层级的图书馆、博物馆、美术馆等将逐步推行"理事会法人治理"模式；区县街道乡镇的社区文化活动中心及文化馆（站）等，也将因地制宜地推进运营管理改革创新。中央倡导要"创新公共文化设施管理模式，有条件的地方可探索开展公共文化设施社会化运营试点，通过委托或招投标等方式吸引有实力的社会组织和企业参与公共文化设施的运营"①。不过还应当看到：由于实体存在着专业行业、区域层级、人才配备及发展水平等诸方面的差异，所以这足以构成其实现效能最大化而无法逾越的"小生境"规约因素②，因此在其具体的运营管理改革创新方面，可能不宜草率地采取格式化"一刀切"模式复制举措，而应与时俱进地、因地制宜地实施个性化"适应性治理"策略。所谓"适应性治理"的关键就在于不断根据变化了的形势适时作出"小生境"优化调整。按照中国国情实施"适应性治理"的根本目标，不在于维持短暂的相安无事及效益平庸，而在于同其他各类治理（包括"多中心治理"）效能最大化的实践比选中绝不处于下风，同时又符合我国推进公共文化服务社会化及适度应用市场手段的发展趋势。

（四）将新技术新媒体新业态作为新增长点

我国各地区有必要在宣传思想文化建设领域，尽快打破业已固

---

① 中共中央办公厅、国务院办公厅：《关于加快构建现代公共文化服务体系的意见》，http://news.xinhuanet.com/politics/2015-01/14/c_1113996899.htm。

② "小生境"（niche，microhabitat），也即小的生态环境，是来自生物学的一个概念。霍金斯将此概念引入到其提出的"创意生态理论"中（参阅［英］约翰·霍金斯：《创意生态：思考在这里是真正的职业》，林海译，北京联合出版公司2011年版）。本处主要是借以强调实体运营管理组织所身处的特定微观环境，其最有助于良性运行，才表明该"小生境"是健康的。

化成型了的"文化事业"与"文化产业"分条块"各自为政,八仙过海"格局,要真正落实中央提出的"促进文化与科技深度融合,推动文化事业和文化产业协调发展"要求①。必须看到:"事业"与"产业"的划分是人为的、相对的,效能最大化了的文化事业一定有强劲有力的文化产业作支撑,同样,效能最大化了的文化产业必须有文化事业的充分发育(包括公共文化服务消费的极大增长和全力拉动)作支撑。因此,那种认为公共文化服务只能尾随在文化产业之后发展的过时想法理当抛弃。为此,我国各地区正在全力推进的现代公共文化服务体系建设,必须主动对接文化创意产业领域新技术、新媒体及新业态的蓬勃发展态势,必须跨界引入相关的人才、技术及项目,力争将新技术、新媒体及新业态拓展为公共文化服务供给的新增长点,而不能仅仅满足于借助新媒体技术及新业态技术来提升公共文化服务科技含量。要通过政府部门出台相关的倾斜性优惠政策举措,鼓励各类与新媒体及新业态相关的企业公司实体,主动在公共文化服务领域实现自有成果专利的应用转化。以互联网技术在文化的产业及事业中的协调应用为例,将来可能出现的趋势包括:一方面是"公共文化服务＋互联网",即互联网技术及相关消费业态在公共文化服务中的广泛普及应用;另一方面是"互联网＋公共文化服务",即互联网技术及相关消费业态自身缔造以公益面目出现的公共文化服务供给消费。

(五) 将企业助文纳入社会责任制度建设

企业公司是公共文化服务多元供给主体的一股重要有生力量。然而我国各类企业公司中除少数出于多业经营及跨界发展需求而主动向文化领域扩张外,大多对公益性公共文化服务没有任何兴趣。近年来,我国有关主管部门加大了推动企业履行社会责任的制度建

---

① 中共中央办公厅、国务院办公厅:《关于加快构建现代公共文化服务体系的意见》,http://news.xinhuanet.com/politics/2015 - 01/14/c_1113996899.htm。

设实施力度[1]，推动越来越多的企业主动发布"社会责任年度报告"。不过从目前情况来看，主管部门对企业社会责任的规约，还主要局限于信息披露、尊重人权、合乎道德、遵守法律、质量保证、诚实守信、爱护环境、节能减排、食药安全、劳动安全、就业安置、社区支持等相对常规的方面，尚没有覆盖延伸到公益性公共文化服务建设领域。特别建议国家有关部门，应当从推动企业主体积极履行文化建设社会责任的立意出发，从企业扶助公益性公共文化服务发展纳入到社会责任制度制定实施中。同时推动各地区各级党委政府及属地企业公司要以更开阔更长远的眼光来看待认识企业社会责任，开展文化条线与企业条线积极有效的协调互动，逐步建立起企业履行文化建设社会责任的相应规约，从而为公共文化服务多元供给增加有生力量。

（六）将条线外资源整合纳入公共文化服务体系

我国公共文化服务效能的提升，势必要求要尽最大的可能、最大的努力，来整合汇聚全国各地区各条块各方面的公共文化服务平台资源。目前的情况是，全国各省市自治区，都有大量分布于宣传文化系统条线外的公共文化服务平台资源要素，其中包括工会系统、共青团系统、教育系统、妇联系统、科委系统及社会团体等管辖运营的公共文化服务平台实体，如工人文化宫、少年宫、青少年活动中心、青年宫、少儿活动营、科学育儿基地等。这些平台资源从用地及场馆属性来看，均一直延续计划经济时期的"公益文化事业单位"定位，但是目前尚未被纳入到公共文化服务体系平台化、集约化建设的序列范畴之内，处于不受公共文化服务体系建设政策关照、标准规约、专项投

---

[1] 国际标准化组织(ISO)2010 年 11 月 1 日在瑞士日内瓦召开新闻发布会，正式发布 ISO 26000《社会责任指南》。社会责任国际标准制定的圆满成功，标志着社会责任第一次成为共同理解的国际通用标准（段文华：《从新视角解读 ISO 26000〈社会责任指南〉标准》，《大众标准化》2014 年第 12 期）。我国也于 2013 年 7 月首次发布了《跨国公司在华企业社会责任指南》（见"中国企业公民网"）。2014 年 5 月，国家标准委委托中国标准化研究员编制的《社会责任指南》征求意见稿也公开向社会征求修改意见（见"中国标准化研究院"网）。

入及业绩考核等机遇"普照"的自谋生路、散乱发展困境。如今正面临着是否可以寻求"回归公益文化本位"并实现发展转型的挑战①。这种情况的存在,在很大程度上造成了我国社会存量公共文化服务资源要素的闲置甚至浪费。显然,整合条线外平台实体既可壮大公共文化服务资源力量又能破解其发展困境,可谓"一举双得、一功双赢"。当然,将条线外平台资源整合纳入公共文化服务体系建设序列,需要实施有效的跨条线条块统筹协调,需要按照此类平台资源独特的"行业"属性来谋划其未来发展。像工青妇教科等条线的公共文化服务资源平台,就具备一般社区文化活动中心、文化馆(站)所不具备的特殊条线优势。而工会系统与各所有制企业之间具有相对熟络的沟通关系,一些企业公司对于参与类似于工人文化宫这样的文化资源平台并开展技能培训及文化消费,客观上具有潜在的需求。有基于此,工会系统的工人文化宫、共青团系统的青年宫、妇联系统的少年宫等,一方面可以走与宣传文化系统内公共文化服务资源平台"错位发展"之路,借助自身项目活动品牌、人才队伍品牌独具的工青妇教特色,来最终确立自己在文化消费者中的口碑地位;另一方面可以针对各自的既有目标群体,建立一种文化参与伙伴关系,通过激发这些群体的"自组织"潜能,来促进这些资源平台运营的活力释放。此外,工青妇教科等条线往往集合了数量最为庞大的文艺专才和文化专才,应当借助这一得天独厚的条件,努力构建有助于基层公共文化服务水平提升的文艺专才业务指导支撑体系。如此,则必然带动

---

① 以上海工会系统为例,目前全市区(县)两级工会系统共有 22 家职工文体场馆,资产总额达 58 907 万元,固定资产 46 841 万元,土地总面积达 36.67 万平方米,房屋建筑物总面积达 40.58 万平方米。除松江、闵行、嘉定实现区财政全额拨款外,10 家以上由上级工会差额拨款,9 家实行自收自支政策。通过实地调查发现:目前一些区县职工文体场馆的未来发展定位不明,普遍存在超规定出租公益面积现象,原定的职工文体阵地功能相对被弱化;设备设施及人员结构老化现象明显,开展公益活动的资金保障、主体动力相对不足,既有的活动项目和品牌建设跟不上时代发展需要。以上仅是以工会系统为例。如果再统计其他条线条块的资源,则总量不容小视,其相应的运营状况大多也不容乐观,除极少数在运营方面表现尚好外,许多处于边缘化、经营薄弱、各自为政状态。

此类资源平台整体效能的提升。

（七）建立跨条线的文化融合发展协调共建机制

伴随着"世界是平的"之全球化时代的到来，当今公共文化服务消费的发展，已呈现出超越宣传文化系统条线限制、超越国家互联网文化安全技术管控限制的客观态势。在此背景下，我们不能指望通过单一的宣传文化系统的力量，来实现满足全社会不断增长放大的公共文化服务消费供给需求，而应当参照国家层面建立由诸多部委办局参加的"公共文化服务协调机制"的做法，尽快在各级地方层面建立汇聚各条线相关力量的"大文化协调共建机制"。力争将宣传文化系统条线内的文化建设，与超越该条线的社会发展建设、法制中国建设、美丽中国建设、科学技术创新、万众创业创新、文明城乡创建等有机结合起来，将公共文化服务与企业文化发展、校园文化建设、营区文化建设、社区文化建设、城市综合管理等有机结合起来，从而形成公共文化服务跨条线跨行业协调共建的大合力大格局，借此破解公共文化服务效能提升依托宣传文化系统"独木难支"的困局。

（八）将文化生产供给延伸覆盖到更宽广领域

鉴于我国现有公共文化服务生产供给遭遇"受众阶层大量分流分化"、"基层阵地经受虚弱消解"的严峻危机挑战，作为全国各地区各层级责任主体的党委宣传文化系统及政府对口主管部门，必须树立这样的清醒认识：即公共文化服务效能是否实现大力提升的"根本标志"最终不在于公共文化服务生产供给消费的数量提升和靓丽，不在于场面的宏大热闹和活动的频繁惹眼，而在于国家主导文化及其核心的价值观念是否能够最大限度地实现深入人心，是否能够达成全社会最大限度的理解认同。中央明确指出：建设现代公共文化服务的基本原则在于"发展先进文化，创新传统文化，扶持通俗文化，引导流行文化，改造落后文化，抵制有害文化，巩固基层文化阵地，促进在全社会形成积极向上的精神追求和健康文明的生活方式"①。对此,必须推动我国既有的公共文化服务生产供给延伸覆盖到更宽广的领域。具体而言就是:我国各地各级文化主管部门,必须调动社会各方面力量,深入调查各地区存在的一些传统宗教文化消费、新兴外来宗教文化消费、民间社会信仰文化消费、部分亚文化时尚消费乃至个别邪教类伪文化消费正潜滋暗长且渐成风气的实际,努力探寻公共文化服务介入此类文化消费并对接其正能量、抑制并消解其负能量的可能,努力探寻公共文化服务抵御各类"三俗"文化现象,特别是伪文化蔓延的策略,并在实践方面积极借鉴新加坡等国家和地区"在包容多宗教信仰及多民族传统前提下推动全社会求得共同价值观认同最大公约数"的做法,实现我国公共文化服务的根本效能获得本质上的极大提升。应当看到:常规性的公共文化服务生产消费和正常性的宗教文化消费、和传习性的民族民间民俗类文化消费,在善恶是非观念方面不一定存在着水火不容的对立关系,二者之间存在着"求同存异,和而不同"、共同推进经济文化发展和国家强盛、人民幸福的包容空间。也正因此,公共文化服务生产供给消费不应该在面对宗教文化消费问题、民间信仰消费问题等,显得底气不足、应对乏术,而应该积极应对,发挥先进价值观念的引导作用。

(九)坚持文化生产的三个导向并营造健康风气

文艺创作是公共文化服务生产创作的核心所在。其舆论导向是否正确、行业风气是否健康,将直接关系到是否能够实现公共文化服务效能真正提升。有鉴于此,就有必要:首先对文艺创作审美要明确三个导向兼顾的标准,即要从关心帮助文艺工作者健康发展的立意出发,对文艺创作生产及文艺审美服务,明确实施"政治导向"、"伦

---

① 中共中央办公厅、国务院办公厅:《关于加快构建现代公共文化服务体系的意见》,http://news.xinhuanet.com/politics/2015-01/14/。

理导向"及"价值观导向"既并行兼顾又不犯错不踩线的裁量标准,改变以往作品项目审查仅仅高度看重"政治导向"、对"伦理导向"及"价值观导向"往往相对忽视、"睁一只眼闭一只眼"的弊端。目前在文艺作品特别是影视作品的创作生产中,一些主创者只保证政治上不犯错、以便确保审查通过,而忽视了作品伦理上、价值观上的偏差和低下。这完全有悖于弘扬社会主义核心价值观的要求。其次要坚持文艺领域风气整肃和反腐倡廉不放松。习近平同志在文艺工作座谈会上明确指出:"文艺是铸造灵魂的工程,文艺工作者是灵魂的工程师。""文艺是时代前进的号角,最能代表一个时代的风貌,最能引领一个时代的风气。[①]"也正因此,文艺领域和文艺工作者才具有社会风气方向标的作用。"十三五"期间,应当继续整肃文艺领域风气,巩固打击黄赌毒、铲除权色交易等反腐成果,使各类丑恶现象无法在文艺圈容身弥漫。

(十) 多管齐下推动文化社会组织和中介机构发展

文化类社会组织和中介机构,是消费者、供给方、政府及市场之间的"活化剂"和"润滑剂"。要激活各方并实现文化生产要素的灵活流转,就必须大力发展社会组织和中介机构。针对我国目前发展此类组织机构存在的"门槛过高"、"二政府化"、"运作不规范"、"待遇不平等"及"存活空间有限"的弊端,必须努力实施以下破解举措:一是适度放低准入门槛,取消诸如"主管单位挂靠"规定,将复杂的审批手续简化为登记备案制度;二是彻底推动社会行业协会及文化中介机构与政府部门脱钩;三是通过行业规约及自律提升规范运作水平,借鉴"负面清单"管理模式;四是降低民办非企业单位等中介机构与国营事业单位之间的待遇落差;五是要以产品生产和服务供给的总体水平高低为衡量点,减少对社会组织及中介机构参与政府购买及参

---

① 《习近平在文艺座谈会上讲话》,"人民网"之"媒体联播"栏目,http://culture.people.com.cn/n/2014/1015/c22219-25842812.html,2014 年 10 月 15 日。

与市场竞争的诸多限制；六是要鼓励具有更鲜明的市场细分度和专业主攻点的社会组织及中介机构大量涌现；七是支持发达城市和地区率先做大做强社会组织及中介机构体系，为中西部地区复制借鉴成功做法提供典型示范作用。

主要参考文献

第一部分

[1] 《邓小平文选》,人民出版社 1993 年版。

[2] 《文化政策与城市发展——城市文化交流会议 2012 台北年会文集》,台北 2012 年版。

[3] 陈大正:《交际文化学》,华中理工大学出版社 1996 年版。

[4] 陈火全、郭东强、欧阳钟辉:《信息化文化:企业信息化建设的根本》,《中外企业家》2010 年第 4 期。

[5] 陈立生:《文化创意产业:内涵、测量与评估》,大连理工大学出版社 2013 年版。

[6] 陈少峰,张立波主编:《中国文化企业报告 2013 年》华文出版社 2013 年版。

[7] 陈少峰:《文化产业战略与商业模式》,湖南文艺出版社 2006 年版。

[8] 陈少峰:《文化的力量》,华文出版社 2013 年版。

[9] 陈少峰主编:《中国文化企业报告 2014》,清华大学出版社 2014 年版。

[10] 陈威主编:《公共文化服务体系研究》,深圳报业集团出版社 2006 年版。

[11] 陈威主编:《完备的公共文化服务体系研究》,深圳报业集团出版社 2010 年版。

[12] 褚劲风:《创意产业集聚空间组织研究》,上海人民出版社 2009 年版。

［13］ 邓智团：《产业网络进化论》，社会科学文献出版社 2010 年版。

［14］ 丁学良：《中国的软实力和周边国家》，东方出版社 2014 年版。

［15］ 杜刚：《全球化视域下文化创造力研究》，人民出版社 2012 年版。

［16］ 段霞主编：《世界城市建设与发展方式转变》，中国经济出版社 2013 年版。

［17］ 范金等编著：《实用产业经济学》，经济管理出版社 2004 年版。

［18］ 范中汇：《英国文化》，文化艺术出版社 2003 年版。

［19］ 方克立：《中国文化的综合创新之路》，中国社会科学出版社 2012 年版。

［20］ 方明光主编：《文化市场与营销》，上海人民出版社 2003 年版。

［21］ 冯天瑜、杨华：《中国文化发展轨迹》，上海人民出版社 2000 年版。

［22］ 冯子标、焦斌龙：《分工、比较优势与文化产业发展》，商务印书馆 2005 年版。

［23］ 顾江：《文化产业经济学》，南京大学出版社 2007 年版。

［24］ 关世杰：《跨文化交流学——提高涉外交流能力的学问》，北京大学出版社 1995 年版。

［25］ 关世杰主编：《世界文化的东亚视角》，北京大学出版社 2004 年版。

［26］ 郭洁敏：《软权力新探——理论与实践》，上海社会科学院出版社 2014 年版。

［27］ 国家信息中心中国经济信息网编著：《CEI 中国行业发展报告——图书出版发行业》，中国经济出版社 2004 年版。

［28］ 韩骏伟：《国际电影电视节目贸易》，中国传媒大学出版社 2008 年版。

［29］ 何增科：《公民社会与第三部门》，社会科学文献出版社 2000 年版。

［30］ 胡惠林：《文化产业发展与国家文化安全》，广东人民出版社 2005 年版。

［31］ 胡文涛：《美国文化外交及其在中国的运用》，世界知识出版社 2008 年版。

［32］ 胡正荣：《媒介管理研究》，北京广播学院出版社 2000 年版。

［33］ 胡正荣主编：《外国媒介集团研究》，北京广播学院出版社 2003 年版。

［34］ 花建等：《软权利之争：全球化视野中的文化潮流》，上海社会科学院

出版社、高等教育出版社 2001 年版。

［35］ 花建等：《文化产业的集聚发展》，上海人民出版社 2012 年版。

［36］ 花建等：《文化产业竞争力》，广东人民出版社 2005 年版。

［37］ 花建等：《文化软实力——全球化背景下的强国之道》，上海人民出版社 2013 年版。

［38］ 皇甫晓涛：《文化资本论》，人民日报出版社 2009 年版。

［39］ 黄凯锋、唐志龙：《建设社会主义核心价值体系》，上海人民出版社 2007 年版。

［40］ 黄力之：《先进文化论》，上海三联书店 2002 年版。

［41］ 黄仁伟：《中国崛起的时间与空间》，上海社会科学院出版社 2002 年版。

［42］ 黄升民、丁俊杰：《国际化背景下的中国媒介产业化透视》，企业管理出版社 1999 年版。

［43］ 黄士芳主编：《特区文化研究 2015》，海天出版社 2015 年版。

［44］ 贾磊磊、黄大同主编：《守望文化江山——中国国家文化安全研究》，中国广播电视出版社 2012 年版。

［45］ 姜奇平：《体验经济：来自变革前沿的报告》，社会科学文献出版社 2002 年版。

［46］ 金冠军、郑涵主编：《全球化视野：传媒产业经济比较研究》，学林出版社 2003 年版。

［47］ 金元浦：《创意时代的中国文化产业》，广东人民出版社 2005 年版。

［48］ 经济与合作发展组织：《分散化的公共治理：代理机构、权力主体和其他政府实体》，中信出版社 2004 年版。

［49］ 孔正焉：《WTO 与中国文化产业政策》，中央党校出版社 2001 年版。

［50］ 蒯大申、饶先来：《新中国文化管理体制研究》，上海人民出版社 2010 年版。

［51］ 蒯大申主编：《上海文化发展报告：激发上海文化创造活力》，社会科学文献出版社 2014 年版。

［52］ 李怀亮：《当代国际文化贸易与文化竞争》，广东人民出版社 2005 年版。

［53］ 李怀亮、刘悦笛主编：《文化巨无霸——当代美国文化产业研究》，广东
人民出版社 2005 年版。

［54］ 李怀亮主编：《国际文化贸易导论》，中国传媒大学出版社 2008 年版。

［55］ 李怀亮主编：《国际文化市场报告 2014》，首都经济贸易大学出版社
2014 年版。

［56］ 李景源、陈威主编：《中国公共文化服务发展报告》（2008—2011），社会
科学文献出版社 2008—2011 年版。

［57］ 李军：《文化产业与文化管理》经济日报出版社 2005 年版。

［58］ 李岚：《中国电视产业评估体系与方法》，华夏出版社 2004 年版。

［59］ 李世晖：《改变世界的任天堂》，台湾商周出版社 2008 年版。

［60］ 李思屈等：《中国文化产业政策研究》，浙江大学出版社 2012 年版。

［61］ 李天铎编著：《文化创意产业读本——创意管理与文化经济》，台湾远
流出版社 2011 年版。

［62］ 李希光主编：《软实力与中国梦》，法律出版社 2011 年版。

［63］ 李向民，王晨等：《文化产业：变革中的文化》，经济科学出版社 2005
年版。

［64］ 李智：《文化外交——一种传播学的解读》，北京大学出版社 2005
年版。

［65］ 厉无畏，王如忠：《创意产业：城市发展的新引擎》，上海社会科学院出
版社 2005 年版。

［66］ 厉无畏主编：《创意产业导论》，学林出版社 2006 年版。

［67］ 联合国教科文组织、联合国开发计划署编：《创意经济报告 2013（专
刊）》，意娜等译，社会科学文献出版社 2014 年版。

［68］ 联合国教科文组织编：《世界文化报告（1998）——文化、创新与市场》，
北京大学出版社 2000 年版。

［69］ 联合国教科文组织编：《世界文化报告（2000）——文化的多样性、冲突
与多元共存》，北京大学出版社 2002 年版。

［70］ 梁琦：《产业集聚论》，商务印书馆 2004 年版。

［71］ 林拓等主编：《世界文化产业发展前沿报告（2003—2004）》，社会科学
文献出版社 2004 年版。

［72］ 林拓等主编：《世界文化产业发展前沿报告》，社会科学文献出版社2004年版。

［73］ 刘现成主编：《影视媒体生态与娱乐经济》，台湾昆山科技大学创意媒体学院2009年版。

［74］ 刘轶：《文化策略、亚意识形态与动漫产业》，中国人民大学出版社2011年版。

［75］ 刘玉珠、金一伟主编：《WTO与中国文化产业》，文化艺术出版社2001年版。

［76］ 刘玉珠、柳士发：《文化市场学》，上海文艺出版社2003年版。

［77］ 卢汉龙等：《新中国社会管理体制研究》，上海人民出版社2009年版。

［78］ 罗昌智、董泽平主编：《两岸创意经济研究报告》，社会科学文献出版社2015年版。

［79］ 毛大付、蔡尚伟等：《版权兴市——"世界田园城市"路径探索》，中国传媒大学出版社2010年版。

［80］ 门洪华：《中国：大国崛起》，浙江人民出版社2004年版。

［81］ 庞井君主编：《中国广播电影电视发展报告（2012）》，社会科学文献出版社2012年版。

［82］ 彭心仪：《WTO服务贸易与通讯科技法律》，元照出版社2005年版。

［83］ 彭永斌：《传媒产业发展的系统理论分析》，西南财经大学出版社2004年版。

［84］ 齐勇锋主编：《中国文化发展战略与公共财政研究》，中国经济出版社2014年版。

［85］ 祁述裕主编：《中国文化产业发展战略前沿》，社会科学文献出版社2011年版。

［86］ 祁述裕主编：《中国文化产业国际竞争力报告》，社会科学文献出版社2004年版。

［87］ 钱定平：《LOGO的文化史》，中华书局（香港）有限公司2004年版。

［88］ 邱志勇主编：《数码科技与娱乐文化》，台湾远流出版社2006年版。

［89］ 任珺：《跨域视角下的文化政策研究》，社会科学文献出版社2014年版。

［90］ 上海市经济委员会,上海创意产业中心:《创意产业》,上海科学技术文献出版社 2005 年版。

［91］ 盛洪:《治大国若烹小鲜——关于政府的制度经济学》,上海三联书店 2003 年版。

［92］ 世界银行编写组:《全球化:增长与贫困的研究》,中国财政经济出版社 2003 年版。

［93］ 孙逊主编:《2013 年中国公共文化服务发展报告》,商务印书馆 2014 年版。

［94］ 唐朱昌主编:《新编公共财政学——理论与实践》,复旦大学出版社 2004 年版。

［95］ 童世骏:《文化软实力》,重庆出版社 2008 年版。

［96］ 屠启宇主编:《国际城市发展报告 2013》,社会科学文献出版社 2013 年版。

［97］ 屠启宇主编:《国际城市发展报告 2014》,社会科学文献出版社 2014 年版。

［98］ 汪晖、陈燕谷主编:《文化与公共性》,北京:生活·读书·新知三联书店 1998 年版。

［99］ 汪一洋主编,广东省人民政府发展研究中心编:《广东发展蓝皮书 2014》,广东经济出版社 2014 年版。

［100］ 王京生:《文化是流动的》,人民出版社 2013 年版。

［101］ 王列生、郭全中、肖庆:《国家公共文化服务体系论》,文化艺术出版社 2009 年版。

［102］ 王琳:《文化产业的发展与预测》,天津社会科学院出版社 2005 年版。

［103］ 王晓德、张晓芒主编:《历史与现实:世界文化多元化研究》,天津人民出版社 2007 年版。

［104］ 王亚南主编:《中国城镇文化消费需求景气评价报告(2012)》,社科文献出版社 2012 年版。

［105］ 王亚南主编:《中国乡村文化消费需求景气评价报告(2012)》,社科文献出版社 2012 年版。

［106］ 王永章、闵大洪:《数字传媒概要》,复旦大学出版社 2003 年版。

[107] 魏永征等:《西方传媒的法制、管理和自律》,中国人民大学出版社 2003 年版。

[108] 文化部公共文化司主编:《2013 中国公共文化发展报告——国家公共文化服务体系制度设计研究》,北京师范大学出版社 2013 年版。

[109] 吴信训:《新媒体与传媒经济》,上海三联书店 2008 年版。

[110] 伍贻康主编:《多元一体——欧洲区域共治模式探析》,上海社会科学院出版社 2009 年版。

[111] 香港大学文化政策研究中心:《香港创意产业基线研究》,2003 年版。

[112] 香港大学文化政策研究中心许焯权主编:《香港创意指数研究(中期报告)》(香港特别行政区政府民政事务局委托顾问报告)2004 年 12 月。

[113] 香港特别行政区政府民政事务局、香港大学文化政策研究中心:《创意指数研究》,2005 年版。

[114] 向勇:《文化立国》,华文出版社 2012 年版。

[115] 向勇主编:《面向 2020,中国文化产业新十年》,金城出版社 2011 年版。

[116] 向勇主编:《中国文化产业年度发展报告(2010)》,北京大学出版社 2005 年版。

[117] 谢名家:《文化产业的时代审视》,人民出版社 2002 年版。

[118] 许明:《建设新世纪的先进文化》,上海社会科学院出版社 2002 年版。

[119] 薛晓源等主编:《全球化与文化资本》,社会科学文献出版社 2005 年版。

[120] 亚太文化创意产业协会:《两岸文创耀环宇——2013 两岸城市文化创意产业竞争力调查报告(CCIA)》,商周编辑顾问股份有限公司 2013 年版。

[121] 亚太文化创意产业协会:《文创产业与中华——2011 两岸城市文化创意产业竞争力调查报告(CCIA)》,商周编辑顾问股份有限公司 2012 年版。

[122] 杨剑龙主编:《都市文化》,上海人民出版社 2014 年版。

[123] 杨小凯:《杨小凯谈经济》,中国社会科学出版社 2004 年版。

[124] 艺衡:《文化主权与国家文化软实力》,社会科学文献出版社 2009

年版。

[125] 易鹏：《中国新路——中国新型城镇化》，西南财经大学出版社 2013 年版。

[126] 尹鸿、李彬主编：《全球化与大众传媒》，清华大学出版社 2002 年版。

[127] 尹韵公主编：《中国新媒体发展报告（2012）》，社会科学文献出版社 2012 年版。

[128] 俞新天：《文化、软实力与中国对外战略》，上海人民出版社 2010 年版。

[129] 喻国明、张小争编著：《传媒竞争力：产业价值链案例与模式》，华夏出版社 2005 年版。

[130] 张宝峰：《现代城市社区治理结构研究》，中国社会出版社 2006 年版。

[131] 张成福、党秀云：《公共管理学》，中国人民大学出版社 2001 年版。

[132] 张国庆主编：《公共政策分析》，复旦大学出版社 2004 年版。

[133] 张荐华：《欧洲一体化与欧盟的经济社会政策》，商务印书馆 2001 年版。

[134] 张维迎：《博弈论与信息经济学》，上海人民出版社 2005 年版。

[135] 张维迎：《博弈论与信息经济学》，上海三联出版社 1996 年版。

[136] 张晓明、王家新、章建刚主编：《中国文化产业发展报告（2014）》，社会科学文献出版社 2014 年版。

[137] 张晓明等主编：《2013 年中国文化产业发展报告》，社会科学文献出版社 2013 年版。

[138] 赵曙光、史宇鹏：《媒介经济学》，湖南人民出版社 2003 年版。

[139] 赵子忠：《内容产业论》，中国传媒大学出版社 2005 年版。

[140] 郑必坚：《论中国和平崛起发展新道路》，中共中央党校出版社 2005 年版。

[141] 支庭荣：《西方媒介产业化历史研究》，广东人民出版社 2004 年版。

[142] 中共中央文献研究室编：《邓小平思想年谱》，中央文献出版社 1998 年版。

[143] 中共中央宣传部政策法规研究室编：《宣传文化法规汇编》，学习出版社 2005 年版。

[144] 中国国务院新闻办公室、中共中央文献研究室、中国外文出版发行事

业局编：《习近平谈治国理政》，外文出版社 2014 年版。

[145] 中华人民共和国商务部编：《中国文化贸易统计 2012》，中国商务出版社 2012 年版。

[146] 中华人民共和国文化部编：《文化发展统计分析报告 2012》，中国统计出版社 2012 年版。

[147] 中华人民共和国文化部编：《文化发展统计分析报告 2013》，中国统计出版社 2013 年版。

[148] 中华人民共和国文化部对外文化联络局（港澳台办）、北京大学文化产业研究院编著：《中国对外文化贸易年度报告（2012）》，北京大学出版社 2012 年版。

[149] 中宣部文化体制改革和发展办公室、商务部国际贸易经济合作研究院编著：《对外文化贸易实务指南》，时代出版传媒股份有限公司、安徽科学技术出版社 2015 年版。

[150] 中央党校第十九期中青班文化问题课题组：《全球化背景下中国文化竞争力研究》，中国时代经济出版社 2004 年版。

[151] 周锦：《文化产业的创新体系和效率评估研究》，经济科学出版社 2013 年版。

[152] 周其仁：《城乡中国》，中信出版社 2013 年版。

[153] 周振华：《信息化与产业融合》，上海三联书店、上海人民出版社 2003 年版。

[154] 朱英明：《产业集聚论》：经济科学出版社 2003 年版。

[155] 资中筠：《财富的归宿——美国现代公益基金会述评》，上海人民出版社 2006 年版。

[156] 左学金等主编：《世界城市空间转型与产业转型比较研究》，社会科学文献出版社 2012 年版。

第二部分

[157] ［澳］戴维·思罗斯比：《经济学与文化》，王志标、张峥嵘译，中国人民大学出版社 2011 年版。

[158] ［澳］塔尼亚·芙恩：《文化产品与世界贸易组织》，裘安曼译，商务印

书馆 2010 年版。

[159]　[澳]休·史卓顿、莱昂内尔·奥查德：《公共物品、公共企业和公共选择——对政府功能的批判与反批判的理论纷争》，鲁品越译，经济科学出版社 2000 年版。

[160]　[德]赖因哈德·莫恩：《合作致胜——贝塔斯曼的成功之道》，冯波等译，华夏出版社 2000 年版。

[161]　[法]路易·多洛：《国际文化关系》，孙恒译，上海人民出版社 1987 年版。

[162]　[加]鲍勃·谢比伯尔等：《中加社区治理模式比较研究》，马西恒译，上海人民出版社 2006 年版。

[163]　[加]哈威·费舍尔：《数字冲击波》，黄淳译，旅游教育出版社 2009 年版。

[164]　[加拿大]考林·霍斯金斯等：《全球电视和电影产业经济学导论》，刘丰海、张慧宇译，新华出版社 2004 年版。

[165]　[美]埃莉诺·奥斯特罗姆等：《公共服务的制度建构》，毛寿龙译，上海三联书店 2000 年版。

[166]　[美]埃莉诺·奥斯特罗姆：《公共事务的治理之道：集体行动制度的演进》，余逊达、陈旭东等译，上海译文出版社 2012 年版。

[167]　[美]艾德·卡特莫尔：《创意电力公司——我如何打造皮克斯动画》，方祖芳译，台湾远流出版公司 2015 年版。

[168]　[美]保罗·肯尼迪：《大国的兴衰》，蒋葆英译，世界知识出版社 1990 年版。

[169]　[美]保罗·萨缪尔森、威廉·诺德豪斯：《经济学(第十七版)》，高鸿业译，人民邮电出版社 2004 年版。

[170]　[美]鲍德威，威迪逊：《公共部门经济学(第二版)》，邓力平译，中国人民大学出版社 2000 年版。

[171]　[美]彼得·蒂尔、布莱克·马斯特斯：《从 0 到 1——开启商业与未来的秘密》，高玉芳译，中信出版股份有限公司 2015 年版。

[172]　[美]布赖恩·卡欣、哈尔·瓦里安编著：《传媒经济学》，常玉田译，中信出版社 2003 年版。

[173] ［美］布鲁斯·拉西特、哈维·斯塔尔：《世界政治》，王玉珍译，华夏出版社 2001 年版。

[174] ［美］查尔斯·I.琼斯：《经济增长导论》，舒元等译，北京大学出版社 2002 年版。

[175] ［美］弗雷德里克·杰姆逊、三好将夫编：《全球化的文化》，马丁译，南京大学出版社 2002 年版。

[176] ［美］汉斯·摩根索：《国家间政治：寻求权力与和平的斗争》，徐昕等译，北京大学出版社 2012 年版。

[177] ［美］亨利·基辛格：《世界秩序》，胡利平等译，中信出版社 2015 年版。

[178] ［美］加里·德斯勒著：《人力资源管理》，刘昕译，中国人民大学出版社 2012 年版。

[179] ［美］杰夫·戴尔等：《创新者的基因》，管佳宁译，中信出版社 2013 年版。

[180] ［美］康芒斯：《制度经济学》，于树生译，商务印书馆 1997 年版。

[181] ［美］莱斯特·M.萨拉蒙等：《全球公民社会——非盈利部门视界》，贾西津、魏玉等译，社会科学文献出版社 2002 年版。

[182] ［美］劳伦·勃兰特等：《伟大的中国经济转型》，方颖、赵扬等译，上海人民出版社、格致出版社 2009 年版。

[183] ［美］理查德·E.凯夫斯：《创意产业经济学：艺术的商业之道》，孙绯译，新华出版社 2004 年版。

[184] ［美］理查德·佛罗里达：《创意新贵Ⅱ——经济成长的三 T 模式》，傅振琨译，台湾宝鼎出版社 2010 年版。

[185] ［美］卢克·威廉姆斯：《颠覆性思维——想别人所未想，做别人所未做》，张莉、刘曲等译，人民邮电出版社 2011 年版。

[186] ［美］罗伯特·U.艾尔斯：《转折点：增长范式的终结》，戴星翼、黄文芳译，上海译文出版社 2001 年版。

[187] ［美］马图：《国内管制与服务贸易自由化》，方丽英译，中国财政经济出版社 2004 年版。

[188] ［美］迈克尔·波特：《国家竞争优势》，李明轩、邱如美译，华夏出版社

2002 年版。

[189] ［美］迈克尔·波特：《竞争优势》，陈小悦译，华夏出版社 2005 年版。

[190] ［美］迈克尔·波特：《竞争战略》，郭武军译，华夏出版社 2005 年版。

[191] ［美］迈克尔·麦金尼斯：《多中心体制与地方公共经济》，毛寿龙译，上海三联 2000 年版。

[192] ［美］曼纽尔·卡斯特：《认同的力量》，曹荣湘译，社会科学文献出版社 2003 年版。

[193] ［美］尼古拉·尼葛洛庞蒂：《数字化生存》，胡泳、范海燕译，海南出版社 1996 年版。

[194] ［美］欧文·拉兹洛编著：《多种文化的星球：联合国教科文组织国际专家研究报告》，戴侃等译，社会科学文献出版社 2004 年第 2 版。

[195] ［美］乔尔·科特金：《新地理：数字经济如何重塑美国地貌》，王玉平译，社会科学文献出版社 2010 年版。

[196] ［美］乔治·布莱尔：《社区权力与公民参与》，伊佩庄等译，中国社会出版社 2004 年版。

[197] ［美］入江昭：《20 世纪的战争与和平》，李静阁、颜子龙、周永生译，世界知识出版社 2005 年版。

[198] ［美］入江昭：《文化与外交》，《外交论坛》2000 年第 4 期。

[199] ［美］萨尔坦·科马里：《信息时代的经济学》，姚坤、何卫红译，江苏人民出版社 2000 年版。

[200] ［美］萨缪尔·亨廷：《文明的冲突与世界秩序的重建》，周琪、刘绯、张立平等译，新华出版社 2002 年版。

[201] ［美］塞缪尔·亨廷顿、劳伦斯·哈里森主编：《文化的重要作用》，程克雄译，新华出版社 2002 年版。

[202] ［美］塞缪尔·亨廷顿：《全球化的文化动力》，康敬贻译，新华出版社 2004 年版。

[203] ［美］施密特：《娱乐至上：体验经济时代的商业秀》，中国人民大学出版社 2004 年版。

[204] ［美］泰勒·考恩：《创造性破坏：全球化与文化多样性》，王志毅译，上海人民出版社 2007 年版。

[205] 〔美〕唐·R.彭伯：《大众传媒法（第十三版）》，张金玺、赵刚等译，中国
人民大学出版社 2005 年版。

[206] 〔美〕图比·米尔等：《全球好莱坞》，冯建三译，台湾巨流出版社 2003
年版。

[207] 〔美〕托马斯·R.戴伊：《理解公共政策（第十版）》，谢明译，华夏出版
社 2004 年版。

[208] 〔美〕托马斯 福斯特：《质量管理：集成的方法（第 2 版）》，何桢译，中
国人民大学出版社 2006 年版。

[209] 〔美〕威尔伯·施拉姆：《传播学概论》，何道宽译，新华出版社 1984
年版。

[210] 〔美〕沃尔夫：《娱乐经济》，黄光传、邓盛华译，光明日报出版社 2001
年版。

[211] 〔美〕沃尔特·亚当斯、詹姆斯·W.布罗克主编：《美国产业结构（第
十版）》，吴汉洪译，中国人民大学出版社 2003 年版。

[212] 〔美〕约翰·R.霍尔、玛丽·乔·尼兹：《文化：社会学的视野》，许钧
等译，商务印书馆 2002 年版。

[213] 〔美〕约翰·奈斯比特等：《高科技·高思维：科技与人性意义的追
寻》，新华出版社 2000 年版。

[214] 〔美〕约瑟夫·奈：《软力量——世界政坛成功之道》，吴晓辉、钱程译，
东方出版社 2005 年版。

[215] 〔美〕约瑟夫·奈：《硬权力与软权力》，马娟娟译，北京大学出版社
2005 年版。

[216] 〔美〕约瑟夫·派恩：《体验经济》，夏业良等译，机械工业出版社 2002
年版。

[217] 〔美〕珍妮特·登哈特：《新公共服务：服务，而不是掌舵》，丁煌译，中
国人民大学出版社 2002 年版。

[218] 〔挪〕A.艾德等主编：《经济、社会和文化权利教程（修订第 2 版）》，中
国人权研究会组织译，四川人民出版社 2004 年版。

[219] 〔日〕菅谷实《美国传媒产业政策——电信和广播的融合》，1997 年版。

[220] 〔日〕《新日本的创造——酷日本官民有识之士会议提议案：为了让文

化和产业、日本和海外紧密联系》,2011 年 5 月 12 日。

[221] [日] 星野昭吉:《全球政治学》,刘小林等译,新华出版社 2000 年版。

[222] [日] 中野晴行:《动漫创意产业论》,甄西译,中国传媒大学出版社 2007 年版。

[223] [日] 左藤卓己:《现代传媒史》,诸葛蔚东译,北京大学出版社 2004 年版。

[224] [日] 佐佐木雅幸:《从亚洲视野看创意城市和创意产业》(*Creative city and Creative Industry from an Asian Perspective 2010*)。

[225] [瑞士] 布鲁诺·费莱:《当艺术遇上经济:个案分析与文化政策》,典藏艺术家庭股份有限公司 2003 年版。

[226] [意] 尼古拉·阿克塞拉:《经济政策原理:价值与技术》,郭庆旺、刘茜译,中国人民大学出版社 2001 年版。

[227] [英] 艾伦布里曼:《迪斯尼风暴》,包廷诠等译,中信出版社 2006 年版。

[228] [英] 道尔:《理解传媒经济学》,李颖译,清华大学出版社 2004 年版。

[229] [英] 吉莉安·道尔著:《理解传媒经济学》,李颖译,清华大学出版社 2004 年版。

[230] [英] 克里斯·比尔顿:《创意与管理——从创意产业到创意管理》,向勇译,新世界出版社 2010 年版。

[231] [英] 理查德·佛罗里达:《创意新贵 I——创意阶层的崛起》,郑应媛译,台湾宝鼎出版社 2003 年版。

[232] [英] 露西·金-尚克尔曼:《透视 BBC 与 CNN:媒介组织管理》,彭泰权译,清华大学出版社 2004 年版。

[233] [英] 马丁·雅克:《当中国统治世界:中国崛起和西方世界的衰落》,张莉、刘曲等译,中信出版社 2010 年版。

[234] [英] 汤林森:《文化帝国主义》,冯建三译,上海人民出版社 1999 年版。

[235] [英] 约翰·霍金斯:《创意经济:好点子变成好生意》,典藏艺术家庭股份有限公司 2003 年版。

[236] Pierre Mouliniera:《44 个文化部——法国文化政策机制》,台湾五观艺术事业有限公司 2009 年版。

第三部分

[237] "International Federation of the Phonographic Industry", *2014 Digital Music Report*, London, 2014.

[238] Amaral, A. Magalhaes, "Market competition, public good and institutional governance: Analyses of Portugal's experience", *Higher Education Management*, 2000.

[239] Bourdieu, Pierre. Rondal Johnson, ed., *The Field of Cultural*.

[240] Charles Landry & Phil Wood, *The Intercultural City: Planning for Diversity Advantage*, 2007.

[241] Charles Landry, *The Creative City 2008*.

[242] Colin Hoskins and Rolf Mirus, "Reasons for the U.S. Dominance of International Trade in Television Programs", *Media*, *Culture and Society*, 1988, 10(4), pp.499 – 515.

[243] D. Géradin and D. Luff, eds., *The WTO and Global Convergence in Telecommunications and Audiovisual Services*, Cambirdge University Press, Cambridge, 2004.

[244] DCMS, *Staying ahead: the economic performance of the UK's creative industries*, https://www.gov.uk.

[245] European Audiovisual Observatory, *Focus 2012: World Films Market Trends*, 2012.

[246] European Audiovisual Observatory, *Focus 2012: World Films Market Trends*, Strasbourg, 2012.

[247] European Audiovisual Observatory, *Yearbook 2011 Film*, *Television and Video in Europe*, Vol.1 – 3, Strasbourg, 2011.

[248] European Audiovisual Observatory, *Yearbook 2011 Film*, *Television and Video in Europe*, Vol. 2, *Television and on-Demand Audiovisual Services in Europe*, Strasbourg, 2011.

[249] European Audiovisual Observatory, "American Fiction is Still Overwhelmingly Dominant on European Television Screens but is

Giving Way to Nationally Produced Fiction", Press Release, Strasbourg, 24 March 2009.

[250] European Fine Art Foundation, *The TEFAF Art Market Report 2014 - The Global Art Market with a focus on the US and China*.

[251] European Union, *Good Practice Report on the Cultural and Creative Sectors' Export and Internationalization Support Strategies*, January 2014.

[252] Gerry Stoker, "Public Value Management: A New Narrative for Networked Governance?", *American Review of Public Administration*, 2006.

[253] Helmut Anheier and Yudhishthir Raj Isar, eds., *The Cultural Economy*, London, Sage 2008.

[254] IFPI, "International Federation of the Phonographic Industry", *Digital Music Report 2012*.

[255] IHS Screen Digest, *Global Cinema Exhibition Market*, October 2013.

[256] International Federation of the Phonographic Industry, *Digital Music Report 2012: Expanding Choice. Going Global*, London, 2012.

[257] International Federation of the Phonographic Industry, *The Recorded Music Market in 2011*, London, 2012.

[258] J. Donahue and N. Joseph, *For the People: Can We Fix Public Service?*, Washington, DC: Brookings Institution Press, 2003.

[259] Joseph S. Nye, "Redefining the National Interest", *Foreign Affairs*, July/August, 1999.

[260] KEA, *The Economy of Culture in Europe*, https://www.keanet.eu.

[261] KEA, *The Impact of Culture on Creativity*, https://www.keanet.eu.

[262] Kern Alexander and Mads Andenas, eds., *The World Trade Organization and Trade in Services*, Martinus Nijhoff Publishers, 2008.

Michael Hahn, "Preferential Trade and Cultural Products", in Ross Buckley, Vai Io Lo and Laurence Boulle, eds., *Challenges to Multilateral Trade: "The Impact of Bilateral, Preferential and Regional Agreements"*, Kluwer Law International, The Netherlands, 2008.

[263] LilyKong, Justin O'Connor, "Creative Economies, Creative Cities", *Asian-European Perspectives*, 2009.

[264] LUNDON MOYER OFFICE: *"World City Cultural Report"* 2012.

[265] Martin Roy, "Beyond the Main Screen: Audiovisual Services in PTAs", in Juan A. Marchetti and Martin Roy (eds.), *Opening Markets for Trade in Services: Countries and Sectors in Bilateral and WTO Negotiations*, Cambridge: Cambridge University Press, 2008.

[266] Masayuki Sasaki, *Creative city and Creative Industry from an Asian Perspective 2010*.

[267] Matteo Ballarin, *Cultural epidemics: The diffusion process of modern and contemporary art museums in Europe*, 1800 -2.

[268] Mira Burri, "Reconciling Trade and Culture: A Global Law Perspective", *Journal of Arts Management, Law and Society"*, No. 41, 2011.

[269] NESTA, *Creating Growth-How the UK can develop world class creative businesses 2006*.

[270] NESTA, *Creative cluster and innovation-Putting creativity on the map 2010*, https://www.nesta.org.uk.

[271] NESTA, *Creative value across boundary — Maximising the return from internisciplinary innovation 2010*, https:// www.nesta.org.uk.

[272] NESTA, *Soft Innovation — Towards a more complete picture of innovation change 2010*, https://www.nesta.org.uk.

[273] OECD, *Internet Economy Outlook 2012*, Paris: OECD Publishing, 2012.

[274] OECD, *Information Technology Outlook 2010*, Paris, 2010.

[275] OECD, *Information Technology Outlook 2010*, Paris: OECD Publishing, 2010.

[276] OECD, *Policy Considerations for Audio-Visual Content Distribution in a Multiplatform Environment*, Paris, 2007.

[277] Paolo Guerrieri, P. Lelio Iapadre and Georg Koopman, eds., *Cultural Diversity and International Economic Integration: The Global Governance of the Audio-Visual Sector*, Edward Elgar, Cheltenham, 2005.

[278] Price Waterhouse Coopers, *Global Entertainment and Media Outlook 2012 - 2016*, 2012.

[279] Richard Collins, "National Culture: A Contradiction in Terms?" *Canadian Journal of Communication*, 1991, 16(2), pp.225.

[280] Sacha Wunsch-Vincent, *The WTO, the Internet and Trade in Digital Products: EC - US Perspectives*, Hart Publishing, 2006.

[281] Silvia Formentini and Lelio Iapadre, *Cultural Diversity and Regional Trade Agreements: The Case of Audiovisual Services*, UNU - CRIS Working Papers, W - 2007/4.

[282] U.S. International Trade Commission, *Recent Trends in U. S. Services Trade: 2014 Annual Report*, 2014.

[283] UNCTAD and UNDP, *Creative Economy Report 2008: the Challenge of Assessing the Creative Economy — towards Informed Policy-making*, Geneva, 2009.

[284] UNCTAD and UNDP: *Creative Economy Report 2010: A Feasible Development Option*, Geneva, 2011.

[285] UNDP & UNCTAD, *Creative Economy Report 2010*, https:// www.unesco.org.

[286] UNESCO, *Culture, Trade and Globalization: Questions and Answers*, UNESCO Publishing, 2000.

[287] UNESCO, *Investing in Cultural Diversity and International*

Dialogue，2010，https：// www.unesco.org.

[288] UNESCO，*The Creative Cities Network — A Global Platform for Local Endeavour*，https：//www.unesco.org.

[289] UNESCO，*Tourism，Culture and Sustainable Development*，2006.

[290] United States International Trade Commission，*Recent Trends in U. S. Services Trade — 2011 Annual Report*，July 2011.

[291] Won Bae Kin，*The viability of cultural districts in Seoul*，*September，2010*.

[292] World DMB，*Global Digital Radio Broadcasting Update*，Geneva，September 2012.

[293] WTO，*Audiovisual Services: Background Note by the Secretariat*，Geneva，S/C/W/310，12 January 2010.

[294] WTO，*Audiovisual Services: Background Note by the Secretariat*，January 12，2010. UNCTAD and UNDP，*Creative Economy Report 2010: A Feasible Development Option*，Geneva，United Nations，2010.

[295] WTO，*World Trade Report 2011*.

第四部分

[296] 《法国核心竞争力——文化创意产业全景报告》（法兰西共和国总统奥朗德资助项目），《首都文化智库》2014 年 11 月第 6 期。

[297] 《中共中央关于深化文化体制改革推动社会主义文化大发展大繁荣若干重大问题的决定》，《人民日报》2011 年 10 月 26 日。

[298] 蔡宁、田雪莹：《国外非营利组织理论的研究进展》，《重庆大学学报》2007 年第 2 期。

[299] 陈冰洁、李敏、吴敏：《从价值链角度分析文化企业竞争力》，《市场周刊》（理论研究）2012 年第 1 期。

[300] 陈波、王凡：《我国文化企业融资模式分析》，《学习与实践》2011 年第 6 期。

[301] 陈波、王凡：《西方三国文化企业融资模式及其经验借鉴》，《武汉大学

学报》(人文科学版)2013 年第 1 期。

[302] 丛立先：《我国文化产业的知识产权战略选择》，《政法论丛》2011 年第 3 期。

[303] 范建红、葛润南：《文化政策与城市更新———巴塞罗那经验》，《特区文化研究》2013 年第 3 期。

[304] 范建华：《带状发展："十三五"中国文化产业发展新趋势》，《云南师范大学学报》2015 年第 3 期。

[305] 高书生：《我国文化产业发展的总体状况和主要特征》，《经济与管理》2015 年第 3 期。

[306] 耿同劲：《文化产业融资：从文化企业到文化产业供应链》，《东北财经大学学报》2013 年第 2 期。

[307] 顾学雍、汪丹华：《创客运动与全球化的科技教育》，《现代教育技术》2015 年第 5 期。

[308] 关志薇、王晨：《文化企业改制上市的现状与问题》，《中外企业文化》2012 年第 1 期。

[309] 郭志宏等：《中国的创新能力之谜》，《文化纵横》2012 年第 8 期。

[310] 黄仁伟、胡健：《中国和平发展道路与软力量建设》，《社会科学》2007 年第 8 期。

[311] 蒋冬青：《文化产业的制度变迁及其创新》，《重庆社会科学》2013 年第 3 期。

[312] 焦玉莉：《兼容并蓄和谐发展———新加坡文化建设的经验与启示》，《科学社会主义》2014 年第 6 期。

[313] 金雪涛、于晗、杨敏：《日本公共文化服务供给方式探析》，《理论月刊》2013 年第 11 期。

[314] 李廷江：《探索国际关系的新视角：平野健一郎和他的国际文化理论》，《国外社会科学》1997 年第 2 期。

[315] 李玉萍：《跨文化企业冲突管理的文化因素》，《长春理工大学学报》2011 年第 6 期。

[316] 刘素华：《基于金融支持视角的小微文化企业发展研究》，《农村金融研究》2012 年第 1 期。

[317] 刘天维、杜纲:《文化企业银行信贷信用等级评价初探》,《海南大学学报》(人文社会科学版)2012 年第 5 期。

[318] 龙腾飞、胡敏、徐荣国:《城市更新公众参与的动力机制探讨》,《现代城市研究》2008 年第 7 期。

[319] 罗锐华:《论文化发展视域中文化环境的要素构成形态》,《中华文化论坛》2014 年第 7 期。

[320] 马国庆、郑粉花:《文化企业人才培养策略初探》,《企业研究》2012 年第 22 期。

[321] 孟庆国等:《创新 2.0 研究十大热点》,《深圳文化研究》2015 年第 3 期。

[322] 南宫映浚:《韩国文化产品行销国际的政策支持与影响因素》,《首都文化智库》2014 年第 11 期。

[323] 牛华:《浅析政府支持与文化企业自我发展能力》,《内蒙古财经学院学报》(综合版)2011 年第 9 卷 02 期。

[324] 欧阳安:《文化外交的几个概念和关系》,《上海文化》2014 年第 8 期。

[325] 欧阳坚:《培育骨干文化企业提升文化产业素质》,《学术探索》2011 年第 3 期。

[326] 任晓等:《全球化:新态势、新特点与中国发展》,《上海思想界》2015 年第 5 期。

[327] 首都文化创新与文化传播工程研究院课题组:《外国人对中国文化认知调研报告》,《首都文化智库》2015 年第 2 期。

[328] 舒叶:《法国电影产业国家资助体系浅析》,《东方电影》2011 年第 10 期。

[329] 孙向晨:《民族国家、文明国家与天下意识》,《探索与争鸣》2014 年第 9 期。

[330] 孙瑛、王伟、蔡翔、王东迎、李胜利、李频、张雨晗、潘炜、李萁:《出版企业建立现代文化企业制度研究》,《现代出版》2012 年第 1 期。

[331] 覃乾:《创客在怎样改变世界》,《中国新时代》2014 年 8 月号。

[332] 万俊人:《经济全球化与文化多元论》,《中国社会科学》2001 年第 2 期。

[333] 王福鑫、任娟:《构建文化企业人力资源危机管理预警系统》,《中国人

力资源开发》,2011 年第 6 期。

[334] 王家鹏:《文化产业知识产权保护制度研究》,《西南农业大学学报》(社会科学版)2012 年第 12 期。

[335] 王景慧:《城市历史文化遗产保护的政策与规划》,《特区文化研究》2013 年第 3 期。

[336] 王军辉:《浅谈文化企业价值评估》,《中国资产评估》2013 年第 2 期。

[337] 王乾厚:《文化产业规模经济与文化企业重组并购行为》,《河南大学学报》(社会科学版)2009 年第 6 期。

[338] 向勇、权基永:《国政方向与政策制定:韩国文化产业政策史研究》,《福建论坛》2012 年第 8 期。

[339] 杨立青:《社会文化组织与公共文化服务》,《特区文化研究》2011 年第 3 期。

[340] 杨立青:《中国文化管理体制改革的动力来源》,《特区文化研究》2013 年第 1 期。

[341] 杨琳、傅才武:《三十年来的中国文化体制改革进程评估》,《福建论坛》2009 年第 2 期。

[342] 殷成志:《德国城市建设中的公众参与》,《城市问题》2005 年第 4 期。

[343] 袁园:《我国非政府文化资源参与公共文化服务的现状和问题》,《特区文化研究》2013 年第 1 期。

[344] 岳贤平:《文化企业的特性和发展策略分析》,《时代金融》2012 年第 6 期。

[345] 翟慧霞:《21 世纪是"中国世纪"——2008—2013 年海外民众眼中的中国形象变迁分析》,《中国社会科学报》2013 年 8 月 14 日 B6 版。

[346] 张胜荣、杨娜:《跨文化企业人力资源管理研究》,《山西师大学报》(社会科学版)2011 年第 3 期。

第五部分

[347] 黄仁伟:《中国道路的历史超越和国际解读》,光明网,2012 年 11 月 9 日。

[348] 刘维公主持:《文化产业推动绩效指标研究计划期末报告》,文化产业

专属网站,http://www.cci.org.tw。

［349］　世界唱片业协会 IFPI:《2011 数字音乐报告——触摸音乐的时代》，
https://www.ifpi.org。

［350］　世界唱片业协会 IFPI:《2012 数字音乐报告——扩大选择走向世界》，
https://www.ifpi.org。

［351］　世界唱片业协会 IFPI:《2013 数字音乐报告——数字世界的引擎》，
https://www.ifpi.org。

［352］　习近平:《在全国人大十二届一次会议上的讲话》，中华人民共和国中
央政府网站 2013 年 3 月 17 日,http://www.gov.cn/ldhd/2013 -
03/17/。

［353］　《习近平在文艺工作座谈会上讲话》，人民网 2015 年 10 月 15 日，
http://art.people.com.cn/n/2015/1016/。

［354］　《习近平在周边外交工作座谈会上发表重要讲话》，人民网 2013 年 10
月 25 日,http://politics.people.com.cn/n/2013/1025/。

后　记

　　本书是国家社科基金重大项目——"增强我国文化整体实力和竞争力研究"最终成果,它自 2013 年立项(立项证书编号 13&ZD038),如期完成预订的各项研究,于 2016 年获得圆满通过结项(结项证书编号:2016&J040)。

　　本书第一章到第五章的图主要由花建等设计制作和修订,第五章的表由李墨丝设计制作,第六章的图表由徐清泉设计制作,其余图表由各章负责人制作。

　　在本课题的进行过程中,施聪、陈方正、田野、海贝等参与了资料、制图、调研、修订、打印等工作。

　　上海社会科学院和文学研究所及有关单位的领导、专家和同事对本课题的研究给予了大力支持,谨此一并致谢。

作　者

2017 年 4 月

图书在版编目(CIP)数据

增强我国文化整体实力和竞争力研究 / 花建等著. —
上海：上海社会科学院出版社,2018
ISBN 978 - 7 - 5520 - 2247 - 6

Ⅰ.①增… Ⅱ.①花… Ⅲ.①文化事业—研究—中国
Ⅳ.①G12

中国版本图书馆 CIP 数据核字(2018)第 038563 号

增强我国文化整体实力和竞争力研究

作　　者：花建　等
责任编辑：应韶荃
封面设计：周清华
出版发行：上海社会科学院出版社
　　　　　上海顺昌路 622 号　邮编 200025
　　　　　电话总机 021 - 63315900　销售热线 021 - 53063735
　　　　　http://www.sassp.org.cn　E-mail:sassp@sass.org.cn
排　　版：南京展望文化发展有限公司
印　　刷：上海颛辉印刷厂
开　　本：710×1010 毫米　1/16 开
印　　张：61.75
字　　数：797 千字
版　　次：2018 年 7 月第 1 版　　2018 年 7 月第 1 次印刷

ISBN 978 - 7 - 5520 - 2247 - 6/G.717　　　　定价：248.00 元(上下册)